COLLINS GEM

ITALIAN DICTIONARY

ITALIAN•ENGLISH
ENGLISH•ITALIAN

HarperCollins*Publishers*

Arnoldo Mondadori Editore

first published in this edition 1982
third edition 1993

Latest reprint 1994

ISBN 0 00 470047-3

Catherine E. Love
Paolo L. Rossi, Davina M. Chaplin,
Fernando Villa, Ennio Bilucaglia,
Michela Clari

editorial staff / segreteria di redazione
Elspeth Anderson, Anne Bradley, Angela
Campbell, Susan Dunsmore, Joyce
Littlejohn, Vivian Marr

The first edition of this book was prepared for
Collins Publishers by

LEXUS

A catalogue record for this book is
available from the British Library

Typeset by Morton Word Processing Ltd, Scarborough

Printed in Great Britain by
HarperCollins Manufacturing, Glasgow

INDICE		CONTENTS
Introduzione italiana	iv	Italian introduction
Introduzione inglese	vi	English introduction
abbreviazioni	viii	abbreviations
simboli fonetici	xi	phonetic symbols
la pronuncia dell'italiano	xii	Italian pronunciation
ITALIANO-INGLESE		ITALIAN-ENGLISH
INGLESE-ITALIANO		ENGLISH-ITALIAN
verbi	311	verb tables
i numeri e l'ora	317	numbers and time

INTRODUZIONE

Vi ringraziamo di aver scelto il Dizionario inglese Collins Gem e ci auguriamo che esso si riveli uno strumento utile e piacevole da usare nello studio, in vacanza e sul lavoro.

In questa introduzione troverete alcuni suggerimenti per aiutarvi a trarre il massimo beneficio dal vostro nuovo dizionario, ricco non solo per il suo ampio lemmario ma anche per il gran numero di informazioni contenute in ciascuna voce. Ciò vi consentirà di imparare a capire ed esprimervi correttamente in un inglese attuale.

All'inizio del dizionario troverete l'elenco delle abbreviazioni usate nel testo e l'illustrazione della pronuncia espressa con i simboli fonetici. In fondo troverete un utile elenco delle forme dei verbi irregolari italiani e inglesi, seguito da una sezione finale con i numeri e le ore.

COME USARE IL DIZIONARIO COLLINS GEM

Per imparare ad usare in modo efficace il dizionario è importante comprendere la funzione delle differenziazioni tipografiche, dei simboli e delle abbreviazioni usati nel testo. Vi forniamo pertanto qui di seguito alcuni chiarimenti in merito a tali convenzioni.

I lemmi

Sono le parole in **neretto** elencate in ordine alfabetico. Il primo e l'ultimo lemma di ciascuna pagina appaiono al margine superiore.

Dove opportuno, informazioni sull'ambito d'uso o il livello di formalità di certe parole vengono fornite tra parentesi in corsivo e spesso in forma abbreviata dopo la trascrizione fonetica (es. (*COMM*), (*inf*)).

In certi casi più parole con radice comune sono raggruppate sotto lo stesso lemma. Tali parole appaiono in neretto ma in un carattere leggermente ridotto (es. **acceptance**).

Esempi d'uso del lemma sono a loro volta in neretto ma in un carattere diverso dal lemma (es. **to be cold**).

La trascrizione fonetica

La trascrizione fonetica che illustra la corretta pronuncia del lemma è in parentesi quadra e segue immediatamente il lemma (es. **knead** [ni:d]). L'elenco dei simboli fonetici è alle pagine xi-xii.

Le traduzioni

Le traduzioni sono in carattere tondo e se si riferiscono a diversi significati del lemma sono separate da un punto e virgola. Spesso diverse traduzioni di un lemma sono introdotte da una o più parole in corsivo in parentesi tonda: la loro funzione è di chiarire a quale significato del lemma si riferisce la traduzione. Possono essere sinonimi, indicazioni di ambito d'uso o di registro del lemma (es. **party** (*POL*) (*team*) (*celebration*), **laid back** (*inf*) etc.).

Le "parole chiave"

Un trattamento particolare è stato riservato a quelle parole che, per frequenza d'uso o complessità, necessitano una strutturazione più chiara ed esauriente (es. **da, di, avere** in italiano, **at, to, be, this** in inglese). Il simbolo ♦ e dei numeri sono usati per guidarvi attraverso le varie distinzioni grammaticali e di significato e, dove necessario, ulteriori informazioni sono fornite in corsivo tra parentesi.

Informazioni grammaticali

Le parti del discorso (noun, adjective ecc.) sono espresse da abbreviazioni convenzionali in corsivo (*n*, *adj* ecc) e seguono la trascrizione fonetica del lemma.

Eventuali ulteriori informazioni grammaticali, come ad esempio le forme di un verbo irregolare o il plurale irregolare di un sostantivo, precedono tra la parentesi la parte del discorso (es. **fall** (*pl* **fell**, *pp* **fallen**) *n*; **man** (*pl* **men**) *n*).

INTRODUCTION

We are delighted you have decided to buy the Collins Gem Italian Dictionary and hope you will enjoy and benefit from using it at school, at home, on holiday or at work.

This introduction gives you a few tips on how to get the most out of your dictionary — not simply from its comprehensive wordlist but also from the information provided in each entry. This will help you to read and understand modern Italian, as well as communicate and express yourself in the language.

The Collins Gem Italian Dictionary begins by listing the abbreviations used in the text and illustrating the sounds shown by the phonetic symbols. You will find Italian verb tables and English irregular verbs at the back, followed by a final section on numbers and time expressions.

USING YOUR COLLINS GEM DICTIONARY

A wealth of information is presented in the dictionary, using various typefaces, sizes of type, symbols, abbreviations and brackets. The conventions and symbols used are explained in the following sections.

Headwords

The words you look up in a dictionary — "headwords" — are listed alphabetically. They are printed in **bold type** for rapid identification. The two headwords appearing at the top of each page indicate the first and last word dealt with on the page in question.

Information about the usage or form of certain headwords is given in brackets after the phonetic spelling. This usually appears in abbreviated form and in italics (e.g. (*fam*), (*COMM*)).

Where appropriate, words related to headwords are grouped in the same entry (**illustrare, illustrazione**) in a slightly smaller bold type than the headword.

Common expressions in which the headword appears are shown in a different bold roman type (e.g. **aver freddo**).

Phonetic spellings

Where the phonetic spelling of headwords (indicating their pronunciation) is given, it will appear in square brackets immediately after the headword (e.g. **calza** ['kaltsa]). A list of these symbols is given on pages xi-xii.

Translations

Headword translations are given in ordinary type and, where more than one meaning or usage exists, these are separated by a semi-colon. You will often find other words in italics in brackets before the translations. These offer suggested contexts in which the headword might appear (e.g. **duro** (*pietra*) or (*lavoro*)) or provide synonyms (e.g. **duro** (*ostinato*)).

"Key" words

Special status is given to certain Italian and English words which are considered as "key" words in each language. They may, for example, occur very frequently or have several types of usage (e.g. **da, di, avere**). A combination of lozenges and numbers helps you to distinguish different parts of speech and different meanings. Further helpful information is provided in brackets and in italics.

Grammatical information

Parts of speech are given in abbreviated form in italics after the phonetic spellings of headwords (e.g. *vt*, *av*, *cong*).

Genders of Italian nouns are indicated as follows: *sm* for a masculine and *sf* for a feminine noun. Feminine and irregular plural forms of nouns are also shown (**dottore, essa; droga, ghe**).

Feminine adjective endings are given as are plural forms (**opaco, a, chi, che**).

ABBREVIAZIONI		ABBREVIATIONS
abbreviazione	**abbr**	abbreviation
aggettivo	**adj**	adjective
avverbio	**adv**	adverb
amministrazione	**ADMIN**	administration
aeronautica, viaggi aerei	**AER**	flying, air travel
aggettivo	**ag**	adjective
agricoltura	**AGR**	agriculture
amministrazione	**AMM**	administration
anatomia	**ANAT**	anatomy
architettura	**ARCHIT**	architecture
articolo definito	**art def**	definite article
articolo indefinito	**art indef**	indefinite article
attributivo	**attrib**	attributive
ausiliare	**aus, aux**	auxiliary
l'automobile	**AUT**	the motor car and motoring
avverbio	**av**	adverb
aeronautica, viaggi aerei	**AVIAT**	flying, air travel
biologia	**BIOL**	biology
botanica	**BOT**	botany
inglese della Gran Bretagna	**BRIT**	British English
consonante	**C**	consonant
chimica	**CHIM, CHEM**	chemistry
commercio, finanza, banca	**COMM**	commerce, finance, banking
comparativo	**compar**	comparative
informatica	**COMPUT**	computers
congiunzione	**cong, conj**	conjunction
edilizia	**CONSTR**	building
sostantivo usato come aggettivo, non può essere usato né come attributo, né dopo il sostantivo qualificato	**cpd**	compound element: noun used as adjective and which cannot follow the noun it qualifies
cucina	**CUC, CULIN**	cookery
davanti a	**dav**	before
articolo definito	**def art**	definite article
determinativo: articolo, aggettivo dimostrativo o indefinito etc	**det**	determiner: article, demonstrative etc
diminutivo	**dimin**	diminutive
diritto	**DIR**	law
economia	**ECON**	economics
edilizia	**EDIL**	building

ABBREVIAZIONI — ABBREVIATIONS

elettricità, elettronica	**ELETTR, ELEC**	electricity, electronics
esclamazione	**escl, excl**	exclamation
femminile	**f**	feminine
familiare (! da evitare)	**fam(!)**	colloquial usage (! particularly offensive)
ferrovia	**FERR**	railways
figurato	**fig**	figurative use
fisiologia	**FISIOL**	physiology
fotografia	**FOT**	photography
(verbo inglese) la cui particella è inseparabile dal verbo	**fus**	(phrasal verb) where the particle cannot be separated from main verb
nella maggior parte dei sensi; generalménte	**gen**	in most or all senses; generally
geografia, geologia	**GEO**	geography, geology
geometria	**GEOM**	geometry
impersonale	**impers**	impersonal
articolo indefinito	**indef art**	indefinite article
familiare (! da evitare)	**inf(!)**	colloquial usage (! particularly offensive)
infinitivo	**infin**	infinitive
informatica	**INFORM**	computers
insegnamento, sistema scolastico e universitario	**INS**	schooling, schools and universities
invariabile	**inv**	invariable
irregolare	**irreg**	irregular
grammatica, linguistica	**LING**	grammar, linguistics
maschile	**m**	masculine
matematica	**MAT(H)**	mathematics
termine medico, medicina	**MED**	medical term, medicine
il tempo, meteorologia	**METEOR**	the weather, meteorology
maschile o femminile, secondo il sesso	**m/f**	either masculine or feminine depending on sex
esercito, linguaggio militare	**MIL**	military matters
musica	**MUS**	music
sostantivo	**n**	noun
nautica	**NAUT**	sailing, navigation
numerale (aggettivo, sostantivo)	**num**	numeral adjective or noun
	o.s.	oneself
peggiorativo	**peg, pej**	derogatory, pejorative
fotografia	**PHOT**	photography

ABBREVIAZIONI		ABBREVIATIONS
fisiologia	**PHYSIOL**	physiology
plurale	**pl**	plural
politica	**POL**	politics
participio passato	**pp**	past participle
preposizione	**prep**	preposition
pronome	**pron**	pronoun
psicologia, psichiatria	**PSIC, PSYCH**	psychology, psychiatry
tempo passato	**pt**	past tense
qualcosa	**qc**	
qualcuno	**qn**	
religione, liturgia	**REL**	religions, church service
sostantivo	**s**	noun
	sb	somebody
insegnamento, sistema scolastico e universitario	**SCOL**	schooling, schools and universities
singolare	**sg**	singular
soggetto (grammaticale)	**sog**	(grammatical) subject
	sth	something
congiuntivo	**sub**	subjunctive
soggetto (grammaticale)	**subj**	(grammatical) subject
superlativo	**superl**	superlative
termine tecnico, tecnologia	**TECN, TECH**	technical term, technology
telecomunicazioni	**TEL**	telecommunications
tipografia	**TIP**	typography, printing
televisione	**TV**	television
tipografia	**TYP**	typography, printing
inglese degli Stati Uniti	**US**	American English
vocale	**V**	vowel
verbo	**vb**	verb
verbo o gruppo verbale con funzione intransitiva	**vi**	verb or phrasal verb used intransitively
verbo riflessivo	**vr**	reflexive verb
verbo o gruppo verbale con funzione transitiva	**vt**	verb or phrasal verb used transitively
zoologia	**ZOOL**	zoology
marchio registrato	®	registered trademark
introduce un'equivalenza culturale	≈	introduces a cultural equivalent

TRASCRIZIONE FONETICA

PHONETIC TRANSCRIPTION

CONSONANTS CONSONANTI

NB The pairing of some vowel sounds only indicates approximate equivalence/La messa in equivalenza di certi suoni indica solo una rassomiglianza approssimativa.

puppy	p	padre
baby	b	bambino
tent	t	tutto
daddy	d	dado
cork kiss chord	k	cane che
gag guess	g	gola ghiro
so rice kiss	s	sano
cousin buzz	z	svago esame
sheep sugar	ʃ	scena
pleasure beige	ʒ	
church	tʃ	pece lanciare
judge general	dʒ	giro gioco
farm raffle	f	afa faro
very rev	v	vero bravo
thin maths	θ	
that other	ð	
little ball	l	letto ala
	ʎ	gli
rat brat	r	rete arco
mummy comb	m	ramo madre
no ran	n	no fumante
	ɲ	gnomo
singing bank	ŋ	
hat reheat	h	
yet	j	buio piacere
wall bewail	w	uomo guaio
loch	x	

VOWELS VOCALI

NB **p, b, t, d, k, g** are not aspirated in Italian/sono seguiti da un'aspirazione in inglese.

heel bead	iː i	vino idea
hit pity	ɪ	
	e	stella edera
set tent	ɛ	epoca eccetto
apple bat	æ a	mamma amore
after car calm	ɑː	
fun cousin	ʌ	
over above	ə	
urn fern work	əː	
wash pot	ɔ	rosa occhio
born cork	ɔː	
	o	ponte ognuno
	ø	föhn
full soot	u	utile zucca
boon lewd	uː	

DIPHTHONGS DITTONGHI

ɪə	beer tier
ɛə	tear fair there
eɪ	date plaice day
aɪ	life buy cry
au	owl foul now
əu	low no
ɔɪ	boil boy oily
uə	poor tour

MISCELLANEOUS VARIE

* per l'inglese: la "r" finale viene pronunciata se seguita da una vocale.

ˈ precedes the stressed syllable/precede la sillaba accentata.

ITALIAN PRONUNCIATION

VOWELS

Where the vowel **e** or the vowel **o** appears in a stressed syllable it can be either open [ɛ], [ɔ] or closed [e], [o]. As the open or closed pronunciation of these vowels is subject to regional variation, the distinction is of little importance to the user of this dictionary. Phonetic transcription for headwords containing these vowels will therefore only appear where other pronunciation difficulties are present.

CONSONANTS

c before "e" or "i" is pronounced *tch*.

ch is pronounced like the "k" in "kit".

g before "e" or "i" is pronounced like the "j" in "jet".

gh is pronounced like the "g" in "get".

gl before "e" or "i" is normally pronounced like the "lli" in "million", and in a few cases only like the "gl" in "glove".

gn is pronounced like the "ny" in "canyon".

sc before "e" or "i" is pronounced *sh*.

z is pronounced like the "ts" in "stetson", or like the "d's" in "bird's-eye".

Headwords containing the above consonants and consonantal groups have been given full phonetic transcription in this dictionary.

NB All double written consonants in Italian are fully sounded: eg. the *tt* in "tutto" is pronounced as in "ha*t* *t*rick".

ITALIANO - INGLESE
ITALIAN - ENGLISH
A

PAROLA CHIAVE

a (*a+il* = **al**, *a+lo* = **allo**, *a+l'* = **all'**, *a+la* = **alla**, *a+i* = **ai**, *a+gli* = **agli**, *a+le* = **alle**) *prep* **1** (*stato in luogo*) at; (: *in*) in; **essere alla stazione** to be at the station; **essere ~ casa/~ scuola/~ Roma** to be at home/at school/in Rome; **è ~ 10 km da qui** it's 10 km from here, it's 10 km away

2 (*moto a luogo*) to; **andare ~ casa/~ scuola** to go home/to school

3 (*tempo*) at; (*epoca, stagione*) in; **alle cinque** at five (o'clock); **~ mezzanotte/Natale** at midnight/ Christmas; **al mattino** in the morning; **~ maggio/primavera** in May/ spring; **~ cinquant'anni** at fifty (years of age); **~ domani!** see you tomorrow!

4 (*complemento di termine*) to; **dare qc ~ qn** to give sth to sb

5 (*mezzo, modo*) with, by; **~ piedi/ cavallo** on foot/horseback; **fatto ~ mano** made by hand, handmade; **una barca ~ motore** a motorboat; **~ uno ~ uno** one by one; **all'italiana** the Italian way, in the Italian fashion

6 (*rapporto*) a, per; (: *con prezzi*) at; **prendo 500.000 lire al mese** I get 500,000 lire a *o* per month; **pagato ~ ore** paid by the hour; **vendere qc ~ 500 lire il chilo** to sell sth at 500 lire a *o* per kilo

abbacchi'ato, a [abbak'kjato] *ag* downhearted, in low spirits

abbagli'ante [abbaʎ'ʎante] *ag* dazzling; **~i** *smpl* (*AUT*): **accendere gli ~i** to put one's headlights on full (*BRIT*) *o* high (*US*) beam

abbagli'are [abbaʎ'ʎare] *vt* to dazzle; (*illudere*) to delude; **ab'baglio** *sm* blunder; **prendere un abbaglio** to blunder, make a blunder

abbai'are *vi* to bark

abba'ino *sm* dormer window; (*soffitta*) attic room

abbando'nare *vt* to leave, abandon, desert; (*trascurare*) to neglect; (*rinunciare a*) to abandon, give up; **~rsi** *vr* to let o.s. go; **~rsi a** (*ricordi, vizio*) to give o.s. up to; **ab-ban'dono** *sm* abandonment; neglect; (*SPORT*) withdrawal; (*fig*) abandon; **in abbandono** (*edificio, giardino*) neglected

abbas'sare *vt* to lower; (*radio*) to turn down; **~rsi** *vr* (*chinarsi*) to stoop; (*livello, sole*) to go down; (*fig: umiliarsi*) to demean o.s.; **~ i fari** (*AUT*) to dip *o* dim (*US*) one's lights

ab'basso *escl*: **~ il re!** down with the king!

abbas'tanza [abbas'tantsa] *av* (*a sufficienza*) enough; (*alquanto*) quite, rather, fairly; **non è ~ furbo** he's not shrewd enough; **un vino ~ dolce** quite a sweet wine, a fairly sweet wine; **averne ~ di qn/qc** to have had enough of sb/sth

ab'battere *vt* (*muro, casa*) to pull down; (*ostacolo*) to knock down; (*albero*) to fell; (: *sog: vento*) to bring down; (*bestie da macello*) to slaughter; (*cane, cavallo*) to destroy, put down; (*selvaggina, aereo*) to shoot down; (*fig: sog: malattia, disgrazia*) to lay low; **~rsi** *vr* (*avvilirsi*) to lose heart; **abbat'tuto, a** *ag* (*fig*) depressed

abba'zia [abbat'tsia] *sf* abbey

abbece'dario [abbetʃe'darjo] *sm* primer

abbel'lire *vt* to make beautiful; (*ornare*) to embellish

abbeve'rare *vt* to water; **~rsi** *vr* to

drink
'abbia *etc vb vedi* **avere**
abbicci [abbit'tʃi] *sm inv* alphabet; (*sillabario*) primer; (*fig*) rudiments *pl*
abbi'ente *ag* well-to-do, well-off ♦ *smpl*: **gli ~i** the well-to-do
abbi'etto, a *ag* = abietto
abbiglia'mento [abbiʎʎa'mento] *sm* dress *no pl*; (*indumenti*) clothes *pl*; (*industria*) clothing industry
abbigli'are [abbiʎ'ʎare] *vt* to dress up
abbi'nare *vt*: ~ **(a)** to combine (with)
abbindo'lare *vt* (*fig*) to cheat, trick
abbocca'mento *sm* talks *pl*, meeting
abboc'care *vt* (*tubi, canali*) to connect, join up ♦ *vi* (*pesce*) to bite; (*tubi*) to join; ~ **(all'amo)** (*fig*) to swallow the bait
abboc'cato, a *ag* (*vino*) sweetish
abbona'mento *sm* subscription; (*alle ferrovie etc*) season ticket; **fare l'~** to take out a subscription (*o* season ticket)
abbo'narsi *vr*: ~ **a un giornale** to take out a subscription to a newspaper; ~ **al teatro/alle ferrovie** to take out a season ticket for the theatre/the train; **abbo'nato, a** *sm/f* subscriber; season-ticket holder
abbon'dante *ag* abundant, plentiful; (*giacca*) roomy
abbon'danza [abbon'dantsa] *sf* abundance; plenty
abbon'dare *vi* to abound, be plentiful; ~ **in** *o* **di** to be full of, abound in
abbor'dabile *ag* (*persona*) approachable; (*prezzo*) reasonable
abbor'dare *vt* (*nave*) to board; (*persona*) to approach; (*argomento*) to tackle; ~ **una curva** to take a bend
abbotto'nare *vt* to button up, do up
abboz'zare [abbot'tsare] *vt* to sketch, outline; (*SCULTURA*) to rough-hew; ~ **un sorriso** to give a hint of a smile; **ab'bozzo** *sm* sketch, outline; (*DIR*) draft
abbracci'are [abbrat'tʃare] *vt* to embrace; (*persona*) to hug, embrace; (*professione*) to take up; (*contenere*) to include; **~rsi** *vr* to hug *o* embrace (one another); **ab'braccio** *sm* hug, embrace
abbrevi'are *vt* to shorten; (*parola*) to abbreviate
abbreviazi'one [abbrevjat'tsjone] *sf* abbreviation
abbron'zante [abbron'dzante] *ag* tanning, sun *cpd*
abbron'zare [abbron'dzare] *vt* (*pelle*) to tan; (*metalli*) to bronze; **~rsi** *vr* to tan, get a tan; **abbronza'tura** *sf* tan, suntan
abbrusto'lire *vt* (*pane*) to toast; (*caffè*) to roast
abbru'tire *vt* to exhaust; to degrade
abbu'ono *sm* (*COMM*) allowance, discount; (*SPORT*) handicap
abdi'care *vi* to abdicate; ~ **a** to give up, renounce
aberrazi'one [aberrat'tsjone] *sf* aberration
a'bete *sm* fir (tree); ~ **rosso** spruce
abi'etto, a *ag* despicable, abject
'abile *ag* (*idoneo*): ~ **(a qc/a fare qc)** fit (for sth/to do sth); (*capace*) able; (*astuto*) clever; (*accorto*) skilful; ~ **al servizio militare** fit for military service; **abilità** *sf inv* ability; cleverness; skill
abili'tato, a *ag* qualified; (*TEL*) which has an outside line; **abilitazi'one** *sf* qualification
a'bisso *sm* abyss, gulf
abi'tacolo *sm* (*AER*) cockpit; (*AUT*) inside; (: *di camion*) cab
abi'tante *sm/f* inhabitant
abi'tare *vt* to live in, dwell in ♦ *vi*: ~ **in campagna/a Roma** to live in the country/in Rome; **abi'tato, a** *ag* inhabited; lived in ♦ *sm* (*anche*: *centro abitato*) built-up area; **abitazi'one** *sf* residence; house
'abito *sm* dress *no pl*; (*da uomo*) suit; (*da donna*) dress; (*abitudine, disposizione, REL*) habit; **~i** *smpl*

(*vestiti*) clothes; **in ~ da sera** in evening dress
abitu'ale *ag* usual, habitual; (*cliente*) regular
abitu'are *vt*: ~ **qn a** to get sb used *o* accustomed to; **~rsi a** to get used to, accustom o.s. to
abitudi'nario, a *ag* of fixed habits ♦ *sm/f* regular customer
abi'tudine *sf* habit; **aver l'~ di fare qc** to be in the habit of doing sth; **d'~** usually; **per ~** from *o* out of habit
abo'lire *vt* to abolish; (*DIR*) to repeal
abomi'nevole *ag* abominable
abo'rigeno [abo'ridʒeno] *sm* aborigine
abor'rire *vt* to abhor, detest
abor'tire *vi* (*MED: accidentalmente*) to miscarry, have a miscarriage; (*: deliberatamente*) to have an abortion; (*fig*) to miscarry, fail; **a'borto** *sm* miscarriage; abortion; (*fig*) freak
abrasi'one *sf* abrasion; **abra'sivo, a** *ag*, *sm* abrasive
abro'gare *vt* to repeal, abrogate
A'bruzzo *sm*: **l'~, gli ~i** the Abruzzi
'abside *sf* apse
a'bulico, a, ci, che *ag* lacking in will power
abu'sare *vi*: ~ **di** to abuse, misuse; (*alcool*) to take to excess; (*approfittare, violare*) to take advantage of; **a'buso** *sm* abuse, misuse; excessive use
a.C. *av abbr* (= *avanti Cristo*) B.C.
a'cacia, cie [a'katʃa] *sf* (*BOT*) acacia
'acca *sf* letter H; **non capire un'~** not to understand a thing
acca'demia *sf* (*società*) learned society; (*scuola: d'arte, militare*) academy; **acca'demico, a, ci, che** *ag* academic ♦ *sm* academician
acca'dere *vb impers* to happen, occur; **acca'duto** *sm*: **raccontare l'accaduto** to describe what has happened
accalappi'are *vt* to catch; (*fig*) to trick, dupe
accal'care *vt* to crowd, throng; **~si** *vr*: **~si (in)** to crowd (into)
accal'darsi *vr* to grow hot
accalo'rarsi *vr* (*fig*) to get excited
accampa'mento *sm* camp
accam'pare *vt* to encamp; (*fig*) to put forward, advance; **~rsi** *vr* to camp
accani'mento *sm* fury; (*tenacia*) tenacity, perseverance
acca'nirsi *vr* (*infierire*) to rage; (*ostinarsi*) to persist; **acca'nito, a** *ag* (*odio, gelosia*) fierce, bitter; (*lavoratore*) assiduous, dogged; (*fumatore*) inveterate
ac'canto *av* near, nearby; ~ **a** *prep* near, beside, close to
accanto'nare *vt* (*problema*) to shelve; (*somma*) to set aside
accapar'rare *vt* (*COMM*) to corner, buy up; (*versare una caparra*) to pay a deposit on; **~rsi qc** (*fig: simpatia, voti*) to secure sth (for o.s.)
accapigli'arsi [akkapiʎ'ʎarsi] *vr* to come to blows; (*fig*) to quarrel
accappa'toio *sm* bathrobe
accappo'nare *vi*: **far ~ la pelle a qn** (*fig*) to bring sb out in goose pimples
accarez'zare [akkaret'tsare] *vt* to caress, stroke, fondle; (*fig*) to toy with
acca'sarsi *vr* to set up house; to get married
accasci'arsi [akkaʃ'ʃarsi] *vr* to collapse; (*fig*) to lose heart
accat'tone, a *sm/f* beggar
accaval'lare *vt* (*gambe*) to cross; **~rsi** *vr* (*sovrapporsi*) to overlap; (*addensarsi*) to gather
acce'care [attʃe'kare] *vt* to blind ♦ *vi* to go blind
ac'cedere [at'tʃedere] *vi*: ~ **a** to enter; (*richiesta*) to grant, accede to
accele'rare [attʃele'rare] *vt* to speed up ♦ *vi* (*AUT*) to accelerate; ~ **il passo** to quicken one's pace; **acce-**

le'rato *sm* (*FERR*) slow train; **accelera'tore** *sm* (*AUT*) accelerator; **accelerazi'one** *sf* acceleration
ac'cendere [at'tʃɛndere] *vt* (*fuoco, sigaretta*) to light; (*luce, televisione*) to put *o* switch *o* turn on; (*AUT: motore*) to switch on; (*COMM: conto*) to open; (*fig: suscitare*) to inflame, stir up; **~rsi** *vr* (*luce*) to come *o* go on; (*legna*) to catch fire, ignite; **accen'dino** *sm*, **accendi'sigaro** *sm* (cigarette) lighter
accen'nare [attʃen'nare] *vt* to indicate, point out; (*MUS*) to pick out the notes of; to hum ♦ *vi*: **~ a** (*fig: alludere a*) to hint at; (*: far atto di*) to make as if; **~ un saluto** (*con la mano*) to make as if to wave; (*col capo*) to half nod; **accenna a piovere** it looks as if it's going to rain
ac'cenno [at'tʃenno] *sm* (*cenno*) sign; nod; (*allusione*) hint
accensi'one [attʃen'sjone] *sf* (*vedi accendere*) lighting; switching on; opening; (*AUT*) ignition
accen'tare [attʃen'tare] *vt* (*parlando*) to stress; (*scrivendo*) to accent
ac'cento [at'tʃɛnto] *sm* accent; (*FONETICA, fig*) stress; (*inflessione*) tone (of voice)
accen'trare [attʃen'trare] *vt* to centralize
accentu'are [attʃentu'are] *vt* to stress, emphasize; **~rsi** *vr* to become more noticeable
accerchi'are [attʃer'kjare] *vt* to surround, encircle
accerta'mento [attʃerta'mento] *sm* check; assessment
accer'tare [attʃer'tare] *vt* to ascertain; (*verificare*) to check; (*reddito*) to assess; **~rsi** *vr*: **~rsi (di)** to make sure (of)
ac'ceso, a [at'tʃeso] *pp di* **accendere** ♦ *ag* lit; on; open; (*colore*) bright
acces'sibile [attʃes'sibile] *ag* (*luogo*) accessible; (*persona*) approachable; (*prezzo*) reasonable; (*idea*): **~ a qn** within the reach of sb
ac'cesso [at'tʃɛsso] *sm* (*anche INFORM*) access; (*MED*) attack, fit; (*impulso violento*) fit, outburst
acces'sorio, a [attʃes'sɔrjo] *ag* secondary, of secondary importance; **~i** *smpl* accessories
ac'cetta [at'tʃetta] *sf* hatchet
accet'tabile [attʃet'tabile] *ag* acceptable
accet'tare [attʃet'tare] *vt* to accept; **~ di fare qc** to agree to do sth; **accettazi'one** *sf* acceptance; (*locale di servizio pubblico*) reception; **accettazione bagagli** (*AER*) check-in (desk)
ac'cetto, a [at'tʃɛtto] *ag*: **(ben) ~** welcome; (*persona*) well-liked
accezi'one [attʃet'tsjone] *sf* meaning
acchiap'pare [akkjap'pare] *vt* to catch
acci'acco, chi [at'tʃakko] *sm* ailment
acciaie'ria [attʃaje'ria] *sf* steelworks *sg*
acci'aio [at'tʃajo] *sm* steel
acciden'tale [attʃiden'tale] *ag* accidental
acciden'tato, a [attʃiden'tato] *ag* (*terreno etc*) uneven
acci'dente [attʃi'dɛnte] *sm* (*caso imprevisto*) accident; (*disgrazia*) mishap; **non si capisce un ~** it's as clear as mud; **~i!** (*fam: per rabbia*) damn (it)!; (*: per meraviglia*) good heavens!
accigli'ato, a [attʃiʎ'ʎato] *ag* frowning
ac'cingersi [at'tʃindʒersi] *vr*: **~ a fare** to be about to do
acciuf'fare [attʃuf'fare] *vt* to seize, catch
acci'uga, ghe [at'tʃuga] *sf* anchovy
accla'mare *vt* (*applaudire*) to applaud; (*eleggere*) to acclaim; **acclamazi'one** *sf* applause; acclamation
acclima'tare *vt* to acclimatize; **~rsi** *vr* to become acclimatized
ac'cludere *vt* to enclose; **ac'cluso, a** *pp di* **accludere** ♦ *ag* enclosed
accocco'larsi *vr* to crouch
accogli'ente [akkoʎ'ʎɛnte] *ag* wel-

coming, friendly; **accogli'enza** *sf* reception; welcome
ac'cogliere [ak'koʎʎere] *vt* (*ricevere*) to receive; (*dare il benvenuto*) to welcome; (*approvare*) to agree to, accept; (*contenere*) to hold, accommodate
accol'lato, a *ag* (*vestito*) high-necked
accoltel'lare *vt* to knife, stab
ac'colto, a *pp di* **accogliere**
accoman'dita *sf* (*DIR*) limited partnership
accomia'tare *vt* to dismiss; **~rsi** *vr*: **~rsi (da)** to take one's leave (of)
accomoda'mento *sm* agreement, settlement
accomo'dante *ag* accommodating
accomo'dare *vt* (*aggiustare*) to repair, mend; (*riordinare*) to tidy; (*conciliare*) to settle; **~rsi** *vr* (*sedersi*) to sit down; **s'accomodi!** (*venga avanti*) come in!; (*si sieda*) take a seat!
accompagna'mento [akkompaɲɲa'mento] *sm* (*MUS*) accompaniment
accompa'gnare [akkompaɲ'ɲare] *vt* to accompany, come *o* go with; (*MUS*) to accompany; (*unire*) to couple; **~ la porta** to close the door gently
accomu'nare *vt* to pool, share; (*avvicinare*) to unite
acconcia'tura [akkontʃa'tura] *sf* hairstyle
accondi'scendere [akkondiʃ'ʃendere] *vi*: **~ a** to agree *o* consent to; **accondi'sceso, a** *pp di* **accondiscendere**
acconsen'tire *vi*: **~ (a)** to agree *o* consent (to)
acconten'tare *vt* to satisfy; **~rsi di** to be satisfied with, content o.s. with
ac'conto *sm* part payment; **pagare una somma in ~** to pay a sum of money as a deposit
accoppia'mento *sm* coupling, pairing off; mating; (*TECN*) coupling
accoppi'are *vt* to couple, pair off; (*BIOL*) to mate; **~rsi** *vr* to pair off; to mate
acco'rato, a *ag* heartfelt
accorci'are [akkor'tʃare] *vt* to shorten; **~rsi** *vr* to become shorter
accor'dare *vt* to reconcile; (*colori*) to match; (*MUS*) to tune; (*LING*): **~ qc con qc** to make sth agree with sth; (*DIR*) to grant; **~rsi** *vr* to agree, come to an agreement; (*colori*) to match
ac'cordo *sm* agreement; (*armonia*) harmony; (*MUS*) chord; **essere d'~** to agree; **andare d'~** to get on well together; **d'~!** all right!, agreed!
ac'corgersi [ak'kordʒersi] *vr*: **~ di** to notice; (*fig*) to realize; **accorgi'mento** *sm* shrewdness *no pl*; (*espediente*) trick, device
ac'correre *vi* to run up
ac'corso, a *pp di* **accorrere**
ac'corto, a *pp di* **accorgersi** ♦ *ag* shrewd; **stare ~** to be on one's guard
accos'tare *vt* (*avvicinare*): **~ qc a** to bring sth near to, put sth near to; (*avvicinarsi a*) to approach; (*socchiudere: imposte*) to half-close; (*: porta*) to leave ajar ♦ *vi* (*NAUT*) to come alongside; **~rsi a** to draw near, approach; (*fig*) to support
accovacci'arsi [akkovat'tʃarsi] *vr* to crouch
accoz'zaglia [akkot'tsaʎʎa] (*peg*) *sf* (*di idee, oggetti*) jumble, hotchpotch; (*di persone*) odd assortment
accredi'tare *vt* (*notizia*) to confirm the truth of; (*COMM*) to credit; (*diplomatico*) to accredit; **~rsi** *vr* (*fig*) to gain credit
ac'crescere [ak'kreʃʃere] *vt* to increase; **~rsi** *vr* to increase, grow; **accresci'tivo, a** *ag, sm* (*LING*) augmentative; **accresci'uto, a** *pp di* **accrescere**
accucci'arsi [akkut'tʃarsi] *vr* (*cane*) to lie down
accu'dire *vt* (*anche*: *vi*: **~ a**) to attend to

accumu'lare *vt* to accumulate
accumula'tore *sm* (*ELETTR*) accumulator
accura'tezza [akkura'tettsa] *sf* care; accuracy
accu'rato, a *ag* (*diligente*) careful; (*preciso*) accurate
ac'cusa *sf* accusation; (*DIR*) charge; **la pubblica** ~ the prosecution
accu'sare *vt*: ~ **qn di qc** to accuse sb of sth; (*DIR*) to charge sb with sth; ~ **ricevuta di** (*COMM*) to acknowledge receipt of
accu'sato, a *sm/f* accused; defendant
accusa'tore, 'trice *sm/f* accuser ♦ *sm* (*DIR*) prosecutor
a'cerbo, a [a'tʃɛrbo] *ag* bitter; (*frutta*) sour, unripe; (*persona*) immature
'acero ['atʃero] *sm* maple
a'cerrimo, a [a'tʃɛrrimo] *ag* very fierce
a'ceto [a'tʃeto] *sm* vinegar
ace'tone [atʃe'tone] *sm* nail varnish remover
A.C.I. ['atʃi] *sigla m* (= *Automobile Club d'Italia*) ≈ A.A.
'acido, a ['atʃido] *ag* (*sapore*) acid, sour; (*CHIM*) acid ♦ *sm* (*CHIM*) acid
'acino ['atʃino] *sm* berry; ~ **d'uva** grape
'acne *sf* acne
'acqua *sf* water; (*pioggia*) rain; ~**e** *sfpl* (*di mare, fiume etc*) waters; **fare** ~ (*NAUT*) to leak, take in water; ~ **in bocca!** mum's the word!; ~ **corrente** running water; ~ **dolce** fresh water; ~ **minerale** mineral water; ~ **potabile** drinking water; ~ **salata** salt water; ~ **tonica** tonic water
acqua'forte (*pl* **acque'forti**) *sf* etching
a'cquaio *sm* sink
acqua'ragia [akkwa'radʒa] *sf* turpentine
a'cquario *sm* aquarium; (*dello zodiaco*): **A**~ Aquarius
acqua'santa *sf* holy water
ac'quatico, a, ci, che *ag* aquatic; (*SPORT, SCIENZA*) water *cpd*
acqua'vite *sf* brandy
acquaz'zone [akkwat'tsone] *sm* cloudburst, heavy shower
acque'dotto *sm* aqueduct; waterworks *pl*, water system
'acqueo, a *ag*: **vapore** ~ water vapour
acque'rello *sm* watercolour
acqui'rente *sm/f* purchaser, buyer
acqui'sire *vt* to acquire
acquis'tare *vt* to purchase, buy; (*fig*) to gain; **a'cquisto** *sm* purchase; **fare acquisti** to go shopping
acqui'trino *sm* bog, marsh
acquo'lina *sf*: **far venire l'**~ **in bocca a qn** to make sb's mouth water
a'cquoso, a *ag* watery
'acre *ag* acrid, pungent; (*fig*) harsh, biting
a'crobata, i, e *sm/f* acrobat
acu'ire *vt* to sharpen
a'culeo *sm* (*ZOOL*) sting; (*BOT*) prickle
a'cume *sm* acumen, perspicacity
a'custica *sf* (*scienza*) acoustics *sg*; (*di una sala*) acoustics *pl*
a'cuto, a *ag* (*appuntito*) sharp, pointed; (*suono, voce*) shrill, piercing; (*MAT, LING, MED*) acute; (*MUS*) high-pitched; (*fig: dolore, desiderio*) intense; (*: perspicace*) acute, keen
ad (*dav V*) *prep* = **a**
adagi'are [ada'dʒare] *vt* to lay *o* set down carefully; ~**rsi** *vr* to lie down, stretch out
a'dagio [a'dadʒo] *av* slowly ♦ *sm* (*MUS*) adagio; (*proverbio*) adage, saying
adatta'mento *sm* adaptation
adat'tare *vt* to adapt; (*sistemare*) to fit; ~**rsi (a)** (*ambiente, tempi*) to adapt (to); (*essere adatto*) to be suitable (for)
a'datto, a *ag*: ~ **(a)** suitable (for),

right (for)
addebi'tare *vt*: ~ **qc a qn** to debit sb with sth; (*fig: incolpare*) to blame sb for sth
ad'debito *sm* (*COMM*) debit
adden'sare *vt* to thicken; **~rsi** *vr* to thicken; (*nuvole*) to gather
adden'tare *vt* to bite into
adden'trarsi *vr*: ~ **in** to penetrate, go into
ad'dentro *av* (*fig*): **essere molto ~ in qc** to be well-versed in sth
addestra'mento *sm* training
addes'trare *vt* to train; **~rsi** *vr* to train; **~rsi in qc** to practise (*BRIT*) *o* practice (*US*) sth
ad'detto, a *ag*: ~ **a** (*persona*) assigned to; (*oggetto*) intended for ♦ *sm* employee; (*funzionario*) attaché; ~ **commerciale/stampa** commercial/press attaché; **gli ~i ai lavori** authorized personnel; (*fig*) those in the know
addì *av* (*AMM*): ~ **3 luglio 1978** on the 3rd of July 1978 (*BRIT*), on July 3rd 1978 (*US*)
addi'accio [ad'djattʃo] *sm* (*MIL*) bivouac; **dormire all'~** to sleep in the open
addi'etro *av* (*indietro*) behind; (*nel passato, prima*) before, ago
ad'dio *sm*, *escl* goodbye, farewell
addirit'tura *av* (*veramente*) really, absolutely; (*perfino*) even; (*direttamente*) directly, right away
ad'dirsi *vr*: ~ **a** to suit, be suitable for
addi'tare *vt* to point out; (*fig*) to expose
addi'tivo *sm* additive
addizio'nare [addittsjo'nare] *vt* (*MAT*) to add (up); **addizi'one** *sf* addition
addob'bare *vt* to decorate; **ad'dobbo** *sm* decoration
addol'cire [addol'tʃire] *vt* (*caffè etc*) to sweeten; (*acqua, fig: carattere*) to soften; **~rsi** *vr* (*fig*) to mellow, soften
addolo'rare *vt* to pain, grieve; **~rsi** (**per**) to be distressed (by)
ad'dome *sm* abdomen
addomesti'care *vt* to tame
addormen'tare *vt* to put to sleep; **~rsi** *vr* to fall asleep, go to sleep
addos'sare *vt* (*appoggiare*): ~ **qc a qc** to lean sth against sth; (*fig*): ~ **la colpa a qn** to lay the blame on sb; **~rsi qc** (*responsabilità etc*) to shoulder sth
ad'dosso *av* (*sulla persona*) on; **mettersi ~ il cappotto** to put one's coat on; **non ho soldi ~** I don't have any money on me; ~ **a** (*sopra*) on; (*molto vicino*) right next to; **stare ~ a qn** (*fig*) to breathe down sb's neck; **dare ~ a qn** (*fig*) to attack sb
ad'dotto, a *pp di* **addurre**
ad'durre *vt* (*DIR*) to produce; (*citare*) to cite
adegu'are *vt*: ~ **qc a** to adjust *o* relate sth to; **~rsi** *vr* to adapt; **adegu'ato, a** *ag* adequate; (*conveniente*) suitable; (*equo*) fair
a'dempiere *vt* to fulfil, carry out
adem'pire *vt* = **adempiere**
ade'rente *ag* adhesive; (*vestito*) close-fitting ♦ *sm/f* follower; **ade'renza** *sf* adhesion; **aderenze** *sfpl* (*fig*) connections, contacts
ade'rire *vi* (*stare attaccato*) to adhere, stick; ~ **a** to adhere to, stick to; (*fig: società, partito*) to join; (*: opinione*) to support; (*richiesta*) to agree to
ades'care *vt* to lure, entice
adesi'one *sf* adhesion; (*fig*) agreement, acceptance; **ade'sivo, a** *ag*, *sm* adhesive
a'desso *av* (*ora*) now; (*or ora, poco fa*) just now; (*tra poco*) any moment now
adia'cente [adja'tʃɛnte] *ag* adjacent
adi'bire *vt* (*usare*): ~ **qc a** to turn sth into
adi'rarsi *vr*: ~ (**con** *o* **contro qn per qc**) to get angry (with sb over sth)
a'dire *vt* (*DIR*): ~ **le vie legali** to take legal proceedings

'adito *sm*: **dare ~ a** to give rise to
adocchi'are [adok'kjare] *vt* (*scorgere*) to catch sight of; (*occhieggiare*) to eye
adole'scente [adoleʃ'ʃɛnte] *ag*, *sm/f* adolescent; **adole'scenza** *sf* adolescence
adope'rare *vt* to use; **~rsi** *vr* to strive; **~rsi per qn/qc** to do one's best for sb/sth
ado'rare *vt* to adore; (*REL*) to adore, worship
adot'tare *vt* to adopt; (*decisione, provvedimenti*) to pass; **adot'tivo, a** *ag* (*genitori*) adoptive; (*figlio, patria*) adopted; **adozi'one** *sf* adoption
adri'atico, a, ci, che *ag* Adriatic ♦ *sm*: **l'A~, il mare A~** the Adriatic, the Adriatic Sea
adu'lare *vt* to adulate, flatter
adulte'rare *vt* to adulterate
adul'terio *sm* adultery
a'dulto, a *ag* adult; (*fig*) mature ♦ *sm* adult, grown-up
adu'nanza [adu'nantsa] *sf* assembly, meeting
adu'nare *vt* to assemble, gather; **~rsi** *vr* to assemble, gather; **adu'nata** *sf* (*MIL*) parade, muster
a'dunco, a, chi, che *ag* hooked
a'ereo, a *ag* air *cpd*; (*radice*) aerial ♦ *sm* aerial; (*aeroplano*) plane; **~ a reazione** jet (plane); **~ da caccia** fighter (plane); **~ di linea** airliner; **ae'robica** *sf* aerobics *sg*; **aero-di'namica** *sf* aerodynamics *sg*; **aero-di'namico, a, ci, che** *ag* aerodynamic; (*affusolato*) streamlined; **aero'nautica** *sf* (*scienza*) aeronautics *sg*; **aeronautica militare** air force; **aero'plano** *sm* (aero)plane (*BRIT*), (air)plane (*US*); **aero'porto** *sm* airport; **aero'sol** *sm inv* aerosol
'afa *sf* sultriness
af'fabile *ag* affable
affaccen'dato, a [affattʃen'dato] *ag* (*persona*) busy
affacci'arsi [affat'tʃarsi] *vr*: **~ (a)** to appear (at)
affa'mato, a *ag* starving; (*fig*): **~ (di)** eager (for)
affan'nare *vt* to leave breathless; (*fig*) to worry; **~rsi** *vr*: **~rsi per qn/qc** to worry about sb/sth; **af'fanno** *sm* breathlessness; (*fig*) anxiety, worry; **affan'noso, a** *ag* (*respiro*) difficult; (*fig*) troubled, anxious
af'fare *sm* (*faccenda*) matter, affair; (*COMM*) piece of business, (business) deal; (*occasione*) bargain; (*DIR*) case; (*fam: cosa*) thing; **~i** *smpl* (*COMM*) business *sg*; **Ministro degli A~i esteri** Foreign Secretary (*BRIT*), Secretary of State (*US*); **affa'rista, i** *sm* profiteer, unscrupulous businessman
affasci'nante [affaʃʃi'nante] *ag* fascinating
affasci'nare [affaʃʃi'nare] *vt* to bewitch; (*fig*) to charm, fascinate
affati'care *vt* to tire; **~rsi** *vr* (*durar fatica*) to tire o.s. out
af'fatto *av* completely; **non ... ~** not ... at all; **niente ~** not at all
affer'mare *vt* (*dichiarare*) to maintain, affirm; **~rsi** *vr* to assert o.s., make one's name known; **affermazi'one** *sf* affirmation, assertion; (*successo*) achievement
affer'rare *vt* to seize, grasp; (*fig: idea*) to grasp; **~rsi** *vr*: **~rsi a** to cling to
affet'tare *vt* (*tagliare a fette*) to slice; (*ostentare*) to affect; **affet'tato, a** *ag* sliced; affected ♦ *sm* sliced cold meat
affet'tivo, a *ag* emotional, affective
af'fetto *sm* affection; **affettu'oso, a** *ag* affectionate
affezio'narsi [affettsjo'narsi] *vr*: **~ a** to grow fond of
affian'care *vt* to place side by side; (*MIL*) to flank; (*fig*) to support; **~ qc a qc** to place sth next to *o* beside sth; **~rsi a qn** to stand beside sb
affia'tato, a *ag*: **essere molto ~i** (*coppia*) to get on very well; (*gruppo, amici*) to make a good team

affibbi'are *vt* (*fig: dare*) to give
affi'dabile *ag* reliable
affida'mento *sm* (*DIR*: *di bambino*) custody; (*fiducia*): **fare ~ su qn** to rely on sb; **non dà nessun ~** he's not to be trusted
affi'dare *vt*: **~ qc** *o* **qn a qn** to entrust sth *o* sb to sb; **~rsi** *vr*: **~rsi a** to place one's trust in
affievo'lirsi *vr* to grow weak
af'figgere [af'fiddʒere] *vt* to stick up, post up
affi'lare *vt* to sharpen
affili'are *vt* to affiliate; **~rsi** *vr*: **~rsi a** to become affiliated to
affi'nare *vt* to sharpen
affinché [affin'ke] *cong* in order that, so that
af'fine *ag* similar; **affinità** *sf inv* affinity
affio'rare *vi* to emerge
affissi'one *sf* billposting
af'fisso, a *pp di* **affiggere** ♦ *sm* bill, poster; (*LING*) affix
affit'tare *vt* (*dare in affitto*) to let, rent (out); (*prendere in affitto*) to rent; **af'fitto** *sm* rent; (*contratto*) lease
af'fliggere [af'fliddʒere] *vt* to torment; **~rsi** *vr* to grieve; **af'flitto, a** *pp di* **affliggere**; **afflizi'one** *sf* distress, torment
afflosci'arsi [afflo∫'∫arsi] *vr* to go limp; (*frutta*) to go soft
afflu'ente *sm* tributary; **afflu'enza** *sf* flow; (*di persone*) crowd
afflu'ire *vi* to flow; (*fig: merci, persone*) to pour in; **af'flusso** *sm* influx
affo'gare *vt*, *vi* to drown; **~rsi** *vr* to drown; (*deliberatamente*) to drown o.s.
affol'lare *vt* to crowd; **~rsi** *vr* to crowd; **affol'lato, a** *ag* crowded
affon'dare *vt* to sink
affran'care *vt* to free, liberate; (*AMM*) to redeem; (*lettera*) to stamp; (*: meccanicamente*) to frank (*BRIT*), meter (*US*); **~rsi** *vr* to free o.s.; **affranca'tura** *sf* (*di francobollo*) stamping; franking (*BRIT*), metering (*US*); (*tassa di spedizione*) postage
af'franto, a *ag* (*esausto*) worn out; (*abbattuto*) overcome
af'fresco, schi *sm* fresco
affret'tare *vt* to quicken, speed up; **~rsi** *vr* to hurry; **~rsi a fare qc** to hurry *o* hasten to do sth
affron'tare *vt* (*pericolo etc*) to face; (*assalire: nemico*) to confront; **~rsi** *vr* (*reciproco*) to come to blows
af'fronto *sm* affront, insult
affumi'care *vt* to fill with smoke; to blacken with smoke; (*alimenti*) to smoke
affuso'lato, a *ag* tapering
a'foso, a *ag* sultry, close
'Africa *sf*: **l'~** Africa; **afri'cano, a** *ag*, *sm/f* African
afrodi'siaco, a, ci, che *ag*, *sm* aphrodisiac
a'genda [a'dʒεnda] *sf* diary
a'gente [a'dʒεnte] *sm* agent; **~ di cambio** stockbroker; **~ di polizia** police officer; **agen'zia** *sf* agency; (*succursale*) branch; **agenzia di collocamento** employment agency; **agenzia immobiliare** estate agent's (office) (*BRIT*), real estate office (*US*); **agenzia pubblicitaria/viaggi** advertising/travel agency
agevo'lare [adʒevo'lare] *vt* to facilitate, make easy
a'gevole [a'dʒevole] *ag* easy; (*strada*) smooth
agganci'are [aggan't∫are] *vt* to hook up; (*FERR*) to couple
ag'geggio [ad'dʒeddʒo] *sm* gadget, contraption
agget'tivo [addʒet'tivo] *sm* adjective
agghiacci'ante [aggjat't∫ante] *ag* (*fig*) chilling
agghin'darsi [aggin'darsi] *vr* to deck o.s. out
aggior'nare [addʒor'nare] *vt* (*opera, manuale*) to bring up-to-date; (*seduta etc*) to postpone; **~rsi** *vr* to bring (*o* keep) o.s. up-to-date; **aggior'nato, a** *ag* up-to-date
aggi'rare [addʒi'rare] *vt* to go round;

(*fig: ingannare*) to trick; **~rsi** *vr* to wander about; **il prezzo s'aggira sul milione** the price is around the million mark
aggiudi'care [addʒudi'kare] *vt* to award; (*all'asta*) to knock down; **~rsi qc** to win sth
aggi'ungere [ad'dʒundʒere] *vt* to add; **aggi'unta** *sf* addition; **aggi'unto, a** *pp di* **aggiungere** ♦ *ag* assistant *cpd* ♦ *sm* assistant; **sindaco aggiunto** deputy mayor
aggius'tare [addʒus'tare] *vt* (*accomodare*) to mend, repair; (*riassettare*) to adjust; (*fig: lite*) to settle; **~rsi** *vr* (*arrangiarsi*) to make do; (*con senso reciproco*) to come to an agreement
agglome'rato *sm* (*di rocce*) conglomerate; (*di legno*) chipboard; **~ urbano** built-up area
aggrap'parsi *vr*: **~ a** to cling to
aggra'vare *vt* (*aumentare*) to increase; (*appesantire: anche fig*) to weigh down, make heavy; (*fig: pena*) to make worse; **~rsi** *vr* (*fig*) to worsen, become worse
aggrazi'ato, a [aggrat'tsjato] *ag* graceful
aggre'dire *vt* to attack, assault
aggre'gare *vt*: **~ qn a qc** to admit sb to sth; **~rsi** *vr* to join; **~rsi a** to join, become a member of
aggressi'one *sf* aggression; (*atto*) attack, assault
aggres'sivo, a *ag* aggressive
aggrot'tare *vt*: **~ le sopracciglia** to frown
aggrovigli'are [aggroviʎ'ʎare] *vt* to tangle; **~rsi** *vr* (*fig*) to become complicated
agguan'tare *vt* to catch, seize
aggu'ato *sm* trap; (*imboscata*) ambush; **tendere un ~ a qn** to set a trap for sb
agguer'rito, a *ag* fierce
agi'ato, a [a'dʒato] *ag* (*vita*) easy; (*persona*) well-off, well-to-do
'agile ['adʒile] *ag* agile, nimble; **agilità** *sf* agility, nimbleness
'agio ['adʒo] *sm* ease, comfort; **vivere negli ~i** to live in comfort; **mettersi a proprio ~** to make o.s. at home *o* comfortable
a'gire [a'dʒire] *vi* to act; (*esercitare un'azione*) to take effect; (*TECN*) to work, function; **~ contro qn** (*DIR*) to take action against sb
agi'tare [adʒi'tare] *vt* (*bottiglia*) to shake; (*mano, fazzoletto*) to wave; (*fig: turbare*) to disturb; (*: incitare*) to stir (up); (*: dibattere*) to discuss; **~rsi** *vr* (*mare*) to be rough; (*malato, dormitore*) to toss and turn; (*bambino*) to fidget; (*emozionarsi*) to get upset; (*POL*) to agitate; **agi'tato, a** *ag* rough; restless; fidgety; upset, perturbed; **agitazi'one** *sf* agitation; (*POL*) unrest, agitation; **mettere in agitazione qn** to upset *o* distress sb
'agli ['aʎʎi] *prep + det vedi* **a**
'aglio ['aʎʎo] *sm* garlic
a'gnello [aɲ'ɲɛllo] *sm* lamb
'ago (*pl* **aghi**) *sm* needle
ago'nia *sf* agony
ago'nistico, a, ci, che *ag* athletic; (*fig*) competitive
agoniz'zare [agonid'dzare] *vi* to be dying
agopun'tura *sf* acupuncture
a'gosto *sm* August
a'graria *sf* agriculture
a'grario, a *ag* agrarian, agricultural; (*riforma*) land *cpd*
a'gricolo, a *ag* agricultural, farm *cpd*; **agricol'tore** *sm* farmer; **agricol'tura** *sf* agriculture, farming
agri'foglio [agri'fɔʎʎo] *sm* holly
agrimen'sore *sm* land surveyor
agritu'rismo *sm* farm holidays *pl*
'agro, a *ag* sour, sharp; **~dolce** *ag* bittersweet; (*salsa*) sweet and sour
a'grume *sm* (*spesso al pl: pianta*) citrus; (*: frutto*) citrus fruit
aguz'zare [agut'tsare] *vt* to sharpen; **~ gli orecchi** to prick up one's ears
a'guzzo, a [a'guttso] *ag* sharp
'ai *prep + det vedi* **a**
'Aia *sf*: **l'~** the Hague

'aia *sf* threshing floor
ai'rone *sm* heron
aiu'ola *sf* flower bed
aiu'tante *sm/f* assistant ♦ *sm (MIL)* adjutant; (*NAUT*) master-at-arms; ~ di campo aide-de-camp
aiu'tare *vt* to help; ~ **qn (a fare)** to help sb (to do)
ai'uto *sm* help, assistance, aid; (*aiutante*) assistant; **venire in ~ di qn** to come to sb's aid; ~ **chirurgo** assistant surgeon
aiz'zare [ait'tsare] *vt* to incite; ~ **i cani contro qn** to set the dogs on sb
al *prep + det vedi* **a**
'ala (*pl* **'ali**) *sf* wing; **fare ~** to fall back, make way; ~ **destra/sinistra** (*SPORT*) right/left wing
'alacre *ag* quick, brisk
a'lano *sm* Great Dane
a'lare *ag* wing *cpd*
'alba *sf* dawn
Alba'nia *sf*: **l'~** Albania
'albatro *sm* albatross
albeggi'are [albed'dʒare] *vi, vb impers* to dawn
alberghi'ero, a [alber'gjɛro] *ag* hotel *cpd*
al'bergo, ghi *sm* hotel; ~ **della gioventù** youth hostel
'albero *sm* tree; (*NAUT*) mast; (*TECN*) shaft; ~ **genealogico** family tree; ~ **a gomiti** crankshaft; ~ **di Natale** Christmas tree; ~ **maestro** mainmast; ~ **di trasmissione** transmission shaft
albi'cocca, che *sf* apricot; **albi'cocco, chi** *sm* apricot tree
'albo *sm* (*registro*) register, roll; (*AMM*) notice board
'album *sm* album; ~ **da disegno** sketch book
al'bume *sm* albumen
'alce ['altʃe] *sm* elk
al'colico, a, ci, che *ag* alcoholic ♦ *sm* alcoholic drink
alcoliz'zato, a [alcolid'dzato] *sm/f* alcoholic
'alcool *sm* alcohol; **alco'olico** *etc* = **alcolico** *etc*
al'cuno, a (*det*: *dav sm*: **alcun** +*C*, *V*, **alcuno** +*s impura, gn, pn, ps, x, z*; *dav sf*: **alcuna** +*C*, **alcun'** +*V*) *det* (*nessuno*): **non ... ~** no, not any; **~i, e** *det pl*, some, a few; **non c'è ~a fretta** there's no hurry, there isn't any hurry; **senza alcun riguardo** without any consideration ♦ *pron pl*: **~i, e** some, a few
aldilà *sm*: **l'~** the after-life
alfa'beto *sm* alphabet
alfi'ere *sm* standard-bearer; (*MIL*) ensign; (*SCACCHI*) bishop
'alga, ghe *sf* seaweed *no pl*, alga
'algebra ['aldʒebra] *sf* algebra
Alge'ria [aldʒe'ria] *sf*: **l'~** Algeria
ali'ante *sm* (*AER*) glider
'alibi *sm inv* alibi
a'lice [a'litʃe] *sf* anchovy
alie'nare *vt* (*DIR*) to alienate, transfer; (*rendere ostile*) to alienate; **~rsi qn** to alienate sb; **alie'nato, a** *ag* alienated; transferred; (*fuor di senno*) insane ♦ *sm* lunatic, insane person; **alienazi'one** *sf* alienation; transfer; insanity
ali'eno, a *ag* (*avverso*): ~ **(da)** opposed (to), averse (to) ♦ *sm/f* alien
alimen'tare *vt* to feed; (*TECN*) to feed; to supply; (*fig*) to sustain ♦ *ag* food *cpd*; **~i** *smpl* foodstuffs; (*anche*: *negozio di ~i*) grocer's shop; **alimentazi'one** *sf* feeding; supplying; sustaining; (*gli alimenti*) diet
ali'mento *sm* food; **~i** *smpl* (*cibo*) food *sg*; (*DIR*) alimony
a'liquota *sf* share; (*d'imposta*) rate
alis'cafo *sm* hydrofoil
'alito *sm* breath
all. *abbr* (= *allegato*) encl
'alla *prep + det vedi* **a**
allacci'are [allat'tʃare] *vt* (*scarpe*) to tie, lace (up); (*cintura*) to do up, fasten; (*due località*) to link; (*luce, gas*) to connect; (*amicizia*) to form
alla'gare *vt* to flood; **~rsi** *vr* to flood
allar'gare *vt* to widen; (*vestito*) to let out; (*aprire*) to open; (*fig: dilatare*) to extend
allar'mare *vt* to alarm

al'larme *sm* alarm; ~ **aereo** air-raid warning
allar'mismo *sm* scaremongering
allat'tare *vt* to feed
'alle *prep + det vedi* a
alle'anza [alle'antsa] *sf* alliance
alle'arsi *vr* to form an alliance; **alle'ato, a** *ag* allied ♦ *sm/f* ally
alle'gare *vt* (*accludere*) to enclose; (*DIR: citare*) to cite, adduce; (*denti*) to set on edge; **alle'gato, a** *ag* enclosed ♦ *sm* enclosure; **in allegato** enclosed
allegge'rire [alleddʒe'rire] *vt* to lighten, make lighter; (*fig: sofferenza*) to alleviate, lessen; (*: lavoro, tasse*) to reduce
alle'gria *sf* gaiety, cheerfulness
al'legro, a *ag* cheerful, merry; (*un po' brillo*) merry, tipsy; (*vivace: colore*) bright ♦ *sm* (*MUS*) allegro
allena'mento *sm* training
alle'nare *vt* to train; **~rsi** *vr* to train; **allena'tore** *sm* (*SPORT*) trainer, coach
allen'tare *vt* to slacken; (*disciplina*) to relax; **~rsi** *vr* to become slack; (*ingranaggio*) to work loose
aller'gia, 'gie [aller'dʒia] *sf* allergy; **al'lergico, a, ci, che** *ag* allergic
alles'tire *vt* (*cena*) to prepare; (*esercito, nave*) to equip, fit out; (*spettacolo*) to stage
allet'tare *vt* to lure, entice
alleva'mento *sm* breeding, rearing; (*luogo*) stock farm
alle'vare *vt* (*animale*) to breed, rear; (*bambino*) to bring up
allevi'are *vt* to alleviate
alli'bire *vi* to be astounded
allibra'tore *sm* bookmaker
allie'tare *vt* to cheer up, gladden
alli'evo *sm* pupil; (*apprendista*) apprentice; (*MIL*) cadet
alliga'tore *sm* alligator
alline'are *vt* (*persone, cose*) to line up; (*TIP*) to align; (*fig: economia, salari*) to adjust, align; **~rsi** *vr* to line up; (*fig: a idee*): **~rsi a** to come into line with
'allo *prep + det vedi* a
al'locco, a, chi, che *sm* tawny owl ♦ *sm/f* oaf
allocuzi'one [allokut'tsjone] *sf* address, solemn speech
al'lodola *sf* (sky)lark
alloggi'are [allod'dʒare] *vt* to accommodate ♦ *vi* to live; **al'loggio** *sm* lodging, accommodation (*BRIT*), accommodations (*US*); (*appartamento*) flat (*BRIT*), apartment (*US*)
allontana'mento *sm* removal; dismissal
allonta'nare *vt* to send away, send off; (*impiegato*) to dismiss; (*pericolo*) to avert, remove; (*estraniare*) to alienate; **~rsi** *vr*: **~rsi (da)** to go away (from); (*estraniarsi*) to become estranged (from)
al'lora *av* (*in quel momento*) then ♦ *cong* (*in questo caso*) well then; (*dunque*) well then, so; **la gente d'~** people then *o* in those days; **da ~ in poi** from then on
allor'ché [allor'ke] *cong* (*formale*) when, as soon as
al'loro *sm* laurel
'alluce ['allutʃe] *sm* big toe
alluci'nante [allutʃi'nante] *ag* awful; (*fam*) amazing
allucinazi'one [allutʃinat'tsjone] *sf* hallucination
al'ludere *vi*: ~ **a** to allude to, hint at
allu'minio *sm* aluminium (*BRIT*), aluminum (*US*)
allun'gare *vt* to lengthen; (*distendere*) to prolong, extend; (*diluire*) to water down; **~rsi** *vr* to lengthen; (*ragazzo*) to stretch, grow taller; (*sdraiarsi*) to lie down, stretch out
allusi'one *sf* hint, allusion
al'luso, a *pp di* **alludere**
alluvi'one *sf* flood
al'meno *av* at least ♦ *cong*: **(se)** ~ if only; **(se)** ~ **piovesse!** if only it would rain!
a'logeno, a [a'lɔdʒeno] *ag*: **lampada ~a** halogen lamp
a'lone *sm* halo

'Alpi *sfpl*: **le** ~ the Alps
alpi'nismo *sm* mountaineering, climbing; **alpi'nista, i, e** *sm/f* mountaineer, climber
al'pino, a *ag* Alpine; mountain *cpd*
al'quanto *av* rather, a little; **~, a** *det* a certain amount of, some ♦ *pron* a certain amount, some; **~i, e** *det pl, pron pl* several, quite a few
alt *escl* halt!, stop! ♦ *sm*: **dare l'~** to call a halt
alta'lena *sf* (*a funi*) swing; (*in bilico, anche fig*) seesaw
al'tare *sm* altar
alte'rare *vt* to alter, change; (*cibo*) to adulterate; (*registro*) to falsify; (*persona*) to irritate; **~rsi** *vr* to alter; (*cibo*) to go bad; (*persona*) to lose one's temper
al'terco, chi *sm* altercation, wrangle
alter'nare *vt* to alternate; **~rsi** *vr* to alternate; **alterna'tiva** *sf* alternative; **alterna'tivo, a** *ag* alternative; **alter'nato, a** *ag* alternate; (*ELETTR*) alternating; **alterna'tore** *sm* alternator
al'terno, a *ag* alternate; **a giorni ~i** on alternate days, every other day
al'tezza [al'tettsa] *sf* height; width, breadth; depth; pitch; (*GEO*) latitude; (*titolo*) highness; (*fig: nobiltà*) greatness; **essere all'~ di** to be on a level with; (*fig*) to be up to *o* equal to; **altez'zoso, a** *ag* haughty
al'ticcio, a, ci, ce [al'tittʃo] *ag* tipsy
altipi'ano *sm* = **altopiano**
alti'tudine *sf* altitude
'alto, a *ag* high; (*persona*) tall; (*tessuto*) wide, broad; (*sonno, acque*) deep; (*suono*) high(-pitched); (*GEO*) upper; (*: settentrionale*) northern ♦ *sm* top (part) ♦ *av* high; (*parlare*) aloud, loudly; **il palazzo è ~ 20 metri** the building is 20 metres high; **ad ~a voce** aloud; **a notte ~a** in the dead of night; **in ~** up, upwards; at the top; **dall'~ in** *o* **al basso** up and down; **degli ~i e bassi** (*fig*) ups and downs; **~a fedeltà** high fidelity, hi-fi; **~a finanza** high finance; **~a moda** haute couture; **~a società** high society
alto'forno *sm* blast furnace
altolo'cato, a *ag* of high rank
altopar'lante *sm* loudspeaker
altopi'ano (*pl* **altipiani**) *sm* plateau, upland plain
altret'tanto, a *ag, pron* as much; (*pl*) as many ♦ *av* equally; **tanti auguri! — grazie, ~** all the best! — thank you, the same to you
'altri *pron inv* (*qualcuno*) somebody; (*: in espressioni negative*) anybody; (*un'altra persona*) another (person)
altri'menti *av* otherwise

PAROLA CHIAVE

'altro, a *det* **1** (*diverso*) other, different; **questa è un'~a cosa** that's another *o* a different thing
2 (*supplementare*) other; **prendi un ~ cioccolatino** have another chocolate; **hai avuto ~e notizie?** have you had any more *o* any other news?
3 (*nel tempo*): **l'~ giorno** the other day; **l'altr'anno** last year; **l'~ ieri** the day before yesterday; **domani l'~** the day after tomorrow; **quest'~ mese** next month
4: **d'~a parte** on the other hand
♦ *pron* **1** (*persona, cosa diversa o supplementare*): **un ~, un'~a** another (one); **lo farà un ~** someone else will do it; **~i, e** others; **gli ~i** (*la gente*) others, other people; **l'uno e l'~** both (of them); **aiutarsi l'un l'~** to help one another; **da un giorno all'~** from day to day; (*nel giro di 24 ore*) from one day to the next; (*da un momento all'altro*) any day now
2 (*sostantivato: solo maschile*) something else; (*: in espressioni interrogative*) anything else; **non ho ~ da dire** I have nothing else *o* I don't have anything else to say; **più che ~** above all; **se non ~** at least; **tra l'~**

among other things; **ci mancherebbe** ~! that's all we need!; **non faccio** ~ **che lavorare** I do nothing but work; **contento?** — ~ **che!** are you pleased? — and how!; *vedi* **senza**; **noialtri**; **voialtri**; **tutto**

al'tronde *av*: **d'**~ on the other hand
al'trove *av* elsewhere, somewhere else
al'trui *ag inv* other people's ♦ *sm*: **l'**~ other people's belongings *pl*
altru'ista, i, e *ag* altruistic
al'tura *sf* (*rialto*) height, high ground; (*alto mare*) open sea; **pesca d'**~ deep-sea fishing
a'lunno, a *sm/f* pupil
alve'are *sm* hive
'alveo *sm* riverbed
al'zare [al'tsare] *vt* to raise, lift; (*issare*) to hoist; (*costruire*) to build, erect; ~**rsi** *vr* to rise; (*dal letto*) to get up; (*crescere*) to grow tall (*o* taller); ~ **le spalle** to shrug one's shoulders; ~**rsi in piedi** to stand up, get to one's feet; **al'zata** *sf* lifting, raising; **un'alzata di spalle** a shrug
a'mabile *ag* lovable; (*vino*) sweet
a'maca, che *sf* hammock
amalga'mare *vt* to amalgamate
a'mante *ag*: ~ **di** (*musica etc*) fond of ♦ *sm/f* lover/mistress
a'mare *vt* to love; (*amico, musica, sport*) to like
amareggi'ato, a [amared'dʒato] *ag* upset, saddened
ama'rena *sf* sour black cherry
ama'rezza [ama'rettsa] *sf* bitterness
a'maro, a *ag* bitter ♦ *sm* bitterness; (*liquore*) bitters *pl*
ambasci'ata [ambaʃ'ʃata] *sf* embassy; (*messaggio*) message; **ambascia'tore, 'trice** *sm/f* ambassador/ambassadress
ambe'due *ag inv*: ~ **i ragazzi** both boys ♦ *pron inv* both
ambien'tare *vt* to acclimatize; (*romanzo, film*) to set; ~**rsi** *vr* to get used to one's surroundings
ambi'ente *sm* environment; (*fig: insieme di persone*) milieu; (*stanza*) room
am'biguo, a *ag* ambiguous; (*persona*) shady
am'bire *vt* (*anche: vi:* ~ *a*) to aspire to
'ambito *sm* sphere, field
ambizi'one [ambit'tsjone] *sf* ambition; **ambizi'oso, a** *ag* ambitious
'ambo *ag inv* both
'ambra *sf* amber; ~ **grigia** ambergris
ambu'lante *ag* travelling, itinerant
ambu'lanza [ambu'lantsa] *sf* ambulance
ambula'torio *sm* (*studio medico*) surgery
a'meno, a *ag* pleasant; (*strano*) funny, strange; (*spiritoso*) amusing
A'merica *sf*: **l'**~ America; **l'**~ **latina** Latin America; **ameri'cano, a** *ag, sm/f* American
ami'anto *sm* asbestos
a'mica *sf vedi* **amico**
ami'chevole [ami'kevole] *ag* friendly
ami'cizia [ami'tʃittsja] *sf* friendship; ~**e** *sfpl* (*amici*) friends
a'mico, a, ci, che *sm/f* friend; (*amante*) boyfriend/girlfriend; ~ **del cuore** *o* **intimo** bosom friend
'amido *sm* starch
ammac'care *vt* (*pentola*) to dent; (*persona*) to bruise; ~**rsi** *vr* to bruise
ammaes'trare *vt* (*animale*) to train; (*persona*) to teach
ammai'nare *vt* to lower, haul down
amma'larsi *vr* to fall ill; **amma'lato, a** *ag* ill, sick ♦ *sm/f* sick person; (*paziente*) patient
ammali'are *vt* (*fig*) to enchant, charm
am'manco, chi *sm* (*ECON*) deficit
ammanet'tare *vt* to handcuff
ammas'sare *vt* (*ammucchiare*) to amass; (*raccogliere*) to gather together; ~**rsi** *vr* to pile up; to gather; **am'masso** *sm* mass; (*mucchio*) pile, heap; (*ECON*) stockpile

ammat'tire *vi* to go mad
ammaz'zare [ammat'tsare] *vt* to kill; **~rsi** *vr* (*uccidersi*) to kill o.s.; (*rimanere ucciso*) to be killed; **~rsi di lavoro** to work o.s. to death
am'menda *sf* amends *pl*; (*DIR, SPORT*) fine; **fare ~ di qc** to make amends for sth
am'messo, a *pp di* **ammettere** ♦ *cong*: **~ che** supposing that
am'mettere *vt* to admit; (*riconoscere: fatto*) to acknowledge, admit; (*permettere*) to allow, accept; (*supporre*) to suppose
ammez'zato [ammed'dzato] *sm* (*anche*: *piano* ~) mezzanine, entresol
ammic'care *vi*: **~ (a)** to wink (at)
amminis'trare *vt* to run, manage; (*REL, DIR*) to administer; **amministra'tivo, a** *ag* administrative; **amministra'tore** *sm* administrator; (*di condominio*) flats manager; **amministratore delegato** managing director; **amministrazi'one** *sf* management; administration
ammiragli'ato [ammiraʎ'ʎato] *sm* admiralty
ammi'raglio [ammi'raʎʎo] *sm* admiral
ammi'rare *vt* to admire; **ammira'tore, 'trice** *sm/f* admirer; **ammirazi'one** *sf* admiration
ammissi'one *sf* admission; (*approvazione*) acknowledgment
ammobili'ato, a *ag* furnished
am'modo *av* properly ♦ *ag inv* respectable, nice
am'mollo *sm*: **lasciare in ~** to leave to soak
ammo'niaca *sf* ammonia
ammoni'mento *sm* warning; admonishment
ammo'nire *vt* (*avvertire*) to warn; (*rimproverare*) to admonish; (*DIR*) to caution
ammon'tare *vi*: **~ a** to amount to ♦ *sm* (total) amount
ammorbi'dente *sm* fabric conditioner
ammorbi'dire *vt* to soften
ammortiz'zare [ammortid'dzare] *vt* (*ECON*) to pay off, amortize; (*: spese d'impianto*) to write off; (*AUT, TECN*) to absorb, deaden; **ammortizza'tore** *sm* (*AUT, TECN*) shock-absorber
ammucchi'are [ammuk'kjare] *vt* to pile up, accumulate
ammuf'fire *vi* to go mouldy (*BRIT*) *o* moldy (*US*)
ammutina'mento *sm* mutiny
ammuti'narsi *vr* to mutiny
ammuto'lire *vi* to be struck dumb
amnis'tia *sf* amnesty
'amo *sm* (*PESCA*) hook; (*fig*) bait
a'modo *av* = **ammodo**
a'more *sm* love; **~i** *smpl* love affairs; **il tuo bambino è un ~** your baby's a darling; **fare l'~ o all'~** to make love; **per ~ o per forza** by hook or by crook; **amor proprio** self-esteem, pride; **amo'revole** *ag* loving, affectionate
a'morfo, a *ag* amorphous; (*fig: persona*) lifeless
amo'roso, a *ag* (*affettuoso*) loving, affectionate; (*d'amore: sguardo*) amorous; (*: poesia, relazione*) love *cpd*
ampi'ezza [am'pjettsa] *sf* width, breadth; spaciousness; (*fig: importanza*) scale, size
'ampio, a *ag* wide, broad; (*spazioso*) spacious; (*abbondante: vestito*) loose; (*: gonna*) full; (*: spiegazione*) ample, full
am'plesso *sm* (*eufemismo*) embrace
ampli'are *vt* (*ingrandire*) to enlarge; (*allargare*) to widen
amplifi'care *vt* to amplify; (*magnificare*) to extol; **amplifica'tore** *sm* (*TECN, MUS*) amplifier
am'polla *sf* (*vasetto*) cruet
ampu'tare *vt* (*MED*) to amputate
amu'leto *sm* lucky charm
anabbagli'ante [anabbaʎ'ʎante] *ag* (*AUT*) dipped (*BRIT*), dimmed (*US*); **~i** *smpl* dipped (*BRIT*) *o* dimmed (*US*) headlights

a'nagrafe *sf* (*registro*) register of births, marriages and deaths; (*ufficio*) registration office
analfa'beta, i, e *ag*, *sm/f* illiterate
anal'gesico, a, ci, che [anal'dʒɛziko] *ag*, *sm* analgesic
a'nalisi *sf inv* analysis; (*MED: esame*) test; ~ **grammaticale** parsing; **ana'lista, i, e** *sm/f* analyst; (*PSIC*) (psycho)analyst
analiz'zare [analid'dzare] *vt* to analyse; (*MED*) to test
analo'gia, 'gie [analo'dʒia] *sf* analogy
a'nalogo, a, ghi, ghe *ag* analogous
'ananas *sm inv* pineapple
anar'chia [anar'kia] *sf* anarchy; **a'narchico, a, ci, che** *ag* anarchic(al) ♦ *sm/f* anarchist
'ANAS *sigla f* (= *Azienda Nazionale Autonoma delle Strade*) national roads department
anato'mia *sf* anatomy; **ana'tomico, a, ci, che** *ag* anatomical; (*sedile*) contoured
'anatra *sf* duck
'anca, che *sf* (*ANAT*) hip; (*ZOOL*) haunch
'anche ['anke] *cong* (*inoltre, pure*) also, too; (*perfino*) even; **vengo anch'io** I'm coming too; ~ **se** even if
an'cora[1] *av* still; (*di nuovo*) again; (*di più*) some more; (*persino*): ~ **più forte** even stronger; **non** ~ not yet; ~ **una volta** once more, once again; ~ **un po'** a little more; (*di tempo*) a little longer
'ancora[2] *sf* anchor; **gettare/levare l'**~ to cast/weigh anchor; **anco'raggio** *sm* anchorage; **anco'rare** *vt* to anchor; **ancorarsi** *vr* to anchor
anda'mento *sm* progress, movement; course; state
an'dante *ag* (*corrente*) current; (*di poco pregio*) cheap, second-rate ♦ *sm* (*MUS*) andante
an'dare *sm*: **a lungo** ~ in the long run ♦ *vi* to go; (*essere adatto*): ~ **a** to suit; (*piacere*): **il suo comportamento non mi va** I don't like the way he behaves; **ti va di andare al cinema?** do you feel like going to the cinema?; **andarsene** to go away; **questa camicia va lavata** this shirt needs a wash *o* should be washed; ~ **a cavallo** to ride; ~ **in macchina/aereo** to go by car/plane; ~ **a fare qc** to go and do sth; ~ **a pescare/sciare** to go fishing/skiing; ~ **a male** to go bad; **come va?** (*lavoro, progetto*) how are things?; **come va?** — **bene, grazie!** how are you? — fine, thanks!; **va fatto entro oggi** it's got to be done today; **ne va della nostra vita** our lives are at stake; **an'data** *sf* going; (*viaggio*) outward journey; **biglietto di sola andata** single (*BRIT*) *o* one-way ticket; **biglietto di andata e ritorno** return (*BRIT*) *o* round-trip (*US*) ticket; **anda'tura** *sf* (*modo di andare*) walk, gait; (*SPORT*) pace; (*NAUT*) tack
an'dazzo [an'dattso] (*peg*) *sm*: **prendere un brutto** ~ to take a turn for the worse
andirivi'eni *sm inv* coming and going
'andito *sm* corridor, passage
an'drone *sm* entrance hall
a'neddoto *sm* anecdote
ane'lare *vi*: ~ **a** (*fig*) to long for, yearn for
a'nelito *sm* (*fig*): ~ **di** longing *o* yearning for
a'nello *sm* ring; (*di catena*) link
a'nemico, a, ci, che *ag* anaemic
a'nemone *sm* anemone
aneste'sia *sf* anaesthesia; **ane's'tetico, a, ci, che** *ag*, *sm* anaesthetic
anfite'atro *sm* amphitheatre
an'fratto *sm* ravine
an'gelico, a, ci, che [an'dʒɛliko] *ag* angelic(al)
'angelo ['andʒelo] *sm* angel; ~ **custode** guardian angel

anghe'ria [ange'ria] *sf* vexation
an'gina [an'dʒina] *sf* tonsillitis; ~ pectoris angina
angli'cano, a *ag* Anglican
angli'cismo [angli'tʃizmo] *sm* anglicism
anglo'sassone *ag* Anglo-Saxon
ango'lare *ag* angular
angolazi'one [angolat'tsjone] *sf* (*FOT etc, fig*) angle
'angolo *sm* corner; (*MAT*) angle
an'goscia, sce [an'gɔʃʃa] *sf* deep anxiety, anguish *no pl*; **ango-sci'oso, a** *ag* (*d'angoscia*) anguished; (*che dà angoscia*) distressing, painful
angu'illa *sf* eel
an'guria *sf* watermelon
an'gustia *sf* (*ansia*) anguish, distress; (*povertà*) poverty, want
angusti'are *vt* to distress; **~rsi** *vr*: **~rsi (per)** to worry (about)
an'gusto, a *ag* (*stretto*) narrow; (*fig*) mean, petty
'anice ['anitʃe] *sm* (*CUC*) aniseed; (*BOT*) anise
a'nidride *sf* (*CHIM*): ~ **carbonica/solforosa** carbon/sulphur dioxide
'anima *sf* soul; (*abitante*) inhabitant; **non c'era ~ viva** there wasn't a living soul
ani'male *sm, ag* animal; ~ **domestico** pet
ani'mare *vt* to give life to, liven up; (*incoraggiare*) to encourage; **~rsi** *vr* to become animated, come to life; **ani'mato, a** *ag* animate; (*vivace*) lively, animated; (*: strada*) busy; **anima'tore, 'trice** *sm/f* guiding spirit; (*CINEMA*) animator; (*di festa*) life and soul; **animazi'one** *sf* liveliness; (*di strada*) bustle; (*CINEMA*) animation; **animazione teatrale** amateur dramatics
'animo *sm* (*mente*) mind; (*cuore*) heart; (*coraggio*) courage; (*disposizione*) character, disposition; **avere in ~ di fare qc** to intend *o* have a mind to do sth; **perdersi d'~** to lose heart
'anitra *sf* = anatra
anna'cquare *vt* to water down, dilute
annaffi'are *vt* to water; **annaffia'toio** *sm* watering can
an'nali *smpl* annals
annas'pare *vi* to flounder
an'nata *sf* year; (*importo annuo*) annual amount; **vino d'~** vintage wine
annebbi'are *vt* (*fig*) to cloud; **~rsi** *vr* to become foggy; (*vista*) to become dim
annega'mento *sm* drowning
anne'gare *vt, vi* to drown; **~rsi** *vr* (*accidentalmente*) to drown; (*deliberatamente*) to drown o.s.
anne'rire *vt* to blacken ♦ *vi* to become black
an'nesso, a *pp di* **annettere** ♦ *ag* attached; (*POL*) annexed; **... e tutti gli ~i e connessi** and so on and so forth
an'nettere *vt* (*POL*) to annex; (*accludere*) to attach
annichi'lire [anniki'lire] *vt* = **annichilare**
anni'darsi *vr* to nest
annien'tare *vt* to annihilate, destroy
anniver'sario *sm* anniversary
'anno *sm* year
anno'dare *vt* to knot, tie; (*fig: rapporto*) to form
annoi'are *vt* to bore; (*seccare*) to annoy; **~rsi** *vr* to be bored; to be annoyed
an'noso, a *ag* (*problema etc*) age-old
anno'tare *vt* (*registrare*) to note, note down; (*commentare*) to annotate; **annotazi'one** *sf* note; annotation
annove'rare *vt* to number
annu'ale *ag* annual
annu'ario *sm* yearbook
annu'ire *vi* to nod; (*acconsentire*) to agree
annul'lare *vt* to annihilate, destroy; (*contratto, francobollo*) to cancel; (*matrimonio*) to annul; (*sentenza*) to quash; (*risultati*) to declare void

annunci'are [annun'tʃare] *vt* to announce; (*dar segni rivelatori*) to herald; **annuncia'tore, 'trice** *sm/f* (*RADIO, TV*) announcer; **l'Annunciazi'one** *sf* the Annunciation
an'nuncio [an'nuntʃo] *sm* announcement; (*fig*) sign; ~ **pubblicitario** advertisement; ~**i economici** classified advertisements, small ads
'annuo, a *ag* annual, yearly
annu'sare *vt* to sniff, smell; ~ **tabacco** to take snuff
'ano *sm* anus
anoma'lia *sf* anomaly
a'nomalo, a *ag* anomalous
a'nonimo, a *ag* anonymous ♦ *sm* (*autore*) anonymous writer (*o* painter *etc*); **società** ~**a** (*COMM*) joint stock company
anores'sia *sf* (*MED*) anorexia
anor'male *ag* abnormal ♦ *sm/f* subnormal person; (*eufemismo*) homosexual
ANSA *sigla f* (= *Agenzia Nazionale Stampa Associata*) *press agency*
'ansa *sf* (*manico*) handle; (*di fiume*) bend, loop
'ansia *sf* anxiety
ansietà *sf* = **ansia**
ansi'mare *vi* to pant
ansi'oso, a *ag* anxious
'anta *sf* (*di finestra*) shutter; (*di armadio*) door
antago'nismo *sm* antagonism
an'tartico, a, ci, che *ag* Antarctic ♦ *sm*: l'A~ the Antarctic
An'tartide *sf*: l'~ Antarctica
antece'dente [antetʃe'dente] *ag* preceding, previous
ante'fatto *sm* previous events *pl*; previous history
antegu'erra *sm* pre-war period
ante'nato *sm* ancestor, forefather
an'tenna *sf* (*RADIO, TV*) aerial; (*ZOOL*) antenna, feeler; (*NAUT*) yard; ~ **parabolica** satellite dish
ante'prima *sf* preview
anteri'ore *ag* (*ruota, zampa*) front; (*fatti*) previous, preceding
antia'ereo, a *ag* anti-aircraft
antia'tomico, a, ci, che *ag* antinuclear; **rifugio** ~ fallout shelter
antibi'otico, a, ci, che *ag, sm* antibiotic
anti'camera *sf* anteroom; **fare** ~ to wait (for an audience)
antichità [antiki'ta] *sf inv* antiquity; (*oggetto*) antique
antici'pare [antitʃi'pare] *vt* (*consegna, visita*) to bring forward, anticipate; (*somma di denaro*) to pay in advance; (*notizia*) to disclose ♦ *vi* to be ahead of time; **anticipazi'one** *sf* anticipation; (*di notizia*) advance information; (*somma di denaro*) advance; **an'ticipo** *sm* anticipation; (*di denaro*) advance; **in anticipo** early, in advance
an'tico, a, chi, che *ag* (*quadro, mobili*) antique; (*dell'antichità*) ancient; **all'~a** old-fashioned
anticoncezio'nale [antikontʃettsjo'nale] *sm* contraceptive
anticonfor'mista, i, e *ag, sm/f* nonconformist
anti'corpo *sm* antibody
an'tidoto *sm* antidote
anti'furto *sm* (*anche*: *sistema* ~) anti-theft device
anti'gelo [anti'dʒɛlo] *ag inv*: (**liquido**) ~ (*per motore*) antifreeze; (*per cristalli*) de-icer
An'tille *sfpl*: le ~ the West Indies
antin'cendio [antin'tʃɛndjo] *ag inv* fire *cpd*
antio'rario [antio'rarjo] *ag*: **in senso** ~ anticlockwise
anti'pasto *sm* hors d'œuvre
antipa'tia *sf* antipathy, dislike; **anti'patico, a, ci, che** *ag* unpleasant, disagreeable
antiquari'ato *sm* antique trade; **un oggetto d'~** an antique
anti'quario *sm* antique dealer
anti'quato, a *ag* antiquated, old-fashioned
antise'mita, i, e *ag* anti-Semitic
anti'settico, a, ci, che *ag, sm* antiseptic
antista'minico, a, ci, che *ag, sm*

antihistamine
antolo'gia, 'gie [antolo'dʒia] *sf* anthology
anu'lare *ag* ring *cpd* ♦ *sm* third finger
'anzi ['antsi] *av* (*invece*) on the contrary; (*o meglio*) or rather, or better still
anzianità [antsjani'ta] *sf* old age; (*AMM*) seniority
anzi'ano, a [an'tsjano] *ag* old; (*AMM*) senior ♦ *sm/f* old person; senior member
anziché [antsi'ke] *cong* rather than
anzi'tutto [antsi'tutto] *av* first of all
apa'tia *sf* apathy, indifference
a'patico, a, ci, che *ag* apathetic
'ape *sf* bee
aperi'tivo *sm* apéritif
a'perto, a *pp di* **aprire** ♦ *ag* open; all'~ in the open (air)
aper'tura *sf* opening; (*ampiezza*) width, spread; (*POL*) approach; (*FOT*) aperture; ~ **alare** wing span
'apice ['apitʃe] *sm* apex; (*fig*) height
ap'nea *sf*: **immergersi in** ~ to dive without breathing apparatus
a'postolo *sm* apostle
a'postrofo *sm* apostrophe
appa'gare *vt* to satisfy; ~**rsi** *vr*: ~**rsi di** to be satisfied with
ap'palto *sm* (*COMM*) contract; **dare/prendere in** ~ **un lavoro** to let out/undertake a job on contract
appan'nare *vt* (*vetro*) to mist; (*metallo*) to tarnish; (*vista*) to dim; ~**rsi** *vr* to mist over; to tarnish; to grow dim
appa'rato *sm* equipment, machinery; (*ANAT*) apparatus; ~ **scenico** (*TEATRO*) props *pl*
apparecchi'are [apparek'kjare] *vt* to prepare; (*tavola*) to set ♦ *vi* to set the table; **apparecchia'tura** *sf* equipment; (*macchina*) machine, device
appa'recchio [appa'rekkjo] *sm* piece of apparatus, device; (*aeroplano*) aircraft *inv*; ~ **televisivo/telefonico** television set/telephone
appa'rente *ag* apparent; **appa'renza** *sf* appearance; **in** *o* **all'apparenza** apparently, to all appearances
appa'rire *vi* to appear; (*sembrare*) to seem, appear; **appari'scente** *ag* (*colore*) garish, gaudy; (*bellezza*) striking
ap'parso, a *pp di* **apparire**
apparta'mento *sm* flat (*BRIT*), apartment (*US*)
appar'tarsi *vr* to withdraw; **appar'tato, a** *ag* (*luogo*) secluded
apparte'nere *vi*: ~ **a** to belong to
appassio'nare *vt* to thrill; (*commuovere*) to move; ~**rsi a qc** to take a great interest in sth; to be deeply moved by sth; **appassio'nato, a** *ag* passionate; (*entusiasta*): **appassionato (di)** keen (on)
appas'sire *vi* to wither
appel'larsi *vr* (*ricorrere*): ~ **a** to appeal to; (*DIR*): ~ **contro** to appeal against; **ap'pello** *sm* roll-call; (*implorazione, DIR*) appeal; **fare appello a** to appeal to
ap'pena *av* (*a stento*) hardly, scarcely; (*solamente, da poco*) just ♦ *cong* as soon as; **(non)** ~ **furono arrivati ...** as soon as they had arrived ...; ~ **... che** *o* **quando** no sooner ... than
ap'pendere *vt* to hang (up)
appen'dice [appen'ditʃe] *sf* appendix; **romanzo d'**~ popular serial
appendi'cite [appendi'tʃite] *sf* appendicitis
Appen'nini *smpl*: **gli** ~ the Apennines
appesan'tire *vt* to make heavy; ~**rsi** *vr* to grow stout
ap'peso, a *pp di* **appendere**
appe'tito *sm* appetite; **appeti'toso, a** *ag* appetising; (*fig*) attractive, desirable
appia'nare *vt* to level; (*fig*) to smooth away, iron out
appiat'tire *vt* to flatten; ~**rsi** *vr* to become flatter; (*farsi piatto*) to flat-

ten o.s.; **~rsi al suolo** to lie flat on the ground
appic'care *vt*: **~ il fuoco a** to set fire to, set on fire
appicci'care [appittʃi'kare] *vt* to stick; (*fig*): **~ qc a qn** to palm sth off on sb; **~rsi** *vr* to stick; (*fig: persona*) to cling
appi'eno *av* fully
appigli'arsi [appiʎ'ʎarsi] *vr*: **~ a** (*afferrarsi*) to take hold of; (*fig*) to cling to; **ap'piglio** *sm* hold; (*fig*) pretext
appiso'larsi *vr* to doze off
applau'dire *vt*, *vi* to applaud; **ap'plauso** *sm* applause
appli'care *vt* to apply; (*regolamento*) to enforce; **~rsi** *vr* to apply o.s.; **applicazi'one** *sf* application; enforcement
appoggi'are [appod'dʒare] *vt* (*mettere contro*): **~ qc a qc** to lean *o* rest sth against sth; (*fig: sostenere*) to support; **~rsi** *vr*: **~rsi a** to lean against; (*fig*) to rely upon; **ap'poggio** *sm* support
appollai'arsi *vr* (*anche fig*) to perch
ap'porre *vt* to affix
appor'tare *vt* to bring
apposita'mente *av* specially; (*apposta*) on purpose
ap'posito, a *ag* appropriate
ap'posta *av* on purpose, deliberately
appos'tarsi *vr* to lie in wait
ap'prendere *vt* (*imparare*) to learn; (*comprendere*) to grasp
appren'dista, i, e *sm/f* apprentice
apprensi'one *sf* apprehension; **appren'sivo, a** *ag* apprehensive
ap'presso *av* (*accanto, vicino*) close by, near; (*dietro*) behind; (*dopo, più tardi*) after, later ♦ *ag inv* (*dopo*): **il giorno ~** the next day; **~ a** (*vicino a*) near, close to
appres'tare *vt* to prepare, get ready; **~rsi** *vr*: **~rsi a fare qc** to prepare *o* get ready to do sth
ap'pretto *sm* starch
apprez'zabile [appret'tsabile] *ag* noteworthy, significant
apprezza'mento [apprettsa'mento] *sm* appreciation; (*giudizio*) opinion
apprez'zare [appret'tsare] *vt* to appreciate
ap'proccio [ap'prɔttʃo] *sm* approach
appro'dare *vi* (*NAUT*) to land; (*fig*): **non ~ a nulla** to come to nothing; **ap'prodo** *sm* landing; (*luogo*) landing-place
approfit'tare *vi*: **~ di** to make the most of, profit by
approfon'dire *vt* to deepen; (*fig*) to study in depth
appropri'arsi *vr*: **~ di qc** to appropriate sth
appropri'ato, a *ag* appropriate
approssi'marsi *vr*: **~ a** to approach
approssima'tivo, a *ag* approximate, rough; (*impreciso*) inexact, imprecise
appro'vare *vt* (*condotta, azione*) to approve of; (*candidato*) to pass; (*progetto di legge*) to approve; **approvazi'one** *sf* approval
approvvigio'nare [approvvidʒo'nare] *vt* to supply; **~ qn di qc** to supply sb with sth
appunta'mento *sm* appointment; (*amoroso*) date; **darsi ~** to arrange to meet (one another)
appun'tato *sm* (*CARABINIERI*) corporal
ap'punto *sm* note; (*rimprovero*) reproach ♦ *av* (*proprio*) exactly, just; **per l'~!, ~!** exactly!
appu'rare *vt* to check, verify
apribot'tiglie [apribot'tiʎʎe] *sm inv* bottleopener
a'prile *sm* April
a'prire *vt* to open; (*via, cadavere*) to open up; (*gas, luce, acqua*) to turn on ♦ *vi* to open; **~rsi** *vr* to open; **~rsi a qn** to confide in sb, open one's heart to sb
apris'catole *sm inv* tin (*BRIT*) *o* can opener
a'quario *sm* = **acquario**
'aquila *sf* (*ZOOL*) eagle; (*fig*) genius

aqui'lone *sm* (*giocattolo*) kite; (*vento*) North wind
A'rabia 'Saudita *sf*: **l'~** Saudi Arabia
'arabo, a *ag*, *sm/f* Arab ♦ *sm* (*LING*) Arabic
a'rachide [a'rakide] *sf* peanut
ara'gosta *sf* crayfish; lobster
a'rancia, ce [a'rantʃa] *sf* orange; **aranci'ata** *sf* orangeade; **a'rancio** *sm* (*BOT*) orange tree; (*colore*) orange ♦ *ag inv* (*colore*) orange; **aranci'one** *ag inv*: **(color) arancione** bright orange
a'rare *vt* to plough (*BRIT*), plow (*US*)
a'ratro *sm* plough (*BRIT*), plow (*US*)
a'razzo [a'rattso] *sm* tapestry
arbi'trare *vt* (*SPORT*) to referee; to umpire; (*DIR*) to arbitrate
arbi'trario, a *ag* arbitrary
ar'bitrio *sm* will; (*abuso, sopruso*) arbitrary act
'arbitro *sm* arbiter, judge; (*DIR*) arbitrator; (*SPORT*) referee; (*: TENNIS, CRICKET*) umpire
ar'busto *sm* shrub
'arca, che *sf* (*sarcofago*) sarcophagus; **l'~ di Noè** Noah's ark
ar'cangelo [ar'kandʒelo] *sm* archangel
ar'cata *sf* (*ARCHIT, ANAT*) arch; (*ordine di archi*) arcade
archeolo'gia [arkeolo'dʒia] *sf* arch(a)eology; **arche'ologo, a, gi, ghe** *sm/f* arch(a)eologist
ar'chetto [ar'ketto] *sm* (*MUS*) bow
architet'tare [arkitet'tare] *vt* (*fig: ideare*) to devise; (*: macchinare*) to plan, concoct
archi'tetto [arki'tetto] *sm* architect; **architet'tura** *sf* architecture
ar'chivio [ar'kivjo] *sm* archives *pl*; (*INFORM*) file
arci'ere [ar'tʃɛre] *sm* archer
ar'cigno, a [ar'tʃiɲɲo] *ag* grim, severe
arci'vescovo [artʃi'veskovo] *sm* archbishop
'arco *sm* (*arma, MUS*) bow; (*ARCHIT*) arch; (*MAT*) arc
arcoba'leno *sm* rainbow
arcu'ato, a *ag* curved, bent; **dalle gambe ~e** bow-legged
ar'dente *ag* burning; (*fig*) burning, ardent
'ardere *vt*, *vi* to burn
ar'desia *sf* slate
ar'dire *vi* to dare ♦ *sm* daring; **ar'dito, a** *ag* brave, daring, bold; (*sfacciato*) bold
ar'dore *sm* blazing heat; (*fig*) ardour, fervour
'arduo, a *ag* arduous, difficult
'area *sf* area; (*EDIL*) land, ground
a'rena *sf* arena; (*per corride*) bullring; (*sabbia*) sand
are'narsi *vr* to run aground
areo'plano *sm* = **aeroplano**
'argano *sm* winch
argente'ria [ardʒente'ria] *sf* silverware, silver
Argen'tina [ardʒen'tina] *sf*: **l'~** Argentina; **argen'tino, a** *ag*, *sm/f* Argentinian
ar'gento [ar'dʒɛnto] *sm* silver; **~ vivo** quicksilver
ar'gilla [ar'dʒilla] *sf* clay
'argine ['ardʒine] *sm* embankment, bank; (*diga*) dyke, dike
argo'mento *sm* argument; (*motivo*) motive; (*materia, tema*) subject
argu'ire *vt* to deduce
ar'guto, a *ag* sharp, quick-witted; **ar'guzia** *sf* wit; (*battuta*) witty remark
'aria *sf* air; (*espressione, aspetto*) air, look; (*MUS: melodia*) tune; (*: di opera*) aria; **mandare all'~ qc** to ruin *o* upset sth; **all'~ aperta** in the open (air)
'arido, a *ag* arid
arieggi'are [arjed'dʒare] *vt* (*cambiare aria*) to air; (*imitare*) to imitate
ari'ete *sm* ram; (*MIL*) battering ram; (*dello zodiaco*): **A~** Aries
a'ringa, ghe *sf* herring *inv*
'arista *sf* (*CUC*) chine of pork

aristo'cratico, a, ci, che *ag* aristocratic

arit'metica *sf* arithmetic

arlec'chino [arlek'kino] *sm* harlequin

'arma, i *sf* weapon, arm; (*parte dell'esercito*) arm; **chiamare alle ~i** to call up (*BRIT*), draft (*US*); **sotto le ~i** in the army (*o* forces); **alle ~i!** to arms!; **~ da fuoco** firearm

ar'madio *sm* cupboard; (*per abiti*) wardrobe; **~ a muro** built-in cupboard

armamen'tario *sm* equipment, instruments *pl*

arma'mento *sm* (*MIL*) armament; (*: materiale*) arms *pl*, weapons *pl*; (*NAUT*) fitting out; manning

ar'mare *vt* to arm; (*arma da fuoco*) to cock; (*NAUT: nave*) to rig, fit out; to man; (*EDIL: volta, galleria*) to prop up, shore up; **~rsi** *vr* to arm o.s.; (*MIL*) to take up arms; **ar'mata** *sf* (*MIL*) army; (*NAUT*) fleet; **arma'tore** *sm* shipowner; **arma'tura** *sf* (*struttura di sostegno*) framework; (*impalcatura*) scaffolding; (*STORIA*) armour *no pl*, suit of armour

armeggi'are [armed'dʒare] *vi*: **~ (intorno a qc)** to mess about (with sth)

armis'tizio [armis'tittsjo] *sm* armistice

armo'nia *sf* harmony; **ar'monica, che** *sf* (*MUS*) harmonica; **~ a bocca** mouth organ; **ar'monico, a, ci, che** *ag* harmonic; (*fig*) harmonious

armoni'oso, a *ag* harmonious

armoniz'zare [armonid'dzare] *vt* to harmonize; (*colori, abiti*) to match ♦ *vi* to be in harmony; to match

ar'nese *sm* tool, implement; (*oggetto indeterminato*) thing, contraption; **male in ~** (*malvestito*) badly dressed; (*di salute malferma*) in poor health; (*di condizioni economiche*) down-at heel

'arnia *sf* hive

a'roma, i *sm* aroma; fragrance; **~i** *smpl* (*CUC*) herbs and spices; **aro'matico, a, ci, che** *ag* aromatic; (*cibo*) spicy

'arpa *sf* (*MUS*) harp

ar'peggio [ar'peddʒo] *sm* (*MUS*) arpeggio

ar'pia *sf* (*anche fig*) harpy

arpi'one *sm* (*gancio*) hook; (*cardine*) hinge; (*PESCA*) harpoon

arrabat'tarsi *vr* to do all one can, strive

arrabbi'are *vi* (*cane*) to be affected with rabies; **~rsi** *vr* (*essere preso dall'ira*) to get angry, fly into a rage; **arrabbi'ato, a** *ag* rabid, with rabies; furious, angry

arraf'fare *vt* to snatch, seize; (*sottrarre*) to pinch

arrampi'carsi *vr* to climb (up)

arran'care *vi* to limp, hobble

arran'giare [arran'dʒare] *vt* to arrange; **~rsi** *vr* to manage, do the best one can

arre'care *vt* to bring; (*causare*) to cause

arreda'mento *sm* (*studio*) interior design; (*mobili etc*) furnishings *pl*

arre'dare *vt* to furnish; **arreda'tore, 'trice** *sm/f* interior designer; **ar'redo** *sm* fittings *pl*, furnishings *pl*

ar'rendersi *vr* to surrender

arres'tare *vt* (*fermare*) to stop, halt; (*catturare*) to arrest; **~rsi** *vr* (*fermarsi*) to stop; **ar'resto** *sm* (*cessazione*) stopping; (*fermata*) stop; (*cattura, MED*) arrest; **subire un arresto** to come to a stop *o* standstill; **mettere agli arresti** to place under arrest; **arresti domiciliari** house arrest *sg*

arre'trare *vt, vi* to withdraw; **arre'trato, a** *ag* (*lavoro*) behind schedule; (*paese, bambino*) backward; (*numero di giornale*) back *cpd*; **arretrati** *smpl* arrears

arric'chire [arrik'kire] *vt* to enrich; **~rsi** *vr* to become rich

arricci'are [arrit'tʃare] *vt* to curl; ~

il naso to turn up one's nose
ar'ringa, ghe *sf* harangue; (*DIR*) address by counsel
arrischi'are [arris'kjare] *vt* to risk; **~rsi** *vr* to venture, dare; **arrischi'ato, a** *ag* risky; (*temerario*) reckless, rash
arri'vare *vi* to arrive; (*accadere*) to happen, occur; ~ **a** (*livello, grado etc*) to reach; **lui arriva a Roma alle 7** he gets to *o* arrives at Rome at 7; **non ci arrivo** I can't reach it; (*fig: non capisco*) I can't understand it
arrive'derci [arrive'dertʃi] *escl* goodbye!
arrive'derla *escl* (*forma di cortesia*) goodbye!
arri'vista, i, e *sm/f* go-getter
ar'rivo *sm* arrival; (*SPORT*) finish, finishing line
arro'gante *ag* arrogant
arro'lare *vb* = **arruolare**
arros'sire *vi* (*per vergogna, timidezza*) to blush, flush; (*per gioia, rabbia*) to flush
arros'tire *vt* to roast; (*pane*) to toast; (*ai ferri*) to grill
ar'rosto *sm, ag inv* roast
arro'tare *vt* to sharpen; (*investire con un veicolo*) to run over
arroto'lare *vt* to roll up
arroton'dare *vt* (*forma, oggetto*) to round; (*stipendio*) to add to; (*somma*) to round off
arrovel'larsi *vr*: ~ **(il cervello)** to rack one's brains
arruf'fare *vt* to ruffle; (*fili*) to tangle; (*fig: questione*) to confuse
arruggi'nire [arruddʒi'nire] *vt* to rust; **~rsi** *vr* to rust; (*fig*) to become rusty
arruo'lare *vt* (*MIL*) to enlist; **~rsi** *vr* to enlist, join up
arse'nale *sm* (*MIL*) arsenal; (*cantiere navale*) dockyard
'arso, a *pp di* **ardere** ♦ *ag* (*bruciato*) burnt; (*arido*) dry; **ar'sura** *sf* (*calore opprimente*) burning heat; (*siccità*) drought
'arte *sf* art; (*abilità*) skill
arte'fatto, a *ag* (*cibo*) adulterated; (*fig: modi*) artificial
ar'tefice [ar'tefitʃe] *sm/f* craftsman/ woman; (*autore*) author
ar'teria *sf* artery
'artico, a, ci, che *ag* Arctic
artico'lare *ag* (*ANAT*) of the joints, articular ♦ *vt* to articulate; (*suddividere*) to divide, split up; **articolazi'one** *sf* articulation; (*ANAT, TECN*) joint
ar'ticolo *sm* article; ~ **di fondo** (*STAMPA*) leader, leading article
'Artide *sm*: **l'~** the Arctic
artifici'ale [artifi'tʃale] *ag* artificial
arti'ficio [arti'fitʃo] *sm* (*espediente*) trick, artifice; (*ricerca di effetto*) artificiality
artigia'nato [artidʒa'nato] *sm* craftsmanship; craftsmen *pl*
artigi'ano, a [arti'dʒano] *sm/f* craftsman/woman
artiglie'ria [artiʎʎe'ria] *sf* artillery
ar'tiglio [ar'tiʎʎo] *sm* claw; (*di rapaci*) talon
ar'tista, i, e *sm/f* artist; **ar'tistico, a, ci, che** *ag* artistic
'arto *sm* (*ANAT*) limb
ar'trite *sf* (*MED*) arthritis
ar'trosi *sf* osteoarthritis
ar'zillo, a [ar'dzillo] *ag* lively, sprightly
a'scella [aʃ'ʃɛlla] *sf* (*ANAT*) armpit
ascen'dente [aʃʃen'dɛnte] *sm* ancestor; (*fig*) ascendancy; (*ASTR*) ascendant
ascensi'one [aʃʃen'sjone] *sf* (*ALPINISMO*) ascent; (*REL*): **l'A~** the Ascension
ascen'sore [aʃʃen'sore] *sm* lift
a'scesa [aʃ'ʃesa] *sf* ascent; (*al trono*) accession
a'scesso [aʃ'ʃɛsso] *sm* (*MED*) abscess
'ascia ['aʃʃa] (*pl* **'asce**) *sf* axe
asciugaca'pelli [aʃʃugaka'pelli] *sm* hair-drier
asciuga'mano [aʃʃuga'mano] *sm* towel

asciu'gare [aʃʃu'gare] *vt* to dry; **~rsi** *vr* to dry o.s.; (*diventare asciutto*) to dry
asci'utto, a [aʃ'ʃutto] *ag* dry; (*fig: magro*) lean; (*: burbero*) curt; **restare a bocca ~a** (*fig*) to be disappointed
ascol'tare *vt* to listen to; **ascolta'tore, 'trice** *sm/f* listener; **as'colto** *sm*: **essere** *o* **stare in ascolto** to be listening; **dare** *o* **prestare ascolto (a)** to pay attention (to)
as'falto *sm* asphalt
asfissi'are *vt* to suffocate, asphyxiate; (*fig*) to bore to tears
'Asia *sf*: **l'~** Asia; **asi'atico, a, ci, che** *ag, sm/f* Asiatic, Asian
a'silo *sm* refuge, sanctuary; **~ (d'infanzia)** nursery(-school); **~ nido** crèche; **~ politico** political asylum
'asino *sm* donkey, ass
'asma *sf* asthma
'asola *sf* buttonhole
as'parago, gi *sm* asparagus *no pl*
aspet'tare *vt* to wait for; (*anche COMM*) to await; (*aspettarsi*) to expect ♦ *vi* to wait; **~rsi** *vr* to expect; **~ un bambino** to be expecting (a baby); **questo non me l'aspettavo** I wasn't expecting this; **aspetta'tiva** *sf* wait; expectation; **inferiore all'aspettativa** worse than expected; **essere in aspettativa** (*AMM*) to be on leave of absence
as'petto *sm* (*apparenza*) aspect, appearance, look; (*punto di vista*) point of view; **di bell'~** good-looking
aspi'rante *ag* (*attore etc*) aspiring ♦ *sm/f* candidate, applicant
aspira'polvere *sm inv* vacuum cleaner
aspi'rare *vt* (*respirare*) to breathe in, inhale; (*sog: apparecchi*) to suck (up) ♦ *vi*: **~ a** to aspire to; **aspira'tore** *sm* extractor fan
aspi'rina *sf* aspirin
aspor'tare *vt* (*anche MED*) to remove, take away
'aspro, a *ag* (*sapore*) sour, tart; (*odore*) acrid, pungent; (*voce, clima, fig*) harsh; (*superficie*) rough; (*paesaggio*) rugged
assaggi'are [assad'dʒare] *vt* to taste
assag'gini [assad'dʒini] *smpl* (*CUC*) *selection of first courses*
as'sai *av* (*molto*) a lot, much; (*: con ag*) very; (*a sufficienza*) enough ♦ *ag inv* (*quantità*) a lot of, much; (*numero*) a lot of, many; **~ contento** very pleased
assa'lire *vt* to attack, assail
as'salto *sm* attack, assault
assapo'rare *vt* to savour
assassi'nare *vt* to murder; to assassinate; (*fig*) to ruin; **assas'sinio** *sm* murder; assassination; **assas'sino, a** *ag* murderous ♦ *sm/f* murderer; assassin
'asse *sm* (*TECN*) axle; (*MAT*) axis ♦ *sf* board; **~ sf da stiro** ironing board
assedi'are *vt* to besiege; **as'sedio** *sm* siege
asse'gnare [asseɲ'ɲare] *vt* to assign, allot; (*premio*) to award
as'segno [as'seɲɲo] *sm* allowance; (*anche*: **~ bancario**) cheque (*BRIT*), check (*US*); **contro ~** cash on delivery; **~ circolare** bank draft; **~ sbarrato** crossed cheque; **~ di viaggio** traveller's cheque; **~ a vuoto** dud cheque; **~i familiari** ≈ child benefit *no pl*
assem'blea *sf* assembly
assen'nato, a *ag* sensible
as'senso *sm* assent, consent
as'sente *ag* absent; (*fig*) faraway, vacant; **as'senza** *sf* absence
asses'sore *sm* (*POL*) councillor
asses'tare *vt* (*mettere in ordine*) to put in order, arrange; **~rsi** *vr* to settle in; **~ un colpo a qn** to deal sb a blow
asse'tato, a *ag* thirsty, parched
as'setto *sm* order, arrangement; (*NAUT, AER*) trim; **in ~ di guerra** on a war footing
assicu'rare *vt* (*accertare*) to ensure; (*infondere certezza*) to assure;

(*fermare, legare*) to make fast, secure; (*fare un contratto di assicurazione*) to insure; ~**rsi** *vr* (*accertarsi*): ~**rsi (di)** to make sure (of); (*contro il furto etc*): ~**rsi (contro)** to insure o.s. (against); **assicu'rata** *sf* (*anche*: *lettera assicurata*) registered letter; **assicu'rato, a** *ag* insured; **assicurazi'one** *sf* assurance; insurance

assidera'mento *sm* exposure

as'siduo, a *ag* (*costante*) assiduous; (*frequentatore etc*) regular

assi'eme *av* (*insieme*) together; ~ **a** (together) with

assil'lare *vt* to pester, torment

as'sillo *sm* (*fig*) worrying thought

as'sise *sfpl* (*DIR*) assizes; **Corte** *sf* **d'A**~ Court of Assizes, ≈ Crown Court (*BRIT*)

assis'tente *sm/f* assistant; ~ **sociale** social worker; ~ **di volo** (*AER*) steward/stewardess

assis'tenza [assis'tɛntsa] *sf* assistance; ~ **ospedaliera** free hospital treatment; ~ **sanitaria** health service; ~ **sociale** welfare services *pl*

as'sistere *vt* (*aiutare*) to assist, help; (*curare*) to treat ♦ *vi*: ~ **(a qc)** (*essere presente*) to be present (at sth), to attend (sth)

'asso *sm* ace; **piantare qn in** ~ to leave sb in the lurch

associ'are [asso'tʃare] *vt* to associate; (*rendere partecipe*): ~ **qn a** (*affari*) to take sb into partnership in; (*partito*) to make sb a member of; ~**rsi** *vr* to enter into partnership; ~**rsi a** to become a member of, join; (*dolori, gioie*) to share in; ~ **qn alle carceri** to take sb to prison

associazi'one [assotʃat'tsjone] *sf* association; (*COMM*) association, society; ~ **a delinquere** (*DIR*) criminal association

asso'dato, a *ag* well-founded

assogget'tare [assoddʒet'tare] *vt* to subject, subjugate

asso'lato, a *ag* sunny

assol'dare *vt* to recruit

as'solto, a *pp di* assolvere

assoluta'mente *av* absolutely

asso'luto, a *ag* absolute

assoluzi'one [assolut'tsjone] *sf* (*DIR*) acquittal; (*REL*) absolution

as'solvere *vt* (*DIR*) to acquit; (*REL*) to absolve; (*adempiere*) to carry out, perform

assomigli'are [assomiʎ'ʎare] *vi*: ~ **a** to resemble, look like

asson'nato, a *ag* sleepy

asso'pirsi *vr* to doze off

assor'bente *ag* absorbent ♦ *sm*: ~ **igienico** sanitary towel; ~ **interno** tampon

assor'bire *vt* to absorb; (*fig: far proprio*) to assimilate

assor'dare *vt* to deafen

assorti'mento *sm* assortment

assor'tito, a *ag* assorted; matched, matching

as'sorto, a *ag* absorbed, engrossed

assottigli'are [assottiʎ'ʎare] *vt* to make thin, to thin; (*aguzzare*) to sharpen; (*ridurre*) to reduce; ~**rsi** *vr* to grow thin; (*fig: ridursi*) to be reduced

assue'fare *vt* to accustom; ~**rsi a** to get used to, accustom o.s. to

as'sumere *vt* (*impiegato*) to take on, engage; (*responsabilità*) to assume, take upon o.s.; (*contegno, espressione*) to assume, put on; (*droga*) to consume; **as'sunto, a** *pp di* assumere ♦ *sm* (*tesi*) proposition

assurdità *sf inv* absurdity; **dire delle** ~ to talk nonsense

as'surdo, a *ag* absurd

'asta *sf* pole; (*modo di vendita*) auction

astante'ria *sf* casualty department

as'temio, a *ag* teetotal ♦ *sm/f* teetotaller

aste'nersi *vr*: ~ **(da)** to abstain (from), refrain (from); (*POL*) to abstain (from)

aste'risco, schi *sm* asterisk

'astice ['astitʃe] *sm* lobster

asti'nenza [asti'nɛntsa] *sf* abstinence; **essere in crisi di** ~ to suffer

from withdrawal symptoms
'astio *sm* rancour, resentment
as'tratto, a *ag* abstract
'astro *sm* star
'astro... *prefisso*: **astrolo'gia** [astrolo'dʒia] *sf* astrology; **as'trologo, a, ghi, ghe** *sm/f* astrologer; **astro'nauta, i, e** *sm/f* astronaut; **astro'nave** *sf* space ship; **astrono'mia** *sf* astronomy; **astro'nomico, a, ci, che** *ag* astronomic(al)
as'tuccio [as'tuttʃo] *sm* case, box, holder
as'tuto, a *ag* astute, cunning, shrewd; **as'tuzia** *sf* astuteness, shrewdness; (*azione*) trick
A'tene *sf* Athens
ate'neo *sm* university
'ateo, a *ag*, *sm/f* atheist
at'lante *sm* atlas
at'lantico, a, ci, che *ag* Atlantic ♦ *sm*: **l'A~, l'Oceano A~** the Atlantic, the Atlantic Ocean
at'leta, i, e *sm/f* athlete; **at'letica** *sf* athletics *sg*; **atletica leggera** track and field events *pl*; **atletica pesante** weightlifting and wrestling
atmos'fera *sf* atmosphere
a'tomico, a, ci, che *ag* atomic; (*nucleare*) atomic, atom *cpd*, nuclear
'atomo *sm* atom
'atrio *sm* entrance hall, lobby
a'troce [a'trotʃe] *ag* (*che provoca orrore*) dreadful; (*terribile*) atrocious
attacca'mento *sm* (*fig*) attachment, affection
attacca'panni *sm* hook, peg; (*mobile*) hall stand
attac'care *vt* (*unire*) to attach; (*cucendo*) to sew on; (*far aderire*) to stick (on); (*appendere*) to hang (up); (*assalire: anche fig*) to attack; (*iniziare*) to begin, start; (*fig: contagiare*) to pass on ♦ *vi* to stick, adhere; **~rsi** *vr* to stick, adhere; (*trasmettersi per contagio*) to be contagious; (*afferrarsi*): **~rsi (a)** to cling (to); (*fig: affezionarsi*): **~rsi (a)** to become attached (to); **~ discorso** to start a conversation; **at'tacco, chi** *sm* (*azione offensiva: anche fig*) attack; (*MED*) attack, fit; (*SCI*) binding; (*ELETTR*) socket
atteggia'mento [atteddʒa'mento] *sm* attitude
atteggi'arsi [atted'dʒarsi] *vr*: **~ a** to pose as
attem'pato, a *ag* elderly
at'tendere *vt* to wait for, await ♦ *vi*: **~ a** to attend to
atten'dibile *ag* (*storia*) credible; (*testimone*) reliable
atte'nersi *vr*: **~ a** to keep *o* stick to
atten'tare *vi*: **~ a** to make an attempt on; **atten'tato** *sm* attack; **attentato alla vita di qn** attempt on sb's life
at'tento, a *ag* attentive; (*accurato*) careful, thorough; **stare ~ a qc** to pay attention to sth ♦ *escl* be careful!
attenu'ante *sf* (*DIR*) extenuating circumstance
attenu'are *vt* to attenuate; (*dolore, rumore*) to lessen, deaden; (*pena, tasse*) to alleviate; **~rsi** *vr* to ease, abate
attenzi'one [atten'tsjone] *sf* attention ♦ *escl* watch out!, be careful!
atter'raggio [atter'raddʒo] *sm* landing
atter'rare *vt* to bring down ♦ *vi* to land
atter'rire *vt* to terrify
at'tesa *sf* waiting; (*tempo trascorso aspettando*) wait; **essere in attesa di qc** to be waiting for sth
at'teso, a *pp di* **attendere**
attes'tato *sm* certificate
'attico, ci *sm* attic
at'tiguo, a *ag* adjacent, adjoining
attil'lato, a *ag* (*vestito*) close-fitting, tight; (*persona*) dressed up
'attimo *sm* moment; **in un ~** in a moment
atti'nente *ag*: **~ a** relating to, concerning
atti'rare *vt* to attract
atti'tudine *sf* (*disposizione*) apti-

tude; (*atteggiamento*) attitude
atti'vare *vt* to activate; (*far funzionare*) to set going, start
attività *sf inv* activity; (*COMM*) assets *pl*
at'tivo, a *ag* active; (*COMM*) profit-making, credit *cpd* ♦ *sm* (*COMM*) assets *pl*; **in ~** in credit
attiz'zare [attit'tsare] *vt* (*fuoco*) to poke
'atto *sm* act; (*azione, gesto*) action, act, deed; (*DIR: documento*) deed, document; **~i** *smpl* (*di congressi etc*) proceedings; **mettere in ~** to put into action; **fare ~ di fare qc** to make as if to do sth
at'tonito, a *ag* dumbfounded, astonished
attorcigli'are [attortʃiʎ'ʎare] *vt* to twist; **~rsi** *vr* to twist
at'tore, 'trice *sm/f* actor/actress
at'torno *av* round, around, about; **~ a** round, around, about
at'tracco, chi *sm* (*NAUT*) docking *no pl*; berth
attra'ente *ag* attractive
at'trarre *vt* to attract; **attrat'tiva** *sf* (*fig: fascino*) attraction, charm; **at'tratto, a** *pp di* attrarre
attraversa'mento *sm*: **~ pedonale** pedestrian crossing
attraver'sare *vt* to cross; (*città, bosco, fig: periodo*) to go through; (*sog: fiume*) to run through
attra'verso *prep* through; (*da una parte all'altra*) across
attrazi'one [attrat'tsjone] *sf* attraction
attrez'zare [attret'tsare] *vt* to equip; (*NAUT*) to rig; **attrezza'tura** *sf* equipment *no pl*; rigging; **at'trezzo** *sm* tool, instrument; (*SPORT*) piece of equipment
attribu'ire *vt*: **~ qc a qn** (*assegnare*) to give *o* award sth to sb; (*quadro etc*) to attribute sth to sb; **attri'buto** *sm* attribute
at'trice [at'tritʃe] *sf vedi* **attore**
at'trito *sm* (*anche fig*) friction
attu'ale *ag* (*presente*) present; (*di attualità*) topical; (*che è in atto*) actual; **attualità** *sf inv* topicality; (*avvenimento*) current event; **attual'mente** *av* at the moment, at present
attu'are *vt* to carry out; **~rsi** *vr* to be realized
attu'tire *vt* to deaden, reduce
au'dace [au'datʃe] *ag* audacious, daring, bold; (*provocante*) provocative; (*sfacciato*) impudent, bold; **au'dacia** *sf* audacity, daring; boldness; provocativeness; impudence
audiovi'sivo, a *ag* audiovisual
audizi'one [audit'tsjone] *sf* hearing; (*MUS*) audition
'auge ['audʒe] *sf*: **in ~** popular
augu'rare *vt* to wish; **~rsi qc** to hope for sth
au'gurio *sm* (*presagio*) omen; (*voto di benessere etc*) (good) wish; **essere di buon/cattivo ~** to be of good omen/be ominous; **fare gli ~i a qn** to give sb one's best wishes; **tanti ~i!** all the best!
'aula *sf* (*scolastica*) classroom; (*universitaria*) lecture theatre; (*di edificio pubblico*) hall
aumen'tare *vt, vi* to increase; **au'mento** *sm* increase
au'reola *sf* halo
au'rora *sf* dawn
ausili'are *ag, sm, sm/f* auxiliary
aus'picio [aus'pitʃo] *sm* omen; (*protezione*) patronage; **sotto gli ~i di** under the auspices of
aus'tero, a *ag* austere
Aus'tralia *sf*: **l'~** Australia; **australi'ano, a** *ag, sm/f* Australian
'Austria *sf*: **l'~** Austria; **aus'triaco, a, ci, che** *ag, sm/f* Austrian
au'tentico, a, ci, che *ag* (*quadro, firma*) authentic, genuine; (*fatto*) true, genuine
au'tista, i *sm* driver
'auto *sf inv* car
autoade'sivo, a *ag* self-adhesive ♦ *sm* sticker
autobiogra'fia *sf* autobiography

auto'botte *sf* tanker
'autobus *sm inv* bus
auto'carro *sm* lorry (*BRIT*), truck
autocorri'era *sf* coach, bus
au'tografo, a *ag*, *sm* autograph
auto'linea *sf* bus company
au'toma, i *sm* automaton
auto'matico, a, ci, che *ag* automatic ♦ *sm* (*bottone*) snap fastener; (*fucile*) automatic
automazi'one [automat'tsjone] *sf* automation
auto'mezzo [auto'mɛddzo] *sm* motor vehicle
auto'mobile *sf* (motor) car
autono'mia *sf* autonomy; (*di volo*) range
au'tonomo, a *ag* autonomous, independent
autop'sia *sf* post-mortem (examination), autopsy
auto'radio *sf inv* (*apparecchio*) car radio; (*autoveicolo*) radio car
au'tore, 'trice *sm/f* author
auto'revole *ag* authoritative; (*persona*) influential
autori'messa *sf* garage
autorità *sf inv* authority
autoriz'zare [autorid'dzare] *vt* (*permettere*) to authorize; (*giustificare*) to allow, sanction; **autorizzazi'one** *sf* authorization
autoscu'ola *sf* driving school
autos'top *sm* hitchhiking; **autostop'pista, i, e** *sm/f* hitchhiker
autos'trada *sf* motorway (*BRIT*), highway (*US*)
auto'treno *sm* articulated lorry (*BRIT*), semi (trailer) (*US*)
autove'icolo *sm* motor vehicle
autovet'tura *sf* (motor) car
au'tunno *sm* autumn
avam'braccio [avam'brattʃo] (*pl* (*f*) -**cia**) *sm* forearm
avangu'ardia *sf* vanguard
a'vanti *av* (*stato in luogo*) in front; (*moto: andare, venire*) forward; (*tempo: prima*) before ♦ *prep* (*luogo*): ~ **a** before, in front of; (*tempo*): ~ **Cristo** before Christ ♦ *escl* (*entrate*) come (*o* go) in!; (*MIL*) forward!; (*coraggio*) come on! ♦ *sm inv* (*SPORT*) forward; ~ **e indietro** backwards and forwards; **andare ~** to go forward; (*continuare*) to go on; (*precedere*) to go (on) ahead; (*orologio*) to be fast; **essere ~ negli studi** to be well advanced with one's studies
avanza'mento [avantsa'mento] *sm* progress; promotion
avan'zare [avan'tsare] *vt* (*spostare in avanti*) to move forward, advance; (*domanda*) to put forward; (*promuovere*) to promote; (*essere creditore*): ~ **qc da qn** to be owed sth by sb ♦ *vi* (*andare avanti*) to move forward, advance; (*fig: progredire*) to make progress; (*essere d'avanzo*) to be left, remain; **avan'zata** *sf* (*MIL*) advance; **a'vanzo** *sm* (*residuo*) remains *pl*, left-overs *pl*; (*MAT*) remainder; (*COMM*) surplus; **averne d'avanzo di qc** to have more than enough of sth; **avanzo di galera** (*fig*) jailbird
ava'ria *sf* (*guasto*) damage; (*: meccanico*) breakdown
a'varo, a *ag* avaricious, miserly ♦ *sm* miser
a'vena *sf* oats *pl*

PAROLA CHIAVE

a'vere *sm* (*COMM*) credit; **gli ~i** (*ricchezze*) wealth *sg*

♦ *vt* **1** (*possedere*) to have; **ha due bambini/una bella casa** she has (got) two children/a lovely house; **ha i capelli lunghi** he has (got) long hair; **non ho da mangiare/bere** I've (got) nothing to eat/drink, I don't have anything to eat/drink

2 (*indossare*) to wear, have on; **aveva una maglietta rossa** he was wearing *o* he had on a red tee-shirt; **ha gli occhiali** he wears *o* has glasses

3 (*ricevere*) to get; **hai avuto l'assegno?** did you get *o* have you had the cheque?

4 (*età, dimensione*) to be; **ha 9 anni** he is 9 (years old); **la stanza ha 3 metri di lunghezza** the room is 3 metres in length; *vedi* **fame; paura** *etc*
5 (*tempo*): **quanti ne abbiamo oggi?** what's the date today?; **ne hai per molto?** will you be long?
6 (*fraseologia*): **avercela con qn** to be angry with sb; **cos'hai?** what's wrong *o* what's the matter (with you)?; **non ha niente a che vedere** *o* **fare con me** it's got nothing to do with me
♦ *vb aus* **1** to have; **aver bevuto/mangiato** to have drunk/eaten
2 (*+da +infinito*): ~ **da fare qc** to have to do sth; **non hai che da chiederlo** you only have to ask him

'avi *smpl* ancestors, forefathers
aviazi'one [avjat'tsjone] *sf* aviation; (*MIL*) air force
avidità *sf* eagerness; greed
'avido, a *ag* eager; (*peg*) greedy
avo'cado *sm* avocado
a'vorio *sm* ivory
Avv. *abbr* = **avvocato**
avvalla'mento *sm* sinking *no pl*; (*effetto*) depression
avvalo'rare *vt* to confirm
avvam'pare *vi* (*incendio*) to flare up
avvantaggi'are [avvantad'dʒare] *vt* to favour; **~rsi** *vr*: **~rsi negli affari/sui concorrenti** to get ahead in business/of one's competitors
avvele'nare *vt* to poison
avve'nente *ag* attractive, charming
avveni'mento *sm* event
avve'nire *vi, vb impers* to happen, occur ♦ *sm* future
avven'tarsi *vr*: ~ **su** *o* **contro qn/qc** to hurl o.s. *o* rush at sb/sth
avven'tato, a *ag* rash, reckless
avven'tizio, a [avven'tittsjo] *ag* (*impiegato*) temporary; (*guadagno*) casual
av'vento *sm* advent, coming; (*REL*): **l'A~** Advent
avven'tore *sm* (regular) customer
avven'tura *sf* adventure; (*amorosa*) affair
avventu'rarsi *vr* to venture
avventu'roso, a *ag* adventurous
avve'rarsi *vr* to come true
av'verbio *sm* adverb
avver'sario, a *ag* opposing ♦ *sm* opponent, adversary
av'verso, a *ag* (*contrario*) contrary; (*sfavorevole*) unfavourable
avver'tenza [avver'tɛntsa] *sf* (*ammonimento*) warning; (*cautela*) care; (*premessa*) foreword; **~e** *sfpl* (*istruzioni per l'uso*) instructions
avverti'mento *sm* warning
avver'tire *vt* (*avvisare*) to warn; (*rendere consapevole*) to inform, notify; (*percepire*) to feel
av'vezzo, a [av'vettso] *ag*: ~ **a** used to
avvia'mento *sm* (*atto*) starting; (*effetto*) start; (*AUT*) starting; (*: dispositivo*) starter; (*COMM*) goodwill
avvi'are *vt* (*mettere sul cammino*) to direct; (*impresa, trattative*) to begin, start; (*motore*) to start; **~rsi** *vr* to set off, set out
avvicen'darsi [avvitʃen'darsi] *vr* to alternate
avvici'nare [avvitʃi'nare] *vt* to bring near; (*trattare con: persona*) to approach; **~rsi** *vr*: **~rsi (a qn/qc)** to approach (sb/sth), draw near (to sb/sth)
avvi'lire *vt* (*umiliare*) to humiliate; (*degradare*) to disgrace; (*scoraggiare*) to dishearten, discourage; **~rsi** *vr* (*abbattersi*) to lose heart
avvilup'pare *vt* (*avvolgere*) to wrap up; (*ingarbugliare*) to entangle
avvinaz'zato, a [avvinat'tsato] *ag* drunk
av'vincere [av'vintʃere] *vt* to charm, enthral; **avvin'cente** *ag* captivating
avvinghi'are [avvin'gjare] *vt* to clasp; **~rsi** *vr*: **~rsi a** to cling to
avvi'sare *vt* (*far sapere*) to inform; (*mettere in guardia*) to warn;
av'viso *sm* warning; (*annuncio*) an-

nouncement; (: *affisso*) notice; (*inserzione pubblicitaria*) advertisement; **a mio avviso** in my opinion
avvis'tare *vt* to sight
avvi'tare *vt* to screw down (*o* in)
avviz'zire [avvit'tsire] *vi* to wither
avvo'cato, 'essa *sm/f* (*DIR*) barrister (*BRIT*), lawyer; (*fig*) defender, advocate
av'volgere [av'voldʒere] *vt* to roll up; (*avviluppare*) to wrap up; **~rsi** *vr* (*avvilupparsi*) to wrap o.s. up; **avvol'gibile** *sm* roller blind (*BRIT*), blind
avvol'toio *sm* vulture
azi'enda [ad'dzjɛnda] *sf* business, firm, concern; **~ agricola** farm
azio'nare [attsjo'nare] *vt* to activate
azi'one [at'tsjone] *sf* action; (*COMM*) share; **azio'nista, i, e** *sm/f* (*COMM*) shareholder
a'zoto [ad'dzɔto] *sm* nitrogen
azzan'nare [attsan'nare] *vt* to sink one's teeth into
azzar'darsi [addzar'darsi] *vr*: **~ a fare** to dare (to) do; **azzar'dato, a** *ag* (*impresa*) risky; (*risposta*) rash
az'zardo [ad'dzardo] *sm* risk
azzec'care [attsek'kare] *vt* (*risposta etc*) to get right
azzuf'farsi [attsuf'farsi] *vr* to come to blows
az'zurro, a [ad'dzurro] *ag* blue ♦ *sm* (*colore*) blue; **gli ~i** (*SPORT*) the Italian national team

B

bab'beo *sm* simpleton
'babbo *sm* (*fam*) dad, daddy; **B~ natale** Father Christmas
bab'buccia, ce [bab'buttʃa] *sf* slipper; (*per neonati*) bootee
ba'bordo *sm* (*NAUT*) port side
ba'cato, a *ag* worm-eaten, rotten
'bacca, che *sf* berry
baccalà *sm* dried salted cod; (*fig: peg*) dummy
bac'cano *sm* din, clamour
bac'cello [bat'tʃɛllo] *sm* pod
bac'chetta [bak'ketta] *sf* (*verga*) stick, rod; (*di direttore d'orchestra*) baton; (*di tamburo*) drumstick; **~ magica** magic wand
baci'are [ba'tʃare] *vt* to kiss; **~rsi** *vr* to kiss (one another)
baci'nella [batʃi'nɛlla] *sf* basin
ba'cino [ba'tʃino] *sm* basin; (*MINERALOGIA*) field, bed; (*ANAT*) pelvis; (*NAUT*) dock
'bacio ['batʃo] *sm* kiss
'baco, chi *sm* worm; **~ da seta** silkworm
ba'dare *vi* (*fare attenzione*) to take care, be careful; (*occuparsi di*): **~ a** to look after, take care of; (*dar ascolto*): **~ a** to pay attention to; **bada ai fatti tuoi!** mind your own business!
ba'dia *sf* abbey
ba'dile *sm* shovel
'baffi *smpl* moustache *sg*; (*di animale*) whiskers; **ridere sotto i ~** to laugh up one's sleeve; **leccarsi i ~** to lick one's lips
ba'gagli [ba'gaʎʎi] *smpl* luggage *sg*
bagagli'aio [bagaʎ'ʎajo] *sm* luggage van (*BRIT*) *o* car (*US*); (*AUT*) boot (*BRIT*), trunk (*US*)
bagli'ore [baʎ'ʎore] *sm* flash, dazzling light; **un ~ di speranza** a ray of hope
ba'gnante [baɲ'ɲante] *sm/f* bather
ba'gnare [baɲ'ɲare] *vt* to wet; (*inzuppare*) to soak; (*innaffiare*) to water; (*sog: fiume*) to flow through; (: *mare*) to wash, bathe; **~rsi** *vr* (*al mare*) to go swimming *o* bathing; (*in vasca*) to have a bath
ba'gnato, a [baɲ'ɲato] *ag* wet
ba'gnino [baɲ'ɲino] *sm* lifeguard
'bagno ['baɲɲo] *sm* bath; (*locale*) bathroom; **~i** *smpl* (*stabilimento*) baths; **fare il ~** to have a bath; (*nel mare*) to go swimming *o* bathing; **fare il ~ a qn** to give sb a bath; **mettere a ~** to soak; **~ schiuma** bubble bath
bagnoma'ria [baɲɲoma'ria] *sm*:

cuocere a ~ to cook in a double saucepan
'baia *sf* bay
baio'netta *sf* bayonet
balbet'tare *vi* to stutter, stammer; (*bimbo*) to babble ♦ *vt* to stammer out
balbuzi'ente [balbut'tsjɛnte] *ag* stuttering, stammering
bal'cone *sm* balcony
baldac'chino [baldak'kino] *sm* canopy
bal'danza [bal'dantsa] *sf* self-confidence, boldness
'baldo, a *ag* bold, daring
bal'doria *sf*: **fare** ~ to have a riotous time
ba'lena *sf* whale
bale'nare *vb impers*: **balena** there's lightning ♦ *vi* to flash; **mi balenò un'idea** an idea flashed through my mind; **ba'leno** *sm* flash of lightning; **in un baleno** in a flash
ba'lestra *sf* crossbow
ba'lia *sf*: **in** ~ **di** at the mercy of
'balla *sf* (*di merci*) bale; (*fandonia*) (tall) story
bal'lare *vt, vi* to dance; **bal'lata** *sf* ballad
balle'rina *sf* dancer; ballet dancer; (*scarpa*) ballet shoe
balle'rino *sm* dancer; ballet dancer
bal'letto *sm* ballet
'ballo *sm* dance; (*azione*) dancing *no pl*; **essere in** ~ (*fig: persona*) to be involved; (*: cosa*) to be at stake
ballot'taggio [ballot'taddʒo] *sm* (*POL*) second ballot
balne'are *ag* seaside *cpd*; (*stagione*) bathing
ba'locco, chi *sm* toy
ba'lordo, a *ag* stupid, senseless
'balsamo *sm* (*aroma*) balsam; (*lenimento, fig*) balm
balu'ardo *sm* bulwark
'balza ['baltsa] *sf* (*dirupo*) crag; (*di stoffa*) frill
bal'zare [bal'tsare] *vi* to bounce; (*lanciarsi*) to jump, leap; **'balzo** *sm* bounce; jump, leap; (*del terreno*) crag
bam'bagia [bam'badʒa] *sf* (*ovatta*) cotton wool (*BRIT*), absorbent cotton (*US*); (*cascame*) cotton waste
bam'bina *ag, sf vedi* **bambino**
bambi'naia *sf* nanny, nurse(maid)
bam'bino, a *sm/f* child
bam'boccio [bam'bɔttʃo] *sm* plump child; (*pupazzo*) rag doll
'bambola *sf* doll
bambù *sm* bamboo
ba'nale *ag* banal, commonplace
ba'nana *sf* banana; **ba'nano** *sm* banana tree
'banca, che *sf* bank; ~ **dei dati** data bank
banca'rella *sf* stall
ban'cario, a *ag* banking, bank *cpd* ♦ *sm* bank clerk
banca'rotta *sf* bankruptcy; **fare** ~ to go bankrupt
ban'chetto [ban'ketto] *sm* banquet
banchi'ere [ban'kjɛre] *sm* banker
ban'china [ban'kina] *sf* (*di porto*) quay; (*per pedoni, ciclisti*) path; (*di stazione*) platform; ~ **cedevole** (*AUT*) soft verge (*BRIT*) *o* shoulder (*US*)
'banco, chi *sm* bench; (*di negozio*) counter; (*di mercato*) stall; (*di officina*) (work-)bench; (*GEO, banca*) bank; ~ **di corallo** coral reef; ~ **degli imputati** dock; ~ **dei pegni** pawnshop; ~ **di nebbia** bank of fog; ~ **di prova** (*fig*) testing ground; ~ **dei testimoni** witness box
'Bancomat ® *sm inv* automated banking; (*tessera*) cash card
banco'nota *sf* banknote
'banda *sf* band; (*di stoffa*) band, stripe; (*lato, parte*) side; ~ **perforata** punch tape
banderu'ola *sf* (*METEOR*) weathercock, weathervane
bandi'era *sf* flag, banner
ban'dire *vt* to proclaim; (*esiliare*) to exile; (*fig*) to dispense with
ban'dito *sm* outlaw, bandit
bandi'tore *sm* (*di aste*) auctioneer
'bando *sm* proclamation; (*esilio*) ex-

ile, banishment; ~ **alle chiacchiere!** that's enough talk!
'bandolo *sm*: **il ~ della matassa** (*fig*) the key to the problem
bar *sm inv* bar
'bara *sf* coffin
ba'racca, che *sf* shed, hut; (*peg*) hovel; **mandare avanti la ~** to keep things going
bara'onda *sf* hubbub, bustle
ba'rare *vi* to cheat
'baratro *sm* abyss
barat'tare *vt*: ~ **qc con** to barter sth for, swap sth for; **ba'ratto** *sm* barter
ba'rattolo *sm* (*di latta*) tin; (*di vetro*) jar; (*di coccio*) pot
'barba *sf* beard; **farsi la ~** to shave; **farla in ~ a qn** (*fig*) to do sth to sb's face; **che ~!** what a bore!
barbabi'etola *sf* beetroot (*BRIT*), beet (*US*); ~ **da zucchero** sugar beet
bar'barico, a, ci, che *ag* barbarian; barbaric
'barbaro, a *ag* barbarous; **~i** *smpl* barbarians
barbi'ere *sm* barber
bar'bone *sm* (*cane*) poodle; (*vagabondo*) tramp
bar'buto, a *ag* bearded
'barca, che *sf* boat; ~ **a remi** rowing boat; ~ **a vela** sail(ing) boat; **barcai'olo** *sm* boatman
barcol'lare *vi* to stagger
bar'cone *sm* (*per ponti di barche*) pontoon
ba'rella *sf* (*lettiga*) stretcher
ba'rile *sm* barrel, cask
ba'rista, i, e *sm/f* barman/maid; bar owner
ba'ritono *sm* baritone
bar'lume *sm* glimmer, gleam
ba'rocco, a, chi, che *ag*, *sm* baroque
ba'rometro *sm* barometer
ba'rone *sm* baron; **baro'nessa** *sf* baroness
'barra *sf* bar; (*NAUT*) helm; (*linea grafica*) line, stroke
barri'care *vt* to barricade; **barri'cata** *sf* barricade
barri'era *sf* barrier; (*GEO*) reef
ba'ruffa *sf* scuffle
barzel'letta [bardzel'letta] *sf* joke, funny story
ba'sare *vt* to base, found; **~rsi** *vr*: **~rsi su** (*sog: fatti, prove*) to be based *o* founded on; (*: persona*) to base one's arguments on
'basco, a, schi, sche *ag* Basque ♦ *sm* (*copricapo*) beret
'base *sf* base; (*fig: fondamento*) basis; (*POL*) rank and file; **di ~** basic; **in ~ a** on the basis of, according to; **a ~ di caffè** coffee-based
ba'setta *sf* sideburn
ba'silica, che *sf* basilica
ba'silico *sm* basil
bassi'fondi *smpl* (*fig*) dregs; **i ~ (della città)** the slums
'basso, a *ag* low; (*di statura*) short; (*meridionale*) southern ♦ *sm* bottom, lower part; (*MUS*) bass; **la ~a Italia** southern Italy
bassorili'evo *sm* bas-relief
'basta *escl* (that's) enough!, that will do!
bas'tardo, a *ag* (*animale, pianta*) hybrid, crossbreed; (*persona*) illegitimate, bastard (*peg*) ♦ *sm/f* illegitimate child, bastard (*peg*)
bas'tare *vi, vb impers* to be enough, be sufficient; ~ **a qn** to be enough for sb; **basta chiedere** *o* **che chieda a un vigile** you have only to *o* need only ask a policeman
basti'mento *sm* ship, vessel
basto'nare *vt* to beat, thrash
baston'cino [baston'tʃino] *sm* (*SCI*) ski pole
bas'tone *sm* stick; ~ **da passeggio** walking stick
bat'taglia [bat'taʎʎa] *sf* battle; fight
bat'taglio [bat'taʎʎo] *sm* (*di campana*) clapper; (*di porta*) knocker
battagli'one [battaʎ'ʎone] *sm* battalion
bat'tello *sm* boat

bat'tente *sm* (*imposta: di porta*) wing, flap; (*: di finestra*) shutter; (*batacchio: di porta*) knocker; (*: di orologio*) hammer; **chiudere i ~i** (*fig*) to shut up shop

'battere *vt* to beat; (*grano*) to thresh; (*percorrere*) to scour ♦ *vi* (*bussare*) to knock; (*urtare*): **~ contro** to hit *o* strike against; (*pioggia, sole*) to beat down; (*cuore*) to beat; (*TENNIS*) to serve; **~rsi** *vr* to fight; **~ le mani** to clap; **~ i piedi** to stamp one's feet; **~ su un argomento** to hammer home an argument; **~ a macchina** to type; **~ bandiera italiana** to fly the Italian flag; **~ in testa** (*AUT*) to knock; **in un batter d'occhio** in the twinkling of an eye

bat'teri *smpl* bacteria

batte'ria *sf* battery; (*MUS*) drums *pl*

bat'tesimo *sm* baptism; christening

battez'zare [batted'dzare] *vt* to baptize; to christen

batticu'ore *sm* palpitations *pl*

batti'mano *sm* applause

batti'panni *sm inv* carpet-beater

battis'tero *sm* baptistry

battis'trada *sm inv* (*di pneumatico*) tread; (*di gara*) pacemaker

battitap'peto *sm* vacuum cleaner

'battito *sm* beat, throb; **~ cardiaco** heartbeat; **~ della pioggia/dell'orologio** beating of the rain/ticking of the clock

bat'tuta *sf* blow; (*di macchina da scrivere*) stroke; (*MUS*) bar; beat; (*TEATRO*) cue; (*frase spiritosa*) witty remark; (*di caccia*) beating; (*POLIZIA*) combing, scouring; (*TENNIS*) service

ba'ule *sm* trunk; (*AUT*) boot (*BRIT*), trunk (*US*)

'bava *sf* (*di animale*) slaver, slobber; (*di lumaca*) slime; (*di vento*) breath

bava'glino [bavaʎ'ʎino] *sm* bib

ba'vaglio [ba'vaʎʎo] *sm* gag

'bavero *sm* collar

ba'zar [bad'dzar] *sm inv* bazaar

baz'zecola [bad'dzekola] *sf* trifle

bazzi'care [battsi'kare] *vt* to frequent ♦ *vi*: **~ in/con** to frequent

be'ato, a *ag* blessed; (*fig*) happy; **~ te!** lucky you!

bec'caccia, ce [bek'kattʃa] *sf* woodcock

bec'care *vt* to peck; (*fig: raffreddore*) to pick up, catch; **~rsi** *vr* (*fig*) to squabble

beccheggi'are [bekked'dʒare] *vi* to pitch

bec'chino [bek'kino] *sm* gravedigger

'becco, chi *sm* beak, bill; (*di caffettiera etc*) spout; lip

Be'fana *sf old woman who, according to legend, brings children their presents at the Epiphany*; (*Epifania*) Epiphany; (*donna brutta*): **b~** hag, witch

'beffa *sf* practical joke; **farsi ~e di qn** to make a fool of sb; **bef'fardo, a** *ag* scornful, mocking; **bef'fare** *vt* (*anche*: **beffarsi di**) to make a fool of, mock

'bega, ghe *sf* quarrel

'begli ['bɛʎʎi] *ag vedi* **bello**

'bei *ag vedi* **bello**

bel *ag vedi* **bello**

be'lare *vi* to bleat

'belga, gi, ghe *ag, sm/f* Belgian

'Belgio ['bɛldʒo] *sm*: **il ~** Belgium

bel'lezza [bel'lettsa] *sf* beauty

'bella *sf* (*SPORT*) decider; *vedi anche* **bello**

PAROLA CHIAVE

'bello, a (*ag: dav sm* **bel** *+C*, **bell'** *+V*, **bello** *+s impura, gn, pn, ps, x, z, pl* **bei** *+C*, **begli** *+s impura etc o V*) *ag* **1** (*oggetto, donna, paesaggio*) beautiful, lovely; (*uomo*) handsome; (*tempo*) beautiful, fine, lovely; **le belle arti** fine arts

2 (*quantità*): **una ~a cifra** a considerable sum of money; **un bel niente** absolutely nothing

3 (*rafforzativo*): **è una truffa ~a e buona!** it's a real fraud!; **è bell'e finito** it's already finished

◆ *sm* **1** (*bellezza*) beauty; (*tempo*)

fine weather
2: **adesso viene il** ~ now comes the best bit; **sul più** ~ at the crucial point; **cosa fai di** ~? are you doing anything interesting?
◆ *av*: **fa** ~ the weather is fine, it's fine

'belva *sf* wild animal
belve'dere *sm inv* panoramic viewpoint
benché [ben'ke] *cong* although
'benda *sf* bandage; (*per gli occhi*) blindfold; **ben'dare** *vt* to bandage; to blindfold
'bene *av* well; (*completamente, affatto*): **è ben difficile** it's very difficult ◆ *ag inv*: **gente** ~ well-to-do people ◆ *sm* good; **~i** *smpl* (*averi*) property *sg*, estate *sg*; **io sto ~/poco** ~ I'm well/not very well; **va** ~ all right; **volere un ~ dell'anima a qn** to love sb very much; **un uomo per** ~ a respectable man; **fare** ~ to do the right thing; **fare** ~ **a** (*salute*) to be good for; **fare del** ~ **a qn** to do sb a good turn; **~i di consumo** consumer goods
bene'detto, a *pp di* **benedire** ◆ *ag* blessed, holy
bene'dire *vt* to bless; to consecrate; **benedizi'one** *sf* blessing
benedu'cato, a *ag* well-mannered
benefi'cenza [benefi'tʃɛntsa] *sf* charity
bene'ficio [bene'fitʃo] *sm* benefit; **con** ~ **d'inventario** (*fig*) with reservations
be'nefico, a, ci, che *ag* beneficial; charitable
beneme'renza [beneme'rɛntsa] *sf* merit
bene'merito, a *ag* meritorious
be'nessere *sm* well-being
benes'tante *ag* well-to-do
benes'tare *sm* consent, approval
be'nevolo, a *ag* benevolent
be'nigno, a [be'niɲɲo] *ag* kind, kindly; (*critica etc*) favourable; (*MED*) benign
benin'teso *av* of course
bensì *cong* but (rather)
benve'nuto, a *ag, sm* welcome; **dare il** ~ **a qn** to welcome sb
ben'zina [ben'dzina] *sf* petrol (*BRIT*), gas (*US*); **fare** ~ to get petrol (*BRIT*) *o* gas (*US*); **benzi'naio** *sm* petrol (*BRIT*) *o* gas (*US*) pump attendant
'bere *vt* to drink; **darla a** ~ **a qn** (*fig*) to fool sb
ber'lina *sf* (*AUT*) saloon (car) (*BRIT*), sedan (*US*)
Ber'lino *sf* Berlin
ber'noccolo *sm* bump; (*inclinazione*) flair
ber'retto *sm* cap
bersagli'are [bersaʎ'ʎare] *vt* to shoot at; (*colpire ripetutamente, fig*) to bombard; **bersagliato dalla sfortuna** dogged by ill fortune
ber'saglio [ber'saʎʎo] *sm* target
bes'temmia *sf* curse; (*REL*) blasphemy
bestemmi'are *vi* to curse, swear; to blaspheme ◆ *vt* to curse, swear at; to blaspheme
'bestia *sf* animal; **andare in** ~ (*fig*) to fly into a rage; **besti'ale** *ag* beastly; animal *cpd*; (*fam*): **fa un freddo bestiale** it's bitterly cold; **besti'ame** *sm* livestock; (*bovino*) cattle *pl*
'bettola (*peg*) *sf* dive
be'tulla *sf* birch
be'vanda *sf* drink, beverage
bevi'tore, 'trice *sm/f* drinker
be'vuta *sf* drink
be'vuto, a *pp di* **bere**
bi'ada *sf* fodder
bianche'ria [bjanke'ria] *sf* linen; ~ **intima** underwear; ~ **da donna** ladies' underwear, lingerie
bi'anco, a, chi, che *ag* white; (*non scritto*) blank ◆ *sm* white; (*intonaco*) whitewash ◆ *sm/f* white, white man/woman; **in** ~ (*foglio, assegno*) blank; (*notte*) sleepless; **in** ~ **e nero** (*TV, FOT*) black and white; **mangiare in** ~ to follow a bland

diet; pesce **in** ~ boiled fish; **andare in** ~ (*non riuscire*) to fail; ~ **dell'uovo** egg-white
biasi'mare *vt* to disapprove of, censure; **bi'asimo** *sm* disapproval, censure
'bibbia *sf* bible
bibe'ron *sm inv* feeding bottle
'bibita *sf* (soft) drink
biblio'teca, che *sf* library; (*mobile*) bookcase; **bibliote'cario, a** *sm/f* librarian
bicarbo'nato *sm*: ~ **(di sodio)** bicarbonate (of soda)
bicchi'ere [bik'kjɛre] *sm* glass
bici'cletta [bitʃi'kletta] *sf* bicycle; **andare in** ~ to cycle
bidé *sm inv* bidet
bi'dello, a *sm/f* (*INS*) janitor
bi'done *sm* drum, can; (*anche:* ~ *dell'immondizia*) (dust)bin; (*fam: truffa*) swindle; **fare un** ~ **a qn** (*fam*) to let sb down; to cheat sb
bien'nale *ag* biennial
bi'ennio *sm* period of two years
bi'etola *sf* beet
bifor'carsi *vr* to fork; **biforca-zi'one** *sf* fork
bighello'nare [bigello'nare] *vi* to loaf (about)
bigiotte'ria [bidʒotte'ria] *sf* costume jewellery; (*negozio*) jeweller's (*selling only costume jewellery*)
bigli'ardo [biʎ'ʎardo] *sm* = **biliardo**
bigliette'ria [biʎʎette'ria] *sf* (*di stazione*) ticket office; booking office; (*di teatro*) box office
bigli'etto [biʎ'ʎetto] *sm* (*per viaggi, spettacoli etc*) ticket; (*cartoncino*) card; (*anche:* ~ *di banca*) (bank)note; ~ **d'auguri/da visita** greetings/visiting card; ~ **d'andata e ritorno** return (ticket), round-trip ticket (*US*)
bignè [biɲ'ɲɛ] *sm inv* cream puff
bigo'dino *sm* roller, curler
bi'gotto, a *ag* over-pious ♦ *sm/f* church fiend
bi'lancia, ce [bi'lantʃa] *sf* (*pesa*) scales *pl*; (*: di precisione*) balance; (*dello zodiaco*): **B~** Libra; ~ **commerciale/dei pagamenti** balance of trade/payments; **bilanci'are** *vt* (*pesare*) to weigh; (*: fig*) to weigh up; (*pareggiare*) to balance
bi'lancio [bi'lantʃo] *sm* (*COMM*) balance(-sheet); (*statale*) budget; **fare il** ~ **di** (*fig*) to assess; ~ **consuntivo** (final) balance; ~ **preventivo** budget
'bile *sf* bile; (*fig*) rage, anger
bili'ardo *sm* billiards *sg*; billiard table
'bilico, chi *sm*: **essere in** ~ to be balanced; (*fig*) to be undecided; **tenere qn in** ~ to keep sb in suspense
bi'lingue *ag* bilingual
bili'one *sm* (*mille milioni*) thousand million; (*milione di milioni*) billion (*BRIT*), trillion (*US*)
'bimbo, a *sm/f* little boy/girl
bimen'sile *ag* fortnightly
bimes'trale *ag* two-monthly, bimonthly
bi'nario, a *ag* (*sistema*) binary ♦ *sm* (railway) track *o* line; (*piattaforma*) platform; ~ **morto** dead-end track
bi'nocolo *sm* binoculars *pl*
bio... *prefisso*: **bio'chimica** [bio'kimika] *sf* biochemistry; **biode-gra'dabile** *ag* biodegradable; **bio-gra'fia** *sf* biography; **biolo'gia** *sf* biology; **bio'logico, a, ci, che** *ag* biological
bi'ondo, a *ag* blond, fair
bir'bante *sm* rogue, rascal
biri'chino, a [biri'kino] *ag* mischievous ♦ *sm/f* scamp, little rascal
bi'rillo *sm* skittle (*BRIT*), pin (*US*); **~i** *smpl* (*gioco*) skittles *sg* (*BRIT*), bowling (*US*)
'biro ® *sf inv* biro ®
'birra *sf* beer; **a tutta** ~ (*fig*) at top speed; **birra chiara** ≈ lager; **birra scura** ≈ stout; **birre'ria** *sf* ≈ bierkeller
bis *escl*, *sm inv* encore
bis'betico, a, ci, che *ag* ill-tempered, crabby

bisbigli'are [bisbiʎ'ʎare] *vt, vi* to whisper
'bisca, sche *sf* gambling-house
'biscia, sce ['biʃʃa] *sf* snake; ~ d'acqua grass snake
bis'cotto *sm* biscuit
bises'tile *ag*: **anno** ~ leap year
bis'lungo, a, ghi, ghe *ag* oblong
bis'nonno, a *sm/f* great grandfather/grandmother
biso'gnare [bizoɲ'ɲare] *vb impers*: **bisogna che tu parta/lo faccia** you'll have to go/do it; **bisogna parlargli** we'll (*o* I'll) have to talk to him
bi'sogno [bi'zoɲɲo] *sm* need; **~i** *smpl*: **fare i propri ~i** to relieve o.s.; **avere ~ di qc/di fare qc** to need sth/to do sth; **al ~, in caso di ~** if need be; **biso'gnoso, a** *ag* needy, poor; **bisognoso di** in need of, needing
bis'tecca, che *sf* steak, beefsteak
bisticci'are [bistit'tʃare] *vi* to quarrel, bicker; **~rsi** *vr* to quarrel, bicker; **bis'ticcio** *sm* quarrel, squabble; (*gioco di parole*) pun
'bisturi *sm* scalpel
bi'sunto, a *ag* very greasy
'bitter *sm inv* bitters *pl*
bi'vacco, chi *sm* bivouac
'bivio *sm* fork; (*fig*) dilemma
'bizza ['biddza] *sf* tantrum; **fare le ~e** (*bambino*) to be naughty
biz'zarro, a [bid'dzarro] *ag* bizarre, strange
biz'zeffe [bid'dzɛffe]: **a** ~ *av* in plenty, galore
blan'dire *vt* to soothe; to flatter
'blando, a *ag* mild, gentle
bla'sone *sm* coat of arms
blate'rare *vi* to chatter
blin'dato, a *ag* armoured
bloc'care *vt* to block; (*isolare*) to isolate, cut off; (*porto*) to blockade; (*prezzi, beni*) to freeze; (*meccanismo*) to jam; **~rsi** *vr* (*motore*) to stall; (*freni, porta*) to jam, stick; (*ascensore*) to stop, get stuck
'blocco, chi *sm* block; (*MIL*) blockade; (*dei fitti*) restriction; (*quadernetto*) pad; (*fig: unione*) coalition; (*il bloccare*) blocking; isolating, cutting-off; blockading; freezing; jamming; **in** ~ (*nell'insieme*) as a whole; (*COMM*) in bulk; ~ **cardiaco** cardiac arrest
blu *ag inv, sm* dark blue
'blusa *sf* (*camiciotto*) smock; (*camicetta*) blouse
'boa *sm inv* (*ZOOL*) boa constrictor; (*sciarpa*) feather boa ♦ *sf* buoy
bo'ato *sm* rumble, roar
bo'bina *sf* reel, spool; (*di pellicola*) spool; (*di film*) reel; (*ELETTR*) coil
'bocca, che *sf* mouth; **in ~ al lupo!** good luck!
boc'caccia, ce [bok'kattʃa] *sf* (*malalingua*) gossip; **fare le ~ce** to pull faces
boc'cale *sm* jug; ~ **da birra** tankard
boc'cetta [bot'tʃetta] *sf* small bottle
boccheggi'are [bokked'dʒare] *vi* to gasp
boc'chino [bok'kino] *sm* (*di sigaretta, sigaro: cannella*) cigarette-holder; cigar-holder; (*di pipa, strumenti musicali*) mouthpiece
'boccia, ce ['bottʃa] *sf* bottle; (*da vino*) decanter, carafe; (*palla*) bowl; **gioco delle ~ce** bowls *sg*
bocci'are [bot'tʃare] *vt* (*proposta, progetto*) to reject; (*INS*) to fail; (*BOCCE*) to hit; **boccia'tura** *sf* failure
bocci'olo [bot'tʃɔlo] *sm* bud
boc'cone *sm* mouthful, morsel
boc'coni *av* face downwards
'boia *sm inv* executioner; hangman
boi'ata *sf* botch
boicot'tare *vt* to boycott
'bolide *sm* meteor; **come un** ~ like a flash, at top speed
'bolla *sf* bubble; (*MED*) blister; ~ **papale** papal bull; ~ **di consegna** (*COMM*) delivery note
bol'lare *vt* to stamp; (*fig*) to brand
bol'lente *ag* boiling; boiling hot
bol'letta *sf* bill; (*ricevuta*) receipt;

essere **in** ~ to be hard up
bollet'tino *sm* bulletin; (*COMM*) note; ~ **di spedizione** consignment note
bol'lire *vt, vi* to boil; **bol'lito** *sm* (*CUC*) boiled meat
bolli'tore *sm* (*CUC*) kettle; (*per riscaldamento*) boiler
'bollo *sm* stamp; **bollo per patente** *driving licence tax*
'bomba *sf* bomb; **tornare a** ~ (*fig*) to get back to the point; ~ **atomica** atom bomb
bombarda'mento *sm* bombardment; bombing
bombar'dare *vt* to bombard; (*da aereo*) to bomb
bombardi'ere *sm* bomber
bom'betta *sf* bowler (hat)
'bombola *sf* cylinder
bo'naccia, ce [bo'nattʃa] *sf* dead calm
bo'nario, a *ag* good-natured, kind
bo'nifica, che *sf* reclamation; reclaimed land
bo'nifico, ci *sm* (*riduzione, abbuono*) discount; (*versamento a terzi*) credit transfer
bontà *sf* goodness; (*cortesia*) kindness; **aver la** ~ **di fare qc** to be good *o* kind enough to do sth
borbot'tare *vi* to mumble; (*stomaco*) to rumble
'borchia ['borkja] *sf* stud
borda'tura *sf* (*SARTORIA*) border, trim
'bordo *sm* (*NAUT*) ship's side; (*orlo*) edge; (*striscia di guarnizione*) border, trim; **a** ~ **di** (*nave, aereo*) aboard, on board; (*macchina*) in
bor'gata *sf* hamlet
bor'ghese [bor'geze] *ag* (*spesso peg*) middle-class; bourgeois; **abito** ~ civilian dress; **borghe'sia** *sf* middle classes *pl*; bourgeoisie
'borgo, ghi *sm* (*paesino*) village; (*quartiere*) district; (*sobborgo*) suburb
'boria *sf* self-conceit, arrogance
boro'talco *sm* talcum powder
bor'raccia, ce [bor'rattʃa] *sf* canteen, water-bottle
'borsa *sf* bag; (*anche: ~ da signora*) handbag; (*ECON*): **la B~ (valori)** the Stock Exchange; ~ **nera** black market; ~ **della spesa** shopping bag; ~ **di studio** grant; **borsai'olo** *sm* pickpocket; **borsel'lino** *sm* purse; **bor'setta** *sf* handbag; **bor'sista, i, e** *sm/f* (*ECON*) speculator; (*INS*) grant-holder
bos'caglia [bos'kaʎʎa] *sf* woodlands *pl*
boscai'olo *sm* woodcutter; forester
'bosco, schi *sm* wood; **bos'coso, a** *ag* wooded
'bossolo *sm* cartridge-case
bo'tanica *sf* botany
bo'tanico, a, ci, che *ag* botanical ♦ *sm* botanist
'botola *sf* trap door
'botta *sf* blow; (*rumore*) bang
'botte *sf* barrel, cask
bot'tega, ghe *sf* shop; (*officina*) workshop; **botte'gaio, a** *sm/f* shopkeeper; **botte'ghino** *sm* ticket office; (*del lotto*) public lottery office
bot'tiglia [bot'tiʎʎa] *sf* bottle; **bottiglie'ria** *sf* wine shop
bot'tino *sm* (*di guerra*) booty; (*di rapina, furto*) loot
'botto *sm* bang; crash; **di** ~ suddenly
bot'tone *sm* button; **attaccare** ~ **a qn** (*fig*) to buttonhole sb
bo'vino, a *ag* bovine; **~i** *smpl* cattle
boxe [bɔks] *sf* boxing
'bozza ['bɔttsa] *sf* draft; sketch; (*TIP*) proof; **boz'zetto** *sm* sketch
'bozzolo ['bɔttsolo] *sm* cocoon
BR *sigla fpl* = **Brigate Rosse**
brac'care *vt* to hunt
brac'cetto [brat'tʃetto] *sm*: **a** ~ arm in arm
bracci'ale [brat'tʃale] *sm* bracelet; (*distintivo*) armband; **braccia'letto** *sm* bracelet, bangle
bracci'ante [brat'tʃante] *sm* (*AGR*) day labourer

bracci'ata [brat'tʃata] *sf* (*nel nuoto*) stroke
'braccio ['brattʃo] (*pl*(*f*) **braccia**) *sm* (*ANAT*) arm; (*pl*(*m*) *bracci*: *di gru, fiume*) arm; (*: di edificio*) wing; ~ **di mare** sound; **bracci'olo** *sm* (*appoggio*) arm
'bracco, chi *sm* hound
bracconi'ere *sm* poacher
'brace ['bratʃe] *sf* embers *pl*; **bra-ci'ere** *sm* brazier
braci'ola [bra'tʃɔla] *sf* (*CUC*) chop
bra'mare *vt*: ~ **qc/di fare** to long for sth/to do
'branca, che *sf* branch
'branchia ['brankja] *sf* (*ZOOL*) gill
'branco, chi *sm* (*di cani, lupi*) pack; (*di uccelli, pecore*) flock; (*peg: di persone*) gang, pack
branco'lare *vi* to grope, feel one's way
'branda *sf* camp bed
bran'dello *sm* scrap, shred; **a ~i** in tatters, in rags
bran'dire *vt* to brandish
'brano *sm* piece; (*di libro*) passage
bra'sato *sm* braised beef
Bra'sile *sm*: **il ~** Brazil; **brasi-li'ano, a** *ag, sm/f* Brazilian
'bravo, a *ag* (*abile*) clever, capable, skilful; (*buono*) good, honest; (*: bambino*) good; (*coraggioso*) brave; ~! well done!; (*al teatro*) bravo!
bra'vura *sf* cleverness, skill
'breccia, ce ['brettʃa] *sf* breach
bre'tella *sf* (*AUT*) link; **~e** *sfpl* (*di calzoni*) braces
'breve *ag* brief, short; **in ~** in short
brevet'tare *vt* to patent
bre'vetto *sm* patent; ~ **di pilotaggio** pilot's licence (*BRIT*) *o* license (*US*)
'brezza ['breddza] *sf* breeze
'bricco, chi *sm* jug; ~ **del caffè** coffeepot
bric'cone, a *sm/f* rogue, rascal
'briciola ['britʃola] *sf* crumb
'briciolo ['britʃolo] *sm* (*specie fig*) bit
'briga, ghe *sf* (*fastidio*) trouble, bother; **pigliarsi la ~ di fare qc** to take the trouble to do sth
brigadi'ere *sm* (*dei carabinieri etc*) ≈ sergeant
bri'gante *sm* bandit
bri'gata *sf* (*MIL*) brigade; (*gruppo*) group, party
'briglia ['briʎʎa] *sf* rein; **a ~ sciolta** at full gallop; (*fig*) at full speed
bril'lante *ag* bright; (*anche fig*) brilliant; (*che luccica*) shining ♦ *sm* diamond
bril'lare *vi* to shine; (*mina*) to blow up ♦ *vt* (*mina*) to set off
'brillo, a *ag* merry, tipsy
'brina *sf* hoarfrost
brin'dare *vi*: ~ **a qn/qc** to drink to *o* toast sb/sth
'brindisi *sm inv* toast
'brio *sm* liveliness, go; **bri'oso, a** *ag* lively
bri'tannico, a, ci, che *ag* British
'brivido *sm* shiver; (*di ribrezzo*) shudder; (*fig*) thrill
brizzo'lato, a [brittso'lato] *ag* (*persona*) going grey; (*barba, capelli*) greying
'brocca, che *sf* jug
broc'cato *sm* brocade
'broccolo *sm* broccoli *sg*
'brodo *sm* broth; (*per cucinare*) stock; ~ **ristretto** consommé
brogli'accio [broʎ'ʎattʃo] *sm* scribbling pad
'broglio ['brɔʎʎo] *sm*: ~ **elettorale** gerrymandering
bron'chite [bron'kite] *sf* (*MED*) bronchitis
'broncio ['brontʃo] *sm* sulky expression; **tenere il ~** to sulk
'bronco, chi *sm* bronchial tube
bronto'lare *vi* to grumble; (*tuono, stomaco*) to rumble
'bronzo ['brondzo] *sm* bronze
bru'care *vt* to browse on, nibble at
brucia'pelo [brutʃa'pelo]: **a ~** *av* point-blank
bruci'are [bru'tʃare] *vt* to burn; (*scottare*) to scald ♦ *vi* to burn; **bru-cia'tore** *sm* burner; **brucia'tura** *sf*

(*atto*) burning *no pl*; (*segno*) burn; (*scottatura*) scald; **bruci'ore** *sm* burning *o* smarting sensation
'bruco, chi *sm* caterpillar; grub
brughi'era [bru'gjɛra] *sf* heath, moor
bruli'care *vi* to swarm
'brullo, a *ag* bare, bleak
'bruma *sf* mist
'bruno, a *ag* brown, dark; (*persona*) dark(-haired)
'brusco, a, schi, sche *ag* (*sapore*) sharp; (*modi, persona*) brusque, abrupt; (*movimento*) abrupt, sudden
bru'sio *sm* buzz, buzzing
bru'tale *ag* brutal
'bruto, a *ag* (*forza*) brute *cpd* ♦ *sm* brute
brut'tezza [brut'tettsa] *sf* ugliness
'brutto, a *ag* ugly; (*cattivo*) bad; (*malattia, strada, affare*) nasty, bad; ~ **tempo** bad weather; **brut'tura** *sf* (*cosa brutta*) ugly thing; (*sudiciume*) filth; (*azione meschina*) mean action
Bru'xelles [bry'sɛl] *sf* Brussels
bub'bone *sm* swelling
'buca, che *sf* hole; (*avvallamento*) hollow; ~ **delle lettere** letterbox
buca'neve *sm inv* snowdrop
bu'care *vt* (*forare*) to make a hole (*o* holes) in; (*pungere*) to pierce; (*biglietto*) to punch; **~rsi** *vr* (*con eroina*) to mainline; ~ **una gomma** to have a puncture
bu'cato *sm* (*operazione*) washing; (*panni*) wash, washing
'buccia, ce ['buttʃa] *sf* skin, peel; (*corteccia*) bark
bucherel'lare [bukerel'lare] *vt* to riddle with holes
'buco, chi *sm* hole
bu'dello *sm* (*ANAT*: *pl(f)* ~*a*) bowel, gut; (*fig: tubo*) tube; (*vicolo*) alley
bu'dino *sm* pudding
'bue *sm* ox; (*anche: carne di* ~) beef
'bufalo *sm* buffalo
bu'fera *sf* storm
buf'fetto *sm*: **fare un ~ sulla guancia a qn** to give sb an affectionate pinch on the cheek
'buffo, a *ag* funny; (*TEATRO*) comic
buf'fone *sm* buffoon; (*peg*) clown
bu'gia, 'gie [bu'dʒia] *sf* lie; (*candeliere*) candleholder; **bugi'ardo, a** *ag* lying, deceitful ♦ *sm/f* liar
bugi'gattolo [budʒi'gattolo] *sm* poky little room
'buio, a *ag* dark ♦ *sm* dark, darkness; **fa ~ pesto** it's pitch-dark
'bulbo *sm* (*BOT*) bulb; ~ **oculare** eyeball
Bulga'ria *sf*: **la** ~ Bulgaria
bul'lone *sm* bolt
buona'notte *escl* good night! ♦ *sf*: **dare la ~ a** to say good night to
buona'sera *escl* good evening!
buon gi'orno [bwon'dʒorno] *escl* good morning (*o* afternoon)!
buongus'taio, a *sm/f* gourmet
buon'gusto *sm* good taste

PAROLA CHIAVE

bu'ono, a (*ag: dav sm* **buon** *+C o V*, **buono** *+s impura, gn, pn, ps, x, z; dav sf* **buon'** *+V*) *ag* **1** (*gen*) good; **un buon pranzo/ristorante** a good lunch/restaurant; **(stai) ~!** behave!
2 (*benevolo*): ~ **(con)** good (to), kind (to)
3 (*giusto, valido*) right; **al momento** ~ at the right moment
4 (*adatto*): ~ **a/da** fit for/to; **essere ~ a nulla** to be no good *o* use at anything
5 (*auguri*): **buon compleanno!** happy birthday!; **buon divertimento!** have a nice time!; **~a fortuna!** good luck!; **buon riposo!** sleep well!; **buon viaggio!** bon voyage!, have a good trip!
6: **a buon mercato** cheap; **di buon'ora** early; **buon senso** common sense; **alla ~a** *ag* simple ♦ *av* in a simple way, without any fuss
♦ *sm* **1** (*bontà*) goodness, good
2 (*COMM*) voucher, coupon; ~ **di cassa** cash voucher; ~ **di consegna** delivery note; ~ **del Tesoro** Trea-

sury bill

buontem'pone, a *sm/f* jovial person
burat'tino *sm* puppet
'burbero, a *ag* surly, gruff
'burla *sf* prank, trick; **bur'lare** *vt*: **burlare qc/qn, burlarsi di qc/qn** to make fun of sth/sb
burocra'zia [burokrat'tsia] *sf* bureaucracy
bur'rasca, sche *sf* storm
'burro *sm* butter
bur'rone *sm* ravine
bus'care *vt* (*anche*: **~rsi**: *raffreddore*) to get, catch; **buscarle** (*fam*) to get a hiding
bus'sare *vi* to knock
'bussola *sf* compass; **perdere la ~** (*fig*) to lose one's bearings
'busta *sf* (*da lettera*) envelope; (*astuccio*) case; **in ~ aperta/chiusa** in an unsealed/sealed envelope; **~ paga** pay packet
busta'rella *sf* bribe, backhander
'busto *sm* bust; (*indumento*) corset, girdle; **a mezzo ~** (*foto*) half-length
but'tare *vt* to throw; (*anche*: **~ via**) to throw away; **~ giù** (*scritto*) to scribble down; (*cibo*) to gulp down; (*edificio*) to pull down, demolish; (*pasta, verdura*) to put into boiling water

C

ca'bina *sf* (*di nave*) cabin; (*da spiaggia*) beach hut; (*di autocarro, treno*) cab; (*di aereo*) cockpit; (*di ascensore*) cage; **~ telefonica** call *o* (tele)phone box
ca'cao *sm* cocoa
'caccia ['kattʃa] *sf* hunting; (*con fucile*) shooting; (*inseguimento*) chase; (*cacciagione*) game ♦ *sm inv* (*aereo*) fighter; (*nave*) destroyer; **~ grossa** big-game hunting; **~ all'uomo** manhunt
cacciabombardi'ere [kattʃabombar'djɛre] *sm* fighter-bomber
cacciagi'one [kattʃa'dʒone] *sf* game
cacci'are [kat'tʃare] *vt* to hunt; (*mandar via*) to chase away; (*ficcare*) to shove, stick ♦ *vi* to hunt; **~rsi** *vr* (*fam*: *mettersi*): **~rsi tra la folla** to plunge into the crowd; **dove s'è cacciata la mia borsa?** where has my bag got to?; **~rsi nei guai** to get into trouble; **~ fuori qc** to whip *o* pull sth out; **~ un urlo** to let out a yell; **caccia'tore** *sm* hunter; **cacciatore di frodo** poacher
caccia'vite [kattʃa'vite] *sm inv* screwdriver
'cactus *sm inv* cactus
ca'davere *sm* (dead) body, corpse
ca'dente *ag* falling; (*casa*) tumble-down
ca'denza [ka'dɛntsa] *sf* cadence; (*andamento ritmico*) rhythm; (*MUS*) cadenza
ca'dere *vi* to fall; (*denti, capelli*) to fall out; (*tetto*) to fall in; **questa gonna cade bene** this skirt hangs well; **lasciar ~** (*anche fig*) to drop; **~ dal sonno** to be falling asleep on one's feet; **~ dalle nuvole** (*fig*) to be taken aback
ca'detto, a *ag* younger; (*squadra*) junior *cpd* ♦ *sm* cadet
ca'duta *sf* fall; **la ~ dei capelli** hair loss
caffè *sm inv* coffee; (*locale*) café; **~ macchiato** coffee with a dash of milk; **~ macinato** ground coffee
caffel'latte *sm inv* white coffee
caffetti'era *sf* coffeepot
cagio'nare [kadʒo'nare] *vt* to cause, be the cause of
cagio'nevole [kadʒo'nevole] *ag* delicate, weak
cagli'are [kaʎ'ʎare] *vi* to curdle
'cagna ['kaɲɲa] *sf* (*ZOOL, peg*) bitch
ca'gnesco, a, schi, sche [kaɲ'ɲesko] *ag* (*fig*): **guardare qn in ~** to scowl at sb
cala'brone *sm* hornet
cala'maio *sm* inkpot; inkwell
cala'maro *sm* squid

cala'mita *sf* magnet
calamità *sf inv* calamity, disaster
ca'lare *vt* (*far discendere*) to lower; (*MAGLIA*) to decrease ♦ *vi* (*discendere*) to go (*o* come) down; (*tramontare*) to set, go down; ~ **di peso** to lose weight
'calca *sf* throng, press
cal'cagno [kal'kaɲɲo] *sm* heel
cal'care *sm* limestone ♦ *vt* (*premere coi piedi*) to tread, press down; (*premere con forza*) to press down; (*mettere in rilievo*) to stress; ~ **la mano** to overdo it, exaggerate
'calce ['kaltʃe] *sm*: **in** ~ at the foot of the page ♦ *sf* lime; ~ **viva** quicklime
calces'truzzo [kaltʃes'truttso] *sm* concrete
calci'are [kal'tʃare] *vt, vi* to kick; **calcia'tore** *sm* footballer
'calcio ['kaltʃo] *sm* (*pedata*) kick; (*sport*) football, soccer; (*di pistola, fucile*) butt; (*CHIM*) calcium; ~ **d'angolo** (*SPORT*) corner (kick); ~ **di punizione** (*SPORT*) free kick
'calco, chi *sm* (*ARTE*) casting, moulding; cast, mould
calco'lare *vt* to calculate, work out, reckon; (*ponderare*) to weigh (up); **calcola'tore, 'trice** *ag* calculating ♦ *sm* calculator; (*fig*) calculating person; **calcolatore elettronico** computer; **calcola'trice** *sf* (*anche*: *macchina calcolatrice*) calculator
'calcolo *sm* (*anche MAT*) calculation; (*infinitesimale etc*) calculus; (*MED*) stone; **fare i propri ~i** (*fig*) to weigh the pros and cons; **per** ~ out of self-interest
cal'daia *sf* boiler
caldeggi'are [kalded'dʒare] *vt* to support
'caldo, a *ag* warm; (*molto* ~) hot; (*fig: appassionato*) keen; hearty ♦ *sm* heat; **ho** ~ I'm warm; I'm hot; **fa** ~ it's warm; it's hot
calen'dario *sm* calendar
'calibro *sm* (*di arma*) calibre, bore; (*TECN*) callipers *pl*; (*fig*) calibre; **di grosso** ~ (*fig*) prominent
'calice ['kalitʃe] *sm* goblet; (*REL*) chalice
ca'ligine [ka'lidʒine] *sf* fog; (*mista con fumo*) smog
'callo *sm* callus; (*ai piedi*) corn
'calma *sf* calm
cal'mante *sm* sedative, tranquillizer
cal'mare *vt* to calm; (*lenire*) to soothe; **~rsi** *vr* to grow calm, calm down; (*vento*) to abate; (*dolori*) to ease
calmi'ere *sm* controlled price
'calmo, a *ag* calm, quiet
'calo *sm* (*COMM: di prezzi*) fall; (*: di volume*) shrinkage; (*: di peso*) loss
ca'lore *sm* warmth; heat; **in** ~ (*ZOOL*) on heat
calo'ria *sf* calorie
calo'roso, a *ag* warm
calpes'tare *vt* to tread on, trample on; **"è vietato ~ l'erba"** "keep off the grass"
ca'lunnia *sf* slander; (*scritta*) libel
cal'vario *sm* (*fig*) affliction, cross
cal'vizie [kal'vittsje] *sf* baldness
'calvo, a *ag* bald
'calza ['kaltsa] *sf* (*da donna*) stocking; (*da uomo*) sock; **fare la** ~ to knit; **~e di nailon** nylons, (nylon) stockings
cal'zare [kal'tsare] *vt* (*scarpe, guanti: mettersi*) to put on; (*: portare*) to wear ♦ *vi* to fit; **calza'tura** *sf* footwear
calzet'tone [kaltset'tone] *sm* heavy knee-length sock
cal'zino [kal'tsino] *sm* sock
calzo'laio [kaltso'lajo] *sm* shoemaker; (*che ripara scarpe*) cobbler; **calzole'ria** *sf* (*negozio*) shoe shop
calzon'cini [kaltson'tʃini] *smpl* shorts
cal'zone [kal'tsone] *sm* trouser leg; (*CUC*) *savoury turnover made with pizza dough*; **~i** *smpl* (*pantaloni*) trousers (*BRIT*), pants (*US*)
cambi'ale *sf* bill (of exchange); (*pagherò cambiario*) promissory note

cambia'mento *sm* change
cambi'are *vt* to change; (*modificare*) to alter, change; (*barattare*): ~ **(qc con qn/qc)** to exchange (sth with sb/for sth) ♦ *vi* to change, alter; ~**rsi** *vr* (*variare abito*) to change; ~ **casa** to move (house); ~ **idea** to change one's mind; ~ **treno** to change trains
'cambio *sm* change; (*modifica*) alteration, change; (*scambio, COMM*) exchange; (*corso dei cambi*) rate (of exchange); (*TECN, AUT*) gears *pl*; **in** ~ **di** in exchange for; **dare il** ~ **a qn** to take over from sb
'camera *sf* room; (*anche:* ~ *da letto*) bedroom; (*POL*) chamber, house; ~ **ardente** mortuary chapel; ~ **d'aria** inner tube; (*di pallone*) bladder; **C**~ **di Commercio** Chamber of Commerce; **C**~ **dei Deputati** Chamber of Deputies, ≈ House of Commons (*BRIT*), ≈ House of Representatives (*US*); ~ **a gas** gas chamber; ~ **a un letto/a due letti/ matrimoniale** single/twin-bedded/ double room; ~ **oscura** (*FOT*) dark room
came'rata, i, e *sm/f* companion, mate ♦ *sf* dormitory
cameri'era *sf* (*domestica*) maid; (*che serve a tavola*) waitress; (*che fa le camere*) chambermaid
cameri'ere *sm* (man)servant; (*di ristorante*) waiter
came'rino *sm* (*TEATRO*) dressing room
'camice ['kamitʃe] *sm* (*REL*) alb; (*per medici etc*) white coat
cami'cetta [kami'tʃetta] *sf* blouse
ca'micia, cie [ka'mitʃa] *sf* (*da uomo*) shirt; (*da donna*) blouse; ~ **di forza** straitjacket; **camici'otto** *sm* casual shirt; (*per operai*) smock
cami'netto *sm* hearth, fireplace
ca'mino *sm* chimney; (*focolare*) fireplace, hearth
'camion *sm inv* lorry (*BRIT*), truck (*US*); **camion'cino** *sm* van
cam'mello *sm* (*ZOOL*) camel; (*tessuto*) camel hair
cammi'nare *vi* to walk; (*funzionare*) to work, go
cam'mino *sm* walk; (*sentiero*) path; (*itinerario, direzione, tragitto*) way; **mettersi in** ~ to set *o* start off
camo'milla *sf* camomile; (*infuso*) camomile tea
ca'morra *sf* camorra; racket
ca'moscio [ka'moʃʃo] *sm* chamois
cam'pagna [kam'paɲɲa] *sf* country, countryside; (*POL, COMM, MIL*) campaign; **in** ~ in the country; **andare in** ~ to go to the country; **fare una** ~ to campaign; **campa'gnola** *sf* (*AUT*) cross-country vehicle; **campa'gnolo, a** *ag* country *cpd*
cam'pale *ag* field *cpd*; (*fig*): **una giornata** ~ a hard day
cam'pana *sf* bell; (*anche:* ~ *di vetro*) bell jar; **campa'nella** *sf* small bell; (*di tenda*) curtain ring; **campa'nello** *sm* (*all'uscio, da tavola*) bell
campa'nile *sm* bell tower, belfry; **campani'lismo** *sm* parochialism
cam'pare *vi* to live; (*tirare avanti*) to get by, manage
cam'pato, a *ag*: ~ **in aria** unsound, unfounded
campeggi'are [kamped'dʒare] *vi* to camp; (*risaltare*) to stand out; **campeggia'tore, 'trice** *sm/f* camper; **cam'peggio** *sm* camping; (*terreno*) camp site; **fare (del) campeggio** to go camping
cam'pestre *ag* country *cpd*, rural
campio'nario, a *ag*: **fiera** ~**a** trade fair ♦ *sm* collection of samples
campio'nato *sm* championship
campi'one, 'essa *sm/f* (*SPORT*) champion ♦ *sm* (*COMM*) sample
'campo *sm* field; (*MIL*) field; (*: accampamento*) camp; (*spazio delimitato: sportivo etc*) ground; field; (*di quadro*) background; **i** ~**i** (*campagna*) the countryside; ~ **da aviazione** airfield; ~ **di battaglia** (*MIL, fig*) battlefield; ~ **di concentramento** concentration camp; ~ **di**

golf golf course; ~ **da tennis** tennis court; ~ **visivo** field of vision
campo'santo (*pl* **campisanti**) *sm* cemetery
camuf'fare *vt* to disguise
'Canada *sm*: **il** ~ Canada;
cana'dese *ag*, *sm/f* Canadian ♦ *sf* (*anche*: *tenda canadese*) ridge tent
ca'naglia [ka'naʎʎa] *sf* rabble, mob; (*persona*) scoundrel, rogue
ca'nale *sm* (*anche fig*) channel; (*artificiale*) canal
'canapa *sf* hemp
cana'rino *sm* canary
cancel'lare [kantʃel'lare] *vt* (*con la gomma*) to rub out, erase; (*con la penna*) to strike out; (*annullare*) to annul, cancel; (*disdire*) to cancel
cancelle'ria [kantʃelle'ria] *sf* chancery; (*quanto necessario per scrivere*) stationery
cancelli'ere [kantʃel'ljɛre] *sm* chancellor; (*di tribunale*) clerk of the court
can'cello [kan'tʃɛllo] *sm* gate
can'crena *sf* gangrene
'cancro *sm* (*MED*) cancer; (*dello zodiaco*): C~ Cancer
candeg'gina [kanded'dʒina] *sf* bleach
can'dela *sf* candle; ~ **(di accensione)** (*AUT*) spark(ing) plug
cande'labro *sm* candelabra
candeli'ere *sm* candlestick
candi'dato, a *sm/f* candidate; (*aspirante a una carica*) applicant
'candido, a *ag* white as snow; (*puro*) pure; (*sincero*) sincere, candid
can'dito, a *ag* candied
can'dore *sm* brilliant white; purity; sincerity, candour
'cane *sm* dog; (*di pistola, fucile*) cock; **fa un freddo** ~ it's bitterly cold; **non c'era un** ~ there wasn't a soul; ~ **da caccia/guardia** hunting/guard dog; ~ **lupo** alsatian
ca'nestro *sm* basket
'canfora *sf* camphor
cangi'ante [kan'dʒante] *ag* iridescent
can'guro *sm* kangaroo
ca'nile *sm* kennel; (*di allevamento*) kennels *pl*; ~ **municipale** dog pound
ca'nino, a *ag*, *sm* canine
'canna *sf* (*pianta*) reed; (*: indica, da zucchero*) cane; (*bastone*) stick, cane; (*di fucile*) barrel; (*di organo*) pipe; ~ **fumaria** chimney flue; ~ **da pesca** (fishing) rod; ~ **da zucchero** sugar cane
can'nella *sf* (*CUC*) cinnamon
cannel'loni *smpl pasta tubes stuffed with sauce and baked*
cannocchi'ale [kannok'kjale] *sm* telescope
can'none *sm* (*MIL*) gun; (*: STORIA*) cannon; (*tubo*) pipe, tube; (*piega*) box pleat; (*fig*) ace
can'nuccia, ce [kan'nuttʃa] *sf* (drinking) straw
ca'noa *sf* canoe
'canone *sm* canon, criterion; (*mensile, annuo*) rent; fee
ca'nonico, ci *sm* (*REL*) canon
ca'noro, a *ag* (*uccello*) singing, song *cpd*
canot'taggio [kanot'taddʒo] *sm* rowing
canotti'era *sf* vest
ca'notto *sm* small boat, dinghy; canoe
cano'vaccio [kano'vattʃo] *sm* (*tela*) canvas; (*strofinaccio*) duster; (*trama*) plot
can'tante *sm/f* singer
can'tare *vt*, *vi* to sing; **cantau'tore, 'trice** *sm/f* singer-composer
canti'ere *sm* (*EDIL*) (building) site; (*anche*: ~ *navale*) shipyard
canti'lena *sf* (*filastrocca*) lullaby; (*fig*) sing-song voice
can'tina *sf* (*locale*) cellar; (*bottega*) wine shop
'canto *sm* song; (*arte*) singing; (*REL*) chant; chanting; (*poesia*) poem, lyric; (*parte di una poesia*) canto; (*parte, lato*): **da un** ~ on the one hand; **d'altro** ~ on the other hand

canto'nata *sf* corner; **prendere una** ~ (*fig*) to blunder
can'tone *sm* (*in Svizzera*) canton
can'tuccio [kan'tuttʃo] *sm* corner, nook
canzo'nare [kantso'nare] *vt* to tease
can'zone [kan'tsone] *sf* song; (*POESIA*) canzone; **canzoni'ere** *sm* (*MUS*) songbook; (*LETTERATURA*) collection of poems
'caos *sm inv* chaos; **ca'otico, a, ci, che** *ag* chaotic
C.A.P. *sigla m* = **codice di avviamento postale**
ca'pace [ka'patʃe] *ag* able, capable; (*ampio, vasto*) large, capacious; **sei** ~ **di farlo?** can you *o* are you able to do it?; **capacità** *sf inv* ability; (*DIR, di recipiente*) capacity; **capaci'tarsi** *vr*: **capacitarsi di** to make out, understand
ca'panna *sf* hut
capan'none *sm* (*AGR*) barn; (*fabbricato industriale*) (factory) shed
ca'parbio, a *ag* stubborn
ca'parra *sf* deposit, down payment
ca'pello *sm* hair; **~i** *smpl* (*capigliatura*) hair *sg*
capez'zale [kapet'tsale] *sm* bolster; (*fig*) bedside
ca'pezzolo [ka'pettsolo] *sm* nipple
capi'enza [ka'pjɛntsa] *sf* capacity
capiglia'tura [kapiʎʎa'tura] *sf* hair
ca'pire *vt* to understand
capi'tale *ag* (*mortale*) capital; (*fondamentale*) main, chief ♦ *sf* (*città*) capital ♦ *sm* (*ECON*) capital; **capita'lismo** *sm* capitalism; **capita'lista, i, e** *ag, sm/f* capitalist
capi'tano *sm* captain
capi'tare *vi* (*giungere casualmente*) to happen to go, find o.s.; (*accadere*) to happen; (*presentarsi: cosa*) to turn up, present itself ♦ *vb impers* to happen; **mi è capitato un guaio** I've had a spot of trouble
capi'tello *sm* (*ARCHIT*) capital
ca'pitolo *sm* chapter
capi'tombolo *sm* headlong fall, tumble
'capo *sm* head; (*persona*) head, leader; (*: in ufficio*) head, boss; (*: in tribù*) chief; (*di oggetti*) head; top; end; (*GEO*) cape; **andare a** ~ to start a new paragraph; **da** ~ over again; ~ **di bestiame** head *inv* of cattle; ~ **di vestiario** item of clothing
'capo... *prefisso*: **capocu'oco, chi** *sm* head cook; **Capo'danno** *sm* New Year; **capo'fitto**: **a capofitto** *av* headfirst, headlong; **capo'giro** *sm* dizziness *no pl*; **capola'voro, i** *sm* masterpiece; **capo'linea** (*pl* **capi'linea**) *sm* terminus; **capo'lino** *sm*: **fare capolino** to peep out (*o* in *etc*); **capolu'ogo** (*pl* **ghi** *o* **capilu'oghi**) *sm* chief town, administrative centre
capo'rale *sm* (*MIL*) lance corporal (*BRIT*), private first class (*US*)
'capo... *prefisso*: **capostazi'one** (*pl* **capistazi'one**) *sm* station master; **capo'treno** (*pl* **capi'treno** *o* **capo'treni**) *sm* guard
capo'volgere [kapo'voldʒere] *vt* to overturn; (*fig*) to reverse; **~rsi** *vr* to overturn; (*barca*) to capsize; (*fig*) to be reversed; **capo'volto, a** *pp di* capovolgere
'cappa *sf* (*mantello*) cape, cloak; (*del camino*) hood
cap'pella *sf* (*REL*) chapel; **cappel'lano** *sm* chaplain
cap'pello *sm* hat
'cappero *sm* caper
cap'pone *sm* capon
cap'potto *sm* (over)coat
cappuc'cino [kapput'tʃino] *sm* (*frate*) Capuchin monk; (*bevanda*) frothy white coffee
cap'puccio [kap'puttʃo] *sm* (*copricapo*) hood; (*della biro*) cap
'capra *sf* (she-)goat; **ca'pretto** *sm* kid
ca'priccio [ka'prittʃo] *sm* caprice, whim; (*bizza*) tantrum; **fare i ~i** to be very naughty; **capricci'oso, a** *ag* capricious, whimsical; naughty
Capri'corno *sm* Capricorn

capri'ola *sf* somersault
capri'olo *sm* roe deer
'capro *sm* billy-goat; ~ **espiatorio** (*fig*) scapegoat
'capsula *sf* capsule; (*di arma, per bottiglie*) cap
cap'tare *vt* (*RADIO, TV*) to pick up; (*cattivarsi*) to gain, win
cara'bina *sf* rifle
carabini'ere *sm member of Italian military police force*
ca'raffa *sf* carafe
cara'mella *sf* sweet
ca'rattere *sm* character; (*caratteristica*) characteristic, trait; **avere un buon** ~ to be good-natured; **caratte'ristica, che** *sf* characteristic, trait, peculiarity; **caratte'ristico, a, ci, che** *ag* characteristic; **caratteriz'zare** *vt* to characterize, distinguish
car'bone *sm* coal
carbu'rante *sm* (motor) fuel
carbura'tore *sm* carburettor
car'cassa *sf* carcass; (*fig: peg: macchina etc*) (old) wreck
carce'rato, a [kartʃe'rato] *sm/f* prisoner
'carcere ['kartʃere] *sm* prison; (*pena*) imprisonment
carci'ofo [kar'tʃɔfo] *sm* artichoke
car'diaco, a, ci, che *ag* cardiac, heart *cpd*
cardi'nale *ag, sm* cardinal
'cardine *sm* hinge
'cardo *sm* thistle
ca'renza [ka'rɛntsa] *sf* lack, scarcity; (*vitaminica*) deficiency
cares'tia *sf* famine; (*penuria*) scarcity, dearth
ca'rezza [ka'rettsa] *sf* caress; **carez'zare** *vt* to caress, stroke, fondle
'carica, che *sf* (*mansione ufficiale*) office, position; (*MIL, TECN, ELETTR*) charge: **ha una forte** ~ **di simpatia** he's very likeable; *vedi anche* **carico**
cari'care *vt* to load; (*aggravare: anche fig*) to weigh down; (*orologio*) to wind up; (*batteria, MIL*) to charge
'carico, a, chi, che *ag* (*che porta un peso*): ~ **di** loaded *o* laden with; (*fucile*) loaded; (*orologio*) wound up; (*batteria*) charged; (*colore*) deep; (*caffè, tè*) strong ♦ *sm* (*il caricare*) loading; (*ciò che si carica*) load; (*fig: peso*) burden, weight; **persona a** ~ dependent; **essere a** ~ **di qn** (*spese etc*) to be charged to sb
'carie *sf* (*dentaria*) decay
ca'rino, a *ag* lovely, pretty, nice; (*simpatico*) nice
carità *sf* charity; **per** ~! (*escl di rifiuto*) good heavens, no!
carnagi'one [karna'dʒone] *sf* complexion
car'nale *ag* (*amore*) carnal; (*fratello*) blood *cpd*
'carne *sf* flesh; (*bovina, ovina etc*) meat; ~ **di manzo/maiale/pecora** beef/pork/mutton; ~ **tritata** mince (*BRIT*), hamburger meat (*US*), minced (*BRIT*) *o* ground (*US*) meat
car'nefice [kar'nefitʃe] *sm* executioner; hangman
carne'vale *sm* carnival
car'noso, a *ag* fleshy
'caro, a *ag* (*amato*) dear; (*costoso*) dear, expensive
ca'rogna [ka'roɲɲa] *sf* carrion; (*fig: fam*) swine
ca'rota *sf* carrot
caro'vana *sf* caravan
caro'vita *sm* high cost of living
carpenti'ere *sm* carpenter
car'pire *vt*: ~ **qc a qn** (*segreto etc*) to get sth out of sb
car'poni *av* on all fours
car'rabile *ag* suitable for vehicles; **"passo ~"** "keep clear"
car'raio, a *ag*: **passo** ~ vehicle entrance
carreggi'ata [karred'dʒata] *sf* carriageway (*BRIT*), (road)way
car'rello *sm* trolley; (*AER*) undercarriage; (*CINEMA*) dolly; (*di macchina da scrivere*) carriage
carri'era *sf* career; **fare** ~ to get on; **a gran** ~ at full speed
carri'ola *sf* wheelbarrow

'carro *sm* cart, wagon; ~ **armato** tank; ~ **attrezzi** breakdown van
car'rozza [kar'rɔttsa] *sf* carriage, coach
carrozze'ria [karrottse'ria] *sf* body, coachwork (*BRIT*); (*officina*) coachbuilder's workshop (*BRIT*), body shop
carroz'zina [karrot'tsina] *sf* pram (*BRIT*), baby carriage (*US*)
'carta *sf* paper; (*al ristorante*) menu; (*GEO*) map; plan; (*documento, da gioco*) card; (*costituzione*) charter; ~**e** *sfpl* (*documenti*) papers, documents; **alla** ~ (*al ristorante*) à la carte; ~ **assegni** bank card; ~ **assorbente** blotting paper; ~ **bollata** *o* **da bollo** official stamped paper; ~ **di credito** credit card; ~ **(geografica)** map; ~ **d'identità** identity card; ~ **igienica** toilet paper; ~ **d'imbarco** (*AER, NAUT*) boarding card; ~ **da lettere** writing paper; ~ **libera** (*AMM*) unstamped paper; ~ **da parati** wallpaper; ~ **verde** (*AUT*) green card; ~ **vetrata** sandpaper; ~ **da visita** visiting card
cartacar'bone (*pl* **cartecar'bone**) *sf* carbon paper
car'taccia, ce [kar'tattʃa] *sf* waste paper
cartamo'neta *sf* paper money
carta'pecora *sf* parchment
carta'pesta *sf* papier-mâché
car'teggio [kar'teddʒo] *sm* correspondence
car'tella *sf* (*scheda*) card; (*custodia: di cartone*) folder; (*: di uomo d'affari etc*) briefcase; (*: di scolaro*) schoolbag, satchel; ~ **clinica** (*MED*) case sheet
car'tello *sm* sign; (*pubblicitario*) poster; (*stradale*) sign, signpost; (*ECON*) cartel; (*in dimostrazioni*) placard; **cartel'lone** *sm* (*pubblicitario*) advertising poster; (*della tombola*) scoring frame; (*TEATRO*) playbill; **tenere il cartellone** (*spettacolo*) to have a long run
carti'era *sf* paper mill
car'tina *sf* (*AUT, GEO*) map
car'toccio [kar'tɔttʃo] *sm* paper bag
cartole'ria *sf* stationer's (shop)
carto'lina *sf* postcard; ~ **postale** ready-stamped postcard
car'tone *sm* cardboard; (*ARTE*) cartoon; ~**i animati** *smpl* (*CINEMA*) cartoons
car'tuccia, ce [kar'tuttʃa] *sf* cartridge
'casa *sf* house; (*specialmente la propria casa*) home; (*COMM*) firm, house; **essere a** ~ to be at home; **vado a** ~ **mia/tua** I'm going home/ to your house; ~ **di cura** nursing home; ~ **dello studente** student hostel; ~**e popolari** ≈ council houses (*o* flats) (*BRIT*), ≈ public housing units (*US*)
ca'sacca, che *sf* military coat; (*di fantino*) blouse
casa'linga, ghe *sf* housewife
casa'lingo, a, ghi, ghe *ag* household, domestic; (*fatto a casa*) homemade; (*semplice*) homely; (*amante della casa*) home-loving; ~**ghi** *smpl* household articles; **cucina** ~**a** plain home cooking
cas'care *vi* to fall; **cas'cata** *sf* fall; (*d'acqua*) cascade, waterfall
ca'scina [kaʃ'ʃina] *sf* farmstead
'casco, schi *sm* helmet; (*del parrucchiere*) hair-drier; (*di banane*) bunch
casei'ficio [kazei'fitʃo] *sm* creamery
ca'sella *sf* pigeon-hole; ~ **postale** post office box
casel'lario *sm* filing cabinet; ~ **giudiziale** court records *pl*
ca'sello *sm* (*di autostrada*) tollhouse
ca'serma *sf* barracks *pl*
ca'sino *sm* (*confusione*) row, racket; (*casa di prostituzione*) brothel
casinò *sm inv* casino
'caso *sm* chance; (*fatto, vicenda*) event, incident; (*possibilità*) possibility; (*MED, LING*) case; **a** ~ at random; **per** ~ by chance, by accident; **in ogni** ~, **in tutti i** ~**i** in any

case, at any rate; **al ~** should the opportunity arise; **nel ~ che** in case; **~ mai** if by chance; **~ limite** borderline case
caso'lare *sm* cottage
'cassa *sf* case, crate, box; (*bara*) coffin; (*mobile*) chest; (*involucro: di orologio etc*) case; (*macchina*) cash register; (*luogo di pagamento*) checkout (counter); (*fondo*) fund; (*istituto bancario*) bank; **~ automatica prelievi** automatic telling machine, cash dispenser; **~ continua** night safe; **~ integrazione**: **mettere in ~ integrazione** ≈ to lay off; **~ mutua** *o* **malattia** health insurance scheme; **~ di risparmio** savings bank; **~ toracica** (*ANAT*) chest
cassa'forte (*pl* **casseforti**) *sf* safe
cassa'panca (*pl* **cassapanche** *o* **cassepanche**) *sf* settle
casse'rola *sf* = **casseruola**
casseru'ola *sf* saucepan
cas'setta *sf* box; (*per registratore*) cassette; (*CINEMA, TEATRO*) box-office takings *pl*; **film di ~** box-office draw; **~ di sicurezza** strongbox; **~ delle lettere** letterbox
cas'setto *sm* drawer; **casset'tone** *sm* chest of drawers
cassi'ere, a *sm/f* cashier; (*di banca*) teller
'casta *sf* caste
cas'tagna [kas'taɲɲa] *sf* chestnut
cas'tagno [kas'taɲɲo] *sm* chestnut (tree)
cas'tano, a *ag* chestnut (brown)
cas'tello *sm* castle; (*TECN*) scaffolding
casti'gare *vt* to punish; **cas'tigo, ghi** *sm* punishment
castità *sf* chastity
cas'toro *sm* beaver
cas'trare *vt* to castrate; to geld; to doctor (*BRIT*), fix (*US*)
casu'ale *ag* chance *cpd*
cata'comba *sf* catacomb
ca'talogo, ghi *sm* catalogue
catarifran'gente [catarifran'dʒɛnte] *sm* (*AUT*) reflector
ca'tarro *sm* catarrh
ca'tasta *sf* stack, pile
ca'tasto *sm* land register; land registry office
ca'tastrofe *sf* catastrophe, disaster
catego'ria *sf* category
ca'tena *sf* chain; **~ di montaggio** assembly line; **~e da neve** (*AUT*) snow chains; **cate'naccio** *sm* bolt
cate'ratta *sf* cataract; (*chiusa*) sluice-gate
cati'nella *sf*: **piovere a ~e** to pour, rain cats and dogs
ca'tino *sm* basin
ca'trame *sm* tar
'cattedra *sf* teacher's desk; (*di università*) chair
catte'drale *sf* cathedral
catti'veria *sf* malice, spite; naughtiness; (*atto*) spiteful act; (*parole*) malicious *o* spiteful remark
cattività *sf* captivity
cat'tivo, a *ag* bad; (*malvagio*) bad, wicked; (*turbolento: bambino*) bad, naughty; (*: mare*) rough; (*odore, sapore*) nasty, bad
cat'tolico, a, ci, che *ag, sm/f* (Roman) Catholic
cat'tura *sf* capture
cattu'rare *vt* to capture
caucciù [kaut'tʃu] *sm* rubber
'causa *sf* cause; (*DIR*) lawsuit, case, action; **a ~ di, per ~ di** because of; **fare** *o* **muovere ~ a qn** to take legal action against sb
cau'sare *vt* to cause
cau'tela *sf* caution, prudence
caute'lare *vt* to protect; **~rsi** *vr*: **~rsi (da)** to take precautions (against)
'cauto, a *ag* cautious, prudent
cauzi'one [kaut'tsjone] *sf* security; (*DIR*) bail
cav. *abbr* = **cavaliere**
'cava *sf* quarry
caval'care *vt* (*cavallo*) to ride; (*muro*) to sit astride; (*sog: ponte*) to span; **caval'cata** *sf* ride; (*gruppo di persone*) riding party

cavalca'via *sm inv* flyover
cavalci'oni [kaval'tʃoni]: **a ~ di** *prep* astride
cavali'ere *sm* rider; (*feudale, titolo*) knight; (*soldato*) cavalryman; (*al ballo*) partner; **cavalle'resco, a, schi, sche** *ag* chivalrous; **cavalle'ria** *sf* chivalry; (*milizia a cavallo*) cavalry
cavalle'rizzo, a [kavalle'rittso] *sm/f* riding instructor; circus rider
caval'letta *sf* grasshopper
caval'letto *sm* (*FOT*) tripod; (*da pittore*) easel
ca'vallo *sm* horse; (*SCACCHI*) knight; (*AUT: anche:* ~ *vapore*) horsepower; (*dei pantaloni*) crotch; **a ~** on horseback; **a ~ di** astride, straddling; **~ di battaglia** (*fig*) hobby-horse; **~ da corsa** racehorse
ca'vare *vt* (*togliere*) to draw out, extract, take out; (*: giacca, scarpe*) to take off; (*: fame, sete, voglia*) to satisfy; **cavarsela** to get away with it; to manage, get on all right
cava'tappi *sm inv* corkscrew
ca'verna *sf* cave
'cavia *sf* guinea pig
cavi'ale *sm* caviar
ca'viglia [ka'viʎʎa] *sf* ankle
ca'villo *sm* quibble
'cavo, a *ag* hollow ♦ *sm* (*ANAT*) cavity; (*grossa corda*) rope, cable; (*ELETTR, TEL*) cable
cavolfi'ore *sm* cauliflower
'cavolo *sm* cabbage; (*fam*): **non m'importa un ~** I don't give a damn; **~ di Bruxelles** Brussels sprout
cazzu'ola [kat'tswɔla] *sf* trowel
c/c *abbr* = **conto corrente**
CD *sm inv* CD
CD-ROM [tʃidi'rom] *sm inv* CD-ROM
ce [tʃe] *pron, av vedi* **ci**
cece ['tʃetʃe] *sm* chickpea
cecità [tʃetʃi'ta] *sf* blindness
Cecoslo'vacchia [tʃekoslo'vakkja] *sf*: **la ~** Czechoslovakia
'cedere ['tʃɛdere] *vt* (*concedere: posto*) to give up; (*DIR*) to transfer, make over ♦ *vi* (*cadere*) to give way, subside; **~ (a)** to surrender (to), yield (to), give in (to); **ce'devole** *ag* (*terreno*) soft; (*fig*) yielding
'cedola ['tʃɛdola] *sf* (*COMM*) coupon; voucher
'cedro ['tʃedro] *sm* cedar; (*albero da frutto, frutto*) citron
C.E.E. ['tʃɛe] *sigla f* (= *Comunità Economica Europea*) EEC
'ceffo ['tʃɛffo] (*peg*) *sm* ugly mug
cef'fone [tʃef'fone] *sm* slap, smack
ce'lare [tʃe'lare] *vt* to conceal; **~rsi** to hide
cele'brare [tʃele'brare] *vt* to celebrate; **celebrazi'one** *sf* celebration
'celebre ['tʃɛlebre] *ag* famous, celebrated; **celebrità** *sf inv* fame; (*persona*) celebrity
'celere ['tʃɛlere] *ag* fast, swift; (*corso*) crash *cpd*
ce'leste [tʃe'lɛste] *ag* celestial; heavenly; (*colore*) sky-blue
'celibe ['tʃɛlibe] *ag* single, unmarried ♦ *sm* bachelor
'cella ['tʃɛlla] *sf* cell
'cellula ['tʃɛllula] *sf* (*BIOL, ELETTR, POL*) cell; **cellu'lare** *sm* cellphone
cellu'lite [tʃellu'lite] *sf* cellulite
cemen'tare [tʃemen'tare] *vt* (*anche fig*) to cement
ce'mento [tʃe'mento] *sm* cement; **~ armato** reinforced concrete
'cena ['tʃena] *sf* dinner; (*leggera*) supper
ce'nare [tʃe'nare] *vi* to dine, have dinner
'cencio ['tʃentʃo] *sm* piece of cloth, rag; (*per spolverare*) duster
'cenere ['tʃenere] *sf* ash
'cenno ['tʃenno] *sm* (*segno*) sign, signal; (*gesto*) gesture; (*col capo*) nod; (*con la mano*) wave; (*allusione*) hint, mention; (*breve esposizione*) short account; **far ~ di sì/no** to nod (one's head)/shake one's head
censi'mento [tʃensi'mento] *sm* census

cen'sore [tʃen'sore] *sm* censor
cen'sura [tʃen'sura] *sf* censorship; censor's office; (*fig*) censure
cente'nario, a [tʃente'narjo] *ag* (*che ha cento anni*) hundred-year-old; (*che ricorre ogni cento anni*) centennial, centenary *cpd* ♦ *sm/f* centenarian ♦ *sm* centenary
cen'tesimo, a [tʃen'tezimo] *ag, sm* hundredth
cen'tigrado, a [tʃen'tigrado] *ag* centigrade; **20 gradi ~i** 20 degrees centigrade
cen'timetro [tʃen'timetro] *sm* centimetre
centi'naio [tʃenti'najo] (*pl(f)* **-aia**) *sm*: **un ~ (di)** a hundred; about a hundred
'cento ['tʃɛnto] *num* a hundred, one hundred
cen'trale [tʃen'trale] *ag* central ♦ *sf*: **~ telefonica** (telephone) exchange; **~ elettrica** electric power station; **centrali'nista** *sm/f* operator; **centra'lino** *sm* (telephone) exchange; (*di albergo etc*) switchboard
cen'trare [tʃen'trare] *vt* to hit the centre of; (*TECN*) to centre
cen'trifuga [tʃen'trifuga] *sf* spin-drier
'centro ['tʃɛntro] *sm* centre; **~ civico** civic centre; **~ commerciale** shopping centre; (*città*) commercial centre
'ceppo ['tʃeppo] *sm* (*di albero*) stump; (*pezzo di legno*) log
'cera ['tʃera] *sf* wax; (*aspetto*) appearance, look
ce'ramica, che [tʃe'ramika] *sf* ceramic; (*ARTE*) ceramics *sg*
cerbi'atto [tʃer'bjatto] *sm* (*ZOOL*) fawn
'cerca ['tʃerka] *sf*: **in *o* alla ~ di** in search of
cer'care [tʃer'kare] *vt* to look for, search for ♦ *vi*: **~ di fare qc** to try to do sth
'cerchia ['tʃerkja] *sf* circle
'cerchio ['tʃerkjo] *sm* circle; (*giocattolo, di botte*) hoop
cere'ale [tʃere'ale] *sm* cereal
ceri'monia [tʃeri'mɔnja] *sf* ceremony
ce'rino [tʃe'rino] *sm* wax match
'cernia ['tʃɛrnja] *sf* (*ZOOL*) stone bass
cerni'era [tʃer'njɛra] *sf* hinge; **~ lampo** zip (fastener) (*BRIT*), zipper (*US*)
'cernita ['tʃɛrnita] *sf* selection
'cero ['tʃero] *sm* (church) candle
ce'rotto [tʃe'rɔtto] *sm* sticking plaster
certa'mente [tʃerta'mente] *av* certainly
cer'tezza [tʃer'tettsa] *sf* certainty
certifi'cato *sm* certificate; **~ medico/di nascita** medical/birth certificate

PAROLA CHIAVE

'certo, a ['tʃɛrto] *ag* (*sicuro*): **~ (di/che)** certain *o* sure (of/that)
♦ *det* **1** (*tale*) certain; **un ~ signor Smith** a (certain) Mr Smith
2 (*qualche; con valore intensivo*) some; **dopo un ~ tempo** after some time; **un fatto di una ~a importanza** a matter of some importance; **di una ~a età** past one's prime, not so young
♦ *pron*: **~i**, e *pl* some
♦ *av* (*certamente*) certainly; (*senz'altro*) of course; **di ~** certainly; **no (di) ~!, ~ che no!** certainly not!; **sì ~** yes indeed, certainly

cer'vello, i [tʃer'vɛllo] (*ANAT*: *pl(f)* **-a**) *sm* brain
'cervo, a ['tʃɛrvo] *sm/f* stag/doe ♦ *sm* deer; **~ volante** stag beetle
ce'sello [tʃe'zɛllo] *sm* chisel
ce'soie [tʃe'zoje] *sfpl* shears
ces'puglio [tʃes'puʎʎo] *sm* bush
ces'sare [tʃes'sare] *vi, vt* to stop, cease; **~ di fare qc** to stop doing sth
'cesso ['tʃɛsso] (*fam*) *sm* (*gabinetto*) bog
'cesta ['tʃesta] *sf* (large) basket

ces'tino [tʃes'tino] *sm* basket; (*per la carta straccia*) wastepaper basket; ~ **da viaggio** (*FERR*) packed lunch (*o* dinner)

'cesto ['tʃesto] *sm* basket

'ceto ['tʃeto] *sm* (social) class

cetrio'lino [tʃetrio'lino] *sm* gherkin

cetri'olo [tʃetri'ɔlo] *sm* cucumber

CFC *sm inv* (= *clorofluorocarburo*) CFC

cfr. *abbr* (= *confronta*) cf

CGIL *sigla f* (= *Confederazione Generale Italiana del Lavoro*) *trades union organization*

PAROLA CHIAVE

che [ke] *pron* **1** (*relativo: persona: soggetto*) who; (*: oggetto*) whom, that; (*: cosa, animale*) which, that; **il ragazzo ~ è venuto** the boy who came; **l'uomo ~ io vedo** the man (whom) I see; **il libro ~ è sul tavolo** the book which *o* that is on the table; **il libro ~ vedi** the book (which *o* that) you see; **la sera ~ ti ho visto** the evening I saw you

2 (*interrogativo, esclamativo*) what; **~ (cosa) fai?** what are you doing?; **a ~ (cosa) pensi?** what are you thinking about?; **non sa ~ (cosa) fare** he doesn't know what to do; **ma ~ dici!** what are you saying!

3 (*indefinito*): **quell'uomo ha un ~ di losco** there's something suspicious about that man; **un certo non so ~** an indefinable something

◆ *det* **1** (*interrogativo: tra tanti*) what; (*: tra pochi*) which; **~ tipo di film preferisci?** what sort of film do you prefer?; **~ vestito ti vuoi mettere?** what (*o* which) dress do you want to put on?

2 (*esclamativo: seguito da aggettivo*) how; (*: seguito da sostantivo*) what; **~ buono!** how delicious!; **~ bel vestito!** what a lovely dress!

◆ *cong* **1** (*con proposizioni subordinate*) that; **credo ~ verrà** I think he'll come; **voglio ~ tu studi** I want you to study; **so ~ tu c'eri** I know (that) you were there; **non ~: non ~ sia sbagliato, ma ...** not that it's wrong, but ...

2 (*finale*) so that; **vieni qua, ~ ti veda** come here, so (that) I can see you

3 (*temporale*): **arrivai ~ eri già partito** you had already left when I arrived; **sono anni ~ non lo vedo** I haven't seen him for years

4 (*in frasi imperative, concessive*): **~ venga pure!** let him come by all means!; **~ tu sia benedetto!** may God bless you!

5 (*comparativo: con più, meno*) than; *vedi anche* **più**; **meno**; **così** *etc*

cheti'chella [keti'kɛlla]: **alla ~** *av* stealthily, unobtrusively

PAROLA CHIAVE

chi [ki] *pron* **1** (*interrogativo: soggetto*) who; (*: oggetto*) who, whom; **~ è?** who is it?; **di ~ è questo libro?** whose book is this?, whose is this book?; **con ~ parli?** who are you talking to?; **a ~ pensi?** who are you thinking about?; **~ di voi?** which of you?; **non so a ~ rivolgermi** I don't know who to ask

2 (*relativo*) whoever, anyone who; **dillo a ~ vuoi** tell whoever you like

3 (*indefinito*): **~ ... ~ ...** some ... others ...; **~ dice una cosa, ~ dice un'altra** some say one thing, others say another

chiacchie'rare [kjakkje'rare] *vi* to chat; (*discorrere futilmente*) to chatter; (*far pettegolezzi*) to gossip; **chiacchie'rata** *sf* chat; **chi'acchiere** *sfpl*: **fare due** *o* **quattro chiacchiere** to have a chat; **chiacchie'rone, a** *ag* talkative, chatty; gossipy ♦ *sm/f* chatterbox; gossip

chia'mare [kja'mare] *vt* to call; (*rivolgersi a qn*) to call (in), send for; **~rsi** *vr* (*aver nome*) to be called; **mi chiamo Paolo** my name is Pao-

lo, I'm called Paolo; ~ **alle armi** to call up; ~ **in giudizio** to summon; **chia'mata** *sf* (*TEL*) call; (*MIL*) call-up
chia'rezza [kja'rettsa] *sf* clearness; clarity
chia'rire [kja'rire] *vt* to make clear; (*fig: spiegare*) to clear up, explain; **~rsi** *vr* to become clear
chi'aro, a ['kjaro] *ag* clear; (*luminoso*) clear, bright; (*colore*) pale, light
chiaroveg'gente [kjaroved'dʒɛnte] *sm/f* clairvoyant
chi'asso ['kjasso] *sm* uproar, row; **chias'soso, a** *ag* noisy, rowdy; (*vistoso*) showy, gaudy
chi'ave ['kjave] *sf* key ♦ *ag inv* key *cpd*; ~ **d'accensione** (*AUT*) ignition key; ~ **inglese** monkey wrench; ~ **di volta** keystone; **chiavis'tello** *sm* bolt
chi'azza ['kjattsa] *sf* stain; splash
'chicco, chi ['kikko] *sm* grain; (*di caffè*) bean; ~ **d'uva** grape
chi'edere ['kjɛdere] *vt* (*per sapere*) to ask; (*per avere*) to ask for ♦ *vi*: ~ **di qn** to ask after sb; (*al telefono*) to ask for *o* want sb; ~ **qc a qn** to ask sb sth; to ask sb for sth
chi'erico, ci ['kjɛriko] *sm* cleric; altar boy
chi'esa ['kjɛza] *sf* church
chi'esto, a *pp di* **chiedere**
'chiglia ['kiʎʎa] *sf* keel
'chilo ['kilo] *sm* kilo; **chilo'grammo** *sm* kilogram(me); **chi'lometro** *sm* kilometre
'chimica ['kimika] *sf* chemistry
'chimico, a, ci, che ['kimiko] *ag* chemical ♦ *sm/f* chemist
'china ['kina] *sf* (*pendio*) slope, descent; (*BOT*) cinchona
chi'nare [ki'nare] *vt* to lower, bend; **~rsi** *vr* to stoop, bend
chi'nino [ki'nino] *sm* quinine
chi'occiola ['kjɔttʃola] *sf* snail; **scala a ~** spiral staircase
chi'odo ['kjɔdo] *sm* nail; (*fig*) obsession
chi'oma ['kjɔma] *sf* (*capelli*) head of hair; (*di albero*) foliage
chi'osco, schi ['kjɔsko] *sm* kiosk, stall
chi'ostro ['kjɔstro] *sm* cloister
chiro'mante [kiro'mante] *sm/f* palmist
chirur'gia [kirur'dʒia] *sf* surgery; ~ **estetica** cosmetic surgery; **chi'rurgo, ghi** *o* **gi** *sm* surgeon
chissà [kis'sa] *av* who knows, I wonder
chi'tarra [ki'tarra] *sf* guitar
chi'udere ['kjudere] *vt* to close, shut; (*luce, acqua*) to put off, turn off; (*definitivamente: fabbrica*) to close down, shut down; (*strada*) to close; (*recingere*) to enclose; (*porre termine*) to end ♦ *vi* to close, shut; to close down, shut down; to end; **~rsi** *vr* to shut, close; (*ritirarsi: anche fig*) to shut o.s. away; (*ferita*) to close up
chi'unque [ki'unkwe] *pron* (*relativo*) whoever; (*indefinito*) anyone, anybody; ~ **sia** whoever it is
chi'uso, a ['kjuso] *pp di* **chiudere** ♦ *sf* (*di corso d'acqua*) sluice, lock; (*recinto*) enclosure; (*di discorso etc*) conclusion, ending; **chiu'sura** *sf* closing; shutting; closing *o* shutting down; enclosing; putting *o* turning off; ending; (*dispositivo*) catch; fastening; fastener

PAROLA CHIAVE

ci [tʃi] (*dav lo, la, li, le, ne diventa* **ce**) *pron* **1** (*personale: complemento oggetto*) us; (*: a noi: complemento di termine*) (to) us; (*: riflessivo*) ourselves; (*: reciproco*) each other, one another; (*impersonale*): ~ **si veste** we get dressed; ~ **ha visti** he's seen us; **non ~ ha dato niente** he gave us nothing; ~ **vestiamo** we get dressed; ~ **amiamo** we love one another *o* each other
2 (*dimostrativo: di ciò, su ciò, in ciò etc*) about (*o* on *o* of) it; **non so cosa far~** I don't know what to do about it; **che c'entro io?** what have

I got to do with it?
◆ *av* (*qui*) here; (*lì*) there; (*moto attraverso luogo*): ~ **passa sopra un ponte** a bridge passes over it; **non ~ passa più nessuno** nobody comes this way any more; **esser~** *vedi* essere

C.ia *abbr* (= *compagnia*) Co.
cia'batta [tʃa'batta] *sf* mule, slipper
ci'alda ['tʃalda] *sf* (*CUC*) wafer
ciam'bella [tʃam'bɛlla] *sf* (*CUC*) ring-shaped cake; (*salvagente*) rubber ring
ci'ao ['tʃao] *escl* (*all'arrivo*) hello!; (*alla partenza*) cheerio! (*BRIT*), bye!
ciarla'tano [tʃarla'tano] *sm* charlatan
cias'cuno, a [tʃas'kuno] (*det: dav sm:* **ciascun** *+C, V,* **ciascuno** *+s impura, gn, pn, ps, x, z; dav sf:* **ciascuna** *+C,* **ciascun'** *+V*) *det* every, each; (*ogni*) every ♦ *pron* each (one); (*tutti*) everyone, everybody
ci'barie [tʃi'barje] *sfpl* foodstuffs
'cibo ['tʃibo] *sm* food
ci'cala [tʃi'kala] *sf* cicada
cica'trice [tʃika'tritʃe] *sf* scar
'cicca ['tʃikka] *sf* cigarette end
'ciccia ['tʃittʃa] (*fam*) *sf* (*carne*) meat; (*grasso umano*) fat, flesh
cice'rone [tʃitʃe'rone] *sm* guide
ci'clismo [tʃi'klizmo] *sm* cycling; **ci'clista, i, e** *sm/f* cyclist
'ciclo ['tʃiklo] *sm* cycle; (*di malattia*) course
ciclomo'tore [tʃiklomo'tore] *sm* moped
ci'clone [tʃi'klone] *sm* cyclone
ci'cogna [tʃi'koɲɲa] *sf* stork
ci'coria [tʃi'kɔria] *sf* chicory
ci'eco, a, chi, che ['tʃɛko] *ag* blind ♦ *sm/f* blind man/woman
ci'elo ['tʃɛlo] *sm* sky; (*REL*) heaven
'cifra ['tʃifra] *sf* (*numero*) figure; numeral; (*somma di denaro*) sum, figure; (*monogramma*) monogram, initials *pl*; (*codice*) code, cipher
'ciglio, i ['tʃiʎʎo] (*delle palpebre: pl(f)* **ciglia**) *sm* (*margine*) edge, verge; (eye)lash; (eye)lid; (*sopracciglio*) eyebrow
'cigno ['tʃiɲɲo] *sm* swan
cigo'lare [tʃigo'lare] *vi* to squeak, creak
'Cile ['tʃile] *sm*: **il** ~ Chile
ci'lecca [tʃi'lekka] *sf*: **far** ~ to fail
cili'egia, gie *o* **ge** [tʃi'ljɛdʒa] *sf* cherry; **cili'egio** *sm* cherry tree
cilin'drata [tʃilin'drata] *sf* (*AUT*) (cubic) capacity; **una macchina di grossa** ~ a big-engined car
ci'lindro [tʃi'lindro] *sm* cylinder; (*cappello*) top hat
'cima ['tʃima] *sf* (*sommità*) top; (*di monte*) top, summit; (*estremità*) end; **in ~ a** at the top of; **da ~ a fondo** from top to bottom; (*fig*) from beginning to end
'cimice ['tʃimitʃe] *sf* (*ZOOL*) bug; (*puntina*) drawing pin (*BRIT*), thumbtack (*US*)
cimini'era [tʃimi'njɛra] *sf* chimney; (*di nave*) funnel
cimi'tero [tʃimi'tɛro] *sm* cemetery
ci'murro [tʃi'murro] *sm* (*di cani*) distemper
'Cina ['tʃina] *sf*: **la** ~ China
cin'cin [tʃin'tʃin] *escl* cheers!
cin cin [tʃin'tʃin] *escl* = **cincin**
'cinema ['tʃinema] *sm inv* cinema; **cine'presa** *sf* cine-camera
ci'nese [tʃi'nese] *ag, sm/f, sm* Chinese *inv*
'cingere ['tʃindʒere] *vt* (*attorniare*) to surround, encircle; ~ **la vita con una cintura** to put a belt round one's waist
'cinghia ['tʃingja] *sf* strap; (*cintura, TECN*) belt
cinghi'ale [tʃin'gjale] *sm* wild boar
cinguet'tare [tʃingwet'tare] *vi* to twitter
'cinico, a, ci, che ['tʃiniko] *ag* cynical ♦ *sm/f* cynic; **ci'nismo** *sm* cynicism
cin'quanta [tʃin'kwanta] *num* fifty; **cinquan'tesimo, a** *num* fiftieth
cinquan'tina [tʃinkwan'tina] *sf* (*se-*

rie): **una ~ (di)** about fifty; (*età*): **essere sulla ~** to be about fifty
'cinque ['tʃinkwe] *num* five; **avere ~ anni** to be five (years old); **il ~ dicembre 1988** the fifth of December 1988; **alle ~** (*ora*) at five (o'clock)
cinque'cento [tʃinkwe'tʃɛnto] *num* five hundred ♦ *sm*: **il C~** the sixteenth century
'cinto, a ['tʃinto] *pp di* **cingere**
cin'tura [tʃin'tura] *sf* belt; **~ di salvataggio** lifebelt (*BRIT*), life preserver (*US*); **~ di sicurezza** (*AUT, AER*) safety *o* seat belt
ciò [tʃɔ] *pron* this; that; **~ che** what; **~ nonostante** *o* **nondimeno** nevertheless, in spite of that
ci'occa, che ['tʃɔkka] *sf* (*di capelli*) lock
ciocco'lata [tʃokko'lata] *sf* chocolate; (*bevanda*) (hot) chocolate; **cioccola'tino** *sm* chocolate; **ciocco'lato** *sm* chocolate
cioè [tʃo'ɛ] *av* that is (to say)
ciondo'lare [tʃondo'lare] *vi* to dangle; (*fig*) to loaf (about); **ci'ondolo** *sm* pendant
ci'otola ['tʃɔtola] *sf* bowl
ci'ottolo ['tʃɔttolo] *sm* pebble; (*di strada*) cobble(stone)
ci'polla [tʃi'polla] *sf* onion; (*di tulipano etc*) bulb
ci'presso [tʃi'prɛsso] *sm* cypress (tree)
'cipria ['tʃiprja] *sf* (face) powder
'Cipro ['tʃipro] *sm* Cyprus
'circa ['tʃirka] *av* about, roughly ♦ *prep* about, concerning; **a mezzogiorno ~** about midday
'circo, chi ['tʃirko] *sm* circus
circo'lare [tʃirko'lare] *vi* to circulate; (*AUT*) to drive (along), move (along) ♦ *ag* circular ♦ *sf* (*AMM*) circular; (*di autobus*) circle (line); **circolazi'one** *sf* circulation; (*AUT*): **la circolazione** (the) traffic
'circolo ['tʃirkolo] *sm* circle
circon'dare [tʃirkon'dare] *vt* to surround
circonfe'renza [tʃirkonfe'rɛntsa] *sf* circumference
circonvallazi'one [tʃirkonvallat'tsjone] *sf* ring road (*BRIT*), beltway (*US*); (*per evitare una città*) by-pass
circos'critto, a [tʃirkos'kritto] *pp di* **circoscrivere**
circos'crivere [tʃirkos'krivere] *vt* to circumscribe; (*fig*) to limit, restrict; **circoscrizi'one** *sf* (*AMM*) district, area; **circoscrizione elettorale** constituency
circos'petto, a [tʃirkos'pɛtto] *ag* circumspect, cautious
circos'tante [tʃirkos'tante] *ag* surrounding, neighbouring
circos'tanza [tʃirkos'tantsa] *sf* circumstance; (*occasione*) occasion
cir'cuito [tʃir'kuito] *sm* circuit
CISL *sigla f* (= *Confederazione Italiana Sindacati Lavoratori*) *trades union organization*
'ciste ['tʃiste] *sf* = **cisti**
cis'terna [tʃis'tɛrna] *sf* tank, cistern
'cisti ['tʃisti] *sf* cyst
C.I.T. [tʃit] *sigla f* = **Compagnia Italiana Turismo**
ci'tare [tʃi'tare] *vt* (*DIR*) to summon; (*autore*) to quote; (*a esempio, modello*) to cite; **citazi'one** *sf* summons *sg*; quotation; (*di persona*) mention
ci'tofono [tʃi'tɔfono] *sm* entry phone; (*in uffici*) intercom
città [tʃit'ta] *sf inv* town; (*importante*) city; **~ universitaria** university campus
cittadi'nanza [tʃittadi'nantsa] *sf* citizens *pl*, inhabitants *pl* of a town (*o* city); (*DIR*) citizenship
citta'dino, a [tʃitta'dino] *ag* town *cpd*; city *cpd* ♦ *sm/f* (*di uno Stato*) citizen; (*abitante di città*) townsman, city dweller
ci'uco, a, chi, che ['tʃuko] *sm/f* ass, donkey
ci'uffo ['tʃuffo] *sm* tuft
ci'vetta [tʃi'vetta] *sf* (*ZOOL*) owl; (*fig: donna*) coquette, flirt ♦ *ag inv*: **auto/nave ~** decoy car/ship
'civico, a, ci, che ['tʃivico] *ag* civic; (*museo*) municipal, town *cpd*;

municipal, city *cpd*
ci'vile [tʃi'vile] *ag* civil; (*non militare*) civilian; (*nazione*) civilized ♦ *sm* civilian
civilizzazi'one [tʃiviliddzat'tsjone] *sf* civilization
civiltà [tʃivil'ta] *sf* civilization; (*cortesia*) civility
'clacson *sm inv* (*AUT*) horn
cla'more *sm* (*frastuono*) din, uproar, clamour; (*fig*) outcry; **clamo'roso, a** *ag* noisy; (*fig*) sensational
clandes'tino, a *ag* clandestine; (*POL*) underground, clandestine ♦ *sm/f* stowaway
clari'netto *sm* clarinet
'classe *sf* class; **di ~** (*fig*) with class; of excellent quality
'classico, a, ci, che *ag* classical; (*tradizionale: moda*) classic(al) ♦ *sm* classic; classical author
clas'sifica *sf* classification; (*SPORT*) placings *pl*
classifi'care *vt* to classify; (*candidato, compito*) to grade; **~rsi** *vr* to be placed
'clausola *sf* (*DIR*) clause
'clava *sf* club
clavi'cembalo [klavi'tʃembalo] *sm* harpsichord
cla'vicola *sf* (*ANAT*) collar bone
cle'mente *ag* merciful; (*clima*) mild; **cle'menza** *sf* mercy, clemency; mildness
'clero *sm* clergy
cli'ente *sm/f* customer, client; **clien'tela** *sf* customers *pl*, clientèle
'clima, i *sm* climate; **cli'matico, a, ci, che** *ag* climatic; **stazione climatica** health resort; **climatizzazi'one** *sf* (*TECN*) air conditioning
'clinica, che *sf* (*scienza*) clinical medicine; (*casa di cura*) clinic, nursing home; (*settore d'ospedale*) clinic
'clinico, a, ci, che *ag* clinical ♦ *sm* (*medico*) clinician
clo'aca, che *sf* sewer
'cloro *sm* chlorine
cloro'formio *sm* chloroform
club *sm inv* club
c.m. *abbr* = **corrente mese**
coabi'tare *vi* to live together, live under the same roof
coagu'lare *vt* to coagulate ♦ *vi* to coagulate; (*latte*) to curdle; **~rsi** *vr* to coagulate; to curdle
coalizi'one [koalit'tsjone] *sf* coalition
co'atto, a *ag* (*DIR*) compulsory, forced
'COBAS *sigla mpl* (= *Comitati di base*) *independent trades unions*
coca'ina *sf* cocaine
cocci'nella [kottʃi'nɛlla] *sf* ladybird (*BRIT*), ladybug (*US*)
'coccio ['kɔttʃo] *sm* earthenware; (*vaso*) earthenware pot; **~i** *smpl* (*frammenti*) fragments (of pottery)
cocci'uto, a [kot'tʃuto] *ag* stubborn, pigheaded
'cocco, chi *sm* (*pianta*) coconut palm; (*frutto*): **noce di ~** coconut ♦ *sm/f* (*fam*) darling
cocco'drillo *sm* crocodile
cocco'lare *vt* to cuddle, fondle
co'cente [ko'tʃɛnte] *ag* (*anche fig*) burning
co'comero *sm* watermelon
co'cuzzolo [ko'kuttsolo] *sm* top; (*di capo, cappello*) crown
'coda *sf* tail; (*fila di persone, auto*) queue (*BRIT*), line (*US*); (*di abiti*) train; **con la ~ dell'occhio** out of the corner of one's eye; **mettersi in ~** to queue (up) (*BRIT*), line up (*US*); to join the queue (*BRIT*) *o* line (*US*); **~ di cavallo** (*acconciatura*) ponytail
co'dardo, a *ag* cowardly ♦ *sm/f* coward
'codice ['koditʃe] *sm* code; **~ di avviamento postale** postcode (*BRIT*), zip code (*US*); **~ fiscale** tax code; **~ della strada** highway code
coe'rente *ag* coherent; **coe'renza** *sf* coherence
coe'taneo, a *ag*, *sm/f* contemporary
'cofano *sm* (*AUT*) bonnet (*BRIT*), hood (*US*); (*forziere*) chest
'cogli ['koʎʎi] *prep + det* = **con + gli**; *vedi* **con**

'**cogliere** ['kɔʎʎere] *vt* (*fiore, frutto*) to pick, gather; (*sorprendere*) to catch, surprise; (*bersaglio*) to hit; (*fig: momento opportuno etc*) to grasp, seize, take; (*: capire*) to grasp; ~ **qn in flagrante** *o* **in fallo** to catch sb red-handed
co'gnato, a [koɲ'ɲato] *sm/f* brother-/sister-in-law
cognizi'one [koɲɲit'tsjone] *sf* knowledge
co'gnome [koɲ'ɲome] *sm* surname
'**coi** *prep + det* = **con** + **i**; *vedi* **con**
coinci'denza [kointʃi'dɛntsa] *sf* coincidence; (*FERR, AER, di autobus*) connection
coin'cidere [koin'tʃidere] *vi* to coincide; **coin'ciso, a** *pp di* **coincidere**
coin'volgere [koin'vɔldʒere] *vt*: ~ **in** to involve in; **coin'volto, a** *pp di* **coinvolgere**
col *prep + det* = **con** + **il**; *vedi* **con**
cola'brodo *sm inv* strainer
cola'pasta *sm inv* colander
co'lare *vt* (*liquido*) to strain; (*pasta*) to drain; (*oro fuso*) to pour ♦ *vi* (*sudore*) to drip; (*botte*) to leak; (*cera*) to melt; ~ **a picco** *vt, vi* (*nave*) to sink
co'lata *sf* (*di lava*) flow; (*FONDERIA*) casting
colazi'one [kolat'tsjone] *sf* (*anche*: *prima* ~) breakfast; (*anche*: *seconda* ~) lunch; **fare** ~ to have breakfast (*o* lunch)
co'lei *pron vedi* **colui**
co'lera *sm* (*MED*) cholera
'**colica** *sf* (*MED*) colic
'**colla** *sf* glue; (*di farina*) paste
collabo'rare *vi* to collaborate; ~ **a** to collaborate on; (*giornale*) to contribute to; **collabora'tore, 'trice** *sm/f* collaborator; contributor
col'lana *sf* necklace; (*collezione*) collection, series
col'lant [kɔ'lã] *sm inv* tights *pl*
col'lare *sm* collar
col'lasso *sm* (*MED*) collapse
collau'dare *vt* to test, try out; **col'laudo** *sm* testing *no pl*; test

'**colle** *sm* hill
col'lega, ghi, ghe *sm/f* colleague
collega'mento *sm* connection; (*MIL*) liaison
colle'gare *vt* to connect, join, link; **~rsi** *vr* (*RADIO, TV*) to link up; **~rsi con** (*TEL*) to get through to
col'legio [kol'lɛdʒo] *sm* college; (*convitto*) boarding school; ~ **elettorale** (*POL*) constituency
'**collera** *sf* anger
col'lerico, a, ci, che *ag* quick-tempered, irascible
col'letta *sf* collection
collettività *sf* community
collet'tivo, a *ag* collective; (*interesse*) general, everybody's; (*biglietto, visita etc*) group *cpd* ♦ *sm* (*POL*) (political) group
col'letto *sm* collar
collezio'nare [kollettsjo'nare] *vt* to collect
collezi'one [kollet'tsjone] *sf* collection
colli'mare *vi* to correspond, coincide
col'lina *sf* hill
col'lirio *sm* eyewash
collisi'one *sf* collision
'**collo** *sm* neck; (*di abito*) neck, collar; (*pacco*) parcel; ~ **del piede** instep
colloca'mento *sm* (*impiego*) employment; (*disposizione*) placing, arrangement
collo'care *vt* (*libri, mobili*) to place; (*persona: trovare un lavoro per*) to find a job for, place; (*COMM: merce*) to find a market for
col'loquio *sm* conversation, talk; (*ufficiale, per un lavoro*) interview; (*INS*) preliminary oral exam
col'mare *vt*: ~ **di** (*anche fig*) to fill with; (*dare in abbondanza*) to load *o* overwhelm with; '**colmo, a** *ag*: **colmo (di)** full (of) ♦ *sm* summit, top; (*fig*) height; **al colmo della disperazione** in the depths of despair; **è il colmo!** it's the last straw!
co'lombo, a *sm/f* dove; pigeon
co'lonia *sf* colony; (*per bambini*)

holiday camp; **(acqua di)** ~ (eau de) cologne; **coloni'ale** *ag* colonial ♦ *sm/f* colonist, settler
co'lonna *sf* column; ~ **vertebrale** spine, spinal column
colon'nello *sm* colonel
co'lono *sm* (*coltivatore*) tenant farmer
colo'rante *sm* colouring
colo'rare *vt* to colour; (*disegno*) to colour in
co'lore *sm* colour; **a ~i** in colour, colour *cpd*; **farne di tutti i ~i** to get up to all sorts of mischief
colo'rito, a *ag* coloured; (*viso*) rosy, pink; (*linguaggio*) colourful ♦ *sm* (*tinta*) colour; (*carnagione*) complexion
co'loro *pron pl vedi* **colui**
co'losso *sm* colossus
'colpa *sf* fault; (*biasimo*) blame; (*colpevolezza*) guilt; (*azione colpevole*) offence; (*peccato*) sin; **di chi è la ~?** whose fault is it?; **è ~ sua** it's his fault; **per ~ di** through, owing to; **col'pevole** *ag* guilty
col'pire *vt* to hit, strike; (*fig*) to strike; **rimanere colpito da qc** to be amazed *o* struck by sth
'colpo *sm* (*urto*) knock; (*: affettivo*) blow, shock; (*: aggressivo*) blow; (*di pistola*) shot; (*MED*) stroke; (*rapina*) raid; **di ~** suddenly; **fare ~** to make a strong impression; **~ di grazia** coup de grâce; **~ di scena** (*TEATRO*) coup de théâtre; (*fig*) dramatic turn of events; **~ di sole** sunstroke; **~ di Stato** coup d'état; **~ di telefono** phone call; **~ di testa** (sudden) impulse *o* whim; **~ di vento** gust (of wind)
coltel'lata *sf* stab
col'tello *sm* knife; **~ a serramanico** clasp knife
colti'vare *vt* to cultivate; (*verdura*) to grow, cultivate; **coltiva'tore** *sm* farmer; **coltivazi'one** *sf* cultivation; growing
'colto, a *pp di* **cogliere** ♦ *ag* (*istruito*) cultured, educated
'coltre *sf* blanket
col'tura *sf* cultivation
co'lui (*f* **co'lei**, *pl* **co'loro**) *pron* the one; **~ che parla** the one *o* the man *o* the person who is speaking; **colei che amo** the one *o* the woman *o* the person (whom) I love
'coma *sm inv* coma
comanda'mento *sm* (*REL*) commandment
coman'dante *sm* (*MIL*) commander, commandant; (*di reggimento*) commanding officer; (*NAUT, AER*) captain
coman'dare *vi* to be in command ♦ *vt* to command; (*imporre*) to order, command; **~ a qn di fare** to order sb to do; **co'mando** *sm* (*ingiunzione*) order, command; (*autorità*) command; (*TECN*) control
co'mare *sf* (*madrina*) godmother
combaci'are [komba'tʃare] *vi* to meet; (*fig: coincidere*) to coincide
com'battere *vt, vi* to fight; **combatti'mento** *sm* fight; fighting *no pl*; (*di pugilato*) match
combi'nare *vt* to combine; (*organizzare*) to arrange; (*fam: fare*) to make, cause; **combinazi'one** *sf* combination; (*caso fortuito*) coincidence; **per combinazione** by chance
combus'tibile *ag* combustible ♦ *sm* fuel
com'butta (*peg*) *sf*: **in ~** in league

PAROLA CHIAVE

'come *av* **1** (*alla maniera di*) like; **ti comporti ~ lui** you behave like him *o* like he does; **bianco ~ la neve** (as) white as snow; **~ se** as if, as though
2 (*in qualità di*) as a; **lavora ~ autista** he works as a driver
3 (*interrogativo*) how; **~ ti chiami?** what's your name?; **~ sta?** how are you?; **com'è il tuo amico?** what is your friend like?; **~?** (*prego?*) pardon?, sorry?; **~ mai?** how come?; **~ mai non ci hai avvertiti?** why on earth didn't you warn us?

4 (*esclamativo*): ~ **sei bravo!** how clever you are!; ~ **mi dispiace!** I'm terribly sorry!
◆ *cong* **1** (*in che modo*) how; **mi ha spiegato ~ l'ha conosciuto** he told me how he met him
2 (*correlativo*) as; (*con comparativi di maggioranza*) than; **non è bravo ~ pensavo** he isn't as clever as I thought; **è meglio di ~ pensassi** it's better than I thought
3 (*appena che, quando*) as soon as; ~ **arrivò, iniziò a lavorare** as soon as he arrived, he set to work; *vedi* **così; tanto**

'comico, a, ci, che *ag* (*TEATRO*) comic; (*buffo*) comical ♦ *sm* (*attore*) comedian, comic actor; (*comicità*) comic spirit, comedy
co'mignolo [ko'miɲɲolo] *sm* chimney top
cominci'are [komin'tʃare] *vt, vi* to begin, start; ~ **a fare/col fare** to begin to do/by doing
comi'tato *sm* committee
comi'tiva *sf* party, group
co'mizio [ko'mittsjo] *sm* (*POL*) meeting, assembly
com'mando *sm inv* commando (squad)
com'media *sf* comedy; (*opera teatrale*) play; (*: che fa ridere*) comedy; (*fig*) playacting *no pl*; **comme-di'ante** (*peg*) *sm/f* third-rate actor/actress; (*fig*) sham
commemo'rare *vt* to commemorate
commenda'tore *sm official title awarded for services to one's country*
commen'tare *vt* to comment on; (*testo*) to annotate; (*RADIO, TV*) to give a commentary on; **commenta'tore, 'trice** *sm/f* commentator; **com'mento** *sm* comment; (*a un testo, RADIO, TV*) commentary
commerci'ale [kommer'tʃale] *ag* commercial, trading; (*peg*) commercial
commerci'ante [kommer'tʃante] *sm/f* trader, dealer; (*negoziante*) shopkeeper
commerci'are [kommer'tʃare] *vt, vi*: ~ **in** to deal *o* trade in
com'mercio [kom'mɛrtʃo] *sm* trade, commerce; **essere in ~** (*prodotto*) to be on the market *o* on sale; **essere nel ~** (*persona*) to be in business; ~ **all'ingrosso/al minuto** wholesale/retail trade
com'messa *sf* (*COMM*) order
com'messo, a *pp di* **commettere** ♦ *sm/f* shop assistant (*BRIT*), sales clerk (*US*) ♦ *sm* (*impiegato*) clerk; ~ **viaggiatore** commercial traveller
commes'tibile *ag* edible; **~i** *smpl* foodstuffs
com'mettere *vt* to commit
com'miato *sm* leave-taking
commi'nare *vt* (*DIR*) to threaten; to inflict
commissari'ato *sm* (*AMM*) commissionership; (*: sede*) commissioner's office; (*: di polizia*) police station
commis'sario *sm* commissioner; (*di pubblica sicurezza*) ≈ (police) superintendent (*BRIT*), (police) captain (*US*); (*SPORT*) steward; (*membro di commissione*) member of a committee *o* board
commissio'nario *sm* (*COMM*) agent, broker
commissi'one *sf* (*incarico*) errand; (*comitato, percentuale*) commission; (*COMM: ordinazione*) order; **~i** *sfpl* (*acquisti*) shopping *sg*
commit'tente *sm/f* (*COMM*) purchaser, customer
com'mosso, a *pp di* **commuovere**
commo'vente *ag* moving
commozi'one [kommot'tsjone] *sf* emotion, deep feeling; ~ **cerebrale** (*MED*) concussion
commu'overe *vt* to move, affect; **~rsi** *vr* to be moved
commu'tare *vt* (*pena*) to commute; (*ELETTR*) to change *o* switch over
comò *sm inv* chest of drawers
como'dino *sm* bedside table

comodità *sf inv* comfort; convenience

'comodo, a *ag* comfortable; (*facile*) easy; (*conveniente*) convenient; (*utile*) useful, handy ♦ *sm* comfort; convenience; **con ~** at one's convenience *o* leisure; **fare il proprio ~** to do as one pleases; **far ~** to be useful *o* handy

compae'sano, a *sm/f* fellow countryman; person from the same town

com'pagine [kom'padʒine] *sf* (*squadra*) team

compa'gnia [kompaɲ'ɲia] *sf* company; (*gruppo*) gathering

com'pagno, a [kom'paɲɲo] *sm/f* (*di classe, gioco*) companion; (*POL*) comrade

compa'rare *vt* to compare

compara'tivo, a *ag, sm* comparative

compa'rire *vi* to appear; **com'parsa** *sf* appearance; (*TEATRO*) walk-on; (*CINEMA*) extra; **comparso, a** *pp di* **comparire**

compartecipazi'one [kompartetʃipat'tsjone] *sf* sharing; (*quota*) share; **~ agli utili** profit-sharing

comparti'mento *sm* compartment; (*AMM*) district

compas'sato, a *ag* (*persona*) composed

compassi'one *sf* compassion, pity; **avere ~ di qn** to feel sorry for sb, to pity sb

com'passo *sm* (pair of) compasses *pl*; callipers *pl*

compa'tibile *ag* (*scusabile*) excusable; (*conciliabile, INFORM*) compatible

compa'tire *vt* (*aver compassione di*) to sympathize with, feel sorry for; (*scusare*) to make allowances for

com'patto, a *ag* compact; (*roccia*) solid; (*folla*) dense; (*fig: gruppo, partito*) united, close-knit

com'pendio *sm* summary; (*libro*) compendium

compen'sare *vt* (*equilibrare*) to compensate for, make up for; **~ qn di** (*rimunerare*) to pay *o* remunerate sb for; (*risarcire*) to pay compensation to sb for; (*fig: fatiche, dolori*) to reward sb for; **com'penso** *sm* compensation; payment, remuneration; reward; **in compenso** (*d'altra parte*) on the other hand

'compera *sf* (*acquisto*) purchase; **fare le ~e** to do the shopping

compe'rare *vt* = **comprare**

compe'tente *ag* competent; (*mancia*) apt, suitable; **compe'tenza** *sf* competence; **competenze** *sfpl* (*onorari*) fees

com'petere *vi* to compete, vie; (*DIR: spettare*): **~ a** to lie within the competence of; **competizi'one** *sf* competition

compia'cente [kompja'tʃɛnte] *ag* courteous, obliging; **compia'cenza** *sf* courtesy

compia'cere [kompja'tʃere] *vi*: **~ a** to gratify, please ♦ *vt* to please; **~rsi** *vr* (*provare soddisfazione*): **~rsi di** *o* **per qc** to be delighted at sth; (*rallegrarsi*): **~rsi con qn** to congratulate sb; (*degnarsi*): **~rsi di fare** to be so good as to do; **compiaci'uto, a** *pp di* **compiacere**

compi'angere [kom'pjandʒere] *vt* to sympathize with, feel sorry for; **compi'anto, a** *pp di* **compiangere**

'compiere *vt* (*concludere*) to finish, complete; (*adempiere*) to carry out, fulfil; **~rsi** *vr* (*avverarsi*) to be fulfilled, come true; **~ gli anni** to have one's birthday

compi'lare *vt* (*modulo*) to fill in; (*dizionario, elenco*) to compile

com'pire *vt* = **compiere**

compi'tare *vt* to spell out

'compito *sm* (*incarico*) task, duty; (*dovere*) duty; (*INS*) exercise; (*: a casa*) piece of homework; **fare i ~i** to do one's homework

com'pito, a *ag* well-mannered, polite

comple'anno *sm* birthday

complemen'tare *ag* complemen-

tary; (*INS: materia*) subsidiary
comple'mento *sm* complement; (*MIL*) reserve (troops); ~ **oggetto** (*LING*) direct object
complessità *sf* complexity
comples'sivo, a *ag* (*globale*) comprehensive, overall; (*totale: cifra*) total
com'plesso, a *ag* complex ♦ *sm* (*PSIC, EDIL*) complex; (*MUS: corale*) ensemble; (*: orchestrina*) band; (*: di musica pop*) group; **in o nel** ~ on the whole
comple'tare *vt* to complete
com'pleto, a *ag* complete; (*teatro, autobus*) full ♦ *sm* suit; **al** ~ full; (*tutti presenti*) all present
compli'care *vt* to complicate; **~rsi** *vr* to become complicated; **complicazi'one** *sf* complication
'complice ['kɔmplitʃe] *sm/f* accomplice
complimen'tarsi *vr*: ~ **con** to congratulate
compli'mento *sm* compliment; **~i** *smpl* (*cortesia eccessiva*) ceremony *sg*; (*ossequi*) regards, compliments; **~i!** congratulations!; **senza ~i!** don't stand on ceremony!; make yourself at home!; help yourself!
complot'tare *vi* to plot, conspire
com'plotto *sm* plot, conspiracy
compo'nente *sm/f* member ♦ *sm* component
componi'mento *sm* (*DIR*) settlement; (*INS*) composition; (*poetico, teatrale*) work
com'porre *vt* (*musica, testo*) to compose; (*mettere in ordine*) to arrange; (*DIR: lite*) to settle; (*TIP*) to set; (*TEL*) to dial
comporta'mento *sm* behaviour
compor'tare *vt* (*implicare*) to involve; (*consentire*) to permit, allow (of); **~rsi** *vr* (*condursi*) to behave
composi'tore, 'trice *sm/f* composer; (*TIP*) compositor, typesetter
composizi'one [kompozit'tsjone] *sf* composition; (*DIR*) settlement
com'posta *sf* (*CUC*) stewed fruit *no pl*; (*AGR*) compost; *vedi anche* **composto**
compos'tezza [kompos'tettsa] *sf* composure; decorum
com'posto, a *pp di* **comporre** ♦ *ag* (*persona*) composed, self-possessed; (*: decoroso*) dignified; (*formato da più elementi*) compound *cpd* ♦ *sm* compound
com'prare *vt* to buy; **compra'tore, 'trice** *sm/f* buyer, purchaser
com'prendere *vt* (*contenere*) to comprise, consist of; (*capire*) to understand
comprensi'one *sf* understanding
compren'sivo, a *ag* (*prezzo*): ~ **di** inclusive of; (*indulgente*) understanding
com'preso, a *pp di* **comprendere** ♦ *ag* (*incluso*) included
com'pressa *sf* (*MED: garza*) compress; (*: pastiglia*) tablet; *vedi anche* **compresso**
compressi'one *sf* compression
com'presso, a *pp di* **comprimere** ♦ *ag* (*vedi comprimere*) pressed; compressed; repressed
com'primere *vt* (*premere*) to press; (*FISICA*) to compress; (*fig*) to repress
compro'messo, a *pp di* **compromettere** ♦ *sm* compromise
compro'mettere *vt* to compromise
compro'vare *vt* to confirm
com'punto, a *ag* contrite
compu'tare *vt* to calculate; (*addebitare*): ~ **qc a qn** to debit sb with sth
com'puter *sm inv* computer
computiste'ria *sf* accounting, book-keeping
'computo *sm* calculation
comu'nale *ag* municipal, town *cpd*, ≈ borough *cpd*
co'mune *ag* common; (*consueto*) common, everyday; (*di livello medio*) average; (*ordinario*) ordinary ♦ *sm* (*AMM*) town council; (*: sede*) town hall ♦ *sf* (*di persone*) commune; **fuori del** ~ out of the ordi-

nary; **avere in** ~ to have in common, share; **mettere in** ~ to share

comuni'care *vt* (*notizia*) to pass on, convey; (*malattia*) to pass on; (*ansia etc*) to communicate; (*trasmettere: calore etc*) to transmit, communicate; (*REL*) to administer communion to ♦ *vi* to communicate; **~rsi** *vr* (*propagarsi*): **~rsi a** to spread to; (*REL*) to receive communion

comuni'cato *sm* communiqué; ~ **stampa** press release

comunicazi'one [komunikat'tsjone] *sf* communication; (*annuncio*) announcement; (*TEL*): ~ **(telefonica)** (telephone) call; **dare la ~ a qn** to put sb through; **ottenere la** ~ to get through

comuni'one *sf* communion; ~ **di beni** (*DIR*) joint ownership of property

comu'nismo *sm* communism; **comu'nista, i, e** *ag*, *sm/f* communist

comunità *sf inv* community; **C~ Economica Europea** European Economic Community

co'munque *cong* however, no matter how ♦ *av* (*in ogni modo*) in any case; (*tuttavia*) however, nevertheless

con *prep* with; **partire col treno** to leave by train; ~ **mio grande stupore** to my great astonishment; ~ **tutto ciò** for all that

co'nato *sm*: ~ **di vomito** retching

'conca, che *sf* (*GEO*) valley

con'cedere [kon'tʃɛdere] *vt* (*accordare*) to grant; (*ammettere*) to admit, concede; **~rsi qc** to treat o.s. to sth, to allow o.s. sth

concentra'mento [kontʃentra'mento] *sm* concentration

concen'trare [kontʃen'trare] *vt* to concentrate; **~rsi** *vr* to concentrate; **concentrazi'one** *sf* concentration

conce'pire [kontʃe'pire] *vt* (*bambino*) to conceive; (*progetto, idea*) to conceive (of); (*metodo, piano*) to devise

con'cernere [kon'tʃɛrnere] *vt* to concern

concer'tare [kontʃer'tare] *vt* (*MUS*) to harmonize; (*ordire*) to devise, plan; **~rsi** *vr* to agree

con'certo [kon'tʃɛrto] *sm* (*MUS*) concert; (*: componimento*) concerto

concessio'nario [kontʃessjo'narjo] *sm* (*COMM*) agent, dealer

con'cesso, a [kon'tʃɛsso] *pp di* **concedere**

con'cetto [kon'tʃɛtto] *sm* (*pensiero, idea*) concept; (*opinione*) opinion

concezi'one [kontʃet'tsjone] *sf* conception

con'chiglia [kon'kiʎʎa] *sf* shell

'concia ['kɔntʃa] *sf* (*di pelle*) tanning; (*di tabacco*) curing; (*sostanza*) tannin

conci'are [kon'tʃare] *vt* (*pelli*) to tan; (*tabacco*) to cure; (*fig: ridurre in cattivo stato*) to beat up; **~rsi** *vr* (*sporcarsi*) to get in a mess; (*vestirsi male*) to dress badly

concili'are [kontʃi'ljare] *vt* to reconcile; (*contravvenzione*) to pay on the spot; (*favorire: sonno*) to be conducive to, induce; (*procurare: simpatia*) to gain; **~rsi qc** to gain *o* win sth (for o.s.); **~rsi qn** to win sb over; **~rsi con** to be reconciled with; **conciliazi'one** *sf* reconciliation; (*DIR*) settlement

con'cilio [kon'tʃiljo] *sm* (*REL*) council

con'cime [kon'tʃime] *sm* manure; (*chimico*) fertilizer

con'ciso, a [kon'tʃizo] *ag* concise, succinct

conci'tato, a [kontʃi'tato] *ag* excited, emotional

concitta'dino, a [kontʃitta'dino] *sm/f* fellow citizen

con'cludere *vt* to conclude; (*portare a compimento*) to conclude, finish, bring to an end; (*operare positivamente*) to achieve ♦ *vi* (*essere convincente*) to be conclusive; **~rsi** *vr* to come to an end, close; **conclusi'one** *sf* conclusion; (*risultato*) result; **conclu'sivo, a** *ag* conclusive; (*finale*) final; **con'cluso, a** *pp di* **concludere**

concor'danza [konkor'dantsa] *sf* (*anche LING*) agreement

concor'dare *vt* (*tregua, prezzo*) to agree on; (*LING*) to make agree ♦ *vi* to agree; **concor'dato** *sm* agreement; (*REL*) concordat

con'corde *ag* (*d'accordo*) in agreement; (*simultaneo*) simultaneous

concor'rente *sm/f* competitor; (*INS*) candidate; **concor'renza** *sf* competition

con'correre *vi*: ~ **(in)** (*MAT*) to converge *o* meet (in); ~ **(a)** (*competere*) to compete (for); (*: INS: a una cattedra*) to apply (for); (*partecipare: a un'impresa*) to take part (in), contribute (to); **con'corso, a** *pp di* **concorrere** ♦ *sm* competition; (*INS*) competitive examination; **concorso di colpa** (*DIR*) contributory negligence

con'creto, a *ag* concrete

concussi'one *sf* (*DIR*) extortion

con'danna *sf* sentence; conviction; condemnation

condan'nare *vt* (*DIR*): ~ **a** to sentence to; ~ **per** to convict of; (*disapprovare*) to condemn; **condan'nato, a** *sm/f* convict

conden'sare *vt* to condense; **~rsi** *vr* to condense; **condensazi'one** *sf* condensation

condi'mento *sm* seasoning; dressing

con'dire *vt* to season; (*insalata*) to dress

condi'videre *vt* to share; **condi'viso, a** *pp di* **condividere**

condizio'nale [kondittsjo'nale] *ag* conditional ♦ *sm* (*LING*) conditional ♦ *sf* (*DIR*) suspended sentence

condizio'nare [kondittsjo'nare] *vt* to condition; **ad aria condizionata** air-conditioned

condizi'one [kondit'tsjone] *sf* condition; **~i** *sfpl* (*di pagamento etc*) terms, conditions; **a ~ che** on condition that, provided that

condogli'anze [kondoʎ'ʎantse] *sfpl* condolences

condo'minio *sm* joint ownership; (*edificio*) jointly-owned building

condo'nare *vt* (*DIR*) to remit; **con'dono** *sm* remission; **condono fiscale** conditional amnesty for people evading tax

con'dotta *sf* (*modo di comportarsi*) conduct, behaviour; (*di un affare etc*) handling; (*di acqua*) piping; (*incarico sanitario*) *country medical practice controlled by a local authority*

con'dotto, a *pp di* **condurre** ♦ *ag*: **medico ~** local authority doctor (*in country district*) ♦ *sm* (*canale, tubo*) pipe, conduit; (*ANAT*) duct

condu'cente [kondu'tʃɛnte] *sm* driver

con'durre *vt* to conduct; (*azienda*) to manage; (*accompagnare: bambino*) to take; (*automobile*) to drive; (*trasportare: acqua, gas*) to convey, conduct; (*fig*) to lead ♦ *vi* to lead; **condursi** *vr* to behave, conduct o.s.

condut'tore *ag*: **filo ~** (*fig*) thread ♦ *sm* (*di mezzi pubblici*) driver; (*FISICA*) conductor

con'farsi *vr*: ~ **a** to suit, agree with

confederazi'one [konfederat'tsjone] *sf* confederation

confe'renza [konfe'rɛntsa] *sf* (*discorso*) lecture; (*riunione*) conference; ~ **stampa** press conference; **conferenzi'ere, a** *sm/f* lecturer

confe'rire *vt*: ~ **qc a qn** to give sth to sb, bestow sth on sb ♦ *vi* to confer

con'ferma *sf* confirmation

confer'mare *vt* to confirm

confes'sare *vt* to confess; **~rsi** *vr* to confess; **andare a ~rsi** (*REL*) to go to confession; **confessio'nale** *ag*, *sm* confessional; **confessi'one** *sf* confession; (*setta religiosa*) denomination; **confes'sore** *sm* confessor

con'fetto *sm* sugared almond; (*MED*) pill

confezio'nare [konfettsjo'nare] *vt*

(*vestito*) to make (up); (*merci, pacchi*) to package
confezi'one [konfet'tsjone] *sf* (*di abiti: da uomo*) tailoring; (*: da donna*) dressmaking; (*imballaggio*) packaging; ~ **regalo** gift pack; ~**i per signora** ladies' wear; ~**i da uomo** menswear
confic'care *vt*: ~ **qc in** to hammer *o* drive sth into; ~**rsi** *vr* to stick
confi'dare *vi*: ~ **in** to confide in, rely on ♦ *vt* to confide; ~**rsi con qn** to confide in sb; **confi'dente** *sm/f* (*persona amica*) confidant/confidante; (*informatore*) informer; **confi'denza** *sf* (*familiarità*) intimacy, familiarity; (*fiducia*) trust, confidence; (*rivelazione*) confidence; **confidenzi'ale** *ag* familiar, friendly; (*segreto*) confidential
configu'rarsi *vr*: ~ **a** to assume the shape *o* form of
confi'nare *vi*: ~ **con** to border on ♦ *vt* (*POL*) to intern; (*fig*) to confine; ~**rsi** *vr* (*isolarsi*): ~**rsi in** to shut o.s. up in
Confin'dustria *sigla f* (= *Confederazione Generale dell'Industria Italiana*) *employers' association*, ≈ CBI (*BRIT*)
con'fine *sm* boundary; (*di paese*) border, frontier
con'fino *sm* internment
confis'care *vt* to confiscate
con'flitto *sm* conflict
conflu'enza [konflu'ɛntsa] *sf* (*di fiumi*) confluence; (*di strade*) junction
conflu'ire *vi* (*fiumi*) to flow into each other, meet; (*strade*) to meet
con'fondere *vt* to mix up, confuse; (*imbarazzare*) to embarrass; ~**rsi** *vr* (*mescolarsi*) to mingle; (*turbarsi*) to be confused; (*sbagliare*) to get mixed up; ~ **le idee a qn** to mix sb up, confuse sb
confor'mare *vt* (*adeguare*): ~ **a** to adapt *o* conform to; ~**rsi** *vr*: ~**rsi** (**a**) to conform (to)
confor'tare *vt* to comfort, console;
confor'tevole *ag* (*consolante*) comforting; (*comodo*) comfortable;
con'forto *sm* comfort, consolation; comfort
confron'tare *vt* to compare
con'fronto *sm* comparison; **in** *o* **a** ~ **di** in comparison with, compared to; **nei miei** (*o* **tuoi** *etc*) ~**i** towards me (*o* you *etc*)
confusi'one *sf* confusion; (*chiasso*) racket, noise; (*imbarazzo*) embarrassment
con'fuso, a *pp di* **confondere** ♦ *ag* (*vedi confondere*) confused; embarrassed
confu'tare *vt* to refute
conge'dare [kondʒe'dare] *vt* to dismiss; (*MIL*) to demobilize; ~**rsi** *vr* to take one's leave; **con'gedo** *sm* (*anche MIL*) leave; **prendere congedo da qn** to take one's leave of sb; **congedo assoluto** (*MIL*) discharge
conge'gnare [kondʒeɲ'ɲare] *vt* to construct, put together; **con'gegno** *sm* device, mechanism
conge'lare [kondʒe'lare] *vt* to freeze; ~**rsi** *vr* to freeze; **congela'tore** *sm* freezer
congestio'nare [kondʒestjo'nare] *vt* to congest
congesti'one [kondʒes'tjone] *sf* congestion
conget'tura [kondʒet'tura] *sf* conjecture, supposition
con'giungere [kon'dʒundʒere] *vt* to join (together); ~**rsi** *vr* to join (together)
congiunti'vite [kondʒunti'vite] *sf* conjunctivitis
congiun'tivo [kondʒun'tivo] *sm* (*LING*) subjunctive
congi'unto, a [kon'dʒunto] *pp di* **congiungere** ♦ *ag* (*unito*) joined ♦ *sm/f* relative
congiun'tura [kondʒun'tura] *sf* (*giuntura*) junction, join; (*ANAT*) joint; (*circostanza*) juncture; (*ECON*) economic situation
congiunzi'one [kondʒun'tsjone] *sf*

(*LING*) conjunction
congi'ura [kon'dʒura] *sf* conspiracy; **congiu'rare** *vi* to conspire
conglome'rato *sm* (*GEO*) conglomerate; (*fig*) conglomeration; (*EDIL*) concrete
congratu'larsi *vr*: ~ **con qn per qc** to congratulate sb on sth
congratulazi'oni [kongratulat'tsjoni] *sfpl* congratulations
con'grega, ghe *sf* band, bunch
con'gresso *sm* congress
congu'aglio [kon'gwaʎʎo] *sm* balancing, adjusting; (*somma di denaro*) balance
coni'are *vt* to mint, coin; (*fig*) to coin
co'niglio [ko'niʎʎo] *sm* rabbit
coniu'gare *vt* (*LING*) to conjugate; ~**rsi** *vr* to get married; **coniu'gato, a** *ag* (*sposato*) married; **coniugazi'one** *sf* (*LING*) conjugation
'coniuge ['kɔnjudʒe] *sm/f* spouse
connazio'nale [konnattsjo'nale] *sm/f* fellow-countryman/woman
connessi'one *sf* connection
con'nesso, a *pp di* **connettere**
con'nettere *vt* to connect, join ♦ *vi* (*fig*) to think straight
conni'vente *ag* conniving
conno'tati *smpl* distinguishing marks
'cono *sm* cone; ~ **gelato** ice-cream cone
cono'scente [konoʃ'ʃɛnte] *sm/f* acquaintance
cono'scenza [konoʃ'ʃɛntsa] *sf* (*il sapere*) knowledge *no pl*; (*persona*) acquaintance; (*facoltà sensoriale*) consciousness *no pl*; **perdere** ~ to lose consciousness
co'noscere [ko'noʃʃere] *vt* to know; **ci siamo conosciuti a Firenze** we (first) met in Florence; **conosci'tore, 'trice** *sm/f* connoisseur; **conosci'uto, a** *pp di* **conoscere** ♦ *ag* well-known
con'quista *sf* conquest
conquis'tare *vt* to conquer; (*fig*) to gain, win
consa'crare *vt* (*REL*) to consecrate; (*: sacerdote*) to ordain; (*dedicare*) to dedicate; (*fig: uso etc*) to sanction; ~**rsi a** to dedicate o.s. to
consangu'ineo, a *sm/f* blood relation
consa'pevole *ag*: ~ **di** aware *o* conscious of; **consapevo'lezza** *sf* awareness, consciousness
'conscio, a, sci, sce ['kɔnʃo] *ag*: ~ **di** aware *o* conscious of
consecu'tivo, a *ag* consecutive; (*successivo: giorno*) following, next
con'segna [kon'seɲɲa] *sf* delivery; (*merce consegnata*) consignment; (*custodia*) care, custody; (*MIL: ordine*) orders *pl*; (*: punizione*) confinement to barracks; **pagamento alla ~** cash on delivery; **dare qc in ~ a qn** to entrust sth to sb
conse'gnare [konseɲ'ɲare] *vt* to deliver; (*affidare*) to entrust, hand over; (*MIL*) to confine to barracks
consegu'enza [konse'gwɛntsa] *sf* consequence; **per** *o* **di** ~ consequently
consegu'ire *vt* to achieve ♦ *vi* to follow, result
con'senso *sm* approval, consent
consen'tire *vi*: ~ **a** to consent *o* agree to ♦ *vt* to allow, permit
con'serva *sf* (*CUC*) preserve; ~ **di frutta** jam; ~ **di pomodoro** tomato purée
conser'vare *vt* (*CUC*) to preserve; (*custodire*) to keep; (*: dalla distruzione etc*) to preserve, conserve; ~**rsi** *vr* to keep
conserva'tore, 'trice *sm/f* (*POL*) conservative
conservazi'one [konservat'tsjone] *sf* preservation; conservation
conside'rare *vt* to consider; (*reputare*) to consider, regard; ~ **molto qn** to think highly of sb; **considerazi'one** *sf* consideration; (*stima*) regard, esteem; **prendere in considerazione** to take into consideration; **conside'revole** *ag* considerable
consigli'are [konsiʎ'ʎare] *vt* (*perso-*

na) to advise; (*metodo, azione*) to recommend, advise, suggest; **~rsi** *vr*: **~rsi con qn** to ask sb for advice; **consigli'ere, a** *sm/f* adviser ♦ *sm*: **consigliere d'amministrazione** board member; **consigliere comunale** town councillor; **con'siglio** *sm* (*suggerimento*) advice *no pl*, piece of advice; (*assemblea*) council; **consiglio d'amministrazione** board; **il Consiglio dei Ministri** (*POL*) ≈ the Cabinet

consis'tente *ag* thick; solid; (*fig*) sound, valid; **consis'tenza** *sf* consistency, thickness; solidity; validity

con'sistere *vi*: **~ in** to consist of; **consis'tito, a** *pp di* **consistere**

conso'lare *ag* consular ♦ *vt* (*confortare*) to console, comfort; (*rallegrare*) to cheer up; **~rsi** *vr* to be comforted; to cheer up

conso'lato *sm* consulate

consolazi'one [konsolat'tsjone] *sf* consolation, comfort

'console[1] *sm* consul

con'sole[2] [kon'sɔl] *sf* (*quadro di comando*) console

conso'nante *sf* consonant

'consono, a *ag*: **~ a** consistent with, consonant with

con'sorte *sm/f* consort

con'sorzio [kon'sɔrtsjo] *sm* consortium

con'stare *vi*: **~ di** to consist of ♦ *vb impers*: **mi consta che** it has come to my knowledge that, it appears that

consta'tare *vt* to establish, verify; **constatazi'one** *sf* observation; **constatazione amichevole** *jointly-agreed statement for insurance purposes*

consu'eto, a *ag* habitual, usual; **consue'tudine** *sf* habit, custom; (*usanza*) custom

consu'lente *sm/f* consultant; **consu'lenza** *sf* consultancy

consul'tare *vt* to consult; **~rsi** *vr*: **~rsi con qn** to seek the advice of sb; **consultazi'one** *sf* consultation; **consultazioni** *sfpl* (*POL*) talks, consultations

consul'torio *sm*: **~ familiare** family planning clinic

consu'mare *vt* (*logorare: abiti, scarpe*) to wear out; (*usare*) to consume, use up; (*mangiare, bere*) to consume; (*DIR*) to consummate; **~rsi** *vr* to wear out; to be used up; (*anche fig*) to be consumed; (*combustibile*) to burn out; **consuma'tore** *sm* consumer; **consumazi'one** *sf* (*bibita*) drink; (*spuntino*) snack; (*DIR*) consummation; **consu'mismo** *sm* consumerism; **con'sumo** *sm* consumption; wear; use

consun'tivo *sm* (*ECON*) final balance

con'tabile *ag* accounts *cpd*, accounting ♦ *sm/f* accountant; **contabilità** *sf* (*attività, tecnica*) accounting, accountancy; (*insieme dei libri etc*) books *pl*, accounts *pl*; (*ufficio*) accounts department

conta'dino, a *sm/f* countryman/woman; farm worker; (*peg*) peasant

contagi'are [konta'dʒare] *vt* to infect

con'tagio [kon'tadʒo] *sm* infection; (*per contatto diretto*) contagion; (*epidemia*) epidemic; **contagi'oso, a** *ag* infectious; contagious

conta'gocce [konta'gottʃe] *sm inv* (*MED*) dropper

contami'nare *vt* to contaminate

con'tante *sm* cash; **pagare in ~i** to pay cash

con'tare *vt* to count; (*considerare*) to consider ♦ *vi* to count, be of importance; **~ su qn** to count *o* rely on sb; **~ di fare qc** to intend to do sth; **conta'tore** *sm* meter

contat'tare *vt* to contact

con'tatto *sm* contact

'conte *sm* count

conteggi'are [konted'dʒare] *vt* to charge, put on the bill; **con'teggio** *sm* calculation

con'tegno [kon'teɲɲo] *sm* (*compor-*

tamento) behaviour; (*atteggiamento*) attitude; **darsi un** ~ to act nonchalant; to pull o.s. together
contem'plare *vt* to contemplate, gaze at; (*DIR*) to make provision for
contemporanea'mente *av* simultaneously; at the same time
contempo'raneo, a *ag, sm/f* contemporary
conten'dente *sm/f* opponent, adversary
con'tendere *vi* (*competere*) to compete; (*litigare*) to quarrel ♦ *vt*: ~ **qc a qn** to contend with *o* be in competition with sb for sth
conte'nere *vt* to contain; **conteni'tore** *sm* container
conten'tare *vt* to please, satisfy; ~**rsi di** to be satisfied with, content o.s. with
conten'tezza [konten'tettsa] *sf* contentment
con'tento, a *ag* pleased, glad; ~ **di** pleased with
conte'nuto *sm* contents *pl*; (*argomento*) content
con'tesa *sf* dispute, argument
con'teso, a *pp di* **contendere**
con'tessa *sf* countess
contes'tare *vt* (*DIR*) to notify; (*fig*) to dispute; **contestazi'one** *sf* (*DIR*) notification; dispute; (*protesta*) protest
con'testo *sm* context
con'tiguo, a *ag*: ~ **(a)** adjacent (to)
continen'tale *ag, sm/f* continental
conti'nente *ag* continent ♦ *sm* (*GEO*) continent; (*: terra ferma*) mainland; **conti'nenza** *sf* continence
contin'gente [kontin'dʒɛnte] *ag* contingent ♦ *sm* (*COMM*) quota; (*MIL*) contingent; **contin'genza** *sf* circumstance; (*ECON*): **(indennità di) contingenza** cost-of-living allowance
continu'are *vt* to continue (with), go on with ♦ *vi* to continue, go on; ~ **a fare qc** to go on *o* continue doing sth; **continuazi'one** *sf* continuation
continuità *sf* continuity
con'tinuo, a *ag* (*numerazione*) continuous; (*pioggia*) continual, constant; (*ELETTR*): **corrente** ~**a** direct current; **di** ~ continually
'conto *sm* (*calcolo*) calculation; (*COMM, ECON*) account; (*di ristorante, albergo*) bill; (*fig: stima*) consideration, esteem; **fare i** ~**i con qn** to settle one's account with sb; **fare** ~ **su qn/qc** to count *o* rely on sb; **rendere** ~ **a qn di qc** to be accountable to sb for sth; **tener** ~ **di qn/qc** to take sb/sth into account; **per** ~ **di** on behalf of; **per** ~ **mio** as far as I'm concerned; **a** ~**i fatti, in fin dei** ~**i** all things considered; ~ **corrente** current account; ~ **alla rovescia** countdown
con'torcere [kon'tortʃere] *vt* to twist; (*panni*) to wring (out); ~**rsi** *vr* to twist, writhe
contor'nare *vt* to surround
con'torno *sm* (*linea*) outline, contour; (*ornamento*) border; (*CUC*) vegetables *pl*
con'torto, a *pp di* **contorcere**
contrabbandi'ere, a *sm/f* smuggler
contrab'bando *sm* smuggling, contraband; **merce di** ~ contraband, smuggled goods *pl*
contrab'basso *sm* (*MUS*) (double) bass
contraccambi'are *vt* (*favore etc*) to return
contraccet'tivo, a [kontrattʃet'tivo] *ag, sm* contraceptive
contrac'colpo *sm* rebound; (*di arma da fuoco*) recoil; (*fig*) repercussion
con'trada *sf* street; district
contrad'detto, a *pp di* **contraddire**
contrad'dire *vt* to contradict; **contraddit'torio, a** *ag* contradictory; (*sentimenti*) conflicting ♦ *sm* (*DIR*) cross-examination; **contraddizi'one** *sf* contradiction

contraf'fare *vt* (*persona*) to mimic; (*alterare: voce*) to disguise; (*firma*) to forge, counterfeit; **contraf'fatto, a** *pp di* **contraffare** ♦ *ag* counterfeit; **contraffazi'one** *sf* mimicking *no pl*; disguising *no pl*; forging *no pl*; (*cosa contraffatta*) forgery
contrap'peso *sm* counterbalance, counterweight
contrap'porre *vt*: ~ **qc a qc** to counter sth with sth; (*paragonare*) to compare sth with sth; **contrap'posto, a** *pp di* **contrapporre**
contraria'mente *av*: ~ **a** contrary to
contrari'are *vt* (*contrastare*) to thwart, oppose; (*irritare*) to annoy, bother; **~rsi** *vr* to get annoyed
contrarietà *sf* adversity; (*fig*) aversion
con'trario, a *ag* opposite; (*sfavorevole*) unfavourable ♦ *sm* opposite; **essere ~ a qc** (*persona*) to be against sth; **in caso ~** otherwise; **avere qc in ~** to have some objection; **al ~** on the contrary
con'trarre *vt* to contract; **contrarsi** *vr* to contract
contrasse'gnare [kontrasseɲ'ɲare] *vt* to mark; **contras'segno** *sm* (*distintivo*) distinguishing mark; **spedire in contrassegno** to send C.O.D.
contras'tare *vt* (*avversare*) to oppose; (*impedire*) to bar; (*negare: diritto*) to contest, dispute ♦ *vi*: ~ **(con)** (*essere in disaccordo*) to contrast (with); (*lottare*) to struggle (with); **con'trasto** *sm* contrast; (*conflitto*) conflict; (*litigio*) dispute
contrat'tacco *sm* counterattack
contrat'tare *vt, vi* to negotiate
contrat'tempo *sm* hitch
con'tratto, a *pp di* **contrarre** ♦ *sm* contract; **contrattu'ale** *ag* contractual
contravvenzi'one [contravven'tsjone] *sf* contravention; (*ammenda*) fine
contrazi'one [kontrat'tsjone] *sf* contraction; (*di prezzi etc*) reduction
contribu'ente *sm/f* taxpayer; ratepayer (*BRIT*), property tax payer (*US*)
contribu'ire *vi* to contribute; **contri'buto** *sm* contribution; (*tassa*) tax
'contro *prep* against; ~ **di me/lui** against me/him; **pastiglie ~ la tosse** throat lozenges; ~ **pagamento** (*COMM*) on payment ♦ *prefisso*: **contro'battere** *vt* (*fig: a parole*) to answer back; (*: confutare*) to refute; **controfi'gura** *sf* (*CINEMA*) double; **controfir'mare** *vt* to countersign
control'lare *vt* (*accertare*) to check; (*sorvegliare*) to watch, control; (*tenere nel proprio potere, fig: dominare*) to control; **con'trollo** *sm* check; watch; control; **controllo delle nascite** birth control; **control'lore** *sm* (*FERR, AUTOBUS*) (ticket) inspector
controprodu'cente [kontroprodu'tʃɛnte] *ag* counterproductive
contro'senso *sm* (*contraddizione*) contradiction in terms; (*assurdità*) nonsense
controspio'naggio [kontrospio'naddʒo] *sm* counterespionage
contro'versia *sf* controversy; (*DIR*) dispute
contro'verso, a *ag* controversial
contro'voglia [kontro'vɔʎʎa] *av* unwillingly
contu'macia [kontu'matʃa] *sf* (*DIR*) default
contusi'one *sf* (*MED*) bruise
convale'scente [konvaleʃ'ʃɛnte] *ag, sm/f* convalescent; **convale'scenza** *sf* convalescence
convali'dare *vt* (*AMM*) to validate; (*fig: sospetto, dubbio*) to confirm
con'vegno [kon'veɲɲo] *sm* (*incontro*) meeting; (*congresso*) convention, congress; (*luogo*) meeting place
conve'nevoli *smpl* civilities
conveni'ente *ag* suitable; (*vantaggioso*) profitable; (*: prezzo*) cheap; **conveni'enza** *sf* suitability; advantage; cheapness; **le convenienze** *sfpl* social conventions

conve'nire *vi* (*riunirsi*) to gather, assemble; (*concordare*) to agree; (*tornare utile*) to be worthwhile ♦ *vb impers*: **conviene fare questo** it is advisable to do this; **conviene andarsene** we should go; **ne convengo** I agree

con'vento *sm* (*di frati*) monastery; (*di suore*) convent

convenzio'nale [konventsjo'nale] *ag* conventional

convenzi'one [konven'tsjone] *sf* (*DIR*) agreement; (*nella società*) convention; **le ~i** *sfpl* social conventions

conver'sare *vi* to have a conversation, converse

conversazi'one [konversat'tsjone] *sf* conversation; **fare ~** to chat, have a chat

conversi'one *sf* conversion; **~ ad U** (*AUT*) U-turn

conver'tire *vt* (*trasformare*) to change; (*POL, REL*) to convert; **~rsi** *vr*: **~rsi (a)** to be converted (to); **conver'tito, a** *sm/f* convert

con'vesso, a *ag* convex

con'vincere [kon'vintʃere] *vt* to convince; **~ qn di qc** to convince sb of sth; **~ qn a fare qc** to persuade sb to do sth; **con'vinto, a** *pp di* **convincere**; **convinzi'one** *sf* conviction, firm belief

convis'suto, a *pp di* **convivere**

con'vitto *sm* (*INS*) boarding school

con'vivere *vi* to live together

convo'care *vt* to call, convene; (*DIR*) to summon; **convocazi'one** *sf* meeting; summons *sg*

convogli'are [konvoʎ'ʎare] *vt* to convey; (*dirigere*) to direct, send; **con'voglio** *sm* (*di veicoli*) convoy; (*FERR*) train

convulsi'one *sf* convulsion; **~ di riso** fits of laughter

con'vulso, a *ag* (*pianto*) violent, convulsive; (*attività*) feverish

coope'rare *vi*: **~ (a)** to cooperate (in); **coopera'tiva** *sf* cooperative; **cooperazi'one** *sf* cooperation

coordi'nare *vt* to coordinate; **coordi'nate** *sfpl* (*MAT, GEO*) coordinates; **coordi'nati** *smpl* (*MODA*) coordinates

co'perchio [ko'pɛrkjo] *sm* cover; (*di pentola*) lid

co'perta *sf* cover; (*di lana*) blanket; (*da viaggio*) rug; (*NAUT*) deck

coper'tina *sf* (*STAMPA*) cover, jacket

co'perto, a *pp di* **coprire** ♦ *ag* covered; (*cielo*) overcast ♦ *sm* place setting; (*posto a tavola*) place; (*al ristorante*) cover charge; **~ di** covered in *o* with

coper'tone *sm* (*telo impermeabile*) tarpaulin; (*AUT*) rubber tyre

coper'tura *sf* (*anche ECON, MIL*) cover; (*di edificio*) roofing

'copia *sf* copy; **brutta/bella ~** rough/final copy

copi'are *vt* to copy; **copia'trice** *sf* copier, copying machine

copi'one *sm* (*CINEMA, TEATRO*) script

'coppa *sf* (*bicchiere*) goblet; (*per frutta, gelato*) dish; (*trofeo*) cup, trophy; **~ dell'olio** oil sump (*BRIT*) *o* pan (*US*)

'coppia *sf* (*di persone*) couple; (*di animali, SPORT*) pair

coprifu'oco, chi *sm* curfew

copri'letto *sm* bedspread

co'prire *vt* to cover; (*occupare: carica, posto*) to hold; **~rsi** *vr* (*cielo*) to cloud over; (*vestirsi*) to wrap up, cover up; (*ECON*) to cover o.s.; **~rsi di** (*macchie, muffa*) to become covered in

co'raggio [ko'raddʒo] *sm* courage, bravery; **~!** (*forza!*) come on!; (*animo!*) cheer up!; **coraggi'oso, a** *ag* courageous, brave

co'rallo *sm* coral

co'rano *sm* (*REL*) Koran

co'razza [ko'rattsa] *sf* armour; (*di animali*) carapace, shell; (*MIL*) armour(-plating); **coraz'zata** *sf* battleship

corbelle'ria *sf* stupid remark; **~e**

sfpl nonsense *no pl*
'corda *sf* cord; (*fune*) rope; (*spago, MUS*) string; **dare ~ a qn** to let sb have his (*o* her) way; **tenere sulla ~ qn** to keep sb on tenterhooks; **tagliare la ~** to slip away, sneak off; **~e vocali** vocal cords
cordi'ale *ag* cordial, warm ♦ *sm* (*bevanda*) cordial
cor'doglio [kor'dɔʎʎo] *sm* grief; (*lutto*) mourning
cor'done *sm* cord, string; (*linea: di polizia*) cordon; **~ ombelicale** umbilical cord
Co'rea *sf*: **la ~** Korea
coreogra'fia *sf* choreography
cori'andolo *sm* (*BOT*) coriander; **~i** *smpl* confetti *sg*
cori'care *vt* to put to bed; **~rsi** *vr* to go to bed
'corna *sfpl vedi* **corno**
cor'nacchia [kor'nakkja] *sf* crow
corna'musa *sf* bagpipes *pl*
cor'netta *sf* (*MUS*) cornet; (*TEL*) receiver
cor'netto *sm* (*CUC*) croissant; **~ acustico** ear trumpet
cor'nice [kor'nitʃe] *sf* frame; (*fig*) setting, background
cornici'one [korni'tʃone] *sm* (*di edificio*) ledge; (*ARCHIT*) cornice
'corno (*pl*(*f*) **-a**) *sm* (*ZOOL*) horn; (*pl*(*m*) **-i**: *MUS*) horn; **fare le ~a a qn** to be unfaithful to sb; **cor'nuto, a** *ag* (*con corna*) horned; (*fam!: marito*) cuckolded ♦ *sm* (*fam!*) cuckold; (*: insulto*) bastard (*!*)
Corno'vaglia [korno'vaʎʎa] *sf*: **la ~** Cornwall
'coro *sm* chorus; (*REL*) choir
co'rona *sf* crown; (*di fiori*) wreath; **coro'nare** *vt* to crown
'corpo *sm* body; (*cadavere*) (dead) body; (*militare, diplomatico*) corps *inv*; (*di opere*) corpus; **prendere ~** to take shape; **a ~ a ~** hand-to-hand; **~ di ballo** corps de ballet; **~ di guardia** guardroom; **~ insegnante** teaching staff
corpo'rale *ag* bodily; (*punizione*) corporal
corpora'tura *sf* build, physique
corporazi'one [korporat'tsjone] *sf* corporation
corpu'lento, a *ag* stout
corre'dare *vt*: **~ di** to provide *o* furnish with; **cor'redo** *sm* equipment; (*di sposa*) trousseau
cor'reggere [kor'rɛddʒere] *vt* to correct; (*compiti*) to correct, mark
cor'rente *ag* (*fiume*) flowing; (*acqua del rubinetto*) running; (*moneta, prezzo*) current; (*comune*) everyday ♦ *sm*: **essere al ~ (di)** to be well-informed (about); **mettere al ~ (di)** to inform (of) ♦ *sf* (*movimento di liquido*) current, stream; (*spiffero*) draught; (*ELETTR, METEOR*) current; (*fig*) trend, tendency; **la vostra lettera del 5 ~ mese** (*COMM*) your letter of the 5th of this month; **corrente'mente** *av* commonly; **parlare una lingua correntemente** to speak a language fluently
'correre *vi* to run; (*precipitarsi*) to rush; (*partecipare a una gara*) to race, run; (*fig: diffondersi*) to go round ♦ *vt* (*SPORT: gara*) to compete in; (*rischio*) to run; (*pericolo*) to face; **~ dietro a qn** to run after sb; **corre voce che ...** it is rumoured that ...
cor'retto, a *pp di* **correggere** ♦ *ag* (*comportamento*) correct, proper; **caffè ~ al cognac** coffee laced with brandy
correzi'one [korret'tsjone] *sf* correction; marking; **~ di bozze** proofreading
corri'doio *sm* corridor
corri'dore *sm* (*SPORT*) runner; (*: su veicolo*) racer
corri'era *sf* coach (*BRIT*), bus
corri'ere *sm* (*diplomatico, di guerra*) courier; (*posta*) mail, post; (*COMM*) carrier
corrispet'tivo *sm* (*somma*) amount due
corrispon'dente *ag* corresponding ♦ *sm/f* correspondent

corrispon'denza [korrispon'dɛntsa] *sf* correspondence
corris'pondere *vi* (*equivalere*): ~ (a) to correspond (to); (*per lettera*): ~ **con** to correspond with ♦ *vt* (*stipendio*) to pay; (*fig: amore*) to return; **corris'posto, a** *pp di* **corrispondere**
corrobo'rare *vt* to strengthen, fortify; (*fig*) to corroborate, bear out
cor'rodere *vt* to corrode; **~rsi** *vr* to corrode
cor'rompere *vt* to corrupt; (*comprare*) to bribe
corrosi'one *sf* corrosion
cor'roso, a *pp di* **corrodere**
cor'rotto, a *pp di* **corrompere** ♦ *ag* corrupt
corrucci'arsi [korrut'tʃarsi] *vr* to grow angry *o* vexed
corru'gare *vt* to wrinkle; ~ **la fronte** to knit one's brows
corruzi'one [korrut'tsjone] *sf* corruption; bribery
'corsa *sf* running *no pl*; (*gara*) race; (*di autobus, taxi*) journey, trip; **fare una** ~ to run, dash; (*SPORT*) to run a race
cor'sia *sf* (*AUT, SPORT*) lane; (*di ospedale*) ward
cor'sivo *sm* cursive (writing); (*TIP*) italics *pl*
'corso, a *pp di* **correre** ♦ *sm* course; (*strada cittadina*) main street; (*di unità monetaria*) circulation; (*di titoli, valori*) rate, price; **dar libero** ~ **a** to give free expression to; **in** ~ in progress, under way; (*annata*) current; ~ **d'acqua** river, stream; (*artificiale*) waterway; ~ **serale** evening class
'corte *sf* (court)yard; (*DIR, regale*) court; **fare la** ~ **a qn** to court sb; ~ **marziale** court-martial
cor'teccia, ce [kor'tettʃa] *sf* bark
corteggi'are [korted'dʒare] *vt* to court
cor'teo *sm* procession
cor'tese *ag* courteous; **corte'sia** *sf* courtesy; **per cortesia** ... excuse me, please ...
cortigi'ana [korti'dʒana] *sf* courtesan
cortigi'ano, a [korti'dʒano] *sm/f* courtier
cor'tile *sm* (court)yard
cor'tina *sf* curtain; (*anche fig*) screen
'corto, a *ag* short; **essere a** ~ **di qc** to be short of sth; ~ **circuito** short-circuit
'corvo *sm* raven
'cosa *sf* thing; (*faccenda*) affair, matter, business *no pl*; **(che)** ~? what?; **(che) cos'è?** what is it?; **a** ~ **pensi?** what are you thinking about?
'coscia, sce ['kɔʃʃa] *sf* thigh; ~ **di pollo** (*CUC*) chicken leg
cosci'ente [koʃ'ʃɛnte] *ag* conscious; ~ **di** conscious *o* aware of; **cosci'enza** *sf* conscience; (*consapevolezza*) consciousness; **coscienzi'oso, a** *ag* conscientious
cosci'otto [koʃ'ʃɔtto] *sm* (*CUC*) leg
cos'critto *sm* (*MIL*) conscript

PAROLA CHIAVE

così *av* **1** (*in questo modo*) like this, (in) this way; (*in tal modo*) so; **le cose stanno** ~ this is the way things stand; **non ho detto** ~! I didn't say that!; **come stai? — (e)** ~ how are you? — so-so; **e** ~ **via** and so on; **per** ~ **dire** so to speak
2 (*tanto*) so; ~ **lontano** so far away; **un ragazzo** ~ **intelligente** such an intelligent boy
♦ *ag inv* (*tale*): **non ho mai visto un film** ~ I've never seen such a film
♦ *cong* **1** (*perciò*) so, therefore
2: ~ ... **come** as ... as; **non è** ~ **bravo come te** he's not as good as you; ~ ... **che** so ... that

cosid'detto, a *ag* so-called
cos'metico, a, ci, che *ag, sm* cosmetic
cos'pargere [kos'pardʒere] *vt*: ~ **di**

to sprinkle with; **cos'parso, a** *pp di* cospargere
cos'petto *sm*: **al ~ di** in front of; in the presence of
cos'picuo, a *ag* considerable, large
cospi'rare *vi* to conspire; **cospirazi'one** *sf* conspiracy
'costa *sf* (*tra terra e mare*) coast(line); (*litorale*) shore; (*ANAT*) rib; **la C~ Azzurra** the French Riviera
costà *av* there
cos'tante *ag* constant; (*persona*) steadfast ♦ *sf* constant
cos'tare *vi, vt* to cost; **~ caro** to be expensive, cost a lot
cos'tata *sf* (*CUC*) large chop
cos'tato *sm* (*ANAT*) ribs *pl*
costeggi'are [kosted'dʒare] *vt* to be close to; to run alongside
cos'tei *pron vedi* **costui**
costi'era *sf* stretch of coast
costi'ero, a *ag* coastal, coast *cpd*
costitu'ire *vt* (*comitato, gruppo*) to set up, form; (*collezione*) to put together, build up; (*sog: elementi, parti: comporre*) to make up, constitute; (*rappresentare*) to constitute; (*DIR*) to appoint; **~rsi alla polizia** to give o.s. up to the police
costituzio'nale [kostituttsjo'nale] *ag* constitutional
costituzi'one [kostitut'tsjone] *sf* setting up; building up; constitution
'costo *sm* cost; **a ogni** *o* **qualunque ~, a tutti i ~i** at all costs
'costola *sf* (*ANAT*) rib
costo'letta *sf* (*CUC*) cutlet
cos'toro *pron pl vedi* **costui**
cos'toso, a *ag* expensive, costly
cos'tretto, a *pp di* **costringere**
cos'tringere [kos'trindʒere] *vt*: **~ qn a fare qc** to force sb to do sth; **costrizi'one** *sf* coercion
costru'ire *vt* to construct, build; **costruzi'one** *sf* construction, building
cos'tui (*f* **cos'tei**, *pl* **cos'toro**) *pron* (*soggetto*) he/she; *pl* they; (*complemento*) him/her; *pl* them; **si può sapere chi è ~?** (*peg*) just who is that fellow?
cos'tume *sm* (*uso*) custom; (*foggia di vestire, indumento*) costume; **~i** *smpl* (*condotta morale*) morals, morality *sg*; **il buon ~** public morality; **~ da bagno** bathing *o* swimming costume (*BRIT*), swimsuit; (*da uomo*) bathing *o* swimming trunks *pl*
co'tenna *sf* bacon rind
co'togna [ko'toɲɲa] *sf* quince
coto'letta *sf* (*di maiale, montone*) chop; (*di vitello, agnello*) cutlet
co'tone *sm* cotton; **~ idrofilo** cotton wool (*BRIT*), absorbent cotton (*US*)
'cotta *sf* (*fam: innamoramento*) crush
'cottimo *sm*: **lavorare a ~** to do piecework
'cotto, a *pp di* **cuocere** ♦ *ag* cooked; (*fam: innamorato*) head-over-heels in love
cot'tura *sf* cooking; (*in forno*) baking; (*in umido*) stewing
co'vare *vt* to hatch; (*fig: malattia*) to be sickening for; (*: odio, rancore*) to nurse ♦ *vi* (*fuoco, fig*) to smoulder
'covo *sm* den
co'vone *sm* sheaf
'cozza ['kɔttsa] *sf* mussel
coz'zare [kot'tsare] *vi*: **~ contro** to bang into, collide with
C.P. *abbr* (= *casella postale*) P.O. Box
crack [kræk] *sm inv* (*droga*) crack
'crampo *sm* cramp
'cranio *sm* skull
cra'tere *sm* crater
cra'vatta *sf* tie
cre'anza [kre'antsa] *sf* manners *pl*
cre'are *vt* to create; **cre'ato** *sm* creation; **crea'tore, 'trice** *ag* creative ♦ *sm* creator; **crea'tura** *sf* creature; (*bimbo*) baby, infant; **creazi'one** *sf* creation; (*fondazione*) foundation, establishment
cre'dente *sm/f* (*REL*) believer
cre'denza [kre'dɛntsa] *sf* belief; (*armadio*) sideboard
credenzi'ali [kreden'tsjali] *sfpl* credentials

'credere *vt* to believe ♦ *vi*: ~ **in,** ~ **a** to believe in; ~ **qn onesto** to believe sb (to be) honest; ~ **che** to believe *o* think that; **~rsi furbo** to think one is clever
'credito *sm* (*anche COMM*) credit; (*reputazione*) esteem, repute; **comprare a** ~ to buy on credit
'credo *sm inv* creed
'crema *sf* cream; (*con uova, zucchero etc*) custard; ~ **solare** sun cream
cre'mare *vt* to cremate
Crem'lino *sm*: **il** ~ the Kremlin
'crepa *sf* crack
cre'paccio [kre'pattʃo] *sm* large crack, fissure; (*di ghiacciaio*) crevasse
crepacu'ore *sm* broken heart
cre'pare *vi* (*fam: morire*) to snuff it, kick the bucket; ~ **dalle risa** to split one's sides laughing
crepi'tare *vi* (*fuoco*) to crackle; (*pioggia*) to patter
cre'puscolo *sm* twilight, dusk
'crescere ['krɛʃʃere] *vi* to grow ♦ *vt* (*figli*) to raise; **'crescita** *sf* growth; **cresci'uto, a** *pp di* **crescere**
'cresima *sf* (*REL*) confirmation
'crespo, a *ag* (*capelli*) frizzy; (*tessuto*) puckered ♦ *sm* crêpe
'cresta *sf* crest; (*di polli, uccelli*) crest, comb
'creta *sf* chalk; clay
cre'tino, a *ag* stupid ♦ *sm/f* idiot, fool
cric *sm inv* (*TECN*) jack
'cricca, che *sf* clique
'cricco, chi *sm* = **cric**
crimi'nale *ag, sm/f* criminal
'crimine *sm* (*DIR*) crime
'crine *sm* horsehair; **crini'era** *sf* mane
crisan'temo *sm* chrysanthemum
'crisi *sf inv* crisis; (*MED*) attack, fit; ~ **di nervi** attack *o* fit of nerves
cristalliz'zare [kristalid'dzare] *vi* to crystallize; (*fig*) to become fossilized; **~rsi** *vr* to crystallize; to become fossilized
cris'tallo *sm* crystal
cristia'nesimo *sm* Christianity
cristi'ano, a *ag, sm/f* Christian
'Cristo *sm* Christ
cri'terio *sm* criterion; (*buon senso*) (common) sense
'critica, che *sf* criticism; **la** ~ (*attività*) criticism; (*persone*) the critics *pl*; *vedi anche* **critico**
criti'care *vt* to criticize
'critico, a, ci, che *ag* critical ♦ *sm* critic
Croa'zia [kroa'ttsja] *sf* Croatia
cri'vello *sm* riddle
'croce ['krotʃe] *sf* cross; **in** ~ (*di traverso*) crosswise; (*fig*) on tenterhooks; **la C~ Rossa** the Red Cross
croce'figgere *etc* [krotʃe'fiddʒere] = **crocifiggere** *etc*
croce'via [krotʃe'via] *sm inv* crossroads *sg*
croci'ata [kro'tʃata] *sf* crusade
cro'cicchio [kro'tʃikkjo] *sm* crossroads *sg*
croci'era [kro'tʃɛra] *sf* (*viaggio*) cruise; (*ARCHIT*) transept
croci'figgere [krotʃi'fiddʒere] *vt* to crucify; **crocifissi'one** *sf* crucifixion; **croci'fisso, a** *pp di* **crocifiggere**
crogi'olo [kro'dʒɔlo] *sm* (*fig*) melting pot
crol'lare *vi* to collapse; **'crollo** *sm* collapse; (*di prezzi*) slump, sudden fall
cro'mato, a *ag* chromium-plated
'cromo *sm* chrome, chromium
cromo'soma, i *sm* chromosome
'cronaca, che *sf* chronicle; (*STAMPA*) news *sg*; (*: rubrica*) column; (*TV, RADIO*) commentary; **fatto** *o* **episodio di** ~ news item; ~ **nera** crime news *sg*; crime column
'cronico, a, ci, che *ag* chronic
cro'nista, i *sm* (*STAMPA*) reporter
cronolo'gia [kronolo'dʒia] *sf* chronology
cro'nometro *sm* chronometer; (*a scatto*) stopwatch
'crosta *sf* crust

cros'tacei [kros'tatʃei] *smpl* shellfish
cros'tata *sf* (*CUC*) tart
cros'tino *sm* (*CUC*) croûton; (*: da antipasto*) canapé
'cruccio ['kruttʃo] *sm* worry, torment
cruci'verba *sm inv* crossword (puzzle)
cru'dele *ag* cruel; **crudeltà** *sf* cruelty
'crudo, a *ag* (*non cotto*) raw; (*aspro*) harsh, severe
cru'miro (*peg*) *sm* blackleg (*BRIT*), scab
'crusca *sf* bran
crus'cotto *sm* (*AUT*) dashboard
CSI *sigle f inv* (*Comunità Stati Indipendenti*) CIS
'Cuba *sf* Cuba
'cubico, a, ci, che *ag* cubic
'cubo, a *ag* cubic ♦ *sm* cube; **elevare al ~** (*MAT*) to cube
cuc'cagna [kuk'kaɲɲa] *sf*: **paese della ~** land of plenty; **albero della ~** greasy pole (*fig*)
cuc'cetta [kut'tʃetta] *sf* (*FERR*) couchette; (*NAUT*) berth
cucchiai'ata [kukja'jata] *sf* spoonful
cucchia'ino [kukkja'ino] *sm* teaspoon; coffee spoon
cucchi'aio [kuk'kjajo] *sm* spoon
'cuccia, ce ['kuttʃa] *sf* dog's bed; **a ~!** down!
'cucciolo ['kuttʃolo] *sm* cub; (*di cane*) puppy
cu'cina [ku'tʃina] *sf* (*locale*) kitchen; (*arte culinaria*) cooking, cookery; (*le vivande*) food, cooking; (*apparecchio*) cooker; **~ componibile** fitted kitchen; **cuci'nare** *vt* to cook
cu'cire [ku'tʃire] *vt* to sew, stitch; **cuci'trice** *sf* stapler; **cuci'tura** *sf* sewing, stitching; (*costura*) seam
cucù *sm inv* = **cuculo**
cu'culo *sm* cuckoo
'cuffia *sf* bonnet, cap; (*da infermiera*) cap; (*da bagno*) (bathing) cap; (*per ascoltare*) headphones *pl*, headset
cu'gino, a [ku'dʒino] *sm/f* cousin

PAROLA CHIAVE

'cui *pron* **1** (*nei complementi indiretti: persona*) whom; (*: oggetto, animale*) which; **la persona/le persone a ~ accennavi** the person/people you were referring to *o* to whom you were referring; **i libri di ~ parlavo** the books I was talking about *o* about which I was talking; **il quartiere in ~ abito** the district where I live; **la ragione per ~** the reason why
2 (*inserito tra articolo e sostantivo*) whose; **la donna i ~ figli sono scomparsi** the woman whose children have disappeared; **il signore, dal ~ figlio ho avuto il libro** the man from whose son I got the book

culi'naria *sf* cookery
'culla *sf* cradle
cul'lare *vt* to rock
culmi'nare *vi*: **~ con** to culminate in
'culmine *sm* top, summit
'culo (*fam!*) *sm* arse (*Brit!*), ass (*US!*); (*fig: fortuna*): **aver ~** to have the luck of the devil
'culto *sm* (*religione*) religion; (*adorazione*) worship, adoration; (*venerazione: anche fig*) cult
cul'tura *sf* culture; education, learning; **cultu'rale** *ag* cultural
cumula'tivo, a *ag* cumulative; (*prezzo*) inclusive; (*biglietto*) group *cpd*
'cumulo *sm* (*mucchio*) pile, heap; (*METEOR*) cumulus
'cuneo *sm* wedge
cu'oca *sf vedi* **cuoco**
cu'ocere ['kwɔtʃere] *vt* (*alimenti*) to cook; (*mattoni etc*) to fire ♦ *vi* to cook; **~ al forno** (*pane*) to bake; (*arrosto*) to roast; **cu'oco, a, chi, che** *sm/f* cook; (*di ristorante*) chef
cu'oio *sm* leather; **~ capelluto** scalp
cu'ore *sm* heart; **~i** *smpl* (*CARTE*) hearts; **avere buon ~** to be kind-hearted; **stare a ~ a qn** to be im-

portant to sb
cupi'digia [kupi'didʒa] *sf* greed, covetousness
'cupo, a *ag* dark; (*suono*) dull; (*fig*) gloomy, dismal
'cupola *sf* dome; cupola
'cura *sf* care; (*MED*: *trattamento*) (course of) treatment; **aver ~ di** (*occuparsi di*) to look after; **a ~ di** (*libro*) edited by; **~ dimagrante** diet
cu'rare *vt* (*malato, malattia*) to treat; (*: guarire*) to cure; (*aver cura di*) to take care of; (*testo*) to edit; **~rsi** *vr* to take care of o.s.; (*MED*) to follow a course of treatment; **~rsi di** to pay attention to
cu'rato *sm* parish priest; (*protestante*) vicar, minister
cura'tore, 'trice *sm/f* (*DIR*) trustee; (*di antologia etc*) editor
curio'sare *vi* to look round, wander round; (*tra libri*) to browse; **~ nei negozi** to look *o* wander round the shops
curiosità *sf inv* curiosity; (*cosa rara*) curio, curiosity
curi'oso, a *ag* curious; **essere ~ di** to be curious about
cur'sore *sm* (*INFORM*) cursor
'curva *sf* curve; (*stradale*) bend, curve
cur'vare *vt* to bend ♦ *vi* (*veicolo*) to take a bend; (*strada*) to bend, curve; **~rsi** *vr* to bend; (*legno*) to warp
'curvo, a *ag* curved; (*piegato*) bent
cusci'netto [kuʃʃi'netto] *sm* pad; (*TECN*) bearing ♦ *ag inv*: **stato ~** buffer state; **~ a sfere** ball bearing
cu'scino [kuʃ'ʃino] *sm* cushion; (*guanciale*) pillow
'cuspide *sf* (*ARCHIT*) spire
cus'tode *sm/f* keeper, custodian
cus'todia *sf* care; (*DIR*) custody; (*astuccio*) case, holder
custo'dire *vt* (*conservare*) to keep; (*assistere*) to look after, take care of; (*fare la guardia*) to guard
'cute *sf* (*ANAT*) skin
C.V. *abbr* (= *cavallo vapore*) h.p.

D

PAROLA CHIAVE

da (*da+il* = **dal**, *da+lo* = **dallo**, *da+l'* = **dall'**, *da+la* = **dalla**, *da+i* = **dai**, *da+gli* = **dagli**, *da+le* = **dalle**) *prep* **1** (*agente*) by; **dipinto ~ un grande artista** painted by a great artist
2 (*causa*) with; **tremare dalla paura** to tremble with fear
3 (*stato in luogo*) at; **abito ~ lui** I'm living at his house *o* with him; **sono dal giornalaio/~ Francesco** I'm at the newsagent's/Francesco's (house)
4 (*moto a luogo*) to; (*moto per luogo*) through; **vado ~ Pietro/dal giornalaio** I'm going to Pietro's (house)/to the newsagent's; **sono passati dalla finestra** they came in through the window
5 (*provenienza, allontanamento*) from; **arrivare/partire ~ Milano** to arrive/depart from Milan; **scendere dal treno/dalla macchina** to get off the train/out of the car; **si trova a 5 km ~ qui** it's 5 km from here
6 (*tempo*: *durata*) for; (*: a partire da: nel passato*) since; (*: nel futuro*) from; **vivo qui ~ un anno** I've been living here for a year; **è dalle 3 che ti aspetto** I've been waiting for you since 3 (o'clock); **~ oggi in poi** from today onwards; **~ bambino** as a child, when I (*o* he *etc*) was a child
7 (*modo, maniera*) like; **comportarsi ~ uomo** to behave like a man; **l'ho fatto ~ me** I did it (by) myself
8 (*descrittivo*): **una macchina ~ corsa** a racing car; **una ragazza dai capelli biondi** a girl with blonde hair; **un vestito ~ 100.000 lire** a 100,000 lire dress

dab'bene *ag inv* honest, decent
da 'capo *av* = **daccapo**

dac'capo *av* (*di nuovo*) (once) again; (*dal principio*) all over again, from the beginning
dacché [dak'ke] *cong* since
'dado *sm* (*da gioco*) dice *o* die; (*CUC*) stock (*BRIT*) *o* bouillon (*US*) cube; (*TECN*) (screw)nut; **giocare a ~i** to play dice
da 'fare *sm* = **daffare**
daf'fare *sm* work, toil
'dagli ['daʎʎi] *prep + det vedi* **da**
'dai *prep + det vedi* **da**
'daino *sm* (fallow) deer *inv*; (*pelle*) buckskin
dal *prep + det vedi* **da**
dall' *prep + det vedi* **da**
'dalla *prep + det vedi* **da**
'dalle *prep + det vedi* **da**
'dallo *prep + det vedi* **da**
dal'tonico, a, ci, che *ag* colour-blind
'dama *sf* lady; (*nei balli*) partner; (*gioco*) draughts *sg* (*BRIT*), checkers *sg* (*US*)
damigi'ana [dami'dʒana] *sf* demijohn
da'naro *sm* = **denaro**
da'nese *ag* Danish ♦ *sm/f* Dane ♦ *sm* (*LING*) Danish
Dani'marca *sf*: **la ~** Denmark
dan'nare *vt* (*REL*) to damn; **~rsi** *vr* (*fig: tormentarsi*) to be worried to death; **far ~ qn** to drive sb mad; **dannazi'one** *sf* damnation
danneggi'are [danned'dʒare] *vt* to damage; (*rovinare*) to spoil; (*nuocere*) to harm
'danno *sm* damage; (*a persona*) harm, injury; **~i** *smpl* (*DIR*) damages; **dan'noso, a** *ag*: **dannoso (a, per)** harmful (to), bad (for)
Da'nubio *sm*: **il ~** the Danube
'danza ['dantsa] *sf*: **la ~** dancing; **una ~** a dance
dan'zare [dan'tsare] *vt, vi* to dance
dapper'tutto *av* everywhere
dap'poco *ag inv* inept, worthless
dap'prima *av* at first
'dardo *sm* dart
'dare *sm* (*COMM*) debit ♦ *vt* to give; (*produrre: frutti, suono*) to produce ♦ *vi* (*guardare*): **~ su** to look (out) onto; **~rsi** *vr*: **~rsi a** to dedicate o.s. to; **~rsi al commercio** to go into business; **~rsi al bere** to take to drink; **~ da mangiare a qn** to give sb sth to eat; **~ per certo qc** to consider sth certain; **~ per morto qn** to give sb up for dead; **~rsi per vinto** to give in
'darsena *sf* dock; dockyard
'data *sf* date; **~ di nascita** date of birth
da'tare *vt* to date ♦ *vi*: **~ da** to date from
'dato, a *ag* (*stabilito*) given ♦ *sm* datum; **~i** *smpl* data *pl*; **~ che** given that; **un ~ di fatto** a fact
'dattero *sm* date
dattilogra'fare *vt* to type; **dattilogra'fia** *sf* typing; **datti'lografo, a** *sm/f* typist
da'vanti *av* in front; (*dirimpetto*) opposite ♦ *ag inv* front ♦ *sm* front; **~ a** in front of; facing, opposite; (*in presenza di*) before, in front of
davan'zale [davan'tsale] *sm* windowsill
d'a'vanzo [da'vantso] *av* = **davanzo**
da'vanzo [da'vantso] *av* more than enough
dav'vero *av* really, indeed
'dazio ['dattsjo] *sm* (*somma*) duty; (*luogo*) customs *pl*
DC *sigla f* = **Democrazia Cristiana**
d. C. *ad abbr* (= *dopo Cristo*) A.D.
'dea *sf* goddess
'debito, a *ag* due, proper ♦ *sm* debt; (*COMM: dare*) debit; **a tempo ~** at the right time; **debi'tore, 'trice** *sm/f* debtor
'debole *ag* weak, feeble; (*suono*) faint; (*luce*) dim ♦ *sm* weakness; **debo'lezza** *sf* weakness
debut'tare *vi* to make one's début; **de'butto** *sm* début
deca'denza [deka'dɛntsa] *sf* decline; (*DIR*) loss, forfeiture
decaffei'nato, a *ag* decaffeinated
decan'tare *vt* to praise, sing the

praises of
decapi'tare *vt* to decapitate
decappot'tabile *ag*, *sf* convertible
dece'duto, a [detʃe'duto] *ag* deceased
de'cennio [de'tʃɛnnjo] *sm* decade
de'cente [de'tʃɛnte] *ag* decent, respectable, proper; (*accettabile*) satisfactory, decent
de'cesso [de'tʃɛsso] *sm* death; **atto di** ~ death certificate
de'cidere [de'tʃidere] *vt*: ~ **qc** to decide on sth; (*questione, lite*) to settle sth; ~ **di fare/che** to decide to do/that; ~ **di qc** (*sog: cosa*) to determine sth; ~**rsi (a fare)** to decide (to do), make up one's mind (to do)
deci'frare [detʃi'frare] *vt* to decode; (*fig*) to decipher, make out
deci'male [detʃi'male] *ag* decimal
'decimo, a ['dɛtʃimo] *num* tenth
de'cina [de'tʃina] *sf* ten; (*circa dieci*): **una** ~ **(di)** about ten
decisi'one [detʃi'zjone] *sf* decision; **prendere una** ~ to make a decision
de'ciso, a [de'tʃizo] *pp di* **decidere**
declas'sare *vt* to downgrade; to lower in status
decli'nare *vi* (*pendio*) to slope down; (*fig: diminuire*) to decline; (*tramontare*) to set, go down ♦ *vt* to decline; **declinazi'one** *sf* (*LING*) declension; **de'clino** *sm* decline
decodifica'tore *sm* (*TEL*) decoder
decol'lare *vi* (*AER*) to take off; **de'collo** *sm* take-off
decolo'rare *vt* to bleach
decom'porre *vt* to decompose; **decomporsi** *vr* to decompose; **decom'posto, a** *pp di* **decomporre**
deconge'lare [dekondʒe'lare] *vt* to defrost
deco'rare *vt* to decorate; **decora'tore, 'trice** *sm/f* (interior) decorator; **decorazi'one** *sf* decoration
de'coro *sm* decorum; **deco'roso, a** *ag* decorous, dignified
de'correre *vi* to pass, elapse; (*avere effetto*) to run, have effect; **de'corso, a** *pp di* **decorrere** ♦ *sm* (*evoluzione: anche MED*) course
de'crepito, a *ag* decrepit
de'crescere [de'kreʃʃere] *vi* (*diminuire*) to decrease, diminish; (*acque*) to subside, go down; (*prezzi*) to go down; **decresci'uto, a** *pp di* **decrescere**
de'creto *sm* decree; ~ **legge** *decree with the force of law*
'dedalo *sm* maze, labyrinth
'dedica, che *sf* dedication
dedi'care *vt* to dedicate
'dedito, a *ag*: ~ **a** (*studio etc*) dedicated *o* devoted to; (*vizio*) addicted to
de'dotto, a *pp di* **dedurre**
de'durre *vt* (*concludere*) to deduce; (*defalcare*) to deduct; **deduzi'one** *sf* deduction
defal'care *vt* to deduct
defe'rente *ag* respectful, deferential
defe'rire *vt*: ~ **a** (*DIR*) to refer to
defezi'one [defet'tsjone] *sf* defection, desertion
defici'ente [defi'tʃɛnte] *ag* (*mancante*): ~ **di** deficient in; (*insufficiente*) insufficient ♦ *sm/f* mental defective; (*peg: cretino*) idiot
'deficit ['dɛfitʃit] *sm inv* (*ECON*) deficit
defi'nire *vt* to define; (*risolvere*) to settle; **defini'tivo, a** *ag* definitive, final; **definizi'one** *sf* definition; settlement
deflet'tore *sm* (*AUT*) quarter-light
de'flusso *sm* (*della marea*) ebb
defor'mare *vt* (*alterare*) to put out of shape; (*corpo*) to deform; (*pensiero, fatto*) to distort; ~**rsi** *vr* to lose its shape
de'forme *ag* deformed; disfigured; **deformità** *sf inv* deformity
defrau'dare *vt*: ~ **qn di qc** to defraud sb of sth, cheat sb out of sth
de'funto, a *ag* late *cpd* ♦ *sm/f* deceased
degene'rare [dedʒene'rare] *vi* to degenerate; **de'genere** *ag* degenerate
de'gente [de'dʒɛnte] *sm/f* bedridden person; (*ricoverato in ospedale*) in-

patient
'degli ['deʎʎi] *prep + det vedi* **di**
de'gnarsi [deɲ'ɲarsi] *vr*: ~ **di fare** to deign *o* condescend to do
'degno, a *ag* dignified; ~ **di** worthy of; ~ **di lode** praiseworthy
degra'dare *vt* (*MIL*) to demote; (*privare della dignità*) to degrade; ~**rsi** *vr* to demean o.s.
degustazi'one [degustat'tsjone] *sf* sampling, tasting
'dei *prep + det vedi* **di**
del *prep + det vedi* **di**
dela'tore, 'trice *sm/f* police informer
'delega, ghe *sf* (*procura*) proxy
dele'gare *vt* to delegate; **dele'gato** *sm* delegate
dele'terio, a *ag* damaging; (*per salute etc*) harmful
del'fino *sm* (*ZOOL*) dolphin; (*STORIA*) dauphin; (*fig*) probable successor
delibe'rare *vt* to come to a decision on ♦ *vi* (*DIR*): ~ **(su qc)** to rule (on sth)
delica'tezza [delika'tettsa] *sf* (*anche CUC*) delicacy; frailty; thoughtfulness; tactfulness
deli'cato, a *ag* delicate; (*salute*) delicate, frail; (*fig: gentile*) thoughtful, considerate; (*: che dimostra tatto*) tactful
deline'are *vt* to outline; ~**rsi** *vr* to be outlined; (*fig*) to emerge
delin'quente *sm/f* criminal, delinquent; **delin'quenza** *sf* criminality, delinquency; **delinquenza minorile** juvenile delinquency
deli'rare *vi* to be delirious, rave; (*fig*) to rave
de'lirio *sm* delirium; (*ragionamento insensato*) raving; (*fig*): **andare/mandare in** ~ to go/send into a frenzy
de'litto *sm* crime
de'lizia [de'littsja] *sf* delight; **delizi'oso, a** *ag* delightful; (*cibi*) delicious
dell' *prep + det vedi* **di**
'della *prep + det vedi* **di**
'delle *prep + det vedi* **di**
'dello *prep + det vedi* **di**
delta'plano *sm* hang-glider; **volo col** ~ hang-gliding
de'ludere *vt* to disappoint; **delusi'one** *sf* disappointment; **de'luso, a** *pp di* **deludere**
de'manio *sm* state property
de'menza [de'mɛntsa] *sf* dementia; (*stupidità*) foolishness
demo'cratico, a, ci, che *ag* democratic
democra'zia [demokrat'tsia] *sf* democracy
democristi'ano, a *ag*, *sm/f* Christian Democrat
demo'lire *vt* to demolish
'demone *sm* demon
de'monio *sm* demon, devil; **il D~** the Devil
de'naro *sm* money
denomi'nare *vt* to name; ~**rsi** *vr* to be named *o* called; **denominazi'one** *sf* name; denomination; **denominazione d'origine controllata** *label guaranteeing the quality and origin of a wine*
densità *sf inv* density
'denso, a *ag* thick, dense
den'tale *ag* dental
'dente *sm* tooth; (*di forchetta*) prong; (*GEO: cima*) jagged peak; **al** ~ (*CUC: pasta*) *cooked so as to be firm when eaten*; ~**i del giudizio** wisdom teeth; **denti'era** *sf* (set of) false teeth *pl*
denti'fricio [denti'fritʃo] *sm* toothpaste
den'tista, i, e *sm/f* dentist
'dentro *av* inside; (*in casa*) indoors; (*fig: nell'intimo*) inwardly ♦ *prep*: ~ **(a)** in; **piegato in** ~ folded over; **qui/là** ~ in here/there; ~ **di sé** (*pensare, brontolare*) to oneself
de'nuncia, ce *o* **cie** [de'nuntʃa] *sf* denunciation; declaration; ~ **dei redditi** (income) tax return
denunci'are [denun'tʃare] *vt* to denounce; (*dichiarare*) to declare

de'nunzia *etc* [de'nuntsja] = **denuncia** *etc*
denutrizi'one [denutrit'tsjone] *sf* malnutrition
deodo'rante *sm* deodorant
depe'rire *vi* to waste away
depila'torio, a *ag* hair-removing *cpd*, depilatory
dépli'ant [depli'ɑ̃] *sm inv* leaflet; (*opuscolo*) brochure
deplo'revole *ag* deplorable
de'porre *vt* (*depositare*) to put down; (*rimuovere: da una carica*) to remove; (*: re*) to depose; (*DIR*) to testify
depor'tare *vt* to deport
deposi'tare *vt* (*gen, GEO, ECON*) to deposit; (*lasciare*) to leave; (*merci*) to store
de'posito *sm* deposit; (*luogo*) warehouse; depot; (*: MIL*) depot; ~ **bagagli** left-luggage office
deposizi'one [depozit'tsjone] *sf* deposition; (*da una carica*) removal
de'posto, a *pp di* **deporre**
depra'vato, a *ag* depraved ♦ *sm/f* degenerate
depre'dare *vt* to rob, plunder
depressi'one *sf* depression
de'presso, a *pp di* **deprimere** ♦ *ag* depressed
deprez'zare [depret'tsare] *vt* (*ECON*) to depreciate
de'primere *vt* to depress
depu'rare *vt* to purify
depu'tato, a *o* **'essa** *sm/f* (*POL*) deputy, ≈ Member of Parliament (*BRIT*), ≈ Member of Congress (*US*); **deputazi'one** *sf* deputation; (*POL*) position of deputy, ≈ parliamentary seat (*BRIT*), ≈ seat in Congress (*US*)
deragli'are [deraʎ'ʎare] *vi* to be derailed; **far** ~ to derail
dere'litto, a *ag* derelict
dere'tano (*fam*) *sm* bottom, buttocks *pl*
de'ridere *vt* to mock, deride; **de'riso, a** *pp di* **deridere**
de'riva *sf* (*NAUT, AER*) drift; **andare alla** ~ (*anche fig*) to drift
deri'vare *vi*: ~ **da** to derive from ♦ *vt* to derive; (*corso d'acqua*) to divert; **derivazi'one** *sf* derivation; diversion
derma'tologo, a, gi, ghe *sm/f* dermatologist
der'rate *sfpl* commodities; ~ **alimentari** foodstuffs
deru'bare *vt* to rob
des'critto, a *pp di* **descrivere**
des'crivere *vt* to describe; **descrizi'one** *sf* description
de'serto, a *ag* deserted ♦ *sm* (*GEO*) desert; **isola ~a** desert island
deside'rare *vt* to want, wish for; (*sessualmente*) to desire; ~ **fare/che qn faccia** to want *o* wish to do/sb to do; **desidera fare una passeggiata?** would you like to go for a walk?
desi'derio *sm* wish; (*più intenso, carnale*) desire
deside'roso, a *ag*: ~ **di** longing *o* eager for
desi'nenza [dezi'nɛntsa] *sf* (*LING*) ending, inflexion
de'sistere *vi*: ~ **da** to give up, desist from; **desis'tito, a** *pp di* **desistere**
deso'lato, a *ag* (*paesaggio*) desolate; (*persona: spiacente*) sorry
des'tare *vt* to wake (up); (*fig*) to awaken, arouse; **~rsi** *vr* to wake (up)
desti'nare *vt* to destine; (*assegnare*) to appoint, assign; (*indirizzare*) to address; ~ **qc a qn** to intend to give sth to sb, intend sb to have sth; **destina'tario, a** *sm/f* (*di lettera*) addressee
destinazi'one [destinat'tsjone] *sf* destination; (*uso*) purpose
des'tino *sm* destiny, fate
destitu'ire *vt* to dismiss, remove
'desto, a *ag* (wide) awake
'destra *sf* (*mano*) right hand; (*parte*) right (side); (*POL*): **la** ~ the Right; **a** ~ (*essere*) on the right; (*andare*) to the right

destreggi'arsi [destred'dʒarsi] *vr* to manoeuvre (*BRIT*), maneuver (*US*)
des'trezza [des'trettsa] *sf* skill, dexterity
'destro, a *ag* right, right-hand; (*abile*) skilful, adroit
dete'nere *vt* (*incarico, primato*) to hold; (*proprietà*) to have, possess; (*in prigione*) to detain, hold; **dete'nuto, a** *sm/f* prisoner; **detenzi'one** *sf* holding; possession; detention
deter'gente [deter'dʒɛnte] *ag* detergent; (*crema, latte*) cleansing ♦ *sm* detergent
deterio'rare *vt* to damage; **~rsi** *vr* to deteriorate
determi'nare *vt* to determine; **determinazi'one** *sf* determination; (*decisione*) decision
deter'sivo *sm* detergent
detes'tare *vt* to detest, hate
de'trarre *vt*: **~ (da)** to deduct (from), take away (from); **de'tratto, a** *pp di* **detrarre**; **detrazi'one** *sf* deduction; **detrazione d'imposta** tax allowance
de'trito *sm* (*GEO*) detritus
'detta *sf*: **a ~ di** according to
dettagli'are [dettaʎ'ʎare] *vt* to detail, give full details of
det'taglio [det'taʎʎo] *sm* detail; (*COMM*): **il ~** retail; **al ~** (*COMM*) retail; separately
det'tare *vt* to dictate; **~ legge** (*fig*) to lay down the law; **det'tato** *sm* dictation; **detta'tura** *sf* dictation
'detto, a *pp di* **dire** ♦ *ag* (*soprannominato*) called, known as; (*già nominato*) above-mentioned ♦ *sm* saying; **~ fatto** no sooner said than done
detur'pare *vt* to disfigure; (*moralmente*) to sully
devas'tare *vt* to devastate; (*fig*) to ravage
devi'are *vi*: **~ (da)** to turn off (from) ♦ *vt* to divert; **deviazi'one** *sf* (*anche AUT*) diversion
devo'luto, a *pp di* **devolvere**
devoluzi'one [devolut'tsjone] *sf* (*DIR*) devolution, transfer
de'volvere *vt* (*DIR*) to transfer, devolve
de'voto, a *ag* (*REL*) devout, pious; (*affezionato*) devoted
devozi'one [devot'tsjone] *sf* devoutness; (*anche REL*) devotion

PAROLA CHIAVE

di (*di+il* = **del**, *di+lo* = **dello**, *di+l'* = **dell'**, *di+la* = **della**, *di+i* = **dei**, *di+gli* = **degli**, *di+le* = **delle**) *prep* **1** (*possesso, specificazione*) of; (*composto da, scritto da*) by; **la macchina ~ Paolo/mio fratello** Paolo's/my brother's car; **un amico ~ mio fratello** a friend of my brother's, one of my brother's friends; **un quadro ~ Botticelli** a painting by Botticelli
2 (*caratterizzazione, misura*) of; **una casa ~ mattoni** a brick house, a house made of bricks; **un orologio d'oro** a gold watch; **un bimbo ~ 3 anni** a child of 3, a 3-year-old child
3 (*causa, mezzo, modo*) with; **tremare ~ paura** to tremble with fear; **morire ~ cancro** to die of cancer; **spalmare ~ burro** to spread with butter
4 (*argomento*) about, of; **discutere ~ sport** to talk about sport
5 (*luogo: provenienza*) from; out of; **essere ~ Roma** to be from Rome; **uscire ~ casa** to come out of *o* leave the house
6 (*tempo*) in; **d'estate/d'inverno** in (the) summer/winter; **~ notte** by night, at night; **~ mattina/sera** in the morning/evening; **~ lunedì** on Mondays
◆ *det* (*una certa quantità di*) some; (*: negativo*) any; (*: interrogativo*) any, some; **del pane** (some) bread; **delle caramelle** (some) sweets; **degli amici miei** some friends of mine; **vuoi del vino?** do you want some *o* any wine?

dia'bete *sm* diabetes *sg*
di'acono *sm* (*REL*) deacon

dia'dema, i *sm* diadem; (*di donna*) tiara
dia'framma, i *sm* (*divisione*) screen; (*ANAT, FOT, contraccettivo*) diaphragm
di'agnosi [di'aɲɲozi] *sf* diagnosis *sg*
diago'nale *ag, sf* diagonal
dia'gramma, i *sm* diagram
dia'letto *sm* dialect
di'alogo, ghi *sm* dialogue
dia'mante *sm* diamond
di'ametro *sm* diameter
di'amine *escl*: **che ~ ...?** what on earth ...?
diaposi'tiva *sf* transparency, slide
di'ario *sm* diary; **~ degli esami** (*SCOL*) exam timetable
diar'rea *sf* diarrhoea
di'avolo *sm* devil
di'battere *vt* to debate, discuss; **~rsi** *vr* to struggle; **di'battito** *sm* debate, discussion
dicas'tero *sm* ministry
di'cembre [di'tʃɛmbre] *sm* December
dice'ria [ditʃe'ria] *sf* rumour, piece of gossip
dichia'rare [dikja'rare] *vt* to declare; **dichiarazi'one** *sf* declaration
dician'nove [ditʃan'nɔve] *num* nineteen
dicias'sette [ditʃas'sɛtte] *num* seventeen
dici'otto [di'tʃɔtto] *num* eighteen
dici'tura [ditʃi'tura] *sf* words *pl*, wording
di'eci ['djɛtʃi] *num* ten; **die'cina** *sf* = **decina**
'diesel ['dizəl] *sm inv* diesel engine
di'eta *sf* diet; **essere a ~** to be on a diet
di'etro *av* behind; (*in fondo*) at the back ♦ *prep* behind; (*tempo: dopo*) after ♦ *sm* back, rear ♦ *ag inv* back *cpd*; **le zampe di ~** the hind legs; **~ richiesta** on demand; (*scritta*) on application
di'fatti *cong* in fact, as a matter of fact
di'fendere *vt* to defend; **difen'sivo, a** *ag* defensive ♦ *sf*: **stare sulla difensiva** (*anche fig*) to be on the defensive; **difen'sore, a** *sm/f* defender; **avvocato difensore** counsel for the defence; **di'fesa** *sf* defence; **di'feso, a** *pp di* **difendere**
difet'tare *vi* to be defective; **~ di** to be lacking in, lack; **difet'tivo, a** *ag* defective
di'fetto *sm* (*mancanza*): **~ di** lack of; shortage of; (*di fabbricazione*) fault, flaw, defect; (*morale*) fault, failing, defect; (*fisico*) defect; **far ~** to be lacking; **in ~** at fault; in the wrong; **difet'toso, a** *ag* defective, faulty
diffa'mare *vt* to slander; to libel
diffe'rente *ag* different
diffe'renza [diffe'rɛntsa] *sf* difference; **a ~ di** unlike
differenzi'are [differen'tsjare] *vt* to differentiate; **~rsi da** to differentiate o.s. from; to differ from
diffe'rire *vt* to postpone, defer ♦ *vi* to be different
dif'ficile [dif'fitʃile] *ag* difficult; (*persona*) hard to please, difficult (to please); (*poco probabile*): **è ~ che sia libero** it is unlikely that he'll be free ♦ *sm* difficult part; difficulty; **difficoltà** *sf inv* difficulty
dif'fida *sf* (*DIR*) warning, notice
diffi'dare *vi*: **~ di** to be suspicious *o* distrustful of ♦ *vt* (*DIR*) to warn; **~ qn dal fare qc** to warn sb not to do sth, caution sb against doing sth; **diffi'dente** *ag* suspicious, distrustful; **diffi'denza** *sf* suspicion, distrust
dif'fondere *vt* (*luce, calore*) to diffuse; (*notizie*) to spread, circulate; **~rsi** *vr* to spread; **diffusi'one** *sf* diffusion; spread; (*anche di giornale*) circulation; (*FISICA*) scattering; **dif'fuso, a** *pp di* **diffondere** ♦ *ag* (*malattia, fenomeno*) widespread
difi'lato *av* (*direttamente*) straight, directly; (*subito*) straight away
difte'rite *sf* (*MED*) diphtheria
'diga, ghe *sf* dam; (*portuale*) breakwater

dige'rente [didʒe'rɛnte] *ag* (*apparato*) digestive
dige'rire [didʒe'rire] *vt* to digest; **digesti'one** *sf* digestion; **diges'tivo, a** *ag* digestive ♦ *sm* (after-dinner) liqueur
digi'tale [didʒi'tale] *ag* digital; (*delle dita*) finger *cpd*, digital ♦ *sf* (*BOT*) foxglove
digi'tare [didʒi'tare] *vt, vi* (*INFORM*) to key (in)
digiu'nare [didʒu'nare] *vi* to starve o.s.; (*REL*) to fast; **digi'uno, a** *ag*: essere **digiuno** not to have eaten ♦ *sm* fast; **a digiuno** on an empty stomach
dignità [diɲɲi'ta] *sf inv* dignity; **digni'toso, a** *ag* dignified
'DIGOS ['digɔs] *sigla f* (= *Divisione Investigazioni Generali e Operazioni Speciali*) *police department dealing with political security*
digri'gnare [digriɲ'ɲare] *vt*: ~ **i** denti to grind one's teeth
dila'gare *vi* to flood; (*fig*) to spread
dilani'are *vt* (*preda*) to tear to pieces
dilapi'dare *vt* to squander, waste
dila'tare *vt* to dilate; (*gas*) to cause to expand; (*passaggio, cavità*) to open (up); **~rsi** *vr* to dilate; (*FISICA*) to expand
dilazio'nare [dilattsjo'nare] *vt* to delay, defer; **dilazi'one** *sf* delay; (*COMM: di pagamento etc*) extension; (*rinvio*) postponement
dileggi'are [diled'dʒare] *vt* to mock, deride
dilegu'are *vi* to vanish, disappear; **~rsi** *vr* to vanish, disappear
di'lemma, i *sm* dilemma
dilet'tante *sm/f* dilettante; (*anche SPORT*) amateur
dilet'tare *vt* to give pleasure to, delight; **~rsi** *vr*: **~rsi di** to take pleasure in, enjoy
di'letto, a *ag* dear, beloved ♦ *sm* pleasure, delight
dili'gente [dili'dʒɛnte] *ag* (*scrupoloso*) diligent; (*accurato*) careful, accurate; **dili'genza** *sf* diligence; care; (*carrozza*) stagecoach
dilu'ire *vt* to dilute
dilun'garsi *vr* (*fig*): ~ **su** to talk at length on *o* about
diluvi'are *vb impers* to pour (down)
di'luvio *sm* downpour; (*inondazione, fig*) flood
dima'grire *vi* to get thinner, lose weight
dime'nare *vt* to wave, shake; **~rsi** *vr* to toss and turn; (*fig*) to struggle; ~ **la coda** (*sog: cane*) to wag its tail
dimensi'one *sf* dimension; (*grandezza*) size
dimenti'canza [dimenti'kantsa] *sf* forgetfulness; (*errore*) oversight, slip; **per** ~ inadvertently
dimenti'care *vt* to forget; **~rsi di** qc to forget sth
di'messo, a *pp di* **dimettere** ♦ *ag* (*voce*) subdued; (*uomo, abito*) modest, humble
dimesti'chezza [dimesti'kettsa] *sf* familiarity
di'mettere *vt*: ~ **qn da** to dismiss sb from; (*dall'ospedale*) to discharge sb from; **~rsi (da)** to resign (from)
dimez'zare [dimed'dzare] *vt* to halve
diminu'ire *vt* to reduce, diminish; (*prezzi*) to bring down, reduce ♦ *vi* to decrease, diminish; (*rumore*) to die down, die away; (*prezzi*) to fall, go down; **diminuzi'one** *sf* decreasing, diminishing
dimissi'oni *sfpl* resignation *sg*; **dare** *o* **presentare le** ~ to resign, hand in one's resignation
di'mora *sf* residence
dimo'rare *vi* to reside
dimos'trare *vt* to demonstrate, show; (*provare*) to prove, demonstrate; **~rsi** *vr*: **~rsi molto abile** to show o.s. *o* prove to be very clever; **dimostra 30 anni** he looks about 30 (years old); **dimostrazi'one** *sf* demonstration; proof
di'namica *sf* dynamics *sg*
di'namico, a, ci, che *ag* dynamic
dina'mite *sf* dynamite

'dinamo *sf inv* dynamo
di'nanzi [di'nantsi]: ~ **a** *prep* in front of
dini'ego, ghi *sm* refusal; denial
dinocco'lato, a *ag* lanky; **camminare** ~ to walk with a slouch
din'torno *av* round, (round) about; **~i** *smpl* outskirts; **nei ~i di** in the vicinity *o* neighbourhood of
'dio (*pl* **'dei**) *sm* god; **D~** God; **gli dei** the gods; **D~ mio!** my goodness!, my God!
di'ocesi [di'ɔtʃezi] *sf inv* diocese
dipa'nare *vt* (*lana*) to wind into a ball; (*fig*) to disentangle, sort out
diparti'mento *sm* department
dipen'dente *ag* dependent ♦ *sm/f* employee; **dipen'denza** *sf* dependence; **essere alle dipendenze di qn** to be employed by sb *o* in sb's employ
di'pendere *vi*: ~ **da** to depend on; (*finanziariamente*) to be dependent on; (*derivare*) to come from, be due to; **di'peso, a** *pp di* **dipendere**
di'pingere [di'pindʒere] *vt* to paint; **di'pinto, a** *pp di* **dipingere** ♦ *sm* painting
di'ploma, i *sm* diploma
diplo'mare *vt* to award a diploma to, graduate (*US*) ♦ *vi* to obtain a diploma, graduate (*US*)
diplo'matico, a, ci, che *ag* diplomatic ♦ *sm* diplomat
diploma'zia [diplomat'tsia] *sf* diplomacy
di'porto: **imbarcazione da** ~ *sf* pleasure craft
dira'dare *vt* to thin (out); (*visite*) to reduce, make less frequent; **~rsi** *vr* to disperse; (*nebbia*) to clear (up)
dira'mare *vt* to issue ♦ *vi* (*strade*) to branch; **~rsi** *vr* to branch
'dire *vt* to say; (*segreto, fatto*) to tell; ~ **qc a qn** to tell sb sth; ~ **a qn di fare qc** to tell sb to do sth; ~ **di sì/no** to say yes/no; **si dice che** ... they say that ...; **si direbbe che** ... it looks (*o* sounds) as though ...; **dica, signora?** (*in un negozio*) yes, Madam, can I help you?
diret'tissimo *sm* (*FERR*) fast (through) train
di'retto, a *pp di* **dirigere** ♦ *ag* direct ♦ *sm* (*FERR*) through train
diret'tore, 'trice *sm/f* (*di azienda*) director; manager/ess; (*di scuola elementare*) head (teacher) (*BRIT*), principal (*US*); ~ **d'orchestra** conductor; ~ **vendite** sales director *o* manager
direzi'one [diret'tsjone] *sf* board of directors; management; (*senso di movimento*) direction; **in ~ di** in the direction of, towards
diri'gente [diri'dʒɛnte] *sm/f* executive; (*POL*) leader ♦ *ag*: **classe** ~ ruling class
di'rigere [di'ridʒere] *vt* to direct; (*impresa*) to run, manage; (*MUS*) to conduct; **~rsi** *vr*: **~rsi verso** *o* **a** to make *o* head for
dirim'petto *av* opposite; ~ **a** opposite, facing
di'ritto, a *ag* straight; (*onesto*) straight, upright ♦ *av* straight, directly; **andare** ~ to go straight on ♦ *sm* right side; (*TENNIS*) forehand; (*MAGLIA*) plain stitch; (*prerogativa*) right; (*leggi, scienza*): **il** ~ law; **~i** *smpl* (*tasse*) duty *sg*; **stare** ~ to stand up straight; **aver** ~ **a qc** to be entitled to sth; **~i d'autore** royalties
dirit'tura *sf* (*SPORT*) straight; (*fig*) rectitude
diroc'cato, a *ag* tumbledown, in ruins
dirot'tare *vt* (*nave, aereo*) to change the course of; (*aereo: sotto minaccia*) to hijack; (*traffico*) to divert ♦ *vi* (*nave, aereo*) to change course; **dirotta'tore, 'trice** *sm/f* hijacker
di'rotto, a *ag* (*pioggia*) torrential; (*pianto*) unrestrained; **piovere a** ~ to pour, rain cats and dogs; **piangere a** ~ to cry one's heart out
di'rupo *sm* crag, precipice
disabi'tato, a *ag* uninhabited
disabitu'arsi *vr*: ~ **a** to get out of the habit of

disac'cordo *sm* disagreement
disadat'tato, a *ag* (*PSIC*) maladjusted
disa'dorno, a *ag* plain, unadorned
disagi'ato, a [diza'dʒato] *ag* poor, needy; (*vita*) hard
di'sagio [di'zadʒo] *sm* discomfort; (*disturbo*) inconvenience; (*fig: imbarazzo*) embarrassment; **essere a ~** to be ill at ease
disappro'vare *vt* to disapprove of; **disapprovazi'one** *sf* disapproval
disap'punto *sm* disappointment
disar'mare *vt, vi* to disarm; **di'sarmo** *sm* (*MIL*) disarmament
di'sastro *sm* disaster
disat'tento, a *ag* inattentive; **disattenzi'one** *sf* carelessness, lack of attention
disa'vanzo [diza'vantso] *sm* (*ECON*) deficit
disavven'tura *sf* misadventure, mishap
dis'brigo, ghi *sm* (prompt) clearing up *o* settlement
dis'capito *sm*: **a ~ di** to the detriment of
dis'carica, che *sf* (*di rifiuti*) rubbish tip *o* dump
discen'dente [diʃʃen'dɛnte] *ag* descending ♦ *sm/f* descendant
di'scendere [diʃ'ʃendere] *vt* to go (*o* come) down ♦ *vi* to go (*o* come) down; (*strada*) to go down; (*smontare*) to get off; **~ da** (*famiglia*) to be descended from; **~ dalla macchina/dal treno** to get out of the car/out of *o* off the train; **~ da cavallo** to dismount, get off one's horse
di'scepolo, a [diʃ'ʃepolo] *sm/f* disciple
di'scernere [diʃ'ʃɛrnere] *vt* to discern
di'scesa [diʃ'ʃesa] *sf* descent; (*pendio*) slope; **in ~** (*strada*) downhill *cpd*, sloping; **~ libera** (*SCI*) downhill (race)
di'sceso, a [diʃ'ʃeso] *pp di* **discendere**
disci'ogliere [diʃ'ʃɔʎʎere] *vt* to dissolve; (*fondere*) to melt; **~rsi** *vr* to dissolve; to melt; **disci'olto, a** *pp di* **disciogliere**
disci'plina [diʃʃi'plina] *sf* discipline; **discipli'nare** *ag* disciplinary ♦ *vt* to discipline
'disco, schi *sm* disc; (*SPORT*) discus; (*fonografico*) record; (*INFORM*) disk; **~ orario** (*AUT*) parking disc; **~ rigido** (*INFORM*) hard disk; **~ volante** flying saucer
discol'pare *vt* to clear of blame
disco'noscere [disko'noʃʃere] *vt* (*figlio*) to disown; (*meriti*) to ignore, disregard; **disconosci'uto, a** *pp di* **disconoscere**
dis'corde *ag* conflicting, clashing; **dis'cordia** *sf* discord; (*dissidio*) disagreement, clash
dis'correre *vi*: **~ (di)** to talk (about)
dis'corso, a *pp di* **discorrere** ♦ *sm* speech; (*conversazione*) conversation, talk
dis'costo, a *ag* faraway, distant ♦ *av* far away; **~ da** far from
disco'teca, che *sf* (*raccolta*) record library; (*luogo di ballo*) disco(theque)
discre'panza [diskre'pantsa] *sf* disagreement
dis'creto, a *ag* discreet; (*abbastanza buono*) reasonable, fair; **discrezi'one** *sf* discretion; (*giudizio*) judgment, discernment; **a discrezione di** at the discretion of
discriminazi'one [diskriminat'tsjone] *sf* discrimination
discussi'one *sf* discussion; (*litigio*) argument
dis'cusso, a *pp di* **discutere**
dis'cutere *vt* to discuss, debate; (*contestare*) to question ♦ *vi* (*conversare*): **~ (di)** to discuss; (*litigare*) to argue
disde'gnare [disdeɲ'ɲare] *vt* to scorn
dis'detta *sf* (*di prenotazione etc*) cancellation; (*sfortuna*) bad luck

dis'detto, a *pp di* **disdire**
dis'dire *vt* (*prenotazione*) to cancel; (*DIR*): ~ **un contratto d'affitto** to give notice (to quit)
dise'gnare [diseɲ'ɲare] *vt* to draw; (*progettare*) to design; (*fig*) to outline; **disegna'tore, 'trice** *sm/f* designer
di'segno [di'seɲɲo] *sm* drawing; design; outline; ~ **di legge** (*DIR*) bill
diser'bante *sm* weed-killer
diser'tare *vt, vi* to desert; **diser'tore** *sm* (*MIL*) deserter
dis'fare *vt* to undo; (*valigie*) to unpack; (*meccanismo*) to take to pieces; (*lavoro, paese*) to destroy; (*neve*) to melt; **~rsi** *vr* to come undone; (*neve*) to melt; ~ **il letto** to strip the bed; **~rsi di qn** (*liberarsi*) to get rid of sb; **dis'fatta** *sf* (*sconfitta*) rout; **dis'fatto, a** *pp di* **disfare**
dis'gelo [diz'dʒɛlo] *sm* thaw
dis'grazia [diz'grattsja] *sf* (*sventura*) misfortune; (*incidente*) accident, mishap; **disgrazi'ato, a** *ag* unfortunate ♦ *sm/f* wretch
disgre'gare *vt* to break up; **~rsi** *vr* to break up
disgu'ido *sm*: ~ **postale** error in postal delivery
disgus'tare *vt* to disgust; **~rsi** *vr*: **~rsi di** to be disgusted by
dis'gusto *sm* disgust; **disgus'toso, a** *ag* disgusting
disidra'tare *vt* to dehydrate
disil'ludere *vt* to disillusion, disenchant
disimpa'rare *vt* to forget
disimpe'gnare [dizimpeɲ'ɲare] *vt* (*persona: da obblighi*): ~ **da** to release from; (*oggetto dato in pegno*) to redeem, get out of pawn; **~rsi** *vr*: **~rsi da** (*obblighi*) to release o.s. from, free o.s. from
disinfet'tante *ag, sm* disinfectant
disinfet'tare *vt* to disinfect
disini'bito, a *ag* uninhibited
disinte'grare *vt, vi* to disintegrate
disinteres'sarsi *vr*: ~ **di** to take no interest in
disinte'resse *sm* indifference; (*generosità*) unselfishness
disintossi'care *vt* (*alcolizzato, drogato*) to treat for alcoholism (*o* drug addiction); ~ **l'organismo** to clear out one's system
disin'volto, a *ag* casual, free and easy; **disinvol'tura** *sf* casualness, ease
disles'sia *sf* dyslexia
dislo'care *vt* to station, position
dismi'sura *sf* excess; **a** ~ to excess, excessively
disobbe'dire *etc* = **disubbidire** *etc*
disoccu'pato, a *ag* unemployed ♦ *sm/f* unemployed person; **disoccupazi'one** *sf* unemployment
diso'nesto, a *ag* dishonest
diso'nore *sm* dishonour, disgrace
di'sopra *av* (*con contatto*) on top; (*senza contatto*) above; (*al piano superiore*) upstairs ♦ *ag inv* (*superiore*) upper ♦ *sm inv* top, upper part
disordi'nato, a *ag* untidy; (*privo di misura*) irregular, wild
di'sordine *sm* (*confusione*) disorder, confusion; (*sregolatezza*) debauchery
disorien'tare *vt* to disorientate; **~rsi** *vr* (*fig*) to get confused, lose one's bearings
di'sotto *av* below, underneath; (*in fondo*) at the bottom; (*al piano inferiore*) downstairs ♦ *ag inv* (*inferiore*) lower; bottom *cpd* ♦ *sm inv* (*parte inferiore*) lower part; bottom
dis'paccio [dis'pattʃo] *sm* dispatch
'dispari *ag inv* odd, uneven
dis'parte: **in** ~ *av* (*da lato*) aside, apart; **tenersi** *o* **starsene in** ~ to keep to o.s., hold aloof
dispendi'oso, a *ag* expensive
dis'pensa *sf* pantry, larder; (*mobile*) sideboard; (*DIR*) exemption; (*REL*) dispensation; (*fascicolo*) number, issue
dispen'sare *vt* (*elemosine, favori*) to distribute; (*esonerare*) to exempt
dispe'rare *vi*: ~ **(di)** to despair (of); **~rsi** *vr* to despair; **dispe'rato,**

a *ag* (*persona*) in despair; (*caso, tentativo*) desperate; **disperazi'one** *sf* despair
dis'perdere *vt* (*disseminare*) to disperse; (*MIL*) to scatter, rout; (*fig: consumare*) to waste, squander; **~rsi** *vr* to disperse; to scatter; **dis'perso, a** *pp di* **disperdere** ♦ *sm/f* missing person
dis'petto *sm* spite *no pl*, spitefulness *no pl*; **fare un ~ a qn** to play a (nasty) trick on sb; **a ~ di** in spite of; **dispet'toso, a** *ag* spiteful
dispia'cere [dispja'tʃere] *sm* (*rammarico*) regret, sorrow; (*dolore*) grief; **~i** *smpl* (*preoccupazioni*) troubles, worries ♦ *vi*: **~ a** to displease ♦ *vb impers*: **mi dispiace (che)** I am sorry (that); **se non le dispiace, me ne vado adesso** if you don't mind, I'll go now; **dispiaci'uto, a** *pp di* **dispiacere** ♦ *ag* sorry
dispo'nibile *ag* available
dis'porre *vt* (*sistemare*) to arrange; (*preparare*) to prepare; (*DIR*) to order; (*persuadere*): **~ qn a** to incline *o* dispose sb towards ♦ *vi* (*decidere*) to decide; (*usufruire*): **~ di** to use, have at one's disposal; (*essere dotato*): **~ di** to have; **disporsi** *vr* (*ordinarsi*) to place o.s., arrange o.s.; **disporsi a fare** to get ready to do
disposi'tivo *sm* (*meccanismo*) device
disposizi'one [dispozit'tsjone] *sf* arrangement, layout; (*stato d'animo*) mood; (*tendenza*) bent, inclination; (*comando*) order; (*DIR*) provision, regulation; **a ~ di qn** at sb's disposal
dis'posto, a *pp di* **disporre**
disprez'zare [dispret'tsare] *vt* to despise
dis'prezzo [dis'prɛttso] *sm* contempt
'disputa *sf* dispute, quarrel
dispu'tare *vt* (*contendere*) to dispute, contest; (*gara*) to take part in ♦ *vi* to quarrel; **~ di** to discuss; **~rsi qc** to fight for sth
dissan'guare *vt* (*fig: persona*) to bleed white; (*: patrimonio*) to suck dry; **~rsi** *vr* (*MED*) to lose blood; (*fig: rovinarsi*) to ruin o.s.
dissec'care *vt* to dry up; **~rsi** *vr* to dry up
dissemi'nare *vt* to scatter; (*fig: notizie*) to spread
dis'senso *sm* dissent; (*disapprovazione*) disapproval
dissente'ria *sf* dysentery
dissen'tire *vi*: **~ (da)** to disagree (with)
dissertazi'one [dissertat'tsjone] *sf* dissertation
disser'vizio [disser'vittsjo] *sm* inefficiency
disses'tare *vt* (*ECON*) to ruin; **dis'sesto** *sm* (financial) ruin
disse'tante *ag* refreshing
dis'sidio *sm* disagreement
dis'simile *ag* different, dissimilar
dissimu'lare *vt* (*fingere*) to dissemble; (*nascondere*) to conceal
dissi'pare *vt* to dissipate; (*scialacquare*) to squander, waste
dis'solto, a *pp di* **dissolvere**
disso'lubile *ag* soluble
disso'luto, a *pp di* **dissolvere** ♦ *ag* dissolute, licentious
dis'solvere *vt* to dissolve; (*neve*) to melt; (*fumo*) to disperse; **~rsi** *vr* to dissolve; to melt; to disperse
dissu'adere *vt*: **~ qn da** to dissuade sb from; **dissu'aso, a** *pp di* **dissuadere**
distac'care *vt* to detach, separate; (*SPORT*) to leave behind; **~rsi** *vr* to be detached; (*fig*) to stand out; **~rsi da** (*fig: allontanarsi*) to grow away from
dis'tacco, chi *sm* (*separazione*) separation; (*fig: indifferenza*) detachment; (*SPORT*): **vincere con un ~ di ...** to win by a distance of ...
dis'tante *av* far away ♦ *ag*: **~ (da)** distant (from), far away (from)
dis'tanza [dis'tantsa] *sf* distance
distanzi'are [distan'tsjare] *vt* to space out, place at intervals; (*SPORT*) to outdistance; (*fig: supe-

rare) to outstrip, surpass
dis'tare *vi*: **distiamo pochi chilometri da Roma** we are only a few kilometres (away) from Rome
dis'tendere *vt* (*coperta*) to spread out; (*gambe*) to stretch (out); (*mettere a giacere*) to lay; (*rilassare: muscoli, nervi*) to relax; **~rsi** *vr* (*rilassarsi*) to relax; (*sdraiarsi*) to lie down; **distensi'one** *sf* stretching; relaxation; (*POL*) détente
dis'tesa *sf* expanse, stretch
dis'teso, a *pp di* **distendere**
distil'lare *vt* to distil
distille'ria *sf* distillery
dis'tinguere *vt* to distinguish
dis'tinta *sf* (*nota*) note; (*elenco*) list
distin'tivo, a *ag* distinctive; distinguishing ♦ *sm* badge
dis'tinto, a *pp di* **distinguere** ♦ *ag* (*dignitoso ed elegante*) distinguished; **~i saluti** (*in lettera*) yours faithfully
distinzi'one [distin'tsjone] *sf* distinction
dis'togliere [dis'tɔʎʎere] *vt*: **~ da** to take away from; (*fig*) to dissuade from; **dis'tolto, a** *pp di* **distogliere**
distorsi'one *sf* (*MED*) sprain; (*FISICA, OTTICA*) distortion
dis'trarre *vt* to distract; (*divertire*) to entertain, amuse; **distrarsi** *vr* (*non fare attenzione*) to be distracted, let one's mind wander; (*svagarsi*) to amuse *o* enjoy o.s.; **dis'tratto, a** *pp di* **distrarre** ♦ *ag* absent-minded; (*disattento*) inattentive; **distrazi'one** *sf* absent-mindedness; inattention; (*svago*) distraction, entertainment
dis'tretto *sm* district
distribu'ire *vt* to distribute; (*CARTE*) to deal (out); (*consegnare: posta*) to deliver; (*lavoro*) to allocate, assign; (*ripartire*) to share out; **distribu'tore** *sm* (*di benzina*) petrol (*BRIT*) *o* gas (*US*) pump; (*AUT, ELETTR*) distributor; (*automatico*) vending machine; **distribuzi'one** *sf* distribution; delivery
distri'care *vt* to disentangle, unravel
dis'truggere [dis'truddʒere] *vt* to destroy; **dis'trutto, a** *pp di* **distruggere**; **distruzi'one** *sf* destruction
distur'bare *vt* to disturb, trouble; (*sonno, lezioni*) to disturb, interrupt; **~rsi** *vr* to put o.s. out
dis'turbo *sm* trouble, bother, inconvenience; (*indisposizione*) (slight) disorder, ailment; **~i** *smpl* (*RADIO, TV*) static *sg*
disubbidi'ente *ag* disobedient; **disubbidi'enza** *sf* disobedience
disubbi'dire *vi*: **~ (a qn)** to disobey (sb)
disugu'ale *ag* unequal; (*diverso*) different; (*irregolare*) uneven
disu'mano, a *ag* inhuman
di'suso *sm*: **andare** *o* **cadere in ~** to fall into disuse
'dita *fpl di* **dito**
di'tale *sm* thimble
'dito (*pl(f)* **'dita**) *sm* finger; (*misura*) finger, finger's breadth; **~ (del piede)** toe
'ditta *sf* firm, business
ditta'tore *sm* dictator
ditta'tura *sf* dictatorship
dit'tongo, ghi *sm* diphthong
di'urno, a *ag* day *cpd*, daytime *cpd* ♦ *sm* (*anche: albergo ~*) *public toilets with washing and shaving facilities etc*
'diva *sf vedi* **divo**
diva'gare *vi* to digress
divam'pare *vi* to flare up, blaze up
di'vano *sm* sofa; divan
divari'care *vt* to open wide
di'vario *sm* difference
dive'nire *vi* = **diventare**; **dive'nuto, a** *pp di* **divenire**
diven'tare *vi* to become; **~ famoso/professore** to become famous/a teacher
di'verbio *sm* altercation
di'vergere [di'vɛrdʒere] *vi* to diverge
diversifi'care *vt* to diversify, vary; to differentiate
diversi'one *sf* diversion
diversità *sf inv* difference, diversity;

(*varietà*) variety
diver'sivo *sm* diversion, distraction
di'verso, a *ag* (*differente*): ~ **(da)** different (from); **~i, e** *det pl* several, various; (*COMM*) sundry ♦ *pron pl* several (people), many (people)
diver'tente *ag* amusing
diverti'mento *sm* amusement, pleasure; (*passatempo*) pastime, recreation
diver'tire *vt* to amuse, entertain; **~rsi** *vr* to amuse *o* enjoy o.s.
divi'dendo *sm* dividend
di'videre *vt* (*anche MAT*) to divide; (*distribuire, ripartire*) to divide (up), split (up); **~rsi** *vr* (*separarsi*) to separate; (*strade*) to fork
divi'eto *sm* prohibition; **"~ di sosta"** (*AUT*) "no parking"
divinco'larsi *vr* to wriggle, writhe
divinità *sf inv* divinity
di'vino, a *ag* divine
di'visa *sf* (*MIL etc*) uniform; (*COMM*) foreign currency
divisi'one *sf* division
di'viso, a *pp di* **dividere**
'divo, a *sm/f* star
divo'rare *vt* to devour
divorzi'are [divor'tsjare] *vi*: ~ **(da qn)** to divorce (sb); **divorzi'ato, a** *sm/f* divorcee
di'vorzio [di'vɔrtsjo] *sm* divorce
divul'gare *vt* to divulge, disclose; (*rendere comprensibile*) to popularize; **~rsi** *vr* to spread
dizio'nario [ditsjo'narjo] *sm* dictionary
dizi'one [dit'tsjone] *sf* diction; pronunciation
do *sm* (*MUS*) C; (*: solfeggiando la scala*) do(h)
DOC [dɔk] *abbr* (= *denominazione di origine controllata*) *label guaranteeing the quality of wine*
'doccia, ce ['dottʃa] *sf* (*bagno*) shower; (*condotto*) pipe; **fare la ~** to have a shower
do'cente [do'tʃɛnte] *ag* teaching ♦ *sm/f* teacher; (*di università*) lecturer; **do'cenza** *sf* university teaching *o* lecturing
'docile ['dɔtʃile] *ag* docile
documen'tare *vt* to document; **~rsi** *vr*: **~rsi (su)** to gather information *o* material (about)
documen'tario *sm* documentary
docu'mento *sm* document; **~i** *smpl* (*d'identità etc*) papers
'dodici ['doditʃi] *num* twelve
do'gana *sf* (*ufficio*) customs *pl*; (*tassa*) (customs) duty; **passare la ~** to go through customs; **doga'nale** *ag* customs *cpd*; **dogani'ere** *sm* customs officer
'doglie ['dɔʎʎe] *sfpl* (*MED*) labour *sg*, labour pains
'dolce ['doltʃe] *ag* sweet; (*colore*) soft; (*carattere, persona*) gentle, mild; (*fig: mite: clima*) mild; (*non ripido: pendio*) gentle ♦ *sm* (*sapore dolce*) sweetness, sweet taste; (*CUC: portata*) sweet, dessert; (*: torta*) cake; **dol'cezza** *sf* sweetness; softness; mildness; gentleness; **dolci'umi** *smpl* sweets
do'lente *ag* sorrowful, sad
do'lere *vi* to be sore, hurt, ache; **~rsi** *vr* to complain; (*essere spiacente*): **~rsi di** to be sorry for; **mi duole la testa** my head aches, I've got a headache
'dollaro *sm* dollar
'dolo *sm* (*DIR*) malice
Dolo'miti *sfpl*: **le ~** the Dolomites
do'lore *sm* (*fisico*) pain; (*morale*) sorrow, grief; **dolo'roso, a** *ag* painful; sorrowful, sad
do'loso, a *ag* (*DIR*) malicious
do'manda *sf* (*interrogazione*) question; (*richiesta*) demand; (*: cortese*) request; (*DIR: richiesta scritta*) application; (*ECON*): **la ~** demand; **fare una ~ a qn** to ask sb a question; **fare ~ (per un lavoro)** to apply (for a job)
doman'dare *vt* (*per avere*) to ask for; (*per sapere*) to ask; (*esigere*) to demand; **~rsi** *vr* to wonder; to ask o.s.; **~ qc a qn** to ask sb for sth; to

ask sb sth

do'mani *av* tomorrow ♦ *sm*: **il** ~ (*il futuro*) the future; (*il giorno successivo*) the next day; ~ **l'altro** the day after tomorrow

do'mare *vt* to tame

domat'tina *av* tomorrow morning

do'menica, che *sf* Sunday; **di** *o* **la** ~ on Sundays; **domeni'cale** *ag* Sunday *cpd*

do'mestica, che *sf vedi* **domestico**

do'mestico, a, ci, che *ag* domestic ♦ *sm/f* servant, domestic

domi'cilio [domi'tʃiljo] *sm* (*DIR*) domicile, place of residence

domi'nare *vt* to dominate; (*fig: sentimenti*) to control, master ♦ *vi* to be in the dominant position; **~rsi** *vr* (*controllarsi*) to control o.s.; ~ **su** (*fig*) to surpass, outclass; **dominazi'one** *sf* domination

do'minio *sm* dominion; (*fig: campo*) field, domain

do'nare *vt* to give, present; (*per beneficenza etc*) to donate ♦ *vi* (*fig*): ~ **a** to suit, become; ~ **sangue** to give blood; **dona'tore, 'trice** *sm/f* donor; **donatore di sangue/di organi** blood/organ donor

dondo'lare *vt* (*cullare*) to rock; **~rsi** *vr* to swing, sway; **'dondolo** *sm*: **sedia/cavallo a dondolo** rocking chair/horse

'donna *sf* woman; ~ **di casa** housewife; home-loving woman; ~ **di servizio** maid

donnai'olo *sm* ladykiller

don'nesco, a, schi, sche *ag* women's, woman's

'donnola *sf* weasel

'dono *sm* gift

'dopo *av* (*tempo*) afterwards; (*: più tardi*) later; (*luogo*) after, next ♦ *prep* after ♦ *cong* (*temporale*): ~ **aver studiato** after having studied; ~ **mangiato va a dormire** after having eaten *o* after a meal he goes for a sleep ♦ *ag inv*: **il giorno** ~ the following day; **un anno** ~ a year later; ~ **di me/lui** after me/him

dopo'barba *sm inv* after-shave

dopodo'mani *av* the day after tomorrow

dopogu'erra *sm* postwar years *pl*

dopo'pranzo [dopo'prandzo] *av* after lunch (*o* dinner)

doposcì [dopoʃ'ʃi] *sm inv* après-ski outfit

doposcu'ola *sm inv school club offering extra tuition and recreational facilities*

dopo'tutto *av* (*tutto considerato*) after all

doppi'aggio [dop'pjaddʒo] *sm* (*CINEMA*) dubbing

doppi'are *vt* (*NAUT*) to round; (*SPORT*) to lap; (*CINEMA*) to dub

'doppio, a *ag* double; (*fig: falso*) double-dealing, deceitful ♦ *sm* (*quantità*): **il** ~ **(di)** twice as much (*o* many), double the amount (*o* number) of; (*SPORT*) doubles *pl* ♦ *av* double

doppi'one *sm* duplicate (copy)

doppio'petto *sm* double-breasted jacket

do'rare *vt* to gild; (*CUC*) to brown; **do'rato, a** *ag* golden; (*ricoperto d'oro*) gilt, gilded; **dora'tura** *sf* gilding

dormicchi'are [dormik'kjare] *vi* to doze

dormigli'one, a [dormiʎ'ʎone] *sm/f* sleepyhead

dor'mire *vt, vi* to sleep; **dor'mita** *sf*: **farsi una dormita** to have a good sleep

dormi'torio *sm* dormitory

dormi'veglia [dormi'veʎʎa] *sm* drowsiness

'dorso *sm* back; (*di montagna*) ridge, crest; (*di libro*) spine; **a** ~ **di cavallo** on horseback

do'sare *vt* to measure out; (*MED*) to dose

'dose *sf* quantity, amount; (*MED*) dose

'dosso *sm* (*rilievo*) rise; (*di strada*) bump; (*dorso*): **levarsi di** ~ **i vestiti** to take one's clothes off

do'tare *vt*: ~ **di** to provide *o* supply with; (*fig*) to endow with; **dotazi'one** *sf* (*insieme di beni*) endowment; (*di macchine etc*) equipment

'dote *sf* (*di sposa*) dowry; (*assegnata a un ente*) endowment; (*fig*) gift, talent

Dott. *abbr* (= *dottore*) Dr

'dotto, a *ag* (*colto*) learned ♦ *sm* (*sapiente*) scholar; (*ANAT*) duct

dotto'rato *sm* degree; ~ **di ricerca** doctorate, doctor's degree

dot'tore, essa *sm/f* doctor

dot'trina *sf* doctrine

Dott.ssa *abbr* (= *dottoressa*) Dr.

'dove *av* (*gen*) where; (*in cui*) where, in which; (*dovunque*) wherever ♦ *cong* (*mentre, laddove*) whereas; ~ **sei?/vai?** where are you?/are you going?; **dimmi dov'è** tell me where it is; **di** ~ **sei?** where are you from?; **per** ~ **si passa?** which way should we go?; **la città** ~ **abito** the town where *o* in which I live; **siediti** ~ **vuoi** sit wherever youlike

do'vere *sm* (*obbligo*) duty ♦ *vt* (*essere debitore*): ~ **qc (a qn)** to owe (sb) sth ♦ *vi* (*seguito dall'infinito: obbligo*) to have to; **rivolgersi a chi di** ~ to apply to the appropriate authority *o* person; **lui deve farlo** he has to do it, he must do it; **è dovuto partire** he had to leave; **ha dovuto pagare** he had to pay; (*: intenzione*): **devo partire domani** I'm (due) to leave tomorrow; (*: probabilità*): **dev'essere tardi** it must be late; **come si deve** (*lavorare, comportarsi*) properly; **una persona come si deve** a respectable person

dove'roso, a *ag* (right and) proper

do'vunque *av* (*in qualunque luogo*) wherever; (*dappertutto*) everywhere; ~ **io vada** wherever I go

do'vuto, a *ag* (*causato*): ~ **a** due to

doz'zina [dod'dzina] *sf* dozen; **una** ~ **di uova** a dozen eggs

dozzi'nale [doddzi'nale] *ag* cheap, second-rate

dra'gare *vt* to dredge

'drago, ghi *sm* dragon

'dramma, i *sm* drama; **dram'matico, a, ci, che** *ag* dramatic; **drammatiz'zare** *vt* to dramatize; **dramma'turgo, ghi** *sm* playwright, dramatist

drappeggi'are [draped'dʒare] *vt* to drape

drap'pello *sm* (*MIL*) squad; (*gruppo*) band, group

'drastico, a, ci, che *ag* drastic

dre'naggio [dre'naddʒo] *sm* drainage

dre'nare *vt* to drain

'dritto, a *ag, av* = **diritto**

driz'zare [drit'tsare] *vt* (*far tornare diritto*) to straighten; (*volgere: sguardo, occhi*) to turn, direct; (*innalzare: antenna, muro*) to erect; **~rsi** *vr*: **~rsi (in piedi)** to stand up; ~ **le orecchie** to prick up one's ears

'droga, ghe *sf* (*sostanza aromatica*) spice; (*stupefacente*) drug; **dro'gare** *vt* to season, spice; to drug, dope; **drogarsi** *vr* to take drugs; **dro'gato, a** *sm/f* drug addict

droghe'ria [droge'ria] *sf* grocer's shop (*BRIT*), grocery (store) (*US*)

'dubbio, a *ag* (*incerto*) doubtful, dubious; (*ambiguo*) dubious ♦ *sm* (*incertezza*) doubt; **avere il** ~ **che** to be afraid that, suspect that; **mettere in** ~ **qc** to question sth; **dubbi'oso, a** *ag* doubtful, dubious

dubi'tare *vi*: ~ **di** to doubt; (*risultato*) to be doubtful of

Dub'lino *sf* Dublin

'duca, chi *sm* duke

du'chessa [du'kessa] *sf* duchess

'due *num* two

due'cento [due'tʃɛnto] *num* two hundred ♦ *sm*: **il D~** the thirteenth century

due'pezzi [due'pɛttsi] *sm* (*costume da bagno*) two-piece swimsuit; (*abito femminile*) two-piece suit

du'etto *sm* duet

'dunque *cong* (*perciò*) so, therefore;

(*riprendendo il discorso*) well (then) ♦ *sm inv*: **venire al** ~ to come to the point
du'omo *sm* cathedral
'duplex *sm inv* (*TEL*) party line
dupli'cato *sm* duplicate
'duplice ['duplitʃe] *ag* double, twofold; **in** ~ **copia** in duplicate
du'rante *prep* during
du'rare *vi* to last; ~ **fatica a** to have difficulty in; **du'rata** *sf* length (of time); duration; **dura'turo, a** *ag* lasting; **du'revole** *ag* lasting
du'rezza [du'rettsa] *sf* hardness; stubbornness; harshness; toughness
'duro, a *ag* (*pietra, lavoro, materasso, problema*) hard; (*persona: ostinato*) stubborn, obstinate; (*: severo*) harsh, hard; (*voce*) harsh; (*carne*) tough ♦ *sm* hardness; (*difficoltà*) hard part; (*persona*) tough guy; **tener** ~ to stand firm, hold out; ~ **d'orecchi** hard of hearing
du'rone *sm* hard skin

E

e (*dav V spesso* **ed**) *cong* and; ~ **lui?** what about him?; ~ **compralo!** well buy it then!
E. *abbr* (= *est*) E
è *vb vedi* **essere**
'ebano *sm* ebony
eb'bene *cong* well (then)
eb'brezza [eb'brettsa] *sf* intoxication
'ebbro, a *ag* drunk; ~ **di** (*gioia etc*) beside o.s. *o* wild with
'ebete *ag* stupid, idiotic
ebollizi'one [ebollit'tsjone] *sf* boiling; **punto di** ~ boiling point
e'braico, a, ci, che *ag* Hebrew, Hebraic ♦ *sm* (*LING*) Hebrew
e'breo, a *ag* Jewish ♦ *sm/f* Jew/Jewess
'Ebridi *sfpl*: **le (isole)** ~ the Hebrides
ecc *av abbr* (= *eccetera*) etc
ecce'denza [ettʃe'dɛntsa] *sf* excess, surplus
ec'cedere [et'tʃɛdere] *vt* to exceed ♦ *vi* to go too far; ~ **nel bere/mangiare** to indulge in drink/food to excess
eccel'lente [ettʃel'lɛnte] *ag* excellent; **eccel'lenza** *sf* excellence; (*titolo*) Excellency
ec'cellere [et'tʃɛllere] *vi*: ~ **(in)** to excel (at); **ec'celso, a** *pp di* eccellere
ec'centrico, a, ci, che [et'tʃɛntriko] *ag* eccentric
ecces'sivo, a [ettʃes'sivo] *ag* excessive
ec'cesso [et'tʃɛsso] *sm* excess; **all'**~ (*gentile, generoso*) to excess, excessively; ~ **di velocità** (*AUT*) speeding
ec'cetera [et'tʃɛtera] *av* et cetera, and so on
ec'cetto [et'tʃɛtto] *prep* except, with the exception of; ~ **che** except, other than; ~ **che (non)** unless
eccettu'are [ettʃettu'are] *vt* to except
eccezio'nale [ettʃetsjo'nale] *ag* exceptional
eccezi'one [ettʃet'tsjone] *sf* exception; (*DIR*) objection; **a** ~ **di** with the exception of, except for; **d'**~ exceptional
ec'cidio [et'tʃidio] *sm* massacre
ecci'tare [ettʃi'tare] *vt* (*curiosità, interesse*) to excite, arouse; (*folla*) to incite; ~**rsi** *vr* to get excited; (*sessualmente*) to become aroused; **eccitazi'one** *sf* excitement
'ecco *av* (*per dimostrare*): ~ **il treno!** here's *o* here comes the train!; (*dav pron*): ~**mi!** here I am!; ~**ne uno!** here's one (of them)!; (*dav pp*): ~ **fatto!** there, that's it done!
echeggi'are [eked'dʒare] *vi* to echo
e'clissi *sf* eclipse
'eco (*pl*(*m*) **'echi**) *sm o f* echo
ecolo'gia [ekolo'dʒia] *sf* ecology
econo'mia *sf* economy; (*scienza*) economics *sg*; (*risparmio*: *azione*) saving; **fare** ~ to economize, make economies; **eco'nomico, a, ci, che**

ag economic; (*poco costoso*) economical; **econo'mista, i** *sm* economist; **economiz'zare** *vt, vi* to save; **e'conomo, a** *ag* thrifty ♦ *sm/f* (*INS*) bursar

E'CU [e'ku] *sm inv* (*Unità monetaria europea*) ECU *n*

ed *cong vedi* e

'edera *sf* ivy

e'dicola *sf* newspaper kiosk *o* stand (*US*)

edifi'care *vt* to build; (*fig*: *teoria, azienda*) to establish; (*indurre al bene*) to edify

edi'ficio [edi'fitʃo] *sm* building; (*fig*) structure

e'dile *ag* building *cpd*; **edi'lizia** *sf* building, building trade; **edi'lizio, a** *ag* building *cpd*

Edim'burgo *sf* Edinburgh

edi'tore, 'trice *ag* publishing *cpd* ♦ *sm/f* publisher; (*curatore*) editor; **edito'ria** *sf* publishing; **editori'ale** *ag* publishing *cpd* ♦ *sm* editorial, leader

edizi'one [edit'tsjone] *sf* edition; (*tiratura*) printing; (*di manifestazioni, feste etc*) production

edu'care *vt* to educate; (*gusto, mente*) to train; ~ **qn a fare** to train sb to do; **edu'cato, a** *ag* polite, well-mannered; **educazi'one** *sf* education; (*familiare*) upbringing; (*comportamento*) (good) manners *pl*; **educazione fisica** (*INS*) physical training *o* education

effemi'nato, a *ag* effeminate

effet'tivo, a *ag* (*reale*) real, actual; (*impiegato, professore*) permanent; (*MIL*) regular ♦ *sm* (*MIL*) strength; (*di patrimonio etc*) sum total

ef'fetto *sm* effect; (*COMM*: *cambiale*) bill; (*fig*: *impressione*) impression; **in ~i** in fact, actually; **~ serra** greenhouse effect; **effettu'are** *vt* to effect, carry out

effi'cace [effi'katʃe] *ag* effective

effici'ente [effi'tʃɛnte] *ag* efficient; **effici'enza** *sf* efficiency

ef'fimero, a *ag* ephemeral

E'geo [e'dʒɛo] *sm*: **l'~, il mare ~** the Aegean (Sea)

E'gitto [e'dʒitto] *sm*: **l'~** Egypt

egizi'ano, a [edʒit'tsjano] *ag, sm/f* Egyptian

'egli ['eʎʎi] *pron* he; **~ stesso** he himself

ego'ismo *sm* selfishness, egoism; **ego'ista, i, e** *ag* selfish, egoistic ♦ *sm/f* egoist

egr. *abbr* = egregio

e'gregio, a, gi, gie [e'grɛdʒo] *ag* distinguished; (*nelle lettere*): **E~ Signore** Dear Sir

eguagli'anza *etc* [egwaʎ'ʎantsa] = **uguaglianza** *etc*

E.I. *abbr* = **Esercito Italiano**

elabo'rare *vt* (*progetto*) to work out, elaborate; (*dati*) to process; (*digerire*) to digest; **elabora'tore** *sm* (*INFORM*): **elaboratore elettronico** computer; **elaborazi'one** *sf* elaboration; digestion; **elaborazione dei dati** data processing

e'lastico, a, ci, che *ag* elastic; (*fig*: *andatura*) springy; (*: decisione, vedute*) flexible ♦ *sm* (*gommino*) rubber band; (*per il cucito*) elastic *no pl*

ele'fante *sm* elephant

ele'gante *ag* elegant

e'leggere [e'lɛddʒere] *vt* to elect

elemen'tare *ag* elementary; **le (scuole) ~i** *sfpl* primary (*BRIT*) *o* grade (*US*) school

ele'mento *sm* element; (*parte componente*) element, component, part; **~i** *smpl* (*della scienza etc*) elements, rudiments

ele'mosina *sf* charity, alms *pl*; **chiedere l'~** to beg

elen'care *vt* to list

e'lenco, chi *sm* list; **~ telefonico** telephone directory

e'letto, a *pp di* **eleggere** ♦ *sm/f* (*nominato*) elected member; **eletto'rale** *ag* electoral, election *cpd*; **eletto'rato** *sm* electorate; **elet'tore, 'trice** *sm/f* voter, elector

elet'trauto *sm inv* workshop for car

electrical repairs; (*tecnico*) car electrician
elettri'cista, i [elettri'tʃista] *sm* electrician
elettricità [elettritʃi'ta] *sf* electricity
e'lettrico, a, ci, che *ag* electric(al)
elettriz'zare [elettrid'dzare] *vt* to electrify
e'lettro... *prefisso*: **elettrocardio'gramma, i** *sm* electrocardiogram; **elettrodo'mestico, a, ci, che** *ag*: **apparecchi elettrodomestici** domestic (electrical) appliances; **elet'trone** *sm* electron; **elet'tronica** *sf* electronics *sg*; **elet'tronico, a, ci, che** *ag* electronic
ele'vare *vt* to raise; (*edificio*) to erect; (*multa*) to impose
elezi'one [elet'tsjone] *sf* election; **~i** *sfpl* (*POL*) election(s)
'elica, che *sf* propeller
eli'cottero *sm* helicopter
elimi'nare *vt* to eliminate; **elimina'toria** *sf* eliminating round
'elio *sm* helium
'ella *pron* she; (*forma di cortesia*) you; ~ **stessa** she herself; you yourself
el'metto *sm* helmet
e'logio [e'lɔdʒo] *sm* (*discorso, scritto*) eulogy; (*lode*) praise (*di solito no pl*)
elo'quente *ag* eloquent
e'ludere *vt* to evade; **elu'sivo, a** *ag* evasive
ema'nare *vt* to send out, give off; (*fig: leggi, decreti*) to issue ♦ *vi*: ~ **da** to come from
emanci'pare [emantʃi'pare] *vt* to emancipate; **~rsi** *vr* (*fig*) to become liberated *o* emancipated
embri'one *sm* embryo
emenda'mento *sm* amendment
emen'dare *vt* to amend
emer'genza [emer'dʒɛntsa] *sf* emergency; **in caso di ~** in an emergency
e'mergere [e'mɛrdʒere] *vi* to emerge; (*sommergibile*) to surface; (*fig: distinguersi*) to stand out;
e'merso, a *pp di* **emergere**
e'messo, a *pp di* **emettere**
e'mettere *vt* (*suono, luce*) to give out, emit; (*onde radio*) to send out; (*assegno, francobollo, ordine*) to issue; (*fig: giudizio*) to express, voice
emi'crania *sf* migraine
emi'grare *vi* to emigrate; **emigrazi'one** *sf* emigration
emi'nente *ag* eminent, distinguished
emis'fero *sm* hemisphere; **~ boreale/australe** northern/southern hemisphere
emissi'one *sf* (*vedi emettere*) emission; sending out; issue; (*RADIO*) broadcast
emit'tente *ag* (*banca*) issuing; (*RADIO*) broadcasting, transmitting ♦ *sf* (*RADIO*) transmitter
emorra'gia, 'gie [emorra'dʒia] *sf* haemorrhage
emo'tivo, a *ag* emotional
emozio'nante [emottsjo'nante] *ag* exciting, thrilling
emozio'nare [emottsjo'nare] *vt* (*appassionare*) to thrill, excite; (*commuovere*) to move; (*innervosire*) to upset; **~rsi** *vr* to be excited; to be moved; to be upset
emozi'one [emot'tsjone] *sf* emotion; (*agitazione*) excitement
'empio, a *ag* (*sacrilego*) impious; (*spietato*) cruel, pitiless; (*malvagio*) wicked, evil
emulsi'one *sf* emulsion
enciclope'dia [entʃiklope'dia] *sf* encyclopaedia
endove'noso, a *ag* (*MED*) intravenous
'ENEL ['enel] *sigla m* (= *Ente Nazionale per l'Energia Elettrica*) ≈ C.E.G.B. (= *Central Electricity Generating Board*)
ener'gia, 'gie [ener'dʒia] *sf* (*FISICA*) energy; (*fig*) energy, strength, vigour; ~ **eolica** wind power; ~ **solare** solar energy, solar power;
e'nergico, a, ci, che *ag* energetic,

vigorous
'enfasi *sf* emphasis; (*peg*) bombast, pomposity; **en'fatico, a, ci, che** *ag* emphatic; pompous
'ENIT ['enit] *sigla m* = **Ente Nazionale Italiano per il Turismo**
en'nesimo, a *ag* (*MAT, fig*) nth; **per l'~a volta** for the umpteenth time
e'norme *ag* enormous, huge; **enormità** *sf inv* enormity, huge size; (*assurdità*) absurdity; **non dire enormità!** don't talk nonsense!
'ente *sm* (*istituzione*) body, board, corporation; (*FILOSOFIA*) being
en'trambi, e *pron pl* both (of them) ♦ *ag pl*: ~ **i ragazzi** both boys, both of the boys
en'trare *vi* to enter, go (*o* come) in; ~ **in** (*luogo*) to enter, go (*o* come) into; (*trovar posto, poter stare*) to fit into; (*essere ammesso a: club etc*) to join, become a member of; ~ **in automobile** to get into the car; **far ~ qn** (*visitatore etc*) to show sb in; **questo non c'entra** (*fig*) that's got nothing to do with it; **en'trata** *sf* entrance, entry; **entrate** *sfpl* (*COMM*) receipts, takings; (*ECON*) income *sg*
'entro *prep* (*temporale*) within
entusias'mare *vt* to excite, fill with enthusiasm; **~rsi (per qc/qn)** to become enthusiastic (about sth/sb); **entusi'asmo** *sm* enthusiasm; **entusi'asta, i, e** *ag* enthusiastic ♦ *sm/f* enthusiast; **entusi'astico, a, ci, che** *ag* enthusiastic
enunci'are [enun'tʃare] *vt* (*teoria*) to enunciate, set out
'epico, a, ci, che *ag* epic
epide'mia *sf* epidemic
epi'dermide *sf* skin, epidermis
Epifa'nia *sf* Epiphany
epiles'sia *sf* epilepsy
e'pilogo, ghi *sm* conclusion
epi'sodio *sm* episode
e'piteto *sm* epithet
'epoca, che *sf* (*periodo storico*) age, era; (*tempo*) time; (*GEO*) age
ep'pure *cong* and yet, nevertheless
epu'rare *vt* (*POL*) to purge
equa'tore *sm* equator
equazi'one [ekwat'tsjone] *sf* (*MAT*) equation
e'questre *ag* equestrian
equi'latero, a *ag* equilateral
equili'brare *vt* to balance; **equi'librio** *sm* balance, equilibrium; **perdere l'~** to lose one's balance
e'quino, a *ag* horse *cpd*, equine
equipaggi'are [ekwipad'dʒare] *vt* (*di persone*) to man; (*di mezzi*) to equip; **equi'paggio** *sm* crew
equipa'rare *vt* to make equal
equità *sf* equity, fairness
equitazi'one [ekwitat'tsjone] *sf* (horse-)riding
equiva'lente *ag, sm* equivalent; **equiva'lenza** *sf* equivalence
equivo'care *vi* to misunderstand; **e'quivoco, a, ci, che** *ag* equivocal, ambiguous; (*sospetto*) dubious ♦ *sm* misunderstanding; **a scanso di equivoci** to avoid any misunderstanding; **giocare sull'equivoco** to equivocate
'equo, a *ag* fair, just
'era *sf* era
'erba *sf* grass; (*aromatica, medicinale*) herb; **in ~** (*fig*) budding; **er'baccia, ce** *sf* weed
e'rede *sm/f* heir; **eredità** *sf* (*DIR*) inheritance; (*BIOL*) heredity; **lasciare qc in eredità a qn** to leave *o* bequeath sth to sb; **eredi'tare** *vt* to inherit; **eredi'tario, a** *ag* hereditary
ere'mita, i *sm* hermit
ere'sia *sf* heresy; **e'retico, a, ci, che** *ag* heretical ♦ *sm/f* heretic
e'retto, a *pp di* **erigere** ♦ *ag* erect, upright; **erezi'one** *sf* (*FISIOL*) erection
er'gastolo *sm* (*DIR*: *pena*) life imprisonment
'erica *sf* heather
e'rigere [e'ridʒere] *vt* to erect, raise; (*fig: fondare*) to found
ERM *sigla* (= *Meccanismo dei tassi di cambio*) ERM *n*
ermel'lino *sm* ermine
er'metico, a, ci, che *ag* hermetic

'ernia *sf* (*MED*) hernia
e'roe *sm* hero
ero'gare *vt* (*somme*) to distribute; (: *per beneficenza*) to donate; (*gas, servizi*) to supply
e'roico, a, ci, che *ag* heroic
ero'ina *sf* heroine; (*droga*) heroin
ero'ismo *sm* heroism
erosi'one *sf* erosion
e'rotico, a, ci, che *ag* erotic
er'rare *vi* (*vagare*) to wander, roam; (*sbagliare*) to be mistaken
er'rore *sm* error, mistake; (*morale*) error; **per** ~ by mistake
'erta *sf* steep slope; **stare all'**~ to be on the alert
erut'tare *vt* (*sog*: *vulcano*) to throw out, belch
eruzi'one [erut'tsjone] *sf* eruption
esacer'bare [ezatʃer'bare] *vt* to exacerbate
esage'rare [ezadʒe'rare] *vt* to exaggerate ♦ *vi* to exaggerate; (*eccedere*) to go too far; **esagerazi'one** *sf* exaggeration
e'sagono *sm* hexagon
esal'tare *vt* to exalt; (*entusiasmare*) to excite, stir; **esal'tato, a** *sm/f* fanatic
e'same *sm* examination; (*INS*) exam, examination; **fare** *o* **dare un** ~ to sit *o* take an exam; ~ **del sangue** blood test
esami'nare *vt* to examine
e'sanime *ag* lifeless
esaspe'rare *vt* to exasperate; to exacerbate; **~rsi** *vr* to become annoyed *o* exasperated; **esasperazi'one** *sf* exasperation
esatta'mente *av* exactly; accurately, precisely
esat'tezza [ezat'tettsa] *sf* exactitude, accuracy, precision
e'satto, a *pp di* **esigere** ♦ *ag* (*calcolo, ora*) correct, right, exact; (*preciso*) accurate, precise; (*puntuale*) punctual
esat'tore *sm* (*di imposte etc*) collector
esau'dire *vt* to grant, fulfil
esauri'ente *ag* exhaustive
esauri'mento *sm* exhaustion; ~ **nervoso** nervous breakdown
esau'rire *vt* (*stancare*) to exhaust, wear out; (*provviste, miniera*) to exhaust; **~rsi** *vr* to exhaust o.s., wear o.s. out; (*provviste*) to run out; **esau'rito, a** *ag* exhausted; (*merci*) sold out; (*libri*) out of print; **registrare il tutto esaurito** (*TEATRO*) to have a full house; **e'sausto, a** *ag* exhausted
'esca (*pl* **esche**) *sf* bait
escande'scenza [eskandeʃ'ʃɛntsa] *sf*: **dare in ~e** to lose one's temper, fly into a rage
'esce *etc* ['ɛʃe] *vb vedi* **uscire**
eschi'mese [eski'mese] *ag, sm/f* Eskimo
escla'mare *vi* to exclaim, cry out; **esclamazi'one** *sf* exclamation
es'cludere *vt* to exclude
esclu'siva *sf* (*DIR, COMM*) exclusive *o* sole rights *pl*
esclu'sivo, a *ag* exclusive
es'cluso, a *pp di* **escludere**
'esco *etc vb vedi* **uscire**
escogi'tare [eskodʒi'tare] *vt* to devise, think up
escursi'one *sf* (*gita*) excursion, trip; (: *a piedi*) hike, walk; (*METEOR*) range
ese'crare *vt* to loathe, abhor
esecu'tivo, a *ag, sm* executive
esecu'tore, 'trice *sm/f* (*MUS*) performer; (*DIR*) executor
esecuzi'one [ezekut'tsjone] *sf* execution, carrying out; (*MUS*) performance; ~ **capitale** execution
esegu'ire *vt* to carry out, execute; (*MUS*) to perform, execute
e'sempio *sm* example; **per** ~ for example, for instance; **fare un** ~ to give an example; **esem'plare** *ag* exemplary ♦ *sm* example; (*copia*) copy; **esemplifi'care** *vt* to exemplify
esen'tare *vt*: ~ **qn/qc da** to exempt sb/sth from
e'sente *ag*: ~ **da** (*dispensato da*)

exempt from; (*privo di*) free from; **esenzi'one** *sf* exemption
e'sequie *sfpl* funeral rites; funeral service *sg*
eser'cente [ezer'tʃɛnte] *sm/f* trader, dealer; shopkeeper
eserci'tare [ezertʃi'tare] *vt* (*professione*) to practise (*BRIT*), practice (*US*); (*allenare: corpo, mente*) to exercise, train; (*diritto*) to exercise; (*influenza, pressione*) to exert; **~rsi** *vr* to practise; **~rsi alla lotta** to practise fighting; **esercitazi'one** *sf* (*scolastica, militare*) exercise
e'sercito [e'zɛrtʃito] *sm* army
eser'cizio [ezer'tʃittsjo] *sm* practice; exercising; (*fisico, di matematica*) exercise; (*ECON*) financial year; (*azienda*) business, concern; **in ~** (*medico etc*) practising
esi'bire *vt* to exhibit, display; (*documenti*) to produce, present; **~rsi** *vr* (*attore*) to perform; (*fig*) to show off; **esibizi'one** *sf* exhibition; (*di documento*) presentation; (*spettacolo*) show, performance
esi'gente [ezi'dʒɛnte] *ag* demanding; **esi'genza** *sf* demand, requirement
e'sigere [e'zidʒere] *vt* (*pretendere*) to demand; (*richiedere*) to demand, require; (*imposte*) to collect
e'siguo, a *ag* small, slight
'esile *ag* (*persona*) slender, slim; (*stelo*) thin; (*voce*) faint
esili'are *vt* to exile; **e'silio** *sm* exile
e'simere *vt*: **~ qn/qc da** to exempt sb/sth from; **~rsi** *vr*: **~rsi da** to get out of
esis'tenza [ezis'tɛntsa] *sf* existence
e'sistere *vi* to exist
esis'tito, a *pp di* **esistere**
esi'tare *vi* to hesitate; **esitazi'one** *sf* hesitation
'esito *sm* result, outcome
'esodo *sm* exodus
esone'rare *vt* to exempt
e'sordio *sm* début
esor'tare *vt*: **~ qn a fare** to urge sb to do
e'sotico, a, ci, che *ag* exotic
es'pandere *vt* to expand; (*confini*) to extend; (*influenza*) to extend, spread; **~rsi** *vr* to expand; **espansi'one** *sf* expansion; **espan'sivo, a** *ag* expansive, communicative
espatri'are *vi* to leave one's country
espedi'ente *sm* expedient
es'pellere *vt* to expel
esperi'enza [espe'rjɛntsa] *sf* experience; (*SCIENZA: prova*) experiment
esperi'mento *sm* experiment
es'perto, a *ag, sm* expert
espi'are *vt* to atone for
espi'rare *vt, vi* to breathe out
espli'care *vt* (*attività*) to carry out, perform
es'plicito, a [es'plitʃito] *ag* explicit
es'plodere *vi* (*anche fig*) to explode ♦ *vt* to fire
esplo'rare *vt* to explore; **esplora'tore** *sm* explorer; (*anche: giovane esploratore*) (boy) scout; (*NAUT*) scout (ship)
esplosi'one *sf* explosion; **esplo'sivo, a** *ag, sm* explosive; **es'ploso, a** *pp di* **esplodere**
espo'nente *sm/f* (*rappresentante*) representative
es'porre *vt* (*merci*) to display; (*quadro*) to exhibit, show; (*fatti, idee*) to explain, set out; (*porre in pericolo, FOT*) to expose
espor'tare *vt* to export; **esportazi'one** *sf* exportation; export
esposizi'one [espozit'tsjone] *sf* displaying; exhibiting; setting out; (*anche FOT*) exposure; (*mostra*) exhibition; (*narrazione*) explanation, exposition
es'posto, a *pp di* **esporre** ♦ *ag*: **~ a nord** facing north ♦ *sm* (*AMM*) statement, account; (: *petizione*) petition
espressi'one *sf* expression
espres'sivo, a *ag* expressive
es'presso, a *pp di* **esprimere** ♦ *ag* express ♦ *sm* (*lettera*) express letter; (*anche: treno ~*) express train; (*anche: caffè ~*) espresso

es'primere *vt* to express
espulsi'one *sf* expulsion; **es'pulso, a** *pp di* **espellere**
'essa (*pl* 'esse) *pron f vedi* **esso**
es'senza [es'sɛntsa] *sf* essence; **essenzi'ale** *ag* essential; **l'essenziale** the main *o* most important thing

PAROLA CHIAVE

'essere *sm* being; ~ **umano** human being
◆ *vb copulativo* **1** (*con attributo, sostantivo*) to be; **sei giovane/simpatico** you are *o* you're young/nice; **è medico** he is *o* he's a doctor
2 (*+di: appartenere*) to be; **di chi è la penna?** whose pen is it?; **è di Carla** it is *o* it's Carla's, it belongs to Carla
3 (*+di: provenire*) to be; **è di Venezia** he is *o* he's from Venice
4 (*data, ora*): **è il 15 agosto/lunedì** it is *o* it's the 15th of August/Monday; **che ora è?, che ore sono?** what time is it?; **è l'una** it is *o* it's one o'clock; **sono le due** it is *o* it's two o'clock
5 (*costare*): **quant'è?** how much is it?; **sono 20.000 lire** it's 20,000 lire
◆ *vb aus* **1** (*attivo*): ~ **arrivato/venuto** to have arrived/come; **è gia partita** she has already left
2 (*passivo*) to be; ~ **fatto da** to be made by; **è stata uccisa** she has been killed
3 (*riflessivo*): **si sono lavati** they washed, they got washed
4 (*+da +infinito*): **è da farsi subito** it must be *o* is to be done immediately
◆ *vi* **1** (*esistere, trovarsi*) to be; **sono a casa** I'm at home; ~ **in piedi/seduto** to be standing/sitting
2: **esserci: c'è** there is; **ci sono** there are; **che c'è?** what's the matter?, what is it?; **ci sono!** (*fig: ho capito*) I get it!; *vedi anche* **ci**
◆ *vb impers*: **è tardi/Pasqua** it's late/Easter; **è possibile che venga** he may come; **è così** that's the way it is

'esso, a *pron* it; (*riferito a persona: soggetto*) he/she; (*: complemento*) him/her; **~i, e** *pron pl* they; (*complemento*) them
est *sm* east
'estasi *sf* ecstasy
es'tate *sf* summer
es'tendere *vt* to extend; **~rsi** *vr* (*diffondersi*) to spread; (*territorio, confini*) to extend; **estensi'one** *sf* extension; (*di superficie*) expanse; (*di voce*) range
esteri'ore *ag* outward, external
ester'nare *vt* to express
es'terno, a *ag* (*porta, muro*) outer, outside; (*scala*) outside; (*alunno, impressione*) external ♦ *sm* outside, exterior ♦ *sm/f* (*allievo*) day pupil; **per uso ~** for external use only
'estero, a *ag* foreign ♦ *sm*: **all'~** abroad
es'teso, a *pp di* **estendere** ♦ *ag* extensive, large; **scrivere per ~** to write in full
es'tetico, a, ci, che *ag* aesthetic ♦ *sf* (*disciplina*) aesthetics *sg*; (*bellezza*) attractiveness; **este'tista, i, e** *sm/f* beautician
'estimo *sm* valuation; (*disciplina*) surveying
es'tinguere *vt* to extinguish, put out; (*debito*) to pay off; **~rsi** *vr* to go out; (*specie*) to become extinct; **es'tinto, a** *pp di* **estinguere**; **estin'tore** *sm* (fire) extinguisher; **estinzi'one** *sf* putting out; (*di specie*) extinction
estir'pare *vt* (*pianta*) to uproot, pull up; (*fig: vizio*) to eradicate
es'tivo, a *ag* summer *cpd*
es'torcere [es'tɔrtʃere] *vt*: ~ **qc (a qn)** to extort sth (from sb); **es'torto, a** *pp di* **estorcere**
estradizi'one [estradit'tsjone] *sf* extradition
es'traneo, a *ag* foreign; (*discorso*) extraneous, unrelated ♦ *sm/f* stran-

ger; **rimanere ~ a qc** to take no part in sth
es'trarre *vt* to extract; (*minerali*) to mine; (*sorteggiare*) to draw; **es'tratto, a** *pp di* **estrarre** ♦ *sm* extract; (*di documento*) abstract; **estratto conto** statement of account; **estratto di carne** (*CUC*) meat extract; **estratto di nascita** birth certificate; **estrazi'one** *sf* extraction; mining; drawing *no pl*; draw
estremità *sf inv* extremity, end ♦ *sfpl* (*ANAT*) extremities
es'tremo, a *ag* extreme; (*ultimo: ora, tentativo*) final, last ♦ *sm* extreme; (*di pazienza, forze*) limit, end; **~i** *smpl* (*AMM: dati essenziali*) details, particulars; **l'~ Oriente** the Far East
'estro *sm* (*capriccio*) whim, fancy; (*ispirazione creativa*) inspiration; **es'troso, a** *ag* whimsical, capricious; inspired
estro'verso, a *ag, sm* extrovert
'esule *sm/f* exile
età *sf inv* age; **all'~ di 8 anni** at the age of 8, at 8 years of age; **ha la mia ~** he (*o* she) is the same age as me *o* as I am; **raggiungere la maggiore ~** to come of age; **essere in ~ minore** to be under age
'etere *sm* ether; **e'tereo, a** *ag* ethereal
eternità *sf* eternity
e'terno, a *ag* eternal
etero'geneo, a [etero'dʒɛneo] *ag* heterogeneous
'etica *sf* ethics *sg*; *vedi anche* **etico**
eti'chetta [eti'ketta] *sf* label; (*cerimoniale*): **l'~** etiquette
'etico, a, ci, che *ag* ethical
etimolo'gia, 'gie [etimolo'dʒia] *sf* etymology
Eti'opia *sf*: **l'~** Ethiopia
'Etna *sm*: **l'~** Etna
'etnico, a, ci, che *ag* ethnic
e'trusco, a, schi, sche *ag, sm/f* Etruscan
'ettaro *sm* hectare (= *10,000 m*^{2})
'etto *sm abbr* = **ettogrammo**
etto'grammo *sm* hectogram(me) (= *100 grams*)
Eucaris'tia *sf*: **l'~** the Eucharist
Eu'ropa *sf*: **l'~** Europe; **euro'peo, a** *ag, sm/f* European
evacu'are *vt* to evacuate
e'vadere *vi* (*fuggire*): **~ da** to escape from ♦ *vt* (*sbrigare*) to deal with, dispatch; (*tasse*) to evade
evan'gelico, a, ci, che [evan'dʒɛliko] *ag* evangelical
evapo'rare *vi* to evaporate; **evaporazi'one** *sf* evaporation
evasi'one *sf* (*vedi evadere*) escape; dispatch; **~ fiscale** tax evasion
eva'sivo, a *ag* evasive
e'vaso, a *pp di* **evadere** ♦ *sm* escapee
eveni'enza [eve'njɛntsa] *sf*: **pronto(a) per ogni ~** ready for any eventuality
e'vento *sm* event
eventu'ale *ag* possible
evi'dente *ag* evident, obvious; **evi'denza** *sf* obviousness; **mettere in evidenza** to point out, highlight; **evidenzi'are** *vt* to emphasize; (*con evidenziatore*) to highlight; **evidenzia'tore** *sm* highlighter (pen)
evi'tare *vt* to avoid; **~ di fare** to avoid doing; **~ qc a qn** to spare sb sth
'evo *sm* age, epoch
evo'care *vt* to evoke
evo'luto, a *pp di* **evolvere** ♦ *ag* (*civiltà*) (highly) developed, advanced; (*persona*) independent
evoluzi'one [evolut'tsjone] *sf* evolution
e'volversi *vr* to evolve
ev'viva *escl* hurrah!; **~ il re!** long live the king!, hurrah for the king!
ex *prefisso* ex, former
'extra *ag inv* first-rate; top-quality ♦ *sm inv* extra; **extracomuni'tario, a** *ag* from outside the EC ♦ *sm/f* non-EC citizen; **extraconiu'gale** *ag* extramarital

F

fa *vb vedi* **fare** ♦ *sm inv* (*MUS*) F; (*: solfeggiando la scala*) fa ♦ *av*: **10 anni** ~ 10 years ago

fabbi'sogno [fabbi'zoɲɲo] *sm* needs *pl*, requirements *pl*

'fabbrica *sf* factory; **fabbri'cante** *sm* manufacturer, maker; **fabbri'care** *vt* to build; (*produrre*) to manufacture, make; (*fig*) to fabricate, invent

'fabbro *sm* (black)smith

fac'cenda [fat'tʃɛnda] *sf* matter, affair; (*cosa da fare*) task, chore

fac'chino [fak'kino] *sm* porter

'faccia, ce ['fattʃa] *sf* face; (*di moneta, medaglia*) side; ~ **a** ~ face to face

facci'ata [fat'tʃata] *sf* façade; (*di pagina*) side

'faccio ['fattʃo] *vb vedi* **fare**

fa'ceto, a [fa'tʃeto] *ag* witty, humorous

'facile ['fatʃile] *ag* easy; (*affabile*) easy-going; (*disposto*): ~ **a** inclined to, prone to; (*probabile*): **è** ~ **che piova** it's likely to rain; **facilità** *sf* easiness; (*disposizione, dono*) aptitude; **facili'tare** *vt* to make easier

facino'roso, a [fatʃino'roso] *ag* violent

facoltà *sf inv* faculty; (*CHIMICA*) property; (*autorità*) power

facolta'tivo, a *ag* optional; (*fermata d'autobus*) request *cpd*

fac'simile *sm* facsimile

'faggio ['faddʒo] *sm* beech

fagi'ano [fa'dʒano] *sm* pheasant

fagio'lino [fadʒo'lino] *sm* French (*BRIT*) *o* string bean

fagi'olo [fa'dʒɔlo] *sm* bean

fa'gotto *sm* bundle; (*MUS*) bassoon; **far** ~ (*fig*) to pack up and go

'fai *vb vedi* **fare**

'falce ['faltʃe] *sf* scythe; **fal'cetto** *sm* sickle; **falci'are** *vt* to cut; (*fig*) to mow down

'falco, chi *sm* hawk

fal'cone *sm* falcon

'falda *sf* layer, stratum; (*di cappello*) brim; (*di cappotto*) tails *pl*; (*di monte*) lower slope; (*di tetto*) pitch; **nevica a larghe** ~**e** the snow is falling in large flakes; **abito a** ~**e** tails *pl*

fale'gname [faleɲ'ɲame] *sm* joiner

fal'lace [fal'latʃe] *ag* misleading

falli'mento *sm* failure; bankruptcy

fal'lire *vi* (*non riuscire*): ~ **(in)** to fail (in); (*DIR*) to go bankrupt ♦ *vt* (*colpo, bersaglio*) to miss; **fal'lito, a** *ag* unsuccessful; bankrupt ♦ *sm/f* bankrupt

'fallo *sm* error, mistake; (*imperfezione*) defect, flaw; (*SPORT*) foul; fault; **senza** ~ without fail

falò *sm inv* bonfire

fal'sare *vt* to distort, misrepresent; **fal'sario** *sm* forger; counterfeiter; **falsifi'care** *vt* to forge; (*monete*) to forge, counterfeit

'falso, a *ag* false; (*errato*) wrong; (*falsificato*) forged; fake; (*: oro, gioielli*) imitation *cpd* ♦ *sm* forgery; **giurare il** ~ to commit perjury

'fama *sf* fame; (*reputazione*) reputation, name

'fame *sf* hunger; **aver** ~ to be hungry; **fa'melico, a, ci, che** *ag* ravenous

fa'miglia [fa'miʎʎa] *sf* family

famili'are *ag* (*della famiglia*) family *cpd*; (*ben noto*) familiar; (*rapporti, atmosfera*) friendly; (*LING*) informal, colloquial ♦ *sm/f* relative, relation; **familiarità** *sf* familiarity; friendliness; informality

fa'moso, a *ag* famous, well-known

fa'nale *sm* (*AUT*) light, lamp (*BRIT*); (*luce stradale, NAUT*) light; (*di faro*) beacon

fa'natico, a, ci, che *ag* fanatical; (*del teatro, calcio etc*): ~ **di** *o* **per** mad *o* crazy about ♦ *sm/f* fanatic; (*tifoso*) fan

fanci'ullo, a [fan'tʃullo] *sm/f* child

fan'donia *sf* tall story; ~**e** *sfpl* (*as-*

surdità) nonsense *sg*
fan'fara *sf* brass band; (*musica*) fanfare
'fango, ghi *sm* mud; **fan'goso, a** *ag* muddy
'fanno *vb vedi* **fare**
fannul'lone, a *sm/f* idler, loafer
fantasci'enza [fantaʃ'ʃɛntsa] *sf* science fiction
fanta'sia *sf* fantasy, imagination; (*capriccio*) whim, caprice ♦ *ag inv*: vestito ~ patterned dress
fan'tasma, i *sm* ghost, phantom
fan'tastico, a, ci, che *ag* fantastic; (*potenza, ingegno*) imaginative
'fante *sm* infantryman; (*CARTE*) jack, knave (*BRIT*); **fante'ria** *sf* infantry
fan'toccio [fan'tɔttʃo] *sm* puppet
fara'butto *sm* crook
far'dello *sm* bundle; (*fig*) burden

PAROLA CHIAVE

'fare *sm* **1** (*modo di fare*): **con ~ distratto** absent-mindedly; **ha un ~ simpatico** he has a pleasant manner
2: **sul far del giorno/della notte** at daybreak/nightfall
♦ *vt* **1** (*fabbricare, creare*) to make; (*: casa*) to build; (*: assegno*) to make out; **~ un pasto/una promessa/un film** to make a meal/a promise/a film; **~ rumore** to make a noise
2 (*effettuare: lavoro, attività, studi*) to do; (*: sport*) to play; **cosa fa?** (*adesso*) what are you doing?; (*di professione*) what do you do?; **~ psicologia/italiano** (*INS*) to do psychology/Italian; **~ un viaggio** to go on a trip *o* journey; **~ una passeggiata** to go for a walk; **~ la spesa** to do the shopping
3 (*funzione*) to be; (*TEATRO*) to play, be; **~ il medico** to be a doctor; **~ il malato** (*fingere*) to act the invalid
4 (*suscitare: sentimenti*): **~ paura a qn** to frighten sb; **(non) fa niente** (*non importa*) it doesn't matter
5 (*ammontare*): **3 più 3 fa 6** 3 and 3 are *o* make 6; **fanno 6.000 lire** that's 6,000 lire; **Roma fa 2.000.000 di abitanti** Rome has 2,000,000 inhabitants; **che ora fai?** what time do you make it?
6 (*+infinito*): **far ~ qc a qn** (*obbligare*) to make sb do sth; (*permettere*) to let sb do sth; **fammi vedere** let me see; **far partire il motore** to start (up) the engine; **far riparare la macchina/costruire una casa** to get *o* have the car repaired/a house built
7: **~rsi**: **~rsi una gonna** to make o.s. a skirt; **~rsi un nome** to make a name for o.s.; **~rsi la permanente** to get a perm; **~rsi tagliare i capelli** to get one's hair cut; **~rsi operare** to have an operation
8 (*fraseologia*): **farcela** to succeed, manage; **non ce la faccio più** I can't go on; **ce la faremo** we'll make it; **me l'hanno fatta!** (*imbrogliare*) I've been done!; **lo facevo più giovane** I thought he was younger; **fare sì/no con la testa** to nod/shake one's head
♦ *vi* **1** (*agire*) to act, do; **fate come volete** do as you like; **~ presto** to be quick; **~ da** to act as; **non c'è niente da ~** it's no use; **saperci ~ con qn/qc** to know how to deal with sb/sth; **faccia pure!** go ahead!
2 (*dire*) to say; **"davvero?" fece** "really?" he said
3: **~ per** (*essere adatto*) to be suitable for; **~ per ~ qc** to be about to do sth; **fece per andarsene** he made as if to leave
4: **~rsi**: **si fa così** you do it like this, this is the way it's done; **non si fa così!** (*rimprovero*) that's no way to behave!; **la festa non si fa** the party is off
5: **~ a gara con qn** to compete *o* vie with sb; **~ a pugni** to come to blows; **~ in tempo a ~** to be in time to do
♦ *vb impers*: **fa bel tempo** the

weather is fine; **fa caldo/freddo** it's hot/cold; **fa notte** it's getting dark
◆ *vr*: **~rsi 1** (*diventare*) to become; **~rsi prete** to become a priest; **~rsi grande/vecchio** to grow tall/old
2 (*spostarsi*): **~rsi avanti/indietro** to move forward/back
3 (*fam: drogarsi*) to be a junkie

far'falla *sf* butterfly
fa'rina *sf* flour
farma'cia, 'cie [farma'tʃia] *sf* pharmacy; (*negozio*) chemist's (shop) (*BRIT*), pharmacy; **farma'cista, i, e** *sm/f* chemist (*BRIT*), pharmacist
'farmaco, ci *o* **chi** *sm* drug, medicine
'faro *sm* (*NAUT*) lighthouse; (*AER*) beacon; (*AUT*) headlight
'farsa *sf* farce
'fascia, sce ['faʃʃa] *sf* band, strip; (*MED*) bandage; (*di sindaco, ufficiale*) sash; (*parte di territorio*) strip, belt; (*di contribuenti etc*) group, band; **essere in ~sce** (*anche fig*) to be in one's infancy; **~ oraria** time band
fasci'are [faʃ'ʃare] *vt* to bind; (*MED*) to bandage; (*bambino*) to put a nappy (*BRIT*) *o* diaper (*US*) on
fa'scicolo [faʃ'ʃikolo] *sm* (*di documenti*) file, dossier; (*di rivista*) issue, number; (*opuscolo*) booklet, pamphlet
'fascino ['faʃʃino] *sm* charm, fascination
'fascio ['faʃʃo] *sm* bundle, sheaf; (*di fiori*) bunch; (*di luce*) beam; (*POL*): **il F~** the Fascist Party
fa'scismo [faʃ'ʃizmo] *sm* fascism
'fase *sf* phase; (*TECN*) stroke; **fuori ~** (*motore*) rough
fas'tidio *sm* bother, trouble; **dare ~ a qn** to bother *o* annoy sb; **sento ~ allo stomaco** my stomach's upset; **avere ~i con la polizia** to have trouble *o* bother with the police; **fastidi'oso, a** *ag* annoying, tiresome; (*schifiltoso*) fastidious
'fasto *sm* pomp, splendour
'fata *sf* fairy
fa'tale *ag* fatal; (*inevitabile*) inevitable; (*fig*) irresistible; **fatalità** *sf inv* inevitability; (*avversità*) misfortune; (*fato*) fate, destiny
fa'tica, che *sf* hard work, toil; (*sforzo*) effort; (*di metalli*) fatigue; **a ~** with difficulty; **fare ~ a fare qc** to have a job doing sth; **fati'care** *vi* to toil; **faticare a fare qc** to have difficulty doing sth; **fati'coso, a** *ag* tiring, exhausting; (*lavoro*) laborious
'fato *sm* fate, destiny
'fatto, a *pp di* **fare** ♦ *ag*: **un uomo ~** a grown man; **~ a mano/in casa** hand-/home-made ♦ *sm* fact; (*azione*) deed; (*avvenimento*) event, occurrence; (*di romanzo, film*) action, story; **cogliere qn sul ~** to catch sb red-handed; **il ~ sta** *o* **è che** the fact remains *o* is that; **in ~ di** as for, as far as ... is concerned
fat'tore *sm* (*AGR*) farm manager; (*MAT, elemento costitutivo*) factor
fatto'ria *sf* farm; farmhouse
fatto'rino *sm* errand-boy; (*di ufficio*) office-boy; (*d'albergo*) porter
fat'tura *sf* (*COMM*) invoice; (*di abito*) tailoring; (*malia*) spell
fattu'rare *vt* (*COMM*) to invoice; (*prodotto*) to produce; (*vino*) to adulterate
fattu'rato *sm* (*COMM*) turnover
'fatuo, a *ag* vain, fatuous
'fauna *sf* fauna
fau'tore, trice *sm/f* advocate, supporter
fa'vella *sf* speech
fa'villa *sf* spark
'favola *sf* (*fiaba*) fairy tale; (*d'intento morale*) fable; (*fandonia*) yarn; **favo'loso, a** *ag* fabulous; (*incredibile*) incredible
fa'vore *sm* favour; **per ~** please; **fare un ~ a qn** to do sb a favour; **favo'revole** *ag* favourable
favo'rire *vt* to favour; (*il commercio, l'industria, le arti*) to promote, encourage; **vuole ~?** won't you help yourself?; **favorisca in salotto**

please come into the sitting room; **favo'rito, a** *ag, sm/f* favourite
fazzo'letto [fattso'letto] *sm* handkerchief; (*per la testa*) (head)scarf
feb'braio *sm* February
'febbre *sf* fever; **aver la ~** to have a high temperature; **~ da fieno** hay fever; **feb'brile** *ag* (*anche fig*) feverish
'feccia, ce ['fettʃa] *sf* dregs *pl*
'fecola *sf* potato flour
fecondazi'one [fekondat'tsjone] *sf* fertilization; **~ artificiale** artificial insemination
fe'condo, a *ag* fertile
'fede *sf* (*credenza*) belief, faith; (*REL*) faith; (*fiducia*) faith, trust; (*fedeltà*) loyalty; (*anello*) wedding ring; (*attestato*) certificate; **aver ~ in qn** to have faith in sb; **in buona/cattiva ~** in good/bad faith; **"in ~"** (*DIR*) "in witness whereof"; **fe'dele** *ag*: **fedele (a)** faithful (to) ♦ *sm/f* follower; **i fedeli** (*REL*) the faithful; **fedeltà** *sf* faithfulness; (*coniugale*) fidelity; **alta fedeltà** (*RADIO*) high fidelity
'federa *sf* pillowslip, pillowcase
fede'rale *ag* federal
'fegato *sm* liver; (*fig*) guts *pl*, nerve
'felce ['feltʃe] *sf* fern
fe'lice [fe'litʃe] *ag* happy; (*fortunato*) lucky; **felicità** *sf* happiness
felici'tarsi [felitʃi'tarsi] *vr* (*congratularsi*): **~ con qn per qc** to congratulate sb on sth
fe'lino, a *ag, sm* feline
'feltro *sm* felt
'femmina *sf* (*ZOOL, TECN*) female; (*figlia*) girl, daughter; (*spesso peg*) woman; **femmi'nile** *ag* feminine; (*sesso*) female; (*lavoro, giornale, moda*) woman's ♦ *sm* (*LING*) feminine; **femmi'nismo** *sm* feminism
'fendere *vt* to cut through; **fendi'nebbia** *sm inv* (*AUT*) fog lamp
fe'nomeno *sm* phenomenon
'feretro *sm* coffin
feri'ale *ag* working *cpd*, work *cpd*, week *cpd*; **giorno ~** weekday
'ferie *sfpl* holidays (*BRIT*), vacation *sg* (*US*); **andare in ~** to go on holiday *o* vacation
fe'rire *vt* to injure; (*deliberatamente*: *MIL etc*) to wound; (*colpire*) to hurt; **fe'rita** *sf* injury, wound; **fe'rito, a** *sm/f* wounded *o* injured man/woman
'ferma *sf* (*MIL*) (period of) service; (*CACCIA*): **cane da ~** pointer
fer'maglio [fer'maʎʎo] *sm* clasp; (*gioiello*) brooch; (*per documenti*) clip
fer'mare *vt* to stop, halt; (*POLIZIA*) to detain, hold; (*bottone etc*) to fasten, fix ♦ *vi* to stop; **~rsi** *vr* to stop, halt; **~rsi a fare qc** to stop to do sth
fer'mata *sf* stop; **~ dell'autobus** bus stop
fer'mento *sm* (*anche fig*) ferment; (*lievito*) yeast
fer'mezza [fer'mettsa] *sf* (*fig*) firmness, steadfastness
'fermo, a *ag* still, motionless; (*veicolo*) stationary; (*orologio*) not working; (*saldo*: *anche fig*) firm; (*voce, mano*) steady ♦ *escl* stop!; keep still! ♦ *sm* (*chiusura*) catch, lock; (*DIR*): **~ di polizia** police detention
'fermo 'posta *av, sm inv* poste restante (*BRIT*), general delivery (*US*)
fe'roce [fe'rɔtʃe] *ag* (*animale*) wild, fierce, ferocious; (*persona*) cruel, fierce; (*fame, dolore*) raging
ferra'gosto *sm* (*festa*) feast of the Assumption; (*periodo*) August holidays *pl*
ferra'menta *sfpl* ironmongery *sg* (*BRIT*), hardware *sg*; **negozio di ~** ironmonger's (*BRIT*), hardware shop *o* store (*US*)
fer'rato, a *ag* (*FERR*): **strada ~a** railway (*BRIT*) *o* railroad (*US*) line; (*fig*): **essere ~ in** to be well up in
'ferreo, a *ag* iron *cpd*
'ferro *sm* iron; **una bistecca ai ~i** a grilled steak; **~ battuto** wrought iron; **~ da calza** knitting needle; **~ di cavallo** horseshoe; **~ da stiro**

iron
ferro'via *sf* railway (*BRIT*), railroad (*US*); **ferrovi'ario, a** *ag* railway *cpd* (*BRIT*), railroad *cpd* (*US*); **ferro-vi'ere** *sm* railwayman (*BRIT*), railroad man (*US*)
'fertile *ag* fertile; **fertiliz'zante** *sm* fertilizer
'fervido, a *ag* fervent
fer'vore *sm* fervour, ardour; (*punto culminante*) height
'fesso, a *pp di* **fendere** ♦ *ag* (*fam*: *sciocco*) crazy, cracked
fes'sura *sf* crack, split; (*per gettone, moneta*) slot
'festa *sf* (*religiosa*) feast; (*pubblica*) holiday; (*compleanno*) birthday; (*onomastico*) name day; (*ricevimento*) celebration, party; **far ~** to have a holiday; to live it up; **far ~ a qn** to give sb a warm welcome
festeggi'are [fested'dʒare] *vt* to celebrate; (*persona*) to have a celebration for
fes'tino *sm* party; (*con balli*) ball
fes'tivo, a *ag* (*atmosfera*) festive; **giorno ~** holiday
fes'toso, a *ag* merry, joyful
fe'ticcio [fe'tittʃo] *sm* fetish
'feto *sm* foetus (*BRIT*), fetus (*US*)
'fetta *sf* slice
fettuc'cine [fettut'tʃine] *sfpl* (*CUC*) ribbon-shaped pasta
FF.SS. *abbr* = **Ferrovie dello Stato**
fi'aba *sf* fairy tale
fi'acca *sf* weariness; (*svogliatezza*) listlessness
fiac'care *vt* to weaken
fi'acco, a, chi, che *ag* (*stanco*) tired, weary; (*svogliato*) listless; (*debole*) weak; (*mercato*) slack
fi'accola *sf* torch
fi'ala *sf* phial
fi'amma *sf* flame
fiam'mante *ag* (*colore*) flaming; **nuovo ~** brand new
fiammeggi'are [fjammed'dʒare] *vi* to blaze
fiam'mifero *sm* match
fiam'mingo, a, ghi, ghe *ag* Flemish ♦ *sm/f* Fleming ♦ *sm* (*LING*) Flemish; (*ZOOL*) flamingo; **i F~ghi** the Flemish
fiancheggi'are [fjanked'dʒare] *vt* to border; (*fig*) to support, back (up); (*MIL*) to flank
fi'anco, chi *sm* side; (*MIL*) flank; **di ~** sideways, from the side; **a ~ a ~** side by side
fi'asco, schi *sm* flask; (*fig*) fiasco; **fare ~** to be a fiasco
fi'ato *sm* breath; (*resistenza*) stamina; **avere il ~ grosso** to be out of breath; **prendere ~** to catch one's breath; **~i** *smpl* (*MUS*) wind instruments; **strumento a ~** wind instrument
'fibbia *sf* buckle
'fibra *sf* fibre; (*fig*) constitution
fic'care *vt* to push, thrust, drive; **~rsi** *vr* (*andare a finire*) to get to
'fico, chi *sm* (*pianta*) fig tree; (*frutto*) fig; **~ d'India** prickly pear; **~ secco** dried fig
fidanza'mento [fidantsa'mento] *sm* engagement
fidan'zarsi [fidan'tsarsi] *vr* to get engaged; **fidan'zato, a** *sm/f* fiancé/fiancée
fi'darsi *vr*: **~ di** to trust; **fi'dato, a** *ag* reliable, trustworthy
'fido, a *ag* faithful, loyal ♦ *sm* (*COMM*) credit
fi'ducia [fi'dutʃa] *sf* confidence, trust; **incarico di ~** position of trust, responsible position; **persona di ~** reliable person
fi'ele *sm* (*MED*) bile; (*fig*) bitterness
fie'nile *sm* barn; hayloft
fi'eno *sm* hay
fi'era *sf* fair
fie'rezza [fje'rettsa] *sf* pride
fi'ero, a *ag* proud; (*crudele*) fierce, cruel; (*audace*) bold
'fifa (*fam*) *sf*: **aver ~** to have the jitters
'figlia ['fiʎʎa] *sf* daughter
figli'astro, a [fiʎ'ʎastro] *sm/f* stepson/daughter
'figlio ['fiʎʎo] *sm* son; (*senza di-*

stinzione di sesso) child; ~ **di papà** spoilt, wealthy young man; ~ **unico** only child; **figli'occio, a, ci, ce** *sm/f* godchild, godson/daughter

fi'gura *sf* figure; (*forma, aspetto esterno*) form, shape; (*illustrazione*) picture, illustration; **far** ~ to look smart; **fare una brutta** ~ to make a bad impression

figu'rare *vi* to appear ♦ *vt*: **~rsi qc** to imagine sth; **~rsi** *vr*: **figurati!** imagine that!; **ti do noia? — ma figurati!** am I disturbing you? — not at all!

figura'tivo, a *ag* figurative

figu'rina *sf* figurine; (*cartoncino*) picture card

'fila *sf* row, line; (*coda*) queue; (*serie*) series, string; **di** ~ in succession; **fare la** ~ to queue; **in** ~ **indiana** in single file

filantro'pia *sf* philanthropy

fi'lare *vt* to spin ♦ *vi* (*baco, ragno*) to spin; (*formaggio fuso*) to go stringy; (*discorso*) to hang together; (*fam*: *amoreggiare*) to go steady; (*muoversi a forte velocità*) to go at full speed; (: *andarsene lestamente*) to make o.s. scarce; ~ **diritto** (*fig*) to toe the line

filas'trocca, che *sf* nursery rhyme

filate'lia *sf* philately, stamp collecting

fi'lato, a *ag* spun ♦ *sm* yarn; **3 giorni ~i** 3 days running *o* on end;

fila'tura *sf* spinning; (*luogo*) spinning mill

fi'letto *sm* (*di vite*) thread; (*di carne*) fillet

fili'ale *ag* filial ♦ *sf* (*di impresa*) branch

fili'grana *sf* (*in oreficeria*) filigree; (*su carta*) watermark

film *sm inv* film; **fil'mare** *vt* to film

'filo *sm* (*anche fig*) thread; (*filato*) yarn; (*metallico*) wire; (*di lama, rasoio*) edge; **per** ~ **e per segno** in detail; ~ **d'erba** blade of grass; ~ **di perle** string of pearls; ~ **spinato** barbed wire; **con un** ~ **di voce** in a whisper

'filobus *sm inv* trolley bus

filon'cino [filon'tʃino] *sm* ≈ French stick

fi'lone *sm* (*di minerali*) seam, vein; (*pane*) ≈ Vienna loaf; (*fig*) trend

filoso'fia *sf* philosophy; **fi'losofo, a** *sm/f* philosopher

fil'trare *vt, vi* to filter

'filtro *sm* filter; ~ **dell'olio** (*AUT*) oil filter

'filza ['filtsa] *sf* (*anche fig*) string

fin *av, prep* = **fino**

fi'nale *ag* final ♦ *sm* (*di opera*) end, ending; (: *MUS*) finale ♦ *sf* (*SPORT*) final; **finalità** *sf* (*scopo*) aim, purpose; **final'mente** *av* finally, at last

fi'nanza [fi'nantsa] *sf* finance; **~e** *sfpl* (*di individuo, Stato*) finances; **finanzi'ario, a** *ag* financial; **finanzi'ere** *sm* financier; (*guardia di finanza: doganale*) customs officer; (: *tributaria*) inland revenue official

finché [fin'ke] *cong* (*per tutto il tempo che*) as long as; (*fino al momento in cui*) until; **aspetta** ~ **io (non) sia ritornato** wait until I get back

'fine *ag* (*lamina, carta*) thin; (*capelli, polvere*) fine; (*vista, udito*) keen, sharp; (*persona*: *raffinata*) refined, distinguished; (*osservazione*) subtle ♦ *sf* end ♦ *sm* aim, purpose; (*esito*) result, outcome; **secondo** ~ ulterior motive; **in** *o* **alla** ~ in the end, finally; ~ **settimana** *sm o f inv* weekend

fi'nestra *sf* window; **fines'trino** *sm* (*di treno, auto*) window

'fingere ['findʒere] *vt* to feign; (*supporre*) to imagine, suppose; **~rsi** *vr*: **~rsi ubriaco/pazzo** to pretend to be drunk/mad; ~ **di fare** to pretend to do

fini'mondo *sm* pandemonium

fi'nire *vt* to finish ♦ *vi* to finish, end; ~ **di fare** (*compiere*) to finish doing; (*smettere*) to stop doing; ~ **in galera** to end up *o* finish up in prison;

fini'tura *sf* finish

finlan'dese *ag, sm* (*LING*) Finnish

♦ *sm/f* Finn
Fin'landia *sf*: la ~ Finland
'fino, a *ag* (*capelli, seta*) fine; (*oro*) pure; (*fig*: *acuto*) shrewd ♦ *av* (*spesso troncato in* **fin**: *pure, anche*) even ♦ *prep* (*spesso troncato in* **fin**: *tempo*): **fin quando?** till when?; (: *luogo*): **fin qui** as far as here; ~ **a** (*tempo*) until, till; (*luogo*) as far as, (up) to; **fin da domani** from tomorrow onwards; **fin da ieri** since yesterday; **fin dalla nascita** from *o* since birth
fi'nocchio [fi'nɔkkjo] *sm* fennel; (*fam: peg: pederasta*) queer
fi'nora *av* up till now
'finta *sf* pretence, sham; (*SPORT*) feint; **far ~a (di fare)** to pretend (to do)
'finto, a *pp di* **fingere** ♦ *ag* false; artificial
finzi'one [fin'tsjone] *sf* pretence, sham
fi'occo, chi *sm* (*di nastro*) bow; (*di stoffa, lana*) flock; (*di neve*) flake; (*NAUT*) jib; **coi ~chi** (*fig*) first-rate; **~chi di granoturco** cornflakes
fi'ocina ['fjɔtʃina] *sf* harpoon
fi'oco, a, chi, che *ag* faint, dim
fi'onda *sf* catapult
fio'raio, a *sm/f* florist
fi'ore *sm* flower; **~i** *smpl* (*CARTE*) clubs; **a fior d'acqua** on the surface of the water; **avere i nervi a fior di pelle** to be on edge
fioren'tino, a *ag* Florentine
fio'retto *sm* (*SCHERMA*) foil
fio'rire *vi* (*rosa*) to flower; (*albero*) to blossom; (*fig*) to flourish
Fi'renze [fi'rɛntse] *sf* Florence
'firma *sf* signature; (*reputazione*) name
fir'mare *vt* to sign
fisar'monica, che *sf* accordion
fis'cale *ag* fiscal, tax *cpd*; **medico** ~ *doctor employed by Social Security to verify cases of sick leave*
fischi'are [fis'kjare] *vi* to whistle ♦ *vt* to whistle; (*attore*) to boo, hiss
'fischio ['fiskjo] *sm* whistle
'fisco *sm* tax authorities *pl*, ≈ Inland Revenue (*BRIT*), ≈ Internal Revenue Service (*US*)
'fisica *sf* physics *sg*
'fisico, a, ci, che *ag* physical ♦ *sm/f* physicist ♦ *sm* physique
fisiolo'gia [fizjolo'dʒia] *sf* physiology
fisiono'mia *sf* face, physiognomy
fisiotera'pia *sf* physiotherapy
fis'sare *vt* to fix, fasten; (*guardare intensamente*) to stare at; (*data, condizioni*) to fix, establish, set; (*prenotare*) to book; **~rsi su** (*sog: sguardo, attenzione*) to focus on; (*fig: idea*) to become obsessed with;
fissazi'one *sf* (*PSIC*) fixation
'fisso, a *ag* fixed; (*stipendio, impiego*) regular ♦ *av*: **guardare ~ qc/qn** to stare at sth/sb
'fitta *sf* sharp pain; *vedi anche* **fitto**
fit'tizio, a *ag* fictitious, imaginary
'fitto, a *ag* thick, dense; (*pioggia*) heavy ♦ *sm* depths *pl*, middle; (*affitto, pigione*) rent
fi'ume *sm* river
fiu'tare *vt* to smell, sniff; (*sog: animale*) to scent; (*fig: inganno*) to get wind of, smell; ~ **tabacco/cocaina** to take snuff/cocaine; **fi'uto** *sm* (sense of) smell; (*fig*) nose
fla'gello [fla'dʒɛllo] *sm* scourge
fla'grante *ag* flagrant; **cogliere qn in** ~ to catch sb red-handed
fla'nella *sf* flannel
flash [flaʃ] *sm inv* (*FOT*) flash; (*giornalistico*) newsflash
'flauto *sm* flute
'flebile *ag* faint, feeble
'flemma *sf* (*calma*) coolness, phlegm; (*MED*) phlegm
fles'sibile *ag* pliable; (*fig: che si adatta*) flexible
'flesso, a *pp di* **flettere**
flessu'oso, a *ag* supple, lithe; (*andatura*) flowing, graceful
'flettere *vt* to bend
F.lli *abbr* (= *fratelli*) Bros.
'flora *sf* flora
'florido, a *ag* flourishing; (*fig*) glowing with health

'floscio, a, sci, sce ['flɔʃʃo] *ag* (*cappello*) floppy, soft; (*muscoli*) flabby
'flotta *sf* fleet
'fluido, a *ag, sm* fluid
flu'ire *vi* to flow
flu'oro *sm* fluorine
fluo'ruro *sm* fluoride
'flusso *sm* flow; (*FISICA, MED*) flux; ~ **e riflusso** ebb and flow
fluttu'are *vi* to rise and fall; (*ECON*) to fluctuate
fluvi'ale *ag* river *cpd*, fluvial
'foca, che *sf* (*ZOOL*) seal
fo'caccia, ce [fo'kattʃa] *sf kind of pizza*; (*dolce*) bun
'foce ['fotʃe] *sf* (*GEO*) mouth
foco'laio *sm* (*MED*) centre of infection; (*fig*) hotbed
foco'lare *sm* hearth, fireside; (*TECN*) furnace
'fodera *sf* (*di vestito*) lining; (*di libro, poltrona*) cover; **fode'rare** *vt* to line; to cover
'fodero *sm* (*di spada*) scabbard; (*di pugnale*) sheath; (*di pistola*) holster
'foga *sf* enthusiasm, ardour
'foggia, ge ['fɔddʒa] *sf* (*maniera*) style; (*aspetto*) form, shape; (*moda*) fashion, style
'foglia ['fɔʎʎa] *sf* leaf; ~ **d'argento/d'oro** silver/gold leaf; **fogli'ame** *sm* foliage, leaves *pl*
'foglio ['fɔʎʎo] *sm* (*di carta*) sheet (of paper); (*di metallo*) sheet; (*documento*) document; (*banconota*) (bank)note; ~ **rosa** (*AUT*) provisional licence; ~ **di via** (*DIR*) expulsion order; ~ **volante** pamphlet
'fogna ['foɲɲa] *sf* drain, sewer; **fogna'tura** *sf* drainage, sewerage
föhn [fø:n] *sm inv* hair dryer
folgo'rare *vt* (*sog*: *fulmine*) to strike down; (*: alta tensione*) to electrocute
'folla *sf* crowd, throng
'folle *ag* mad, insane; (*TECN*) idle; **in** ~ (*AUT*) in neutral
fol'lia *sf* folly, foolishness; foolish act; (*pazzia*) madness, lunacy
'folto, a *ag* thick
fomen'tare *vt* to stir up, foment
fondamen'tale *ag* fundamental, basic
fonda'mento *sm* foundation; ~**a** *sfpl* (*EDIL*) foundations
fon'dare *vt* to found; (*fig*: *dar base*): ~ **qc su** to base sth on; **fondazi'one** *sf* foundation
'fondere *vt* (*neve*) to melt; (*metallo*) to fuse, melt; (*fig: colori*) to merge, blend; (*: imprese, gruppi*) to merge ♦ *vi* to melt; ~**rsi** *vr* to melt; (*fig: partiti, correnti*) to unite, merge; **fonde'ria** *sf* foundry
'fondo, a *ag* deep ♦ *sm* (*di recipiente, pozzo*) bottom; (*di stanza*) back; (*quantità di liquido che resta, deposito*) dregs *pl*; (*sfondo*) background; (*unità immobiliare*) property, estate; (*somma di denaro*) fund; (*SPORT*) long-distance race; ~**i** *smpl* (*denaro*) funds; **a notte** ~**a** at dead of night; **in** ~ **a** at the bottom of; at the back of; (*strada*) at the end of; **andare a** ~ (*nave*) to sink; **conoscere a** ~ to know inside out; **dar** ~ **a** (*fig: provviste, soldi*) to use up; **in** ~ (*fig*) after all, all things considered; **andare fino in** ~ **a** (*fig*) to examine thoroughly; **a** ~ **perduto** (*COMM*) without security; ~**i di caffè** coffee grounds; ~**i di magazzino** old *o* unsold stock *sg*
fo'netica *sf* phonetics *sg*
fon'tana *sf* fountain
'fonte *sf* spring, source; (*fig*) source ♦ *sm*: ~ **battesimale** (*REL*) font
fon'tina *sm sweet full-fat hard cheese from Val d'Aosta*
fo'raggio [fo'raddʒo] *sm* fodder, forage
fo'rare *vt* to pierce, make a hole in; (*pallone*) to burst; (*biglietto*) to punch; ~ **una gomma** to burst a tyre (*BRIT*) *o* tire (*US*)
'forbici ['fɔrbitʃi] *sfpl* scissors
'forca, che *sf* (*AGR*) fork, pitchfork; (*patibolo*) gallows *sg*
for'cella [for'tʃɛlla] *sf* (*TECN*) fork;

(*di monte*) pass
for'chetta [for'ketta] *sf* fork
for'cina [for'tʃina] *sf* hairpin
'forcipe ['fɔrtʃipe] *sm* forceps *pl*
fo'resta *sf* forest
foresti'ero, a *ag* foreign ♦ *sm/f* foreigner
'forfora *sf* dandruff
'forgia, ge ['fɔrdʒa] *sf* forge; **forgi'are** *vt* to forge
'forma *sf* form; (*aspetto esteriore*) form, shape; (*DIR: procedura*) procedure; (*per calzature*) last; (*stampo da cucina*) mould; **~e** *sfpl* (*del corpo*) figure, shape; **le ~e** (*convenzioni*) appearances; **essere in ~** to be in good shape
formag'gino [formad'dʒino] *sm* processed cheese
for'maggio [for'maddʒo] *sm* cheese
for'male *ag* formal; **formalità** *sf inv* formality
for'mare *vt* to form, shape, make; (*numero di telefono*) to dial; (*fig: carattere*) to form, mould; **~rsi** *vr* to form, take shape; **for'mato** *sm* format, size; **formazi'one** *sf* formation; (*fig: educazione*) training
for'mica, che *sf* ant; **formi'caio** *sm* anthill
formico'lare *vi* (*gamba, braccio*) to tingle; (*brulicare: anche fig*): **~ di** to be swarming with; **mi formicola la gamba** I've got pins and needles in my leg, my leg's tingling; **formico'lio** *sm* pins and needles *pl*; swarming
formi'dabile *ag* powerful, formidable; (*straordinario*) remarkable
'formula *sf* formula; **~ di cortesia** courtesy form
formu'lare *vt* to formulate; to express
for'nace [for'natʃe] *sf* (*per laterizi etc*) kiln; (*per metalli*) furnace
for'naio *sm* baker
for'nello *sm* (*elettrico, a gas*) ring; (*di pipa*) bowl
for'nire *vt*: **~ qn di qc, ~ qc a qn** to provide *o* supply sb with sth, to supply sth to sb
'forno *sm* (*di cucina*) oven; (*panetteria*) bakery; (*TECN: per calce etc*) kiln; (*: per metalli*) furnace
'foro *sm* (*buco*) hole; (*STORIA*) forum; (*tribunale*) (law) court
'forse *av* perhaps, maybe; (*circa*) about; **essere in ~** to be in doubt
forsen'nato, a *ag* mad, insane
'forte *ag* strong; (*suono*) loud; (*spesa*) considerable, great; (*passione, dolore*) great, deep ♦ *av* strongly; (*velocemente*) fast; (*a voce alta*) loud(ly); (*violentemente*) hard ♦ *sm* (*edificio*) fort; (*specialità*) forte, strong point; **essere ~ in qc** to be good at sth
for'tezza [for'tettsa] *sf* (*morale*) strength; (*luogo fortificato*) fortress
for'tuito, a *ag* fortuitous, chance
for'tuna *sf* (*destino*) fortune, luck; (*buona sorte*) success, fortune; (*eredità, averi*) fortune; **per ~** luckily, fortunately; **di ~** makeshift, improvised; **atterraggio di ~** emergency landing; **fortu'nato, a** *ag* lucky, fortunate; (*coronato da successo*) successful
forvi'are *vt, vi* = **fuorviare**
'forza ['fɔrtsa] *sf* strength; (*potere*) power; (*FISICA*) force; **~e** *sfpl* (*fisiche*) strength *sg*; (*MIL*) forces ♦ *escl* come on!; **per ~** against one's will; (*naturalmente*) of course; **a viva ~** by force; **a ~ di** by dint of; **~ maggiore** circumstances beyond one's control; **la ~ pubblica** the police *pl*; **le ~e armate** the armed forces; **~e dell'ordine** the forces of law and order
for'zare [for'tsare] *vt* to force; **~ qn a fare** to force sb to do; **for'zato, a** *ag* forced ♦ *sm* (*DIR*) prisoner sentenced to hard labour
fos'chia [fos'kia] *sf* mist, haze
'fosco, a, schi, sche *ag* dark, gloomy
'fosforo *sm* phosphorous
'fossa *sf* pit; (*di cimitero*) grave; **~ biologica** septic tank

fos'sato *sm* ditch; (*di fortezza*) moat
fos'setta *sf* dimple
'fossile *ag, sm* fossil
'fosso *sm* ditch; (*MIL*) trench
'foto *sf* photo ♦ *prefisso*: **foto'copia** *sf* photocopy; **fotocopi'are** *vt* to photocopy; **fotogra'fare** *vt* to photograph; **fotogra'fia** *sf* (*procedimento*) photography; (*immagine*) photograph; **fare una fotografia** to take a photograph; **una fotografia a colori/in bianco e nero** a colour/ black and white photograph; **fo'tografo, a** *sm/f* photographer; **fotoro'manzo** *sm* romantic picture story
fra *prep* = tra
fracas'sare *vt* to shatter, smash; **~rsi** *vr* to shatter, smash; (*veicolo*) to crash; **fra'casso** *sm* smash; crash; (*baccano*) din, racket
'fradicio, a, ci, ce ['fraditʃo] *ag* (*molto bagnato*) soaking (wet); **ubriaco ~** blind drunk
'fragile ['fradʒile] *ag* fragile; (*fig: salute*) delicate
'fragola *sf* strawberry
fra'gore *sm* roar; (*di tuono*) rumble
frago'roso, a *ag* deafening
fra'grante *ag* fragrant
frain'tendere *vt* to misunderstand; **frain'teso, a** *pp di* **fraintendere**
fram'mento *sm* fragment
'frana *sf* landslide; (*fig: persona*): **essere una ~** to be useless; **fra'nare** *vi* to slip, slide down
fran'cese [fran'tʃeze] *ag* French ♦ *sm/f* Frenchman/woman ♦ *sm* (*LING*) French; **i F~i** the French
fran'chezza [fran'kettsa] *sf* frankness, openness
'Francia ['frantʃa] *sf*: **la ~** France
'franco, a, chi, che *ag* (*COMM*) free; (*sincero*) frank, open, sincere ♦ *sm* (*moneta*) franc; **farla ~a** (*fig*) to get off scot-free; **~ di dogana** duty-free; **~ a domicilio** delivered free of charge; **prezzo ~ fabbrica** ex-works price; **~ tiratore** *sm* sniper
franco'bollo *sm* (postage) stamp
fran'gente [fran'dʒɛnte] *sm* (*onda*) breaker; (*scoglio emergente*) reef; (*circostanza*) situation, circumstance
'frangia, ge ['frandʒa] *sf* fringe
frantu'mare *vt* to break into pieces, shatter; **~rsi** *vr* to break into pieces, shatter
frap'pé *sm* milk shake
'frasca, sche *sf* (leafy) branch
'frase *sf* (*LING*) sentence; (*locuzione, espressione, MUS*) phrase; **~ fatta** set phrase
'frassino *sm* ash (tree)
frastagli'ato, a [frastaʎ'ʎato] *ag* (*costa*) indented, jagged
frastor'nare *vt* to daze; to befuddle
frastu'ono *sm* hubbub, din
'frate *sm* friar, monk
fratel'lanza [fratel'lantsa] *sf* brotherhood; (*associazione*) fraternity
fratel'lastro *sm* stepbrother
fra'tello *sm* brother; **~i** *smpl* brothers; (*nel senso di fratelli e sorelle*) brothers and sisters
fra'terno, a *ag* fraternal, brotherly
frat'tanto *av* in the meantime, meanwhile
frat'tempo *sm*: **nel ~** in the meantime, meanwhile
frat'tura *sf* fracture; (*fig*) split, break
frazi'one [frat'tsjone] *sf* fraction; **~ di comune** small town
'freccia, ce ['frettʃa] *sf* arrow; **~ di direzione** (*AUT*) indicator
fred'dare *vt* to shoot dead
fred'dezza [fred'dettsa] *sf* coldness
'freddo, a *ag, sm* cold; **fa ~** it's cold; **aver ~** to be cold; **a ~** (*fig*) deliberately; **freddo'loso, a** *ag* sensitive to the cold
fred'dura *sf* pun
fre'gare *vt* to rub; (*fam: truffare*) to take in, cheat; (*: rubare*) to swipe, pinch; **fregarsene** (*fam!*): **chi se ne frega?** who gives a damn (about it)?
fre'gata *sf* rub; (*fam*) swindle; (*NAUT*) frigate

'fregio ['fredʒo] *sm* (*ARCHIT*) frieze; (*ornamento*) decoration
'fremere *vi*: ~ **di** to tremble *o* quiver with; **'fremito** *sm* tremor, quiver
fre'nare *vt* (*veicolo*) to slow down; (*cavallo*) to rein in; (*lacrime*) to restrain, hold back ♦ *vi* to brake; **~rsi** *vr* (*fig*) to restrain o.s., control o.s.; **fre'nata** *sf*: **fare una frenata** to brake
frene'sia *sf* frenzy
'freno *sm* brake; (*morso*) bit; ~ **a disco** disc brake; ~ **a mano** handbrake; **tenere a** ~ to restrain
frequen'tare *vt* (*scuola, corso*) to attend; (*locale, bar*) to go to, frequent; (*persone*) to see (often)
fre'quente *ag* frequent; **di** ~ frequently; **fre'quenza** *sf* frequency; (*INS*) attendance
fres'chezza [fres'kettsa] *sf* freshness
'fresco, a, schi, sche *ag* fresh; (*temperatura*) cool; (*notizia*) recent, fresh ♦ *sm*: **godere il** ~ to enjoy the cool air; **stare** ~ (*fig*) to be in for it; **mettere al** ~ to put in a cool place
'fretta *sf* hurry, haste; **in** ~ in a hurry; **in** ~ **e furia** in a mad rush; **aver** ~ to be in a hurry; **fret-to'loso, a** *ag* (*persona*) in a hurry; (*lavoro etc*) hurried, rushed
fri'abile *ag* (*terreno*) friable; (*pasta*) crumbly
'friggere ['friddʒere] *vt* to fry ♦ *vi* (*olio etc*) to sizzle
'frigido, a ['fridʒido] *ag* (*MED*) frigid
'frigo *sm* fridge
frigo'rifero, a *ag* refrigerating ♦ *sm* refrigerator
fringu'ello *sm* chaffinch
frit'tata *sf* omelette; **fare una** ~ (*fig*) to make a mess of things
frit'tella *sf* (*CUC*) pancake; (: *ripiena*) fritter
'fritto, a *pp di* **friggere** ♦ *ag* fried ♦ *sm* fried food; ~ **misto** mixed fry
frit'tura *sf* (*CUC*): ~ **di pesce** mixed fried fish
'frivolo, a *ag* frivolous
frizi'one [frit'tsjone] *sf* friction; (*di pelle*) rub, rub-down; (*AUT*) clutch
friz'zante [frid'dzante] *ag* (*anche fig*) sparkling
'frizzo ['friddzo] *sm* witticism
fro'dare *vt* to defraud, cheat
'frode *sf* fraud; ~ **fiscale** tax evasion
'frollo, a *ag* (*carne*) tender; (: *di selvaggina*) high; (*fig*: *persona*) soft; **pasta ~a** short(crust) pastry
'fronda *sf* (leafy) branch; (*di partito politico*) internal opposition
fron'tale *ag* frontal; (*scontro*) head-on
'fronte *sf* (*ANAT*) forehead; (*di edificio*) front, façade ♦ *sm* (*MIL, POL, METEOR*) front; **a** ~, **di** ~ facing, opposite; **di** ~ **a** (*posizione*) opposite, facing, in front of; (*a paragone di*) compared with
fronteggi'are [fronted'dʒare] *vt* (*avversari, difficoltà*) to face, stand up to; (*spese*) to cope with
fronti'era *sf* border, frontier
'fronzolo ['frondzolo] *sm* frill
'frottola *sf* fib; **~e** *sfpl* (*assurdità*) nonsense *sg*
fru'gare *vi* to rummage ♦ *vt* to search
frul'lare *vt* (*CUC*) to whisk ♦ *vi* (*uccelli*) to flutter; **frul'lato** *sm* milk shake; fruit drink; **frulla'tore** *sm* electric mixer; **frul'lino** *sm* whisk
fru'mento *sm* wheat
fru'scio [fruʃ'ʃio] *sm* rustle; rustling; (*di acque*) murmur
'frusta *sf* whip; (*CUC*) whisk
frus'tare *vt* to whip
frus'tino *sm* riding crop
frus'trare *vt* to frustrate
'frutta *sf* fruit; (*portata*) dessert; ~ **candita/secca** candied/dried fruit
frut'tare *vi* to bear dividends, give a return
frut'teto *sm* orchard
frutti'vendolo, a *sm/f* greengrocer (*BRIT*), produce dealer (*US*)
'frutto *sm* fruit; (*fig*: *risultato*) re-

sult(s); (*ECON: interesse*) interest; (: *reddito*) income; ~**i di mare** seafood *sg*

FS *abbr* = **Ferrovie dello Stato**

fu *vb vedi* **essere** ♦ *ag inv*: **il** ~ **Paolo Bianchi** the late Paolo Bianchi

fuci'lare [futʃi'lare] *vt* to shoot; **fuci'lata** *sf* rifle shot

fu'cile [fu'tʃile] *sm* rifle, gun; (*da caccia*) shotgun, gun

fu'cina [fu'tʃina] *sf* forge

'fuga *sf* escape, flight; (*di gas, liquidi*) leak; (*MUS*) fugue; ~ **di cervelli** brain drain

fu'gace [fu'gatʃe] *ag* fleeting, transient

fug'gevole [fud'dʒevole] *ag* fleeting

fuggi'asco, a, schi, sche [fud'dʒasko] *ag, sm/f* fugitive

fuggi'fuggi [fuddʒi'fuddʒi] *sm* scramble, stampede

fug'gire [fud'dʒire] *vi* to flee, run away; (*fig: passar veloce*) to fly ♦ *vt* to avoid; **fuggi'tivo, a** *sm/f* fugitive, runaway

ful'gore *sm* brilliance, splendour

fu'liggine [fu'liddʒine] *sf* soot

fulmi'nare *vt* (*sog: fulmine*) to strike; (*: elettricità*) to electrocute; (*con arma da fuoco*) to shoot dead; (*fig: con lo sguardo*) to look daggers at

'fulmine *sm* thunderbolt; lightning *no pl*

fumai'olo *sm* (*di nave*) funnel; (*di fabbrica*) chimney

fu'mare *vi* to smoke; (*emettere vapore*) to steam ♦ *vt* to smoke; **fu'mata** *sf* (*segnale*) smoke signal; **farsi una fumata** to have a smoke; **fuma'tore, 'trice** *sm/f* smoker

fu'metto *sm* comic strip; **giornale** *sm* **a** ~**i** comic

'fumo *sm* smoke; (*vapore*) steam; (*il fumare tabacco*) smoking; ~**i** *smpl* (*industriali etc*) fumes; **i** ~**i dell'alcool** the after-effects of drink; **vendere** ~ to deceive, cheat; **fu'moso, a** *ag* smoky; (*fig*) muddled

fu'nambolo, a *sm/f* tightrope walker

'fune *sf* rope, cord; (*più grossa*) cable

'funebre *ag* (*rito*) funeral; (*aspetto*) gloomy, funereal

fune'rale *sm* funeral

'fungere ['fundʒere] *vi*: ~ **da** to act as

'fungo, ghi *sm* fungus; (*commestibile*) mushroom; ~ **velenoso** toadstool

funico'lare *sf* funicular railway

funi'via *sf* cable railway

funzio'nare [funtsjo'nare] *vi* to work, function; (*fungere*): ~ **da** to act as

funzio'nario [funtsjo'narjo] *sm* official

funzi'one [fun'tsjone] *sf* function; (*carica*) post, position; (*REL*) service; **in** ~ (*meccanismo*) in operation; **in** ~ **di** (*come*) as; **fare la** ~ **di qn** (*farne le veci*) to take sb's place

fu'oco, chi *sm* fire; (*fornello*) ring; (*FOT, FISICA*) focus; **dare** ~ **a qc** to set fire to sth; **far** ~ (*sparare*) to fire; ~ **d'artificio** firework

fuorché [fwor'ke] *cong, prep* except

fu'ori *av* outside; (*all'aperto*) outdoors, outside; (*fuori di casa, SPORT*) out; (*esclamativo*) get out! ♦ *prep*: ~ **(di)** out of, outside ♦ *sm* outside; **lasciar** ~ **qc/qn** to leave sth/sb out; **far** ~ **qn** (*fam*) to kill sb, do sb in; **essere** ~ **di sé** to be beside o.s.; ~ **luogo** (*inopportuno*) out of place, uncalled for; ~ **mano** out of the way, remote; ~ **pericolo** out of danger; ~ **uso** old-fashioned; obsolete

fu'ori... *prefisso*: **fuori'bordo** *sm inv* speedboat (with outboard motor); outboard motor; **fuori'classe** *sm/f inv* (undisputed) champion; **fuori'gi'oco** *sm* offside; **fuori'legge** *sm/f inv* outlaw; **fuori'serie** *ag inv* (*auto etc*) custom-built ♦ *sf* custom-built car; **fuori'strada** *sm* (*AUT*) cross-country vehicle; **fuor(i)u'scito, a** *sm/f* exile; **fuorvi'are** *vt* to mislead; (*fig*) to lead astray ♦ *vi* to go astray

'furbo, a *ag* clever, smart; (*peg*) cunning

fu'rente *ag*: ~ **(contro)** furious (with)

fur'fante *sm* rascal, scoundrel

fur'gone *sm* van

'furia *sf* (*ira*) fury, rage; (*fig: impeto*) fury, violence; (*fretta*) rush; **a ~ di** by dint of; **andare su tutte le ~e** to get into a towering rage; **furi'bondo, a** *ag* furious

furi'oso, a *ag* furious; (*mare, vento*) raging

fu'rore *sm* fury; (*esaltazione*) frenzy; **far ~** to be all the rage

fur'tivo, a *ag* furtive

'furto *sm* theft; **~ con scasso** burglary

'fusa *sfpl*: **fare le ~** to purr

fu'sibile *sm* (*ELETTR*) fuse

fusi'one *sf* (*di metalli*) fusion, melting; (*colata*) casting; (*COMM*) merger; (*fig*) merging

'fuso, a *pp di* **fondere** ♦ *sm* (*FILATURA*) spindle; **~ orario** time zone

fus'tagno [fus'taɲɲo] *sm* corduroy

fus'tino *sm* (*di detersivo*) tub

'fusto *sm* stem; (*ANAT, di albero*) trunk; (*recipiente*) drum, can

fu'turo, a *ag, sm* future

G

gab'bare *vt* to take in, dupe; **~rsi** *vr*: **~rsi di qn** to make fun of sb

'gabbia *sf* cage; (*DIR*) dock; (*da imballaggio*) crate; **~ dell'ascensore** lift (*BRIT*) *o* elevator (*US*) shaft; **~ toracica** (*ANAT*) rib cage

gabbi'ano *sm* (sea)gull

gabi'netto *sm* (*MED etc*) consulting room; (*POL*) ministry; (*di decenza*) toilet, lavatory; (*INS: di fisica etc*) laboratory

'gaffe [gaf] *sf inv* blunder

gagli'ardo, a [gaʎ'ʎardo] *ag* strong, vigorous

'gaio, a *ag* cheerful, gay

'gala *sf* (*sfarzo*) pomp; (*festa*) gala

ga'lante *ag* gallant, courteous; (*avventura*) amorous; **galante'ria** *sf* gallantry

galantu'omo (*pl* **galantu'omini**) *sm* gentleman

ga'lassia *sf* galaxy

gala'teo *sm* (good) manners *pl*

gale'otto *sm* (*rematore*) galley slave; (*carcerato*) convict

ga'lera *sf* (*NAUT*) galley; (*prigione*) prison

'galla *sf*: **a ~** afloat; **venire a ~** to surface, come to the surface; (*fig: verità*) to come out

galleggi'ante [galled'dʒante] *ag* floating ♦ *sm* (*natante*) barge; (*di pescatore, lenza, TECN*) float

galleggi'are [galled'dʒare] *vi* to float

galle'ria *sf* (*traforo*) tunnel; (*ARCHIT, d'arte*) gallery; (*TEATRO*) circle; (*strada coperta con negozi*) arcade

'Galles *sm*: **il ~** Wales; **gal'lese** *ag, sm* (*LING*) Welsh ♦ *sm/f* Welshman/woman

gal'letta *sf* cracker

gal'lina *sf* hen

'gallo *sm* cock

gal'lone *sm* piece of braid; (*MIL*) stripe; (*unità di misura*) gallon

galop'pare *vi* to gallop

ga'loppo *sm* gallop; **al** *o* **di ~** at a gallop

'gamba *sf* leg; (*asta: di lettera*) stem; **in ~** (*in buona salute*) well; (*bravo, sveglio*) bright, smart; **prendere qc sotto ~** (*fig*) to treat sth too lightly

gambe'retto *sm* shrimp

'gambero *sm* (*di acqua dolce*) crayfish; (*di mare*) prawn

'gambo *sm* stem; (*di frutta*) stalk

'gamma *sf* (*MUS*) scale; (*di colori, fig*) range

ga'nascia, sce [ga'naʃʃa] *sf* jaw; **~sce del freno** (*AUT*) brake shoes

'gancio ['gantʃo] *sm* hook
'gangheri ['gangeri] *smpl*: **uscire dai** ~ (*fig*) to fly into a temper
'gara *sf* competition; (*SPORT*) competition; contest; match; (: *corsa*) race; **fare a** ~ to compete, vie
ga'rage [ga'raʒ] *sm inv* garage
garan'tire *vt* to guarantee; (*debito*) to stand surety for; (*dare per certo*) to assure
garan'zia [garan'tsia] *sf* guarantee; (*pegno*) security
gar'bato, a *ag* courteous, polite
'garbo *sm* (*buone maniere*) politeness, courtesy; (*di vestito etc*) grace, style
gareggi'are [gared'dʒare] *vi* to compete
garga'rismo *sm* gargle; **fare i** ~**i** to gargle
ga'rofano *sm* carnation; **chiodo di** ~ clove
'garza ['gardza] *sf* (*per bende*) gauze
gar'zone [gar'dzone] *sm* (*di negozio*) boy
gas *sm inv* gas; **a tutto** ~ at full speed; **dare** ~ (*AUT*) to accelerate
ga'solio *sm* diesel (oil)
ga's(s)ato, a *ag* (*bibita*) aerated, fizzy
gas'sosa *sf* fizzy drink
gas'soso, a *ag* gaseous; gassy
gastrono'mia *sf* gastronomy
gat'tino *sm* kitten
'gatto, a *sm/f* cat, tomcat/she-cat; ~ **selvatico** wildcat; ~ **delle nevi** (*AUT, SCI*) snowcat
gatto'pardo *sm*: ~ **africano** serval; ~ **americano** ocelot
'gaudio *sm* joy, happiness
ga'vetta *sf* (*MIL*) mess tin; **venire dalla** ~ (*MIL, fig*) to rise from the ranks
'gazza ['gaddza] *sf* magpie
gaz'zella [gad'dzɛlla] *sf* gazelle; (*dei carabinieri*) (high-speed) police car
gaz'zetta [gad'dzetta] *sf* news sheet; **G**~ **Ufficiale** *official publication containing details of new laws*
gel [dʒɛl] *sm inv* gel
ge'lare [dʒe'lare] *vt, vi, vb impers* to freeze; **ge'lata** *sf* frost
gelate'ria [dʒelate'ria] *sf* ice-cream shop
gela'tina [dʒela'tina] *sf* gelatine; ~ **esplosiva** dynamite; ~ **di frutta** fruit jelly
ge'lato, a [dʒe'lato] *ag* frozen ♦ *sm* ice cream
'gelido, a ['dʒɛlido] *ag* icy, ice-cold
'gelo ['dʒɛlo] *sm* (*temperatura*) intense cold; (*brina*) frost; (*fig*) chill; **ge'lone** *sm* chilblain
gelo'sia [dʒelo'sia] *sf* jealousy
ge'loso, a [dʒe'loso] *ag* jealous
'gelso ['dʒɛlso] *sm* mulberry (tree)
gelso'mino [dʒelso'mino] *sm* jasmine
ge'mello, a [dʒe'mɛllo] *ag, sm/f* twin; ~**i** *smpl* (*di camicia*) cufflinks; (*dello zodiaco*): **G**~**i** Gemini *sg*
'gemere ['dʒɛmere] *vi* to moan, groan; (*cigolare*) to creak; (*gocciolare*) to drip, ooze; **'gemito** *sm* moan, groan
'gemma ['dʒɛmma] *sf* (*BOT*) bud; (*pietra preziosa*) gem
gene'rale [dʒene'rale] *ag, sm* general; **in** ~ (*per sommi capi*) in general terms; (*di solito*) usually, in general; **a** ~ **richiesta** by popular request; **generalità** *sfpl* (*dati d'identità*) particulars; **generaliz'zare** *vt, vi* to generalize; **general'mente** *av* generally
gene'rare [dʒene'rare] *vt* (*dar vita*) to give birth to; (*produrre*) to produce; (*causare*) to arouse; (*TECN*) to produce, generate; **genera'tore** *sm* (*TECN*) generator; **generazi'one** *sf* generation
'genere ['dʒɛnere] *sm* kind, type, sort; (*BIOL*) genus; (*merce*) article, product; (*LING*) gender; (*ARTE, LETTERATURA*) genre; **in** ~ generally, as a rule; **il** ~ **umano** mankind; ~**i alimentari** foodstuffs
ge'nerico, a, ci, che [dʒe'nɛriko] *ag* generic; (*vago*) vague, imprecise
'genero ['dʒɛnero] *sm* son-in-law

generosità [dʒenerosi'ta] *sf* generosity

gene'roso, a [dʒene'roso] *ag* generous

ge'netica [dʒe'nɛtika] *sf* genetics *sg*

ge'netico, a, ci, che [dʒe'nɛtiko] *ag* genetic

gen'giva [dʒen'dʒiva] *sf* (*ANAT*) gum

geni'ale [dʒen'jale] *ag* (*persona*) of genius; (*idea*) ingenious, brilliant

'genio ['dʒɛnjo] *sm* genius; **andare a ~ a qn** to be to sb's liking, appeal to sb

geni'tale [dʒeni'tale] *ag* genital; **~i** *smpl* genitals

geni'tore [dʒeni'tore] *sm* parent, father *o* mother; **i miei ~i** my parents, my father and mother

gen'naio [dʒen'najo] *sm* January

'Genova ['dʒɛnova] *sf* Genoa

gen'taglia [dʒen'taʎʎa] (*peg*) *sf* rabble

'gente ['dʒɛnte] *sf* people *pl*

gen'tile [dʒen'tile] *ag* (*persona, atto*) kind; (: *garbato*) courteous, polite; (*nelle lettere*): **G~ Signore** Dear Sir; (: *sulla busta*): **G~ Signor Fernando Villa** Mr Fernando Villa; **genti'lezza** *sf* kindness; courtesy, politeness; **per gentilezza** (*per favore*) please

gentilu'omo [dʒenti'lwɔmo] (*pl* **gentilu'omini**) *sm* gentleman

genu'ino, a [dʒenu'ino] *ag* (*prodotto*) natural; (*persona, sentimento*) genuine, sincere

geogra'fia [dʒeogra'fia] *sf* geography

geolo'gia [dʒeolo'dʒia] *sf* geology

ge'ometra, i, e [dʒe'ɔmetra] *sm/f* (*professionista*) surveyor

geome'tria [dʒeome'tria] *sf* geometry; **geo'metrico, a, ci, che** *ag* geometric(al)

gerar'chia [dʒerar'kia] *sf* hierarchy

ge'rente [dʒe'rɛnte] *sm/f* manager/manageress

'gergo, ghi ['dʒɛrgo] *sm* jargon; slang

geria'tria [dʒerja'tria] *sf* geriatrics *sg*

Ger'mania [dʒer'manja] *sf*: **la ~** Germany; **la ~ occidentale/orientale** West/East Germany

'germe ['dʒɛrme] *sm* germ; (*fig*) seed

germogli'are [dʒermoʎ'ʎare] *vi* to sprout; to germinate; **ger'moglio** *sm* shoot; bud

gero'glifico, ci [dʒero'glifiko] *sm* hieroglyphic

'gesso ['dʒɛsso] *sm* chalk; (*SCULTURA, MED, EDIL*) plaster; (*statua*) plaster figure; (*minerale*) gypsum

gesti'one [dʒes'tjone] *sf* management

ges'tire [dʒes'tire] *vt* to run, manage

'gesto ['dʒɛsto] *sm* gesture

ges'tore [dʒes'tore] *sm* manager

Gesù [dʒe'zu] *sm* Jesus

gesu'ita, i [dʒezu'ita] *sm* Jesuit

get'tare [dʒet'tare] *vt* to throw; (*anche*: **~ via**) to throw away *o* out; (*SCULTURA*) to cast; (*EDIL*) to lay; (*acqua*) to spout; (*grido*) to utter; **~rsi** *vr*: **~rsi in** (*sog*: *fiume*) to flow into; **~ uno sguardo su** to take a quick look at; **get'tata** *sf* (*di cemento, gesso, metalli*) cast; (*diga*) jetty

'getto ['dʒɛtto] *sm* (*di gas, liquido, AER*) jet; **a ~ continuo** uninterruptedly; **di ~** (*fig*) straight off, in one go

get'tone [dʒet'tone] *sm* token; (*per giochi*) counter; (: *roulette etc*) chip; **~ telefonico** telephone token

ghiacci'aio [gjat'tʃajo] *sm* glacier

ghiacci'are [gjat'tʃare] *vt* to freeze; (*fig*): **~ qn** to make sb's blood run cold ♦ *vi* to freeze, ice over; **ghiacci'ato, a** *ag* frozen; (*bevanda*) ice-cold

ghi'accio ['gjattʃo] *sm* ice

ghiacci'olo [gjat'tʃɔlo] *sm* icicle; (*tipo di gelato*) ice lolly (*BRIT*), popsicle (*US*)

ghi'aia ['gjaja] *sf* gravel

ghi'anda ['gjanda] *sf* (*BOT*) acorn

ghi'andola ['gjandola] *sf* gland

ghigliot'tina [giʎʎot'tina] *sf* guillo-

tine
ghi'gnare [giɲ'ɲare] *vi* to sneer
ghi'otto, a ['gjotto] *ag* greedy; (*cibo*) delicious, appetizing; **ghiot'tone, a** *sm/f* glutton
ghiri'bizzo [giri'biddzo] *sm* whim
ghiri'goro [giri'gɔro] *sm* scribble, squiggle
ghir'landa [gir'landa] *sf* garland, wreath
'ghiro ['giro] *sm* dormouse
'ghisa ['giza] *sf* cast iron
già [dʒa] *av* already; (*ex, in precedenza*) formerly ♦ *escl* of course!, yes indeed!
gi'acca, che ['dʒakka] *sf* jacket; ~ a vento windcheater (*BRIT*), windbreaker (*US*)
giacché [dʒak'ke] *cong* since, as
giac'chetta [dʒak'ketta] *sf* (light) jacket
gia'cenza [dʒa'tʃɛntsa] *sf*: **merce in** ~ goods in stock; **~e di magazzino** unsold stock
gia'cere [dʒa'tʃere] *vi* to lie; **giaci'mento** *sm* deposit
gia'cinto [dʒa'tʃinto] *sm* hyacinth
gi'ada ['dʒada] *sf* jade
giaggi'olo [dʒad'dʒɔlo] *sm* iris
giagu'aro [dʒa'gwaro] *sm* jaguar
gi'allo ['dʒallo] *ag* yellow; (*carnagione*) sallow ♦ *sm* yellow; (*anche: romanzo* ~) detective novel; (*anche: film* ~) detective film; ~ **dell'uovo** yolk
giam'mai [dʒam'mai] *av* never
Giap'pone [dʒap'pone] *sm* Japan; **giappo'nese** *ag, sm/f, sm* Japanese *inv*
gi'ara ['dʒara] *sf* jar
giardi'naggio [dʒardi'naddʒo] *sm* gardening
giardi'netta [dʒardi'netta] *sf* estate car (*BRIT*), station wagon (*US*)
giardini'era [dʒardi'njɛra] *sf* (*misto di sottaceti*) mixed pickles *pl*; (*automobile*) = **giardinetta**
giardini'ere, a [dʒardi'njɛre] *sm/f* gardener
giar'dino [dʒar'dino] *sm* garden; ~ d'infanzia nursery school; ~ **pubblico** public gardens *pl*, (public) park; ~ **zoologico** zoo
giarretti'era [dʒarret'tjɛra] *sf* garter
giavel'lotto [dʒavel'lɔtto] *sm* javelin
gi'gante, 'essa [dʒi'gante] *sm/f* giant ♦ *ag* giant, gigantic; (*COMM*) giant-size; **gigan'tesco, a, schi, sche** *ag* gigantic
'giglio ['dʒiʎʎo] *sm* lily
gilè [dʒi'lɛ] *sm inv* waistcoat
gin [dʒin] *sm inv* gin
gine'cologo, a, gi, ghe [dʒine'kɔlogo] *sm/f* gynaecologist
gi'nepro [dʒi'nepro] *sm* juniper
gi'nestra [dʒi'nɛstra] *sf* (*BOT*) broom
Gi'nevra [dʒi'nevra] *sf* Geneva
gingil'larsi [dʒindʒil'larsi] *vr* to fritter away one's time; (*giocare*): ~ con to fiddle with
gin'gillo [dʒin'dʒillo] *sm* plaything
gin'nasio [dʒin'nazjo] *sm the 4th and 5th year of secondary school in Italy*
gin'nasta, i, e [dʒin'nasta] *sm/f* gymnast; **gin'nastica** *sf* gymnastics *sg*; (*esercizio fisico*) keep-fit exercises; (*INS*) physical education
gi'nocchio [dʒi'nɔkkjo] (*pl*(*m*) **gi'nocchi** *o pl*(*f*) **gi'nocchia**) *sm* knee; **stare in** ~ to kneel, be on one's knees; **mettersi in** ~ to kneel (down); **ginocchi'oni** *av* on one's knees
gio'care [dʒo'kare] *vt* to play; (*scommettere*) to stake, wager, bet; (*ingannare*) to take in ♦ *vi* to play; (*a roulette etc*) to gamble; (*fig*) to play a part, be important; (*TECN: meccanismo*) to be loose; ~ **a** (*gioco, sport*) to play; (*cavalli*) to bet on; **~rsi la carriera** to put one's career at risk; **gioca'tore, 'trice** *sm/f* player; gambler
gio'cattolo [dʒo'kattolo] *sm* toy
gio'chetto [dʒo'ketto] *sm* (*tranello*) trick; (*fig*): **è un** ~ it's child's play
gi'oco, chi ['dʒɔko] *sm* game; (*divertimento, TECN*) play; (*al casinò*) gambling; (*CARTE*) hand; (*insieme*

di pezzi etc necessari per un gioco) set; **per ~** for fun; **fare il doppio ~ con qn** to double-cross sb; **~ d'azzardo** game of chance; **~ della palla** football; **~ degli scacchi** chess set; **i Giochi Olimpici** the Olympic Games
giocoli'ere [dʒoko'ljɛre] *sm* juggler
gio'coso, a [dʒo'koso] *ag* playful, jesting
gi'ogo, ghi ['dʒɔgo] *sm* yoke
gi'oia ['dʒɔja] *sf* joy, delight; (*pietra preziosa*) jewel, precious stone
gioielle'ria [dʒojelle'ria] *sf* jeweller's craft; jeweller's (shop)
gioielli'ere, a [dʒojel'ljɛre] *sm/f* jeweller
gioi'ello [dʒo'jɛllo] *sm* jewel, piece of jewellery; **i ~i di una donna** a woman's jewels *o* jewellery
gioi'oso, a [dʒo'joso] *ag* joyful
Gior'dania [dʒor'danja] *sf*: **la ~** Jordan
giorna'laio, a [dʒorna'lajo] *sm/f* newsagent (*BRIT*), newsdealer (*US*)
gior'nale [dʒor'nale] *sm* (news) paper; (*diario*) journal, diary; (*COMM*) journal; **~ di bordo** log; **~ radio** radio news *sg*
giornali'ero, a [dʒorna'ljɛro] *ag* daily; (*che varia*: *umore*) changeable ♦ *sm* day labourer
giorna'lismo [dʒorna'lizmo] *sm* journalism
giorna'lista, i, e [dʒorna'lista] *sm/f* journalist
gior'nata [dʒor'nata] *sf* day; **~ lavorativa** working day
gi'orno ['dʒorno] *sm* day; (*opposto alla notte*) day, daytime; (*luce del ~*) daylight; **al ~** per day; **di ~** by day; **al ~ d'oggi** nowadays
gi'ostra ['dʒɔstra] *sf* (*per bimbi*) merry-go-round; (*torneo storico*) joust
gi'ovane ['dʒovane] *ag* young; (*aspetto*) youthful ♦ *sm/f* youth/girl, young man/woman; **i ~i** young people; **giova'nile** *ag* youthful; (*scritti*) early; (*errore*) of youth;
giova'notto *sm* young man
gio'vare [dʒo'vare] *vi*: **~ a** (*essere utile*) to be useful to; (*far bene*) to be good for ♦ *vb impers* (*essere bene, utile*) to be useful; **~rsi di qc** to make use of sth
giovedì [dʒove'di] *sm inv* Thursday; **di** *o* **il ~** on Thursdays
gioventù [dʒoven'tu] *sf* (*periodo*) youth; (*i giovani*) young people *pl*, youth
giovi'ale [dʒo'vjale] *ag* jovial, jolly
giovi'nezza [dʒovi'nettsa] *sf* youth
gira'dischi [dʒira'diski] *sm inv* record player
gi'raffa [dʒi'raffa] *sf* giraffe
gi'randola [dʒi'randola] *sf* (*fuoco d'artificio*) Catherine wheel; (*giocattolo*) toy windmill; (*banderuola*) weather vane, weathercock
gi'rare [dʒi'rare] *vt* (*far ruotare*) to turn; (*percorrere, visitare*) to go round; (*CINEMA*) to shoot; to make; (*COMM*) to endorse ♦ *vi* to turn; (*più veloce*) to spin; (*andare in giro*) to wander, go around; **~rsi** *vr* to turn; **~ attorno a** to go round; to revolve round; **far ~ la testa a qn** to make sb dizzy; (*fig*) to turn sb's head
girar'rosto [dʒirar'rɔsto] *sm* (*CUC*) spit
gira'sole [dʒira'sole] *sm* sunflower
gi'rata [dʒi'rata] *sf* (*passeggiata*) stroll; (*con veicolo*) drive; (*COMM*) endorsement
gira'volta [dʒira'vɔlta] *sf* twirl, turn; (*curva*) sharp bend; (*fig*) about-turn
gi'revole [dʒi'revole] *ag* revolving, turning
gi'rino [dʒi'rino] *sm* tadpole
'giro ['dʒiro] *sm* (*circuito, cerchio*) circle; (*di chiave, manovella*) turn; (*viaggio*) tour, excursion; (*passeggiata*) stroll, walk; (*in macchina*) drive; (*in bicicletta*) ride; (*SPORT*: *della pista*) lap; (*di denaro*) circulation; (*CARTE*) hand; (*TECN*) revolution; **prendere in ~ qn** (*fig*) to pull sb's leg; **fare un ~** to go for a walk (*o* a drive *o* a ride); **andare in**

~ to go about, walk around; **a stretto ~ di posta** by return of post; **nel ~ di un mese** in a month's time; **essere nel ~** (*fig*) to belong to a circle (of friends); **~ d'affari** (*COMM*) turnover; **~ di parole** circumlocution; **~ di prova** (*AUT*) test drive; **~ turistico** sightseeing tour; **giro'collo** *sm*: **a girocollo** crew-neck *cpd*

gironzo'lare [dʒirondzo'lare] *vi* to stroll about

'gita ['dʒita] *sf* excursion, trip; **fare una ~** to go for a trip, go on an outing

gi'tano, a [dʒi'tano] *sm/f* gipsy

giù [dʒu] *av* down; (*dabbasso*) downstairs; **in ~** downwards, down; **~ di lì** (*pressappoco*) thereabouts; **bambini dai 6 anni in ~** children aged 6 and under; **~ per**: **cadere ~ per le scale** to fall down the stairs; **essere ~** (*fig*: *di salute*) to be run down; (: *di spirito*) to be depressed

giub'botto [dʒub'bɔtto] *sm* jerkin; **~ antiproiettile** bulletproof vest

gi'ubilo ['dʒubilo] *sm* rejoicing

giudi'care [dʒudi'kare] *vt* to judge; (*accusato*) to try; (*lite*) to arbitrate in; **~ qn/qc bello** to consider sb/sth (to be) beautiful

gi'udice ['dʒuditʃe] *sm* judge; **~ conciliatore** justice of the peace; **~ istruttore** examining magistrate; **~ popolare** member of a jury

giu'dizio [dʒu'dittsjo] *sm* judgment; (*opinione*) opinion; (*DIR*) judgment, sentence; (: *processo*) trial; (: *verdetto*) verdict; **aver ~** to be wise *o* prudent; **citare in ~** to summons; **giudizi'oso, a** *ag* prudent, judicious

gi'ugno ['dʒuɲɲo] *sm* June

giul'lare [dʒul'lare] *sm* jester

giu'menta [dʒu'menta] *sf* mare

gi'unco, chi ['dʒunko] *sm* rush

gi'ungere ['dʒundʒere] *vi* to arrive ♦ *vt* (*mani etc*) to join; **~ a** to arrive at, reach

gi'ungla ['dʒungla] *sf* jungle

gi'unta ['dʒunta] *sf* addition; (*organo esecutivo, amministrativo*) council, board; **per ~a** into the bargain, in addition; **~a militare** military junta

gi'unto, a ['dʒunto] *pp di* **giungere** ♦ *sm* (*TECN*) coupling, joint;

giun'tura *sf* joint

giuo'care [dʒwo'kare] *vt*, *vi* = **giocare**; **giu'oco** *sm* = **gioco**

giura'mento [dʒura'mento] *sm* oath; **~ falso** perjury

giu'rare [dʒu'rare] *vt* to swear ♦ *vi* to swear, take an oath; **giu'rato, a** *ag*: **nemico giurato** sworn enemy ♦ *sm/f* juror, juryman/woman

giu'ria [dʒu'ria] *sf* jury

giu'ridico, a, ci, che [dʒu'ridiko] *ag* legal

giustifi'care [dʒustifi'kare] *vt* to justify; **giustificazi'one** *sf* justification; (*INS*) (note of) excuse

gius'tizia [dʒus'tittsja] *sf* justice; **giustizi'are** *vt* to execute, put to death; **giustizi'ere** *sm* executioner

gi'usto, a ['dʒusto] *ag* (*equo*) fair, just; (*vero*) true, correct; (*adatto*) right, suitable; (*preciso*) exact, correct ♦ *av* (*esattamente*) exactly, precisely; (*per l'appunto, appena*) just; **arrivare ~** to arrive just in time; **ho ~ bisogno di te** you're just the person I need

glaci'ale [gla'tʃale] *ag* glacial

'glandola *sf* = **ghiandola**

gli [ʎi] (*dav V, s impura, gn, pn, ps, x, z*) *det mpl* the ♦ *pron* (*a lui*) to him; (*a esso*) to it; (*in coppia con lo, la, li, le, ne: a lui, a lei, a loro etc*): **gliele do** I'm giving them to him (*o* her *o* them)

gli'ela ['ʎela] *etc vedi* **gli**

glo'bale *ag* overall

'globo *sm* globe

'globulo *sm* (*ANAT*): **~ rosso/bianco** red/white corpuscle

'gloria *sf* glory; **glori'oso, a** *ag* glorious

glos'sario *sm* glossary

'gnocchi ['ɲɔkki] *smpl* (*CUC*) *small dumplings made of semolina pasta or potato*

'gobba *sf* (*ANAT*) hump; (*protuberanza*) bump
'gobbo, a *ag* hunchbacked; (*ricurvo*) round-shouldered ♦ *sm/f* hunchback
'goccia, ce ['gottʃa] *sf* drop; **goccio'lare** *vi, vt* to drip
go'dere *vi* (*compiacersi*): ~ **(di)** to be delighted (at), rejoice (at); (*trarre vantaggio*): ~ **di** to enjoy, benefit from ♦ *vt* to enjoy; **~rsi la vita** to enjoy life; **~sela** to have a good time, enjoy o.s.; **godi'mento** *sm* enjoyment
'goffo, a *ag* clumsy, awkward
'gola *sf* (*ANAT*) throat; (*golosità*) gluttony, greed; (*di camino*) flue; (*di monte*) gorge; **fare** ~ (*anche fig*) to tempt
golf *sm inv* (*SPORT*) golf; (*maglia*) cardigan
'golfo *sm* gulf
go'loso, a *ag* greedy
'gomito *sm* elbow; (*di strada etc*) sharp bend
go'mitolo *sm* ball
'gomma *sf* rubber; (*colla*) gum; (*per cancellare*) rubber, eraser; (*di veicolo*) tyre (*BRIT*), tire (*US*); ~ **americana** *o* **da masticare** chewing gum; ~ **a terra** flat tyre (*BRIT*) *o* tire (*US*); **gommapi'uma** ® *sf* foam rubber
'gondola *sf* gondola; **gondoli'ere** *sm* gondolier
gonfa'lone *sm* banner
gonfi'are *vt* (*pallone*) to blow up, inflate; (*dilatare, ingrossare*) to swell; (*fig: notizia*) to exaggerate; **~rsi** *vr* to swell; (*fiume*) to rise; **'gonfio, a** *ag* swollen; (*stomaco*) bloated; (*vela*) full; **gonfi'ore** *sm* swelling
gongo'lare *vi* to look pleased with o.s.; ~ **di gioia** to be overjoyed
'gonna *sf* skirt; ~ **pantalone** culottes *pl*
'gonzo ['gondzo] *sm* simpleton, fool
gorgheggi'are [gorged'dʒare] *vi* to warble; to trill
'gorgo, ghi *sm* whirlpool
gorgogli'are [gorgoʎ'ʎare] *vi* to gurgle
go'rilla *sm inv* gorilla; (*guardia del corpo*) bodyguard
'gotta *sf* gout
gover'nante *sm/f* ruler ♦ *sf* (*di bambini*) governess; (*donna di servizio*) housekeeper
gover'nare *vt* (*stato*) to govern, rule; (*pilotare, guidare*) to steer; (*bestiame*) to tend, look after; **governa'tivo, a** *ag* government *cpd*; **governa'tore** *sm* governor
go'verno *sm* government
gozzovigli'are [gottsoviʎ'ʎare] *vi* to make merry, carouse
gracchi'are [grak'kjare] *vi* to caw
graci'dare [gratʃi'dare] *vi* to croak
'gracile ['gratʃile] *ag* frail, delicate
gra'dasso *sm* boaster
gradazi'one [gradat'tsjone] *sf* (*sfumatura*) gradation; ~ **alcolica** alcoholic content, strength
gra'devole *ag* pleasant, agreeable
gradi'mento *sm* pleasure, satisfaction; **è di suo ~?** is it to your liking?
gradi'nata *sf* flight of steps; (*in teatro, stadio*) tiers *pl*
gra'dino *sm* step; (*ALPINISMO*) foothold
gra'dire *vt* (*accettare con piacere*) to accept; (*desiderare*) to wish, like; **gradisce una tazza di tè?** would you like a cup of tea?; **gra'dito, a** *ag* pleasing; welcome
'grado *sm* (*MAT, FISICA etc*) degree; (*stadio*) degree, level; (*MIL, sociale*) rank; **essere in ~ di fare** to be in a position to do
gradu'ale *ag* gradual
gradu'are *vt* to grade; **gradu'ato, a** *ag* (*esercizi*) graded; (*scala, termometro*) graduated ♦ *sm* (*MIL*) non-commissioned officer
'graffa *sf* (*gancio*) clip; (*segno grafico*) brace
graffi'are *vt* to scratch
'graffio *sm* scratch
gra'fia *sf* spelling; (*scrittura*) hand-

writing
'grafica *sf* graphic arts *pl*
'grafico, a, ci, che *ag* graphic ♦ *sm* graph; (*persona*) graphic designer
gra'migna [gra'miɲɲa] *sf* weed; couch grass
gram'matica, che *sf* grammar; **grammati'cale** *ag* grammatical
'grammo *sm* gram(me)
gran *ag vedi* **grande**
'grana *sf* (*granello, di minerali, corpi spezzati*) grain; (*fam: seccatura*) trouble; (: *soldi*) cash ♦ *sm inv* Parmesan (cheese)
gra'naio *sm* granary, barn
gra'nata *sf* (*frutto*) pomegranate; (*pietra preziosa*) garnet; (*proiettile*) grenade
Gran Bre'tagna [-bre'taɲɲa] *sf*: **la ~** Great Britain
'granchio ['grankjo] *sm* crab; (*fig*) blunder; **prendere un ~** (*fig*) to blunder
grandango'lare *sm* wide-angle lens *sg*
'grande (*qualche volta* **gran** *+C*, **grand'** *+V*) ag (*grosso, largo, vasto*) big, large; (*alto*) tall; (*lungo*) long; (*in sensi astratti*) great ♦ *sm/f* (*persona adulta*) adult, grown-up; (*chi ha ingegno e potenza*) great man/woman; **fare le cose in ~** to do things in style; **una gran bella donna** a very beautiful woman; **non è una gran cosa** *o* **un gran che** it's nothing special; **non ne so gran che** I don't know very much about it
grandeggi'are [granded'dʒare] *vi* (*emergere per grandezza*): **~ su** to tower over; (*darsi arie*) to put on airs
gran'dezza [gran'dettsa] *sf* (*dimensione*) size; magnitude; (*fig*) greatness; **in ~ naturale** lifesize
grandi'nare *vb impers* to hail
'grandine *sf* hail
gran'duca, chi *sm* grand duke
gra'nello *sm* (*di cereali, uva*) seed; (*di frutta*) pip; (*di sabbia, sale etc*) grain
gra'nita *sf kind of water ice*
gra'nito *sm* granite
'grano *sm* (*in quasi tutti i sensi*) grain; (*frumento*) wheat; (*di rosario, collana*) bead; **~ di pepe** peppercorn
gran'turco *sm* maize
'granulo *sm* granule; (*MED*) pellet
'grappa *sf rough, strong brandy*
'grappolo *sm* bunch, cluster
gras'setto *sm* (*TIP*) bold (type)
'grasso, a *ag* fat; (*cibo*) fatty; (*pelle*) greasy; (*terreno*) rich; (*fig: guadagno, annata*) plentiful; (: *volgare*) coarse, lewd ♦ *sm* (*di persona, animale*) fat; (*sostanza che unge*) grease; **gras'soccio, a, ci, ce** *ag* plump
'grata *sf* grating
gra'ticola *sf* grill
gra'tifica, che *sf* bonus
'gratis *av* free, for nothing
grati'tudine *sf* gratitude
'grato, a *ag* grateful; (*gradito*) pleasant, agreeable
gratta'capo *sm* worry, headache
grattaci'elo [gratta'tʃɛlo] *sm* skyscraper
grat'tare *vt* (*pelle*) to scratch; (*raschiare*) to scrape; (*pane, formaggio, carote*) to grate; (*fam: rubare*) to pinch ♦ *vi* (*stridere*) to grate; (*AUT*) to grind; **~rsi** *vr* to scratch o.s
grat'tugia, gie [grat'tudʒa] *sf* grater; **grattugi'are** *vt* to grate; **pane grattugiato** breadcrumbs *pl*
gra'tuito, a *ag* free; (*fig*) gratuitous
gra'vare *vt* to burden ♦ *vi*: **~ su** to weigh on
'grave *ag* (*danno, pericolo, peccato etc*) grave, serious; (*responsabilità*) heavy, grave; (*contegno*) grave, solemn; (*voce, suono*) deep, low-pitched; (*LING*): **accento ~** grave accent; **un malato ~** a person who is seriously ill
gravi'danza [gravi'dantsa] *sf* pregnancy
'gravido, a *ag* pregnant

gravità *sf* seriousness; (*anche FISICA*) gravity
gra'voso, a *ag* heavy, onerous
'grazia ['grattsja] *sf* grace; (*favore*) favour; (*DIR*) pardon; **grazi'are** *vt* (*DIR*) to pardon
'grazie ['grattsje] *escl* thank you!; ~ **mille!** *o* **tante!** *o* **infinite!** thank you very much!; ~ **a** thanks to
grazi'oso, a [grat'tsjoso] *ag* charming, delightful; (*gentile*) gracious
'Grecia ['grɛtʃa] *sf*: **la** ~ Greece; **'greco, a, ci, che** *ag, sm/f, sm* Greek
'gregge ['greddʒe] (*pl*(*f*) **-i**) *sm* flock
'greggio, a, gi, ge ['greddʒo] *ag* raw, unrefined; (*diamante*) rough, uncut; (*tessuto*) unbleached ♦ *sm* (*anche*: *petrolio* ~) crude (oil)
grembi'ule *sm* apron; (*sopravveste*) overall
'grembo *sm* lap; (*ventre della madre*) womb
gre'mito, a *ag*: ~ **(di)** packed *o* crowded (with)
'gretto, a *ag* mean, stingy; (*fig*) narrow-minded
'greve *ag* heavy
'grezzo, a ['greddzo] *ag* = **greggio**
gri'dare *vi* (*per chiamare*) to shout, cry (out); (*strillare*) to scream, yell ♦ *vt* to shout (out), yell (out); ~ **aiuto** to cry *o* shout for help
'grido (*pl*(*m*) **-i** *o pl*(*f*) **-a**) *sm* shout, cry; scream, yell; (*di animale*) cry; **di** ~ famous
'grigio, a, gi, gie ['gridʒo] *ag, sm* grey
'griglia ['griʎʎa] *sf* (*per arrostire*) grill; (*ELETTR*) grid; (*inferriata*) grating; **alla** ~ (*CUC*) grilled; **grigli'ata** *sf* (*CUC*) grill
gril'letto *sm* trigger
'grillo *sm* (*ZOOL*) cricket; (*fig*) whim
grimal'dello *sm* picklock
'grinta *sf* grim expression; (*SPORT*) fighting spirit
'grinza ['grintsa] *sf* crease, wrinkle; (*ruga*) wrinkle; **non fare una** ~ (*fig: ragionamento*) to be faultless; **grin'zoso, a** *ag* creased; wrinkled
grip'pare *vi* (*TECN*) to seize
gris'sino *sm* bread-stick
'gronda *sf* eaves *pl*
gron'daia *sf* gutter
gron'dare *vi* to pour; (*essere bagnato*): ~ **di** to be dripping with ♦ *vt* to drip with
'groppa *sf* (*di animale*) back, rump; (*fam: dell'uomo*) back, shoulders *pl*
'groppo *sm* tangle; **avere un** ~ **alla gola** (*fig*) to have a lump in one's throat
gros'sezza [gros'settsa] *sf* size; thickness
gros'sista, i, e *sm/f* (*COMM*) wholesaler
'grosso, a *ag* big, large; (*di spessore*) thick; (*grossolano: anche fig*) coarse; (*grave, insopportabile*) serious, great; (*tempo, mare*) rough ♦ *sm*: **il** ~ **di** the bulk of; **un pezzo** ~ (*fig*) a VIP, a bigwig; **farla** ~**a** to do something very stupid; **dirle** ~**e** to tell tall stories; **sbagliarsi di** ~ to be completely wrong
grosso'lano, a *ag* rough, coarse; (*fig*) coarse, crude; (*: errore*) stupid
grosso'modo *av* roughly
'grotta *sf* cave; grotto
grot'tesco, a, schi, sche *ag* grotesque
grovi'era *sm o f* gruyère (cheese)
gro'viglio [gro'viʎʎo] *sm* tangle; (*fig*) muddle
gru *sf inv* crane
'gruccia, ce ['gruttʃa] *sf* (*per camminare*) crutch; (*per abiti*) coat-hanger
gru'gnire [gruɲ'ɲire] *vi* to grunt; **gru'gnito** *sm* grunt
'grugno ['gruɲɲo] *sm* snout; (*fam: faccia*) mug
'grullo, a *ag* silly, stupid
'grumo *sm* (*di sangue*) clot; (*di farina etc*) lump
'gruppo *sm* group; ~ **sanguigno** blood group
gruvi'era *sm o f* = **groviera**

guada'gnare [gwadaɲ'ɲare] *vt* (*ottenere*) to gain; (*soldi, stipendio*) to earn; (*vincere*) to win; (*raggiungere*) to reach

gua'dagno [gwa'daɲɲo] *sm* earnings *pl*; (*COMM*) profit; (*vantaggio, utile*) advantage, gain; ~ **lordo/netto** gross/net earnings *pl*

gu'ado *sm* ford; **passare a** ~ to ford

gu'ai *escl*: ~ **a te** (*o* **lui** *etc*)! woe betide you (*o* him *etc*)!

gua'ina *sf* (*fodero*) sheath; (*indumento per donna*) girdle

gu'aio *sm* trouble, mishap; (*inconveniente*) trouble, snag

gua'ire *vi* to whine, yelp

gu'ancia, ce ['gwantʃa] *sf* cheek

guanci'ale [gwan'tʃale] *sm* pillow

gu'anto *sm* glove

gu'arda... *prefisso*: ~'**boschi** *sm inv* forester; ~'**caccia** *sm inv* gamekeeper; ~'**coste** *sm inv* coastguard; (*nave*) coastguard patrol vessel; ~'**linee** *sm inv* (*SPORT*) linesman

guar'dare *vt* (*con lo sguardo: osservare*) to look at; (*film, televisione*) to watch; (*custodire*) to look after, take care of ♦ *vi* to look; (*badare*): ~ **a** to pay attention to; (*luoghi: esser orientato*): ~ **a** to face; ~**rsi** *vr* to look at o.s.; ~**rsi da** (*astenersi*) to refrain from; (*stare in guardia*) to beware of; ~**rsi dal fare** to take care not to do; **guarda di non sbagliare** try not to make a mistake; ~ **a vista qn** to keep a close watch on sb

guarda'roba *sm inv* wardrobe; (*locale*) cloakroom; **guardarobi'ere, a** *sm/f* cloakroom attendant

gu'ardia *sf* (*individuo, corpo*) guard; (*sorveglianza*) watch; **fare la** ~ **a qc/qn** to guard sth/sb; **stare in** ~ (*fig*) to be on one's guard; **di** ~ (*medico*) on call; ~ **carceraria** (prison) warder; ~ **del corpo** bodyguard; ~ **di finanza** (*corpo*) customs *pl*; (*persona*) customs officer; ~ **medica** emergency doctor service

guardi'ano, a *sm/f* (*di carcere*) warder; (*di villa etc*) caretaker; (*di museo*) custodian; (*di zoo*) keeper; ~ **notturno** night watchman

guar'dingo, a, ghi, ghe *ag* wary, cautious

guardi'ola *sf* porter's lodge; (*MIL*) look-out tower

guarigi'one [gwari'dʒone] *sf* recovery

gua'rire *vt* (*persona, malattia*) to cure; (*ferita*) to heal ♦ *vi* to recover, be cured; to heal (up)

guarnigi'one [gwarni'dʒone] *sf* garrison

guar'nire *vt* (*ornare: abiti*) to trim; (*CUC*) to garnish; **guarnizi'one** *sf* trimming; garnish; (*TECN*) gasket

guasta'feste *sm/f inv* spoilsport

guas'tare *vt* to spoil, ruin; (*meccanismo*) to break; ~**rsi** *vr* (*cibo*) to go bad; (*meccanismo*) to break down; (*tempo*) to change for the worse; (*amici*) to quarrel, fall out

gu'asto, a *ag* (*non funzionante*) broken; (: *telefono etc*) out of order; (*andato a male*) bad, rotten; (: *dente*) decayed, bad; (*fig: corrotto*) depraved ♦ *sm* breakdown; (*avaria*) failure; ~ **al motore** engine failure

guazza'buglio [gwattsa'buʎʎo] *sm* muddle

gu'ercio, a, ci, ce ['gwertʃo] *ag* cross-eyed

gu'erra *sf* war; (*tecnica: atomica, chimica etc*) warfare; **fare la** ~ **(a)** to wage war (against); ~ **mondiale** world war; **guerreggi'are** *vi* to wage war; **guerri'ero, a** *ag* warlike ♦ *sm* warrior; **guer'riglia** *sf* guerrilla warfare; **guerrigli'ero** *sm* guerrilla

'gufo *sm* owl

gu'ida *sf* guide; (*comando, direzione*) guidance, direction; (*AUT*) driving; (: *sterzo*) steering; (*tappeto, di tenda, cassetto*) runner; ~ **a destra/sinistra** (*AUT*) right-/left-hand drive; ~ **telefonica** telephone directory; ~ **turistica** tourist guide

gui'dare *vt* to guide; (*condurre a capo*) to lead; (*auto*) to drive; (*aereo, nave*) to pilot; **sai ~?** can you drive?; **guida'tore, trice** *sm/f* (*conducente*) driver
guin'zaglio [gwin'tsaʎʎo] *sm* leash, lead
gu'isa *sf*: **a ~ di** like, in the manner of
guiz'zare [gwit'tsare] *vi* to dart; to flicker; to leap; **~ via** (*fuggire*) to slip away
'guscio ['guʃʃo] *sm* shell
gus'tare *vt* (*cibi*) to taste; (: *assaporare con piacere*) to enjoy, savour; (*fig*) to enjoy, appreciate ♦ *vi*: **~ a** to please; **non mi gusta affatto** I don't like it at all
'gusto *sm* taste; (*sapore*) flavour; (*godimento*) enjoyment; **al ~ di fragola** strawberry-flavoured; **mangiare di ~** to eat heartily; **prenderci ~**: **ci ha preso ~** he's acquired a taste for it, he's got to like it; **gus'toso, a** *ag* tasty; (*fig*) agreeable

H

h *abbr* = **ora; altezza**
ha *etc* [a] *vb vedi* **avere**
ha'cker [hæ'kə*] *sm inv* hacker
hall [hɔl] *sf inv* hall, foyer
'handicap ['handikap] *sm inv* handicap; **handicap'pato, a** *ag* handicapped ♦ *sm/f* handicapped person, disabled person
'hanno ['anno] *vb vedi* **avere**
'hascisc ['haʃiʃ] *sm* hashish
'herpes ['ɛrpes] *sm* (*MED*) herpes *sg*; **~ zoster** shingles *sg*
ho [ɔ] *vb vedi* **avere**
'hobby ['hɔbi] *sm inv* hobby
'hockey ['hɔki] *sm* hockey; **~ su ghiaccio** ice hockey
'hostess ['houstis] *sf inv* air hostess (*BRIT*) *o* stewardess
ho'tel *sm inv* hotel

I

i *det mpl* the
i'ato *sm* hiatus
ibernazi'one [ibernat'tsjone] *sf* hibernation
'ibrido, a *ag, sm* hybrid
Id'dio *sm* God
i'dea *sf* idea; (*opinione*) opinion, view; (*ideale*) ideal; **dare l'~ di** to seem, look like; **~ fissa** obsession; **neanche** *o* **neppure per ~!** certainly not!
ide'ale *ag, sm* ideal
ide'are *vt* (*immaginare*) to think up, conceive; (*progettare*) to plan
i'dentico, a, ci, che *ag* identical
identifi'care *vt* to identify; **identificazi'one** *sf* identification
identità *sf inv* identity
ideolo'gia, 'gie [ideolo'dʒia] *sf* ideology
idi'oma, i *sm* idiom, language; **idio'matico, a, ci, che** *ag* idiomatic; **frase idiomatica** idiom
idi'ota, i, e *ag* idiotic ♦ *sm/f* idiot
idola'trare *vt* to worship; (*fig*) to idolize
'idolo *sm* idol
idoneità *sf* suitability
i'doneo, a *ag*: **~ a** suitable for, fit for; (*MIL*) fit for; (*qualificato*) qualified for
i'drante *sm* hydrant
i'draulica *sf* hydraulics *sg*
i'draulico, a, ci, che *ag* hydraulic ♦ *sm* plumber
idroe'lettrico, a, ci, che *ag* hydroelectric
i'drofilo, a *ag vedi* **cotone**
i'drogeno [i'drɔdʒeno] *sm* hydrogen
idros'calo *sm* seaplane base
idrovo'lante *sm* seaplane
i'ena *sf* hyena
i'eri *av, sm* yesterday; **il giornale di ~** yesterday's paper; **~ l'altro** the day before yesterday; **~ sera** yesterday evening

igi'ene [i'dʒɛne] *sf* hygiene; ~ **pubblica** public health; **igi'enico, a, ci, che** *ag* hygienic; (*salubre*) healthy
i'gnaro, a [iɲ'ɲaro] *ag*: ~ **di** unaware of, ignorant of
i'gnobile [iɲ'ɲɔbile] *ag* despicable, vile
igno'rante [iɲɲo'rante] *ag* ignorant
igno'rare [iɲɲo'rare] *vt* (*non sapere, conoscere*) to be ignorant *o* unaware of, not to know; (*fingere di non vedere, sentire*) to ignore
i'gnoto, a [iɲ'ɲɔto] *ag* unknown

PAROLA CHIAVE

il (*pl* (*m*) **i**; *diventa* **lo** (*pl* **gli**) *davanti a s impura, gn, pn, ps, x, z*; *f* **la** (*pl* **le**)) *det m* **1** the; ~ **libro/lo studente/l'acqua** the book/the student/the water; **gli scolari** the pupils
2 (*astrazione*): ~ **coraggio/l'amore/la giovinezza** courage/love/youth
3 (*tempo*): ~ **mattino/la sera** in the morning/evening; ~ **venerdì** *etc* (*abitualmente*) on Fridays *etc*; (*quel giorno*) on (the) Friday *etc*; **la settimana prossima** next week
4 (*distributivo*) a, an; **2.500 lire** ~ **chilo/paio** 2,500 lire a *o* per kilo/pair
5 (*partitivo*) some, any; **hai messo lo zucchero?** have you added sugar?; **hai comprato** ~ **latte?** did you buy (some *o* any) milk?
6 (*possesso*): **aprire gli occhi** to open one's eyes; **rompersi la gamba** to break one's leg; **avere i capelli neri/**~ **naso rosso** to have dark hair/a red nose
7 (*con nomi propri*): ~ **Petrarca** Petrarch; ~ **Presidente Reagan** President Reagan; **dov'è la Francesca?** where's Francesca?
8 (*con nomi geografici*): ~ **Tevere** the Tiber; **l'Italia** Italy; ~ **Regno Unito** the United Kingdom; **l'Everest** Everest

'ilare *ag* cheerful; **ilarità** *sf* hilarity, mirth
illangui'dire *vi* to grow weak *o* feeble
illazi'one [illat'tsjone] *sf* inference, deduction
ille'gale *ag* illegal
illeg'gibile [illed'dʒibile] *ag* illegible
ille'gittimo, a [ille'dʒittimo] *ag* illegitimate
il'leso, a *ag* unhurt, unharmed
illette'rato, a *ag* illiterate
illi'bato, a *ag*: **donna ~a** virgin
illimi'tato, a *ag* boundless; unlimited
ill.mo *abbr* = **illustrissimo**
il'ludere *vt* to deceive, delude; **~rsi** *vr* to deceive o.s., delude o.s.
illumi'nare *vt* to light up, illuminate; (*fig*) to enlighten; **~rsi** *vr* to light up; ~ **a giorno** to floodlight; **illuminazi'one** *sf* lighting; illumination; floodlighting; (*fig*) flash of inspiration
illusi'one *sf* illusion; **farsi delle ~i** to delude o.s.
illusio'nismo *sm* conjuring
il'luso, a *pp di* **illudere**
illus'trare *vt* to illustrate; **illustra'tivo, a** *ag* illustrative; **illustrazi'one** *sf* illustration
il'lustre *ag* eminent, renowned; **illus'trissimo, a** *ag* (*negli indirizzi*) very revered
imbacuc'care *vt* to wrap up; **~rsi** *vr* to wrap up
imbal'laggio [imbal'laddʒo] *sm* packing *no pl*
imbal'lare *vt* to pack; (*AUT*) to race; **~rsi** *vr* (*AUT*) to race
imbalsa'mare *vt* to embalm
imbambo'lato, a *ag* (*sguardo*) vacant, blank
imban'dire *vt*: ~ **un pranzo** to prepare a lavish meal
imbaraz'zare [imbarat'tsare] *vt* (*mettere a disagio*) to embarrass; (*ostacolare: movimenti*) to hamper; (*: stomaco*) to lie heavily on
imba'razzo [imba'rattso] *sm* (*disagio*) embarrassment; (*perplessità*)

puzzlement, bewilderment; ~ **di stomaco** indigestion
imbarca'dero *sm* landing stage
imbar'care *vt* (*passeggeri*) to embark; (*merci*) to load; ~**rsi** *vr*: ~**rsi su** to board; ~**rsi per l'America** to sail for America; ~**rsi in** (*fig: affare etc*) to embark on
imbarcazi'one [imbarkat'tsjone] *sf* (small) boat, (small) craft *inv*; ~ **di salvataggio** lifeboat
im'barco, chi *sm* embarkation; loading; boarding; (*banchina*) landing stage
imbas'tire *vt* (*cucire*) to tack; (*fig: abbozzare*) to sketch, outline
im'battersi *vr*: ~ **in** (*incontrare*) to bump *o* run into
imbat'tibile *ag* unbeatable, invincible
imbavagli'are [imbavaʎ'ʎare] *vt* to gag
imbec'cata *sf* (*TEATRO*) prompt
imbe'cille [imbe'tʃille] *ag* idiotic ♦ *sm/f* idiot; (*MED*) imbecile
imbel'lire *vt* to adorn, embellish ♦ *vi* to grow more beautiful
im'berbe *ag* beardless
im'bevere *vt* to soak; ~**rsi** *vr*: ~**rsi di** to soak up, absorb
imbian'care *vt* to whiten; (*muro*) to whitewash ♦ *vi* to become *o* turn white
imbian'chino [imbjan'kino] *sm* (house) painter, painter and decorator
imboc'care *vt* (*bambino*) to feed; (*entrare: strada*) to enter, turn into ♦ *vi*: ~ **in** (*sog: strada*) to lead into; (: *fiume*) to flow into
imbocca'tura *sf* mouth; (*di strada, porto*) entrance; (*MUS, del morso*) mouthpiece
im'bocco, chi *sm* entrance
imbos'care *vt* to hide; ~**rsi** *vr* (*MIL*) to evade military service
imbos'cata *sf* ambush
imbottigli'are [imbottiʎ'ʎare] *vt* to bottle; (*NAUT*) to blockade; (*MIL*) to hem in; ~**rsi** *vr* to be stuck in a traffic jam
imbot'tire *vt* to stuff; (*giacca*) to pad; **imbot'tita** *sf* quilt; **imbotti'tura** *sf* stuffing; padding
imbrat'tare *vt* to dirty, smear, daub
imbrigli'are [imbriʎ'ʎare] *vt* to bridle
imbroc'care *vt* (*fig*) to guess correctly
imbrogli'are [imbroʎ'ʎare] *vt* to mix up; (*fig: raggirare*) to deceive, cheat; (: *confondere*) to confuse, mix up; ~**rsi** *vr* to get tangled; (*fig*) to become confused; **im'broglio** *sm* (*groviglio*) tangle; (*situazione confusa*) mess; (*truffa*) swindle, trick; **imbrogli'one, a** *sm/f* cheat, swindler
imbronci'are [imbron'tʃare] *vi* (*anche*: ~*rsi*) to sulk; **imbronci'ato, a** *ag* sulky
imbru'nire *vi, vb impers* to grow dark; **all'**~ at dusk
imbrut'tire *vt* to make ugly ♦ *vi* to become ugly
imbu'care *vt* to post
imbur'rare *vt* to butter
im'buto *sm* funnel
imi'tare *vt* to imitate; (*riprodurre*) to copy; (*assomigliare*) to look like; **imitazi'one** *sf* imitation
immaco'lato, a *ag* spotless; immaculate
immagazzi'nare [immagaddzi'nare] *vt* to store
immagi'nare [immadʒi'nare] *vt* to imagine; (*supporre*) to suppose; (*inventare*) to invent; **s'immagini!** don't mention it!, not at all!; **immagi'nario, a** *ag* imaginary; **immaginazi'one** *sf* imagination; (*cosa immaginata*) fancy
im'magine [im'madʒine] *sf* image; (*rappresentazione grafica, mentale*) picture
imman'cabile *ag* certain; unfailing
im'mane *ag* (*smisurato*) enormous; (*spaventoso*) terrible
immangi'abile [imman'dʒabile] *ag* inedible

immatrico'lare *vt* to register; **~rsi** *vr* (*INS*) to matriculate, enrol; **immatricolazi'one** *sf* registration; matriculation, enrolment
imma'turo, a *ag* (*frutto*) unripe; (*persona*) immature; (*prematuro*) premature
immedesi'marsi *vr*: **~ in** to identify with
immediata'mente *av* immediately, at once
immedi'ato, a *ag* immediate
im'memore *ag*: **~ di** forgetful of
im'menso, a *ag* immense
im'mergere [im'mɛrdʒere] *vt* to immerse, plunge; **~rsi** *vr* to plunge; (*sommergibile*) to dive, submerge; (*dedicarsi a*): **~rsi in** to immerse o.s. in
immeri'tato, a *ag* undeserved
immeri'tevole *ag* undeserving, unworthy
immersi'one *sf* immersion; (*di sommergibile*) submersion, dive; (*di palombaro*) dive
im'merso, a *pp di* **immergere**
im'mettere *vt*: **~ (in)** to introduce (into); **~ dati in un computer** to enter data on a computer
immi'grato, a *sm/f* immigrant; **immigrazi'one** *sf* immigration
immi'nente *ag* imminent
immischi'are [immis'kjare] *vt*: **~ qn in** to involve sb in; **~rsi in** to interfere *o* meddle in
immissi'one *sf* (*di aria, gas*) intake; **~ di dati** (*INFORM*) data entry
im'mobile *ag* motionless, still; **~i** *smpl* (*anche*: *beni* **~i**) real estate *sg*; **immobili'are** *ag* (*DIR*) property *cpd*; **immobilità** *sf* stillness; immobility
immo'desto, a *ag* immodest
immo'lare *vt* to sacrifice, immolate
immon'dizia [immon'dittsja] *sf* dirt, filth; (*spesso al pl: spazzatura, rifiuti*) rubbish *no pl*, refuse *no pl*
im'mondo, a *ag* filthy, foul
immo'rale *ag* immoral
immor'tale *ag* immortal
im'mune *ag* (*esente*) exempt; (*MED, DIR*) immune; **immunità** *sf* immunity; **immunità parlamentare** parliamentary privilege
immu'tabile *ag* immutable; unchanging
impacchet'tare [impakket'tare] *vt* to pack up
impacci'are [impat'tʃare] *vt* to hinder, hamper; **impacci'ato, a** *ag* awkward, clumsy; (*imbarazzato*) embarrassed; **im'paccio** *sm* obstacle; (*imbarazzo*) embarrassment; (*situazione imbarazzante*) awkward situation
im'pacco, chi *sm* (*MED*) compress
impadro'nirsi *vr*: **~ di** to seize, take possession of; (*fig: apprendere a fondo*) to master
impa'gabile *ag* priceless
impagi'nare [impadʒi'nare] *vt* (*TIP*) to paginate, page (up)
impagli'are [impaʎ'ʎare] *vt* to stuff (with straw)
impa'lato, a *ag* (*fig*) stiff as a board
impalca'tura *sf* scaffolding
impalli'dire *vi* to turn pale; (*fig*) to fade
impa'nare *vt* (*CUC*) to dip in breadcrumbs
impanta'narsi *vr* to sink (in the mud); (*fig*) to get bogged down
impappi'narsi *vr* to stammer, falter
impa'rare *vt* to learn
imparen'tarsi *vr*: **~ con** to marry into
'impari *ag inv* (*disuguale*) unequal; (*dispari*) odd
impar'tire *vt* to bestow, give
imparzi'ale [impar'tsjale] *ag* impartial, unbiased
impas'sibile *ag* impassive
impas'tare *vt* (*pasta*) to knead; (*colori*) to mix
im'pasto *sm* (*l'impastare: di pane*) kneading; (*: di cemento*) mixing; (*pasta*) dough; (*anche fig*) mixture

im'patto *sm* impact
impau'rire *vt* to scare, frighten ♦ *vi* (*anche: ~rsi*) to become scared *o* frightened
im'pavido, a *ag* intrepid, fearless
impazi'ente [impat'tsjente] *ag* impatient; **impazi'enza** *sf* impatience
impaz'zata [impat'tsata] *sf*: **all'~** (*precipitosamente*) at breakneck speed
impaz'zire [impat'tsire] *vi* to go mad; **~ per qn/qc** to be crazy about sb/sth
impec'cabile *ag* impeccable
impedi'mento *sm* obstacle, hindrance
impe'dire *vt* (*vietare*): **~ a qn di fare** to prevent sb from doing; (*ostruire*) to obstruct; (*impacciare*) to hamper, hinder
impe'gnare [impeɲ'ɲare] *vt* (*dare in pegno*) to pawn; (*onore etc*) to pledge; (*prenotare*) to book, reserve; (*obbligare*) to oblige; (*occupare*) to keep busy; (*MIL: nemico*) to engage; **~rsi** *vr* (*vincolarsi*): **~rsi a fare** to undertake to do; (*mettersi risolutamente*): **~rsi in qc** to devote o.s. to sth; **~rsi con qn** (*accordarsi*) to come to an agreement with sb; **impegna'tivo, a** *ag* binding; (*lavoro*) demanding, exacting; **impe'gnato, a** *ag* (*occupato*) busy; (*fig: romanzo, autore*) committed, engagé
im'pegno [im'peɲɲo] *sm* (*obbligo*) obligation; (*promessa*) promise, pledge; (*zelo*) diligence, zeal; (*compito, d'autore*) commitment
impel'lente *ag* pressing, urgent
impene'trabile *ag* impenetrable
impen'narsi *vr* (*cavallo*) to rear up; (*AER*) to nose up; (*fig*) to bridle
impen'sato, a *ag* unforeseen, unexpected
impensie'rire *vt* to worry; **~rsi** *vr* to worry
impe'rare *vi* (*anche fig*) to reign, rule
impera'tivo, a *ag*, *sm* imperative
impera'tore, 'trice *sm/f* emperor/empress
imperdo'nabile *ag* unforgivable, unpardonable
imper'fetto, a *ag* imperfect ♦ *sm* (*LING*) imperfect (tense); **imperfezi'one** *sf* imperfection
imperi'ale *ag* imperial
imperi'oso, a *ag* (*persona*) imperious; (*motivo, esigenza*) urgent, pressing
impe'rizia [impe'rittsja] *sf* lack of experience
imperma'lirsi *vr* to take offence
imperme'abile *ag* waterproof ♦ *sm* raincoat
imperni'are *vt*: **~ qc su** to hinge sth on; (*fig*) to base sth on; **~rsi** *vr* (*fig*): **~rsi su** to be based on
im'pero *sm* empire; (*forza, autorità*) rule, control
imperscru'tabile *ag* inscrutable
imperso'nale *ag* impersonal
imperso'nare *vt* to personify; (*TEATRO*) to play, act (the part of)
imperter'rito, a *ag* fearless, undaunted; impassive
imperti'nente *ag* impertinent
imperver'sare *vi* to rage
'impeto *sm* (*moto, forza*) force, impetus; (*assalto*) onslaught; (*fig: impulso*) impulse; (: *slancio*) transport; **con ~** energetically; vehemently
impet'tito, a *ag* stiff, erect
impetu'oso, a *ag* (*vento*) strong, raging; (*persona*) impetuous
impian'tare *vt* (*motore*) to install; (*azienda, discussione*) to establish, start
impi'anto *sm* (*installazione*) installation; (*apparecchiature*) plant; (*sistema*) system; **~ elettrico** wiring; **~ sportivo** sports complex; **~i di risalita** (*SCI*) ski lifts
impiastricci'are [impjastrit'tʃare] *vt* = **impiastrare**
impi'astro *sm* poultice
impic'care *vt* to hang; **~rsi** *vr* to hang o.s.
impicci'are [impit'tʃare] *vt* to hinder, hamper; **~rsi** *vr* to meddle, in-

terfere; **im'piccio** *sm* (*ostacolo*) hindrance; (*seccatura*) trouble, bother; (*affare imbrogliato*) mess; **essere d'impiccio** to be in the way
impie'gare *vt* (*usare*) to use, employ; (*assumere*) to employ, take on; (*spendere*: *denaro, tempo*) to spend; (*investire*) to invest; **~rsi** *vr* to get a job, obtain employment; **impie'gato, a** *sm/f* employee
impi'ego, ghi *sm* (*uso*) use; (*occupazione*) employment; (*posto di lavoro*) (regular) job, post; (*ECON*) investment
impieto'sire *vt* to move to pity; **~rsi** *vr* to be moved to pity
impie'trire *vt* (*fig*) to petrify
impigli'are [impiʎ'ʎare] *vt* to catch, entangle; **~rsi** *vr* to get caught up *o* entangled
impi'grire *vt* to make lazy ♦ *vi* (*anche*: *~rsi*) to grow lazy
impli'care *vt* to imply; (*coinvolgere*) to involve; **~rsi** *vr*: **~rsi (in)** to become involved (in); **implicazi'one** *sf* implication
im'plicito, a [im'plitʃito] *ag* implicit
implo'rare *vt* to implore; (*pietà etc*) to beg for
impolve'rare *vt* to cover with dust; **~rsi** *vr* to get dusty
impo'nente *ag* imposing, impressive
impo'nibile *ag* taxable ♦ *sm* taxable income
impopo'lare *ag* unpopular
im'porre *vt* to impose; (*costringere*) to force, make; (*far valere*) to impose, enforce; **imporsi** *vr* (*persona*) to assert o.s.; (*cosa*: *rendersi necessario*) to become necessary; (*aver successo: moda, attore*) to become popular; ~ **a qn di fare** to force sb to do, make sb do
impor'tante *ag* important; **impor'tanza** *sf* importance; **dare importanza a qc** to attach importance to sth; **darsi importanza** to give o.s. airs
impor'tare *vt* (*introdurre dall'estero*) to import ♦ *vi* to matter, be important ♦ *vb impers* (*essere necessario*) to be necessary; (*interessare*) to matter; **non importa!** it doesn't matter!; **non me ne importa!** I don't care!; **importazi'one** *sf* importation; (*merci importate*) imports *pl*
im'porto *sm* (total) amount
importu'nare *vt* to bother
impor'tuno, a *ag* irksome, annoying
imposizi'one [impozit'tsjone] *sf* imposition; order, command; (*onere, imposta*) tax
imposses'sarsi *vr*: ~ **di** to seize, take possession of
impos'sibile *ag* impossible; **fare l'~** to do one's utmost, do all one can; **impossibilità** *sf* impossibility; **essere nell'impossibilità di fare qc** to be unable to do sth
im'posta *sf* (*di finestra*) shutter; (*tassa*) tax; ~ **sul reddito** income tax; ~ **sul valore aggiunto** value added tax (*BRIT*), sales tax (*US*)
impos'tare *vt* (*imbucare*) to post; (*preparare*) to plan, set out; (*avviare*) to begin, start off; (*voce*) to pitch
im'posto, a *pp di* **imporre**
impo'tente *ag* weak, powerless; (*anche MED*) impotent
impove'rire *vt* to impoverish ♦ *vi* (*anche*: *~rsi*) to become poor
imprati'cabile *ag* (*strada*) impassable; (*campo da gioco*) unplayable
imprati'chire [imprati'kire] *vt* to train; **~rsi in qc** to practise (*BRIT*) *o* practice (*US*) sth
impre'gnare [impreɲ'ɲare] *vt*: ~ **(di)** (*imbevere*) to soak *o* impregnate (with); (*riempire*: *anche fig*) to fill (with)
imprendi'tore *sm* (*industriale*) entrepreneur; (*appaltatore*) contractor; **piccolo ~** small businessman
im'presa *sf* (*iniziativa*) enterprise; (*azione*) exploit; (*azienda*) firm, concern

impre'sario *sm* (*TEATRO*) manager, impresario; ~ **di pompe funebri** funeral director
imprescin'dibile [impreʃʃin'dibile] *ag* not to be ignored
impressio'nante *ag* impressive; upsetting
impressio'nare *vt* to impress; (*turbare*) to upset; (*FOT*) to expose; ~**rsi** *vr* to be easily upset
impressi'one *sf* impression; (*fig*: *sensazione*) sensation, feeling; (*stampa*) printing; **fare** ~ (*colpire*) to impress; (*turbare*) to frighten, upset; **fare buona/cattiva** ~ **a** to make a good/bad impression on
im'presso, a *pp di* **imprimere**
impres'tare *vt*: ~ **qc a qn** to lend sth to sb
impreve'dibile *ag* unforeseeable; (*persona*) unpredictable
imprevi'dente *ag* lacking in foresight
impre'visto, a *ag* unexpected, unforeseen ♦ *sm* unforeseen event; **salvo** ~**i** unless anything unexpected happens
imprigio'nare [impridʒo'nare] *vt* to imprison
im'primere *vt* (*anche fig*) to impress, stamp; (*comunicare*: *movimento*) to transmit, give
impro'babile *ag* improbable, unlikely
im'pronta *sf* imprint, impression, sign; (*di piede, mano*) print; (*fig*) mark, stamp; ~ **digitale** fingerprint
impro'perio *sm* insult
im'proprio, a *ag* improper; **arma** ~**a** offensive weapon
improvvisa'mente *av* suddenly; unexpectedly
improvvi'sare *vt* to improvise; ~**rsi** *vr*: ~**rsi cuoco** to (decide to) act as cook; **improvvi'sata** *sf* (pleasant) surprise
improv'viso, a *ag* (*imprevisto*) unexpected; (*subitaneo*) sudden; **all'**~ unexpectedly; suddenly
impru'dente *ag* unwise, rash
impu'dente *ag* impudent
impu'dico, a, chi, che *ag* immodest
impu'gnare [impuɲ'ɲare] *vt* to grasp, grip; (*DIR*) to contest
impul'sivo, a *ag* impulsive
im'pulso *sm* impulse
impun'tarsi *vr* to stop dead, refuse to budge; (*fig*) to be obstinate
impu'tare *vt* (*ascrivere*): ~ **qc a** to attribute sth to; (*DIR: accusare*): ~ **qn di** to charge sb with, accuse sb of; **impu'tato, a** *sm/f* (*DIR*) accused, defendant; **imputazi'one** *sf* (*DIR*) charge
imputri'dire *vi* to rot

PAROLA CHIAVE

in (*in+il* = **nel**, *in+lo* = **nello**, *in+l'* = **nell'**, *in+la* = **nella**, *in+i* = **nei**, *in+gli* = **negli**, *in+le* = **nelle**) *prep* **1** (*stato in luogo*) in; **vivere** ~ **Italia/città** to live in Italy/town; **essere** ~ **casa/ufficio** to be at home/the office; **se fossi** ~ **te** if I were you
2 (*moto a luogo*) to; (*: dentro*) into; **andare** ~ **Germania/città** to go to Germany/town; **andare** ~ **ufficio** to go to the office; **entrare** ~ **macchina/casa** to get into the car/go into the house
3 (*tempo*) in; **nel 1989** in 1989; ~ **giugno/estate** in June/summer
4 (*modo, maniera*) in; ~ **silenzio** in silence; ~ **abito da sera** in evening dress; ~ **guerra** at war; ~ **vacanza** on holiday; **Maria Bianchi** ~ **Rossi** Maria Rossi née Bianchi
5 (*mezzo*) by; **viaggiare** ~ **autobus/treno** to travel by bus/train
6 (*materia*) made of; ~ **marmo** made of marble, marble *cpd*; **una collana** ~ **oro** a gold necklace
7 (*misura*) in; **siamo** ~ **quattro** there are four of us; ~ **tutto** in all
8 (*fine*): **dare** ~ **dono** to give as a gift; **spende tutto** ~ **alcool** he spends all his money on drink; ~ **onore di** in honour of

inabi'tabile *ag* uninhabitable
inacces'sibile [inattʃes'sibile] *ag* (*luogo*) inaccessible; (*persona*) unapproachable; (*mistero*) unfathomable
inaccet'tabile [inattʃet'tabile] *ag* unacceptable
ina'datto, a *ag*: ~ (a) unsuitable *o* unfit (for)
inadegu'ato, a *ag* inadequate
inadempi'enza [inadem'pjɛntsa] *sf*: ~ (a) non-fulfilment (of)
inaffer'rabile *ag* elusive; (*concetto, senso*) difficult to grasp
ina'lare *vt* to inhale
inalbe'rare *vt* (*NAUT*) to hoist, raise; **~rsi** *vr* (*fig*) to flare up, fly off the handle
inalte'rabile *ag* unchangeable; (*colore*) fast, permanent; (*affetto*) constant
inalte'rato, a *ag* unchanged
inami'dato, a *ag* starched
inani'mato, a *ag* inanimate; (*senza vita*: *corpo*) lifeless
inappa'gabile *ag* insatiable
inappel'labile *ag* (*decisione*) final, irrevocable; (*DIR*) final, not open to appeal
inappe'tenza [inappe'tɛntsa] *sf* (*MED*) lack of appetite
inappun'tabile *ag* irreproachable
inar'care *vt* (*schiena*) to arch; (*sopracciglia*) to raise; **~rsi** *vr* to arch
inari'dire *vt* to make arid, dry up ♦ *vi* (*anche*: *~rsi*) to dry up, become arid
inaspet'tato, a *ag* unexpected
inas'prire *vt* (*disciplina*) to tighten up, make harsher; (*carattere*) to embitter; **~rsi** *vr* to become harsher; to become bitter; to become worse
inattac'cabile *ag* (*anche fig*) unassailable; (*alibi*) cast-iron
inatten'dibile *ag* unreliable
inat'teso, a *ag* unexpected
inattu'abile *ag* impracticable
inau'dito, a *ag* unheard of
inaugu'rare *vt* to inaugurate, open; (*monumento*) to unveil
inavve'duto, a *ag* careless, inadvertent
inavver'tenza [inavver'tɛntsa] *sf* carelessness, inadvertence
incagli'are [inkaʎ'ʎare] *vi* (*NAUT*: *anche*: *~rsi*) to run aground
incal'lito, a *ag* calloused; (*fig*) hardened, inveterate; (: *insensibile*) hard
incal'zare [inkal'tsare] *vt* to follow *o* pursue closely; (*fig*) to press ♦ *vi* (*urgere*) to be pressing; (*essere imminente*) to be imminent
incame'rare *vt* (*DIR*) to expropriate
incammi'nare *vt* (*fig*: *avviare*) to start up; **~rsi** *vr* to set off
incande'scente [inkandeʃ'ʃɛnte] *ag* incandescent, white-hot
incan'tare *vt* to enchant, bewitch; **~rsi** *vr* (*rimanere intontito*) to be spellbound; to be in a daze; (*meccanismo*: *bloccarsi*) to jam; **incanta'tore, 'trice** *ag* enchanting, bewitching ♦ *sm/f* enchanter/ enchantress; **incan'tesimo** *sm* spell, charm; **incan'tevole** *ag* charming, enchanting
in'canto *sm* spell, charm, enchantment; (*asta*) auction; **come per ~** as if by magic; **mettere all'~** to put up for auction
incanu'tire *vi* to go white
inca'pace [inka'patʃe] *ag* incapable; **incapacità** *sf* inability; (*DIR*) incapacity
incapo'nirsi *vr* to be stubborn, be determined
incap'pare *vi*: ~ **in qc/qn** (*anche fig*) to run into sth/sb
incapricci'arsi [inkaprit'tʃarsi] *vr*: ~ **di** to take a fancy to *o* for
incapsu'lare *vt* (*dente*) to crown
incarce'rare [inkartʃe'rare] *vt* to imprison
incari'care *vt*: ~ **qn di fare** to give sb the responsibility of doing; **~rsi di** to take care *o* charge of; **incari'cato, a** *ag*: **incaricato (di)** in charge (of), responsible (for) ♦ *sm/f* delegate, representative; **professore incaricato** *teacher with a temporary*

appointment; **incaricato d'affari** (*POL*) chargé d'affaires
in'carico, chi *sm* task, job
incar'nare *vt* to embody; **~rsi** *vr* to be embodied; (*REL*) to become incarnate
incarta'mento *sm* dossier, file
incar'tare *vt* to wrap (in paper)
incas'sare *vt* (*merce*) to pack (in cases); (*gemma: incastonare*) to set; (*ECON: riscuotere*) to collect; (*PUGILATO: colpi*) to take, stand up to; **in'casso** *sm* cashing, encashment; (*introito*) takings *pl*
incasto'nare *vt* to set; **incastona'tura** *sf* setting
incas'trare *vt* to fit in, insert; (*fig: intrappolare*) to catch; **~rsi** *vr* (*combaciare*) to fit together; (*restare bloccato*) to become stuck; **in'castro** *sm* slot, groove; (*punto di unione*) joint
incate'nare *vt* to chain up
incatra'mare *vt* to tar
incatti'vire *vt* to make wicked; **~rsi** *vr* to turn nasty
in'cauto, a *ag* imprudent, rash
inca'vare *vt* to hollow out; **in'cavo** *sm* hollow; (*solco*) groove
incendi'are [intʃen'djare] *vt* to set fire to; **~rsi** *vr* to catch fire, burst into flames
incendi'ario, a [intʃen'djarjo] *ag* incendiary ♦ *sm/f* arsonist
in'cendio [in'tʃɛndjo] *sm* fire
incene'rire [intʃene'rire] *vt* to burn to ashes, incinerate; (*cadavere*) to cremate; **~rsi** *vr* to be burnt to ashes
in'censo [in'tʃɛnso] *sm* incense
incensu'rato, a [intʃensu'rato] *ag* (*DIR*): essere ~ to have a clean record
incen'tivo [intʃen'tivo] *sm* incentive
incep'pare [intʃep'pare] *vt* to obstruct, hamper; **~rsi** *vr* to jam
ince'rata [intʃe'rata] *sf* (*tela*) tarpaulin; (*impermeabile*) oilskins *pl*
incer'tezza [intʃer'tettsa] *sf* uncertainty
in'certo, a [in'tʃɛrto] *ag* uncertain; (*irresoluto*) undecided, hesitating ♦ *sm* uncertainty
in'cetta [in'tʃetta] *sf* buying up; **fare ~ di qc** to buy up sth
inchi'esta [in'kjɛsta] *sf* investigation, inquiry
inchi'nare [inki'nare] *vt* to bow; **~rsi** *vr* to bend down; (*per riverenza*) to bow; (*: donna*) to curtsy; **in'chino** *sm* bow; curtsy
inchio'dare [inkjo'dare] *vt* to nail (down); ~ **la macchina** (*AUT*) to jam on the brakes
inchi'ostro [in'kjɔstro] *sm* ink; ~ **simpatico** invisible ink
inciam'pare [intʃam'pare] *vi* to trip, stumble
inci'ampo [in'tʃampo] *sm* obstacle; **essere d'~ a qn** (*fig*) to be in sb's way
inciden'tale [intʃiden'tale] *ag* incidental
inci'dente [intʃi'dɛnte] *sm* accident; ~ **d'auto** car accident
inci'denza [intʃi'dɛntsa] *sf* incidence; **avere una forte ~ su qc** to affect sth greatly
in'cidere [in'tʃidere] *vi*: ~ **su** to bear upon, affect ♦ *vt* (*tagliare incavando*) to cut into; (*ARTE*) to engrave; to etch; (*canzone*) to record
in'cinta [in'tʃinta] *ag f* pregnant
incipri'are [intʃi'prjare] *vt* to powder
in'circa [in'tʃirka] *av*: **all'~** more or less, very nearly
incisi'one [intʃi'zjone] *sf* cut; (*disegno*) engraving; etching; (*registrazione*) recording; (*MED*) incision
in'ciso, a [in'tʃizo] *pp di* **incidere** ♦ *sm*: **per ~** incidentally, by the way
inci'tare [intʃi'tare] *vt* to incite
inci'vile [intʃi'vile] *ag* uncivilized; (*villano*) impolite
incivi'lire [intʃivi'lire] *vt* to civilize
incl. *abbr* (= *incluso*) encl.
incli'nare *vt* to tilt ♦ *vi* (*fig*): ~ **a qc/a fare** to incline towards sth/doing; to tend towards sth/to do; **~rsi** *vr* (*barca*) to list; (*aereo*) to bank; **incli'nato, a** *ag* sloping; **in-**

clinazi'one *sf* slope; (*fig*) inclination, tendency; **in'cline** *ag*: **incline a** inclined to
in'cludere *vt* to include; (*accludere*) to enclose; **in'cluso, a** *pp di* **includere** ♦ *ag* included; enclosed
incoe'rente *ag* incoherent; (*contraddittorio*) inconsistent
in'cognita [in'koɲɲita] *sf* (*MAT, fig*) unknown quantity
in'cognito, a [in'koɲɲito] *ag* unknown ♦ *sm*: **in ~** incognito
incol'lare *vt* to glue, gum; (*unire con colla*) to stick together
incolon'nare *vt* to draw up in columns
inco'lore *ag* colourless
incol'pare *vt*: **~ qn di** to charge sb with
in'colto, a *ag* (*terreno*) uncultivated; (*trascurato: capelli*) neglected; (*persona*) uneducated
in'colume *ag* safe and sound, unhurt
incom'benza [inkom'bɛntsa] *sf* duty, task
in'combere *vi* (*sovrastare minacciando*): **~ su** to threaten, hang over
incominci'are [inkomin'tʃare] *vi, vt* to begin, start
in'comodo, a *ag* uncomfortable; (*inopportuno*) inconvenient ♦ *sm* inconvenience, bother
incompe'tente *ag* incompetent
incompi'uto, a *ag* unfinished, incomplete
incom'pleto, a *ag* incomplete
incompren'sibile *ag* incomprehensible
incom'preso, a *ag* not understood; misunderstood
inconce'pibile [inkontʃe'pibile] *ag* inconceivable
inconcili'abile [inkontʃi'ljabile] *ag* irreconcilable
inconclu'dente *ag* inconclusive; (*persona*) ineffectual
incondizio'nato, a [inkondittsjo'nato] *ag* unconditional
inconfu'tabile *ag* irrefutable
incongru'ente *ag* inconsistent
inconsa'pevole *ag*: **~ di** unaware of, ignorant of
in'conscio, a, sci, sce [in'kɔnʃo] *ag* unconscious ♦ *sm* (*PSIC*): **l'~** the unconscious
inconsis'tente *ag* insubstantial; unfounded
inconsu'eto, a *ag* unusual
incon'sulto, a *ag* rash
incon'trare *vt* to meet; (*difficoltà*) to meet with; **~rsi** *vr* to meet
incontras'tabile *ag* incontrovertible, indisputable
in'contro *av*: **~ a** (*verso*) towards ♦ *sm* meeting; (*SPORT*) match; meeting; **~ di calcio** football match
inconveni'ente *sm* drawback, snag
incoraggia'mento [inkoraddʒa'mento] *sm* encouragement
incoraggi'are [inkorad'dʒare] *vt* to encourage
incornici'are [inkorni'tʃare] *vt* to frame
incoro'nare *vt* to crown; **incoronazi'one** *sf* coronation
incorpo'rare *vt* to incorporate; (*fig: annettere*) to annex
in'correre *vi*: **~ in** to meet with, run into
incosci'ente [inkoʃ'ʃɛnte] *ag* (*inconscio*) unconscious; (*irresponsabile*) reckless, thoughtless; **incosci'enza** *sf* unconsciousness; recklessness, thoughtlessness
incre'dibile *ag* incredible, unbelievable
in'credulo, a *ag* incredulous, disbelieving
incremen'tare *vt* to increase; (*dar sviluppo a*) to promote
incre'mento *sm* (*sviluppo*) development; (*aumento numerico*) increase, growth
incresci'oso, a [inkreʃ'ʃoso] *ag* (*incidente etc*) regrettable
incres'parsi *vr* (*acqua*) to ripple; (*capelli*) to go frizzy; (*pelle, tessuto*) to wrinkle
incrimi'nare *vt* (*DIR*) to charge
incri'nare *vt* to crack; (*fig: rapporti,*

amicizia) to cause to deteriorate; **~rsi** *vr* to crack; to deteriorate; **incrina'tura** *sf* crack; (*fig*) rift
incroci'are [inkro'tʃare] *vt* to cross; (*incontrare*) to meet ♦ *vi* (*NAUT, AER*) to cruise; **~rsi** *vr* (*strade*) to cross, intersect; (*persone, veicoli*) to pass each other; **~ le braccia/le gambe** to fold one's arms/cross one's legs; **incrocia'tore** *sm* cruiser
in'crocio [in'krotʃo] *sm* (*anche FERR*) crossing; (*di strade*) crossroads
incros'tare *vt* to encrust
incuba'trice [inkuba'tritʃe] *sf* incubator
'incubo *sm* nightmare
in'cudine *sf* anvil
incu'rante *ag*: **~ (di)** heedless (of), careless (of)
incurio'sire *vt* to make curious; **~rsi** *vr* to become curious
incursi'one *sf* raid
incur'vare *vt* to bend, curve; **~rsi** *vr* to bend, curve
in'cusso, a *pp di* **incutere**
incusto'dito, a *ag* unguarded, unattended
in'cutere *vt* to arouse; **~ timore/rispetto a qn** to strike fear into sb/command sb's respect
'indaco *sm* indigo
indaffa'rato, a *ag* busy
inda'gare *vt* to investigate
in'dagine [in'dadʒine] *sf* investigation, inquiry; (*ricerca*) research, study
indebi'tarsi *vr* to run *o* get into debt
in'debito, a *ag* undue; undeserved
indebo'lire *vt, vi* (*anche:* **~rsi**) to weaken
inde'cente [inde'tʃɛnte] *ag* indecent; **inde'cenza** *sf* indecency
inde'ciso, a [inde'tʃizo] *ag* indecisive; (*irresoluto*) undecided
inde'fesso, a *ag* untiring, indefatigable
indefi'nito, a *ag* (*anche LING*) indefinite; (*impreciso, non determinato*) undefined

in'degno, a [in'deɲɲo] *ag* (*atto*) shameful; (*persona*) unworthy
indelica'tezza [indelika'tettsa] *sf* tactlessness
indemoni'ato, a *ag* possessed (by the devil)
in'denne *ag* unhurt, uninjured; **indennità** *sf inv* (*rimborso: di spese*) allowance; (*: di perdita*) compensation, indemnity; **indennità di contingenza** cost-of-living allowance; **indennità di trasferta** travel expenses *pl*
indenniz'zare [indennid'dzare] *vt* to compensate; **inden'nizzo** *sm* (*somma*) compensation, indemnity
indero'gabile *ag* binding
'India *sf*: **l'~** India; **indi'ano, a** *ag* Indian ♦ *sm/f* (*d'India*) Indian; (*d'America*) Red Indian
indiavo'lato, a *ag* possessed (by the devil); (*vivace, violento*) wild
indi'care *vt* (*mostrare*) to show, indicate; (*: col dito*) to point to, point out; (*consigliare*) to suggest, recommend; **indica'tivo, a** *ag* indicative ♦ *sm* (*LING*) indicative (mood); **indica'tore** *sm* (*elenco*) guide; directory; (*TECN*) gauge; indicator; **cartello indicatore** sign; **indicatore di velocità** (*AUT*) speedometer; **indicatore della benzina** fuel gauge; **indicazi'one** *sf* indication; (*informazione*) piece of information
'indice ['inditʃe] *sm* (*ANAT: dito*) index finger, forefinger; (*lancetta*) needle, pointer; (*fig: indizio*) sign; (*TECN, MAT, nei libri*) index; **~ di gradimento** (*RADIO, TV*) popularity rating
indi'cibile [indi'tʃibile] *ag* inexpressible
indietreggi'are [indietred'dʒare] *vi* to draw back, retreat
indi'etro *av* back; (*guardare*) behind, back; (*andare, cadere: anche:* **all'~**) backwards; **rimanere ~** to be left behind; **essere ~** (*col lavoro*) to be behind; (*orologio*) to be slow; **rimandare qc ~** to send sth back

indi'feso, a *ag* (*città etc*) undefended; (*persona*) defenceless
indiffe'rente *ag* indifferent; **indiffe'renza** *sf* indifference
in'digeno, a [in'didʒeno] *ag* indigenous, native ♦ *sm/f* native
indi'gente [indi'dʒɛnte] *ag* poverty-stricken, destitute; **indi'genza** *sf* extreme poverty
indigesti'one [indidʒes'tjone] *sf* indigestion
indi'gesto, a [indi'dʒɛsto] *ag* indigestible
indi'gnare [indiɲ'ɲare] *vt* to fill with indignation; **~rsi** *vr* to be (*o* get) indignant
indimenti'cabile *ag* unforgettable
indipen'dente *ag* independent; **indipen'denza** *sf* independence
in'dire *vt* (*concorso*) to announce; (*elezioni*) to call
indi'retto, a *ag* indirect
indiriz'zare [indirit'tsare] *vt* (*dirigere*) to direct; (*mandare*) to send; (*lettera*) to address
indi'rizzo [indi'rittso] *sm* address; (*direzione*) direction; (*avvio*) trend, course
indis'creto, a *ag* indiscreet
indis'cusso, a *ag* unquestioned
indispen'sabile *ag* indispensable, essential
indispet'tire *vt* to irritate, annoy ♦ *vi* (*anche: ~rsi*) to get irritated *o* annoyed
in'divia *sf* endive
individu'ale *ag* individual; **individualità** *sf* individuality
individu'are *vt* (*dar forma distinta a*) to characterize; (*determinare*) to locate; (*riconoscere*) to single out
indi'viduo *sm* individual
indizi'are [indit'tsjare] *vt*: ~ **qn di qc** to cast suspicion on sb for sth; **indizi'ato, a** *ag* suspected ♦ *sm/f* suspect
in'dizio [in'dittsjo] *sm* (*segno*) sign, indication; (*POLIZIA*) clue; (*DIR*) piece of evidence
'indole *sf* nature, character
indolen'zito, a [indolen'tsito] *ag* stiff, aching; (*intorpidito*) numb
indo'lore *ag* painless
indo'mani *sm*: l'~ the next day, the following day
Indo'nesia *sf*: l'~ Indonesia
indos'sare *vt* (*mettere indosso*) to put on; (*avere indosso*) to have on; **indossa'tore, 'trice** *sm/f* model
in'dotto, a *pp di* **indurre**
indottri'nare *vt* to indoctrinate
indovi'nare *vt* (*scoprire*) to guess; (*immaginare*) to imagine, guess; (*il futuro*) to foretell; **indovi'nato, a** *ag* successful; (*scelta*) inspired; **indovi'nello** *sm* riddle; **indo'vino, a** *sm/f* fortuneteller
indubbia'mente *av* undoubtedly
in'dubbio, a *ag* certain, undoubted
indugi'are [indu'dʒare] *vi* to take one's time, delay
in'dugio [in'dudʒo] *sm* (*ritardo*) delay; **senza** ~ without delay
indul'gente [indul'dʒɛnte] *ag* indulgent; (*giudice*) lenient; **indul'genza** *sf* indulgence; leniency
in'dulgere [in'duldʒere] *vi*: ~ **a** (*accondiscendere*) to comply with; (*abbandonarsi*) to indulge in; **in'dulto, a** *pp di* **indulgere** ♦ *sm* (*DIR*) pardon
indu'mento *sm* article of clothing, garment; **~i** *smpl* (*vestiti*) clothes
indu'rire *vt* to harden ♦ *vi* (*anche: ~rsi*) to harden, become hard
in'durre *vt*: ~ **qn a fare qc** to induce *o* persuade sb to do sth; ~ **qn in errore** to mislead sb
in'dustria *sf* industry; **industri'ale** *ag* industrial ♦ *sm* industrialist
industri'arsi *vr* to do one's best, try hard
industri'oso, a *ag* industrious, hard-working
induzi'one [indut'tsjone] *sf* induction
inebe'tito, a *ag* dazed, stunned
inebri'are *vt* (*anche fig*) to intoxicate; **~rsi** *vr* to become intoxicated
inecce'pibile [inettʃe'pibile] *ag* unexceptionable

i'nedia *sf* starvation
i'nedito, a *ag* unpublished
ineffi'cace [ineffi'katʃe] *ag* ineffective
inefficì'ente [ineffi'tʃɛnte] *ag* inefficient
inegu'ale *ag* unequal; (*irregolare*) uneven
ine'rente *ag*: ~ **a** concerning, regarding
i'nerme *ag* unarmed; defenceless
inerpi'carsi *vr*: ~ **(su)** to clamber (up)
i'nerte *ag* inert; (*inattivo*) indolent, sluggish; **i'nerzia** *sf* inertia; indolence, sluggishness
ine'satto, a *ag* (*impreciso*) inexact; (*erroneo*) incorrect; (*AMM: non riscosso*) uncollected
inesis'tente *ag* non-existent
inesperi'enza [inespe'rjɛntsa] *sf* inexperience
ines'perto, a *ag* inexperienced
i'netto, a *ag* (*incapace*) inept; (*che non ha attitudine*): ~ **(a)** unsuited (to)
ine'vaso, a *ag* (*ordine, corrispondenza*) outstanding
inevi'tabile *ag* inevitable
i'nezia [i'nettsja] *sf* trifle, thing of no importance
infagot'tare *vt* to bundle up, wrap up; **~rsi** *vr* to wrap up
infal'libile *ag* infallible
infa'mare *vt* to defame
in'fame *ag* infamous; (*fig: cosa, compito*) awful, dreadful
infan'gare *vt* to cover with mud; (*fig: reputazione*) to sully
infan'tile *ag* child *cpd*; childlike; (*adulto, azione*) childish; **letteratura** ~ children's books *pl*
in'fanzia [in'fantsja] *sf* childhood; (*bambini*) children *pl*; **prima** ~ babyhood, infancy
infari'nare *vt* to cover with (*o* sprinkle with *o* dip in) flour; ~ **di zucchero** to sprinkle with sugar; **infarina'tura** *sf* (*fig*) smattering
in'farto *sm* (*MED*): ~ **(cardiaco)** coronary
infasti'dire *vt* to annoy, irritate; **~rsi** *vr* to get annoyed *o* irritated
infati'cabile *ag* tireless, untiring
in'fatti *cong* as a matter of fact, in fact, actually
infatu'arsi *vr*: ~ **di** *o* **per** to become infatuated with, fall for; **infatuazi'one** *sf* infatuation
in'fausto, a *ag* unpropitious, unfavourable
infe'condo, a *ag* infertile
infe'dele *ag* unfaithful; **infedeltà** *sf* infidelity
infe'lice [infe'litʃe] *ag* unhappy; (*sfortunato*) unlucky, unfortunate; (*inopportuno*) inopportune, ill-timed; (*mal riuscito: lavoro*) bad, poor; **infelicità** *sf* unhappiness
inferi'ore *ag* lower; (*per intelligenza, qualità*) inferior ♦ *sm/f* inferior; ~ **a** (*numero, quantità*) less *o* smaller than; (*meno buono*) inferior to; ~ **alla media** below average; **inferiorità** *sf* inferiority
inferme'ria *sf* infirmary; (*di scuola, nave*) sick bay
infermi'ere, a *sm/f* nurse
infermità *sf inv* illness; infirmity
in'fermo, a *ag* (*ammalato*) ill; (*debole*) infirm
infer'nale *ag* infernal; (*proposito, complotto*) diabolical
in'ferno *sm* hell
inferri'ata *sf* grating
infervo'rare *vt* to arouse enthusiasm in; **~rsi** *vr* to get excited, get carried away
infes'tare *vt* to infest
infet'tare *vt* to infect; **~rsi** *vr* to become infected; **infet'tivo, a** *ag* infectious; **in'fetto, a** *ag* infected; (*acque*) polluted, contaminated; **infezi'one** *sf* infection
infiac'chire [infjak'kire] *vt* to weaken ♦ *vi* (*anche: ~rsi*) to grow weak
infiam'mabile *ag* inflammable
infiam'mare *vt* to set alight; (*fig, MED*) to inflame; **~rsi** *vr* to catch fire; (*MED*) to become inflamed;

(*fig*): ~**rsi di** to be fired with; **infiammazi'one** *sf* (*MED*) inflammation
in'fido, a *ag* unreliable, treacherous
infie'rire *vi*: ~ **su** (*fisicamente*) to attack furiously; (*verbalmente*) to rage at; (*epidemia*) to rage over
in'figgere [in'fiddʒere] *vt*: ~ **qc in** to thrust *o* drive sth into
infi'lare *vt* (*ago*) to thread; (*mettere: chiave*) to insert; (*: anello, vestito*) to slip *o* put on; (*strada*) to turn into, take; ~**rsi** *vr*: ~**rsi in** to slip into; (*indossare*) to slip on; ~ **l'uscio** to slip in; to slip out
infil'trarsi *vr* to penetrate, seep through; (*MIL*) to infiltrate; **infiltrazi'one** *sf* infiltration
infil'zare [infil'tsare] *vt* (*infilare*) to string together; (*trafiggere*) to pierce
'infimo, a *ag* lowest
in'fine *av* finally; (*insomma*) in short
infinità *sf* infinity; (*in quantità*): **un'~ di** an infinite number of
infi'nito, a *ag* infinite; (*LING*) infinitive ♦ *sm* infinity; (*LING*) infinitive; **all'~** (*senza fine*) endlessly
infinocchi'are [infinok'kjare] (*fam*) *vt* to hoodwink
infischi'arsi [infis'kjarsi] *vr*: ~ **di** not to care about
in'fisso, a *pp di* **infiggere** ♦ *sm* fixture; (*di porta, finestra*) frame
infit'tire *vt, vi* (*anche*: ~*rsi*) to thicken
inflazi'one [inflat'tsjone] *sf* inflation
in'fliggere [in'fliddʒere] *vt* to inflict; **in'flitto, a** *pp di* **infliggere**
influ'ente *ag* influential; **influ'enza** *sf* influence; (*MED*) influenza, flu
influ'ire *vi*: ~ **su** to influence
in'flusso *sm* influence
infol'tire *vt, vi* to thicken
infon'dato, a *ag* unfounded, groundless
in'fondere *vt*: ~ **qc in qn** to instill sth in sb
infor'care *vt* to fork (up); (*bicicletta, cavallo*) to get on; (*occhiali*) to put on
infor'mare *vt* to inform, tell; ~**rsi** *vr*: ~**rsi** (**di** *o* **su**) to inquire (about)
infor'matica *sf* computer science
informa'tivo, a *ag* informative
informa'tore *sm* informer
informazi'one [informat'tsjone] *sf* piece of information; **prendere ~i sul conto di qn** to get information about sb; **chiedere un'~** to ask for (some) information
in'forme *ag* shapeless
informico'larsi *vr* = **informicolirsi**
informico'lirsi *vr* to have pins and needles
infor'tunio *sm* accident; ~ **sul lavoro** industrial accident, accident at work
infos'sarsi *vr* (*terreno*) to sink; (*guance*) to become hollow; **infos'sato, a** *ag* hollow; (*occhi*) deep-set; (*: per malattia*) sunken
in'frangere [in'frandʒere] *vt* to smash; (*fig: legge, patti*) to break; ~**rsi** *vr* to smash, break; **infran'gibile** *ag* unbreakable; **in'franto, a** *pp di* **infrangere** ♦ *ag* broken
infrazi'one [infrat'tsjone] *sf*: ~ **a** breaking of, violation of
infredda'tura *sf* slight cold
infreddo'lito, a *ag* cold, chilled
infruttu'oso, a *ag* fruitless
infu'ori *av* out; **all'~** outwards; **all'~ di** (*eccetto*) except, with the exception of
infuri'are *vi* to rage; ~**rsi** *vr* to fly into a rage
infusi'one *sf* infusion
in'fuso, a *pp di* **infondere** ♦ *sm* infusion
Ing. *abbr* = **ingegnere**
ingabbi'are *vt* to cage
ingaggi'are [ingad'dʒare] *vt* (*assumere con compenso*) to take on, hire; (*SPORT*) to sign on; (*MIL*) to engage; **in'gaggio** *sm* hiring; signing on
ingan'nare *vt* to deceive; (*coniuge*) to be unfaithful to; (*fisco*) to cheat; (*eludere*) to dodge, elude; (*fig: tem-*

po) to while away ♦ *vi* (*apparenza*) to be deceptive; **~rsi** *vr* to be mistaken, be wrong; **ingan'nevole** *ag* deceptive

in'ganno *sm* deceit, deception; (*azione*) trick; (*menzogna, frode*) cheat, swindle; (*illusione*) illusion

ingarbugli'are [ingarbuʎ'ʎare] *vt* to tangle; (*fig*) to confuse, muddle; **~rsi** *vr* to become confused *o* muddled

inge'gnarsi [indʒeɲ'ɲarsi] *vr* to do one's best, try hard; **~ per vivere** to live by one's wits

inge'gnere [indʒeɲ'ɲɛre] *sm* engineer; **~ civile/navale** civil/naval engineer; **ingegne'ria** *sf* engineering; **~ genetica** genetic engineering

in'gegno [in'dʒeɲɲo] *sm* (*intelligenza*) intelligence, brains *pl*; (*capacità creativa*) ingenuity; (*disposizione*) talent; **inge'gnoso, a** *ag* ingenious, clever

ingelo'sire [indʒelo'zire] *vt* to make jealous ♦ *vi* (*anche*: *~rsi*) to become jealous

in'gente [in'dʒɛnte] *ag* huge, enormous

ingenuità [indʒenui'ta] *sf* ingenuousness

in'genuo, a [in'dʒɛnuo] *ag* ingenuous, naïve

inge'rire [indʒe'rire] *vt* to ingest

inges'sare [indʒes'sare] *vt* (*MED*) to put in plaster; **ingessa'tura** *sf* plaster

Inghil'terra [ingil'tɛrra] *sf*: **l'~** England

inghiot'tire [ingjot'tire] *vt* to swallow

ingial'lire [indʒal'lire] *vi* to go yellow

ingigan'tire [indʒigan'tire] *vt* to enlarge, magnify ♦ *vi* to become gigantic *o* enormous

inginocchi'arsi [indʒinok'kjarsi] *vr* to kneel (down)

ingiù [in'dʒu] *av* down, downwards

ingiunzi'one [indʒun'tsjone] *sf* injunction

ingi'uria [in'dʒurja] *sf* insult; (*fig*: *danno*) damage; **ingiuri'are** *vt* to insult, abuse; **ingiuri'oso, a** *ag* insulting, abusive

ingius'tizia [indʒus'tittsja] *sf* injustice

ingi'usto, a [in'dʒusto] *ag* unjust, unfair

in'glese *ag* English ♦ *sm/f* Englishman/woman ♦ *sm* (*LING*) English; **gli I~i** the English; **andarsene** *o* **filare all'~** to take French leave

ingoi'are *vt* to gulp (down); (*fig*) to swallow (up)

ingol'fare *vt* (*motore*) to flood; **~rsi** *vr* to flood

ingom'brare *vt* (*strada*) to block; (*stanza*) to clutter up; **in'gombro, a** *ag* (*strada, passaggio*) blocked ♦ *sm* obstacle; **essere d'ingombro** to be in the way

in'gordo, a *ag*: **~ di** greedy for; (*fig*) greedy *o* avid for

in'gorgo, ghi *sm* blockage, obstruction; (*anche*: *~ stradale*) traffic jam

ingoz'zare [ingot'tsare] *vt* (*animali*) to fatten; (*fig*: *persona*) to stuff; **~rsi** *vr*: **~rsi (di)** to stuff o.s. (with)

ingra'naggio [ingra'naddʒo] *sm* (*TECN*) gear; (*di orologio*) mechanism; **gli ~i della burocrazia** the bureaucratic machinery

ingra'nare *vi* to mesh, engage ♦ *vt* to engage; **~ la marcia** to get into gear

ingrandi'mento *sm* enlargement; extension

ingran'dire *vt* (*anche FOT*) to enlarge; (*estendere*) to extend; (*OTTICA, fig*) to magnify ♦ *vi* (*anche*: *~rsi*) to become larger *o* bigger; (*aumentare*) to grow, increase; (*espandersi*) to expand

ingras'sare *vt* to make fat; (*animali*) to fatten; (*AGR*: *terreno*) to manure; (*lubrificare*) to oil, lubricate ♦ *vi* (*anche*: *~rsi*) to get fat, put on weight

in'grato, a *ag* ungrateful; (*lavoro*)

thankless, unrewarding

ingredi'ente *sm* ingredient

in'gresso *sm* (*porta*) entrance; (*atrio*) hall; (*l'entrare*) entrance, entry; (*facoltà di entrare*) admission; "**~ libero**" "admission free"

ingros'sare *vt* to increase; (*folla, livello*) to swell ♦ *vi* (*anche: ~rsi*) to increase; to swell

in'grosso *av*: **all'~** (*COMM*) wholesale; (*all'incirca*) roughly, about

ingual'cibile [ingwal'tʃibile] *ag* crease-resistant

ingua'ribile *ag* incurable

'inguine *sm* (*ANAT*) groin

ini'bire *vt* to forbid, prohibit; (*PSIC*) to inhibit; **inibizi'one** *sf* prohibition; inhibition

iniet'tare *vt* to inject; **~rsi** *vr*: **~rsi di sangue** (*occhi*) to become bloodshot; **iniezi'one** *sf* injection

inimi'carsi *vr*: **~ con qn** to fall out with sb

inimi'cizia [inimi'tʃittsja] *sf* animosity

ininter'rotto, a *ag* unbroken; uninterrupted

iniquità *sf inv* iniquity; (*atto*) wicked action

inizi'ale [init'tsjale] *ag, sf* initial

inizi'are [init'tsjare] *vi, vt* to begin, start; **~ qn a** to initiate sb into; (*pittura etc*) to introduce sb to; **~ a fare qc** to start doing sth

inizia'tiva [inittsja'tiva] *sf* initiative; **~ privata** private enterprise

i'nizio [i'nittsjo] *sm* beginning; **all'~** at the beginning, at the start; **dare ~ a qc** to start sth, get sth going

innaffi'are *etc* = **annaffiare** *etc*

innal'zare [innal'tsare] *vt* (*sollevare, alzare*) to raise; (*rizzare*) to erect; **~rsi** *vr* to rise

innamo'rare *vt* to enchant, charm; **~rsi** *vr*: **~rsi (di qn)** to fall in love (with sb); **innamo'rato, a** *ag* (*che nutre amore*): **innamorato (di)** in love (with); (*appassionato*): **innamorato di** very fond of ♦ *sm/f* lover; sweetheart

in'nanzi [in'nantsi] *av* (*stato in luogo*) in front, ahead; (*moto a luogo*) forward, on; (*tempo: prima*) before ♦ *prep* (*prima*) before; **~ a** in front of

in'nato, a *ag* innate

innatu'rale *ag* unnatural

inne'gabile *ag* undeniable

innervo'sire *vt*: **~ qn** to get on sb's nerves; **~rsi** *vr* to get irritated *o* upset

innes'care *vt* to prime; **in'nesco, schi** *sm* primer

innes'tare *vt* (*BOT, MED*) to graft; (*TECN*) to engage; (*inserire: presa*) to insert; **in'nesto** *sm* graft; grafting *no pl*; (*TECN*) clutch; (*ELETTR*) connection

'inno *sm* hymn; **~ nazionale** national anthem

inno'cente [inno'tʃɛnte] *ag* innocent; **inno'cenza** *sf* innocence

in'nocuo, a *ag* innocuous, harmless

inno'vare *vt* to change, make innovations in

innume'revole *ag* innumerable

ino'doro, a *ag* odourless

inol'trare *vt* (*AMM*) to pass on, forward; **~rsi** *vr* (*addentrarsi*) to advance, go forward

i'noltre *av* besides, moreover

inon'dare *vt* to flood; **inondazi'one** *sf* flooding *no pl*; flood

inope'roso, a *ag* inactive, idle

inoppor'tuno, a *ag* untimely, ill-timed; inappropriate; (*momento*) inopportune

inorgo'glire [inorgoʎ'ʎire] *vt* to make proud ♦ *vi* (*anche: ~rsi*) to become proud; **~rsi di qc** to pride o.s. on sth

inorri'dire *vt* to horrify ♦ *vi* to be horrified

inospi'tale *ag* inhospitable

inosser'vato, a *ag* (*non notato*) unobserved; (*non rispettato*) not observed, not kept

inossi'dabile *ag* stainless

inqua'drare *vt* (*foto, immagine*) to frame; (*fig*) to situate, set

inquie'tare *vt* (*turbare*) to disturb, worry; ~**rsi** *vr* to worry, become anxious; (*impazientirsi*) to get upset
inqui'eto, a *ag* restless; (*preoccupato*) worried, anxious; **inquie'tudine** *sf* anxiety, worry
inqui'lino, a *sm/f* tenant
inquina'mento *sm* pollution
inqui'nare *vt* to pollute
inqui'sire *vt*, *vi* to investigate; **inquisi'tore, 'trice** *ag* (*sguardo*) inquiring; **inquisizi'one** *sf* (*STORIA*) inquisition
insabbi'are *vt* (*fig: pratica*) to shelve; ~**rsi** *vr* (*arenarsi: barca*) to run aground; (*fig: pratica*) to be shelved
insac'cati *smpl* (*CUC*) sausages
insa'lata *sf* salad; ~ **mista** mixed salad; **insalati'era** *sf* salad bowl
insa'lubre *ag* unhealthy
insa'nabile *ag* (*piaga*) which cannot be healed; (*situazione*) irremediable; (*odio*) implacable
insangui'nare *vt* to stain with blood
insa'puta *sf*: **all'~ di qn** without sb knowing
insce'nare [inʃe'nare] *vt* (*TEATRO*) to stage, put on; (*fig*) to stage
insedi'are *vt* to install; ~**rsi** *vr* to take up office; (*popolo, colonia*) to settle
in'segna [in'seɲɲa] *sf* sign; (*emblema*) sign, emblem; (*bandiera*) flag, banner; ~**e** *sfpl* (*decorazioni*) insignia *pl*
insegna'mento [inseɲɲa'mento] *sm* teaching
inse'gnante [inseɲ'ɲante] *ag* teaching ♦ *sm/f* teacher
inse'gnare [inseɲ'ɲare] *vt*, *vi* to teach; ~ **a qn qc** to teach sb sth; ~ **a qn a fare qc** to teach sb (how) to do sth
insegui'mento *sm* pursuit, chase
insegu'ire *vt* to pursue, chase
inselvati'chire [inselvati'kire] *vi* (*anche: ~rsi*) to grow wild
insena'tura *sf* inlet, creek
insen'sato, a *ag* senseless, stupid
insen'sibile *ag* (*nervo*) insensible; (*persona*) indifferent
inse'rire *vt* to insert; (*ELETTR*) to connect; (*allegare*) to enclose; (*annuncio*) to put in, place; ~**rsi** *vr* (*fig*): ~**rsi in** to become part of; **in'serto** *sm* (*pubblicazione*) insert
inservi'ente *sm/f* attendant
inserzi'one [inser'tsjone] *sf* insertion; (*avviso*) advertisement; **fare un'~ sul giornale** to put an advertisement in the paper
insetti'cida, i [insetti'tʃida] *sm* insecticide
in'setto *sm* insect
in'sidia *sf* snare, trap; (*pericolo*) hidden danger; **insidi'are** *vt*: ~ **la vita di qn** to make an attempt on sb's life
insi'eme *av* together ♦ *prep*: ~ **a** *o* **con** together with ♦ *sm* whole; (*MAT, servizio, assortimento*) set; (*MODA*) ensemble, outfit; **tutti ~** all together; **tutto ~** all together; (*in una volta*) at one go; **nell'~** on the whole; **d'~** (*veduta etc*) overall
in'signe [in'siɲɲe] *ag* (*persona*) famous, distinguished; (*città, monumento*) notable
insignifi'cante [insiɲɲifi'kante] *ag* insignificant
insi'gnire [insiɲ'ɲire] *vt*: ~ **qn di** to honour *o* decorate sb with
insin'cero, a [insin'tʃɛro] *ag* insincere
insinda'cabile *ag* unquestionable
insinu'are *vt* (*introdurre*): ~ **qc in** to slip *o* slide sth into; (*fig*) to insinuate, imply; ~**rsi** *vr*: ~**rsi in** to seep into; (*fig*) to creep into; to worm one's way into
insis'tente *ag* insistent; persistent
in'sistere *vi*: ~ **su qc** to insist on sth; ~ **in qc/a fare** (*perseverare*) to persist in sth/in doing; **insis'tito, a** *pp di* **insistere**
insoddis'fatto, a *ag* dissatisfied
insoffe'rente *ag* intolerant
insolazi'one [insolat'tsjone] *sf* (*MED*) sunstroke

inso'lente *ag* insolent; **insolen'tire** *vi* to grow insolent ♦ *vt* to insult, be rude to
in'solito, a *ag* unusual, out of the ordinary
inso'luto, a *ag* (*non risolto*) unsolved; (*non pagato*) unpaid, outstanding
in'somma *av* (*in breve, in conclusione*) in short; (*dunque*) well ♦ *escl* for heaven's sake!
in'sonne *ag* sleepless; **in'sonnia** *sf* insomnia, sleeplessness
insonno'lito, a *ag* sleepy, drowsy
insoppor'tabile *ag* unbearable
in'sorgere [in'sordʒere] *vi* (*ribellarsi*) to rise up, rebel; (*apparire*) to come up, arise
in'sorto, a *pp di* **insorgere** ♦ *sm/f* rebel, insurgent
insospet'tire *vt* to make suspicious ♦ *vi* (*anche:* ~*rsi*) to become suspicious
inspi'rare *vt* to breathe in, inhale
in'stabile *ag* (*carico, indole*) unstable; (*tempo*) unsettled; (*equilibrio*) unsteady
instal'lare *vt* to install; ~**rsi** *vr* (*sistemarsi*): ~**rsi in** to settle in; **installazi'one** *sf* installation
instan'cabile *ag* untiring, indefatigable
instau'rare *vt* to introduce, institute
instra'dare *vt*: ~ **(verso)** to direct (towards)
insuc'cesso [insut'tʃɛsso] *sm* failure, flop
insudici'are [insudi'tʃare] *vt* to dirty; ~**rsi** *vr* to get dirty
insuffici'ente [insuffi'tʃɛnte] *ag* insufficient; (*compito, allievo*) inadequate; **insuffici'enza** *sf* insufficiency; inadequacy; (*INS*) fail
insu'lare *ag* insular
insu'lina *sf* insulin
in'sulso, a *ag* (*sciocco*) inane, silly; (*persona*) dull, insipid
insul'tare *vt* to insult, affront
in'sulto *sm* insult, affront
insussis'tente *ag* non-existent
intac'care *vt* (*fare tacche*) to cut into; (*corrodere*) to corrode; (*fig: cominciare ad usare: risparmi*) to break into; (*: ledere*) to damage
intagli'are [intaʎ'ʎare] *vt* to carve; **in'taglio** *sm* carving
intan'gibile [intan'dʒibile] *ag* untouchable; inviolable
in'tanto *av* (*nel frattempo*) meanwhile, in the meantime; (*per cominciare*) just to begin with; ~ **che** while
in'tarsio *sm* inlaying *no pl*, marquetry *no pl*; inlay
inta'sare *vt* to choke (up), block (up); (*AUT*) to obstruct, block; ~**rsi** *vr* to become choked *o* blocked
intas'care *vt* to pocket
in'tatto, a *ag* intact; (*puro*) unsullied
intavo'lare *vt* to start, enter into
inte'grale *ag* complete; (*pane, farina*) wholemeal (*BRIT*), wholewheat (*US*); (*MAT*): **calcolo** ~ integral calculus
inte'grante *ag*: **parte** ~ integral part
inte'grare *vt* to complete; (*MAT*) to integrate; ~**rsi** *vr* (*persona*) to become integrated
integrità *sf* integrity
'integro, a *ag* (*intatto, intero*) complete, whole; (*retto*) upright
intelaia'tura *sf* frame; (*fig*) structure, framework
intel'letto *sm* intellect; **intellettu'ale** *ag, sm/f* intellectual
intelli'gente [intelli'dʒɛnte] *ag* intelligent; **intelli'genza** *sf* intelligence
intem'perie *sfpl* bad weather *sg*
intempes'tivo, a *ag* untimely
inten'dente *sm*: ~ **di Finanza** inland (*BRIT*) *o* internal (*US*) revenue officer; **inten'denza** *sf*: **intendenza di Finanza** inland (*BRIT*) *o* internal (*US*) revenue office
in'tendere *vt* (*avere intenzione*): ~ **fare qc** to intend *o* mean to do sth; (*comprendere*) to understand; (*udire*) to hear; (*significare*) to

mean; ~**rsi** *vr* (*conoscere*): ~**rsi di** to know a lot about, be a connoisseur of; (*accordarsi*) to get on (well); **intendersela con qn** (*avere una relazione amorosa*) to have an affair with sb; **intendi'mento** *sm* (*intelligenza*) understanding; (*proposito*) intention; **intendi'tore, 'trice** *sm/f* connoisseur, expert

intene'rire *vt* (*fig*) to move (to pity); ~**rsi** *vr* (*fig*) to be moved

inten'sivo, a *ag* intensive

in'tenso, a *ag* intense

in'tento, a *ag* (*teso, assorto*): ~ (a) intent (on), absorbed (in) ♦ *sm* aim, purpose

intenzio'nale [intentsjo'nale] *ag* intentional

intenzi'one [inten'tsjone] *sf* intention; (*DIR*) intent; **avere ~ di fare qc** to intend to do sth, have the intention of doing sth

interat'tivo, a *ag* interactive

interca'lare *sm* pet phrase, stock phrase ♦ *vt* to insert

interca'pedine *sf* gap, cavity

intercet'tare [intertʃet'tare] *vt* to intercept

intercity [ɪntəsɪ'tɪ] *sm inv* (*FERR*) ≈ intercity (train)

inter'detto, a *pp di* **interdire** ♦ *ag* forbidden, prohibited; (*sconcertato*) dumbfounded ♦ *sm* (*REL*) interdict

inter'dire *vt* to forbid, prohibit, ban; (*REL*) to interdict; (*DIR*) to deprive of civil rights; **interdizi'one** *sf* prohibition, ban

interessa'mento *sm* interest

interes'sante *ag* interesting; **essere in stato ~** to be expecting (a baby)

interes'sare *vt* to interest; (*concernere*) to concern, be of interest to; (*far intervenire*): ~ **qn a** to draw sb's attention to ♦ *vi*: ~ **a** to interest, matter to; ~**rsi** *vr* (*mostrare interesse*): ~**rsi a** to take an interest in, be interested in; (*occuparsi*): ~**rsi di** to take care of

inte'resse *sm* (*anche COMM*) interest

inter'faccia, ce [inter'fattʃa] *sf* (*INFORM*) interface

interfe'renza [interfe'rentsa] *sf* interference

interfe'rire *vi* to interfere

interiezi'one [interjet'tsjone] *sf* exclamation, interjection

interi'ora *sfpl* entrails

interi'ore *ag* interior, inner, inside, internal; (*fig*) inner

inter'ludio *sm* (*MUS*) interlude

inter'medio, a *ag* intermediate

inter'mezzo [inter'mɛddzo] *sm* (*intervallo*) interval; (*breve spettacolo*) intermezzo

inter'nare *vt* (*arrestare*) to intern; (*MED*) to commit (to a mental institution)

internazio'nale [internattsjo'nale] *ag* international

in'terno, a *ag* (*di dentro*) internal, interior, inner; (*: mare*) inland; (*nazionale*) domestic; (*allievo*) boarding ♦ *sm* inside, interior; (*di paese*) interior; (*fodera*) lining; (*di appartamento*) flat (number); (*TEL*) extension ♦ *sm/f* (*INS*) boarder; ~**i** *smpl* (*CINEMA*) interior shots; **all'~** inside; **Ministero degli I~i** Ministry of the Interior, ≈ Home Office (*BRIT*), Department of the Interior (*US*)

in'tero, a *ag* (*integro, intatto*) whole, entire; (*completo, totale*) complete; (*numero*) whole; (*non ridotto: biglietto*) full

interpel'lare *vt* to consult

inter'porre *vt* (*ostacolo*): ~ **qc a qc** to put sth in the way of sth; (*influenza*) to use; ~ **appello** (*DIR*) to appeal; **interporsi** *vr* to intervene; **interporsi fra** (*mettersi in mezzo*) to come between; **inter'posto, a** *pp di* **interporre**

interpre'tare *vt* to interpret; **in'terprete** *sm/f* interpreter; (*TEATRO*) actor/actress, performer; (*MUS*) performer

interro'gare *vt* to question; (*INS*) to

test; **interroga'tivo, a** *ag* (*occhi, sguardo*) questioning, inquiring; (*LING*) interrogative ♦ *sm* question; (*fig*) mystery; **interroga'torio, a** *ag* interrogatory, questioning ♦ *sm* (*DIR*) questioning *no pl*; **interrogazi'one** *sf* questioning *no pl*; (*INS*) oral test

inter'rompere *vt* to interrupt; (*studi, trattative*) to break off, interrupt; **~rsi** *vr* to break off, stop; **inter'rotto, a** *pp di* **interrompere**

interrut'tore *sm* switch

interruzi'one [interrut'tsjone] *sf* interruption; break

interse'care *vt* to intersect; **~rsi** *vr* to intersect

inter'stizio [inter'stittsjo] *sm* interstice, crack

interur'bana *sf* trunk call, long-distance call

interur'bano, a *ag* inter-city; (*TEL: chiamata*) trunk *cpd*, long-distance; (*: telefono*) long-distance

inter'vallo *sm* interval; (*spazio*) space, gap

interve'nire *vi* (*partecipare*): ~ **a** to take part in; (*intromettersi: anche POL*) to intervene; (*MED: operare*) to operate; **inter'vento** *sm* participation; (*intromissione*) intervention; (*MED*) operation; **fare un intervento nel corso di** (*dibattito, programma*) to take part in

inter'vista *sf* interview; **intervis'tare** *vt* to interview

in'tesa *sf* understanding; (*accordo*) agreement, understanding

in'teso, a *pp di* **intendere** ♦ *ag* agreed; **non darsi per ~ di qc** to take no notice of sth

intes'tare *vt* (*lettera*) to address; (*proprietà*): ~ **a** to register in the name of; ~ **un assegno a qn** to make out a cheque to sb; **intestazi'one** *sf* heading; (*su carta da lettere*) letterhead; (*registrazione*) registration

intes'tino, a *ag* (*lotte*) internal, civil ♦ *sm* (*ANAT*) intestine

inti'mare *vt* to order, command; **intimazi'one** *sf* order, command

intimidazi'one [intimidat'tsjone] *sf* intimidation

intimi'dire *vt* to intimidate ♦ *vi* (*anche: ~rsi*) to grow shy

intimità *sf* intimacy; privacy; (*familiarità*) familiarity

'intimo, a *ag* intimate; (*affetti, vita*) private; (*fig: profondo*) inmost ♦ *sm* (*persona*) intimate *o* close friend; (*dell'animo*) bottom, depths *pl*; **parti ~e** (*ANAT*) private parts

intimo'rire *vt* to frighten; **~rsi** *vr* to become frightened

in'tingolo *sm* sauce; (*pietanza*) stew

intiriz'zire [intirid'dzire] *vt* to numb ♦ *vi* (*anche: ~rsi*) to go numb

intito'lare *vt* to give a title to; (*dedicare*) to dedicate

intolle'rabile *ag* intolerable

intolle'rante *ag* intolerant

in'tonaco, ci *o* **chi** *sm* plaster

into'nare *vt* (*canto*) to start to sing; (*armonizzare*) to match; **~rsi** *vr* (*colori*) to go together; **~rsi a** (*carnagione*) to suit; (*abito*) to go with, match

inton'tire *vt* to stun, daze ♦ *vi* to be stunned *o* dazed; **~rsi** *vr* to be stunned *o* dazed

in'toppo *sm* stumbling block, obstacle

in'torno *av* around; ~ **a** (*attorno a*) around; (*riguardo, circa*) about

intorpi'dire *vt* to numb; (*fig*) to make sluggish ♦ *vi* (*anche*: *~rsi*) to grow numb; (*fig*) to become sluggish

intossi'care *vt* to poison; **intossicazi'one** *sf* poisoning

intralci'are [intral'tʃare] *vt* to hamper, hold up

intransi'tivo, a *ag*, *sm* intransitive

intrapren'dente *ag* enterprising, go-ahead

intra'prendere *vt* to undertake

intrat'tabile *ag* intractable

intratte'nere *vt* to entertain; to engage in conversation; **~rsi** *vr* to

linger; ~rsi su qc to dwell on sth
intrave'dere *vt* to catch a glimpse of; (*fig*) to foresee
intrecci'are [intret'tʃare] *vt* (*capelli*) to plait, braid; (*intessere: anche fig*) to weave, interweave, intertwine; ~rsi *vr* to intertwine, become interwoven; ~ **le mani** to clasp one's hands; **in'treccio** *sm* (*fig: trama*) plot, story
intri'gare *vi* to manoeuvre (*BRIT*), maneuver (*US*), scheme; **in'trigo, ghi** *sm* plot, intrigue
in'trinseco, a, ci, che *ag* intrinsic
in'triso, a *ag*: ~ (**di**) soaked (in)
intro'durre *vt* to introduce; (*chiave etc*): ~ **qc in** to insert sth into; (*persone: far entrare*) to show in; **introdursi** *vr* (*moda, tecniche*) to be introduced; **introdursi in** (*persona: penetrare*) to enter; (*: entrare furtivamente*) to steal *o* slip into; **introduzi'one** *sf* introduction
in'troito *sm* income, revenue
intro'mettersi *vr* to interfere, meddle; (*interporsi*) to intervene
in'truglio [in'truʎʎo] *sm* concoction
intrusi'one *sf* intrusion; interference
in'truso, a *sm/f* intruder
intu'ire *vt* to perceive by intuition; (*rendersi conto*) to realize; **in'tuito** *sm* intuition; (*perspicacia*) perspicacity; **intuizi'one** *sf* intuition
inu'mano, a *ag* inhuman
inumi'dire *vt* to dampen, moisten; ~rsi *vr* to become damp *o* wet
i'nutile *ag* useless; (*superfluo*) pointless, unnecessary; **inutilità** *sf* uselessness; pointlessness
inva'dente *ag* (*fig*) interfering, nosey
in'vadere *vt* to invade; (*affollare*) to swarm into, overrun; (*sog: acque*) to flood
inva'ghirsi [inva'girsi] *vr*: ~ **di** to take a fancy to
invalidità *sf* infirmity; disability; (*DIR*) invalidity
in'valido, a *ag* (*infermo*) infirm, invalid; (*al lavoro*) disabled; (*DIR: nullo*) invalid ♦ *sm/f* invalid; disabled person
in'vano *av* in vain
invasi'one *sf* invasion
in'vaso, a *pp di* **invadere**
inva'sore, invadi'trice [invadi'tritʃe] *ag* invading ♦ *sm* invader
invecchi'are [invek'kjare] *vi* (*persona*) to grow old; (*vino, popolazione*) to age; (*moda*) to become dated ♦ *vt* to age; (*far apparire più vecchio*) to make look older
in'vece [in'vetʃe] *av* instead; (*al contrario*) on the contrary; ~ **di** instead of
inve'ire *vi*: ~ **contro** to rail against
inven'tare *vt* to invent; (*pericoli, pettegolezzi*) to make up, invent
inven'tario *sm* inventory; (*COMM*) stocktaking *no pl*
inven'tivo, a *ag* inventive ♦ *sf* inventiveness
inven'tore *sm* inventor
invenzi'one [inven'tsjone] *sf* invention; (*bugia*) lie, story
inver'nale *ag* winter *cpd*; (*simile all'inverno*) wintry
in'verno *sm* winter
invero'simile *ag* unlikely
inversi'one *sf* inversion; reversal; **"divieto d'~"** (*AUT*) "no U-turns"
in'verso, a *ag* opposite; (*MAT*) inverse ♦ *sm* contrary, opposite; **in senso ~** in the opposite direction; **in ordine ~** in reverse order
inver'tire *vt* to invert, reverse; ~ **la marcia** (*AUT*) to do a U-turn; **inver'tito, a** *sm/f* homosexual
investi'gare *vt, vi* to investigate; **investiga'tore, trice** *sm/f* investigator, detective; **investigazi'one** *sf* investigation, inquiry
investi'mento *sm* (*ECON*) investment; (*scontro, urto*) crash, collision; (*incidente stradale*) road accident
inves'tire *vt* (*denaro*) to invest; (*sog: veicolo: pedone*) to knock down; (*: altro veicolo*) to crash into;

(*apostrofare*) to assail; (*incaricare*): ~ **qn di** to invest sb with

invi'are *vt* to send; **invi'ato, a** *sm/f* envoy; (*STAMPA*) correspondent

in'vidia *sf* envy; **invidi'are** *vt*: **invidiare qn (per qc)** to envy sb for sth; **invidiare qc a qn** to envy sb sth; **invidi'oso, a** *ag* envious

in'vio, 'vii *sm* sending; (*insieme di merci*) consignment

invipe'rito, a *ag* furious

invischi'are [invis'kjare] *vt* (*fig*): ~ **qn in** to involve sb in; **~rsi** *vr*: **~rsi (con qn/in qc)** to get mixed up *o* involved (with sb/in sth)

invi'sibile *ag* invisible

invi'tare *vt* to invite; ~ **qn a fare** to invite sb to do; **invi'tato, a** *sm/f* guest; **in'vito** *sm* invitation

invo'care *vt* (*chiedere: aiuto, pace*) to cry out for; (*appellarsi: la legge, Dio*) to appeal to, invoke

invogli'are [invoʎ'ʎare] *vt*: ~ **qn a fare** to tempt sb to do, induce sb to do

involon'tario, a *ag* (*errore*) unintentional; (*gesto*) involuntary

invol'tino *sm* (*CUC*) roulade

in'volto *sm* (*pacco*) parcel; (*fagotto*) bundle

in'volucro *sm* cover, wrapping

involuzi'one [involut'tsjone] *sf* (*di stile*) convolutedness; (*regresso*): **subire un'~** to regress

inzacche'rare [intsakke'rare] *vt* to spatter with mud

inzup'pare [intsup'pare] *vt* to soak; **~rsi** *vr* to get soaked

'io *pron* I ♦ *sm inv*: **l'~** the ego, the self; ~ **stesso(a)** I myself

i'odio *sm* iodine

l'onio *sm*: **lo ~, il mar ~** the Ionian (Sea)

ipermer'cato *sm* hypermarket

ipertensi'one *sf* high blood pressure, hypertension

ip'nosi *sf* hypnosis; **ipno'tismo** *sm* hypnotism; **ipnotiz'zare** *vt* to hypnotize

ipocri'sia *sf* hypocrisy

i'pocrita, i, e *ag* hypocritical ♦ *sm/f* hypocrite

ipo'teca, che *sf* mortgage; **ipote'care** *vt* to mortgage

i'potesi *sf inv* hypothesis; **ipo'tetico, a, ci, che** *ag* hypothetical

'ippica *sf* horseracing

'ippico, a, ci, che *ag* horse *cpd*

ippocas'tano *sm* horse chestnut

ip'podromo *sm* racecourse

ippo'potamo *sm* hippopotamus

'ira *sf* anger, wrath

l'ran *sm*: **l'~** Iran

l'raq *sm*: **l'~** Iraq

'iride *sf* (*arcobaleno*) rainbow; (*ANAT, BOT*) iris

Ir'landa *sf*: **l'~** Ireland; **l'~ del Nord** Northern Ireland, Ulster; **la Repubblica d'~** Eire, the Republic of Ireland; **irlan'dese** *ag* Irish ♦ *sm/f* Irishman/woman; **gli Irlandesi** the Irish

iro'nia *sf* irony; **i'ronico, a, ci, che** *ag* ironic(al)

irradi'are *vt* to radiate; (*sog: raggi di luce: illuminare*) to shine on ♦ *vi* (*diffondersi: anche: ~rsi*) to radiate; **irradiazi'one** *sf* radiation

irragio'nevole [irradʒo'nevole] *ag* irrational; unreasonable

irrazio'nale [irrattsjo'nale] *ag* irrational

irre'ale *ag* unreal

irrecupe'rabile *ag* irretrievable; (*fig: person*) irredeemable

irrecu'sabile *ag* (*offerta*) not to be refused; (*prova*) irrefutable

irrego'lare *ag* irregular; (*terreno*) uneven

irremo'vibile *ag* (*fig*) unshakeable, unyielding

irrepa'rabile *ag* irreparable; (*fig*) inevitable

irrepe'ribile *ag* nowhere to be found

irrequi'eto, a *ag* restless

irresis'tibile *ag* irresistible

irrespon'sabile *ag* irresponsible

irridu'cibile [irridu'tʃibile] *ag* irreducible; (*fig*) indomitable

irri'gare *vt* (*annaffiare*) to irrigate;

(*sog: fiume etc*) to flow through; **irrigazi'one** *sf* irrigation
irrigi'dire [irridʒi'dire] *vt* to stiffen; **~rsi** *vr* to stiffen
irri'sorio, a *ag* derisory
irri'tare *vt* (*mettere di malumore*) to irritate, annoy; (*MED*) to irritate; **~rsi** *vr* (*stizzirsi*) to become irritated *o* annoyed; (*MED*) to become irritated; **irritazi'one** *sf* irritation; annoyance
ir'rompere *vi*: **~ in** to burst into
irro'rare *vt* to sprinkle; (*AGR*) to spray
irru'ente *ag* (*fig*) impetuous, violent
irruzi'one [irrut'tsjone] *sf*: **fare ~ in** to burst into; (*sog: polizia*) to raid
'irto, a *ag* bristly; **~ di** bristling with
is'critto, a *pp di* **iscrivere** ♦ *sm/f* member; **per** *o* **in ~** in writing
is'crivere *vt* to register, enter; (*persona*): **~ (a)** to register (in), enrol (in); **~rsi** *vr*: **~rsi (a)** (*club, partito*) to join; (*università*) to register *o* enrol (at); (*esame, concorso*) to register *o* enter (for); **iscrizi'one** *sf* (*epigrafe etc*) inscription; (*a scuola, società*) enrolment, registration; (*registrazione*) registration
Is'lam *sm*: **l'~** Islam
Is'landa *sf*: **l'~** Iceland
'isola *sf* island; **~ pedonale** (*AUT*) pedestrian precinct
isola'mento *sm* isolation; (*TECN*) insulation
iso'lante *ag* insulating ♦ *sm* insulator
iso'lare *vt* to isolate; (*TECN*) to insulate; (*: acusticamente*) to soundproof; **iso'lato, a** *ag* isolated; insulated ♦ *sm* (*edificio*) block
ispetto'rato *sm* inspectorate
ispet'tore *sm* inspector
ispezio'nare [ispettsjo'nare] *vt* to inspect
ispezi'one [ispet'tsjone] *sf* inspection
'ispido, a *ag* bristly, shaggy
ispi'rare *vt* to inspire; **~rsi** *vr*: **~rsi a** to draw one's inspiration from
Isra'ele *sm*: **l'~** Israel; **israeli'ano, a** *ag*, *sm/f* Israeli
is'sare *vt* to hoist
istan'taneo, a *ag* instantaneous ♦ *sf* (*FOT*) snapshot
is'tante *sm* instant, moment; **all'~, sull'~** instantly, immediately
is'tanza [is'tantsa] *sf* petition, request
is'terico, a, ci, che *ag* hysterical
iste'rismo *sm* hysteria
isti'gare *vt* to incite; **istigazi'one** *sf* incitement; **istigazione a delinquere** (*DIR*) incitement to crime
is'tinto *sm* instinct
istitu'ire *vt* (*fondare*) to institute, found; (*porre: confronto*) to establish; (*intraprendere: inchiesta*) to set up
isti'tuto *sm* institute; (*di università*) department; (*ente, DIR*) institution; **~ di bellezza** beauty salon
istituzi'one [istitut'tsjone] *sf* institution
'istmo *sm* (*GEO*) isthmus
istra'dare *vt* = **instradare**
'istrice ['istritʃe] *sm* porcupine
istri'one (*peg*) *sm* ham actor
istru'ire *vt* (*insegnare*) to teach; (*ammaestrare*) to train; (*informare*) to instruct, inform; (*DIR*) to prepare; **istrut'tore, 'trice** *sm/f* instructor ♦ *ag*: **giudice istruttore** examining (*BRIT*) *o* committing (*US*) magistrate; **istrut'toria** *sf* (*DIR*) (preliminary) investigation and hearing; **istruzi'one** *sf* education; training; (*direttiva*) instruction; (*DIR*) = **istruttoria**
I'talia *sf*: **l'~** Italy
itali'ano, a *ag* Italian ♦ *sm/f* Italian ♦ *sm* (*LING*) Italian; **gli I~i** the Italians
itine'rario *sm* itinerary
itte'rizia [itte'rittsja] *sf* (*MED*) jaundice
'ittico, a, ci, che *ag* fish *cpd*; fishing *cpd*
Iugos'lavia *sf* = **Jugoslavia**
iugos'lavo, a *ag*, *sm/f* = **jugoslavo, a**

i'uta *sf* jute
I.V.A. ['iva] *sigla f* (= *imposta sul valore aggiunto*) VAT

J

jazz [dʒaz] *sm* jazz
jeans [dʒinz] *smpl* jeans
Jugos'lavia [jugoz'lavja] *sf*: **la** ~ Yugoslavia; **jugos'lavo, a** *ag, sm/f* Yugoslav(ian)
'juta ['juta] *sf* = **iuta**

K

K *abbr* (*INFORM*) K
k *abbr* (= *kilo*) k
karatè *sm* karate
Kg *abbr* (= *chilogrammo*) kg
'killer *sm inv* gunman, hired gun
km *abbr* (= *chilometro*) km
'krapfen *sm inv* (*CUC*) doughnut

L

l' *det vedi* **la**; **lo**
la[1] (*dav V* **l'**) *det f* the ♦ *pron (oggetto*: *persona*) her; (: *cosa*) it; (: *forma di cortesia*) you
la[2] *sm inv* (*MUS*) A; (: *solfeggiando la scala*) la
là *av* there; **di** ~ (*da quel luogo*) from there; (*in quel luogo*) in there; (*dall'altra parte*) over there; **di** ~ **di** beyond; **per di** ~ that way; **più in** ~ further on; (*tempo*) later on; **fatti in** ~ move up; ~ **dentro/sopra/sotto** in/up (*o* on)/under there; *vedi* **quello**
'labbro (*pl(f)*: **labbra**: *solo nel senso ANAT*) *sm* lip
labi'rinto *sm* labyrinth, maze
labora'torio *sm* (*di ricerca*) laboratory; (*di arti, mestieri*) workshop; ~ **linguistico** language laboratory
labori'oso, a *ag* (*faticoso*) laborious; (*attivo*) hard-working
labu'rista, i, e *ag* Labour (*BRIT*) *cpd* ♦ *sm/f* Labour Party member (*BRIT*)
'lacca, che *sf* lacquer
'laccio ['lattʃo] *sm* noose; (*legaccio, tirante*) lasso; (*di scarpa*) lace; ~ **emostatico** tourniquet
lace'rare [latʃe'rare] *vt* to tear to shreds, lacerate; **~rsi** *vr* to tear; **'lacero, a** *ag* (*logoro*) torn, tattered; (*MED*) lacerated
'lacrima *sf* tear; **in ~e** in tears; **lacri'mare** *vi* to water; **lacri'mogeno, a** *ag*: **gas lacrimogeno** tear gas
la'cuna *sf* (*fig*) gap
'ladro *sm* thief; **ladro'cinio** *sm* theft, larceny
laggiù [lad'dʒu] *av* down there; (*di là*) over there
la'gnarsi [laɲ'ɲarsi] *vr*: ~ **(di)** to complain (about)
'lago, ghi *sm* lake
'lagrima *etc* = **lacrima** *etc*
la'guna *sf* lagoon
'laico, a, ci, che *ag* (*apostolato*) lay; (*vita*) secular; (*scuola*) nondenominational ♦ *sm/f* layman/woman ♦ *sm* lay brother
'lama *sm inv* (*ZOOL*) llama; (*REL*) lama ♦ *sf* blade
lam'bire *vt* to lick; to lap
lamen'tare *vt* to lament; **~rsi** *vr* (*emettere lamenti*) to moan, groan; (*rammaricarsi*): **~rsi (di)** to complain (about); **lamen'tela** *sf* complaining *no pl*; **lamen'tevole** *ag* (*voce*) complaining, plaintive; (*destino*) pitiful; **la'mento** *sm* moan, groan; wail; **lamen'toso, a** *ag* plaintive
la'metta *sf* razor blade
lami'era *sf* sheet metal
'lamina *sf* (*lastra sottile*) thin sheet (*o* layer *o* plate); ~ **d'oro** gold leaf; gold foil; **lami'nare** *vt* to laminate; **lami'nato, a** *ag* laminated; (*tessuto*) lamé ♦ *sm* laminate
'lampada *sf* lamp; ~ **a gas** gas lamp; ~ **a spirito** blow lamp

(*BRIT*), blow torch (*US*); ~ **da tavolo** table lamp
lampa'dario *sm* chandelier
lampa'dina *sf* light bulb; ~ **tascabile** pocket torch (*BRIT*) *o* flashlight (*US*)
lam'pante *ag* (*fig*: *evidente*) crystal clear, evident
lampeggi'are [lamped'dʒare] *vi* (*luce, fari*) to flash ♦ *vb impers*: lampeggia there's lightning; **lampeggia'tore** *sm* (*AUT*) indicator
lampi'one *sm* street light *o* lamp (*BRIT*)
'lampo *sm* (*METEOR*) flash of lightning; (*di luce, fig*) flash; **~i** *smpl* lightning *no pl* ♦ *ag inv*: **cerniera ~** zip (fastener) (*BRIT*), zipper (*US*); **guerra ~** blitzkrieg
lam'pone *sm* raspberry
'lana *sf* wool; ~ **d'acciaio** steel wool; **pura ~ vergine** pure new wool; ~ **di vetro** glass wool
lan'cetta [lan'tʃetta] *sf* (*indice*) pointer, needle; (*di orologio*) hand
'lancia ['lantʃa] *sf* (*arma*) lance; (: *picca*) spear; (*di pompa antincendio*) nozzle; (*imbarcazione*) launch
lanciafi'amme [lantʃa'fjamme] *sm inv* flamethrower
lanci'are [lan'tʃare] *vt* to throw, hurl, fling; (*SPORT*) to throw; (*far partire: automobile*) to get up to full speed; (*bombe*) to drop; (*razzo, prodotto, moda*) to launch; **~rsi** *vr*: **~rsi contro/su** to throw *o* hurl *o* fling o.s. against/on; **~rsi in** (*fig*) to embark on
lanci'nante [lantʃi'nante] *ag* (*dolore*) shooting, throbbing; (*grido*) piercing
'lancio ['lantʃo] *sm* throwing *no pl*; throw; dropping *no pl*; drop; launching *no pl*; launch; ~ **del peso** putting the shot
'landa *sf* (*GEO*) moor
'languido, a *ag* (*fiacco*) languid, weak; (*tenero, malinconico*) languishing
langu'ore *sm* weakness, languor
lani'ficio [lani'fitʃo] *sm* woollen mill
la'noso, a *ag* woolly
lan'terna *sf* lantern; (*faro*) lighthouse
la'nugine [la'nudʒine] *sf* down
lapi'dare *vt* to stone
lapi'dario, a *ag* (*fig*) terse
'lapide *sf* (*di sepolcro*) tombstone; (*commemorativa*) plaque
'lapis *sm inv* pencil
Lap'ponia *sf* Lapland
'lapsus *sm inv* slip
la'ptop [læ'ptɔp] *sm inv* laptop (computer)
'lardo *sm* bacon fat, lard
lar'ghezza [lar'gettsa] *sf* width; breadth; looseness; generosity; ~ **di vedute** broad-mindedness
'largo, a, ghi, ghe *ag* wide; broad; (*maniche*) wide; (*abito*: *troppo ampio*) loose; (*fig*) generous ♦ *sm* width; breadth; (*mare aperto*): **il ~** the open sea ♦ *sf*: **stare** *o* **tenersi alla ~a (da qn/qc)** to keep one's distance (from sb/sth), keep away (from sb/sth); ~ **due metri** two metres wide; ~ **di spalle** broad-shouldered; **di ~ghe vedute** broad-minded; **su ~a scala** on a large scale; **di manica ~a** generous, open-handed; **al ~ di Genova** off (the coast of) Genoa; **farsi ~ tra la folla** to push one's way through the crowd
'larice ['laritʃe] *sm* (*BOT*) larch
larin'gite [larin'dʒite] *sf* laryngitis
'larva *sf* larva; (*fig*) shadow
la'sagne [la'zaɲɲe] *sfpl* lasagna *sg*
lasci'are [laʃ'ʃare] *vt* to leave; (*abbandonare*) to leave, abandon, give up; (*cessare di tenere*) to let go of ♦ *vb aus*: ~ **fare qn** to let sb do ♦ *vi*: ~ **di fare** (*smettere*) to stop doing; **~rsi andare/truffare** to let o.s. go/be cheated; ~ **andare** *o* **correre** *o* **perdere** to let things go their own way; ~ **stare qc/qn** to leave sth/sb alone
'lascito ['laʃʃito] *sm* (*DIR*) legacy
'laser ['lazer] *ag, sm inv*: **(raggio) ~** laser (beam)

lassa'tivo, a *ag*, *sm* laxative
'lasso *sm*: ~ **di tempo** interval, lapse of time
lassù *av* up there
'lastra *sf* (*di pietra*) slab; (*di metallo, FOT*) plate; (*di ghiaccio, vetro*) sheet; (*radiografica*) X-ray (plate)
lastri'cato *sm*, **'lastrico, ci** *o* **chi** *sm* paving
late'rale *ag* lateral, side *cpd*; (*uscita, ingresso etc*) side *cpd* ♦ *sm* (*CALCIO*) half-back
late'rizio [late'rittsjo] *sm* (perforated) brick
lati'fondo *sm* large estate
la'tino, a *ag*, *sm* Latin; ~-**ameri'cano, a** *ag* Latin-American
lati'tante *sm/f* fugitive (from justice)
lati'tudine *sf* latitude
'lato, a *ag* (*fig*) wide, broad ♦ *sm* side; (*fig*) aspect, point of view; **in senso** ~ broadly speaking
la'trare *vi* to bark
la'trina *sf* public lavatory
'latta *sf* tin (plate); (*recipiente*) tin, can
lat'taio, a *sm/f* milkman/woman; dairyman/woman
lat'tante *ag* unweaned
'latte *sm* milk; ~ **detergente** cleansing milk *o* lotion; ~ **in polvere** dried *o* powdered milk; ~ **scremato** skimmed milk; **latte'ria** *sf* dairy; **latti'cini** *smpl* dairy products
lat'tina *sf* (*di birra etc*) can
lat'tuga, ghe *sf* lettuce
'laurea *sf* degree; **laure'are** *vt* to confer a degree on; **laurearsi** *vr* to graduate; **laure'ato, a** *ag*, *sm/f* graduate
'lauro *sm* laurel
'lauto, a *ag* (*pranzo, mancia*) lavish
'lava *sf* lava
la'vabo *sm* washbasin
la'vaggio [la'vaddʒo] *sm* washing *no pl*; ~ **del cervello** brainwashing *no pl*
la'vagna [la'vaɲɲa] *sf* (*GEO*) slate; (*di scuola*) blackboard
la'vanda *sf* (*anche MED*) wash; (*BOT*) lavender; **lavan'daia** *sf* washerwoman; **lavande'ria** *sf* laundry; **lavanderia automatica** launderette; **lavanderia a secco** drycleaner's; **lavan'dino** *sm* sink
lavapi'atti *sm/f* dishwasher
la'vare *vt* to wash; ~**rsi** *vr* to wash, have a wash; ~ **a secco** to dry-clean; ~**rsi le mani/i denti** to wash one's hands/clean one's teeth
lava'secco *sm o f inv* drycleaner's
lavasto'viglie [lavasto'viʎʎe] *sm o f inv* (*macchina*) dishwasher
lava'toio *sm* (public) washhouse
lava'trice [lava'tritʃe] *sf* washing machine
lava'tura *sf* washing *no pl*; ~ **di piatti** dishwater
lavo'rante *sm/f* worker
lavo'rare *vi* to work; (*fig*: *bar, studio etc*) to do good business ♦ *vt* to work; ~**rsi qn** (*persuaderlo*) to work on sb; ~ **a** to work on; ~ **a maglia** to knit; **lavora'tivo, a** *ag* working; **lavora'tore, 'trice** *sm/f* worker ♦ *ag* working; **lavorazi'one** *sf* (*gen*) working; (*di legno, pietra*) carving; (*di film*) making; (*di prodotto*) manufacture; (*modo di esecuzione*) workmanship; **lavo'rio** *sm* intense activity
la'voro *sm* work; (*occupazione*) job, work *no pl*; (*opera*) piece of work, job; (*ECON*) labour; ~**i forzati** hard labour *sg*; ~**i pubblici** public works
le *det fpl* the ♦ *pron* (*oggetto*) them; (: *a lei, a essa*) (to) her; (: *forma di cortesia*) (to) you
le'ale *ag* loyal; (*sincero*) sincere; (*onesto*) fair; **lealtà** *sf* loyalty; sincerity; fairness
'lebbra *sf* leprosy
'lecca 'lecca *sm inv* lollipop
leccapi'edi (*peg*) *sm/f inv* toady, bootlicker
lec'care *vt* to lick; (*sog*: *gatto*: *latte etc*) to lick *o* lap up; (*fig*) to flatter; ~**rsi i baffi** to lick one's lips
'leccio ['lettʃo] *sm* holm oak, ilex

leccor'nia *sf* titbit, delicacy
'lecito, a ['lɛtʃito] *ag* permitted, allowed
'ledere *vt* to damage, injure
'lega, ghe *sf* league; (*di metalli*) alloy
le'gaccio [le'gattʃo] *sm* string, lace
le'gale *ag* legal ♦ *sm* lawyer; **legaliz'zare** *vt* to authenticate; (*regolarizzare*) to legalize
le'game *sm* (*corda, fig: affettivo*) tie, bond; (*nesso logico*) link, connection
le'gare *vt* (*prigioniero, capelli, cane*) to tie (up); (*libro*) to bind; (*CHIM*) to alloy; (*fig: collegare*) to bind, join ♦ *vi* (*far lega*) to unite; (*fig*) to get on well
lega'tario, a *sm/f* (*DIR*) legatee
le'gato *sm* (*REL*) legate; (*DIR*) legacy, bequest
lega'tura *sf* (*di libro*) binding; (*MUS*) ligature
le'genda [le'dʒɛnda] *sf* (*di carta geografica etc*) = **leggenda**
'legge ['leddʒe] *sf* law
leg'genda [led'dʒɛnda] *sf* (*narrazione*) legend; (*di carta geografica etc*) key, legend
'leggere ['lɛddʒere] *vt, vi* to read
legge'rezza [leddʒe'rettsa] *sf* lightness; thoughtlessness; fickleness
leg'gero, a [led'dʒɛro] *ag* light; (*agile, snello*) nimble, agile, light; (*tè, caffè*) weak; (*fig: non grave, piccolo*) slight; (: *spensierato*) thoughtless; (: *incostante*) fickle; free and easy; **alla ~a** thoughtlessly
leggi'adro, a [led'dʒadro] *ag* pretty, lovely; (*movimenti*) graceful
leg'gio, 'gii [led'dʒio] *sm* lectern; (*MUS*) music stand
legisla'tura [ledʒizla'tura] *sf* legislature
legislazi'one [ledʒizlat'tsjone] *sf* legislation
le'gittimo, a [le'dʒittimo] *ag* legitimate; (*fig: giustificato, lecito*) justified, legitimate; **~a difesa** (*DIR*) self-defence
'legna ['leɲɲa] *sf* firewood; **le'gname** *sm* wood, timber
'legno ['leɲɲo] *sm* wood; (*pezzo di ~*) piece of wood; **di ~** wooden; **~ compensato** plywood; **le'gnoso, a** *ag* wooden; woody; (*carne*) tough
le'gumi *smpl* (*BOT*) pulses
'lei *pron* (*soggetto*) she; (*oggetto: per dare rilievo, con preposizione*) her; (*forma di cortesia: anche: L~*) you ♦ *sm*: **dare del ~ a qn** to address sb as "lei"; **~ stessa** she herself; you yourself
'lembo *sm* (*di abito, strada*) edge; (*striscia sottile: di terra*) strip
'lemma, i *sm* headword
'lemme 'lemme *av* (very) very slowly
'lena *sf* (*fig*) energy, stamina
le'nire *vt* to soothe
'lente *sf* (*OTTICA*) lens *sg*; **~ d'ingrandimento** magnifying glass; **~i a contatto** *o* **corneali** contact lenses
len'tezza [len'tettsa] *sf* slowness
len'ticchia [len'tikkja] *sf* (*BOT*) lentil
len'tiggine [len'tiddʒine] *sf* freckle
'lento, a *ag* slow; (*molle: fune*) slack; (*non stretto: vite, abito*) loose ♦ *sm* (*ballo*) slow dance
'lenza ['lɛntsa] *sf* fishing-line
lenzu'olo [len'tswɔlo] *sm* sheet; **~a** *sfpl* pair of sheets
le'one *sm* lion; (*dello zodiaco*): **L~** Leo
lepo'rino, a *ag*: **labbro ~** harelip
'lepre *sf* hare
'lercio, a, ci, cie ['lɛrtʃo] *ag* filthy
'lesbica, che *sf* lesbian
lesi'nare *vt* to be stingy with ♦ *vi*: **~ (su)** to skimp (on), be stingy (with)
lesi'one *sf* (*MED*) lesion; (*DIR*) injury, damage; (*EDIL*) crack
'leso, a *pp di* **ledere** ♦ *ag* (*offeso*) injured; **parte ~a** (*DIR*) injured party
les'sare *vt* (*CUC*) to boil
'lessico, ci *sm* vocabulary; lexicon
'lesso, a *ag* boiled ♦ *sm* boiled meat

'lesto, a *ag* quick; (*agile*) nimble; ~ **di mano** (*per rubare*) light-fingered; (*per picchiare*) free with one's fists
le'tale *ag* lethal; fatal
leta'maio *sm* dunghill
le'tame *sm* manure, dung
le'targo, ghi *sm* lethargy; (*ZOOL*) hibernation
le'tizia [le'tittsja] *sf* joy, happiness
'lettera *sf* letter; **~e** *sfpl* (*letteratura*) literature *sg*; (*studi umanistici*) arts (subjects); **alla** ~ literally; **in** **~e** in words, in full; **lette'rale** *ag* literal
lette'rario, a *ag* literary
lette'rato, a *ag* well-read, scholarly
lettera'tura *sf* literature
let'tiga, ghe *sf* (*portantina*) litter; (*barella*) stretcher
let'tino *sm* cot (*BRIT*), crib (*US*)
'letto, a *pp di* **leggere** ♦ *sm* bed; **andare a** ~ to go to bed; ~ **a castello** bunk beds *pl*; ~ **a una piazza/a due piazze** *o* **matrimoniale** single/double bed
let'tore, 'trice *sm/f* reader; (*INS*) (foreign language) assistant (*BRIT*), (foreign) teaching assistant (*US*) ♦ *sm* (*TECN*): ~ **ottico** optical character reader
let'tura *sf* reading
leuce'mia [leutʃe'mia] *sf* leukaemia
'leva *sf* lever; (*MIL*) conscription; **far ~ su qn** to work on sb; ~ **del cambio** (*AUT*) gear lever
le'vante *sm* east; (*vento*) East wind; **il L~** the Levant
le'vare *vt* (*occhi, braccio*) to raise; (*sollevare, togliere*: *tassa, divieto*) to lift; (*indumenti*) to take off, remove; (*rimuovere*) to take away; (: *dal di sopra*) to take off; (: *dal di dentro*) to take out; **~rsi** *vr* to get up; (*sole*) to rise; **le'vata** *sf* (*di posta*) collection
leva'toio, a *ag*: **ponte** ~ drawbridge
leva'tura *sf* intelligence, mental capacity
levi'gare *vt* to smooth; (*con carta vetrata*) to sand
levri'ere *sm* greyhound
lezi'one [let'tsjone] *sf* lesson; (*all'università, sgridata*) lecture; **fare** ~ to teach; to lecture
lezi'oso, a [let'tsjoso] *ag* affected; simpering
'lezzo ['leddzo] *sm* stench, stink
li *pron pl* (*oggetto*) them
lì *av* there; **di** *o* **da** ~ from there; **per di** ~ that way; **di** ~ **a pochi giorni** a few days later; ~ **per** ~ there and then; at first; **essere** ~ (~) **per fare** to be on the point of doing, be about to do; ~ **dentro** in there; ~ **sotto** under there; ~ **sopra** on there; up there; *vedi* **quello**
liba'nese *ag, sm/f* Lebanese *inv*
Li'bano *sm*: **il** ~ the Lebanon
'libbra *sf* (*peso*) pound
li'beccio [li'bettʃo] *sm* south-west wind
li'bello *sm* libel
li'bellula *sf* dragonfly
libe'rale *ag, sm/f* liberal
liberaliz'zare [liberalid'dzare] *vt* to liberalize
libe'rare *vt* (*rendere libero: prigioniero*) to release; (: *popolo*) to free, liberate; (*sgombrare: passaggio*) to clear; (: *stanza*) to vacate; (*produrre: energia*) to release; **~rsi** *vr*: **~rsi di qc/qn** to get rid of sth/sb; **libera'tore, 'trice** *ag* liberating ♦ *sm/f* liberator; **liberazi'one** *sf* liberation, freeing; release; rescuing
'libero, a *ag* free; (*strada*) clear; (*non occupato: posto etc*) vacant; not taken; empty; not engaged; ~ **di fare qc** free to do sth; ~ **da** free from; ~ **arbitrio** free will; ~ **professionista** self-employed professional person; ~ **scambio** free trade; **libertà** *sf inv* freedom; (*tempo disponibile*) free time ♦ *sfpl* (*licenza*) liberties; **in libertà provvisoria/vigilata** released without bail/on probation
'Libia *sf*: **la** ~ Libya; **'libico, a, ci, che** *ag, sm/f* Libyan
li'bidine *sf* lust

li'braio *sm* bookseller
li'brario, a *ag* book *cpd*
li'brarsi *vr* to hover
libre'ria *sf* (*bottega*) bookshop; (*stanza*) library; (*mobile*) bookcase
li'bretto *sm* booklet; (*taccuino*) notebook; (*MUS*) libretto; ~ **degli assegni** cheque book; ~ **di circolazione** (*AUT*) logbook; ~ **di risparmio** (savings) bank-book, passbook; ~ **universitario** student's report book
'libro *sm* book; ~ **bianco** (*POL*) white paper; ~ **di cassa** cash book; ~ **mastro** ledger; ~ **paga** payroll
li'cenza [li'tʃɛntsa] *sf* (*permesso*) permission, leave; (*di pesca, caccia, circolazione*) permit, licence; (*MIL*) leave; (*INS*) school leaving certificate; (*libertà*) liberty; licence; licentiousness; **andare in** ~ (*MIL*) to go on leave
licenzia'mento [litʃentsja'mento] *sm* dismissal
licenzi'are [litʃen'tsjare] *vt* (*impiegato*) to dismiss; (*INS*) to award a certificate to; ~**rsi** *vr* (*impiegato*) to resign, hand in one's notice; (*INS*) to obtain one's school-leaving certificate
li'ceo [li'tʃɛo] *sm* (*INS*) secondary (*BRIT*) *o* high (*US*) school (*for 14- to 19-year-olds*)
'lido *sm* beach, shore
li'eto, a *ag* happy, glad; **"molto ~"** (*nelle presentazioni*) "pleased to meet you"
li'eve *ag* light; (*di poco conto*) slight; (*sommesso: voce*) faint, soft
lievi'tare *vi* (*anche fig*) to rise ♦ *vt* to leaven
li'evito *sm* yeast; ~ **di birra** brewer's yeast
'ligio, a, gi, gie ['lidʒo] *ag* faithful, loyal
'lilla *sm inv* lilac
'lillà *sm inv* = **lilla**
'lima *sf* file
limacci'oso, a [limat'tʃoso] *ag* slimy; muddy
li'mare *vt* to file (down); (*fig*) to polish
'limbo *sm* (*REL*) limbo
li'metta *sf* nail file
limi'tare *vt* to limit, restrict; (*circoscrivere*) to bound, surround; **limita'tivo, a** *ag* limiting, restricting; **limi'tato, a** *ag* limited, restricted
'limite *sm* limit; (*confine*) border, boundary; ~ **di velocità** speed limit
li'mitrofo, a *ag* neighbouring
limo'nata *sf* lemonade (*BRIT*), (lemon) soda (*US*); lemon squash (*BRIT*), lemonade (*US*)
li'mone *sm* (*pianta*) lemon tree; (*frutto*) lemon
'limpido, a *ag* clear; (*acqua*) limpid, clear
'lince ['lintʃe] *sf* lynx
linci'are *vt* to lynch
'lindo, a *ag* tidy, spick and span; (*biancheria*) clean
'linea *sf* line; (*di mezzi pubblici di trasporto: itinerario*) route; (: *servizio*) service; **a grandi ~e** in outline; **mantenere la** ~ to look after one's figure; **aereo di** ~ airliner; **nave di** ~ liner; **volo di** ~ scheduled flight; ~ **aerea** airline; ~ **di partenza/d'arrivo** (*SPORT*) starting/finishing line; ~ **di tiro** line of fire
linea'menti *smpl* features; (*fig*) outlines
line'are *ag* linear; (*fig*) coherent, logical
line'etta *sf* (*trattino*) dash; (*d'unione*) hyphen
lin'gotto *sm* ingot, bar
'lingua *sf* (*ANAT, CUC*) tongue; (*idioma*) language; **mostrare la** ~ to stick out one's tongue; **di ~ italiana** Italian-speaking; ~ **madre** mother tongue; **una ~ di terra** a spit of land
lingu'aggio [lin'gwaddʒo] *sm* language
lingu'etta *sf* (*di strumento*) reed; (*di scarpa, TECN*) tongue; (*di busta*) flap
lingu'istica *sf* linguistics *sg*
'lino *sm* (*pianta*) flax; (*tessuto*) linen
li'noleum *sm inv* linoleum, lino

lique'fare *vt* (*render liquido*) to liquefy; (*fondere*) to melt; **~rsi** *vr* to liquefy; to melt
liqui'dare *vt* (*società, beni; persona: uccidere*) to liquidate; (*persona: sbarazzarsene*) to get rid of; (*conto, problema*) to settle; (*COMM: merce*) to sell off, clear; **liquidazi'one** *sf* liquidation; settlement; clearance sale
liquidità *sf* liquidity
'liquido, a *ag, sm* liquid; **~ per freni** brake fluid
liqui'rizia [likwi'rittsja] *sf* liquorice
li'quore *sm* liqueur
'lira *sf* (*unità monetaria*) lira; (*MUS*) lyre; **~ sterlina** pound sterling
'lirica, che *sf* (*poesia*) lyric poetry; (*componimento poetico*) lyric; (*MUS*) opera
'lirico, a, ci, che *ag* lyric(al); (*MUS*) lyric; **cantante/teatro ~** opera singer/house
'lisca, sche *sf* (*di pesce*) fishbone
lisci'are [liʃ'ʃare] *vt* to smooth; (*fig*) to flatter
'liscio, a, sci, sce ['liʃʃo] *ag* smooth; (*capelli*) straight; (*mobile*) plain; (*bevanda alcolica*) neat; (*fig*) straightforward, simple ♦ *av*: **andare ~** to go smoothly; **passarla ~a** to get away with it
'liso, a *ag* worn out, threadbare
'lista *sf* (*striscia*) strip; (*elenco*) list; **~ elettorale** electoral roll; **~ delle vivande** menu
lis'tino *sm* list; **~ dei cambi** (foreign) exchange rate; **~ dei prezzi** price list
'lite *sf* quarrel, argument; (*DIR*) lawsuit
liti'gare *vi* to quarrel; (*DIR*) to litigate
li'tigio [li'tidʒo] *sm* quarrel; **litigi'oso, a** *ag* quarrelsome; (*DIR*) litigious
litogra'fia *sf* (*sistema*) lithography; (*stampa*) lithograph
lito'rale *ag* coastal, coast *cpd* ♦ *sm* coast
'litro *sm* litre
livel'lare *vt* to level, make level; **~rsi** *vr* to become level; (*fig*) to level out, balance out
li'vello *sm* level; (*fig*) level, standard; **ad alto ~** (*fig*) high-level; **~ del mare** sea level
'livido, a *ag* livid; (*per percosse*) bruised, black and blue; (*cielo*) leaden ♦ *sm* bruise
li'vore *sm* malice, spite
Li'vorno *sf* Livorno, Leghorn
li'vrea *sf* livery
'lizza ['littsa] *sf* lists *pl*; **scendere in ~** (*anche fig*) to enter the lists
lo (*dav s impura, gn, pn, ps, x, z; dav V* **l'**) *det m* the ♦ *pron* (*oggetto: persona*) him; (: *cosa*) it; **~ sapevo** I knew it; **~ so** I know; **sii buono, anche se lui non ~ è** be good, even if he isn't
lo'cale *ag* local ♦ *sm* room; (*luogo pubblico*) premises *pl*; **~ notturno** nightclub; **località** *sf inv* locality; **localiz'zare** *vt* (*circoscrivere*) to confine, localize; (*accertare*) to locate, place
lo'canda *sf* inn; **locandi'ere, a** *sm/f* innkeeper
loca'tario, a *sm/f* tenant
loca'tore, 'trice *sm/f* landlord/lady
locazi'one [lokat'tsjone] *sf* (*da parte del locatario*) renting *no pl*; (*da parte del locatore*) renting out *no pl*, letting *no pl*; **(contratto di) ~** lease; **(canone di) ~** rent; **dare in ~** to rent out, let
locomo'tiva *sf* locomotive
locomo'tore *sm* electric locomotive
locomozi'one [lokomot'tsjone] *sf* locomotion; **mezzi di ~** vehicles, means of transport
lo'custa *sf* locust
locuzi'one [lokut'tsjone] *sf* phrase, expression
lo'dare *vt* to praise
'lode *sf* praise; (*INS*): **laurearsi con 110 e ~** ≈ to graduate with a first-class honours degree (*BRIT*), graduate summa cum laude (*US*)
'loden *sm inv* (*stoffa*) loden; (*cap-*

potto) loden overcoat
lo'devole *ag* praiseworthy
loga'ritmo *sm* logarithm
'loggia, ge ['lɔddʒa] *sf* (*ARCHIT*) loggia; (*circolo massonico*) lodge; **loggi'one** *sm* (*di teatro*): **il loggione** the Gods *sg*
'logica *sf* logic
'logico, a, ci, che ['lɔdʒiko] *ag* logical
logo'rare *vt* to wear out; (*sciupare*) to waste; **~rsi** *vr* to wear out; (*fig*) to wear o.s. out
logo'rio *sm* wear and tear; (*fig*) strain
'logoro, a *ag* (*stoffa*) worn out, threadbare; (*persona*) worn out
lom'baggine [lom'baddʒine] *sf* lumbago
Lombar'dia *sf*: **la ~** Lombardy
lom'bata *sf* (*taglio di carne*) loin
'lombo *sm* (*ANAT*) loin
lom'brico, chi *sm* earthworm
londi'nese *ag* London *cpd* ♦ *sm/f* Londoner
'Londra *sf* London
lon'gevo, a [lon'dʒevo] *ag* long-lived
longi'tudine [londʒi'tudine] *sf* longitude
lonta'nanza [lonta'nantsa] *sf* distance; absence
lon'tano, a *ag* (*distante*) distant, faraway; (*assente*) absent; (*vago: sospetto*) slight, remote; (*tempo*: *remoto*) far-off, distant; (*parente*) distant, remote ♦ *av* far; **è ~a la casa?** is it far to the house?, is the house far from here?; **è ~ un chilometro** it's a kilometre away *o* a kilometre from here; **più ~** farther; **da** *o* **di ~** from a distance; **~ da** a long way from; **alla ~a** slightly, vaguely
'lontra *sf* otter
lo'quace [lo'kwatʃe] *ag* talkative, loquacious; (*fig*: *gesto etc*) eloquent
'lordo, a *ag* dirty, filthy; (*peso, stipendio*) gross
'loro *pron pl* (*oggetto, con preposizione*) them; (*complemento di termine*) to them; (*soggetto*) they; (*forma di cortesia: anche: L~*) you; to you; **il(la) ~, i(le) ~** *det* their; (*forma di cortesia: anche: L~*) your ♦ *pron* theirs; (*forma di cortesia: anche: L~*) yours; **~ stessi(e)** they themselves; you yourselves
'losco, a, schi, sche *ag* (*fig*) shady, suspicious
'lotta *sf* struggle, fight; (*SPORT*) wrestling; **~ libera** all-in wrestling; **lot'tare** *vi* to fight, struggle; to wrestle; **lotta'tore, trice** *sm/f* wrestler
lotte'ria *sf* lottery; (*di gara ippica*) sweepstake
'lotto *sm* (*gioco*) (state) lottery; (*parte*) lot; (*EDIL*) site
lozi'one [lot'tsjone] *sf* lotion
lubrifi'cante *sm* lubricant
lubrifi'care *vt* to lubricate
luc'chetto [luk'ketto] *sm* padlock
lucci'care [luttʃi'kare] *vi* to sparkle, glitter, twinkle
'luccio ['luttʃo] *sm* (*ZOOL*) pike
'lucciola ['luttʃola] *sf* (*ZOOL*) firefly; glowworm
'luce ['lutʃe] *sf* light; (*finestra*) window; **alla ~ di** by the light of; **fare ~ su qc** (*fig*) to shed *o* throw light on sth; **~ del sole/della luna** sun/moonlight; **lu'cente** *ag* shining
lu'cerna [lu'tʃɛrna] *sf* oil-lamp
lucer'nario [lutʃer'narjo] *sm* skylight
lu'certola [lu'tʃertola] *sf* lizard
luci'dare [lutʃi'dare] *vt* to polish; (*ricalcare*) to trace
lucida'trice [lutʃida'tritʃe] *sf* floor polisher
'lucido, a ['lutʃido] *ag* shining, bright; (*lucidato*) polished; (*fig*) lucid ♦ *sm* shine, lustre; (*per scarpe etc*) polish; (*disegno*) tracing
'lucro *sm* profit, gain; **lu'croso, a** *ag* lucrative, profitable
lu'dibrio *sm* mockery *no pl*; (*oggetto di scherno*) laughing-stock
'luglio ['luʎʎo] *sm* July
'lugubre *ag* gloomy
'lui *pronome* (*soggetto*) he; (*oggetto: per dare rilievo, con preposizione*) him; **~ stesso** he himself

lu'maca, che *sf* slug; (*chiocciola*) snail
'lume *sm* light; (*lampada*) lamp; (*fig*): **chiedere ~i a qn** to ask sb for advice; **a ~ di naso** (*fig*) by rule of thumb
lumi'naria *sf* (*per feste*) illuminations *pl*
lumi'noso, a *ag* (*che emette luce*) luminous; (*cielo, colore, stanza*) bright; (*sorgente*) of light, light *cpd*; (*fig: sorriso*) bright, radiant
'luna *sf* moon; **~ nuova/piena** new/full moon; **~ di miele** honeymoon
'luna park *sm inv* amusement park, funfair
lu'nare *ag* lunar, moon *cpd*
lu'nario *sm* almanac; **sbarcare il ~** to make ends meet
lu'natico, a, ci, che *ag* whimsical, temperamental
lunedì *sm inv* Monday; **di** *o* **il ~** on Mondays
lun'gaggine [lun'gaddʒine] *sf* slowness; **~i della burocrazia** red tape
lun'ghezza [lun'gettsa] *sf* length; **~ d'onda** (*FISICA*) wavelength
'lungi ['lundʒi]: **~ da** *prep* far from
'lungo, a, ghi, ghe *ag* long; (*lento: persona*) slow; (*diluito: caffè, brodo*) weak, watery, thin ♦ *sm* length ♦ *prep* along; **~ 3 metri** 3 metres long; **a ~** for a long time; **a ~ andare** in the long run; **di gran ~a** (*molto*) by far; **andare in ~** *o* **per le lunghe** to drag on; **saperla ~a** to know what's what; **in ~ e in largo** far and wide, all over; **~ il corso dei secoli** throughout the centuries
lungo'mare *sm* promenade
lu'notto *sm* (*AUT*) rear *o* back window; **~ termico** heated rear window
lu'ogo, ghi *sm* place; (*posto: di incidente etc*) scene, site; (*punto, passo di libro*) passage; **in ~ di** instead of; **in primo ~** in the first place; **aver ~** to take place; **dar ~ a** to give rise to; **~ comune** commonplace; **~ di nascita** birthplace; (*AMM*) place of birth; **~ di provenienza** place of origin
luogote'nente *sm* (*MIL*) lieutenant
lu'para *sf* sawn-off shotgun
'lupo, a *sm/f* wolf
'luppolo *sm* (*BOT*) hop
'lurido, a *ag* filthy
lu'singa, ghe *sf* (*spesso al pl*) flattery *no pl*
lusin'gare *vt* to flatter; **lusinghi'ero, a** *ag* flattering, gratifying
lus'sare *vt* (*MED*) to dislocate
Lussem'burgo *sm* (*stato*): **il ~** Luxembourg ♦ *sf* (*città*) Luxembourg
'lusso *sm* luxury; **di ~** luxury *cpd*; **lussu'oso, a** *ag* luxurious
lussureggi'are [lussured'dʒare] *vi* to be luxuriant
lus'suria *sf* lust
lus'trare *vt* to polish, shine
lustras'carpe *sm/f inv* shoeshine
lus'trino *sm* sequin
'lustro, a *ag* shiny; (*pelliccia*) glossy ♦ *sm* shine, gloss; (*fig*) prestige, glory; (*quinquennio*) five-year period
'lutto *sm* mourning; **essere in/portare il ~** to be in/wear mourning; **luttu'oso, a** *ag* mournful, sad

M

ma *cong* but; **~ insomma!** for goodness sake!; **~ no!** of course not!
'macabro, a *ag* gruesome, macabre
macché [mak'ke] *escl* not at all!, certainly not!
macche'roni [makke'roni] *smpl* macaroni *sg*
'macchia ['makkja] *sf* stain, spot; (*chiazza di diverso colore*) spot; splash, patch; (*tipo di boscaglia*) scrub; **alla ~** (*fig*) in hiding; **macchi'are** *vt* (*sporcare*) to stain, mark; **macchiarsi** *vr* (*persona*) to get o.s. dirty; (*stoffa*) to stain; to get stained *o* marked
'macchina ['makkina] *sf* machine; (*motore, locomotiva*) engine; (*auto-*

mobile) car; (*fig: meccanismo*) machinery; **andare in** ~ (*AUT*) to go by car; (*STAMPA*) to go to press; ~ **da cucire** sewing machine; ~ **fotografica** camera; ~ **da presa** cine *o* movie camera; ~ **da scrivere** typewriter; ~ **a vapore** steam engine

macchi'nare [makki'nare] *vt* to plot

macchi'nario [makki'narjo] *sm* machinery

macchi'netta [makki'netta] (*fam*) *sf* (*caffettiera*) percolator; (*accendino*) lighter

macchi'nista, i [makki'nista] *sm* (*di treno*) engine-driver; (*di nave*) engineer; (*TEATRO, TV*) stagehand

macchi'noso, a [makki'noso] *ag* complex, complicated

mace'donia [matʃe'dɔnja] *sf* fruit salad

macel'laio [matʃel'lajo] *sm* butcher

macel'lare [matʃel'lare] *vt* to slaughter, butcher; **macelle'ria** *sf* butcher's (shop); **ma'cello** *sm* (*mattatoio*) slaughterhouse, abattoir (*BRIT*); (*fig*) slaughter, massacre; (*: disastro*) shambles *sg*

mace'rare [matʃe'rare] *vt* to macerate; (*CUC*) to marinate; **~rsi** *vr* (*fig*): **~rsi in** to be consumed with

ma'cerie [ma'tʃɛrje] *sfpl* rubble *sg*, debris *sg*

ma'cigno [ma'tʃiɲɲo] *sm* (*masso*) rock, boulder

maci'lento, a [matʃi'lɛnto] *ag* emaciated

'macina ['matʃina] *sf* (*pietra*) millstone; (*macchina*) grinder; **macina-caffè** *sm inv* coffee grinder; **maci-na'pepe** *sm inv* peppermill

maci'nare [matʃi'nare] *vt* to grind; (*carne*) to mince (*BRIT*), grind (*US*); **maci'nato** *sm* meal, flour; (*carne*) minced (*BRIT*) *o* ground (*US*) meat

maci'nino [matʃi'nino] *sm* coffee grinder; peppermill

'madido, a *ag*: ~ **(di)** wet *o* moist (with)

Ma'donna *sf* (*REL*) Our Lady

mador'nale *ag* enormous, huge

'madre *sf* mother; (*matrice di bolletta*) counterfoil ♦ *ag inv* mother *cpd*; **ragazza** ~ unmarried mother; **scena** ~ (*TEATRO*) principal scene; (*fig*) terrible scene

madre'lingua *sf* mother tongue, native language

madre'perla *sf* mother-of-pearl

ma'drina *sf* godmother

maestà *sf inv* majesty; **maes'toso, a** *ag* majestic

ma'estra *sf vedi* **maestro**

maes'trale *sm* north-west wind, mistral

maes'tranze [maes'trantse] *sfpl* workforce *sg*

maes'tria *sf* mastery, skill

ma'estro, a *sm/f* (*INS: anche:* ~ *di scuola o elementare*) primary (*BRIT*) *o* grade school (*US*) teacher; (*esperto*) expert ♦ *sm* (*artigiano, fig: guida*) master; (*MUS*) maestro ♦ *ag* (*principale*) main; (*di grande abilità*) masterly, skilful; **~a d'asilo** nursery teacher; ~ **di cerimonie** master of ceremonies

'mafia *sf* Mafia; **mafi'oso** *sm* member of the Mafia

'maga *sf* sorceress

ma'gagna [ma'gaɲɲa] *sf* defect, flaw, blemish; (*noia, guaio*) problem

ma'gari *escl* (*esprime desiderio*): ~ **fosse vero!** if only it were true!; **ti piacerebbe andare in Scozia?** — ~! would you like to go to Scotland? — and how! ♦ *av* (*anche*) even; (*forse*) perhaps

magaz'zino [magad'dzino] *sm* warehouse; **grande** ~ department store

'maggio ['maddʒo] *sm* May

maggio'rana [maddʒo'rana] *sf* (*BOT*) (sweet) marjoram

maggio'ranza [maddʒo'rantsa] *sf* majority

maggio'rare [maddʒo'rare] *vt* to increase, raise

maggior'domo [maddʒor'dɔmo] *sm* butler

maggi'ore [mad'dʒore] *ag* (*comparativo: più grande*) bigger, larger; taller; greater; (*: più vecchio: sorella, fratello*) older, elder; (*: di grado superiore*) senior; (*: più importante, MIL, MUS*) major; (*superlativo*) biggest, largest; tallest; greatest; oldest, eldest ♦ *sm/f* (*di grado*) superior; (*di età*) elder; (*MIL*) major; (*: AER*) squadron leader; **la maggior parte** the majority; **andare per la ~** (*cantante etc*) to be very popular; **maggio'renne** *ag* of age ♦ *sm/f* person who has come of age; **maggior'mente** *av* much more; (*con senso superlativo*) most

ma'gia [ma'dʒia] *sf* magic; **'magico, a, ci, che** *ag* magic; (*fig*) fascinating, charming, magical

'magio ['madʒo] *sm* (*REL*): **i re Magi** the Magi, the Three Wise Men

magis'tero [madʒis'tero] *sm* teaching; (*fig: maestria*) skill; (*INS*): **facoltà di M~** ≈ teachers' training college; **magis'trale** *ag* primary (*BRIT*) *o* grade school (*US*) teachers', primary (*BRIT*) *o* grade school (*US*) teaching *cpd*; skilful

magis'trato [madʒis'trato] *sm* magistrate; **magistra'tura** *sf* magistrature; (*magistrati*): **la magistratura** the Bench

'maglia ['maʎʎa] *sf* stitch; (*lavoro ai ferri*) knitting *no pl*; (*tessuto, SPORT*) jersey; (*maglione*) jersey, sweater; (*di catena*) link; (*di rete*) mesh; **~ diritta/rovescia** plain/purl; **maglie'ria** *sf* knitwear; (*negozio*) knitwear shop; **magli'etta** *sf* (*canottiera*) vest; (*tipo camicia*) T-shirt; **magli'ficio** *sm* knitwear factory

'maglio ['maʎʎo] *sm* mallet; (*macchina*) power hammer

ma'gnanimo, a [maɲ'ɲanimo, a] *ag* magnanimous

ma'gnete [maɲ'ɲete] *sm* magnet; **ma'gnetico, a, ci, che** *ag* magnetic

magne'tofono [maɲɲe'tɔfono] *sm* tape recorder

ma'gnifico, a, ci, che [maɲ'ɲifiko] *ag* magnificent, splendid; (*ospite*) generous

'magno, a ['maɲɲo] *ag*: **aula ~a** main hall

ma'gnolia [maɲ'ɲɔlja] *sf* magnolia

'mago, ghi *sm* (*stregone*) magician, wizard; (*illusionista*) magician

ma'grezza [ma'grettsa] *sf* thinness

'magro, a *ag* (very) thin, skinny; (*carne*) lean; (*formaggio*) low-fat; (*fig: scarso, misero*) meagre, poor; (*: meschino: scusa*) poor, lame; **mangiare di ~** not to eat meat

'mai *av* (*nessuna volta*) never; (*talvolta*) ever; **non ... ~** never; **~ più** never again; **come ~?** why (*o* how) on earth?; **chi/dove/quando ~?** whoever/wherever/whenever?

mai'ale *sm* (*ZOOL*) pig; (*carne*) pork

maio'nese *sf* mayonnaise

'mais *sm inv* maize

mai'uscola *sf* capital letter

mai'uscolo, a *ag* (*lettera*) capital; (*fig*) enormous, huge

mal *av, sm vedi* **male**

malac'corto, a *ag* rash, careless

mala'fede *sf* bad faith

mala'lingua (*pl* **male'lingue**) *sf* gossip(monger)

mala'mente *av* badly; dangerously

malan'dato, a *ag* (*persona: di salute*) in poor health; (*: di condizioni finanziarie*) badly off; (*trascurato*) shabby

ma'lanno *sm* (*disgrazia*) misfortune; (*malattia*) ailment

mala'pena *sf*: **a ~** hardly, scarcely

ma'laria *sf* (*MED*) malaria

mala'sorte *sf* bad luck

mala'ticcio, a [mala'tittʃo] *ag* sickly

ma'lato, a *ag* ill, sick; (*gamba*) bad; (*pianta*) diseased ♦ *sm/f* sick person; (*in ospedale*) patient; **malat'tia** *sf* (*infettiva etc*) illness, disease; (*cattiva salute*) illness, sickness; (*di pianta*) disease

malau'gurio *sm* bad *o* ill omen

mala'vita *sf* underworld

mala'voglia [mala'vɔʎʎa] *sf*: **di** ~ unwillingly, reluctantly

mal'concio, a, ci, ce [mal'kontʃo] *ag* in a sorry state

malcon'tento *sm* discontent

malcos'tume *sm* immorality

mal'destro, a *ag* (*inabile*) inexpert, inexperienced; (*goffo*) awkward

maldi'cenza [maldi'tʃɛntsa] *sf* malicious gossip

maldis'posto, a *ag*: ~ **(verso)** ill-disposed (towards)

'male *av* badly ♦ *sm* (*ciò che è ingiusto, disonesto*) evil; (*danno, svantaggio*) harm; (*sventura*) misfortune; (*dolore fisico, morale*) pain, ache; **di ~ in peggio** from bad to worse; **sentirsi** ~ to feel ill; **far** ~ (*dolere*) to hurt; **far ~ alla salute** to be bad for one's health; **far del ~ a qn** to hurt *o* harm sb; **restare** *o* **rimanere** ~ to be sorry; to be disappointed; to be hurt; **andare a** ~ to go bad; **come va? — non c'è** ~ how are you? — not bad; **mal di cuore** heart trouble; ~ **di dente** toothache; **mal di mare** seasickness; **avere mal di gola/testa** to have a sore throat/a headache; **aver ~ ai piedi** to have sore feet

male'detto, a *pp di* **maledire** ♦ *ag* cursed, damned; (*fig: fam*) damned, blasted

male'dire *vt* to curse; **maledizi'one** *sf* curse; **maledizione!** damn it!

maledu'cato, a *ag* rude, ill-mannered

male'fatta *sf* misdeed

male'ficio [male'fitʃo] *sm* witchcraft

ma'lefico, a, ci, che *ag* (*aria, cibo*) harmful, bad; (*influsso, azione*) evil

ma'lessere *sm* indisposition, slight illness; (*fig*) uneasiness

ma'levolo, a *ag* malevolent

malfa'mato, a *ag* notorious

mal'fatto, a *ag* (*persona*) deformed; (*oggetto*) badly made; (*lavoro*) badly done

malfat'tore, 'trice *sm/f* wrongdoer

mal'fermo, a *ag* unsteady, shaky; (*salute*) poor, delicate

malformazi'one [malformat'tsjone] *sf* malformation

malgo'verno *sm* maladministration

mal'grado *prep* in spite of, despite ♦ *cong* although; **mio** (*o* **tuo** *etc*) ~ against my (*o* your *etc*) will

ma'lia *sf* spell; (*fig: fascino*) charm

mali'gnare [maliɲ'ɲare] *vi*: ~ **su** to malign, speak ill of

ma'ligno, a [ma'liɲɲo] *ag* (*malvagio*) malicious, malignant; (*MED*) malignant

malinco'nia *sf* melancholy, gloom; **malin'conico, a, ci, che** *ag* melancholy

malincu'ore: **a** ~ *av* reluctantly, unwillingly

malintenzio'nato, a [malintentsjo'nato] *ag* ill-intentioned

malin'teso, a *ag* misunderstood; (*riguardo, senso del dovere*) mistaken, wrong ♦ *sm* misunderstanding

ma'lizia [ma'littsja] *sf* (*malignità*) malice; (*furbizia*) cunning; (*espediente*) trick; **malizi'oso, a** *ag* malicious; cunning; (*vivace, birichino*) mischievous

mal'loppo *sm* (*involto*) bundle; (*fam: refurtiva*) loot

malme'nare *vt* to beat up; (*fig*) to ill-treat

mal'messo, a *ag* shabby

malnu'trito, a *ag* undernourished

ma'locchio [ma'lɔkkjo] *sm* evil eye

ma'lora *sf*: **andare in** ~ to go to the dogs

ma'lore *sm* (sudden) illness

mal'sano, a *ag* unhealthy

malsi'curo, a *ag* unsafe

'Malta *sf*: **la** ~ Malta

'malta *sf* (*EDIL*) mortar

mal'tempo *sm* bad weather

'malto *sm* malt

maltrat'tare *vt* to ill-treat

malu'more *sm* bad mood; (*irritabilità*) bad temper; (*discordia*) ill feeling; **di** ~ in a bad mood

mal'vagio, a, gi, gie [mal'vadʒo] *ag* wicked, evil
malversazi'one [malversat'tsjone] *sf* (*DIR*) embezzlement
mal'visto, a *ag*: ~ **(da)** disliked (by), unpopular (with)
malvi'vente *sm* criminal
malvolenti'eri *av* unwillingly, reluctantly
'mamma *sf* mummy, mum; ~ **mia!** my goodness!
mam'mella *sf* (*ANAT*) breast; (*di vacca, capra etc*) udder
mam'mifero *sm* mammal
'mammola *sf* (*BOT*) violet
ma'nata *sf* (*colpo*) slap; (*quantità*) handful
'manca *sf* left (hand); **a destra e a** ~ left, right and centre, on all sides
man'canza [man'kantsa] *sf* lack; (*carenza*) shortage, scarcity; (*fallo*) fault; (*imperfezione*) failing, shortcoming; **per ~ di tempo** through lack of time; **in ~ di meglio** for lack of anything better
man'care *vi* (*essere insufficiente*) to be lacking; (*venir meno*) to fail; (*sbagliare*) to be wrong, make a mistake; (*non esserci*) to be missing, not to be there; (*essere lontano*): ~ **(da)** to be away (from) ♦ *vt* to miss; ~ **di** to lack; ~ **a** (*promessa*) to fail to keep; **tu mi manchi** I miss you; **mancò poco che morisse** he very nearly died; **mancano ancora 10 sterline** we're still £10 short; **manca un quarto alle 6** it's a quarter to 6;
man'cato, a *ag* (*tentativo*) unsuccessful; (*artista*) failed
'mancia, ce ['mantʃa] *sf* tip; ~ **competente** reward
manci'ata [man'tʃata] *sf* handful
man'cino, a [man'tʃino] *ag* (*braccio*) left; (*persona*) left-handed; (*fig*) underhand
'manco *av* (*nemmeno*): ~ **per sogno** *o* **per idea!** not on your life!
man'dante *sm/f* (*di delitto*) instigator
man'dare *vt* to send; (*far funzionare: macchina*) to drive; (*emettere*) to send out; (*: grido*) to give, utter, let out; ~ **a chiamare qn** to send for sb; ~ **avanti** (*fig: famiglia*) to provide for; (*: fabbrica*) to run, look after; ~ **giù** to send down; (*anche fig*) to swallow; ~ **via** to send away; (*licenziare*) to fire
manda'rino *sm* mandarin (orange); (*cinese*) mandarin
man'data *sf* (*quantità*) lot, batch; (*di chiave*) turn; **chiudere a doppia** ~ to double-lock
manda'tario *sm* (*DIR*) representative, agent
man'dato *sm* (*incarico*) commission; (*DIR: provvedimento*) warrant; (*di deputato etc*) mandate; (*ordine di pagamento*) postal *o* money order; ~ **d'arresto** warrant for arrest
man'dibola *sf* mandible, jaw
'mandorla *sf* almond; **'mandorlo** *sm* almond tree
'mandria *sf* herd
maneggi'are [maned'dʒare] *vt* (*creta, cera*) to mould, work, fashion; (*arnesi, utensili*) to handle; (*: adoperare*) to use; (*fig: persone, denaro*) to handle, deal with; **ma'neggio** *sm* moulding; handling; use; (*intrigo*) plot, scheme; (*per cavalli*) riding school
ma'nesco, a, schi, sche *ag* free with one's fists
ma'nette *sfpl* handcuffs
manga'nello *sm* club
manga'nese *sm* manganese
mange'reccio, a, ci, ce [mandʒe'rettʃo] *ag* edible
mangia'dischi [mandʒa'diski] *sm inv* record player
mangi'are [man'dʒare] *vt* to eat; (*intaccare*) to eat into *o* away; (*CARTE, SCACCHI etc*) to take ♦ *vi* to eat ♦ *sm* eating; (*cibo*) food; (*cucina*) cooking; **~rsi le parole** to mumble; **~rsi le unghie** to bite one's nails; **mangia'toia** *sf* feeding-trough
man'gime [man'dʒime] *sm* fodder

'mango, ghi *sm* mango
ma'nia *sf* (*PSIC*) mania; (*fig*) obsession, craze; **ma'niaco, a, ci, che** *ag* suffering from a mania; **maniaco (di)** obsessed (by), crazy (about)
'manica *sf* sleeve; (*fig: gruppo*) gang, bunch; (*GEO*): **la M~, il Canale della M~** the (English) Channel; **essere di ~ larga/stretta** to be easy-going/strict; **~ a vento** (*AER*) wind sock
mani'chino [mani'kino] *sm* (*di sarto, vetrina*) dummy
'manico, ci *sm* handle; (*MUS*) neck
mani'comio *sm* mental hospital; (*fig*) madhouse
mani'cotto *sm* muff; (*TECN*) coupling; sleeve
mani'cure *sm o f inv* manicure ♦ *sf inv* manicurist
mani'era *sf* way, manner; (*stile*) style, manner; **~e** *sfpl* (*comportamento*) manners; **in ~ che** so that; **in ~ da** so as to; **in tutte le ~e** at all costs
manie'rato, a *ag* affected
manifat'tura *sf* (*lavorazione*) manufacture; (*stabilimento*) factory
manifes'tare *vt* to show, display; (*esprimere*) to express; (*rivelare*) to reveal, disclose ♦ *vi* to demonstrate; **~rsi** *vr* to show o.s.; **~rsi amico** to prove o.s. (to be) a friend; **manifestazi'one** *sf* show, display; expression; (*sintomo*) sign, symptom; (*dimostrazione pubblica*) demonstration; (*cerimonia*) event
mani'festo, a *ag* obvious, evident ♦ *sm* poster, bill; (*scritto ideologico*) manifesto
ma'niglia [ma'niʎʎa] *sf* handle; (*sostegno: negli autobus etc*) strap
manipo'lare *vt* to manipulate; (*alterare: vino*) to adulterate; **manipolazi'one** *sf* manipulation; adulteration
manis'calco, chi *sm* blacksmith
'manna *sf* (*REL*) manna
man'naia *sf* (*del boia*) (executioner's) axe; (*per carni*) cleaver
man'naro: **lupo ~** *sm* werewolf
'mano, i *sf* hand; (*strato: di vernice etc*) coat; **di prima ~** (*notizia*) first-hand; **di seconda ~** second-hand; **man ~** little by little, gradually; **man ~ che** as; **darsi** *o* **stringersi la ~** to shake hands; **mettere le ~i avanti** (*fig*) to safeguard o.s.; **restare a ~i vuote** to be left empty-handed; **venire alle ~i** to come to blows; **a ~** by hand; **~i in alto!** hands up!
mano'dopera *sf* labour
mano'messo, a *pp di* **manomettere**
ma'nometro *sm* gauge, manometer
mano'mettere *vt* (*alterare*) to tamper with; (*aprire indebitamente*) to break open illegally
ma'nopola *sf* (*dell'armatura*) gauntlet; (*guanto*) mitt; (*di impugnatura*) hand-grip; (*pomello*) knob
manos'critto, a *ag* handwritten ♦ *sm* manuscript
mano'vale *sm* labourer
mano'vella *sf* handle; (*TECN*) crank
ma'novra *sf* manoeuvre (*BRIT*), maneuver (*US*); (*FERR*) shunting; **mano'vrare** *vt* (*veicolo*) to manoeuvre (*BRIT*), maneuver (*US*); (*macchina, congegno*) to operate; (*fig: persona*) to manipulate ♦ *vi* to manoeuvre
manro'vescio [manro'veʃʃo] *sm* slap (*with back of hand*)
man'sarda *sf* attic
mansi'one *sf* task, duty, job
mansu'eto, a *ag* gentle, docile
man'tello *sm* cloak; (*fig: di neve etc*) blanket, mantle; (*TECN: involucro*) casing, shell; (*ZOOL*) coat
mante'nere *vt* to maintain; (*adempiere: promesse*) to keep, abide by; (*provvedere a*) to support, maintain; **~rsi** *vr*: **~rsi calmo/giovane** to stay calm/young; **manteni'mento** *sm* maintenance
'mantice ['mantitʃe] *sm* bellows *pl*; (*di carrozza, automobile*) hood

'manto *sm* cloak; ~ **stradale** road surface

manu'ale *ag* manual ♦ *sm* (*testo*) manual, handbook

ma'nubrio *sm* handle; (*di bicicletta etc*) handlebars *pl*; (*SPORT*) dumb-bell

manu'fatto *sm* manufactured article

manutenzi'one [manuten'tsjone] *sf* maintenance, upkeep; (*d'impianti*) maintenance, servicing

'manzo ['mandzo] *sm* (*ZOOL*) steer; (*carne*) beef

'mappa *sf* (*GEO*) map; **mappa'mondo** *sm* map of the world; (*globo girevole*) globe

ma'rasma, i *sm* (*fig*) decay, decline

mara'tona *sf* marathon

'marca, che *sf* mark; (*bollo*) stamp; (*COMM*: *di prodotti*) brand; (*contrassegno, scontrino*) ticket, check; **prodotto di** ~ (*di buona qualità*) high-class product; ~ **da bollo** official stamp

mar'care *vt* (*munire di contrassegno*) to mark; (*a fuoco*) to brand; (*SPORT*: *gol*) to score; (*: avversario*) to mark; (*accentuare*) to stress; ~ **visita** (*MIL*) to report sick

'Marche ['marke] *sfpl*: **le** ~ the Marches (*region of central Italy*)

mar'chese, a [mar'keze] *sm/f* marquis *o* marquess/marchioness

marchi'are [mar'kjare] *vt* to brand; **'marchio** *sm* (*di bestiame, COMM, fig*) brand; **marchio depositato** registered trademark; **marchio di fabbrica** trademark

'marcia, ce ['martʃa] *sf* (*anche MUS, MIL*) march; (*funzionamento*) running; (*il camminare*) walking; (*AUT*) gear; **mettere in** ~ to start; **mettersi in** ~ to get moving; **far** ~ **indietro** (*AUT*) to reverse; (*fig*) to back-pedal

marciapi'ede [martʃa'pjɛde] *sm* (*di strada*) pavement (*BRIT*), sidewalk (*US*); (*FERR*) platform

marci'are [mar'tʃare] *vi* to march; (*andare*: *treno, macchina*) to go; (*funzionare*) to run, work

'marcio, a, ci, ce ['martʃo] *ag* (*frutta, legno*) rotten, bad; (*MED*) festering; (*fig*) corrupt, rotten

mar'cire [mar'tʃire] *vi* (*andare a male*) to go bad, rot; (*suppurare*) to fester; (*fig*) to rot, waste away

'marco, chi *sm* (*unità monetaria*) mark

'mare *sm* sea; **in** ~ at sea; **andare al** ~ (*in vacanza etc*) to go to the seaside; **il M~ del Nord** the North Sea

ma'rea *sf* tide; **alta/bassa** ~ high/low tide

mareggi'ata [mared'dʒata] *sf* heavy sea

ma'remma *sf* (*GEO*) maremma, swampy coastal area

mare'moto *sm* seaquake

maresci'allo [mareʃ'ʃallo] *sm* (*MIL*) marshal; (*: sottufficiale*) warrant officer

marga'rina *sf* margarine

marghe'rita [marge'rita] *sf* (ox-eye) daisy, marguerite; (*di stampante*) daisy wheel

'margine ['mardʒine] *sm* margin; (*di bosco, via*) edge, border

ma'rina *sf* navy; (*costa*) coast; (*quadro*) seascape; ~ **militare/mercantile** navy/merchant navy (*BRIT*) *o* marine (*US*)

mari'naio *sm* sailor

mari'nare *vt* (*CUC*) to marinate; ~ **la scuola** to play truant; **mari'nata** *sf* marinade

ma'rino, a *ag* sea *cpd*, marine

mario'netta *sf* puppet

mari'tare *vt* to marry; **~rsi** *vr*: **~rsi a** *o* **con qn** to marry sb, get married to sb

ma'rito *sm* husband

ma'rittimo, a *ag* maritime, sea *cpd*

mar'maglia [mar'maʎʎa] *sf* mob, riff-raff

marmel'lata *sf* jam; (*di agrumi*) marmalade

mar'mitta *sf* (*recipiente*) pot;

(*AUT*) silencer; ~ **catalitica** catalytic convertor
'marmo *sm* marble
mar'mocchio [mar'mɔkkjo] (*fam*) *sm* tot, kid
mar'motta *sf* (*ZOOL*) marmot
Ma'rocco *sm*: **il** ~ Morocco
ma'roso *sm* breaker
mar'rone *ag inv* brown ♦ *sm* (*BOT*) chestnut
mar'sala *sm inv* (*vino*) Marsala
mar'sina *sf* tails *pl*, tail coat
martedì *sm inv* Tuesday; **di** *o* **il** ~ on Tuesdays; ~ **grasso** Shrove Tuesday
martel'lare *vt* to hammer ♦ *vi* (*pulsare*) to throb; (: *cuore*) to thump
mar'tello *sm* hammer; (*di uscio*) knocker
marti'netto *sm* (*TECN*) jack
'martire *sm/f* martyr; **mar'tirio** *sm* martyrdom; (*fig*) agony, torture
'martora *sf* marten
martori'are *vt* to torment, torture
mar'xista, i, e *ag, sm/f* Marxist
marza'pane [martsa'pane] *sm* marzipan
'marzo ['martso] *sm* March
mascal'zone [maskal'tsone] *sm* rascal, scoundrel
ma'scella [maʃ'ʃɛlla] *sf* (*ANAT*) jaw
'maschera ['maskera] *sf* mask; (*travestimento*) disguise; (: *per un ballo etc*) fancy dress; (*TEATRO, CINEMA*) usher/usherette; (*personaggio del teatro*) stock character; **masche'rare** *vt* to mask; (*travestire*) to disguise; to dress up; (*fig*: *celare*) to hide, conceal; (*MIL*) to camouflage; **~rsi da** to disguise o.s. as; to dress up as; (*fig*) to masquerade as
mas'chile [mas'kile] *ag* masculine; (*sesso, popolazione*) male; (*abiti*) men's; (*per ragazzi*: *scuola*) boys'
'maschio, a ['maskjo] *ag* (*BIOL*) male; (*virile*) manly ♦ *sm* (*anche ZOOL, TECN*) male; (*uomo*) man; (*ragazzo*) boy; (*figlio*) son
masco'lino, a *ag* masculine
'massa *sf* mass; (*di errori etc*): **una** ~ **di** heaps of, masses of; (*di gente*) mass, multitude; (*ELETTR*) earth; **in** ~ (*COMM*) in bulk; (*tutti insieme*) en masse; **adunata in** ~ mass meeting; **di** ~ (*cultura, manifestazione*) mass *cpd*; **la** ~ **del popolo** the masses *pl*
mas'sacro *sm* massacre, slaughter; (*fig*) mess, disaster
mas'saggio [mas'saddʒo] *sm* massage
mas'saia *sf* housewife
masse'rizie [masse'rittsje] *sfpl* (household) furnishings
mas'siccio, a, ci, ce [mas'sittʃo] *ag* (*oro, legno*) solid; (*palazzo*) massive; (*corporatura*) stout ♦ *sm* (*GEO*) massif
'massima *sf* (*sentenza, regola*) maxim; (*METEOR*) maximum temperature; **in linea di** ~ generally speaking; *vedi anche* **massimo**
massi'male *sm* maximum
'massimo, a *ag, sm* maximum; **al** ~ at (the) most
'masso *sm* rock, boulder
mas'sone *sm* freemason; **masso-ne'ria** *sf* freemasonry
mas'tello *sm* tub
masti'care *vt* to chew
'mastice ['mastitʃe] *sm* mastic; (*per vetri*) putty
mas'tino *sm* mastiff
ma'tassa *sf* skein
mate'matica *sf* mathematics *sg*
mate'matico, a, ci, che *ag* mathematical ♦ *sm/f* mathematician
mate'rasso *sm* mattress; ~ **a molle** spring *o* interior-sprung mattress
ma'teria *sf* (*FISICA*) matter; (*TECN, COMM*) material, matter *no pl*; (*disciplina*) subject; (*argomento*) subject matter, material; **~e prime** raw materials; **in** ~ **di** (*per quanto concerne*) on the subject of; **materi'ale** *ag* material; (*fig*: *grossolano*) rough, rude ♦ *sm* material; (*insieme di strumenti etc*) equipment *no pl*, materials *pl*
maternità *sf* motherhood, mater-

nity; (*clinica*) maternity hospital
ma'terno, a *ag* (*amore, cura etc*) maternal, motherly; (*nonno*) maternal; (*lingua, terra*) mother *cpd*
ma'tita *sf* pencil
ma'trice [ma'tritʃe] *sf* matrix; (*COMM*) counterfoil; (*fig*: *origine*) background
ma'tricola *sf* (*registro*) register; (*numero*) registration number; (*nell'università*) freshman, fresher
ma'trigna [ma'triɲɲa] *sf* stepmother
matrimoni'ale *ag* matrimonial, marriage *cpd*
matri'monio *sm* marriage, matrimony; (*durata*) marriage, married life; (*cerimonia*) wedding
ma'trona *sf* (*fig*) matronly woman
mat'tina *sf* morning; **matti'nata** *sf* morning; (*spettacolo*) matinée, afternoon performance; **mattini'ero, a** *ag*: essere **mattiniero** to be an early riser; **mat'tino** *sm* morning
'matto, a *ag* mad, crazy; (*fig*: *falso*) false, imitation; (: *opaco*) matt, dull ♦ *sm/f* madman/woman; **avere una voglia ~a di qc** to be dying for sth
mat'tone *sm* brick; (*fig*): **questo libro/film è un ~** this book/film is heavy going
matto'nella *sf* tile
matu'rare *vi* (*anche*: *~rsi*) (*frutta, grano*) to ripen; (*ascesso*) to come to a head; (*fig*: *persona, idea, ECON*) to mature ♦ *vt* to ripen; to (make) mature
maturità *sf* maturity; (*di frutta*) ripeness, maturity; (*INS*) school-leaving examination, ≈ GCE A-levels (*BRIT*)
ma'turo, a *ag* mature; (*frutto*) ripe, mature
'mazza ['mattsa] *sf* (*bastone*) club; (*martello*) sledge-hammer; (*SPORT*: *da golf*) club; (: *da baseball, cricket*) bat
maz'zata [mat'tsata] *sf* (*anche fig*) heavy blow
'mazzo ['mattso] *sm* (*di fiori, chiavi etc*) bunch; (*di carte da gioco*) pack
me *pron* me; ~ **stesso(a)** myself; **sei bravo quanto ~** you are as clever as I (am) *o* as me
me'andro *sm* meander
M.E.C. [mɛk] *sigla m* (= *Mercato Comune Europeo*) EEC
mec'canica, che *sf* mechanics *sg*; (*attività tecnologica*) mechanical engineering; (*meccanismo*) mechanism
mec'canico, a, ci, che *ag* mechanical ♦ *sm* mechanic
mecca'nismo *sm* mechanism
me'daglia [me'daʎʎa] *sf* medal; **medagli'one** *sm* (*ARCHIT*) medallion; (*gioiello*) locket
me'desimo, a *ag* same; (*in persona*): **io ~** I myself
'media *sf* average; (*MAT*) mean; (*INS*: *voto*) end-of-term average; **in ~** on average; *vedi anche* **medio**
medi'ano, a *ag* median; (*valore*) mean ♦ *sm* (*CALCIO*) half-back
medi'ante *prep* by means of
medi'are *vt* (*fare da mediatore*) to act as mediator in; (*MAT*) to average
media'tore, 'trice *sm/f* mediator; (*COMM*) middle man, agent
medica'mento *sm* medicine, drug
medi'care *vt* to treat; (*ferita*) to dress; **medicazi'one** *sf* treatment, medication; dressing
medi'cina [medi'tʃina] *sf* medicine; ~ **legale** forensic medicine; **medici'nale** *ag* medicinal ♦ *sm* drug, medicine
'medico, a, ci, che *ag* medical ♦ *sm* doctor; ~ **generico** general practitioner, GP
medie'vale *ag* medieval
'medio, a *ag* average; (*punto, ceto*) middle; (*altezza, statura*) medium ♦ *sm* (*dito*) middle finger; **licenza ~a** *leaving certificate awarded at the end of 3 years of secondary education*; **scuola ~a** *first 3 years of secondary school*
medi'ocre *ag* mediocre, poor
medioe'vale *ag* = **medievale**

medio'evo *sm* Middle Ages *pl*

medi'tare *vt* to ponder over, meditate on; (*progettare*) to plan, think out ♦ *vi* to meditate

mediter'raneo, a *ag* Mediterranean; **il (mare) M~** the Mediterranean (Sea)

me'dusa *sf* (*ZOOL*) jellyfish

me'gafono *sm* megaphone

'meglio ['mɛʎʎo] *av, ag inv* better; (*con senso superlativo*) best ♦ *sm* (*la cosa migliore*): **il ~** the best (thing); **faresti ~ ad andartene** you had better leave; **alla ~** as best one can; **andar di bene in ~** to get better and better; **fare del proprio ~** to do one's best; **per il ~** for the best; **aver la ~ su qn** to get the better of sb

'mela *sf* apple; **~ cotogna** quince

mela'grana *sf* pomegranate

melan'zana [melan'dzana] *sf* aubergine (*BRIT*), eggplant (*US*)

me'lenso, a *ag* dull, stupid

mel'lifluo, a (*peg*) *ag* sugary, honeyed

'melma *sf* mud, mire

'melo *sm* apple tree

melo'dia *sf* melody

me'lone *sm* (musk)melon

'membra *sfpl vedi* **membro**

'membro *sm* member; (*pl(f)* *~a*: *arto*) limb

memo'randum *sm inv* memorandum

me'moria *sf* memory; *~e sfpl* (*opera autobiografica*) memoirs; **a ~** (*imparare, sapere*) by heart; **a ~ d'uomo** within living memory; **memori'ale** *sm* (*raccolta di memorie*) memoirs *pl*; (*DIR*) memorial

mena'dito: **a ~** *av* perfectly, thoroughly; **sapere qc a ~** to have sth at one's fingertips

me'nare *vt* to lead; (*picchiare*) to hit, beat; (*dare*: *colpi*) to deal; **~ la coda** (*cane*) to wag its tail

mendi'cante *sm/f* beggar

mendi'care *vt* to beg for ♦ *vi* to beg

PAROLA CHIAVE

'meno *av* **1** (*in minore misura*) less; **dovresti mangiare ~** you should eat less, you shouldn't eat so much

2 (*comparativo*): **~ ... di** not as ... as, less ... than; **sono ~ alto di te** I'm not as tall as you (are), I'm less tall than you (are); **~ ... che** not as ... as, less ... than; **~ che mai** less than ever; **è ~ intelligente che ricco** he's more rich than intelligent; **~ fumo più mangio** the less I smoke the more I eat

3 (*superlativo*) least; **il ~ dotato degli studenti** the least gifted of the students; **è quello che compro ~ spesso** it's the one I buy least often

4 (*MAT*) minus; **8 ~ 5** 8 minus 5, 8 take away 5; **sono le 8 ~ un quarto** it's a quarter to 8; **~ 5 gradi** 5 degrees below zero, minus 5 degrees; **mille lire in ~** a thousand lire less

5 (*fraseologia*): **quanto ~ poteva telefonare** he could at least have phoned; **non so se accettare o ~** I don't know whether to accept or not; **fare a ~ di qc/qn** to do without sth/sb; **non potevo fare a ~ di ridere** I couldn't help laughing; **~ male!** thank goodness!; **~ male che sei arrivato** it's a good job that you've come

♦ *ag inv* (*tempo, denaro*) less; (*errori, persone*) fewer; **ha fatto ~ errori di tutti** he made fewer mistakes than anyone, he made the fewest mistakes of all

♦ *sm inv* **1**: **il ~** (*il minimo*) the least; **parlare del più e del ~** to talk about this and that

2 (*MAT*) minus

♦ *prep* (*eccetto*) except (for), apart from; **a ~ che, a ~ di** unless; **a ~ che non piova** unless it rains; **non posso, a ~ di prendere ferie** I can't, unless I take some leave

meno'mare *vt* (*danneggiare*) to maim, disable

meno'pausa *sf* menopause
'mensa *sf* (*locale*) canteen; (: *MIL*) mess; (: *nelle università*) refectory
men'sile *ag* monthly ♦ *sm* (*periodico*) monthly (magazine); (*stipendio*) monthly salary
'mensola *sf* bracket; (*ripiano*) shelf; (*ARCHIT*) corbel
'menta *sf* mint; (*anche*: ~ *piperita*) peppermint; (*bibita*) peppermint cordial; (*caramella*) mint, peppermint
men'tale *ag* mental; **mentalità** *sf inv* mentality
'mente *sf* mind; **imparare/sapere qc a** ~ to learn/know sth by heart; **avere in** ~ **qc** to have sth in mind; **passare di** ~ **a qn** to slip sb's mind
men'tire *vi* to lie
'mento *sm* chin
men'tolo *sm* menthol
'mentre *cong* (*temporale*) while; (*avversativo*) whereas
menù *sm inv* menu; ~ **turistico** set menu
menzio'nare [mentsjo'nare] *vt* to mention
menzi'one [men'tsjone] *sf* mention; **fare** ~ **di** to mention
men'zogna [men'tsoɲɲa] *sf* lie
mera'viglia [mera'viʎʎa] *sf* amazement, wonder; (*persona, cosa*) marvel, wonder; **a** ~ perfectly, wonderfully; **meravigli'are** *vt* to amaze, astonish; **meravigliarsi (di)** to marvel (at); (*stupirsi*) to be amazed (at), be astonished (at); **meravigli'oso, a** *ag* wonderful, marvellous
mer'cante *sm* merchant; ~ **d'arte** art dealer; **mercanteggi'are** *vt* (*onore, voto*) to sell ♦ *vi* to bargain, haggle; **mercan'tile** *ag* commercial, mercantile; (*nave, marina*) merchant *cpd* ♦ *sm* (*nave*) merchantman; **mercan'zia** *sf* merchandise, goods *pl*
mer'cato *sm* market; ~ **dei cambi** exchange market; **M**~ **Comune (Europeo)** (European) Common Market; ~ **nero** black market
'merce ['mɛrtʃe] *sf* goods *pl*, merchandise; ~ **deperibile** perishable goods *pl*
mercé [mer'tʃe] *sf* mercy
merce'nario, a [mertʃe'narjo] *ag, sm* mercenary
merce'ria [mertʃe'ria] *sf* (*articoli*) haberdashery (*BRIT*), notions *pl* (*US*); (*bottega*) haberdasher's shop (*BRIT*), notions store (*US*)
mercoledì *sm inv* Wednesday; **di o il** ~ on Wednesdays; ~ **delle Ceneri** Ash Wednesday
mer'curio *sm* mercury
'merda (*fam!*) *sf* shit (*!*)
me'renda *sf* afternoon snack
meridi'ana *sf* (*orologio*) sundial
meridi'ano, a *ag* meridian; midday *cpd*, noonday ♦ *sm* meridian
meridio'nale *ag* southern ♦ *sm/f* southerner
meridi'one *sm* south
me'ringa, ghe *sf* (*CUC*) meringue
meri'tare *vt* to deserve, merit ♦ *vb impers*: **merita andare** it's worth going
meri'tevole *ag* worthy
'merito *sm* merit; (*valore*) worth; **in** ~ **a** as regards, with regard to; **dare** ~ **a qn di** to give sb credit for; **finire a pari** ~ to finish joint first (*o* second *etc*); to tie; **meri'torio, a** *ag* praiseworthy
mer'letto *sm* lace
'merlo *sm* (*ZOOL*) blackbird; (*ARCHIT*) battlement
mer'luzzo [mer'luttso] *sm* (*ZOOL*) cod
mes'chino, a [mes'kino] *ag* wretched; (*scarso*) scanty, poor; (*persona*: *gretta*) mean; (: *limitata*) narrow-minded, petty
mesco'lanza [mesko'lantsa] *sf* mixture
mesco'lare *vt* to mix; (*vini, colori*) to blend; (*mettere in disordine*) to mix up, muddle up; (*carte*) to shuffle; ~**rsi** *vr* to mix; to blend; to get mixed up; (*fig*): ~**rsi in** to get mixed up in, meddle in
'mese *sm* month

'messa *sf* (*REL*) mass; (*il mettere*): ~ **in moto** starting; ~ **in piega** set; ~ **a punto** (*TECN*) adjustment; (*AUT*) tuning; (*fig*) clarification; ~ **in scena** = **messinscena**
messag'gero [messad'dʒɛro] *sm* messenger
mes'saggio [mes'saddʒo] *sm* message
mes'sale *sm* (*REL*) missal
'messe *sf* harvest
Mes'sia *sm inv* (*REL*): **il** ~ the Messiah
'Messico *sm*: **il** ~ Mexico
messin'scena [messin'ʃɛna] *sf* (*TEATRO*) production
'messo, a *pp di* **mettere** ♦ *sm* messenger
mesti'ere *sm* (*professione*) job; (: *manuale*) trade; (: *artigianale*) craft; (*fig: abilità nel lavoro*) skill, technique; **essere del** ~ to know the tricks of the trade
'mesto, a *ag* sad, melancholy
'mestola *sf* (*CUC*) ladle; (*EDIL*) trowel
'mestolo *sm* (*CUC*) ladle
mestruazi'one [mestruat'tsjone] *sf* menstruation
'meta *sf* destination; (*fig*) aim, goal
metà *sf inv* half; (*punto di mezzo*) middle; **dividere qc a** *o* **per** ~ to divide sth in half, halve sth; **fare a** ~ **(di qc con qn)** to go halves (with sb in sth); **a** ~ **prezzo** at half price; **a** ~ **strada** halfway
me'tafora *sf* metaphor
me'tallico, a, ci, che *ag* (*di metallo*) metal *cpd*; (*splendore, rumore etc*) metallic
me'tallo *sm* metal
metalmec'canico, a, ci, che *ag* engineering *cpd* ♦ *sm* engineering worker
me'tano *sm* methane
meteorolo'gia [meteorolo'dʒia] *sf* meteorology; **meteoro'logico, a, ci, che** *ag* meteorological, weather *cpd*
me'ticcio, a, ci, ce [me'tittʃo] *sm/f* half-caste, half-breed
me'todico, a, ci, che *ag* methodical
'metodo *sm* method; (*manuale*) tutor (*BRIT*), manual
'metrica *sf* metrics *sg*
'metrico, a, ci, che *ag* metric; (*POESIA*) metrical
'metro *sm* metre; (*nastro*) tape measure; (*asta*) (metre) rule
metropoli'tana *sf* underground, subway
metropoli'tano, a *ag* metropolitan
'mettere *vt* to put; (*abito*) to put on; (: *portare*) to wear; (*installare*: *telefono*) to put in; (*fig: provocare*): ~ **fame/allegria a qn** to make sb hungry/happy; (*supporre*): **mettiamo che ...** let's suppose *o* say that ... ; **~rsi** *vr* (*persona*) to put o.s.; (*oggetto*) to go; (*disporsi*: *faccenda*) to turn out; **~rsi a sedere** to sit down; **~rsi a letto** to get into bed; (*per malattia*) to take to one's bed; **~rsi il cappello** to put on one's hat; **~rsi a** (*cominciare*) to begin to, start to; **~rsi al lavoro** to set to work; **~rsi con qn** (*in società*) to team up with sb; (*in coppia*) to start going out with sb; **~rci**: **~rci molta cura/molto tempo** to take a lot of care/a lot of time; **ci ho messo 3 ore per venire** it's taken me 3 hours to get here; **~rcela tutta** to do one's best; ~ **a tacere qn/qc** to keep sb/sth quiet; ~ **su casa** to set up house; ~ **su un negozio** to start a shop; ~ **via** to put away
'mezza ['mɛddza] *sf*: **la** ~ half-past twelve (*in the afternoon*); *vedi anche* **mezzo**
mez'zadro [med'dzadro] *sm* (*AGR*) sharecropper
mezza'luna [meddza'luna] *sf* half-moon; (*dell'islamismo*) crescent; (*coltello*) (semicircular) chopping knife
mezza'nino [meddza'nino] *sm* mezzanine (floor)
mez'zano, a [med'dzano] *ag*

(*medio*) average, medium; (*figlio*) middle *cpd* ♦ *sm/f* (*intermediario*) go-between; (*ruffiano*) pimp
mezza'notte [meddza'nɔtte] *sf* midnight
'mezzo, a ['mɛddzo] *ag* half; **un ~ litro/panino** half a litre/roll ♦ *av* half-; **~ morto** half-dead ♦ *sm* (*metà*) half; (*parte centrale: di strada etc*) middle; (*per raggiungere un fine*) means *sg*; (*veicolo*) vehicle; (*nell'indicare l'ora*): **le nove e ~** half past nine; **mezzogiorno e ~** half past twelve; **~i** *smpl* (*possibilità economiche*) means; **di ~a età** middle-aged; **un soprabito di ~a stagione** a spring (*o* autumn) coat; **di ~** middle, in the middle; **andarci di ~** (*patir danno*) to suffer; **levarsi** *o* **togliersi di ~** to get out of the way; **in ~ a** in the middle of; **per** *o* **a ~ di** by means of; **~i di comunicazione di massa** mass media *pl*; **~i pubblici** public transport *sg*; **~i di trasporto** means of transport
mezzogi'orno [meddzo'dʒorno] *sm* midday, noon; (*GEO*) south; **a ~** at 12 (o'clock) *o* midday *o* noon; **il ~ d'Italia** southern Italy
mez'z'ora [med'dzora] *sf* half-hour, half an hour
mez'zora [med'dzora] *sf* = mezz'ora
mi (*dav lo, la, li, le, ne diventa* **me**) *pron* (*oggetto*) me; (*complemento di termine*) to me; (*riflessivo*) myself ♦ *sm* (*MUS*) E; (*: solfeggiando la scala*) mi
'mia *vedi* **mio**
miago'lare *vi* to miaow, mew
'mica *sf* (*CHIM*) mica ♦ *av* (*fam*): **non ... ~** not ... at all; **non sono ~ stanco** I'm not a bit tired; **non sarà ~ partito?** he wouldn't have left, would he?; **~ male** not bad
'miccia, ce ['mittʃa] *sf* fuse
micidi'ale [mitʃi'djale] *ag* fatal; (*dannosissimo*) deadly
mi'crofono *sm* microphone
micros'copio *sm* microscope
mi'dollo (*pl*(*f*) **~a**) *sm* (*ANAT*) marrow
'mie *vedi* **mio**
mi'ele *sm* honey
mi'ei *vedi* **mio**
mi'etere *vt* (*AGR*) to reap, harvest; (*fig: vite*) to take, claim
'miglia ['miʎʎa] *sfpl di* **miglio**
migli'aio [miʎ'ʎajo] (*pl*(*f*) **~a**) *sm* thousand; **un ~ (di)** about a thousand; **a ~a** by the thousand, in thousands
'miglio ['miʎʎo] *sm* (*BOT*) millet; (*pl*(*f*) *~a: unità di misura*) mile; **~ marino** *o* **nautico** nautical mile
migliora'mento [miʎʎora'mento] *sm* improvement
miglio'rare [miʎʎo'rare] *vt, vi* to improve
migli'ore [miʎ'ʎore] *ag* (*comparativo*) better; (*superlativo*) best ♦ *sm*: **il ~** the best (thing) ♦ *sm/f*: **il(la) ~** the best (person); **il miglior vino di questa regione** the best wine in this area
'mignolo ['miɲɲolo] *sm* (*ANAT*) little finger, pinkie; (*: dito del piede*) little toe
mi'grare *vi* to migrate
'mila *pl di* **mille**
Mi'lano *sf* Milan
miliar'dario, a *sm/f* millionaire
mili'ardo *sm* thousand million, billion (*US*)
mili'are *ag*: **pietra ~** milestone
mili'one *sm* million; **un ~ di lire** a million lire
mili'tante *ag, sm/f* militant
mili'tare *vi* (*MIL*) to be a soldier, serve; (*fig: in un partito*) to be a militant ♦ *ag* military ♦ *sm* serviceman; **fare il ~** to do one's military service
'milite *sm* soldier
millanta'tore, 'trice *sm/f* boaster
'mille (*pl* **mila**) *num* a *o* one thousand; **dieci mila** ten thousand
mille'foglie [mille'fɔʎʎe] *sm inv* (*CUC*) cream *o* vanilla slice
mil'lennio *sm* millennium

millepi'edi *sm inv* centipede
mil'lesimo, a *ag, sm* thousandth
milli'grammo *sm* milligram(me)
mil'limetro *sm* millimetre
'milza ['miltsa] *sf* (*ANAT*) spleen
mimetiz'zare [mimetid'dzare] *vt* to camouflage; **~rsi** *vr* to camouflage o.s.
'mimica *sf* (*arte*) mime
'mimo *sm* (*attore, componimento*) mime
mi'mosa *sf* mimosa
'mina *sf* (*esplosiva*) mine; (*di matita*) lead
mi'naccia, ce [mi'nattʃa] *sf* threat; **minacci'are** *vt* to threaten; **minacciare qn di morte** to threaten to kill sb; **minacciare di fare qc** to threaten to do sth; **minacci'oso, a** *ag* threatening
mi'nare *vt* (*MIL*) to mine; (*fig*) to undermine
mina'tore *sm* miner
mina'torio, a *ag* threatening
mine'rale *ag, sm* mineral
mine'rario, a *ag* (*delle miniere*) mining; (*dei minerali*) ore *cpd*
mi'nestra *sf* soup; **~ in brodo/di verdure** noodle/vegetable soup; **mines'trone** *sm* thick vegetable and pasta soup
mingher'lino, a [minger'lino] *ag* thin, slender
'mini *ag inv* mini ♦ *sf inv* miniskirt
minia'tura *sf* miniature
mini'era *sf* mine
mini'gonna *sf* miniskirt
'minimo, a *ag* minimum, least, slightest; (*piccolissimo*) very small, slight; (*il più basso*) lowest, minimum ♦ *sm* minimum; **al ~** at least; **girare al ~** (*AUT*) to idle
minis'tero *sm* (*POL, REL*) ministry; (*governo*) government; **M~ delle Finanze** Ministry of Finance, ≈ Treasury
mi'nistro *sm* (*POL, REL*) minister; **M~ delle Finanze** Minister of Finance, ≈ Chancellor of the Exchequer
mino'ranza [mino'rantsa] *sf* minority
mino'rato, a *ag* handicapped ♦ *sm/f* physically (*o* mentally) handicapped person
mi'nore *ag* (*comparativo*) less; (*più piccolo*) smaller; (*numero*) lower; (*inferiore*) lower, inferior; (*meno importante*) minor; (*più giovane*) younger; (*superlativo*) least; smallest; lowest; youngest ♦ *sm/f* (*minorenne*) minor, person under age
mino'renne *ag* under age ♦ *sm/f* minor, person under age
mi'nuscolo, a *ag* (*scrittura, carattere*) small; (*piccolissimo*) tiny ♦ *sf* small letter
mi'nuta *sf* rough copy, draft
mi'nuto, a *ag* tiny, minute; (*pioggia*) fine; (*corporatura*) delicate, fine; (*lavoro*) detailed ♦ *sm* (*unità di misura*) minute; **al ~** (*COMM*) retail
'mio (*f* **'mia**, *pl* **mi'ei, 'mie**) *det*: **il ~, la mia** *etc* my ♦ *pron*: **il ~, la mia** *etc* mine; **i miei** my family; **un ~ amico** a friend of mine
'miope *ag* short-sighted
'mira *sf* (*anche fig*) aim; **prendere la ~** to take aim; **prendere di ~ qn** (*fig*) to pick on sb
mi'rabile *ag* admirable, wonderful
mi'racolo *sm* miracle
mi'raggio [mi'raddʒo] *sm* mirage
mi'rare *vi*: **~ a** to aim at
mi'rino *sm* (*TECN*) sight; (*FOT*) viewer, viewfinder
mir'tillo *sm* bilberry (*BRIT*), blueberry (*US*), whortleberry
mi'scela [miʃ'ʃela] *sf* mixture; (*di caffè*) blend
miscel'lanea [miʃʃel'lanea] *sf* miscellany
'mischia ['miskja] *sf* scuffle; (*RUGBY*) scrum, scrummage
mischi'are [mis'kjare] *vt* to mix, blend; **~rsi** *vr* to mix, blend
mis'cuglio [mis'kuʎʎo] *sm* mixture, hotchpotch, jumble
mise'rabile *ag* (*infelice*) miserable,

wretched; (*povero*) poverty-stricken; (*di scarso valore*) miserable
mi'seria *sf* extreme poverty; (*infelicità*) misery; ~**e** *sfpl* (*del mondo etc*) misfortunes, troubles; **porca** ~! (*fam*) blast!, damn!
miseri'cordia *sf* mercy, pity
'misero, a *ag* miserable, wretched; (*povero*) poverty-stricken; (*insufficiente*) miserable
mis'fatto *sm* misdeed, crime
mi'sogino [mi'zɔdʒino] *sm* misogynist
'missile *sm* missile
missio'nario, a *ag, sm/f* missionary
missi'one *sf* mission
misteri'oso, a *ag* mysterious
mis'tero *sm* mystery
mistifi'care *vt* to fool, bamboozle
'misto, a *ag* mixed; (*scuola*) mixed, coeducational ♦ *sm* mixture
mis'tura *sf* mixture
mi'sura *sf* measure; (*misurazione, dimensione*) measurement; (*taglia*) size; (*provvedimento*) measure, step; (*moderazione*) moderation; (*MUS*) time; (: *divisione*) bar; (*fig: limite*) bounds *pl*, limit; **nella** ~ **in cui** inasmuch as, insofar as; **su** ~ made to measure
misu'rare *vt* (*ambiente, stoffa*) to measure; (*terreno*) to survey; (*abito*) to try on; (*pesare*) to weigh; (*fig: parole etc*) to weigh up; (: *spese, cibo*) to limit ♦ *vi* to measure; ~**rsi** *vr*: ~**rsi con qn** to have a confrontation with sb; to compete with sb;
misu'rato, a *ag* (*ponderato*) measured; (*prudente*) cautious; (*moderato*) moderate
'mite *ag* mild; (*prezzo*) moderate, reasonable
miti'gare *vt* to mitigate, lessen; (*lenire*) to soothe, relieve; ~**rsi** *vr* (*odio*) to subside; (*tempo*) to become milder
'mito *sm* myth; **mitolo'gia, 'gie** *sf* mythology
'mitra *sf* (*REL*) mitre ♦ *sm inv* (*arma*) sub-machine gun
mitraglia'trice [mitraʎʎa'tritʃe] *sf* machine gun
mit'tente *sm/f* sender
'mobile *ag* mobile; (*parte di macchina*) moving; (*DIR: bene*) movable, personal ♦ *sm* (*arredamento*) piece of furniture; ~**i** *smpl* (*mobilia*) furniture *sg*
mo'bilia *sf* furniture
mobili'are *ag* (*DIR*) personal, movable
mo'bilio *sm* = **mobilia**
mobili'tare *vt* to mobilize
mocas'sino *sm* moccasin
mocci'oso, a [mot'tʃoso, a] *sm/f* (*peg*) snotty(-nosed) kid
'moccolo *sm* (*di candela*) candle-end; (*fam: bestemmia*) oath; (: *moccio*) snot; **reggere il** ~ to play gooseberry (*BRIT*), act as chaperon
'moda *sf* fashion; **alla** ~, **di** ~ fashionable, in fashion
modalità *sf inv* formality
mo'della *sf* model
model'lare *vt* (*creta*) to model, shape; ~**rsi** *vr*: ~**rsi su** to model o.s. on
mo'dello *sm* model; (*stampo*) mould ♦ *ag inv* model *cpd*
'modem *sm inv* modem
mode'rare *vt* to moderate; ~**rsi** *vr* to restrain o.s.; **mode'rato, a** *ag* moderate
modera'tore, 'trice *sm/f* moderator
mo'derno, a *ag* modern
mo'destia *sf* modesty
mo'desto, a *ag* modest
'modico, a, ci, che *ag* reasonable, moderate
mo'difica, che *sf* modification
modifi'care *vt* to modify, alter; ~**rsi** *vr* to alter, change
mo'dista *sf* milliner
'modo *sm* way, manner; (*mezzo*) means, way; (*occasione*) opportunity; (*LING*) mood; (*MUS*) mode; ~**i** *smpl* (*comportamento*) manners; **a suo** ~, **a** ~ **suo** in his own way; **ad** *o* **in ogni** ~ anyway; **di** *o* **in** ~

che so that; **in ~ da** so as to; **in tutti i ~i** at all costs; (*comunque sia*) anyway; (*in ogni caso*) in any case; **in qualche ~** somehow or other; **~ di dire** turn of phrase; **per ~ di dire** so to speak

modu'lare *vt* to modulate; **modulazi'one** *sf* modulation; **modulazione di frequenza** frequency modulation

'modulo *sm* (*modello*) form; (*ARCHIT, lunare, di comando*) module

'mogano *sm* mahogany

'mogio, a, gi, gie ['mɔdʒo] *ag* down in the dumps, dejected

'moglie ['moʎʎe] *sf* wife

mo'ine *sfpl* cajolery *sg*; (*leziosità*) affectation *sg*

'mola *sf* millstone; (*utensile abrasivo*) grindstone

mo'lare *sm* (*dente*) molar

'mole *sf* mass; (*dimensioni*) size; (*edificio grandioso*) massive structure

moles'tare *vt* to bother, annoy; **mo'lestia** *sf* annoyance, bother; **recar molestia a qn** to bother sb; **mo'lesto, a** *ag* annoying

'molla *sf* spring; **~e** *sfpl* (*per camino*) tongs

mol'lare *vt* to release, let go; (*NAUT*) to ease; (*fig*: *ceffone*) to give ♦ *vi* (*cedere*) to give in

'molle *ag* soft; (*muscoli*) flabby; (*fig*: *debole*) weak, feeble

mol'letta *sf* (*per capelli*) hairgrip; (*per panni stesi*) clothes peg; **~e** *sfpl* (*per zucchero*) tongs

'mollica, che *sf* crumb, soft part

mol'lusco, schi *sm* mollusc

'molo *sm* mole, breakwater; jetty

mol'teplice [mol'teplitʃe] *ag* (*formato di più elementi*) complex; **~i** *pl* (*svariati*: *interessi, attività*) numerous, various

moltipli'care *vt* to multiply; **~rsi** *vr* to multiply; to increase in number; **moltiplicazi'one** *sf* multiplication

PAROLA CHIAVE

'molto, a *det* (*quantità*) a lot of, much; (*numero*) a lot of, many; **~ pane/carbone** a lot of bread/coal; **~a gente** a lot of people, many people; **~i libri** a lot of books, many books; **non ho ~ tempo** I haven't got much time; **per ~ (tempo)** for a long time

♦ *av* **1** a lot, (very) much; **viaggia ~** he travels a lot; **non viaggia ~** he doesn't travel much *o* a lot

2 (*intensivo*: *con aggettivi, avverbi*) very; (: *con participio passato*) (very) much; **~ buono** very good; **~ migliore, ~ meglio** much *o* a lot better

♦ *pron* much, a lot; **~i, e** *pron pl* many, a lot; **~i pensano che ...** many (people) think ...

momen'taneo, a *ag* momentary, fleeting

mo'mento *sm* moment; **da un ~ all'altro** at any moment; (*all'improvviso*) suddenly; **al ~ di fare** just as I was (*o* you were *o* he was *etc*) doing; **per il ~** for the time being; **dal ~ che** ever since; (*dato che*) since; **a ~i** (*da un ~ all'altro*) any time *o* moment now; (*quasi*) nearly

'monaca, che *sf* nun

'Monaco *sf* Monaco; **~ (di Baviera)** Munich

'monaco, ci *sm* monk

mo'narca, chi *sm* monarch; **monar'chia** *sf* monarchy

monas'tero *sm* (*di monaci*) monastery; (*di monache*) convent; **mo'nastico, a, ci, che** *ag* monastic

'monco, a, chi, che *ag* maimed; (*fig*) incomplete; **~ d'un braccio** one-armed

mon'dana *sf* prostitute

mon'dano, a *ag* (*anche fig*) worldly; (*dell'alta società*) society *cpd*; fashionable

mon'dare *vt* (*frutta, patate*) to

peel; (*piselli*) to shell; (*pulire*) to clean

mondi'ale *ag* (*campionato, popolazione*) world *cpd*; (*influenza*) worldwide

'mondo *sm* world; (*grande quantità*): **un ~ di** lots of, a host of; **il bel ~** high society

mo'nello, a *sm/f* street urchin; (*ragazzo vivace*) scamp, imp

mo'neta *sf* coin; (*ECON: valuta*) currency; (*denaro spicciolo*) (small) change; **~ estera** foreign currency; **~ legale** legal tender; **mone'tario, a** *ag* monetary

mongo'loide *ag, sm/f* (*MED*) mongol

'monito *sm* warning

'monitor *sm inv* (*TECN, TV*) monitor

monoco'lore *ag* (*POL*): **governo ~** one-party government

mono'polio *sm* monopoly

mo'notono, a *ag* monotonous

monsi'gnore [monsiɲ'ɲore] *sm* (*REL: titolo*) Your (*o* His) Grace

mon'sone *sm* monsoon

monta'carichi [monta'kariki] *sm inv* hoist, goods lift

mon'taggio [mon'taddʒo] *sm* (*TECN*) assembly; (*CINEMA*) editing

mon'tagna [mon'taɲɲa] *sf* mountain; (*zona montuosa*): **la ~** the mountains *pl*; **andare in ~** to go to the mountains; **~e russe** roller coaster *sg*, big dipper *sg* (*BRIT*); **monta'gnoso, a** *ag* mountainous

monta'naro, a *ag* mountain *cpd* ♦ *sm/f* mountain dweller

mon'tano, a *ag* mountain *cpd*; alpine

mon'tare *vt* to go (*o* come) up; (*cavallo*) to ride; (*apparecchiatura*) to set up, assemble; (*CUC*) to whip; (*ZOOL*) to cover; (*incastonare*) to mount, set; (*CINEMA*) to edit; (*FOT*) to mount ♦ *vi* to go (*o* come) up; (*a cavallo*): **~ bene/male** to ride well/badly; (*aumentare di livello, volume*) to rise; **~rsi** *vr* to become big-headed; **~ qc** to exaggerate sth; **~ qn** *o* **la testa a qn** to turn sb's head; **~ in bicicletta/macchina/treno** to get on a bicycle/into a car/on a train; **~ a cavallo** to get on *o* mount a horse

monta'tura *sf* assembling *no pl*; (*di occhiali*) frames *pl*; (*di gioiello*) mounting, setting; (*fig*): **~ pubblicitaria** publicity stunt

'monte *sm* mountain; **a ~** upstream; **mandare a ~ qc** to upset sth, cause sth to fail; **il M~ Bianco** Mont Blanc; **~ di pietà** pawnshop

mon'tone *sm* (*ZOOL*) ram; **carne di ~** mutton

montu'oso, a *ag* mountainous

monu'mento *sm* monument

'mora *sf* (*del rovo*) blackberry; (*del gelso*) mulberry; (*DIR*) delay; (*: somma*) arrears *pl*

mo'rale *ag* moral ♦ *sf* (*scienza*) ethics *sg*, moral philosophy; (*complesso di norme*) moral standards *pl*, morality; (*condotta*) morals *pl*; (*insegnamento morale*) moral ♦ *sm* morale; **essere giù di ~** to be feeling down; **moralità** *sf* morality; (*condotta*) morals *pl*

'morbido, a *ag* soft; (*pelle*) soft, smooth

mor'billo *sm* (*MED*) measles *sg*

'morbo *sm* disease

mor'boso, a *ag* (*fig*) morbid

mor'dace [mor'datʃe] *ag* biting, cutting

mor'dente *sm* (*fig: di satira, critica*) bite; (*: di persona*) drive

'mordere *vt* to bite; (*addentare*) to bite into; (*corrodere*) to eat into

mori'bondo, a *ag* dying, moribund

morige'rato, a [moridʒe'rato] *ag* of good morals

mo'rire *vi* to die; (*abitudine, civiltà*) to die out; **~ di fame** to die of hunger; (*fig*) to be starving; **~ di noia/paura** to be bored/scared to death; **fa un caldo da ~** it's terribly hot

mormo'rare *vi* to murmur; (*bronto-*

lare) to grumble

'moro, a *ag* dark(-haired); dark(-complexioned); **i M~i** *smpl* (*STORIA*) the Moors

mo'roso, a *ag* in arrears ♦ *sm/f* (*fam: innamorato*) sweetheart

'morsa *sf* (*TECN*) vice; (*fig: stretta*) grip

morsi'care *vt* to nibble (at), gnaw (at); (*sog: insetto*) to bite

'morso, a *pp di* **mordere** ♦ *sm* bite; (*di insetto*) sting; (*parte della briglia*) bit; **~i della fame** pangs of hunger

mor'taio *sm* mortar

mor'tale *ag, sm* mortal; **mortalità** *sf* mortality, death rate

'morte *sf* death

mortifi'care *vt* to mortify

'morto, a *pp di* **morire** ♦ *ag* dead ♦ *sm/f* dead man/woman; **i ~i** the dead; **fare il ~** (*nell'acqua*) to float on one's back; **il Mar M~** the Dead Sea

mor'torio *sm* (*anche fig*) funeral

mo'saico, ci *sm* mosaic

'Mosca *sf* Moscow

'mosca, sche *sf* fly; **~ cieca** blind-man's-buff

mos'cato *sm* muscatel (wine)

mosce'rino [moʃʃe'rino] *sm* midge, gnat

mos'chea [mos'kɛa] *sf* mosque

mos'chetto [mos'ketto] *sm* musket

'moscio, a, sci, sce ['mɔʃʃo] *ag* (*fig*) lifeless

mos'cone *sm* (*ZOOL*) bluebottle; (*barca*) pedalo; (*: a remi*) *kind of pedalo with oars*

'mossa *sf* movement; (*nel gioco*) move

'mosso, a *pp di* **muovere** ♦ *ag* (*mare*) rough; (*capelli*) wavy; (*FOT*) blurred; (*ritmo, prosa*) animated

mos'tarda *sf* mustard

'mostra *sf* exhibition, show; (*ostentazione*) show; **in ~** on show; **far ~ di** (*fingere*) to pretend; **far ~ di sé** to show off

mos'trare *vt* to show ♦ *vi*: **~ di fare** to pretend to do; **~rsi** *vr* to appear

'mostro *sm* monster; **mostru'oso, a** *ag* monstrous

mo'tel *sm inv* motel

moti'vare *vt* (*causare*) to cause; (*giustificare*) to justify, account for; **motivazi'one** *sf* justification; motive; (*PSIC*) motivation

mo'tivo *sm* (*causa*) reason, cause; (*movente*) motive; (*letterario*) (central) theme; (*disegno*) motif, design, pattern; (*MUS*) motif; **per quale ~?** why?, for what reason?

'moto *sm* (*anche FISICA*) motion; (*movimento, gesto*) movement; (*esercizio fisico*) exercise; (*sommossa*) rising, revolt; (*commozione*) feeling, impulse ♦ *sf inv* (*motocicletta*) motorbike; **mettere in ~** to set in motion; (*AUT*) to start up

motoci'cletta [mototʃi'kletta] *sf* motorcycle; **motoci'clismo** *sm* motorcycling, motorcycle racing; **motoci'clista, i, e** *sm/f* motorcyclist

mo'tore, 'trice *ag* motor; (*TECN*) driving ♦ *sm* engine, motor; **a ~** motor *cpd*, power-driven; **~ a combustione interna/a reazione** internal combustion/jet engine; **moto'rino** *sm* moped; **motorino di avviamento** (*AUT*) starter; **motoriz'zato, a** *ag* (*truppe*) motorized; (*persona*) having a car *o* transport

motos'cafo *sm* motorboat

'motto *sm* (*battuta scherzosa*) witty remark; (*frase emblematica*) motto, maxim

mo'vente *sm* motive

movimen'tare *vt* to liven up

movi'mento *sm* movement; (*fig*) activity, hustle and bustle; (*MUS*) tempo, movement

mozi'one [mot'tsjone] *sf* (*POL*) motion

moz'zare [mot'tsare] *vt* to cut off; (*coda*) to dock; **~ il fiato** *o* **il respiro a qn** (*fig*) to take sb's breath away

mozza'rella [mottsa'rɛlla] *sf* mozzarella (*a moist Neapolitan curd cheese*)

mozzi'cone [mottsi'kone] *sm* stub, butt, end; (*anche*: ~ *di sigaretta*) cigarette end

'mozzo¹ ['mɔddzo] *sm* (*MECCANICA*) hub

'mozzo² ['mottso] *sm* (*NAUT*) ship's boy; ~ **di stalla** stable boy

'mucca, che *sf* cow

'mucchio ['mukkjo] *sm* pile, heap; (*fig*): **un ~ di** lots of, heaps of

'muco, chi *sm* mucus

'muffa *sf* mould, mildew

mug'gire [mud'dʒire] *vi* (*vacca*) to low, moo; (*toro*) to bellow; (*fig*) to roar; **mug'gito** *sm* low, moo; bellow; roar

mu'ghetto [mu'getto] *sm* lily of the valley

mu'gnaio, a [muɲ'ɲajo] *sm/f* miller

mugo'lare *vi* (*cane*) to whimper, whine; (*fig*: *persona*) to moan

muli'nare *vi* to whirl, spin (round and round)

muli'nello *sm* (*moto vorticoso*) eddy, whirl; (*di canna da pesca*) reel; (*NAUT*) windlass

mu'lino *sm* mill; ~ **a vento** windmill

'mulo *sm* mule

'multa *sf* fine; **mul'tare** *vt* to fine

'multiplo, a *ag, sm* multiple

'mummia *sf* mummy

'mungere ['mundʒere] *vt* (*anche fig*) to milk

munici'pale [munitʃi'pale] *ag* municipal; town *cpd*

muni'cipio [muni'tʃipjo] *sm* town council, corporation; (*edificio*) town hall

mu'nire *vt*: ~ **qc/qn di** to equip sth/sb with

munizi'oni [munit'tsjoni] *sfpl* (*MIL*) ammunition *sg*

'munto, a *pp di* **mungere**

mu'overe *vt* to move; (*ruota, macchina*) to drive; (*sollevare*: *questione, obiezione*) to raise, bring up; (: *accusa*) to make, bring forward; **~rsi** *vr* to move; **muoviti!** hurry up!, get a move on!

'mura *sfpl vedi* **muro**

mu'raglia [mu'raʎʎa] *sf* (high) wall

mu'rale *ag* wall *cpd*; mural

mu'rare *vt* (*persona, porta*) to wall up

mura'tore *sm* mason; bricklayer

'muro *sm* wall; **~a** *sfpl* (*cinta cittadina*) walls; **a** ~ wall *cpd*; (*armadio etc*) built-in; ~ **del suono** sound barrier; **mettere al** ~ (*fucilare*) to shoot *o* execute (by firing squad)

'muschio ['muskjo] *sm* (*ZOOL*) musk; (*BOT*) moss

musco'lare *ag* muscular, muscle *cpd*

'muscolo *sm* (*ANAT*) muscle

mu'seo *sm* museum

museru'ola *sf* muzzle

'musica *sf* music; ~ **da ballo/camera** dance/chamber music; **musi'cale** *ag* musical; **musi'cista, i, e** *sm/f* musician

'muso *sm* muzzle; (*di auto, aereo*) nose; **tenere il** ~ to sulk; **mu'sone, a** *sm/f* sulky person

'muta *sf* (*di animali*) moulting; (*di serpenti*) sloughing; (*per immersioni subacquee*) diving suit; (*gruppo di cani*) pack

muta'mento *sm* change

mu'tande *sfpl* (*da uomo*) (under) pants; **mutan'dine** *sfpl* (*da donna, bambino*) pants (*BRIT*), briefs

mu'tare *vt, vi* to change, alter; **mutazi'one** *sf* change, alteration; (*BIOL*) mutation; **mu'tevole** *ag* changeable

muti'lare *vt* to mutilate, maim; (*fig*) to mutilate, deface; **muti'lato, a** *sm/f* disabled person (*through loss of limbs*)

mu'tismo *sm* (*MED*) mutism; (*atteggiamento*) (stubborn) silence

'muto, a *ag* (*MED*) dumb; (*emozione, dolore, CINEMA*) silent;

(*LING*) silent, mute; (*carta geografica*) blank; ~ **per lo stupore** *etc* speechless with amazement *etc*
'mutua *sf* (*anche*: *cassa* ~) health insurance scheme
mutu'are *vt* (*fig*) to borrow
mutu'ato, a *sm/f* member of a health insurance scheme
'mutuo, a *ag* (*reciproco*) mutual ♦ *sm* (*ECON*) (long-term) loan

N

N. *abbr* (= *nord*) N
'nacchere ['nakkere] *sfpl* castanets
'nafta *sf* naphtha; (*per motori diesel*) diesel oil
nafta'lina *sf* (*CHIM*) naphthalene; (*tarmicida*) mothballs *pl*
'naia *sf* (*ZOOL*) cobra; (*MIL*) *slang term for national service*
'nailon *sm* nylon
'nanna *sf* (*linguaggio infantile*): **andare a** ~ to go to beddy-byes
'nano, a *ag, sm/f* dwarf
napole'tano, a *ag, sm/f* Neapolitan
'Napoli *sf* Naples
'nappa *sf* tassel
nar'ciso [nar'tʃizo] *sm* narcissus
nar'cosi *sf* narcosis
nar'cotico, ci *sm* narcotic
na'rice [na'ritʃe] *sf* nostril
nar'rare *vt* to tell the story of, recount; **narra'tiva** *sf* (*branca letteraria*) fiction; **narra'tivo, a** *ag* narrative; **narra'tore, 'trice** *sm/f* narrator; **narrazi'one** *sf* narration; (*racconto*) story, tale
na'sale *ag* nasal
'nascere ['naʃʃere] *vi* (*bambino*) to be born; (*pianta*) to come *o* spring up; (*fiume*) to rise, have its source; (*sole*) to rise; (*dente*) to come through; (*fig: derivare, conseguire*): ~ **da** to arise from, be born out of; **è nata nel 1952** she was born in 1952; **'nascita** *sf* birth
nas'condere *vt* to hide, conceal; ~**rsi** *vr* to hide; **nascon'diglio** *sm* hiding place; **nascon'dino** *sm* (*gioco*) hide-and-seek; **nas'costo, a** *pp di* **nascondere** ♦ *ag* hidden; **di nascosto** secretly
na'sello *sm* (*ZOOL*) hake
'naso *sm* nose
'nastro *sm* ribbon; (*magnetico, isolante, SPORT*) tape; ~ **adesivo** adhesive tape; ~ **trasportatore** conveyor belt
nas'turzio [nas'turtsjo] *sm* nasturtium
na'tale *ag* of one's birth ♦ *sm* (*REL*): **N~** Christmas; (*giorno della nascita*) birthday; **natalità** *sf* birth rate; **nata'lizio, a** *ag* (*del Natale*) Christmas *cpd*
na'tante *sm* craft *inv*, boat
'natica, che *sf* (*ANAT*) buttock
na'tio, a, 'tii, 'tie *ag* native
Natività *sf* (*REL*) Nativity
na'tivo, a *ag, sm/f* native
'nato, a *pp di* **nascere** ♦ *ag*: **un attore** ~ a born actor; ~**a Pieri** née Pieri
na'tura *sf* nature; **pagare in** ~ to pay in kind; ~ **morta** still life
natu'rale *ag* natural; **natura'lezza** *sf* naturalness; **natura'lista, i, e** *sm/f* naturalist
naturaliz'zare [naturalid'dzare] *vt* to naturalize
natural'mente *av* naturally; (*certamente, sì*) of course
naufra'gare *vi* (*nave*) to be wrecked; (*persona*) to be shipwrecked; (*fig*) to fall through; **nau'fragio** *sm* shipwreck; (*fig*) ruin, failure; **'naufrago, ghi** *sm* castaway, shipwreck victim
'nausea *sf* nausea; **nausea'bondo, a** *ag* nauseating, sickening; **nause'are** *vt* to nauseate, make (feel) sick
'nautica *sf* (art of) navigation
'nautico, a, ci, che *ag* nautical
na'vale *ag* naval
na'vata *sf* (*anche: ~ centrale*) nave; (*anche: ~ laterale*) aisle
'nave *sf* ship, vessel; ~ **cisterna**

tanker; ~ **da guerra** warship; ~ **passeggeri** passenger ship; ~ **spaziale** spaceship
na'vetta *sf* shuttle; (*servizio di collegamento*) shuttle (service)
navi'cella [navi'tʃɛlla] *sf* (*di aerostato*) gondola
navi'gare *vi* to sail; **navigazi'one** *sf* navigation
na'viglio [na'viʎʎo] *sm* fleet, ships *pl*; (*canale artificiale*) canal; ~ **da pesca** fishing fleet
nazio'nale [nattsjo'nale] *ag* national ♦ *sf* (*SPORT*) national team; **naziona'lismo** *sm* nationalism; **nazionalità** *sf inv* nationality
nazi'one [nat'tsjone] *sf* nation

PAROLA CHIAVE

ne *pron* **1** (*di lui, lei, loro*) of him/her/them; about him/her/them; ~ **riconosco la voce** I recognize his (*o* her) voice
2 (*di questa, quella cosa*) of it; about it; ~ **voglio ancora** I want some more (of it *o* them); **non parliamone più!** let's not talk about it any more!
3 (*con valore partitivo*): **hai dei libri? — sì, ~ ho** have you any books? — yes, I have (some); **hai del pane? — no, non ~ ho** have you any bread? — no, I haven't any; **quanti anni hai? — ~ ho 17** how old are you? — I'm 17
◆ *av* (*moto da luogo: da lì*) from there; ~ **vengo ora** I've just come from there

né *cong*: ~ ... ~ neither ... nor; ~ **l'uno ~ l'altro lo vuole** neither of them wants it; **non parla ~ l'italiano ~ il tedesco** he speaks neither Italian nor German, he doesn't speak either Italian or German; **non piove ~ nevica** it isn't raining or snowing
ne'anche [ne'anke] *av, cong* not even; **non ... ~** not even; ~ **se volesse potrebbe venire** he couldn't come even if he wanted to; **non l'ho visto — ~ io** I didn't see him — neither did I *o* I didn't either; ~ **per idea** *o* **sogno!** not on your life!
'nebbia *sf* fog; (*foschia*) mist; **nebbi'oso, a** *ag* foggy; misty
nebu'loso, a *ag* (*atmosfera*) hazy; (*fig*) hazy, vague
necessaria'mente [netʃessarja'mente] *av* necessarily
neces'sario, a [netʃes'sarjo] *ag* necessary
necessità [netʃessi'ta] *sf inv* necessity; (*povertà*) need, poverty; **necessi'tare** *vt* to require ♦ *vi* (*aver bisogno*): **necessitare di** to need
necro'logio [nekro'lɔdʒo] *sm* obituary notice; (*registro*) register of deaths
ne'fando, a *ag* infamous, wicked
ne'fasto, a *ag* inauspicious, ill-omened
ne'gare *vt* to deny; (*rifiutare*) to deny, refuse; ~ **di aver fatto/che** to deny having done/that; **nega'tivo, a** *ag, sf, sm* negative; **negazi'one** *sf* negation
ne'gletto, a [ne'glɛtto] *ag* (*trascurato*) neglected
'negli ['neʎʎi] *prep +det vedi* **in**
negli'gente [negli'dʒɛnte] *ag* negligent, careless; **negli'genza** *sf* negligence, carelessness
negozi'ante [negot'tsjante] *sm/f* trader, dealer; (*bottegaio*) shopkeeper (*BRIT*), storekeeper (*US*)
negozi'are [negot'tsjare] *vt* to negotiate ♦ *vi*: ~ **in** to trade *o* deal in; **negozi'ato** *sm* negotiation
ne'gozio [ne'gɔttsjo] *sm* (*locale*) shop (*BRIT*), store (*US*); (*affare*) (piece of) business *no pl*
'negro, a *ag, sm/f* Negro
'nei *prep +det vedi* **in**
nel *prep +det vedi* **in**
nell' *prep +det vedi* **in**
'nella *prep +det vedi* **in**
'nelle *prep +det vedi* **in**
'nello *prep +det vedi* **in**
'nembo *sm* (*METEOR*) nimbus
ne'mico, a, ci, che *ag* hostile;

(*MIL*) enemy *cpd* ♦ *sm/f* enemy; **essere ~ di** to be strongly averse *o* opposed to

nem'meno *av, cong* = **neanche**

'nenia *sf* dirge; (*motivo monotono*) monotonous tune

'neo *sm* mole; (*fig*) (slight) flaw

'neo... *prefisso* neo...

'neon *sm* (*CHIM*) neon

neo'nato, a *ag* newborn ♦ *sm/f* newborn baby

neozelan'dese [neoddzelan'dese] *ag* New Zealand *cpd* ♦ *sm/f* New Zealander

nep'pure *av, cong* = **neanche**

'nerbo *sm* lash; (*fig*) strength, backbone; **nerbo'ruto, a** *ag* muscular; robust

ne'retto *sm* (*TIP*) bold type

'nero, a *ag* black; (*scuro*) dark ♦ *sm* black; **il Mar N~** the Black Sea

nerva'tura *sf* (*ANAT*) nervous system; (*BOT*) veining; (*ARCHIT, TECN*) rib

'nervo *sm* (*ANAT*) nerve; (*BOT*) vein; **avere i ~i** to be on edge; **dare sui ~i a qn** to get on sb's nerves; **ner'voso, a** *ag* nervous; (*irritabile*) irritable ♦ *sm* (*fam*): **far venire il nervoso a qn** to get on sb's nerves

'nespola *sf* (*BOT*) medlar; (*fig*) blow, punch; **'nespolo** *sm* medlar tree

'nesso *sm* connection, link

PAROLA CHIAVE

nes'suno, a (*det: dav sm* **nessun** *+C, V,* **nessuno** *+s impura, gn, pn, ps, x, z; dav sf* **nessuna** *+C,* **nessun'** *+V*) *det* **1** (*non uno*) no, *espressione negativa* +any; **non c'è nessun libro** there isn't any book, there is no book; **nessun altro** no one else, nobody else; **nessun'altra cosa** nothing else; **in nessun luogo** nowhere

2 (*qualche*) any; **hai ~a obiezione?** do you have any objections?

♦ *pron* **1** (*non uno*) no one, nobody, *espressione negativa* +any(one); (*: cosa*) none, *espressione negativa* +any; **~ è venuto, non è venuto ~** nobody came

2 (*qualcuno*) anyone, anybody; **ha telefonato ~?** did anyone phone?

net'tare[1] *vt* to clean

'nettare[2] *sm* nectar

net'tezza [net'tettsa] *sf* cleanness, cleanliness; **~ urbana** cleansing department

'netto, a *ag* (*pulito*) clean; (*chiaro*) clear, clear-cut; (*deciso*) definite; (*ECON*) net

nettur'bino *sm* dustman (*BRIT*), garbage collector (*US*)

neu'rosi *sf* = **nevrosi**

neu'trale *ag* neutral; **neutralità** *sf* neutrality; **neutraliz'zare** *vt* to neutralize

'neutro, a *ag* neutral; (*LING*) neuter ♦ *sm* (*LING*) neuter

ne'vaio *sm* snowfield

'neve *sf* snow; **nevi'care** *vb impers* to snow; **nevi'cata** *sf* snowfall

ne'vischio [ne'viskjo] *sm* sleet

ne'voso, a *ag* snowy; snow-covered

nevral'gia [nevral'dʒia] *sf* neuralgia

nevras'tenico, a, ci, che *ag* (*MED*) neurasthenic; (*fig*) hot-tempered

ne'vrosi *sf* neurosis

'nibbio *sm* (*ZOOL*) kite

'nicchia ['nikkja] *sf* niche; (*naturale*) cavity, hollow

nicchi'are [nik'kjare] *vi* to shilly-shally, hesitate

'nichel ['nikel] *sm* nickel

nico'tina *sf* nicotine

'nido *sm* nest; **a ~ d'ape** (*tessuto etc*) honeycomb *cpd*

PAROLA CHIAVE

ni'ente *pron* **1** (*nessuna cosa*) nothing; **~ può fermarlo** nothing can stop him; **~ di ~** absolutely nothing; **nient'altro** nothing else; **nient'altro che** nothing but, just, only; **~ affatto** not at all, not in the least; **come se ~ fosse** as if nothing had happened; **cose da ~** trivial matters;

per ~ (*gratis, invano*) for nothing
2 (*qualcosa*): **hai bisogno di** ~? do you need anything?
3: **non** ... ~ nothing, *espressione negativa* + anything; **non ho visto** ~ I saw nothing, I didn't see anything; **non ho** ~ **da dire** I have nothing *o* haven't anything to say
◆ *sm* nothing; **un bel** ~ absolutely nothing; **basta un** ~ **per farla piangere** the slightest thing is enough to make her cry
◆ *av* (*in nessuna misura*): **non** ... ~ not ... at all; **non è (per)** ~ **buono** it isn't good at all

nientedi'meno *av* actually, even ♦ *escl* really!, I say!
niente'meno *av, escl* = **nientedimeno**
'Nilo *sm*: **il** ~ the Nile
'ninfa *sf* nymph
nin'fea *sf* water lily
ninna-'nanna *sf* lullaby
'ninnolo *sm* (*balocco*) plaything; (*gingillo*) knick-knack
ni'pote *sm/f* (*di zii*) nephew/niece; (*di nonni*) grandson/daughter, grandchild
'nitido, a *ag* clear; (*specchio*) bright
ni'trato *sm* nitrate
'nitrico, a, ci, che *ag* nitric
ni'trire *vi* to neigh
ni'trito *sm* (*di cavallo*) neighing *no pl*; neigh; (*CHIM*) nitrite
nitroglice'rina [nitroglitʃe'rina] *sf* nitroglycerine
no *av* (*risposta*) no; **vieni o** ~? are you coming or not?; **perché** ~? why not?; **lo conosciamo? — tu** ~ **ma io sì** do we know him? — you don't but I do; **verrai,** ~? you'll come, won't you?
'nobile *ag* noble ♦ *sm/f* noble, nobleman/woman; **nobili'are** *ag* noble; **nobiltà** *sf* nobility; (*di azione etc*) nobleness
'nocca, che *sf* (*ANAT*) knuckle
nocci'ola [not'tʃɔla] *ag inv* (*colore*) hazel, light brown ♦ *sf* hazelnut
'nocciolo[1] ['nɔttʃolo] *sm* (*di frutto*) stone; (*fig*) heart, core
noc'ciolo[2] [not'tʃɔlo] *sm* (*albero*) hazel
'noce ['notʃe] *sm* (*albero*) walnut tree ♦ *sf* (*frutto*) walnut; ~ **moscata** nutmeg
no'civo, a [no'tʃivo] *ag* harmful, noxious
'nodo *sm* (*di cravatta, legname, NAUT*) knot; (*AUT, FERR*) junction; (*MED, ASTR, BOT*) node; (*fig: legame*) bond, tie; (*: punto centrale*) heart, crux; **avere un** ~ **alla gola** to have a lump in one's throat; **no'doso, a** *ag* (*tronco*) gnarled
'noi *pron* (*soggetto*) we; (*oggetto: per dare rilievo, con preposizione*) us; ~ **stessi(e)** we ourselves; (*oggetto*) ourselves
'noia *sf* boredom; (*disturbo, impaccio*) bother *no pl*, trouble *no pl*; **avere qn/qc a** ~ not to like sb/sth; **mi è venuto a** ~ I'm tired of it; **dare** ~ **a** to annoy; **avere delle** ~**e con qn** to have trouble with sb
noi'altri *pron* we
noi'oso, a *ag* boring; (*fastidioso*) annoying, troublesome
noleggi'are [noled'dʒare] *vt* (*prendere a noleggio*) to hire (*BRIT*), rent; (*dare a noleggio*) to hire out (*BRIT*), rent (out); (*aereo, nave*) to charter; **no'leggio** *sm* hire (*BRIT*), rental; charter
'nolo *sm* hire (*BRIT*), rental; charter; (*per trasporto merci*) freight; **prendere/dare a** ~ **qc** to hire/hire out sth
'nomade *ag* nomadic ♦ *sm/f* nomad
'nome *sm* name; (*LING*) noun; **in/a** ~ **di** in the name of; **di** *o* **per** ~ (*chiamato*) called, named; **conoscere qn di** ~ to know sb by name; ~ **d'arte** stage name; ~ **di battesimo** Christian name; ~ **di famiglia** surname
no'mea *sf* notoriety
no'mignolo [no'miɲɲolo] *sm* nickname

'nomina *sf* appointment
nomi'nale *ag* nominal; (*LING*) noun *cpd*
nomi'nare *vt* to name; (*eleggere*) to appoint; (*citare*) to mention
nomina'tivo, a *ag* (*LING*) nominative; (*ECON*) registered ♦ *sm* (*LING: anche: caso* ~) nominative (case); (*AMM*) name
non *av* not ♦ *prefisso* non-; *vedi* **affatto; appena** *etc*
nonché [non'ke] *cong* (*tanto più, tanto meno*) let alone; (*e inoltre*) as well as
noncu'rante *ag*: ~ **(di)** careless (of), indifferent (to); **noncu'ranza** *sf* carelessness, indifference
nondi'meno *cong* (*tuttavia*) however; (*nonostante*) nevertheless
'nonno, a *sm/f* grandfather/mother; (*in senso più familiare*) grandma/grandpa; ~**i** *smpl* grandparents
non'nulla *sm inv*: **un** ~ nothing, a trifle
'nono, a *ag, sm* ninth
nonos'tante *prep* in spite of, notwithstanding ♦ *cong* although, even though
nontiscordardimé *sm inv* (*BOT*) forget-me-not
nord *sm* North ♦ *ag inv* north; northern; **il Mare del N**~ the North Sea; **nor'dest** *sm* north-east; **'nordico, a, ci, che** *ag* nordic, northern European; **nor'dovest** *sm* north-west
'norma *sf* (*principio*) norm; (*regola*) regulation, rule; (*consuetudine*) custom, rule; **a** ~ **di legge** according to law, as laid down by law
nor'male *ag* normal; standard *cpd*; **normalità** *sf* normality; **normaliz'zare** *vt* to normalize, bring back to normal
normal'mente *av* normally
norve'gese [norve'dʒese] *ag, sm/f, sm* Norwegian
Nor'vegia [nor'vedʒa] *sf*: **la** ~ Norway
nostal'gia [nostal'dʒia] *sf* (*di casa, paese*) homesickness; (*del passato*) nostalgia; **nos'talgico, a, ci, che** *ag* homesick; nostalgic
nos'trano, a *ag* local; national; home-produced
'nostro, a *det*: **il(la)** ~**(a)** *etc* our ♦ *pron*: **il(la)** ~**(a)** *etc* ours ♦ *sm*: **il** ~ our money; our belongings; **i** ~**i** our family; our own people; **è dei** ~**i** he's one of us
'nota *sf* (*segno*) mark; (*comunicazione scritta, MUS*) note; (*fattura*) bill; (*elenco*) list; **degno di** ~ noteworthy, worthy of note
no'tabile *ag* notable; (*persona*) important ♦ *sm* prominent citizen
no'taio *sm* notary
no'tare *vt* (*segnare: errori*) to mark; (*registrare*) to note (down), write down; (*rilevare, osservare*) to note, notice; **farsi** ~ to get o.s. noticed
notazi'one [notat'tsjone] *sf* (*MUS*) notation
no'tevole *ag* (*talento*) notable, remarkable; (*peso*) considerable
no'tifica, che *sf* notification
notifi'care *vt* (*DIR*): ~ **qc a qn** to notify sb of sth, give sb notice of sth
no'tizia [no'tittsja] *sf* (piece of) news *sg*; (*informazione*) piece of information; ~**e** *sfpl* (*informazioni*) news *sg*; information *sg*; **notizi'ario** *sm* (*RADIO, TV, STAMPA*) news *sg*
'noto, a *ag* (well-)known
notorietà *sf* fame; notoriety
no'torio, a *ag* well-known; (*peg*) notorious
not'tambulo, a *sm/f* night-bird (*fig*)
not'tata *sf* night
'notte *sf* night; **di** ~ at night; (*durante la notte*) in the night, during the night; **peggio che andar di** ~ worse than ever; ~ **bianca** sleepless night; **notte'tempo** *av* at night; during the night
not'turno, a *ag* nocturnal; (*servizio, guardiano*) night *cpd*
no'vanta *num* ninety; **no'van'tesimo, a** *num* ninetieth; **no-**

van'tina *sf*: **una novantina (di)** about ninety
'nove *num* nine
nove'cento [nove'tʃɛnto] *num* nine hundred ♦ *sm*: **il N~** the twentieth century
no'vella *sf* (*LETTERATURA*) short story
novel'lino, a *ag* (*pivello*) green, inexperienced
no'vello, a *ag* (*piante, patate*) new; (*insalata, verdura*) early; (*sposo*) newly-married
no'vembre *sm* November
novi'lunio *sm* (*ASTR*) new moon
novità *sf inv* novelty; (*innovazione*) innovation; (*cosa originale, insolita*) something new; (*notizia*) (piece of) news *sg*; **le ~ della moda** the latest fashions
novizi'ato [novit'tsjato] *sm* (*REL*) novitiate; (*tirocinio*) apprenticeship
no'vizio, a [no'vittsjo] *sm/f* (*REL*) novice; (*tirocinante*) beginner, apprentice
nozi'one [not'tsjone] *sf* notion, idea; **~i** *sfpl* (*rudimenti*) basic knowledge *sg*, rudiments
'nozze ['nɔttse] *sfpl* wedding *sg*, marriage *sg*; **~ d'argento/d'oro** silver/golden wedding *sg*
ns. *abbr* (*COMM*) = **nostro**
'nube *sf* cloud; **nubi'fragio** *sm* cloudburst
'nubile *ag* (*donna*) unmarried, single
'nuca *sf* nape of the neck
nucle'are *ag* nuclear
'nucleo *sm* nucleus; (*gruppo*) team, unit, group; (*MIL, POLIZIA*) squad; **il ~ familiare** the family unit
nu'dista, i, e *sm/f* nudist
'nudo, a *ag* (*persona*) bare, naked, nude; (*membra*) bare, naked; (*montagna*) bare ♦ *sm* (*ARTE*) nude
'nugolo *sm*: **un ~ di** a whole host of
'nulla *pron, av* = **niente** ♦ *sm*: **il ~** nothing
nulla'osta *sm inv* authorization
nullità *sf inv* nullity; (*persona*) nonentity
'nullo, a *ag* useless, worthless; (*DIR*) null (and void); (*SPORT*): **incontro ~** draw
nume'rale *ag, sm* numeral
nume'rare *vt* to number; **numerazi'one** *sf* numbering; (*araba, decimale*) notation
nu'merico, a, ci, che *ag* numerical
'numero *sm* number; (*romano, arabo*) numeral; (*di spettacolo*) act, turn; **~ civico** house number; **~ di telefono** telephone number;
nume'roso, a *ag* numerous, many; (*con sostantivo sg: adunanza etc*) large
'nunzio ['nuntsjo] *sm* (*REL*) nuncio
nu'ocere ['nwɔtʃere] *vi*: **~ a** to harm, damage; **nuoci'uto, a** *pp di* **nuocere**
nu'ora *sf* daughter-in-law
nuo'tare *vi* to swim; (*galleggiare: oggetti*) to float; **nuota'tore, 'trice** *sm/f* swimmer; **nu'oto** *sm* swimming
nu'ova *sf* (*notizia*) (piece of) news *sg*; *vedi anche* **nuovo**
nuova'mente *av* again
Nu'ova Ze'landa [-dze'landa] *sf*: **la ~** New Zealand
nu'ovo, a *ag* new; **di ~** again; **~ fiammante** *o* **di zecca** brand-new
nutri'ente *ag* nutritious, nourishing
nutri'mento *sm* food, nourishment
nu'trire *vt* to feed; (*fig: sentimenti*) to harbour, nurse; **nutri'tivo, a** *ag* nutritional; (*alimento*) nutritious;
nutrizi'one *sf* nutrition
'nuvola *sf* cloud; **'nuvolo, a** *ag*, **nuvo'loso, a** *ag* cloudy
nuzi'ale [nut'tsjale] *ag* nuptial; wedding *cpd*

O

o (*dav V spesso* **od**) *cong* or; ~ ... ~ either ... or; ~ **l'uno** ~ **l'altro** either (of them)
O. *abbr* (= *ovest*) W
'oasi *sf inv* oasis
obbedi'ente *etc* = **ubbidiente** *etc*
obbli'gare *vt* (*costringere*): ~ **qn a fare** to force *o* oblige sb to do; (*DIR*) to bind; **~rsi** *vr*: **~rsi a fare** to undertake to do; **obbli'gato, a** *ag* (*costretto, grato*) obliged; (*percorso, tappa*) set, fixed; **obbliga'torio, a** *ag* compulsory, obligatory; **obbligazi'one** *sf* obligation; (*COMM*) bond, debenture; **'obbligo, ghi** *sm* obligation; (*dovere*) duty; **avere l'obbligo di fare, essere nell'obbligo di fare** to be obliged to do; **essere d'obbligo** (*discorso, applauso*) to be called for
ob'brobrio *sm* disgrace; (*fig*) mess, eyesore
o'beso, a *ag* obese
obiet'tare *vt*: ~ **che** to object that; ~ **su qc** to object to sth, raise objections concerning sth
obiet'tivo, a *ag* objective ♦ *sm* (*OTTICA, FOT*) lens *sg*, objective; (*MIL, fig*) objective
obiet'tore *sm* objector; ~ **di coscienza** conscientious objector
obiezi'one [objet'tsjone] *sf* objection
obi'torio *sm* morgue, mortuary
o'bliquo, a *ag* oblique; (*inclinato*) slanting; (*fig*) devious, underhand; **sguardo** ~ sidelong glance
oblite'rare *vt* (*biglietto*) to stamp; (*francobollo*) to cancel
oblò *sm inv* porthole
o'blungo, a, ghi, ghe *ag* oblong
'oboe *sm* (*MUS*) oboe
'oca (*pl* **'oche**) *sf* goose
occasi'one *sf* (*caso favorevole*) opportunity; (*causa, motivo, circostanza*) occasion; (*COMM*) bargain; **d'**~ (*a buon prezzo*) bargain *cpd*; (*usato*) secondhand
occhi'aia [ok'kjaja] *sf* eye socket; **avere le ~e** to have shadows under one's eyes
occhi'ali [ok'kjali] *smpl* glasses, spectacles; ~ **da sole** sunglasses; ~ **da vista** (prescription) glasses
occhi'ata [ok'kjata] *sf* look, glance; **dare un'**~ **a** to have a look at
occhieggi'are [okkjed'dʒare] *vi* (*apparire qua e là*) to peep (out)
occhi'ello [ok'kjɛllo] *sm* buttonhole; (*asola*) eyelet
'occhio ['ɔkkjo] *sm* eye; **~!** careful!, watch out!; **a** ~ **nudo** with the naked eye; **a quattr'~i** privately, tête-à-tête; **dare all'**~ *o* **nell'**~ **a qn** to catch sb's eye; **fare l'**~ **a qc** to get used to sth; **tenere d'**~ **qn** to keep an eye on sb; **vedere di buon/mal** ~ **qc** to look favourably/unfavourably on sth
occhio'lino [okkjo'lino] *sm*: **fare l'**~ **a qn** to wink at sb
occiden'tale [ottʃiden'tale] *ag* western ♦ *sm/f* Westerner
occi'dente [ottʃi'dɛnte] *sm* west; (*POL*): **l'O~** the West; **a** ~ in the west
oc'cipite [ot'tʃipite] *sm* back of the head, occiput
oc'cludere *vt* to block; **occlusi'one** *sf* blockage, obstruction; **oc'cluso, a** *pp di* **occludere**
occor'rente *ag* necessary ♦ *sm* all that is necessary
occor'renza [okkor'rɛntsa] *sf* necessity, need; **all'**~ in case of need
oc'correre *vi* to be needed, be required ♦ *vb impers*: **occorre farlo** it must be done; **occorre che tu parta** you must leave, you'll have to leave; **mi occorrono i soldi** I need the money; **oc'corso, a** *pp di* **occorrere**
occul'tare *vt* to hide, conceal
oc'culto, a *ag* hidden, concealed; (*scienze, forze*) occult
occu'pare *vt* to occupy; (*manodopera*) to employ; (*ingombrare*) to occupy, take up; **~rsi** *vr* to occupy

o.s., keep o.s. busy; (*impiegarsi*) to get a job; **~rsi di** (*interessarsi*) to take an interest in; (*prendersi cura di*) to look after, take care of;
occu'pato, a *ag* (*MIL, POL*) occupied; (*persona: affaccendato*) busy; (*posto, sedia*) taken; (*toilette, TEL*) engaged; **occupazi'one** *sf* occupation; (*impiego, lavoro*) job; (*ECON*) employment
o'ceano [o'tʃeano] *sm* ocean
'ocra *sf* ochre
ocu'lare *ag* ocular, eye *cpd*; **testimone ~** eye witness
ocu'lato, a *ag* (*attento*) cautious, prudent; (*accorto*) shrewd
ocu'lista, i, e *sm/f* eye specialist, oculist
'ode *sf* ode
odi'are *vt* to hate, detest
odi'erno, a *ag* today's, of today; (*attuale*) present
'odio *sm* hatred; **avere in ~ qc/qn** to hate *o* detest sth/sb; **odi'oso, a** *ag* hateful, odious
odo'rare *vt* (*annusare*) to smell; (*profumare*) to perfume, scent ♦ *vi*: **~ (di)** to smell (of); **odo'rato** *sm* sense of smell
o'dore *sm* smell; **gli ~i** *smpl* (*CUC*) (aromatic) herbs; **odo'roso, a** *ag* sweet-smelling
of'fendere *vt* to offend; (*violare*) to break, violate; (*insultare*) to insult; (*ferire*) to hurt; **~rsi** *vr* (*con senso reciproco*) to insult one another; (*risentirsi*): **~rsi (di)** to take offence (at), be offended (by); **offen'sivo, a** *ag, sf* offensive
offe'rente *sm (in aste)*: **al maggior ~** to the highest bidder
of'ferta *sf* offer; (*donazione, anche REL*) offering; (*in gara d'appalto*) tender; (*in aste*) bid; (*ECON*) supply; **"~e d'impiego"** "situations vacant"; **fare un'~a** to make an offer; to tender; to bid
of'ferto, a *pp di* **offrire**
of'fesa *sf* insult, affront; (*MIL*) attack; (*DIR*) offence; *vedi anche* **offeso**
of'feso, a *pp di* **offendere** ♦ *ag* offended; (*fisicamente*) hurt, injured ♦ *sm/f* offended party; **essere ~ con qn** to be annoyed with sb; **parte ~a** (*DIR*) plaintiff
offi'cina [offi'tʃina] *sf* workshop
of'frire *vt* to offer; **~rsi** *vr* (*proporsi*) to offer (o.s.), volunteer; (*occasione*) to present itself; (*esporsi*): **~rsi a** to expose o.s. to; **ti offro da bere** I'll buy you a drink
offus'care *vt* to obscure, darken; (*fig: intelletto*) to dim, cloud; (: *fama*) to obscure, overshadow; **~rsi** *vr* to grow dark; to cloud, grow dim; to be obscured
ogget'tivo, a [oddʒet'tivo] *ag* objective
og'getto [od'dʒɛtto] *sm* object; (*materia, argomento*) subject (matter); **~i smarriti** lost property *sg*
'oggi ['ɔddʒi] *av, sm* today; **~ a otto** a week today; **oggigi'orno** *av* nowadays
'ogni ['oɲɲi] *det* every, each; (*tutti*) all; (*con valore distributivo*) every; **~ uomo è mortale** all men are mortal; **viene ~ due giorni** he comes every two days; **~ cosa** everything; **ad ~ costo** at all costs, at any price; **in ~ luogo** everywhere; **~ tanto** every so often; **~ volta che** every time that
Ognis'santi [oɲɲis'santi] *sm* All Saints' Day
o'gnuno [oɲ'ɲuno] *pron* everyone, everybody
'ohi *escl* oh!; (*esprimente dolore*) ow!
ohimè *escl* oh dear!
O'landa *sf*: **l'~** Holland; **olan'dese** *ag* Dutch ♦ *sm* (*LING*) Dutch ♦ *sm/f* Dutchman/woman; **gli Olandesi** the Dutch
oleo'dotto *sm* oil pipeline
ole'oso, a *ag* oily; (*che contiene olio*) oil-yielding
ol'fatto *sm* sense of smell
oli'are *vt* to oil

oli'era *sf* oil cruet
olim'piadi *sfpl* Olympic games; **o'limpico, a, ci, che** *ag* Olympic
'olio *sm* oil; **sott'~** (*CUC*) in oil; **~ di fegato di merluzzo** cod liver oil; **~ d'oliva** olive oil; **~ di semi** vegetable oil
o'liva *sf* olive; **oli'vastro, a** *ag* olive(-coloured); (*carnagione*) sallow; **oli'veto** *sm* olive grove; **o'livo** *sm* olive tree
'olmo *sm* elm
oltraggi'are [oltrad'dʒare] *vt* to outrage; to offend gravely
ol'traggio [ol'traddʒo] *sm* outrage; offence, insult; **~ a pubblico ufficiale** (*DIR*) insulting a public official; **~ al pudore** (*DIR*) indecent behaviour; **oltraggi'oso, a** *ag* offensive
ol'tralpe *av* beyond the Alps
ol'tranza [ol'trantsa] *sf*: **a ~** to the last, to the bitter end
'oltre *av* (*più in là*) further; (*di più: aspettare*) longer, more ♦ *prep* (*di là da*) beyond, over, on the other side of; (*più di*) more than, over; (*in aggiunta a*) besides; (*eccetto*): **~ a** except, apart from; **oltre'mare** *av* overseas; **oltre'modo** *av* extremely; **oltrepas'sare** *vt* to go beyond, exceed
o'maggio [o'maddʒo] *sm* (*dono*) gift; (*segno di rispetto*) homage, tribute; **~i** *smpl* (*complimenti*) respects; **rendere ~ a** to pay homage *o* tribute to; **in ~** (*copia, biglietto*) complimentary
ombeli'cale *ag* umbilical
ombe'lico, chi *sm* navel
'ombra *sf* (*zona non assolata, fantasma*) shade; (*sagoma scura*) shadow; **sedere all'~** to sit in the shade; **restare nell'~** (*fig*) to remain in obscurity
ombreggi'are [ombred'dʒare] *vt* to shade
om'brello *sm* umbrella; **ombrel'lone** *sm* beach umbrella
om'bretto *sm* eyeshadow
om'broso, a *ag* shady, shaded; (*cavallo*) nervous, skittish; (*persona*) touchy, easily offended
ome'lia *sf* (*REL*) homily, sermon
omeopa'tia *sf* homoeopathy
omertà *sf* conspiracy of silence
o'messo, a *pp di* **omettere**
o'mettere *vt* to omit, leave out; **~ di fare** to omit *o* fail to do
omi'cida, i, e [omi'tʃida] *ag* homicidal, murderous ♦ *sm/f* murderer/eress
omi'cidio [omi'tʃidjo] *sm* murder; **~ colposo** culpable homicide
omissi'one *sf* omission; **~ di soccorso** (*DIR*) failure to stop and give assistance
omogeneiz'zato [omodʒeneid'dzato] *sm* baby food
omo'geneo, a [omo'dʒɛneo] *ag* homogeneous
omolo'gare *vt* to approve, recognize; to ratify
o'monimo, a *sm/f* namesake ♦ *sm* (*LING*) homonym
omosessu'ale *ag, sm/f* homosexual
'oncia, ce ['ontʃa] *sf* ounce
'onda *sf* wave; **mettere** *o* **mandare in ~** (*RADIO, TV*) to broadcast; **andare in ~** (*RADIO, TV*) to go on the air; **~e corte/medie/lunghe** short/medium/long wave; **on'data** *sf* wave, billow; (*fig*) wave, surge; **a ondate** in waves; **ondata di caldo** heatwave
'onde *cong* (*affinché: con il congiuntivo*) so that, in order that; (*: con l'infinito*) so as to, in order to
ondeggi'are [onded'dʒare] *vi* (*acqua*) to ripple; (*muoversi sulle onde: barca*) to rock, roll; (*fig: muoversi come le onde, barcollare*) to sway; (*: essere incerto*) to waver
ondulazi'one [ondulat'tsjone] *sf* undulation; (*acconciatura*) wave
'onere *sm* burden; **~i fiscali** taxes; **one'roso, a** *ag* (*fig*) heavy, onerous
onestà *sf* honesty
o'nesto, a *ag* (*probo, retto*) honest; (*giusto*) fair; (*casto*) chaste, virtuous

'onice ['ɔnitʃe] *sf* onyx
onnipo'tente *ag* omnipotent
onniveg'gente [onnived'dʒɛnte] *ag* all-seeing
ono'mastico, ci *sm* name-day
ono'ranze [ono'rantse] *sfpl* honours; ~ **funebri** funeral (service)
ono'rare *vt* to honour; (*far onore a*) to do credit to; **~rsi** *vr*: **~rsi di** to feel honoured at, be proud of
ono'rario, a *ag* honorary ♦ *sm* fee
o'nore *sm* honour; **in ~ di** in honour of; **fare gli ~i di casa** to play host (*o* hostess); **fare ~ a** to honour; (*pranzo*) to do justice to; (*famiglia*) to be a credit to; **farsi ~** to distinguish o.s.; **ono'revole** *ag* honourable ♦ *sm/f* (*POL*) ≈ Member of Parliament (*BRIT*), ≈ Congressman/woman (*US*); **onorifi'cenza** *sf* honour; decoration; **ono'rifico, a, ci, che** *ag* honorary
'onta *sf* shame, disgrace
on'tano *sm* (*BOT*) alder
'O.N.U. ['ɔnu] *sigla f* (= *Organizzazione delle Nazioni Unite*) UN, UNO
o'paco, a, chi, che *ag* (*vetro*) opaque; (*metallo*) dull, matt
o'pale *sm o f* opal
'opera *sf* work; (*azione rilevante*) action, deed, work; (*MUS*) work; opus; (: *melodramma*) opera; (: *teatro*) opera house; (*ente*) institution, organization; ~ **d'arte** work of art; ~ **lirica** (grand) opera; **~e pubbliche** public works
ope'raio, a *ag* working-class; workers' ♦ *sm/f* worker; **classe ~a** working class
ope'rare *vt* to carry out, make; (*MED*) to operate on ♦ *vi* to operate, work; (*rimedio*) to act, work; (*MED*) to operate; **~rsi** *vr* to occur, take place; (*MED*) to have an operation; **~rsi d'appendicite** to have one's appendix out; **opera'tivo, a** *ag* operative, operating; **opera'tore, 'trice** *sm/f* operator; (*TV, CINEMA*) cameraman; **operatore economico** agent, broker; **operatore turistico** tour operator; **opera'torio, a** *ag* (*MED*) operating; **operazi'one** *sf* operation
ope'retta *sf* (*MUS*) operetta, light opera
ope'roso, a *ag* busy, active, hardworking
opi'ficio [opi'fitʃo] *sm* factory, works *pl*
opini'one *sf* opinion; ~ **pubblica** public opinion
'oppio *sm* opium
oppo'nente *ag* opposing ♦ *sm/f* opponent
op'porre *vt* to oppose; **opporsi** *vr*: **opporsi (a qc)** to oppose (sth); to object (to sth); ~ **resistenza/un rifiuto** to offer resistance/refuse
opportu'nista, i, e *sm/f* opportunist
opportunità *sf inv* opportunity; (*convenienza*) opportuneness, timeliness
oppor'tuno, a *ag* timely, opportune
opposi'tore, 'trice *sm/f* opposer, opponent
opposizi'one [oppozit'tsjone] *sf* opposition; (*DIR*) objection
op'posto, a *pp di* **opporre** ♦ *ag* opposite; (*opinioni*) conflicting ♦ *sm* opposite, contrary; **all'~** on the contrary
oppressi'one *sf* oppression
oppres'sivo, a *ag* oppressive
op'presso, a *pp di* **opprimere**
oppres'sore *sm* oppressor
op'primere *vt* (*premere, gravare*) to weigh down; (*estenuare*: *sog*: *caldo*) to suffocate, oppress; (*tiranneggiare: popolo*) to oppress
oppu'gnare [oppuɲ'ɲare] *vt* (*fig*) to refute
op'pure *cong* or (else)
op'tare *vi*: ~ **per** to opt for
o'puscolo *sm* booklet, pamphlet
opzi'one [op'tsjone] *sf* option
'ora¹ *sf* (*60 minuti*) hour; (*momento*) time; **che ~ è?, che ~e sono?** what time is it?; **non veder l'~ di fare** to long to do, look forward to

doing; **di buon'~** early; **alla buon'~!** at last!; ~ **legale** *o* **estiva** summer time (*BRIT*), daylight saving time (*US*); ~ **locale** local time; ~ **di punta** (*AUT*) rush hour

ora[2] *av* (*adesso*) now; (*poco fa*): **è uscito proprio** ~ he's just gone out; (*tra poco*) presently, in a minute; (*correlativo*): ~ ... ~ now ... now; **d'~ in avanti** *o* **poi** from now on; **or** ~ just now, a moment ago; **5 anni or sono** 5 years ago; ~ **come** ~ right now, at present

o'racolo *sm* oracle

'orafo *sm* goldsmith

o'rale *ag, sm* oral

ora'mai *av* = **ormai**

o'rario, a *ag* hourly; (*fuso, segnale*) time *cpd*; (*velocità*) per hour ♦ *sm* timetable, schedule; (*di ufficio, visite etc*) hours *pl*, time(s *pl*)

o'rata *sf* (*ZOOL*) sea bream

ora'tore, 'trice *sm/f* speaker; orator

ora'toria *sf* (*arte*) oratory

ora'torio, a *ag* oratorical ♦ *sm* (*REL*) oratory; (*MUS*) oratorio

ora'zione [orat'tsjone] *sf* (*REL*) prayer; (*discorso*) speech, oration

or'bene *cong* so, well (then)

'orbita *sf* (*ASTR, FISICA*) orbit; (*ANAT*) (eye-)socket

or'chestra [or'kɛstra] *sf* orchestra; **orches'trare** *vt* to orchestrate; (*fig*) to mount, stage-manage

orchi'dea [orki'dɛa] *sf* orchid

'orco, chi *sm* ogre

'orda *sf* horde

or'digno [or'diɲɲo] *sm* (*esplosivo*) explosive device

ordi'nale *ag, sm* ordinal

ordina'mento *sm* order, arrangement; (*regolamento*) regulations *pl*, rules *pl*; ~ **scolastico/giuridico** education/legal system

ordi'nanza [ordi'nantsa] *sf* (*DIR, MIL*) order; (*persona*: *MIL*) orderly, batman; **d'~** (*MIL*) regulation *cpd*

ordi'nare *vt* (*mettere in ordine*) to arrange, organize; (*COMM*) to order; (*prescrivere*: *medicina*) to prescribe; (*comandare*): ~ **a qn di fare qc** to order *o* command sb to do sth; (*REL*) to ordain

ordi'nario, a *ag* (*comune*) ordinary; everyday; standard; (*grossolano*) coarse, common ♦ *sm* ordinary; (*INS: di università*) full professor

ordi'nato, a *ag* tidy, orderly

ordinazi'one [ordinat'tsjone] *sf* (*COMM*) order; (*REL*) ordination; **eseguire qc su** ~ to make sth to order

'ordine *sm* order; (*carattere*): **d'~ pratico** of a practical nature; **all'~** (*COMM: assegno*) to order; **di prim'~** first-class; **fino a nuovo** ~ until further notice; **essere in** ~ (*documenti*) to be in order; (*stanza, persona*) to be tidy; **mettere in** ~ to put in order, tidy (up); ~ **del giorno** (*di seduta*) agenda; (*MIL*) order of the day; ~ **di pagamento** (*COMM*) order for payment; **l'~ pubblico** law and order; **~i (sacri)** (*REL*) holy orders

or'dire *vt* (*fig*) to plot, scheme; **or'dito** *sm* (*di tessuto*) warp

orec'chino [orek'kino] *sm* earring

o'recchio [o'rekkjo] (*pl*(*f*) **o'recchie**) *sm* (*ANAT*) ear

orecchi'oni [orek'kjoni] *smpl* (*MED*) mumps *sg*

o'refice [o'refitʃe] *sm* goldsmith; jeweller; **orefice'ria** *sf* (*arte*) goldsmith's art; (*negozio*) jeweller's (shop)

'orfano, a *ag* orphan(ed) ♦ *sm/f* orphan; ~ **di padre/madre** fatherless/motherless; **orfano'trofio** *sm* orphanage

orga'netto *sm* barrel organ; (*fam: armonica a bocca*) mouth organ; (: *fisarmonica*) accordion

or'ganico, a, ci, che *ag* organic ♦ *sm* personnel, staff

organi'gramma, i *sm* organization chart

orga'nismo *sm* (*BIOL*) organism; (*corpo umano*) body; (*AMM*) body, organism

organiz'zare [organid'dzare] *vt* to organize; **~rsi** *vr* to get organized; **organizza'tore, 'trice** *ag* organizing ♦ *sm/f* organizer; **organizza-zi'one** *sf* organization

'organo *sm* organ; (*di congegno*) part; (*portavoce*) spokesman, mouthpiece

or'gasmo *sm* (*FISIOL*) orgasm; (*fig*) agitation, anxiety

'orgia, ge ['ɔrdʒa] *sf* orgy

or'goglio [or'goʎʎo] *sm* pride; **orgogli'oso, a** *ag* proud

orien'tale *ag* oriental; eastern; east

orienta'mento *sm* positioning; orientation; direction; **senso di ~** sense of direction; **perdere l'~** to lose one's bearings; **~ professionale** careers guidance

orien'tare *vt* (*situare*) to position; (*fig*) to direct, orientate; **~rsi** *vr* to find one's bearings; (*fig*: *tendere*) to tend, lean; (: *indirizzarsi*): **~rsi verso** to take up, go in for

ori'ente *sm* east; **l'O~** the East, the Orient; **a ~** in the east

o'rigano *sm* oregano

origi'nale [oridʒi'nale] *ag* original; (*bizzarro*) eccentric ♦ *sm* original; **originalità** *sf* originality; eccentricity

origi'nare [oridʒi'nare] *vt* to bring about, produce ♦ *vi*: **~ da** to arise *o* spring from

origi'nario, a [oridʒi'narjo] *ag* original; essere **~ di** to be a native of; (*provenire da*) to originate from; to be native to

o'rigine [o'ridʒine] *sf* origin; **all'~** originally; **d'~ inglese** of English origin; **dare ~ a** to give rise to

origli'are [oriʎ'ʎare] *vi*: **~ (a)** to eavesdrop (on)

o'rina *sf* urine

ori'nare *vi* to urinate ♦ *vt* to pass; **orina'toio** *sm* (public) urinal

ori'undo, a *ag*: essere **~ di Milano** *etc* to be of Milanese *etc* extraction *o* origin ♦ *sm/f* person of foreign extraction *o* origin

orizzon'tale [oriddzon'tale] *ag* horizontal

oriz'zonte [orid'dzonte] *sm* horizon

or'lare *vt* to hem

'orlo *sm* edge, border; (*di recipiente*) rim, brim; (*di vestito etc*) hem

'orma *sf* (*di persona*) footprint; (*di animale*) track; (*impronta, traccia*) mark, trace

or'mai *av* by now, by this time; (*adesso*) now; (*quasi*) almost, nearly

ormeggi'are [ormed'dʒare] *vt* (*NAUT*) to moor; **or'meggio** *sm* (*atto*) mooring *no pl*; (*luogo*) moorings *pl*

or'mone *sm* hormone

ornamen'tale *ag* ornamental, decorative

orna'mento *sm* ornament, decoration

or'nare *vt* to adorn, decorate; **~rsi** *vr*: **~rsi (di)** to deck o.s. (out) (with); **or'nato, a** *ag* ornate

ornitolo'gia [ornitolo'dʒia] *sf* ornithology

'oro *sm* gold; **d'~, in ~** gold *cpd*; **d'~** (*colore, occasione*) golden; (*persona*) marvellous

orologe'ria [orolodʒe'ria] *sf* watchmaking *no pl*; watchmaker's (shop); clockmaker's (shop); **bomba a ~** time bomb

orologi'aio [orolo'dʒajo] *sm* watchmaker; clockmaker

oro'logio [oro'lɔdʒo] *sm* clock; (*da tasca, da polso*) watch; **~ da polso** wristwatch; **~ al quarzo** quartz watch

o'roscopo *sm* horoscope

or'rendo, a *ag* (*spaventoso*) horrible, awful; (*bruttissimo*) hideous

or'ribile *ag* horrible

'orrido, a *ag* fearful, horrid

orripi'lante *ag* hair-raising, horrifying

or'rore *sm* horror; **avere in ~ qn/qc** to loathe *o* detest sb/sth; **mi fanno ~** I loathe *o* detest them

orsacchi'otto [orsak'kjɔtto] *sm* ted-

dy bear
'orso *sm* bear; ~ **bruno/bianco** brown/polar bear
or'taggio [or'taddʒo] *sm* vegetable
or'tensia *sf* hydrangea
or'tica, che *sf* (stinging) nettle
orti'caria *sf* nettle rash
'orto *sm* vegetable garden, kitchen garden; (*AGR*) market garden (*BRIT*), truck farm (*US*)
orto'dosso, a *ag* orthodox
ortogra'fia *sf* spelling
orto'lano, a *sm/f* (*venditore*) greengrocer (*BRIT*), produce dealer (*US*)
ortope'dia *sf* orthopaedics *sg*; **orto'pedico, a, ci, che** *ag* orthopaedic ♦ *sm* orthopaedic specialist
orzai'olo [ordza'jɔlo] *sm* (*MED*) stye
or'zata [or'dzata] *sf* barley water
'orzo ['ordzo] *sm* barley
o'sare *vt, vi* to dare; ~ **fare** to dare (to) do
oscenità [oʃʃeni'ta] *sf inv* obscenity
o'sceno, a [oʃ'ʃeno] *ag* obscene; (*ripugnante*) ghastly
oscil'lare [oʃʃil'lare] *vi* (*pendolo*) to swing; (*dondolare: al vento etc*) to rock; (*variare*) to fluctuate; (*TECN*) to oscillate; (*fig*): ~ **fra** to waver *o* hesitate between; **oscillazi'one** *sf* oscillation; (*di prezzi, temperatura*) fluctuation
oscura'mento *sm* darkening; obscuring; (*in tempo di guerra*) blackout
oscu'rare *vt* to darken, obscure; (*fig*) to obscure; **~rsi** *vr* (*cielo*) to darken, cloud over; (*persona*): **si oscurò in volto** his face clouded over
os'curo, a *ag* dark; (*fig*) obscure; humble, lowly ♦ *sm*: **all'~** in the dark; **tenere qn all'~ di qc** to keep sb in the dark about sth
ospe'dale *sm* hospital; **ospedali'ero, a** *ag* hospital *cpd*
ospi'tale *ag* hospitable; **ospitalità** *sf* hospitality
ospi'tare *vt* to give hospitality to; (*sog: albergo*) to accommodate
'ospite *sm/f* (*persona che ospita*) host/hostess; (*persona ospitata*) guest
os'pizio [os'pittsjo] *sm* (*per vecchi etc*) home
'ossa *sfpl vedi* **osso**
ossa'tura *sf* (*ANAT*) skeletal structure, frame; (*TECN, fig*) framework
'osseo, a *ag* bony; (*tessuto etc*) bone *cpd*
os'sequio *sm* deference, respect; **~i** *smpl* (*saluto*) respects, regards; **ossequi'oso, a** *ag* obsequious
osser'vanza [osser'vantsa] *sf* observance
osser'vare *vt* to observe, watch; (*esaminare*) to examine; (*notare, rilevare*) to notice, observe; (*DIR: la legge*) to observe, respect; (*mantenere: silenzio*) to keep, observe; **far ~ qc a qn** to point sth out to sb; **osserva'tore, 'trice** *ag* observant, perceptive ♦ *sm/f* observer; **osserva'torio** *sm* (*ASTR*) observatory; (*MIL*) observation post; **osservazi'one** *sf* observation; (*di legge etc*) observance; (*considerazione critica*) observation, remark; (*rimprovero*) reproof; **in osservazione** under observation
ossessio'nare *vt* to obsess, haunt; (*tormentare*) to torment, harass
ossessi'one *sf* obsession
os'sesso, a *ag* (*spiritato*) possessed
os'sia *cong* that is, to be precise
ossi'buchi [ossi'buki] *smpl di* **ossobuco**
ossi'dare *vt* to oxidize; **~rsi** *vr* to oxidize
'ossido *sm* oxide; ~ **di carbonio** carbon monoxide
ossige'nare [ossidʒe'nare] *vt* to oxygenate; (*decolorare*) to bleach; **acqua ossigenata** hydrogen peroxide
os'sigeno *sm* oxygen
'osso (*pl(f)* **ossa** *nel senso ANAT*) *sm* bone; **d'~** (*bottone etc*) of bone, bone *cpd*
osso'buco (*pl* **ossi'buchi**) *sm* (*CUC*) marrowbone; (: *piatto*) stew

made with knuckle of veal in tomato sauce
os'suto, a *ag* bony
ostaco'lare *vt* to block, obstruct
os'tacolo *sm* obstacle; (*EQUITAZIONE*) hurdle, jump
os'taggio [os'taddʒo] *sm* hostage
'oste, os'tessa *sm/f* innkeeper
osteggi'are [osted'dʒare] *vt* to oppose, be opposed to
os'tello *sm*: ~ **della gioventù** youth hostel
osten'tare *vt* to make a show of, flaunt; **ostentazi'one** *sf* ostentation, show
oste'ria *sf* inn
os'tessa *sf vedi* oste
os'tetrica *sf* midwife
os'tetrico, a, ci, che *ag* obstetric ♦ *sm* obstetrician
'ostia *sf* (*REL*) host; (*per medicinali*) wafer
'ostico, a, ci, che *ag* (*fig*) harsh; hard, difficult; unpleasant
os'tile *ag* hostile; **ostilità** *sf inv* hostility ♦ *sfpl* (*MIL*) hostilities
osti'narsi *vr* to insist, dig one's heels in; ~ **a fare** to persist (obstinately) in doing; **osti'nato, a** *ag* (*caparbio*) obstinate; (*tenace*) persistent, determined; **ostinazi'one** *sf* obstinacy; persistence
'ostrica, che *sf* oyster
ostru'ire *vt* to obstruct, block; **ostruzi'one** *sf* obstruction, blockage
'otre *sm* (*recipiente*) goatskin
ottago'nale *ag* octagonal
ot'tagono *sm* octagon
ot'tanta *num* eighty; **ottan'tesimo, a** *num* eightieth; **ottan'tina** *sf*: **una ottantina (di)** about eighty
ot'tava *sf* octave
ot'tavo, a *num* eighth
ottempe'rare *vi*: ~ **a** to comply with, obey
otte'nere *vt* to obtain, get; (*risultato*) to achieve, obtain
'ottica *sf* (*scienza*) optics *sg*; (*FOT: lenti, prismi etc*) optics *pl*
'ottico, a, ci, che *ag* (*della vista: nervo*) optic; (*dell'ottica*) optical ♦ *sm* optician
ottima'mente *av* excellently, very well
otti'mismo *sm* optimism; **otti'mista, i, e** *sm/f* optimist
'ottimo, a *ag* excellent, very good
'otto *num* eight
ot'tobre *sm* October
otto'cento [otto'tʃɛnto] *num* eight hundred ♦ *sm*: **l'O~** the nineteenth century
ot'tone *sm* brass; **gli ~i** (*MUS*) the brass
ottu'rare *vt* to close (up); (*dente*) to fill; **ottura'tore** *sm* (*FOT*) shutter; (*nelle armi*) breechblock; **otturazi'one** *sf* closing (up); (*dentaria*) filling
ot'tuso, a *ag* (*MAT, fig*) obtuse; (*suono*) dull
o'vaia *sf* (*ANAT*) ovary
o'vaio *sm* = **ovaia**
o'vale *ag*, *sm* oval
o'vatta *sf* cotton wool; (*per imbottire*) padding, wadding; **ovat'tare** *vt* (*fig: smorzare*) to muffle
ovazi'one [ovat'tsjone] *sf* ovation
'ovest *sm* west
o'vile *sm* pen, enclosure
o'vino, a *ag* sheep *cpd*, ovine
ovulazi'one [ovulat'tsjone] *sf* ovulation
'ovulo *sm* (*FISIOL*) ovum
o'vunque *av* = **dovunque**
ov'vero *cong* (*ossia*) that is, to be precise; (*oppure*) or (else)
ovvi'are *vi*: ~ **a** to obviate
'ovvio, a *ag* obvious
ozi'are [ot'tsjare] *vi* to laze, idle
'ozio ['ɔttsjo] *sm* idleness; (*tempo libero*) leisure; **ore d'~** leisure time; **stare in ~** to be idle; **ozi'oso, a** *ag* idle
o'zono [o'dzɔno] *sm* ozone

P

pa'cato, a *ag* quiet, calm
pac'chetto [pak'ketto] *sm* packet; ~ azionario (*COMM*) shareholding
pacchi'ano, a [pak'kjano, a] *ag* vulgar
'pacco, chi *sm* parcel; (*involto*) bundle
'pace ['patʃe] *sf* peace; **darsi ~** to resign o.s.
pacifi'care [patʃifi'kare] *vt* (*riconciliare*) to reconcile, make peace between; (*mettere in pace*) to pacify
pa'cifico, a, ci, che [pa'tʃi:fiko] *ag* (*persona*) peaceable; (*vita*) peaceful; (*fig*: *indiscusso*) indisputable; (: *ovvio*) obvious, clear ♦ *sm*: **il P~, l'Oceano P~** the Pacific (Ocean)
paci'fista, i, e [patʃi'fista] *sm/f* pacifist
pa'della *sf* frying pan; (*per infermi*) bedpan
padigli'one [padiʎ'ʎone] *sm* pavilion; (*AUT*) roof
'Padova *sf* Padua
'padre *sm* father; **~i** *smpl* (*antenati*) forefathers; **pa'drino** *sm* godfather
padro'nanza [padro'nantsa] *sf* command, mastery
pa'drone, a *sm/f* master/mistress; (*proprietario*) owner; (*datore di lavoro*) employer; **essere ~ di sé** to be in control of o.s.; **~ di casa** (*ospite*) host/hostess; (*per gli inquilini*) landlord/lady; **padroneggi'are** *vt* (*fig*: *sentimenti*) to master, control; (: *materia*) to master, know thoroughly; **padroneggiarsi** *vr* to control o.s.
pae'saggio [pae'zaddʒo] *sm* landscape
pae'sano, a *ag* country *cpd* ♦ *sm/f* villager; countryman/woman
pa'ese *sm* (*nazione*) country, nation; (*terra*) country, land; (*villaggio*) village; **~ di provenienza** country of origin; **i P~i Bassi** the Netherlands
paf'futo, a *ag* chubby, plump
'paga, ghe *sf* pay, wages *pl*
paga'mento *sm* payment
pa'gano, a *ag*, *sm/f* pagan
pa'gare *vt* to pay; (*acquisto, fig*: *colpa*) to pay for; (*contraccambiare*) to repay, pay back ♦ *vi* to pay; **quanto l'hai pagato?** how much did you pay for it?; **~ con carta di credito** to pay by credit card; **~ in contanti** to pay cash
pa'gella [pa'dʒɛlla] *sf* (*INS*) report card
'paggio ['paddʒo] *sm* page(boy)
pagherò [page'rɔ] *sm inv* acknowledgement of a debt, IOU
'pagina ['padʒina] *sf* page; **~e gialle** Yellow Pages
'paglia ['paʎʎa] *sf* straw
pagliac'cetto [paʎʎat'tʃetto] *sm* (*per bambini*) rompers *pl*
pagli'accio [paʎ'ʎattʃo] *sm* clown
pagli'etta [paʎ'ʎetta] *sf* (*cappello per uomo*) (straw) boater; (*per tegami etc*) steel wool
pa'gnotta [paɲ'ɲɔtta] *sf* round loaf
'paio (*pl*(*f*) **'paia**) *sm* pair; **un ~ di** (*alcuni*) a couple of
pai'olo *sm* (copper) pot
'pala *sf* shovel; (*di remo, ventilatore, elica*) blade; (*di ruota*) paddle
pa'lato *sm* palate
pa'lazzo [pa'lattso] *sm* (*reggia*) palace; (*edificio*) building; **~ di giustizia** courthouse; **~ dello sport** sports stadium
pal'chetto [pal'ketto] *sm* shelf
'palco, chi *sm* (*TEATRO*) box; (*tavolato*) platform, stand; (*ripiano*) layer
palco'scenico, ci [palkoʃ'ʃɛniko] *sm* (*TEATRO*) stage
pale'sare *vt* to reveal, disclose; **~rsi** *vr* to reveal *o* show o.s.
pa'lese *ag* clear, evident
Pales'tina *sf*: **la ~** Palestine
pa'lestra *sf* gymnasium; (*esercizio atletico*) exercise, training; (*fig*) training ground, school

pa'letta *sf* spade; (*per il focolare*) shovel; (*del capostazione*) signalling disc
pa'letto *sm* stake, peg; (*spranga*) bolt
'palio *sm* (*gara*): **il P~** *horserace run at Siena*; **mettere qc in ~** to offer sth as a prize
'palla *sf* ball; (*pallottola*) bullet; **~ canestro** *sm* basketball; **~ nuoto** *sm* water polo; **~ ovale** rugby ball; **~ volo** *sm* volleyball
palleggi'are [palled'dʒare] *vi* (*CALCIO*) to practise with the ball; (*TENNIS*) to knock up
pallia'tivo *sm* palliative; (*fig*) stopgap measure
'pallido, a *ag* pale
pal'lina *sf* (*bilia*) marble
pallon'cino [pallon'tʃino] *sm* balloon; (*lampioncino*) Chinese lantern
pal'lone *sm* (*palla*) ball; (*CALCIO*) football; (*aerostato*) balloon; **gioco del ~** football
pal'lore *sm* pallor, paleness
pal'lottola *sf* pellet; (*proiettile*) bullet
'palma *sf* (*ANAT*) = **palmo**; (*BOT, simbolo*) palm; **~ da datteri** date palm
'palmo *sm* (*ANAT*) palm; **restare con un ~ di naso** to be badly disappointed
'palo *sm* (*legno appuntito*) stake; (*sostegno*) pole; **fare da** *o* **il ~** (*fig*) to act as look-out
palom'baro *sm* diver
pa'lombo *sm* (*pesce*) dogfish
pal'pare *vt* to feel, finger
'palpebra *sf* eyelid
palpi'tare *vi* (*cuore, polso*) to beat; (: *più forte*) to pound, throb; (*fremere*) to quiver; **'palpito** *sm* (*del cuore*) beat; (*fig*: *d'amore etc*) throb
paltò *sm inv* overcoat
pa'lude *sf* marsh, swamp; **palu'doso, a** *ag* marshy, swampy
pa'lustre *ag* marsh *cpd*, swamp *cpd*
'pampino *sm* vine leaf
pancarrè *sm* sliced square bread (*used mainly for toasted sandwiches*)
'panca, che *sf* bench
pan'cetta [pan'tʃetta] *sf* (*CUC*) bacon
pan'chetto [pan'ketto] *sm* stool; footstool
pan'china [pan'kina] *sf* garden seat; (*di giardino pubblico*) (park) bench
'pancia, ce ['pantʃa] *sf* belly, stomach; **mettere** *o* **fare ~** to be getting a paunch; **avere mal di ~** to have stomachache *o* a sore stomach
panci'otto [pan'tʃɔtto] *sm* waistcoat
'pancreas *sm inv* pancreas
'panda *sm inv* panda
pande'monio *sm* pandemonium
'pane *sm* bread; (*pagnotta*) loaf (of bread); (*forma*): **un ~ di burro/cera** *etc* a pat of butter/bar of wax *etc*; **guadagnarsi il ~** to earn one's living; **~ a cassetta** sliced bread; **~ di Spagna** sponge cake; **~ integrale** wholemeal bread; **~ tostato** toast
panette'ria *sf* (*forno*) bakery; (*negozio*) baker's (shop), bakery
panetti'ere, a *sm/f* baker
panet'tone *sm* *a kind of spiced brioche with sultanas, eaten at Christmas*
'panfilo *sm* yacht
pangrat'tato *sm* breadcrumbs *pl*
'panico, a, ci, che *ag, sm* panic
pani'ere *sm* basket
pani'ficio [pani'fitʃo] *sm* (*forno*) bakery; (*negozio*) baker's (shop), bakery
pa'nino *sm* roll; **~ caldo** toasted sandwich; **~ imbottito** filled roll; sandwich; **panino'teca** *sf* sandwich bar
'panna *sf* (*CUC*) cream; (*TECN*) = **panne**; **~ da cucina** cooking cream; **~ montata** whipped cream
'panne *sf inv*: **essere in ~** (*AUT*) to have broken down
pan'nello *sm* panel; **~ solare** solar panel
'panno *sm* cloth; **~i** *smpl* (*abiti*) clothes; **mettiti nei miei ~i** (*fig*) put yourself in my shoes
pan'nocchia [pan'nɔkkja] *sf* (*di*

mais etc) ear
panno'lino *sm* (*per bambini*) nappy (*BRIT*), diaper (*US*)
pano'rama, i *sm* panorama; **pano'ramico, a, ci, che** *ag* panoramic; **strada panoramica** scenic route
panta'loni *smpl* trousers (*BRIT*), pants (*US*), pair *sg* of trousers *o* pants
pan'tano *sm* bog
pan'tera *sf* panther
pan'tofola *sf* slipper
panto'mima *sf* pantomime
pan'zana [pan'tsana] *sf* fib, tall story
pao'nazzo, a [pao'nattso] *ag* purple
'papa, i *sm* pope
papà *sm inv* dad(dy)
pa'pale *ag* papal
pa'pato *sm* papacy
pa'pavero *sm* poppy
'papera *sf* (*fig*) slip of the tongue, blunder; *vedi anche* **papero**
'papero, a *sm/f* (*ZOOL*) gosling
pa'piro *sm* papyrus
'pappa *sf* baby cereal
pappa'gallo *sm* parrot; (*fig*: *uomo*) Romeo, wolf
pappa'gorgia, ge [pappa'gɔrdʒa] *sf* double chin
pap'pare *vt* (*fam*: *anche*: *~rsi*) to gobble up
'para *sf*: **suole di ~** crepe soles
pa'rabola *sf* (*MAT*) parabola; (*REL*) parable
para'brezza [para'breddza] *sm inv* (*AUT*) windscreen (*BRIT*), windshield (*US*)
paraca'dute *sm inv* parachute
para'carro *sm* kerbstone (*BRIT*), curbstone (*US*)
para'diso *sm* paradise
parados'sale *ag* paradoxical
para'dosso *sm* paradox
para'fango, ghi *sm* mudguard
paraf'fina *sf* paraffin, paraffin wax
para'fulmine *sm* lightning conductor
pa'raggi [pa'raddʒi] *smpl*: **nei ~** in the vicinity, in the neighbourhood
parago'nare *vt*: **~ con/a** to compare with/to
para'gone *sm* comparison; (*esempio analogo*) analogy, parallel; **reggere al ~** to stand comparison
pa'ragrafo *sm* paragraph
pa'ralisi *sf* paralysis; **para'litico, a, ci, che** *ag, sm/f* paralytic
paraliz'zare [paralid'dzare] *vt* to paralyze
paral'lela *sf* parallel (line); *~e sfpl* (*attrezzo ginnico*) parallel bars
paral'lelo, a *ag* parallel ♦ *sm* (*GEO*) parallel; (*comparazione*): **fare un ~ tra** to draw a parallel between
para'lume *sm* lampshade
pa'rametro *sm* parameter
para'noia *sf* paranoia; **para'noico, a, ci, che** *ag, sm/f* paranoid
para'occhi [para'ɔkki] *smpl* blinkers
para'petto *sm* balustrade
para'piglia [para'piʎʎa] *sm* commotion, uproar
pa'rare *vt* (*addobbare*) to adorn, deck; (*proteggere*) to shield, protect; (*scansare: colpo*) to parry; (*CALCIO*) to save ♦ *vi*: **dove vuole andare a ~?** what are you driving at?; **~rsi** *vr* (*presentarsi*) to appear, present o.s.
para'sole *sm inv* parasol, sunshade
paras'sita, i *sm* parasite
pa'rata *sf* (*SPORT*) save; (*MIL*) review, parade
para'tia *sf* (*di nave*) bulkhead
para'urti *sm inv* (*AUT*) bumper
para'vento *sm* folding screen; **fare da ~ a qn** (*fig*) to shield sb
par'cella [par'tʃɛlla] *sf* account, fee (*of lawyer etc*)
parcheggi'are [parked'dʒare] *vt* to park; **par'cheggio** *sm* parking *no pl*; (*luogo*) car park; (*singolo posto*) parking space
par'chimetro [par'kimetro] *sm* parking meter
'parco[1], chi *sm* park; (*spazio per deposito*) depot; (*complesso di veicoli*) fleet

'parco², **a, chi, che** *ag*: ~ **(in)** (*sobrio*) moderate (in); (*avaro*) sparing (with)

pa'recchio, a [pa'rekkjo] *det* quite a lot of; (*tempo*) quite a lot of, a long; **~i, e** *det pl* quite a lot of, several ♦ *pron* quite a lot, quite a bit; (*tempo*) quite a while, a long time; **~i, e** *pron pl* quite a lot, several ♦ *av* (*con ag*) quite, rather; (*con vb*) quite a lot, quite a bit

pareggi'are [pared'dʒare] *vt* to make equal; (*terreno*) to level, make level; (*bilancio, conti*) to balance ♦ *vi* (*SPORT*) to draw; **pa'reggio** *sm* (*ECON*) balance; (*SPORT*) draw

pa'rente *sm/f* relative, relation

paren'tela *sf* (*vincolo di sangue, fig*) relationship; (*insieme dei parenti*) relations *pl*, relatives *pl*

pa'rentesi *sf* (*segno grafico*) bracket, parenthesis; (*frase incisa*) parenthesis; (*digressione*) parenthesis, digression

pa'rere *sm* (*opinione*) opinion; (*consiglio*) advice, opinion; **a mio ~** in my opinion ♦ *vi* to seem, appear ♦ *vb impers*: **pare che** it seems *o* appears that, they say that; **mi pare che** it seems to me that; **mi pare di sì** I think so; **fai come ti pare** do as you like; **che ti pare del mio libro?** what do you think of my book?

pa'rete *sf* wall

'pari *ag inv* (*uguale*) equal, same; (*in giochi*) equal; drawn, tied; (*MAT*) even ♦ *sm inv* (*POL: di Gran Bretagna*) peer ♦ *sm/f inv* peer, equal; **copiato ~ ~** copied word for word; **alla ~** on the same level; **ragazza alla ~** au pair girl; **mettersi alla ~ con** to place o.s. on the same level as; **mettersi in ~ con** to catch up with; **andare di ~ passo con qn** to keep pace with sb

Pa'rigi [pa'ridʒi] *sf* Paris

pa'riglia [pa'riʎʎa] *sf* pair; **rendere la ~** to give tit for tat

parità *sf* parity, equality; (*SPORT*) draw, tie

parlamen'tare *ag* parliamentary ♦ *sm/f* ≈ Member of Parliament (*BRIT*), ≈ Congressman/woman (*US*) ♦ *vi* to negotiate, parley

parla'mento *sm* parliament

parlan'tina (*fam*) *sf* talkativeness; **avere una buona ~** to have the gift of the gab

par'lare *vi* to speak, talk; (*confidare cose segrete*) to talk ♦ *vt* to speak; **~ (a qn) di** to speak *o* talk (to sb) about; **parla'torio** *sm* (*di carcere etc*) visiting room; (*REL*) parlour

parmigi'ano [parmi'dʒano] *sm* (*grana*) Parmesan (cheese)

paro'dia *sf* parody

pa'rola *sf* word; (*facoltà*) speech; **~e** *sfpl* (*chiacchiere*) talk *sg*; **chiedere la ~** to ask permission to speak; **prendere la ~** to take the floor; **~ d'onore** word of honour; **~ d'ordine** (*MIL*) password; **~e incrociate** crossword (puzzle) *sg*; **paro'laccia, ce** *sf* bad word, swearword

par'rocchia [par'rɔkkja] *sf* parish; parish church

'parroco, ci *sm* parish priest

par'rucca, che *sf* wig

parrucchi'ere, a [parruk'kjɛre] *sm/f* hairdresser ♦ *sm* barber

parsi'monia *sf* frugality, thrift

'parso, a *pp di* **parere**

'parte *sf* part; (*lato*) side; (*quota spettante a ciascuno*) share; (*direzione*) direction; (*POL*) party; faction; (*DIR*) party; **a ~** *ag* separate ♦ *av* separately; **scherzi a ~** joking aside; **a ~ ciò** apart from that; **da ~** (*in disparte*) to one side, aside; **d'altra ~** on the other hand; **da ~ di** (*per conto di*) on behalf of; **da ~ mia** as far as I'm concerned, as for me; **da ~ a ~** right through; **da ogni ~** on all sides, everywhere; (*moto da luogo*) from all sides; **da nessuna ~** nowhere; **da questa ~** (*in questa direzione*) this way; **prendere ~ a qc** to take part in sth; **mettere da ~** to put aside; **mettere**

qn a ~ di qc to inform sb of sth
parteci'pare [partetʃi'pare] *vi*: ~ **a** to take part in, participate in; (*utili etc*) to share in; (*spese etc*) to contribute to; (*dolore, successo di qn*) to share (in); **partecipazi'one** *sf* participation; sharing; (*ECON*) interest; **partecipazione agli utili** profit-sharing; **partecipazioni di nozze** *wedding announcement card*; **par'tecipe** *ag* participating; **essere partecipe di** to take part in, participate in; to share (in); (*consapevole*) to be aware of
parteggi'are [parted'dʒare] *vi*: ~ **per** to side with, be on the side of
par'tenza [par'tɛntsa] *sf* departure; (*SPORT*) start; **essere in** ~ to be about to leave, be leaving
parti'cella [parti'tʃɛlla] *sf* particle
parti'cipio [parti'tʃipjo] *sm* participle
partico'lare *ag* (*specifico*) particular; (*proprio*) personal, private; (*speciale*) special, particular; (*caratteristico*) distinctive, characteristic; (*fuori dal comune*) peculiar ♦ *sm* detail, particular; **in** ~ in particular, particularly; **particolarità** *sf inv* particularity; detail; characteristic, feature
partigi'ano, a [parti'dʒano] *ag* partisan ♦ *sm* (*fautore*) supporter, champion; (*MIL*) partisan
par'tire *vi* to go, leave; (*allontanarsi*) to go (*o* drive *etc*) away *o* off; (*petardo, colpo*) to go off; (*fig*: *avere inizio, SPORT*) to start; **sono partita da Roma alle 7** I left Rome at 7; **il volo parte da Ciampino** the flight leaves from Ciampino; **a** ~ **da** from
par'tita *sf* (*COMM*) lot, consignment; (*ECON: registrazione*) entry, item; (*CARTE, SPORT: gioco*) game; (: *competizione*) match, game; ~ **di caccia** hunting party; ~ **IVA** VAT registration number
par'tito *sm* (*POL*) party; (*decisione*) decision, resolution; (*persona da maritare*) match
parti'tura *sf* (*MUS*) score
'parto *sm* (*MED*) delivery, (child)birth; labour; **parto'rire** *vt* to give birth to; (*fig*) to produce
parzi'ale [par'tsjale] *ag* (*limitato*) partial; (*non obiettivo*) biased, partial
'pascere ['paʃʃere] *vi* to graze ♦ *vt* (*brucare*) to graze on; (*far pascolare*) to graze, pasture; **pasci'uto, a** *pp di* **pascere**
pasco'lare *vt, vi* to graze
'pascolo *sm* pasture
'Pasqua *sf* Easter; **pas'quale** *ag* Easter *cpd*
pas'sabile *ag* fairly good, passable
pas'saggio [pas'saddʒo] *sm* passing *no pl*, passage; (*traversata*) crossing *no pl*, passage; (*luogo, prezzo della traversata, brano di libro etc*) passage; (*su veicolo altrui*) lift (*BRIT*), ride; (*SPORT*) pass; **di** ~ (*persona*) passing through; ~ **pedonale/a livello** pedestrian/level (*BRIT*) *o* grade (*US*) crossing
pas'sante *sm/f* passer-by ♦ *sm* loop
passa'porto *sm* passport
pas'sare *vi* (*andare*) to go; (*veicolo, pedone*) to pass (by), go by; (*fare una breve sosta: postino etc*) to come, call; (: *amico: per fare una visita*) to call *o* drop in; (*sole, aria, luce*) to get through; (*trascorrere: giorni, tempo*) to pass, go by; (*fig: proposta di legge*) to be passed; (: *dolore*) to pass, go away; (*CARTE*) to pass ♦ *vt* (*attraversare*) to cross; (*trasmettere: messaggio*): ~ **qc a qn** to pass sth on to sb; (*dare*): ~ **qc a qn** to pass sth to sb, give sb sth; (*trascorrere: tempo*) to spend; (*superare: esame*) to pass; (*triturare: verdura*) to strain; (*approvare*) to pass, approve; (*oltrepassare, sorpassare: anche fig*) to go beyond, pass; (*fig: subire*) to go through; ~ **da ... a** to pass from ... to; ~ **di padre in figlio** to be handed down *o* to pass from father to son; ~ **per** (*anche fig*) to go through; ~ **per stupido/un**

genio to be taken for a fool/a genius; ~ **sopra** (*anche fig*) to pass over; ~ **attraverso** (*anche fig*) to go through; ~ **alla storia** to pass into history; ~ **a un esame** to go up (to the next class) after an exam; ~ **inosservato** to go unnoticed; ~ **di moda** to go out of fashion; **le passo il Signor X** (*al telefono*) here is Mr X; I'm putting you through to Mr X; **lasciar ~ qn/qc** to let sb/sth through; **passarsela: come te la passi?** how are you getting on *o* along?

pas'sata *sf*: **dare una ~ di vernice a qc** to give sth a coat of paint; **dare una ~ al giornale** to have a look at the paper, skim through the paper

passa'tempo *sm* pastime, hobby

pas'sato, a *ag* past; (*sfiorito*) faded ♦ *sm* past; (*LING*) past (tense); ~ **prossimo** (*LING*) present perfect; ~ **remoto** (*LING*) past historic; ~ **di verdura** (*CUC*) vegetable purée

passaver'dura *sm inv* vegetable mill

passeg'gero, a [passed'dʒɛro] *ag* passing ♦ *sm/f* passenger

passeggi'are [passed'dʒare] *vi* to go for a walk; (*in veicolo*) to go for a drive; **passeggi'ata** *sf* walk; drive; (*luogo*) promenade; **fare una passeggiata** to go for a walk (*o* drive); **passeg'gino** *sm* pushchair (*BRIT*), stroller (*US*); **pas'seggio** *sm* walk, stroll; (*luogo*) promenade

passe'rella *sf* footbridge; (*di nave, aereo*) gangway; (*pedana*) catwalk

'passero *sm* sparrow

pas'sibile *ag*: ~ **di** liable to

passi'one *sf* passion

pas'sivo, a *ag* passive ♦ *sm* (*LING*) passive; (*ECON*) debit; (: *complesso dei debiti*) liabilities *pl*

'passo *sm* step; (*andatura*) pace; (*rumore*) (foot)step; (*orma*) footprint; (*passaggio, fig*: *brano*) passage; (*valico*) pass; **a ~ d'uomo** at walking pace; ~ **(a) ~** step by step; **fare due** *o* **quattro ~i** to go for a walk *o* a stroll; **di questo ~** at this rate; "~ **carraio**" "vehicle entrance — keep clear"

'pasta *sf* (*CUC*) dough; (: *impasto per dolce*) pastry; (: *anche*: ~ *alimentare*) pasta; (*massa molle di materia*) paste; (*fig*: *indole*) nature; ~**e** *sfpl* (*pasticcini*) pastries; ~ **in brodo** noodle soup

pastasci'utta [pastaʃ'ʃutta] *sf* pasta

pas'tella *sf* batter

pas'tello *sm* pastel

pas'ticca, che *sf* = **pastiglia**

pasticce'ria [pastittʃe'ria] *sf* (*pasticcini*) pastries *pl*, cakes *pl*; (*negozio*) cake shop; (*arte*) confectionery

pasticci'are [pastit'tʃare] *vt* to mess up, make a mess of ♦ *vi* to make a mess

pasticci'ere, a [pastit'tʃɛre] *sm/f* pastrycook; confectioner

pas'ticcio [pas'tittʃo] *sm* (*CUC*) pie; (*lavoro disordinato, imbroglio*) mess; **trovarsi nei ~i** to get into trouble

pasti'ficio [pasti'fitʃo] *sm* pasta factory

pas'tiglia [pas'tiʎʎa] *sf* pastille, lozenge

pas'tina *sf small pasta shapes used in soup*

'pasto *sm* meal

pas'tore *sm* shepherd; (*REL*) pastor, minister; (*anche*: *cane* ~) sheepdog; ~ **tedesco** (*ZOOL*) Alsatian, German shepherd

pastoriz'zare [pastorid'dzare] *vt* to pasteurize

pas'toso, a *ag* doughy; pasty; (*fig*: *voce, colore*) mellow, soft

pas'trano *sm* greatcoat

pas'tura *sf* pasture

pa'tata *sf* potato; ~**e fritte** chips (*BRIT*), French fries; **pata'tine** *sfpl* (potato) crisps; ~ **fritte** chips

pata'trac *sm* (*crollo*: *anche fig*) crash

pa'tella *sf* (*ZOOL*) limpet

pa'tema, i *sm* anxiety, worry

pa'tente *sf* licence; (*anche*: ~ *di*

guida) driving licence (*BRIT*), driver's license (*US*)
paternità *sf* paternity, fatherhood
pa'terno, a *ag* (*affetto, consigli*) fatherly; (*casa, autorità*) paternal
pa'tetico, a, ci, che *ag* pathetic; (*commovente*) moving, touching
pa'tibolo *sm* gallows *sg*, scaffold
'patina *sf* (*su rame etc*) patina; (*sulla lingua*) fur, coating
pa'tire *vt, vi* to suffer
pa'tito, a *sm/f* enthusiast, fan, lover
patolo'gia [patolo'dʒia] *sf* pathology; **pato'logico, a, ci, che** *ag* pathological
'patria *sf* homeland
patri'arca, chi *sm* patriarch
pa'trigno [pa'triɲɲo] *sm* stepfather
patri'monio *sm* estate, property; (*fig*) heritage
patri'ota, i, e *sm/f* patriot; **patri'ottico, a, ci, che** *ag* patriotic; **patriot'tismo** *sm* patriotism
patroci'nare [patrotʃi'nare] *vt* (*DIR: difendere*) to defend; (*sostenere*) to sponsor, support; **patro'cinio** *sm* defence; support, sponsorship
patro'nato *sm* patronage; (*istituzione benefica*) charitable institution *o* society
pa'trono *sm* (*REL*) patron saint; (*socio di patronato*) patron; (*DIR*) counsel
'patta *sf* flap; (*dei pantaloni*) fly
patteggi'are [patted'dʒare] *vt, vi* to negotiate
patti'naggio [patti'naddʒo] *sm* skating
patti'nare *vi* to skate; ~ **sul ghiaccio** to ice-skate; **pattina'tore, 'trice** *sm/f* skater; **'pattino**[1] *sm* skate; (*di slitta*) runner; (*AER*) skid; (*TECN*) sliding block; **pattini (da ghiaccio)** (ice) skates; **pattini a rotelle** roller skates; **pat'tino**[2] *sm* (*barca*) *kind of pedalo with oars*
'patto *sm* (*accordo*) pact, agreement; (*condizione*) term, condition; **a ~ che** on condition that
pat'tuglia [pat'tuʎʎa] *sf* (*MIL*) patrol
pattu'ire *vt* to reach an agreement on
pattumi'era *sf* (dust)bin (*BRIT*), ashcan (*US*)
pa'ura *sf* fear; **aver ~ di/di fare/che** to be frightened *o* afraid of/of doing/that; **far ~ a** to frighten; **per ~ di/che** for fear of/that; **pau'roso, a** *ag* (*che fa paura*) frightening; (*che ha paura*) fearful, timorous
'pausa *sf* (*sosta*) break; (*nel parlare, MUS*) pause
pavi'mento *sm* floor
pa'vone *sm* peacock; **pavoneggi'arsi** *vr* to strut about, show off
pazien'tare [pattsjen'tare] *vi* to be patient
pazi'ente [pat'tsjɛnte] *ag, sm/f* patient; **pazi'enza** *sf* patience
paz'zesco, a, schi, sche [pat'tsesko] *ag* mad, crazy
paz'zia [pat'tsia] *sf* (*MED*) madness, insanity; (*azione*) folly; (*di azione, decisione*) madness, folly
'pazzo, a ['pattso] *ag* (*MED*) mad, insane; (*strano*) wild, mad ♦ *sm/f* madman/woman; ~ **di** (*gioia, amore etc*) mad *o* crazy with; ~ **per qc/qn** mad *o* crazy about sth/sb
PCI *sigla m* = **Partito Comunista Italiano**
'pecca, che *sf* defect, flaw, fault
peccami'noso, a *ag* sinful
pec'care *vi* to sin; (*fig*) to err
pec'cato *sm* sin; **è un ~ che** it's a pity that; **che ~!** what a shame *o* pity!
pecca'tore, 'trice *sm/f* sinner
'pece ['petʃe] *sf* pitch
Pe'chino [pe'kino] *sf* Peking
'pecora *sf* sheep; **peco'raio** *sm* shepherd; **peco'rino** *sm* sheep's milk cheese
peculi'are *ag*: ~ **di** peculiar to
pe'daggio [pe'daddʒo] *sm* toll
pedago'gia [pedago'dʒia] *sf* pedagogy, educational methods *pl*
peda'lare *vi* to pedal; (*andare in bicicletta*) to cycle

pe'dale *sm* pedal
pe'dana *sf* footboard; (*SPORT: nel salto*) springboard; (*: nella scherma*) piste
pe'dante *ag* pedantic ♦ *sm/f* pedant
pe'data *sf* (*impronta*) footprint; (*colpo*) kick; **prendere a ~e qn/qc** to kick sb/sth
pede'rasta, i *sm* pederast; homosexual
pedi'atra, i, e *sm/f* paediatrician; **pedia'tria** *sf* paediatrics *sg*
pedi'cure *sm/f inv* chiropodist
pe'dina *sf* (*della dama*) draughtsman (*BRIT*), draftsman (*US*); (*fig*) pawn
pedi'nare *vt* to shadow, tail
pedo'nale *ag* pedestrian
pe'done, a *sm/f* pedestrian ♦ *sm* (*SCACCHI*) pawn
'peggio ['pɛddʒo] *av*, *ag inv* worse ♦ *sm o f*: **il** *o* **la ~** the worst; **alla ~** at worst, if the worst comes to the worst; **peggiora'mento** *sm* worsening; **peggio'rare** *vt* to make worse, worsen ♦ *vi* to grow worse, worsen; **peggiora'tivo, a** *ag* pejorative; **peggi'ore** *ag* (*comparativo*) worse; (*superlativo*) worst ♦ *sm/f*: **il(la) peggiore** the worst (person)
'pegno ['peɲɲo] *sm* (*DIR*) security, pledge; (*nei giochi di società*) forfeit; (*fig*) pledge, token; **dare in ~ qc** to pawn sth
pe'lare *vt* (*spennare*) to pluck; (*spellare*) to skin; (*sbucciare*) to peel; (*fig*) to make pay through the nose; **~rsi** *vr* to go bald
pe'lato, a *ag*: **pomodori ~i** tinned tomatoes
pel'lame *sm* skins *pl*, hides *pl*
'pelle *sf* skin; (*di animale*) skin, hide; (*cuoio*) leather; **avere la ~ d'oca** to have goose pimples *o* goose flesh
pellegri'naggio [pellegri'naddʒo] *sm* pilgrimage
pelle'grino, a *sm/f* pilgrim
pelle'rossa (*pl* **pelli'rosse**) *sm/f* Red Indian
pelli'rossa *sm/f* = **pellerossa**
pellette'ria *sf* leather goods *pl*; (*negozio*) leather goods shop
pelli'cano *sm* pelican
pellicce'ria [pellittʃe'ria] *sf* (*negozio*) furrier's (shop); (*quantità di pellicce*) furs *pl*
pel'liccia, ce [pel'littʃa] *sf* (*mantello di animale*) coat, fur; (*indumento*) fur coat
pel'licola *sf* (*membrana sottile*) film, layer; (*FOT, CINEMA*) film
'pelo *sm* hair; (*pelame*) coat, hair; (*pelliccia*) fur; (*di tappeto*) pile; (*di liquido*) surface; **per un ~**: **per un ~ non ho perduto il treno** I very nearly missed the train; **c'è mancato un ~ che affogasse** he escaped drowning by the skin of his teeth; **pe'loso, a** *ag* hairy
'peltro *sm* pewter
pe'luria *sf* down
'pena *sf* (*DIR*) sentence; (*punizione*) punishment; (*sofferenza*) sadness *no pl*, sorrow; (*fatica*) trouble *no pl*, effort; (*difficoltà*) difficulty; **far ~** to be pitiful; **mi fai ~** I feel sorry for you; **prendersi** *o* **darsi la ~ di fare** to go to the trouble of doing; **~ di morte** death sentence; **~ pecuniaria** fine; **pe'nale** *ag* penal; **penalità** *sf inv* penalty; **penaliz'zare** *vt* (*SPORT*) to penalize
pe'nare *vi* (*patire*) to suffer; (*faticare*) to struggle
pen'dente *ag* hanging; leaning ♦ *sm* (*ciondolo*) pendant; (*orecchino*) drop earring; **pen'denza** *sf* slope, slant; (*grado d'inclinazione*) gradient; (*ECON*) outstanding account
'pendere *vi* (*essere appeso*): **~ da** to hang from; (*essere inclinato*) to lean; (*fig: incombere*): **~ su** to hang over
pen'dice [pen'ditʃe] *sf*: **alle ~i del monte** at the foot of the mountain
pen'dio, 'dii *sm* slope, slant; (*luogo in pendenza*) slope
'pendola *sf* pendulum clock
pendo'lare *sm/f* commuter

'pendolo *sm* (*peso*) pendulum; (*anche*: *orologio a* ~) pendulum clock
'pene *sm* penis
pene'trante *ag* piercing, penetrating
pene'trare *vi* to come *o* get in ♦ *vt* to penetrate; ~ **in** to enter; (*sog*: *proiettile*) to penetrate; (: *acqua, aria*) to go *o* come into
penicil'lina [penitʃil'lina] *sf* penicillin
pe'nisola *sf* peninsula
peni'tenza [peni'tɛntsa] *sf* penitence; (*punizione*) penance
penitenzi'ario [peniten'tsjarjo] *sm* prison
'penna *sf* (*di uccello*) feather; (*per scrivere*) pen; ~**e** *sfpl* (*CUC*) quills (*type of pasta*); ~ **a feltro/stilografica/a sfera** felt-tip/fountain/ballpoint pen
penna'rello *sm* felt(-tip) pen
pennel'lare *vi* to paint
pen'nello *sm* brush; (*per dipingere*) (paint)brush; **a** ~ (*perfettamente*) to perfection, perfectly; ~ **per la barba** shaving brush
pen'nino *sm* nib
pen'none *sm* (*NAUT*) yard; (*stendardo*) banner, standard
pe'nombra *sf* half-light, dim light
pe'noso, a *ag* painful, distressing; (*faticoso*) tiring, laborious
pen'sare *vi* to think ♦ *vt* to think; (*inventare, escogitare*) to think out; ~ **a** to think of; (*amico, vacanze*) to think of *o* about; (*problema*) to think about; ~ **di fare qc** to think of doing sth; **ci penso io** I'll see to *o* take care of it
pensi'ero *sm* thought; (*modo di pensare, dottrina*) thinking *no pl*; (*preoccupazione*) worry, care, trouble; **stare in** ~ **per qn** to be worried about sb; **pensie'roso, a** *ag* thoughtful
'pensile *ag* hanging
pensio'nante *sm/f* (*presso una famiglia*) lodger; (*di albergo*) guest
pensio'nato, a *sm/f* pensioner
pensi'one *sf* (*al prestatore di lavoro*) pension; (*vitto e alloggio*) board and lodging; (*albergo*) boarding house; **andare in** ~ to retire; **mezza** ~ half board; ~ **completa** full board
pen'soso, a *ag* thoughtful, pensive, lost in thought
pentapar'tito *sm* five-party government
Pente'coste *sf* Pentecost, Whit Sunday (*BRIT*)
penti'mento *sm* repentance, contrition
pen'tirsi *vr*: ~ **di** to repent of; (*rammaricarsi*) to regret, be sorry for
'pentola *sf* pot; ~ **a pressione** pressure cooker
pe'nultimo, a *ag* last but one (*BRIT*), next to last, penultimate
pe'nuria *sf* shortage
penzo'lare [pendzo'lare] *vi* to dangle, hang loosely; **penzo'loni** *av* dangling, hanging down; **stare penzoloni** to dangle, hang down
'pepe *sm* pepper; ~ **macinato/in grani** ground/whole pepper
pepero'nata *sf* (*CUC*) *stewed peppers, tomatoes and onions*
pepe'rone *sm* pepper, capsicum; (*piccante*) chili
pe'pita *sf* nugget

PAROLA CHIAVE

per *prep* **1** (*moto attraverso luogo*) through; **i ladri sono passati** ~ **la finestra** the thieves got in (*o* out) through the window; **l'ho cercato** ~ **tutta la casa** I've searched the whole house *o* all over the house for it
2 (*moto a luogo*) for, to; **partire** ~ **la Germania/il mare** to leave for Germany/the sea; **il treno** ~ **Roma** the Rome train, the train for *o* to Rome
3 (*stato in luogo*): **seduto/sdraiato** ~ **terra** sitting/lying on the ground
4 (*tempo*) for; ~ **anni/lungo tempo** for years/a long time; ~ **tutta**

l'estate throughout the summer, all summer long; **lo rividi ~ Natale** I saw him again at Christmas; **lo faccio ~ lunedì** I'll do it for Monday
5 (*mezzo, maniera*) by; **~ lettera/via aerea/ferrovia** by letter/airmail/rail; **prendere qn ~ un braccio** to take sb by the arm
6 (*causa, scopo*) for; **assente ~ malattia** absent because of *o* through *o* owing to illness; **ottimo ~ il mal di gola** excellent for sore throats
7 (*limitazione*) for; **è troppo difficile ~ lui** it's too difficult for him; **~ quel che mi riguarda** as far as I'm concerned; **~ poco che sia** however little it may be; **~ questa volta ti perdono** I'll forgive you this time
8 (*prezzo, misura*) for; (*distributivo*) a, per; **venduto ~ 3 milioni** sold for 3 million; **1000 lire ~ persona** 1000 lire a *o* per person; **uno ~ volta** one at a time; **uno ~ uno** one by one; **5 ~ cento** 5 per cent; **3 ~ 4 fa 12** 3 times 4 equals 12; **dividere/moltiplicare 12 ~ 4** to divide/multiply 12 by 4
9 (*in qualità di*) as; (*al posto di*) for; **avere qn ~ professore** to have sb as a teacher; **ti ho preso ~ Mario** I mistook you for Mario, I thought you were Mario; **dare ~ morto qn** to give sb up for dead
10 (*seguito da vb*: *finale*): **~ fare qc** (so as) to do sth, in order to do sth; (: *causale*): **~ aver fatto qc** for having done sth; (: *consecutivo*): **è abbastanza grande ~ andarci da solo** he's big enough to go on his own

'pera *sf* pear
pe'raltro *av* moreover, what's more
per'bene *ag inv* respectable, decent ♦ *av* (*con cura*) properly, well
percentu'ale [pertʃentu'ale] *sf* percentage
perce'pire [pertʃe'pire] *vt* (*sentire*) to perceive; (*ricevere*) to receive;
percezi'one *sf* perception

PAROLA CHIAVE

perché [per'ke] *av* why; **~ no?** why not?; **~ non vuoi andarci?** why don't you want to go?; **spiegami ~ l'hai fatto** tell me why you did it
♦ *cong* **1** (*causale*) because; **non posso uscire ~ ho da fare** I can't go out because *o* as I've a lot to do
2 (*finale*) in order that, so that; **te lo do ~ tu lo legga** I'm giving it to you so (that) you can read it
3 (*consecutivo*): **è troppo forte ~ si possa batterlo** he's too strong to be beaten
♦ *sm inv* reason; **il ~ di** the reason for

perciò [per'tʃɔ] *cong* so, for this (*o* that) reason
per'correre *vt* (*luogo*) to go all over; (: *paese*) to travel up and down, go all over; (*distanza*) to cover
per'corso, a *pp di* **percorrere** ♦ *sm* (*tragitto*) journey; (*tratto*) route
per'cossa *sf* blow
per'cosso, a *pp di* **percuotere**
percu'otere *vt* to hit, strike
percussi'one *sf* percussion; **strumenti a ~** (*MUS*) percussion instruments
'perdere *vt* to lose; (*lasciarsi sfuggire*) to miss; (*sprecare*: *tempo, denaro*) to waste; (*mandare in rovina*: *persona*) to ruin ♦ *vi* to lose; (*serbatoio etc*) to leak; **~rsi** *vr* (*smarrirsi*) to get lost; (*svanire*) to disappear, vanish; **saper ~** to be a good loser; **lascia ~!** forget it!, never mind!
perdigi'orno [perdi'dʒorno] *sm/f inv* idler, waster
'perdita *sf* loss; (*spreco*) waste; (*fuoriuscita*) leak; **siamo in ~** (*COMM*) we are running at a loss; **a ~ d'occhio** as far as the eye can see
perdo'nare *vt* to pardon, forgive; (*scusare*) to excuse, pardon
per'dono *sm* forgiveness; (*DIR*) pardon
perdu'rare *vi* to go on, last;

(*perseverare*) to persist

perduta'mente *av* desperately, passionately

per'duto, a *pp di* **perdere**

peregri'nare *vi* to wander, roam

pe'renne *ag* eternal, perpetual, perennial; (*BOT*) perennial

peren'torio, a *ag* peremptory; (*definitivo*) final

per'fetto, a *ag* perfect ♦ *sm* (*LING*) perfect (tense)

perfezio'nare [perfettsjo'nare] *vt* to improve, perfect; **~rsi** *vr* to improve

perfezi'one [perfet'tsjone] *sf* perfection

'perfido, a *ag* perfidious, treacherous

per'fino *av* even

perfo'rare *vt* to perforate; to punch a hole (*o* holes) in; (*banda, schede*) to punch; (*trivellare*) to drill; **perfora'tore, 'trice** *sm/f* punch-card operator ♦ *sm* (*utensile*) punch; (*INFORM*): **perforatore di schede** card punch; **perfora'trice** *sf* (*TECN*) boring *o* drilling machine; (*INFORM*) card punch; *vedi anche* **perforatore**; **perforazi'one** *sf* perforation; punching; drilling; (*INFORM*) punch; (*MED*) perforation

perga'mena *sf* parchment

'pergola *sf* (*per rampicanti*) pergola

perico'lante *ag* precarious

pe'ricolo *sm* danger; **mettere in ~** to endanger, put in danger; **perico'loso, a** *ag* dangerous

perife'ria *sf* periphery; (*di città*) outskirts *pl*

pe'rifrasi *sf* circumlocution

pe'rimetro *sm* perimeter

peri'odico, a, ci, che *ag* periodic(al); (*MAT*) recurring ♦ *sm* periodical

pe'riodo *sm* period

peripe'zie [peripet'tsie] *sfpl* ups and downs, vicissitudes

pe'rire *vi* to perish, die

pe'rito, a *ag* expert, skilled ♦ *sm/f* expert; (*agronomo, navale*) surveyor; **un ~ chimico** a qualified chemist

pe'rizia [pe'rittsja] *sf* (*abilità*) ability; (*giudizio tecnico*) expert opinion; expert's report

'perla *sf* pearl; **per'lina** *sf* bead

perlus'trare *vt* to patrol

perma'loso, a *ag* touchy

perma'nente *ag* permanent ♦ *sf* permanent wave, perm; **perma'nenza** *sf* permanence; (*soggiorno*) stay

perma'nere *vi* to remain

perme'are *vt* to permeate

per'messo, a *pp di* **permettere** ♦ *sm* (*autorizzazione*) permission, leave; (*dato a militare, impiegato*) leave; (*licenza*) licence, permit; (*MIL: foglio*) pass; ~?, è ~? (*posso entrare?*) may I come in?; (*posso passare?*) excuse me; **~ di lavoro/pesca** work/fishing permit; **~ di soggiorno** residence permit

per'mettere *vt* to allow, permit; **~ a qn qc/di fare** to allow sb sth/to do; **~rsi qc/di fare** to allow o.s. sth/to do; (*avere la possibilità*) to afford sth/to do

per'nacchia [per'nakkja] (*fam*) *sf*: **fare una ~** to blow a raspberry

per'nice [per'nitʃe] *sf* partridge

'perno *sm* pivot

pernot'tare *vi* to spend the night, stay overnight

'pero *sm* pear tree

però *cong* (*ma*) but; (*tuttavia*) however, nevertheless

pero'rare *vt* (*DIR, fig*): **~ la causa di qn** to plead sb's case

perpendico'lare *ag, sf* perpendicular

perpe'trare *vt* to perpetrate

perpetu'are *vt* to perpetuate

per'petuo, a *ag* perpetual

per'plesso, a *ag* perplexed; uncertain, undecided

perqui'sire *vt* to search; **perquisizi'one** *sf* (police) search

persecu'tore *sm* persecutor

persecuzi'one [persekut'tsjone] *sf* persecution

persegu'ire *vt* to pursue
persegui'tare *vt* to persecute
perseve'rante *ag* persevering
perseve'rare *vi* to persevere
'Persia *sf*: **la** ~ Persia
persi'ana *sf* shutter; ~ **avvolgibile** Venetian blind
persi'ano, a *ag, sm/f* Persian
'persico, a, ci, che *ag*: **il golfo P~** the Persian Gulf
per'sino *av* = **perfino**
persis'tente *ag* persistent
per'sistere *vi* to persist; ~ **a fare** to persist in doing; **persis'tito, a** *pp di* **persistere**
'perso, a *pp di* **perdere**
per'sona *sf* person; (*qualcuno*): **una** ~ someone, somebody, *espressione interrogativa* +anyone *o* anybody; ~**e** *sfpl* people; **non c'è** ~ **che ...** there's nobody who ..., there isn't anybody who ...
perso'naggio [perso'naddʒo] *sm* (*persona ragguardevole*) personality, figure; (*tipo*) character, individual; (*LETTERATURA*) character
perso'nale *ag* personal ♦ *sm* staff; personnel; (*figura fisica*) build
personalità *sf inv* personality
personifi'care *vt* to personify; to embody
perspi'cace [perspi'katʃe] *ag* shrewd, discerning
persu'adere *vt*: ~ **qn (di qc/a fare)** to persuade sb (of sth/to do); **persuasi'one** *sf* persuasion; **persua'sivo, a** *ag* persuasive; **persu'aso, a** *pp di* **persuadere**
per'tanto *cong* (*quindi*) so, therefore
'pertica, che *sf* pole
perti'nente *ag*: ~ **(a)** relevant (to), pertinent (to)
per'tosse *sf* whooping cough
per'tugio [per'tudʒo] *sm* hole, opening
perturbazi'one [perturbat'tsjone] *sf* disruption; perturbation; ~ **atmosferica** atmospheric disturbance
per'vadere *vt* to pervade; **per'vaso, a** *pp di* **pervadere**
perve'nire *vi*: ~ **a** to reach, arrive at, come to; (*venire in possesso*): **gli pervenne una fortuna** he inherited a fortune; **far** ~ **qc a** to have sth sent to; **perve'nuto, a** *pp di* **pervenire**
per'verso, a *ag* depraved; perverse
p. es. *abbr* (= *per esempio*) e.g.
'pesa *sf* weighing *no pl*; weighbridge
pe'sante *ag* heavy; (*fig*: *noioso*) dull, boring
pe'sare *vt* to weigh ♦ *vi* (*avere un peso*) to weigh; (*essere pesante*) to be heavy; (*fig*) to carry weight; ~ **su** (*fig*) to lie heavy on; to influence; to hang over; **mi pesa sgridarlo** I find it hard to scold him
'pesca (*pl* **pesche**: *frutto*) *sf* peach; (*il pescare*) fishing; **andare a** ~ to go fishing; ~ **di beneficenza** (*lotteria*) lucky dip; ~ **con la lenza** angling
pes'care *vt* (*pesce*) to fish for; to catch; (*qc nell'acqua*) to fish out; (*fig*: *trovare*) to get hold of, find
pesca'tore *sm* fisherman; angler
'pesce ['peʃʃe] *sm* fish *gen inv*; **P~i** (*dello zodiaco*) Pisces; ~ **d'aprile!** April Fool!; ~ **spada** swordfish; **pesce'cane** *sm* shark
pesche'reccio [peske'rettʃo] *sm* fishing boat
pesche'ria [peske'ria] *sf* fishmonger's (shop) (*BRIT*), fish store (*US*)
pesci'vendolo, a [peʃʃi'vendolo] *sm/f* fishmonger (*BRIT*), fish merchant (*US*)
'pesco, schi *sm* peach tree
pes'coso, a *ag* abounding in fish
'peso *sm* weight; (*SPORT*) shot; **rubare sul** ~ to give short weight; **essere di** ~ **a qn** (*fig*) to be a burden to sb; ~ **lordo/netto** gross/net weight; ~ **piuma/mosca/gallo/medio/massimo** (*PUGILATO*) feather/fly/bantam/middle/heavyweight
pessi'mismo *sm* pessimism; **pessi'mista, i, e** *ag* pessimistic ♦ *sm/f*

pessimist
'pessimo, a *ag* very bad, awful
pes'tare *vt* to tread on, trample on; (*sale, pepe*) to grind; (*uva, aglio*) to crush; (*fig*: *picchiare*): ~ **qn** to beat sb up
'peste *sf* plague; (*persona*) nuisance, pest
pes'tello *sm* pestle
pesti'lenza [pesti'lɛntsa] *sf* pestilence; (*fetore*) stench
'pesto, a *ag*: **c'è buio** ~ it's pitch-dark; **occhio** ~ black eye ♦ *sm* (*CUC*) *sauce made with basil, garlic, cheese and oil*
'petalo *sm* (*BOT*) petal
pe'tardo *sm* firecracker, banger (*BRIT*)
petizi'one [petit'tsjone] *sf* petition
'peto (*fam!*) *sm* fart (*!*)
petrol'chimica [petrol'kimika] *sf* petrochemical industry
petroli'era *sf* (*nave*) oil tanker
petro'lifero, a *ag* oil-bearing; oil *cpd*
pe'trolio *sm* oil, petroleum; (*per lampada, fornello*) paraffin
pettego'lare *vi* to gossip
pettego'lezzo [pettego'leddzo] *sm* gossip *no pl*; **fare ~i** to gossip
pet'tegolo, a *ag* gossipy ♦ *sm/f* gossip
petti'nare *vt* to comb (the hair of); **~rsi** *vr* to comb one's hair; **petti-na'tura** *sf* (*acconciatura*) hairstyle
'pettine *sm* comb; (*ZOOL*) scallop
petti'rosso *sm* robin
'petto *sm* chest; (*seno*) breast, bust; (*CUC: di carne bovina*) brisket; (: *di pollo etc*) breast; **a doppio** ~ (*abito*) double-breasted; **petto'ruto, a** *ag* broad-chested; full-breasted
petu'lante *ag* insolent
pe'tunia *sf* (*BOT*) petunia
'pezza ['pɛttsa] *sf* piece of cloth; (*toppa*) patch; (*cencio*) rag, cloth
pez'zato, a [pet'tsato] *ag* piebald
pez'zente [pet'tsɛnte] *sm/f* beggar
'pezzo ['pɛttso] *sm* (*gen*) piece; (*brandello, frammento*) piece, bit; (*di macchina, arnese etc*) part; (*STAMPA*) article; (*di tempo*): **aspettare un** ~ to wait quite a while *o* some time; **in** *o* **a ~i** in pieces; **andare in ~i** to break into pieces; **un bel ~ d'uomo** a fine figure of a man; **abito a due ~i** two-piece suit; ~ **di cronaca** (*STAMPA*) report; ~ **grosso** (*fig*) bigwig; ~ **di ricambio** spare part
pia'cente [pja'tʃɛnte] *ag* attractive, pleasant
pia'cere [pja'tʃere] *vi* to please; **una ragazza che piace** a likeable girl; an attractive girl; ~ **a: mi piace** I like it; **quei ragazzi non mi piac-ciono** I don't like those boys; **gli piacerebbe andare al cinema** he would like to go to the cinema ♦ *sm* pleasure; (*favore*) favour; "~!" (*nelle presentazioni*) "pleased to meet you!"; **con** ~ certainly, with pleasure; **per ~!** please; **fare un ~ a qn** to do sb a favour; **pia'cevole** *ag* pleasant, agreeable; **piaci'uto, a** *pp di* **piacere**
pi'aga, ghe *sf* (*lesione*) sore; (*ferita*: *anche fig*) wound; (*fig*: *flagello*) scourge, curse; (: *persona*) pest, nuisance
piagnis'teo [pjaɲɲis'tɛo] *sm* whining, whimpering
piagnuco'lare [pjaɲɲuko'lare] *vi* to whimper
pi'alla *sf* (*arnese*) plane; **pial'lare** *vt* to plane
pi'ana *sf* stretch of level ground; (*più esteso*) plain
pianeggi'ante [pjaned'dʒante] *ag* flat, level
piane'rottolo *sm* landing
pia'neta *sm* (*ASTR*) planet
pi'angere ['pjandʒere] *vi* to cry, weep; (*occhi*) to water ♦ *vt* to cry, weep; (*lamentare*) to bewail, lament; ~ **la morte di qn** to mourn sb's death
pianifi'care *vt* to plan; **pianifica-zi'one** *sf* planning
pia'nista, i, e *sm/f* pianist

pi'ano, a *ag* (*piatto*) flat, level; (*MAT*) plane; (*facile*) straightforward, simple; (*chiaro*) clear, plain ♦ *av* (*adagio*) slowly; (*a bassa voce*) softly; (*con cautela*) slowly, carefully ♦ *sm* (*MAT*) plane; (*GEO*) plain; (*livello*) level, plane; (*di edificio*) floor; (*programma*) plan; (*MUS*) piano; **pian ~** very slowly; (*poco a poco*) little by little; **in primo/secondo ~** in the foreground/background; **di primo ~** (*fig*) prominent, high-ranking

piano'forte *sm* piano, pianoforte

pi'anta *sf* (*BOT*) plant; (*ANAT*: *anche*: *~ del piede*) sole (of the foot); (*grafico*) plan; (*topografica*) map; **in ~ stabile** on the permanent staff; **piantagi'one** *sf* plantation; **pian'tare** *vt* to plant; (*conficcare*) to drive *o* hammer in; (*tenda*) to put up, pitch; (*fig*: *lasciare*) to leave, desert; **~rsi** *vr*: **~rsi davanti a qn** to plant o.s. in front of sb; **piantala!** (*fam*) cut it out!

pianter'reno *sm* ground floor

pi'anto, a *pp di* **piangere** ♦ *sm* tears *pl*, crying

pian'tone *sm* (*vigilante*) sentry, guard; (*soldato*) orderly; (*AUT*) steering column

pia'nura *sf* plain

pi'astra *sf* plate; (*di pietra*) slab; (*di fornello*) hotplate; **~ di registrazione** tape deck; **panino alla ~** ≈ toasted sandwich

pias'trella *sf* tile

pias'trina *sf* (*MIL*) identity disc

piatta'forma *sf* (*anche fig*) platform

piat'tino *sm* saucer

pi'atto, a *ag* flat; (*fig*: *scialbo*) dull ♦ *sm* (*recipiente, vivanda*) dish; (*portata*) course; (*parte piana*) flat (part); **~i** *smpl* (*MUS*) cymbals; **~ fondo** soup dish; **~ forte** main course; **~ del giorno** dish of the day, plat du jour; **~ del giradischi** turntable

pi'azza ['pjattsa] *sf* square; (*COMM*) market; **far ~ pulita** to make a clean sweep; **~ d'armi** (*MIL*) parade ground; **piaz'zale** *sm* (large) square

piaz'zare [pjat'tsare] *vt* to place; (*COMM*) to market, sell; **~rsi** *vr* (*SPORT*) to be placed

piaz'zista, i [pjat'tsista] *sm* (*COMM*) commercial traveller

piaz'zola [pjat'tsɔla] *sf* (*AUT*) lay-by

'picca, che *sf* pike; **~che** *sfpl* (*CARTE*) spades

pic'cante *ag* hot, pungent; (*fig*) racy; biting

pic'carsi *vr*: **~ di fare** to pride o.s. on one's ability to do; **~ per qc** to take offence at sth

pic'chetto [pik'ketto] *sm* (*MIL*, *di scioperanti*) picket

picchi'are [pik'kjare] *vt* (*persona*: *colpire*) to hit, strike; (: *prendere a botte*) to beat (up); (*battere*) to beat; (*sbattere*) to bang ♦ *vi* (*bussare*) to knock; (: *con forza*) to bang; (*colpire*) to hit, strike; (*sole*) to beat down; **picchi'ata** *sf* (*percosse*) beating, thrashing; (*AER*) dive

picchiet'tare [pikkjet'tare] *vt* (*punteggiare*) to spot, dot; (*colpire*) to tap

'picchio ['pikkjo] *sm* woodpecker

pic'cino, a [pit'tʃino] *ag* tiny, very small

piccio'naia [pittʃo'naja] *sf* pigeon-loft; (*TEATRO*): **la ~** the gods *sg*

picci'one [pit'tʃone] *sm* pigeon

'picco, chi *sm* peak; **a ~** vertically

'piccolo, a *ag* small; (*oggetto, mano, di età*: *bambino*) small, little (*dav sostantivo*); (*di breve durata*: *viaggio*) short; (*fig*) mean, petty ♦ *sm/f* child, little one; **~i** *smpl* (*di animale*) young *pl*; **in ~** in miniature

pic'cone *sm* pick(-axe)

pic'cozza [pik'kɔttsa] *sf* ice-axe

pic'nic *sm inv* picnic

pi'docchio [pi'dɔkkjo] *sm* louse

pi'ede *sm* foot; (*di mobile*) leg; **in ~i** standing; **a ~i** on foot; **a ~i nudi** barefoot; **su due ~i** (*fig*) at once; **prendere ~** (*fig*) to gain ground,

catch on; **sul ~ di guerra** (*MIL*) ready for action; **~ di porco** crowbar
piedes'tallo *sm* = **piedistallo**
piedipi'atti *sm inv* (*peg*) cop
piedis'tallo *sm* pedestal
pi'ega, ghe *sf* (*piegatura, GEO*) fold; (*di gonna*) pleat; (*di pantaloni*) crease; (*grinza*) wrinkle, crease; **prendere una brutta ~** (*avvenimento*) to take a turn for the worse
pie'gare *vt* to fold; (*braccia, gambe, testa*) to bend ♦ *vi* to bend; **~rsi** *vr* to bend; (*fig*): **~rsi (a)** to yield (to), submit (to); **pieghet'tare** *vt* to pleat; **pie'ghevole** *ag* pliable, flexible; (*porta*) folding; (*fig*) yielding, docile
Pie'monte *sm*: **il ~** Piedmont
pi'ena *sf* (*di fiume*) flood, spate; (*gran folla*) crowd, throng
pi'eno, a *ag* full; (*muro, mattone*) solid ♦ *sm* (*colmo*) height, peak; (*carico*) full load; **~ di** full of; **in ~ giorno** in broad daylight; **fare il ~ (di benzina)** to fill up (with petrol)
pietà *sf* pity; (*REL*) piety; **senza ~** pitiless, merciless; **avere ~ di** (*compassione*) to pity, feel sorry for; (*misericordia*) to have pity *o* mercy on
pie'tanza [pje'tantsa] *sf* dish; (main) course
pie'toso, a *ag* (*compassionevole*) pitying, compassionate; (*che desta pietà*) pitiful
pi'etra *sf* stone; **~ preziosa** precious stone, gem; **pie'traia** *sf* (*terreno*) stony ground; **pietrifi'care** *vt* to petrify; (*fig*) to transfix, paralyze
'piffero *sm* (*MUS*) pipe
pigi'ama, i [pi'dʒama] *sm* pyjamas *pl*
'pigia 'pigia ['pidʒa'pidʒa] *sm* crowd, press
pigi'are [pi'dʒare] *vt* to press
pigi'one [pi'dʒone] *sf* rent
pigli'are [piʎ'ʎare] *vt* to take, grab; (*afferrare*) to catch
'piglio ['piʎʎo] *sm* look, expression
pig'meo, a *sm/f* pygmy
'pigna ['piɲɲa] *sf* pine cone
pi'gnolo, a [piɲ'ɲɔlo] *ag* pernickety
pigo'lare *vi* to cheep, chirp
pigno'rare [piɲɲo'rare] *vt* to distrain
pi'grizia [pi'grittsja] *sf* laziness
'pigro, a *ag* lazy
'pila *sf* (*catasta, di ponte*) pile; (*ELETTR*) battery; (*fam: torcia*) torch (*BRIT*), flashlight
pi'lastro *sm* pillar
'pillola *sf* pill; **prendere la ~** to be on the pill
pi'lone *sm* (*di ponte*) pier; (*di linea elettrica*) pylon
pi'lota, i, e *sm/f* pilot; (*AUT*) driver ♦ *ag inv* pilot *cpd*; **~ automatico** automatic pilot; **pilo'tare** *vt* to pilot; to drive
pi'mento *sm* pimento, allspice
pinaco'teca, che *sf* art gallery
pi'neta *sf* pinewood
ping-'pong [piŋ'pɔŋ] *sm* table tennis
'pingue *ag* fat, corpulent
pingu'ino *sm* (*ZOOL*) penguin
'pinna *sf* fin; (*di pinguino, spatola di gomma*) flipper
'pino *sm* pine (tree); **pi'nolo** *sm* pine kernel
'pinza ['pintsa] *sf* pliers *pl*; (*MED*) forceps *pl*; (*ZOOL*) pincer
pinzette [pin'tsette] *sfpl* tweezers
'pio, a, 'pii, 'pie *ag* pious; (*opere, istituzione*) charitable, charity *cpd*
pi'oggia, ge ['pjɔddʒa] *sf* rain; **~ acida** acid rain
pi'olo *sm* peg; (*di scala*) rung
piom'bare *vi* to fall heavily; (*gettarsi con impeto*): **~ su** to fall upon, assail ♦ *vt* (*dente*) to fill; **piomba'tura** *sf* (*di dente*) filling
piom'bino *sm* (*sigillo*) (lead) seal; (*del filo a piombo*) plummet; (*PESCA*) sinker
pi'ombo *sm* (*CHIM*) lead; (*sigillo*) (lead) seal; (*proiettile*) (lead) shot; **a ~** (*cadere*) straight down
pioni'ere, a *sm/f* pioneer
pi'oppo *sm* poplar

pi'overe *vb impers* to rain ♦ *vi* (*fig*: *scendere dall'alto*) to rain down; (: *affluire in gran numero*): ~ **in** to pour into; **pioviggi'nare** *vb impers* to drizzle; **pio'voso, a** *ag* rainy

pi'ovra *sf* octopus

'pipa *sf* pipe

pipì (*fam*) *sf*: **fare** ~ to have a wee (wee)

pipis'trello *sm* (*ZOOL*) bat

pi'ramide *sf* pyramid

pi'rata, i *sm* pirate; ~ **della strada** hit-and-run driver

Pire'nei *smpl*: **i** ~ the Pyrenees

'pirico, a, ci, che *ag*: **polvere ~a** gunpowder

pi'rite *sf* pyrite

pi'rofilo, a *ag* heat-resistant; **pi'rofila** *sf* heat-resistant dish

pi'roga, ghe *sf* dug-out canoe

pi'romane *sm/f* pyromaniac; arsonist

pi'roscafo *sm* steamer, steamship

pisci'are [piʃ'ʃare] (*fam!*) *vi* to piss (*!*), pee (*!*)

pi'scina [piʃ'ʃina] *sf* (swimming) pool; (*stabilimento*) (swimming) baths *pl*

pi'sello *sm* pea

piso'lino *sm* nap

'pista *sf* (*traccia*) track, trail; (*di stadio*) track; (*di pattinaggio*) rink; (*da sci*) run; (*AER*) runway; (*di circo*) ring; ~ **da ballo** dance floor

pis'tacchio [pis'takkjo] *sm* pistachio (tree); pistachio (nut)

pis'tola *sf* pistol, gun

pis'tone *sm* piston

pi'tone *sm* python

pit'tore, 'trice *sm/f* painter; **pitto'resco, a, schi, sche** *ag* picturesque

pit'tura *sf* painting; **pittu'rare** *vt* to paint

PAROLA CHIAVE

più *av* **1** (*in maggiore quantità*) more; ~ **del solito** more than usual; **in ~, di ~** more; **ne voglio di ~** I want some more; **ci sono 3 persone in *o* di ~** there are 3 more *o* extra people; ~ **o meno** more or less; **per di ~** (*inoltre*) what's more, moreover

2 (*comparativo*) more, *aggettivo corto* +...er; ~ **... di/che** more ... than; **lavoro ~ di te/Paola** I work harder than you/Paola; **è ~ intelligente che ricco** he's more intelligent than rich

3 (*superlativo*) most, *aggettivo corto* +...est; **il ~ grande/intelligente** the biggest/most intelligent; **è quello che compro ~ spesso** that's the one I buy most often; **al ~ presto** as soon as possible; **al ~ tardi** at the latest

4 (*negazione*): **non ... ~** no more, no longer; **non ho ~ soldi** I've got no more money, I don't have any more money; **non lavoro ~** I'm no longer working, I don't work any more; **a ~ non posso** (*gridare*) at the top of one's voice; (*correre*) as fast as one can

5 (*MAT*) plus; **4 ~ 5 fa 9** 4 plus 5 equals 9; ~ **5 gradi** 5 degrees above freezing, plus 5

♦ *prep* plus

♦ *ag inv* **1**: ~ **... (di)** more ... (than); ~ **denaro/tempo** more money/time; ~ **persone di quante ci aspettassimo** more people than we expected

2 (*numerosi, diversi*) several; **l'aspettai per ~ giorni** I waited for it for several days

♦ *sm* **1** (*la maggior parte*): **il ~ è fatto** most of it is done

2 (*MAT*) plus (sign)

3: **i** ~ the majority

piucchepper'fetto [pjukkepper'fetto] *sm* (*LING*) pluperfect, past perfect

pi'uma *sf* feather; **piu'maggio** *sm* plumage, feathers *pl*; **piu'mino** *sm* (eider)down; (*per letto*) eiderdown; (: *tipo danese*) duvet, continental quilt; (*giacca*) quilted jacket (*with*

goose-feather padding); (*per cipria*) powder puff; (*per spolverare*) feather duster
piut'tosto *av* rather; ~ **che** (*anziché*) rather than
pi'vello, a *sm/f* greenhorn
'pizza ['pittsa] *sf* pizza; **pizze'ria** *sf place where pizzas are made, sold or eaten*
pizzi'cagnolo, a [pittsi'kaɲɲolo] *sm/f* specialist grocer
pizzi'care [pittsi'kare] *vt* (*stringere*) to nip, pinch; (*pungere*) to sting; to bite; (*MUS*) to pluck ♦ *vi* (*prudere*) to itch, be itchy; (*cibo*) to be hot *o* spicy
pizziche'ria [pittsike'ria] *sf* delicatessen (shop)
'pizzico, chi ['pittsiko] *sm* (*pizzicotto*) pinch, nip; (*piccola quantità*) pinch, dash; (*d'insetto*) sting; bite
pizzi'cotto [pittsi'kɔtto] *sm* pinch, nip
'pizzo ['pittso] *sm* (*merletto*) lace; (*barbetta*) goatee beard
pla'care *vt* to placate, soothe; **~rsi** *vr* to calm down
'placca, che *sf* plate; (*con iscrizione*) plaque; (*anche*: ~ *dentaria*) (dental) plaque; **plac'care** *vt* to plate; **placcato in oro/argento** gold-/silver-plated
'placido, a ['platʃido] *ag* placid, calm
plagi'are [pla'dʒare] *vt* (*copiare*) to plagiarize; **'plagio** *sm* plagiarism
pla'nare *vi* (*AER*) to glide
'plancia, ce ['plantʃa] *sf* (*NAUT*) bridge
plane'tario, a *ag* planetary ♦ *sm* (*locale*) planetarium
'plasma *sm* plasma
plas'mare *vt* to mould, shape
'plastica, che *sf* (*arte*) plastic arts *pl*; (*MED*) plastic surgery; (*sostanza*) plastic
'plastico, a, ci, che *ag* plastic ♦ *sm* (*rappresentazione*) relief model; (*esplosivo*): **bomba al** ~ plastic bomb
plasti'lina ® *sf* plasticine ®
'platano *sm* plane tree
pla'tea *sf* (*TEATRO*) stalls *pl*
'platino *sm* platinum
pla'tonico, a, ci, che *ag* platonic
plau'sibile *ag* plausible
'plauso *sm* (*fig*) approval
ple'baglia [ple'baʎʎa] (*peg*) *sf* rabble, mob
'plebe *sf* common people; **ple'beo, a** *ag* plebeian; (*volgare*) coarse, common
ple'nario, a *ag* plenary
pleni'lunio *sm* full moon
'plettro *sm* plectrum
pleu'rite *sf* pleurisy
'plico, chi *sm* (*pacco*) parcel; **in ~ a parte** (*COMM*) under separate cover
plo'tone *sm* (*MIL*) platoon; ~ **d'esecuzione** firing squad
'plumbeo, a *ag* leaden
plu'rale *ag*, *sm* plural; **pluralità** *sf* plurality; (*maggioranza*) majority
plusva'lore *sm* (*ECON*) surplus
pneu'matico, a, ci, che *ag* inflatable; pneumatic ♦ *sm* (*AUT*) tyre (*BRIT*), tire (*US*)
po' *av*, *sm vedi* **poco**

PAROLA CHIAVE

'poco, a, chi, che *ag* (*quantità*) little, not much; (*numero*) few, not many; ~ **pane/denaro/spazio** little *o* not much bread/money/space; **~che persone/idee** few *o* not many people/ideas; **ci vediamo tra** ~ (*sottinteso*: *tempo*) see you soon

♦ *av* **1** (*in piccola quantità*) little, not much; (*numero limitato*) few, not many; **guadagna** ~ he doesn't earn much, he earns little

2 (*con ag*, *av*) (a) little, not very; **sta ~ bene** he isn't very well; **è ~ più vecchia di lui** she's a little *o* slightly older than him

3 (*tempo*): ~ **dopo/prima** shortly afterwards/before; **il film dura** ~ the film doesn't last very long; **ci vediamo molto** ~ we don't see each

other very often, we hardly ever see each other
4: **un po'** a little, a bit; **è un po' corto** it's a little *o* a bit short; **arriverà fra un po'** he'll arrive shortly *o* in a little while
5: **a dir** ~ to say the least; **a ~ a** ~ little by little; **per ~ non cadevo** I nearly fell; **è una cosa da** ~ it's nothing, it's of no importance; **una persona da** ~ a worthless person
◆ *pron* (a) little; ~**chi, che** *pron pl* (*persone*) few (people); (*cose*) few
◆ *sm* **1** little; **vive del ~ che ha** he lives on the little he has
2: **un po'** a little; **un po' di zucchero** a little sugar; **un bel po' di denaro** quite a lot of money; **un po' per ciascuno** a bit each

po'dere *sm* (*AGR*) farm
pode'roso, a *ag* powerful
podestà *sm inv* (*nel fascismo*) podesta, mayor
'podio *sm* dais, platform; (*MUS*) podium
po'dismo *sm* (*SPORT*) track events *pl*
po'ema, i *sm* poem
poe'sia *sf* (*arte*) poetry; (*componimento*) poem
po'eta, 'essa *sm/f* poet/poetess; **po'etico, a, ci, che** *ag* poetic(al)
poggi'are [pod'dʒare] *vt* to lean, rest; (*posare*) to lay, place; **poggia'testa** *sm inv* (*AUT*) headrest
'poggio ['pɔddʒo] *sm* hillock, knoll
poggi'olo [pod'dʒɔlo] *sm* balcony
'poi *av* then; (*alla fine*) finally, at last; e ~ (*inoltre*) and besides; **questa ~ (è bella)!** (*ironico*) that's a good one!
poiché [poi'ke] *cong* since, as
'poker *sm* poker
po'lacco, a, chi, che *ag* Polish ◆ *sm/f* Pole
po'lare *ag* polar
po'lemica, che *sf* controversy
po'lemico, a, ci, che *ag* polemic(al), controversial
po'lenta *sf* (*CUC*) *sort of thick porridge made with maize flour*
poli'clinico, ci *sm* general hospital, polyclinic
poli'estere *sm* polyester
'polio(mie'lite) *sf* polio(myelitis)
'polipo *sm* polyp
polisti'rolo *sm* polystyrene
poli'tecnico, ci *sm* postgraduate technical college
po'litica, che *sf* politics *sg*; (*linea di condotta*) policy; *vedi anche* **politico**
politiciz'zare [polititʃid'dzare] *vt* to politicize
po'litico, a, ci, che *ag* political ◆ *sm/f* politician
poli'zia [polit'tsia] *sf* police; ~ **giudiziaria** ≈ Criminal Investigation Department (*BRIT*), ≈ Federal Bureau of Investigation (*US*); ~ **stradale** traffic police; **polizi'esco, a, schi, sche** *ag* police *cpd*; (*film, romanzo*) detective *cpd*; **polizi'otto** *sm* policeman; **cane poliziotto** police dog; **donna poliziotto** policewoman
'polizza ['pɔlittsa] *sf* (*COMM*) bill; ~ **di assicurazione** insurance policy; ~ **di carico** bill of lading
pol'laio *sm* henhouse
pol'lame *sm* poultry
pol'lastro *sm* (*ZOOL*) cockerel
'pollice ['pɔllitʃe] *sm* thumb
'polline *sm* pollen
'pollo *sm* chicken
pol'mone *sm* lung; ~ **d'acciaio** (*MED*) iron lung; **polmo'nite** *sf* pneumonia
'polo *sm* (*GEO, FISICA*) pole; (*gioco*) polo; **il ~ sud/nord** the South/ North Pole
Po'lonia *sf*: **la** ~ Poland
'polpa *sf* flesh, pulp; (*carne*) lean meat
pol'paccio [pol'pattʃo] *sm* (*ANAT*) calf
polpas'trello *sm* fingertip
pol'petta *sf* (*CUC*) meatball; **polpet'tone** *sm* (*CUC*) meatloaf
'polpo *sm* octopus

pol'poso, a *ag* fleshy
pol'sino *sm* cuff
'polso *sm* (*ANAT*) wrist; (*pulsazione*) pulse; (*fig: forza*) drive, vigour
pol'tiglia [pol'tiʎʎa] *sf* (*composto*) mash, mush; (*di fango e neve*) slush
pol'trire *vi* to laze about
pol'trona *sf* armchair; (*TEATRO: posto*) seat in the front stalls (*BRIT*) *o* orchestra (*US*)
pol'trone *ag* lazy, slothful
'polvere *sf* dust; (*anche: ~ da sparo*) (gun)powder; (*sostanza ridotta minutissima*) powder, dust; **latte in ~** dried *o* powdered milk; **caffè in ~** instant coffee; **sapone in ~** soap powder; **polveri'era** *sf* powder magazine; **polveriz'zare** *vt* to pulverize; (*nebulizzare*) to atomize; (*fig*) to crush, pulverize; to smash; **polve'rone** *sm* thick cloud of dust; **polve'roso, a** *ag* dusty
po'mata *sf* ointment, cream
po'mello *sm* knob
pomeridi'ano, a *ag* afternoon *cpd*; nelle ore ~e in the afternoon
pome'riggio [pome'riddʒo] *sm* afternoon
'pomice ['pɔmitʃe] *sf* pumice
'pomo *sm* (*mela*) apple; (*ornamentale*) knob; (*di sella*) pommel; **~ d'Adamo** (*ANAT*) Adam's apple
pomo'doro *sm* tomato
'pompa *sf* pump; (*sfarzo*) pomp (and ceremony); **~e funebri** funeral parlour *sg* (*BRIT*), undertaker's *sg*; **pom'pare** *vt* to pump; (*trarre*) to pump out; (*gonfiare d'aria*) to pump up
pom'pelmo *sm* grapefruit
pompi'ere *sm* fireman
pom'poso, a *ag* pompous
ponde'rare *vt* to ponder over, consider carefully
ponde'roso, a *ag* (*anche fig*) weighty
po'nente *sm* west
'ponte *sm* bridge; (*di nave*) deck; (*: anche: ~ di comando*) bridge; (*impalcatura*) scaffold; **fare il ~** (*fig*) to take the extra day off (*between 2 public holidays*); **governo ~** interim government; **~ aereo** airlift; **~ sospeso** suspension bridge
pon'tefice [pon'tefitʃe] *sm* (*REL*) pontiff
pontifi'care *vi* (*anche fig*) to pontificate
ponti'ficio, a, ci, cie [ponti'fitʃo] *ag* papal
popo'lano, a *ag* popular, of the people
popo'lare *ag* popular; (*quartiere, clientela*) working-class ♦ *vt* (*rendere abitato*) to populate; **~rsi** *vr* to fill with people, get crowded; **popolarità** *sf* popularity; **popolazi'one** *sf* population
'popolo *sm* people; **popo'loso, a** *ag* densely populated
po'pone *sm* melon
'poppa *sf* (*di nave*) stern; (*mammella*) breast
pop'pare *vt* to suck
poppa'toio *sm* (feeding) bottle
porcel'lana [portʃel'lana] *sf* porcelain, china; piece of china
porcel'lino, a [portʃel'lino] *sm/f* piglet
porche'ria [porke'ria] *sf* filth, muck; (*fig: oscenità*) obscenity; (*: azione disonesta*) dirty trick; (*: cosa mal fatta*) rubbish
por'cile [por'tʃile] *sm* pigsty
por'cino, a [por'tʃino] *ag* of pigs, pork *cpd* ♦ *sm* (*fungo*) *type of edible mushroom*
'porco, ci *sm* pig; (*carne*) pork
porcos'pino *sm* porcupine
'porgere ['pɔrdʒere] *vt* to hand, give; (*tendere*) to hold out
pornogra'fia *sf* pornography; **porno'grafico, a, ci, che** *ag* pornographic
'poro *sm* pore; **po'roso, a** *ag* porous
'porpora *sf* purple
'porre *vt* (*mettere*) to put; (*collocare*) to place; (*posare*) to lay

(down), put (down); (*fig*: *supporre*): **poniamo (il caso) che ...** let's suppose that ...; **porsi** *vr* (*mettersi*): **porsi a sedere/in cammino** to sit down/set off; ~ **una domanda a qn** to ask sb a question, put a question to sb

'porro *sm* (*BOT*) leek; (*MED*) wart

'porta *sf* door; (*SPORT*) goal; ~**e** *sfpl* (*di città*) gates; **a ~e chiuse** (*DIR*) in camera

'porta... *prefisso*: **portaba'gagli** *sm inv* (*facchino*) porter; (*AUT, FERR*) luggage rack; **porta'cenere** *sm inv* ashtray; **portachi'avi** *sm inv* keyring; **porta'cipria** *sm inv* powder compact; **porta'erei** *sf inv* (*nave*) aircraft carrier ♦ *sm inv* (*aereo*) aircraft transporter; **portafi'nestra** (*pl* **portefi'nestre**) *sf* French window; **porta'foglio** *sm* (*busta*) wallet; (*cartella*) briefcase; (*POL, BORSA*) portfolio; **portafor'tuna** *sm inv* lucky charm; mascot; **portagi'oie** *sm inv* jewellery box; **portagioi'elli** *sm inv* = **portagioie**

porta'lettere *sm/f inv* postman/woman (*BRIT*), mailman/woman (*US*)

porta'mento *sm* carriage, bearing

portamo'nete *sm inv* purse

por'tante *ag* (*muro etc*) supporting, load-bearing

portan'tina *sf* sedan chair; (*per ammalati*) stretcher

por'tare *vt* (*sostenere, sorreggere*: *peso, bambino, pacco*) to carry; (*indossare*: *abito, occhiali*) to wear; (: *capelli lunghi*) to have; (*avere*: *nome, titolo*) to have, bear; (*recare*): ~ **qc a qn** to take (*o* bring) sth to sb; (*fig*: *sentimenti*) to bear; ~**rsi** *vr* (*recarsi*) to go; ~ **avanti** (*discorso, idea*) to pursue; ~ **via** to take away; (*rubare*) to take; ~ **i bambini a spasso** to take the children for a walk; ~ **fortuna** to bring good luck

portasiga'rette *sm inv* cigarette case

por'tata *sf* (*vivanda*) course; (*AUT*) carrying (*o* loading) capacity; (*di arma*) range; (*volume d'acqua*) (rate of) flow; (*fig: limite*) scope, capability; (*: importanza*) impact, import; **alla ~ di tutti** (*conoscenza*) within everybody's capabilities; (*prezzo*) within everybody's means; **a/fuori ~ (di)** within/out of reach (of); **a ~ di mano** within (arm's) reach

por'tatile *ag* portable

por'tato, a *ag* (*incline*): ~ **a** inclined *o* apt to

porta'tore, 'trice *sm/f* (*anche COMM*) bearer; (*MED*) carrier

portau'ovo *sm inv* eggcup

porta'voce [porta'votʃe] *sm/f inv* spokesman/woman

por'tento *sm* wonder, marvel

'portico, ci *sm* portico

porti'era *sf* (*AUT*) door

porti'ere *sm* (*portinaio*) concierge, caretaker; (*di hotel*) porter; (*nel calcio*) goalkeeper

porti'naio, a *sm/f* concierge, caretaker

portine'ria *sf* caretaker's lodge

'porto, a *pp di* **porgere** ♦ *sm* (*NAUT*) harbour, port; (*spesa di trasporto*) carriage ♦ *sm inv* port (wine); ~ **d'armi** (*documento*) gun licence

Porto'gallo *sm*: **il** ~ Portugal; **porto'ghese** *ag, sm/f, sm* Portuguese *inv*

por'tone *sm* main entrance, main door

portu'ale *ag* harbour *cpd*, port *cpd* ♦ *sm* dock worker

porzi'one [por'tsjone] *sf* portion, share; (*di cibo*) portion, helping

'posa *sf* (*FOT*) exposure; (*atteggiamento, di modello*) pose

posa'cenere [posa'tʃenere] *sm inv* ashtray

po'sare *vt* to put (down), lay (down) ♦ *vi* (*ponte, edificio, teoria*): ~ **su** to rest on; (*FOT, atteggiarsi*) to pose; ~**rsi** *vr* (*aereo*) to land; (*uccello*) to alight; (*sguardo*) to settle

po'sata *sf* piece of cutlery; **~e** *sfpl* (*servizio*) cutlery *sg*
po'sato, a *ag* serious
pos'critto *sm* postscript
posi'tivo, a *ag* positive
posizi'one [pozit'tsjone] *sf* position; **prendere ~** (*fig*) to take a stand; **luci di ~** (*AUT*) sidelights
posolo'gia, 'gie [pozolo'dʒia] *sf* dosage, directions *pl* for use
pos'porre *vt* to place after; (*differire*) to postpone, defer; **pos'posto, a** *pp di* **posporre**
posse'dere *vt* to own, possess; (*qualità, virtù*) to have, possess; (*conoscere a fondo*: *lingua etc*) to have a thorough knowledge of; (*sog*: *ira etc*) to possess; **possedi'mento** *sm* possession
posses'sivo, a *ag* possessive
pos'sesso *sm* ownership *no pl*; possession
posses'sore *sm* owner
pos'sibile *ag* possible ♦ *sm*: **fare tutto il ~** to do everything possible; **nei limiti del ~** as far as possible; **al più tardi ~** as late as possible; **possibilità** *sf inv* possibility ♦ *sfpl* (*mezzi*) means; **aver la possibilità di fare** to be in a position to do; to have the opportunity to do
possi'dente *sm/f* landowner
'posta *sf* (*servizio*) post, postal service; (*corrispondenza*) post, mail; (*ufficio postale*) post office; (*nei giochi d'azzardo*) stake; **~e** *sfpl* (*amministrazione*) post office; **~ aerea** airmail; **ministro delle P~e e Telecomunicazioni** Postmaster General; **posta'giro** *sm* post office cheque, postal giro (*BRIT*); **pos'tale** *ag* postal, post office *cpd*
post'bellico, a, ci, che *ag* postwar
posteggi'are [posted'dʒare] *vt, vi* to park; **pos'teggio** *sm* car park (*BRIT*), parking lot (*US*); (*di taxi*) rank (*BRIT*), stand (*US*)
postelegra'fonico, a, ci, che *ag* postal and telecommunications *cpd*
posteri'ore *ag* (*dietro*) back; (*dopo*) later ♦ *sm* (*fam*: *sedere*) behind
pos'ticcio, a, ci, ce [pos'tittʃo] *ag* false ♦ *sm* hairpiece
postici'pare [postitʃi'pare] *vt* to defer, postpone
pos'tilla *sf* marginal note
pos'tino *sm* postman (*BRIT*), mailman (*US*)
'posto, a *pp di* **porre** ♦ *sm* (*sito, posizione*) place; (*impiego*) job; (*spazio libero*) room, space; (*di parcheggio*) space; (*sedile*: *al teatro, in treno etc*) seat; (*MIL*) post; **a ~** (*in ordine*) in place, tidy; (*fig*) settled; (: *persona*) reliable; **al ~ di** in place of; **sul ~** on the spot; **mettere a ~** to tidy (up), put in order; (*faccende*) to straighten out; **~ di blocco** roadblock; **~ di polizia** police station
pos'tribolo *sm* brothel
'postumo, a *ag* posthumous; (*tardivo*) belated; **~i** *smpl* (*conseguenze*) after-effects, consequences
po'tabile *ag* drinkable; **acqua ~** drinking water
po'tare *vt* to prune
po'tassio *sm* potassium
po'tente *ag* (*nazione*) strong, powerful; (*veleno, farmaco*) potent, strong; **po'tenza** *sf* power; (*forza*) strength
potenzi'ale [poten'tsjale] *ag, sm* potential

PAROLA CHIAVE

po'tere *sm* power; **al ~** (*partito etc*) in power; **~ d'acquisto** purchasing power
♦ *vb aus* **1** (*essere in grado di*) can, be able to; **non ha potuto ripararlo** he couldn't *o* he wasn't able to repair it; **non è potuto venire** he couldn't *o* he wasn't able to come; **spiacente di non poter aiutare** sorry not to be able to help
2 (*avere il permesso*) can, may, be allowed to; **posso entrare?** can *o* may I come in?; **si può sapere dove sei stato?** where on earth have

you been?
3 (*eventualità*) may, might, could; **potrebbe essere vero** it might *o* could be true; **può aver avuto un incidente** he may *o* might *o* could have had an accident; **può darsi** perhaps; **può darsi** *o* **essere che non venga** he may *o* might not come
4 (*augurio*): **potessi almeno parlargli!** if only I could speak to him!
5 (*suggerimento*): **potresti almeno scusarti!** you could at least apologize!
♦ *vt* can, be able to; **può molto per noi** he can do a lot for us; **non ne posso più** (*per stanchezza*) I'm exhausted; (*per rabbia*) I can't take any more

potestà *sf* (*potere*) power; (*DIR*) authority
'povero, a *ag* poor; (*disadorno*) plain, bare ♦ *sm/f* poor man/woman; **i ~i** the poor; **~ di** lacking in, having little; **povertà** *sf* poverty
'pozza ['pottsa] *sf* pool
poz'zanghera [pot'tsangera] *sf* puddle
'pozzo ['pottso] *sm* well; (*cava: di carbone*) pit; (*di miniera*) shaft; **~ petrolifero** oil well
pran'zare [pran'dzare] *vi* to dine, have dinner; to lunch, have lunch
'pranzo ['prandzo] *sm* dinner; (*a mezzogiorno*) lunch
'prassi *sf* usual procedure
'pratica, che *sf* practice; (*esperienza*) experience; (*conoscenza*) knowledge, familiarity; (*tirocinio*) training, practice; (*AMM: affare*) matter, case; (: *incartamento*) file, dossier; **in ~** (*praticamente*) in practice; **mettere in ~** to put into practice
prati'cabile *ag* (*progetto*) practicable, feasible; (*luogo*) passable, practicable
prati'cante *sm/f* apprentice, trainee; (*REL*) (regular) churchgoer
prati'care *vt* to practise; (*SPORT*: *tennis etc*) to play; (: *nuoto, scherma etc*) to go in for; (*eseguire*: *apertura, buco*) to make; **~ uno sconto** to give a discount
'pratico, a, ci, che *ag* practical; **~ di** (*esperto*) experienced *o* skilled in; (*familiare*) familiar with
'prato *sm* meadow; (*di giardino*) lawn
preav'viso *sm* notice; **telefonata con ~** personal *o* person to person call
pre'cario, a *ag* precarious; (*INS*) temporary
precauzi'one [prekaut'tsjone] *sf* caution, care; (*misura*) precaution
prece'dente [pretʃe'dɛnte] *ag* previous ♦ *sm* precedent; **il discorso/film ~** the previous *o* preceding speech/film; **senza ~i** unprecedented; **~i penali** criminal record *sg*; **prece'denza** *sf* priority, precedence; (*AUT*) right of way
pre'cedere [pre'tʃɛdere] *vt* to precede, go (*o* come) before
pre'cetto [pre'tʃɛtto] *sm* precept; (*MIL*) call-up notice
precet'tore [pretʃet'tore] *sm* (private) tutor
precipi'tare [pretʃipi'tare] *vi* (*cadere*) to fall headlong; (*fig: situazione*) to get out of control ♦ *vt* (*gettare dall'alto in basso*) to hurl, fling; (*fig: affrettare*) to rush; **~rsi** *vr* (*gettarsi*) to hurl *o* fling o.s.; (*affrettarsi*) to rush; **precipitazi'one** *sf* (*METEOR*) precipitation; (*fig*) haste; **precipi'toso, a** *ag* (*caduta, fuga*) headlong; (*fig: avventato*) rash, reckless; (: *affrettato*) hasty, rushed
preci'pizio [pretʃi'pittsjo] *sm* precipice; **a ~** (*fig: correre*) headlong
preci'sare [pretʃi'zare] *vt* to state, specify; (*spiegare*) to explain (in detail)
precisi'one [pretʃi'zjone] *sf* precision; accuracy
pre'ciso, a [pre'tʃizo] *ag* (*esatto*) precise; (*accurato*) accurate, pre-

cise; (*deciso*: *idee*) precise, definite; (*uguale*): 2 **vestiti** ~**i** 2 dresses exactly the same; **sono le** 9 ~**e** it's exactly 9 o'clock
pre'cludere *vt* to block, obstruct; **pre'cluso, a** *pp di* **precludere**
pre'coce [pre'kɔtʃe] *ag* early; (*bambino*) precocious; (*vecchiaia*) premature
precon'cetto [prekon'tʃɛtto] *sm* preconceived idea, prejudice
precur'sore *sm* forerunner, precursor
'preda *sf* (*bottino*) booty; (*animale, fig*) prey; **essere** ~ **di** to fall prey to; **essere in** ~ **a** to be prey to; **preda'tore** *sm* predator
predeces'sore, a [predetʃes'sore] *sm/f* predecessor
predesti'nare *vt* to predestine
pre'detto, a *pp di* **predire**
'predica, che *sf* sermon; (*fig*) lecture, talking-to
predi'care *vt, vi* to preach
predi'cato *sm* (*LING*) predicate
predi'letto, a *pp di* **prediligere** ♦ *ag, sm/f* favourite
predilezi'one [predilet'tsjone] *sf* fondness, partiality; **avere una** ~ **per qc/qn** to be partial to sth/fond of sb
predi'ligere [predi'lidʒere] *vt* to prefer, have a preference for
pre'dire *vt* to foretell, predict
predis'porre *vt* to get ready, prepare; ~ **qn a qc** to predispose sb to sth; **predis'posto, a** *pp di* **predisporre**
predizi'one [predit'tsjone] *sf* prediction
predomi'nare *vi* to predominate; **predo'minio** *sm* predominance; supremacy
prefabbri'cato, a *ag* (*EDIL*) prefabricated
prefazi'one [prefat'tsjone] *sf* preface, foreword
prefe'renza [prefe'rɛntsa] *sf* preference; **preferenzi'ale** *ag* preferential; **corsia** ~ bus and taxi lane
prefe'rire *vt* to prefer, like better; ~ **il caffè al tè** to prefer coffee to tea, like coffee better than tea
pre'fetto *sm* prefect; **prefet'tura** *sf* prefecture
pre'figgersi [pre'fiddʒersi] *vr*: ~**rsi uno scopo** to set o.s. a goal
pre'fisso, a *pp di* **prefiggere** ♦ *sm* (*LING*) prefix; (*TEL*) dialling (*BRIT*) *o* dial (*US*) code
pre'gare *vi* to pray ♦ *vt* (*REL*) to pray to; (*implorare*) to beg; (*chiedere*): ~ **qn di fare** to ask sb to do; **farsi** ~ to need coaxing *o* persuading
pre'gevole [pre'dʒevole] *ag* valuable
preghi'era [pre'gjɛra] *sf* (*REL*) prayer; (*domanda*) request
pregi'ato, a [pre'dʒato] *ag* (*di valore*) valuable; **vino** ~ vintage wine
'pregio ['prɛdʒo] *sm* (*stima*) esteem, regard; (*qualità*) (good) quality, merit; (*valore*) value, worth
pregiudi'care [predʒudi'kare] *vt* to prejudice, harm, be detrimental to; **pregiudi'cato, a** *sm/f* (*DIR*) previous offender
pregiu'dizio [predʒu'dittsjo] *sm* (*idea errata*) prejudice; (*danno*) harm *no pl*
'pregno, a ['preɲɲo] *ag* (*gravido*) pregnant; (*saturo*): ~ **di** full of, saturated with
'prego *escl* (*a chi ringrazia*) don't mention it!; (*invitando qn ad accomodarsi*) please sit down!; (*invitando qn ad andare prima*) after you!
pregus'tare *vt* to look forward to
preis'torico, a, ci, che *ag* prehistoric
pre'lato *sm* prelate
prele'vare *vt* (*denaro*) to withdraw; (*campione*) to take; (*sog: polizia*) to take, capture
preli'evo *sm* (*MED*): **fare un** ~ **(di)** to take a sample (of)
prelimi'nare *ag* preliminary; ~**i** *smpl* preliminary talks; preliminaries
pre'ludio *sm* prelude
pré-ma'man [prema'mã] *sm inv* maternity dress

prema'turo, a *ag* premature
premeditazi'one [premeditat'tsjone] *sf* (*DIR*) premeditation; **con** ~ *ag* premeditated ♦ *av* with intent
'premere *vt* to press ♦ *vi*: ~ **su** to press down on; (*fig*) to put pressure on; ~ **a** (*fig*: *importare*) to matter to
pre'messa *sf* introductory statement, introduction
pre'messo, a *pp di* **premettere**
pre'mettere *vt* to put before; (*dire prima*) to start by saying, state first
premi'are *vt* to give a prize to; (*fig*: *merito, onestà*) to reward
'premio *sm* prize; (*ricompensa*) reward; (*COMM*) premium; (*AMM*: *indennità*) bonus
premu'nirsi *vr*: ~ **di** to provide o.s. with; ~ **contro** to protect o.s. from, guard o.s. against
pre'mura *sf* (*fretta*) haste, hurry; (*riguardo*) attention, care; **premu'roso, a** *ag* thoughtful, considerate
prena'tale *ag* antenatal
'prendere *vt* to take; (*andare a prendere*) to get, fetch; (*ottenere*) to get; (*guadagnare*) to get, earn; (*catturare*: *ladro, pesce*) to catch; (*collaboratore, dipendente*) to take on; (*passeggero*) to pick up; (*chiedere*: *somma, prezzo*) to charge, ask; (*trattare*: *persona*) to handle ♦ *vi* (*colla, cemento*) to set; (*pianta*) to take; (*fuoco*: *nel camino*) to catch; (*voltare*): ~ **a destra** to turn (to the) right; **~rsi** *vr* (*azzuffarsi*): **~rsi a pugni** to come to blows; **prendi qualcosa?** (*da bere, da mangiare*) would you like something to eat (*o* drink)?; **prendo un caffè** I'll have a coffee; ~ **a fare qc** to start doing sth; ~ **qn/qc per** (*scambiare*) to take sb/sth for; ~ **fuoco** to catch fire; ~ **parte a** to take part in; **~rsi cura di qn/qc** to look after sb/sth; **prendersela** (*adirarsi*) to get annoyed; (*preoccuparsi*) to get upset, worry
prendi'sole *sm inv* sundress
preno'tare *vt* to book, reserve; **prenotazi'one** *sf* booking, reservation
preoccu'pare *vt* to worry; to preoccupy; **~rsi** *vr*: **~rsi di qn/qc** to worry about sb/sth; **~rsi per qn** to be anxious for sb; **preoccupazi'one** *sf* worry, anxiety
prepa'rare *vt* to prepare; (*esame, concorso*) to prepare for; **~rsi** *vr* (*vestirsi*) to get ready; **~rsi a qc/a fare** to get ready *o* prepare (o.s.) for sth/to do; ~ **da mangiare** to prepare a meal; **prepara'tivi** *smpl* preparations; **prepa'rato** *sm* (*prodotto*) preparation; **preparazi'one** *sf* preparation
preposizi'one [prepozit'tsjone] *sf* (*LING*) preposition
prepo'tente *ag* (*persona*) domineering, arrogant; (*bisogno, desiderio*) overwhelming, pressing ♦ *sm/f* bully; **prepo'tenza** *sf* arrogance; arrogant behaviour
'presa *sf* taking *no pl*; catching *no pl*; (*di città*) capture; (*indurimento*: *di cemento*) setting; (*appiglio, SPORT*) hold; (*di acqua, gas*) (supply) point; (*ELETTR*): ~ **(di corrente)** socket; (: *al muro*) point; (*piccola quantità*: *di sale etc*) pinch; (*CARTE*) trick; **far** ~ (*colla*) to set; **far** ~ **sul pubblico** to catch the public's imagination; ~ **d'aria** air inlet; **essere alle ~e con qc** (*fig*) to be struggling with sth
pre'sagio [pre'zadʒo] *sm* omen
presa'gire [preza'dʒire] *vt* to foresee
'presbite *ag* long-sighted
presbi'terio *sm* presbytery
pre'scindere [preʃ'ʃindere] *vi*: ~ **da** to leave out of consideration; **a** ~ **da** apart from
pres'critto, a *pp di* **prescrivere**
pres'crivere *vt* to prescribe; **prescrizi'one** *sf* (*MED, DIR*) prescription; (*norma*) rule, regulation
presen'tare *vt* to present; (*far conoscere*): ~ **qn (a)** to introduce sb (to); (*AMM*: *inoltrare*) to submit; **~rsi** *vr* (*recarsi, farsi vedere*) to present o.s., appear; (*farsi co-*

noscere) to introduce o.s.; (*occasione*) to arise; **~rsi come candidato** (*POL*) to stand as a candidate; **~rsi bene/male** to have a good/poor appearance; **presentazi'one** *sf* presentation; introduction

pre'sente *ag* present; (*questo*) this ♦ *sm* present; **i ~i** those present; **aver ~ qc/qn** to remember sth/sb

presenti'mento *sm* premonition

pre'senza [pre'zɛntsa] *sf* presence; (*aspetto esteriore*) appearance; **~ di spirito** presence of mind

pre'sepe *sm* = **presepio**

pre'sepio *sm* crib

preser'vare *vt* to protect; to save; **preserva'tivo** *sm* sheath, condom

'preside *sm/f* (*INS*) head (teacher) (*BRIT*), principal (*US*); (*di facoltà universitaria*) dean

presi'dente *sm* (*POL*) president; (*di assemblea, COMM*) chairman; **~ del consiglio** prime minister; **presiden'tessa** *sf* president; president's wife; chairwoman; **presi'denza** *sf* presidency; office of president; chairmanship

presidi'are *vt* to garrison; **pre'sidio** *sm* garrison

presi'edere *vt* to preside over ♦ *vi*: **~ a** to direct, be in charge of

'preso, a *pp di* **prendere**

'pressa *sf* (*TECN*) press

pressap'poco *av* about, roughly

pres'sare *vt* to press

pressi'one *sf* pressure; **far ~ su qn** to put pressure on sb; **~ sanguigna** blood pressure

'presso *av* (*vicino*) nearby, close at hand ♦ *prep* (*vicino a*) near; (*accanto a*) beside, next to; (*in casa di*): **~ qn** at sb's home; (*nelle lettere*) care of, c/o; (*alle dipendenze di*): **lavora ~ di noi** he works for *o* with us ♦ *smpl*: **nei ~i di** near, in the vicinity of

pressuriz'zare [pressurid'dzare] *vt* to pressurize

presta'nome (*peg*) *sm/f inv* figurehead

pres'tante *ag* good-looking

pres'tare *vt*: **~ (qc a qn)** to lend (sb sth *o* sth to sb); **~rsi** *vr* (*offrirsi*): **~rsi a fare** to offer to do; (*essere adatto*): **~rsi a** to lend itself to, be suitable for; **~ aiuto** to lend a hand; **~ attenzione** to pay attention; **~ fede a qc/qn** to give credence to sth/sb; **~ orecchio** to listen; **prestazi'one** *sf* (*TECN, SPORT*) performance; **prestazioni** *sfpl* (*di persona: servizi*) services

prestigia'tore, 'trice [prestidʒa'tore] *sm/f* conjurer

pres'tigio [pres'tidʒo] *sm* (*potere*) prestige; (*illusione*): **gioco di ~** conjuring trick

'prestito *sm* lending *no pl*; loan; **dar in ~** to lend; **prendere in ~** to borrow

'presto *av* (*tra poco*) soon; (*in fretta*) quickly; (*di buon'ora*) early; **a ~** see you soon; **fare ~ a fare qc** to hurry up and do sth; (*non costare fatica*) to have no trouble doing sth; **si fa ~ a criticare** it's easy to criticize

pre'sumere *vt* to presume, assume; **pre'sunto, a** *pp di* **presumere**

presuntu'oso, a *ag* presumptuous

presunzi'one [prezun'tsjone] *sf* presumption

presup'porre *vt* to suppose; to presuppose

'prete *sm* priest

preten'dente *sm/f* pretender ♦ *sm* (*corteggiatore*) suitor

pre'tendere *vt* (*esigere*) to demand, require; (*sostenere*): **~ che** to claim that; **pretende di aver sempre ragione** he thinks he's always right

pretenzi'oso, a [preten'tsjoso] *ag* pretentious

pre'tesa *sf* (*esigenza*) claim, demand; (*presunzione, sfarzo*) pretentiousness; **senza ~e** unpretentious; *vedi anche* **preteso**

pre'teso, a *pp di* **pretendere**

pre'testo *sm* pretext, excuse

pre'tore *sm* magistrate

pre'tura *sf* magistracy; (*sede*) mag-

istrate's court
preva'lente *ag* prevailing; **preva'lenza** *sf* predominance
preva'lere *vi* to prevail; **pre'valso, a** *pp di* prevalere
preve'dere *vt* (*indovinare*) to foresee; (*presagire*) to foretell; (*considerare*) to make provision for
preve'nire *vt* (*anticipare*) to forestall; to anticipate; (*evitare*) to avoid, prevent; (*avvertire*): ~ **qn (di)** to warn sb (of); to inform sb (of)
preven'tivo, a *ag* preventive ♦ *sm* (*COMM*) estimate
prevenzi'one [preven'tsjone] *sf* prevention; (*preconcetto*) prejudice
previ'dente *ag* showing foresight; prudent; **previ'denza** *sf* foresight; **istituto di previdenza** provident institution; **previdenza sociale** social security (*BRIT*), welfare (*US*)
previsi'one *sf* forecast, prediction; **~i meteorologiche** *o* **del tempo** weather forecast *sg*
pre'visto, a *pp di* **prevedere** ♦ *sm*: **più/meno del** ~ more/less than expected
prezi'oso, a [pret'tsjoso] *ag* precious; invaluable ♦ *sm* jewel; valuable
prez'zemolo [pret'tsemolo] *sm* parsley
'prezzo ['prettso] *sm* price; ~ **d'acquisto/di vendita** buying/selling price
prigi'one [pri'dʒone] *sf* prison; **prigio'nia** *sf* imprisonment; **prigioni'ero, a** *ag* captive ♦ *sm/f* prisoner
'prima *sf* (*TEATRO*) first night; (*CINEMA*) première; (*AUT*) first gear; *vedi anche* **primo** ♦ *av* before; (*in anticipo*) in advance, beforehand; (*per l'addietro*) at one time, formerly; (*più presto*) sooner, earlier; (*in primo luogo*) first ♦ *cong*: ~ **di fare/che parta** before doing/he leaves; ~ **di** before; ~ **o poi** sooner or later
pri'mario, a *ag* primary; (*principale*) chief, leading, primary ♦ *sm* (*MED*) chief physician
pri'mato *sm* supremacy; (*SPORT*) record
prima'vera *sf* spring; **primave'rile** *ag* spring *cpd*
primeggi'are [primed'dʒare] *vi* to excel, be one of the best
primi'tivo, a *ag* primitive; original
pri'mizie [pri'mittsje] *sfpl* early produce *sg*
'primo, a *ag* first; (*fig*) initial; basic; prime ♦ *sm/f* first (one) ♦ *sm* (*CUC*) first course; (*in date*): **il ~ luglio** the first of July; **le ~e ore del mattino** the early hours of the morning; **ai ~i di maggio** at the beginning of May; **viaggiare in ~a** to travel first-class; **in ~ luogo** first of all, in the first place; **di prim'ordine** *o* **~a qualità** first-class, first-rate; **in un ~ tempo** at first; **~a donna** leading lady; (*di opera lirica*) prima donna
primo'genito, a [primo'dʒenito] *ag*, *sm/f* firstborn
primordi'ale *ag* primordial
'primula *sf* primrose
princi'pale [printʃi'pale] *ag* main, principal ♦ *sm* manager, boss
princi'pato [printʃi'pato] *sm* principality
'principe ['printʃipe] *sm* prince; ~ **ereditario** crown prince; **princi'pessa** *sf* princess
principi'ante [printʃi'pjante] *sm/f* beginner
prin'cipio [prin'tʃipjo] *sm* (*inizio*) beginning, start; (*origine*) origin, cause; (*concetto, norma*) principle; **al** *o* **in** ~ at first; **per** ~ on principle
pri'ore *sm* (*REL*) prior
priorità *sf* priority
'prisma, i *sm* prism
pri'vare *vt*: ~ **qn di** to deprive sb of; **~rsi di** to go *o* do without
pri'vato, a *ag* private ♦ *sm/f* private citizen; **in** ~ in private
privazi'one [privat'tsjone] *sf* privation, hardship

privilegi'are [privile'dʒare] *vt* to grant a privilege to
privi'legio [privi'lɛdʒo] *sm* privilege
'privo, a *ag*: ~ **di** without, lacking
pro *prep* for, on behalf of ♦ *sm inv* (*utilità*) advantage, benefit; **a che ~?** what's the use?; **il ~ e il contro** the pros and cons
pro'babile *ag* probable, likely; **probabilità** *sf inv* probability
pro'blema, i *sm* problem
pro'boscide [pro'bɔʃʃide] *sf* (*di elefante*) trunk
procacci'are [prokat'tʃare] *vt* to get, obtain
pro'cedere [pro'tʃɛdere] *vi* to proceed; (*comportarsi*) to behave; (*iniziare*): ~ **a** to start; ~ **contro** (*DIR*) to start legal proceedings against; **procedi'mento** *sm* (*modo di condurre*) procedure; (*di avvenimenti*) course; (*TECN*) process; **procedimento penale** (*DIR*) criminal proceedings; **proce'dura** *sf* (*DIR*) procedure
proces'sare [protʃes'sare] *vt* (*DIR*) to try
processi'one [protʃes'sjone] *sf* procession
pro'cesso [pro'tʃɛsso] *sm* (*DIR*) trial; proceedings *pl*; (*metodo*) process
pro'cinto [pro'tʃinto] *sm*: **in ~ di fare** about to do, on the point of doing
pro'clama, i *sm* proclamation
procla'mare *vt* to proclaim
procre'are *vt* to procreate
pro'cura *sf* (*DIR*) proxy; power of attorney; (*ufficio*) attorney's office
procu'rare *vt*: ~ **qc a qn** (*fornire*) to get *o* obtain sth for sb; (*causare*: *noie etc*) to bring *o* give sb sth
procura'tore, 'trice *sm/f* (*DIR*) ≈ solicitor; (*: chi ha la procura*) attorney; proxy; ~ **generale** (*in corte d'appello*) public prosecutor; (*in corte di cassazione*) Attorney General; ~ **della Repubblica** (*in corte d'assise, tribunale*) public prosecutor
prodi'gare *vt* to be lavish with; **~rsi per qn** to do all one can for sb
pro'digio [pro'didʒo] *sm* marvel, wonder; (*persona*) prodigy; **prodigi'oso, a** *ag* prodigious; phenomenal
'prodigo, a, ghi, ghe *ag* lavish, extravagant
pro'dotto, a *pp di* **produrre** ♦ *sm* product; **~i agricoli** farm produce *sg*
pro'durre *vt* to produce; **produttività** *sf* productivity; **produt'tivo, a** *ag* productive; **produt'tore, 'trice** *sm/f* producer; **produzi'one** *sf* production; (*rendimento*) output
pro'emio *sm* introduction, preface
Prof. *abbr* (= *professore*) Prof
profa'nare *vt* to desecrate
pro'fano, a *ag* (*mondano*) secular; profane; (*sacrilego*) profane
profe'rire *vt* to utter
profes'sare *vt* to profess; (*medicina etc*) to practise
professio'nale *ag* professional
professi'one *sf* profession; **professio'nista, i, e** *sm/f* professional
profes'sore, 'essa *sm/f* (*INS*) teacher; (*: di università*) lecturer; (*: titolare di cattedra*) professor
pro'feta, i *sm* prophet; **profe'zia** *sf* prophecy
pro'ficuo, a *ag* useful, profitable
profi'larsi *vr* to stand out, be silhouetted; to loom up
profi'lattico *sm* condom
pro'filo *sm* profile; (*breve descrizione*) sketch, outline; **di ~** in profile
profit'tare *vi*: ~ **di** (*trarre profitto*) to profit by; (*approfittare*) to take advantage of
pro'fitto *sm* advantage, profit, benefit; (*fig: progresso*) progress; (*COMM*) profit
profondità *sf inv* depth
pro'fondo, a *ag* deep; (*rancore, meditazione*) profound ♦ *sm* depth(s *pl*), bottom; ~ **8 metri** 8 metres deep
'profugo, a, ghi, ghe *sm/f* refugee

profu'mare *vt* to perfume ♦ *vi* to be fragrant; **~rsi** *vr* to put on perfume *o* scent
profume'ria *sf* perfumery; (*negozio*) perfume shop
pro'fumo *sm* (*prodotto*) perfume, scent; (*fragranza*) scent, fragrance
profusi'one *sf* profusion; **a ~** in plenty
proget'tare [prodʒet'tare] *vt* to plan; (*TECN*: *edificio*) to plan, design; **pro'getto** *sm* plan; (*idea*) plan, project; **progetto di legge** bill
pro'gramma, i *sm* programme; (*TV*, *RADIO*) programmes *pl*; (*INS*) syllabus, curriculum; (*INFORM*) program; **program'mare** *vt* (*TV*, *RADIO*) to put on; (*INFORM*) to program; (*ECON*) to plan; **programma'tore, 'trice** *sm/f* (*INFORM*) computer programmer
progre'dire *vi* to progress, make progress
progres'sivo, a *ag* progressive
pro'gresso *sm* progress *no pl*; **fare ~i** to make progress
proi'bire *vt* to forbid, prohibit; **proibi'tivo, a** *ag* prohibitive; **proibizi'one** *sf* prohibition
proiet'tare *vt* (*gen*, *GEOM*, *CINEMA*) to project; (: *presentare*) to show, screen; (*luce*, *ombra*) to throw, cast, project; **proi'ettile** *sm* projectile, bullet (*o* shell *etc*); **proiet'tore** *sm* (*CINEMA*) projector; (*AUT*) headlamp; (*MIL*) searchlight; **proiezi'one** *sf* (*CINEMA*) projection; showing
'prole *sf* children *pl*, offspring
prole'tario, a *ag*, *sm* proletarian
prolife'rare *vi* (*fig*) to proliferate
pro'lisso, a *ag* verbose
'prologo, ghi *sm* prologue
pro'lunga, ghe *sf* (*di cavo elettrico etc*) extension
prolun'gare *vt* (*discorso*, *attesa*) to prolong; (*linea*, *termine*) to extend
prome'moria *sm inv* memorandum
pro'messa *sf* promise
pro'messo, a *pp di* **promettere**
pro'mettere *vt* to promise ♦ *vi* to be *o* look promising; **~ a qn di fare** to promise sb that one will do
promi'nente *ag* prominent
promiscuità *sf* promiscuousness
promon'torio *sm* promontory, headland
pro'mosso, a *pp di* **promuovere**
promo'tore, trice *sm/f* promoter, organizer
promozi'one [promot'tsjone] *sf* promotion
promul'gare *vt* to promulgate
promu'overe *vt* to promote
proni'pote *sm/f* (*di nonni*) great-grandchild, great-grandson/granddaughter; (*di zii*) great-nephew/niece; **~i** *smpl* (*discendenti*) descendants
pro'nome *sm* (*LING*) pronoun
pro'nostico, ci *sm* forecast, prediction
pron'tezza [pron'tettsa] *sf* readiness; quickness, promptness
'pronto, a *ag* ready; (*rapido*) fast, quick, prompt; **~!** (*TEL*) hello!; **~ all'ira** quick-tempered; **~ soccorso** first aid
prontu'ario *sm* manual, handbook
pro'nuncia [pro'nuntʃa] *sf* pronunciation
pronunci'are [pronun'tʃare] *vt* (*parola*, *sentenza*) to pronounce; (*dire*) to utter; (*discorso*) to deliver; **~rsi** *vr* to declare one's opinion; **pronunci'ato, a** *ag* (*spiccato*) pronounced, marked; (*sporgente*) prominent
pro'nunzia *etc* [pro'nuntsja] = **pronuncia** *etc*
propa'ganda *sf* propaganda
propa'gare *vt* (*notizia*, *malattia*) to spread; (*REL*, *BIOL*) to propagate; **~rsi** *vr* to spread; (*BIOL*) to propagate; (*FISICA*) to be propagated
pro'pendere *vi*: **~ per** to favour, lean towards; **propensi'one** *sf* inclination, propensity; **pro'penso, a** *pp di* **propendere**
propi'nare *vt* to administer
pro'pizio, a [pro'pittsjo] *ag* favour-

able

pro'porre *vt* (*suggerire*): ~ **qc** (**a qn**) to suggest sth (to sb); (*candidato*) to put forward; (*legge, brindisi*) to propose; ~ **di fare** to suggest *o* propose doing; **proporsi di fare** to propose *o* intend to do; **proporsi una meta** to set o.s. a goal

proporzio'nale [proportsjo'nale] *ag* proportional

proporzio'nare [proportsjo'nare] *vt*: ~ **qc a** to proportion *o* adjust sth to

proporzi'one [propor'tsjone] *sf* proportion; **in** ~ **a** in proportion to

pro'posito *sm* (*intenzione*) intention, aim; (*argomento*) subject, matter; **a** ~ **di** regarding, with regard to; **di** ~ (*apposta*) deliberately, on purpose; **a** ~ by the way; **capitare a** ~ (*cosa, persona*) to turn up at the right time

proposizi'one [propozit'tsjone] *sf* (*LING*) clause; (: *periodo*) sentence

pro'posta *sf* proposal; (*suggerimento*) suggestion; ~**a di legge** bill

pro'posto, a *pp di* **proporre**

proprietà *sf inv* (*ciò che si possiede*) property *gen no pl*, estate; (*caratteristica*) property; (*correttezza*) correctness; **proprie'tario, a** *sm/f* owner; (*di albergo etc*) proprietor, owner; (*per l'inquilino*) landlord/lady

'proprio, a *ag* (*possessivo*) own; (: *impersonale*) one's; (*esatto*) exact, correct, proper; (*senso, significato*) literal; (*LING*: *nome*) proper; (*particolare*): ~ **di** characteristic of, peculiar to ♦ *av* (*precisamente*) just, exactly; (*davvero*) really; (*affatto*): **non ...** ~ not ... at all; **l'ha visto con i (suoi)** ~**i occhi** he saw it with his own eyes

'prora *sf* (*NAUT*) bow(s *pl*), prow

'proroga, ghe *sf* extension; postponement; **proro'gare** *vt* to extend; (*differire*) to postpone, defer

pro'rompere *vi* to burst out; **pro'rotto, a** *pp di* **prorompere**

'prosa *sf* prose; **pro'saico, a, ci, che** *ag* (*fig*) prosaic, mundane

pro'sciogliere [proʃ'ʃɔʎʎere] *vt* to release; (*DIR*) to acquit; **prosci'olto, a** *pp di* **prosciogliere**

prosciu'gare [proʃʃu'gare] *vt* (*terreni*) to drain, reclaim; ~**rsi** *vr* to dry up

prosci'utto [proʃ'ʃutto] *sm* ham; ~ **cotto/crudo** cooked/cured ham

prosegui'mento *sm* continuation; **buon** ~! all the best!; (*a chi viaggia*) enjoy the rest of your journey!

prosegu'ire *vt* to carry on with, continue ♦ *vi* to carry on, go on

prospe'rare *vi* to thrive; **prosperità** *sf* prosperity; **'prospero, a** *ag* (*fiorente*) flourishing, thriving, prosperous; **prospe'roso, a** *ag* (*robusto*) hale and hearty; (: *ragazza*) buxom

prospet'tare *vt* (*esporre*) to point out, show; ~**rsi** *vr* to look, appear

prospet'tiva *sf* (*ARTE*) perspective; (*veduta*) view; (*fig*: *previsione, possibilità*) prospect

pros'petto *sm* (*DISEGNO*) elevation; (*veduta*) view, prospect; (*facciata*) façade, front; (*tabella*) table; (*sommario*) summary

prospici'ente [prospi'tʃɛnte] *ag*: ~ **qc** facing *o* overlooking sth

prossimità *sf* nearness, proximity; **in** ~ **di** near (to), close to

'prossimo, a *ag* (*vicino*): ~ **a** near (to), close to; (*che viene subito dopo*) next; (*parente*) close ♦ *sm* neighbour, fellow man

prosti'tuta *sf* prostitute; **prostituzi'one** *sf* prostitution

pros'trare *vt* (*fig*) to exhaust, wear out; ~**rsi** *vr* (*fig*) to humble o.s

protago'nista, i, e *sm/f* protagonist

pro'teggere [pro'tɛddʒere] *vt* to protect

prote'ina *sf* protein

pro'tendere *vt* to stretch out; **pro'teso, a** *pp di* **protendere**

pro'testa *sf* protest

protes'tante *ag, sm/f* Protestant

protes'tare *vt, vi* to protest; **~rsi** *vr*: **~rsi innocente** *etc* to protest one's innocence *o* that one is innocent *etc*

protet'tivo, a *ag* protective

pro'tetto, a *pp di* **proteggere**

protet'tore, 'trice *sm/f* protector; (*sostenitore*) patron

protezi'one [protet'tsjone] *sf* protection; (*patrocinio*) patronage

protocol'lare *vt* to register ♦ *ag* formal; of protocol

proto'collo *sm* protocol; (*registro*) register of documents

pro'totipo *sm* prototype

pro'trarre *vt* (*prolungare*) to prolong; **pro'tratto, a** *pp di* **protrarre**

protube'ranza [protube'rantsa] *sf* protuberance, bulge

'prova *sf* (*esperimento, cimento*) test, trial; (*tentativo*) attempt, try; (*MAT, testimonianza, documento etc*) proof; (*DIR*) evidence *no pl*, proof; (*INS*) exam, test; (*TEATRO*) rehearsal; (*di abito*) fitting; **a ~ di** (*in testimonianza di*) as proof of; **a ~ di fuoco** fireproof; **fino a ~ contraria** until it is proved otherwise; **mettere alla ~** to put to the test; **giro di ~** test *o* trial run; **~ generale** (*TEATRO*) dress rehearsal

pro'vare *vt* (*sperimentare*) to test; (*tentare*) to try, attempt; (*assaggiare*) to try, taste; (*sperimentare in sé*) to experience; (*sentire*) to feel; (*cimentare*) to put to the test; (*dimostrare*) to prove; (*abito*) to try on; **~ a fare** to try *o* attempt to do

proveni'enza [prove'njɛntsa] *sf* origin, source

prove'nire *vi*: **~ da** to come from

pro'venti *smpl* revenue *sg*

prove'nuto, a *pp di* **provenire**

pro'verbio *sm* proverb

pro'vetta *sf* test tube; **bambino in ~** test-tube baby

pro'vetto, a *ag* skilled, experienced

pro'vincia, ce *o* **cie** [pro'vintʃa] *sf* province; **provinci'ale** *ag* provincial; **(strada) provinciale** main road (*BRIT*), highway (*US*)

pro'vino *sm* (*CINEMA*) screen test; (*campione*) specimen

provo'cante *ag* (*attraente*) provocative

provo'care *vt* (*causare*) to cause, bring about; (*eccitare*: *riso, pietà*) to arouse; (*irritare, sfidare*) to provoke; **provoca'torio, a** *ag* provocative; **provocazi'one** *sf* provocation

provve'dere *vi* (*disporre*): **~ (a)** to provide (for); (*prendere un provvedimento*) to take steps, act ♦ *vt*: **~ qc a qn** to supply sth to sb; **~rsi** *vr*: **~rsi di** to provide o.s. with; **provvedi'mento** *sm* measure; (*di previdenza*) precaution

provvi'denza [provvi'dɛntsa] *sf*: **la ~** providence; **provvidenzi'ale** *ag* providential

provvigi'one [provvi'dʒone] *sf* (*COMM*) commission

provvi'sorio, a *ag* temporary

prov'vista *sf* provision, supply

'prua *sf* (*NAUT*) = **prora**

pru'dente *ag* cautious, prudent; (*assennato*) sensible, wise; **pru'denza** *sf* prudence, caution; wisdom

'prudere *vi* to itch, be itchy

'prugna ['pruɲɲa] *sf* plum; **~ secca** prune

prurigi'noso, a [pruridʒi'noso] *ag* itchy

pru'rito *sm* itchiness *no pl*; itch

P.S. *abbr* (= *postscriptum*) P.S.; (*POLIZIA*) = **Pubblica Sicurezza**

pseu'donimo *sm* pseudonym

PSI *sigla m* = **Partito Socialista Italiano**

psicana'lista, i, e *sm/f* psychoanalyst

'psiche ['psike] *sf* (*PSIC*) psyche

psichi'atra, i, e [psi'kjatra] *sm/f* psychiatrist; **psichi'atrico, a, ci, che** *ag* psychiatric

'psichico, a, ci, che ['psikiko] *ag* psychological

psicolo'gia [psikolo'dʒia] *sf* psychology; **psico'logico, a, ci, che** *ag* psychological; **psi'cologo, a, gi,**

ghe *sm/f* psychologist
psico'patico, a, ci, che *ag* psychopathic ♦ *sm/f* psychopath
P.T. *abbr* = Posta e Telegrafi
pubbli'care *vt* to publish
pubblicazi'one [pubblikat'tsjone] *sf* publication; **~i (matrimoniali)** *sfpl* (marriage) banns
pubbli'cista, i, e [pubbli'tʃista] *sm/f* (*STAMPA*) occasional contributor
pubblicità [pubblitʃi'ta] *sf* (*diffusione*) publicity; (*attività*) advertising; (*annunci nei giornali*) advertisements *pl*; **pubblici'tario, a** *ag* advertising *cpd*; (*trovata, film*) publicity *cpd*
'pubblico, a, ci, che *ag* public; (*statale: scuola etc*) state *cpd* ♦ *sm* public; (*spettatori*) audience; **in ~** in public; **~ funzionario** civil servant; **P~ Ministero** Public Prosecutor's Office; **la P~a Sicurezza** the police
'pube *sm* (*ANAT*) pubis
pubertà *sf* puberty
'pudico, a, ci, che *ag* modest
pu'dore *sm* modesty
puericul'tura *sf* paediatric nursing; infant care
pue'rile *ag* childish
pugi'lato [pudʒi'lato] *sm* boxing
'pugile ['pudʒile] *sm* boxer
pugna'lare [puɲɲa'lare] *vt* to stab
pu'gnale [puɲ'ɲale] *sm* dagger
'pugno ['puɲɲo] *sm* fist; (*colpo*) punch; (*quantità*) fistful
'pulce ['pultʃe] *sf* flea
pul'cino [pul'tʃino] *sm* chick
pu'ledro, a *sm/f* colt/filly
pu'leggia, ge [pu'leddʒa] *sf* pulley
pu'lire *vt* to clean; (*lucidare*) to polish; **pu'lita** *sf* quick clean; **pu'lito, a** *ag* (*anche fig*) clean; (*ordinato*) neat, tidy; **puli'tura** *sf* cleaning; **pulitura a secco** dry cleaning; **puli'zia** *sf* cleaning; cleanness; **fare le pulizie** to do the cleaning, do the housework
'pullman *sm inv* coach
pul'lover *sm inv* pullover, jumper
pullu'lare *vi* to swarm, teem
pul'mino *sm* minibus
'pulpito *sm* pulpit
pul'sante *sm* (push-)button
pul'sare *vi* to pulsate, beat; **pulsazi'one** *sf* beat
pul'viscolo *sm* fine dust
'puma *sm inv* puma
pun'gente [pun'dʒɛnte] *ag* prickly; stinging; (*anche fig*) biting
'pungere ['pundʒere] *vt* to prick; (*sog: insetto, ortica*) to sting; (*: freddo*) to bite
pungigli'one [pundʒiʎ'ʎone] *sm* sting
pu'nire *vt* to punish; **punizi'one** *sf* punishment; (*SPORT*) penalty
'punta *sf* point; (*parte terminale*) tip, end; (*di monte*) peak; (*di costa*) promontory; (*minima parte*) touch, trace; **in ~ di piedi** on tip-toe; **ore di ~** peak hours; **uomo di ~** front-rank *o* leading man
pun'tare *vt* (*piedi a terra, gomiti sul tavolo*) to plant; (*dirigere: pistola*) to point; (*scommettere*) to bet ♦ *vi* (*mirare*): **~ a** to aim at; (*avviarsi*): **~ su** to head *o* make for; (*fig: contare*): **~ su** to count *o* rely on
pun'tata *sf* (*gita*) short trip; (*scommessa*) bet; (*parte di opera*) instalment; **romanzo a ~e** serial
punteggia'tura [punteddʒa'tura] *sf* (*LING*) punctuation
pun'teggio [pun'teddʒo] *sm* score
puntel'lare *vt* to support
pun'tello *sm* prop, support
puntigli'oso, a [puntiʎ'ʎoso] *ag* punctilious
pun'tina *sf*: **~ da disegno** drawing pin
pun'tino *sm* dot; **fare qc a ~** to do sth properly
'punto, a *pp di* **pungere** ♦ *sm* (*segno, macchiolina*) dot; (*LING*) full stop; (*MAT, momento, di punteggio, fig: argomento*) point; (*posto*) spot; (*a scuola*) mark; (*nel cucire, nella maglia, MED*) stitch ♦ *av*: **non ... ~** not at all; **due ~i** *sm* (*LING*) colon; **sul ~ di fare** (just) about to do;

fare il ~ (*NAUT*) to take a bearing; (*fig*): **fare il** ~ **della situazione** to take stock of the situation; to sum up the situation; **alle 6 in** ~ at 6 o'clock sharp *o* on the dot; **essere a buon** ~ to have reached a satisfactory stage; **mettere a** ~ to adjust; (*motore*) to tune; (*cannocchiale*) to focus; (*fig*) to settle; **di** ~ **in bianco** point-blank; ~ **cardinale** point of the compass, cardinal point; ~ **debole** weak point; ~ **esclamativo/interrogativo** exclamation/question mark; ~ **di riferimento** landmark; (*fig*) point of reference; ~ **di vendita** retail outlet; ~ **e virgola** semicolon; ~ **di vista** (*fig*) point of view; ~**i di sospensione** suspension points

puntu'ale *ag* punctual; **puntualità** *sf* punctuality

pun'tura *sf* (*di ago*) prick; (*di insetto*) sting, bite; (*MED*) puncture; (: *iniezione*) injection; (*dolore*) sharp pain

punzecchi'are [puntsek'kjare] *vt* to prick; (*fig*) to tease

pun'zone [pun'tsone] *sm* (*per metalli*) stamp, die

'pupa *sf* doll

pu'pazzo [pu'pattso] *sm* puppet

pu'pilla *sf* (*ANAT*) pupil; *vedi anche* **pupillo**

pu'pillo, a *sm/f* (*DIR*) ward; (*prediletto*) favourite, pet

purché [pur'ke] *cong* provided that, on condition that

'pure *cong* (*tuttavia*) and yet, nevertheless; (*anche se*) even if ♦ *av* (*anche*) too, also; **pur di** (*al fine di*) just to; **faccia** ~! go ahead!, please do!

purè *sm* (*CUC*) purée; (: *di patate*) mashed potatoes

pu'rea *sf* = **purè**

pu'rezza [pu'rettsa] *sf* purity

'purga, ghe *sf* (*MED*) purging *no pl*; purge; (*POL*) purge

pur'gante *sm* (*MED*) purgative, purge

pur'gare *vt* (*MED, POL*) to purge; (*pulire*) to clean

purga'torio *sm* purgatory

purifi'care *vt* to purify; (*metallo*) to refine

puri'tano, a *ag, sm/f* puritan

'puro, a *ag* pure; (*acqua*) clear, limpid; (*vino*) undiluted; **puro'sangue** *sm/f inv* thoroughbred

pur'troppo *av* unfortunately

'pustola *sf* pimple

puti'ferio *sm* rumpus, row

putre'fare *vi* to putrefy, rot; **putre'fatto, a** *pp di* **putrefare**

'putrido, a *ag* putrid, rotten

put'tana (*fam!*) *sf* whore (*!*)

'puzza ['puttsa] *sf* = **puzzo**

puz'zare [put'tsare] *vi* to stink

'puzzo ['puttso] *sm* stink, foul smell

'puzzola ['puttsola] *sf* polecat

puzzo'lente [puttso'lɛnte] *ag* stinking

Q

qua *av* here; **in** ~ (*verso questa parte*) this way; **da un anno in** ~ for a year now; **da quando in** ~? since when?; **per di** ~ (*passare*) this way; **al di** ~ **di** (*fiume, strada*) on this side of; ~ **dentro/fuori** *etc* in/out here *etc*; *vedi* **questo**

qua'derno *sm* notebook; (*per scuola*) exercise book

qua'drante *sm* quadrant; (*di orologio*) face

qua'drare *vi* (*bilancio*) to balance, tally; (*descrizione*) to correspond; (*fig*): ~ **a** to please, be to one's liking ♦ *vt* (*MAT*) to square; **non mi quadra** I don't like it; **qua'drato, a** *ag* square; (*fig*: *equilibrato*) level-headed, sensible; (: *peg*) square ♦ *sm* (*MAT*) square; (*PUGILATO*) ring; **5 al quadrato** 5 squared

qua'dretto *sm*: **a** ~**i** (*tessuto*) checked; (*foglio*) squared

quadri'foglio [kwadri'fɔʎʎo] *sm* four-leaf clover

'quadro *sm* (*pittura*) painting, picture; (*quadrato*) square; (*tabella*) table, chart; (*TECN*) board, panel; (*TEATRO*) scene; (*fig*: *scena, spettacolo*) sight; (: *descrizione*) outline, description; ~**i** *smpl* (*POL*) party organizers; (*MIL*) cadres; (*COMM*) managerial staff; (*CARTE*) diamonds

'quadruplo, a *ag, sm* quadruple

quaggiù [kwad'dʒu] *av* down here

'quaglia ['kwaʎʎa] *sf* quail

PAROLA CHIAVE

'qualche ['kwalke] *det* **1** some, a few; (*in interrogative*) any; **ho comprato ~ libro** I've bought some *o* a few books; **~ volta** sometimes; **hai ~ sigaretta?** have you any cigarettes?

2 (*uno*): **c'è ~ medico?** is there a doctor?; **in ~ modo** somehow

3 (*un certo, parecchio*) some; **un personaggio di ~ rilievo** a figure of some importance

4: **~ cosa** = qualcosa

qualche'duno [kwalke'duno] *pron* = qualcuno

qual'cosa *pron* something; (*in espressioni interrogative*) anything; **qualcos'altro** something else; anything else; **~ di nuovo** something new; anything new; **~ da mangiare** something to eat; anything to eat; **c'è ~ che non va?** is there something *o* anything wrong?

qual'cuno *pron* (*persona*) someone, somebody; (: *in espressioni interrogative*) anyone, anybody; (*alcuni*) some; **~ è favorevole a noi** some are on our side; **qualcun altro** someone *o* somebody else; anyone *o* anybody else

PAROLA CHIAVE

'quale (*spesso troncato in* **qual**) *det* **1** (*interrogativo*) what; (: *scegliendo tra due o più cose o persone*) which; **~ uomo/denaro?** what man/money?; which man/money?; **~i sono i tuoi programmi?** what are your plans?; **~ stanza preferisci?** which room do you prefer?

2 (*relativo*: *come*): **il risultato fu ~ ci si aspettava** the result was as expected

3 (*esclamativo*) what; **~ disgrazia!** what bad luck!

◆ *pron* **1** (*interrogativo*) which; **~ dei due scegli?** which of the two do you want?

2 (*relativo*): **il(la) ~** (*persona*: *soggetto*) who; (: *oggetto, con preposizione*) whom; (*cosa*) which; (*possessivo*) whose; **suo padre, il ~ è avvocato, ...** his father, who is a lawyer, ...; **il signore con il ~ parlavo** the gentleman to whom I was speaking; **l'albergo al ~ ci siamo fermati** the hotel where we stayed *o* which we stayed at; **la signora della ~ ammiriamo la bellezza** the lady whose beauty we admire

3 (*relativo*: *in elenchi*) such as, like; **piante ~i l'edera** plants like *o* such as ivy; **~ sindaco di questa città** as mayor of this town

qua'lifica, che *sf* qualification; (*titolo*) title

qualifi'care *vt* to qualify; (*definire*): **~ qn/qc come** to describe sb/sth as; **~rsi** *vr* (*anche SPORT*) to qualify;

qualifica'tivo, a *ag* qualifying; **gara di qualificazione** (*SPORT*) qualifying event

qualità *sf inv* quality; **in ~ di** in one's capacity as

qua'lora *cong* in case, if

qual'siasi *det inv* = **qualunque**

qua'lunque *det inv* any; (*quale che sia*) whatever; (*discriminativo*) whichever; (*posposto*: *mediocre*) poor, indifferent; ordinary; **mettiti un vestito ~** put on any old dress; **~ cosa** anything; **~ cosa accada** whatever happens; **a ~ costo** at any cost, whatever the cost; **l'uomo ~** the man in the street; **~ persona** anyone, anybody

'quando *cong, av* when; ~ **sarò ricco** when I'm rich; **da** ~ (*dacché*) since; (*interrogativo*): **da** ~ **sei qui?** how long have you been here?; **quand'anche** even if

quantità *sf inv* quantity; (*gran numero*): **una** ~ **di** a great deal of; a lot of; **in grande** ~ in large quantities; **quantita'tivo** *sm* (*COMM*) amount, quantity

PAROLA CHIAVE

'quanto, a *det* **1** (*interrogativo*: *quantità*) how much; (: *numero*) how many; ~ **pane/denaro?** how much bread/money?; ~**i libri/ragazzi?** how many books/boys?; ~ **tempo?** how long?; ~**i anni hai?** how old are you?

2 (*esclamativo*): ~**e storie!** what a lot of nonsense!; ~ **tempo sprecato!** what a waste of time!

3 (*relativo*: *quantità*) as much ... as; (: *numero*) as many ... as; **ho** ~ **denaro mi occorre** I have as much money as I need; **prendi** ~**i libri vuoi** take as many books as you like

◆ *pron* **1** (*interrogativo*: *quantità*) how much; (: *numero*) how many; (: *tempo*) how long; ~ **mi dai?** how much will you give me?; ~**i me ne hai portati?** how many did you bring me?; **da** ~ **sei qui?** how long have you been here?; ~**i ne abbiamo oggi?** what's the date today?

2 (*relativo*: *quantità*) as much as; (: *numero*) as many as; **farò** ~ **posso** I'll do as much as I can; **possono venire** ~**i sono stati invitati** all those who have been invited can come

◆ *av* **1** (*interrogativo*: *con ag, av*) how; (: *con vb*) how much; ~ **stanco ti sembrava?** how tired did he seem to you?; ~ **corre la tua moto?** how fast can your motorbike go?; ~ **costa?** how much does it cost?; **quant'è?** how much is it?

2 (*esclamativo*: *con ag, av*) how; (: *con vb*) how much; ~ **sono felice!** how happy I am!; **sapessi** ~ **abbiamo camminato!** if you knew how far we've walked!; **studierò** ~ **posso** I'll study as much as *o* all I can; ~ **prima** as soon as possible

3: **in** ~ (*in qualità di*) as; (*perché, per il fatto che*) as, since; **(in)** ~ **a** (*per ciò che riguarda*) as for, as regards

4: **per** ~ (*nonostante, anche se*) however; **per** ~ **si sforzi, non ce la farà** try as he may, he won't manage it; **per** ~ **sia brava, fa degli errori** however good she may be, she makes mistakes; **per** ~ **io sappia** as far as I know

quan'tunque *cong* although, though

qua'ranta *num* forty

quaran'tena *sf* quarantine

quaran'tesimo, a *num* fortieth

quaran'tina *sf*: **una** ~ **(di)** about forty

qua'resima *sf*: **la** ~ Lent

'quarta *sf* (*AUT*) fourth (gear); *vedi anche* **quarto**

quar'tetto *sm* quartet(te)

quarti'ere *sm* district, area; (*MIL*) quarters *pl*; ~ **generale** headquarters *pl*, HQ

'quarto, a *ag* fourth ♦ *sm* fourth; (*quarta parte*) quarter; **le 6 e un** ~ a quarter past six; ~ **d'ora** quarter of an hour; ~**i di finale** quarter final

'quarzo ['kwartso] *sm* quartz

'quasi *av* almost, nearly ♦ *cong* (*anche*: ~ *che*) as if; **(non)** ... ~ **mai** hardly ever; ~ ~ **me ne andrei** I've half a mind to leave

quassù *av* up here

'quatto, a *ag* crouched, squatting; (*silenzioso*) silent; ~ ~ very quietly; stealthily

quat'tordici [kwat'torditʃi] *num* fourteen

quat'trini *smpl* money *sg*, cash *sg*

'quattro *num* four; **in** ~ **e quattr'otto** in less than no time; **quattro'cento** *num* four hundred ♦ *sm*: **il Quattrocento** the fifteenth century; **quattro'mila** *num* four thousand

PAROLA CHIAVE

'quello, a (*dav sm* **quel** +*C*, **quell'** +*V*, **quello** +*s impura, gn, pn, ps, x, z*; *pl* **quei** +*C*, **quegli** +*V o s impura, gn, pn, ps, x, z*; *dav sf* **quella** +*C*, **quell'** +*V*; *pl* **quelle**) *det* that; those *pl*; **~a casa** that house; **quegli uomini** those men; **voglio ~a camicia (lì** *o* **là)** I want that shirt

◆ *pron* **1** (*dimostrativo*) that (one); those (ones) *pl*; (*ciò*) that; **conosci ~a?** do you know that woman?; **prendo ~ bianco** I'll take the white one; **chi è ~?** who's that?; **prendiamo ~ (lì** *o* **là)** let's take that one (there)

2 (*relativo*): **~(a) che** (*persona*) the one (who); (*cosa*) the one (which), the one (that); **~i(e) che** (*persone*) those who; (*cose*) those which; **è lui ~ che non voleva venire** he's the one who didn't want to come; **ho fatto ~ che potevo** I did what I could

'quercia, ce ['kwɛrtʃa] *sf* oak (tree); (*legno*) oak

que'rela *sf* (*DIR*) (legal) action; **quere'lare** *vt* to bring an action against

que'sito *sm* question, query; problem

questio'nario *sm* questionnaire

questi'one *sf* problem, question; (*controversia*) issue; (*litigio*) quarrel; **in ~** in question; **fuor di ~** out of the question; **è ~ di tempo** it's a matter *o* question of time

PAROLA CHIAVE

'questo, a *det* **1** (*dimostrativo*) this; these *pl*; **~ libro (qui** *o* **qua)** this book; **io prendo ~ cappotto, tu quello** I'll take this coat, you take that one; **quest'oggi** today; **~a sera** this evening

2 (*enfatico*): **non fatemi più prendere di ~e paure** don't frighten me like that again

◆ *pron* (*dimostrativo*) this (one); these (ones) *pl*; (*ciò*) this; **prendo ~ (qui** *o* **qua)** I'll take this one; **preferisci ~i o quelli?** do you prefer these (ones) or those (ones)?; **~ intendevo io** this is what I meant; **vengono Paolo e Luca: ~ da Roma, quello da Palermo** Paolo and Luca are coming: the former from Palermo, the latter from Rome

ques'tore *sm* ≈ chief constable (*BRIT*), ≈ police commissioner (*US*)

'questua *sf* collection (of alms)

ques'tura *sf* police headquarters *pl*

qui *av* here; **da** *o* **di ~** from here; **di ~ in avanti** from now on; **di ~ a poco/una settimana** in a little while/a week's time; **~ dentro/sopra/vicino** in/up/near here; *vedi* questo

quie'tanza [kwje'tantsa] *sf* receipt

quie'tare *vt* to calm, soothe

qui'ete *sf* quiet, quietness; calmness; stillness; peace

qui'eto, a *ag* quiet; (*notte*) calm, still; (*mare*) calm

'quindi *av* then ♦ *cong* therefore, so

'quindici ['kwinditʃi] *num* fifteen; **~ giorni** a fortnight (*BRIT*), two weeks

quindi'cina [kwindi'tʃina] *sf* (*serie*): **una ~ (di)** about fifteen; **fra una ~ di giorni** in a fortnight

quin'quennio *sm* period of five years

quin'tale *sm* quintal (*100 kg*)

'quinte *sfpl* (*TEATRO*) wings

'quinto, a *num* fifth

'quota *sf* (*parte*) quota, share; (*AER*) height, altitude; (*IPPICA*) odds *pl*; **prendere/perdere ~** (*AER*) to gain/lose height *o* altitude; **~ d'iscrizione** enrolment fee; (*ad un club*) membership fee

quo'tare *vt* (*BORSA*) to quote; **quotazi'one** *sf* quotation

quotidi'ano, a *ag* daily; (*banale*) everyday ♦ *sm* (*giornale*) daily (paper)

quozi'ente [kwot'tsjɛnte] *sm* (*MAT*) quotient; ~ **d'intelligenza** intelligence quotient, IQ

R

ra'barbaro *sm* rhubarb
'rabbia *sf* (*ira*) anger, rage; (*accanimento, furia*) fury; (*MED: idrofobia*) rabies *sg*
rab'bino *sm* rabbi
rabbi'oso, a *ag* angry, furious; (*facile all'ira*) quick-tempered; (*forze, acqua etc*) furious, raging; (*MED*) rabid, mad
rabbo'nire *vt* to calm down; **~rsi** *vr* to calm down
rabbrivi'dire *vi* to shudder, shiver
rabbui'arsi *vr* to grow dark
raccapez'zarsi [rakkapet'tsarsi] *vr*: **non** ~ to be at a loss
raccapricci'ante [rakkaprit'tʃante] *ag* horrifying
raccatta'palle *sm inv* (*SPORT*) ballboy
raccat'tare *vt* to pick up
rac'chetta [rak'ketta] *sf* (*per tennis*) racket; (*per ping-pong*) bat; ~ **da neve** snowshoe; ~ **da sci** ski stick
racchi'udere [rak'kjudere] *vt* to contain; **racchi'uso, a** *pp di* **racchiudere**
rac'cogliere [rak'kɔʎʎere] *vt* to collect; (*raccattare*) to pick up; (*frutti, fiori*) to pick, pluck; (*AGR*) to harvest; (*approvazione, voti*) to win; (*profughi*) to take in; **~rsi** *vr* to gather; (*fig*) to gather one's thoughts; to meditate; **raccogli'mento** *sm* meditation; **raccogli'tore** *sm* (*cartella*) folder, binder; **raccoglitore a fogli mobili** looseleaf binder
rac'colta *sf* collecting *no pl*; collection; (*AGR*) harvesting *no pl*, gathering *no pl*; harvest, crop; (*adunata*) gathering
rac'colto, a *pp di* **raccogliere** ♦ *ag* (*persona: pensoso*) thoughtful; (*luogo: appartato*) secluded, quiet ♦ *sm* (*AGR*) crop, harvest
raccoman'dare *vt* to recommend; (*affidare*) to entrust; (*esortare*): ~ **a qn di non fare** to tell *o* warn sb not to do; **~rsi** *vr*: **~rsi a qn** to commend o.s. to sb; **mi raccomando!** don't forget!; **raccoman'data** *sf* (*anche: lettera raccomandata*) recorded-delivery letter; **raccomandazi'one** *sf* recommendation
raccon'tare *vt*: ~ **(a qn)** (*dire*) to tell (sb); (*narrare*) to relate (to sb), tell (sb) about; **rac'conto** *sm* telling *no pl*, relating *no pl*; (*fatto raccontato*) story, tale
raccorci'are [rakkor'tʃare] *vt* to shorten
rac'cordo *sm* (*TECN: giunzione*) connection, joint; (*AUT: di autostrada*) slip road (*BRIT*), entrance (o exit) ramp (*US*); ~ **anulare** (*AUT*) ring road (*BRIT*), beltway (*US*)
ra'chitico, a, ci, che [ra'kitiko] *ag* suffering from rickets; (*fig*) scraggy, scrawny
racimo'lare [ratʃimo'lare] *vt* (*fig*) to scrape together, glean
'rada *sf* (natural) harbour
'radar *sm* radar
raddol'cire [raddol'tʃire] *vt* (*persona, carattere*) to soften; **~rsi** *vr* (*tempo*) to grow milder; (*persona*) to soften, mellow
raddoppi'are *vt, vi* to double
raddriz'zare [raddrit'tsare] *vt* to straighten; (*fig: correggere*) to put straight, correct
'radere *vt* (*barba*) to shave off; (*mento*) to shave; (*fig: rasentare*) to graze; to skim; **~rsi** *vr* to shave (o.s.); ~ **al suolo** to raze to the ground
radi'are *vt* to strike off
radia'tore *sm* radiator
radiazi'one [radjat'tsjone] *sf* (*FISICA*) radiation; (*cancellazione*) striking off
radi'cale *ag* radical ♦ *sm* (*LING*) root

ra'dicchio [ra'dikkjo] *sm* chicory
ra'dice [ra'ditʃe] *sf* root
'radio *sf inv* radio ♦ *sm* (*CHIM*) radium; **radioat'tivo, a** *ag* radioactive; **radiodiffusi'one** *sf* (radio) broadcasting; **radiogra'fare** *vt* to X-ray; **radiogra'fia** *sf* radiography; (*foto*) X-ray photograph
radi'oso, a *ag* radiant
radiostazi'one [radjostat'tsjone] *sf* radio station
'rado, a *ag* (*capelli*) sparse, thin; (*visite*) infrequent; **di** ~ rarely
radu'nare *vt*, to gather, assemble; **~rsi** *vr* to gather, assemble
ra'dura *sf* clearing
raffazzo'nare [raffattso'nare] *vt* to patch up
raf'fermo, a *ag* stale
'raffica, che *sf* (*METEOR*) gust (of wind); (*di colpi*: *scarica*) burst of gunfire
raffigu'rare *vt* to represent
raffi'nare *vt* to refine; **raffina'tezza** *sf* refinement; **raffi'nato, a** *ag* refined; **raffine'ria** *sf* refinery
raffor'zare [raffor'tsare] *vt* to reinforce
raffredda'mento *sm* cooling
raffred'dare *vt* to cool; (*fig*) to dampen, have a cooling effect on; **~rsi** *vr* to grow cool *o* cold; (*prendere un raffreddore*) to catch a cold; (*fig*) to cool (off)
raffred'dato, a *ag* (*MED*): **essere** ~ to have a cold
raffred'dore *sm* (*MED*) cold
raf'fronto *sm* comparison
'rafia *sf* (*fibra*) raffia
ra'gazzo, a [ra'gattso] *sm/f* boy/girl; (*fam: fidanzato*) boyfriend/girlfriend
raggi'ante [rad'dʒante] *ag* radiant, shining
'raggio ['raddʒo] *sm* (*di sole etc*) ray; (*MAT*, *distanza*) radius; (*di ruota etc*) spoke; ~ **d'azione** range; **~i X** X-rays
raggi'rare [raddʒi'rare] *vt* to take in, trick; **rag'giro** *sm* trick
raggi'ungere [rad'dʒundʒere] *vt* to reach; (*persona*: *riprendere*) to catch up (with); (*bersaglio*) to hit; (*fig*: *meta*) to achieve; **raggi'unto, a** *pp di* raggiungere
raggomito'larsi *vr* to curl up
raggranel'lare *vt* to scrape together
raggrup'pare *vt* to group (together)
raggu'aglio [rag'gwaʎʎo] *sm* comparison; (*informazione*, *relazione*) piece of information
ragguar'devole *ag* (*degno di riguardo*) distinguished, notable; (*notevole*: *somma*) considerable
ragiona'mento [radʒona'mento] *sm* reasoning *no pl*; arguing *no pl*; argument
ragio'nare [radʒo'nare] *vi* (*usare la ragione*) to reason; (*discorrere*): ~ **(di)** to argue (about)
ragi'one [ra'dʒone] *sf* reason; (*dimostrazione*, *prova*) argument, reason; (*diritto*) right; **aver** ~ to be right; **aver** ~ **di qn** to get the better of sb; **dare** ~ **a qn** to agree with sb; to prove sb right; **perdere la** ~ to become insane; (*fig*) to take leave of one's senses; **in** ~ **di** at the rate of; to the amount of; according to; **a** *o* **con** ~ rightly, justly; ~ **sociale** (*COMM*) corporate name; **a ragion veduta** after due consideration
ragione'ria [radʒone'ria] *sf* accountancy; accounts department
ragio'nevole [radʒo'nevole] *ag* reasonable
ragioni'ere, a [radʒo'njɛre] *sm/f* accountant
ragli'are [raʎ'ʎare] *vi* to bray
ragna'tela [raɲɲa'tela] *sf* cobweb, spider's web
'ragno ['raɲɲo] *sm* spider
ragù *sm inv* (*CUC*) meat sauce; stew
RAI-TV [raiti'vu] *sigla f* = **Radio televisione italiana**
rallegra'menti *smpl* congratulations
ralle'grare *vt* to cheer up; **~rsi** *vr* to cheer up; (*provare allegrezza*) to rejoice; **~rsi con qn** to congratulate sb

rallen'tare *vt* to slow down; (*fig*) to lessen, slacken ♦ *vi* to slow down
raman'zina [raman'dzina] *sf* lecture, telling-off
'rame *sm* (*CHIM*) copper
rammari'carsi *vr*: ~ **(di)** (*rincrescersi*) to be sorry (about), regret; (*lamentarsi*) to complain (about); **ram'marico, chi** *sm* regret
rammen'dare *vt* to mend; (*calza*) to darn; **ram'mendo** *sm* mending *no pl*; darning *no pl*; mend; darn
rammen'tare *vt* to remember, recall; (*richiamare alla memoria*): ~ **qc a qn** to remind sb of sth; **~rsi** *vr*: **~rsi (di qc)** to remember (sth)
rammol'lire *vt* to soften ♦ *vi* (*anche*: *~rsi*) to go soft
'ramo *sm* branch
ramo'scello [ramoʃ'ʃɛllo] *sm* twig
'rampa *sf* flight (of stairs); ~ **di lancio** launching pad
rampi'cante *ag* (*BOT*) climbing
ram'pone *sm* harpoon; (*ALPINISMO*) crampon
'rana *sf* frog
'rancido, a ['rantʃido] *ag* rancid
ran'core *sm* rancour, resentment
ran'dagio, a, gi, gie *o* **ge** [ran'dadʒo] *ag* (*gatto, cane*) stray
ran'dello *sm* club, cudgel
'rango, ghi *sm* (*condizione sociale, MIL: riga*) rank
rannicchi'arsi [rannik'kjarsi] *vr* to crouch, huddle
rannuvo'larsi *vr* to cloud over, become overcast
ra'nocchio [ra'nɔkkjo] *sm* (edible) frog
'rantolo *sm* wheeze; (*di agonizzanti*) death rattle
'rapa *sf* (*BOT*) turnip
ra'pace [ra'patʃe] *ag* (*animale*) predatory; (*fig*) rapacious, grasping ♦ *sm* bird of prey
ra'pare *vt* (*capelli*) to crop, cut very short
'rapida *sf* (*di fiume*) rapid; *vedi anche* **rapido**
rapida'mente *av* quickly, rapidly
rapidità *sf* speed
'rapido, a *ag* fast; (*esame, occhiata*) quick, rapid ♦ *sm* (*FERR*) express (train)
rapi'mento *sm* kidnapping; (*fig*) rapture
ra'pina *sf* robbery; ~ **a mano armata** armed robbery; **rapi'nare** *vt* to rob; **rapina'tore, 'trice** *sm/f* robber
ra'pire *vt* (*cose*) to steal; (*persone*) to kidnap; (*fig*) to enrapture, delight; **rapi'tore, 'trice** *sm/f* kidnapper
rappor'tare *vt* (*confrontare*) to compare; (*riprodurre*) to reproduce
rap'porto *sm* (*resoconto*) report; (*legame*) relationship; (*MAT, TECN*) ratio; **~i** *smpl* (*fra persone, paesi*) relations; **~i sessuali** sexual intercourse *sg*
rap'prendersi *vr* to coagulate, clot; (*latte*) to curdle
rappre'saglia [rappre'saʎʎa] *sf* reprisal, retaliation
rappresen'tante *sm/f* representative; **rappresen'tanza** *sf* delegation, deputation; (*COMM: ufficio, sede*) agency
rappresen'tare *vt* to represent; (*TEATRO*) to perform; **rappresentazi'one** *sf* representation; performing *no pl*; (*spettacolo*) performance
rap'preso, a *pp di* **rapprendere**
rapso'dia *sf* rhapsody
rara'mente *av* seldom, rarely
rare'fatto, a *ag* rarefied
'raro, a *ag* rare
ra'sare *vt* (*barba etc*) to shave off; (*siepi, erba*) to trim, cut; **~rsi** *vr* to shave (o.s.)
raschi'are [ras'kjare] *vt* to scrape; (*macchia, fango*) to scrape off ♦ *vi* to clear one's throat
rasen'tare *vt* (*andar rasente*) to keep close to; (*sfiorare*) to skim along (*o* over); (*fig*) to border on
ra'sente *prep*: ~ **(a)** close to, very near
'raso, a *pp di* **radere** ♦ *ag* (*barba*) shaved; (*capelli*) cropped; (*con mi-*

sure di capacità) level; (*pieno*: *bicchiere*) full to the brim ♦ *sm* (*tessuto*) satin; ~ **terra** close to the ground; **un cucchiaio** ~ a level spoonful

ra'soio *sm* razor; ~ **elettrico** electric shaver *o* razor

ras'segna [ras'seɲɲa] *sf* (*MIL*) inspection, review; (*esame*) inspection; (*resoconto*) review, survey; (*pubblicazione letteraria etc*) review; (*mostra*) exhibition, show; **passare in** ~ (*MIL*, *fig*) to review

rasse'gnare [rasseɲ'ɲare] *vt*: ~ **le dimissioni** to resign, hand in one's resignation; ~**rsi** *vr* (*accettare*): ~**rsi (a qc/a fare)** to resign o.s. (to sth/to doing); **rassegnazi'one** *sf* resignation

rassere'narsi *vr* (*tempo*) to clear up

rasset'tare *vt* to tidy, put in order; (*aggiustare*) to repair, mend

rassicu'rare *vt* to reassure

rasso'dare *vt* to harden, stiffen

rassomigli'anza [rassomiʎ'ʎantsa] *sf* resemblance

rassomigli'are [rassomiʎ'ʎare] *vi*: ~ **a** to resemble, look like

rastrel'lare *vt* to rake; (*fig*: *perlustrare*) to comb

rastrelli'era *sf* rack; (*per piatti*) dish rack

ras'trello *sm* rake

'rata *sf* (*quota*) instalment; **pagare a** ~**e** to pay by instalments *o* on hire purchase (*BRIT*)

ratifi'care *vt* (*DIR*) to ratify

'ratto *sm* (*DIR*) abduction; (*ZOOL*) rat

rattop'pare *vt* to patch; **rat'toppo** *sm* patching *no pl*; patch

rattrap'pire *vt* to make stiff; ~**rsi** *vr* to be stiff

rattris'tare *vt* to sadden; ~**rsi** *vr* to become sad

'rauco, a, chi, che *ag* hoarse

rava'nello *sm* radish

ravi'oli *smpl* ravioli *sg*

ravve'dersi *vr* to mend one's ways

ravvici'nare [ravvitʃi'nare] *vt* (*avvicinare*): ~ **qc a** to bring sth nearer to; (: *due tubi*) to bring closer together; (*riconciliare*) to reconcile, bring together

ravvi'sare *vt* to recognize

ravvi'vare *vt* to revive; (*fig*) to brighten up, enliven; ~**rsi** *vr* to revive; to brighten up

razio'cinio [ratsjo'tʃinjo] *sm* reasoning *no pl*; reason; (*buon senso*) common sense

razio'nale [rattsjo'nale] *ag* rational

razio'nare [rattsjo'nare] *vt* to ration

razi'one [rat'tsjone] *sf* ration; (*porzione*) portion, share

'razza ['rattsa] *sf* race; (*ZOOL*) breed; (*discendenza*, *stirpe*) stock, race; (*sorta*) sort, kind

raz'zia [rat'tsia] *sf* raid, foray

razzi'ale [rat'tsjale] *ag* racial

raz'zismo [rat'tsizmo] *sm* racism, racialism

raz'zista, i, e [rat'tsista] *ag*, *sm/f* racist, racialist

'razzo ['raddzo] *sm* rocket

razzo'lare [rattso'lare] *vi* (*galline*) to scratch about

re *sm inv* king; (*MUS*) D; (: *solfeggiando la scala*) re

rea'gire [rea'dʒire] *vi* to react

re'ale *ag* real; (*di*, *da re*) royal ♦ *sm*: **il** ~ reality; **rea'lismo** *sm* realism; **rea'lista, i, e** *sm/f* realist; (*POL*) royalist

realiz'zare [realid'dzare] *vt* (*progetto etc*) to realize, carry out; (*sogno*, *desiderio*) to realize, fulfil; (*scopo*) to achieve; (*COMM*: *titoli etc*) to realize; (*CALCIO etc*) to score; ~**rsi** *vr* to be realized; **realizzazi'one** *sf* realization; fulfilment; achievement

real'mente *av* really, actually

realtà *sf inv* reality

re'ato *sm* offence

reat'tore *sm* (*FISICA*) reactor; (*AER*: *aereo*) jet; (: *motore*) jet engine

reazio'nario, a [reattsjo'narjo] *ag* (*POL*) reactionary

reazi'one [reat'tsjone] *sf* reaction
recapi'tare *vt* to deliver
re'capito *sm* (*indirizzo*) address; (*consegna*) delivery
re'care *vt* (*portare*) to bring; (*avere su di sé*) to carry, bear; (*cagionare*) to cause, bring; **~rsi** *vr* to go
re'cedere [re'tʃɛdere] *vi* to withdraw
recensi'one [retʃen'sjone] *sf* review; **recen'sire** *vt* to review
re'cente [re'tʃɛnte] *ag* recent; **di ~** recently; **recente'mente** *av* recently
recessi'one [retʃes'sjone] *sf* (*ECON*) recession
re'cidere [re'tʃidere] *vt* to cut off, chop off
reci'divo, a [retʃi'divo] *sm/f* (*DIR*) second (*o* habitual) offender, recidivist
re'cinto [re'tʃinto] *sm* enclosure; (*ciò che recinge*) fence; surrounding wall
recipi'ente [retʃi'pjɛnte] *sm* container
re'ciproco, a, ci, che [re'tʃiproko] *ag* reciprocal
re'ciso, a [re'tʃizo] *pp di* **recidere**
'recita ['rɛtʃita] *sf* performance
reci'tare [retʃi'tare] *vt* (*poesia, lezione*) to recite; (*dramma*) to perform; (*ruolo*) to play *o* act (the part of); **recitazi'one** *sf* recitation; (*di attore*) acting
recla'mare *vi* to complain ♦ *vt* (*richiedere*) to demand
ré'clame [re'klam] *sf inv* advertising *no pl*; advertisement, advert (*BRIT*), ad (*fam*)
re'clamo *sm* complaint
reclusi'one *sf* (*DIR*) imprisonment
'recluta *sf* recruit; **reclu'tare** *vt* to recruit
re'condito, a *ag* secluded; (*fig*) secret, hidden
recriminazi'one [rekriminat'tsjone] *sf* recrimination
recrude'scenza [rekrudeʃ'ʃɛntsa] *sf* fresh outbreak
recupe'rare *vt* = **ricuperare**
redargu'ire *vt* to rebuke
re'datto, a *pp di* **redigere**; **redat'tore, 'trice** *sm/f* (*STAMPA*) editor; (: *di articolo*) writer; (*di dizionario etc*) compiler; **redattore capo** chief editor; **redazi'one** *sf* editing; writing; (*sede*) editorial office(s); (*personale*) editorial staff; (*versione*) version
reddi'tizio, a [reddi'tittsjo] *ag* profitable
'reddito *sm* income; (*dello Stato*) revenue; (*di un capitale*) yield
re'dento, a *pp di* **redimere**
redenzi'one [reden'tsjone] *sf* redemption
re'digere [re'didʒere] *vt* to write; (*contratto*) to draw up
re'dimere *vt* to deliver; (*REL*) to redeem
'redini *sfpl* reins
'reduce ['rɛdutʃe] *ag*: **~ da** returning from, back from ♦ *sm/f* survivor
refe'rendum *sm inv* referendum
refe'renza [refe'rɛntsa] *sf* reference
re'ferto *sm* medical report
refet'torio *sm* refectory
refrat'tario, a *ag* refractory
refrige'rare [refridʒe'rare] *vt* to refrigerate; (*rinfrescare*) to cool, refresh
rega'lare *vt* to give (as a present), make a present of
re'gale *ag* regal
re'galo *sm* gift, present
re'gata *sf* regatta
reg'gente [red'dʒɛnte] *sm/f* regent
'reggere ['rɛddʒere] *vt* (*tenere*) to hold; (*sostenere*) to support, bear, hold up; (*portare*) to carry, bear; (*resistere*) to withstand; (*dirigere: impresa*) to manage, run; (*governare*) to rule, govern; (*LING*) to take, be followed by ♦ *vi* (*resistere*): **~ a** to stand up to, hold out against; (*sopportare*): **~ a** to stand; (*durare*) to last; (*fig: teoria etc*) to hold water; **~rsi** *vr* (*stare ritto*) to stand; (*fig: dominarsi*) to control o.s.; **~rsi sulle gambe** *o* **in piedi** to stand up

'reggia, ge ['rɛddʒa] *sf* royal palace
reggi'calze [reddʒi'kaltse] *sm inv* suspender belt
reggi'mento [reddʒi'mento] *sm* (*MIL*) regiment
reggi'petto [reddʒi'pɛtto] *sm* = **reggiseno**
reggi'seno [reddʒi'seno] *sm* bra
re'gia, 'gie [re'dʒia] *sf* (*TV, CINEMA etc*) direction
re'gime [re'dʒime] *sm* (*POL*) regime; (*DIR*: *aureo, patrimoniale etc*) system; (*MED*) diet; (*TECN*) (engine) speed
re'gina [re'dʒina] *sf* queen
'regio, a, gi, gie ['rɛdʒo] *ag* royal
regio'nale [redʒo'nale] *ag* regional
regi'one [re'dʒone] *sf* region; (*territorio*) region, district, area
re'gista, i, e [re'dʒista] *sm/f* (*TV, CINEMA etc*) director
regis'trare [redʒis'trare] *vt* (*AMM*) to register; (*COMM*) to enter; (*notare*) to note, take note of; (*canzone, conversazione, sog*: *strumento di misura*) to record; (*mettere a punto*) to adjust, regulate; (*bagagli*) to check in; **registra'tore** *sm* (*strumento*) recorder, register; (*magnetofono*) tape recorder; **registratore di cassa** cash register; **registrazi'one** *sf* recording; (*AMM*) registration; (*COMM*) entry; (*di bagagli*) check-in
re'gistro [re'dʒistro] *sm* (*libro*) register; ledger; logbook; (*DIR*) registry; (*MUS, TECN*) register
re'gnare [reɲ'ɲare] *vi* to reign, rule; (*fig*) to reign
'regno ['reɲɲo] *sm* kingdom; (*periodo*) reign; (*fig*) realm; **il ~ animale/vegetale** the animal/vegetable kingdom; **il R~ Unito** the United Kingdom
'regola *sf* rule; **a ~ d'arte** duly; perfectly; **in ~** in order
regola'mento *sm* (*complesso di norme*) regulations *pl*; (*di debito*) settlement; **~ di conti** (*fig*) settling of scores
rego'lare *ag* regular; (*in regola: domanda*) in order, lawful ♦ *vt* to regulate, control; (*apparecchio*) to adjust, regulate; (*questione, conto, debito*) to settle; **~rsi** *vr* (*moderarsi*): **~rsi nel bere/nello spendere** to control one's drinking/spending; (*comportarsi*) to behave, act; **regolarità** *sf inv* regularity
'regolo *sm* ruler; **~ calcolatore** slide rule
reinte'grare *vt* (*energie*) to recover; (*in una carica*) to reinstate
rela'tivo, a *ag* relative
relazi'one [relat'tsjone] *sf* (*fra cose, persone*) relation(ship); (*resoconto*) report, account; **~i** *sfpl* (*conoscenze*) connections
rele'gare *vt* to banish; (*fig*) to relegate
religi'one [reli'dʒone] *sf* religion; **religi'oso, a** *ag* religious ♦ *sm/f* monk/nun
re'liquia *sf* relic
re'litto *sm* wreck; (*fig*) down-and-out
re'mare *vi* to row
remini'scenze [reminiʃ'ʃɛntse] *sfpl* reminiscences
remissi'one *sf* remission
remis'sivo, a *ag* submissive, compliant
'remo *sm* oar
re'moto, a *ag* remote
'rendere *vt* (*ridare*) to return, give back; (: *saluto etc*) to return; (*produrre*) to yield, bring in; (*esprimere, tradurre*) to render; (*far diventare*): **~ qc possibile** to make sth possible; **~ grazie a qn** to thank sb; **~rsi utile** to make o.s. useful; **~rsi conto di qc** to realize sth
rendi'conto *sm* (*rapporto*) report, account; (*AMM, COMM*) statement of account
rendi'mento *sm* (*reddito*) yield; (*di manodopera, TECN*) efficiency; (*capacità di produrre*) output; (*di studenti*) performance
'rendita *sf* (*di individuo*) private *o* unearned income; (*COMM*) revenue; **~ annua** annuity

'rene *sm* kidney
'reni *sfpl* back *sg*
reni'tente *ag* reluctant, unwilling; ~ **ai consigli di qn** unwilling to follow sb's advice; **essere ~ alla leva** (*MIL*) to fail to report for military service
'renna *sf* reindeer *inv*
'Reno *sm*: **il ~** the Rhine
'reo, a *sm/f* (*DIR*) offender
re'parto *sm* department, section; (*MIL*) detachment
repel'lente *ag* repulsive
repen'taglio [repen'taʎʎo] *sm*: **mettere a ~** to jeopardize, risk
repen'tino, a *ag* sudden, unexpected
repe'rire *vt* to find, trace
re'perto *sm* (*ARCHEOLOGIA*) find; (*MED*) report; (*DIR*: *anche*: ~ *giudiziario*) exhibit
reper'torio *sm* (*TEATRO*) repertory; (*elenco*) index, (alphabetical) list
'replica, che *sf* repetition; reply, answer; (*obiezione*) objection; (*TEATRO, CINEMA*) repeat performance; (*copia*) replica
repli'care *vt* (*ripetere*) to repeat; (*rispondere*) to answer, reply
repressi'one *sf* repression
re'presso, a *pp di* **reprimere**
re'primere *vt* to suppress, repress
re'pubblica, che *sf* republic; **repubbli'cano, a** *ag*, *sm/f* republican
repu'tare *vt* to consider, judge
reputazi'one [reputat'tsjone] *sf* reputation
'requie *sf*: **senza ~** unceasingly
requi'sire *vt* to requisition
requi'sito *sm* requirement
requisizi'one [rekwizit'tsjone] *sf* requisition
'resa *sf* (*l'arrendersi*) surrender; (*restituzione, rendimento*) return; ~ **dei conti** rendering of accounts; (*fig*) day of reckoning
resi'dente *ag* resident; **resi'denza** *sf* residence; **residenzi'ale** *ag* residential
re'siduo, a *ag* residual, remaining ♦ *sm* remainder; (*CHIM*) residue
'resina *sf* resin
resis'tente *ag* (*che resiste*): ~ **a** resistant to; (*forte*) strong; (*duraturo*) long-lasting, durable; ~ **al caldo** heat-resistant; **resis'tenza** *sf* resistance; (*di persona*: *fisica*) stamina, endurance; (: *mentale*) endurance, resistance
re'sistere *vi* to resist; ~ **a** (*assalto, tentazioni*) to resist; (*dolore, sog*: *pianta*) to withstand; (*non patir danno*) to be resistant to; **resis'tito, a** *pp di* **resistere**
'reso, a *pp di* **rendere**
reso'conto *sm* report, account
res'pingere [res'pindʒere] *vt* to drive back, repel; (*rifiutare*) to reject; (*INS*: *bocciare*) to fail; **res'pinto, a** *pp di* **respingere**
respi'rare *vi* to breathe; (*fig*) to get one's breath; to breathe again ♦ *vt* to breathe (in), inhale; **respira'tore** *sm* respirator; **respirazi'one** *sf* breathing; **respirazione artificiale** artificial respiration; **res'piro** *sm* breathing *no pl*; (*singolo atto*) breath; (*fig*) respite, rest; **mandare un respiro di sollievo** to give a sigh of relief
respon'sabile *ag* responsible ♦ *sm/f* person responsible; (*capo*) person in charge; ~ **di** responsible for; (*DIR*) liable for; **responsabilità** *sf inv* responsibility; (*legale*) liability
res'ponso *sm* answer
'ressa *sf* crowd, throng
res'tare *vi* (*rimanere*) to remain, stay; (*diventare*): ~ **orfano/cieco** to become *o* be left an orphan/become blind; (*trovarsi*): ~ **sorpreso** to be surprised; (*avanzare*) to be left, remain; ~ **d'accordo** to agree; **non resta più niente** there's nothing left; **restano pochi giorni** there are only a few days left
restau'rare *vt* to restore; **restaurazi'one** *sf* (*POL*) restoration; **res'tauro** *sm* (*di edifici etc*) restoration

res'tio, a, 'tii, 'tie *ag* restive; (*persona*): ~ a reluctant to
restitu'ire *vt* to return, give back; (*energie, forze*) to restore
'resto *sm* remainder, rest; (*denaro*) change; (*MAT*) remainder; **~i** *smpl* (*di cibo*) leftovers; (*di città*) remains; **del** ~ moreover, besides; **~i mortali** (mortal) remains
res'tringere [res'trindʒere] *vt* to reduce; (*vestito*) to take in; (*stoffa*) to shrink; (*fig*) to restrict, limit; **~rsi** *vr* (*strada*) to narrow; (*stoffa*) to shrink; **restrizi'one** *sf* restriction
'rete *sf* net; (*fig*) trap, snare; (*di recinzione*) wire netting; (*AUT, FERR, di spionaggio etc*) network; **segnare una** ~ (*CALCIO*) to score a goal; ~ **del letto** (sprung) bed base
reti'cente [reti'tʃɛnte] *ag* reticent
retico'lato *sm* grid; (*rete metallica*) wire netting; (*di filo spinato*) barbed wire (fence)
'retina *sf* (*ANAT*) retina
re'torica *sf* rhetoric
re'torico, a, ci, che *ag* rhetorical
retribu'ire *vt* to pay; (*premiare*) to reward; **retribuzi'one** *sf* payment; reward
'retro *sm inv* back ♦ *av* (*dietro*): **vedi** ~ see over(leaf)
retro'cedere [retro'tʃɛdere] *vi* to withdraw ♦ *vt* (*CALCIO*) to relegate; (*MIL*) to degrade
re'trogrado, a *ag* (*fig*) reactionary, backward-looking
retro'marcia [retro'martʃa] *sf* (*AUT*) reverse; (: *dispositivo*) reverse gear
retro'scena [retroʃ'ʃɛna] *sm inv* (*TEATRO*) backstage; **i** ~ (*fig*) the behind-the-scenes activities
retrospet'tivo, a *ag* retrospective
retrovi'sore *sm* (*AUT*) (rear-view) mirror
'retta *sf* (*MAT*) straight line; (*di convitto*) charge for bed and board; (*fig: ascolto*): **dar** ~ **a** to listen to, pay attention to
rettango'lare *ag* rectangular
ret'tangolo, a *ag* right-angled ♦ *sm* rectangle
ret'tifica, che *sf* rectification, correction
rettifi'care *vt* (*curva*) to straighten; (*fig*) to rectify, correct
'rettile *sm* reptile
retti'lineo, a *ag* rectilinear
retti'tudine *sf* rectitude, uprightness
'retto, a *pp di* **reggere** ♦ *ag* straight; (*MAT*): **angolo** ~ right angle; (*onesto*) honest, upright; (*giusto, esatto*) correct, proper, right
ret'tore *sm* (*REL*) rector; (*di università*) ≈ chancellor
reuma'tismo *sm* rheumatism
reve'rendo, a *ag*: **il** ~ **padre Belli** the Reverend Father Belli
rever'sibile *ag* reversible
revisio'nare *vt* (*conti*) to audit; (*TECN*) to overhaul, service; (*DIR: processo*) to review; (*componimento*) to revise
revisi'one *sf* auditing *no pl*; audit; servicing *no pl*; overhaul; review; revision
revi'sore *sm*: ~ **di conti/bozze** auditor/proofreader
'revoca *sf* revocation
revo'care *vt* to revoke
re'volver *sm inv* revolver
riabili'tare *vt* to rehabilitate; (*fig*) to restore to favour
rial'zare [rial'tsare] *vt* to raise, lift; (*alzare di più*) to heighten, raise; (*aumentare: prezzi*) to increase, raise ♦ *vi* (*prezzi*) to rise, increase; **ri'alzo** *sm* (*di prezzi*) increase, rise; (*sporgenza*) rise
rianimazi'one [rianimat'tsjone] *sf* (*MED*) resuscitation; **centro di** ~ intensive care unit
riap'pendere *vt* to rehang; (*TEL*) to hang up
ria'prire *vt* to reopen, open again; **~rsi** *vr* to reopen, open again
ri'armo *sm* (*MIL*) rearmament
riasset'tare *vt* (*stanza*) to tidy (up)
rias'setto *sm* (*di stanza etc*) rearrangement; (*ordinamento*) reorga-

nization

rias'sumere *vt* (*riprendere*) to resume; (*impiegare di nuovo*) to reemploy; (*sintetizzare*) to summarize; **rias'sunto, a** *pp di* **riassumere** ♦ *sm* summary

ria'vere *vt* to have again; (*avere indietro*) to get back; (*riacquistare*) to recover; **~rsi** *vr* to recover

riba'dire *vt* (*fig*) to confirm

ri'balta *sf* flap; (*TEATRO*: *proscenio*) front of the stage; (: *apparecchio d'illuminazione*) footlights *pl*; (*fig*) limelight

ribal'tabile *ag* (*sedile*) tip-up

ribal'tare *vt, vi* (*anche*: *~rsi*) to turn over, tip over

ribas'sare *vt* to lower, bring down ♦ *vi* to come down, fall; **ri'basso** *sm* reduction, fall

ri'battere *vt* to return, hit back; (*confutare*) to refute; ~ **che** to retort that

ribel'larsi *vr*: ~ **(a)** to rebel (against); **ri'belle** *ag* (*soldati*) rebel; (*ragazzo*) rebellious ♦ *sm/f* rebel; **ribelli'one** *sf* rebellion

'ribes *sm inv* currant; ~ **nero** blackcurrant; ~ **rosso** redcurrant

ribol'lire *vi* (*fermentare*) to ferment; (*fare bolle*) to bubble, boil; (*fig*) to seethe

ri'brezzo [ri'breddzo] *sm* disgust, loathing; **far ~ a** to disgust

ribut'tante *ag* disgusting, revolting

rica'dere *vi* to fall again; (*scendere a terra, fig*: *nel peccato etc*) to fall back; (*vestiti, capelli etc*) to hang (down); (*riversarsi*: *fatiche, colpe*): ~ **su** to fall on; **rica'duta** *sf* (*MED*) relapse

rical'care *vt* (*disegni*) to trace; (*fig*) to follow faithfully

rica'mare *vt* to embroider

ricambi'are *vt* to change again; (*contraccambiare*) to repay, return; **ri'cambio** *sm* exchange, return; (*FISIOL*) metabolism; **ricambi** *smpl* (*TECN*) spare parts

ri'camo *sm* embroidery

ricapito'lare *vt* to recapitulate, sum up

ricari'care *vt* (*arma, macchina fotografica*) to reload; (*pipa*) to refill; (*orologio*) to rewind; (*batteria*) to recharge

ricat'tare *vt* to blackmail; **ricatta'tore, 'trice** *sm/f* blackmailer; **ri'catto** *sm* blackmail

rica'vare *vt* (*estrarre*) to draw out, extract; (*ottenere*) to obtain, gain; **ri'cavo** *sm* proceeds *pl*

ric'chezza [rik'kettsa] *sf* wealth; (*fig*) richness; **~e** *sfpl* (*beni*) wealth *sg*, riches

'riccio, a ['rittʃo] *ag* curly ♦ *sm* (*ZOOL*) hedgehog; (: *anche*: ~ *di mare*) sea urchin; **'ricciolo** *sm* curl; **ricci'uto, a** *ag* curly

'ricco, a, chi, che *ag* rich; (*persona, paese*) rich, wealthy ♦ *sm/f* rich man/woman; **i ~chi** the rich; ~ **di** full of; rich in

ri'cerca, che [ri'tʃerka] *sf* search; (*indagine*) investigation, inquiry; (*studio*): **la** ~ research; **una** ~ piece of research

ricer'care [ritʃer'kare] *vt* (*motivi, cause*) to look for, try to determine; (*successo, piacere*) to pursue; (*onore, gloria*) to seek; **ricer'cato, a** *ag* (*apprezzato*) much sought-after; (*affettato*) studied, affected ♦ *sm/f* (*POLIZIA*) wanted man/woman

ri'cetta [ri'tʃɛtta] *sf* (*MED*) prescription; (*CUC*) recipe

ricettazi'one [ritʃettat'tsjone] *sf* (*DIR*) receiving (stolen goods)

ri'cevere [ri'tʃevere] *vt* to receive; (*stipendio, lettera*) to get, receive; (*accogliere*: *ospite*) to welcome; (*vedere*: *cliente, rappresentante etc*) to see; **ricevi'mento** *sm* receiving *no pl*; (*trattenimento*) reception; **ricevi'tore** *sm* (*TECN*) receiver; **ricevito'ria** *sf* lottery *o* pools office; **rice'vuta** *sf* receipt; **ricevuta fiscale** receipt for tax purposes; **ricezi'one** *sf* (*RADIO, TV*) reception

richia'mare [rikja'mare] *vt* (*chia-*

mare indietro, ritelefonare) to call back; (*ambasciatore, truppe*) to recall; (*rimproverare*) to reprimand; (*attirare*) to attract, draw; ~**rsi a** (*riferirsi a*) to refer to; **richi'amo** *sm* call; recall; reprimand; attraction

richi'edere [ri'kjɛdere] *vt* to ask again for; (*chiedere indietro*): ~ **qc** to ask for sth back; (*chiedere: per sapere*) to ask; (: *per avere*) to ask for; (*AMM: documenti*) to apply for; (*esigere*) to need, require; **richi'esta** *sf* (*domanda*) request; (*AMM*) application, request; (*esigenza*) demand, request; **a richiesta** on request; **richi'esto, a** *pp di* **richiedere**

rici'clare [ritʃi'klare] *vt* to recycle

'ricino ['ritʃino] *sm*: **olio di** ~ castor oil

ricognizi'one [rikoɲɲit'tsjone] *sf* (*MIL*) reconnaissance; (*DIR*) recognition, acknowledgement

ricominci'are [rikomin'tʃare] *vt, vi* to start again, begin again

ricom'pensa *sf* reward

ricompen'sare *vt* to reward

riconcili'are [rikontʃi'ljare] *vt* to reconcile; ~**rsi** *vr* to be reconciled; **riconciliazi'one** *sf* reconciliation

ricono'scente [rikonoʃ'ʃɛnte] *ag* grateful; **ricono'scenza** *sf* gratitude

rico'noscere [riko'noʃʃere] *vt* to recognize; (*DIR: figlio, debito*) to acknowledge; (*ammettere: errore*) to admit, acknowledge; **riconosci'mento** *sm* recognition; acknowledgement; (*identificazione*) identification; **riconosci'uto, a** *pp di* **riconoscere**

ricopi'are *vt* to copy

rico'prire *vt* (*coprire*) to cover; (*occupare: carica*) to hold

ricor'dare *vt* to remember, recall; (*richiamare alla memoria*): ~ **qc a qn** to remind sb of sth; ~**rsi** *vr*: ~**rsi (di)** to remember; ~**rsi di qc/di aver fatto** to remember sth/having done

ri'cordo *sm* memory; (*regalo*) keepsake, souvenir; (*di viaggio*) souvenir; ~**i** *smpl* (*memorie*) memoirs

ricor'rente *ag* recurrent, recurring; **ricor'renza** *sf* recurrence; (*festività*) anniversary

ri'correre *vi* (*ripetersi*) to recur; ~ **a** (*rivolgersi*) to turn to; (: *DIR*) to appeal to; (*servirsi di*) to have recourse to; **ri'corso, a** *pp di* **ricorrere** ♦ *sm* recurrence; (*DIR*) appeal; **far ricorso a** = **ricorrere a**

ricostitu'ente *ag* (*MED*): **cura** ~ tonic

ricostru'ire *vt* (*casa*) to rebuild; (*fatti*) to reconstruct; **ricostruzi'one** *sf* rebuilding *no pl*; reconstruction

ri'cotta *sf soft white unsalted cheese made from sheep's milk*

ricove'rare *vt* to give shelter to; ~ **qn in ospedale** to admit sb to hospital

ri'covero *sm* shelter, refuge; (*MIL*) shelter; (*MED*) admission (to hospital)

ricre'are *vt* to recreate; (*rinvigorire*) to restore; (*fig: distrarre*) to amuse

ricreazi'one [rikreat'tsjone] *sf* recreation, entertainment; (*INS*) break

ri'credersi *vr* to change one's mind

ricupe'rare *vt* (*rientrare in possesso di*) to recover, get back; (*tempo perduto*) to make up for; (*NAUT*) to salvage; (: *naufraghi*) to rescue; (*delinquente*) to rehabilitate; ~ **lo svantaggio** (*SPORT*) to close the gap

ridacchi'are [ridak'kjare] *vi* to snigger

ri'dare *vt* to return, give back

'ridere *vi* to laugh; (*deridere, beffare*): ~ **di** to laugh at, make fun of

ri'detto, a *pp di* **ridire**

ri'dicolo, a *ag* ridiculous, absurd

ridimensio'nare *vt* to reorganize; (*fig*) to see in the right perspective

ri'dire *vt* to repeat; (*criticare*) to find fault with; to object to; **trova sempre qualcosa da** ~ he always manages to find fault

ridon'dante *ag* redundant

ri'dotto, a *pp di* **ridurre**
ri'durre *vt* (*anche CHIM, MAT*) to reduce; (*prezzo, spese*) to cut, reduce; (*accorciare: opera letteraria*) to abridge; (: *RADIO, TV*) to adapt; **ridursi** *vr* (*diminuirsi*) to be reduced, shrink; **ridursi a** to be reduced to; **ridursi pelle e ossa** to be reduced to skin and bone; **riduzi'one** *sf* reduction; abridgement; adaptation
riem'pire *vt* to fill (up); (*modulo*) to fill in *o* out; **~rsi** *vr* to fill (up); (*mangiare troppo*) to stuff o.s.; **~ qc di** to fill sth (up) with
rien'tranza [rien'trantsa] *sf* recess; indentation
rien'trare *vi* (*entrare di nuovo*) to go (*o* come) back in; (*tornare*) to return; (*fare una rientranza*) to go in, curve inwards; to be indented; (*riguardare*): **~ in** to be included among, form part of; **ri'entro** *sm* (*ritorno*) return; (*di astronave*) reentry
riepilo'gare *vt* to summarize ♦ *vi* to recapitulate
ri'fare *vt* to do again; (*ricostruire*) to make again; (*nodo*) to tie again, do up again; (*imitare*) to imitate, copy; **~rsi** *vr* (*risarcirsi*): **~rsi di** to make up for; (*vendicarsi*): **~rsi di qc su qn** to get one's own back on sb for sth; (*riferirsi*): **~rsi a** to go back to; to follow; **~ il letto** to make the bed; **~rsi una vita** to make a new life for o.s.; **ri'fatto, a** *pp di* **rifare**
riferi'mento *sm* reference; **in** *o* **con ~ a** with reference to
rife'rire *vt* (*riportare*) to report; (*ascrivere*): **~ qc a** to attribute sth to ♦ *vi* to do a report; **~rsi** *vr*: **~rsi a** to refer to
rifi'nire *vt* to finish off, put the finishing touches to; **rifini'tura** *sf* finishing touch; **rifiniture** *sfpl* (*di mobile, auto*) finish *sg*
rifiu'tare *vt* to refuse; **~ di fare** to refuse to do; **rifi'uto** *sm* refusal; **rifiuti** *smpl* (*spazzatura*) rubbish *sg*, refuse *sg*
riflessi'one *sf* (*FISICA, meditazione*) reflection; (*il pensare*) thought, reflection; (*osservazione*) remark
rifles'sivo, a *ag* (*persona*) thoughtful, reflective; (*LING*) reflexive
ri'flesso, a *pp di* **riflettere** ♦ *sm* (*di luce, rispecchiamento*) reflection; (*FISIOL*) reflex; **di** *o* **per ~** indirectly
ri'flettere *vt* to reflect ♦ *vi* to think; **~rsi** *vr* to be reflected; **~ su** to think over
riflet'tore *sm* reflector; (*proiettore*) floodlight; searchlight
ri'flusso *sm* flowing back; (*della marea*) ebb; **un'epoca di ~** an era of nostalgia
ri'fondere *vt* (*rimborsare*) to refund, repay
ri'forma *sf* reform; **la R~** (*REL*) the Reformation
rifor'mare *vt* to re-form; (*cambiare, innovare*) to reform; (*MIL: recluta*) to declare unfit for service; (: *soldato*) to invalid out, discharge; **riforma'torio** *sm* (*DIR*) community home (*BRIT*), reformatory (*US*)
riforni'mento *sm* supplying, providing; restocking; **~i** *smpl* (*provviste*) supplies, provisions
rifor'nire *vt* (*provvedere*): **~ di** to supply *o* provide with; (*fornire di nuovo: casa etc*) to restock
rifrazi'one [rifrat'tsjone] *sf* refraction
rifug'gire [rifud'dʒire] *vi* to escape again; (*fig*): **~ da** to shun
rifugi'arsi [rifu'dʒarsi] *vr* to take refuge; **rifugi'ato, a** *sm/f* refugee
ri'fugio [ri'fudʒo] *sm* refuge, shelter; (*in montagna*) shelter; **~ antiaereo** air-raid shelter
'riga, ghe *sf* line; (*striscia*) stripe; (*di persone, cose*) line, row; (*regolo*) ruler; (*scriminatura*) parting; **mettersi in ~** to line up; **a ~ghe** (*foglio*) lined; (*vestito*) striped
ri'gagnolo [ri'gaɲɲolo] *sm* rivulet
ri'gare *vt* (*foglio*) to rule ♦ *vi*: **~ di-**

ritto (*fig*) to toe the line
rigatti'ere *sm* junk dealer
riget'tare [ridʒet'tare] *vt* (*gettare indietro*) to throw back; (*fig*: *respingere*) to reject; (*vomitare*) to bring *o* throw up; **ri'getto** *sm* (*anche MED*) rejection
rigidità [ridʒidi'ta] *sf* rigidity; stiffness; severity, rigours *pl*; strictness
'rigido, a ['ridʒido] *ag* rigid, stiff; (*membra etc*: *indurite*) stiff; (*METEOR*) harsh, severe; (*fig*) strict
rigi'rare [ridʒi'rare] *vt* to turn; **~rsi** *vr* to turn round; (*nel letto*) to turn over; ~ **qc tra le mani** to turn sth over in one's hands; ~ **il discorso** to change the subject
'rigo, ghi *sm* line; (*MUS*) staff, stave
rigogli'oso, a [rigoʎ'ʎoso] *ag* (*pianta*) luxuriant; (*fig*: *commercio*, *sviluppo*) thriving
ri'gonfio, a *ag* swollen
ri'gore *sm* (*METEOR*) harshness, rigours *pl*; (*fig*) severity, strictness; (*anche*: *calcio di* ~) penalty; **di** ~ compulsory; **a rigor di termini** strictly speaking; **rigo'roso, a** *ag* (*severo*: *persona*, *ordine*) strict; (*preciso*) rigorous
rigover'nare *vt* to wash (up)
riguar'dare *vt* to look at again; (*considerare*) to regard, consider; (*concernere*) to regard, concern; **~rsi** *vr* (*aver cura di sé*) to look after o.s.
rigu'ardo *sm* (*attenzione*) care; (*considerazione*) regard, respect; ~ **a** concerning, with regard to; **non aver ~i nell'agire/nel parlare** to act/speak freely
rilasci'are [rilaʃ'ʃare] *vt* (*rimettere in libertà*) to release; (*AMM*: *documenti*) to issue; **ri'lascio** *sm* release; issue
rilas'sare *vt* to relax; **~rsi** *vr* to relax; (*fig*: *disciplina*) to become slack
rile'gare *vt* (*libro*) to bind; **rilega'tura** *sf* binding
ri'leggere [ri'lɛddʒere] *vt* to reread, read again; (*rivedere*) to read over
ri'lento: a ~ *av* slowly
rileva'mento *sm* (*topografico*, *statistico*) survey; (*NAUT*) bearing
rile'vante *ag* considerable; important
rile'vare *vt* (*ricavare*) to find; (*notare*) to notice; (*mettere in evidenza*) to point out; (*venire a conoscere*: *notizia*) to learn; (*raccogliere*: *dati*) to gather, collect; (*TOPOGRAFIA*) to survey; (*MIL*) to relieve; (*COMM*) to take over
rili'evo *sm* (*ARTE*, *GEO*) relief; (*fig*: *rilevanza*) importance; (*osservazione*) point, remark; (*TOPOGRAFIA*) survey; **dar ~ a** *o* **mettere in ~ qc** (*fig*) to bring sth out, highlight sth
rilut'tante *ag* reluctant; **rilut'tanza** *sf* reluctance
'rima *sf* rhyme; (*verso*) verse
riman'dare *vt* to send again; (*restituire*, *rinviare*) to send back, return; (*differire*): ~ **qc (a)** to postpone sth *o* put sth off (till); (*fare riferimento*): ~ **qn a** to refer sb to; **essere rimandato** (*INS*) to have to repeat one's exams; **ri'mando** *sm* (*rinvio*) return; (*dilazione*) postponement; (*riferimento*) cross-reference
rima'nente *ag* remaining ♦ *sm* rest, remainder; **i ~i** (*persone*) the rest of them, the others; **rima'nenza** *sf* rest, remainder; **rimanenze** *sfpl* (*COMM*) unsold stock *sg*
rima'nere *vi* (*restare*) to remain, stay; (*avanzare*) to be left, remain; (*restare stupito*) to be amazed; (*restare*, *mancare*): **rimangono poche settimane a Pasqua** there are only a few weeks left till Easter; **rimane da vedere se** it remains to be seen whether; (*diventare*): ~ **vedovo** to be left a widower; (*trovarsi*): ~ **confuso/sorpreso** to be confused/surprised
ri'mare *vt*, *vi* to rhyme
rimargi'nare [rimardʒi'nare] *vt*, *vi* (*anche*: **~rsi**) to heal

ri'masto, a *pp di* **rimanere**
rima'sugli [rima'suʎʎi] *smpl* leftovers
rimbal'zare [rimbal'tsare] *vi* to bounce back, rebound; (*proiettile*) to ricochet; **rim'balzo** *sm* rebound; ricochet
rimbam'bito, a *ag* senile, in one's dotage
rimboc'care *vt* (*orlo*) to turn up; (*coperta*) to tuck in; (*maniche, pantaloni*) to turn *o* roll up
rimbom'bare *vi* to resound
rimbor'sare *vt* to pay back, repay; **rim'borso** *sm* repayment
rimedi'are *vi*: ~ **a** to remedy ♦ *vt* (*fam*: *procurarsi*) to get *o* scrape together
ri'medio *sm* (*medicina*) medicine; (*cura, fig*) remedy, cure
rimesco'lare *vt* to mix well, stir well; (*carte*) to shuffle; **sentirsi ~ il sangue** (*per paura*) to feel one's blood run cold; (*per rabbia*) to feel one's blood boil
ri'messa *sf* (*locale: per veicoli*) garage; (: *per aerei*) hangar; (*COMM*: *di merce*) consignment; (: *di denaro*) remittance; (*TENNIS*) return; (*CALCIO*: *anche*: ~ *in gioco*) throw-in
ri'messo, a *pp di* **rimettere**
ri'mettere *vt* (*mettere di nuovo*) to put back; (*indossare di nuovo*): ~ **qc** to put sth back on, put sth on again; (*restituire*) to return, give back; (*affidare*) to entrust; (: *decisione*) to refer; (*condonare*) to remit; (*COMM*: *merci*) to deliver; (: *denaro*) to remit; (*vomitare*) to bring up; (*perdere*: *anche*: *rimetterci*) to lose; **~rsi al bello** (*tempo*) to clear up; **~rsi in salute** to get better, recover one's health
'rimmel ® *sm inv* mascara
rimoder'nare *vt* to modernize
rimon'tare *vt* (*meccanismo*) to reassemble; (: *tenda*) to put up again ♦ *vi* (*salire di nuovo*): ~ **in** (*macchina, treno*) to get back into; (*SPORT*) to close the gap
rimorchi'are [rimor'kjare] *vt* to tow; (*fig*: *ragazza*) to pick up; **rimorchia'tore** *sm* (*NAUT*) tug(boat)
ri'morchio [ri'mɔrkjo] *sm* tow; (*veicolo*) trailer
ri'morso *sm* remorse
rimozi'one [rimot'tsjone] *sf* removal; (*da un impiego*) dismissal; (*PSIC*) repression
rim'pasto *sm* (*POL*) reshuffle
rimpatri'are *vi* to return home ♦ *vt* to repatriate; **rim'patrio** *sm* repatriation
rimpi'angere [rim'pjandʒere] *vt* to regret; (*persona*) to miss; **rimpi'anto, a** *pp di* **rimpiangere** ♦ *sm* regret
rimpiat'tino *sm* hide-and-seek
rimpiaz'zare [rimpjat'tsare] *vt* to replace
rimpiccio'lire [rimpittʃo'lire] *vt* to make smaller ♦ *vi* (*anche*: *~rsi*) to become smaller
rimpin'zare [rimpin'tsare] *vt*: ~ **di** to cram *o* stuff with
rimprove'rare *vt* to rebuke, reprimand; **rim'provero** *sm* rebuke, reprimand
rimugi'nare [rimudʒi'nare] *vt* (*fig*) to turn over in one's mind
rimunerazi'one [rimunerat'tsjone] *sf* remuneration; (*premio*) reward
rimu'overe *vt* to remove; (*destituire*) to dismiss
Rinasci'mento [rinaʃʃi'mento] *sm*: **il ~** the Renaissance
ri'nascita [ri'naʃʃita] *sf* rebirth, revival
rincal'zare [rinkal'tsare] *vt* (*palo, albero*) to support, prop up; (*lenzuola*) to tuck in
rinca'rare *vt* to increase the price of ♦ *vi* to go up, become more expensive
rinca'sare *vi* to go home
rinchi'udere [rin'kjudere] *vt* to shut (*o* lock) up; **~rsi** *vr*: **~rsi in** to shut o.s. up in; **~rsi in se stesso** to withdraw into o.s.; **rinchi'uso, a** *pp di* **rinchiudere**

rin'correre *vt* to chase, run after; **rin'corsa** *sf* short run; **rin'corso, a** *pp di* **rincorrere**
rin'crescere [rin'kreʃʃere] *vb impers*: **mi rincresce che/di non poter fare** I'm sorry that/I can't do, I regret that/being unable to do; **rincresci'mento** *sm* regret; **rincresci'uto, a** *pp di* **rincrescere**
rincu'lare *vi* to draw back; (*arma*) to recoil
rinfacci'are [rinfat'tʃare] *vt* (*fig*): ~ **qc a qn** to throw sth in sb's face
rinfor'zare [rinfor'tsare] *vt* to reinforce, strengthen ♦ *vi* (*anche*: ~*rsi*) to grow stronger; **rin'forzo** *sm*: **mettere un rinforzo a** to strengthen; **di rinforzo** (*asse*, *sbarra*) strengthening; (*esercito*) supporting; (*personale*) extra, additional; **rinforzi** *smpl* (*MIL*) reinforcements
rinfran'care *vt* to encourage, reassure
rinfres'care *vt* (*atmosfera*, *temperatura*) to cool (down); (*abito*, *pareti*) to freshen up ♦ *vi* (*tempo*) to grow cooler; ~**rsi** *vr* (*ristorarsi*) to refresh o.s.; (*lavarsi*) to freshen up; **rin'fresco, schi** *sm* (*festa*) party; **rinfreschi** *smpl* refreshments
rin'fusa *sf*: **alla** ~ in confusion, higgledy-piggledy
ringhi'are [rin'gjare] *vi* to growl, snarl
ringhi'era [rin'gjɛra] *sf* railing; (*delle scale*) banister(s *pl*)
ringiova'nire [rindʒova'nire] *vt* (*sog*: *vestito*, *acconciatura etc*): ~ **qn** to make sb look younger; (: *vacanze etc*) to rejuvenate ♦ *vi* (*anche*: ~*rsi*) to become (*o* look) younger
ringrazia'mento [ringrattsja'mento] *sm* thanks *pl*
ringrazi'are [ringrat'tsjare] *vt* to thank; ~ **qn di qc** to thank sb for sth
rinne'gare *vt* (*fede*) to renounce; (*figlio*) to disown, repudiate; **rinne'gato, a** *sm/f* renegade
rinnova'mento *sm* renewal; (*economico*) revival
rinno'vare *vt* to renew; (*ripetere*) to repeat, renew; **rin'novo** *sm* (*di contratto*) renewal; **"chiuso per rinnovo dei locali"** "closed for alterations"
rinoce'ronte [rinotʃe'ronte] *sm* rhinoceros
rino'mato, a *ag* renowned, celebrated
rinsal'dare *vt* to strengthen
rintoc'care *vi* (*campana*) to toll; (*orologio*) to strike
rintracci'are [rintrat'tʃare] *vt* to track down
rintro'nare *vi* to boom, roar ♦ *vt* (*assordare*) to deafen; (*stordire*) to stun
ri'nuncia [ri'nuntʃa] *etc* = **rinunzia** *etc*
ri'nunzia [ri'nuntsja] *sf* renunciation
rinunzi'are [rinun'tsjare] *vi*: ~ **a** to give up, renounce
rinve'nire *vt* to find, recover; (*scoprire*) to discover, find out ♦ *vi* (*riprendere i sensi*) to come round; (*riprendere l'aspetto naturale*) to revive
rinvi'are *vt* (*rimandare indietro*) to send back, return; (*differire*): ~ **qc** (**a**) to postpone sth *o* put sth off (till); to adjourn sth (till); (*fare un rimando*): ~ **qn a** to refer sb to
rinvigo'rire *vt* to strengthen
rin'vio, 'vii *sm* (*rimando*) return; (*differimento*) postponement; (: *di seduta*) adjournment; (*in un testo*) cross-reference
ri'one *sm* district, quarter
riordi'nare *vt* (*rimettere in ordine*) to tidy; (*riorganizzare*) to reorganize
riorganiz'zare [riorganid'dzare] *vt* to reorganize
ripa'gare *vt* to repay
ripa'rare *vt* (*proteggere*) to protect, defend; (*correggere*: *male*, *torto*) to make up for; (: *errore*) to put right; (*aggiustare*) to repair ♦ *vi* (*mettere rimedio*): ~ **a** to make up for; ~**rsi** *vr* (*rifugiarsi*) to take refuge *o* shelter; **riparazi'one** *sf* (*di un torto*)

reparation; (*di guasto, scarpe*) repairing *no pl*; repair; (*risarcimento*) compensation

ri'paro *sm* (*protezione*) shelter, protection; (*rimedio*) remedy

ripar'tire *vt* (*dividere*) to divide up; (*distribuire*) to share out ♦ *vi* to set off again; to leave again

ripas'sare *vi* to come (*o* go) back ♦ *vt* (*scritto, lezione*) to go over (again)

ripen'sare *vi* to think; (*cambiare pensiero*) to change one's mind; (*tornare col pensiero*): ~ **a** to recall

ripercu'otersi *vr*: ~ **su** (*fig*) to have repercussions on

ripercussi'one *sf* (*fig*): **avere una** ~ *o* **delle** ~**i su** to have repercussions on

ripes'care *vt* (*pesce*) to catch again; (*persona, cosa*) to fish out; (*fig: ritrovare*) to dig out

ri'petere *vt* to repeat; (*ripassare*) to go over; **ripetizi'one** *sf* repetition; (*di lezione*) revision; **ripetizioni** *sfpl* (*INS*) private tutoring *o* coaching *sg*

ripi'ano *sm* (*GEO*) terrace; (*di mobile*) shelf

ri'picca *sf*: **per** ~ out of spite

'ripido, a *ag* steep

ripie'gare *vt* to refold; (*piegare più volte*) to fold (up) ♦ *vi* (*MIL*) to retreat, fall back; (*fig: accontentarsi*): ~ **su** to make do with; ~**rsi** *vr* to bend; **ripi'ego, ghi** *sm* expedient

ripi'eno, a *ag* full; (*CUC*) stuffed; (: *panino*) filled ♦ *sm* (*CUC*) stuffing

ri'porre *vt* (*porre al suo posto*) to put back, replace; (*mettere via*) to put away; (*fiducia, speranza*): ~ **qc in qn** to place *o* put sth in sb

ripor'tare *vt* (*portare indietro*) to bring (*o* take) back; (*riferire*) to report; (*citare*) to quote; (*ricevere*) to receive, get; (*vittoria*) to gain; (*successo*) to have; (*MAT*) to carry; ~**rsi a** (*anche fig*) to go back to; (*riferirsi a*) to refer to; ~ **danni** to suffer damage

ripo'sare *vt* (*bicchiere, valigia*) to put down; (*dare sollievo*) to rest ♦ *vi* to rest; ~**rsi** *vr* to rest; **ri'poso** *sm* rest; (*MIL*): **riposo!** at ease!; **a riposo** (*in pensione*) retired; **giorno di riposo** day off

ripos'tiglio [ripos'tiʎʎo] *sm* lumber-room

ri'posto, a *pp di* **riporre**

ri'prendere *vt* (*prigioniero, fortezza*) to recapture; (*prendere indietro*) to take back; (*ricominciare: lavoro*) to resume; (*andare a prendere*) to fetch, come back for; (*assumere di nuovo: impiegati*) to take on again, re-employ; (*rimproverare*) to tell off; (*restringere: abito*) to take in; (*CINEMA*) to shoot; ~**rsi** *vr* to recover; (*correggersi*) to correct o.s.; **ri'presa** *sf* recapture; resumption; (*economica, da malattia, emozione*) recovery; (*AUT*) acceleration *no pl*; (*TEATRO, CINEMA*) rerun; (*CINEMA: presa*) shooting *no pl*; shot; (*SPORT*) second half; (: *PUGILATO*) round; **a più riprese** on several occasions, several times; **ripreso, a** *pp di* **riprendere**

ripristi'nare *vt* to restore

ripro'durre *vt* to reproduce; **riprodursi** *vr* (*BIOL*) to reproduce; (*riformarsi*) to form again; **riproduzi'one** *sf* reproduction; **riproduzione vietata** all rights reserved

ripudi'are *vt* to repudiate, disown

ripu'gnante [ripuɲ'ɲante] *ag* disgusting, repulsive

ripu'gnare [ripuɲ'ɲare] *vi*: ~ **a qn** to repel *o* disgust sb

ripu'lire *vt* to clean up; (*sog: ladri*) to clean out; (*perfezionare*) to polish, refine

ri'quadro *sm* square; (*ARCHIT*) panel

ri'saia *sf* paddy field

risa'lire *vi* (*ritornare in su*) to go back up; ~ **a** (*ritornare con la mente*) to go back to; (*datare da*) to date back to, go back to

risal'tare *vi* (*fig: distinguersi*) to stand out; (*ARCHIT*) to project, jut

out; **ri'salto** *sm* prominence; (*sporgenza*) projection; **mettere** *o* **porre in risalto qc** to make sth stand out
risa'nare *vt* (*guarire*) to heal, cure; (*palude*) to reclaim; (*economia*) to improve; (*bilancio*) to reorganize
risa'puto, a *ag*: **è ~ che ...** everyone knows that ..., it is common knowledge that ...
risarci'mento [risartʃi'mento] *sm*: **~ (di)** compensation (for)
risar'cire [risar'tʃire] *vt* (*cose*) to pay compensation for; (*persona*): **~ qn di qc** to compensate sb for sth
ri'sata *sf* laugh
riscalda'mento *sm* heating; **~ centrale** central heating
riscal'dare *vt* (*scaldare*) to heat; (*: mani, persona*) to warm; (*minestra*) to reheat; **~rsi** *vr* to warm up
riscat'tare *vt* (*prigioniero*) to ransom, pay a ransom for; (*DIR*) to redeem; **~rsi** *vr* (*da disonore*) to redeem o.s.; **ris'catto** *sm* ransom; redemption
rischia'rare [riskja'rare] *vt* (*illuminare*) to light up; (*colore*) to make lighter; **~rsi** *vr* (*tempo*) to clear up; (*cielo*) to clear; (*fig: volto*) to brighten up; **~rsi la voce** to clear one's throat
rischi'are [ris'kjare] *vt* to risk ♦ *vi*: **~ di fare qc** to risk *o* run the risk of doing sth
'rischio ['riskjo] *sm* risk; **rischi'oso, a** *ag* risky, dangerous
riscia'cquare [riʃʃa'kware] *vt* to rinse
riscon'trare *vt* (*confrontare: due cose*) to compare; (*esaminare*) to check, verify; (*rilevare*) to find; **ris'contro** *sm* comparison; check, verification; (*AMM: lettera di risposta*) reply
ris'cossa *sf* (*riconquista*) recovery, reconquest; *vedi anche* **riscosso**
riscossi'one *sf* collection
ris'cosso, a *pp di* **riscuotere**
ris'cuotere *vt* (*ritirare una somma dovuta*) to collect; (*: stipendio*) to draw, collect; (*assegno*) to cash; (*fig: successo etc*) to win, earn; **~rsi** *vr*: **~rsi (da)** to shake o.s. (out of), rouse o.s. (from)
risenti'mento *sm* resentment
risen'tire *vt* to hear again; (*provare*) to feel ♦ *vi*: **~ di** to feel (*o* show) the effects of; **~rsi** *vr*: **~rsi di** *o* **per** to take offence at, resent; **risen'tito, a** *ag* resentful
ri'serbo *sm* reserve
ri'serva *sf* reserve; (*di caccia, pesca*) preserve; (*restrizione, di indigeni*) reservation; **di ~** (*provviste etc*) in reserve
riser'vare *vt* (*tenere in serbo*) to keep, put aside; (*prenotare*) to book, reserve; **~rsi** *vr*: **~rsi di fare qc** to intend to do sth; **riser'vato, a** *ag* (*prenotato, fig: persona*) reserved; (*confidenziale*) confidential; **riserva'tezza** *sf* reserve
risi'edere *vi*: **~ a** *o* **in** to reside in
'risma *sf* (*di carta*) ream; (*fig*) kind, sort
'riso (*pl(f)* **~a**: *il ridere*) *sm*: **un ~** a laugh; **il ~** laughter; (*pianta*) rice ♦ *pp di* **ridere**
riso'lino *sm* snigger
ri'solto, a *pp di* **risolvere**
risolu'tezza [risolu'tettsa] *sf* determination
riso'luto, a *ag* determined, resolute
risoluzi'one [risolut'tsjone] *sf* solving *no pl*; (*MAT*) solution; (*decisione, di immagine*) resolution
ri'solvere *vt* (*difficoltà, controversia*) to resolve; (*problema*) to solve; (*decidere*): **~ di fare** to resolve to do; **~rsi** *vr* (*decidersi*): **~rsi a fare** to make up one's mind to do; (*andare a finire*): **~rsi in** to end up, turn out; **~rsi in nulla** to come to nothing
riso'nanza [riso'nantsa] *sf* resonance; **aver vasta ~** (*fig: fatto etc*) to be known far and wide
riso'nare *vt, vi* = **risuonare**
ri'sorgere [ri'sordʒere] *vi* to rise again; **risorgi'mento** *sm* revival; **il**

Risorgimento (*STORIA*) the Risorgimento
ri'sorsa *sf* expedient, resort; ~e *sfpl* (*naturali, finanziarie etc*) resources; **persona piena di ~e** resourceful person
ri'sorto, a *pp di* **risorgere**
ri'sotto *sm* (*CUC*) risotto
risparmi'are *vt* to save; (*non uccidere*) to spare ♦ *vi* to save; ~ **qc a qn** to spare sb sth
ris'parmio *sm* saving *no pl*; (*denaro*) savings *pl*
rispec'chiare [rispek'kjare] *vt* to reflect
rispet'tabile *ag* respectable
rispet'tare *vt* to respect; **farsi ~** to command respect
rispet'tivo, a *ag* respective
ris'petto *sm* respect; ~**i** *smpl* (*saluti*) respects, regards; ~ **a** (*in paragone a*) compared to; (*in relazione a*) as regards, as for; **rispet'toso, a** *ag* respectful
ris'plendere *vi* to shine
ris'pondere *vi* to answer, reply; (*freni*) to respond; ~ **a** (*domanda*) to answer, reply to; (*persona*) to answer; (*invito*) to reply to; (*provocazione, sog: veicolo, apparecchio*) to respond to; (*corrispondere a*) to correspond to; (: *speranze, bisogno*) to answer; ~ **di** to answer for; **ris'posta** *sf* answer, reply; **in risposta a** in reply to; **risposto, a** *pp di* **rispondere**
'rissa *sf* brawl
ristabi'lire *vt* to re-establish, restore; (*persona*: *sog*: *riposo etc*) to restore to health; ~**rsi** *vr* to recover
rista'gnare [ristaɲ'ɲare] *vi* (*acqua*) to become stagnant; (*sangue*) to cease flowing; (*fig*: *industria*) to stagnate; **ris'tagno** *sm* stagnation
ris'tampa *sf* reprinting *no pl*; reprint
risto'rante *sm* restaurant
risto'rarsi *vr* to have something to eat and drink; (*riposarsi*) to rest, have a rest; **ris'toro** *sm* (*bevanda, cibo*) refreshment; **servizio di ristoro** (*FERR*) refreshments *pl*
ristret'tezza [ristret'tettsa] *sf* (*strettezza*) narrowness; (*fig*: *scarsezza*) scarcity, lack; (: *meschinità*) meanness; ~**e** *sfpl* (*povertà*) financial straits
ris'tretto, a *pp di* **restringere** ♦ *ag* (*racchiuso*) enclosed, hemmed in; (*angusto*) narrow; (*limitato*): ~ **(a)** restricted *o* limited (to); (*CUC*: *brodo*) thick; (: *caffè*) extra strong
risucchi'are [risuk'kjare] *vt* to suck in
risul'tare *vi* (*dimostrarsi*) to prove (to be), turn out (to be); (*riuscire*): ~ **vincitore** to emerge as the winner; ~ **da** (*provenire*) to result from, be the result of; **mi risulta che ...** I understand that ...; **non mi risulta** not as far as I know; **risul'tato** *sm* result
risuo'nare *vi* (*rimbombare*) to resound
risurrezi'one [risurret'tsjone] *sf* (*REL*) resurrection
risusci'tare [risuʃʃi'tare] *vt* to resuscitate, restore to life; (*fig*) to revive, bring back ♦ *vi* to rise (from the dead)
ris'veglio [riz'veʎʎo] *sm* waking up; (*fig*) revival
ris'volto *sm* (*di giacca*) lapel; (*di pantaloni*) turn-up; (*di manica*) cuff; (*di tasca*) flap; (*di libro*) inside flap; (*fig*) implication
ritagli'are [ritaʎ'ʎare] *vt* (*tagliar via*) to cut out; **ri'taglio** *sm* (*di giornale*) cutting, clipping; (*di stoffa etc*) scrap; **nei ritagli di tempo** in one's spare time
ritar'dare *vi* (*persona, treno*) to be late; (*orologio*) to be slow ♦ *vt* (*rallentare*) to slow down; (*impedire*) to delay, hold up; (*differire*) to postpone, delay; **ritarda'tario, a** *sm/f* latecomer
ri'tardo *sm* delay; (*di persona aspettata*) lateness *no pl*; (*fig*: *mentale*) backwardness; **in ~** late

ri'tegno [ri'teɲɲo] *sm* restraint
rite'nere *vt* (*trattenere*) to hold back; (: *somma*) to deduct; (*giudicare*) to consider, believe; **rite'nuta** *sf* (*sul salario*) deduction
riti'rare *vt* to withdraw; (*POL*: *richiamare*) to recall; (*andare a prendere*: *pacco etc*) to collect, pick up; **~rsi** *vr* to withdraw; (*da un'attività*) to retire; (*stoffa*) to shrink; (*marea*) to recede; **riti'rata** *sf* (*MIL*) retreat; (*latrina*) lavatory; **ri'tiro** *sm* withdrawal; recall; collection; (*luogo appartato*) retreat
'ritmo *sm* rhythm; (*fig*) rate; (: *della vita*) pace, tempo
'rito *sm* rite; **di ~** usual, customary
ritoc'care *vt* (*disegno, fotografia*) to touch up; (*testo*) to alter; **ri'tocco, chi** *sm* touching up *no pl*; alteration
ritor'nare *vi* to return, go (*o* come) back; (*ripresentarsi*) to recur; (*ridiventare*): **~ ricco** to become rich again ♦ *vt* (*restituire*) to return, give back
ritor'nello *sm* refrain
ri'torno *sm* return; **essere di ~** to be back; **avere un ~ di fiamma** (*AUT*) to backfire; (*fig*: *persona*) to be back in love again
ritorsi'one *sf* retaliation
ri'trarre *vt* (*trarre indietro, via*) to withdraw; (*distogliere*: *sguardo*) to turn away; (*rappresentare*) to portray, depict; (*ricavare*) to get, obtain
ritrat'tare *vt* (*disdire*) to retract, take back; (*trattare nuovamente*) to deal with again
ri'tratto, a *pp di* **ritrarre** ♦ *sm* portrait
ri'troso, a *ag* (*restio*): **~ (a)** reluctant (to); (*schivo*) shy; **andare a ~** to go backwards
ritro'vare *vt* to find; (*salute*) to regain; (*persona*) to find; to meet again; **~rsi** *vr* (*essere, capitare*) to find o.s.; (*raccapezzarsi*) to find one's way; (*con senso reciproco*) to meet (again); **ri'trovo** *sm* meeting place; **ritrovo notturno** night club
'ritto, a *ag* (*in piedi*) standing, on one's feet; (*levato in alto*) erect, raised; (: *capelli*) standing on end; (*posto verticalmente*) upright
ritu'ale *ag, sm* ritual
riuni'one *sf* (*adunanza*) meeting; (*riconciliazione*) reunion
riu'nire *vt* (*ricongiungere*) to join (together); (*riconciliare*) to reunite, bring together (again); **~rsi** *vr* (*adunarsi*) to meet; (*tornare a stare insieme*) to be reunited
riu'scire [riuʃ'ʃire] *vi* (*uscire di nuovo*) to go out again, go back out; (*aver esito: fatti, azioni*) to go, turn out; (*aver successo*) to succeed, be successful; (*essere, apparire*) to be, prove; (*raggiungere il fine*) to manage, succeed; **~ a fare qc** to manage to do *o* succeed in doing *o* be able to do sth; **questo mi riesce nuovo** this is new to me; **riu'scita** *sf* (*esito*) result, outcome; (*buon esito*) success
'riva *sf* (*di fiume*) bank; (*di lago, mare*) shore
ri'vale *sm/f* rival; **rivalità** *sf* rivalry
ri'valsa *sf* (*rivincita*) revenge; (*risarcimento*) compensation
rivalu'tare *vt* (*ECON*) to revalue
rivan'gare *vt* (*ricordi etc*) to dig up (again)
rive'dere *vt* to see again; (*ripassare*) to revise; (*verificare*) to check
rive'lare *vt* to reveal; (*divulgare*) to reveal, disclose; (*dare indizio*) to reveal, show; **~rsi** *vr* (*manifestarsi*) to be revealed; **~rsi onesto** *etc* to prove to be honest *etc*; **rivela'tore** *sm* (*TECN*) detector; (*FOT*) developer; **rivelazi'one** *sf* revelation
rivendi'care *vt* to claim, demand
ri'vendita *sf* (*bottega*) retailer's (shop)
rivendi'tore, 'trice *sm/f* retailer; **~ autorizzato** (*COMM*) authorized dealer
ri'verbero *sm* (*di luce, calore*) reflection; (*di suono*) reverberation
rive'renza [rive'rentsa] *sf* reverence;

(*inchino*) bow; curtsey
rive'rire *vt* (*rispettare*) to revere; (*salutare*) to pay one's respects to
river'sare *vt* (*anche fig*) to pour; ~**rsi** *vr* (*fig: persone*) to pour out
rivesti'mento *sm* covering; coating
rives'tire *vt* to dress again; (*ricoprire*) to cover; to coat; (*fig*: *carica*) to hold; ~**rsi** *vr* to get dressed again; to change (one's clothes)
rivi'era *sf* coast; **la ~ italiana** the Italian Riviera
ri'vincita [ri'vintʃita] *sf* (*SPORT*) return match; (*fig*) revenge
rivis'suto, a *pp di* **rivivere**
ri'vista *sf* review; (*periodico*) magazine, review; (*TEATRO*) revue; variety show
ri'vivere *vi* (*riacquistare forza*) to come alive again; (*tornare in uso*) to be revived ♦ *vt* to relive
ri'volgere [ri'vɔldʒere] *vt* (*attenzione*, *sguardo*) to turn, direct; (*parole*) to address; ~**rsi** *vr* to turn round; (*fig*: *dirigersi per informazioni*): ~**rsi a** to go and see, go and speak to; (: *ufficio*) to enquire at
ri'volta *sf* revolt, rebellion
rivol'tare *vt* to turn over; (*con l'interno all'esterno*) to turn inside out; (*disgustare*: *stomaco*) to upset, turn; ~**rsi** *vr* (*ribellarsi*): ~**rsi (a)** to rebel (against)
rivol'tella *sf* revolver
ri'volto, a *pp di* **rivolgere**
rivoluzio'nare [rivoluttsjo'nare] *vt* to revolutionize
rivoluzio'nario, a [rivoluttsjo'narjo] *ag*, *sm/f* revolutionary
rivoluzi'one [rivolut'tsjone] *sf* revolution
riz'zare [rit'tsare] *vt* to raise, erect; ~**rsi** *vr* to stand up; (*capelli*) to stand on end
'roba *sf* stuff, things *pl*; (*possessi*, *beni*) belongings *pl*, things *pl*, possessions *pl*; ~ **da mangiare** things *pl* to eat, food; ~ **da matti** sheer madness *o* lunacy
'robot *sm inv* robot
ro'busto, a *ag* robust, sturdy; (*solido*: *catena*) strong
'rocca, che *sf* fortress
rocca'forte *sf* stronghold
roc'chetto [rok'ketto] *sm* reel, spool
'roccia, ce ['rɔttʃa] *sf* rock; **fare ~** (*SPORT*) to go rock climbing;
roc'cioso, a *ag* rocky
ro'daggio [ro'daddʒo] *sm* running (*BRIT*) *o* breaking (*US*) in; **in ~** running (*BRIT*) *o* breaking (*US*) in
'Rodano *sm*: **il ~** the Rhone
'rodere *vt* to gnaw (at); (*distruggere poco a poco*) to eat into
rodi'tore *sm* (*ZOOL*) rodent
rodo'dendro *sm* rhododendron
'rogna ['rɔɲɲa] *sf* (*MED*) scabies *sg*; (*fig*) bother, nuisance
ro'gnone [roɲ'ɲone] *sm* (*CUC*) kidney
'rogo, ghi *sm* (*per cadaveri*) (funeral) pyre; (*supplizio*): **il ~** the stake
rol'lio *sm* roll(ing)
'Roma *sf* Rome
Roma'nia *sf*: **la ~** Romania
ro'manico, a, ci, che *ag* Romanesque
ro'mano, a *ag*, *sm/f* Roman
romanti'cismo [romanti'tʃizmo] *sm* romanticism
ro'mantico, a, ci, che *ag* romantic
ro'manza [ro'mandza] *sf* (*MUS*, *LETTERATURA*) romance
roman'zesco, a, schi, sche [roman'dzesko] *ag* (*stile*, *personaggi*) fictional; (*fig*) storybook *cpd*
romanzi'ere [roman'dzjɛre] *sm* novelist
ro'manzo, a [ro'mandzo] *ag* (*LING*) romance *cpd* ♦ *sm* (*medievale*) romance; (*moderno*) novel; ~ **d'appendice** serial (story)
rom'bare *vi* to rumble, thunder, roar
'rombo *sm* rumble, thunder, roar; (*MAT*) rhombus; (*ZOOL*) turbot; brill
ro'meno, a *ag*, *sm/f*, *sm* = **ru-**

meno, a

'rompere *vt* to break; (*conversazione, fidanzamento*) to break off ♦ *vi* to break; **~rsi** *vr* to break; **mi rompe le scatole** (*fam*) he (*o* she) is a pain in the neck; **~rsi un braccio** to break an arm; **rompi'capo** *sm* worry, headache; (*indovinello*) puzzle; (*in enigmistica*) brainteaser; **rompighi'accio** *sm* (*NAUT*) icebreaker; **rompis'catole** (*fam*) *sm/f inv* pest, pain in the neck

'ronda *sf* (*MIL*) rounds *pl*, patrol

ron'della *sf* (*TECN*) washer

'rondine *sf* (*ZOOL*) swallow

ron'done *sm* (*ZOOL*) swift

ron'zare [ron'dzare] *vi* to buzz, hum

ron'zino [ron'dzino] *sm* (*peg*: *cavallo*) nag

'rosa *sf* rose ♦ *ag inv*, *sm* pink; **ro'saio** *sm* (*pianta*) rosebush, rose tree; (*giardino*) rose garden; **ro'sario** *sm* (*REL*) rosary; **ro'sato, a** *ag* pink, rosy ♦ *sm* (*vino*) rosé (wine); **ro'seo, a** *ag* (*anche fig*) rosy

rosicchi'are [rosik'kjare] *vt* to gnaw (at); (*mangiucchiare*) to nibble (at)

rosma'rino *sm* rosemary

'roso, a *pp di* **rodere**

roso'lare *vt* (*CUC*) to brown

roso'lia *sf* (*MED*) German measles *sg*, rubella

ro'sone *sm* rosette; (*vetrata*) rose window

'rospo *sm* (*ZOOL*) toad

ros'setto *sm* (*per labbra*) lipstick; (*per guance*) rouge

'rosso, a *ag*, *sm*, *sm/f* red; **il mar R~** the Red Sea; **~ d'uovo** egg yolk; **ros'sore** *sm* flush, blush

rosticce'ria [rostittʃe'ria] *sf shop selling roast meat and other cooked food*

ro'tabile *ag* (*percorribile*): **strada ~** roadway; (*FERR*): **materiale ~** rolling stock

ro'taia *sf* rut, track; (*FERR*) rail

ro'tare *vt*, *vi* to rotate; **rotazi'one** *sf* rotation

rote'are *vt*, *vi* to whirl; **~ gli occhi** to roll one's eyes

ro'tella *sf* small wheel; (*di mobile*) castor

roto'lare *vt*, *vi* to roll; **~rsi** *vr* to roll (about)

'rotolo *sm* roll; **andare a ~i** (*fig*) to go to rack and ruin

ro'tonda *sf* rotunda

ro'tondo, a *ag* round

ro'tore *sm* rotor

'rotta *sf* (*AER*, *NAUT*) course, route; (*MIL*) rout; **a ~ di collo** at breakneck speed; **essere in ~ con qn** to be on bad terms with sb

rot'tame *sm* fragment, scrap, broken bit; **~i** *smpl* (*di nave, aereo etc*) wreckage *sg*

'rotto, a *pp di* **rompere** ♦ *ag* broken; (*calzoni*) torn, split; (*persona*: *pratico, resistente*): **~ a** accustomed *o* inured to; **per il ~ della cuffia** by the skin of one's teeth

rot'tura *sf* breaking *no pl*; break; breaking off; (*MED*) fracture, break

rou'lotte [ru'lɔt] *sf* caravan

ro'vente *ag* red-hot

'rovere *sm* oak

rovesci'are [roveʃ'ʃare] *vt* (*versare in giù*) to pour; (: *accidentalmente*) to spill; (*capovolgere*) to turn upside down; (*gettare a terra*) to knock down; (: *fig*: *governo*) to overthrow; (*piegare all'indietro*: *testa*) to throw back; **~rsi** *vr* (*sedia, macchina*) to overturn; (*barca*) to capsize; (*liquido*) to spill; (*fig*: *situazione*) to be reversed

ro'vescio, sci [ro'vɛʃʃo] *sm* other side, wrong side; (*della mano*) back; (*di moneta*) reverse; (*pioggia*) sudden downpour; (*fig*) setback; (*MAGLIA*: *anche*: *punto ~*) purl (stitch); (*TENNIS*) backhand (stroke); **a ~** upside-down; inside-out; **capire qc a ~** to misunderstand sth

ro'vina *sf* ruin; **andare in ~** (*andare a pezzi*) to collapse; (*fig*) to go to rack and ruin

rovi'nare *vi* to collapse, fall down ♦

vt (*far cadere giù*: *casa*) to demolish; (*danneggiare*, *fig*) to ruin; **rovi'noso, a** *ag* disastrous; damaging; violent

rovis'tare *vt* (*casa*) to ransack; (*tasche*) to rummage in (*o* through)

'rovo *sm* (*BOT*) blackberry bush, bramble bush

'rozzo, a ['roddzo] *ag* rough, coarse

'ruba *sf*: **andare a ~** to sell like hot cakes

ru'bare *vt* to steal; **~ qc a qn** to steal sth from sb

rubi'netto *sm* tap, faucet (*US*)

ru'bino *sm* ruby

ru'brica, che *sf* (*STAMPA*) column; (*quadernetto*) index book; address book

'rude *ag* tough, rough

'rudere *sm* (*rovina*) ruins *pl*

rudimen'tale *ag* rudimentary, basic

rudi'menti *smpl* rudiments; basic principles; basic knowledge *sg*

ruffi'ano *sm* pimp

'ruga, ghe *sf* wrinkle

'ruggine ['ruddʒine] *sf* rust

rug'gire [rud'dʒire] *vi* to roar

rugi'ada [ru'dʒada] *sf* dew

ru'goso, a *ag* wrinkled

rul'lare *vi* (*tamburo*, *nave*) to roll; (*aereo*) to taxi

rul'lino *sm* (*FOT*) spool; (: *pellicola*) film

'rullo *sm* (*di tamburi*) roll; (*arnese cilindrico*, *TIP*) roller; **~ compressore** steam roller; **~ di pellicola** roll of film

rum *sm* rum

ru'meno, a *ag*, *sm/f*, *sm* Romanian

rumi'nare *vt* (*ZOOL*) to ruminate

ru'more *sm*: **un ~** a noise, a sound; (*fig*) a rumour; **il ~** noise; **rumo'roso, a** *ag* noisy

ru'olo *sm* (*TEATRO*, *fig*) role, part; (*elenco*) roll, register, list; **di ~** permanent, on the permanent staff

ru'ota *sf* wheel; **a ~** (*forma*) circular; **~ anteriore/posteriore** front/back wheel; **~ di scorta** spare wheel

ruo'tare *vt*, *vi* = **rotare**

'rupe *sf* cliff

ru'rale *ag* rural, country *cpd*

ru'scello [ruʃ'ʃɛllo] *sm* stream

'ruspa *sf* excavator

rus'sare *vi* to snore

'Russia *sf*: **la ~** Russia; **'russo, a** *ag*, *sm/f*, *sm* Russian

'rustico, a, ci, che *ag* rustic; (*fig*) rough, unrefined

rut'tare *vi* to belch; **'rutto** *sm* belch

'ruvido, a *ag* rough, coarse

ruzzo'lare [ruttso'lare] *vi* to tumble down; **ruzzo'loni** *av*: **cadere ruzzoloni** to tumble down; **fare le scale ruzzoloni** to tumble down the stairs

S

S. *abbr* (= *sud*) S

sa *vb vedi* **sapere**

'sabato *sm* Saturday; **di** *o* **il ~** on Saturdays

'sabbia *sf* sand; **~e mobili** quicksand(s); **sabbi'oso, a** *ag* sandy

sabo'taggio [sabo'taddʒo] *sm* sabotage

sabo'tare *vt* to sabotage

'sacca, che *sf* bag; (*bisaccia*) haversack; (*insenatura*) inlet; **~ da viaggio** travelling bag

sacca'rina *sf* saccharin(e)

sac'cente [sat'tʃɛnte] *sm/f* know-all (*BRIT*), know-it-all (*US*)

saccheggi'are [sakked'dʒare] *vt* to sack, plunder; **sac'cheggio** *sm* sack(ing)

sac'chetto [sak'ketto] *sm* (small) bag; (small) sack

'sacco, chi *sm* bag; (*per carbone etc*) sack; (*ANAT*, *BIOL*) sac; (*tela*) sacking; (*saccheggio*) sack(ing); (*fig: grande quantità*): **un ~ di** lots of, heaps of; **~ a pelo** sleeping bag; **~ per i rifiuti** bin bag

sacer'dote [satʃer'dɔte] *sm* priest; **sacer'dozio** *sm* priesthood

sacra'mento *sm* sacrament

sacrifi'care *vt* to sacrifice; **~rsi** *vr*

to sacrifice o.s.; (*privarsi di qc*) to make sacrifices
sacri'ficio [sakri'fitʃo] *sm* sacrifice
sacri'legio [sacri'lɛdʒo] *sm* sacrilege
'sacro, a *ag* sacred
'sadico, a, ci, che *ag* sadistic ♦ *sm/f* sadist
sa'etta *sf* arrow; (*fulmine*: *anche fig*) thunderbolt; flash of lightning
sa'fari *sm inv* safari
sa'gace [sa'gatʃe] *ag* shrewd, sagacious
sag'gezza [sad'dʒettsa] *sf* wisdom
saggi'are [sad'dʒare] *vt* (*metalli*) to assay; (*fig*) to test
'saggio, a, gi, ge ['saddʒo] *ag* wise ♦ *sm* (*persona*) sage; (*operazione sperimentale*) test; (: *dell'oro*) assay; (*fig*: *prova*) proof; (*campione indicativo*) sample; (*ricerca, esame critico*) essay
Sagit'tario [sadʒit'tarjo] *sm* Sagittarius
'sagoma *sf* (*profilo*) outline, profile; (*forma*) form, shape; (*TECN*) template; (*bersaglio*) target; (*fig*: *persona*) character
'sagra *sf* festival
sagres'tano *sm* sacristan; sexton
sagres'tia *sf* sacristy; (*culto protestante*) vestry
Sa'hara [sa'ara] *sm*: **il (deserto del)** ~ the Sahara (Desert)
'sai *vb vedi* **sapere**
'sala *sf* hall; (*stanza*) room; ~ **d'aspetto** waiting room; ~ **da ballo** ballroom; ~ **per concerti** concert hall; ~ **da gioco** gaming room; ~ **operatoria** operating theatre; ~ **da pranzo** dining room
sa'lame *sm* salami *no pl*, salami sausage
sala'moia *sf* (*CUC*) brine
sa'lare *vt* to salt
salari'ato, a *sm/f* wage-earner
sa'lario *sm* pay, wages *pl*
sa'lato, a *ag* (*sapore*) salty; (*CUC*) salted, salt *cpd*; (*fig*: *discorso etc*) biting, sharp; (: *prezzi*) steep, stiff
sal'dare *vt* (*congiungere*) to join, bind; (*parti metalliche*) to solder; (: *con saldatura autogena*) to weld; (*conto*) to settle, pay; **salda'tura** *sf* soldering; welding; (*punto saldato*) soldered joint; weld
sal'dezza [sal'dettsa] *sf* firmness; strength
'saldo, a *ag* (*resistente, forte*) strong, firm; (*fermo*) firm, steady, stable; (*fig*) firm, steadfast ♦ *sm* (*svendita*) sale; (*di conto*) settlement; (*ECON*) balance
'sale *sm* salt; (*fig*): **ha poco ~ in zucca** he doesn't have much sense; ~ **fino/grosso** table/cooking salt
'salice ['salitʃe] *sm* willow; ~ **piangente** weeping willow
sali'ente *ag* (*fig*) salient, main
sali'era *sf* salt cellar
sa'lina *sf* saltworks *sg*
sa'lino, a *ag* saline
sa'lire *vi* to go (*o* come) up; (*aereo etc*) to climb, go up; (*passeggero*) to get on; (*sentiero, prezzi, livello*) to go up, rise ♦ *vt* (*scale, gradini*) to go (*o* come) up; ~ **su** to climb (up); ~ **sul treno/sull'autobus** to board the train/the bus; ~ **in macchina** to get into the car; **sa'lita** *sf* climb, ascent; (*erta*) hill, slope; **in salita** *ag, av* uphill
sa'liva *sf* saliva
'salma *sf* corpse
'salmo *sm* psalm
sal'mone *sm* salmon
sa'lone *sm* (*stanza*) sitting room, lounge; (*in albergo*) lounge; (*su nave*) lounge, saloon; (*mostra*) show, exhibition; ~ **di bellezza** beauty salon
sa'lotto *sm* lounge, sitting room; (*mobilio*) lounge suite
sal'pare *vi* (*NAUT*) to set sail; (*anche*: ~ *l'ancora*) to weigh anchor
'salsa *sf* (*CUC*) sauce; ~ **di pomodoro** tomato sauce
sal'siccia, ce [sal'sittʃa] *sf* pork sausage
sal'tare *vi* to jump, leap; (*esplodere*) to blow up, explode; (: *valvola*) to

blow; (*venir via*) to pop off; (*non aver luogo: corso etc*) to be cancelled ♦ *vt* to jump (over), leap (over); (*fig*: *pranzo, capitolo*) to skip, miss (out); (*CUC*) to sauté; **far ~** to blow up; to burst open; **~ fuori** (*fig: apparire all'improvviso*) to turn up
saltel'lare *vi* to skip; to hop
saltim'banco *sm* acrobat
'salto *sm* jump; (*SPORT*) jumping; **fare un ~** to jump, leap; **fare un ~ da qn** to pop over to sb's (place); **~ in alto/lungo** high/long jump; **~ con l'asta** pole vaulting; **~ mortale** somersault
saltu'ario, a *ag* occasional, irregular
sa'lubre *ag* healthy, salubrious
salume'ria *sf* delicatessen
sa'lumi *smpl* salted pork meats
salu'tare *ag* healthy; (*fig*) salutary, beneficial ♦ *vt* (*per dire buon giorno, fig*) to greet; (*per dire addio*) to say goodbye to; (*MIL*) to salute
sa'lute *sf* health; **~!** (*a chi starnutisce*) bless you!; (*nei brindisi*) cheers!; **bere alla ~ di qn** to drink (to) sb's health
sa'luto *sm* (*gesto*) wave; (*parola*) greeting; (*MIL*) salute; **~i** *smpl* (*formula di cortesia*) greetings; **cari ~i** best regards; **vogliate gradire i nostri più distinti ~i** Yours faithfully
salvacon'dotto *sm* (*MIL*) safe-conduct
salva'gente [salva'dʒɛnte] *sm* (*NAUT*) lifebuoy; (*stradale*) traffic island; **~ a ciambella** life belt; **~ a giubbotto** lifejacket
salvaguar'dare *vt* to safeguard
sal'vare *vt* to save; (*trarre da un pericolo*) to rescue; (*proteggere*) to protect; **~rsi** *vr* to save o.s.; to escape; **salva'taggio** *sm* rescue; **salva'tore, 'trice** *sm/f* saviour
'salve (*fam*) *escl* hi!
sal'vezza [sal'vettsa] *sf* salvation; (*sicurezza*) safety
'salvia *sf* (*BOT*) sage
'salvo, a *ag* safe, unhurt, unharmed; (*fuori pericolo*) safe, out of danger ♦ *sm*: **in ~** safe ♦ *prep* (*eccetto*) except; **mettere qc in ~** to put sth in a safe place; **~ che** (*a meno che*) unless; (*eccetto che*) except (that); **~ imprevisti** barring accidents
sam'buco *sm* elder (tree)
san *ag vedi* **santo**
sa'nare *vt* to heal, cure; (*economia*) to put right
san'cire [san'tʃire] *vt* to sanction
'sandalo *sm* (*BOT*) sandalwood; (*calzatura*) sandal
'sangue *sm* blood; **farsi cattivo ~** to fret, get in a state; **~ freddo** (*fig*) sang-froid, calm; **a ~ freddo** in cold blood; **sangu'igno, a** *ag* blood *cpd*; (*colore*) blood-red; **sangui'nare** *vi* to bleed; **sangui'noso, a** *ag* bloody; **sangui'suga** *sf* leech
sanità *sf* health; (*salubrità*) healthiness; **Ministero della S~** Department of Health; **~ mentale** sanity
sani'tario, a *ag* health *cpd*; (*condizioni*) sanitary ♦ *sm* (*AMM*) doctor; **(impianti) ~i** *smpl* bathroom *o* sanitary fittings
'sanno *vb vedi* **sapere**
'sano, a *ag* healthy; (*denti, costituzione*) healthy, sound; (*integro*) whole, unbroken; (*fig: politica, consigli*) sound; **~ di mente** sane; **di ~a pianta** completely, entirely; **~ e salvo** safe and sound
sant' *ag vedi* **santo**
santifi'care *vt* to sanctify; (*feste*) to observe
santità *sf* sanctity; holiness; **Sua/Vostra ~** (*titolo di Papa*) His/Your Holiness
'santo, a *ag* holy; (*fig*) saintly; (*seguito da nome proprio*) saint ♦ *sm/f* saint; **la S~a Sede** the Holy See
santu'ario *sm* sanctuary
sanzio'nare [santsjo'nare] *vt* to sanction
sanzi'one [san'tsjone] *sf* sanction; (*penale, civile*) sanction, penalty
sa'pere *vt* to know; (*essere capace di*): **so nuotare** I know how to swim,

I can swim ♦ *vi*: ~ **di** (*aver sapore*) to taste of; (*aver odore*) to smell of ♦ *sm* knowledge; **far ~ qc a qn** to inform sb about sth, let sb know sth; **mi sa che non sia vero** I don't think that's true

sapi'enza [sa'pjɛntsa] *sf* wisdom

sa'pone *sm* soap; ~ **da bucato** washing soap; **sapo'netta** *sf* cake *o* bar *o* tablet of soap

sa'pore *sm* taste, flavour; **sapo'rito, a** *ag* tasty

sappi'amo *vb vedi* **sapere**

saraci'nesca [saratʃi'neska] *sf* (*serranda*) rolling shutter

sar'casmo *sm* sarcasm *no pl*; sarcastic remark

Sar'degna [sar'deɲɲa] *sf*: **la** ~ Sardinia

sar'dina *sf* sardine

'sardo, a *ag*, *sm/f* Sardinian

'sarto, a *sm/f* tailor/dressmaker; **sarto'ria** *sf* tailor's (shop); dressmaker's (shop); (*casa di moda*) fashion house; (*arte*) couture

'sasso *sm* stone; (*ciottolo*) pebble; (*masso*) rock

sas'sofono *sm* saxophone

sas'soso, a *ag* stony; pebbly

'Satana *sm* Satan; **sa'tanico, a, ci, che** *ag* satanic, fiendish

sa'tellite *sm*, *ag* satellite

'satira *sf* satire

'saturo, a *ag* saturated; (*fig*): ~ **di** full of

S.A.U.B. ['saub] *sigla f* (= *Struttura Amministrativa Unificata di Base*) *state welfare system*

'sauna *sf* sauna

Sa'voia *sf*: **la** ~ Savoy

savoi'ardo, a *ag* of Savoy, Savoyard ♦ *sm* (*biscotto*) sponge finger

sazi'are [sat'tsjare] *vt* to satisfy, satiate; **~rsi** *vr* (*riempirsi di cibo*): **~rsi (di)** to eat one's fill (of); (*fig*): **~rsi di** to grow tired *o* weary of

'sazio, a ['sattsjo] *ag*: ~ **(di)** sated (with), full (of); (*fig*: *stufo*) fed up (with), sick (of)

sba'dato, a *ag* careless, inattentive

sbadigli'are [zbadiʎ'ʎare] *vi* to yawn; **sba'diglio** *sm* yawn

sbagli'are [zbaʎ'ʎare] *vt* to make a mistake in, get wrong ♦ *vi* to make a mistake, be mistaken, be wrong; (*operare in modo non giusto*) to err; **~rsi** *vr* to make a mistake, be mistaken, be wrong; ~ **la mira/strada** to miss one's aim/take the wrong road; **'sbaglio** *sm* mistake, error; (*morale*) error; **fare uno sbaglio** to make a mistake

sbal'lare *vt* (*merce*) to unpack ♦ *vi* (*nel fare un conto*) to overestimate; (*fam*: *gergo della droga*) to get high

sballot'tare *vt* to toss (about)

sbalor'dire *vt* to stun, amaze ♦ *vi* to be stunned, be amazed; **sbalordi'tivo, a** *ag* amazing; (*prezzo*) incredible, absurd

sbal'zare [zbal'tsare] *vt* to throw, hurl ♦ *vi* (*balzare*) to bounce; (*saltare*) to leap, bound; **'sbalzo** *sm* (*spostamento improvviso*) jolt, jerk; **a sbalzi** jerkily; (*fig*) in fits and starts; **uno sbalzo di temperatura** a sudden change in temperature

sban'dare *vi* (*NAUT*) to list; (*AER*) to bank; (*AUT*) to skid; **~rsi** *vr* (*folla*) to disperse; (*fig*: *famiglia*) to break up

sbandie'rare *vt* (*bandiera*) to wave; (*fig*) to parade, show off

sbaragli'are [zbaraʎ'ʎare] *vt* (*MIL*) to rout; (*in gare sportive etc*) to beat, defeat

sba'raglio [zba'raʎʎo] *sm* rout; defeat; **gettarsi allo** ~ to risk everything

sbaraz'zarsi [zbarat'tsarsi] *vr*: ~ **di** to get rid of, rid o.s. of

sbar'care *vt* (*passeggeri*) to disembark; (*merci*) to unload ♦ *vi* to disembark; **'sbarco** *sm* disembarkation; unloading; (*MIL*) landing

'sbarra *sf* bar; (*di passaggio a livello*) barrier; (*DIR*): **presentarsi alla** ~ to appear before the court

sbarra'mento *sm* (*stradale*) barrier; (*diga*) dam, barrage; (*MIL*) barrage

sbar'rare *vt* (*strada etc*) to block, bar; (*assegno*) to cross; ~ **il passo** to bar the way; ~ **gli occhi** to open one's eyes wide

'sbattere *vt* (*porta*) to slam, bang; (*tappeti, ali, CUC*) to beat; (*urtare*) to knock, hit ♦ *vi* (*porta, finestra*) to bang; (*agitarsi*: *ali, vele etc*) to flap; **me ne sbatto!** (*fam*) I don't give a damn!; **sbat'tuto, a** *ag* (*viso, aria*) dejected, worn out; (*uovo*) beaten

sba'vare *vi* to dribble; (*colore*) to smear, smudge

sbia'dire *vi, vt* to fade; **~rsi** *vr* to fade, **sbia'dito, a** *ag* faded; (*fig*) colourless, dull

sbian'care *vt* to whiten; (*tessuto*) to bleach ♦ *vi* (*impallidire*) to grow pale *o* white

sbi'eco, a, chi, che *ag* (*storto*) squint, askew; **di** ~: **guardare qn di** ~ (*fig*) to look askance at sb; **tagliare una stoffa di** ~ to cut a material on the bias

sbigot'tire *vt* to dismay, stun ♦ *vi* (*anche: ~rsi*) to be dismayed

sbilanci'are [zbilan'tʃare] *vt* to throw off balance; **~rsi** *vr* (*perdere l'equilibrio*) to overbalance, lose one's balance; (*fig*: *compromettersi*) to compromise o.s.

sbirci'are [zbir'tʃare] *vt* to cast sidelong glances at, eye

'sbirro (*peg*) *sm* cop

sbizzar'rirsi [zbiddzar'rirsi] *vr* to indulge one's whims

sbloc'care *vt* to unblock, free; (*freno*) to release; (*prezzi, affitti*) to decontrol

sboc'care *vi*: ~ **in** (*fiume*) to flow into; (*strada*) to lead into; (*persona*) to come (out) into; (*fig*: *concludersi*) to end (up) in

sboc'cato, a *ag* (*persona*) foul-mouthed; (*linguaggio*) foul

sbocci'are [zbot'tʃare] *vi* (*fiore*) to bloom, open (out)

'sbocco, chi *sm* (*di fiume*) mouth; (*di strada*) end; (*di tubazione*, *COMM*) outlet; (*uscita*: *anche fig*) way out; **siamo in una situazione senza ~chi** there's no way out of this for us

sbol'lire *vi* (*fig*) to cool down, calm down

'sbornia (*fam*) *sf*: **prendersi una** ~ to get plastered

sbor'sare *vt* (*denaro*) to pay out

sbot'tare *vi*: ~ **in una risata/per la collera** to burst out laughing/explode with anger

sbotto'nare *vt* to unbutton, undo

sbracci'ato, a [zbrat'tʃato] *ag* (*camicia*) sleeveless; (*persona*) bare-armed

sbrai'tare *vi* to yell, bawl

sbra'nare *vt* to tear to pieces

sbricio'lare [zbritʃo'lare] *vt* to crumble; **~rsi** *vr* to crumble

sbri'gare *vt* to deal with, get through; (*cliente*) to attend to, deal with; **~rsi** *vr* to hurry (up); **sbriga'tivo, a** *ag* (*persona, modo*) quick, expeditious; (*giudizio*) hasty

sbrindel'lato, a *ag* tattered, in tatters

sbrodo'lare *vt* to stain, dirty

'sbronza ['zbrontsa] (*fam*) *sf* (*ubriaco*): **prendersi una** ~ to get tight *o* plastered

'sbronzo, a ['zbrontso] (*fam*) *ag* (*ubriaco*) tight

sbruf'fone, a *sm/f* boaster

sbu'care *vi* to come out, emerge; (*apparire improvvisamente*) to pop out (*o* up)

sbucci'are [zbut'tʃare] *vt* (*arancia, patata*) to peel; (*piselli*) to shell; **~rsi un ginocchio** to graze one's knee

sbudel'larsi *vr*: ~ **dalle risa** to split one's sides laughing

sbuf'fare *vi* (*persona, cavallo*) to snort; (*: ansimare*) to puff, pant; (*treno*) to puff; **'sbuffo** *sm* (*di aria, fumo, vapore*) puff; **maniche a sbuffo** puff(ed) sleeves

'scabbia *sf* (*MED*) scabies *sg*

sca'broso, a *ag* (*fig: difficile*) diffi-

cult, thorny; (: *imbarazzante*) embarrassing; (: *sconcio*) indecent
scacchi'era [skak'kjεra] *sf* chessboard
scacci'are [skat'tʃare] *vt* to chase away *o* out, drive away *o* out
'scacco, chi *sm* (*pezzo del gioco*) chessman; (*quadretto di scacchiera*) square; (*fig*) setback, reverse; **~chi** *smpl* (*gioco*) chess *sg*; **a ~chi** (*tessuto*) check(ed); **scacco'matto** *sm* checkmate
sca'dente *ag* shoddy, of poor quality
sca'denza [ska'dεntsa] *sf* (*di cambiale, contratto*) maturity; (*di passaporto*) expiry date; **a breve/lunga ~** short-/long-term; **data di ~** expiry date
sca'dere *vi* (*contratto etc*) to expire; (*debito*) to fall due; (*valore, forze, peso*) to decline, go down
sca'fandro *sm* (*di palombaro*) diving suit; (*di astronauta*) space-suit
scaf'fale *sm* shelf; (*mobile*) set of shelves
'scafo *sm* (*NAUT, AER*) hull
scagio'nare [skadʒo'nare] *vt* to exonerate, free from blame
'scaglia ['skaʎʎa] *sf* (*ZOOL*) scale; (*scheggia*) chip, flake
scagli'are [skaʎ'ʎare] *vt* (*lanciare: anche fig*) to hurl, fling; **~rsi** *vr*: **~rsi su** *o* **contro** to hurl *o* fling o.s. at; (*fig*) to rail at
scaglio'nare [skaʎʎo'nare] *vt* (*pagamenti*) to space out, spread out; (*MIL*) to echelon; **scagli'one** *sm* echelon; (*GEO*) terrace; **a scaglioni** in groups
'scala *sf* (*a gradini etc*) staircase, stairs *pl*; (*a pioli, di corda*) ladder; (*MUS, GEO, di colori, valori, fig*) scale; **~e** *sfpl* (*scalinata*) stairs; **su vasta ~/~ ridotta** on a large/small scale; **~ a libretto** stepladder; **~ mobile** escalator; (*ECON*) sliding scale; **~ mobile (dei salari)** index-linked pay scale
sca'lare *vt* (*ALPINISMO, muro*) to climb, scale; (*debito*) to scale down, reduce; **sca'lata** *sf* scaling *no pl*, climbing *no pl*; (*arrampicata, fig*) climb; **scala'tore, 'trice** *sm/f* climber
scalda'bagno [skalda'baɲɲo] *sm* water-heater
scal'dare *vt* to heat; **~rsi** *vr* to warm up, heat up; (*al fuoco, al sole*) to warm o.s.; (*fig*) to get excited
scal'fire *vt* to scratch
scali'nata *sf* staircase
sca'lino *sm* (*anche fig*) step; (*di scala a pioli*) rung
'scalo *sm* (*NAUT*) slipway; (*: porto d'approdo*) port of call; (*AER*) stopover; **fare ~ (a)** (*NAUT*) to call (at), put in (at); (*AER*) to land (at), make a stop (at); **~ merci** (*FERR*) goods (*BRIT*) *o* freight yard
scalop'pina *sf* (*CUC*) escalope
scal'pello *sm* chisel
scal'pore *sm* noise, row; **far ~** (*notizia*) to cause a sensation *o* a stir
'scaltro, a *ag* cunning, shrewd
scal'zare [skal'tsare] *vt* (*albero*) to bare the roots of; (*muro, fig: autorità*) to undermine
'scalzo, a ['skaltso] *ag* barefoot
scambi'are *vt* to exchange; (*confondere*): **~ qn/qc per** to take *o* mistake sb/sth for; **mi hanno scambiato il cappello** they've given me the wrong hat
scambi'evole *ag* mutual, reciprocal
'scambio *sm* exchange; (*FERR*) points *pl*; **fare (uno) ~** to make a swap
scampa'gnata [skampaɲ'ɲata] *sf* trip to the country
scam'pare *vt* (*salvare*) to rescue, save; (*evitare: morte, prigione*) to escape ♦ *vi*: **~ (a qc)** to survive (sth), escape (sth); **scamparla bella** to have a narrow escape
'scampo *sm* (*salvezza*) escape; (*ZOOL*) prawn; **cercare ~ nella fuga** to seek safety in flight
'scampolo *sm* remnant
scanala'tura *sf* (*incavo*) channel, groove

scandagli'are [skandaʎ'ʎare] *vt* (*NAUT*) to sound; (*fig*) to sound out; to probe

scandaliz'zare [skandalid'dzare] *vt* to shock, scandalize; **~rsi** *vr* to be shocked

'scandalo *sm* scandal

Scandi'navia *sf*: **la ~** Scandinavia; **scandi'navo, a** *ag, sm/f* Scandinavian

scan'dire *vt* (*versi*) to scan; (*parole*) to articulate, pronounce distinctly; **~ il tempo** (*MUS*) to beat time

scan'nare *vt* (*animale*) to butcher, slaughter; (*persona*) to cut *o* slit the throat of

'scanno *sm* seat, bench

scansafa'tiche [skansafa'tike] *sm/f inv* idler, loafer

scan'sare *vt* (*rimuovere*) to move (aside), shift; (*schivare: schiaffo*) to dodge; (*sfuggire*) to avoid; **~rsi** *vr* to move aside

scan'sia *sf* shelves *pl*; (*per libri*) bookcase

'scanso *sm*: **a ~ di** in order to avoid, as a precaution against

scanti'nato *sm* basement

scanto'nare *vi* to turn the corner; (*svignarsela*) to sneak off

scapacci'one [skapat'tʃone] *sm* clout

scapes'trato, a *ag* dissolute

'scapito *sm* (*perdita*) loss; (*danno*) damage, detriment; **a ~ di** to the detriment of

'scapola *sf* shoulder blade

'scapolo *sm* bachelor

scappa'mento *sm* (*AUT*) exhaust

scap'pare *vi* (*fuggire*) to escape; (*andare via in fretta*) to rush off; **lasciarsi ~ un'occasione** to let an opportunity go by; **~ di prigione** to escape from prison; **~ di mano** (*oggetto*) to slip out of one's hands; **~ di mente a qn** to slip sb's mind; **mi scappò detto** I let it slip; **scap'pata** *sf* quick visit *o* call; **scappa'tella** *sf* escapade; **scappa'toia** *sf* way out

scara'beo *sm* beetle

scarabocchi'are [skarabok'kjare] *vt* to scribble, scrawl; **scara'bocchio** *sm* scribble, scrawl

scara'faggio [skara'faddʒo] *sm* cockroach

scaraven'tare *vt* to fling, hurl

scardi'nare *vt*: **~ una porta** to take a door off its hinges

scarce'rare [skartʃe'rare] *vt* to release (from prison)

'scarica, che *sf* (*di più armi*) volley of shots; (*di sassi, pugni*) hail, shower; (*ELETTR*) discharge; **~ di mitra** burst of machine-gun fire

scari'care *vt* (*merci, camion etc*) to unload; (*passeggeri*) to set down, put off; (*arma*) to unload; (: *sparare, ELETTR*) to discharge; (*sog: corso d'acqua*) to empty, pour; (*fig: liberare da un peso*) to unburden, relieve; **~rsi** *vr* (*orologio*) to run *o* wind down; (*batteria, accumulatore*) to go flat *o* dead; (*fig*: *rilassarsi*) to unwind; (: *sfogarsi*) to let off steam; **il fulmine si scaricò su un albero** the lightning struck a tree; **scarica'tore** *sm* loader; (*di porto*) docker

'scarico, a, chi, che *ag* unloaded; (*orologio*) run down; (*accumulatore*) dead, flat ♦ *sm* (*di merci, materiali*) unloading; (*di immondizie*) dumping, tipping (*BRIT*); (: *luogo*) rubbish dump; (*TECN: deflusso*) draining; (: *dispositivo*) drain; (*AUT*) exhaust

scarlat'tina *sf* scarlet fever

scar'latto, a *ag* scarlet

'scarno, a *ag* thin, bony

'scarpa *sf* shoe; **~e da ginnastica/tennis** gym/tennis shoes

scar'pata *sf* escarpment

scarseggi'are [skarsed'dʒare] *vi* to be scarce; **~ di** to be short of, lack

scar'sezza [skar'settsa] *sf* scarcity, lack

'scarso, a *ag* (*insufficiente*) insufficient, meagre; (*povero*: *annata*) poor, lean; (*INS*: *voto*) poor; **~ di** lacking in; **3 chili ~i** just under 3 kilos, barely 3 kilos

scarta'mento *sm* (*FERR*) gauge; ~ **normale/ridotto** standard/narrow gauge

scar'tare *vt* (*pacco*) to unwrap; (*idea*) to reject; (*MIL*) to declare unfit for military service; (*carte da gioco*) to discard; (*CALCIO*) to dodge (past) ♦ *vi* to swerve

'scarto *sm* (*cosa scartata, anche COMM*) reject; (*di veicolo*) swerve; (*differenza*) gap, difference

scassi'nare *vt* to break, force

'scasso *sm vedi* **furto**

scate'nare *vt* (*fig*) to incite, stir up; **~rsi** *vr* (*temporale*) to break; (*rivolta*) to break out; (*persona: infuriarsi*) to rage

'scatola *sf* box; (*di latta*) tin (*BRIT*), can; **cibi in** ~ tinned (*BRIT*) *o* canned foods; ~ **cranica** cranium

scat'tare *vt* (*fotografia*) to take ♦ *vi* (*congegno, molla etc*) to be released; (*balzare*) to spring up; (*SPORT*) to put on a spurt; (*fig*: *per l'ira*) to fly into a rage; ~ **in piedi** to spring to one's feet

'scatto *sm* (*dispositivo*) release; (: *di arma da fuoco*) trigger mechanism; (*rumore*) click; (*balzo*) jump, start; (*SPORT*) spurt; (*fig*: *di ira etc*) fit; (: *di stipendio*) increment; **di** ~ suddenly

scatu'rire *vi* to gush, spring

scaval'care *vt* (*ostacolo*) to pass (*o* climb) over; (*fig*) to get ahead of, overtake

sca'vare *vt* (*terreno*) to dig; (*legno*) to hollow out; (*pozzo, galleria*) to bore; (*città sepolta etc*) to excavate

'scavo *sm* excavating *no pl*; excavation

'scegliere ['ʃeʎʎere] *vt* to choose, select

sce'icco, chi [ʃe'ikko] *sm* sheik

scelle'rato, a [ʃelle'rato] *ag* wicked, evil

scel'lino [ʃel'lino] *sm* shilling

'scelta ['ʃelta] *sf* choice; selection; **di prima** ~ top grade *o* quality; **frutta o formaggi a** ~ choice of fruit or cheese

'scelto, a ['ʃelto] *pp di* **scegliere** ♦ *ag* (*gruppo*) carefully selected; (*frutta, verdura*) choice, top quality; (*MIL*: *specializzato*) crack *cpd*, highly skilled

sce'mare [ʃe'mare] *vt, vi* to diminish

'scemo, a ['ʃemo] *ag* stupid, silly

'scempio ['ʃempjo] *sm* slaughter, massacre; (*fig*) ruin; **far** ~ **di** (*fig*) to play havoc with, ruin

'scena ['ʃɛna] *sf* (*gen*) scene; (*palcoscenico*) stage; **le ~e** (*fig*: *teatro*) the stage; **fare una** ~ to make a scene; **andare in** ~ to be staged *o* put on *o* performed; **mettere in** ~ to stage

sce'nario [ʃe'narjo] *sm* scenery; (*di film*) scenario

sce'nata [ʃe'nata] *sf* row, scene

'scendere ['ʃendere] *vi* to go (*o* come) down; (*strada, sole*) to go down; (*notte*) to fall; (*passeggero*: *fermarsi*) to get out, alight; (*fig*: *temperatura, prezzi*) to go *o* come down, fall, drop ♦ *vt* (*scale, pendio*) to go (*o* come) down; ~ **dalle scale** to go (*o* come) down the stairs; ~ **dal treno** to get off *o* out of the train; ~ **dalla macchina** to get out of the car; ~ **da cavallo** to dismount, get off one's horse

'scenico, a, ci, che ['ʃɛniko] *ag* stage *cpd*, scenic

scervel'lato, a [ʃervel'lato] *ag* feather-brained, scatterbrained

'sceso, a ['ʃeso] *pp di* **scendere**

'scettico, a, ci, che ['ʃɛttiko] *ag* sceptical

'scettro ['ʃɛttro] *sm* sceptre

'scheda ['skɛda] *sf* (index) card; ~ **elettorale** ballot paper; ~ **perforata** punch card; ~ **telefonica** phone card; **sche'dare** *vt* (*dati*) to file; (*libri*) to catalogue; (*registrare: anche POLIZIA*) to put on one's files; **sche'dario** *sm* file; (*mobile*) filing cabinet

'scheggia, ge ['skeddʒa] *sf* splinter,

sliver

'scheletro ['skɛletro] *sm* skeleton

'schema, i ['skɛma] *sm* (*diagramma*) diagram, sketch; (*progetto, abbozzo*) outline, plan

'scherma ['skerma] *sf* fencing

scher'maglia [sker'maʎʎa] *sf* (*fig*) skirmish

'schermo ['skermo] *sm* shield, screen; (*CINEMA, TV*) screen

scher'nire [sker'nire] *vt* to mock, sneer at; **'scherno** *sm* mockery, derision

scher'zare [sker'tsare] *vi* to joke

'scherzo ['skertso] *sm* joke; (*tiro*) trick; (*MUS*) scherzo; **è uno ~!** (*una cosa facile*) it's child's play!, it's easy!; **per ~** in jest; for a joke *o* a laugh; **fare un brutto ~ a qn** to play a nasty trick on sb; **scher'zoso, a** *ag* (*tono, gesto*) playful; (*osservazione*) facetious; **è un tipo scherzoso** he likes a joke

schiaccia'noci [skjattʃa'notʃi] *sm inv* nutcracker

schiacci'are [skjat'tʃare] *vt* (*dito*) to crush; (*noci*) to crack; **~ un pisolino** to have a nap

schiaffeggi'are [skjaffed'dʒare] *vt* to slap

schi'affo ['skjaffo] *sm* slap

schiamaz'zare [skjamat'tsare] *vi* to squawk, cackle

schian'tare [skjan'tare] *vt* to break, tear apart; **~rsi** *vr* to break (up), shatter; **schi'anto** *sm* (*rumore*) crash; tearing sound; **è uno schianto!** (*fam*) it's (*o* he's *o* she's) terrific!; **di schianto** all of a sudden

schia'rire [skja'rire] *vt* to lighten, make lighter ♦ *vi* (*anche*: **~rsi**) to grow lighter; (*tornar sereno*) to clear, brighten up; **~rsi la voce** to clear one's throat

schiavitù [skjavi'tu] *sf* slavery

schi'avo, a ['skjavo] *sm/f* slave

schi'ena ['skjɛna] *sf* (*ANAT*) back; **schie'nale** *sm* (*di sedia*) back

schi'era ['skjɛra] *sf* (*MIL*) rank; (*gruppo*) group, band

schiera'mento [skjera'mento] *sm* (*MIL, SPORT*) formation; (*fig*) alliance

schie'rare [skje'rare] *vt* (*esercito*) to line up, draw up, marshal; **~rsi** *vr* to line up; (*fig*): **~rsi con** *o* **dalla parte di/contro qn** to side with/ oppose sb

schi'etto, a ['skjɛtto] *ag* (*puro*) pure; (*fig*) frank, straightforward; sincere

'schifo ['skifo] *sm* disgust; **fare ~** (*essere fatto male, dare pessimi risultati*) to be awful; **mi fa ~** it makes me sick, it's disgusting; **quel libro è uno ~** that book's rotten; **schi'foso, a** *ag* disgusting, revolting; (*molto scadente*) rotten, lousy

schioc'care [skjɔk'kare] *vt* (*frusta*) to crack; (*dita*) to snap; (*lingua*) to click; **~ le labbra** to smack one's lips

schi'udere ['skjudere] *vt* to open; **~rsi** *vr* to open

schi'uma ['skjuma] *sf* foam; (*di sapone*) lather; (*di latte*) froth; (*fig: feccia*) scum; **schiu'mare** *vt* to skim ♦ *vi* to foam

schi'uso, a ['skjuso] *pp di* **schiudere**

schi'vare [ski'vare] *vt* to dodge, avoid

'schivo, a ['skivo] *ag* (*ritroso*) stand-offish, reserved; (*timido*) shy

schiz'zare [skit'tsare] *vt* (*spruzzare*) to spurt, squirt; (*sporcare*) to splash, spatter; (*fig: abbozzare*) to sketch ♦ *vi* to spurt, squirt; (*saltar fuori*) to dart up (*o* off *etc*)

schizzi'noso, a [skittsi'noso] *ag* fussy, finicky

'schizzo ['skittso] *sm* (*di liquido*) spurt; splash, spatter; (*abbozzo*) sketch

sci [ʃi] *sm* (*attrezzo*) ski; (*attività*) skiing; **~ nautico** water-skiing

'scia ['ʃia] (*pl* **'scie**) *sf* (*di imbarcazione*) wake; (*di profumo*) trail

scià [ʃa] *sm inv* shah

sci'abola ['ʃabola] *sf* sabre

scia'callo [ʃa'kallo] *sm* jackal
sciac'quare [ʃak'kware] *vt* to rinse
scia'gura [ʃa'gura] *sf* disaster, calamity; misfortune; **sciagu'rato, a** *ag* unfortunate; (*malvagio*) wicked
scialac'quare [ʃalak'kware] *vt* to squander
scia'lare [ʃa'lare] *vi* to lead a life of luxury
sci'albo, a ['ʃalbo] *ag* pale, dull; (*fig*) dull, colourless
sci'alle ['ʃalle] *sm* shawl
scia'luppa [ʃa'luppa] *sf* (*NAUT*) sloop; (*anche*: ~ *di salvataggio*) lifeboat
sci'ame ['ʃame] *sm* swarm
scian'cato, a [ʃan'kato] *ag* lame; (*mobile*) rickety
sci'are [ʃi'are] *vi* to ski
sci'arpa ['ʃarpa] *sf* scarf; (*fascia*) sash
scia'tore, 'trice [ʃia'tore] *sm/f* skier
sci'atto, a ['ʃatto] *ag* (*persona: nell'aspetto*) slovenly, unkempt; (: *nel lavoro*) sloppy, careless
scien'tifico, a, ci, che [ʃen'tifiko] *ag* scientific
sci'enza ['ʃɛntsa] *sf* science; (*sapere*) knowledge; **~e** *sfpl* (*INS*) science *sg*; **~e naturali** natural sciences; **scienzi'ato, a** *sm/f* scientist
'scimmia ['ʃimmja] *sf* monkey; **scimmiot'tare** *vt* to ape, mimic
scimpanzé [ʃimpan'tse] *sm inv* chimpanzee
scimu'nito, a [ʃimu'nito] *ag* silly, idiotic
'scindere ['ʃindere] *vt* to split (up); **~rsi** *vr* to split (up)
scin'tilla [ʃin'tilla] *sf* spark; **scintil'lare** *vi* to spark; (*acqua, occhi*) to sparkle
scioc'chezza [ʃok'kettsa] *sf* stupidity *no pl*; stupid *o* foolish thing; **dire ~e** to talk nonsense
sci'occo, a, chi, che ['ʃɔkko] *ag* stupid, foolish
sci'ogliere ['ʃɔʎʎere] *vt* (*nodo*) to untie; (*capelli*) to loosen; (*persona, animale*) to untie, release; (*fig*: *persona*): ~ **da** to release from; (*neve*) to melt; (*nell'acqua*: *zucchero etc*) to dissolve; (*fig*: *mistero*) to solve; (*porre fine a*: *contratto*) to cancel; (: *società, matrimonio*) to dissolve; (: *riunione*) to bring to an end; **~rsi** *vr* to loosen, come untied; to melt; to dissolve; (*assemblea etc*) to break up; ~ **i muscoli** to limber up
sciol'tezza [ʃol'tettsa] *sf* agility; suppleness; ease
sci'olto, a ['ʃɔlto] *pp di* **sciogliere** ♦ *ag* loose; (*agile*) agile, nimble; supple; (*disinvolto*) free and easy; **versi ~i** (*POESIA*) blank verse
sciope'rante [ʃope'rante] *sm/f* striker
sciope'rare [ʃope'rare] *vi* to strike, go on strike
sci'opero ['ʃɔpero] *sm* strike; **fare ~** to strike; ~ **bianco** work-to-rule (*BRIT*), slowdown (*US*); ~ **selvaggio** wildcat strike; ~ **a singhiozzo** on-off strike
sci'rocco [ʃi'rɔkko] *sm* sirocco
sci'roppo [ʃi'rɔppo] *sm* syrup
'scisma, i ['ʃizma] *sm* (*REL*) schism
scissi'one [ʃis'sjone] *sf* (*anche fig*) split, division; (*FISICA*) fission
'scisso, a ['ʃisso] *pp di* **scindere**
sciu'pare [ʃu'pare] *vt* (*abito, libro, appetito*) to spoil, ruin; (*tempo, denaro*) to waste; **~rsi** *vr* to get spoilt *o* ruined; (*rovinarsi la salute*) to ruin one's health
scivo'lare [ʃivo'lare] *vi* to slide *o* glide along; (*involontariamente*) to slip, slide; **'scivolo** *sm* slide; (*TECN*) chute
scle'rosi *sf* sclerosis
scoc'care *vt* (*freccia*) to shoot ♦ *vi* (*guizzare*) to shoot up; (*battere*: *ora*) to strike
scocci'are [skot'tʃare] (*fam*) *vt* to bother, annoy; **~rsi** *vr* to be bothered *o* annoyed
sco'della *sf* bowl
scodinzo'lare [skodintso'lare] *vi* to wag its tail
scogli'era [skoʎ'ʎɛra] *sf* reef; cliff

'scoglio ['skɔʎʎo] *sm* (*al mare*) rock
scoi'attolo *sm* squirrel
sco'lare *ag*: età ~ school age ♦ *vt* to drain ♦ *vi* to drip
scola'resca *sf* schoolchildren *pl*, pupils *pl*
sco'laro, a *sm/f* pupil, schoolboy/girl
sco'lastico, a, ci, che *ag* school *cpd*; scholastic
scol'lare *vt* (*staccare*) to unstick; **~rsi** *vr* to come unstuck
scolla'tura *sf* neckline
'scolo *sm* drainage
scolo'rire *vt* to fade; to discolour ♦ *vi* (*anche*: *~rsi*) to fade; to become discoloured; (*impallidire*) to turn pale
scol'pire *vt* to carve, sculpt
scombi'nare *vt* to mess up, upset
scombusso'lare *vt* to upset
scom'messa *sf* bet, wager
scom'messo, a *pp di* **scommettere**
scom'mettere *vt, vi* to bet
scomo'dare *vt* to trouble, bother; to disturb; **~rsi** *vr* to put o.s. out; **~rsi a fare** to go to the bother *o* trouble of doing
'scomodo, a *ag* uncomfortable; (*sistemazione, posto*) awkward, inconvenient
scompa'rire *vi* (*sparire*) to disappear, vanish; (*fig*) to be insignificant; **scom'parsa** *sf* disappearance; **scom'parso, a** *pp di* **scomparire**
scomparti'mento *sm* (*FERR*) compartment
scom'parto *sm* compartment, division
scompigli'are [skompiʎ'ʎare] *vt* (*cassetto, capelli*) to mess up, disarrange; (*fig*: *piani*) to upset; **scom'piglio** *sm* mess, confusion
scom'porre *vt* (*parola, numero*) to break up; (*CHIM*) to decompose; **scomporsi** *vr* (*fig*) to get upset, lose one's composure; **scom'posto, a** *pp di* **scomporre** ♦ *ag* (*gesto*) unseemly; (*capelli*) ruffled, dishevelled
sco'munica *sf* excommunication
scomuni'care *vt* to excommunicate
sconcer'tare [skontʃer'tare] *vt* to disconcert, bewilder
'sconcio, a, ci, ce ['skontʃo] *ag* (*osceno*) indecent, obscene ♦ *sm* (*cosa riprovevole, mal fatta*) disgrace
sconfes'sare *vt* to renounce, disavow; to repudiate
scon'figgere [skon'fiddʒere] *vt* to defeat, overcome
sconfi'nare *vi* to cross the border; (*in proprietà privata*) to trespass; (*fig*): ~ **da** to stray *o* digress from; **sconfi'nato, a** *ag* boundless, unlimited
scon'fitta *sf* defeat
scon'fitto, a *pp di* **sconfiggere**
scon'forto *sm* despondency
scongiu'rare [skondʒu'rare] *vt* (*implorare*) to entreat, beseech, implore; (*eludere*: *pericolo*) to ward off, avert; **scongi'uro** *sm* entreaty; (*esorcismo*) exorcism; **fare gli scongiuri** to touch wood (*BRIT*), knock on wood (*US*)
scon'nesso, a *ag* (*fig: discorso*) incoherent, rambling
sconosci'uto, a [skonoʃ'ʃuto] *ag* unknown; new, strange ♦ *sm/f* stranger; unknown person
sconquas'sare *vt* to shatter, smash
sconside'rato, a *ag* thoughtless, rash
sconsigli'are [skonsiʎ'ʎare] *vt*: ~ **qc a qn** to advise sb against sth; ~ **qn dal fare qc** to advise sb not to do *o* against doing sth
sconso'lato, a *ag* inconsolable; desolate
scon'tare *vt* (*COMM*: *detrarre*) to deduct; (: *debito*) to pay off; (: *cambiale*) to discount; (*pena*) to serve; (*colpa, errori*) to pay for, suffer for
scon'tato, a *ag* (*previsto*) foreseen, taken for granted; **dare per ~ che** to take it for granted that
scon'tento, a *ag*: ~ **(di)** discontented *o* dissatisfied (with) ♦ *sm* discontent, dissatisfaction

'sconto *sm* discount; **fare uno ~** to give a discount

scon'trarsi *vr* (*treni etc*) to crash, collide; (*venire ad uno scontro, fig*) to clash; **~ con** to crash into, collide with

scon'trino *sm* ticket

'scontro *sm* clash, encounter; crash, collision

scon'troso, a *ag* sullen, surly; (*permaloso*) touchy

sconveni'ente *ag* unseemly, improper

scon'volgere [skon'vɔldʒere] *vt* to throw into confusion, upset; (*turbare*) to shake, disturb, upset; **scon'volto, a** *pp di* **sconvolgere**

'scopa *sf* broom; (*CARTE*) *Italian card game*; **sco'pare** *vt* to sweep

sco'perta *sf* discovery

sco'perto, a *pp di* **scoprire** ♦ *ag* uncovered; (*capo*) uncovered, bare; (*macchina*) open; (*MIL*) exposed, without cover; (*conto*) overdrawn

'scopo *sm* aim, purpose; **a che ~?** what for?

scoppi'are *vi* (*spaccarsi*) to burst; (*esplodere*) to explode; (*fig*) to break out; **~ in pianto** *o* **a piangere** to burst out crying; **~ dalle risa** *o* **dal ridere** to split one's sides laughing

scoppiet'tare *vi* to crackle

'scoppio *sm* explosion; (*di tuono, arma etc*) crash, bang; (*fig: di risa, ira*) fit, outburst; (: *di guerra*) outbreak; **a ~ ritardato** delayed-action

sco'prire *vt* to discover; (*liberare da ciò che copre*) to uncover; (: *monumento*) to unveil; **~rsi** *vr* to put on lighter clothes; (*fig*) to give o.s. away

scoraggi'are [skorad'dʒare] *vt* to discourage; **~rsi** *vr* to become discouraged, lose heart

scorcia'toia [skortʃa'toja] *sf* short cut

'scorcio ['skortʃo] *sm* (*ARTE*) foreshortening; (*di secolo, periodo*) end, close

scor'dare *vt* to forget; **~rsi** *vr*: **~rsi di qc/di fare** to forget sth/to do

'scorgere ['skɔrdʒere] *vt* to make out, distinguish, see

sco'ria *sf* (*di metalli*) slag; (*vulcanica*) scoria; **~e radioattive** (*FISICA*) radioactive waste *sg*

'scorno *sm* ignominy, disgrace

scorpacci'ata [skorpat'tʃata] *sf*: **fare una ~ (di)** to stuff o.s. (with), eat one's fill (of)

scorpi'one *sm* scorpion; (*dello zodiaco*): **S~** Scorpio

scorraz'zare [skorrat'tsare] *vi* to run about

'scorrere *vt* (*giornale, lettera*) to run *o* skim through ♦ *vi* (*liquido, fiume*) to run, flow; (*fune*) to run; (*cassetto, porta*) to slide easily; (*tempo*) to pass (by)

scor'retto, a *ag* incorrect; (*sgarbato*) impolite; (*sconveniente*) improper

scor'revole *ag* (*porta*) sliding; (*fig: stile*) fluent, flowing

scorri'banda *sf* (*MIL*) raid; (*escursione*) trip, excursion

'scorsa *sf* quick look, glance

'scorso, a *pp di* **scorrere** ♦ *ag* last

scor'soio, a *ag*: **nodo ~** noose

'scorta *sf* (*di personalità, convoglio*) escort; (*provvista*) supply, stock; **scor'tare** *vt* to escort

scor'tese *ag* discourteous, rude; **scorte'sia** *sf* discourtesy, rudeness; (*azione*) discourtesy

scorti'care *vt* to skin

'scorto, a *pp di* **scorgere**

'scorza ['skɔrdza] *sf* (*di albero*) bark; (*di agrumi*) peel, skin

sco'sceso, a [skoʃ'ʃeso] *ag* steep

'scossa *sf* jerk, jolt, shake; (*ELETTR, fig*) shock

'scosso, a *pp di* **scuotere** ♦ *ag* (*turbato*) shaken, upset

scos'tante *ag* (*fig*) off-putting (*BRIT*), unpleasant

scos'tare *vt* to move (away), shift; **~rsi** *vr* to move away

scostu'mato, a *ag* immoral, dissolute

scot'tare *vt* (*ustionare*) to burn; (:

con liquido bollente) to scald ♦ *vi* to burn; (*caffè*) to be too hot; **scotta'tura** *sf* burn; scald
'scotto, a *ag* overcooked ♦ *sm* (*fig*): **pagare lo ~ (di)** to pay the penalty (for)
sco'vare *vt* to drive out, flush out; (*fig*) to discover
'Scozia ['skɔttsia] *sf*: **la ~** Scotland; **scoz'zese** *ag* Scottish ♦ *sm/f* Scot
scredi'tare *vt* to discredit
screpo'lare *vt* to crack; **~rsi** *vr* to crack; **screpola'tura** *sf* cracking *no pl*; crack
screzi'ato, a [skret'tsjato] *ag* streaked
'screzio ['skrɛttsjo] *sm* disagreement
scricchio'lare [skrikkjo'lare] *vi* to creak, squeak
'scricciolo ['skrittʃolo] *sm* wren
'scrigno ['skriɲɲo] *sm* casket
scrimina'tura *sf* parting
'scritta *sf* inscription
'scritto, a *pp di* **scrivere** ♦ *ag* written ♦ *sm* writing; (*lettera*) letter, note; **~i** *smpl* (*letterari etc*) writing *sg*; **per** *o* **in ~** in writing
scrit'toio *sm* writing desk
scrit'tore, 'trice *sm/f* writer
scrit'tura *sf* writing; (*COMM*) entry; (*contratto*) contract; (*REL*): **la Sacra S~** the Scriptures *pl*; **~e** *sfpl* (*COMM*) accounts, books
scrittu'rare *vt* (*TEATRO, CINEMA*) to sign up, engage; (*COMM*) to enter
scriva'nia *sf* desk
scri'vente *sm/f* writer
'scrivere *vt* to write; **come si scrive?** how is it spelt?, how do you write it?
scroc'cone, a *sm/f* scrounger
'scrofa *sf* (*ZOOL*) sow
scrol'lare *vt* to shake; **~rsi** *vr* (*anche fig*) to give o.s. a shake; **~ le spalle/il capo** to shrug one's shoulders/shake one's head
scrosci'are [skroʃ'ʃare] *vi* (*pioggia*) to pour down, pelt down; (*torrente, fig*: *applausi*) to thunder, roar; **'scroscio** *sm* pelting; thunder, roar; (*di applausi*) burst
scros'tare *vt* (*intonaco*) to scrape off, strip; **~rsi** *vr* to peel off, flake off
'scrupolo *sm* scruple; (*meticolosità*) care, conscientiousness
scru'tare *vt* to scrutinize; (*intenzioni, causa*) to examine, scrutinize
scruti'nare *vt* (*voti*) to count; **scru'tinio** *sm* (*votazione*) ballot; (*insieme delle operazioni*) poll; (*INS*) (*meeting for*) *assignment of marks at end of a term or year*
scu'cire [sku'tʃire] *vt* (*orlo etc*) to unpick, undo
scude'ria *sf* stable
scu'detto *sm* (*SPORT*) (championship) shield; (*distintivo*) badge
'scudo *sm* shield
scul'tore, 'trice *sm/f* sculptor
scul'tura *sf* sculpture
scu'ola *sf* school; **~ elementare/materna/media** primary (*BRIT*) *o* grade (*US*)/nursery/secondary (*BRIT*) *o* high (*US*) school; **~ guida** driving school; **~ dell'obbligo** compulsory education; **~e serali** evening classes, night school *sg*; **~ tecnica** technical college
scu'otere *vt* to shake; **~rsi** *vr* to jump, be startled; (*fig*: *muoversi*) to rouse o.s., stir o.s.; (: *turbarsi*) to be shaken
'scure *sf* axe
'scuro, a *ag* dark; (*fig*: *espressione*) grim ♦ *sm* darkness; dark colour; (*imposta*) (window) shutter; **verde/rosso** *etc* **~** dark green/red *etc*
scur'rile *ag* scurrilous
'scusa *sf* apology; (*pretesto*) excuse; **chiedere ~ a qn (per)** to apologize to sb (for); **chiedo ~** I'm sorry; (*disturbando etc*) excuse me
scu'sare *vt* to excuse; **~rsi** *vr*: **~rsi (di)** to apologize (for); **(mi) scusi** I'm sorry; (*per richiamare l'attenzione*) excuse me
sde'gnato, a [zdeɲ'ɲato] *ag* indignant, angry
'sdegno ['zdeɲɲo] *sm* scorn, dis-

dain; **sde'gnoso, a** *ag* scornful, disdainful
sdoga'nare *vt* (*merci*) to clear through customs
sdolci'nato, a [zdoltʃi'nato] *ag* mawkish, oversentimental
sdoppi'are *vt* (*dividere*) to divide *o* split in two
sdrai'arsi *vr* to stretch out, lie down
'sdraio *sm*: **sedia a ~** deck chair
sdruccio'levole [zdruttʃo'levole] *ag* slippery

PAROLA CHIAVE

se *pron vedi* **si**
◆ *cong* **1** (*condizionale, ipotetica*) if; **~ nevica non vengo** I won't come if it snows; **sarei rimasto ~ me l'avessero chiesto** I would have stayed if they'd asked me; **non puoi fare altro ~ non telefonare** all you can do is phone; **~ mai** if, if ever; **siamo noi ~ mai che le siamo grati** it is we who should be grateful to you; **~ no** (*altrimenti*) or (else), otherwise
2 (*in frasi dubitative, interrogative indirette*) if, whether; **non so ~ scrivere o telefonare** I don't know whether *o* if I should write or phone

sé *pron* (*gen*) oneself; (*esso, essa, lui, lei, loro*) itself; himself; herself; themselves; **~ stesso(a)** *pron* oneself; itself; himself; herself; **~ stessi(e)** *pron pl* themselves
seb'bene *cong* although, though
sec. *abbr* (= *secolo*) c
'secca *sf* (*del mare*) shallows *pl*; *vedi anche* **secco**
sec'care *vt* to dry; (*prosciugare*) to dry up; (*fig: importunare*) to annoy, bother ♦ *vi* to dry; to dry up; **~rsi** *vr* to dry; to dry up; (*fig*) to grow annoyed; **secca'tura** *sf* (*fig*) bother *no pl*, trouble *no pl*
'secchia ['sekkja] *sf* bucket, pail
'secco, a, chi, che *ag* dry; (*fichi, pesce*) dried; (*foglie, ramo*) withered; (*magro: persona*) thin, skinny; (*fig: risposta, modo di fare*) curt, abrupt; (: *colpo*) clean, sharp ♦ *sm* (*siccità*) drought; **restarci ~** (*fig: morire sul colpo*) to drop dead; **mettere in ~** (*barca*) to beach; **rimanere in** *o* **a ~** (*NAUT*) to run aground; (*fig*) to be left in the lurch
seco'lare *ag* age-old, centuries-old; (*laico, mondano*) secular
'secolo *sm* century; (*epoca*) age
se'conda *sf* (*AUT*) second (gear); **viaggiare in ~** to travel second-class; *vedi anche* **secondo**
secon'dario, a *ag* secondary
se'condo, a *ag* second ♦ *sm* second; (*di pranzo*) main course ♦ *prep* according to; (*nel modo prescritto*) in accordance with; **~ me** in my opinion, to my mind; **di ~a classe** second-class; **di ~a mano** second-hand; **a ~a di** according to; in accordance with
'sedano *sm* celery
seda'tivo, a *ag, sm* sedative
'sede *sf* seat; (*di ditta*) head office; (*di organizzazione*) headquarters *pl*; **in ~ di** (*in occasione di*) during; **~ sociale** registered office
seden'tario, a *ag* sedentary
se'dere *vi* to sit, be seated; **~rsi** *vr* to sit down ♦ *sm* (*deretano*) behind, bottom
'sedia *sf* chair
sedi'cente [sedi'tʃɛnte] *ag* self-styled
'sedici ['seditʃi] *num* sixteen
se'dile *sm* seat; (*panchina*) bench
se'dotto, a *pp di* **sedurre**
sedu'cente [sedu'tʃɛnte] *ag* seductive; (*proposta*) very attractive
se'durre *vt* to seduce
se'duta *sf* session, sitting; (*riunione*) meeting; **~ spiritica** séance; **~ stante** (*fig*) immediately
seduzi'one [sedut'tsjone] *sf* seduction; (*fascino*) charm, appeal
'sega, ghe *sf* saw
'segale *sf* rye
se'gare *vt* to saw; (*recidere*) to saw off; **sega'tura** *sf* (*residuo*) sawdust
'seggio ['sɛddʒo] *sm* seat; **~ eletto-**

rale polling station

'seggiola ['sɛddʒola] *sf* chair; **seggio'lino** *sm* seat; (*per bambini*) child's chair; **seggio'lone** *sm* (*per bambini*) highchair

seggio'via [seddʒo'via] *sf* chairlift

seghe'ria [sege'ria] *sf* sawmill

segna'lare [seɲɲa'lare] *vt* (*manovra etc*) to signal; to indicate; (*annunciare*) to announce; to report; (*fig*: *far conoscere*) to point out; (: *persona*) to single out; **~rsi** *vr* (*distinguersi*) to distinguish o.s.

se'gnale [seɲ'ɲale] *sm* signal; (*cartello*): **~ stradale** road sign; **~ d'allarme** alarm; (*FERR*) communication cord; **~ orario** (*RADIO*) time signal; **segna'letica** *sf* signalling, signposting; **segnaletica stradale** road signs *pl*

se'gnare [seɲ'ɲare] *vt* to mark; (*prendere nota*) to note; (*indicare*) to indicate, mark; (*SPORT: goal*) to score; **~rsi** *vr* (*REL*) to make the sign of the cross, cross o.s.

'segno ['seɲɲo] *sm* sign; (*impronta, contrassegno*) mark; (*limite*) limit, bounds *pl*; (*bersaglio*) target; **fare ~ di sì/no** to nod (one's head)/shake one's head; **fare ~ a qn di fermarsi** to motion (to) sb to stop; **cogliere** *o* **colpire nel ~** (*fig*) to hit the mark

segre'gare *vt* to segregate, isolate; **segregazi'one** *sf* segregation

segre'tario, a *sm/f* secretary; **~ comunale** town clerk; **S~ di Stato** Secretary of State

segrete'ria *sf* (*di ditta, scuola*) (secretary's) office; (*d'organizzazione internazionale*) secretariat; (*POL etc*: *carica*) office of Secretary; **~ telefonica** answering service

segre'tezza [segre'tettsa] *sf* secrecy

se'greto, a *ag* secret ♦ *sm* secret; secrecy *no pl*; **in ~** in secret, secretly

segu'ace [se'gwatʃe] *sm/f* follower, disciple

segu'ente *ag* following, next

segu'ire *vt* to follow; (*frequentare*: *corso*) to attend ♦ *vi* to follow; (*continuare: testo*) to continue

segui'tare *vt* to continue, carry on with ♦ *vi* to continue, carry on

'seguito *sm* (*scorta*) suite, retinue; (*discepoli*) followers *pl*; (*favore*) following; (*serie*) sequence, series *sg*; (*continuazione*) continuation; (*conseguenza*) result; **di ~** at a stretch, on end; **in ~** later on; **in ~ a, a ~ di** following; (*a causa di*) as a result of, owing to

'sei *vb vedi* **essere** ♦ *num* six

sei'cento [sei'tʃɛnto] *num* six hundred ♦ *sm*: **il S~** the seventeenth century

selci'ato [sel'tʃato] *sm* cobbled surface

selezio'nare [selettsjo'nare] *vt* to select

selezi'one [selet'tsjone] *sf* selection

'sella *sf* saddle; **sel'lare** *vt* to saddle

selvag'gina [selvad'dʒina] *sf* (*animali*) game

sel'vaggio, a, gi, ge [sel'vaddʒo] *ag* wild; (*tribù*) savage, uncivilized; (*fig*) savage, brutal ♦ *sm/f* savage

sel'vatico, a, ci, che *ag* wild

se'maforo *sm* (*AUT*) traffic lights *pl*

sem'brare *vi* to seem ♦ *vb impers*: **sembra che** it seems that; **mi sembra che** it seems to me that; I think (that); **~ di essere** to seem to be

'seme *sm* seed; (*sperma*) semen; (*CARTE*) suit

se'mestre *sm* half-year, six-month period

'semi... *prefisso* semi...; **semi'cerchio** *sm* semicircle; **semifi'nale** *sf* semifinal; **semi'freddo, a** *ag* (*CUC*) chilled ♦ *sm* ice-cream cake

'semina *sf* (*AGR*) sowing

semi'nare *vt* to sow

semi'nario *sm* seminar; (*REL*) seminary

seminter'rato *sm* basement; (*appartamento*) basement flat

se'mitico, a, ci, che *ag* semitic

sem'mai = **se mai**; *vedi* **se**

'semola *sf* bran; ~ **di grano duro** durum wheat
semo'lino *sm* semolina
'semplice ['semplitʃe] *ag* simple; (*di un solo elemento*) single; **sempli-ce'mente** *av* simply; **semplicità** *sf* simplicity
'sempre *av* always; (*ancora*) still; **posso ~ tentare** I can always *o* still try; **da ~** always; **per ~** forever; **una volta per ~** once and for all; **~ che** provided (that); **~ più** more and more; **~ meno** less and less
sempre'verde *ag, sm o f* (*BOT*) evergreen
'senape *sf* (*CUC*) mustard
se'nato *sm* senate; **sena'tore, 'trice** *sm/f* senator
'senno *sm* judgment, (common) sense; **col ~ di poi** with hindsight
sennò *av* = **se no**; *vedi* **se**
'seno *sm* (*ANAT*: *petto, mammella*) breast; (: *grembo, fig*) womb; (: *cavità*) sinus; (*GEO*) inlet, creek; (*MAT*) sine
sen'sato, a *ag* sensible
sensazio'nale [sensattsjo'nale] *ag* sensational
sensazi'one [sensat'tsjone] *sf* feeling, sensation; **avere la ~ che** to have a feeling that; **fare ~** to cause a sensation, create a stir
sen'sibile *ag* sensitive; (*ai sensi*) perceptible; (*rilevante, notevole*) appreciable, noticeable; **~ a** sensitive to; **sensibilità** *sf* sensitivity
'senso *sm* (*FISIOL, istinto*) sense; (*impressione, sensazione*) feeling, sensation; (*significato*) meaning, sense; (*direzione*) direction; **~i** *smpl* (*coscienza*) consciousness *sg*; (*sensualità*) senses; **ciò non ha ~** that doesn't make sense; **fare ~ a** (*ripugnare*) to disgust, repel; **~ comune** common sense; **in ~ orario/antiorario** clockwise/anticlockwise; **a ~ unico** (*strada*) one-way; **"~ vietato"** (*AUT*) "no entry"
sensu'ale *ag* sensual; sensuous; **sensualità** *sf* sensuality; sensuousness
sen'tenza [sen'tɛntsa] *sf* (*DIR*) sentence; (*massima*) maxim; **sentenzi'are** *vi* (*DIR*) to pass judgment
senti'ero *sm* path
sentimen'tale *ag* sentimental; (*vita, avventura*) love *cpd*
senti'mento *sm* feeling
senti'nella *sf* sentry
sen'tire *vt* (*percepire al tatto, fig*) to feel; (*udire*) to hear; (*ascoltare*) to listen to; (*odore*) to smell; (*avvertire con il gusto, assaggiare*) to taste ♦ *vi*: **~ di** (*avere sapore*) to taste of; (*avere odore*) to smell of; **~rsi** *vr* (*uso reciproco*) to be in touch; **~rsi bene/male** to feel well/unwell *o* ill; **~rsi di fare qc** (*essere disposto*) to feel like doing sth
sen'tito, a *ag* (*sincero*) sincere, warm; **per ~ dire** by hearsay
'senza ['sɛntsa] *prep, cong* without; **~ dir nulla** without saying a word; **fare ~ qc** to do without sth; **~ di me** without me; **~ che io lo sapessi** without me *o* my knowing; **senz'altro** of course, certainly; **~ dubbio** no doubt; **~ scrupoli** unscrupulous; **~ amici** friendless; **~ piombo** unleaded
sepa'rare *vt* to separate; (*dividere*) to divide; (*tenere distinto*) to distinguish; **~rsi** *vr* (*coniugi*) to separate, part; (*amici*) to part, leave each other; **~rsi da** (*coniuge*) to separate *o* part from; (*amico, socio*) to part company with; (*oggetto*) to part with; **sepa'rato, a** *ag* (*letti, conto etc*) separate; (*coniugi*) separated; **separazi'one** *sf* separation
se'polcro *sm* sepulchre
se'polto, a *pp di* **seppellire**
seppel'lire *vt* to bury
'seppia *sf* cuttlefish ♦ *ag inv* sepia
se'quenza [se'kwentsa] *sf* sequence
seques'trare *vt* (*DIR*) to impound; (*rapire*) to kidnap; (*costringere in un luogo*) to keep, confine; **se'questro** *sm* (*DIR*) impoundment; **sequestro di persona** kidnapping

'sera *sf* evening; **di ~** in the evening; **domani ~** tomorrow evening, tomorrow night; **se'rale** *ag* evening *cpd*; **se'rata** *sf* evening; (*ricevimento*) party
ser'bare *vt* to keep; (*mettere da parte*) to put aside; **~ rancore/odio verso qn** to bear sb a grudge/hate sb
serba'toio *sm* tank; (*cisterna*) cistern
'serbo *sm*: **mettere/tenere** *o* **avere in ~ qc** to put/keep sth aside
se'reno, a *ag* (*tempo, cielo*) clear; (*fig*) serene, calm
ser'gente [ser'dʒɛnte] *sm* (*MIL*) sergeant
'serie *sf inv* (*successione*) series *inv*; (*gruppo, collezione*: *di chiavi etc*) set; (*SPORT*) division; league; (*COMM*): **modello di ~/fuori ~** standard/custom-built model; **in ~** in quick succession; (*COMM*) mass *cpd*
serietà *sf* seriousness; reliability
'serio, a *ag* serious; (*impiegato*) responsible, reliable; (*ditta, cliente*) reliable, dependable; **sul ~** (*davvero*) really, truly; (*seriamente*) seriously, in earnest
ser'mone *sm* sermon
serpeggi'are [serped'dʒare] *vi* to wind; (*fig*) to spread
ser'pente *sm* snake; **~ a sonagli** rattlesnake
'serra *sf* greenhouse; hothouse
ser'randa *sf* roller shutter
ser'rare *vt* to close, shut; (*a chiave*) to lock; (*stringere*) to tighten; (*premere*: *nemico*) to close in on; **~ i pugni/i denti** to clench one's fists/teeth; **~ le file** to close ranks
serra'tura *sf* lock
'serva *sf vedi* **servo**
ser'vire *vt* to serve; (*clienti*: *al ristorante*) to wait on; (: *al negozio*) to serve, attend to; (*fig*: *giovare*) to aid, help; (*CARTE*) to deal ♦ *vi* (*TENNIS*) to serve; (*essere utile*): **~ a qn** to be of use to sb; **~ a qc/a fare** (*utensile etc*) to be used for sth/for doing; **~ (a qn) da** to serve as (for sb); **~rsi** *vr* (*usare*): **~rsi di** to use; (*prendere*: *cibo*): **~rsi (di)** to help o.s. (to); (*essere cliente abituale*): **~rsi da** to be a regular customer at, go to
servitù *sf* servitude; slavery; (*personale di servizio*) servants *pl*, domestic staff
servizi'evole [servit'tsjevole] *ag* obliging, willing to help
ser'vizio [ser'vittsjo] *sm* service; (*al ristorante: sul conto*) service (charge); (*STAMPA, TV, RADIO*) report; (*da tè, caffè etc*) set, service; **~i** *smpl* (*di casa*) kitchen and bathroom; (*ECON*) services; **essere di ~** to be on duty; **fuori ~** (*telefono etc*) out of order; **~ compreso** service included; **~ militare** military service; **~i segreti** secret service *sg*
'servo, a *sm/f* servant
ses'santa *num* sixty; **sessan'tesimo, a** *num* sixtieth
sessan'tina *sf*: **una ~ (di)** about sixty
sessi'one *sf* session
'sesso *sm* sex; **sessu'ale** *ag* sexual, sex *cpd*
ses'tante *sm* sextant
'sesto, a *ag, sm* sixth
'seta *sf* silk
'sete *sf* thirst; **avere ~** to be thirsty
'setola *sf* bristle
'setta *sf* sect
set'tanta *num* seventy; **settan'tesimo, a** *num* seventieth
settan'tina *sf*: **una ~ (di)** about seventy
'sette *num* seven
sette'cento [sette'tʃɛnto] *num* seven hundred ♦ *sm*: **il S~** the eighteenth century
set'tembre *sm* September
settentrio'nale *ag* northern
settentri'one *sm* north
setti'mana *sf* week; **settima'nale** *ag, sm* weekly
'settimo, a *ag, sm* seventh
set'tore *sm* sector
severità *sf* severity

se'vero, a *ag* severe
sevizi'are [sevit'tsjare] *vt* to torture
se'vizie [se'vittsje] *sfpl* torture *sg*
sezio'nare [settsjo'nare] *vt* to divide into sections; (*MED*) to dissect
sezi'one [set'tsjone] *sf* section; (*MED*) dissection
sfaccen'dato, a [sfattʃen'dato] *ag* idle
sfacci'ato, a [sfat'tʃato] *ag* (*maleducato*) cheeky, impudent; (*vistoso*) gaudy
sfa'celo [sfa'tʃɛlo] *sm* (*fig*) ruin, collapse
sfal'darsi *vr* to flake (off)
sfa'mare *vt* to feed; (*sog: cibo*) to fill
'sfarzo ['sfartso] *sm* pomp, splendour
sfasci'are [sfaʃ'ʃare] *vt* (*ferita*) to unbandage; (*distruggere: porta*) to smash, shatter; **~rsi** *vr* (*rompersi*) to smash, shatter
sfa'tare *vt* (*leggenda*) to explode
sfavil'lare *vi* to spark, send out sparks; (*risplendere*) to sparkle
sfavo'revole *ag* unfavourable
'sfera *sf* sphere; **'sferico, a, ci, che** *ag* spherical
sfer'rare *vt* (*fig: colpo*) to land, deal; (*: attacco*) to launch
sfer'zare [sfer'tsare] *vt* to whip; (*fig*) to lash out at
sfi'brare *vt* (*indebolire*) to exhaust, enervate
'sfida *sf* challenge; **sfi'dare** *vt* to challenge; (*fig*) to defy, brave
sfi'ducia [sfi'dutʃa] *sf* distrust, mistrust
sfigu'rare *vt* (*persona*) to disfigure; (*quadro, statua*) to deface ♦ *vi* (*far cattiva figura*) to make a bad impression
sfi'lare *vt* (*ago*) to unthread; (*abito, scarpe*) to slip off ♦ *vi* (*truppe*) to march past; (*atleti*) to parade; **~rsi** *vr* (*perle etc*) to come unstrung; (*orlo, tessuto*) to fray; (*calza*) to run, ladder; **sfi'lata** *sf* march past; parade; **sfilata di moda** fashion show
'sfinge ['sfindʒe] *sf* sphinx
sfi'nito, a *ag* exhausted
sfio'rare *vt* to brush (against); (*argomento*) to touch upon
sfio'rire *vi* to wither, fade
sfo'cato, a *ag* (*FOT*) out of focus
sfoci'are [sfo'tʃare] *vi*: ~ **in** to flow into; (*fig: malcontento*) to develop into
sfo'gare *vt* to vent, pour out; **~rsi** *vr* (*sfogare la propria rabbia*) to give vent to one's anger; (*confidarsi*): **~rsi (con)** to pour out one's feelings (to); **non sfogarti su di me!** don't take your bad temper out on me!
sfoggi'are [sfod'dʒare] *vt, vi* to show off
'sfoglia ['sfɔʎʎa] *sf* sheet of pasta dough; **pasta ~** (*CUC*) puff pastry
sfogli'are [sfoʎ'ʎare] *vt* (*libro*) to leaf through
'sfogo, ghi *sm* outlet; (*eruzione cutanea*) rash; (*fig*) outburst; **dare ~ a** (*fig*) to give vent to
sfolgo'rante *ag* (*luce*) blazing; (*fig: vittoria*) brilliant
sfol'lare *vt* to empty, clear ♦ *vi* to disperse; ~ **da** (*città*) to evacuate
sfon'dare *vt* (*porta*) to break down; (*scarpe*) to wear a hole in; (*cesto, scatola*) to burst, knock the bottom out of; (*MIL*) to break through ♦ *vi* (*riuscire*) to make a name for o.s.
'sfondo *sm* background
sfor'mato *sm* (*CUC*) *type of soufflé*
sfor'nare *vt* (*pane etc*) to take out of the oven; (*fig*) to churn out
sfor'nito, a *ag*: ~ **di** lacking in, without; (*negozio*) out of
sfor'tuna *sf* misfortune, ill luck *no pl*; **avere ~** to be unlucky; **sfortu'nato, a** *ag* unlucky; (*impresa, film*) unsuccessful
sfor'zare [sfor'tsare] *vt* to force; (*voce, occhi*) to strain; **~rsi** *vr*: **~rsi di** *o* **a** *o* **per fare** to try hard to do
'sforzo ['sfɔrtso] *sm* effort; (*tensione eccessiva, TECN*) strain; **fare uno ~** to make an effort
sfrat'tare *vt* to evict; **'sfratto** *sm*

eviction

sfrecci'are [sfret'tʃare] *vi* to shoot *o* flash past

sfregi'are [sfre'dʒare] *vt* to slash, gash; (*persona*) to disfigure; (*quadro*) to deface; **'sfregio** *sm* gash; scar; (*fig*) insult

sfre'nato, a *ag* (*fig*) unrestrained, unbridled

sfron'tato, a *ag* shameless

sfrutta'mento *sm* exploitation

sfrut'tare *vt* (*terreno*) to overwork, exhaust; (*miniera*) to exploit, work; (*fig: operai, occasione, potere*) to exploit

sfug'gire [sfud'dʒire] *vi* to escape; ~ a (*custode*) to escape (from); (*morte*) to escape; ~ **a qn** (*dettaglio, nome*) to escape sb; ~ **di mano a qn** to slip out of sb's hand (*o* hands); **sfug'gita**: **di sfuggita** *ad* (*rapidamente, in fretta*) in passing

sfu'mare *vt* (*colori, contorni*) to soften, shade off ♦ *vi* to shade (off), fade; (*fig: svanire*) to vanish, disappear; (*: speranze*) to come to nothing; **sfuma'tura** *sf* shading off *no pl*; (*tonalità*) shade, tone; (*fig*) touch, hint

sfuri'ata *sf* (*scatto di collera*) fit of anger; (*rimprovero*) sharp rebuke

sga'bello *sm* stool

sgabuz'zino [sgabud'dzino] *sm* lumber room

sgambet'tare *vi* to kick one's legs about

sgam'betto *sm*: **far lo ~ a qn** to trip sb up; (*fig*) to oust sb

sganasci'arsi [zganaʃ'ʃarsi] *vr*: ~ **dalle risa** to roar with laughter

sganci'are [zgan'tʃare] *vt* to unhook; (*FERR*) to uncouple; (*bombe: da aereo*) to release, drop; (*fig: fam: soldi*) to fork out; **~rsi** *vr* (*fig*): **~rsi (da)** to get away (from)

sganghe'rato, a [zgange'rato] *ag* (*porta*) off its hinges; (*auto*) ramshackle; (*risata*) wild, boisterous

sgar'bato, a *ag* rude, impolite

'sgarbo *sm*: **fare uno ~ a qn** to be rude to sb

sgattaio'lare *vi* to sneak away *o* off

sge'lare [zdʒe'lare] *vi, vt* to thaw

'sghembo, a ['zgembo] *ag* (*obliquo*) slanting; (*storto*) crooked

sghignaz'zare [zgiɲɲat'tsare] *vi* to laugh scornfully

sgob'bare (*fam*) *vi* (*scolaro*) to swot; (*operaio*) to slog

sgoccio'lare [zgottʃo'lare] *vt* (*vuotare*) to drain (to the last drop) ♦ *vi* (*acqua*) to drip; (*recipiente*) to drain; **'sgoccioli** *smpl*: **essere agli ~** (*provviste*) to be nearly finished; (*periodo*) to be nearly over

sgo'larsi *vr* to talk (*o* shout *o* sing) o.s. hoarse

sgomb(e)'rare *vt* to clear; (*andarsene da: stanza*) to vacate; (*evacuare*) to evacuate

'sgombro, a *ag*: ~ **(di)** clear (of), free (from) ♦ *sm* (*ZOOL*) mackerel; (*anche: sgombero*) clearing; vacating; evacuation; (*: trasloco*) removal

sgomen'tare *vt* to dismay; **sgo'mento, a** *ag* dismayed ♦ *sm* dismay, consternation

sgonfi'are *vt* to let down, deflate; **~rsi** *vr* to go down

'sgorbio *sm* blot; scribble

sgor'gare *vi* to gush (out)

sgoz'zare [zgot'tsare] *vt* to cut the throat of

sgra'devole *ag* unpleasant, disagreeable

sgra'dito, a *ag* unpleasant, unwelcome

sgra'nare *vt* (*piselli*) to shell; ~ **gli occhi** to open one's eyes wide

sgran'chirsi [zgran'kirsi] *vr* to stretch; ~ **le gambe** to stretch one's legs

sgranocchi'are [zgranok'kjare] *vt* to munch

'sgravio *sm*: ~ **fiscale** tax relief

sgrazi'ato, a [zgrat'tsjato] *ag* clumsy, ungainly

sgreto'lare *vt* to cause to crumble; **~rsi** *vr* to crumble

sgri'dare *vt* to scold; **sgri'data** *sf*

scolding

sguai'ato, a *ag* coarse, vulgar

sgual'cire [zgwal'tʃire] *vt* to crumple (up), crease

sgual'drina (*peg*) *sf* slut

sgu'ardo *sm* (*occhiata*) look, glance; (*espressione*) look (in one's eye)

'sguattero, a *sm/f* dishwasher (*person*)

sguaz'zare [zgwat'tsare] *vi* (*nell'acqua*) to splash about; (*nella melma*) to wallow; ~ **nell'oro** to be rolling in money

sguinzagli'are [zgwintsaʎ'ʎare] *vt* to let off the leash; (*fig: persona*): ~ **qn dietro a qn** to set sb on sb

sgusci'are [zguʃ'ʃare] *vt* to shell ♦ *vi* (*sfuggire di mano*) to slip; ~ **via** to slip *o* slink away

'shampoo ['ʃampo] *sm inv* shampoo

shock [ʃɔk] *sm inv* shock

PAROLA CHIAVE

si[1] (*dav lo, la, li, le, ne diventa* se) *pron* **1** (*riflessivo: maschile*) himself; (*: femminile*) herself; (*: neutro*) itself; (*: impersonale*) oneself; (*: pl*) themselves; **lavarsi** to wash (oneself); ~ **è tagliato** he has cut himself; ~ **credono importanti** they think a lot of themselves

2 (*riflessivo: con complemento oggetto*): **lavarsi le mani** to wash one's hands; ~ **sta lavando i capelli** he (*o* she) is washing his (*o* her) hair

3 (*reciproco*) one another, each other; **si amano** they love one another *o* each other

4 (*passivo*): ~ **ripara facilmente** it is easily repaired

5 (*impersonale*): ~ **dice che ...** they *o* people say that ...; ~ **vede che è vecchio** one *o* you can see that it's old

6 (*noi*) we; **tra poco ~ parte** we're leaving soon

si[2] *sm* (*MUS*) B; (*solfeggiando la scala*) ti

sì *av* yes; **un giorno ~ e uno no** every other day

'sia *cong*: ~ ... ~ (*o* ... *o*): ~ **che lavori, ~ che non lavori** whether he works or not; (*tanto ... quanto*): **verranno ~ Luigi ~ suo fratello** both Luigi and his brother will be coming

si'amo *vb vedi* **essere**

sibi'lare *vi* to hiss; (*fischiare*) to whistle; **'sibilo** *sm* hiss; whistle

si'cario *sm* hired killer

sicché [sik'ke] *cong* (*perciò*) so (that), therefore; (*e quindi*) (and) so

siccità [sittʃi'ta] *sf* drought

sic'come *cong* since, as

Si'cilia [si'tʃilja] *sf*: **la ~** Sicily; **sicili'ano, a** *ag, sm/f* Sicilian

sicu'rezza [siku'rettsa] *sf* safety; security; (*fiducia*) confidence; (*certezza*) certainty; **di ~** safety *cpd*; **la ~ stradale** road safety

si'curo, a *ag* safe; (*ben difeso*) secure; (*fiducioso*) confident; (*certo*) sure, certain; (*notizia, amico*) reliable; (*esperto*) skilled ♦ *av* (*anche*: *di ~*) certainly; **essere/mettere al ~** to be safe/put in a safe place; **~ di sé** self-confident, sure of o.s.; **sentirsi ~** to feel safe *o* secure

siderur'gia [siderur'dʒia] *sf* iron and steel industry

'sidro *sm* cider

si'epe *sf* hedge

si'ero *sm* (*MED*) serum; **sieronega'tivo, a** *ag* HIV-negative; **sieroposi'tivo, a** *ag* HIV-positive

si'esta *sf* siesta, (afternoon) nap

si'ete *vb vedi* **essere**

si'filide *sf* syphilis

si'fone *sm* siphon

Sig. *abbr* (= *signore*) Mr

siga'retta *sf* cigarette

'sigaro *sm* cigar

Sigg. *abbr* (= *signori*) Messrs

sigil'lare [sidʒil'lare] *vt* to seal

si'gillo [si'dʒillo] *sm* seal

'sigla *sf* initials *pl*; acronym, abbreviation; ~ **automobilistica** *abbreviation of province on vehicle number*

plate; ~ **musicale** signature tune
si'glare *vt* to initial
Sig.na *abbr* (= *signorina*) Miss
signifi'care [siɲɲifi'kare] *vt* to mean; **significa'tivo, a** *ag* significant; **signifi'cato** *sm* meaning
si'gnora [siɲ'ɲora] *sf* lady; **la ~ X** Mrs X; **buon giorno S~/Signore/ Signorina** good morning; (*deferente*) good morning Madam/Sir/Madam; (*quando si conosce il nome*) good morning Mrs/Mr/Miss X; **Gentile S~/Signore/Signorina** (*in una lettera*) Dear Madam/Sir/Madam; **il signor Rossi e ~** Mr Rossi and his wife; **~e e signori** ladies and gentlemen
si'gnore [siɲ'ɲore] *sm* gentleman; (*padrone*) lord, master; (*REL*): **il S~** the Lord; **il signor X** Mr X; **i ~i Bianchi** (*coniugi*) Mr and Mrs Bianchi; *vedi anche* **signora**
signo'rile [siɲɲo'rile] *ag* refined
signo'rina [siɲɲo'rina] *sf* young lady; **la ~ X** Miss X; *vedi anche* **signora**
Sig.ra *abbr* (= *signora*) Mrs
silenzia'tore [silentsja'tore] *sm* silencer
si'lenzio [si'lɛntsjo] *sm* silence; **fare ~** to be quiet, stop talking; **silenzi'oso, a** *ag* silent, quiet
si'licio [si'litʃo] *sm* silicon; **piastrina di ~** silicon chip
'sillaba *sf* syllable
silu'rare *vt* to torpedo; (*fig: privare del comando*) to oust
si'luro *sm* torpedo
simboleggi'are [simboled'dʒare] *vt* to symbolize
'simbolo *sm* symbol
'simile *ag* (*analogo*) similar; (*di questo tipo*): **un uomo ~** such a man, a man like this; **libri ~i** such books; **~ a** similar to; **i suoi ~i** one's fellow men; one's peers
simme'tria *sf* symmetry
simpa'tia *sf* (*qualità*) pleasantness; (*inclinazione*) liking; **avere ~ per qn** to like sb, have a liking for sb;
sim'patico, a, ci, che *ag* (*persona*) nice, pleasant, likeable; (*casa, albergo etc*) nice, pleasant
simpatiz'zare [simpatid'dzare] *vi*: **~ con** to take a liking to
sim'posio *sm* symposium
simu'lare *vt* to sham, simulate; (*TECN*) to simulate; **simulazi'one** *sf* shamming; simulation
simul'taneo, a *ag* simultaneous
sina'goga, ghe *sf* synagogue
sincerità [sintʃeri'ta] *sf* sincerity
sin'cero, a [sin'tʃero] *ag* sincere; genuine; heartfelt
'sincope *sf* syncopation; (*MED*) blackout
sinda'cale *ag* (trade-)union *cpd*; **sindaca'lista, i, e** *sm/f* trade unionist
sinda'cato *sm* (*di lavoratori*) (trade) union; (*AMM, ECON, DIR*) syndicate, trust, pool
'sindaco, ci *sm* mayor
sinfo'nia *sf* (*MUS*) symphony
singhioz'zare [singjot'tsare] *vi* to sob; to hiccup
singhi'ozzo [sin'gjottso] *sm* sob; (*MED*) hiccup; **avere il ~** to have the hiccups; **a ~** (*fig*) by fits and starts
singo'lare *ag* (*insolito*) remarkable, singular; (*LING*) singular ♦ *sm* (*LING*) singular; (*TENNIS*): **~ maschile/femminile** men's/women's singles
'singolo, a *ag* single, individual ♦ *sm* (*persona*) individual; (*TENNIS*) = **singolare**
si'nistra *sf* (*POL*) left (wing); **a ~** on the left; (*direzione*) to the left
si'nistro, a *ag* left, left-hand; (*fig*) sinister ♦ *sm* (*incidente*) accident
'sino *prep* = **fino**
si'nonimo, a *ag* synonymous ♦ *sm* synonym; **~ di** synonymous with
sin'tassi *sf* syntax
'sintesi *sf* synthesis; (*riassunto*) summary, résumé
sin'tetico, a, ci, che *ag* synthetic
sintetiz'zare [sintetid'dzare] *vt* to

synthesize; (*riassumere*) to summarize
sinto'matico, a, ci, che *ag* symptomatic
'sintomo *sm* symptom
sinu'oso, a *ag* (*strada*) winding
S.I.P. *sigla f* (= *Società italiana per l'esercizio telefonico*) *Italian telephone company*
si'pario *sm* (*TEATRO*) curtain
si'rena *sf* (*apparecchio*) siren; (*nella mitologia, fig*) siren, mermaid
'Siria *sf*: **la ~** Syria
si'ringa, ghe *sf* syringe
'sismico, a, ci, che *ag* seismic
sis'mografo *sm* seismograph
sis'tema, i *sm* system; method, way; **~ di vita** way of life
siste'mare *vt* (*mettere a posto*) to tidy, put in order; (*risolvere: questione*) to sort out, settle; (*procurare un lavoro a*) to find a job for; (*dare un alloggio a*) to settle, find accommodation for; **~rsi** *vr* (*problema*) to be settled; (*persona: trovare alloggio*) to find accommodation (*BRIT*) *o* accommodations (*US*); (: *trovarsi un lavoro*) to get fixed up with a job; **ti sistemo io!** I'll soon sort you out!
siste'matico, a, ci, che *ag* systematic
sistemazi'one [sistemat'tsjone] *sf* arrangement, order; settlement; employment; accommodation (*BRIT*), accommodations (*US*)
'sito *sm* (*letterario*) place
situ'are *vt* to site, situate; **situ'ato, a** *ag*: **situato a/su** situated at/on
situazi'one [situat'tsjone] *sf* situation
ski-lift ['ski:lift] *sm inv* ski-lift
slacci'are [zlat'tʃare] *vt* to undo, unfasten
slanci'arsi [zlan'tʃarsi] *vr* to dash, fling o.s.; **slanci'ato, a** *ag* slender; **'slancio** *sm* dash, leap; (*fig*) surge; **di slancio** impetuously
sla'vato, a *ag* faded, washed out; (*fig: viso, occhi*) pale, colourless
'slavo, a *ag* Slav(onic), Slavic
sle'ale *ag* disloyal; (*concorrenza etc*) unfair
sle'gare *vt* to untie
slip [zlip] *sm inv* briefs *pl*
'slitta *sf* sledge; (*trainata*) sleigh
slit'tare *vi* to slip, slide; (*AUT*) to skid
slo'gare *vt* (*MED*) to dislocate
sloggi'are [zlod'dʒare] *vt* (*inquilino*) to turn out; (*nemico*) to drive out, dislodge ♦ *vi* to move out
Slovenia [zlo'vɛnja] *sf* Slovenia
smacchi'are [zmak'kjare] *vt* to remove stains from
'smacco, chi *sm* humiliating defeat
smagli'ante [zmaʎ'ʎante] *ag* brilliant, dazzling
smaglia'tura [zmaʎʎa'tura] *sf* (*su maglia, calza*) ladder; (*della pelle*) stretch mark
smalizi'ato, a [smalit'tsjato] *ag* shrewd, cunning
smal'tare *vt* to enamel; (*ceramica*) to glaze; (*unghie*) to varnish
smal'tire *vt* (*merce*) to sell off; (*rifiuti*) to dispose of; (*cibo*) to digest; (*peso*) to lose; (*rabbia*) to get over; **~ la sbornia** to sober up
'smalto *sm* (*anche: di denti*) enamel; (*per ceramica*) glaze; **~ per unghie** nail varnish
'smania *sf* agitation, restlessness; (*fig*): **~ di** thirst for, craving for; **avere la ~ addosso** to have the fidgets; **avere la ~ di fare** to be desperate to do
smantel'lare *vt* to dismantle
smarri'mento *sm* loss; (*fig*) bewilderment; dismay
smar'rire *vt* to lose; (*non riuscire a trovare*) to mislay; **~rsi** *vr* (*perdersi*) to lose one's way, get lost; (: *oggetto*) to go astray; **smar'rito, a** *ag* (*sbigottito*) bewildered
smasche'rare [zmaske'rare] *vt* to unmask
smemo'rato, a *ag* forgetful
smen'tire *vt* (*negare*) to deny; (*testimonianza*) to refute; (*reputazione*) to give the lie to; **~rsi** *vr* to be inconsistent; **smen'tita** *sf* denial;

retraction
sme'raldo *sm* emerald
smerci'are [zmer'tʃare] *vt* (*COMM*) to sell; (*: svendere*) to sell off
sme'riglio [zme'riʎʎo] *sm* emery
'smesso, a *pp di* smettere
'smettere *vt* to stop; (*vestiti*) to stop wearing ♦ *vi* to stop, cease; ~ di fare to stop doing
'smilzo, a ['zmiltso] *ag* thin, lean
sminu'ire *vt* to diminish, lessen; (*fig*) to belittle
sminuz'zare [zminut'tsare] *vt* to break into small pieces; to crumble
smis'tare *vt* (*pacchi etc*) to sort; (*FERR*) to shunt
smisu'rato, a *ag* boundless, immeasurable; (*grandissimo*) immense, enormous
smobili'tare *vt* to demobilize
smo'dato, a *ag* immoderate
smoking ['sməukɪŋ] *sm inv* dinner jacket
smon'tare *vt* (*mobile, macchina etc*) to take to pieces, dismantle; (*fig: scoraggiare*) to dishearten ♦ *vi* (*scendere: da cavallo*) to dismount; (*: da treno*) to get off; (*terminare il lavoro*) to stop (work); **~rsi** *vr* to lose heart; to lose one's enthusiasm
'smorfia *sf* grimace; (*atteggiamento lezioso*) simpering; **fare ~e** to make faces; to simper; **smorfi'oso, a** *ag* simpering
'smorto, a *ag* (*viso*) pale, wan; (*colore*) dull
smor'zare [zmor'tsare] *vt* (*suoni*) to deaden; (*colori*) to tone down; (*luce*) to dim; (*sete*) to quench; (*entusiasmo*) to dampen; **~rsi** *vr* (*suono, luce*) to fade; (*entusiasmo*) to dampen
'smosso, a *pp di* smuovere
smotta'mento *sm* landslide
'smunto, a *ag* haggard, pinched
smu'overe *vt* to move, shift; (*fig: commuovere*) to move; (*: dall'inerzia*) to rouse, stir; **~rsi** *vr* to move, shift
smus'sare *vt* (*angolo*) to round off, smooth; (*lama etc*) to blunt; **~rsi** *vr* to become blunt
snatu'rato, a *ag* inhuman, heartless
'snello, a *ag* (*agile*) agile; (*svelto*) slender, slim
sner'vare *vt* to enervate, wear out; **~rsi** *vr* to become enervated
sni'dare *vt* to drive out, flush out
snob'bare *vt* to snub
sno'bismo *sm* snobbery
snoccio'lare [znottʃo'lare] *vt* (*frutta*) to stone; (*fig: orazioni*) to rattle off; (*: verità*) to blab
sno'dare *vt* (*rendere agile, mobile*) to loosen; **~rsi** *vr* to come loose; (*articolarsi*) to bend; (*strada, fiume*) to wind
so *vb vedi* **sapere**
so'ave *ag* sweet, gentle, soft
sobbal'zare [sobbal'tsare] *vi* to jolt, jerk; (*trasalire*) to jump, start; **sob'balzo** *sm* jerk, jolt; jump, start
sobbar'carsi *vr*: ~ **a** to take on, undertake
sob'borgo, ghi *sm* suburb
sobil'lare *vt* to stir up, incite
'sobrio, a *ag* sober
socchi'udere [sok'kjudere] *vt* (*porta*) to leave ajar; (*occhi*) to half-close; **socchi'uso, a** *pp di* **socchiudere**
soc'correre *vt* to help, assist; **soc'corso, a** *pp di* **soccorrere** ♦ *sm* help, aid, assistance; **soccorsi** *smpl* relief *sg*, aid *sg*; **soccorso stradale** breakdown service
socialdemo'cratico, a, ci, che [sotʃaldemo'kratiko] *sm/f* Social Democrat
soci'ale [so'tʃale] *ag* social; (*di associazione*) club *cpd*, association *cpd*
socia'lismo [sotʃa'lizmo] *sm* socialism; **socia'lista, i, e** *ag, sm/f* socialist
società [sotʃe'ta] *sf inv* society; (*sportiva*) club; (*COMM*) company; ~ **per azioni** limited (*BRIT*) *o* incorporated (*US*) company; ~ **a responsabilità limitata** *type of limited liability company*

soci'evole [so'tʃevole] *ag* sociable
'socio ['sɔtʃo] *sm* (*DIR, COMM*) partner; (*membro di associazione*) member
'soda *sf* (*CHIM*) soda; (*acqua gassata*) soda (water)
soda'lizio [soda'littsjo] *sm* association, society
soddisfa'cente [soddisfa'tʃɛnte] *ag* satisfactory
soddis'fare *vt, vi*: ~ **a** to satisfy; (*impegno*) to fulfil; (*debito*) to pay off; (*richiesta*) to meet, comply with; (*offesa*) to make amends for; **soddis'fatto, a** *pp di* **soddisfare** ♦ *ag* satisfied; **soddisfatto di** happy *o* satisfied with; pleased with; **soddisfazi'one** *sf* satisfaction
'sodo, a *ag* firm, hard ♦ *av* (*picchiare, lavorare*) hard; **dormire** ~ to sleep soundly
sofà *sm inv* sofa
soffe'renza [soffe'rɛntsa] *sf* suffering
sof'ferto, a *pp di* **soffrire**
soffi'are *vt* to blow; (*notizia, segreto*) to whisper ♦ *vi* to blow; (*sbuffare*) to puff (and blow); ~**rsi il naso** to blow one's nose; ~ **qc/qn a qn** (*fig*) to pinch *o* steal sth/sb from sb; ~ **via qc** to blow sth away
'soffice ['sɔffitʃe] *ag* soft
'soffio *sm* (*di vento*) breath; (*di fumo*) puff; (*MED*) murmur
sof'fitta *sf* attic
sof'fitto *sm* ceiling
soffo'care *vi* (*anche:* ~*rsi*) to suffocate, choke ♦ *vt* to suffocate, choke; (*fig*) to stifle, suppress
sof'friggere [sof'friddʒere] *vt* to fry lightly
sof'frire *vt* to suffer, endure; (*sopportare*) to bear, stand ♦ *vi* to suffer; to be in pain; ~ **(di) qc** (*MED*) to suffer from sth
sof'fritto, a *pp di* **soffriggere** ♦ *sm* (*CUC*) *fried mixture of herbs, bacon and onions*
sofisti'cato, a *ag* sophisticated; (*vino*) adulterated
sogget'tivo, a [soddʒet'tivo] *ag* subjective
sog'getto, a [sod'dʒɛtto] *ag*: ~ **a** (*sottomesso*) subject to; (*esposto: a variazioni, danni etc*) subject *o* liable to ♦ *sm* subject
soggezi'one [soddʒet'tsjone] *sf* subjection; (*timidezza*) awe; **avere** ~ **di qn** to stand in awe of sb; to be ill at ease in sb's presence
sogghi'gnare [soggiɲ'ɲare] *vi* to sneer
soggior'nare [soddʒor'nare] *vi* to stay; **soggi'orno** *sm* (*invernale, marino*) stay; (*stanza*) living room
sog'giungere [sod'dʒundʒere] *vt* to add
'soglia ['sɔʎʎa] *sf* doorstep; (*anche fig*) threshold
'sogliola ['sɔʎʎola] *sf* (*ZOOL*) sole
so'gnare [soɲ'ɲare] *vt, vi* to dream; ~ **a occhi aperti** to daydream; **sogna'tore, 'trice** *sm/f* dreamer
'sogno ['soɲɲo] *sm* dream
'soia *sf* (*BOT*) soya
sol *sm* (*MUS*) G; (*: solfeggiando la scala*) so(h)
so'laio *sm* (*soffitta*) attic
sola'mente *av* only, just
so'lare *ag* solar, sun *cpd*
'solco, chi *sm* (*scavo, fig: ruga*) furrow; (*incavo*) rut, track; (*di disco*) groove; (*scia*) wake
sol'dato *sm* soldier; ~ **semplice** private
'soldo *sm* (*fig*): **non avere un** ~ to be penniless; **non vale un** ~ it's not worth a penny; ~**i** *smpl* (*denaro*) money *sg*
'sole *sm* sun; (*luce*) sun(light); (*tempo assolato*) sun(shine); **prendere il** ~ to sunbathe
soleggi'ato, a [soled'dʒato] *ag* sunny
so'lenne *ag* solemn; **solennità** *sf* solemnity; (*festività*) holiday, feast day
sol'fato *sm* (*CHIM*) sulphate
soli'dale *ag*: **essere** ~ **(con)** to be in agreement (with)
solidarietà *sf* solidarity

'solido, a *ag* solid; (*forte, robusto*) sturdy, solid; (*fig: ditta*) sound, solid ♦ *sm* (*MAT*) solid
soli'loquio *sm* soliloquy
so'lista, i, e *ag* solo ♦ *sm/f* soloist
solita'mente *av* usually, as a rule
soli'tario, a *ag* (*senza compagnia*) solitary, lonely; (*solo, isolato*) solitary, lone; (*deserto*) lonely ♦ *sm* (*gioiello, gioco*) solitaire
'solito, a *ag* usual; **essere ~ fare** to be in the habit of doing; **di ~** usually; **più tardi del ~** later than usual; **come al ~** as usual
soli'tudine *sf* solitude
solleci'tare [sollettʃi'tare] *vt* (*lavoro*) to speed up; (*persona*) to urge on; (*chiedere con insistenza*) to press for, request urgently; (*stimolare*): **~ qn a fare** to urge sb to do; (*TECN*) to stress; **sollecitazi'one** *sf* entreaty, request; (*fig*) incentive; (*TECN*) stress
sol'lecito, a [sol'letʃito] *ag* prompt, quick ♦ *sm* (*lettera*) reminder; **solleci'tudine** *sf* promptness, speed
solleti'care *vt* to tickle
sol'letico *sm* tickling; **soffrire il ~** to be ticklish
solleva'mento *sm* raising; lifting; revolt; **~ pesi** (*SPORT*) weightlifting
solle'vare *vt* to lift, raise; (*fig: persona: alleggerire*): **~ (da)** to relieve (of); (*: dar conforto*) to comfort, relieve; (*: questione*) to raise; (*: far insorgere*) to stir (to revolt); **~rsi** *vr* to rise; (*fig: riprendersi*) to recover; (*: ribellarsi*) to rise up
solli'evo *sm* relief; (*conforto*) comfort
'solo, a *ag* alone; (*in senso spirituale: isolato*) lonely; (*unico*): **un ~ libro** only one book, a single book; (*con ag numerale*): **veniamo noi tre ~i** just *o* only the three of us are coming ♦ *av* (*soltanto*) only, just; **non ~ ... ma anche** not only ... but also; **fare qc da ~** to do sth (all) by oneself; **da me ~** single-handed, on my own
sol'tanto *av* only
so'lubile *ag* (*sostanza*) soluble
soluzi'one [solut'tsjone] *sf* solution
sol'vente *ag, sm* solvent
'soma *sf*: **bestia da ~** beast of burden
so'maro *sm* ass, donkey
somigli'anza [somiʎ'ʎantsa] *sf* resemblance
somigli'are [somiʎ'ʎare] *vi*: **~ a** to be like, resemble; (*nell'aspetto fisico*) to look like; **~rsi** *vr* to be (*o* look) alike
'somma *sf* (*MAT*) sum; (*di denaro*) sum (of money); (*complesso di varie cose*) whole amount, sum total
som'mare *vt* to add up; (*aggiungere*) to add; **tutto sommato** all things considered
som'mario, a *ag* (*racconto, indagine*) brief; (*giustizia*) summary ♦ *sm* summary
som'mergere [som'merdʒere] *vt* to submerge
sommer'gibile [sommer'dʒibile] *sm* submarine
som'merso, a *pp di* **sommergere**
som'messo, a *ag* (*voce*) soft, subdued
somminis'trare *vt* to give, administer
sommità *sf inv* summit, top; (*fig*) height
'sommo, a *ag* highest; (*rispetto etc*) highest, greatest; (*poeta, artista*) great, outstanding ♦ *sm* (*fig*) height; **per ~i capi** briefly, covering the main points
som'mossa *sf* uprising
so'nare *etc* = **suonare** *etc*
son'daggio [son'daddʒo] *sm* sounding; probe; boring, drilling; (*indagine*) survey; **~ d'opinioni** opinion poll
son'dare *vt* (*NAUT*) to sound; (*atmosfera, piaga*) to probe; (*MINERALOGIA*) to bore, drill; (*fig: opinione etc*) to survey, poll
so'netto *sm* sonnet

son'nambulo, a *sm/f* sleepwalker
sonnecchi'are [sonnek'kjare] *vi* to doze, nod
son'nifero *sm* sleeping drug (*o* pill)
'sonno *sm* sleep; **prendere** ~ to fall asleep; **aver** ~ to be sleepy
'sono *vb vedi* **essere**
so'noro, a *ag* (*ambiente*) resonant; (*voce*) sonorous, ringing; (*onde, film*) sound *cpd*
sontu'oso, a *ag* sumptuous; lavish
sopo'rifero, a *ag* soporific
soppe'sare *vt* to weigh in one's hand(s), feel the weight of; (*fig*) to weigh up
soppi'atto: di ~ *av* secretly; furtively
soppor'tare *vt* (*reggere*) to support; (*subire: perdita, spese*) to bear, sustain; (*soffrire: dolore*) to bear, endure; (*sog: cosa: freddo*) to withstand; (*sog: persona: freddo, vino*) to take; (*tollerare*) to put up with, tolerate
sop'presso, a *pp di* **sopprimere**
sop'primere *vt* (*carica, privilegi, testimone*) to do away with; (*pubblicazione*) to suppress; (*parola, frase*) to delete
'sopra *prep* (*gen*) on; (*al di sopra di, più in alto di*) above; over; (*riguardo a*) on, about ♦ *av* on top; (*attaccato, scritto*) on it; (*al di sopra*) above; (*al piano superiore*) upstairs; **donne ~ i 30 anni** women over 30 (years of age); **abito di** ~ I live upstairs; **dormirci** ~ (*fig*) to sleep on it
so'prabito *sm* overcoat
soprac'ciglio [soprat'tʃiʎʎo] (*pl*(*f*) **soprac'ciglia**) *sm* eyebrow
sopracco'perta *sf* (*di letto*) bedspread; (*di libro*) jacket
soprad'detto, a *ag* aforesaid
sopraf'fare *vt* to overcome, overwhelm; **sopraf'fatto, a** *pp di* **sopraffare**
sopraf'fino, a *ag* (*pranzo, vino*) excellent
sopraggi'ungere [soprad'dʒundʒere] *vi* (*giungere all'improvviso*) to arrive (unexpectedly); (*accadere*) to occur (unexpectedly)
sopral'luogo, ghi *sm* (*di esperti*) inspection; (*di polizia*) on-the-spot investigation
sopram'mobile *sm* ornament
soprannatu'rale *ag* supernatural
sopran'nome *sm* nickname
so'prano, a *sm/f* (*persona*) soprano ♦ *sm* (*voce*) soprano
soprappensi'ero *av* lost in thought
sopras'salto *sm*: **di** ~ with a start; suddenly
soprasse'dere *vi*: ~ **a** to delay, put off
soprat'tutto *av* (*anzitutto*) above all; (*specialmente*) especially
soprav'vento *sm*: **avere/prendere il** ~ **su** to have/get the upper hand over
sopravvis'suto, a *pp di* **sopravvivere**
soprav'vivere *vi* to survive; (*continuare a vivere*): ~ **(in)** to live on (in); ~ **a** (*incidente etc*) to survive; (*persona*) to outlive
soprele'vata *sf* (*strada*) flyover; (*ferrovia*) elevated railway
soprinten'dente *sm/f* supervisor; (*statale: di belle arti etc*) keeper;
soprinten'denza *sf* supervision; (*ente*): **soprintendenza alle Belle Arti** *government department responsible for monuments and artistic treasures*
so'pruso *sm* abuse of power; **subire un** ~ to be abused
soq'quadro *sm*: **mettere a** ~ to turn upside-down
sor'betto *sm* sorbet, water ice
sor'bire *vt* to sip; (*fig*) to put up with
'sorcio, ci ['sortʃo] *sm* mouse
'sordido, a *ag* sordid; (*fig: gretto*) stingy
sor'dina *sf*: **in** ~ softly; (*fig*) on the sly
sordità *sf* deafness
'sordo, a *ag* deaf; (*rumore*) muffled; (*dolore*) dull; (*odio, ran-*

core) veiled ♦ *sm/f* deaf person; **sordo'muto, a** *ag* deaf-and-dumb ♦ *sm/f* deaf-mute

so'rella *sf* sister; **sorel'lastra** *sf* stepsister

sor'gente [sor'dʒɛnte] *sf* (*acqua che sgorga*) spring; (*di fiume, FISICA, fig*) source

'sorgere ['sordʒere] *vi* to rise; (*scaturire*) to spring, rise; (*fig: difficoltà*) to arise

sormon'tare *vt* (*fig*) to overcome, surmount

sorni'one, a *ag* sly

sorpas'sare *vt* (*AUT*) to overtake; (*fig*) to surpass; (: *eccedere*) to exceed, go beyond; ~ **in altezza** to be higher than; (*persona*) to be taller than

sorpren'dente *ag* surprising

sor'prendere *vt* (*cogliere: in flagrante etc*) to catch; (*stupire*) to surprise; **~rsi** *vr*: **~rsi (di)** to be surprised (at); **sor'presa** *sf* surprise; **fare una sorpresa a qn** to give sb a surprise; **sor'preso, a** *pp di* sorprendere

sor'reggere [sor'rɛddʒere] *vt* to support, hold up; (*fig*) to sustain; **sor'retto, a** *pp di* **sorreggere**

sor'ridere *vi* to smile; **sor'riso, a** *pp di* **sorridere** ♦ *sm* smile

'sorso *sm* sip

'sorta *sf* sort, kind; **di** ~ whatever, of any kind, at all

'sorte *sf* (*fato*) fate, destiny; (*evento fortuito*) chance; **tirare a** ~ to draw lots

sor'teggio [sor'teddʒo] *sm* draw

sorti'legio [sorti'lɛdʒo] *sm* witchcraft *no pl*; (*incantesimo*) spell; **fare un ~ a qn** to cast a spell on sb

sor'tita *sf* (*MIL*) sortie

'sorto, a *pp di* **sorgere**

sorvegli'anza [sorveʎ'ʎantsa] *sf* watch; supervision; (*POLIZIA, MIL*) surveillance

sorvegli'are [sorveʎ'ʎare] *vt* (*bambino, bagagli, prigioniero*) to watch, keep an eye on; (*malato*) to watch over; (*territorio, casa*) to watch *o* keep watch over; (*lavori*) to supervise

sorvo'lare *vt* (*territorio*) to fly over ♦ *vi*: ~ **su** (*fig*) to skim over

'sosia *sm inv* double

sos'pendere *vt* (*appendere*) to hang (up); (*interrompere, privare di una carica*) to suspend; (*rimandare*) to defer; ~ **un quadro al muro/un lampadario al soffitto** to hang a picture on the wall/a chandelier from the ceiling; **sospensi'one** *sf* (*anche CHIM, AUT*) suspension; deferment; **sos'peso, a** *pp di* **sospendere** ♦ *ag* (*appeso*): **sospeso a** hanging on (*o* from); (*treno, autobus*) cancelled; **in sospeso** in abeyance; (*conto*) outstanding; **tenere in sospeso** (*fig*) to keep in suspense

sospet'tare *vt* to suspect ♦ *vi*: ~ **di** to suspect; (*diffidare*) to be suspicious of

sos'petto, a *ag* suspicious ♦ *sm* suspicion; **sospet'toso, a** *ag* suspicious

sos'pingere [sos'pindʒere] *vt* to drive, push; **sos'pinto, a** *pp di* sospingere

sospi'rare *vi* to sigh ♦ *vt* to long for, yearn for; **sos'piro** *sm* sigh

'sosta *sf* (*fermata*) stop, halt; (*pausa*) pause, break; **senza** ~ non-stop, without a break

sostan'tivo *sm* noun, substantive

sos'tanza [sos'tantsa] *sf* substance; **~e** *sfpl* (*ricchezze*) wealth *sg*, possessions; **in** ~ in short, to sum up; **sostanzi'oso, a** *ag* (*cibo*) nourishing, substantial

sos'tare *vi* (*fermarsi*) to stop (for a while), stay; (*fare una pausa*) to take a break

sos'tegno [sos'teɲɲo] *sm* support

soste'nere *vt* to support; (*prendere su di sé*) to take on, bear; (*resistere*) to withstand, stand up to; (*affermare*): ~ **che** to maintain that; **~rsi** *vr* to hold o.s. up, support o.s.; (*fig*) to keep up one's strength; ~ **gli esa-**

mi to sit exams; **sosteni'tore, 'trice** *sm/f* supporter
sostenta'mento *sm* maintenance, support
soste'nuto, a *ag* (*stile*) elevated; (*velocità, ritmo*) sustained; (*prezzo*) high ♦ *sm/f*: **fare il(la) ~(a)** to be standoffish, keep one's distance
sostitu'ire *vt* (*mettere al posto di*): **~ qn/qc a** to substitute sb/sth for; (*prendere il posto di*: *persona*) to substitute for; (: *cosa*) to take the place of
sosti'tuto, a *sm/f* substitute
sostituzi'one [sostitut'tsjone] *sf* substitution; **in ~ di** as a substitute for, in place of
sotta'ceti [sotta'tʃeti] *smpl* pickles
sot'tana *sf* (*sottoveste*) underskirt; (*gonna*) skirt; (*REL*) soutane, cassock
sotter'fugio [sotter'fudʒo] *sm* subterfuge
sotter'raneo, a *ag* underground ♦ *sm* cellar
sotter'rare *vt* to bury
sottigli'ezza [sottiʎ'ʎettsa] *sf* thinness; slimness; (*fig: acutezza*) subtlety; shrewdness; **~e** *sfpl* (*pedanteria*) quibbles
sot'tile *ag* thin; (*figura, caviglia*) thin, slim, slender; (*fine*: *polvere, capelli*) fine; (*fig: leggero*) light; (: *vista*) sharp, keen; (: *olfatto*) fine, discriminating; (: *mente*) subtle; shrewd ♦ *sm*: **non andare per il ~** not to mince matters
sottin'tendere *vt* (*intendere qc non espresso*) to understand; (*implicare*) to imply; **sottin'teso, a** *pp di* **sottintendere** ♦ *sm* allusion; **parlare senza sottintesi** to speak plainly
'sotto *prep* (*gen*) under; (*più in basso di*) below ♦ *av* underneath, beneath; below; (*al piano inferiore*): **(al piano) di ~** downstairs; **~ forma di** in the form of; **~ il monte** at the foot of the mountain; **siamo ~ Natale** it's nearly Christmas; **~ la pioggia/il sole** in the rain/sun(shine); **~ terra** underground; **~ voce** in a low voice; **chiuso ~ vuoto** vacuum-packed
sottoline'are *vt* to underline; (*fig*) to emphasize, stress
sottoma'rino, a *ag* (*flora*) submarine; (*cavo, navigazione*) underwater ♦ *sm* (*NAUT*) submarine
sotto'messo, a *pp di* **sottomettere**
sotto'mettere *vt* to subdue, subjugate; **~rsi** *vr* to submit
sottopas'saggio [sottopas'saddʒo] *sm* (*AUT*) underpass; (*pedonale*) subway, underpass
sotto'porre *vt* (*costringere*) to subject; (*fig: presentare*) to submit; **sottoporsi** *vr* to submit; **sottoporsi a** (*subire*) to undergo; **sotto'posto, a** *pp di* **sottoporre**
sottos'critto, a *pp di* **sottoscrivere**
sottos'crivere *vt* to sign ♦ *vi*: **~ a** to subscribe to; **sottoscrizi'one** *sf* signing; subscription
sottosegre'tario *sm*: **~ di Stato** Under-Secretary of State (*BRIT*), Assistant Secretary of State (*US*)
sotto'sopra *av* upside-down
sotto'terra *av* underground
sotto'titolo *sm* subtitle
sotto'veste *sf* underskirt
sotto'voce [sotto'votʃe] *av* in a low voice
sot'trarre *vt* (*MAT*) to subtract, take away; **~ qn/qc a** (*togliere*) to remove sb/sth from; (*salvare*) to save *o* rescue sb/sth from; **~ qc a qn** (*rubare*) to steal sth from sb; **sottrarsi** *vr*: **sottrarsi a** (*sfuggire*) to escape; (*evitare*) to avoid; **sot'tratto, a** *pp di* **sottrarre**; **sottrazi'one** *sf* subtraction; removal
sovi'etico, a, ci, che *ag* Soviet ♦ *sm/f* Soviet citizen
sovraccari'care *vt* to overload
sovrannatu'rale *ag* = **soprannaturale**
so'vrano, a *ag* sovereign; (*fig*: *sommo*) supreme ♦ *sm/f* sovereign, mon-

arch
sovrap'porre *vt* to place on top of, put on top of
sovras'tare *vi*: ~ a (*vallata, fiume*) to overhang; (*fig*) to hang over, threaten ♦ *vt* to overhang; to hang over, threaten
sovrinten'dente *sm/f* = **soprintendente**; **sovrinten'denza** *sf* = **soprintendenza**
sovru'mano, a *ag* superhuman
sovvenzi'one [sovven'tsjone] *sf* subsidy, grant
sovver'sivo, a *ag* subversive
'sozzo, a ['sottso] *ag* filthy, dirty
S.p.A. *abbr* = **società per azioni**
spac'care *vt* to split, break; (*legna*) to chop; **~rsi** *vr* to split, break; **spacca'tura** *sf* split
spacci'are [spat'tʃare] *vt* (*vendere*) to sell (off); (*mettere in circolazione*) to circulate; (*droga*) to peddle, push; **~rsi** *vr*: **~rsi per** (*farsi credere*) to pass o.s. off as, pretend to be; **spaccia'tore, 'trice** *sm/f* (*di droga*) pusher; (*di denaro falso*) dealer; **'spaccio** *sm* (*di merce rubata, droga*): **spaccio (di)** trafficking (in); (*in denaro falso*): **spaccio (di)** passing (of); (*vendita*) sale; (*bottega*) shop
'spacco, chi *sm* (*fenditura*) split, crack; (*strappo*) tear; (*di gonna*) slit
spac'cone *sm/f* boaster, braggart
'spada *sf* sword
spae'sato, a *ag* disorientated, lost
spa'ghetti [spa'getti] *smpl* (*CUC*) spaghetti *sg*
'Spagna ['spaɲɲa] *sf*: **la ~** Spain; **spa'gnolo, a** *ag* Spanish ♦ *sm/f* Spaniard ♦ *sm* (*LING*) Spanish; **gli Spagnoli** the Spanish
'spago, ghi *sm* string, twine
spai'ato, a *ag* (*calza, guanto*) odd
spalan'care *vt* to open wide; **~rsi** *vr* to open wide
spa'lare *vt* to shovel
'spalla *sf* shoulder; (*fig*: *TEATRO*) stooge; **~e** *sfpl* (*dorso*) back; **spalleggi'are** *vt* to back up, support
spalli'era *sf* (*di sedia etc*) back; (*di letto*: *da capo*) head(board); (: *da piedi*) foot(board); (*GINNASTICA*) wall bars *pl*
spal'mare *vt* to spread
'spalti *smpl* (*di stadio*) terracing
'spandere *vt* to spread; (*versare*) to pour (out); **~rsi** *vr* to spread; **'spanto, a** *pp di* **spandere**
spa'rare *vt* to fire ♦ *vi* (*far fuoco*) to fire; (*tirare*) to shoot; **spara'tore** *sm* gunman; **spara'toria** *sf* exchange of shots
sparecchi'are [sparek'kjare] *vt*: **~ (la tavola)** to clear the table
spa'reggio [spa'reddʒo] *sm* (*SPORT*) play-off
'spargere ['spardʒere] *vt* (*sparpagliare*) to scatter; (*versare: vino*) to spill; (: *lacrime, sangue*) to shed; (*diffondere*) to spread; (*emanare*) to give off (*o* out); **~rsi** *vr* to spread; **spargi'mento** *sm* scattering, strewing; spilling; shedding; **spargimento di sangue** bloodshed
spa'rire *vi* to disappear, vanish
spar'lare *vi*: **~ di** to run down, speak ill of
'sparo *sm* shot
sparpagli'are [sparpaʎ'ʎare] *vt* to scatter; **~rsi** *vr* to scatter
'sparso, a *pp di* **spargere** ♦ *ag* scattered; (*sciolto*) loose
spar'tire *vt* (*eredità, bottino*) to share out; (*avversari*) to separate
spar'tito *sm* (*MUS*) score
sparti'traffico *sm inv* (*AUT*) central reservation (*BRIT*), median (strip) (*US*)
spa'ruto, a *ag* (*viso etc*) haggard
sparvi'ero *sm* (*ZOOL*) sparrowhawk
spasi'mante *sm* suitor
spasi'mare *vi* to be in agony; **~ di fare** (*fig*) to yearn to do; **~ per qn** to be madly in love with sb
'spasimo *sm* pang; **'spasmo** *sm* (*MED*) spasm; **spas'modico, a, ci, che** *ag* (*angoscioso*) agonizing; (*MED*) spasmodic
spassio'nato, a *ag* dispassionate,

impartial

'spasso *sm* (*divertimento*) amusement, enjoyment; **andare a ~** to go out for a walk; **essere a ~** (*fig*) to be out of work; **mandare qn a ~** (*fig*) to give sb the sack

'spatola *sf* spatula; (*di muratore*) trowel

spau'racchio [spau'rakkjo] *sm* scarecrow

spau'rire *vt* to frighten, terrify

spa'valdo, a *ag* arrogant, bold

spaventa'passeri *sm inv* scarecrow

spaven'tare *vt* to frighten, scare; **~rsi** *vr* to be frightened, be scared; to get a fright; **spa'vento** *sm* fear, fright; **far spavento a qn** to give sb a fright; **spaven'toso, a** *ag* frightening, terrible; (*fig*: *fam*) tremendous, fantastic

spazien'tire [spattsjen'tire] *vi* (*anche:* **~rsi**) to lose one's patience

'spazio ['spattsjo] *sm* space; **~ aereo** airspace; **spazi'oso, a** *ag* spacious

spazzaca'mino [spattsaka'mino] *sm* chimney sweep

spaz'zare [spat'tsare] *vt* to sweep; (*foglie etc*) to sweep up; (*cacciare*) to sweep away; **spazza'tura** *sf* sweepings *pl*; (*immondizia*) rubbish; **spaz'zino** *sm* street sweeper

'spazzola ['spattsola] *sf* brush; **~ per abiti** clothesbrush; **~ da capelli** hairbrush; **spazzo'lare** *vt* to brush; **spazzo'lino** *sm* (small) brush; **spazzolino da denti** toothbrush

specchi'arsi [spek'kjarsi] *vr* to look at o.s. in a mirror; (*riflettersi*) to be mirrored, be reflected

'specchio ['spɛkkjo] *sm* mirror

speci'ale [spe'tʃale] *ag* special; **specia'lista, i, e** *sm/f* specialist; **specialità** *sf inv* speciality; (*branca di studio*) special field, speciality; **specializ'zarsi** *vr*: **specializzarsi (in)** to specialize (in); **special'mente** *av* especially, particularly

'specie ['spɛtʃe] *sf inv* (*BIOL, BOT, ZOOL*) species *inv*; (*tipo*) kind, sort ♦ *av* especially, particularly; **una ~ di** a kind of; **fare ~ a qn** to surprise sb; **la ~ umana** mankind

specifi'care [spetʃifi'kare] *vt* to specify, state

spe'cifico, a, ci, che [spe'tʃifiko] *ag* specific

specu'lare *vi*: **~ su** (*COMM*) to speculate in; (*sfruttare*) to exploit; (*meditare*) to speculate on; **speculazi'one** *sf* speculation

spe'dire *vt* to send; **spedizi'one** *sf* sending; (*collo*) consignment; (*scientifica etc*) expedition

'spegnere ['spɛɲɲere] *vt* (*fuoco, sigaretta*) to put out, extinguish; (*apparecchio elettrico*) to turn *o* switch off; (*gas*) to turn off; (*fig*: *suoni, passioni*) to stifle; (*debito*) to extinguish; **~rsi** *vr* to go out; to go off; (*morire*) to pass away

spel'lare *vt* (*scuoiare*) to skin; (*scorticare*) to graze; **~rsi** *vr* to peel

'spendere *vt* to spend

spen'nare *vt* to pluck

spensie'rato, a *ag* carefree

'spento, a *pp di* **spegnere** ♦ *ag* (*suono*) muffled; (*colore*) dull; (*sigaretta*) out; (*civiltà, vulcano*) extinct

spe'ranza [spe'rantsa] *sf* hope

spe'rare *vt* to hope for ♦ *vi*: **~ in** to trust in; **~ che/di fare** to hope that/to do; **lo spero, spero di sì** I hope so

sper'duto, a *ag* (*isolato*) out-of-the-way; (*persona*: *smarrita, a disagio*) lost

spergi'uro, a [sper'dʒuro] *sm/f* perjurer ♦ *sm* perjury

sperimen'tale *ag* experimental

sperimen'tare *vt* to experiment with, test; (*fig*) to test, put to the test

'sperma, i *sm* (*BIOL*) sperm

spe'rone *sm* spur

sperpe'rare *vt* to squander

'spesa *sf* (*somma di denaro*) expense; (*costo*) cost; (*acquisto*) purchase; (*fam: acquisto del cibo* *quotidiano*) shopping; **~e** *sfpl* (*soldi spesi*) expenses; (*COMM*) costs; charges; **fare la ~** to do the shopping; **a ~e di** (*a carico di*) at the expense of; **~e generali** overheads; **~e postali** postage *sg*; **~e di viaggio** travelling expenses

'speso, a *pp di* **spendere**

'spesso, a *ag* (*fitto*) thick; (*frequente*) frequent ♦ *av* often; **~e volte** frequently, often

spes'sore *sm* thickness

spet'tabile (*abbr:* **Spett.**: *in lettere*) *ag*: **~ ditta X** Messrs X and Co.

spet'tacolo *sm* (*rappresentazione*) performance, show; (*vista, scena*) sight; **dare ~ di sé** to make an exhibition *o* a spectacle of o.s.; **spettaco'loso, a** *ag* spectacular

spet'tare *vi*: **~ a** (*decisione*) to be up to; (*stipendio*) to be due to; **spetta a te decidere** it's up to you to decide

spetta'tore, 'trice *sm/f* (*CINEMA, TEATRO*) member of the audience; (*di avvenimento*) onlooker, witness

spetti'nare *vt*: **~ qn** to ruffle sb's hair; **~rsi** *vr* to get one's hair in a mess

'spettro *sm* (*fantasma*) spectre; (*FISICA*) spectrum

'spezie ['spettsje] *sfpl* (*CUC*) spices

spez'zare [spet'tsare] *vt* (*rompere*) to break; (*fig*: *interrompere*) to break up; **~rsi** *vr* to break

spezza'tino [spettsa'tino] *sm* (*CUC*) stew

spezzet'tare [spettset'tare] *vt* to break up (*o* chop) into small pieces

'spia *sf* spy; (*confidente della polizia*) informer; (*ELETTR*) indicating light; warning light; (*fessura*) peephole; (*fig*: *sintomo*) sign, indication

spia'cente [spja'tʃɛnte] *ag* sorry; **essere ~ di qc/di fare qc** to be sorry about sth/for doing sth

spia'cevole [spja'tʃevole] *ag* unpleasant, disagreeable

spi'aggia, ge ['spjaddʒa] *sf* beach; **~ libera** public beach

spia'nare *vt* (*terreno*) to level, make level; (*edificio*) to raze to the ground; (*pasta*) to roll out; (*rendere liscio*) to smooth (out)

spi'ano *sm*: **a tutto ~** (*lavorare*) non-stop, without a break; (*spendere*) lavishly

spian'tato, a *ag* penniless, ruined

spi'are *vt* to spy on; (*occasione etc*) to watch *o* wait for

spi'azzo ['spjattso] *sm* open space; (*radura*) clearing

spic'care *vt* (*assegno, mandato di cattura*) to issue ♦ *vi* (*risaltare*) to stand out; **~ il volo** to fly off; (*fig*) to spread one's wings; **~ un balzo** to leap; **spic'cato, a** *ag* (*marcato*) marked, strong; (*notevole*) remarkable

'spicchio ['spikkjo] *sm* (*di agrumi*) segment; (*di aglio*) clove; (*parte*) piece, slice

spicci'are [spit'tʃare] *vt* to finish off quickly; **~rsi** *vr* to hurry up

'spicciolo, a ['spittʃolo] *ag*: **moneta ~a, ~i** *smpl* (small) change

'spicco, chi *sm*: **di ~** outstanding; (*tema*) main, principal; **fare ~** to stand out

spi'edo *sm* (*CUC*) spit

spie'gare *vt* (*far capire*) to explain; (*tovaglia*) to unfold; (*vele*) to unfurl; **~rsi** *vr* to explain o.s., make o.s. clear; **~ qc a qn** to explain sth to sb; **il problema si spiega** one can understand the problem; **spiegazi'one** *sf* explanation

spiegaz'zare [spjegat'tsare] *vt* to crease, crumple

spie'tato, a *ag* ruthless, pitiless

spiffe'rare (*fam*) *vt* to blurt out, blab

'spiga, ghe *sf* (*BOT*) ear

spigli'ato, a [spiʎ'ʎato] *ag* self-possessed, self-confident

'spigolo *sm* corner; (*MAT*) edge

'spilla *sf* brooch; (*da cravatta, cappello*) pin

spil'lare *vt* (*vino, fig*) to tap; ~

denaro/notizie a qn to tap sb for money/information
'spillo *sm* pin; (*spilla*) brooch; ~ **di sicurezza** *o* **da balia** safety pin
spi'lorcio, a, ci, ce [spi'lortʃo] *ag* mean, stingy
'spina *sf* (*BOT*) thorn; (*ZOOL*) spine, prickle; (*di pesce*) bone; (*ELETTR*) plug; (*di botte*) bunghole; **birra alla** ~ draught beer; ~ **dorsale** (*ANAT*) backbone
spi'nacio [spi'natʃo] *sm* spinach; (*CUC*): ~**i** spinach *sg*
'spingere ['spindʒere] *vt* to push; (*condurre*: *anche fig*) to drive; (*stimolare*): ~ **qn a fare** to urge *o* press sb to do; ~**rsi** *vr* (*inoltrarsi*) to push on, carry on; ~**rsi troppo lontano** (*anche fig*) to go too far
spi'noso, a *ag* thorny, prickly
'spinta *sf* (*urto*) push; (*FISICA*) thrust; (*fig: stimolo*) incentive, spur; (*: appoggio*) string-pulling *no pl*; **dare una** ~**a a qn** (*fig*) to pull strings for sb
'spinto, a *pp di* **spingere**
spio'naggio [spio'naddʒo] *sm* espionage, spying
spi'overe *vi* (*scorrere*) to flow down; (*ricadere*) to hang down, fall
'spira *sf* coil
spi'raglio [spi'raʎʎo] *sm* (*fessura*) chink, narrow opening; (*raggio di luce, fig*) glimmer, gleam
spi'rale *sf* spiral; (*contraccettivo*) coil; a ~ spiral(-shaped)
spi'rare *vi* (*vento*) to blow; (*morire*) to expire, pass away
spiri'tato, a *ag* possessed; (*fig*: *persona, espressione*) wild
spiri'tismo *sm* spiritualism
'spirito *sm* (*REL, CHIM, disposizione d'animo, di legge etc, fantasma*) spirit; (*pensieri, intelletto*) mind; (*arguzia*) wit; (*umorismo*) humour, wit; **lo S~ Santo** the Holy Spirit *o* Ghost
spirito'saggine [spirito'saddʒine] *sf* witticism; (*peg*) wisecrack
spiri'toso, a *ag* witty
spiritu'ale *ag* spiritual
'splendere *vi* to shine
'splendido, a *ag* splendid; (*splendente*) shining; (*sfarzoso*) magnificent, splendid
splen'dore *sm* splendour; (*luce intensa*) brilliance, brightness
spodes'tare *vt* to deprive of power; (*sovrano*) to depose
'spoglia ['spɔʎʎa] *sf* (*ZOOL*) skin, hide; (*: di rettile*) slough; ~**e** *sfpl* (*salma*) remains; (*preda*) spoils, booty *sg*; *vedi anche* **spoglio**
spogli'are [spoʎ'ʎare] *vt* (*svestire*) to undress; (*privare, fig*: *depredare*): ~ **qn di qc** to deprive sb of sth; (*togliere ornamenti*: *anche fig*): ~ **qn/qc di** to strip sb/sth of; ~**rsi** *vr* to undress, strip; ~**rsi di** (*ricchezze etc*) to deprive o.s. of, give up; (*pregiudizi*) to rid o.s. of; **spoglia'toio** *sm* dressing room; (*di scuola etc*) cloakroom; (*SPORT*) changing room; **'spoglio, a** *ag* (*pianta, terreno*) bare; (*privo*): **spoglio di** stripped of; lacking in, without ♦ *sm* (*di voti*) counting
'spola *sf* shuttle; (*bobina di filo*) cop; **fare la** ~ **(fra)** to go to and fro *o* shuttle (between)
spol'pare *vt* to strip the flesh off
spolve'rare *vt* (*anche CUC*) to dust; (*con spazzola*) to brush; (*con battipanni*) to beat; (*fig*) to polish off ♦ *vi* to dust
'sponda *sf* (*di fiume*) bank; (*di mare, lago*) shore; (*bordo*) edge
spon'taneo, a *ag* spontaneous; (*persona*) unaffected, natural
spopo'lare *vt* to depopulate ♦ *vi* (*attirare folla*) to draw the crowds; ~**rsi** *vr* to become depopulated
spor'care *vt* to dirty, make dirty; (*fig*) to sully, soil; ~**rsi** *vr* to get dirty
spor'cizia [spor'tʃittsja] *sf* (*stato*) dirtiness; (*sudiciume*) dirt, filth; (*cosa sporca*) dirt *no pl*, something dirty; (*fig: cosa oscena*) obscenity
'sporco, a, chi, che *ag* dirty, filthy

spor'genza [spor'dʒɛntsa] *sf* projection
'sporgere ['spɔrdʒere] *vt* to put out, stretch out ♦ *vi* (*venire in fuori*) to stick out; **~rsi** *vr* to lean out; ~ **querela contro qn** (*DIR*) to take legal action against sb
sport *sm inv* sport
'sporta *sf* shopping bag
spor'tello *sm* (*di treno, auto etc*) door; (*di banca, ufficio*) window, counter; ~ **automatico** (*BANCA*) cash dispenser, automated telling machine
spor'tivo, a *ag* (*gara, giornale*) sports *cpd*; (*persona*) sporty; (*abito*) casual; (*spirito, atteggiamento*) sporting
'sporto, a *pp di* **sporgere**
'sposa *sf* bride; (*moglie*) wife
sposa'lizio [spoza'littsjo] *sm* wedding
spo'sare *vt* to marry; (*fig: idea, fede*) to espouse; **~rsi** *vr* to get married, marry; **~rsi con qn** to marry sb, get married to sb; **spo'sato, a** *ag* married
'sposo *sm* (bride)groom; (*marito*) husband; **gli ~i** *smpl* the newlyweds
spos'sato, a *ag* exhausted, weary
spos'tare *vt* to move, shift; (*cambiare: orario*) to change; **~rsi** *vr* to move
'spranga, ghe *sf* (*sbarra*) bar
'sprazzo ['sprattso] *sm* (*di sole etc*) flash; (*fig: di gioia etc*) burst
spre'care *vt* to waste; **~rsi** *vr* (*persona*) to waste one's energy; **'spreco** *sm* waste
spre'gevole [spre'dʒevole] *ag* contemptible, despicable
spregiudi'cato, a [spredʒudi'kato] *ag* unprejudiced, unbiased; (*peg*) unscrupulous
'spremere *vt* to squeeze
spre'muta *sf* fresh juice; ~ **d'arancia** fresh orange juice
sprez'zante [spret'tsante] *ag* scornful, contemptuous
sprigio'nare [spridʒo'nare] *vt* to give off, emit; **~rsi** *vr* to emanate; (*uscire con impeto*) to burst out
spriz'zare [sprit'tsare] *vt, vi* to spurt; ~ **gioia/salute** to be bursting with joy/health
sprofon'dare *vi* to sink; (*casa*) to collapse; (*suolo*) to give way, subside; **~rsi** *vr*: **~rsi in** (*poltrona*) to sink into; (*fig*) to become immersed *o* absorbed in
spro'nare *vt* to spur (on)
'sprone *sm* (*sperone, fig*) spur
sproporzio'nato, a [sproportsjo'nato] *ag* disproportionate, out of all proportion
sproporzi'one [spropor'tsjone] *sf* disproportion
sproposi'tato, a *ag* (*lettera, discorso*) full of mistakes; (*fig: costo*) excessive, enormous
spro'posito *sm* blunder; **a ~** at the wrong time; (*rispondere, parlare*) irrelevantly
sprovve'duto, a *ag* inexperienced, naïve
sprov'visto, a *ag* (*mancante*): ~ **di** lacking in, without; **alla ~a** unawares
spruz'zare [sprut'tsare] *vt* (*a nebulizzazione*) to spray; (*aspergere*) to sprinkle; (*inzaccherare*) to splash; **'spruzzo** *sm* spray; splash
'spugna ['spuɲɲa] *sf* (*ZOOL*) sponge; (*tessuto*) towelling; **spu'gnoso, a** *ag* spongy
'spuma *sf* (*schiuma*) foam; (*bibita*) mineral water
spu'mante *sm* sparkling wine
spumeggi'ante [spumed'dʒante] *ag* (*birra*) foaming; (*vino, fig*) sparkling
spu'mone *sm* (*CUC*) mousse
spun'tare *vt* (*coltello*) to break the point of; (*capelli*) to trim ♦ *vi* (*uscire: germogli*) to sprout; (*: capelli*) to begin to grow; (*: denti*) to come through; (*apparire*) to appear (suddenly); **~rsi** *vr* to become blunt, lose its point; **spuntarla** (*fig*) to make it, win through
spun'tino *sm* snack

'spunto *sm* (*TEATRO, MUS*) cue; (*fig*) starting point; **dare lo ~ a** (*fig*) to give rise to
spur'gare *vt* (*fogna*) to clean, clear
spu'tare *vt* to spit out; (*fig*) to belch (out) ♦ *vi* to spit; **'sputo** *sm* spittle *no pl*, spit *no pl*
'squadra *sf* (*strumento*) (set) square; (*gruppo*) team, squad; (*di operai*) gang, squad; (*MIL*) squad; (*: AER, NAUT*) squadron; (*SPORT*) team; **lavoro a ~e** teamwork
squa'drare *vt* to square, make square; (*osservare*) to look at closely
squa'driglia [skwa'driʎʎa] *sf* (*AER*) flight; (*NAUT*) squadron
squa'drone *sm* squadron
squagli'arsi [skwaʎ'ʎarsi] *vr* to melt; (*fig*) to sneak off
squa'lifica *sf* disqualification
squalifi'care *vt* to disqualify
'squallido, a *ag* wretched, bleak
squal'lore *sm* wretchedness, bleakness
'squalo *sm* shark
'squama *sf* scale; **squa'mare** *vt* to scale; **squamarsi** *vr* to flake *o* peel (off)
squarcia'gola [skwartʃa'gola]: **a ~** *av* at the top of one's voice
squarci'are [skwar'tʃare] *vt* to rip (open); (*fig*) to pierce
squar'tare *vt* to quarter, cut up
squattri'nato, a *ag* penniless
squili'brato, a *ag* (*PSIC*) unbalanced; **squi'librio** *sm* (*differenza, sbilancio*) imbalance; (*PSIC*) unbalance
squil'lante *ag* shrill, sharp
squil'lare *vi* (*campanello, telefono*) to ring (out); (*tromba*) to blare; **'squillo** *sm* ring, ringing *no pl*; blare; **ragazza** *f* **squillo** *inv* call girl
squi'sito, a *ag* exquisite; (*cibo*) delicious; (*persona*) delightful
squit'tire *vi* (*uccello*) to squawk; (*topo*) to squeak
sradi'care *vt* to uproot; (*fig*) to eradicate
sragio'nare [zradʒo'nare] *vi* to talk nonsense, rave
srego'lato, a *ag* (*senza ordine: vita*) disorderly; (*smodato*) immoderate; (*dissoluto*) dissolute
S.r.l. *abbr* = **società a responsabilità limitata**
'stabile *ag* stable, steady; (*tempo: non variabile*) settled; (*TEATRO: compagnia*) resident ♦ *sm* (*edificio*) building
stabili'mento *sm* (*edificio*) establishment; (*fabbrica*) plant, factory
stabi'lire *vt* to establish; (*fissare: prezzi, data*) to fix; (*decidere*) to decide; **~rsi** *vr* (*prendere dimora*) to settle
stac'care *vt* (*levare*) to detach, remove; (*separare: anche fig*) to separate, divide; (*strappare*) to tear off (*o* out); (*scandire: parole*) to pronounce clearly; (*SPORT*) to leave behind; **~rsi** *vr* (*bottone etc*) to come off; (*scostarsi*): **~rsi (da)** to move away (from); (*fig: separarsi*): **~rsi da** to leave; **non ~ gli occhi da qn** not to take one's eyes off sb
'stadio *sm* (*SPORT*) stadium; (*periodo, fase*) phase, stage
'staffa *sf* (*di sella, TECN*) stirrup; **perdere le ~e** (*fig*) to fly off the handle
staf'fetta *sf* (*messo*) dispatch rider; (*SPORT*) relay race
stagio'nale [stadʒo'nale] *ag* seasonal
stagio'nare [stadʒo'nare] *vt* (*legno*) to season; (*formaggi, vino*) to mature
stagi'one [sta'dʒone] *sf* season; **alta/bassa ~** high/low season
stagli'arsi [staʎ'ʎarsi] *vr* to stand out, be silhouetted
sta'gnare [staɲ'ɲare] *vt* (*vaso, tegame*) to tin-plate; (*barca, botte*) to make watertight; (*sangue*) to stop ♦ *vi* to stagnate
'stagno, a ['staɲɲo] *ag* watertight; (*a tenuta d'aria*) airtight ♦ *sm* (*acquitrino*) pond; (*CHIM*) tin
sta'gnola [staɲ'ɲɔla] *sf* tinfoil
'stalla *sf* (*per bovini*) cowshed; (*per

cavalli) stable
stal'lone *sm* stallion
sta'mani *av* = stamattina
stamat'tina *av* this morning
stam'becco, chi *sm* ibex
'stampa *sf* (*TIP, FOT: tecnica*) printing; (*impressione, copia fotografica*) print; (*insieme di quotidiani, giornalisti etc*) press; **"~e"** *sfpl* "printed matter"
stam'pante *sf* (*INFORM*) printer
stam'pare *vt* to print; (*pubblicare*) to publish; (*coniare*) to strike, coin; (*imprimere: anche fig*) to impress
stampa'tello *sm* block letters *pl*
stam'pella *sf* crutch
'stampo *sm* mould; (*fig: indole*) type, kind, sort
sta'nare *vt* to drive out
stan'care *vt* to tire, make tired; (*annoiare*) to bore; (*infastidire*) to annoy; **~rsi** *vr* to get tired, tire o.s. out; **~rsi (di)** to grow weary (of), grow tired (of)
stan'chezza [stan'kettsa] *sf* tiredness, fatigue
'stanco, a, chi, che *ag* tired; **~ di** tired of, fed up with
'stanga, ghe *sm* bar; (*di carro*) shaft
stan'gata *sf* (*colpo: anche fig*) blow; (*cattivo risultato*) poor result; (*CALCIO*) shot
sta'notte *av* tonight; (*notte passata*) last night
'stante *prep*: a sé **~** (*appartamento, casa*) independent, separate
stan'tio, a, 'tii, 'tie *ag* stale; (*burro*) rancid; (*fig*) old
stan'tuffo *sm* piston
'stanza ['stantsa] *sf* room; (*POESIA*) stanza; **~ da letto** bedroom
stanzi'are [stan'tsjare] *vt* to allocate
stap'pare *vt* to uncork; to uncap
'stare *vi* (*restare in un luogo*) to stay, remain; (*abitare*) to stay, live; (*essere situato*) to be, be situated; (*anche: ~ in piedi*) to be, stand; (*essere, trovarsi*) to be; (*dipendere*): **se stesse in me** if it were up to me, if it depended on me; (*seguito da gerundio*): **sta studiando** he's studying; **starci** (*esserci spazio*): **nel baule non ci sta più niente** there's no more room in the boot; (*accettare*) to accept; **ci stai?** is that okay with you?; **~ a** (*attenersi a*) to follow, stick to; (*seguito dall'infinito*): **stiamo a discutere** we're talking; (*toccare a*): **sta a te giocare** it's your turn to play; **~ per fare qc** to be about to do sth; **come sta?** how are you?; **io sto bene/male** I'm very well/not very well; **~ a qn** (*abiti etc*) to fit sb; **queste scarpe mi stanno strette** these shoes are tight for me; **il rosso ti sta bene** red suits you
starnu'tire *vi* to sneeze; **star'nuto** *sm* sneeze
sta'sera *av* this evening, tonight
sta'tale *ag* state *cpd*; government *cpd* ♦ *sm/f* state employee, local authority employee; (*nell'amministrazione*) ≈ civil servant
sta'tista, i *sm* statesman
sta'tistica *sf* statistics *sg*
'stato, a *pp di* **essere**; **stare** ♦ *sm* (*condizione*) state, condition; (*POL*) state; (*DIR*) status; **essere in ~ d'accusa** (*DIR*) to be committed for trial; **~ d'assedio/d'emergenza** state of siege/emergency; **~ civile** (*AMM*) marital status; **~ maggiore** (*MIL*) staff; **gli S~i Uniti (d'America)** the United States (of America)
'statua *sf* statue
statuni'tense *ag* United States *cpd*, of the United States
sta'tura *sf* (*ANAT*) height, stature; (*fig*) stature
sta'tuto *sm* (*DIR*) statute; constitution
sta'volta *av* this time
stazio'nario, a [stattsjo'narjo] *ag* stationary; (*fig*) unchanged
stazi'one [stat'tsjone] *sf* station; (*balneare, termale*) resort; **~ degli autobus** bus station; **~ balneare** seaside resort; **~ ferroviaria** railway (*BRIT*) *o* railroad (*US*) station;

~ **invernale** winter sports resort; ~ **di polizia** police station (*in small town*); ~ **di servizio** service *o* petrol (*BRIT*) *o* filling station

'stecca, che *sf* stick; (*di ombrello*) rib; (*di sigarette*) carton; (*MED*) splint; (*stonatura*): **fare una** ~ to sing (*o* play) a wrong note

stec'cato *sm* fence

stec'chito, a [stek'kito] *ag* dried up; (*persona*) skinny; **lasciar** ~ **qn** (*fig*) to leave sb flabbergasted; **morto** ~ stone dead

'stella *sf* star; ~ **alpina** (*BOT*) edelweiss; ~ **di mare** (*ZOOL*) starfish

'stelo *sm* stem; (*asta*) rod; **lampada a** ~ standard lamp

'stemma, i *sm* coat of arms

stempe'rare *vt* to dilute; to dissolve; (*colori*) to mix

sten'dardo *sm* standard

'stendere *vt* (*braccia, gambe*) to stretch (out); (*tovaglia*) to spread (out); (*bucato*) to hang out; (*mettere a giacere*) to lay (down); (*spalmare: colore*) to spread; (*mettere per iscritto*) to draw up; ~**rsi** *vr* (*coricarsi*) to stretch out, lie down; (*estendersi*) to extend, stretch

stenodatti'lografo, a *sm/f* shorthand typist (*BRIT*), stenographer (*US*)

stenogra'fare *vt* to take down in shorthand; **stenogra'fia** *sf* shorthand

sten'tare *vi*: ~ **a fare** to find it hard to do, have difficulty doing

'stento *sm* (*fatica*) difficulty; ~**i** *smpl* (*privazioni*) hardship *sg*, privation *sg*; **a** ~ with difficulty, barely

'sterco *sm* dung

'stereo('fonico, a, ci, che) *ag* stereo(phonic)

'sterile *ag* sterile; (*terra*) barren; (*fig*) futile, fruitless; **sterilità** *sf* sterility

steriliz'zare [sterilid'dzare] *vt* to sterilize; **sterilizzazi'one** *sf* sterilization

ster'lina *sf* pound (sterling)

stermi'nare *vt* to exterminate, wipe out

stermi'nato, a *ag* immense; endless

ster'minio *sm* extermination, destruction

'sterno *sm* (*ANAT*) breastbone

'sterpo *sm* dry twig; ~**i** *smpl* brushwood *sg*

ster'zare [ster'tsare] *vt, vi* (*AUT*) to steer; **'sterzo** *sm* steering; (*volante*) steering wheel

'steso, a *pp di* **stendere**

'stesso, a *ag* same; (*rafforzativo: in persona, proprio*): **il re** ~ the king himself *o* in person ♦ *pron*: **lo(la)** ~**(a)** the same (one); **i suoi** ~**i avversari lo ammirano** even his enemies admire him; **fa lo** ~ it doesn't matter; **per me è lo** ~ it's all the same to me, it doesn't matter to me; *vedi* **io**; **tu** *etc*

ste'sura *sf* drafting *no pl*, drawing up *no pl*; draft

'stigma, i *sm* stigma

'stigmate *sfpl* (*REL*) stigmata

sti'lare *vt* to draw up, draft

'stile *sm* style; **sti'lista, i** *sm* designer

stil'lare *vi* (*trasudare*) to ooze; (*gocciolare*) to drip; **stilli'cidio** *sm* (*fig*) continual pestering (*o* moaning *etc*)

stilo'grafica, che *sf* (*anche*: *penna* ~) fountain pen

'stima *sf* esteem; valuation; assessment, estimate

sti'mare *vt* (*persona*) to esteem, hold in high regard; (*terreno, casa etc*) to value; (*stabilire in misura approssimativa*) to estimate, assess; (*ritenere*): ~ **che** to consider that; ~**rsi fortunato** to consider o.s. (to be) lucky

stimo'lare *vt* to stimulate; (*incitare*): ~ **qn (a fare)** to spur sb on (to do)

'stimolo *sm* (*anche fig*) stimulus

'stinco, chi *sm* shin; shinbone

'stingere ['stindʒere] *vt, vi* (*anche*: ~*rsi*) to fade; **'stinto, a** *pp di* **stin-**

gere
sti'pare *vt* to cram, pack; **~rsi** *vr* (*accalcarsi*) to crowd, throng
sti'pendio *sm* salary
'stipite *sm* (*di porta, finestra*) jamb
stipu'lare *vt* (*redigere*) to draw up
sti'rare *vt* (*abito*) to iron; (*distendere*) to stretch; (*strappare: muscolo*) to strain; **~rsi** *vr* to stretch (o.s.); **stira'tura** *sf* ironing
'stirpe *sf* birth, stock; descendants *pl*
stiti'chezza [stiti'kettsa] *sf* constipation
'stitico, a, ci, che *ag* constipated
'stiva *sf* (*di nave*) hold
sti'vale *sm* boot
'stizza ['stittsa] *sf* anger, vexation; **stiz'zirsi** *vr* to lose one's temper; **stiz'zoso, a** *ag* (*persona*) quick-tempered, irascible; (*risposta*) angry
stocca'fisso *sm* stockfish, dried cod
stoc'cata *sf* (*colpo*) stab, thrust; (*fig*) gibe, cutting remark
'stoffa *sf* material, fabric; (*fig*): aver la ~ **di** to have the makings of
'stola *sf* stole
'stolto, a *ag* stupid, foolish
'stomaco, chi *sm* stomach; **dare di** ~ to vomit, be sick
sto'nare *vt* to sing (*o* play) out of tune ♦ *vi* to be out of tune, sing (*o* play) out of tune; (*fig*) to be out of place, jar; (: *colori*) to clash; **stona'tura** *sf* (*suono*) false note
stop *sm inv* (*TEL*) stop; (*AUT*: *cartello*) stop sign; (: *fanalino d'arresto*) brake-light
'stoppa *sf* tow
'stoppia *sf* (*AGR*) stubble
stop'pino *sm* wick; (*miccia*) fuse
'storcere ['stɔrtʃere] *vt* to twist; **~rsi** *vr* to writhe, twist; ~ **il naso** (*fig*) to turn up one's nose; **~rsi la caviglia** to twist one's ankle
stor'dire *vt* (*intontire*) to stun, daze; **~rsi** *vr*: **~rsi col bere** to dull one's senses with drink; **stor'dito, a** *ag* stunned; (*sventato*) scatterbrained, heedless
'storia *sf* (*scienza, avvenimenti*) history; (*racconto, bugia*) story; (*faccenda, questione*) business *no pl*; (*pretesto*) excuse, pretext; **~e** *sfpl* (*smancerie*) fuss *sg*; **'storico, a, ci, che** *ag* historic(al) ♦ *sm* historian
stori'one *sm* (*ZOOL*) sturgeon
stor'mire *vi* to rustle
'stormo *sm* (*di uccelli*) flock
stor'nare *vt* (*COMM*) to transfer
'storno *sm* starling
storpi'are *vt* to cripple, maim; (*fig: parole*) to mangle; (: *significato*) to twist
'storpio, a *ag* crippled, maimed
'storta *sf* (*distorsione*) sprain, twist; (*recipiente*) retort
'storto, a *pp di* **storcere** ♦ *ag* (*chiodo*) twisted, bent; (*gamba, quadro*) crooked; (*fig: ragionamento*) false, wrong
sto'viglie [sto'viʎʎe] *sfpl* dishes *pl*, crockery
'strabico, a, ci, che *ag* squint-eyed; (*occhi*) squint
stra'bismo *sm* squinting
stra'carico, a, chi, che *ag* overloaded
strac'chino [strak'kino] *sm type of soft cheese*
stracci'are [strat'tʃare] *vt* to tear
'straccio, a, ci, ce ['strattʃo] *ag*: **carta ~a** waste paper ♦ *sm* rag; (*per pulire*) cloth, duster; **stracci'vendolo** *sm* ragman
stra'cotto, a *ag* overcooked ♦ *sm* (*CUC*) beef stew
'strada *sf* road; (*di città*) street; (*cammino, via, fig*) way; **farsi** ~ (*fig*) to do well for o.s.; **essere fuori** ~ (*fig*) to be on the wrong track; ~ **facendo** on the way; ~ **senza uscita** dead end; **stra'dale** *ag* road *cpd*
strafalci'one [strafal'tʃone] *sm* blunder, howler
stra'fare *vi* to overdo it; **stra'fatto, a** *pp di* strafare
strafot'tente *ag*: è ~ he doesn't give a damn, he couldn't care less
'strage ['stradʒe] *sf* massacre, slaughter

stralu'nato, a *ag* (*occhi*) rolling; (*persona*) beside o.s., very upset
stramaz'zare [stramat'tsare] *vi* to fall heavily
'strambo, a *ag* strange, queer
strampa'lato, a *ag* odd, eccentric
stra'nezza [stra'nettsa] *sf* strangeness
strango'lare *vt* to strangle; **~rsi** *vr* to choke
strani'ero, a *ag* foreign ♦ *sm/f* foreigner
'strano, a *ag* strange, odd
straordi'nario, a *ag* extraordinary; (*treno etc*) special ♦ *sm* (*lavoro*) overtime
strapaz'zare [strapat'tsare] *vt* to ill-treat; **~rsi** *vr* to tire o.s. out, overdo things; **stra'pazzo** *sm* strain, fatigue; **da strapazzo** (*fig*) third-rate
strapi'ombo *sm* overhanging rock; **a ~** overhanging
strapo'tere *sm* excessive power
strap'pare *vt* (*gen*) to tear, rip; (*pagina etc*) to tear off, tear out; (*sradicare*) to pull up; (*togliere*): **~ qc a qn** to snatch sth from sb; (*fig*) to wrest sth from sb; **~rsi** *vr* (*lacerarsi*) to rip, tear; (*rompersi*) to break; **~rsi un muscolo** to tear a muscle; **'strappo** *sm* pull, tug; tear, rip; **fare uno strappo alla regola** to make an exception to the rule; **strappo muscolare** torn muscle
strari'pare *vi* to overflow
strasci'care [straʃʃi'kare] *vt* to trail; (*piedi*) to drag; **~ le parole** to drawl
'strascico, chi ['straʃʃiko] *sm* (*di abito*) train; (*conseguenza*) after-effect
strata'gemma, i [strata'dʒɛmma] *sm* stratagem
strate'gia, 'gie [strate'dʒia] *sf* strategy; **stra'tegico, a, ci, che** *ag* strategic
'strato *sm* layer; (*rivestimento*) coat, coating; (*GEO, fig*) stratum; (*METEOR*) stratus; **~ di ozono** ozone layer
strava'gante *ag* odd, eccentric; **strava'ganza** *sf* eccentricity
stra'vecchio, a [stra'vɛkkjo] *ag* very old
stra'vizio [stra'vittsjo] *sm* excess
stra'volgere [stra'vɔldʒere] *vt* (*volto*) to contort; (*fig*: *animo*) to trouble deeply; (: *verità*) to twist, distort; **stra'volto, a** *pp di* **stravolgere**
strazi'are [strat'tsjare] *vt* to torture, torment; **'strazio** *sm* torture; (*fig: cosa fatta male*): **essere uno ~** to be appalling
'strega, ghe *sf* witch
stre'gare *vt* to bewitch
stre'gone *sm* (*mago*) wizard; (*di tribù*) witch doctor
'stregua *sf*: **alla ~ di** by the same standard as
stre'mare *vt* to exhaust
'stremo *sm* very end; **essere allo ~** to be at the end of one's tether
'strenna *sf* Christmas present
'strenuo, a *ag* brave, courageous
strepi'toso, a *ag* clamorous, deafening; (*fig: successo*) resounding
stres'sante *ag* stressful
'stretta *sf* (*di mano*) grasp; (*finanziaria*) squeeze; (*fig*: *dolore, turbamento*) pang; **una ~a di mano** a handshake; **essere alle ~e** to have one's back to the wall; *vedi anche* **stretto**
stretta'mente *av* tightly; (*rigorosamente*) strictly
stret'tezza [stret'tettsa] *sf* narrowness
'stretto, a *pp di* **stringere** ♦ *ag* (*corridoio, limiti*) narrow; (*gonna, scarpe, nodo, curva*) tight; (*intimo: parente, amico*) close; (*rigoroso*: *osservanza*) strict; (*preciso: significato*) precise, exact ♦ *sm* (*braccio di mare*) strait; **a denti ~i** with clenched teeth; **lo ~ necessario** the bare minimum; **stret'toia** *sf* bottleneck; (*fig*) tricky situation
stri'ato, a *ag* streaked
'stridere *vi* (*porta*) to squeak; (*animale*) to screech, shriek; (*colori*) to

clash; **'strido** (*pl(f)* **strida**) *sm* screech, shriek; **stri'dore** *sm* screeching, shrieking; **'stridulo, a** *ag* shrill

stril'lare *vt, vi* to scream, shriek; **'strillo** *sm* scream, shriek

stril'lone *sm* newspaper seller

strimin'zito, a [strimin'tsito] *ag* (*misero*) shabby; (*molto magro*) skinny

strimpel'lare *vt* (*MUS*) to strum

'stringa, ghe *sf* lace

strin'gato, a *ag* (*fig*) concise

'stringere ['strindʒere] *vt* (*avvicinare due cose*) to press (together), squeeze (together); (*tenere stretto*) to hold tight, clasp, clutch; (*pugno, mascella, denti*) to clench; (*labbra*) to compress; (*avvitare*) to tighten; (*abito*) to take in; (*sog: scarpe*) to pinch, be tight for; (*fig: concludere: patto*) to make; (*: accelerare: passo, tempo*) to quicken ♦ *vi* (*essere stretto*) to be tight; (*tempo: incalzare*) to be pressing; **~rsi** *vr* (*accostarsi*): **~rsi a** to press o.s. up against; **~ la mano a qn** to shake sb's hand; **~ gli occhi** to screw up one's eyes

'striscia, sce ['striʃʃa] *sf* (*di carta, tessuto etc*) strip; (*riga*) stripe; **~sce (pedonali)** zebra crossing *sg*

strisci'are [striʃ'ʃare] *vt* (*piedi*) to drag; (*muro, macchina*) to graze ♦ *vi* to crawl, creep

'striscio ['striʃʃo] *sm* graze; (*MED*) smear; **colpire di ~** to graze

strito'lare *vt* to grind

striz'zare [strit'tsare] *vt* (*arancia*) to squeeze; (*panni*) to wring (out); **~ l'occhio** to wink

'strofa *sf* = **strofe**

'strofe *sf inv* strophe

strofi'naccio [strofi'nattʃo] *sm* duster, cloth; (*per piatti*) dishcloth; (*per pavimenti*) floorcloth

strofi'nare *vt* to rub

stron'care *vt* to break off; (*fig: ribellione*) to suppress, put down; (*: film, libro*) to tear to pieces

stropicci'are [stropit'tʃare] *vt* to rub

stroz'zare [strot'tsare] *vt* (*soffocare*) to choke, strangle; **~rsi** *vr* to choke; **strozza'tura** *sf* (*restringimento*) narrowing; (*di strada etc*) bottleneck

'struggersi ['struddʒersi] *vr* (*fig*): **~ di** to be consumed with

strumen'tale *ag* (*MUS*) instrumental

strumentaliz'zare [strumentalid'dzare] *vt* to exploit, use to one's own ends

stru'mento *sm* (*arnese, fig*) instrument, tool; (*MUS*) instrument; **~ a corda** *o* **ad arco/a fiato** stringed/wind instrument

'strutto *sm* lard

strut'tura *sf* structure; **struttu'rare** *vt* to structure

'struzzo ['struttso] *sm* ostrich

stuc'care *vt* (*muro*) to plaster; (*vetro*) to putty; (*decorare con stucchi*) to stucco

stuc'chevole [stuk'kevole] *ag* nauseating; (*fig*) tedious, boring

'stucco, chi *sm* plaster; (*da vetri*) putty; (*ornamentale*) stucco; **rimanere di ~** (*fig*) to be dumbfounded

stu'dente, 'essa *sm/f* student; (*scolaro*) pupil, schoolboy/girl; **studen'tesco, a, schi, sche** *ag* student *cpd*; school *cpd*

studi'are *vt* to study

'studio *sm* studying; (*ricerca, saggio, stanza*) study; (*di professionista*) office; (*di artista, CINEMA, TV, RADIO*) studio; **~i** *smpl* (*INS*) studies; **~ medico** doctor's surgery (*BRIT*) *o* office (*US*)

studi'oso, a *ag* studious, hard-working ♦ *sm/f* scholar

'stufa *sf* stove; **~ elettrica** electric fire *o* heater

stu'fare *vt* (*CUC*) to stew; (*fig: fam*) to bore; **stu'fato** *sm* (*CUC*) stew; **'stufo, a** (*fam*) *ag*: **essere stufo di** to be fed up with, be sick and tired of

stu'oia *sf* mat

stupefa'cente [stupefa'tʃɛnte] *ag* stunning, astounding ♦ *sm* drug, narcotic

stu'pendo, a *ag* marvellous, wonderful

stupi'daggine [stupi'daddʒine] *sf* stupid thing (to do *o* say)

stupidità *sf* stupidity

'stupido, a *ag* stupid

stu'pire *vt* to amaze, stun ♦ *vi* (*anche:* ~*rsi*): ~ **(di)** to be amazed (at), be stunned (by)

stu'pore *sm* amazement, astonishment

'stupro *sm* rape

stu'rare *vt* (*lavandino*) to clear

stuzzica'denti [stuttsika'dɛnti] *sm* toothpick

stuzzi'care [stuttsi'kare] *vt* (*ferita etc*) to poke (at), prod (at); (*fig*) to tease; (: *appetito*) to whet; (: *curiosità*) to stimulate; ~ **i denti** to pick one's teeth

PAROLA CHIAVE

su (*su* +*il* = **sul**, *su* +*lo* = **sullo**, *su* +*l'* = **sull'**, *su* +*la* = **sulla**, *su* +*i* = **sui**, *su* +*gli* = **sugli**, *su* +*le* = **sulle**) *prep* **1** (*gen*) on; (*moto*) on(to); (*in cima a*) on (top of); **mettilo sul tavolo** put it on the table; **un paesino sul mare** a village by the sea

2 (*argomento*) about, on; **un libro ~ Cesare** a book on *o* about Caesar

3 (*circa*) about; **costerà sui 3 milioni** it will cost about 3 million; **una ragazza sui 17 anni** a girl of about 17 (years of age)

4: ~ **misura** made to measure; ~ **richiesta** on request; **3 casi ~ dieci** 3 cases out of 10

◆ *av* **1** (*in alto, verso l'alto*) up; **vieni ~** come on up; **guarda ~** look up; ~ **le mani!** hands up!; **in ~** (*verso l'alto*) up(wards); (*in poi*) onwards; **dai 20 anni in ~** from the age of 20 onwards

2 (*addosso*) on; **cos'hai ~?** what have you got on?

◆ *escl* come on!; ~ **coraggio!** come on, cheer up!

'sua *vedi* **suo**

su'bacqueo, a *ag* underwater ♦ *sm* skindiver

sub'buglio [sub'buʎʎo] *sm* confusion, turmoil

subcosci'ente [subkoʃ'ʃɛnte] *ag, sm* subconscious

'subdolo, a *ag* underhand, sneaky

suben'trare *vi*: ~ **a qn in qc** to take over sth from sb

su'bire *vt* to suffer, endure

subis'sare *vt* (*fig*): ~ **di** to overwhelm with, load with

subi'taneo, a *ag* sudden

'subito *av* immediately, at once, straight away

subodo'rare *vt* (*insidia etc*) to smell, suspect

subordi'nato, a *ag* subordinate; (*dipendente*): ~ a dependent on, subject to

subur'bano, a *ag* suburban

succe'daneo [suttʃe'daneo] *sm* substitute

suc'cedere [sut'tʃɛdere] *vi* (*prendere il posto di qn*): ~ **a** to succeed; (*venire dopo*): ~ **a** to follow; (*accadere*) to happen; ~**rsi** *vr* to follow each other; ~ **al trono** to succeed to the throne; **successi'one** *sf* succession; **succes'sivo, a** *ag* successive; **suc'cesso, a** *pp di* **succedere** ♦ *sm* (*esito*) outcome; (*buona riuscita*) success; **di successo** (*libro, personaggio*) successful

succhi'are [suk'kjare] *vt* to suck (up)

suc'cinto, a [sut'tʃinto] *ag* (*discorso*) succinct; (*abito*) brief

'succo, chi *sm* juice; (*fig*) essence, gist; ~ **di frutta** fruit juice; **suc'coso, a** *ag* juicy; (*fig*) pithy

succur'sale *sf* branch (office)

sud *sm* south ♦ *ag inv* south; (*lato*) south, southern

Su'dafrica *sm*: **il** ~ South Africa; **sudafri'cano, a** *ag, sm/f* South African

Suda'merica *sm*: **il** ~ South America; **sudameri'cano, a** *ag, sm/f* South American

su'dare *vi* to perspire, sweat; ~ freddo to come out in a cold sweat; **su'data** *sf* sweat; **ho fatto una bella sudata per finirlo in tempo** it was a real sweat to get it finished in time

sud'detto, a *ag* above-mentioned

sud'dito, a *sm/f* subject

suddi'videre *vt* to subdivide

su'dest *sm* south-east

'sudicio, a, ci, ce ['suditʃo] *ag* dirty, filthy; **sudici'ume** *sm* dirt, filth

su'dore *sm* perspiration, sweat

su'dovest *sm* south-west

'sue *vedi* suo

suffici'ente [suffi'tʃente] *ag* enough, sufficient; (*borioso*) self-important; (*INS*) satisfactory; **suffici'enza** *sf* self-importance; pass mark; **a sufficienza** enough; **ne ho avuto a sufficienza!** I've had enough of this!

suf'fisso *sm* (*LING*) suffix

suf'fragio [suf'fradʒo] *sm* (*voto*) vote; ~ **universale** universal suffrage

suggel'lare [suddʒel'lare] *vt* (*fig*) to seal

suggeri'mento [suddʒeri'mento] *sm* suggestion; (*consiglio*) piece of advice, advice *no pl*

sugge'rire [suddʒe'rire] *vt* (*risposta*) to tell; (*consigliare*) to advise; (*proporre*) to suggest; (*TEATRO*) to prompt; **suggeri'tore, 'trice** *sm/f* (*TEATRO*) prompter

suggestio'nare [suddʒestjo'nare] *vt* to influence

suggesti'one [suddʒes'tjone] *sf* (*PSIC*) suggestion; (*istigazione*) instigation

sugges'tivo, a [suddʒes'tivo] *ag* (*paesaggio*) evocative; (*teoria*) interesting, attractive

'sughero ['sugero] *sm* cork

'sugli ['suʎʎi] *prep +det vedi* su

'sugo, ghi *sm* (*succo*) juice; (*di carne*) gravy; (*condimento*) sauce; (*fig*) gist, essence

'sui *prep +det vedi* su

sui'cida, i, e [sui'tʃida] *ag* suicidal ♦ *sm/f* suicide

suici'darsi [suitʃi'darsi] *vr* to commit suicide

sui'cidio [sui'tʃidjo] *sm* suicide

su'ino, a *ag*: **carne** ~a pork ♦ *sm* pig; ~**i** *smpl* swine *pl*

sul *prep + det vedi* **su**

sull' *prep + det vedi* **su**

'sulla *prep + det vedi* **su**

'sulle *prep + det vedi* **su**

'sullo *prep + det vedi* **su**

sulta'nina *ag f*: **(uva)** ~ sultana

sul'tano, a *sm/f* sultan/sultana

'sunto *sm* summary

'suo (*f* 'sua, *pl* 'sue, su'oi) *det*: **il** ~, **la sua** *etc* (*di lui*) his; (*di lei*) her; (*di esso*) its; (*con valore indefinito*) one's, his/her; (*forma di cortesia: anche: S*~) your ♦ *pron*: **il** ~, **la sua** *etc* his; hers; yours; **i suoi** his (*o* her *o* one's *o* your) family

su'ocero, a ['swɔtʃero] *sm/f* father/mother-in-law; **i** ~**i** *smpl* father-and mother-in-law

su'oi *vedi* suo

su'ola *sf* (*di scarpa*) sole

su'olo *sm* (*terreno*) ground; (*terra*) soil

suo'nare *vt* (*MUS*) to play; (*campana*) to ring; (*ore*) to strike; (*clacson, allarme*) to sound ♦ *vi* to play; (*telefono, campana*) to ring; (*ore*) to strike; (*clacson, fig*: *parole*) to sound

suone'ria *sf* alarm

su'ono *sm* sound

su'ora *sf* (*REL*) sister

'super *sf* (*anche*: *benzina* ~) ≈ four-star (petrol) (*BRIT*), premium (*US*)

supe'rare *vt* (*oltrepassare*: *limite*) to exceed, surpass; (*percorrere*) to cover; (*attraversare*: *fiume*) to cross; (*sorpassare: veicolo*) to overtake; (*fig*: *essere più bravo di*) to surpass, outdo; (*: difficoltà*) to overcome; (: *esame*) to get through; ~ **qn in altezza/peso** to be taller/heavier than sb; **ha superato la cinquantina** he's over fifty (years of age)

su'perbia *sf* pride
su'perbo, a *ag* proud; (*fig*) magnificent, superb
superfici'ale [superfi'tʃale] *ag* superficial
super'ficie, ci [super'fitʃe] *sf* surface
su'perfluo, a *ag* superfluous
superi'ore *ag* (*piano, arto, classi*) upper; (*più elevato: temperatura, livello*): ~ (a) higher (than); (*migliore*): ~ (a) superior (to); **~, a** *sm/f* (*anche REL*) superior; **superiorità** *sf* superiority
superla'tivo, a *ag, sm* superlative
supermer'cato *sm* supermarket
su'perstite *ag* surviving ♦ *sm/f* survivor
superstizi'one [superstit'tsjone] *sf* superstition; **superstizi'oso, a** *ag* superstitious
su'pino, a *ag* supine
suppel'lettile *sf* furnishings *pl*
suppergiù [supper'dʒu] *av* more or less, roughly
supplemen'tare *ag* extra; (*treno*) relief *cpd*; (*entrate*) additional
supple'mento *sm* supplement
sup'plente *ag* temporary; (*insegnante*) supply *cpd* (*BRIT*), substitute *cpd* (*US*) ♦ *sm/f* temporary member of staff; supply (*o* substitute) teacher
'supplica, che *sf* (*preghiera*) plea; (*domanda scritta*) petition, request
suppli'care *vt* to implore, beseech
sup'plire *vi*: ~ a to make up for, compensate for
sup'plizio [sup'plittsjo] *sm* torture
sup'porre *vt* to suppose
sup'porto *sm* (*sostegno*) support
sup'posta *sf* (*MED*) suppository
sup'posto, a *pp di* **supporre**
su'premo, a *ag* supreme
surge'lare [surdʒe'lare] *vt* to (deep-) freeze; **surge'lati** *smpl* frozen food *sg*
sur'plus *sm inv* (*ECON*) surplus
surriscal'dare *vt* to overheat
surro'gato *sm* substitute
suscet'tibile [suʃʃet'tibile] *ag* (*sensibile*) touchy, sensitive; (*soggetto*): ~ **di miglioramento** that can be improved, open to improvement
susci'tare [suʃʃi'tare] *vt* to provoke, arouse
su'sina *sf* plum; **su'sino** *sm* plum (tree)
sussegu'ire *vt* to follow; **~rsi** *vr* to follow one another
sussidi'ario, a *ag* subsidiary; auxiliary
sus'sidio *sm* subsidy
sus'sistere *vi* to exist; (*essere fondato*) to be valid *o* sound
sussul'tare *vi* to shudder
sussur'rare *vt, vi* to whisper, murmur; **sus'surro** *sm* whisper, murmur
sutu'rare *vt* (*MED*) to stitch up, suture
sva'gare *vt* (*distrarre*) to distract; (*divertire*) to amuse; **~rsi** *vr* to amuse o.s.; to enjoy o.s.
'svago, ghi *sm* (*riposo*) relaxation; (*ricreazione*) amusement; (*passatempo*) pastime
svaligi'are [zvali'dʒare] *vt* to rob, burgle (*BRIT*), burglarize (*US*)
svalu'tare *vt* (*ECON*) to devalue; (*fig*) to belittle; **~rsi** *vr* (*ECON*) to be devalued; **svalutazi'one** *sf* devaluation
sva'nire *vi* to disappear, vanish
svan'taggio [zvan'taddʒo] *sm* disadvantage; (*inconveniente*) drawback, disadvantage
svapo'rare *vi* to evaporate
svari'ato, a *ag* varied; various
'svastica *sf* swastika
sve'dese *ag* Swedish ♦ *sm/f* Swede ♦ *sm* (*LING*) Swedish
'sveglia ['zveʎʎa] *sf* waking up; (*orologio*) alarm (clock); **suonare la ~** (*MIL*) to sound the reveille; **~ telefonica** alarm call
svegli'are [zveʎ'ʎare] *vt* to wake up; (*fig*) to awaken, arouse; **~rsi** *vr* to wake up; (*fig*) to be revived, reawaken
'sveglio, a ['zveʎʎo] *ag* awake; (*fig*)

quick-witted
sve'lare *vt* to reveal
'svelto, a *ag* (*passo*) quick; (*mente*) quick, alert; (*linea*) slim, slender; alla ~a quickly
'svendita *sf* (*COMM*) (clearance) sale
sveni'mento *sm* fainting fit, faint
sve'nire *vi* to faint
sven'tare *vt* to foil, thwart
sven'tato, a *ag* (*distratto*) scatterbrained; (*imprudente*) rash
svento'lare *vt, vi* to wave, flutter
sven'trare *vt* to disembowel
sven'tura *sf* misfortune; **sventu'rato, a** *ag* unlucky, unfortunate
sve'nuto, a *pp di* **svenire**
svergo'gnato, a [zvergoɲ'ɲato] *ag* shameless
sver'nare *vi* to spend the winter
sves'tire *vt* to undress; **~rsi** *vr* to get undressed
'Svezia ['zvɛttsja] *sf*: **la** ~ Sweden
svez'zare [zvet'tsare] *vt* to wean
svi'are *vt* to divert; (*fig*) to lead astray; **~rsi** *vr* to go astray
svi'gnarsela [zviɲ'ɲarsela] *vr* to slip away, sneak off
svilup'pare *vt* to develop; **~rsi** *vr* to develop
svi'luppo *sm* development
'svincolo *sm* (*COMM*) clearance; (*stradale*) motorway (*BRIT*) *o* expressway (*US*) intersection
svisce'rare [zviʃʃe'rare] *vt* (*fig: argomento*) to examine in depth; **svisce'rato, a** *ag* (*amore*) passionate; (*lodi*) obsequious
'svista *sf* oversight
svi'tare *vt* to unscrew
'Svizzera ['zvittsera] *sf*: **la** ~ Switzerland
'svizzero, a ['zvittsero] *ag, sm/f* Swiss
svogli'ato, a [zvoʎ'ʎato] *ag* listless; (*pigro*) lazy
svolaz'zare [zvolat'tsare] *vi* to flutter
'svolgere ['zvɔldʒere] *vt* to unwind; (*srotolare*) to unroll; (*fig: argomento*) to develop; (*: piano, programma*) to carry out; **~rsi** *vr* to unwind; to unroll; (*fig: aver luogo*) to take place; (*: procedere*) to go on; **svolgi'mento** *sm* development; carrying out; (*andamento*) course
'svolta *sf* (*atto*) turning *no pl*; (*curva*) turn, bend; (*fig*) turning-point
svol'tare *vi* to turn
'svolto, a *pp di* **svolgere**
svuo'tare *vt* to empty (out)

T

tabac'caio, a *sm/f* tobacconist
tabacche'ria [tabakke'ria] *sf* tobacconist's (shop)
ta'bacco, chi *sm* tobacco
ta'bella *sf* (*tavola*) table; (*elenco*) list
taber'nacolo *sm* tabernacle
tabu'lato *sm* (*INFORM*) printout
'tacca, che *sf* notch, nick; **di mezza** ~ (*fig*) mediocre
tac'cagno, a [tak'kaɲɲo] *ag* mean, stingy
tac'cheggio [tak'keddʒo] *sm* shoplifting
tac'chino [tak'kino] *sm* turkey
tacci'are [tat'tʃare] *vt*: ~ **qn di** to accuse sb of
'tacco, chi *sm* heel; **~chi a spillo** stiletto heels
taccu'ino *sm* notebook
ta'cere [ta'tʃere] *vi* to be silent *o* quiet; (*smettere di parlare*) to fall silent ♦ *vt* to keep to oneself, say nothing about; **far** ~ **qn** to make sb be quiet; (*fig*) to silence sb
ta'chimetro [ta'kimetro] *sm* speedometer
'tacito, a ['tatʃito] *ag* silent; (*sottinteso*) tacit, unspoken
ta'fano *sm* horsefly
taffe'ruglio [taffe'ruʎʎo] *sm* brawl, scuffle
taffettà *sm* taffeta
'taglia ['taʎʎa] *sf* (*statura*) height; (*misura*) size; (*riscatto*) ransom; (*ricompensa*) reward; ~ **forte** (*di abi-*

to) large size
taglia'carte [taʎʎa'karte] *sm inv* paperknife
tagli'ando [taʎ'ʎando] *sm* coupon
tagli'are [taʎ'ʎare] *vt* to cut; (*recidere, interrompere*) to cut off; (*intersecare*) to cut across, intersect; (*carne*) to carve; (*vini*) to blend ♦ *vi* to cut; (*prendere una scorciatoia*) to take a short-cut; ~ **corto** (*fig*) to cut short
taglia'telle [taʎʎa'tɛlle] *sfpl* tagliatelle *pl*
tagli'ente [taʎ'ʎɛnte] *ag* sharp
'taglio ['taʎʎo] *sm* cutting *no pl*; cut; (*parte tagliente*) cutting edge; (*di abito*) cut, style; (*di stoffa: lunghezza*) length; (*di vini*) blending; **di** ~ on edge, edgeways; **banconote di piccolo/grosso** ~ notes of small/large denomination
tagli'ola [taʎ'ʎɔla] *sf* trap, snare
tagliuz'zare [taʎʎut'tsare] *vt* to cut into small pieces
'talco *sm* talcum powder

PAROLA CHIAVE

'tale *det* **1** (*simile, così grande*) such; **un(a)** ~ ... such (a) ...; **non accetto ~i discorsi** I won't allow such talk; **è di una** ~ **arroganza** he is so arrogant; **fa una** ~ **confusione**! he makes such a mess!
2 (*persona o cosa indeterminata*) such-and-such; **il giorno** ~ **all'ora** ~ on such-and-such a day at such-and-such a time; **la tal persona** that person; **ha telefonato una** ~ **Giovanna** somebody called Giovanna phoned
3 (*nelle similitudini*): ~ ... ~ like ... like; ~ **padre** ~ **figlio** like father, like son; **hai il vestito** ~ **quale il mio** your dress is just *o* exactly like mine
◆ *pron* (*indefinito: persona*): **un(a)** ~ someone; **quel** (*o* **quella**) ~ that person, that man (*o* woman); **il tal dei ~i** what's-his-name

ta'lento *sm* talent
talis'mano *sm* talisman
tallon'cino [tallon'tʃino] *sm* counterfoil
tal'lone *sm* heel
tal'mente *av* so
ta'lora *av* = **talvolta**
'talpa *sf* (*ZOOL*) mole
tal'volta *av* sometimes, at times
tambu'rello *sm* tambourine
tam'buro *sm* drum
Ta'migi [ta'midʒi] *sm*: **il** ~ the Thames
tampo'nare *vt* (*otturare*) to plug; (*urtare: macchina*) to crash *o* ram into
tam'pone *sm* (*MED*) wad, pad; (*per timbri*) ink-pad; (*respingente*) buffer; ~ **assorbente** tampon
'tana *sf* lair, den
'tanfo *sm* stench; musty smell
tan'gente [tan'dʒɛnte] *ag* (*MAT*): ~ **a** tangential to ♦ *sf* tangent; (*quota*) share
tan'tino: **un** ~ *av* a little, a bit

PAROLA CHIAVE

'tanto, a *det* **1** (*molto: quantità*) a lot of, much; (: *numero*) a lot of, many; (*così* ~: *quantità*) so much, such a lot of; (: *numero*) so many, such a lot of; **~e volte** so many times, so often; **~i auguri**! all the best!; **~e grazie** many thanks; ~ **tempo** so long, such a long time; **ogni ~i chilometri** every so many kilometres
2: ~ ... **quanto** (*quantità*) as much ... as; (*numero*) as many ... as; **ho ~a pazienza quanta ne hai tu** I have as much patience as you have *o* as you; **ha ~i amici quanti nemici** he has as many friends as he has enemies
3 (*rafforzativo*) such; **ho aspettato per** ~ **tempo** I waited so long *o* for such a long time
◆ *pron* **1** (*molto*) much, a lot; (*così* ~) so much, such a lot; **~i, e** many, a lot; so many, such a lot; **credevo**

ce ne fosse ~ I thought there was (such) a lot, I thought there was plenty

2: ~ **quanto** (*denaro*) as much as; (*cioccolatini*) as many as; **ne ho** ~ **quanto basta** I have as much as I need; **due volte** ~ twice as much

3 (*indeterminato*) so much; ~ **per l'affitto**, ~ **per il gas** so much for the rent, so much for the gas; **costa un** ~ **al metro** it costs so much per metre; **di** ~ **in** ~, **ogni** ~ every so often; ~ **vale che ...** I (*o* we *etc*) may as well ...; ~ **meglio!** so much the better!; ~ **peggio per lui!** so much the worse for him!

◆ *av* **1** (*molto*) very; **vengo** ~ **volentieri** I'd be very glad to come; **non ci vuole** ~ **a capirlo** it doesn't take much to understand it

2 (*così* ~: *con ag, av*) so; (: *con vb*) so much, such a lot; **è** ~ **bella!** she's so beautiful!; **non urlare** ~ don't shout so much; **sto** ~ **meglio adesso** I'm so much better now; ~ **... che** so ... (that); ~ **... da** so ... as

3: ~ **... quanto** as ... as; **conosco** ~ **Carlo quanto suo padre** I know both Carlo and his father; **non è poi** ~ **complicato quanto sembri** it's not as difficult as it seems; ~ **più insisti,** ~ **più non mollerà** the more you insist, the more stubborn he'll be; **quanto più ...** ~ **meno** the more ... the less

4 (*solamente*) just; ~ **per cambiare/scherzare** just for a change/a joke; **una volta** ~ for once

5 (*a lungo*) (for) long

◆ *cong* after all

'tappa *sf* (*luogo di sosta, fermata*) stop, halt; (*parte di un percorso*) stage, leg; (*SPORT*) lap; **a** ~**e** in stages

tap'pare *vt* to plug, stop up; (*bottiglia*) to cork

tap'peto *sm* carpet; (*anche*: *tappetino*) rug; (*di tavolo*) cloth; (*SPORT*): **andare al** ~ to go down for the count; **mettere sul** ~ (*fig*) to bring up for discussion

tappez'zare [tappet'tsare] *vt* (*con carta*) to paper; (*rivestire*): ~ **qc (di)** to cover sth (with); **tappezze'ria** *sf* (*tessuto*) tapestry; (*carta da parato*) wallpaper; (*arte*) upholstery; **far da tappezzeria** (*fig*) to be a wallflower; **tappezzi'ere** *sm* upholsterer

'tappo *sm* stopper; (*in sughero*) cork

tarchi'ato, a [tar'kjato] *ag* stocky, thickset

tar'dare *vi* to be late ◆ *vt* to delay; ~ **a fare** to delay doing

'tardi *av* late; **più** ~ later (on); **al più** ~ at the latest; **sul** ~ (*verso sera*) late in the day; **far** ~ to be late; (*restare alzato*) to stay up late

tar'divo, a *ag* (*primavera*) late; (*rimedio*) belated, tardy; (*fig: bambino*) retarded

'tardo, a *ag* (*lento, fig*: *ottuso*) slow; (*tempo: avanzato*) late

'targa, ghe *sf* plate; (*AUT*) number (*BRIT*) *o* license (*US*) plate

ta'riffa *sf* (*gen*) rate, tariff; (*di trasporti*) fare; (*elenco*) price list; tariff

'tarlo *sm* woodworm

'tarma *sf* moth

ta'rocco, chi *sm* tarot card; ~**chi** *smpl* (*gioco*) tarot *sg*

tartagli'are [tartaʎ'ʎare] *vi* to stutter, stammer

'tartaro, a *ag, sm* (*in tutti i sensi*) tartar

tarta'ruga, ghe *sf* tortoise; (*di mare*) turtle; (*materiale*) tortoiseshell

tar'tina *sf* canapé

tar'tufo *sm* (*BOT*) truffle

'tasca, sche *sf* pocket; **tas'cabile** *ag* (*libro*) pocket *cpd*; **tasca'pane** *sm* haversack; **tas'chino** *sm* breast pocket

'tassa *sf* (*imposta*) tax; (*doganale*) duty; (*per iscrizione*: *a scuola etc*) fee; ~ **di circolazione/di soggiorno** road/tourist tax

tas'sametro *sm* taximeter
tas'sare *vt* to tax; to levy a duty on
tassa'tivo, a *ag* peremptory
tassazi'one [tassat'tsjone] *sf* taxation
tas'sello *sm* plug; wedge
tassì *sm inv* = taxi; **tas'sista, i, e** *sm/f* taxi driver
'tasso *sm* (*di natalità, d'interesse etc*) rate; (*BOT*) yew; (*ZOOL*) badger; ~ **di cambio/d'interesse** rate of exchange/interest
tas'tare *vt* to feel; ~ **il terreno** (*fig*) to see how the land lies
tasti'era *sf* keyboard
'tasto *sm* key; (*tatto*) touch, feel
tas'toni *av*: **procedere (a)** ~ to grope one's way forward
'tattica *sf* tactics *pl*
'tattico, a, ci, che *ag* tactical
'tatto *sm* (*senso*) touch; (*fig*) tact; **duro al** ~ hard to the touch; **aver** ~ to be tactful, have tact
tatu'aggio [tatu'addʒo] *sm* tattooing; (*disegno*) tattoo
tatu'are *vt* to tattoo
'tavola *sf* table; (*asse*) plank, board; (*lastra*) tablet; (*quadro*) panel (painting); (*illustrazione*) plate; ~ **calda** snack bar
tavo'lato *sm* boarding; (*pavimento*) wooden floor
tavo'letta *sf* tablet, bar; **a** ~ (*AUT*) flat out
tavo'lino *sm* small table; (*scrivania*) desk
'tavolo *sm* table
tavo'lozza [tavo'lɔttsa] *sf* (*ARTE*) palette
'taxi *sm inv* taxi
'tazza ['tattsa] *sf* cup; ~ **da caffè/tè** coffee/tea cup; **una** ~ **di caffè/tè** a cup of coffee/tea
te *pron* (*soggetto: in forme comparative, oggetto*) you
tè *sm inv* tea; (*trattenimento*) tea party
tea'trale *ag* theatrical
te'atro *sm* theatre
'tecnica, che *sf* technique; (*tecnologia*) technology
'tecnico, a, ci, che *ag* technical ♦ *sm/f* technician
tecnolo'gia [teknolo'dʒia] *sf* technology
te'desco, a, schi, sche *ag, sm/f, sm* German
'tedio *sm* tedium, boredom
te'game *sm* (*CUC*) pan
'teglia ['teʎʎa] *sf* (*per dolci*) (baking) tin; (*per arrosti*) (roasting) tin
'tegola *sf* tile
tei'era *sf* teapot
'tela *sf* (*tessuto*) cloth; (*per vele, quadri*) canvas; (*dipinto*) canvas, painting; **di** ~ (*calzoni*) (heavy) cotton *cpd*; (*scarpe, borsa*) canvas *cpd*; ~ **cerata** oilcloth; (*copertone*) tarpaulin
te'laio *sm* (*apparecchio*) loom; (*struttura*) frame
tele'camera *sf* television camera
tele'cronaca *sf* television report
tele'ferica, che *sf* cableway
telefo'nare *vi* to telephone, ring; to make a phone call ♦ *vt* to telephone; ~ **a** to phone up, ring up, call up
telefo'nata *sf* (telephone) call; ~ **a carico del destinatario** reverse charge (*BRIT*) *o* collect (*US*) call
tele'fonico, a, ci, che *ag* (tele)phone *cpd*
telefon'ino [telefon'ino] *sm* mobile phone
telefo'nista, i, e *sm/f* telephonist; (*d'impresa*) switchboard operator
te'lefono *sm* telephone; ~ **a gettoni** ≈ pay phone
telegior'nale [teledʒor'nale] *sm* television news (programme)
te'legrafo *sm* telegraph; (*ufficio*) telegraph office
tele'gramma, i *sm* telegram
tele'matica *sf* data transmission; telematics *sg*
telepa'tia *sf* telepathy
teles'copio *sm* telescope
teleselezi'one [teleselet'tsjone] *sf* direct dialling
telespetta'tore, 'trice *sm/f* (tele-

vision) viewer
televisi'one *sf* television
televi'sore *sm* television set
'telex *sm inv* telex
'tema, i *sm* theme; (*INS*) essay, composition
teme'rario, a *ag* rash, reckless
te'mere *vt* to fear, be afraid of; (*essere sensibile a*: *freddo, calore*) to be sensitive to ♦ *vi* to be afraid; (*essere preoccupato*): ~ **per** to worry about, fear for; ~ **di/che** to be afraid of/ that
temperama'tite *sm inv* pencil sharpener
tempera'mento *sm* temperament
tempe'rare *vt* (*aguzzare*) to sharpen; (*fig*) to moderate, control, temper
tempe'rato, a *ag* moderate, temperate; (*clima*) temperate
tempera'tura *sf* temperature
tempe'rino *sm* penknife
tem'pesta *sf* storm; ~ **di sabbia/ neve** sand/snowstorm
tempes'tare *vt*: ~ **qn di domande** to bombard sb with questions; ~ **qn di colpi** to rain blows on sb
tempes'tivo, a *ag* timely
tempes'toso, a *ag* stormy
'tempia *sf* (*ANAT*) temple
'tempio *sm* (*edificio*) temple
'tempo *sm* (*METEOR*) weather; (*cronologico*) time; (*epoca*) time, times *pl*; (*di film, gioco: parte*) part; (*MUS*) time; (: *battuta*) beat; (*LING*) tense; **un** ~ once; ~ **fa** some time ago; **al** ~ **stesso** *o* **a un** ~ at the same time; **per** ~ early; **aver fatto il suo** ~ to have had its (*o* his *etc*) day; **primo/secondo** ~ (*TEATRO*) first/second part; (*SPORT*) first/second half; **in** ~ **utile** in due time *o* course
tempo'rale *ag* temporal ♦ *sm* (*METEOR*) (thunder)storm
tempo'raneo, a *ag* temporary
temporeggi'are [tempored'dʒare] *vi* to play for time, temporize
tem'prare *vt* to temper
te'nace [te'natʃe] *ag* strong, tough; (*fig*) tenacious; **te'nacia** *sf* tenacity
te'naglie [te'naʎʎe] *sfpl* pincers *pl*
'tenda *sf* (*riparo*) awning; (*di finestra*) curtain; (*per campeggio etc*) tent
ten'denza [ten'dɛntsa] *sf* tendency; (*orientamento*) trend; **avere** ~ **a** *o* **per qc** to have a bent for sth
'tendere *vt* (*allungare al massimo*) to stretch, draw tight; (*porgere: mano*) to hold out; (*fig*: *trappola*) to lay, set ♦ *vi*: ~ **a qc/a fare** to tend towards sth/to do; ~ **l'orecchio** to prick up one's ears; **il tempo tende al caldo** the weather is getting hot; **un blu che tende al verde** a greenish blue
ten'dina *sf* curtain
'tendine *sm* tendon, sinew
ten'done *sm* (*da circo*) tent
'tenebre *sfpl* darkness *sg*; **tene'broso, a** *ag* dark, gloomy
te'nente *sm* lieutenant
te'nere *vt* to hold; (*conservare, mantenere*) to keep; (*ritenere, considerare*) to consider; (*spazio: occupare*) to take up, occupy; (*seguire: strada*) to keep to ♦ *vi* to hold; (*colori*) to be fast; (*dare importanza*): ~ **a** to care about; ~ **a fare** to want to do, be keen to do; **~rsi** *vr* (*stare in una determinata posizione*) to stand; (*stimarsi*) to consider o.s.; (*aggrapparsi*): **~rsi a** to hold on to; (*attenersi*): **~rsi a** to stick to; ~ **una conferenza** to give a lecture; ~ **conto di qc** to take sth into consideration; ~ **presente qc** to bear sth in mind
'tenero, a *ag* tender; (*pietra, cera, colore*) soft; (*fig*) tender, loving
'tenia *sf* tapeworm
'tennis *sm* tennis
te'nore *sm* (*tono*) tone; (*MUS*) tenor; ~ **di vita** way of life; (*livello*) standard of living
tensi'one *sf* tension
ten'tare *vt* (*indurre*) to tempt; (*provare*): ~ **qc/di fare** to attempt *o* try sth/to do; **tenta'tivo** *sm* attempt;

tentazi'one *sf* temptation
tenten'nare *vi* to shake, be unsteady; (*fig*) to hesitate, waver ♦ *vt*: ~ **il capo** to shake one's head
ten'toni *av*: **andare a** ~ (*anche fig*) to grope one's way
'tenue *ag* (*sottile*) fine; (*colore*) soft; (*fig*) slender, slight
te'nuta *sf* (*capacità*) capacity; (*divisa*) uniform; (*abito*) dress; (*AGR*) estate; **a** ~ **d'aria** airtight; ~ **di strada** roadholding power
teolo'gia [teolo'dʒia] *sf* theology; **te'ologo, gi** *sm* theologian
teo'rema, i *sm* theorem
teo'ria *sf* theory; **te'orico, a, ci, che** *ag* theoretic(al)
'tepido, a *ag* = **tiepido**
te'pore *sm* warmth
'teppa *sf* mob, hooligans *pl*; **tep'pismo** *sm* hooliganism; **tep'pista, i** *sm* hooligan
tera'pia *sf* therapy
tergicris'tallo [terdʒikris'tallo] *sm* windscreen (*BRIT*) *o* windshield (*US*) wiper
tergiver'sare [terdʒiver'sare] *vi* to shilly-shally
'tergo *sm*: **a** ~ behind; **vedi a** ~ please turn over
ter'male *ag* thermal; **stazione** *sf* ~ spa
'terme *sfpl* thermal baths
'termico, a, ci, che *ag* thermic; (*unità*) thermal
termi'nale *ag, sm* terminal
termi'nare *vt* to end; (*lavoro*) to finish ♦ *vi* to end
'termine *sm* term; (*fine, estremità*) end; (*di territorio*) boundary, limit; **contratto a** ~ (*COMM*) forward contract; **a breve/lungo** ~ short-/long-term; **parlare senza mezzi ~i** to talk frankly, not to mince one's words
ter'mometro *sm* thermometer
termonucle'are *ag* thermonuclear
'termos *sm inv* = **thermos**
termosi'fone *sm* radiator; (**riscaldamento a**) ~ central heating
ter'mostato *sm* thermostat
'terra *sf* (*gen, ELETTR*) earth; (*sostanza*) soil, earth; (*opposto al mare*) land *no pl*; (*regione, paese*) land; (*argilla*) clay; **~e** *sfpl* (*possedimento*) lands, land *sg*; **a** *o* **per** ~ (*stato*) on the ground (*o* floor); (*moto*) to the ground, down; **mettere a** ~ (*ELETTR*) to earth
terra'cotta *sf* terracotta; **vasellame** *sm* **di** ~ earthenware
terra'ferma *sf* dry land, terra firma; (*continente*) mainland
terrapi'eno *sm* embankment, bank
ter'razza [ter'rattsa] *sf* terrace
ter'razzo [ter'rattso] *sm* = **terrazza**
terre'moto *sm* earthquake
ter'reno, a *ag* (*vita, beni*) earthly ♦ *sm* (*suolo, fig*) ground; (*COMM*) land *no pl*, plot (of land); site; (*SPORT, MIL*) field
ter'restre *ag* (*superficie*) of the earth, earth's; (*di terra: battaglia, animale*) land *cpd*; (*REL*) earthly, worldly
ter'ribile *ag* terrible, dreadful
terrifi'cante *ag* terrifying
ter'rina *sf* tureen
territori'ale *ag* territorial
terri'torio *sm* territory
ter'rore *sm* terror; **terro'rismo** *sm* terrorism; **terro'rista, i, e** *sm/f* terrorist
'terso, a *ag* clear
'terzo, a ['tɛrtso] *ag* third ♦ *sm* (*frazione*) third; (*DIR*) third party; **~i** *smpl* (*altri*) others, other people; **la ~a pagina** (*STAMPA*) the Arts page
'tesa *sf* brim
'teschio ['tɛskjo] *sm* skull
'tesi *sf* thesis
'teso, a *pp di* **tendere** ♦ *ag* (*tirato*) taut, tight; (*fig*) tense
tesore'ria *sf* treasury
tesori'ere *sm* treasurer
te'soro *sm* treasure; **il Ministero del T~** the Treasury
'tessera *sf* (*documento*) card
'tessere *vt* to weave; **'tessile** *ag, sm* textile; **tessi'tore, 'trice** *sm/f*

weaver; **tessi'tura** *sf* weaving
tes'suto *sm* fabric, material; (*BIOL*) tissue; (*fig*) web
'testa *sf* head; (*di cose: estremità, parte anteriore*) head, front; **di** ~ (*vettura etc*) front; **tenere** ~ **a qn** (*nemico etc*) to stand up to sb; **fare di** ~ **propria** to go one's own way; **in** ~ (*SPORT*) in the lead; ~ **o croce?** heads or tails?; **avere la** ~ **dura** to be stubborn; ~ **di serie** (*TENNIS*) seed, seeded player
testa'mento *sm* (*atto*) will; **l'Antico/il Nuovo T~** (*REL*) the Old/New Testament
tes'tardo, a *ag* stubborn, pig-headed
tes'tata *sf* (*parte anteriore*) head; (*intestazione*) heading
'teste *sm/f* witness
tes'ticolo *sm* testicle
testi'mone *sm/f* (*DIR*) witness
testimoni'anza [testimo'njantsa] *sf* testimony
testimoni'are *vt* to testify; (*fig*) to bear witness to, testify to ♦ *vi* to give evidence, testify
tes'tina *sf* (*TECN*) head
'testo *sm* text; **fare** ~ (*opera, autore*) to be authoritative; **questo libro non fa** ~ this book is not essential reading; **testu'ale** *ag* textual; literal, word for word
tes'tuggine [tes'tuddʒine] *sf* tortoise; (*di mare*) turtle
'tetano *sm* (*MED*) tetanus
'tetro, a *ag* gloomy
'tetto *sm* roof; **tet'toia** *sf* roofing; canopy
'Tevere *sm*: **il** ~ the Tiber
Tg. *abbr* = **telegiornale**
'thermos ['tɛrmos] ® *sm inv* vacuum o Thermos ® flask
ti *pron* (*dav lo, la, li, le, ne diventa* **te**) *pron* (*oggetto*) you; (*complemento di termine*) (to) you; (*riflessivo*) yourself
ti'ara *sf* (*REL*) tiara
'tibia *sf* tibia, shinbone
tic *sm inv* tic, (nervous) twitch; (*fig*) mannerism
ticchet'tio [tikket'tio] *sm* (*di macchina da scrivere*) clatter; (*di orologio*) ticking; (*della pioggia*) patter
'ticchio ['tikkjo] *sm* (*ghiribizzo*) whim; (*tic*) tic, (nervous) twitch
ti'epido, a *ag* lukewarm, tepid
ti'fare *vi*: ~ **per** to be a fan of; (*parteggiare*) to side with
'tifo *sm* (*MED*) typhus; (*fig*): **fare il** ~ **per** to be a fan of
tifoi'dea *sf* typhoid
ti'fone *sm* typhoon
ti'foso, a *sm/f* (*SPORT etc*) fan
'tiglio ['tiʎʎo] *sm* lime (tree), linden (tree)
'tigre *sf* tiger
tim'ballo *sm* (*strumento*) kettledrum; (*CUC*) timbale
'timbro *sm* stamp; (*MUS*) timbre, tone
'timido, a *ag* shy; timid
'timo *sm* thyme
ti'mone *sm* (*NAUT*) rudder; **timoni'ere** *sm* helmsman
ti'more *sm* (*paura*) fear; (*rispetto*) awe; **timo'roso, a** *ag* timid, timorous
'timpano *sm* (*ANAT*) eardrum; (*MUS*): ~**i** *smpl* kettledrums, timpani
ti'nello *sm* small dining room
'tingere ['tindʒere] *vt* to dye
'tino *sm* vat
ti'nozza [ti'nɔttsa] *sf* tub
'tinta *sf* (*materia colorante*) dye; (*colore*) colour, shade; **tinta'rella** (*fam*) *sf* (sun)tan
tintin'nare *vi* to tinkle
'tinto, a *pp di* **tingere**
tinto'ria *sf* (*officina*) dyeworks *sg*; (*lavasecco*) dry cleaner's (shop)
tin'tura *sf* (*operazione*) dyeing; (*colorante*) dye; ~ **di iodio** tincture of iodine
'tipico, a, ci, che *ag* typical
'tipo *sm* type; (*genere*) kind, type; (*fam*) chap, fellow
tipogra'fia *sf* typography; (*procedimento*) letterpress (printing); (*officina*) printing house; **tipo'grafico, a,**

ci, che *ag* typographic(al); letterpress *cpd*; **ti'pografo** *sm* typographer
ti'ranno, a *ag* tyrannical ♦ *sm* tyrant
ti'rante *sm* (*per tenda*) guy
ti'rare *vt* (*gen*) to pull; (*estrarre*): ~ **qc da** to take *o* pull sth out of; to get sth out of; to extract sth from; (*chiudere: tenda etc*) to draw, pull; (*tracciare, disegnare*) to draw, trace; (*lanciare: sasso, palla*) to throw; (*stampare*) to print; (*pistola, freccia*) to fire ♦ *vi* (*pipa, camino*) to draw; (*vento*) to blow; (*abito*) to be tight; (*fare fuoco*) to fire; (*fare del tiro, CALCIO*) to shoot; ~ **avanti** *vi* to struggle on ♦ *vt* to keep going; ~ **fuori** (*estrarre*) to take out, pull out; ~ **giù** (*abbassare*) to bring down; ~ **su** to pull up; (*capelli*) to put up; (*fig: bambino*) to bring up; ~**rsi indietro** to move back
tira'tore *sm* gunman; **un buon** ~ a good shot; ~ **scelto** marksman
tira'tura *sf* (*azione*) printing; (*di libro*) (print) run; (*di giornale*) circulation
'tirchio, a ['tirkjo] *ag* mean, stingy
'tiro *sm* shooting *no pl*, firing *no pl*; (*colpo, sparo*) shot; (*di palla: lancio*) throwing *no pl*; throw; (*fig*) trick; **cavallo da** ~ draught (*BRIT*) *o* draft (*US*) horse; ~ **a segno** target shooting; (*luogo*) shooting range
tiro'cinio [tiro'tʃinjo] *sm* apprenticeship; (*professionale*) training
ti'roide *sf* thyroid (gland)
Tir'reno *sm*: **il (mar)** ~ the Tyrrhenian Sea
ti'sana *sf* herb tea
tito'lare *ag* appointed; (*sovrano*) titular ♦ *sm/f* incumbent; (*proprietario*) owner; (*CALCIO*) regular player
'titolo *sm* title; (*di giornale*) headline; (*diploma*) qualification; (*COMM*) security; (*: azione*) share; **a che** ~? for what reason?; **a** ~ **di amicizia** out of friendship; **a** ~ **di premio** as a prize; ~ **di credito** share
titu'bante *ag* hesitant, irresolute
'tizio, a ['tittsjo] *sm/f* fellow, chap
tiz'zone [tit'tsone] *sm* brand
toc'cante *ag* touching
toc'care *vt* to touch; (*tastare*) to feel; (*fig: riguardare*) to concern; (*: commuovere*) to touch, move; (*: pungere*) to hurt, wound; (*: far cenno a: argomento*) to touch on, mention ♦ *vi*: ~ **a** (*accadere*) to happen to; (*spettare*) to be up to; ~ **(il fondo)** (*in acqua*) to touch the bottom; **tocca a te difenderci** it's up to you to defend us; **a chi tocca?** whose turn is it?; **mi toccò pagare** I had to pay
'tocco, chi *sm* touch; (*ARTE*) stroke, touch
'toga, ghe *sf* toga; (*di magistrato, professore*) gown
'togliere ['tɔʎʎere] *vt* (*rimuovere*) to take away (*o* off), remove; (*riprendere, non concedere più*) to take away, remove; (*MAT*) to take away, subtract; (*liberare*) to free; ~ **qc a qn** to take sth (away) from sb; **ciò non toglie che** nevertheless, be that as it may; ~**rsi il cappello** to take off one's hat
toi'lette [twa'lɛt] *sf inv* toilet; (*mobile*) dressing table
to'letta *sf* = **toilette**
tolle'ranza [tolle'rantsa] *sf* tolerance
tolle'rare *vt* to tolerate
'tolto, a *pp di* **togliere**
to'maia *sf* (*di scarpa*) upper
'tomba *sf* tomb
tom'bino *sm* manhole cover
'tombola *sf* (*gioco*) tombola; (*ruzzolone*) tumble
'tomo *sm* volume
'tonaca, che *sf* (*REL*) habit
to'nare *vi* = **tuonare**
'tondo, a *ag* round
'tonfo *sm* splash; (*rumore sordo*) thud; (*caduta*): **fare un** ~ to take a tumble
'tonico, a, ci, che *ag, sm* tonic
tonifi'care *vt* (*muscoli, pelle*) to

tone up; (*irrobustire*) to invigorate, brace
tonnel'laggio [tonnel'laddʒo] *sm* (*NAUT*) tonnage
tonnel'lata *sf* ton
'tonno *sm* tuna (fish)
'tono *sm* (*gen*) tone; (*MUS*: *di pezzo*) key; (*di colore*) shade, tone
ton'silla *sf* tonsil; **tonsil'lite** *sf* tonsillitis
'tonto, a *ag* dull, stupid
to'pazio [to'pattsjo] *sm* topaz
'topo *sm* mouse
topogra'fia *sf* topography
'toppa *sf* (*serratura*) keyhole; (*pezza*) patch
to'race [to'ratʃe] *sm* chest
'torba *sf* peat
'torbido, a *ag* (*liquido*) cloudy; (: *fiume*) muddy; (*fig*) dark; troubled ♦ *sm*: **pescare nel** ~ (*fig*) to fish in troubled water
'torcere ['tɔrtʃere] *vt* to twist; (*biancheria*) to wring (out); **~rsi** *vr* to twist, writhe
torchi'are [tor'kjare] *vt* to press; **'torchio** *sm* press
'torcia, ce ['tɔrtʃa] *sf* torch; ~ **elettrica** torch (*BRIT*), flashlight (*US*)
torci'collo [tortʃi'kɔllo] *sm* stiff neck
'tordo *sm* thrush
To'rino *sf* Turin
tor'menta *sf* snowstorm
tormen'tare *vt* to torment; **~rsi** *vr* to fret, worry o.s.; **tor'mento** *sm* torment
torna'conto *sm* advantage, benefit
tor'nado *sm* tornado
tor'nante *sm* hairpin bend
tor'nare *vi* to return, go (*o* come) back; (*ridiventare: anche fig*) to become (again); (*riuscire giusto, esatto: conto*) to work out; (*risultare*) to turn out (to be), prove (to be); ~ **utile** to prove *o* turn out (to be) useful; ~ **a casa** to go (*o* come) home
torna'sole *sm inv* litmus
tor'neo *sm* tournament
'tornio *sm* lathe
'toro *sm* bull; (*dello zodiaco*): **T~** Taurus
tor'pedine *sf* torpedo; **torpedi'niera** *sf* torpedo boat
'torre *sf* tower; (*SCACCHI*) rook, castle; ~ **di controllo** (*AER*) control tower
torrefazi'one [torrefat'tsjone] *sf* roasting
tor'rente *sm* torrent
tor'retta *sf* turret
torri'one *sm* keep
tor'rone *sm* nougat
torsi'one *sf* twisting; torsion
'torso *sm* torso, trunk; (*ARTE*) torso
'torsolo *sm* (*di cavolo etc*) stump; (*di frutta*) core
'torta *sf* cake
'torto, a *pp di* **torcere** ♦ *ag* (*ritorto*) twisted; (*storto*) twisted, crooked ♦ *sm* (*ingiustizia*) wrong; (*colpa*) fault; **a** ~ wrongly; **aver** ~ to be wrong
'tortora *sf* turtle dove
tortu'oso, a *ag* (*strada*) twisting; (*fig*) tortuous
tor'tura *sf* torture; **tortu'rare** *vt* to torture
'torvo, a *ag* menacing, grim
tosa'erba *sm o f inv* (lawn)mower
to'sare *vt* (*pecora*) to shear; (*siepe*) to clip, trim
Tos'cana *sf*: **la** ~ Tuscany; **tos'cano, a** *ag, sm/f* Tuscan ♦ *sm* (*sigaro*) *strong Italian cigar*
'tosse *sf* cough
'tossico, a, ci, che *ag* toxic
tossicodipen'dente *sm/f* drug addict
tossi'comane *sm/f* drug addict
tos'sire *vi* to cough
tosta'pane *sm inv* toaster
tos'tare *vt* to toast; (*caffè*) to roast
'tosto, a *ag*: **faccia ~a** cheek
to'tale *ag, sm* total; **totalità** *sf*: **la totalità di** all of, the total amount (*o* number) of; the whole *+sg*; **tota-liz'zare** *vt* to total; (*SPORT*: *punti*) to score
toto'calcio [toto'kaltʃo] *sm* *gambling pool betting on football results*,

≈ (football) pools *pl* (*BRIT*)
to'vaglia [to'vaʎʎa] *sf* tablecloth;
tovagli'olo *sm* napkin
'tozzo, a ['tɔttso] *ag* squat ♦ *sm*: ~ **di pane** crust of bread
tra *prep* (*di due persone, cose*) between; (*di più persone, cose*) among(st); (*tempo: entro*) within, in; ~ 5 **giorni** in 5 days' time; **sia detto ~ noi ...** between you and me ...; **litigano ~ (di) loro** they're fighting amongst themselves; ~ **breve** soon; ~ **sé e sé** (*parlare etc*) to oneself
trabal'lare *vi* to stagger, totter
traboc'care *vi* to overflow
traboc'chetto [trabok'ketto] *sm* (*fig*) trap
tracan'nare *vt* to gulp down
'traccia, ce ['trattʃa] *sf* (*segno, striscia*) trail, track; (*orma*) tracks *pl*; (*residuo, testimonianza*) trace, sign; (*abbozzo*) outline
tracci'are [trat'tʃare] *vt* to trace, mark (out); (*disegnare*) to draw; (*fig: abbozzare*) to outline; **tracci'ato** *sm* (*grafico*) layout, plan
tra'chea [tra'kɛa] *sf* windpipe, trachea
tra'colla *sf* shoulder strap; **borsa a ~** shoulder bag
tra'collo *sm* (*fig*) collapse, crash
traco'tante *ag* overbearing, arrogant
tradi'mento *sm* betrayal; (*DIR, MIL*) treason
tra'dire *vt* to betray; (*coniuge*) to be unfaithful to; (*doveri: mancare*) to fail in; (*rivelare*) to give away, reveal; **tradi'tore, 'trice** *sm/f* traitor
tradizio'nale [tradittsjo'nale] *ag* traditional
tradizi'one [tradit'tsjone] *sf* tradition
tra'dotto, a *pp di* **tradurre**
tra'durre *vt* to translate; (*spiegare*) to render, convey; **tradut'tore, 'trice** *sm/f* translator; **traduzi'one** *sf* translation
tra'ente *sm/f* (*ECON*) drawer
trafe'lato, a *ag* out of breath
traffi'cante *sm/f* dealer; (*peg*) trafficker
traffi'care *vi* (*commerciare*): ~ **(in)** to trade (in), deal (in); (*affaccendarsi*) to busy o.s. ♦ *vt* (*peg*) to traffic in
'traffico, ci *sm* traffic; (*commercio*) trade, traffic
tra'figgere [tra'fiddʒere] *vt* to run through, stab; (*fig*) to pierce; **tra'fitto, a** *pp di* **trafiggere**
trafo'rare *vt* to bore, drill; **tra'foro** *sm* (*azione*) boring, drilling; (*galleria*) tunnel
tra'gedia [tra'dʒɛdja] *sf* tragedy
tra'ghetto [tra'getto] *sm* crossing; (*barca*) ferry(boat)
'tragico, a, ci, che ['tradʒiko] *ag* tragic
tra'gitto [tra'dʒitto] *sm* (*passaggio*) crossing; (*viaggio*) journey
tragu'ardo *sm* (*SPORT*) finishing line; (*fig*) goal, aim
traiet'toria *sf* trajectory
trai'nare *vt* to drag, haul; (*rimorchiare*) to tow; **'traino** *sm* (*carro*) wagon; (*slitta*) sledge; (*carico*) load
tralasci'are [tralaʃ'ʃare] *vt* (*studi*) to neglect; (*dettagli*) to leave out, omit
'tralcio ['traltʃo] *sm* (*BOT*) shoot
tra'liccio [tra'littʃo] *sm* (*tela*) ticking; (*struttura*) trellis; (*ELETTR*) pylon
tram *sm inv* tram
'trama *sf* (*filo*) weft, woof; (*fig: argomento, maneggio*) plot
traman'dare *vt* to pass on, hand down
tra'mare *vt* (*fig*) to scheme, plot
tram'busto *sm* turmoil
trames'tio *sm* bustle
tramez'zino [tramed'dzino] *sm* sandwich
tra'mezzo [tra'mɛddzo] *sm* (*EDIL*) partition
'tramite *prep* through
tramon'tare *vi* to set, go down; **tra'monto** *sm* setting; (*del sole*) sunset

tramor'tire *vi* to faint ♦ *vt* to stun
trampo'lino *sm* (*per tuffi*) springboard, diving board; (*per lo sci*) ski-jump
'trampolo *sm* stilt
tramu'tare *vt*: ~ **in** to change into, turn into
tra'nello *sm* trap
trangugi'are [trangu'dʒare] *vt* to gulp down
'tranne *prep* except (for), but (for); ~ **che** unless
tranquil'lante *sm* (*MED*) tranquillizer
tranquillità *sf* calm, stillness; quietness; peace of mind
tranquilliz'zare [trankwillid'dzare] *vt* to reassure
tran'quillo, a *ag* calm, quiet; (*bambino, scolaro*) quiet; (*sereno*) with one's mind at rest; **sta'** ~ don't worry
transat'lantico, a, ci, che *ag* transatlantic ♦ *sm* transatlantic liner
tran'satto, a *pp di* **transigere**
transazi'one [transat'tsjone] *sf* compromise; (*DIR*) settlement; (*COMM*) transaction, deal
tran'senna *sf* barrier
tran'sigere [tran'sidʒere] *vi* (*DIR*) to reach a settlement; (*venire a patti*) to compromise, come to an agreement
tran'sistor *sm inv* transistor
transi'tabile *ag* passable
transi'tare *vi* to pass
transi'tivo, a *ag* transitive
'transito *sm* transit; **di** ~ (*merci*) in transit; (*stazione*) transit *cpd*; **"divieto di** ~**"** "no entry"
transi'torio, a *ag* transitory, transient; (*provvisorio*) provisional
tran'via *sf* tramway (*BRIT*), streetcar line (*US*)
'trapano *sm* (*utensile*) drill; (: *MED*) trepan
trapas'sare *vt* to pierce
tra'passo *sm* passage
trape'lare *vi* to leak, drip; (*fig*) to leak out
tra'pezio [tra'pettsjo] *sm* (*MAT*) trapezium; (*attrezzo ginnico*) trapeze
trapian'tare *vt* to transplant; **trapi'anto** *sm* transplanting; (*MED*) transplant
'trappola *sf* trap
tra'punta *sf* quilt
'trarre *vt* to draw, pull; (*portare*) to take; (*prendere, tirare fuori*) to take (out), draw; (*derivare*) to obtain; ~ **origine da qc** to have its origins *o* originate in sth
trasa'lire *vi* to start, jump
trasan'dato, a *ag* shabby
trasbor'dare *vt* to transfer; (*NAUT*) to tran(s)ship ♦ *vi* (*NAUT*) to change ship; (*AER*) to change plane; (*FERR*) to change (trains)
trasci'nare [traʃʃi'nare] *vt* to drag; ~**rsi** *vr* to drag o.s. along; (*fig*) to drag on
tras'correre *vt* (*tempo*) to spend, pass ♦ *vi* to pass; **tras'corso, a** *pp di* **trascorrere**
tras'critto, a *pp di* **trascrivere**
tras'crivere *vt* to transcribe
trascu'rare *vt* to neglect; (*non considerare*) to disregard; **trascura'tezza** *sf* carelessness, negligence; **trascu'rato, a** *ag* (*casa*) neglected; (*persona*) careless, negligent
traseco'lato, a *ag* astounded, amazed
trasferi'mento *sm* transfer; (*trasloco*) removal, move
trasfe'rire *vt* to transfer; ~**rsi** *vr* to move; **tras'ferta** *sf* transfer; (*indennità*) travelling expenses *pl*; (*SPORT*) away game
trasfigu'rare *vt* to transfigure
trasfor'mare *vt* to transform, change
trasfusi'one *sf* (*MED*) transfusion
trasgre'dire *vt* to disobey, contravene
tras'lato, a *ag* metaphorical, figurative
traslo'care *vt* to move, transfer; ~**rsi** *vr* to move; **tras'loco, chi** *sm* removal

tras'messo, a *pp di* **trasmettere**
tras'mettere *vt* (*passare*): ~ **qc a qn** to pass sth on to sb; (*mandare*) to send; (*TECN, TEL, MED*) to transmit; (*TV, RADIO*) to broadcast; **trasmetti'tore** *sm* transmitter; **trasmissi'one** *sf* (*gen, FISICA, TECN*) transmission; (*passaggio*) transmission, passing on; (*TV, RADIO*) broadcast; **trasmit'tente** *sf* transmitting *o* broadcasting station
traso'gnato, a [trasoɲ'ɲato] *ag* dreamy
traspa'rente *ag* transparent
traspa'rire *vi* to show (through)
traspi'rare *vi* to perspire; (*fig*) to come to light, leak out; **traspirazi'one** *sf* perspiration
traspor'tare *vt* to carry, move; (*merce*) to transport, convey; **lasciarsi ~ (da qc)** (*fig*) to let o.s. be carried away (by sth); **tras'porto** *sm* transport
trastul'lare *vt* to amuse; **~rsi** *vr* to amuse o.s.
trasu'dare *vi* (*filtrare*) to ooze; (*sudare*) to sweat ♦ *vt* to ooze with
trasver'sale *ag* transverse, cross(-); running at right angles
trasvo'lare *vt* to fly over
'tratta *sf* (*ECON*) draft; (*di persone*): **la ~ delle bianche** the white slave trade
tratta'mento *sm* treatment; (*servizio*) service
trat'tare *vt* (*gen*) to treat; (*commerciare*) to deal in; (*svolgere: argomento*) to discuss, deal with; (*negoziare*) to negotiate ♦ *vi*: **~ di** to deal with; **~ con** (*persona*) to deal with; **si tratta di ...** it's about ...; **trat'tive** *sfpl* negotiations; **trat'tato** *sm* (*testo*) treatise; (*accordo*) treaty; **trattazi'one** *sf* treatment
tratteggi'are [tratted'dʒare] *vt* (*disegnare: a tratti*) to sketch, outline; (*: col tratteggio*) to hatch
tratte'nere *vt* (*far rimanere: persona*) to detain; (*intrattenere: ospiti*) to entertain; (*tenere, frenare, reprimere*) to hold back, keep back; (*astenersi dal consegnare*) to hold, keep; (*detrarre: somma*) to deduct; **~rsi** *vr* (*astenersi*) to restrain o.s., stop o.s.; (*soffermarsi*) to stay, remain
tratteni'mento *sm* entertainment; (*festa*) party
tratte'nuta *sf* deduction
trat'tino *sm* dash; (*in parole composte*) hyphen
'tratto, a *pp di* **trarre** ♦ *sm* (*di penna, matita*) stroke; (*parte*) part, piece; (*di strada*) stretch; (*di mare, cielo*) expanse; (*di tempo*) period (of time); **~i** *smpl* (*caratteristiche*) features; (*modo di fare*) ways, manners; **a un ~, d'un ~** suddenly
trat'tore *sm* tractor
tratto'ria *sf* restaurant
'trauma, i *sm* trauma; **trau'matico, a, ci, che** *ag* traumatic
tra'vaglio [tra'vaʎʎo] *sm* (*angoscia*) pain, suffering; (*MED*) pains *pl*
trava'sare *vt* to decant
'trave *sf* beam
tra'versa *sf* (*trave*) crosspiece; (*via*) sidestreet; (*FERR*) sleeper (*BRIT*), (railroad) tie (*US*); (*CALCIO*) crossbar
traver'sare *vt* to cross; **traver'sata** *sf* crossing; (*AER*) flight, trip
traver'sie *sfpl* mishaps, misfortunes
traver'sina *sf* (*FERR*) sleeper (*BRIT*), (railroad) tie (*US*)
tra'verso, a *ag* oblique; **di ~** *ag* askew ♦ *av* sideways; **andare di ~** (*cibo*) to go down the wrong way; **guardare di ~** to look askance at
travesti'mento *sm* disguise
traves'tire *vt* to disguise; **~rsi** *vr* to disguise o.s.
travi'are *vt* (*fig*) to lead astray
travi'sare *vt* (*fig*) to distort, misrepresent
tra'volgere [tra'vɔldʒere] *vt* to sweep away, carry away; (*fig*) to overwhelm; **tra'volto, a** *pp di* **travolgere**
tre *num* three
trebbi'are *vt* to thresh

'treccia, ce ['trettʃa] *sf* plait, braid
tre'cento [tre'tʃɛnto] *num* three hundred ♦ *sm*: **il T~** the fourteenth century
'tredici ['treditʃi] *num* thirteen
'tregua *sf* truce; (*fig*) respite
tre'mare *vi*: ~ **di** (*freddo etc*) to shiver *o* tremble with; (*paura, rabbia*) to shake *o* tremble with
tre'mendo, a *ag* terrible, awful
tre'mila *num* three thousand
'tremito *sm* trembling *no pl*; shaking *no pl*; shivering *no pl*
tremo'lare *vi* to tremble; (*luce*) to flicker; (*foglie*) to quiver
tre'more *sm* tremor
'treno *sm* train; ~ **di gomme** set of tyres (*BRIT*) *o* tires (*US*); ~ **merci** goods (*BRIT*) *o* freight train; ~ **viaggiatori** passenger train
'trenta *num* thirty; **tren'tesimo, a** *num* thirtieth; **tren'tina** *sf*: **una trentina (di)** thirty or so, about thirty
'trepido, a *ag* anxious
treppi'ede *sm* tripod; (*CUC*) trivet
'tresca, sche *sf* (*fig*) intrigue; (*: relazione amorosa*) affair
'trespolo *sm* trestle
tri'angolo *sm* triangle
tribù *sf inv* tribe
tri'buna *sf* (*podio*) platform; (*in aule etc*) gallery; (*di stadio*) stand
tribu'nale *sm* court
tribu'tare *vt* to bestow
tri'buto *sm* tax; (*fig*) tribute
tri'checo, chi [tri'kɛko] *sm* (*ZOOL*) walrus
tri'ciclo [tri'tʃiklo] *sm* tricycle
trico'lore *ag* three-coloured ♦ *sm* tricolour; (*bandiera italiana*) Italian flag
tri'dente *sm* trident
tri'foglio [tri'fɔʎʎo] *sm* clover
'triglia ['triʎʎa] *sf* red mullet
tril'lare *vi* (*MUS*) to trill
tri'mestre *sm* period of three months; (*INS*) term, quarter (*US*); (*COMM*) quarter
'trina *sf* lace
trin'cea [trin'tʃɛa] *sf* trench; **trince'rare** *vt* to entrench
trinci'are [trin'tʃare] *vt* to cut up
trion'fare *vi* to triumph, win; ~ **su** to triumph over, overcome; **tri'onfo** *sm* triumph
tripli'care *vt* to triple
'triplice ['triplitʃe] *ag* triple; **in ~ copia** in triplicate
'triplo, a *ag* triple; treble ♦ *sm*: **il ~ (di)** three times as much (as); **la spesa è ~a** it costs three times as much
'tripode *sm* tripod
'trippa *sf* (*CUC*) tripe
'triste *ag* sad; (*luogo*) dreary, gloomy; **tris'tezza** *sf* sadness; gloominess
trita'carne *sm inv* mincer, grinder (*US*)
tri'tare *vt* to mince, grind (*US*)
'trito, a *ag* (*tritato*) minced, ground (*US*); ~ **e ritrito** (*fig*) trite, hackneyed
'trittico, ci *sm* (*ARTE*) triptych
trivel'lare *vt* to drill
trivi'ale *ag* vulgar, low
tro'feo *sm* trophy
'trogolo *sm* (*per maiali*) trough
'tromba *sf* (*MUS*) trumpet; (*AUT*) horn; ~ **d'aria** whirlwind; ~ **delle scale** stairwell
trom'bone *sm* trombone
trom'bosi *sf* thrombosis
tron'care *vt* to cut off; (*spezzare*) to break off
'tronco, a, chi, che *ag* cut off; broken off; (*LING*) truncated; (*fig*) cut short ♦ *sm* (*BOT, ANAT*) trunk; (*fig: tratto*) section; (*: pezzo: di lancia*) stump; **licenziare qn in ~** to fire sb on the spot
troneggi'are [troned'dʒare] *vi*: ~ **(su)** to tower (over)
'tronfio, a *ag* conceited
'trono *sm* throne
tropi'cale *ag* tropical
'tropico, ci *sm* tropic; **~ci** *smpl* (*GEO*) tropics

PAROLA CHIAVE

'troppo, a *det* (*in eccesso: quantità*) too much; (: *numero*) too many; **c'era ~a gente** there were too many people; **fa ~ caldo** it's too hot
◆ *pron* (*in eccesso: quantità*) too much; (: *numero*) too many; **ne hai messo ~** you've put in too much; **meglio ~i che pochi** better too many than too few
◆ *av* (*eccessivamente: con ag, av*) too; (: *con vb*) too much; **~ amaro/tardi** too bitter/late; **lavora ~** he works too much; **di ~** too much; too many; **qualche tazza di ~** a few cups too many; **3000 lire di ~** 3000 lire too much; **essere di ~** to be in the way

'trota *sf* trout
trot'tare *vi* to trot; **trotterel'lare** *vi* to trot along; (*bambino*) to toddle; **'trotto** *sm* trot
'trottola *sf* spinning top
tro'vare *vt* to find; (*giudicare*): **trovo che** I find *o* think that; **~rsi** *vr* (*reciproco: incontrarsi*) to meet; (*essere, stare*) to be; (*arrivare, capitare*) to find o.s.; **andare a ~ qn** to go and see sb; **~ qn colpevole** to find sb guilty; **~rsi bene** (*in un luogo, con qn*) to get on well; **tro'vata** *sf* good idea
truc'care *vt* (*falsare*) to fake; (*attore etc*) to make up; (*travestire*) to disguise; (*SPORT*) to fix; (*AUT*) to soup up; **~rsi** *vr* to make up (one's face); **trucca'tore, 'trice** *sm/f* (*CINEMA, TEATRO*) make-up artist
'trucco, chi *sm* trick; (*cosmesi*) make-up
'truce ['trutʃe] *ag* fierce
truci'dare [trutʃi'dare] *vt* to slaughter
'truciolo ['trutʃolo] *sm* shaving
'truffa *sf* fraud, swindle; **truf'fare** *vt* to swindle, cheat
'truppa *sf* troop
tu *pron* you; **~ stesso(a)** you yourself; **dare del ~ a qn** to address sb as "tu"
'tua *vedi* **tuo**
'tuba *sf* (*MUS*) tuba; (*cappello*) top hat
tu'bare *vi* to coo
tuba'tura *sf* piping *q*, pipes *pl*
tubazi'one [tubat'tsjone] *sf* = **tubatura**
tu'betto *sm* tube
'tubo *sm* tube; pipe; **~ digerente** (*ANAT*) alimentary canal, digestive tract; **~ di scappamento** (*AUT*) exhaust pipe
'tue *vedi* **tuo**
tuf'fare *vt* to plunge, dip; **~rsi** *vr* to plunge, dive; **'tuffo** *sm* dive; (*breve bagno*) dip
tu'gurio *sm* hovel
tuli'pano *sm* tulip
tume'farsi *vr* (*MED*) to swell
'tumido, a *ag* swollen
tu'more *sm* (*MED*) tumour
tu'multo *sm* uproar, commotion; (*sommossa*) riot; (*fig*) turmoil; **tumultu'oso, a** *ag* rowdy, unruly; (*fig*) turbulent, stormy
'tunica, che *sf* tunic
Tuni'sia *sf*: **la ~** Tunisia
'tuo (*f* **'tua**, *pl* **tu'oi, 'tue**) *det*: **il ~, la tua** *etc* your ◆ *pron*: **il ~, la tua** *etc* yours
tuo'nare *vi* to thunder; **tuona** it is thundering, there's some thunder
tu'ono *sm* thunder
tu'orlo *sm* yolk
tu'racciolo [tu'rattʃolo] *sm* cap, top; (*di sughero*) cork
tu'rare *vt* to stop, plug; (*con sughero*) to cork; **~rsi il naso** to hold one's nose
turba'mento *sm* disturbance; (*di animo*) anxiety, agitation
tur'bante *sm* turban
tur'bare *vt* to disturb, trouble
'turbine *sm* whirlwind
turbo'lento, a *ag* turbulent; (*ragazzo*) boisterous, unruly
turbo'lenza [turbo'lɛntsa] *sf* turbulence

tur'chese [tur'kese] *sf* turquoise
Tur'chia [tur'kia] *sf*: **la ~** Turkey
tur'chino, a [tur'kino] *ag* deep blue
'turco, a, chi, che *ag* Turkish ♦ *sm/f* Turk/Turkish woman ♦ *sm* (*LING*) Turkish; **parlare ~** (*fig*) to talk double-dutch
tu'rismo *sm* tourism; tourist industry; **tu'rista, i, e** *sm/f* tourist; **tu'ristico, a, ci, che** *ag* tourist *cpd*
'turno *sm* turn; (*di lavoro*) shift; **di ~** (*soldato, medico, custode*) on duty; **a ~** (*rispondere*) in turn; (*lavorare*) in shifts; **fare a ~ a fare qc** to take turns to do sth; **è il suo ~** it's your (*o* his *etc*) turn
'turpe *ag* filthy, vile; **turpi'loquio** *sm* obscene language
'tuta *sf* overalls *pl*; (*SPORT*) tracksuit
tu'tela *sf* (*DIR*: *di minore*) guardianship; (*: protezione*) protection; (*difesa*) defence; **tute'lare** *vt* to protect, defend
tu'tore, 'trice *sm/f* (*DIR*) guardian
tutta'via *cong* nevertheless, yet

PAROLA CHIAVE

'tutto, a *det* **1** (*intero*) all; **~ il latte** all the milk; **~a la notte** all night, the whole night; **~ il libro** the whole book; **~a una bottiglia** a whole bottle
2 (*pl, collettivo*) all; every; **~i i libri** all the books; **~e le notti** every night; **~i i venerdì** every Friday; **~i gli uomini** all the men; (*collettivo*) all men; **~i e due** both *o* each of us (*o* them *o* you); **~i e cinque** all five of us (*o* them *o* you)
3 (*completamente*): **era ~a sporca** she was all dirty; **tremava ~** he was trembling all over; **è ~a sua madre** she's just *o* exactly like her mother
4: **a tutt'oggi** so far, up till now; **a ~a velocità** at full *o* top speed
♦ *pron* **1** (*ogni cosa*) everything, all; (*qualsiasi cosa*) anything; **ha mangiato ~** he's eaten everything; **~ considerato** all things considered; **in ~: 10,000 lire in ~** 10.000 lire in all; **in ~ eravamo 50** there were 50 of us in all
2: **~i, e** (*ognuno*) all, everybody; **vengono ~i** they are all coming, everybody's coming; **~i quanti** all and sundry
♦ *av* (*completamente*) entirely, quite; **è ~ il contrario** it's quite *o* exactly the opposite; **tutt'al più: saranno stati tutt'al più una cinquantina** there were about fifty of them at (the very) most; **tutt'al più possiamo prendere un treno** if the worst comes to the worst we can take a train; **tutt'altro** on the contrary; **è tutt'altro che felice** he's anything but happy; **tutt'a un tratto** suddenly
♦ *sm*: **il ~** the whole lot, all of it

tutto'fare *ag inv*: **domestica ~** general maid; **ragazzo ~** office boy ♦ *sm/f inv* handyman/woman
tut'tora *av* still

U

ubbidi'ente *ag* obedient; **ubbidi'enza** *sf* obedience
ubbi'dire *vi* to obey; **~ a** to obey; (*sog: veicolo, macchina*) to respond to
ubria'care *vt*: **~ qn** to get sb drunk; (*sog: alcool*) to make sb drunk; (*fig*) to make sb's head spin *o* reel; **~rsi** *vr* to get drunk; **~rsi di** (*fig*) to become intoxicated with
ubri'aco, a, chi, che *ag, sm/f* drunk
uccelli'era [uttʃel'ljɛra] *sf* aviary
uccel'lino [uttʃel'lino] *sm* baby bird, chick
uc'cello [ut'tʃɛllo] *sm* bird
uc'cidere [ut'tʃidere] *vt* to kill; **~rsi** *vr* (*suicidarsi*) to kill o.s.; (*perdere la vita*) to be killed; **uccisi'one** *sf* killing; **uc'ciso, a** *pp di* **uccidere**; **ucci'sore** *sm* killer

udi'enza [u'djɛntsa] *sf* audience; (*DIR*) hearing; **dare ~ (a)** to grant an audience (to)

u'dire *vt* to hear; **udi'tivo, a** *ag* auditory; **u'dito** *sm* (sense of) hearing; **udi'tore, 'trice** *sm/f* listener; (*INS*) unregistered student (*attending lectures*); **udi'torio** *sm* (*persone*) audience

uffa *escl* tut!

uffici'ale [uffi'tʃale] *ag* official ♦ *sm* (*AMM*) official, officer; (*MIL*) officer; **~ di stato civile** registrar

uf'ficio [uf'fitʃo] *sm* (*gen*) office; (*dovere*) duty; (*mansione*) task, function, job; (*agenzia*) agency, bureau; (*REL*) service; **d'~** *ag* office *cpd*; official ♦ *av* officially; **~ di collocamento** employment office; **~ informazioni** information bureau; **~ oggetti smarriti** lost property office (*BRIT*), lost and found (*US*); **~ postale** post office

uffici'oso, a [uffi'tʃoso] *ag* unofficial

'ufo: a **~** *av* free, for nothing

uggi'oso, a [ud'dʒoso] *ag* tiresome; (*tempo*) dull

uguagli'anza [ugwaʎ'ʎantsa] *sf* equality

uguagli'are [ugwaʎ'ʎare] *vt* to make equal; (*essere uguale*) to equal, be equal to; (*livellare*) to level; **~rsi a** *o* **con qn** (*paragonarsi*) to compare o.s. to sb

ugu'ale *ag* equal; (*identico*) identical, the same; (*uniforme*) level, even ♦ *av*: **costano ~** they cost the same; **sono bravi ~** they're equally good; **ugual'mente** *av* equally; (*lo stesso*) all the same

'ulcera ['ultʃera] *sf* ulcer

u'liva *etc* = **oliva** *etc*

ulteri'ore *ag* further

ulti'mare *vt* to finish, complete

'ultimo, a *ag* (*finale*) last; (*estremo*) farthest, utmost; (*recente*: *notizia, moda*) latest; (*fig*: *sommo, fondamentale*) ultimate ♦ *sm/f* last (one); **fino all'~** to the last, until the end; **da ~, in ~** in the end; **abitare all'~ piano** to live on the top floor; **per ~** (*entrare, arrivare*) last

ulu'lare *vi* to howl; **ulu'lato** *sm* howling *no pl*; howl

umanità *sf* humanity; **umani'tario, a** *ag* humanitarian

u'mano, a *ag* human; (*comprensivo*) humane

umbi'lico *sm* = **ombelico**

umet'tare *vt* to dampen, moisten

umidità *sf* dampness; humidity

'umido, a *ag* damp; (*mano, occhi*) moist; (*clima*) humid ♦ *sm* dampness, damp; **carne in ~** stew

'umile *ag* humble

umili'are *vt* to humiliate; **~rsi** *vr* to humble o.s.; **umiliazi'one** *sf* humiliation

umiltà *sf* humility, humbleness

u'more *sm* (*disposizione d'animo*) mood; (*carattere*) temper; **di buon/cattivo ~** in a good/bad mood

umo'rismo *sm* humour; **avere il senso dell'~** to have a sense of humour; **umo'rista, i, e** *sm/f* humorist; **umo'ristico, a, ci, che** *ag* humorous, funny

un *vedi* **uno**

un' *vedi* **uno**

'una *vedi* **uno**

u'nanime *ag* unanimous; **unanimità** *sf* unanimity; **all'unanimità** unanimously

unci'netto [untʃi'netto] *sm* crochet hook

un'cino [un'tʃino] *sm* hook

'undici ['unditʃi] *num* eleven

'ungere ['undʒere] *vt* to grease, oil; (*REL*) to anoint; (*fig*) to flatter, butter up; **~rsi** *vr* (*sporcarsi*) to get covered in grease; **~rsi con la crema** to put on cream

unghe'rese [unge'rese] *ag, sm/f, sm* Hungarian

Unghe'ria [unge'ria] *sf*: **l'~** Hungary

'unghia ['ungja] *sf* (*ANAT*) nail; (*di animale*) claw; (*di rapace*) talon; (*di cavallo*) hoof; **unghi'ata** *sf* (*graffio*) scratch

ungu'ento *sm* ointment
'unico, a, ci, che *ag* (*solo*) only; (*ineguagliabile*) unique; (*singolo: binario*) single; **figlio(a) ~(a)** only son/daughter, only child
unifi'care *vt* to unite, unify; (*sistemi*) to standardize; **unificazi'one** *sf* uniting; unification; standardization
uni'forme *ag* uniform; (*superficie*) even ♦ *sf* (*divisa*) uniform
unilate'rale *ag* one-sided; (*DIR*) unilateral
uni'one *sf* union; (*fig: concordia*) unity, harmony; **l'U~ Sovietica** the Soviet Union
u'nire *vt* to unite; (*congiungere*) to join, connect; (*: ingredienti, colori*) to combine; (*in matrimonio*) to unite, join together; **~rsi** *vr* to unite; (*in matrimonio*) to be joined together; **~ qc a** to unite sth with; to join *o* connect sth with; to combine sth with; **~rsi a** (*gruppo, società*) to join
unità *sf inv* (*unione, concordia*) unity; (*MAT, MIL, COMM, di misura*) unit; **uni'tario, a** *ag* unitary; **prezzo unitario** price per unit
u'nito, a *ag* (*paese*) united; (*amici, famiglia*) close; **in tinta ~a** plain, self-coloured
univer'sale *ag* universal; general
università *sf inv* university; **universi'tario, a** *ag* university *cpd* ♦ *sm/f* (*studente*) university student; (*insegnante*) academic, university lecturer
uni'verso *sm* universe

PAROLA CHIAVE

'uno, a (*dav sm* **un** *+C, V,* **uno** *+s impura, gn, pn, ps, x, z; dav sf* **un'** *+V,* **una** *+C*) *art indef* **1** a; (*dav vocale*) an; **un bambino** a child; **~a strada** a street; **~ zingaro** a gypsy
2 (*intensivo*): **ho avuto ~a paura!** I got such a fright!
◆ *pron* **1** one; **prendine ~** take one (of them); **l'~ o l'altro** either (of them); **l'~ e l'altro** both (of them); **aiutarsi l'un l'altro** to help one another *o* each other; **sono entrati l'~ dopo l'altro** they came in one after the other
2 (*un tale*) someone, somebody
3 (*con valore impersonale*) one, you; **se ~ vuole** if one wants, if you want
◆ *num* one; **~a mela e due pere** one apple and two pears; **~ più ~ fa due** one plus one equals two, one and one are two
◆ *sf*: **è l'~a** it's one (o'clock)

'unto, a *pp di* **ungere** ♦ *ag* greasy, oily ♦ *sm* grease; **untu'oso, a** *ag* greasy, oily
u'omo (*pl* **u'omini**) *sm* man; **da ~** (*abito, scarpe*) men's, for men; **~ d'affari** businessman; **~ di paglia** stooge; **~ rana** frogman
u'opo *sm*: **all'~** if necessary
u'ovo (*pl(f)* **u'ova**) *sm* egg; **~ affogato** poached egg; **~ al tegame** fried egg; **~ alla coque** boiled egg; **~ bazzotto/sodo** soft-/hard-boiled egg; **~ di Pasqua** Easter egg; **~ in camicia** poached egg; **~a strapazzate** scrambled eggs
ura'gano *sm* hurricane
urba'nistica *sf* town planning
ur'bano, a *ag* urban, city *cpd*, town *cpd*; (*TEL: chiamata*) local; (*fig*) urbane
ur'gente [ur'dʒɛnte] *ag* urgent; **ur'genza** *sf* urgency; **in caso d'urgenza** in (case of) an emergency; **d'urgenza** *ag* emergency ♦ *av* urgently, as a matter of urgency
'urgere ['urdʒere] *vi* to be urgent; to be needed urgently
u'rina *sf* = **orina**
ur'lare *vi* (*persona*) to scream, yell; (*animale, vento*) to howl ♦ *vt* to scream, yell
'urlo (*pl(m)* **'urli,** *pl(f)* **'urla**) *sm* scream, yell; howl
'urna *sf* urn; (*elettorale*) ballot-box; **andare alle ~e** to go to the polls
urrà *escl* hurrah!
U.R.S.S. *abbr f*: **l'~** the USSR

ur'tare *vt* to bump into, knock against; (*fig: irritare*) to annoy ♦ *vi*: ~ **contro** *o* **in** to bump into, knock against, crash into; (*fig: imbattersi*) to come up against; ~**rsi** *vr* (*reciproco: scontrarsi*) to collide; (: *fig*) to clash; (*irritarsi*) to get annoyed; **'urto** *sm* (*colpo*) knock, bump; (*scontro*) crash, collision; (*fig*) clash

U.S.A. ['uza] *smpl*: **gli** ~ the USA

u'sanza [u'zantsa] *sf* custom; (*moda*) fashion

u'sare *vt* to use, employ ♦ *vi* (*servirsi*): ~ **di** to use; (: *diritto*) to exercise; (*essere di moda*) to be fashionable; (*essere solito*): ~ **fare** to be in the habit of doing, be accustomed to doing ♦ *vb impers*: **qui usa così** it's the custom round here; **u'sato, a** *ag* used; (*consumato*) worn; (*di seconda mano*) used, second-hand ♦ *sm* second-hand goods *pl*

usci'ere [uʃ'ʃɛre] *sm* usher

'uscio ['uʃʃo] *sm* door

u'scire [uʃ'ʃire] *vi* (*gen*) to come out; (*partire, andare a passeggio, a uno spettacolo etc*) to go out; (*essere sorteggiato: numero*) to come up; ~ **da** (*gen*) to leave; (*posto*) to go (*o* come) out of, leave; (*solco, vasca etc*) to come out of; (*muro*) to stick out of; (*competenza etc*) to be outside; (*infanzia, adolescenza*) to leave behind; (*famiglia nobile etc*) to come from; ~ **da** *o* **di casa** to go out; (*fig*) to leave home; ~ **in automobile** to go out in the car, go for a drive; ~ **di strada** (*AUT*) to go off *o* leave the road

u'scita [uʃ'ʃita] *sf* (*passaggio, varco*) exit, way out; (*per divertimento*) outing; (*ECON*: *somma*) expenditure; (*TEATRO*) entrance; (*fig*: *battuta*) witty remark; ~ **di sicurezza** emergency exit

usi'gnolo [uziɲ'ɲɔlo] *sm* nightingale

U.S.L. [uzl] *sigla f* (= *unità sanitaria locale*) local health centre

'uso *sm* (*utilizzazione*) use; (*esercizio*) practice; (*abitudine*) custom; **a** ~ **di** for (the use of); **d'**~ (*corrente*) in use; **fuori** ~ out of use

usti'one *sf* burn

usu'ale *ag* common, everyday

u'sura *sf* usury; (*logoramento*) wear (and tear)

uten'sile *sm* tool, implement; ~**i da cucina** kitchen utensils

u'tente *sm/f* user

'utero *sm* uterus

'utile *ag* useful ♦ *sm* (*vantaggio*) advantage, benefit; (*ECON: profitto*) profit; **utilità** *sf* usefulness *no pl*; use; (*vantaggio*) benefit; **utili'taria** *sf* (*AUT*) economy car; **utili'tario, a** *ag* utilitarian

utiliz'zare [utilid'dzare] *vt* to use, make use of, utilize

'uva *sf* grapes *pl*; ~ **passa** raisins *pl*; ~ **spina** gooseberry

V

v. *abbr* (= *vedi*) v

va *vb vedi* **andare**

va'cante *ag* vacant

va'canza [va'kantsa] *sf* (*l'essere vacante*) vacancy; (*riposo, ferie*) holiday(s *pl*) (*BRIT*), vacation (*US*); (*giorno di permesso*) day off, holiday; ~**e** *sfpl* (*periodo di ferie*) holidays (*BRIT*), vacation *sg* (*US*); **essere/andare in** ~ to be/go on holiday *o* vacation; ~**e estive** summer holiday(s) *o* vacation

'vacca, che *sf* cow

vacci'nare [vattʃi'nare] *vt* to vaccinate

vac'cino [vat'tʃino] *sm* (*MED*) vaccine

vacil'lare [vatʃil'lare] *vi* to sway, wobble; (*luce*) to flicker; (*fig*: *memoria, coraggio*) to be failing, falter

'vacuo, a *ag* (*fig*) empty, vacuous ♦ *sm* vacuum

'vado *vb vedi* **andare**

vaga'bondo, a *sm/f* tramp, vagrant; (*fannullone*) idler, loafer

va'gare *vi* to wander

vagheggi'are [vaged'dʒare] *vt* to long for, dream of
va'gina [va'dʒina] *sf* vagina
va'gire [va'dʒire] *vi* to whimper
va'gito [va'dʒito] *sm* cry
'vaglia ['vaʎʎa] *sm inv* money order; ~ **postale** postal order
vagli'are [vaʎ'ʎare] *vt* to sift; (*fig*) to weigh up; **'vaglio** *sm* sieve
'vago, a, ghi, ghe *ag* vague
va'gone *sm* (*FERR*: *per passeggeri*) coach; (: *per merci*) truck, wagon; ~ **letto** sleeper, sleeping car; ~ **ristorante** dining *o* restaurant car
'vai *vb vedi* **andare**
vai'olo *sm* smallpox
va'langa, ghe *sf* avalanche
va'lente *ag* able, talented
va'lere *vi* (*avere forza, potenza*) to have influence; (*essere valido*) to be valid; (*avere vigore, autorità*) to hold, apply; (*essere capace: poeta, studente*) to be good, be able ♦ *vt* (*prezzo, sforzo*) to be worth; (*corrispondere*) to correspond to; (*procurare*): ~ **qc a qn** to earn sb sth; ~**rsi di** to make use of, take advantage of; **far** ~ (*autorità etc*) to assert; **vale a dire** that is to say; ~ **la pena** to be worth the effort *o* worth it
va'levole *ag* valid
vali'care *vt* to cross
'valico, chi *sm* (*passo*) pass
'valido, a *ag* valid; (*rimedio*) effective; (*aiuto*) real; (*persona*) worthwhile
valige'ria [validʒe'ria] *sf* leather goods *pl*; leather goods factory; leather goods shop
va'ligia, gie *o* **ge** [va'lidʒa] *sf* (suit)case; **fare le** ~**gie** to pack (up); ~ **diplomatica** diplomatic bag
val'lata *sf* valley
'valle *sf* valley; **a** ~ (*di fiume*) downstream; **scendere a** ~ to go downhill
val'letto *sm* valet
va'lore *sm* (*gen*) value; (*merito*) merit, worth; (*coraggio*) valour, courage; (*COMM*: *titolo*) security; ~**i** *smpl* (*oggetti preziosi*) valuables
valoriz'zare [valorid'dzare] *vt* (*terreno*) to develop; (*fig*) to make the most of
'valso, a *pp di* **valere**
va'luta *sf* currency, money; (*BANCA*): ~ **15 gennaio** interest to run from January 15th
valu'tare *vt* (*casa, gioiello, fig*) to value; (*stabilire*: *peso, entrate, fig*) to estimate; **valutazi'one** *sf* valuation; estimate
'valvola *sf* (*TECN, ANAT*) valve; (*ELETTR*) fuse
'valzer ['valtser] *sm inv* waltz
vam'pata *sf* (*di fiamma*) blaze; (*di calore*) blast; (: *al viso*) flush
vam'piro *sm* vampire
vanda'lismo *sm* vandalism
'vandalo *sm* vandal
vaneggi'are [vaned'dʒare] *vi* to rave
'vanga, ghe *sf* spade; **van'gare** *vt* to dig
van'gelo [van'dʒɛlo] *sm* gospel
va'niglia [va'niʎʎa] *sf* vanilla
vanità *sf* vanity; (*di promessa*) emptiness; (*di sforzo*) futility;
vani'toso, a *ag* vain, conceited
'vanno *vb vedi* **andare**
'vano, a *ag* vain ♦ *sm* (*spazio*) space; (*apertura*) opening; (*stanza*) room
van'taggio [van'taddʒo] *sm* advantage; **essere/portarsi in** ~ (*SPORT*) to be in/take the lead; **vantaggi'oso, a** *ag* advantageous; favourable
van'tare *vt* to praise, speak highly of; ~**rsi** *vr*: ~**rsi (di/di aver fatto)** to boast *o* brag (about/about having done); **vante'ria** *sf* boasting; **'vanto** *sm* boasting; (*merito*) virtue, merit; (*gloria*) pride
'vanvera *sf*: **a** ~ haphazardly; **parlare a** ~ to talk nonsense
va'pore *sm* vapour; (*anche*: ~ *acqueo*) steam; (*nave*) steamer; **a** ~ (*turbina etc*) steam *cpd*; **al** ~ (*CUC*) steamed; **vapo'retto** *sm* steamer;

vapori'era *sf* (*FERR*) steam engine; **vaporiz'zare** *vt* to vaporize; **vapo'roso, a** *ag* (*tessuto*) filmy; (*capelli*) soft and full
va'rare *vt* (*NAUT, fig*) to launch; (*DIR*) to pass
var'care *vt* to cross
'varco, chi *sm* passage; **aprirsi un ~ tra la folla** to push one's way through the crowd
vari'abile *ag* variable; (*tempo, umore*) changeable, variable ♦ *sf* (*MAT*) variable
vari'are *vt, vi* to vary; **~ di opinione** to change one's mind; **variazi'one** *sf* variation; change
va'rice [va'ritʃe] *sf* varicose vein
vari'cella [vari'tʃɛlla] *sf* chickenpox
vari'coso, a *ag* varicose
varie'gato, a *ag* variegated
varietà *sf inv* variety ♦ *sm inv* variety show
'vario, a *ag* varied; (*parecchi: col sostantivo al pl*) various; (*mutevole: umore*) changeable; **vario'pinto, a** *ag* multicoloured
'varo *sm* (*NAUT, fig*) launch; (*di leggi*) passing
va'saio *sm* potter
'vasca, sche *sf* basin; (*anche: ~ da bagno*) bathtub, bath
va'scello [vaʃ'ʃɛllo] *sm* (*NAUT*) vessel, ship
vase'lina *sf* vaseline
vasel'lame *sm* (*stoviglie*) crockery; (*: di porcellana*) china; **~ d'oro/d'argento** gold/silver plate
'vaso *sm* (*recipiente*) pot; (*: barattolo*) jar; (*: decorativo*) vase; (*ANAT*) vessel; **~ da fiori** vase; (*per piante*) flowerpot
vas'soio *sm* tray
'vasto, a *ag* vast, immense
Vati'cano *sm*: **il ~** the Vatican
ve *pron, av vedi* **vi**
vecchi'aia [vek'kjaja] *sf* old age
'vecchio, a ['vɛkkjo] *ag* old ♦ *sm/f* old man/woman; **i ~i** the old
'vece ['vetʃe] *sf*: **in ~ di** in the place of, for; **fare le ~i di qn** to take sb's place
ve'dere *vt, vi* to see; **~rsi** *vr* to meet, see one another; **avere a che ~ con** to have something to do with; **far ~ qc a qn** to show sb sth; **farsi ~** to show o.s.; (*farsi vivo*) to show one's face; **vedi di non farlo** make sure *o* see you don't do it; **non (ci) si vede** (*è buio etc*) you can't see a thing; **non lo posso ~** (*fig*) I can't stand him
ve'detta *sf* (*sentinella, posto*) lookout; (*NAUT*) patrol boat
'vedovo, a *sm/f* widower/widow
ve'duta *sf* view
vee'mente *ag* vehement; violent
vege'tale [vedʒe'tale] *ag, sm* vegetable
vegetari'ano, a [vedʒeta'rjano] *ag, sm/f* vegetarian
'vegeto, a ['vɛdʒeto] *ag* (*pianta*) thriving; (*persona*) strong, vigorous
'veglia ['veʎʎa] *sf* wakefulness; (*sorveglianza*) watch; (*trattenimento*) evening gathering; **fare la ~ a un malato** to watch over a sick person
vegli'are [veʎ'ʎare] *vi* to be awake; to stay *o* sit up; (*stare vigile*) to watch; to keep watch ♦ *vt* (*malato, morto*) to watch over, sit up with
ve'icolo *sm* vehicle; **~ spaziale** spacecraft *inv*
'vela *sf* (*NAUT: tela*) sail; (*sport*) sailing
ve'lare *vt* to veil; **~rsi** *vr* (*occhi, luna*) to mist over; (*voce*) to become husky; **~rsi il viso** to cover one's face (with a veil); **ve'lato, a** *ag* veiled
veleggi'are [veled'dʒare] *vi* to sail; (*AER*) to glide
ve'leno *sm* poison; **vele'noso, a** *ag* poisonous
veli'ero *sm* sailing ship
ve'lina *sf* (*anche: carta ~: per imballare*) tissue paper; (*: per copie*) flimsy paper; (*copia*) carbon copy
ve'livolo *sm* aircraft
velleità *sf inv* vain ambition, vain desire

'vello *sm* fleece
vel'luto *sm* velvet; ~ **a coste** cord
'velo *sm* veil; (*tessuto*) voile
ve'loce [ve'lotʃe] *ag* fast, quick ♦ *av* fast, quickly; **velo'cista, i, e** *sm/f* (*SPORT*) sprinter; **velocità** *sf* speed; **a forte velocità** at high speed; **velocità di crociera** cruising speed
ve'lodromo *sm* velodrome
'vena *sf* (*gen*) vein; (*filone*) vein, seam; (*fig*: *ispirazione*) inspiration; (: *umore*) mood; **essere in ~ di qc** to be in the mood for sth
ve'nale *ag* (*prezzo, valore*) market *cpd*; (*fig*) venal; mercenary
ven'demmia *sf* (*raccolta*) grape harvest; (*quantità d'uva*) grape crop, grapes *pl*; (*vino ottenuto*) vintage; **vendemmi'are** *vt* to harvest ♦ *vi* to harvest the grapes
'vendere *vt* to sell; **"vendesi"** "for sale"
ven'detta *sf* revenge
vendi'care *vt* to avenge; **~rsi** *vr*: **~rsi (di)** to avenge o.s. (for); (*per rancore*) to take one's revenge (for); **~rsi su qn** to revenge o.s. on sb; **vendica'tivo, a** *ag* vindictive
'vendita *sf* sale; **la ~** (*attività*) selling; (*smercio*) sales *pl*; **in ~** on sale; **~ all'asta** sale by auction; **vendi'tore** *sm* seller, vendor; (*gestore di negozio*) trader, dealer
ve'nefico, a, ci, che *ag* poisonous
vene'rabile *ag* venerable
venerando, a *ag* = **venerabile**
vene'rare *vt* to venerate
venerdì *sm inv* Friday; **di** *o* **il ~** on Fridays; **V~ Santo** Good Friday
ve'nereo, a *ag* venereal
'veneto, a *ag, sm/f* Venetian
Ve'nezia [ve'nettsja] *sf* Venice; **vene'zi'ano, a** *ag, sm/f* Venetian
veni'ale *ag* venial
ve'nire *vi* to come; (*riuscire*: *dolce, fotografia*) to turn out; (*come ausiliare: essere*): **viene ammirato da tutti** he is admired by everyone; **~ da** to come from; **quanto viene?** how much does it cost?; **far ~** (*mandare a chiamare*) to send for; **~ giù** to come down; **~ meno** (*svenire*) to faint; **~ meno a qc** not to fulfil sth; **~ su** to come up; **~ a trovare qn** to come and see sb; **~ via** to come away
ven'taglio [ven'taʎʎo] *sm* fan
ven'tata *sf* gust (of wind)
ven'tenne *ag*: **una ragazza ~** a twenty-year-old girl, a girl of twenty
ven'tesimo, a *num* twentieth
'venti *num* twenty
venti'lare *vt* (*stanza*) to air, ventilate; (*fig: idea, proposta*) to air; **ventila'tore** *sm* ventilator, fan
ven'tina *sf*: **una ~ (di)** around twenty, twenty or so
venti'sette *num* twenty-seven; **il ~** (*giorno di paga*) (monthly) pay day
'vento *sm* wind
'ventola *sf* (*AUT, TECN*) fan
ven'tosa *sf* (*ZOOL*) sucker; (*di gomma*) suction pad
ven'toso, a *ag* windy
'ventre *sm* stomach
ven'tura *sf*: **andare alla ~** to trust to luck; **soldato di ~** mercenary
ven'turo, a *ag* next, coming
ve'nuta *sf* coming, arrival
ve'nuto, a *pp di* **venire**
vera'mente *av* really
ver'bale *ag* verbal ♦ *sm* (*di riunione*) minutes *pl*
'verbo *sm* (*LING*) verb; (*parola*) word; (*REL*): **il V~** the Word
'verde *ag, sm* green; **essere al ~** to be broke; **~ bottiglia/oliva** bottle/olive green
verde'rame *sm* verdigris
ver'detto *sm* verdict
ver'dura *sf* vegetables *pl*
vere'condo, a *ag* modest
'verga, ghe *sf* rod
ver'gato, a *ag* (*foglio*) ruled
'vergine ['verdʒine] *sf* virgin; (*dello zodiaco*): **V~** Virgo ♦ *ag* virgin; (*ragazza*): **essere ~** to be a virgin
ver'gogna [ver'goɲɲa] *sf* shame; (*timidezza*) shyness, embarrassment;

vergo'gnarsi *vr*: **vergognarsi (di)** to be *o* feel ashamed (of); to be shy (about), be embarrassed (about);
vergo'gnoso, a *ag* ashamed; (*timido*) shy, embarrassed; (*causa di vergogna: azione*) shameful
ve'rifica, che *sf* checking *no pl*, check
verifi'care *vt* (*controllare*) to check; (*confermare*) to confirm, bear out
verità *sf inv* truth
veriti'ero, a *ag* (*che dice la verità*) truthful; (*conforme a verità*) true
'verme *sm* worm
vermi'celli [vermi'tʃɛlli] *smpl* vermicelli *sg*
ver'miglio [ver'miʎʎo] *sm* vermilion, scarlet
'vermut *sm inv* vermouth
ver'nice [ver'nitʃe] *sf* (*colorazione*) paint; (*trasparente*) varnish; (*pelle*) patent leather; "**~ fresca**" "wet paint"; **vernici'are** *vt* to paint; to varnish
'vero, a *ag* (*veridico: fatti, testimonianza*) true; (*autentico*) real ♦ *sm* (*verità*) truth; (*realtà*) (real) life; **un ~ e proprio delinquente** a real criminal, an out-and-out criminal
vero'simile *ag* likely, probable
ver'ruca, che *sf* wart
versa'mento *sm* (*pagamento*) payment; (*deposito di denaro*) deposit
ver'sante *sm* slopes *pl*, side
ver'sare *vt* (*fare uscire: vino, farina*) to pour (out); (*spargere: lacrime, sangue*) to shed; (*rovesciare*) to spill; (*ECON*) to pay; (: *depositare*) to deposit, pay in; **~rsi** *vr* (*rovesciarsi*) to spill; (*fiume, folla*): **~rsi (in)** to pour (into)
versa'tile *ag* versatile
ver'setto *sm* (*REL*) verse
versi'one *sf* version; (*traduzione*) translation
'verso *sm* (*di poesia*) verse, line; (*di animale, uccello, venditore ambulante*) cry; (*direzione*) direction; (*modo*) way; (*di foglio di carta*) verso; (*di moneta*) reverse; **~i** *smpl* (*poesia*) verse *sg*; **non c'è ~ di persuaderlo** there's no way of persuading him, he can't be persuaded ♦ *prep* (*in direzione di*) toward(s); (*nei pressi di*) near, around (about); (*in senso temporale*) about, around; (*nei confronti di*) for; **~ di me** towards me; **~ sera** towards evening
'vertebra *sf* vertebra
verti'cale *ag*, *sf* vertical
'vertice ['vertitʃe] *sm* summit, top; (*MAT*) vertex; **conferenza al ~** (*POL*) summit conference
ver'tigine [ver'tidʒine] *sf* dizziness *no pl*; dizzy spell; (*MED*) vertigo; **avere le ~i** to feel dizzy; **vertigi'noso, a** *ag* (*altezza*) dizzy; (*fig*) breathtakingly high (*o* deep *etc*)
ve'scica, che [veʃ'ʃika] *sf* (*ANAT*) bladder; (*MED*) blister
'vescovo *sm* bishop
'vespa *sf* wasp
'vespro *sm* (*REL*) vespers *pl*
ves'sillo *sm* standard; (*bandiera*) flag
ves'taglia [ves'taʎʎa] *sf* dressing gown
'veste *sf* garment; (*rivestimento*) covering; (*qualità, facoltà*) capacity; **in ~ ufficiale** (*fig*) in an official capacity; **in ~ di** in the guise of, as; **vesti'ario** *sm* wardrobe, clothes *pl*
ves'tibolo *sm* (entrance) hall
ves'tire *vt* (*bambino, malato*) to dress; (*avere indosso*) to have on, wear; **~rsi** *vr* to dress, get dressed; **ves'tito, a** *ag* dressed ♦ *sm* garment; (*da donna*) dress; (*da uomo*) suit; **vestiti** *smpl* (*indumenti*) clothes; **vestito di bianco** dressed in white
Ve'suvio *sm*: **il ~** Vesuvius
vete'rano, a *ag*, *sm/f* veteran
veteri'naria *sf* veterinary medicine
veteri'nario, a *ag* veterinary ♦ *sm* veterinary surgeon (*BRIT*), veterinarian (*US*), vet
'veto *sm inv* veto
ve'traio *sm* glassmaker; glazier
ve'trata *sf* glass door (*o* window);

(*di chiesa*) stained glass window
ve'trato, a *ag* (*porta, finestra*) glazed; (*che contiene vetro*) glass *cpd*
vetre'ria *sf* (*stabilimento*) glassworks *sg*; (*oggetti di vetro*) glassware
ve'trina *sf* (*di negozio*) (shop) window; (*armadio*) display cabinet; **vetri'nista, i, e** *sm/f* window dresser
vetri'olo *sm* vitriol
'vetro *sm* glass; (*per finestra, porta*) pane (of glass)
'vetta *sf* peak, summit, top
vet'tore *sm* (*MAT, FISICA*) vector; (*chi trasporta*) carrier
vetto'vaglie [vetto'vaʎʎe] *sfpl* supplies
vet'tura *sf* (*carrozza*) carriage; (*FERR*) carriage (*BRIT*), car (*US*); (*auto*) car (*BRIT*), automobile (*US*)
vezzeggi'are [vettsed'dʒare] *vt* to fondle, caress; **vezzeggia'tivo** *sm* (*LING*) term of endearment
'vezzo ['vettso] *sm* habit; **~i** *smpl* (*smancerie*) affected ways; (*leggiadria*) charms; **vez'zoso, a** *ag* (*grazioso*) charming, pretty; (*lezioso*) affected
vi (*dav lo, la, li, le, ne diventa* **ve**) *pron* (*oggetto*) you; (*complemento di termine*) (to) you; (*riflessivo*) yourselves; (*reciproco*) each other ♦ *av* (*lì*) there; (*qui*) here; (*per questo/quel luogo*) through here/there; **~ è/sono** there is/are
'via *sf* (*gen*) way; (*strada*) street; (*sentiero, pista*) path, track; (*AMM: procedimento*) channels *pl* ♦ *prep* (*passando per*) via, by way of ♦ *av* away ♦ *escl* go away!; (*suvvia*) come on!; (*SPORT*) go! ♦ *sm* (*SPORT*) starting signal; **in ~ di guarigione** on the road to recovery; **per ~ di** (*a causa di*) because of, on account of; **in** *o* **per ~** on the way; **per ~ aerea** by air; (*lettere*) by airmail; **andare/essere ~** to go/be away; **~ ~ che** (*a mano a mano*) as; **dare il ~** (*SPORT*) to give the starting signal; **dare il ~ a** (*fig*) to start; **V~ lattea** (*ASTR*) Milky Way; **~ di mezzo** middle course; **in ~ provvisoria** provisionally
viabilità *sf* (*di strada*) practicability; (*rete stradale*) roads *pl*, road network
via'dotto *sm* viaduct
viaggi'are [viad'dʒare] *vi* to travel; **viaggia'tore, 'trice** *ag* travelling ♦ *sm* traveller; (*passeggero*) passenger
vi'aggio ['vjaddʒo] *sm* travel(ling); (*tragitto*) journey, trip; **buon ~!** have a good trip!; **~ di nozze** honeymoon
vi'ale *sm* avenue
via'vai *sm* coming and going, bustle
vi'brare *vi* to vibrate; (*agitarsi*): **~ (di)** to quiver (with)
vi'cario *sm* (*apostolico etc*) vicar
'vice ['vitʃe] *sm/f* deputy ♦ *prefisso*: **~'console** *sm* vice-consul; **~diret'tore** *sm* assistant manager
vi'cenda [vi'tʃɛnda] *sf* event; **a ~** in turn; **vicen'devole** *ag* mutual, reciprocal
vice'versa [vitʃe'vɛrsa] *av* vice versa; **da Roma a Pisa e ~** from Rome to Pisa and back
vici'nanza [vitʃi'nantsa] *sf* nearness, closeness; **~e** *sfpl* (*paraggi*) neighbourhood, vicinity
vici'nato [vitʃi'nato] *sm* neighbourhood; (*vicini*) neighbours *pl*
vi'cino, a [vi'tʃino] *ag* (*gen*) near; (*nello spazio*) near, nearby; (*accanto*) next; (*nel tempo*) near, close at hand ♦ *sm/f* neighbour ♦ *av* near, close; **da ~** (*guardare*) close up; (*esaminare, seguire*) closely; (*conoscere*) well, intimately; **~ a** near (to), close to; (*accanto a*) beside; **~ di casa** neighbour
'vicolo *sm* alley; **~ cieco** blind alley
'video *sm inv* (*TV: schermo*) screen; **~'camera** *sf* camcorder; **~cas'setta** *sf* videocassette; **~regi-stra'tore** *sm* video (recorder)
vie'tare *vt* to forbid; (*AMM*) to prohibit; **~ a qn di fare** to forbid sb to

do; to prohibit sb from doing; **"vietato fumare/l'ingresso"** "no smoking/admittance"
Viet'nam *sm*: **il** ~ Vietnam; **vietna'mita, i, e** *ag, sm/f, sm* Vietnamese *inv*
vi'gente [vi'dʒɛnte] *ag* in force
vigi'lante [vidʒi'lante] *ag* vigilant, watchful
vigi'lare [vidʒi'lare] *vt* to watch over, keep an eye on; ~ **che** to make sure that, see to it that
'vigile ['vidʒile] *ag* watchful ♦ *sm* (*anche*: ~ *urbano*) policeman (*in towns*); ~ **del fuoco** fireman
vi'gilia [vi'dʒilja] *sf* (*giorno antecedente*) eve; **la** ~ **di Natale** Christmas Eve
vigli'acco, a, chi, che [viʎ'ʎakko] *ag* cowardly ♦ *sm/f* coward
'vigna ['viɲɲa] *sf* = **vi'gneto**
vi'gneto [viɲ'ɲeto] *sm* vineyard
vi'gnetta [viɲ'ɲetta] *sf* cartoon
vi'gore *sm* vigour; (*DIR*): **essere/entrare in** ~ to be in/come into force; **vigo'roso, a** *ag* vigorous
'vile *ag* (*spregevole*) low, mean, base; (*codardo*) cowardly
vili'pendio *sm* contempt, scorn; public insult
'villa *sf* villa
vil'laggio [vil'laddʒo] *sm* village
villa'nia *sf* rudeness, lack of manners; **fare** (*o* **dire**) **una** ~ **a qn** to be rude to sb
vil'lano, a *ag* rude, ill-mannered ♦ *sm* boor
villeggia'tura [villeddʒa'tura] *sf* holiday(s *pl*) (*BRIT*), vacation (*US*)
vil'lino *sm* small house (with a garden), cottage
vil'loso, a *ag* hairy
viltà *sf* cowardice *no pl*; cowardly act
'vimine *sm* wicker; **mobili di** ~**i** wicker furniture *sg*
'vincere ['vintʃere] *vt* (*in guerra, al gioco, a una gara*) to defeat, beat; (*premio, guerra, partita*) to win; (*fig*) to overcome, conquer ♦ *vi* to win; ~ **qn in bellezza** to be better-looking than sb; **'vincita** *sf* win; (*denaro vinto*) winnings *pl*; **vinci'tore** *sm* winner; (*MIL*) victor
vinco'lare *vt* to bind; (*COMM: denaro*) to tie up; **'vincolo** *sm* (*fig*) bond, tie; (*DIR: servitù*) obligation
vi'nicolo, a *ag* wine *cpd*
'vino *sm* wine; ~ **bianco/rosso** white/red wine; ~ **da pasto** table wine
'vinto, a *pp di* **vincere**
vi'ola *sf* (*BOT*) violet; (*MUS*) viola ♦ *ag, sm inv* (*colore*) purple
vio'lare *vt* (*chiesa*) to desecrate, violate; (*giuramento, legge*) to violate
violen'tare *vt* to use violence on; (*donna*) to rape
vio'lento, a *ag* violent; **vio'lenza** *sf* violence; **violenza carnale** rape
vio'letta *sf* (*BOT*) violet
vio'letto, a *ag, sm* (*colore*) violet
violi'nista, i, e *sm/f* violinist
vio'lino *sm* violin
violon'cello [violon'tʃɛllo] *sm* cello
vi'ottolo *sm* path, track
'vipera *sf* viper, adder
vi'rare *vt* (*NAUT*) to haul (in), heave (in) ♦ *vi* (*NAUT, AER*) to turn; (*FOT*) to tone; ~ **di bordo** (*NAUT*) to tack
'virgola *sf* (*LING*) comma; (*MAT*) point; **virgo'lette** *sfpl* inverted commas, quotation marks
vi'rile *ag* (*proprio dell'uomo*) masculine; (*non puerile, da uomo*) manly, virile
virtù *sf inv* virtue; **in** *o* **per** ~ **di** by virtue of, by
virtu'ale *ag* virtual
virtu'oso, a *ag* virtuous ♦ *sm/f* (*MUS etc*) virtuoso
'virus *sm inv* (*anche COMPUT*) virus
'viscere ['viʃʃere] *sm* (*ANAT*) internal organ ♦ *sfpl* (*di animale*) entrails *pl*; (*fig*) bowels *pl*
'vischio ['viskjo] *sm* (*BOT*) mistletoe; (*pania*) birdlime; **vischi'oso, a** *ag* sticky
'viscido, a ['viʃʃido] *ag* slimy

vi'sibile *ag* visible
visi'bilio *sm*: **andare in ~** to go into raptures
visibilità *sf* visibility
visi'era *sf* (*di elmo*) visor; (*di berretto*) peak
visi'one *sf* vision; **prendere ~ di qc** to examine sth, look sth over; **prima/seconda ~** (*CINEMA*) first/second showing
'visita *sf* visit; (*MED*) visit, call; (*: esame*) examination; **visi'tare** *vt* to visit; (*MED*) to visit, call on; (*: esaminare*) to examine; **visita'tore, 'trice** *sm/f* visitor
vi'sivo, a *ag* visual
'viso *sm* face
vi'sone *sm* mink
'vispo, a *ag* quick, lively
vis'suto, a *pp di* **vivere** ♦ *ag* (*aria, modo di fare*) experienced
'vista *sf* (*facoltà*) (eye)sight; (*fatto di vedere*): **la ~ di** the sight of; (*veduta*) view; **sparare a ~** to shoot on sight; **in ~** in sight; **perdere qn di ~** to lose sight of sb; (*fig*) to lose touch with sb; **a ~ d'occhio** as far as the eye can see; (*fig*) before one's very eyes; **far ~ di fare** to pretend to do
'visto, a *pp di* **vedere** ♦ *sm* visa; **~ che** seeing (that)
vis'toso, a *ag* gaudy, garish; (*ingente*) considerable
visu'ale *ag* visual; **visualizza'tore** *sm* (*INFORM*) visual display unit, VDU
'vita *sf* life; (*ANAT*) waist; **a ~** for life
vi'tale *ag* vital; **vita'lizio, a** *ag* life *cpd* ♦ *sm* life annuity
vita'mina *sf* vitamin
'vite *sf* (*BOT*) vine; (*TECN*) screw
vi'tello *sm* (*ZOOL*) calf; (*carne*) veal; (*pelle*) calfskin
vi'ticcio [vi'tittʃo] *sm* (*BOT*) tendril
viticol'tore *sm* wine grower; **viticol'tura** *sf* wine growing
'vitreo, a *ag* vitreous; (*occhio, sguardo*) glassy
'vittima *sf* victim
'vitto *sm* food; (*in un albergo etc*) board; **~ e alloggio** board and lodging
vit'toria *sf* victory
'viva *escl*: **~ il re!** long live the king!
vi'vace [vi'vatʃe] *ag* (*vivo, animato*) lively; (*: mente*) lively, sharp; (*colore*) bright; **vivacità** *sf* vivacity; liveliness; brightness
vi'vaio *sm* (*di pesci*) hatchery; (*AGR*) nursery
vi'vanda *sf* food; (*piatto*) dish
vi'vente *ag* living, alive; **i ~i** the living
'vivere *vi* to live ♦ *vt* to live; (*passare: brutto momento*) to live through, go through; (*sentire: gioie, pene di qn*) to share ♦ *sm* life; (*anche: modo di ~*) way of life; **~i** *smpl* (*cibo*) food *sg*, provisions; **~ di** to live on
'vivido, a *ag* (*colore*) vivid, bright
'vivo, a *ag* (*vivente*) alive, living; (*: animale*) live; (*fig*) lively; (*: colore*) bright, brilliant; **i ~i** the living; **~ e vegeto** hale and hearty; **farsi ~** to show one's face; to be heard from; **ritrarre dal ~** to paint from life; **pungere qn nel ~** (*fig*) to cut sb to the quick
vizi'are [vit'tsjare] *vt* (*bambino*) to spoil; (*corrompere moralmente*) to corrupt; **vizi'ato, a** *ag* spoilt; (*aria, acqua*) polluted
'vizio ['vittsjo] *sm* (*morale*) vice; (*cattiva abitudine*) bad habit; (*imperfezione*) flaw, defect; (*errore*) fault, mistake; **vizi'oso, a** *ag* depraved; defective; (*inesatto*) incorrect, wrong
vocabo'lario *sm* (*dizionario*) dictionary; (*lessico*) vocabulary
vo'cabolo *sm* word
vo'cale *ag* vocal ♦ *sf* vowel
vocazi'one [vokat'tsjone] *sf* vocation; (*fig*) natural bent
'voce ['votʃe] *sf* voice; (*diceria*) rumour; (*di un elenco, in bilancio*)

item; **aver ~ in capitolo** (*fig*) to have a say in the matter
voci'are [vo'tʃare] *vi* to shout, yell
'voga *sf* (*NAUT*) rowing; (*usanza*): essere **in ~** to be in fashion *o* in vogue
vo'gare *vi* to row
'voglia ['vɔʎʎa] *sf* desire, wish; (*macchia*) birthmark; **aver ~ di qc/di fare** to feel like sth/like doing; (*più forte*) to want sth/to do
'voi *pron* you; **voi'altri** *pron* you
vo'lano *sm* (*SPORT*) shuttlecock; (*TECN*) flywheel
vo'lante *ag* flying ♦ *sm* (steering) wheel
volan'tino *sm* leaflet
vo'lare *vi* (*uccello, aereo, fig*) to fly; (*cappello*) to blow away *o* off, fly away *o* off; **~ via** to fly away *o* off
vo'latile *ag* (*CHIM*) volatile ♦ *sm* (*ZOOL*) bird
volente'roso, a *ag* willing
volenti'eri *av* willingly; "~" "with pleasure", "I'd be glad to"

PAROLA CHIAVE

vo'lere *sm* will, wish(es); **contro il ~ di** against the wishes of; **per ~ di qn** in obedience to sb's will *o* wishes
♦ *vt* **1** (*esigere, desiderare*) to want; **voler fare/che qn faccia** to want to do/sb to do; **volete del caffè?** would you like *o* do you want some coffee?; **vorrei questo/fare** I would *o* I'd like this/to do; **come vuoi** as you like; **senza ~** (*inavvertitamente*) without meaning to, unintentionally
2 (*consentire*): **vogliate attendere, per piacere** please wait; **vogliamo andare?** shall we go?; **vuole essere così gentile da ...?** would you be so kind as to ...?; **non ha voluto ricevermi** he wouldn't see me
3: volerci (*essere necessario: materiale, attenzione*) to need; (: *tempo*) to take; **quanta farina ci vuole per questa torta?** how much flour do you need for this cake?; **ci vuole un'ora per arrivare a Venezia** it takes an hour to get to Venice
4: voler bene a qn (*amore*) to love sb; (*affetto*) to be fond of sb, like sb very much; **voler male a qn** to dislike sb; **volerne a qn** to bear sb a grudge; **voler dire** to mean

vol'gare *ag* vulgar; **volgariz'zare** *vt* to popularize
'volgere ['vɔldʒere] *vt* to turn ♦ *vi* to turn; (*tendere*): **~ a: il tempo volge al brutto** the weather is breaking; **un rosso che volge al viola** a red verging on purple; **~rsi** *vr* to turn; **~ al peggio** to take a turn for the worse; **~ al termine** to draw to an end
'volgo *sm* common people
voli'era *sf* aviary
voli'tivo, a *ag* strong-willed
'volo *sm* flight; **al ~: colpire qc al ~** to hit sth as it flies past; **capire al ~** to understand straight away
volontà *sf* will; **a ~** (*mangiare, bere*) as much as one likes; **buona/cattiva ~** goodwill/lack of goodwill
volon'tario, a *ag* voluntary ♦ *sm* (*MIL*) volunteer
'volpe *sf* fox
'volta *sf* (*momento, circostanza*) time; (*turno, giro*) turn; (*curva*) turn, bend; (*ARCHIT*) vault; (*direzione*): **partire alla ~ di** to set off for; **a mia** (*o* **tua** *etc*) **~** in turn; **una ~** once; **una ~ sola** only once; **due ~e** twice; **una cosa per ~** one thing at a time; **una ~ per tutte** once and for all; **a ~e** at times, sometimes; **una ~ che** (*temporale*) once; (*causale*) since; **3 ~e 4** 3 times 4
volta'faccia [volta'fattʃa] *sm inv* (*fig*) volte-face
vol'taggio [vol'taddʒo] *sm* (*ELETTR*) voltage
vol'tare *vt* to turn; (*girare: moneta*) to turn over; (*rigirare*) to turn round ♦ *vi* to turn; **~rsi** *vr* to turn; to turn over; to turn round

volteggi'are [volted'dʒare] *vi* (*volare*) to circle; (*in equitazione*) to do trick riding; (*in ginnastica*) to vault; to perform acrobatics
'volto, a *pp di* **volgere** ♦ *sm* face
vo'lubile *ag* changeable, fickle
vo'lume *sm* volume; **volumi'noso, a** *ag* voluminous, bulky
voluttà *sf* sensual pleasure *o* delight; **voluttu'oso, a** *ag* voluptuous
vomi'tare *vt, vi* to vomit; **'vomito** *sm* vomiting *no pl*; vomit
'vongola *sf* clam
vo'race [vo'ratʃe] *ag* voracious, greedy
vo'ragine [vo'radʒine] *sf* abyss, chasm
'vortice ['vɔrtitʃe] *sm* whirlwind; whirlpool; (*fig*) whirl
'vostro, a *det*: **il(la) ~(a)** *etc* your ♦ *pron*: **il(la) ~(a)** *etc* yours
vo'tante *sm/f* voter
vo'tare *vi* to vote ♦ *vt* (*sottoporre a votazione*) to take a vote on; (*approvare*) to vote for; (*REL*): **~ qc a** to dedicate sth to; **votazi'one** *sf* vote, voting; **votazioni** *sfpl* (*POL*) votes; (*INS*) marks
'voto *sm* (*POL*) vote; (*INS*) mark; (*REL*) vow; (*: offerta*) votive offering; **aver ~i belli/brutti** (*INS*) to get good/bad marks
vs. *abbr* (*COMM*) = **vostro**
vul'cano *sm* volcano
vulne'rabile *ag* vulnerable
vuo'tare *vt* to empty; **~rsi** *vr* to empty
vu'oto, a *ag* empty; (*fig: privo*): **~ di** (*senso etc*) devoid of ♦ *sm* empty space, gap; (*spazio in bianco*) blank; (*FISICA*) vacuum; (*fig: mancanza*) gap, void; **a mani ~e** empty-handed; **~ d'aria** air pocket; **~ a rendere** returnable bottle

W X Y

watt [vat] *sm inv* watt
'weekend ['wi:kend] *sm inv* weekend
'whisky ['wiski] *sm inv* whisky
'xeres ['ksɛres] *sm inv* sherry
xero'copia [ksero'kɔpja] *sf* xerox ®, photocopy
xi'lofono [ksi'lɔfono] *sm* xylophone
yacht [jɔt] *sm inv* yacht
'yoghurt ['jɔgurt] *sm inv* yoghourt

Z

zabai'one [dzaba'jone] *sm dessert made of egg yolks, sugar and marsala*
zaf'fata [tsaf'fata] *sf* (*tanfo*) stench
zaffe'rano [dzaffe'rano] *sm* saffron
zaf'firo [dzaf'firo] *sm* sapphire
'zaino ['dzaino] *sm* rucksack
'zampa ['tsampa] *sf* (*di animale: gamba*) leg; (*: piede*) paw; **a quattro ~e** on all fours
zampil'lare [tsampil'lare] *vi* to gush, spurt; **zam'pillo** *sm* gush, spurt
zam'pogna [tsam'poɲɲa] *sf instrument similar to bagpipes*
'zanna ['tsanna] *sf* (*di elefante*) tusk; (*di carnivori*) fang
zan'zara [dzan'dzara] *sf* mosquito; **zanzari'era** *sf* mosquito net
'zappa ['tsappa] *sf* hoe; **zap'pare** *vt* to hoe
zar, za'rina [tsar, tsa'rina] *sm/f* tsar/tsarina
'zattera ['dzattera] *sf* raft
za'vorra [dza'vɔrra] *sf* ballast
'zazzera ['tsattsera] *sf* shock of hair
'zebra ['dzɛbra] *sf* zebra; **~e** *sfpl* (*AUT*) zebra crossing *sg* (*BRIT*), crosswalk *sg* (*US*)
'zecca, che ['tsekka] *sf* (*ZOOL*) tick; (*officina di monete*) mint
'zelo ['dzɛlo] *sm* zeal
'zenit ['dzɛnit] *sm* zenith

'zenzero ['dzendzero] *sm* ginger
'zeppa ['tseppa] *sf* wedge
'zeppo, a ['tseppo] *ag:* ~ **di** crammed *o* packed with
zer'bino [dzer'bino] *sm* doormat
'zero ['dzɛro] *sm* zero, nought; **vincere per tre a** ~ (*SPORT*) to win three-nil
'zeta ['dzɛta] *sm o f* zed, (the letter) z
'zia ['tsia] *sf* aunt
zibel'lino [dzibel'lino] *sm* sable
'zigomo ['dzigomo] *sm* cheekbone
zig'zag [dzig'dzag] *sm inv* zigzag; **andare a** ~ to zigzag
zim'bello [dzim'bɛllo] *sm* (*oggetto di burle*) laughing-stock
'zinco ['dzinko] *sm* zinc
'zingaro, a ['dzingaro] *sm/f* gipsy
'zio ['tsio] (*pl* **'zii**) *sm* uncle; **zii** *smpl* (*zio e zia*) uncle and aunt
zi'tella [dzi'tɛlla] *sf* spinster; (*peg*) old maid
'zitto, a ['tsitto] *ag* quiet, silent; **sta'** ~! be quiet!
ziz'zania [dzid'dzanja] *sf* (*fig*): **gettare** *o* **seminare** ~ to sow discord
'zoccolo ['tsɔkkolo] *sm* (*calzatura*) clog; (*di cavallo etc*) hoof; (*basamento*) base; plinth
zo'diaco [dzo'diako] *sm* zodiac
'zolfo ['tsolfo] *sm* sulphur
'zolla ['dzɔlla] *sf* clod (of earth)
zol'letta [dzol'letta] *sf* sugar lump
'zona ['dzɔna] *sf* zone, area; ~ **di depressione** (*METEOR*) trough of low pressure; ~ **disco** (*AUT*) ≈ meter zone; ~ **pedonale** pedestrian precinct; ~ **verde** (*di abitato*) green area
'zonzo ['dzondzo]: **a** ~ *av:* **andare a** ~ to wander about, stroll about
zoo ['dzɔo] *sm inv* zoo
zoolo'gia [dzoolo'dʒia] *sf* zoology
zoppi'care [tsoppi'kare] *vi* to limp; to be shaky, rickety
'zoppo, a ['tsɔppo] *ag* lame; (*fig: mobile*) shaky, rickety
zoti'cone [dzoti'kone] *sm* lout
'zucca, che ['tsukka] *sf* (*BOT*) marrow; pumpkin
zucche'rare [tsukke'rare] *vt* to put sugar in; **zucche'rato, a** *ag* sweet, sweetened
zuccheri'era [tsukke'rjɛra] *sf* sugar bowl
zuccheri'ficio [tsukkeri'fitʃo] *sm* sugar refinery
zucche'rino, a [tsukke'rino] *ag* sugary, sweet
'zucchero ['tsukkero] *sm* sugar
zuc'china [tsuk'kina] *sf* courgette (*BRIT*), zucchini (*US*)
zuc'chino [tsuk'kino] *sm* = **zucchina**
'zuffa ['tsuffa] *sf* brawl
'zuppa ['tsuppa] *sf* soup; (*fig*) mixture, muddle; ~ **inglese** (*CUC*) *dessert made with sponge cake, custard and chocolate,* ≈ trifle (*BRIT*); **zuppi'era** *sf* soup tureen
'zuppo, a ['tsuppo] *ag:* ~ **(di)** drenched (with), soaked (with)

ENGLISH - ITALIAN
INGLESE - ITALIANO
A

A [eɪ] *n* (*MUS*) la *m*

KEYWORD

a [ə] (*before vowel or silent h*: **an**) *indef art* **1** un (uno +*s impure, gn, pn, ps, x, z*), *f* una (un' +*vowel*); ~ **book** un libro; ~ **mirror** uno specchio; **an apple** una mela; **she's ~ doctor** è medico
2 (*instead of the number "one"*) un(o), *f* una; ~ **year ago** un anno fa; ~ **hundred/thousand** *etc* **pounds** cento/mille *etc* sterline
3 (*in expressing ratios, prices etc*) a, per; 3 ~ **day/week** 3 al giorno/alla settimana; **10 km an hour** 10 km all'ora; **£5 ~ person** 5 sterline a persona *or* per persona

A.A. *n abbr* (= *Alcoholics Anonymous*) AA; (*BRIT*: = *Automobile Association*) ≈ A.C.I. *m*
A.A.A. (*US*) *n abbr* (= *American Automobile Association*) ≈ A.C.I. *m*
aback [ə'bæk] *adv*: **to be taken ~** essere sbalordito(a)
abandon [ə'bændən] *vt* abbandonare ♦ *n*: **with ~** sfrenatamente, spensieratamente
abashed [ə'bæʃt] *adj* imbarazzato(a)
abate [ə'beɪt] *vi* calmarsi
abattoir ['æbətwɑː*] (*BRIT*) *n* mattatoio
abbey ['æbɪ] *n* abbazia, badia
abbot ['æbət] *n* abate *m*
abbreviation [əbriːvɪ'eɪʃən] *n* abbreviazione *f*
abdicate ['æbdɪkeɪt] *vt* abdicare a ♦ *vi* abdicare
abdomen ['æbdəmən] *n* addome *m*
abduct [æb'dʌkt] *vt* rapire
aberration [æbə'reɪʃən] *n* aberrazione *f*
abet [ə'bet] *vt see* **aid**
abeyance [ə'beɪəns] *n*: **in ~** (*law*) in disuso; (*matter*) in sospeso
abide [ə'baɪd] *vt*: **I can't ~ it/him** non lo posso soffrire *or* sopportare; **~ by** *vt fus* conformarsi a
ability [ə'bɪlɪtɪ] *n* abilità *f inv*
abject ['æbdʒɛkt] *adj* (*poverty*) abietto(a); (*apology*) umiliante
ablaze [ə'bleɪz] *adj* in fiamme
able ['eɪbl] *adj* capace; **to be ~ to do sth** essere capace di fare qc, poter fare qc; **~-bodied** *adj* robusto(a); **ably** *adv* abilmente
abnormal [æb'nɔːməl] *adj* anormale
aboard [ə'bɔːd] *adv* a bordo ♦ *prep* a bordo di
abode [ə'bəud] *n*: **of no fixed ~** senza fissa dimora
abolish [ə'bɔlɪʃ] *vt* abolire
abominable [ə'bɔmɪnəbl] *adj* abominevole
aborigine [æbə'rɪdʒɪnɪ] *n* aborigeno/a
abort [ə'bɔːt] *vt* abortire; **~ion** [ə'bɔːʃən] *n* aborto; **to have an ~ion** abortire; **~ive** *adj* abortivo(a)
abound [ə'baund] *vi* abbondare; **to ~ in** *or* **with** abbondare di

KEYWORD

about [ə'baut] *adv* **1** (*approximately*) circa, quasi; ~ **a hundred/thousand** *etc* un centinaio/migliaio *etc*, circa cento/mille *etc*; **it takes ~ 10 hours** ci vogliono circa 10 ore; **at ~ 2 o'clock** verso le 2; **I've just ~ finished** ho quasi finito
2 (*referring to place*) qua e là, in giro; **to leave things lying ~** lasciare delle cose in giro; **to run ~** correre qua e là; **to walk ~** camminare
3: **to be ~ to do sth** stare per fare qc

♦ *prep* **1** (*relating to*) su, di; **a book ~ London** un libro su Londra; **what is it ~?** di che si tratta?; (*book, film etc*) di cosa tratta?; **we talked ~ it** ne abbiamo parlato; **what** *or* **how ~ doing this?** che ne dici di fare questo?
2 (*referring to place*): **to walk ~ the town** camminare per la città; **her clothes were scattered ~ the room** i suoi vestiti erano sparsi *or* in giro per tutta la stanza

about-face *n* dietro front *m inv*
about-turn *n* dietro front *m inv*
above [ə'bʌv] *adv, prep* sopra; **mentioned ~** suddetto; **~ all** soprattutto; **~board** *adj* aperto(a); onesto(a)
abrasive [ə'breɪzɪv] *adj* abrasivo(a); (*fig*) caustico(a)
abreast [ə'brɛst] *adv* di fianco; **to keep ~ of** tenersi aggiornato su
abridge [ə'brɪdʒ] *vt* ridurre
abroad [ə'brɔːd] *adv* all'estero
abrupt [ə'brʌpt] *adj* (*sudden*) improvviso(a); (*gruff, blunt*) brusco(a)
abscess ['æbsɪs] *n* ascesso
abscond [əb'skɔnd] *vi* scappare
absence ['æbsəns] *n* assenza
absent ['æbsənt] *adj* assente; **~ee** [-'tiː] *n* assente *m/f*; **~-minded** *adj* distratto(a)
absolute ['æbsəluːt] *adj* assoluto(a); **~ly** [-'luːtlɪ] *adv* assolutamente
absolve [əb'zɔlv] *vt*: **to ~ sb (from)** (*sin*) assolvere qn (da); (*oath*) sciogliere qn (da)
absorb [əb'zɔːb] *vt* assorbire; **to be ~ed in a book** essere immerso in un libro; **~ent cotton** (*US*) *n* cotone *m* idrofilo; **~ing** *adj* avvincente
absorption [əb'sɔːpʃən] *n* assorbimento
abstain [əb'steɪn] *vi*: **to ~ (from)** astenersi (da)
abstemious [əb'stiːmɪəs] *adj* astemio(a)
abstract ['æbstrækt] *adj* astratto(a)
absurd [əb'səːd] *adj* assurdo(a)
abuse [*n* ə'bjuːs, *vb* a'bjuːz] *n* abuso; (*insults*) ingiurie *fpl* ♦ *vt* abusare di; **abusive** *adj* ingiurioso(a)
abysmal [ə'bɪzməl] *adj* spaventoso(a)
abyss [ə'bɪs] *n* abisso
AC *abbr* (= *alternating current*) c.a
academic [ækə'dɛmɪk] *adj* accademico(a); (*pej*: *issue*) puramente formale ♦ *n* universitario/a
academy [ə'kædəmɪ] *n* (*learned body*) accademia; (*school*) scuola privata; **~ of music** conservatorio
accelerate [æk'sɛləreɪt] *vt, vi* accelerare; **accelerator** *n* acceleratore *m*
accent ['æksɛnt] *n* accento
accept [ək'sɛpt] *vt* accettare; **~able** *adj* accettabile; **~ance** *n* accettazione *f*
access ['æksɛs] *n* accesso; **~ible** [æk'sɛsəbl] *adj* accessibile
accessory [æk'sɛsərɪ] *n* accessorio; (*LAW*): **~ to** complice *m/f* di
accident ['æksɪdənt] *n* incidente *m*; (*chance*) caso; **by ~** per caso; **~al** [-'dɛntl] *adj* accidentale; **~ally** [-'dɛntəlɪ] *adv* per caso; **~-prone** *adj*: **he's very ~-prone** è un vero passaguai
acclaim [ə'kleɪm] *n* acclamazione *f*
accolade ['ækəleɪd] *n* encomio
accommodate [ə'kɔmədeɪt] *vt* alloggiare; (*oblige, help*) favorire
accommodating [ə'kɔmədeɪtɪŋ] *adj* compiacente
accommodation [əkɔmə'deɪʃən] *n* alloggio; **~s** (*US*) *npl* alloggio
accompany [ə'kʌmpənɪ] *vt* accompagnare
accomplice [ə'kʌmplɪs] *n* complice *m/f*
accomplish [ə'kʌmplɪʃ] *vt* compiere; (*goal*) raggiungere; **~ed** *adj* esperto(a); **~ment** *n* compimento; realizzazione *f*; **~ments** *npl* (*skills*) doti *fpl*
accord [ə'kɔːd] *n* accordo ♦ *vt* accordare; **of his own ~** di propria iniziativa; **~ance** *n*: **in ~ance with** in conformità con; **~ing**: **~ing to** *prep* secondo; **~ingly** *adv* in conformità

accordion [ə'kɔːdiən] *n* fisarmonica
accost [ə'kɔst] *vt* avvicinare
account [ə'kaunt] *n* (*COMM*) conto; (*report*) descrizione *f*; **~s** *npl* (*COMM*) conti *mpl*; **of no ~** di nessuna importanza; **on ~** in acconto; **on no ~** per nessun motivo; **on ~ of** a causa di; **to take into ~, take ~ of** tener conto di; **~ for** *vt fus* spiegare; giustificare; **~able** *adj*: **~able (to)** responsabile (verso)
accountancy [ə'kauntənsı] *n* ragioneria
accountant [ə'kauntənt] *n* ragioniere/a
account number *n* numero di conto
accrued interest [ə'kruːd-] *n* interesse *m* maturato
accumulate [ə'kjuːmjuleıt] *vt* accumulare ♦ *vi* accumularsi
accuracy ['ækjurəsı] *n* precisione *f*
accurate ['ækjurıt] *adj* preciso(a); **~ly** *adv* precisamente
accusation [ækju'zeıʃən] *n* accusa
accuse [ə'kjuːz] *vt* accusare; **~d** *n* accusato/a
accustom [ə'kʌstəm] *vt* abituare; **~ed** *adj*: **~ed to** abituato(a) a
ace [eıs] *n* asso
ache [eık] *n* male *m*, dolore *m* ♦ *vi* (*be sore*) far male, dolere; **my head ~s** mi fa male la testa
achieve [ə'tʃiːv] *vt* (*aim*) raggiungere; (*victory, success*) ottenere; **~ment** *n* compimento; successo
acid ['æsıd] *adj* acido(a) ♦ *n* acido; **~ rain** *n* pioggia acida
acknowledge [ək'nɔlıdʒ] *vt* (*letter*: *also*: **~ receipt of**) confermare la ricevuta di; (*fact*) riconoscere; **~ment** *n* conferma; riconoscimento
acne ['æknı] *n* acne *f*
acorn ['eıkɔːn] *n* ghianda
acoustic [ə'kuːstık] *adj* acustico(a); **~s** *n, npl* acustica
acquaint [ə'kweınt] *vt*: **to ~ sb with sth** far sapere qc a qn; **to be ~ed with** (*person*) conoscere; **~ance** *n* conoscenza; (*person*) conoscente *m/f*
acquiesce [ækwı'ɛs] *vi*: **to ~ (to)** acconsentire (a)
acquire [ə'kwaıə*] *vt* acquistare
acquisition [ækwı'zıʃən] *n* acquisto
acquit [ə'kwıt] *vt* assolvere; **to ~ o.s. well** comportarsi bene; **~tal** *n* assoluzione *f*
acre ['eıkə*] *n* acro (= 4047 m^2)
acrid ['ækrıd] *adj* acre; pungente
acrimonious [ækrı'məunıəs] *adj* astioso(a)
acrobat ['ækrəbæt] *n* acrobata *m/f*
across [ə'krɔs] *prep* (*on the other side*) dall'altra parte di; (*crosswise*) attraverso ♦ *adv* dall'altra parte; in larghezza; **to run/swim ~** attraversare di corsa/a nuoto; **~ from** di fronte a
acrylic [ə'krılık] *adj* acrilico(a)
act [ækt] *n* atto; (*in music-hall etc*) numero; (*LAW*) decreto ♦ *vi* agire; (*THEATRE*) recitare; (*pretend*) fingere ♦ *vt* (*part*) recitare; **to ~ as** agire da; **~ing** *adj* che fa le funzioni di ♦ *n* (*of actor*) recitazione *f*; (*activity*): **to do some ~ing** fare del teatro (*or* del cinema)
action ['ækʃən] *n* azione *f*; (*MIL*) combattimento; (*LAW*) processo; **out of ~** fuori combattimento; fuori servizio; **to take ~** agire; **~ replay** *n* (*TV*) replay *m inv*
activate ['æktıveıt] *vt* (*mechanism*) attivare
active ['æktıv] *adj* attivo(a); **~ly** *adv* (*participate*) attivamente; (*discourage, dislike*) vivamente
activity [æk'tıvıtı] *n* attività *f inv*
actor ['æktə*] *n* attore *m*
actress ['æktrıs] *n* attrice *f*
actual ['æktjuəl] *adj* reale, vero(a); **~ly** *adv* veramente; (*even*) addirittura
acumen ['ækjumən] *n* acume *m*
acute [ə'kjuːt] *adj* acuto(a); (*mind, person*) perspicace
ad [æd] *n abbr* = **advertisement**
A.D. *adv abbr* (= *Anno Domini*) d.C
adamant ['ædəmənt] *adj* irremovibi-

le
adapt [ə'dæpt] *vt* adattare ♦ *vi*: **to ~ (to)** adattarsi (a); **~able** *adj* (*device*) adattabile; (*person*) che sa adattarsi; **~er** *or* **~or** *n* (*ELEC*) adattatore *m*
add [æd] *vt* aggiungere; (*figures*: *also*: ~ *up*) addizionare ♦ *vi*: **to ~ to** (*increase*) aumentare; **it doesn't ~ up** (*fig*) non quadra, non ha senso
adder ['ædə*] *n* vipera
addict ['ædɪkt] *n* tossicomane *m/f*; (*fig*) fanatico/a; **~ed** [ə'dɪktɪd] *adj*: **to be ~ed to** (*drink etc*) essere dedito(a) a; (*fig*: *football etc*) essere tifoso(a) di; **~ion** [ə'dɪkʃən] *n* (*MED*) tossicodipendenza; **~ive** [ə'dɪktɪv] *adj* che dà assuefazione
addition [ə'dɪʃən] *n* addizione *f*; (*thing added*) aggiunta; **in ~** inoltre; **in ~ to** oltre; **~al** *adj* supplementare
additive ['ædɪtɪv] *n* additivo
address [ə'drɛs] *n* indirizzo; (*talk*) discorso ♦ *vt* indirizzare; (*speak to*) fare un discorso a; (*issue*) affrontare
adept ['ædɛpt] *adj*: **~ at** esperto(a) in
adequate ['ædɪkwɪt] *adj* adeguato(a); sufficiente
adhere [əd'hɪə*] *vi*: **to ~ to** aderire a; (*fig*: *rule*, *decision*) seguire
adhesive [əd'hi:zɪv] *n* adesivo; **~ tape** *n* (*BRIT*: *for parcels etc*) nastro adesivo; (*US*: *MED*) cerotto adesivo
adjective ['ædʒɛktɪv] *n* aggettivo
adjoining [ə'dʒɔɪnɪŋ] *adj* accanto *inv*, adiacente
adjourn [ə'dʒə:n] *vt* rimandare ♦ *vi* essere aggiornato(a)
adjudicate [ə'dʒu:dɪkeɪt] *vt* (*contest*) giudicare; (*claim*) decidere su
adjust [ə'dʒʌst] *vt* aggiustare; (*change*) rettificare ♦ *vi*: **to ~ (to)** adattarsi (a); **~able** *adj* regolabile; **~ment** *n* (*PSYCH*) adattamento; (*of machine*) regolazione *f*; (*of prices, wages*) modifica
ad-lib [æd'lɪb] *vi* improvvisare ♦ *adv*: **ad lib** a piacere, a volontà
administer [əd'mɪnɪstə*] *vt* amministrare; (*justice*, *drug*) somministrare
administration [ədmɪnɪs'treɪʃən] *n* amministrazione *f*
administrative [əd'mɪnɪstrətɪv] *adj* amministrativo(a)
admiral ['ædmərəl] *n* ammiraglio; **A~ty** (*BRIT*) *n* Ministero della Marina
admiration [ædmə'reɪʃən] *n* ammirazione *f*
admire [əd'maɪə*] *vt* ammirare
admission [əd'mɪʃən] *n* ammissione *f*; (*to exhibition*, *night club etc*) ingresso; (*confession*) confessione *f*
admit [əd'mɪt] *vt* ammettere; far entrare; (*agree*) riconoscere; **to ~ to** riconoscere; **~tance** *n* ingresso; **~tedly** *adv* bisogna pur riconoscere (che)
admonish [əd'mɔnɪʃ] *vt* ammonire
ad nauseam [æd'nɔ:sɪæm] *adv* fino alla nausea, a non finire
ado [ə'du:] *n*: **without (any) more ~** senza più indugi
adolescence [ædəu'lɛsns] *n* adolescenza
adolescent [ædəu'lɛsnt] *adj*, *n* adolescente *m/f*
adopt [ə'dɔpt] *vt* adottare; **~ed** *adj* adottivo(a); **~ion** [ə'dɔpʃən] *n* adozione *f*
adore [ə'dɔ:*] *vt* adorare
Adriatic [eɪdrɪ'ætɪk] *n*: **the ~ (Sea)** il mare Adriatico, l'Adriatico
adrift [ə'drɪft] *adv* alla deriva
adult ['ædʌlt] *adj* adulto(a); (*work*, *education*) per adulti ♦ *n* adulto/a
adultery [ə'dʌltərɪ] *n* adulterio
advance [əd'vɑ:ns] *n* avanzamento; (*money*) anticipo ♦ *adj* (*booking etc*) in anticipo ♦ *vt* (*money*) anticipare ♦ *vi* avanzare; **in ~** in anticipo; **~d** *adj* avanzato(a); (*SCOL*: *studies*) superiore
advantage [əd'vɑ:ntɪdʒ] *n* (*also*: *TENNIS*) vantaggio; **to take ~ of** approfittarsi di
advent ['ædvənt] *n* avvento; (*REL*):

A~ Avvento
adventure [əd'vɛntʃə*] *n* avventura
adverb ['ædvə:b] *n* avverbio
adverse ['ædvə:s] *adj* avverso(a)
advert ['ædvə:t] (*BRIT*) *n abbr* = advertisement
advertise ['ædvətaɪz] *vi* (*vt*) fare pubblicità *or* réclame (a); fare un'inserzione (per vendere); **to ~ for** (*staff*) mettere un annuncio sul giornale per trovare
advertisement [əd'və:tɪsmənt] *n* (*COMM*) réclame *f inv*, pubblicità *f inv*; (*in classified ads*) inserzione *f*
advertiser ['ædvətaɪzə*] *n* (*in newspaper etc*) inserzionista *m/f*
advertising ['ædvətaɪzɪŋ] *n* pubblicità
advice [əd'vaɪs] *n* consigli *mpl*; (*notification*) avviso; **piece of ~** consiglio; **to take legal ~** consultare un avvocato
advisable [əd'vaɪzəbl] *adj* consigliabile
advise [əd'vaɪz] *vt* consigliare; **to ~ sb of sth** informare qn di qc; **to ~ sb against sth/doing sth** sconsigliare qc a qn/a qn di fare qc; **~dly** [-ədlɪ] *adv* (*deliberately*) di proposito; **~r** *or* **advisor** *n* consigliere/a; **advisory** [-ərɪ] *adj* consultivo(a)
advocate [*n* 'ædvəkɪt, *vb* 'ædvəkeɪt] *n* (*upholder*) sostenitore/trice; (*LAW*) avvocato (difensore) ♦ *vt* propugnare
Aegean [iː'dʒiːən] *n*: **the ~ (Sea)** il mar Egeo, l'Egeo
aerial ['ɛərɪəl] *n* antenna ♦ *adj* aereo(a)
aerobics [ɛə'rəubɪks] *n* aerobica
aeroplane ['ɛərəpleɪn] (*BRIT*) *n* aeroplano
aerosol ['ɛərəsɔl] (*BRIT*) *n* aerosol *m inv*
aesthetic [ɪs'θɛtɪk] *adj* estetico(a)
afar [ə'fɑ:*] *adv*: **from ~** da lontano
affair [ə'fɛə*] *n* affare *m*; (*also*: *love ~*) relazione *f* amorosa
affect [ə'fɛkt] *vt* toccare; (*influence*) influire su, incidere su; (*feign*) fingere; **~ed** *adj* affettato(a)
affection [ə'fɛkʃən] *n* affezione *f*; **~ate** *adj* affettuoso(a)
affix [ə'fɪks] *vt* apporre; attaccare
afflict [ə'flɪkt] *vt* affliggere
affluence ['æfluəns] *n* abbondanza; opulenza
affluent ['æfluənt] *adj* ricco(a); **the ~ society** la società del benessere
afford [ə'fɔ:d] *vt* permettersi; (*provide*) fornire
afield [ə'fi:ld] *adv*: **far ~** lontano
afloat [ə'fləut] *adv* a galla
afoot [ə'fut] *adv*: **there is something ~** si sta preparando qualcosa
afraid [ə'freɪd] *adj* impaurito(a); **to be ~ of** *or* **to/that** aver paura di/che; **I am ~ so/not** ho paura di sì/no
afresh [ə'frɛʃ] *adv* di nuovo
Africa ['æfrɪkə] *n* Africa; **~n** *adj*, *n* africano(a)
aft [ɑ:ft] *adv* a poppa, verso poppa
after ['ɑ:ftə*] *prep*, *adv* dopo ♦ *conj* dopo che; **what/who are you ~?** che/chi cerca?; **~ he left/having done** dopo che se ne fu andato/dopo aver fatto; **to name sb ~ sb** dare a qn il nome di qn; **it's twenty ~ eight** (*US*) sono le otto e venti; **to ask ~ sb** chiedere di qn; **~ all** dopo tutto; **~ you!** dopo di lei!; **~-effects** *npl* conseguenze *fpl*; (*of illness*) postumi *mpl*; **~math** *n* conseguenze *fpl*; **in the ~math of** nel periodo dopo; **~noon** *n* pomeriggio; **~s** *n* (*inf*: *dessert*) dessert *m inv*; **~-sales service** (*BRIT*) *n* servizio assistenza clienti; **~-shave (lotion)** *n* dopobarba *m inv*; **~thought** *n*: **as an ~thought** come aggiunta; **~wards** (*US* **~ward**) *adv* dopo
again [ə'gɛn] *adv* di nuovo; **to begin/see ~** ricominciare/rivedere; **not ... ~** non ... più; **~ and ~** ripetutamente
against [ə'gɛnst] *prep* contro
age [eɪdʒ] *n* età *f inv* ♦ *vt*, *vi* invecchiare; **it's been ~s since** sono secoli che; **he is 20 years of ~** ha 20 anni; **to come of ~** diventare maggiorenne; **~d 10** di 10 anni; **the ~d**

['eɪdʒɪd] gli anziani; ~ **group** *n* generazione *f*; ~ **limit** *n* limite *m* d'età
agency ['eɪdʒənsɪ] *n* agenzia
agenda [ə'dʒɛndə] *n* ordine *m* del giorno
agent ['eɪdʒənt] *n* agente *m*
aggravate ['ægrəveɪt] *vt* aggravare; (*person*) irritare
aggregate ['ægrɪgeɪt] *n* aggregato
aggressive [ə'grɛsɪv] *adj* aggressivo(a)
aggrieved [ə'gri:vd] *adj* addolorato(a)
aghast [ə'gɑ:st] *adj* sbigottito(a)
agitate ['ædʒɪteɪt] *vt* turbare; agitare ♦ *vi*: to ~ **for** agitarsi per
AGM *n abbr* = **annual general meeting**
ago [ə'gəu] *adv*: **2 days** ~ 2 giorni fa; **not long** ~ poco tempo fa; **how long** ~? quanto tempo fa?
agog [ə'gɔg] *adj* ansioso(a), emozionato(a)
agonizing ['ægənaɪzɪŋ] *adj* straziante
agony ['ægənɪ] *n* dolore *m* atroce; **to be in** ~ avere dolori atroci
agree [ə'gri:] *vt* (*price*) pattuire ♦ *vi*: **to** ~ **(with)** essere d'accordo (con); (*LING*) concordare (con); **to** ~ **to sth/to do sth** accettare qc/di fare qc; **to** ~ **that** (*admit*) ammettere che; **to** ~ **on sth** accordarsi su qc; **garlic doesn't** ~ **with me** l'aglio non mi va; ~**able** *adj* gradevole; (*willing*) disposto(a); ~**d** *adj* (*time, place*) stabilito(a); ~**ment** *n* accordo; **in** ~**ment** d'accordo
agricultural [ægrɪ'kʌltʃərəl] *adj* agricolo(a)
agriculture ['ægrɪkʌltʃə*] *n* agricoltura
aground [ə'graund] *adv*: **to run** ~ arenarsi
ahead [ə'hɛd] *adv* avanti; davanti; ~ **of** davanti a; (*fig: schedule etc*) in anticipo su; ~ **of time** in anticipo; **go right** *or* **straight** ~ tiri diritto
aid [eɪd] *n* aiuto ♦ *vt* aiutare; **in** ~ **of** a favore di; **to** ~ **and abet** (*LAW*) essere complice di
aide [eɪd] *n* (*person*) aiutante *m*
AIDS [eɪdz] *n abbr* (= *acquired immune deficiency syndrome*) AIDS *f*
ailing ['eɪlɪŋ] *adj* sofferente
ailment ['eɪlmənt] *n* indisposizione *f*
aim [eɪm] *vt*: **to** ~ **sth at** (*such as gun*) mirare qc a, puntare qc a; (*camera*) rivolgere qc a; (*missile*) lanciare qc contro ♦ *vi* (*also: to take* ~) prendere la mira ♦ *n* mira; **to** ~ **at** mirare; **to** ~ **to do** aver l'intenzione di fare; ~**less** *adj* senza scopo
ain't [eɪnt] (*inf*) = **am not; aren't; isn't**
air [ɛə*] *n* aria ♦ *vt* (*room*) arieggiare; (*clothes*) far prendere aria a; (*grievances, ideas*) esprimere pubblicamente ♦ *cpd* (*currents*) d'aria; (*attack*) aereo(a); **to throw sth into the** ~ lanciare qc in aria; **by** ~ (*travel*) in aereo; **on the** ~ (*RADIO, TV*) in onda; ~**bed** (*BRIT*) *n* materassino; ~**borne** *adj* in volo; aerotrasportato(a); ~ **conditioning** *n* condizionamento d'aria; ~**craft** *n inv* apparecchio; ~**craft carrier** *n* portaerei *f inv*; ~**field** *n* campo d'aviazione; **A**~ **Force** *n* aviazione *f* militare; ~ **freshener** *n* deodorante *m* per ambienti; ~**gun** *n* fucile *m* ad aria compressa; ~ **hostess** (*BRIT*) *n* hostess *f inv*; ~ **letter** (*BRIT*) *n* aerogramma *m*; ~**lift** *n* ponte *m* aereo; ~**line** *n* linea aerea; ~**liner** *n* aereo di linea; ~**mail** *n*: **by** ~**mail** per via aerea; ~**plane** (*US*) *n* aeroplano; ~**port** *n* aeroporto; ~ **raid** *n* incursione *f* aerea; ~**sick** *adj*: **to be** ~**sick** soffrire di mal d'aria; ~ **terminal** *n* air-terminal *m inv*; ~**tight** *adj* ermetico(a); ~ **traffic controller** *n* controllore *m* del traffico aereo; ~**y** *adj* arioso(a); (*manners*) noncurante
aisle [aɪl] *n* (*of church*) navata laterale; navata centrale; (*of plane*) corridoio
ajar [ə'dʒɑ:*] *adj* socchiuso(a)

akin [ə'kɪn] *adj*: ~ **to** simile a
alacrity [ə'lækrɪtɪ] *n*: **with** ~ con prontezza
alarm [ə'lɑ:m] *n* allarme *m* ♦ *vt* allarmare; ~ **call** *n* (*in hotel etc*) sveglia; ~ **clock** *n* sveglia
alas [ə'læs] *excl* ohimè!, ahimè!
albeit [ɔ:l'bi:ɪt] *conj* sebbene +*sub*, benché +*sub*
album ['ælbəm] *n* album *m inv*
alcohol ['ælkəhɔl] *n* alcool *m*; ~**ic** [-'hɔlɪk] *adj* alcolico(a) ♦ *n* alcolizzato/a
ale [eɪl] *n* birra
alert [ə'lə:t] *adj* vigile ♦ *n* allarme *m* ♦ *vt* avvertire; mettere in guardia; **on the** ~ all'erta
algebra ['ældʒɪbrə] *n* algebra
alias ['eɪlɪəs] *adv* alias ♦ *n* pseudonimo, falso nome *m*
alibi ['ælɪbaɪ] *n* alibi *m inv*
alien ['eɪlɪən] *n* straniero/a; (*extraterrestrial*) alieno/a ♦ *adj*: ~ **(to)** estraneo(a) (a); ~**ate** *vt* alienare
alight [ə'laɪt] *adj* acceso(a) ♦ *vi* scendere; (*bird*) posarsi
align [ə'laɪn] *vt* allineare
alike [ə'laɪk] *adj* simile ♦ *adv* sia ... sia; **to look** ~ assomigliarsi
alimony ['ælɪmənɪ] *n* (*payment*) alimenti *mpl*
alive [ə'laɪv] *adj* vivo(a); (*lively*) vivace

KEYWORD

all [ɔ:l] *adj* tutto(a); ~ **day** tutto il giorno; ~ **night** tutta la notte; ~ **men** tutti gli uomini; ~ **five came** sono venuti tutti e cinque; ~ **the books** tutti i libri; ~ **the food** tutto il cibo; ~ **the time** sempre; tutto il tempo; ~ **his life** tutta la vita
♦ *pron* **1** tutto(a); **I ate it** ~, **I ate** ~ **of it** l'ho mangiato tutto; ~ **of us went** tutti noi siamo andati; ~ **of the boys went** tutti i ragazzi sono andati
2 (*in phrases*): **above** ~ soprattutto; **after** ~ dopotutto; **at** ~: **not at** ~ (*in answer to question*) niente affatto; (*in answer to thanks*) prego!, di niente!, s'immagini!; **I'm not at** ~ **tired** non sono affatto stanco(a); **anything at** ~ **will do** andrà bene qualsiasi cosa; ~ **in** ~ tutto sommato
♦ *adv*: ~ **alone** tutto(a) solo(a); **it's not as hard as** ~ **that** non è poi così difficile; ~ **the more/the better** tanto più/meglio; ~ **but** quasi; **the score is two** ~ il punteggio è di due a due

allay [ə'leɪ] *vt* (*fears*) dissipare
all clear *n* (*also fig*) segnale *m* di cessato allarme
allegation [ælɪ'geɪʃən] *n* asserzione *f*
allege [ə'lɛdʒ] *vt* asserire; ~**dly** [ə'lɛdʒɪdlɪ] *adv* secondo quanto si asserisce
allegiance [ə'li:dʒəns] *n* fedeltà
allergic [ə'lə:dʒɪk] *adj*: ~ **to** allergico(a) a
allergy ['ælədʒɪ] *n* allergia
alleviate [ə'li:vɪeɪt] *vt* sollevare
alley ['ælɪ] *n* vicolo
alliance [ə'laɪəns] *n* alleanza
allied ['ælaɪd] *adj* alleato(a)
all-in *adj* (*BRIT*: *also adv*: *charge*) tutto compreso; ~ **wrestling** *n* lotta americana
all-night *adj* aperto(a) (*or* che dura) tutta la notte
allocate ['æləkeɪt] *vt* assegnare
allot [ə'lɔt] *vt* assegnare; ~**ment** *n* assegnazione *f*; (*garden*) lotto di terra
all-out *adj* (*effort etc*) totale ♦ *adv*: **to go all out for** mettercela tutta per
allow [ə'lau] *vt* (*practice, behaviour*) permettere; (*sum to spend etc*) accordare; (*sum, time estimated*) dare; (*concede*): **to** ~ **that** ammettere che; **to** ~ **sb to do** permettere a qn di fare; **he is** ~**ed to** lo può fare; ~ **for** *vt fus* tener conto di; ~**ance** *n* (*money received*) assegno; indennità *f inv*; (*TAX*) detrazione *f* di imposta; **to make** ~**ances for** tener

conto di

alloy ['ælɔɪ] *n* lega

all right *adv* (*feel, work*) bene; (*as answer*) va bene

all-round *adj* completo(a)

all-time *adj* (*record*) assoluto(a)

allude [ə'lu:d] *vi*: **to ~ to** alludere a

alluring [ə'ljuərɪŋ] *adj* seducente

ally ['ælaɪ] *n* alleato

almighty [ɔ:l'maɪtɪ] *adj* onnipotente; (*row etc*) colossale

almond ['ɑ:mənd] *n* mandorla

almost ['ɔ:lməust] *adv* quasi

alms [ɑ:mz] *npl* elemosina *sg*

aloft [ə'lɔft] *adv* in alto

alone [ə'ləun] *adj, adv* solo(a); **to leave sb ~** lasciare qn in pace; **to leave sth ~** lasciare stare qc; **let ~ ...** figuriamoci poi ..., tanto meno ....

along [ə'lɔŋ] *prep* lungo ♦ *adv*: **is he coming ~?** viene con noi?; **he was limping ~** veniva zoppicando; **~ with** insieme con; **all ~** (*all the time*) sempre, fin dall'inizio; **~side** *prep* accanto a; lungo ♦ *adv* accanto

aloof [ə'lu:f] *adj* distaccato(a) ♦ *adv*: **to stand ~** tenersi a distanza *or* in disparte

aloud [ə'laud] *adv* ad alta voce

alphabet ['ælfəbɛt] *n* alfabeto

alpine ['ælpaɪn] *adj* alpino(a)

Alps [ælps] *npl*: **the ~** le Alpi

already [ɔ:l'rɛdɪ] *adv* già

alright ['ɔ:l'raɪt] (*BRIT*) *adv* = **all right**

Alsatian [æl'seɪʃən] (*BRIT*) *n* (*dog*) pastore *m* tedesco, (cane *m*) lupo

also ['ɔ:lsəu] *adv* anche

altar ['ɔltə*] *n* altare *m*

alter ['ɔltə*] *vt, vi* alterare

alternate [*adj* ɔl'tə:nɪt, *vb* 'ɔltə:neɪt] *adj* alterno(a); (*US*: *plan etc*) alternativo(a) ♦ *vi*: **to ~ (with)** alternarsi (a); **on ~ days** ogni due giorni; **alternating** *adj* (*current*) alternato(a)

alternative [ɔl'tə:nətɪv] *adj* alternativo(a) ♦ *n* (*choice*) alternativa; **~ly** *adv*: **~ly one could ...** come alternativa si potrebbe ....

alternator ['ɔltə:neɪtə*] *n* (*AUT*) alternatore *m*

although [ɔ:l'ðəu] *conj* benché *+sub*, sebbene *+sub*

altitude ['æltɪtju:d] *n* altitudine *f*

alto ['æltəu] *n* contralto; (*male*) contraltino

altogether [ɔ:ltə'gɛðə*] *adv* del tutto, completamente; (*on the whole*) tutto considerato; (*in all*) in tutto

aluminium [ælju'mɪnɪəm] *n* alluminio

aluminum [ə'lu:mɪnəm] (*US*) *n* = **aluminium**

always ['ɔ:lweɪz] *adv* sempre

Alzheimer's (disease) ['æltshaɪməz-] *n* (malattia di) Alzheimer

am [æm] *vb see* **be**

a.m. *adv abbr* (= *ante meridiem*) della mattina

amalgamate [ə'mælgəmeɪt] *vt* amalgamare ♦ *vi* amalgamarsi

amateur ['æmətə*] *n* dilettante *m/f* ♦ *adj* (*SPORT*) dilettante; **~ish** (*pej*) *adj* da dilettante

amaze [ə'meɪz] *vt* stupire; **to be ~d (at)** essere sbalordito (da); **~ment** *n* stupore *m*; **amazing** *adj* sorprendente, sbalorditivo(a)

ambassador [æm'bæsədə*] *n* ambasciatore/trice

amber ['æmbə*] *n* ambra; **at ~** (*BRIT*: *AUT*) giallo

ambiguous [æm'bɪgjuəs] *adj* ambiguo(a)

ambition [æm'bɪʃən] *n* ambizione *f*

ambitious [æm'bɪʃəs] *adj* ambizioso(a)

amble ['æmbl] *vi* (*gen*: *to ~ along*) camminare tranquillamente

ambulance ['æmbjuləns] *n* ambulanza

ambush ['æmbuʃ] *n* imboscata ♦ *vt* fare un'imboscata a

amenable [ə'mi:nəbl] *adj*: **~ to** (*advice etc*) ben disposto(a) a

amend [ə'mɛnd] *vt* (*law*) emendare; (*text*) correggere; **to make ~s** fare ammenda

amenities [ə'mi:nıtız] *npl* attrezzature *fpl* ricreative e culturali
America [ə'mɛrıkə] *n* America; **~n** *adj*, *n* americano(a)
amiable ['eımıəbl] *adj* amabile, gentile
amicable ['æmıkəbl] *adj* amichevole
amid(st) [ə'mıd(st)] *prep* fra, tra, in mezzo a
amiss [ə'mıs] *adj*, *adv*: **there's something ~** c'è qualcosa che non va bene; **don't take it ~** non prendertela (a male)
ammonia [ə'məunıə] *n* ammoniaca
ammunition [æmju'nıʃən] *n* munizioni *fpl*
amok [ə'mɔk] *adv*: **to run ~** diventare pazzo(a) furioso(a)
among(st) [ə'mʌŋ(st)] *prep* fra, tra, in mezzo a
amorous ['æmərəs] *adj* amoroso(a)
amount [ə'maunt] *n* somma; ammontare *m*; quantità *f inv* ♦ *vi*: **to ~ to** (*total*) ammontare a; (*be same as*) essere come
amp(ère) ['æmp(ɛə*)] *n* ampère *m inv*
ample ['æmpl] *adj* ampio(a); spazioso(a); (*enough*): **this is ~** questo è più che sufficiente
amplifier ['æmplıfaıə*] *n* amplificatore *m*
amuck [ə'mʌk] *adv* = **amok**
amuse [ə'mju:z] *vt* divertire; **~ment** *n* divertimento; **~ment arcade** *n* sala giochi
an [æn] *indef art see* **a**
anaemic [ə'ni:mık] *adj* anemico(a)
anaesthetic [ænıs'θɛtık] *adj* anestetico(a) ♦ *n* anestetico
analog(ue) ['ænəlɔg] *adj* (*watch, computer*) analogico(a)
analyse ['ænəlaız] (*BRIT*) *vt* analizzare
analyses [ə'næləsi:z] *npl of* **analysis**
analysis [ə'næləsıs] (*pl* **analyses**) *n* analisi *f inv*
analyst ['ænəlıst] *n* (*POL etc*) analista *m/f*; (*US*) (psic)analista *m/f*
analyze ['ænəlaız] (*US*) *vt* = **analyse**
anarchist ['ænəkıst] *n* anarchico/a
anarchy ['ænəkı] *n* anarchia
anathema [ə'næθımə] *n*: **that is ~ to him** non vuole nemmeno sentirne parlare
anatomy [ə'nætəmı] *n* anatomia
ancestor ['ænsıstə*] *n* antenato/a
anchor ['æŋkə*] *n* ancora ♦ *vi* (*also*: *to drop ~*) gettare l'ancora ♦ *vt* ancorare; **to weigh ~** salpare *or* levare l'ancora
anchovy ['æntʃəvı] *n* acciuga
ancient ['eınʃənt] *adj* antico(a); (*person, car*) vecchissimo(a)
ancillary [æn'sılərı] *adj* ausiliario(a)
and [ænd] *conj* e (*often* ed *before vowel*); **~ so on** e così via; **try ~ come** cerca di venire; **he talked ~ talked** non la finiva di parlare; **better ~ better** sempre meglio
anemic [ə'ni:mık] (*US*) *adj* = **anaemic**
anesthetic [ænıs'θɛtık] (*US*) *adj*, *n* = **anaesthetic**
anew [ə'nju:] *adv* di nuovo
angel ['eındʒəl] *n* angelo
anger ['æŋgə*] *n* rabbia
angina [æn'dʒaınə] *n* angina pectoris
angle ['æŋgl] *n* angolo; **from their ~** dal loro punto di vista
Anglican ['æŋglıkən] *adj*, *n* anglicano(a)
angling ['æŋglıŋ] *n* pesca con la lenza
Anglo- ['æŋgləu] *prefix* anglo....
angrily ['æŋgrılı] *adv* con rabbia
angry ['æŋgrı] *adj* arrabbiato(a), furioso(a); (*wound*) infiammato(a); **to be ~ with sb/at sth** essere in collera con qn/per qc; **to get ~** arrabbiarsi; **to make sb ~** fare arrabbiare qn
anguish ['æŋgwıʃ] *n* angoscia
animal ['ænıməl] *adj* animale ♦ *n* animale *m*
animate ['ænımıt] *adj* animato(a)
animated ['ænımeıtıd] *adj* animato(a)
aniseed ['ænısi:d] *n* semi *mpl* di ani-

ce

ankle ['æŋkl] *n* caviglia; ~ **sock** *n* calzino

annex [*n* 'ænɛks, *vb* ə'nɛks] *n* (*also*: *BRIT*: *annexe*) (edificio) annesso ♦ *vt* annettere

annihilate [ə'naɪəleɪt] *vt* annientare

anniversary [ænɪ'və:sərɪ] *n* anniversario

announce [ə'nauns] *vt* annunciare; ~**ment** *n* annuncio; (*letter, card*) partecipazione *f*; ~**r** *n* (*RADIO, TV*: *between programmes*) annunciatore/trice; (: *in a programme*) presentatore/trice

annoy [ə'nɔɪ] *vt* dare fastidio a; **don't get ~ed!** non irritarti!; ~**ance** *n* fastidio; (*cause of ~ance*) noia; ~**ing** *adj* noioso(a)

annual ['ænjuəl] *adj* annuale ♦ *n* (*BOT*) pianta annua; (*book*) annuario

annul [ə'nʌl] *vt* annullare

annum ['ænəm] *n see* **per**

anonymous [ə'nɔnɪməs] *adj* anonimo(a)

anorak ['ænəræk] *n* giacca a vento

another [ə'nʌðə*] *adj*: ~ **book** (*one more*) un altro libro, ancora un libro; (*a different one*) un altro libro ♦ *pron* un altro(un'altra), ancora uno(a); *see also* **one**

answer ['ɑ:nsə*] *n* risposta; soluzione *f* ♦ *vi* rispondere ♦ *vt* (*reply to*) rispondere a; (*problem*) risolvere; (*prayer*) esaudire; **in ~ to your letter** in risposta alla sua lettera; **to ~ the phone** rispondere (al telefono); **to ~ the bell** rispondere al campanello; **to ~ the door** aprire la porta; ~ **back** *vi* ribattere; ~ **for** *vt fus* essere responsabile di; ~ **to** *vt fus* (*description*) corrispondere a; ~**able** *adj*: ~**able (to sb/for sth)** responsabile (verso qn/di qc); ~**ing machine** *n* segreteria (telefonica) automatica

ant [ænt] *n* formica

antagonism [æn'tægənɪzəm] *n* antagonismo

antagonize [æn'tægənaɪz] *vt* provocare l'ostilità di

Antarctic [ænt'ɑ:ktɪk] *n*: **the ~** l'Antartide *f*

antenatal ['æntɪ'neɪtl] *adj* prenatale; ~ **clinic** *n* assistenza medica preparto

anthem ['ænθəm] *n*: **national ~** inno nazionale

anthology [æn'θɔlədʒɪ] *n* antologia

antibiotic ['æntɪbaɪ'ɔtɪk] *n* antibiotico

antibody ['æntɪbɔdɪ] *n* anticorpo

anticipate [æn'tɪsɪpeɪt] *vt* prevedere; pregustare; (*wishes, request*) prevenire

anticipation [æntɪsɪ'peɪʃən] *n* anticipazione *f*; (*expectation*) aspettative *fpl*

anticlimax ['æntɪ'klaɪmæks] *n*: **it was an ~** fu una completa delusione

anticlockwise ['æntɪ'klɔkwaɪz] *adj, adv* in senso antiorario

antics ['æntɪks] *npl* buffonerie *fpl*

antifreeze ['æntɪ'fri:z] *n* anticongelante *m*

antihistamine [æntɪ'hɪstəmɪn] *n* antistaminico

antiquated ['æntɪkweɪtɪd] *adj* antiquato(a)

antique [æn'ti:k] *n* antichità *f inv* ♦ *adj* antico(a); ~ **dealer** *n* antiquario/a; ~ **shop** *n* negozio d'antichità

antiquity [æn'tɪkwɪtɪ] *n* antichità *f inv*

anti-Semitism ['æntɪ'sɛmɪtɪzəm] *n* antisemitismo

antiseptic [æntɪ'sɛptɪk] *n* antisettico

antisocial ['æntɪ'səuʃəl] *adj* asociale

antlers ['æntləz] *npl* palchi *mpl*

anvil ['ænvɪl] *n* incudine *f*

anxiety [æŋ'zaɪətɪ] *n* ansia; (*keenness*): ~ **to do** smania di fare

anxious ['æŋkʃəs] *adj* ansioso(a), inquieto(a); (*worrying*) angosciante; (*keen*): ~ **to do/that** impaziente di fare/che *+sub*

KEYWORD

any ['ɛnɪ] *adj* **1** (*in questions etc*):

have you ~ butter? hai del burro?, hai un po' di burro?; **have you ~ children?** hai bambini?; **if there are ~ tickets left** se ci sono ancora (dei) biglietti, se c'è ancora qualche biglietto
2 (*with negative*): **I haven't ~ money/books** non ho soldi/libri
3 (*no matter which*) qualsiasi, qualunque; **choose ~ book you like** scegli un libro qualsiasi
4 (*in phrases*): **in ~ case** in ogni caso; **~ day now** da un giorno all'altro; **at ~ moment** in qualsiasi momento, da un momento all'altro; **at ~ rate** ad ogni modo
♦ *pron* **1** (*in questions, with negative*): **have you got ~?** ne hai?; **can ~ of you sing?** qualcuno di voi sa cantare?; **I haven't ~ (of them)** non ne ho
2 (*no matter which one(s)*): **take ~ of those books (you like)** prendi uno qualsiasi di quei libri
♦ *adv* **1** (*in questions etc*): **do you want ~ more soup/sandwiches?** vuoi ancora un po' di minestra/degli altri panini?; **are you feeling ~ better?** ti senti meglio?
2 (*with negative*): **I can't hear him ~ more** non lo sento più; **don't wait ~ longer** non aspettare più

anybody ['ɛnɪbɔdɪ] *pron* (*in questions etc*) qualcuno, nessuno; (*with negative*) nessuno; (*no matter who*) chiunque; **can you see ~?** vedi qualcuno *or* nessuno?; **if ~ should phone ...** se telefona qualcuno ...; **I can't see ~** non vedo nessuno; **~ could do it** chiunque potrebbe farlo
anyhow ['ɛnɪhau] *adv* (*at any rate*) ad ogni modo, comunque; (*haphazard*): **do it ~ you like** fallo come ti pare; **I shall go ~** ci andrò lo stesso *or* comunque; **she leaves things just ~** lascia tutto come capita
anyone ['ɛnɪwʌn] *pron* = **anybody**
anything ['ɛnɪθɪŋ] *pron* (*in question etc*) qualcosa, niente; (*with negative*) niente; (*no matter what*): **you can say ~ you like** puoi dire quello che ti pare; **can you see ~?** vedi niente *or* qualcosa?; **if ~ happens to me ...** se mi dovesse succedere qualcosa ...; **I can't see ~** non vedo niente; **~ will do** va bene qualsiasi cosa *or* tutto
anyway ['ɛnɪweɪ] *adv* (*at any rate*) ad ogni modo, comunque; (*besides*) ad ogni modo
anywhere ['ɛnɪwɛə*] *adv* (*in questions etc*) da qualche parte; (*with negative*) da nessuna parte; (*no matter where*) da qualsiasi *or* qualunque parte, dovunque; **can you see him ~?** lo vedi da qualche parte?; **I can't see him ~** non lo vedo da nessuna parte; **~ in the world** dovunque nel mondo
apart [ə'pɑ:t] *adv* (*to one side*) a parte; (*separately*) separatamente; **with one's legs ~** con le gambe divaricate; **10 miles ~** a 10 miglia di distanza (l'uno dall'altro); **to take ~** smontare; **~ from** a parte, eccetto
apartheid [ə'pɑ:teɪt] *n* apartheid *f*
apartment [ə'pɑ:tmənt] *n* (*US*) appartamento; (*room*) locale *m*; **~ building** (*US*) *n* stabile *m*, caseggiato
apathetic [æpə'θɛtɪk] *adj* apatico(a)
ape [eɪp] *n* scimmia ♦ *vt* scimmiottare
apéritif [ə'pɛrɪtɪv] *n* aperitivo
aperture ['æpətʃjuə*] *n* apertura
apex ['eɪpɛks] *n* apice *m*
apiece [ə'pi:s] *adv* ciascuno(a)
aplomb [ə'plɔm] *n* disinvoltura
apologetic [əpɔlə'dʒɛtɪk] *adj* (*tone, letter*) di scusa
apologize [ə'pɔlədʒaɪz] *vi*: **to ~ (for sth to sb)** scusarsi (di qc a qn), chiedere scusa (a qn per qc)
apology [ə'pɔlədʒɪ] *n* scuse *fpl*
apostle [ə'pɔsl] *n* apostolo
apostrophe [ə'pɔstrəfɪ] *n* (*sign*) apostrofo
appal [ə'pɔ:l] *vt* scioccare; **~ing** *adj*

spaventoso(a)
apparatus [æpə'reitəs] *n* apparato; (*in gymnasium*) attrezzatura
apparel [ə'pærl] (*US*) *n* abbigliamento, confezioni *fpl*
apparent [ə'pærənt] *adj* evidente; **~ly** *adv* evidentemente
apparition [æpə'rıʃən] *n* apparizione *f*
appeal [ə'pi:l] *vi* (*LAW*) appellarsi alla legge ♦ *n* (*LAW*) appello; (*request*) richiesta; (*charm*) attrattiva; **to ~ for** chiedere (con insistenza); **to ~ to** (*subj*: *person*) appellarsi a; (*subj*: *thing*) piacere a; **it doesn't ~ to me** mi dice poco; **~ing** *adj* (*nice*) attraente
appear [ə'pıə*] *vi* apparire; (*LAW*) comparire; (*publication*) essere pubblicato(a); (*seem*) sembrare; **it would ~ that** sembra che; **~ance** *n* apparizione *f*; apparenza; (*look, aspect*) aspetto
appease [ə'pi:z] *vt* calmare, appagare
appendices [ə'pendısi:z] *npl of* **appendix**
appendicitis [əpendı'saıtıs] *n* appendicite *f*
appendix [ə'pendıks] (*pl* **appendices**) *n* appendice *f*
appetite ['æpıtaıt] *n* appetito
appetizer ['æpıtaızə*] *n* stuzzichino
applaud [ə'plɔ:d] *vt, vi* applaudire
applause [ə'plɔ:z] *n* applauso
apple ['æpl] *n* mela; **~ tree** *n* melo
appliance [ə'plaıəns] *n* apparecchio
applicant ['æplıkənt] *n* candidato/a
application [æplı'keıʃən] *n* applicazione *f*; (*for a job, a grant etc*) domanda; **~ form** *n* modulo per la domanda
applied [ə'plaıd] *adj* applicato(a)
apply [ə'plaı] *vt*: **to ~ (to)** (*paint, ointment*) dare (a); (*theory, technique*) applicare (a) ♦ *vi*: **to ~ to** (*ask*) rivolgersi a; (*be suitable for, relevant to*) riguardare, riferirsi a; **to ~ (for)** (*permit, grant, job*) fare domanda (per); **to ~ o.s. to** dedicarsi a
appoint [ə'pɔınt] *vt* nominare; **~ed** *adj*: **at the ~ed time** all'ora stabilita; **~ment** *n* nomina; (*arrangement to meet*) appuntamento; **to make an ~ment (with)** prendere un appuntamento (con)
appraisal [ə'preızl] *n* valutazione *f*
appreciate [ə'pri:ʃıeıt] *vt* (*like*) apprezzare; (*be grateful for*) essere riconoscente di; (*be aware of*) rendersi conto di ♦ *vi* (*FINANCE*) aumentare
appreciation [əpri:ʃı'eıʃən] *n* apprezzamento; (*FINANCE*) aumento del valore
appreciative [ə'pri:ʃıətıv] *adj* (*person*) sensibile; (*comment*) elogiativo(a)
apprehend [æprı'hend] *vt* (*arrest*) arrestare
apprehension [æprı'henʃən] *n* (*fear*) inquietudine *f*
apprehensive [æprı'hensıv] *adj* apprensivo(a)
apprentice [ə'prentıs] *n* apprendista *m/f*; **~ship** *n* apprendistato
approach [ə'prəutʃ] *vi* avvicinarsi ♦ *vt* (*come near*) avvicinarsi a; (*ask, apply to*) rivolgersi a; (*subject, passer-by*) avvicinare ♦ *n* approccio; accesso; (*to problem*) modo di affrontare; **~able** *adj* accessibile
appropriate [*adj* ə'prəuprııt, *vb* ə'prəuprıeıt] *adj* appropriato(a); adatto(a) ♦ *vt* (*take*) appropriarsi
approval [ə'pru:vəl] *n* approvazione *f*; **on ~** (*COMM*) in prova, in esame
approve [ə'pru:v] *vt, vi* approvare; **~ of** *vt fus* approvare
approximate [ə'prɔksımıt] *adj* approssimativo(a); **~ly** *adv* circa
apricot ['eıprıkɔt] *n* albicocca
April ['eıprəl] *n* aprile *m*; **~ fool!** pesce d'aprile!
apron ['eıprən] *n* grembiule *m*
apt [æpt] *adj* (*suitable*) adatto(a); (*able*) capace; (*likely*): **to be ~ to do** avere tendenza a fare
aptitude ['æptıtju:d] *n* abilità *f inv*
aquarium [ə'kweərıəm] *n* acquario

Aquarius [ə'kwɛərɪəs] *n* Acquario
Arab ['ærəb] *adj, n* arabo(a)
Arabian [ə'reɪbɪən] *adj* arabo(a)
Arabic ['ærəbɪk] *adj* arabico(a), arabo(a) ♦ *n* arabo; ~ **numerals** numeri *mpl* arabi, numerazione *f* araba
arbitrary ['ɑːbɪtrərɪ] *adj* arbitrario(a)
arbitration [ɑːbɪ'treɪʃən] *n* (*LAW*) arbitrato; (*INDUSTRY*) arbitraggio
arcade [ɑː'keɪd] *n* portico; (*passage with shops*) galleria
arch [ɑːtʃ] *n* arco; (*of foot*) arco plantare ♦ *vt* inarcare
archaeologist [ɑːkɪ'ɔlədʒɪst] *n* archeologo/a
archaeology [ɑːkɪ'ɔlədʒɪ] *n* archeologia
archbishop [ɑːtʃ'bɪʃəp] *n* arcivescovo
arch-enemy *n* arcinemico/a
archeology [ɑːkɪ'ɔlədʒɪ] *etc* (*US*) = archaeology *etc*
archery ['ɑːtʃərɪ] *n* tiro all'arco
architect ['ɑːkɪtɛkt] *n* architetto; ~**ure** ['ɑːkɪtɛktʃə*] *n* architettura
archives ['ɑːkaɪvz] *npl* archivi *mpl*
Arctic ['ɑːktɪk] *adj* artico(a) ♦ *n*: the ~ l'Artico
ardent ['ɑːdənt] *adj* ardente
are [ɑː*] *vb see* **be**
area ['ɛərɪə] *n* (*GEOM*) area; (*zone*) zona; (: *smaller*) settore *m*
aren't [ɑːnt] = **are not**
Argentina [ɑːdʒən'tiːnə] *n* Argentina; **Argentinian** [-'tɪnɪən] *adj, n* argentino(a)
arguably ['ɑːgjuəblɪ] *adv*: **it is ~ ...** si può sostenere che sia ....
argue ['ɑːgjuː] *vi* (*quarrel*) litigare; (*reason*) ragionare; **to ~ that** sostenere che
argument ['ɑːgjumənt] *n* (*reasons*) argomento; (*quarrel*) lite *f*; ~**ative** [ɑːgju'mɛntətɪv] *adj* litigioso(a)
Aries ['ɛərɪz] *n* Ariete *m*
arise [ə'raɪz] (*pt* **arose**, *pp* **arisen**) *vi* (*opportunity, problem*) presentarsi;
arisen [ə'rɪzn] *pp of* **arise**
aristocrat ['ærɪstəkræt] *n* aristocratico/a
arithmetic [ə'rɪθmətɪk] *n* aritmetica
ark [ɑːk] *n*: **Noah's A~** l'arca di Noè
arm [ɑːm] *n* braccio ♦ *vt* armare; ~**s** *npl* (*weapons*) armi *fpl*; ~ **in** ~ a braccetto
armaments ['ɑːməmənts] *npl* armamenti *mpl*
arm: ~**chair** *n* poltrona; ~**ed** *adj* armato(a); ~**ed robbery** *n* rapina a mano armata
armour ['ɑːmə*] (*US* **armor**) *n* armatura; (*MIL*: *tanks*) mezzi *mpl* blindati; ~**ed car** *n* autoblinda *f inv*
armpit ['ɑːmpɪt] *n* ascella
armrest ['ɑːmrɛst] *n* bracciolo
army ['ɑːmɪ] *n* esercito
aroma [ə'rəumə] *n* aroma
arose [ə'rəuz] *pt of* **arise**
around [ə'raund] *adv* attorno, intorno ♦ *prep* intorno a; (*fig*: *about*): ~ **£5/3 o'clock** circa 5 sterline/le 3; **is he ~?** è in giro?
arouse [ə'rauz] *vt* (*sleeper*) svegliare; (*curiosity, passions*) suscitare
arrange [ə'reɪndʒ] *vt* sistemare; (*programme*) preparare; **to ~ to do sth** mettersi d'accordo per fare qc; ~**ment** *n* sistemazione *f*; (*agreement*) accordo; ~**ments** *npl* (*plans*) progetti *mpl*, piani *mpl*
array [ə'reɪ] *n*: ~ **of** fila di
arrears [ə'rɪəz] *npl* arretrati *mpl*; **to be in ~ with one's rent** essere in arretrato con l'affitto
arrest [ə'rɛst] *vt* arrestare; (*sb's attention*) attirare ♦ *n* arresto; **under ~** in arresto
arrival [ə'raɪvəl] *n* arrivo; (*person*) arrivato/a; **a new ~** un nuovo venuto; (*baby*) un neonato
arrive [ə'raɪv] *vi* arrivare
arrogant ['ærəgənt] *adj* arrogante
arrow ['ærəu] *n* freccia
arse [ɑːs] (*inf!*) *n* culo (*!*)
arson ['ɑːsn] *n* incendio doloso
art [ɑːt] *n* arte *f*; (*craft*) mestiere *m*; **A~s** *npl* (*SCOL*) Lettere *fpl*
artefact ['ɑːtɪfækt] *n* manufatto
artery ['ɑːtərɪ] *n* arteria

artful |'ɑ:tful| *adj* abile
art gallery *n* galleria d'arte
arthritis |ɑ:'θraɪtɪs| *n* artrite *f*
artichoke |'ɑ:tɪtʃəuk| *n* carciofo; **Jerusalem ~** topinambur *m inv*
article |'ɑ:tɪkl| *n* articolo; **~s** *npl* (*BRIT*: *LAW*: *training*) contratto di tirocinio; **~ of clothing** capo di vestiario
articulate [*adj* ɑ:'tɪkjulɪt, *vb* ɑ:'tɪkjuleɪt] *adj* (*person*) che si esprime forbitamente; (*speech*) articolato(a) ♦ *vi* articolare; **~d lorry** (*BRIT*) *n* autotreno
artificial |ɑ:tɪ'fɪʃəl| *adj* artificiale; **~ respiration** *n* respirazione *f* artificiale
artillery |ɑ:'tɪlərɪ| *n* artiglieria
artisan |'ɑ:tɪzæn| *n* artigiano/a
artist |'ɑ:tɪst| *n* artista *m/f*; **~ic** |ɑ:'tɪstɪk| *adj* artistico(a); **~ry** *n* arte *f*
artless |'ɑ:tlɪs| *adj* semplice, ingenuo(a)
art school *n* scuola d'arte

KEYWORD

as |æz| *conj* **1** (*referring to time*) mentre; **~ the years went by** col passare degli anni; **he came in ~ I was leaving** arrivò mentre stavo uscendo; **~ from tomorrow** da domani
2 (*in comparisons*): **~ big ~** grande come; **twice ~ big ~** due volte più grande di; **~ much/many ~** tanto quanto/tanti quanti; **~ soon ~ possible** prima possibile
3 (*since, because*) dal momento che, siccome
4 (*referring to manner, way*) come; **do ~ you wish** fa' come vuoi; **~ she said** come ha detto lei
5 (*concerning*): **~ for** *or* **to that** per quanto riguarda *or* quanto a quello
6: **~ if** *or* **though** come se; **he looked ~ if he was ill** sembrava stare male; *see also* **long**; **such**; **well**
♦ *prep*: **he works ~ a driver** fa l'autista; **~ chairman of the company, he ...** come presidente della compagnia, lui ...; **he gave me it ~ a present** me lo ha regalato

a.s.a.p. *abbr* = **as soon as possible**
ascend |ə'sɛnd| *vt* salire; **~ancy** *n* ascendente *m*
ascent |ə'sɛnt| *n* salita; (*of mountain*) ascensione *f*
ascertain |æsə'teɪn| *vt* accertare
ascribe |ə'skraɪb| *vt*: **to ~ sth to** attribuire qc a
ash |æʃ| *n* (*dust*) cenere *f*; (*wood, tree*) frassino
ashamed |ə'ʃeɪmd| *adj* vergognoso(a); **to be ~ of** vergognarsi di
ashen |'æʃn| *adj* (*pale*) livido(a)
ashore |ə'ʃɔ:*| *adv* a terra
ashtray |'æʃtreɪ| *n* portacenere *m*
Ash Wednesday *n* mercoledì *m inv* delle Ceneri
Asia |'eɪʃə| *n* Asia; **~n** *adj, n* asiatico(a)
aside |ə'saɪd| *adv* da parte ♦ *n* a parte *m*
ask |ɑ:sk| *vt* (*question*) domandare; (*invite*) invitare; **to ~ sb sth/sb to do sth** chiedere qc a qn/a qn di fare qc; **to ~ sb about sth** chiedere a qn di qc; **to ~ (sb) a question** fare una domanda (a qn); **to ~ sb out to dinner** invitare qn a mangiare fuori; **~ after** *vt fus* chiedere di; **~ for** *vt fus* chiedere; (*trouble etc*) cercare
askance |ə'skɑ:ns| *adv*: **to look ~ at sb** guardare qn di traverso
askew |ə'skju:| *adv* di traverso, storto
asleep |ə'sli:p| *adj* addormentato(a); **to be ~** dormire; **to fall ~** addormentarsi
asparagus |əs'pærəgəs| *n* asparagi *mpl*
aspect |'æspɛkt| *n* aspetto
aspersions |əs'pə:ʃənz| *npl*: **to cast ~ on** diffamare
asphyxiation |æsfɪksɪ'eɪʃən| *n* asfissia
aspire |əs'paɪə*| *vi*: **to ~ to** aspirare

a

aspirin ['æsprın] *n* aspirina

ass [æs] *n* asino; (*inf*) scemo/a; (*US*: *inf!*) culo (*!*)

assailant [ə'seılənt] *n* assalitore *m*

assassinate [ə'sæsıneıt] *vt* assassinare; **assassination** [əsæsı'neıʃən] *n* assassinio

assault [ə'sɔ:lt] *n* (*MIL*) assalto; (*gen*: *attack*) aggressione *f* ♦ *vt* assaltare; aggredire; (*sexually*) violentare

assemble [ə'sɛmbl] *vt* riunire; (*TECH*) montare ♦ *vi* riunirsi

assembly [ə'sɛmblı] *n* (*meeting*) assemblea; (*construction*) montaggio; ~ **line** *n* catena di montaggio

assent [ə'sɛnt] *n* assenso, consenso

assert [ə'sə:t] *vt* asserire; (*insist on*) far valere

assess [ə'sɛs] *vt* valutare; **~ment** *n* valutazione *f*

asset ['æsɛt] *n* vantaggio; **~s** *npl* (*FINANCE*: *of individual*) beni *mpl*; (: *of company*) attivo

assign [ə'saın] *vt*: **to ~ (to)** (*task*) assegnare (a); (*resources*) riservare (a); (*cause, meaning*) attribuire (a); **to ~ a date to sth** fissare la data di qc; **~ment** *n* compito

assist [ə'sıst] *vt* assistere, aiutare; **~ance** *n* assistenza, aiuto; **~ant** *n* assistente *m/f*; (*BRIT*: *also*: *shop ~ant*) commesso/a

associate [*adj, n* ə'səuʃııt, *vb* ə'səuʃıeıt] *adj* associato(a); (*member*) aggiunto(a) ♦ *n* collega *m/f* ♦ *vt* associare ♦ *vi*: **to ~ with sb** frequentare qn

association [əsəusı'eıʃən] *n* associazione *f*

assorted [ə'sɔ:tıd] *adj* assortito(a)

assortment [ə'sɔ:tmənt] *n* assortimento

assume [ə'sju:m] *vt* supporre; (*responsibilities etc*) assumere; (*attitude, name*) prendere; **~d name** *n* nome *m* falso

assumption [ə'sʌmpʃən] *n* supposizione *f*, ipotesi *f inv*; (*of power*) assunzione *f*

assurance [ə'ʃuərəns] *n* assicurazione *f*; (*self-confidence*) fiducia in se stesso

assure [ə'ʃuə*] *vt* assicurare

asthma ['æsmə] *n* asma

astonish [ə'stɔnıʃ] *vt* stupire; **~ment** *n* stupore *m*

astound [ə'staund] *vt* sbalordire

astray [ə'streı] *adv*: **to go ~** smarrirsi; **to lead ~** portare sulla cattiva strada

astride [ə'straıd] *prep* a cavalcioni di

astrology [əs'trɔlədʒı] *n* astrologia

astronaut ['æstrənɔ:t] *n* astronauta *m/f*

astronomy [əs'trɔnəmı] *n* astronomia

astute [əs'tju:t] *adj* astuto(a)

asylum [ə'saıləm] *n* asilo; (*building*) manicomio

KEYWORD

at [æt] *prep* **1** (*referring to position, direction*) a; ~ **the top** in cima; ~ **the desk** al banco, alla scrivania; ~ **home/school** a casa/scuola; ~ **the baker's** dal panettiere; **to look ~ sth** guardare qc; **to throw sth ~ sb** lanciare qc a qn

2 (*referring to time*) a; ~ **4 o'clock** alle 4; ~ **night** di notte; ~ **Christmas** a Natale; ~ **times** a volte

3 (*referring to rates, speed etc*) a; ~ **£1 a kilo** a 1 sterlina al chilo; **two ~ a time** due alla volta, due per volta; ~ **50 km/h** a 50 km/h

4 (*referring to manner*): ~ **a stroke** d'un solo colpo; ~ **peace** in pace

5 (*referring to activity*): **to be ~ work** essere al lavoro; **to play ~ cowboys** giocare ai cowboy; **to be good ~ sth/doing sth** essere bravo in qc/a fare qc

6 (*referring to cause*): **shocked/surprised/annoyed ~ sth** colpito da/sorpreso da/arrabbiato per qc; **I went ~ his suggestion** ci sono andato dietro suo consiglio

ate [eɪt] *pt of* eat
atheist ['eɪθɪɪst] *n* ateo/a
Athens ['æθɪnz] *n* Atene *f*
athlete ['æθli:t] *n* atleta *m/f*
athletic [æθ'lɛtɪk] *adj* atletico(a); **~s** *n* atletica
Atlantic [ət'læntɪk] *adj* atlantico(a) ♦ *n*: **the ~ (Ocean)** l'Atlantico, l'Oceano Atlantico
atlas ['ætləs] *n* atlante *m*
atmosphere ['ætməsfɪə*] *n* atmosfera
atom ['ætəm] *n* atomo; **~ic** [ə'tɔmɪk] *adj* atomico(a); **~(ic) bomb** *n* bomba atomica; **~izer** ['ætəmaɪzə*] *n* atomizzatore *m*
atone [ə'təun] *vi*: **to ~ for** espiare
atrocious [ə'trəuʃəs] *adj* pessimo(a), atroce
attach [ə'tætʃ] *vt* attaccare; (*document, letter*) allegare; (*importance etc*) attribuire; **to be ~ed to sb/sth** (*to like*) essere affezionato(a) a qn/qc
attaché case [ə'tæʃeɪ-] *n* valigetta per documenti
attachment [ə'tætʃmənt] *n* (*tool*) accessorio; (*love*): **~ (to)** affetto (per)
attack [ə'tæk] *vt* attaccare; (*person*) aggredire; (*task etc*) iniziare; (*problem*) affrontare ♦ *n* attacco; **heart ~** infarto; **~er** *n* aggressore *m*
attain [ə'teɪn] *vt* (*also*: *to ~ to*) arrivare a, raggiungere; **~ments** *npl* cognizioni *fpl*
attempt [ə'tɛmpt] *n* tentativo ♦ *vt* tentare; **to make an ~ on sb's life** attentare alla vita di qn
attend [ə'tɛnd] *vt* frequentare; (*meeting, talk*) andare a; (*patient*) assistere; **~ to** *vt fus* (*needs, affairs etc*) prendersi cura di; (*customer*) occuparsi di; **~ance** *n* (*being present*) presenza; (*people present*) gente *f* presente; **~ant** *n* custode *m/f*; persona di servizio ♦ *adj* concomitante
attention [ə'tɛnʃən] *n* attenzione *f* ♦ *excl* (*MIL*) attenti!; **for the ~ of** (*ADMIN*) per l'attenzione di
attentive [ə'tɛntɪv] *adj* attento(a); (*kind*) premuroso(a)
attic ['ætɪk] *n* soffitta
attitude ['ætɪtju:d] *n* atteggiamento; posa
attorney [ə'tə:nɪ] *n* (*lawyer*) avvocato; (*having proxy*) mandatario; **A~ General** *n* (*BRIT*) Procuratore *m* Generale; (*US*) Ministro della Giustizia
attract [ə'trækt] *vt* attirare; **~ion** [ə'trækʃən] *n* (*gen pl*: *pleasant things*) attrattiva; (*PHYSICS, fig*: *towards sth*) attrazione *f*; **~ive** *adj* attraente
attribute [*n* 'ætrɪbju:t, *vb* ə'trɪbju:t] *n* attributo ♦ *vt*: **to ~ sth to** attribuire qc a
attrition [ə'trɪʃən] *n*: **war of ~** guerra di logoramento
aubergine ['əubəʒi:n] *n* melanzana
auburn ['ɔ:bən] *adj* tizianesco(a)
auction ['ɔ:kʃən] *n* (*also: sale by ~*) asta ♦ *vt* (*also*: *to sell by ~*) vendere all'asta; (*also*: *to put up for ~*) mettere all'asta; **~eer** [-'nɪə*] *n* banditore *m*
audible ['ɔ:dɪbl] *adj* udibile
audience ['ɔ:dɪəns] *n* (*people*) pubblico; spettatori *mpl*; ascoltatori *mpl*; (*interview*) udienza
audio-typist ['ɔ:dɪəu'taɪpɪst] *n* dattilografo/a che trascrive da nastro
audio-visual [ɔ:dɪəu'vɪzjuəl] *adj* audiovisivo(a); **~ aid** *n* sussidio audiovisivo
audit ['ɔ:dɪt] *vt* rivedere, verificare
audition [ɔ:'dɪʃən] *n* audizione *f*
auditor ['ɔ:dɪtə*] *n* revisore *m*
augment [ɔ:g'mɛnt] *vt, vi* aumentare
augur ['ɔ:gə*] *vi*: **it ~s well** promette bene
August ['ɔ:gəst] *n* agosto
aunt [ɑ:nt] *n* zia; **~ie** *n* zietta; **~y** *n* zietta
au pair ['əu'pɛə*] *n* (*also*: *~ girl*) (ragazza *f*) alla pari *inv*
aura ['ɔ:rə] *n* aura
auspicious [ɔ:s'pɪʃəs] *adj* propizio(a)

austerity [ɔs'tɛrɪtɪ] *n* austerità
Australia [ɔs'treɪlɪə] *n* Australia; **~n** *adj*, *n* australiano(a)
Austria ['ɔstrɪə] *n* Austria; **~n** *adj*, *n* austriaco(a)
authentic [ɔ:'θɛntɪk] *adj* autentico(a)
author ['ɔ:θə*] *n* autore/trice
authoritarian [ɔ:θɔrɪ'tɛərɪən] *adj* autoritario(a)
authoritative [ɔ:'θɔrɪtətɪv] *adj* (*account etc*) autorevole; (*manner*) autoritario(a)
authority [ɔ:'θɔrɪtɪ] *n* autorità *f inv*; (*permission*) autorizzazione *f*; **the authorities** *npl* (*government etc*) le autorità
authorize ['ɔ:θəraɪz] *vt* autorizzare
auto ['ɔ:təu] (*US*) *n* auto *f inv*
autobiography [ɔ:təbaɪ'ɔgrəfɪ] *n* autobiografia
autograph ['ɔ:təgrɑ:f] *n* autografo ♦ *vt* firmare
automata [ɔ:'tɔmətə] *npl of* **automaton**
automatic [ɔ:tə'mætɪk] *adj* automatico(a) ♦ *n* (*gun*) arma automatica; (*washing machine*) lavatrice *f* automatica; (*car*) automobile *f* con cambio automatico; **~ally** *adv* automaticamente
automation [ɔ:tə'meɪʃən] *n* automazione *f*
automaton [ɔ:'tɔmətən] (*pl* **automata**) *n* automa *m*
automobile ['ɔ:təməbi:l] (*US*) *n* automobile *f*
autonomy [ɔ:'tɔnəmɪ] *n* autonomia
autumn ['ɔ:təm] *n* autunno
auxiliary [ɔ:g'zɪlɪərɪ] *adj* ausiliario(a) ♦ *n* ausiliare *m/f*
Av. *abbr* = **avenue**
avail [ə'veɪl] *vt*: **to ~ o.s. of** servirsi di; approfittarsi di ♦ *n*: **to no ~** inutilmente
available [ə'veɪləbl] *adj* disponibile
avalanche ['ævəlɑ:nʃ] *n* valanga
avant-garde ['ævɑ̃ŋ'gɑ:d] *adj* d'avanguardia
Ave. *abbr* = **avenue**
avenge [ə'vɛndʒ] *vt* vendicare
avenue ['ævənju:] *n* viale *m*; (*fig*) strada, via
average ['ævərɪdʒ] *n* media ♦ *adj* medio(a) ♦ *vt* (*a certain figure*) fare di *or* in media; **on ~** in media; **~ out** *vi*: **to ~ out at** aggirarsi in media su, essere in media di
averse [ə'və:s] *adj*: **to be ~ to sth/doing** essere contrario a qc/a fare
avert [ə'və:t] *vt* evitare, prevenire; (*one's eyes*) distogliere
aviary ['eɪvɪərɪ] *n* voliera, uccelliera
avid ['ævɪd] *adj* (*supporter etc*) accanito(a)
avocado [ævə'kɑ:dəu] *n* (*also*: *BRIT*: **~ pear**) avocado *m inv*
avoid [ə'vɔɪd] *vt* evitare
avuncular [ə'vʌŋkjulə*] *adj* paterno(a)
await [ə'weɪt] *vt* aspettare
awake [ə'weɪk] (*pt* **awoke**, *pp* **awoken, awaked**) *adj* sveglio(a) ♦ *vt* svegliare ♦ *vi* svegliarsi; **~ning** [ə'weɪknɪŋ] *n* risveglio
award [ə'wɔ:d] *n* premio; (*LAW*) risarcimento ♦ *vt* assegnare; (*LAW*: *damages*) accordare
aware [ə'wɛə*] *adj*: **~ of** (*conscious*) conscio(a) di; (*informed*) informato(a) di; **to become ~ of** accorgersi di; **~ness** *n* consapevolezza
awash [ə'wɔʃ] *adj*: **~ (with)** inondato(a) (da)
away [ə'weɪ] *adj*, *adv* via; lontano(a); **two kilometres ~** a due chilometri di distanza; **two hours ~ by car** a due ore di distanza in macchina; **the holiday was two weeks ~** mancavano due settimane alle vacanze; **he's ~ for a week** è andato via per una settimana; **to take ~** togliere; **he was working/pedalling** *etc* **~** *la particella indica la continuità e l'energia dell'azione*: lavorava/pedalava *etc* più che poteva; **to fade/wither** *etc* **~** *la particella rinforza l'idea della diminuzione*; **~ game** *n* (*SPORT*) partita fuori casa
awe [ɔ:] *n* timore *m*; **~-inspiring**

imponente; **~some** *adj* imponente
awful ['ɔ:fəl] *adj* terribile; **an ~ lot of** un mucchio di; **~ly** *adv* (*very*) terribilmente
awhile [ə'waɪl] *adv* (per) un po'
awkward ['ɔ:kwəd] *adj* (*clumsy*) goffo(a); (*inconvenient*) scomodo(a); (*embarrassing*) imbarazzante
awning ['ɔ:nɪŋ] *n* (*of shop, hotel etc*) tenda
awoke [ə'wəuk] *pt of* **awake**
awoken [ə'wəukn] *pp of* **awake**
awry [ə'raɪ] *adv* di traverso; **to go ~** andare a monte
axe [æks] (*US* **ax**) *n* scure *f* ♦ *vt* (*project etc*) abolire; (*jobs*) sopprimere
axes ['æksi:z] *npl of* **axis**
axis ['æksɪs] (*pl* **axes**) *n* asse *m*
axle ['æksl] *n* (*also*: *~-tree*) asse *m*
ay(e) [aɪ] *excl* (*yes*) sì

B

B [bi:] *n* (*MUS*) si *m*
B.A. *n abbr* = **Bachelor of Arts**
babble ['bæbl] *vi* (*person, voices*) farfugliare; (*brook*) gorgogliare
baby ['beɪbɪ] *n* bambino/a; **~ carriage** (*US*) *n* carrozzina; **~-sit** *vi* fare il (*or* la) babysitter; **~-sitter** *n* baby-sitter *m/f inv*
bachelor ['bætʃələ*] *n* scapolo; **B~ of Arts/Science** ≈ laureato/a in lettere/scienze
back [bæk] *n* (*of person, horse*) dorso, schiena; (*as opposed to front*) dietro; (*of hand*) dorso; (*of train*) coda; (*of chair*) schienale *m*; (*of page*) rovescio; (*of book*) retro; (*FOOTBALL*) difensore *m* ♦ *vt* (*candidate*: *also*: *~ up*) appoggiare; (*horse*: *at races*) puntare su; (*car*) guidare a marcia indietro ♦ *vi* indietreggiare; (*car etc*) fare marcia indietro ♦ *cpd* posteriore, di dietro; (*AUT*: *seat, wheels*) posteriore ♦ *adv* (*not forward*) indietro; (*returned*): **he's ~** è tornato; **he ran ~** tornò indietro di corsa; (*restitution*): **throw the ball ~** ritira la palla; **can I have it ~?** posso riaverlo?; (*again*): **he called ~** ha richiamato; **~ down** *vi* fare marcia indietro; **~ out** *vi* (*of promise*) tirarsi indietro; **~ up** *vt* (*support*) appoggiare, sostenere; (*COMPUT*) fare una copia di riserva di; **~bencher** (*BRIT*) *n membro del Parlamento senza potere amministrativo*; **~bone** *n* spina dorsale; **~cloth** *n* scena di sfondo; **~date** *vt* (*letter*) retrodatare; **~dated pay rise** aumento retroattivo; **~drop** *n* = **~cloth**; **~fire** *vi* (*AUT*) dar ritorni di fiamma; (*plans*) fallire; **~ground** *n* sfondo; (*of events*) background *m inv*; (*basic knowledge*) base *f*; (*experience*) esperienza; **family ~ground** ambiente *m* familiare; **~hand** *n* (*TENNIS*: *also*: *~hand stroke*) rovescio; **~handed** *adj* (*fig*) ambiguo(a); **~hander** (*BRIT*) *n* (*bribe*) bustarella; **~ing** *n* (*fig*) appoggio; **~lash** *n* contraccolpo, ripercussione *f*; **~log** *n*: **~log of work** lavoro arretrato; **~ number** *n* (*of magazine etc*) numero arretrato; **~pack** *n* zaino; **~ pay** *n* arretrato di paga; **~ payments** *npl* arretrati *mpl*; **~side** (*inf*) *n* sedere *m*; **~stage** *adv* nel retroscena; **~stroke** *n* nuoto sul dorso; **~up** *adj* (*train, plane*) supplementare; (*COMPUT*) di riserva ♦ *n* (*support*) appoggio, sostegno; (*also*: *~up file*) file *m inv* di riserva; **~ward** *adj* (*movement*) indietro *inv*; (*person*) tardivo(a); (*country*) arretrato(a); **~wards** *adv* indietro; (*fall, walk*) all'indietro; **~water** *n* (*fig*) posto morto; **~yard** *n* cortile *m* dietro la casa
bacon ['beɪkən] *n* pancetta
bad [bæd] *adj* cattivo(a); (*accident, injury*) brutto(a); (*meat, food*) andato(a) a male; **his ~ leg** la sua gamba malata; **to go ~** andare a male
bade [bæd] *pt of* **bid**
badge [bædʒ] *n* insegna; (*of police-*

man) stemma *m*
badger ['bædʒə*] *n* tasso
badly ['bædlı] *adv* (*work, dress etc*) male; ~ **wounded** gravemente ferito; **he needs it** ~ ne ha un gran bisogno; ~ **off** *adj* povero(a)
badminton ['bædmıntən] *n* badminton *m*
bad-tempered ['bæd'tɛmpəd] *adj* irritabile; di malumore
baffle ['bæfl] *vt* (*puzzle*) confondere
bag [bæg] *n* sacco; (*handbag etc*) borsa; ~**s of** (*inf*: *lots of*) un sacco di; ~**gage** *n* bagagli *mpl*; ~**gy** *adj* largo(a), sformato(a); ~**pipes** *npl* cornamusa
bail [beıl] *n* cauzione *f* ♦ *vt* (*prisoner*: *also*: *grant* ~ *to*) concedere la libertà provvisoria su cauzione a; (*boat*: *also*: ~ *out*) aggottare; **on** ~ in libertà provvisoria su cauzione; ~ **out** *vt* (*prisoner*) ottenere la libertà provvisoria su cauzione di; *see also* **bale**
bailiff ['beılıf] *n* (*LAW*: *BRIT*) ufficiale *m* giudiziario; (: *US*) usciere *m*
bait [beıt] *n* esca ♦ *vt* (*hook*) innescare; (*trap*) munire di esca; (*fig*) tormentare
bake [beık] *vt* cuocere al forno ♦ *vi* cuocersi al forno; ~**d beans** *npl* fagioli *mpl* in salsa di pomodoro; ~**r** *n* fornaio/a, panettiere/a; ~**ry** *n* panetteria; **baking** *n* cottura (al forno); **baking powder** *n* lievito in polvere
balance ['bæləns] *n* equilibrio; (*COMM*: *sum*) bilancio; (*remainder*) resto; (*scales*) bilancia ♦ *vt* tenere in equilibrio; (*budget*) far quadrare; (*account*) pareggiare; (*compensate*) contrappesare; ~ **of trade/payments** bilancia commerciale/dei pagamenti; ~**d** *adj* (*personality, diet*) equilibrato(a); ~ **sheet** *n* bilancio
balcony ['bælkənı] *n* balcone *m*; (*in theatre*) balconata
bald [bɔ:ld] *adj* calvo(a); (*tyre*) liscio(a)
bale [beıl] *n* balla; ~ **out** *vi* (*of a plane*) gettarsi col paracadute
baleful ['beılful] *adj* funesto(a)
ball [bɔ:l] *n* palla; (*football*) pallone *m*; (*for golf*) pallina; (*of wool, string*) gomitolo; (*dance*) ballo; **to play** ~ (*fig*) stare al gioco
ballast ['bæləst] *n* zavorra
ball bearings *npl* cuscinetti a sfere
ballerina [bælə'ri:nə] *n* ballerina
ballet ['bæleı] *n* balletto; ~ **dancer** *n* ballerino(a) classico(a)
balloon [bə'lu:n] *n* pallone *m*
ballot paper ['bælət-] *n* scheda
ball-point pen *n* penna a sfera
ballroom ['bɔ:lrum] *n* sala da ballo
balm [bɑ:m] *n* balsamo
ban [bæn] *n* interdizione *f* ♦ *vt* interdire
banana [bə'nɑ:nə] *n* banana
band [bænd] *n* banda; (*at a dance*) orchestra; (*MIL*) fanfara; ~ **together** *vi* collegarsi
bandage ['bændıdʒ] *n* benda, fascia
bandaid ['bændeıd] ® (*US*) *n* cerotto
bandwagon ['bændwægən] *n*: **to jump on the** ~ (*fig*) seguire la corrente
bandy ['bændı] *vt* (*jokes, insults*) scambiare
bandy-legged [-'lɛgıd] *adj* dalle gambe storte
bang [bæŋ] *n* (*of door*) lo sbattere; (*of gun, blow*) colpo ♦ *vt* battere (violentemente); (*door*) sbattere ♦ *vi* scoppiare; sbattere
Bangladesh [bɑ:ŋglə'dɛʃ] *n* Bangladesh *m*
bangle ['bæŋgl] *n* braccialetto
bangs [bæŋz] (*US*) *npl* (*fringe*) frangia, frangetta
banish ['bænıʃ] *vt* bandire
banister(s) ['bænıstə(z)] *n(pl)* ringhiera
bank [bæŋk] *n* banca, banco; (*of river, lake*) riva, sponda; (*of earth*) banco ♦ *vi* (*AVIAT*) inclinarsi in virata; ~ **on** *vt fus* contare su; ~ **account** *n* conto in banca; ~ **card** *n* carta assegni; ~**er** *n* banchiere *m*; ~**er's card** (*BRIT*) *n* = ~ **card**;

B~ holiday (*BRIT*) *n* giorno di festa (*in cui le banche sono chiuse*); **~ing** *n* attività bancaria; professione *f* di banchiere; **~note** *n* banconota; **~ rate** *n* tasso bancario
bankrupt ['bæŋkrʌpt] *adj* fallito(a); **to go ~** fallire; **~cy** *n* fallimento
bank statement *n* estratto conto
banner ['bænə*] *n* striscione *m*
banns [bænz] *npl* pubblicazioni *fpl* di matrimonio
baptism ['bæptɪzəm] *n* battesimo
bar [bɑ:*] *n* (*place*) bar *m inv*; (*counter*) banco; (*rod*) barra; (*of window etc*) sbarra; (*of chocolate*) tavoletta; (*fig*) ostacolo; restrizione *f*; (*MUS*) battuta ♦ *vt* (*road, window*) sbarrare; (*person*) escludere; (*activity*) interdire; **~ of soap** saponetta; **the B~** (*LAW*) l'Ordine *m* degli avvocati; **behind ~s** (*prisoner*) dietro le sbarre; **~ none** senza eccezione
barbaric [bɑ:'bærɪk] *adj* barbarico(a)
barbecue ['bɑ:bɪkju:] *n* barbecue *m inv*
barbed wire ['bɑ:bd-] *n* filo spinato
barber ['bɑ:bə*] *n* barbiere *m*
bar code *n* (*on goods*) codice *m* a barre
bare [bɛə*] *adj* nudo(a) ♦ *vt* scoprire, denudare; (*teeth*) mostrare; **the ~ necessities** lo stretto necessario; **~back** *adv* senza sella; **~faced** *adj* sfacciato(a); **~foot** *adj, adv* scalzo(a); **~ly** *adv* appena
bargain ['bɑ:gɪn] *n* (*transaction*) contratto; (*good buy*) affare *m* ♦ *vi* trattare; **into the ~** per giunta; **~ for** *vt fus*: **he got more than he ~ed for** gli è andata peggio di quel che si aspettasse
barge [bɑ:dʒ] *n* chiatta; **~ in** *vi* (*walk in*) piombare dentro; (*interrupt talk*) intromettersi a sproposito
bark [bɑ:k] *n* (*of tree*) corteccia; (*of dog*) abbaio ♦ *vi* abbaiare
barley ['bɑ:lɪ] *n* orzo
barmaid ['bɑ:meɪd] *n* cameriera al banco
barman ['bɑ:mən] *n* barista *m*
barn [bɑ:n] *n* granaio
barometer [bə'rɔmɪtə*] *n* barometro
baron ['bærən] *n* barone *m*; **~ess** *n* baronessa
barracks ['bærəks] *npl* caserma
barrage ['bærɑ:ʒ] *n* (*MIL, dam*) sbarramento; (*fig*) fiume *m*
barrel ['bærəl] *n* barile *m*; (*of gun*) canna
barren ['bærən] *adj* sterile; (*soil*) arido(a)
barricade [bærɪ'keɪd] *n* barricata
barrier ['bærɪə*] *n* barriera
barring ['bɑ:rɪŋ] *prep* salvo
barrister ['bærɪstə*] (*BRIT*) *n* avvocato/essa (*con diritto di parlare davanti a tutte le corti*)
barrow ['bærəu] *n* (*cart*) carriola
bartender ['bɑ:tɛndə*] (*US*) *n* barista *m*
barter ['bɑ:tə*] *vt*: **to ~ sth for** barattare qc con
base [beɪs] *n* base *f* ♦ *vt*: **to ~ sth on** basare qc su ♦ *adj* vile
baseball ['beɪsbɔ:l] *n* baseball *m*
basement ['beɪsmənt] *n* seminterrato; (*of shop*) interrato
bases[1] ['beɪsi:z] *npl of* **basis**
bases[2] ['beɪsɪz] *npl of* **base**
bash [bæʃ] (*inf*) *vt* picchiare
bashful ['bæʃful] *adj* timido(a)
basic ['beɪsɪk] *adj* rudimentale; essenziale; **~ally** [-lɪ] *adv* fondamentalmente; sostanzialmente; **~s** *npl*: **the ~s** l'essenziale *m*
basil ['bæzl] *n* basilico
basin ['beɪsn] *n* (*vessel, also GEO*) bacino; (*also*: *wash~*) lavabo
basis ['beɪsɪs] (*pl* **bases**) *n* base *f*; **on a part-time ~** part-time; **on a trial ~** in prova
bask [bɑ:sk] *vi*: **to ~ in the sun** crogiolarsi al sole
basket ['bɑ:skɪt] *n* cesta; (*smaller*) cestino; (*with handle*) paniere *m*; **~ball** *n* pallacanestro *f*
bass [beɪs] *n* (*MUS*) basso
bassoon [bə'su:n] *n* fagotto

bastard ['bɑ:stəd] *n* bastardo/a; (*inf!*) stronzo (*!*)
bat [bæt] *n* pipistrello; (*for baseball etc*) mazza; (*BRIT*: *for table tennis*) racchetta ♦ *vt*: **he didn't ~ an eyelid** non battè ciglio
batch [bætʃ] *n* (*of bread*) infornata; (*of papers*) cumulo
bated ['beɪtɪd] *adj*: **with ~ breath** col fiato sospeso
bath [bɑ:θ] *n* bagno; (*bathtub*) vasca da bagno ♦ *vt* far fare il bagno a; **to have a ~** fare un bagno; *see also* **baths**
bathe [beɪð] *vi* fare il bagno ♦ *vt* (*wound*) lavare; **~r** *n* bagnante *m/f*
bathing ['beɪðɪŋ] *n* bagni *mpl*; **~ cap** *n* cuffia da bagno; **~ costume** (*US* **~ suit**) *n* costume *m* da bagno
bathrobe ['bɑ:θrəub] *n* accappatoio
bathroom ['bɑ:θrum] *n* stanza da bagno
baths [bɑ:ðz] *npl* bagni *mpl* pubblici
bath towel *n* asciugamano da bagno
baton ['bætən] *n* (*MUS*) bacchetta; (*ATHLETICS*) testimone *m*; (*club*) manganello
batter ['bætə*] *vt* battere ♦ *n* pastetta; **~ed** *adj* (*hat*) sformato(a); (*pan*) ammaccato(a)
battery ['bætərɪ] *n* batteria; (*of torch*) pila
battle ['bætl] *n* battaglia ♦ *vi* battagliare, lottare; **~field** *n* campo di battaglia; **~ship** *n* nave *f* da guerra
bawdy ['bɔ:dɪ] *adj* piccante
bawl [bɔ:l] *vi* urlare
bay [beɪ] *n* (*of sea*) baia; **to hold sb at ~** tenere qn a bada; **~ leaf** *n* foglia d'alloro; **~ window** *n* bovindo
bazaar [bə'zɑ:*] *n* bazar *m inv*; vendita di beneficenza
B. & B. *abbr* = **bed and breakfast**
BBC *n abbr* (= *British Broadcasting Corporation*) *rete nazionale di radiotelevisione in Gran Bretagna*
B.C. *adv abbr* (= *before Christ*) a.C.

KEYWORD

be [bi:] (*pt* **was, were**, *pp* **been**) *aux vb* **1** (*with present participle*: *forming continuous tenses*): **what are you doing?** che fa?, che sta facendo?; **they're coming tomorrow** vengono domani; **I've been waiting for her for hours** sono ore che l'aspetto

2 (*with pp*: *forming passives*) essere; **to ~ killed** essere *or* venire ucciso(a); **the box had been opened** la scatola era stata aperta; **the thief was nowhere to ~ seen** il ladro non si trovava da nessuna parte

3 (*in tag questions*): **it was fun, wasn't it?** è stato divertente, no?; **he's good-looking, isn't he?** è un bell'uomo, vero?; **she's back, is she?** così è tornata, eh?

4 (*+to +infinitive*): **the house is to ~ sold** abbiamo (*or* hanno *etc*) intenzione di vendere casa; **you're to ~ congratulated for all your work** dovremo farvi i complimenti per tutto il vostro lavoro; **he's not to open it** non deve aprirlo

♦ *vb +complement* **1** (*gen*) essere; **I'm English** sono inglese; **I'm tired** sono stanco(a); **I'm hot/cold** ho caldo/freddo; **he's a doctor** è medico; **2 and 2 are** 4 2 più 2 fa 4; **~ careful!** sta attento(a)!; **~ good** sii buono(a)

2 (*of health*) stare; **how are you?** come sta?; **he's very ill** sta molto male

3 (*of age*): **how old are you?** quanti anni hai?; **I'm sixteen (years old)** ho sedici anni

4 (*cost*) costare; **how much was the meal?** quant'era *or* quanto costava il pranzo?; **that'll ~ £5, please** (fa) 5 sterline, per favore

♦ *vi* **1** (*exist, occur etc*) essere, esistere; **the best singer that ever was** il migliore cantante mai esistito *or* di tutti tempi; **~ that as it may** comunque sia, sia come sia; **so ~ it**

sia pure, e sia
2 (*referring to place*) essere, trovarsi; **I won't ~ here tomorrow** non ci sarò domani; **Edinburgh is in Scotland** Edimburgo si trova in Scozia
3 (*referring to movement*): **where have you been?** dov'è stato?; **I've been to China** sono stato in Cina
◆ *impers vb* **1** (*referring to time, distance*) essere; **it's 5 o'clock** sono le 5; **it's the 28th of April** è il 28 aprile; **it's 10 km to the village** di qui al paese sono 10 km
2 (*referring to the weather*) fare; **it's too hot/cold** fa troppo caldo/freddo; **it's windy** c'è vento
3 (*emphatic*): **it's me** sono io; **it was Maria who paid the bill** è stata Maria che ha pagato il conto

beach [biːtʃ] *n* spiaggia ♦ *vt* tirare in secco
beacon [ˈbiːkən] *n* (*lighthouse*) faro; (*marker*) segnale *m*
bead [biːd] *n* perlina
beak [biːk] *n* becco
beaker [ˈbiːkə*] *n* coppa
beam [biːm] *n* trave *f*; (*of light*) raggio ♦ *vi* brillare
bean [biːn] *n* fagiolo; (*of coffee*) chicco; **runner ~** fagiolino; **broad ~** fava; **~sprouts** *npl* germogli *mpl* di soia
bear [bɛə*] (*pt* **bore**, *pp* **borne**) *n* orso ♦ *vt* portare; (*endure*) sopportare; (*produce*) generare ♦ *vi*: **to ~ right/left** piegare a destra/sinistra; **~ out** *vt* (*suspicions*) confermare, convalidare; (*person*) dare il proprio appoggio a; **~ up** *vi* (*person*) fare buon viso a cattiva sorte
beard [bɪəd] *n* barba
bearer [ˈbɛərə*] *n* portatore *m*
bearing [ˈbɛərɪŋ] *n* portamento; (*connection*) rapporto; **~s** *npl* (*also*: *ball ~s*) cuscinetti *mpl* a sfere; **to take a ~** fare un rilevamento; **to find one's ~s** orientarsi
beast [biːst] *n* bestia; **~ly** *adj* meschino(a); (*weather*) da cani
beat [biːt] (*pt* **beat**, *pp* **beaten**) *n* colpo; (*of heart*) battito; (*MUS*) tempo; battuta; (*of policeman*) giro ♦ *vt* battere; (*eggs, cream*) sbattere ♦ *vi* battere; **off the ~en track** fuori mano; **~ it!** (*inf*) fila!, fuori dai piedi!; **~ off** *vt* respingere; **~ up** *vt* (*person*) picchiare; (*eggs*) sbattere; **beaten** *pp of* **beat**; **~ing** *n* bastonata
beautiful [ˈbjuːtɪful] *adj* bello(a); **~ly** *adv* splendidamente
beauty [ˈbjuːtɪ] *n* bellezza; **~ salon** *n* istituto di bellezza; **~ spot** (*BRIT*) *n* (*TOURISM*) luogo pittoresco
beaver [ˈbiːvə*] *n* castoro
became [bɪˈkeɪm] *pt of* **become**
because [bɪˈkɔz] *conj* perché; **~ of** a causa di
beck [bɛk] *n*: **to be at sb's ~ and call** essere a completa disposizione di qn
beckon [ˈbɛkən] *vt* (*also*: *~ to*) chiamare con un cenno
become [bɪˈkʌm] (*irreg*: *like* **come**) *vt* diventare; **to ~ fat/thin** ingrassarsi/dimagrire
becoming [bɪˈkʌmɪŋ] *adj* (*behaviour*) che si conviene; (*clothes*) grazioso(a)
bed [bɛd] *n* letto; (*of flowers*) aiuola; (*of coal, clay*) strato; **single/double ~** letto a una piazza/a due piazze *or* matrimoniale; **~ and breakfast** *n* (*place*) ≈ pensione *f* familiare; (*terms*) camera con colazione; **~clothes** *npl* biancheria e coperte *fpl* da letto; **~ding** *n* coperte e lenzuola *fpl*
bedlam [ˈbɛdləm] *n* baraonda
bedraggled [bɪˈdrægld] *adj* fradicio(a)
bed: **~ridden** *adj* costretto(a) a letto; **~room** *n* camera da letto; **~side** *n*: **at sb's ~side** al capezzale di qn; **~sit(ter)** (*BRIT*) *n* monolocale *m*; **~spread** *n* copriletto; **~time** *n*: **it's ~time** è ora di andare a letto
bee [biː] *n* ape *f*

beech [biːtʃ] *n* faggio
beef [biːf] *n* manzo; **roast ~** arrosto di manzo; **~burger** *n* hamburger *m inv*; **B~eater** *n* guardia della Torre di Londra
beehive ['biːhaɪv] *n* alveare *m*
beeline ['biːlaɪn] *n*: **to make a ~ for** buttarsi a capo fitto verso
been [biːn] *pp of* **be**
beer [bɪə*] *n* birra
beetle ['biːtl] *n* scarafaggio; coleottero
beetroot ['biːtruːt] (*BRIT*) *n* barbabietola
before [bɪ'fɔː*] *prep* (*in time*) prima di; (*in space*) davanti a ♦ *conj* prima che + *sub*; prima di ♦ *adv* prima; **~ going** prima di andare; **~ she goes** prima che vada; **the week ~** la settimana prima; **I've seen it ~** l'ho già visto; **I've never seen it ~** è la prima volta che lo vedo; **~hand** *adv* in anticipo
beg [bɛg] *vi* chiedere l'elemosina ♦ *vt* (*also*: **~ *for***) chiedere in elemosina; (: *favour*) chiedere; **to ~ sb to do** pregare qn di fare
began [bɪ'gæn] *pt of* **begin**
beggar ['bɛgə*] *n* mendicante *m/f*
begin [bɪ'gɪn] (*pt* **began**, *pp* **begun**) *vt*, *vi* cominciare; **to ~ doing** *or* **to do sth** incominciare *or* iniziare a fare qc; **~ner** *n* principiante *m/f*; **~ning** *n* inizio, principio
begun [bɪ'gʌn] *pp of* **begin**
behalf [bɪ'hɑːf] *n*: **on ~ of** per conto di; a nome di
behave [bɪ'heɪv] *vi* comportarsi; (*well*: *also*: **~ *o.s.***) comportarsi bene
behaviour [bɪ'heɪvjə*] (*US* **behavior**) *n* comportamento, condotta
behead [bɪ'hɛd] *vt* decapitare
beheld [bɪ'hɛld] *pt*, *pp of* **behold**
behind [bɪ'haɪnd] *prep* dietro; (*followed by pronoun*) dietro di; (*time*) in ritardo con ♦ *adv* dietro; (*leave, stay*) indietro ♦ *n* didietro; **to be ~ (schedule)** essere in ritardo rispetto al programma; **~ the scenes** (*fig*) dietro le quinte
behold [bɪ'həuld] (*irreg*: *like* **hold**) *vt* vedere, scorgere
beige [beɪʒ] *adj* beige *inv*
Beijing ['beɪ'dʒɪŋ] *n* Pechino *f*
being ['biːɪŋ] *n* essere *m*
belated [bɪ'leɪtɪd] *adj* tardo(a)
belch [bɛltʃ] *vi* ruttare ♦ *vt* (*gen*: **~ *out***: *smoke etc*) eruttare
belfry ['bɛlfrɪ] *n* campanile *m*
Belgian ['bɛldʒən] *adj*, *n* belga *m/f*
Belgium ['bɛldʒəm] *n* Belgio
belie [bɪ'laɪ] *vt* smentire
belief [bɪ'liːf] *n* (*opinion*) opinione *f*, convinzione *f*; (*trust, faith*) fede *f*
believe [bɪ'liːv] *vt*, *vi* credere; **to ~ in** (*God*) credere in; (*ghosts*) credere a; (*method*) avere fiducia in; **~r** *n* (*REL*) credente *m/f*; (*in idea, activity*): **to be a ~r in** credere in
belittle [bɪ'lɪtl] *vt* sminuire
bell [bɛl] *n* campana; (*small, on door, electric*) campanello
belligerent [bɪ'lɪdʒərənt] *adj* bellicoso(a)
bellow ['bɛləu] *vi* muggire
bellows ['bɛləuz] *npl* soffietto
belly ['bɛlɪ] *n* pancia
belong [bɪ'lɔŋ] *vi*: **to ~ to** appartenere a; (*club etc*) essere socio di; **this book ~s here** questo libro va qui; **~ings** *npl* cose *fpl*, roba
beloved [bɪ'lʌvɪd] *adj* adorato(a)
below [bɪ'ləu] *prep* sotto, al di sotto di ♦ *adv* sotto, di sotto; giù; **see ~** vedi sotto *or* oltre
belt [bɛlt] *n* cintura; (*TECH*) cinghia ♦ *vt* (*thrash*) picchiare ♦ *vi* (*inf*) filarsela; **~way** (*US*) *n* (*AUT*: *ring road*) circonvallazione *f*; (: *motorway*) autostrada
bemused [bɪ'mjuːzd] *adj* perplesso(a), stupito(a)
bench [bɛntʃ] *n* panca; (*in workshop, POL*) banco; **the B~** (*LAW*) la Corte
bend [bɛnd] (*pt*, *pp* **bent**) *vt* curvare; (*leg, arm*) piegare ♦ *vi* curvarsi; piegarsi ♦ *n* (*BRIT*: *in road*) curva; (*in pipe, river*) gomito; **~ down** *vi* chinarsi; **~ over** *vi* piegarsi

beneath [bɪ'ni:θ] *prep* sotto, al di sotto di; (*unworthy of*) indegno(a) di ♦ *adv* sotto, di sotto
benefactor ['bɛnɪfæktə*] *n* benefattore *m*
beneficial [bɛnɪ'fɪʃəl] *adj* che fa bene; vantaggioso(a)
benefit ['bɛnɪfɪt] *n* beneficio, vantaggio; (*allowance of money*) indennità *f inv* ♦ *vt* far bene a ♦ *vi*: **he'll ~ from it** ne trarrà beneficio *or* profitto
benevolent [bɪ'nɛvələnt] *adj* benevolo(a)
benign [bɪ'naɪn] *adj* (*person, smile*) benevolo(a); (*MED*) benigno(a)
bent [bɛnt] *pt, pp of* **bend** ♦ *n* inclinazione *f* ♦ *adj* (*inf*: *dishonest*) losco(a); **to be ~ on** essere deciso(a) a
bequest [bɪ'kwɛst] *n* lascito
bereaved [bɪ'ri:vd] *n*: **the ~** i familiari in lutto
beret ['bɛreɪ] *n* berretto
berm [bə:m] (*US*) *n* (*AUT*) corsia d'emergenza
berry ['bɛrɪ] *n* bacca
berserk [bə'sə:k] *adj*: **to go ~** montare su tutte le furie
berth [bə:θ] *n* (*bed*) cuccetta; (*for ship*) ormeggio ♦ *vi* (*in harbour*) entrare in porto; (*at anchor*) gettare l'ancora
beseech [bɪ'si:tʃ] (*pt, pp* **besought**) *vt* implorare
beset [bɪ'sɛt] (*pt, pp* **beset**) *vt* assalire
beside [bɪ'saɪd] *prep* accanto a; **to be ~ o.s. (with anger)** essere fuori di sé (dalla rabbia); **that's ~ the point** non c'entra
besides [bɪ'saɪdz] *adv* inoltre, per di più ♦ *prep* oltre a; a parte
besiege [bɪ'si:dʒ] *vt* (*town*) assediare; (*fig*) tempestare
besought [bɪ'sɔ:t] *pt, pp of* **beseech**
best [bɛst] *adj* migliore ♦ *adv* meglio; **the ~ part of** (*quantity*) la maggior parte di; **at ~** tutt'al più; **to make the ~ of sth** cavare il meglio possibile da qc; **to do one's ~** fare del proprio meglio; **to the ~ of my knowledge** per quel che ne so; **to the ~ of my ability** al massimo delle mie capacità; **~ man** *n* testimone *m* dello sposo
bestow [bɪ'stəu] *vt* accordare; (*title*) conferire
bet [bɛt] (*pt, pp* **bet** *or* **betted**) *n* scommessa ♦ *vt, vi* scommettere; **to ~ sb sth** scommettere qc con qn
betray [bɪ'treɪ] *vt* tradire; **~al** *n* tradimento
better ['bɛtə*] *adj* migliore ♦ *adv* meglio ♦ *vt* migliorare ♦ *n*: **to get the ~ of** avere la meglio su; **you had ~ do it** è meglio che lo faccia; **he thought ~ of it** cambiò idea; **to get ~** migliorare; **~ off** *adj* più ricco(a); (*fig*): **you'd be ~ off this way** starebbe meglio così
betting ['bɛtɪŋ] *n* scommesse *fpl*; **~ shop** (*BRIT*) *n* ufficio dell'allibratore
between [bɪ'twi:n] *prep* tra ♦ *adv* in mezzo, nel mezzo
beverage ['bɛvərɪdʒ] *n* bevanda
beware [bɪ'wɛə*] *vt, vi*: **to ~ (of)** stare attento(a) (a); **"~ of the dog"** "attenti al cane"
bewildered [bɪ'wɪldəd] *adj* sconcertato(a), confuso(a)
bewitching [bɪ'wɪtʃɪŋ] *adj* affascinante
beyond [bɪ'jɔnd] *prep* (*in space*) oltre; (*exceeding*) al di sopra di ♦ *adv* di là; **~ doubt** senza dubbio; **~ repair** irreparabile
bias ['baɪəs] *n* (*prejudice*) pregiudizio; (*preference*) preferenza; **~(s)ed** *adj* parziale
bib [bɪb] *n* bavaglino
Bible ['baɪbl] *n* Bibbia
bicarbonate of soda [baɪ'kɑ:bənɪt-] *n* bicarbonato (di sodio)
bicker ['bɪkə*] *vi* bisticciare
bicycle ['baɪsɪkl] *n* bicicletta
bid [bɪd] (*pt* **bade** *or* **bid**, *pp* **bidden** *or* **bid**) *n* offerta; (*attempt*) tentativo

♦ *vi* fare un'offerta ♦ *vt* fare un'offerta di; **to ~ sb good day** dire buon giorno a qn; **bidden** *pp of* **bid**; **~der** *n*: **the highest ~der** il maggior offerente; **~ding** *n* offerte *fpl*
bide [baɪd] *vt*: **to ~ one's time** aspettare il momento giusto
bifocals [baɪ'fəuklz] *npl* occhiali *mpl* bifocali
big [bɪg] *adj* grande; grosso(a)
big dipper [-'dɪpə*] *n* montagne *fpl* russe, otto *m inv* volante
bigheaded ['bɪg'hɛdɪd] *adj* presuntuoso(a)
bigot ['bɪgət] *n* persona gretta; **~ed** *adj* gretto(a); **~ry** *n* grettezza
big top *n* tendone *m* del circo
bike [baɪk] *n* bici *f inv*
bikini [bɪ'ki:nɪ] *n* bikini *m inv*
bilingual [baɪ'lɪŋgwəl] *adj* bilingue
bill [bɪl] *n* conto; (*POL*) atto; (*US*: *banknote*) banconota; (*of bird*) becco; (*of show*) locandina; **"post no ~s"** "divieto di affissione"; **to fit** *or* **fill the ~** (*fig*) fare al caso; **~board** *n* tabellone *m*
billet ['bɪlɪt] *n* alloggio
billfold ['bɪlfəuld] (*US*) *n* portafoglio
billiards ['bɪljədz] *n* biliardo
billion ['bɪljən] *n* (*BRIT*) bilione *m*; (*US*) miliardo
bin [bɪn] *n* (*for coal, rubbish*) bidone *m*; (*for bread*) cassetta; (*dust~*) pattumiera; (*litter ~*) cestino
bind [baɪnd] (*pt, pp* **bound**) *vt* legare; (*oblige*) obbligare ♦ *n* (*inf*) scocciatura; **~ing** *adj* (*contract*) vincolante
binge [bɪndʒ] (*inf*) *n*: **to go on a ~** fare baldoria
bingo ['bɪŋgəu] *n* *gioco simile alla tombola*
binoculars [bɪ'nɔkjuləz] *npl* binocolo
bio... [baɪə'...] *prefix*: **~chemistry** *n* biochimica; **~graphy** [baɪ'ɔgrəfɪ] *n* biografia; **~logical** *adj* biologico(a); **~logy** [baɪ'ɔlədʒɪ] *n* biologia
birch [bə:tʃ] *n* betulla
bird [bə:d] *n* uccello; (*BRIT*: *inf*: *girl*) bambola; **~'s eye view** *n* vista panoramica; **~ watcher** *n* ornitologo/a dilettante
Biro ['baɪrəu] ® *n* biro *f inv* ®
birth [bə:θ] *n* nascita; **to give ~ to** partorire; **~ certificate** *n* certificato di nascita; **~ control** *n* controllo delle nascite; contraccezione *f*; **~day** *n* compleanno ♦ *cpd* di compleanno; **~ rate** *n* indice *m* di natalità
biscuit ['bɪskɪt] (*BRIT*) *n* biscotto
bisect [baɪ'sɛkt] *vt* tagliare in due (parti)
bishop ['bɪʃəp] *n* vescovo
bit [bɪt] *pt of* **bite** ♦ *n* pezzo; (*COMPUT*) bit *m inv*; (*of horse*) morso; **a ~ of** un po' di; **a ~ mad** un po' matto; **~ by ~** a poco a poco
bitch [bɪtʃ] *n* (*dog*) cagna; (*inf!*) vacca
bite [baɪt] (*pt* **bit**, *pp* **bitten**) *vt, vi* mordere; (*subj*: *insect*) pungere ♦ *n* morso; (*insect ~*) puntura; (*mouthful*) boccone *m*; **let's have a ~ (to eat)** mangiamo un boccone; **to ~ one's nails** mangiarsi le unghie; **bitten** ['bɪtn] *pp of* **bite**
bitter ['bɪtə*] *adj* amaro(a); (*wind, criticism*) pungente ♦ *n* (*BRIT*: *beer*) birra amara; **~ness** *n* amarezza; gusto amaro
blab [blæb] *vi* parlare troppo
black [blæk] *adj* nero(a) ♦ *n* nero; (*person*): **B~** negro/a ♦ *vt* (*BRIT*: *INDUSTRY*) boicottare; **to give sb a ~ eye** fare un occhio nero a qn; **in the ~** (*bank account*) in attivo; **~ and blue** *adj* tutto(a) pesto(a); **~berry** *n* mora; **~bird** *n* merlo; **~board** *n* lavagna; **~currant** *n* ribes *m inv*; **~en** *vt* annerire; **~ ice** *n* strato trasparente di ghiaccio; **~leg** (*BRIT*) *n* crumiro; **~list** *n* lista nera; **~mail** *n* ricatto ♦ *vt* ricattare; **~ market** *n* mercato nero; **~out** *n* oscuramento; (*TV, RADIO*) interruzione *f* delle trasmissioni; (*fainting*) svenimento; **B~ Sea** *n*: **the B~ Sea** il Mar Nero; **~ sheep** *n* pecora nera; **~smith** *n* fabbro fer-

raio; ~ **spot** *n* (*AUT*) luogo famigerato per gli incidenti; (*for unemployment etc*) zona critica

bladder ['blædə*] *n* vescica

blade [bleɪd] *n* lama; (*of oar*) pala; ~ **of grass** filo d'erba

blame [bleɪm] *n* colpa ♦ *vt*: **to** ~ **sb/sth for sth** dare la colpa di qc a qn/qc; **who's to** ~? chi è colpevole?

bland [blænd] *adj* mite; (*taste*) blando(a)

blank [blæŋk] *adj* bianco(a); (*look*) distratto(a) ♦ *n* spazio vuoto; (*cartridge*) cartuccia a salve; ~ **cheque** *n* assegno in bianco

blanket ['blæŋkɪt] *n* coperta

blare [blɛə*] *vi* strombettare

blasphemy ['blæsfɪmɪ] *n* bestemmia

blast [blɑ:st] *n* (*of wind*) raffica; (*of bomb etc*) esplosione *f* ♦ *vt* far saltare; ~**-off** *n* (*SPACE*) lancio

blatant ['bleɪtənt] *adj* flagrante

blaze [bleɪz] *n* (*fire*) incendio; (*fig*) vampata; splendore *m* ♦ *vi* (*fire*) ardere, fiammeggiare; (*guns*) sparare senza sosta; (*fig*: *eyes*) ardere ♦ *vt*: **to** ~ **a trail** (*fig*) tracciare una via nuova; **in a** ~ **of publicity** circondato da grande pubblicità

blazer ['bleɪzə*] *n* blazer *m inv*

bleach [bli:tʃ] *n* (*also*: *household* ~) varechina ♦ *vt* (*material*) candeggiare; ~**ed** *adj* (*hair*) decolorato(a); ~**ers** (*US*) *npl* (*SPORT*) posti *mpl* di gradinata

bleak [bli:k] *adj* tetro(a)

bleary-eyed ['blɪərɪ'aɪd] *adj* dagli occhi offuscati

bleat [bli:t] *vi* belare

bled [blɛd] *pt, pp of* **bleed**

bleed [bli:d] (*pt, pp* **bled**) *vi* sanguinare; **my nose is** ~**ing** mi viene fuori sangue dal naso

bleeper ['bli:pə*] *n* (*device*) cicalino

blemish ['blɛmɪʃ] *n* macchia

blend [blɛnd] *n* miscela ♦ *vt* mescolare ♦ *vi* (*colours etc*: *also*: ~ **in**) armonizzare

bless [blɛs] (*pt, pp* **blessed** *or* **blest**) *vt* benedire; ~ **you!** (*after sneeze*) salute!; ~**ing** *n* benedizione *f*; fortuna; **blest** [blɛst] *pt, pp of* **bless**

blew [blu:] *pt of* **blow**

blight [blaɪt] *vt* (*hopes etc*) deludere; (*life*) rovinare

blimey ['blaɪmɪ] (*BRIT*: *inf*) *excl* accidenti!

blind [blaɪnd] *adj* cieco(a) ♦ *n* (*for window*) avvolgibile *m*; (*Venetian* ~) veneziana ♦ *vt* accecare; **the** ~ *npl* i ciechi; ~ **alley** *n* vicolo cieco; ~ **corner** (*BRIT*) *n* svolta cieca; ~**fold** *n* benda ♦ *adj, adv* bendato(a) ♦ *vt* bendare gli occhi a; ~**ly** *adv* ciecamente; ~**ness** *n* cecità; ~ **spot** *n* (*AUT etc*) punto cieco; (*fig*) punto debole

blink [blɪŋk] *vi* battere gli occhi; (*light*) lampeggiare; ~**ers** *npl* paraocchi *mpl*

bliss [blɪs] *n* estasi *f*

blister ['blɪstə*] *n* (*on skin*) vescica; (*on paintwork*) bolla ♦ *vi* (*paint*) coprirsi di bolle

blithely ['blaɪðlɪ] *adv* allegramente

blizzard ['blɪzəd] *n* bufera di neve

bloated ['bləutɪd] *adj* gonfio(a)

blob [blɔb] *n* (*drop*) goccia; (*stain, spot*) macchia

bloc [blɔk] *n* (*POL*) blocco

block [blɔk] *n* blocco; (*in pipes*) ingombro; (*toy*) cubo; (*of buildings*) isolato ♦ *vt* bloccare; ~ **of flats** (*BRIT*) *n* caseggiato; ~**ade** [-'keɪd] *n* blocco; ~**age** *n* ostacolo; ~**buster** *n* (*film, book*) grande successo; ~ **letters** *npl* stampatello

bloke [bləuk] (*BRIT*: *inf*) *n* tizio

blonde [blɔnd] *adj, n* biondo(a)

blood [blʌd] *n* sangue *m*; ~ **donor** *n* donatore/trice di sangue; ~ **group** *n* gruppo sanguigno; ~**hound** *n* segugio; ~ **poisoning** *n* setticemia; ~ **pressure** *n* pressione *f* sanguigna; ~**shed** *n* spargimento di sangue; ~**shot** *adj*: ~**shot eyes** occhi iniettati di sangue; ~**stream** *n* flusso del sangue; ~ **test** *n* analisi *f inv* del sangue; ~**thirsty** *adj* assetato(a) di sangue; ~**y** *adj* (*fight*) sanguinoso(a); (*nose*) sanguinante; (*BRIT*: *inf!*): **this ~y** ... questo maledetto ...; **~y awful/good** (*inf!*) veramente terribile/forte; **~y-minded** (*BRIT*: *inf*) *adj* indisponente

bloom [blu:m] *n* fiore *m* ♦ *vi* (*tree*) essere in fiore; (*flower*) aprirsi

blossom ['blɔsəm] *n* fiore *m*; (*with pl sense*) fiori *mpl* ♦ *vi* essere in fiore

blot [blɔt] *n* macchia ♦ *vt* macchiare; **~ out** *vt* (*memories*) cancellare; (*view*) nascondere

blotchy ['blɔtʃɪ] *adj* (*complexion*) coperto(a) di macchie

blotting paper ['blɔtɪŋ-] *n* carta assorbente

blouse [blauz] *n* (*feminine garment*) camicetta

blow [bləu] (*pt* **blew**, *pp* **blown**) *n* colpo ♦ *vi* soffiare ♦ *vt* (*fuse*) far saltare; (*subj*: *wind*) spingere; (*instrument*) suonare; **to ~ one's nose** soffiarsi il naso; **to ~ a whistle** fischiare; **~ away** *vt* portare via; **~ down** *vt* abbattere; **~ off** *vt* far volare via; **~ out** *vi* scoppiare; **~ over** *vi* calmarsi; **~ up** *vi* saltare in aria ♦ *vt* far saltare in aria; (*tyre*) gonfiare; (*PHOT*) ingrandire; **~-dry** *n* messa in piega a föhn; **~lamp** (*BRIT*) *n* lampada a benzina per saldare; **blown** *pp of* **blow**; **~-out** *n* (*of tyre*) scoppio; **~torch** *n* = **~lamp**

blue [blu:] *adj* azzurro(a); (*depressed*) giù *inv*; **~ film/joke** film/barzelletta pornografico(a); **out of the ~** (*fig*) all'improvviso; **~bell** *n* giacinto dei boschi; **~bottle** *n* moscone *m*; **~print** *n* (*fig*): **~print (for)** formula (di)

bluff [blʌf] *vi* bluffare ♦ *n* bluff *m inv* ♦ *adj* (*person*) brusco(a); **to call sb's ~** mettere alla prova il bluff di qn

blunder ['blʌndə*] *n* abbaglio ♦ *vi* prendere un abbaglio

blunt [blʌnt] *adj* smussato(a); spuntato(a); (*person*) brusco(a)

blur [blə:*] *n* forma indistinta ♦ *vt* offuscare

blurb [blə:b] *n* trafiletto pubblicitario

blurt out [blə:t-] *vt* lasciarsi sfuggire

blush [blʌʃ] *vi* arrossire ♦ *n* rossore *m*

blustering ['blʌstərɪŋ] *adj* infuriato(a)

blustery ['blʌstərɪ] *adj* (*weather*) burrascoso(a)

boar [bɔ:*] *n* cinghiale *m*

board [bɔ:d] *n* tavola; (*on wall*) tabellone *m*; (*committee*) consiglio, comitato; (*in firm*) consiglio d'amministrazione; (*NAUT*, *AVIAT*): **on ~** a bordo ♦ *vt* (*ship*) salire a bordo di; (*train*) salire su; **full ~** (*BRIT*) pensione completa; **half ~** (*BRIT*) mezza pensione; **~ and lodging** vitto e alloggio; **which goes by the ~** (*fig*) che viene abbandonato; **~ up** *vt* (*door*) chiudere con assi; **~er** *n* (*SCOL*) convittore/trice; **~ing card** *n* = **~ing pass**; **~ing house** *n* pensione *f*; **~ing pass** *n* (*AVIAT*, *NAUT*) carta d'imbarco; **~ing school** *n* collegio; **~ room** *n* sala del consiglio

boast [bəust] *vi*: **to ~ (about** *or* **of)** vantarsi (di)

boat [bəut] *n* nave *f*; (*small*) barca; **~er** *n* (*hat*) paglietta; **~swain** ['bəusn] *n* nostromo

bob [bɔb] *vi* (*boat*, *cork on water*: *also*: **~** *up and down*) andare su e giù; **~ up** *vi* saltare fuori

bobby ['bɔbɪ] (*BRIT*: *inf*) *n* poliziotto

bobsleigh ['bɔbsleɪ] *n* bob *m inv*

bode [bəud] *vi*: **to ~ well/ill (for)** essere di buon/cattivo auspicio (per)

bodily ['bɔdɪlɪ] *adj* fisico(a), corporale ♦ *adv* corporalmente; interamente; in persona

body ['bɔdɪ] *n* corpo; (*of car*) carrozzeria; (*of plane*) fusoliera; (*fig*: *group*) gruppo; (: *organization*) organizzazione *f*; (: *quantity*) quantità *f inv*; **~-building** *n* culturismo;

~**guard** *n* guardia del corpo; ~**work** *n* carrozzeria

bog [bɔg] *n* palude *f* ♦ *vt*: **to get ~ged down** (*fig*) impantanarsi

boggle ['bɔgl] *vi*: **the mind ~s** è incredibile

bogus ['bəugəs] *adj* falso(a); finto(a)

boil [bɔil] *vt, vi* bollire ♦ *n* (*MED*) foruncolo; **to come to the** (*BRIT*) *or* **a** (*US*) ~ raggiungere l'ebollizione; ~ **down to** *vt fus* (*fig*) ridursi a; ~ **over** *vi* traboccare (bollendo); ~**ed egg** *n* uovo alla coque; ~**ed potatoes** *npl* patate *fpl* bollite *or* lesse; ~**er** *n* caldaia; ~**er suit** (*BRIT*) *n* tuta; ~**ing point** *n* punto di ebollizione

boisterous ['bɔistərəs] *adj* chiassoso(a)

bold [bəuld] *adj* audace; (*child*) impudente; (*colour*) deciso(a)

bollard ['bɔləd] (*BRIT*) *n* (*AUT*) colonnina luminosa

bolster ['bəulstə*] *vt*: ~ **up** sostenere

bolt [bəult] *n* chiavistello; (*with nut*) bullone *m* ♦ *adv*: ~ **upright** diritto(a) come un fuso ♦ *vt* serrare; (*also*: ~ *together*) imbullonare; (*food*) mangiare in fretta ♦ *vi* scappare via

bomb [bɔm] *n* bomba ♦ *vt* bombardare

bombastic [bɔm'bæstɪk] *adj* magniloquente

bomb: ~ **disposal unit** *n* corpo degli artificieri; ~**er** *n* (*AVIAT*) bombardiere *m*; ~**shell** *n* (*fig*) notizia bomba

bona fide ['bəunə'faɪdɪ] *adj* sincero(a); (*offer*) onesto(a)

bond [bɔnd] *n* legame *m*; (*binding promise, FINANCE*) obbligazione *f*; (*COMM*): **in** ~ in attesa di sdoganamento

bondage ['bɔndɪdʒ] *n* schiavitù *f*

bone [bəun] *n* osso; (*of fish*) spina, lisca ♦ *vt* disossare; togliere le spine a; ~ **idle** *adj* pigrissimo(a)

bonfire ['bɔnfaɪə*] *n* falò *m inv*

bonnet ['bɔnɪt] *n* cuffia; (*BRIT*: *of car*) cofano

bonus ['bəunəs] *n* premio; (*fig*) sovrappiù *m inv*

bony ['bəunɪ] *adj* (*MED*: *tissue*) osseo(a); (*arm, face*) ossuto(a); (*meat*) pieno(a) di ossi; (*fish*) pieno(a) di spine

boo [bu:] *excl* ba! ♦ *vt* fischiare

booby trap ['bu:bɪ-] *n* trappola

book [buk] *n* libro; (*of stamps etc*) blocchetto ♦ *vt* (*ticket, seat, room*) prenotare; (*driver*) multare; (*football player*) ammonire; ~**s** *npl* (*COMM*) conti *mpl*; ~**case** *n* scaffale *m*; ~**ing office** (*BRIT*) *n* (*RAIL*) biglietteria; (*THEATRE*) botteghino; ~**-keeping** *n* contabilità; ~**let** *n* libricino; ~**maker** *n* allibratore *m*; ~**seller** *n* libraio; ~**shop**, ~**store** *n* libreria

boom [bu:m] *n* (*noise*) rimbombo; (*in prices etc*) boom *m inv* ♦ *vi* rimbombare; andare a gonfie vele

boon [bu:n] *n* vantaggio

boost [bu:st] *n* spinta ♦ *vt* spingere; ~**er** *n* (*MED*) richiamo

boot [bu:t] *n* stivale *m*; (*for hiking*) scarpone *m* da montagna; (*for football etc*) scarpa; (*BRIT*: *of car*) portabagagli *m inv* ♦ *vt* (*COMPUT*) inizializzare; **to** ~ (*in addition*) per giunta, in più

booth [bu:ð] *n* cabina; (*at fair*) baraccone *m*

booty ['bu:tɪ] *n* bottino

booze [bu:z] (*inf*) *n* alcool *m*

border ['bɔ:də*] *n* orlo; margine *m*; (*of a country*) frontiera; (*for flowers*) aiuola (laterale) ♦ *vt* (*road*) costeggiare; (*another country*: *also*: ~ *on*) confinare con; **the B~s** *la zona di confine tra l'Inghilterra e la Scozia*; ~ **on** *vt fus* (*fig*: *insanity etc*) sfiorare; ~**line** *n* (*fig*): **on the ~line** incerto(a); ~**line case** *n* caso incerto

bore [bɔ:*] *pt of* **bear** ♦ *vt* (*hole etc*) scavare; (*person*) annoiare ♦ *n* (*person*) seccatore/trice; (*of gun*) calibro; **to be ~d** annoiarsi; ~**dom** *n*

noia; **boring** *adj* noioso(a)
born [bɔːn] *adj*: **to be** ~ nascere; **I was** ~ **in 1960** sono nato nel 1960
borne [bɔːn] *pp of* **bear**
borough ['bʌrə] *n* comune *m*
borrow ['bɔrəu] *vt*: **to** ~ **sth (from sb)** prendere in prestito qc (da qn)
bosom ['buzəm] *n* petto; ~ **friend** *n* amico/a del cuore
boss [bɔs] *n* capo ♦ *vt* comandare; ~**y** *adj* prepotente
bosun ['bəusn] *n* nostromo
botany ['bɔtənɪ] *n* botanica
botch [bɔtʃ] *vt* (*also*: ~ *up*) fare un pasticcio di
both [bəuθ] *adj* entrambi(e), tutt'e due ♦ *pron*: ~ **(of them)** entrambi(e); ~ **of us went, we** ~ **went** ci siamo andati tutt'e due ♦ *adv*: **they sell** ~ **meat and poultry** vendono insieme la carne ed il pollame
bother ['bɔðə*] *vt* (*worry*) preoccupare; (*annoy*) infastidire ♦ *vi* (*also*: ~ *o.s.*) preoccuparsi ♦ *n*: **it is a** ~ **to have to do** è una seccatura dover fare; **it was no** ~ non c'era problema; **to** ~ **doing sth** darsi la pena di fare qc
bottle ['bɔtl] *n* bottiglia; (*baby's*) biberon *m inv* ♦ *vt* imbottigliare; ~ **up** *vt* contenere; ~ **bank** *n* contenitore *m* per la raccolta del vetro; ~**neck** *n* imbottigliamento; ~**-opener** *n* apribottiglie *m inv*
bottom ['bɔtəm] *n* fondo; (*buttocks*) sedere *m* ♦ *adj* più basso(a); ultimo(a); **at the** ~ **of** in fondo a
bough [bau] *n* ramo
bought [bɔːt] *pt, pp of* **buy**
boulder ['bəuldə*] *n* masso (tondeggiante)
bounce [bauns] *vi* (*ball*) rimbalzare; (*cheque*) essere restituito(a) ♦ *vt* far rimbalzare ♦ *n* (*rebound*) rimbalzo; ~**r** (*inf*) *n* buttafuori *m inv*
bound [baund] *pt, pp of* **bind** ♦ *n* (*gen pl*) limite *m*; (*leap*) salto ♦ *vi* saltare ♦ *vt* (*limit*) delimitare ♦ *adj*: ~ **by law** obbligato(a) per legge; **to be** ~ **to do sth** (*obliged*) essere costretto(a) a fare qc; **he's** ~ **to fail** (*likely*) fallirà di certo; ~ **for** diretto(a) a; **out of** ~**s** il cui accesso è vietato
boundary ['baundrɪ] *n* confine *m*
boundless ['baundlɪs] *adj* senza limiti
bourgeois ['buəʒwɑː] *adj* borghese
bout [baut] *n* periodo; (*of malaria etc*) attacco; (*BOXING etc*) incontro
bow[1] [bəu] *n* nodo; (*weapon*) arco; (*MUS*) archetto
bow[2] [bau] *n* (*with body*) inchino; (*NAUT*: *also*: ~*s*) prua ♦ *vi* inchinarsi; (*yield*): **to** ~ **to** *or* **before** sottomettersi a
bowels ['bauəlz] *npl* intestini *mpl*; (*fig*) viscere *fpl*
bowl [bəul] *n* (*for eating*) scodella; (*for washing*) bacino; (*ball*) boccia ♦ *vi* (*CRICKET*) servire (la palla)
bow-legged ['bəu'lɛgɪd] *adj* dalle gambe storte
bowler ['bəulə*] *n* (*CRICKET, BASEBALL*) lanciatore *m*; (*BRIT*: *also*: ~ *hat*) bombetta
bowling ['bəulɪŋ] *n* (*game*) gioco delle bocce; ~ **alley** *n* pista da bowling; ~ **green** *n* campo di bocce
bowls [bəulz] *n* gioco delle bocce
bow tie *n* cravatta a farfalla
box [bɔks] *n* scatola; (*also*: *cardboard* ~) cartone *m*; (*THEATRE*) palco ♦ *vt* inscatolare ♦ *vi* fare del pugilato; ~**er** *n* (*person*) pugile *m*; ~**ing** *n* (*SPORT*) pugilato; **B**~**ing Day** (*BRIT*) *n* Santo Stefano; ~**ing gloves** *npl* guantoni *mpl* da pugile; ~**ing ring** *n* ring *m inv*; ~ **office** *n* biglietteria; ~ **room** *n* ripostiglio
boy [bɔɪ] *n* ragazzo
boycott ['bɔɪkɔt] *n* boicottaggio ♦ *vt* boicottare
boyfriend ['bɔɪfrɛnd] *n* ragazzo
boyish ['bɔɪɪʃ] *adj* da ragazzo
B.R. *abbr* = **British Rail**
bra [brɑː] *n* reggipetto, reggiseno
brace [breɪs] *n* (*on teeth*) apparecchio correttore; (*tool*) trapano ♦ *vt* rinforzare, sostenere; ~**s** (*BRIT*) *npl*

(*DRESS*) bretelle *fpl*; **to ~ o.s.** (*also fig*) tenersi forte
bracelet ['breɪslɪt] *n* braccialetto
bracing ['breɪsɪŋ] *adj* invigorante
bracken ['brækən] *n* felce *f*
bracket ['brækɪt] *n* (*TECH*) mensola; (*group*) gruppo; (*TYP*) parentesi *f inv* ♦ *vt* mettere fra parentesi
brag [bræg] *vi* vantarsi
braid [breɪd] *n* (*trimming*) passamano; (*of hair*) treccia
brain [breɪn] *n* cervello; **~s** *npl* (*intelligence*) cervella *fpl*; **he's got ~s** è intelligente; **~child** *n* creatura, creazione *f*; **~wash** *vt* fare un lavaggio di cervello a; **~wave** *n* lampo di genio; **~y** *adj* intelligente
braise [breɪz] *vt* brasare
brake [breɪk] *n* (*on vehicle*) freno ♦ *vi* frenare; **~ fluid** *n* liquido dei freni; **~ light** *n* (fanalino dello) stop *m inv*
bramble ['bræmbl] *n* rovo
bran [bræn] *n* crusca
branch [brɑːntʃ] *n* ramo; (*COMM*) succursale *f*; **~ out** *vi* (*fig*) intraprendere una nuova attività
brand [brænd] *n* (*also*: **~ *name***) marca; (*fig*) tipo ♦ *vt* (*cattle*) marcare (a ferro rovente)
brand-new *adj* nuovo(a) di zecca
brandy ['brændɪ] *n* brandy *m inv*
brash [bræʃ] *adj* sfacciato(a)
brass [brɑːs] *n* ottone *m*; **the ~** (*MUS*) gli ottoni; **~ band** *n* fanfara
brassière ['bræsɪə*] *n* reggipetto, reggiseno
brat [bræt] (*pej*) *n* marmocchio, monello/a
bravado [brə'vɑːdəu] *n* spavalderia
brave [breɪv] *adj* coraggioso(a) ♦ *vt* affrontare; **~ry** *n* coraggio
brawl [brɔːl] *n* rissa
brawny ['brɔːnɪ] *adj* muscoloso(a)
bray [breɪ] *vi* ragliare
brazen ['breɪzn] *adj* sfacciato(a) ♦ *vt*: **to ~ it out** fare lo sfacciato
brazier ['breɪzɪə*] *n* braciere *m*
Brazil [brə'zɪl] *n* Brasile *m*
breach [briːtʃ] *vt* aprire una breccia in ♦ *n* (*gap*) breccia, varco; (*breaking*): **~ of contract** rottura di contratto; **~ of the peace** violazione *f* dell'ordine pubblico
bread [brɛd] *n* pane *m*; **~ and butter** *n* pane e burro; (*fig*) mezzi *mpl* di sussistenza; **~bin** (*US* **~box**) *n* cassetta *f* portapane *inv*; **~crumbs** *npl* briciole *fpl*; (*CULIN*) pangrattato; **~line** *n*: **to be on the ~line** avere appena il denaro per vivere
breadth [brɛtθ] *n* larghezza; (*fig*: *of knowledge etc*) ampiezza
breadwinner ['brɛdwɪnə*] *n chi guadagna il pane per tutta la famiglia*
break [breɪk] (*pt* **broke**, *pp* **broken**) *vt* rompere; (*law*) violare; (*record*) battere ♦ *vi* rompersi; (*storm*) scoppiare; (*weather*) cambiare; (*dawn*) spuntare; (*news*) saltare fuori ♦ *n* (*gap*) breccia; (*fracture*) rottura; (*rest, also SCOL*) intervallo; (: *short*) pausa; (*chance*) possibilità *f inv*; **to ~ one's leg** *etc* rompersi la gamba *etc*; **to ~ the news to sb** comunicare per primo la notizia a qn; **to ~ even** coprire le spese; **to ~ free** *or* **loose** spezzare i legami; **to ~ open** (*door etc*) sfondare; **~ down** *vt* (*figures, data*) analizzare ♦ *vi* (*person*) avere un esaurimento (nervoso); (*AUT*) guastarsi; **~ in** *vt* (*horse etc*) domare ♦ *vi* (*burglar*) fare irruzione; (*interrupt*) interrompere; **~ into** *vt fus* (*house*) fare irruzione in; **~ off** *vi* (*speaker*) interrompersi; (*branch*) troncarsi; **~ out** *vi* evadere; (*war, fight*) scoppiare; **to ~ out in spots** coprirsi di macchie; **~ up** *vi* (*ship*) sfondarsi; (*meeting*) sciogliersi; (*crowd*) disperdersi; (*marriage*) andare a pezzi; (*SCOL*) chiudere ♦ *vt* fare a pezzi, spaccare; (*fight etc*) interrompere, far cessare; **~age** *n* rottura; (*object broken*) cosa rotta; **~down** *n* (*AUT*) guasto; (*in communications*) interruzione *f*; (*of marriage*) rottura; (*MED*: *also*: *nervous* **~*down***) esaurimento nervo-

so; (*of statistics*) resoconto; **~down van** (*BRIT*) *n* carro *m* attrezzi *inv*; **~er** *n* frangente *m*

breakfast ['brɛkfəst] *n* colazione *f*

break: **~-in** *n* irruzione *f*; **~ing and entering** *n* (*LAW*) violazione *f* di domicilio con scasso; **~through** *n* (*fig*) passo avanti; **~water** *n* frangiflutti *m inv*

breast [brɛst] *n* (*of woman*) seno; (*chest, CULIN*) petto; **~-feed** (*irreg*: *like* **feed**) *vt, vi* allattare (al seno); **~-stroke** *n* nuoto a rana

breath [brɛθ] *n* respiro; **out of ~** senza fiato

Breathalyser ['brɛθəlaɪzə*] ® (*BRIT*) *n* alcoltest *m inv*

breathe [bri:ð] *vt, vi* respirare; **~ in** *vt* respirare ♦ *vi* inspirare; **~ out** *vt, vi* espirare; **~r** *n* attimo di respiro; **breathing** *n* respiro, respirazione *f*

breathless ['brɛθlɪs] *adj* senza fiato

breathtaking ['brɛθteɪkɪŋ] *adj* mozzafiato *inv*

bred [brɛd] *pt, pp of* **breed**

breed [bri:d] (*pt, pp* **bred**) *vt* allevare ♦ *vi* riprodursi ♦ *n* razza; (*type, class*) varietà *f inv*; **~ing** *n* riproduzione *f*; allevamento; (*upbringing*) educazione *f*

breeze [bri:z] *n* brezza

breezy ['bri:zɪ] *adj* allegro(a); ventilato(a)

brew [bru:] *vt* (*tea*) fare un infuso di; (*beer*) fare ♦ *vi* (*storm, fig*: *trouble etc*) prepararsi; **~er** *n* birraio; **~ery** *n* fabbrica di birra

bribe [braɪb] *n* bustarella ♦ *vt* comprare; **~ry** *n* corruzione *f*

brick [brɪk] *n* mattone *m*; **~layer** *n* muratore *m*

bridal ['braɪdl] *adj* nuziale

bride [braɪd] *n* sposa; **~groom** *n* sposo; **~smaid** *n* damigella d'onore

bridge [brɪdʒ] *n* ponte *m*; (*NAUT*) ponte di comando; (*of nose*) dorso; (*CARDS*) bridge *m inv* ♦ *vt* (*fig*: *gap*) colmare

bridle ['braɪdl] *n* briglia; **~ path** *n* sentiero (per cavalli)

brief [bri:f] *adj* breve ♦ *n* (*LAW*) comparsa; (*gen*) istruzioni *fpl* ♦ *vt* mettere al corrente; **~s** *npl* (*underwear*) mutande *fpl*; **~case** *n* cartella; **~ing** *n* briefing *m inv*; **~ly** *adv* (*glance*) di sfuggita; (*explain, say*) brevemente

bright [braɪt] *adj* luminoso(a); (*clever*) sveglio(a); (*lively*) vivace; **~en** (*also*: *~en up*) *vt* (*room*) rendere luminoso(a) ♦ *vi* schiarirsi; (*person*) rallegrarsi

brilliance ['brɪljəns] *n* splendore *m*

brilliant ['brɪljənt] *adj* brillante; (*light, smile*) radioso(a); (*inf*) splendido(a)

brim [brɪm] *n* orlo

brine [braɪn] *n* (*CULIN*) salamoia

bring [brɪŋ] (*pt, pp* **brought**) *vt* portare; **~ about** *vt* causare; **~ back** *vt* riportare; **~ down** *vt* portare giù; abbattere; **~ forward** *vt* (*proposal*) avanzare; (*meeting*) anticipare; **~ off** *vt* (*task, plan*) portare a compimento; **~ out** *vt* tirar fuori; (*meaning*) mettere in evidenza; (*book, album*) far uscire; **~ round** *vt* (*unconscious person*) far rinvenire; **~ up** *vt* (*carry up*) portare su; (*child*) allevare; (*question*) introdurre; (*food*: *vomit*) rimettere, rigurgitare

brink [brɪŋk] *n* orlo

brisk [brɪsk] *adj* (*manner*) spiccio(a); (*trade*) vivace; (*pace*) svelto(a)

bristle ['brɪsl] *n* setola ♦ *vi* rizzarsi; **bristling with** irto(a) di

Britain ['brɪtən] *n* (*also*: *Great ~*) Gran Bretagna

British ['brɪtɪʃ] *adj* britannico(a); **the ~** *npl* i Britannici; **the ~ Isles** *npl* le Isole Britanniche; **~ Rail** *n* *compagnia ferroviaria britannica*, ≈ Ferrovie *fpl* dello Stato

Briton ['brɪtən] *n* britannico/a

brittle ['brɪtl] *adj* fragile

broach [brəutʃ] *vt* (*subject*) affrontare

broad [brɔːd] *adj* largo(a); (*distinction*) generale; (*accent*) spiccato(a); **in ~ daylight** in pieno giorno; **~cast** (*pt, pp* **~cast**) *n* trasmissione *f* ♦ *vt* trasmettere per radio (*or* per televisione) ♦ *vi* fare una trasmissione; **~en** *vt* allargare ♦ *vi* allargarsi; **~ly** *adv* (*fig*) in generale; **~-minded** *adj* di mente aperta
broccoli ['brɔkəlɪ] *n* broccoli *mpl*
brochure ['brəuʃjuə*] *n* dépliant *m inv*
broil [brɔɪl] *vt* cuocere a fuoco vivo
broke [brəuk] *pt of* **break** ♦ *adj* (*inf*) squattrinato(a)
broken ['brəukn] *pp of* **break** ♦ *adj* rotto(a); **a ~ leg** una gamba rotta; **in ~ English** in un inglese stentato; **~-hearted** *adj*: **to be ~-hearted** avere il cuore spezzato
broker ['brəukə*] *n* agente *m*
brolly ['brɔlɪ] (*BRIT*: *inf*) *n* ombrello
bronchitis [brɔŋ'kaɪtɪs] *n* bronchite *f*
bronze [brɔnz] *n* bronzo
brooch [brəutʃ] *n* spilla
brood [bruːd] *n* covata ♦ *vi* (*person*) rimuginare
brook [bruk] *n* ruscello
broom [brum] *n* scopa; (*BOT*) ginestra; **~stick** *n* manico di scopa
Bros. *abbr* (= *Brothers*) F.lli
broth [brɔθ] *n* brodo
brothel ['brɔθl] *n* bordello
brother ['brʌðə*] *n* fratello; **~-in-law** *n* cognato
brought [brɔːt] *pt, pp of* **bring**
brow [brau] *n* fronte *f*; (*rare, gen*: *eye~*) sopracciglio; (*of hill*) cima
brown [braun] *adj* bruno(a), marrone; (*tanned*) abbronzato(a) ♦ *n* (*colour*) color *m* bruno *or* marrone ♦ *vt* (*CULIN*) rosolare; **~ bread** *n* pane *m* integrale, pane nero
brownie ['braunɪ] *n* giovane esploratrice *f*; (*US*: *cake*) *dolce al cioccolato e nocciole*
brown paper *n* carta da pacchi *or* da imballaggio
brown sugar *n* zucchero greggio
browse [brauz] *vi* (*among books*) curiosare fra i libri; **to ~ through a book** sfogliare un libro
bruise [bruːz] *n* (*on person*) livido ♦ *vt* farsi un livido a
brunette [bruː'nɛt] *n* bruna
brunt [brʌnt] *n*: **the ~ of** (*attack, criticism etc*) il peso maggiore di
brush [brʌʃ] *n* spazzola; (*for painting, shaving*) pennello; (*quarrel*) schermaglia ♦ *vt* spazzolare; (*also*: *~ against*) sfiorare; **~ aside** *vt* scostare; **~ up** *vt* (*knowledge*) rinfrescare; **~wood** *n* macchia
Brussels ['brʌslz] *n* Bruxelles *f*; **~ sprout** *n* cavolo di Bruxelles
brutal ['bruːtl] *adj* brutale
brute [bruːt] *n* bestia ♦ *adj*: **by ~ force** con la forza, a viva forza
B.Sc. *n abbr* = **Bachelor of Science**
bubble ['bʌbl] *n* bolla ♦ *vi* ribollire; (*sparkle, fig*) essere effervescente; **~ bath** *n* bagnoschiuma *m inv*; **~ gum** *n* gomma americana
buck [bʌk] *n* maschio (*di camoscio, caprone, coniglio etc*); (*US*: *inf*) dollaro ♦ *vi* sgroppare; **to pass the ~ (to sb)** scaricare (su di qn) la propria responsabilità; **~ up** *vi* (*cheer up*) rianimarsi
bucket ['bʌkɪt] *n* secchio
buckle ['bʌkl] *n* fibbia ♦ *vt* allacciare ♦ *vi* (*wheel etc*) piegarsi
bud [bʌd] *n* gemma; (*of flower*) bocciolo ♦ *vi* germogliare; (*flower*) sbocciare
Buddhism ['budɪzəm] *n* buddismo
budding ['bʌdɪŋ] *adj* (*poet etc*) in erba
buddy ['bʌdɪ] (*US*) *n* compagno
budge [bʌdʒ] *vt* scostare; (*fig*) smuovere ♦ *vi* spostarsi; smuoversi
budgerigar ['bʌdʒərɪgɑː*] *n* pappagallino
budget ['bʌdʒɪt] *n* bilancio preventivo ♦ *vi*: **to ~ for sth** fare il bilancio per qc
budgie ['bʌdʒɪ] *n* = **budgerigar**
buff [bʌf] *adj* color camoscio ♦ *n* (*inf*: *enthusiast*) appassionato/a
buffalo ['bʌfələu] (*pl* **~** *or* **~es**) *n*

bufalo; (*US*) bisonte *m*
buffer ['bʌfə*] *n* respingente *m*; (*COMPUT*) memoria tampone, buffer *m inv*
buffet[1] ['bufeɪ] *n* (*food*, *BRIT*: *bar*) buffet *m inv*; ~ **car** (*BRIT*) *n* (*RAIL*) ≈ servizio ristoro
buffet[2] ['bʌfɪt] *vt* sferzare
bug [bʌg] *n* (*esp US*: *insect*) insetto; (*COMPUT*, *fig*: *germ*) virus *m inv*; (*spy device*) microfono spia ♦ *vt* mettere sotto controllo; (*inf*: *annoy*) scocciare
buggy ['bʌgɪ] *n* (*baby* ~) passeggino
bugle ['bju:gl] *n* tromba
build [bɪld] (*pt*, *pp* **built**) *n* (*of person*) corporatura ♦ *vt* costruire; ~ **up** *vt* accumulare; aumentare; ~**er** *n* costruttore *m*; ~**ing** *n* costruzione *f*; edificio; (*industry*) edilizia; ~**ing society** (*BRIT*) *n* società *f inv* immobiliare
built [bɪlt] *pt*, *pp of* **build** ♦ *adj*: ~-**in** (*cupboard*) a muro; (*device*) incorporato(a); ~-**up area** *n* abitato
bulb [bʌlb] *n* (*BOT*) bulbo; (*ELEC*) lampadina
bulge [bʌldʒ] *n* rigonfiamento ♦ *vi* essere protuberante *or* rigonfio(a); **to be bulging with** essere pieno(a) *or* zeppo(a) di
bulk [bʌlk] *n* massa, volume *m*; **in** ~ a pacchi (*or* cassette *etc*); (*COMM*) all'ingrosso; **the** ~ **of** il grosso di; ~**y** *adj* grosso(a); voluminoso(a)
bull [bul] *n* toro; (*male elephant*, *whale*) maschio; ~**dog** *n* bulldog *m inv*
bulldozer ['buldəuzə*] *n* bulldozer *m inv*
bullet ['bulɪt] *n* pallottola
bulletin ['bulɪtɪn] *n* bollettino
bulletproof ['bulɪtpru:f] *adj* (*car*) blindato(a); (*vest etc*) antiproiettile *inv*
bullfight ['bulfaɪt] *n* corrida; ~**er** *n* torero; ~**ing** *n* tauromachia
bullion ['buljən] *n* oro *or* argento in lingotti
bullock ['bulək] *n* manzo
bullring ['bulrɪŋ] *n* arena (per corride)
bull's-eye ['bulzaɪ] *n* centro del bersaglio
bully ['bulɪ] *n* prepotente *m* ♦ *vt* angariare; (*frighten*) intimidire
bum [bʌm] (*inf*) *n* (*backside*) culo; (*tramp*) vagabondo/a
bumblebee ['bʌmblbi:] *n* bombo
bump [bʌmp] *n* (*in car*) piccolo tamponamento; (*jolt*) scossa; (*on road etc*) protuberanza; (*on head*) bernoccolo ♦ *vt* battere; ~ **into** *vt fus* scontrarsi con; (*person*) imbattersi in; ~**er** *n* paraurti *m inv* ♦ *adj*: ~**er harvest** raccolto eccezionale; ~**er cars** *npl* autoscontri *mpl*
bumptious ['bʌmpʃəs] *adj* presuntuoso(a)
bumpy ['bʌmpɪ] *adj* (*road*) dissestato(a)
bun [bʌn] *n* focaccia; (*of hair*) crocchia
bunch [bʌntʃ] *n* (*of flowers*, *keys*) mazzo; (*of bananas*) casco; (*of people*) gruppo; ~ **of grapes** grappolo d'uva; ~**es** *npl* (*in hair*) codine *fpl*
bundle ['bʌndl] *n* fascio ♦ *vt* (*also*: ~ *up*) legare in un fascio; (*put*): **to** ~ **sth/sb into** spingere qc/qn in
bungalow ['bʌŋgələu] *n* bungalow *m inv*
bungle ['bʌŋgl] *vt* fare un pasticcio di
bunion ['bʌnjən] *n* callo (al piede)
bunk [bʌŋk] *n* cuccetta; ~ **beds** *npl* letti *mpl* a castello
bunker ['bʌŋkə*] *n* (*coal store*) ripostiglio per il carbone; (*MIL*, *GOLF*) bunker *m inv*
bunny ['bʌnɪ] *n* (*also*: ~ *rabbit*) coniglietto
bunting ['bʌntɪŋ] *n* pavesi *mpl*, bandierine *fpl*
buoy [bɔɪ] *n* boa; ~ **up** *vt* (*fig*) sostenere; ~**ant** *adj* galleggiante; (*fig*) vivace
burden ['bə:dn] *n* carico, fardello ♦ *vt*: **to** ~ **sb with** caricare di
bureau [bjuə'rəu] (*pl* **bureaux**) *n*

(*BRIT*: *writing desk*) scrivania; (*US*: *chest of drawers*) cassettone *m*; (*office*) ufficio, agenzia
bureaucracy [bjuə'rɔkrəsı] *n* burocrazia
bureaux [bjuə'rəuz] *npl of* **bureau**
burglar ['bəːglə*] *n* scassinatore *m*; ~ **alarm** *n* campanello antifurto; ~**y** *n* furto con scasso
burial ['bɛrıəl] *n* sepoltura
burly ['bəːlı] *adj* robusto(a)
Burma ['bəːmə] *n* Birmania
burn [bəːn] (*pt*, *pp* **burned** *or* **burnt**) *vt*, *vi* bruciare ♦ *n* bruciatura, scottatura; ~ **down** *vt* distruggere col fuoco; ~**er** *n* (*on cooker*) fornello; (*TECH*) bruciatore *m*, becco (a gas); ~**ing** *adj* in fiamme; (*sand*) che scotta; (*ambition*) bruciante; **burnt** *pt*, *pp of* **burn**
burrow ['bʌrəu] *n* tana ♦ *vt* scavare
bursary ['bəːsərı] (*BRIT*) *n* (*SCOL*) borsa di studio
burst [bəːst] (*pt*, *pp* **burst**) *vt* far scoppiare ♦ *vi* esplodere; (*tyre*) scoppiare ♦ *n* scoppio; (*also*: ~ *pipe*) rottura nel tubo, perdita; **a ~ of speed** uno scatto di velocità; **to ~ into flames/tears** scoppiare in fiamme/lacrime; **to ~ out laughing** scoppiare a ridere; **to be ~ing with** scoppiare di; ~ **into** *vt fus* (*room etc*) irrompere in
bury ['bɛrı] *vt* seppellire
bus [bʌs] (*pl* ~**es**) *n* autobus *m inv*
buses ['bʌsız] *npl of* **bus**
bush [buʃ] *n* cespuglio; (*scrub land*) macchia; **to beat about the ~** menare il cane per l'aia
bushy ['buʃı] *adj* cespuglioso(a)
busily ['bızılı] *adv* con impegno, alacremente
business ['bıznıs] *n* (*matter*) affare *m*; (*trading*) affari *mpl*; (*firm*) azienda; (*job*, *duty*) lavoro; **to be away on ~** essere andato via per affari; **it's none of my ~** questo non mi riguarda; **he means ~** non scherza; ~**like** *adj* serio(a); efficiente; ~**man/woman** *n* uomo/donna d'affari; ~ **trip** *n* viaggio d'affari
busker ['bʌskə*] (*BRIT*) *n* suonatore/trice ambulante
bus-stop *n* fermata d'autobus
bust [bʌst] *n* busto; (*ANAT*) seno ♦ *adj* (*inf*: *broken*) rotto(a); **to go ~** fallire
bustle ['bʌsl] *n* movimento, attività ♦ *vi* darsi da fare; **bustling** *adj* movimentato(a)
busy ['bızı] *adj* occupato(a); (*shop*, *street*) molto frequentato(a) ♦ *vt*: **to ~ o.s.** darsi da fare; ~**body** *n* ficcanaso *m/f inv*; ~ **signal** (*US*) *n* (*TEL*) segnale *m* di occupato

KEYWORD

but [bʌt] *conj* ma; **I'd love to come, ~ I'm busy** vorrei tanto venire, ma ho da fare
◆ *prep* (*apart from*, *except*) eccetto, tranne, meno; **he was nothing ~ trouble** non dava altro che guai; **no-one ~ him can do it** nessuno può farlo tranne lui; **~ for you/your help** se non fosse per te/per il tuo aiuto; **anything ~ that** tutto ma non questo
◆ *adv* (*just*, *only*) solo, soltanto; **she's ~ a child** è solo una bambina; **had I ~ known** se solo avessi saputo; **I can ~ try** tentar non nuoce; **all ~ finished** quasi finito

butcher ['butʃə*] *n* macellaio ♦ *vt* macellare; ~**'s (shop)** *n* macelleria
butler ['bʌtlə*] *n* maggiordomo
butt [bʌt] *n* (*cask*) grossa botte *f*; (*of gun*) calcio; (*of cigarette*) mozzicone *m*; (*BRIT*: *fig*: *target*) oggetto ♦ *vt* cozzare; ~ **in** *vi* (*interrupt*) interrompere
butter ['bʌtə*] *n* burro ♦ *vt* imburrare; ~**cup** *n* ranuncolo
butterfly ['bʌtəflaı] *n* farfalla; (*SWIMMING*: *also*: ~ *stroke*) (nuoto a) farfalla
buttocks ['bʌtəks] *npl* natiche *fpl*
button ['bʌtn] *n* bottone *m*; (*US*: *badge*) distintivo ♦ *vt* (*also*: ~ *up*)

abbottonare ♦ *vi* abbottonarsi
buttress ['bʌtrɪs] *n* contrafforte *f*
buxom ['bʌksəm] *adj* formoso(a)
buy [baɪ] (*pt*, *pp* **bought**) *vt* comprare ♦ *n* acquisto; **to ~ sb sth/sth from sb** comprare qc per qn/qc da qn; **to ~ sb a drink** offrire da bere a qn; **~er** *n* compratore/trice
buzz [bʌz] *n* ronzio; (*inf*: *phone call*) colpo di telefono ♦ *vi* ronzare
buzzer ['bʌzə*] *n* cicalino
buzz word (*inf*) *n* termine *m* di gran moda

KEYWORD

by [baɪ] *prep* **1** (*referring to cause, agent*) da; **killed ~ lightning** ucciso da un fulmine; **surrounded ~ a fence** circondato da uno steccato; **a painting ~ Picasso** un quadro di Picasso
2 (*referring to method, manner, means*): **~ bus/car/train** in autobus/macchina/treno, con l'autobus/la macchina/il treno; **to pay ~ cheque** pagare con (un) assegno; **~ moonlight** al chiaro di luna; **~ saving hard, he ...** risparmiando molto, lui ...
3 (*via, through*) per; **we came ~ Dover** siamo venuti via Dover
4 (*close to, past*) accanto a; **the house ~ the river** la casa sul fiume; **a holiday ~ the sea** una vacanza al mare; **she sat ~ his bed** si sedette accanto al suo letto; **she rushed ~ me** mi è passata accanto correndo; **I go ~ the post office every day** passo davanti all'ufficio postale ogni giorno
5 (*not later than*) per, entro; **~ 4 o'clock** per *or* entro le 4; **~ this time tomorrow** domani a quest'ora; **~ the time I got here it was too late** quando sono arrivato era ormai troppo tardi
6 (*during*): **~ day/night** di giorno/notte
7 (*amount*) a; **~ the kilo/metre** a chili/metri; **paid ~ the hour** pagato all'ora; **one ~ one** uno per uno; **little ~ little** a poco a poco
8 (*MATH*, *measure*): **to divide/multiply ~ 3** dividere/moltiplicare per 3; **it's broader ~ a metre** è un metro più largo, è più largo di un metro
9 (*according to*) per; **to play ~ the rules** attenersi alle regole; **it's all right ~ me** per me va bene
10: (**all**) **~ oneself** *etc* (tutto(a)) solo(a); **he did it (all) ~ himself** lo ha fatto (tutto) da solo
11: **~ the way** a proposito; **this wasn't my idea ~ the way** tra l'altro l'idea non è stata mia
♦ *adv* **1** *see* **go**; **pass** *etc*
2: **~ and ~** (*in past*) poco dopo; (*in future*) fra breve; **~ and large** nel complesso

bye(-bye) ['baɪ('baɪ)] *excl* ciao!, arrivederci!
by(e)-law *n* legge *f* locale
by-election (*BRIT*) *n* elezione *f* straordinaria
bygone ['baɪgɔn] *adj* passato(a) ♦ *n*: **let ~s be ~s** mettiamoci una pietra sopra
bypass ['baɪpɑːs] *n* circonvallazione *f*; (*MED*) by-pass *m inv* ♦ *vt* fare una deviazione intorno a
by-product *n* sottoprodotto; (*fig*) conseguenza secondaria
bystander ['baɪstændə*] *n* spettatore/trice
byte [baɪt] *n* (*COMPUT*) byte *m inv*, bicarattere *m*
byword ['baɪwəːd] *n*: **to be a ~ for** essere sinonimo di
by-your-leave *n*: **without so much as a ~** senza nemmeno chiedere il permesso

C

C [si:] *n* (*MUS*) do
C.A. *n abbr* = **chartered accountant**
cab [kæb] *n* taxi *m inv*; (*of train, truck*) cabina
cabaret ['kæbəreɪ] *n* cabaret *m inv*
cabbage ['kæbɪdʒ] *n* cavolo
cabin ['kæbɪn] *n* capanna; (*on ship*) cabina; ~ **cruiser** *n* cabinato
cabinet ['kæbɪnɪt] *n* (*POL*) consiglio dei ministri; (*furniture*) armadietto; (*also*: *display* ~) vetrinetta
cable ['keɪbl] *n* cavo; fune *f*; (*TEL*) cablogramma *m* ♦ *vt* telegrafare; ~**-car** *n* funivia; ~ **television** *n* televisione *f* via cavo
cache [kæʃ] *n* deposito segreto
cackle ['kækl] *vi* schiamazzare
cacti ['kæktaɪ] *npl of* **cactus**
cactus ['kæktəs] (*pl* **cacti**) *n* cactus *m inv*
cadet [kə'dɛt] *n* (*MIL*) cadetto
cadge [kædʒ] (*inf*) *vt* scroccare
café ['kæfeɪ] *n* caffè *m inv*
cafeteria [kæfɪ'tɪərɪə] *n* self-service *m inv*
cage [keɪdʒ] *n* gabbia
cagey ['keɪdʒɪ] (*inf*) *adj* chiuso(a); guardingo(a)
cagoule [kə'gu:l] *n* K-way *m inv* ®
cajole [kə'dʒəul] *vt* allettare
cake [keɪk] *n* (*large*) torta; (*small*) pasticcino; ~ **of soap** saponetta; ~**d** *adj*: ~**d with** incrostato(a) di
calculate ['kælkjuleɪt] *vt* calcolare; **calculation** [-'leɪʃən] *n* calcolo; **calculator** *n* calcolatrice *f*
calendar ['kæləndə*] *n* calendario; ~ **year** *n* anno civile
calf [kɑ:f] (*pl* **calves**) *n* (*of cow*) vitello; (*of other animals*) piccolo; (*also*: ~*skin*) (pelle *f* di) vitello; (*ANAT*) polpaccio
calibre ['kælɪbə*] (*US* **caliber**) *n* calibro
call [kɔ:l] *vt* (*gen, also TEL*) chiamare; (*meeting*) indire ♦ *vi* chiamare; (*visit*: *also*: ~ *in*, ~ *round*) passare ♦ *n* (*shout*) grido, urlo; (*TEL*) telefonata; **to be** ~**ed** (*person, object*) chiamarsi; **to be on** ~ essere a disposizione; ~ **back** *vi* (*return*) ritornare; (*TEL*) ritelefonare, richiamare; ~ **for** *vt fus* richiedere; (*fetch*) passare a prendere; ~ **off** *vt* disdire; ~ **on** *vt fus* (*visit*) passare da; (*appeal to*) chiedere a; ~ **out** *vi* (*in pain*) urlare; (*to person*) chiamare; ~ **up** *vt* (*MIL*) richiamare; (*TEL*) telefonare a; ~**box** (*BRIT*) *n* cabina telefonica; ~**er** *n* persona che chiama; visitatore/trice; ~ **girl** *n* ragazza *f* squillo *inv*; ~**-in** (*US*) *n* (*phone-in*) trasmissione *f* a filo diretto con gli ascoltatori; ~**ing** *n* vocazione *f*; ~**ing card** (*US*) *n* biglietto da visita
callous ['kæləs] *adj* indurito(a), insensibile
calm [kɑ:m] *adj* calmo(a) ♦ *n* calma ♦ *vt* calmare; ~ **down** *vi* calmarsi ♦ *vt* calmare
Calor gas ['kælə*-] ® *n* butano
calorie ['kælərɪ] *n* caloria
calves [kɑ:vz] *npl of* **calf**
camber ['kæmbə*] *n* (*of road*) bombatura
Cambodia [kæm'bəudjə] *n* Cambogia
camcorder ['kæmkɔ:də*] *n* videocamera
came [keɪm] *pt of* **come**
camel ['kæməl] *n* cammello
camera ['kæmərə] *n* macchina fotografica; (*CINEMA, TV*) cinepresa; **in** ~ a porte chiuse; ~**man** *n* cameraman *m inv*
camouflage ['kæməflɑ:ʒ] *n* (*MIL, ZOOL*) mimetizzazione *f* ♦ *vt* mimetizzare
camp [kæmp] *n* campeggio; (*MIL*) campo ♦ *vi* accamparsi ♦ *adj* effeminato(a)
campaign [kæm'peɪn] *n* (*MIL, POL etc*) campagna ♦ *vi* (*also fig*) fare una campagna
camp bed (*BRIT*) *n* brandina

camper ['kæmpə*] *n* campeggiatore/trice; (*vehicle*) camper *m inv*
camping ['kæmpɪŋ] *n* campeggio; **to go ~** andare in campeggio
campsite ['kæmpsaɪt] *n* campeggio
campus ['kæmpəs] *n* campus *m inv*
can¹ [kæn] *n* (*of milk*) scatola; (*of oil*) bidone *m*; (*of water*) tanica; (*tin*) scatola ♦ *vt* mettere in scatola

KEYWORD

can² [kæn] (*negative* **cannot**, **can't**; *conditional and pt* **could**) *aux vb* **1** (*be able to*) potere; **I ~'t go any further** non posso andare oltre; **you ~ do it if you try** sei in grado di farlo — basta provarci; **I'll help you all I ~** ti aiuterò come potrò; **I ~'t see you** non ti vedo
2 (*know how to*) sapere, essere capace di; **I ~ swim** so nuotare; **~ you speak French?** parla francese?
3 (*may*) potere; **could I have a word with you?** posso parlarle un momento?
4 (*expressing disbelief, puzzlement etc*): **it ~'t be true!** non può essere vero!; **what CAN he want?** cosa può mai volere?
5 (*expressing possibility, suggestion etc*): **he could be in the library** può darsi che sia in biblioteca; **she could have been delayed** può aver avuto un contrattempo

Canada ['kænədə] *n* Canada *m*
Canadian [kə'neɪdɪən] *adj, n* canadese *m/f*
canal [kə'næl] *n* canale *m*
canary [kə'nɛərɪ] *n* canarino
cancel ['kænsəl] *vt* annullare; (*train*) sopprimere; (*cross out*) cancellare; **~lation** [-'leɪʃən] *n* annullamento; soppressione *f*; cancellazione *f*; (*TOURISM*) prenotazione *f* annullata
cancer ['kænsə*] *n* cancro; **C~** (*sign*) Cancro
candid ['kændɪd] *adj* onesto(a)
candidate ['kændɪdeɪt] *n* candidato/a
candle ['kændl] *n* candela; (*in church*) cero; **~light** *n*: **by ~light** a lume di candela; **~stick** *n* bugia; (*bigger, ornate*) candeliere *m*
candour ['kændə*] (*US* **candor**) *n* sincerità
candy ['kændɪ] *n* zucchero candito; (*US*) caramella; caramelle *fpl*; **~-floss** (*BRIT*) *n* zucchero filato
cane [keɪn] *n* canna; (*for furniture*) bambù *m*; (*stick*) verga ♦ *vt* (*BRIT*: *SCOL*) punire a colpi di verga
canister ['kænɪstə*] *n* scatola metallica
cannabis ['kænəbɪs] *n* canapa indiana
canned ['kænd] *adj* (*food*) in scatola
cannon ['kænən] (*pl* **~** *or* **~s**) *n* (*gun*) cannone *m*
cannot ['kænɔt] = **can not**
canny ['kænɪ] *adj* furbo(a)
canoe [kə'nu:] *n* canoa
canon ['kænən] *n* (*clergyman*) canonico; (*standard*) canone *m*
can opener [-'əupnə*] *n* apriscatole *m inv*
canopy ['kænəpɪ] *n* baldacchino
can't [kænt] = **can not**
cantankerous [kæn'tæŋkərəs] *adj* stizzoso(a)
canteen [kæn'ti:n] *n* mensa; (*BRIT*: *of cutlery*) portaposate *m inv*
canter ['kæntə*] *vi* andare al piccolo galoppo
canvas ['kænvəs] *n* tela
canvass ['kænvəs] *vi* (*POL*): **to ~ for** raccogliere voti per ♦ *vt* fare un sondaggio di
canyon ['kænjən] *n* canyon *m inv*
cap [kæp] *n* (*hat*) berretto; (*of pen*) coperchio; (*of bottle, toy gun*) tappo; (*contraceptive*) diaframma *m* ♦ *vt* (*outdo*) superare; (*limit*) fissare un tetto (a)
capability [keɪpə'bɪlɪtɪ] *n* capacità *f inv*, abilità *f inv*
capable ['keɪpəbl] *adj* capace
capacity [kə'pæsɪtɪ] *n* capacità *f inv*; (*of lift etc*) capienza
cape [keɪp] *n* (*garment*) cappa; (*GEO*) capo

caper ['keɪpə*] *n* (*CULIN*) cappero; (*prank*) scherzetto
capital ['kæpɪtl] *n* (*also*: ~ *city*) capitale *f*; (*money*) capitale *m*; (*also*: ~ *letter*) (lettera) maiuscola; ~ **gains tax** *n* imposta sulla plusvalenza; ~**ism** *n* capitalismo; ~**ist** *adj*, *n* capitalista (*m/f*); ~**ize**: to ~**ize on** *vt fus* trarre vantaggio da; ~ **punishment** *n* pena capitale
Capricorn ['kæprɪkɔːn] *n* Capricorno
capsize [kæp'saɪz] *vt* capovolgere ♦ *vi* capovolgersi
capsule ['kæpsjuːl] *n* capsula
captain ['kæptɪn] *n* capitano
caption ['kæpʃən] *n* leggenda
captivate ['kæptɪveɪt] *vt* avvincere
captive ['kæptɪv] *adj*, *n* prigioniero(a)
captivity [kæp'tɪvɪtɪ] *n* cattività
capture ['kæptʃə*] *vt* catturare; (*COMPUT*) registrare ♦ *n* cattura; (*data* ~) registrazione *f or* rilevazione *f* di dati
car [kɑː*] *n* (*AUT*) macchina, automobile *f*; (*RAIL*) vagone *m*
carafe [kə'ræf] *n* caraffa
caramel ['kærəməl] *n* caramello
caravan ['kærəvæn] *n* (*BRIT*) roulotte *f inv*; (*of camels*) carovana; ~ **site** (*BRIT*) *n* campeggio per roulotte
carbohydrates [kɑːbəu'haɪdreɪts] *npl* (*foods*) carboidrati *mpl*
carbon ['kɑːbən] *n* carbonio; ~ **paper** *n* carta carbone
carburettor [kɑːbju'rɛtə*] (*US* **carburetor**) *n* carburatore *m*
card [kɑːd] *n* carta; (*visiting* ~ *etc*) biglietto; (*Christmas* ~ *etc*) cartolina; ~**board** *n* cartone *m*; ~ **game** *n* gioco di carte
cardiac ['kɑːdɪæk] *adj* cardiaco(a)
cardigan ['kɑːdɪgən] *n* cardigan *m inv*
cardinal ['kɑːdɪnl] *adj* cardinale ♦ *n* cardinale *m*
card index *n* schedario
care [kɛə*] *n* cura, attenzione *f*; (*worry*) preoccupazione *f* ♦ *vi*: **to ~ about** curarsi di; (*thing*, *idea*) interessarsi di; ~ **of** presso; **in sb's ~** alle cure di qn; **to take ~ (to do)** fare attenzione (a fare); **to take ~ of** curarsi di; (*bill*, *problem*) occuparsi di; **I don't ~** non me ne importa; **I couldn't ~ less** non m'interessa affatto; ~ **for** *vt fus* aver cura di; (*like*) volere bene a
career [kə'rɪə*] *n* carriera ♦ *vi* (*also*: ~ *along*) andare di (gran) carriera
carefree ['kɛəfriː] *adj* sgombro(a) di preoccupazioni
careful ['kɛəful] *adj* attento(a); (*cautious*) cauto(a); **(be) ~!** attenzione!; ~**ly** *adv* con cura; cautamente
careless ['kɛəlɪs] *adj* negligente; (*heedless*) spensierato(a)
carer ['kɛərə*] *n* assistente *m/f* (*di persone malata o handicappata*)
caress [kə'rɛs] *n* carezza ♦ *vt* accarezzare
caretaker ['kɛəteɪkə*] *n* custode *m*
car-ferry *n* traghetto
cargo ['kɑːgəu] (*pl* ~**es**) *n* carico
car hire *n* autonoleggio
Caribbean [kærɪ'biːən] *adj*: **the ~ (Sea)** il Mar dei Caraibi
caring ['kɛərɪŋ] *adj* (*person*) premuroso(a); (*society*, *organization*) umanitario(a)
carnage ['kɑːnɪdʒ] *n* carneficina
carnation [kɑː'neɪʃən] *n* garofano
carnival ['kɑːnɪvəl] *n* (*public celebration*) carnevale *m*; (*US*: *funfair*) luna park *m inv*
carol ['kærəl] *n*: **(Christmas) ~** canto di Natale
carp [kɑːp] *n* (*fish*) carpa; ~ **at** *vt fus* trovare a ridire su
car park (*BRIT*) *n* parcheggio
carpenter ['kɑːpɪntə*] *n* carpentiere *m*
carpentry ['kɑːpɪntrɪ] *n* carpenteria
carpet ['kɑːpɪt] *n* tappeto ♦ *vt* coprire con tappeto; ~ **slippers** *npl* pantofole *fpl*; ~ **sweeper** *n* scopatappeti *m inv*
car phone *n* telefonino per auto, cel-

lulare *m* per auto

carriage ['kærɪdʒ] *n* vettura; (*of goods*) trasporto; ~ **return** *n* (*on typewriter etc*) leva (*or* tasto) del ritorno a capo; ~**way** (*BRIT*) *n* (*part of road*) carreggiata

carrier ['kærɪə*] *n* (*of disease*) portatore/trice; (*COMM*) impresa di trasporti; ~ **bag** (*BRIT*) *n* sacchetto

carrot ['kærət] *n* carota

carry ['kærɪ] *vt* (*subj*: *person*) portare; (: *vehicle*) trasportare; (*involve*: *responsibilities etc*) comportare; (*MED*) essere portatore/trice di ♦ *vi* (*sound*) farsi sentire; **to be** *or* **get carried away** (*fig*) entusiasmarsi; ~ **on** *vi*: **to** ~ **on with sth/doing** continuare qc/a fare ♦ *vt* mandare avanti; ~ **out** *vt* (*orders*) eseguire; (*investigation*) svolgere; ~**cot** (*BRIT*) *n* culla portabile; ~**-on** (*inf*) *n* (*fuss*) casino, confusione *f*

cart [kɑːt] *n* carro ♦ *vt* (*inf*) trascinare

carton ['kɑːtən] *n* (*box*) scatola di cartone; (*of yogurt*) cartone *m*; (*of cigarettes*) stecca

cartoon [kɑː'tuːn] *n* (*PRESS*) disegno umoristico; (*comic strip*) fumetto; (*CINEMA*) disegno animato

cartridge ['kɑːtrɪdʒ] *n* (*for gun, pen*) cartuccia; (*music tape*) cassetta

carve [kɑːv] *vt* (*meat*) trinciare; (*wood, stone*) intagliare; ~ **up** *vt* (*fig*: *country*) suddividere; **carving** *n* (*in wood etc*) scultura; **carving knife** *n* trinciante *m*

car wash *n* lavaggio auto

cascade [kæs'keɪd] *n* cascata

case [keɪs] *n* caso; (*LAW*) causa, processo; (*box*) scatola; (*BRIT*: *also*: *suit*~) valigia; **in** ~ **of** in caso di; **in** ~ **he** caso mai lui; **in any** ~ in ogni caso; **just in** ~ in caso di bisogno

cash [kæʃ] *n* denaro; (*coins, notes*) denaro liquido ♦ *vt* incassare; **to pay (in)** ~ pagare in contanti; ~ **on delivery** pagamento alla consegna; ~**-book** *n* giornale *m* di cassa; ~ **card** (*BRIT*) *n* tesserino di prelievo; ~ **desk** (*BRIT*) *n* cassa; ~ **dispenser** (*BRIT*) *n* sportello automatico

cashew [kæ'ʃuː] *n* (*also*: ~ *nut*) anacardio

cashier [kæ'ʃɪə*] *n* cassiere/a

cashmere ['kæʃmɪə*] *n* cachemire *m*

cash register *n* registratore *m* di cassa

casing ['keɪsɪŋ] *n* rivestimento

casino [kə'siːnəu] *n* casinò *m inv*

cask [kɑːsk] *n* botte *f*

casket ['kɑːskɪt] *n* cofanetto; (*US*: *coffin*) bara

casserole ['kæsərəul] *n* casseruola; (*food*): **chicken** ~ pollo in casseruola

cassette [kæ'sɛt] *n* cassetta; ~ **player** *n* riproduttore *m* a cassette; ~ **recorder** *n* registratore *m* a cassette

cast [kɑːst] (*pt, pp* **cast**) *vt* (*throw*) gettare; (*metal*) gettare, fondere; (*THEATRE*): **to** ~ **sb as Hamlet** scegliere qn per la parte di Amleto ♦ *n* (*THEATRE*) cast *m inv*; (*also*: *plaster* ~) ingessatura; **to** ~ **one's vote** votare, dare il voto; ~ **off** *vi* (*NAUT*) salpare; (*KNITTING*) calare; ~ **on** *vi* (*KNITTING*) avviare le maglie

castaway ['kɑːstəwəɪ] *n* naufrago/a

caster sugar ['kɑːstə*-] (*BRIT*) *n* zucchero semolato

casting vote ['kɑːstɪŋ-] (*BRIT*) *n* voto decisivo

cast iron *n* ghisa

castle ['kɑːsl] *n* castello

castor ['kɑːstə*] *n* (*wheel*) rotella; ~ **oil** *n* olio di ricino

castrate [kæs'treɪt] *vt* castrare

casual ['kæʒjul] *adj* (*by chance*) casuale, fortuito(a); (*irregular*: *work etc*) avventizio(a); (*unconcerned*) noncurante, indifferente; ~ **wear** casual *m*; ~**ly** *adv* (*in a relaxed way*) con noncuranza; (*dress*) casual

casualty ['kæʒjultɪ] *n* ferito/a; (*dead*) morto/a, vittima; (*MED*: *department*) pronto soccorso

cat [kæt] *n* gatto
catalogue ['kætəlɔg] (*US* **catalog**) *n* catalogo ♦ *vt* catalogare
catalyst ['kætəlɪst] *n* catalizzatore *m*
catalytic convertor [kætəlɪtɪk-] *n* marmitta catalitica
catapult ['kætəpʌlt] *n* catapulta; fionda
cataract ['kætərækt] *n* (*also MED*) cateratta
catarrh [kə'tɑ:*] *n* catarro
catastrophe [kə'tæstrəfɪ] *n* catastrofe *f*
catch [kætʃ] (*pt, pp* **caught**) *vt* prendere; (*ball*) afferrare; (*surprise: person*) sorprendere; (*attention*) attirare; (*comment, whisper*) cogliere; (*person: also:* ~ *up*) raggiungere ♦ *vi* (*fire*) prendere ♦ *n* (*fish etc caught*) retata; (*of ball*) presa; (*trick*) inganno; (*TECH*) gancio; (*game*) catch *m inv*; **to ~ fire** prendere fuoco; **to ~ sight of** scorgere; **~ on** *vi* capire; (*become popular*) affermarsi, far presa; **~ up** *vi* mettersi in pari ♦ *vt* (*also:* ~ *up with*) raggiungere
catching ['kætʃɪŋ] *adj* (*MED*) contagioso(a)
catchment area ['kætʃmənt-] (*BRIT*) *n* (*SCOL*) circoscrizione *f* scolare
catch phrase *n* slogan *m inv*; frase *f* fatta
catchy ['kætʃɪ] *adj* orecchiabile
category ['kætɪgərɪ] *n* categoria
cater ['keɪtə*] *vi*: **~ for** (*BRIT*: *needs*) provvedere a; (: *readers, consumers*) incontrare i gusti di; (*COMM*: *provide food*) provvedere alla ristorazione di; **~er** *n* fornitore *m*; **~ing** *n* approvvigionamento
caterpillar ['kætəpɪlə*] *n* bruco; **~ track** *n* catena a cingoli
cathedral [kə'θi:drəl] *n* cattedrale *f*, duomo
catholic ['kæθəlɪk] *adj* universale; aperto(a); eclettico(a); **C~** *adj, n* (*REL*) cattolico(a)
cat's-eye [kæts'aɪ] (*BRIT*) *n* (*AUT*) catarifrangente *m*
cattle ['kætl] *npl* bestiame *m*, bestie *fpl*
catty ['kætɪ] *adj* maligno(a), dispettoso(a)
caucus ['kɔ:kəs] *n* (*POL*: *group*) comitato di dirigenti; (: *US*) (riunione *f* del) comitato elettorale
caught [kɔ:t] *pt, pp of* **catch**
cauliflower ['kɔlɪflauə*] *n* cavolfiore *m*
cause [kɔ:z] *n* causa ♦ *vt* causare
caution ['kɔ:ʃən] *n* prudenza; (*warning*) avvertimento ♦ *vt* avvertire; ammonire
cautious ['kɔ:ʃəs] *adj* cauto(a), prudente
cavalier [kævə'lɪə*] *adj* brusco(a)
cavalry ['kævəlrɪ] *n* cavalleria
cave [keɪv] *n* caverna, grotta; **~ in** *vi* (*roof etc*) crollare; **~man** *n* uomo delle caverne
caviar(e) ['kævɪɑ:*] *n* caviale *m*
cavort [kə'vɔ:t] *vi* far capriole
CB *n abbr* (= *Citizens' Band* (*Radio*)): **~ radio (set)** baracchino
CBI *n abbr* (= *Confederation of British Industries*) ≈ Confindustria
cc *abbr* = **cubic centimetres; carbon copy**
CD *abbr* (*disc*) CD *m inv*; (*player*) lettore *m* CD *inv*
CD-ROM [-rɔm] *n abbr* CD-ROM *m inv*
cease [si:s] *vt, vi* cessare; **~fire** *n* cessate il fuoco *m inv*; **~less** *adj* incessante, continuo(a)
cedar ['si:də*] *n* cedro
ceiling ['si:lɪŋ] *n* soffitto; (*on wages etc*) tetto
celebrate ['sɛlɪbreɪt] *vt, vi* celebrare; **~d** *adj* celebre; **celebration** [-'breɪʃən] *n* celebrazione *f*
celery ['sɛlərɪ] *n* sedano
cell [sɛl] *n* cella; (*of revolutionaries, BIOL*) cellula; (*ELEC*) elemento (di batteria)
cellar ['sɛlə*] *n* sottosuolo; cantina
'cello ['tʃɛləu] *n* violoncello
cellphone [sɛl,fəun] *n* cellulare *m*

Celt [kɛlt, sɛlt] *n* celta *m/f*
Celtic ['kɛltɪk, 'sɛltɪk] *adj* celtico(a)
cement [sə'mɛnt] *n* cemento; ~ **mixer** *n* betoniera
cemetery ['sɛmɪtrɪ] *n* cimitero
censor ['sɛnsə*] *n* censore *m* ♦ *vt* censurare; ~**ship** *n* censura
censure ['sɛnʃə*] *vt* riprovare, censurare
census ['sɛnsəs] *n* censimento
cent [sɛnt] *n* (*US*: *coin*) centesimo (= *1:100 di un dollaro*); *see also* **per**
centenary [sɛn'ti:nərɪ] *n* centenario
center ['sɛntə*] (*US*) *n, vt* = **centre**
centigrade ['sɛntɪgreɪd] *adj* centigrado(a)
centimetre ['sɛntɪmi:tə*] (*US* **centimeter**) *n* centimetro
centipede ['sɛntɪpi:d] *n* centopiedi *m inv*
central ['sɛntrəl] *adj* centrale; **C~ America** *n* America centrale; ~ **heating** *n* riscaldamento centrale; ~**ize** *vt* accentrare
centre ['sɛntə*] (*US* **center**) *n* centro ♦ *vt* centrare; ~**-forward** *n* (*SPORT*) centroavanti *m inv*; ~**-half** *n* (*SPORT*) centromediano
century ['sɛntjurɪ] *n* secolo; **20th** ~ ventesimo secolo
ceramic [sɪ'ræmɪk] *adj* ceramico(a); ~**s** *npl* ceramica
cereal ['si:rɪəl] *n* cereale *m*
ceremony ['sɛrɪmənɪ] *n* cerimonia; **to stand on** ~ fare complimenti
certain ['sə:tən] *adj* certo(a); **to make** ~ **of** assicurarsi di; **for** ~ per certo, di sicuro; ~**ly** *adv* certamente, certo; ~**ty** *n* certezza
certificate [sə'tɪfɪkɪt] *n* certificato; diploma *m*
certified ['sə:tɪfaɪd]: ~ **mail** (*US*) *n* posta raccomandata con ricevuta di ritorno; ~ **public accountant** (*US*) *n* ≈ commercialista *m/f*
certify ['sə:tɪfaɪ] *vt* certificare; (*award diploma to*) conferire un diploma a; (*declare insane*) dichiarare pazzo(a)
cervical ['sə:vɪkl] *adj*: ~ **cancer** cancro della cervice; ~ **smear** Pap-test *m inv*
cervix ['sə:vɪks] *n* cervice *f*
cesspit ['sɛspɪt] *n* pozzo nero
cf. *abbr* (= *compare*) cfr
CFC *n* (= *chlorofluorocarbon*) CFC *m inv*
ch. *abbr* (= *chapter*) cap
chafe [tʃeɪf] *vt* fregare, irritare
chagrin ['ʃægrɪn] *n* disappunto
chain [tʃeɪn] *n* catena ♦ *vt* (*also*: ~ *up*) incatenare; ~ **reaction** *n* reazione *f* a catena; ~**-smoke** *vi* fumare una sigaretta dopo l'altra; ~ **store** *n* negozio a catena
chair [tʃɛə*] *n* sedia; (*armchair*) poltrona; (*of university*) cattedra; (*of meeting*) presidenza ♦ *vt* (*meeting*) presiedere; ~**lift** *n* seggiovia; ~**man** *n* presidente *m*
chalice ['tʃælɪs] *n* calice *m*
chalk [tʃɔ:k] *n* gesso
challenge ['tʃælɪndʒ] *n* sfida ♦ *vt* sfidare; (*statement, right*) mettere in dubbio; **to** ~ **sb to do** sfidare qn a fare; **challenging** *adj* (*task*) impegnativo(a); (*look*) di sfida
chamber ['tʃeɪmbə*] *n* camera; ~ **of commerce** *n* camera di commercio; ~**maid** *n* cameriera; ~ **music** *n* musica da camera
chamois ['ʃæmwɑ:] *n* camoscio; (*also*: ~ *leather*) panno in pelle di camoscio
champagne [ʃæm'peɪn] *n* champagne *m inv*
champion ['tʃæmpɪən] *n* campione/essa; ~**ship** *n* campionato
chance [tʃɑ:ns] *n* caso; (*opportunity*) occasione *f*; (*likelihood*) possibilità *f inv* ♦ *vt*: **to** ~ **it** rischiare, provarci ♦ *adj* fortuito(a); **to take a** ~ rischiare; **by** ~ per caso
chancellor ['tʃɑ:nsələ*] *n* cancelliere *m*; **C~ of the Exchequer** (*BRIT*) *n* Cancelliere dello Scacchiere
chandelier [ʃændə'lɪə*] *n* lampadario
change [tʃeɪndʒ] *vt* cambiare; (*transform*): **to** ~ **sb into** tras-

formare qn in ♦ *vi* cambiare; (~ *one's clothes*) cambiarsi; (*be transformed*): **to ~ into** trasformarsi in ♦ *n* cambiamento; (*of clothes*) cambio; (*money*) resto; **to ~ one's mind** cambiare idea; **for a ~** tanto per cambiare; **~able** *adj* (*weather*) variabile; **~ machine** *n* distributore automatico di monete; **~over** *n* cambiamento, passaggio

changing ['tʃeɪndʒɪŋ] *adj* che cambia; (*colours*) cangiante; **~ room** *n* (*BRIT*: *in shop*) camerino; (: *SPORT*) spogliatoio

channel ['tʃænl] *n* canale *m*; (*of river, sea*) alveo ♦ *vt* canalizzare; **the (English) C~** la Manica; **the C~ Islands** *npl* le Isole Normanne

chant [tʃɑ:nt] *n* canto; salmodia ♦ *vt* cantare; salmodiare

chaos ['keɪɔs] *n* caos *m*

chap [tʃæp] (*BRIT*: *inf*) *n* (*man*) tipo

chapel ['tʃæpəl] *n* cappella

chaperone ['ʃæpərəun] *n* accompagnatrice *f* ♦ *vt* accompagnare

chaplain ['tʃæplɪn] *n* cappellano

chapped [tʃæpt] *adj* (*skin, lips*) screpolato(a)

chapter ['tʃæptə*] *n* capitolo

char [tʃɑ:*] *vt* (*burn*) carbonizzare ♦ *n* (*BRIT*) = **charlady**

character ['kærɪktə*] *n* carattere *m*; (*in novel, film*) personaggio; **~istic** [-'rɪstɪk] *adj* caratteristico(a) ♦ *n* caratteristica

charade [ʃə'rɑ:d] *n* sciarada

charcoal ['tʃɑ:kəul] *n* carbone *m* di legna

charge [tʃɑ:dʒ] *n* accusa; (*cost*) prezzo; (*responsibility*) responsabilità ♦ *vt* (*gun, battery, MIL*: *enemy*) caricare; (*customer*) fare pagare a; (*sum*) fare pagare; (*LAW*): **to ~ sb (with)** accusare qn (di) ♦ *vi* (*gen with*: *up, along etc*) lanciarsi; **~s** *npl* (*bank ~s etc*) tariffe *fpl*; **to reverse the ~s** (*TEL*) fare una telefonata a carico del destinatario; **to take ~ of** incaricarsi di; **to be in ~ of** essere responsabile per; **how much do you ~?** quanto chiedete?; **to ~ an expense (up) to sb** addebitare una spesa a qn; **~ card** *n* carta *f* clienti *inv*

charitable ['tʃærɪtəbl] *adj* caritatevole

charity ['tʃærɪtɪ] *n* carità; (*organization*) opera pia

charlady ['tʃɑ:leɪdɪ] (*BRIT*) *n* domestica a ore

charlatan ['ʃɑ:lətən] *n* ciarlatano

charm [tʃɑ:m] *n* fascino; (*on bracelet*) ciondolo ♦ *vt* affascinare, incantare; **~ing** *adj* affascinante

chart [tʃɑ:t] *n* tabella; grafico; (*map*) carta nautica ♦ *vt* fare una carta nautica di; **~s** *npl* (*MUS*) hit parade *f*

charter ['tʃɑ:tə*] *vt* (*plane*) noleggiare ♦ *n* (*document*) carta; **~ed accountant** (*BRIT*) *n* ragioniere/a professionista; **~ flight** *n* volo *m* charter *inv*

charwoman ['tʃɑ:wumən] *n* = **charlady**

chase [tʃeɪs] *vt* inseguire; (*also*: **~** *away*) cacciare ♦ *n* caccia

chasm ['kæzəm] *n* abisso

chassis ['ʃæsɪ] *n* telaio

chastity ['tʃæstɪtɪ] *n* castità

chat [tʃæt] *vi* (*also*: *have a* ~) chiacchierare ♦ *n* chiacchierata; **~ show** (*BRIT*) *n* talk show *m inv*

chatter ['tʃætə*] *vi* (*person*) ciarlare; (*bird*) cinguettare; (*teeth*) battere ♦ *n* ciarle *fpl*; cinguettio; **~box** (*inf*) *n* chiacchierone/a

chatty ['tʃætɪ] *adj* (*style*) familiare; (*person*) chiacchierino(a)

chauffeur ['ʃəufə*] *n* autista *m*

chauvinist ['ʃəuvɪnɪst] *n* (*male* ~) maschilista *m*; (*nationalist*) sciovinista *m/f*

cheap [tʃi:p] *adj* a buon mercato; (*joke*) grossolano(a); (*poor quality*) di cattiva qualità ♦ *adv* a buon mercato; **~er** *adj* meno caro(a); **~ly** *adv* a buon prezzo, a buon mercato

cheat [tʃi:t] *vi* imbrogliare; (*at school*) copiare ♦ *vt* ingannare ♦ *n*

imbroglione *m*; **to ~ sb out of sth** defraudare qn di qc
check [tʃɛk] *vt* verificare; (*passport, ticket*) controllare; (*halt*) fermare; (*restrain*) contenere ♦ *n* verifica; controllo; (*curb*) freno; (*US*: *bill*) conto; (*pattern*: *gen pl*) quadretti *mpl*; (*US*) = **cheque** ♦ *adj* (*pattern, cloth*) a quadretti; **~ in** *vi* (*in hotel*) registrare; (*at airport*) presentarsi all'accettazione ♦ *vt* (*luggage*) depositare; **~ out** *vi* (*in hotel*) saldare il conto; **~ up** *vi*: **to ~ up (on sth)** investigare (qc); **to ~ up on sb** informarsi sul conto di qn; **~ered** (*US*) *adj* = **chequered**; **~ers** (*US*) *n* dama; **~-in (desk)** *n* check-in *m inv*, accettazione *f* (bagagli *inv*); **~ing account** (*US*) *n* conto corrente; **~mate** *n* scaccomatto; **~out** *n* (*in supermarket*) cassa; **~point** *n* posto di blocco; **~room** (*US*) *n* deposito *m* bagagli *inv*; **~up** *n* (*MED*) controllo medico
cheek [tʃi:k] *n* guancia; (*impudence*) faccia tosta; **~bone** *n* zigomo; **~y** *adj* sfacciato(a)
cheep [tʃi:p] *vi* pigolare
cheer [tʃɪə*] *vt* applaudire; (*gladden*) rallegrare ♦ *vi* applaudire ♦ *n* grido (di incoraggiamento); **~s** *npl* (*of approval, encouragement*) applausi *mpl*; evviva *mpl*; **~s!** salute!; **~ up** *vi* rallegrarsi, farsi animo ♦ *vt* rallegrare; **~ful** *adj* allegro(a)
cheerio ['tʃɪərɪ'əu] (*BRIT*) *excl* ciao!
cheese [tʃi:z] *n* formaggio; **~board** *n* piatto del (*or* per il) formaggio
cheetah ['tʃi:tə] *n* ghepardo
chef [ʃɛf] *n* capocuoco
chemical ['kɛmɪkəl] *adj* chimico(a) ♦ *n* prodotto chimico
chemist ['kɛmɪst] *n* (*BRIT*: *pharmacist*) farmacista *m/f*; (*scientist*) chimico/a; **~ry** *n* chimica; **~'s (shop)** (*BRIT*) *n* farmacia
cheque [tʃɛk] (*BRIT*) *n* assegno; **~book** *n* libretto degli assegni; **~ card** *n* carta *f* assegni *inv*
chequered ['tʃɛkəd] (*US* **checkered**) *adj* (*fig*) movimentato(a)
cherish ['tʃɛrɪʃ] *vt* aver caro
cherry ['tʃɛrɪ] *n* ciliegia; (*also*: **~ tree**) ciliegio
chess [tʃɛs] *n* scacchi *mpl*; **~board** *n* scacchiera
chest [tʃɛst] *n* petto; (*box*) cassa; **~ of drawers** *n* cassettone *m*
chestnut ['tʃɛsnʌt] *n* castagna; (*also*: **~ tree**) castagno
chew [tʃu:] *vt* masticare; **~ing gum** *n* chewing gum *m*
chic [ʃi:k] *adj* elegante
chick [tʃɪk] *n* pulcino; (*inf*) pollastrella
chicken ['tʃɪkɪn] *n* pollo; (*inf*: *coward*) coniglio; **~ out** (*inf*) *vi* avere fifa; **~pox** *n* varicella
chicory ['tʃɪkərɪ] *n* cicoria
chief [tʃi:f] *n* capo ♦ *adj* principale; **~ executive** *n* direttore *m* generale; **~ly** *adv* per lo più, soprattutto
chilblain ['tʃɪlbleɪn] *n* gelone *m*
child [tʃaɪld] (*pl* **~ren**) *n* bambino/a; **~birth** *n* parto; **~hood** *n* infanzia; **~ish** *adj* puerile; **~like** *adj* fanciullesco(a); **~ minder** (*BRIT*) *n* bambinaia
children ['tʃɪldrən] *npl of* **child**
Chile ['tʃɪlɪ] *n* Cile *m*
chill [tʃɪl] *n* freddo; (*MED*) infreddatura ♦ *vt* raffreddare
chil(l)i ['tʃɪlɪ] *n* peperoncino
chilly ['tʃɪlɪ] *adj* freddo(a), fresco(a); **to feel ~** sentirsi infreddolito(a)
chime [tʃaɪm] *n* carillon *m inv* ♦ *vi* suonare, scampanare
chimney ['tʃɪmnɪ] *n* camino; **~ sweep** *n* spazzacamino
chimpanzee [tʃɪmpæn'zi:] *n* scimpanzé *m inv*
chin [tʃɪn] *n* mento
China ['tʃaɪnə] *n* Cina
china ['tʃaɪnə] *n* porcellana
Chinese [tʃaɪ'ni:z] *adj* cinese ♦ *n inv* cinese *m/f*; (*LING*) cinese *m*
chink [tʃɪŋk] *n* (*opening*) fessura; (*noise*) tintinnio
chip [tʃɪp] *n* (*gen pl*: *CULIN*) patatina fritta; (: *US*: *also*: *potato* **~**) pa-

tatina; (*of wood, glass, stone*) scheggia; (*also*: *micro*~) chip *m inv* ♦ *vt* (*cup, plate*) scheggiare; ~ **in** (*inf*) *vi* (*contribute*) contribuire; (*interrupt*) intromettersi
chiropodist [kɪ'rɔpədɪst] (*BRIT*) *n* pedicure *m/f inv*
chirp [tʃə:p] *vi* cinguettare; fare cri cri
chisel ['tʃɪzl] *n* cesello
chit [tʃɪt] *n* biglietto
chitchat ['tʃɪttʃæt] *n* chiacchiere *fpl*
chivalry ['ʃɪvəlrɪ] *n* cavalleria; cortesia
chives [tʃaɪvz] *npl* erba cipollina
chock-a-block ['tʃɔk-] *adj* pieno(a) zeppo(a)
chock-full ['tʃɔk-] *adj* = **chock-a-block**
chocolate ['tʃɔklɪt] *n* (*substance*) cioccolato, cioccolata; (*drink*) cioccolata; (*a sweet*) cioccolatino
choice [tʃɔɪs] *n* scelta ♦ *adj* scelto(a)
choir ['kwaɪə*] *n* coro; ~**boy** *n* corista *m* fanciullo
choke [tʃəuk] *vi* soffocare ♦ *vt* soffocare; (*block*): **to be** ~**d with** essere intasato(a) di ♦ *n* (*AUT*) valvola dell'aria
cholera ['kɔlərə] *n* colera *m*
cholesterol [kə'lɛstərɔl] *n* colesterolo
choose [tʃu:z] (*pt* **chose**, *pp* **chosen**) *vt* scegliere; **to** ~ **to do** decidere di fare; preferire fare
choosy ['tʃu:zɪ] *adj* schizzinoso(a)
chop [tʃɔp] *vt* (*wood*) spaccare; (*CULIN*: *also*: ~ *up*) tritare ♦ *n* (*CULIN*) costoletta; ~s *npl* (*jaws*) mascelle *fpl*
chopper ['tʃɔpə*] *n* (*helicopter*) elicottero
choppy ['tʃɔpɪ] *adj* (*sea*) mosso(a)
chopsticks ['tʃɔpstɪks] *npl* bastoncini *mpl* cinesi
choral ['kɔ:rəl] *adj* corale
chord [kɔ:d] *n* (*MUS*) accordo
chore [tʃɔ:*] *n* faccenda; **household** ~s faccende *fpl* domestiche
choreographer [kɔrɪ'ɔgrəfə*] *n* coreografo/a
chortle ['tʃɔ:tl] *vi* ridacchiare
chorus ['kɔ:rəs] *n* coro; (*repeated part of song, also fig*) ritornello
chose [tʃəuz] *pt of* **choose**
chosen ['tʃəuzn] *pp of* **choose**
Christ [kraɪst] *n* Cristo
christen ['krɪsn] *vt* battezzare
Christian ['krɪstɪən] *adj, n* cristiano(a); ~**ity** [-'ænɪtɪ] *n* cristianesimo; ~ **name** *n* nome *m* (di battesimo)
Christmas ['krɪsməs] *n* Natale *m*; **Merry** ~! Buon Natale!; ~ **card** *n* cartolina di Natale; ~ **Day** *n* il giorno di Natale; ~ **Eve** *n* la vigilia di Natale; ~ **tree** *n* albero di Natale
chrome [krəum] *n* cromo
chromium ['krəumɪəm] *n* cromo
chronic ['krɔnɪk] *adj* cronico(a)
chronicle ['krɔnɪkl] *n* cronaca
chronological [krɔnə'lɔdʒɪkəl] *adj* cronologico(a)
chrysanthemum [krɪ'sænθəməm] *n* crisantemo
chubby ['tʃʌbɪ] *adj* paffuto(a)
chuck [tʃʌk] (*inf*) *vt* buttare, gettare; (*BRIT*: *also*: ~ *up*) piantare; ~ **out** *vt* buttar fuori
chuckle ['tʃʌkl] *vi* ridere sommessamente
chug [tʃʌg] *vi* fare ciuf ciuf
chum [tʃʌm] *n* compagno/a
chunk [tʃʌŋk] *n* pezzo
church [tʃə:tʃ] *n* chiesa; ~**yard** *n* sagrato
churlish ['tʃə:lɪʃ] *adj* rozzo(a), sgarbato(a)
churn [tʃə:n] *n* (*for butter*) zangola; (*for milk*) bidone *m*; ~ **out** *vt* sfornare
chute [ʃu:t] *n* (*also*: *rubbish* ~) canale *m* di scarico; (*BRIT*: *children's slide*) scivolo
chutney ['tʃʌtnɪ] *n* salsa piccante (*di frutta, zucchero e spezie*)
CIA (*US*) *n abbr* (= *Central Intelligence Agency*) CIA *f*
CID (*BRIT*) *n abbr* (= *Criminal Investigation Department*) ≈ polizia giudiziaria

cider ['saɪdə*] *n* sidro
cigar [sɪ'gɑ:*] *n* sigaro
cigarette [sɪgə'rɛt] *n* sigaretta; ~ **case** *n* portasigarette *m inv*; ~ **end** *n* mozzicone *m*
Cinderella [sɪndə'rɛlə] *n* Cenerentola
cinders ['sɪndəz] *npl* ceneri *fpl*
cine camera ['sɪnɪ-] (*BRIT*) *n* cinepresa
cine-film ['sɪnɪ-] (*BRIT*) *n* pellicola
cinema ['sɪnəmə] *n* cinema *m inv*
cinnamon ['sɪnəmən] *n* cannella
cipher ['saɪfə*] *n* cifra
circle ['sə:kl] *n* cerchio; (*of friends etc*) circolo; (*in cinema*) galleria ♦ *vi* girare in circolo ♦ *vt* (*surround*) circondare; (*move round*) girare intorno a
circuit ['sə:kɪt] *n* circuito; ~**ous** [sə:'kjuɪtəs] *adj* indiretto(a)
circular ['sə:kjulə*] *adj* circolare ♦ *n* circolare *f*
circulate ['sə:kjuleɪt] *vi* circolare ♦ *vt* far circolare; **circulation** [-'leɪʃən] *n* circolazione *f*; (*of newspaper*) tiratura
circumstances ['sə:kəmstənsɪz] *npl* circostanze *fpl*; (*financial condition*) condizioni *fpl* finanziarie
circumvent [sə:kəm'vɛnt] *vt* aggirare
circus ['sə:kəs] *n* circo
CIS *n abbr* (= *Commonwealth of Independent States*) CSI *f*
cistern ['sɪstən] *n* cisterna; (*in toilet*) serbatoio d'acqua
citizen ['sɪtɪzn] *n* (*of country*) cittadino/a; (*of town*) abitante *m/f*; ~**ship** *n* cittadinanza
citrus fruit ['sɪtrəs-] *n* agrume *m*
city ['sɪtɪ] *n* città *f inv*; **the C~** la Città di Londra (*centro commerciale*)
civic ['sɪvɪk] *adj* civico(a); ~ **centre** (*BRIT*) *n* centro civico
civil ['sɪvɪl] *adj* civile; ~ **engineer** *n* ingegnere *m* civile; ~**ian** [sɪ'vɪlɪən] *adj, n* borghese *m/f*
civilization [sɪvɪlaɪ'zeɪʃən] *n* civiltà *f inv*
civilized ['sɪvɪlaɪzd] *adj* civilizzato(a); (*fig*) cortese
civil: ~ **law** *n* codice *m* civile; (*study*) diritto civile; ~ **servant** *n* impiegato/a statale; **C~ Service** *n* amministrazione *f* statale; ~ **war** *n* guerra civile
clad [klæd] *adj*: ~ (**in**) vestito(a) (di)
claim [kleɪm] *vt* (*assert*): **to** ~ **(that)/to be** sostenere (che)/di essere; (*credit, rights etc*) rivendicare; (*damages*) richiedere ♦ *vi* (*for insurance*) fare una domanda d'indennizzo ♦ *n* pretesa; rivendicazione *f*; richiesta; ~**ant** *n* (*ADMIN, LAW*) richiedente *m/f*
clairvoyant [klɛə'vɔɪənt] *n* chiaroveggente *m/f*
clam [klæm] *n* vongola
clamber ['klæmbə*] *vi* arrampicarsi
clammy ['klæmɪ] *adj* (*weather*) caldo(a) umido(a); (*hands*) viscido(a)
clamour ['klæmə*] (*US* **clamor**) *vi*: **to** ~ **for** chiedere a gran voce
clamp [klæmp] *n* pinza; morsa ♦ *vt* stringere con una morsa; ~ **down on** *vt fus* dare un giro di vite a
clan [klæn] *n* clan *m inv*
clang [klæŋ] *vi* emettere un suono metallico
clap [klæp] *vi* applaudire; ~**ping** *n* applausi *mpl*
claret ['klærət] *n* vino di Bordeaux
clarify ['klærɪfaɪ] *vt* chiarificare, chiarire
clarinet [klærɪ'nɛt] *n* clarinetto
clarity ['klærɪtɪ] *n* clarità
clash [klæʃ] *n* frastuono; (*fig*) scontro ♦ *vi* scontrarsi; cozzare
clasp [klɑ:sp] *n* (*hold*) stretta; (*of necklace, bag*) fermaglio, fibbia ♦ *vt* stringere
class [klɑ:s] *n* classe *f* ♦ *vt* classificare
classic ['klæsɪk] *adj* classico(a) ♦ *n* classico; ~**al** *adj* classico(a)
classified ['klæsɪfaɪd] *adj* (*information*) segreto(a), riservato(a); ~ **advertisement** *n* annuncio economico
classmate ['klɑ:smeɪt] *n* compagno/a

di classe
classroom ['klɑːsrum] *n* aula
clatter ['klætə*] *n* tintinnio; scalpitio ♦ *vi* tintinnare; scalpitare
clause [klɔːz] *n* clausola; (*LING*) proposizione *f*
claw [klɔː] *n* (*of bird of prey*) artiglio; (*of lobster*) pinza; ~ **at** *vt fus* graffiare; afferrare
clay [kleɪ] *n* argilla
clean [kliːn] *adj* pulito(a); (*clear, smooth*) liscio(a) ♦ *vt* pulire; ~ **out** *vt* ripulire; ~ **up** *vt* (*also fig*) ripulire; ~**-cut** *adj* (*man*) curato(a); ~**er** *n* (*person*) donna delle pulizie; ~**er's** *n* (*also: dry ~er's*) tintoria; ~**ing** *n* pulizia; ~**liness** ['klɛnlɪnɪs] *n* pulizia
cleanse [klɛnz] *vt* pulire; purificare; ~**r** *n* detergente *m*
clean-shaven [-'ʃeɪvn] *adj* sbarbato(a)
cleansing department ['klɛnzɪŋ-] (*BRIT*) *n* nettezza urbana
clear [klɪə*] *adj* chiaro(a); (*glass etc*) trasparente; (*road, way*) libero(a); (*conscience*) pulito(a) ♦ *vt* sgombrare; liberare; (*table*) sparecchiare; (*cheque*) fare la compensazione di; (*LAW: suspect*) discolpare; (*obstacle*) superare ♦ *vi* (*weather*) rasserenarsi; (*fog*) andarsene ♦ *adv*: ~ **of** distante da; ~ **up** *vt* mettere in ordine; (*mystery*) risolvere; ~**ance** *n* (*removal*) sgombro; (*permission*) autorizzazione *f*, permesso; ~**-cut** *adj* ben delineato(a), distinto(a); ~**ing** *n* radura; ~**ing bank** (*BRIT*) *n* banca (che fa uso della camera di compensazione); ~**ly** *adv* chiaramente; ~**way** (*BRIT*) *n* strada con divieto di sosta
cleaver ['kliːvə*] *n* mannaia
clef [klɛf] *n* (*MUS*) chiave *f*
cleft [klɛft] *n* (*in rock*) crepa, fenditura
clench [klɛntʃ] *vt* stringere
clergy ['kləːdʒɪ] *n* clero; ~**man** *n* ecclesiastico
clerical ['klɛrɪkəl] *adj* d'impiegato; (*REL*) clericale
clerk [klɑːk, (*US*) kləːrk] *n* (*BRIT*) impiegato/a; (*US*) commesso/a
clever ['klɛvə*] *adj* (*mentally*) intelligente; (*deft, skilful*) abile; (*device, arrangement*) ingegnoso(a)
click [klɪk] *vi* scattare ♦ *vt* (*heels etc*) battere; (*tongue*) far schioccare
client ['klaɪənt] *n* cliente *m/f*
cliff [klɪf] *n* scogliera scoscesa, rupe *f*
climate ['klaɪmɪt] *n* clima *m*
climax ['klaɪmæks] *n* culmine *m*; (*sexual*) orgasmo
climb [klaɪm] *vi* salire; (*clamber*) arrampicarsi ♦ *vt* salire; (*CLIMBING*) scalare ♦ *n* salita; arrampicata; scalata; ~**-down** *n* marcia indietro; ~**er** *n* rocciatore/trice; alpinista *m/f*; ~**ing** *n* alpinismo
clinch [klɪntʃ] *vt* (*deal*) concludere
cling [klɪŋ] (*pt, pp* **clung**) *vi*: **to** ~ **(to)** aggrapparsi (a); (*of clothes*) aderire strettamente (a)
clinic ['klɪnɪk] *n* clinica; ~**al** *adj* clinico(a); (*fig*) distaccato(a); (: *room*) freddo(a)
clink [klɪŋk] *vi* tintinnare
clip [klɪp] *n* (*for hair*) forcina; (*also: paper ~*) graffetta; (*TV, CINEMA*) sequenza ♦ *vt* attaccare insieme; (*hair, nails*) tagliare; (*hedge*) tosare; ~**pers** *npl* (*for gardening*) cesoie *fpl*; (*also: nail ~pers*) forbicine *fpl* per le unghie; ~**ping** *n* (*from newspaper*) ritaglio
clique [kliːk] *n* cricca
cloak [kləuk] *n* mantello ♦ *vt* avvolgere; ~**room** *n* (*for coats etc*) guardaroba *m inv*; (*BRIT: W.C.*) gabinetti *mpl*
clock [klɔk] *n* orologio; ~ **in** *or* **on** *vi* timbrare il cartellino (all'entrata); ~ **off** *or* **out** *vi* timbrare il cartellino (all'uscita); ~**wise** *adv* in senso orario; ~**work** *n* movimento *or* meccanismo a orologeria ♦ *adj* a molla
clog [klɔg] *n* zoccolo ♦ *vt* intasare ♦ *vi* (*also: ~ up*) intasarsi, bloccarsi
cloister ['klɔɪstə*] *n* chiostro
clone [kləun] *n* clone *m*
close¹ [kləus] *adj*: ~ **(to)** vicino(a)

(a); (*watch, link, relative*) stretto(a); (*examination*) attento(a); (*contest*) combattuto(a); (*weather*) afoso(a) ♦ *adv* vicino, dappresso; ~ **to** vicino a; ~ **by**, ~ **at hand** a portata di mano; **a** ~ **friend** un amico intimo; **to have a** ~ **shave** (*fig*) scamparla bella

close[2] [kləuz] *vt* chiudere ♦ *vi* (*shop etc*) chiudere; (*lid, door etc*) chiudersi; (*end*) finire ♦ *n* (*end*) fine *f*; ~ **down** *vi* cessare (definitivamente); ~**d** *adj* chiuso(a); ~**d shop** *n azienda o fabbrica che impiega solo aderenti ai sindacati*

close-knit [kləus'nɪt] *adj* (*family, community*) molto unito(a)

closely ['kləuslɪ] *adv* (*examine, watch*) da vicino; (*related*) strettamente

closet ['klɔzɪt] *n* (*cupboard*) armadio

close-up ['kləusʌp] *n* primo piano

closure ['kləuʒə*] *n* chiusura

clot [klɔt] *n* (*also*: *blood* ~) coagulo; (*inf*: *idiot*) scemo/a ♦ *vi* coagularsi

cloth [klɔθ] *n* (*material*) tessuto, stoffa; (*rag*) strofinaccio

clothe [kləuð] *vt* vestire; ~**s** *npl* abiti *mpl*, vestiti *mpl*; ~**s brush** *n* spazzola per abiti; ~**s line** *n* corda (per stendere il bucato); ~**s peg** (*US* ~**s pin**) *n* molletta

clothing ['kləuðɪŋ] *n* = **clothes**

cloud [klaud] *n* nuvola; ~**burst** *n* acquazzone *m*; ~**y** *adj* nuvoloso(a); (*liquid*) torbido(a)

clout [klaut] *vt* dare un colpo a

clove [kləuv] *n* chiodo di garofano; ~ **of garlic** spicchio d'aglio

clover ['kləuvə*] *n* trifoglio

clown [klaun] *n* pagliaccio ♦ *vi* (*also*: ~ *about*, ~ *around*) fare il pagliaccio

cloying ['klɔɪɪŋ] *adj* (*taste, smell*) nauseabondo(a)

club [klʌb] *n* (*society*) club *m inv*, circolo; (*weapon, GOLF*) mazza ♦ *vt* bastonare ♦ *vi*: **to** ~ **together** associarsi; ~s *npl* (*CARDS*) fiori *mpl*; ~ **car** (*US*) *n* (*RAIL*) vagone *m* ristorante; ~**house** *n* sede *f* del circolo

cluck [klʌk] *vi* chiocciare

clue [klu:] *n* indizio; (*in crosswords*) definizione *f*; **I haven't a** ~ non ho la minima idea

clump [klʌmp] *n* (*of flowers, trees*) gruppo; (*of grass*) ciuffo

clumsy ['klʌmzɪ] *adj* goffo(a)

clung [klʌŋ] *pt, pp of* **cling**

cluster ['klʌstə*] *n* gruppo ♦ *vi* raggrupparsi

clutch [klʌtʃ] *n* (*grip, grasp*) presa, stretta; (*AUT*) frizione *f* ♦ *vt* afferrare, stringere forte

clutter ['klʌtə*] *vt* ingombrare

CND *n abbr* = **Campaign for Nuclear Disarmament**

Co. *abbr* = **county**; **company**

c/o *abbr* (= *care of*) presso

coach [kəutʃ] *n* (*bus*) pullman *m inv*; (*horse-drawn, of train*) carrozza; (*SPORT*) allenatore/trice; (*tutor*) chi dà ripetizioni ♦ *vt* allenare; dare ripetizioni a; ~ **trip** *n* viaggio in pullman

coal [kəul] *n* carbone *m*; ~ **face** *n* fronte *f*; ~**field** *n* bacino carbonifero

coalition [kəuə'lɪʃən] *n* coalizione *f*

coal: ~**man** *n* negoziante *m* di carbone; ~ **merchant** *n* = ~**man**; ~**mine** *n* miniera di carbone

coarse [kɔ:s] *adj* (*salt, sand etc*) grosso(a); (*cloth, person*) rozzo(a)

coast [kəust] *n* costa ♦ *vi* (*with cycle etc*) scendere a ruota libera; ~**al** *adj* costiero(a); ~**guard** *n* guardia costiera; ~**line** *n* linea costiera

coat [kəut] *n* cappotto; (*of animal*) pelo; (*of paint*) mano *f* ♦ *vt* coprire; ~ **of arms** *n* stemma *m*; ~ **hanger** *n* attaccapanni *m inv*; ~**ing** *n* rivestimento

coax [kəuks] *vt* indurre (con moine)

cob [kɔb] *n see* **corn**

cobbler ['kɔblə*] *n* calzolaio

cobbles ['kɔblz] *npl* ciottoli *mpl*

cobblestones ['kɔblstəunz] *npl* ciottoli *mpl*

cobweb ['kɔbwɛb] *n* ragnatela

cocaine [kə'keɪn] *n* cocaina

cock [kɔk] *n* (*rooster*) gallo; (*male bird*) maschio ♦ *vt* (*gun*) armare; **~erel** *n* galletto; **~-eyed** *adj* (*fig*) storto(a); strampalato(a)
cockle ['kɔkl] *n* cardio
cockney ['kɔknı] *n* cockney *m/f inv* (*abitante dei quartieri popolari dell'East End di Londra*)
cockpit ['kɔkpıt] *n* abitacolo
cockroach ['kɔkrəutʃ] *n* blatta
cocktail ['kɔkteıl] *n* cocktail *m inv*; **~ cabinet** *n* mobile *m* bar *inv*; **~ party** *n* cocktail *m inv*
cocoa ['kəukəu] *n* cacao
coconut ['kəukənʌt] *n* noce *f* di cocco
cocoon [kə'ku:n] *n* bozzolo
cod [kɔd] *n* merluzzo
C.O.D. *abbr* = **cash on delivery**
code [kəud] *n* codice *m*
cod-liver oil *n* olio di fegato di merluzzo
coercion [kəu'ə:ʃən] *n* coercizione *f*
coffee ['kɔfı] *n* caffè *m inv*; **~ bar** (*BRIT*) *n* caffè *m inv*; **~ break** *n* pausa per il caffè; **~pot** *n* caffettiera; **~ table** *n* tavolino
coffin ['kɔfın] *n* bara
cog [kɔg] *n* dente *m*
cogent ['kəudʒənt] *adj* convincente
coherent [kəu'hıərənt] *adj* coerente
coil [kɔıl] *n* rotolo; (*ELEC*) bobina; (*contraceptive*) spirale *f* ♦ *vt* avvolgere
coin [kɔın] *n* moneta ♦ *vt* (*word*) coniare; **~age** *n* sistema *m* monetario; **~-box** (*BRIT*) *n* telefono a gettoni
coincide [kəuın'saıd] *vi* coincidere; **~nce** [kəu'ınsıdəns] *n* combinazione *f*
Coke [kəuk] ® *n* coca
coke [kəuk] *n* coke *m*
colander ['kɔləndə*] *n* colino
cold [kəuld] *adj* freddo(a) ♦ *n* freddo; (*MED*) raffreddore *m*; **it's ~** fa freddo; **to be ~** (*person*) aver freddo; (*object*) essere freddo(a); **to catch ~** prendere freddo; **to catch a ~** prendere un raffreddore; **in ~ blood** a sangue freddo; **~-shoulder** *vt* trattare con freddezza; **~ sore** *n* erpete *m*
coleslaw ['kəulslɔ:] *n insalata di cavolo bianco*
colic ['kɔlık] *n* colica
collapse [kə'læps] *vi* crollare ♦ *n* crollo; (*MED*) collasso
collapsible [kə'læpsəbl] *adj* pieghevole
collar ['kɔlə*] *n* (*of coat, shirt*) colletto; (*of dog, cat*) collare *m*; **~bone** *n* clavicola
collateral [kə'lætərl] *n* garanzia
colleague ['kɔli:g] *n* collega *m/f*
collect [kə'lɛkt] *vt* (*gen*) raccogliere; (*as a hobby*) fare collezione di; (*BRIT: call and pick up*) prendere; (*money owed, pension*) riscuotere; (*donations, subscriptions*) fare una colletta di ♦ *vi* adunarsi, riunirsi; ammucchiarsi; **to call ~** (*US: TEL*) fare una chiamata a carico del destinatario; **~ion** [kə'lɛkʃən] *n* raccolta; collezione *f*; (*for money*) colletta
collector [kə'lɛktə*] *n* collezionista *m/f*
college ['kɔlıdʒ] *n* college *m inv*; (*of technology etc*) istituto superiore
collide [kə'laıd] *vi*: **to ~ (with)** scontrarsi (con)
collie ['kɔlı] *n* (*dog*) collie *m inv*
colliery ['kɔlıərı] (*BRIT*) *n* miniera di carbone
collision [kə'lıʒən] *n* collisione *f*, scontro
colloquial [kə'ləukwıəl] *adj* familiare
colon ['kəulən] *n* (*sign*) due punti *mpl*; (*MED*) colon *m inv*
colonel ['kə:nl] *n* colonnello
colonial [kə'ləunıəl] *adj* coloniale
colony ['kɔlənı] *n* colonia
colour ['kʌlə*] (*US* **color**) *n* colore *m* ♦ *vt* colorare; (*tint, dye*) tingere; (*fig: affect*) influenzare ♦ *vi* (*blush*) arrossire; **~s** *npl* (*of party, club*) colori *mpl*; **in ~** a colori; **~ in** *vt* colorare; **~ bar** *n* discriminazione *f* razziale (*in locali etc*); **~-blind** *adj* dal-

tonico(a); ~**ed** *adj* (*photo*) a colori; (*person*) di colore; ~ **film** *n* (*for camera*) pellicola a colori; ~**ful** *adj* pieno(a) di colore, a vivaci colori; (*personality*) colorato(a); ~**ing** *n* (*substance*) colorante *m*; (*complexion*) colorito; ~ **scheme** *n* combinazione *f* di colori; ~ **television** *n* televisione *f* a colori

colt [kəult] *n* puledro

column ['kɔləm] *n* colonna; ~**ist** ['kɔləmnɪst] *n* articolista *m/f*

coma ['kəumə] *n* coma *m inv*

comb [kəum] *n* pettine *m* ♦ *vt* (*hair*) pettinare; (*area*) battere a tappeto

combat ['kɔmbæt] *n* combattimento ♦ *vt* combattere, lottare contro

combination [kɔmbɪ'neɪʃən] *n* combinazione *f*

combine [*vb* kəm'baɪn, *n* 'kɔmbaɪn] *vt*: **to** ~ **(with)** combinare (con); (*one quality with another*) unire (a) ♦ *vi* unirsi; (*CHEM*) combinarsi ♦ *n* (*ECON*) associazione *f*; ~ **(harvester)** *n* mietitrebbia

come [kʌm] (*pt* **came**, *pp* **come**) *vi* venire; arrivare; **to** ~ **to** (*decision etc*) raggiungere; **I've** ~ **to like him** ha cominciato a piacermi; **to** ~ **undone** slacciarsi; **to** ~ **loose** allentarsi; ~ **about** *vi* succedere; ~ **across** *vt fus* trovare per caso; ~ **away** *vi* venire via; staccarsi; ~ **back** *vi* ritornare; ~ **by** *vt fus* (*acquire*) ottenere; procurarsi; ~ **down** *vi* scendere; (*prices*) calare; (*buildings*) essere demolito(a); ~ **forward** *vi* farsi avanti; presentarsi; ~ **from** *vt fus* venire da; provenire da; ~ **in** *vi* entrare; ~ **in for** *vt fus* (*criticism etc*) ricevere; ~ **into** *vt fus* (*money*) ereditare; ~ **off** *vi* (*button*) staccarsi; (*stain*) andar via; (*attempt*) riuscire; ~ **on** *vi* (*pupil, work, project*) fare progressi; (*lights*) accendersi; (*electricity*) entrare in funzione; ~ **on!** avanti!, andiamo!, forza!; ~ **out** *vi* uscire; (*stain*) andare via; ~ **round** *vi* (*after faint, operation*) riprendere conoscenza, rinvenire; ~ **to** *vi* rinvenire; ~ **up** *vi* (*sun*) salire; (*problem*) sorgere; (*event*) essere in arrivo; (*in conversation*) saltar fuori; ~ **up against** *vt fus* (*resistance, difficulties*) urtare contro; ~ **up with** *vt fus*: **he came up with an idea** venne fuori con un'idea; ~ **upon** *vt fus* trovare per caso; ~**back** *n* (*THEATRE etc*) ritorno

comedian [kə'mi:dɪən] *n* comico

comedienne [kəmi:dɪ'ɛn] *n* attrice *f* comica

comedy ['kɔmɪdɪ] *n* commedia

comeuppance [kʌm'ʌpəns] *n*: **to get one's** ~ ricevere ciò che si merita

comfort ['kʌmfət] *n* comodità *f inv*, benessere *m*; (*relief*) consolazione *f*, conforto ♦ *vt* consolare, confortare; ~**s** *npl* comodità *fpl*; ~**able** *adj* comodo(a); (*financially*) agiato(a); ~**ably** *adv* (*sit etc*) comodamente; (*live*) bene; ~ **station** (*US*) *n* gabinetti *mpl*

comic ['kɔmɪk] *adj* (*also*: ~*al*) comico(a) ♦ *n* comico; (*BRIT*: *magazine*) giornaletto; ~ **strip** *n* fumetto

coming ['kʌmɪŋ] *n* arrivo ♦ *adj* (*next*) prossimo(a); (*future*) futuro(a); ~**(s) and going(s)** *n*(*pl*) andirivieni *m inv*

comma ['kɔmə] *n* virgola

command [kə'mɑ:nd] *n* ordine *m*, comando; (*MIL*: *authority*) comando; (*mastery*) padronanza ♦ *vt* comandare; **to** ~ **sb to do** ordinare a qn di fare; ~**eer** [kɔmən'dɪə*] *vt* requisire; ~**er** *n* capo; (*MIL*) comandante *m*

commando [kə'mɑ:ndəu] *n* commando *m inv*; membro di un commando

commence [kə'mɛns] *vt, vi* cominciare

commend [kə'mɛnd] *vt* lodare; raccomandare

commensurate [kə'mɛnʃərɪt] *adj*: ~ **with** proporzionato(a) a

comment ['kɔmɛnt] *n* commento ♦

vi: **to ~ (on)** fare commenti (su); **~ary** ['kɔməntəri] *n* commentario; (*SPORT*) radiocronaca; telecronaca; **~ator** ['kɔmənteitə*] *n* commentatore/trice; radiocronista *m/f*; telecronista *m/f*

commerce ['kɔmə:s] *n* commercio

commercial [kə'mə:ʃəl] *adj* commerciale ♦ *n* (*TV, RADIO*: *advertisement*) pubblicità *f inv*; **~ radio/ television** *n* radio *f inv*/televisione *f* privata

commiserate [kə'mizəreit] *vi*: **to ~ with** partecipare al dolore di

commission [kə'miʃən] *n* commissione *f* ♦ *vt* (*work of art*) commissionare; **out of ~** (*NAUT*) in disarmo; **~aire** [kəmiʃə'nɛə*] (*BRIT*) *n* (*at shop, cinema etc*) portiere *m* in livrea; **~er** *n* (*POLICE*) questore *m*

commit [kə'mit] *vt* (*act*) commettere; (*to sb's care*) affidare; **to ~ o.s. (to do)** impegnarsi (a fare); **to ~ suicide** suicidarsi; **~ment** *n* impegno; promessa

committee [kə'miti] *n* comitato

commodity [kə'mɔditi] *n* prodotto, articolo

common ['kɔmən] *adj* comune; (*pej*) volgare; (*usual*) normale ♦ *n* terreno comune; **the C~s** (*BRIT*) *npl* la Camera dei Comuni; **in ~** in comune; **~er** *n* cittadino/a (non nobile); **~ law** *n* diritto consuetudinario; **~ly** *adv* comunemente, usualmente; **C~ Market** *n* Mercato Comune; **~place** *adj* banale, ordinario(a); **~room** *n* sala di riunione; (*SCOL*) sala dei professori; **~ sense** *n* buon senso; **the C~wealth** *n* il Commonwealth

commotion [kə'məuʃən] *n* confusione *f*, tumulto

communal ['kɔmju:nl] *adj* (*for common use*) pubblico(a)

commune [*n* 'kɔmju:n, *vb* kə'mju:n] *n* (*group*) comune *f* ♦ *vi*: **to ~ with** mettersi in comunione con

communicate [kə'mju:nikeit] *vt* comunicare, trasmettere ♦ *vi*: **to ~ (with)** comunicare (con)

communication [kəmju:ni'keiʃən] *n* comunicazione *f*; **~ cord** (*BRIT*) *n* segnale *m* d'allarme

communion [kə'mju:niən] *n* (*also*: *Holy C~*) comunione *f*

communiqué [kə'mju:nikei] *n* comunicato

communism ['kɔmjunizəm] *n* comunismo; **communist** *adj, n* comunista *m/f*

community [kə'mju:niti] *n* comunità *f inv*; **~ centre** *n* circolo ricreativo; **~ chest** (*US*) *n* fondo di beneficenza; **~ home** (*BRIT*) *n* riformatorio

commutation ticket [kɔmju'teiʃən-] (*US*) *n* biglietto di abbonamento

commute [kə'mju:t] *vi* fare il pendolare ♦ *vt* (*LAW*) commutare; **~r** *n* pendolare *m/f*

compact [*adj* kəm'pækt, *n* 'kɔmpækt] *adj* compatto(a) ♦ *n* (*also*: *powder ~*) portacipria *m inv*; **~ disc** *n* compact disc *m inv*; **~ disc player** *n* lettore *m* CD *inv*

companion [kəm'pæniən] *n* compagno/a; **~ship** *n* compagnia

company ['kʌmpəni] *n* (*also COMM, MIL, THEATRE*) compagnia; **to keep sb ~** tenere compagnia a qn; **~ secretary** (*BRIT*) *n* segretario/a generale

comparable ['kɔmpərəbl] *adj* simile

comparative [kəm'pærətiv] *adj* relativo(a); (*adjective etc*) comparativo(a); **~ly** *adv* relativamente

compare [kəm'pɛə*] *vt*: **to ~ sth/sb with/to** confrontare qc/qn con/a ♦ *vi*: **to ~ (with)** reggere il confronto (con); **comparison** [-'pærisn] *n* confronto; **in comparison (with)** in confronto (a)

compartment [kəm'pɑ:tmənt] *n* compartimento; (*RAIL*) scompartimento

compass ['kʌmpəs] *n* bussola; **~es** *npl* (*MATH*) compasso

compassion [kəm'pæʃən] *n* compassione *f*

compatible [kəm'pætɪbl] *adj* compatibile
compel [kəm'pɛl] *vt* costringere, obbligare; **~ling** *adj* (*fig*: *argument*) irresistibile
compensate ['kɔmpənseɪt] *vt* risarcire ♦ *vi*: **to ~ for** compensare; **compensation** [-'seɪʃən] *n* compensazione *f*; (*money*) risarcimento
compère ['kɔmpɛə*] *n* presentatore/trice
compete [kəm'pi:t] *vi* (*take part*) concorrere; (*vie*): **to ~ (with)** fare concorrenza (a)
competent ['kɔmpɪtənt] *adj* competente
competition [kɔmpɪ'tɪʃən] *n* gara; concorso; (*ECON*) concorrenza
competitive [kəm'pɛtɪtɪv] *adj* (*ECON*) concorrenziale; (*sport*) agonistico(a); (*person*) che ha spirito di competizione; che ha spirito agonistico
competitor [kəm'pɛtɪtə*] *n* concorrente *m/f*
complacency [kəm'pleɪsnsɪ] *n* compiacenza di sé
complain [kəm'pleɪn] *vi* lagnarsi, lamentarsi; **~t** *n* lamento; (*in shop etc*) reclamo; (*MED*) malattia
complement [*n* 'kɔmplɪmənt, *vb* 'kɔmplɪmɛnt] *n* complemento; (*especially of ship's crew etc*) effettivo ♦ *vt* (*enhance*) accompagnarsi bene a; **~ary** [kɔmplɪ'mɛntərɪ] *adj* complementare
complete [kəm'pli:t] *adj* completo(a) ♦ *vt* completare; (*a form*) riempire; **~ly** *adv* completamente; **completion** *n* completamento
complex ['kɔmplɛks] *adj* complesso(a) ♦ *n* (*PSYCH, buildings etc*) complesso
complexion [kəm'plɛkʃən] *n* (*of face*) carnagione *f*
compliance [kəm'plaɪəns] *n* acquiescenza; **in ~ with** (*orders, wishes etc*) in conformità con
complicate ['kɔmplɪkeɪt] *vt* complicare; **~d** *adj* complicato(a); **complication** [-'keɪʃən] *n* complicazione *f*
compliment [*n* 'kɔmplɪmənt, *vb* 'kɔmplɪmɛnt] *n* complimento ♦ *vt* fare un complimento a; **~s** *npl* (*greetings*) complimenti *mpl*; rispetti *mpl*; **to pay sb a ~** fare un complimento a qn; **~ary** [-'mɛntərɪ] *adj* complimentoso(a), elogiativo(a); (*free*) in omaggio; **~ary ticket** *n* biglietto omaggio
comply [kəm'plaɪ] *vi*: **to ~ with** assentire a; conformarsi a
component [kəm'pəunənt] *a* componente ♦ *n* componente *m*
compose [kəm'pəuz] *vt* (*form*): **to be ~d of** essere composto di; (*music, poem etc*) comporre; **to ~ o.s.** ricomporsi; **~d** *adj* calmo(a); **~r** *n* (*MUS*) compositore/trice
composition [kɔmpə'zɪʃən] *n* composizione *f*
composure [kəm'pəuʒə*] *n* calma
compound ['kɔmpaund] *n* (*CHEM, LING*) composto; (*enclosure*) recinto ♦ *adj* composto(a); **~ fracture** *n* frattura esposta
comprehend [kɔmprɪ'hɛnd] *vt* comprendere, capire; **comprehension** [-'hɛnʃən] *n* comprensione *f*
comprehensive [kɔmprɪ'hɛnsɪv] *adj* comprensivo(a); **~ policy** *n* (*INSURANCE*) polizza che copre tutti i rischi; **~ (school)** (*BRIT*) *n scuola secondaria aperta a tutti*
compress [*vb* kəm'prɛs, *n* 'kɔmprɛs] *vt* comprimere ♦ *n* (*MED*) compressa
comprise [kəm'praɪz] *vt* (*also*: *be ~d of*) comprendere
compromise ['kɔmprəmaɪz] *n* compromesso ♦ *vt* compromettere ♦ *vi* venire a un compromesso
compulsion [kəm'pʌlʃən] *n* costrizione *f*
compulsive [kəm'pʌlsɪv] *adj* (*liar, gambler*) che non riesce a controllarsi; (*viewing, reading*) cui non si può fare a meno
compulsory [kəm'pʌlsərɪ] *adj* obbli-

gatorio(a)
computer [kəm'pju:tə*] *n* computer *m inv*, elaboratore *m* elettronico; ~ **game** *n* gioco per computer; ~**ize** *vt* computerizzare; ~ **programmer** *n* programmatore/trice; ~ **programming** *n* programmazione *f* di computer; ~ **science** *n* informatica; **computing** *n* informatica
comrade ['kɔmrɪd] *n* compagno/a; ~**ship** *n* cameratismo
con [kɔn] (*inf*) *vt* truffare ♦ *n* truffa
conceal [kən'si:l] *vt* nascondere
concede [kən'si:d] *vt* ammettere
conceit [kən'si:t] *n* presunzione *f*, vanità; ~**ed** *adj* presuntuoso(a), vanitoso(a)
conceive [kən'si:v] *vt* concepire ♦ *vi* concepire un bambino
concentrate ['kɔnsəntreɪt] *vi* concentrarsi ♦ *vt* concentrare
concentration [kɔnsən'treɪʃən] *n* concentrazione *f*; ~ **camp** *n* campo di concentramento
concept ['kɔnsɛpt] *n* concetto
concern [kən'sə:n] *n* affare *m*; (*COMM*) azienda, ditta; (*anxiety*) preoccupazione *f* ♦ *vt* riguardare; **to be ~ed (about)** preoccuparsi (di); ~**ing** *prep* riguardo a, circa
concert ['kɔnsət] *n* concerto; ~**ed** [kən'sə:tɪd] *adj* concertato(a); ~ **hall** *n* sala da concerti
concertina [kɔnsə'ti:nə] *n* piccola fisarmonica
concerto [kən'tʃə:təu] *n* concerto
conclude [kən'klu:d] *vt* concludere; **conclusion** [-'klu:ʒən] *n* conclusione *f*; **conclusive** [-'klu:sɪv] *adj* conclusivo(a)
concoct [kən'kɔkt] *vt* inventare; ~**ion** [-'kɔkʃən] *n* miscuglio
concourse ['kɔŋkɔ:s] *n* (*hall*) atrio
concrete ['kɔŋkri:t] *n* calcestruzzo ♦ *adj* concreto(a); di calcestruzzo
concur [kən'kə:*] *vi* concordare
concurrently [kən'kʌrntlɪ] *adv* simultaneamente
concussion [kən'kʌʃən] *n* commozione *f* cerebrale
condemn [kən'dɛm] *vt* condannare; (*building*) dichiarare pericoloso(a)
condensation [kɔndɛn'seɪʃən] *n* condensazione *f*
condense [kən'dɛns] *vi* condensarsi ♦ *vt* condensare; ~**d milk** *n* latte *m* condensato
condescending [kɔndɪ'sɛndɪŋ] *adj* (*person*) che ha un'aria di superiorità
condition [kən'dɪʃən] *n* condizione *f*; (*MED*) malattia ♦ *vt* condizionare; **on ~ that** a condizione che +*sub*, a condizione di; ~**al** *adj* condizionale; ~**er** *n* (*for hair*) balsamo; (*for fabrics*) ammorbidente *m*
condolences [kən'dəulənsɪz] *npl* condoglianze *fpl*
condom ['kɔndəm] *n* preservativo
condominium [kɔndə'mɪnɪəm] (*US*) *n* condominio
conducive [kən'dju:sɪv] *adj*: ~ **to** favorevole a
conduct [*n* 'kɔndʌkt, *vb* kən'dʌkt] *n* condotta ♦ *vt* condurre; (*manage*) dirigere; amministrare; (*MUS*) dirigere; **to ~ o.s.** comportarsi; ~**ed tour** *n* gita accompagnata; ~**or** *n* (*of orchestra*) direttore *m* d'orchestra; (*on bus*) bigliettaio; (*US*: *on train*) controllore *m*; (*ELEC*) conduttore *m*; ~**ress** *n* (*on bus*) bigliettaia
cone [kəun] *n* cono; (*BOT*) pigna; (*traffic* ~) birillo
confectioner [kən'fɛkʃənə*] *n* pasticciere *m*; ~**'s (shop)** *n* ≈ pasticceria; ~**y** *n* dolciumi *mpl*
confer [kən'fə:*] *vt*: **to ~ sth on** conferire qc a ♦ *vi* conferire
conference ['kɔnfərns] *n* congresso
confess [kən'fɛs] *vt* confessare, ammettere ♦ *vi* confessare; ~**ion** [-'fɛʃən] *n* confessione *f*
confetti [kən'fɛtɪ] *n* coriandoli *mpl*
confide [kən'faɪd] *vi*: **to ~ in** confidarsi con
confidence ['kɔnfɪdns] *n* confidenza; (*trust*) fiducia; (*self-assurance*) sicurezza di sé; **in ~** (*speak, write*) in confidenza, confidenzialmente; ~ **trick** *n* truffa; **confident** *adj* sicu-

ro(a); sicuro(a) di sé; **confidential** [kɔnfɪ'dɛnʃəl] *adj* riservato(a), confidenziale
confine [kən'faɪn] *vt* limitare; (*shut up*) rinchiudere; **~d** *adj* (*space*) ristretto(a); **~ment** *n* prigionia; **~s** ['kɔnfaɪnz] *npl* confini *mpl*
confirm [kən'fə:m] *vt* confermare; **~ation** [kɔnfə'meɪʃən] *n* conferma; (*REL*) cresima; **~ed** *adj* inveterato(a)
confiscate ['kɔnfɪskeɪt] *vt* confiscare
conflict [*n* 'kɔnflɪkt, *vb* kən'flɪkt] *n* conflitto ♦ *vi* essere in conflitto; **~ing** *adj* contrastante
conform [kən'fɔ:m] *vi*: **to ~ (to)** conformarsi (a)
confound [kən'faund] *vt* confondere
confront [kən'frʌnt] *vt* (*enemy, danger*) affrontare; **~ation** [kɔnfrən'teɪʃən] *n* scontro
confuse [kən'fju:z] *vt* (*one thing with another*) confondere; **~d** *adj* confuso(a); **confusing** *adj* che fa confondere; **confusion** [-'fju:ʒən] *n* confusione *f*
congeal [kən'dʒi:l] *vi* (*blood*) congelarsi
congenial [kən'dʒi:nɪəl] *adj* (*person*) simpatico(a); (*thing*) congeniale
congested [kən'dʒɛstɪd] *adj* congestionato(a)
congestion [kən'dʒɛstʃən] *n* congestione *f*
congratulate [kən'grætjuleɪt] *vt*: **to ~ sb (on)** congratularsi con qn (per *or* di); **congratulations** [-'leɪʃənz] *npl* auguri *mpl*; (*on success*) complimenti *mpl*, congratulazioni *fpl*
congregate ['kɔŋgrɪgeɪt] *vi* congregarsi, riunirsi
congress ['kɔŋgrɛs] *n* congresso; **~man** (*US*) *n* membro del Congresso
conjecture [kən'dʒɛktʃə*] *n* congettura
conjunction [kən'dʒʌŋkʃən] *n* congiunzione *f*
conjunctivitis [kəndʒʌŋktɪ'vaɪtɪs] *n* congiuntivite *f*
conjure ['kʌndʒə*] *vi* fare giochi di prestigio; **~ up** *vt* (*ghost, spirit*) evocare; (*memories*) rievocare; **~r** *n* prestidigitatore/trice, prestigiatore/trice
conk out [kɔŋk-] (*inf*) *vi* andare in panne
con man *n* truffatore *m*
connect [kə'nɛkt] *vt* connettere, collegare; (*ELEC, TEL*) collegare; (*fig*) associare ♦ *vi* (*train*): **to ~ with** essere in coincidenza con; **to be ~ed with** (*associated*) aver rapporti con; **~ion** [-ʃən] *n* relazione *f*, rapporto; (*ELEC*) connessione *f*; (*train, plane*) coincidenza; (*TEL*) collegamento
connive [kə'naɪv] *vi*: **to ~ at** essere connivente in
connoisseur [kɔnɪ'sə*] *n* conoscitore/trice
conquer ['kɔŋkə*] *vt* conquistare; (*feelings*) vincere
conquest ['kɔŋkwɛst] *n* conquista
cons [kɔnz] *npl see* **convenience**; **pro**
conscience ['kɔnʃəns] *n* coscienza
conscientious [kɔnʃɪ'ɛnʃəs] *adj* coscienzioso(a)
conscious ['kɔnʃəs] *adj* consapevole; (*MED*) cosciente; **~ness** *n* consapevolezza; coscienza
conscript ['kɔnskrɪpt] *n* coscritto; **~ion** [-'skrɪpʃən] *n* arruolamento (obbligatorio)
consent [kən'sɛnt] *n* consenso ♦ *vi*: **to ~ (to)** acconsentire (a)
consequence ['kɔnsɪkwəns] *n* conseguenza, risultato; importanza
consequently ['kɔnsɪkwəntlɪ] *adv* di conseguenza, dunque
conservation [kɔnsə'veɪʃən] *n* conservazione *f*
conservative [kən'sə:vətɪv] *adj* conservatore(trice); (*cautious*) cauto(a); **C~** (*BRIT*) *adj, n* (*POL*) conservatore(trice)
conservatory [kən'sə:vətrɪ] *n* (*greenhouse*) serra; (*MUS*) conservatorio
conserve [kən'sə:v] *vt* conservare ♦

n conserva

consider [kən'sɪdə*] *vt* considerare; (*take into account*) tener conto di; **to ~ doing sth** considerare la possibilità di fare qc

considerable [kən'sɪdərəbl] *adj* considerevole, notevole; **considerably** *adv* notevolmente, decisamente

considerate [kən'sɪdərɪt] *adj* premuroso(a)

consideration [kənsɪdə'reɪʃən] *n* considerazione *f*

considering [kən'sɪdərɪŋ] *prep* in considerazione di

consign [kən'saɪn] *vt*: **to ~ to** (*sth unwanted*) relegare in; (*person*: *to sb's care*) consegnare a; (: *to poverty*) condannare a; **~ment** *n* (*of goods*) consegna; spedizione *f*

consist [kən'sɪst] *vi*: **to ~ of** constare di, essere composto(a) di

consistency [kən'sɪstənsɪ] *n* consistenza; (*fig*) coerenza

consistent [kən'sɪstənt] *adj* coerente

consolation [kɔnsə'leɪʃən] *n* consolazione *f*

console[1] [kən'səul] *vt* consolare

console[2] ['kɔnsəul] *n* quadro di comando

consonant ['kɔnsənənt] *n* consonante *f*

consortium [kən'sɔːtɪəm] *n* consorzio

conspicuous [kən'spɪkjuəs] *adj* cospicuo(a)

conspiracy [kən'spɪrəsɪ] *n* congiura, cospirazione *f*

constable ['kʌnstəbl] (*BRIT*) *n* ≈ poliziotto, agente *m* di polizia; **chief ~** ≈ questore *m*

constabulary [kən'stæbjulərɪ] *n* forze *fpl* dell'ordine

constant ['kɔnstənt] *adj* costante; continuo(a); **~ly** *adv* costantemente; continuamente

constipated ['kɔnstɪpeɪtɪd] *adj* stitico(a)

constipation [kɔnstɪ'peɪʃən] *n* stitichezza

constituency [kən'stɪtjuənsɪ] *n* collegio elettorale

constituent [kən'stɪtjuənt] *n* elettore/trice; (*part*) elemento componente

constitution [kɔnstɪ'tjuːʃən] *n* costituzione *f*; **~al** *adj* costituzionale

constraint [kən'streɪnt] *n* costrizione *f*

construct [kən'strʌkt] *vt* costruire; **~ion** [-ʃən] *n* costruzione *f*; **~ive** *adj* costruttivo(a)

construe [kən'struː] *vt* interpretare

consul ['kɔnsl] *n* console *m*; **~ate** ['kɔnsjulɪt] *n* consolato

consult [kən'sʌlt] *vt* consultare; **~ant** *n* (*MED*) consulente *m* medico; (*other specialist*) consulente; **~ation** [-'teɪʃən] *n* (*MED*) consulto; (*discussion*) consultazione *f*; **~ing room** (*BRIT*) *n* ambulatorio

consume [kən'sjuːm] *vt* consumare; **~r** *n* consumatore/trice; **~r goods** *npl* beni *mpl* di consumo; **~r society** *n* società dei consumi

consumption [kən'sʌmpʃən] *n* consumo

cont. *abbr* = **continued**

contact ['kɔntækt] *n* contatto; (*person*) conoscenza ♦ *vt* mettersi in contatto con; **~ lenses** *npl* lenti *fpl* a contatto

contagious [kən'teɪdʒəs] *adj* (*also fig*) contagioso(a)

contain [kən'teɪn] *vt* contenere; **to ~ o.s.** contenersi; **~er** *n* recipiente *m*; (*for shipping etc*) container *m inv*

contaminate [kən'tæmɪneɪt] *vt* contaminare

cont'd *abbr* = **continued**

contemplate ['kɔntəmpleɪt] *vt* contemplare; (*consider*) pensare a (*or* di)

contemporary [kən'tɛmpərərɪ] *adj*, *n* contemporaneo(a)

contempt [kən'tɛmpt] *n* disprezzo; **~ of court** (*LAW*) oltraggio alla Corte; **~ible** *adj* deprecabile; **~uous** *adj* sdegnoso(a)

contend [kən'tɛnd] *vt*: **to ~ that** sostenere che ♦ *vi*: **to ~ with** lottare

contro; ~**er** *n* contendente *m/f*; concorrente *m/f*
content[1] ['kɔntɛnt] *n* contenuto; ~**s** *npl* (*of box, case etc*) contenuto; (**table of**) ~**s** indice *m*
content[2] [kən'tɛnt] *adj* contento(a), soddisfatto(a) ♦ *vt* contentare, soddisfare; ~**ed** *adj* contento(a), soddisfatto(a)
contention [kən'tɛnʃən] *n* contesa; (*assertion*) tesi *f inv*
contentment [kən'tɛntmənt] *n* contentezza
contest [*n* 'kɔntɛst, *vb* kən'tɛst] *n* lotta; (*competition*) gara, concorso ♦ *vt* contestare; impugnare; (*compete for*) essere in lizza per; ~**ant** [kən'tɛstənt] *n* concorrente *m/f*; (*in fight*) avversario/a
context ['kɔntɛkst] *n* contesto
continent ['kɔntɪnənt] *n* continente *m*; **the C~** (*BRIT*) l'Europa continentale; ~**al** [-'nɛntl] *adj* continentale; ~**al quilt** (*BRIT*) *n* piumino
contingency [kən'tɪndʒənsɪ] *n* eventualità *f inv*
continual [kən'tɪnjuəl] *adj* continuo(a)
continuation [kəntɪnju'eɪʃən] *n* continuazione *f*; (*after interruption*) ripresa; (*of story*) seguito
continue [kən'tɪnju:] *vi* continuare ♦ *vt* continuare; (*start again*) riprendere
continuity [kɔntɪ'nju:ɪtɪ] *n* continuità; (*TV, CINEMA*) (ordine *m* della) sceneggiatura
continuous [kən'tɪnjuəs] *adj* continuo(a); ininterrotto(a); ~ **stationery** *n* carta a moduli continui
contort [kən'tɔ:t] *vt* contorcere
contour ['kɔntuə*] *n* contorno, profilo; (*also*: ~ *line*) curva di livello
contraband ['kɔntrəbænd] *n* contrabbando
contraceptive [kɔntrə'sɛptɪv] *adj* contraccettivo(a) ♦ *n* contraccettivo
contract [*n* 'kɔntrækt, *vb* kən'trækt] *n* contratto ♦ *vi* (*become smaller*) contrarsi; (*COMM*): **to ~ to do sth** fare un contratto per fare qc ♦ *vt* (*illness*) contrarre; ~**ion** [-ʃən] *n* contrazione *f*; ~**or** *n* imprenditore *m*
contradict [kɔntrə'dɪkt] *vt* contraddire
contraption [kən'træpʃən] (*pej*) *n* aggeggio
contrary[1] ['kɔntrərɪ] *adj* contrario(a); (*unfavourable*) avverso(a), contrario(a) ♦ *n* contrario; **on the ~** al contrario; **unless you hear to the ~** salvo contrordine
contrary[2] [kən'trɛərɪ] *adj* (*perverse*) bisbetico(a)
contrast [*n* 'kɔntrɑ:st, *vb* kən'trɑ:st] *n* contrasto ♦ *vt* mettere in contrasto; **in ~ to** contrariamente a
contribute [kən'trɪbju:t] *vi* contribuire ♦ *vt*: **to ~ £10/an article to** dare 10 sterline/un articolo a; **to ~ to** contribuire a; (*newspaper*) scrivere per; **contribution** [kɔntrɪ'bju:ʃən] *n* contributo; **contributor** *n* (*to newspaper*) collaboratore/trice
contrivance [kən'traɪvəns] *n* congegno; espediente *m*
contrive [kən'traɪv] *vi*: **to ~ to do** fare in modo di fare
control [kən'trəul] *vt* controllare; (*firm, operation etc*) dirigere ♦ *n* controllo; ~**s** *npl* (*of vehicle etc*) comandi *mpl*; (*governmental*) controlli *mpl*; **under ~** sotto controllo; **to be in ~ of** avere il controllo di; **to go out of ~** (*car*) non rispondere ai comandi; (*situation*) sfuggire di mano; ~ **panel** *n* quadro dei comandi; ~ **room** *n* (*NAUT, MIL*) sala di comando; (*RADIO, TV*) sala di regia; ~ **tower** *n* (*AVIAT*) torre *f* di controllo
controversial [kɔntrə'və:ʃl] *adj* controverso(a), polemico(a)
controversy ['kɔntrəvə:sɪ] *n* controversia, polemica
convalesce [kɔnvə'lɛs] *vi* rimettersi in salute
convene [kən'vi:n] *vt* convocare ♦ *vi* convenire, adunarsi
convenience [kən'vi:nɪəns] *n* como-

dità *f inv*; **at your ~** a suo comodo; **all modern ~s**, (*BRIT*) **all mod cons** tutte le comodità moderne
convenient [kən'vi:nɪənt] *adj* conveniente, comodo(a)
convent ['kɔnvənt] *n* convento
convention [kən'vɛnʃən] *n* convenzione *f*; (*meeting*) convegno; **~al** *adj* convenzionale
conversant [kən'və:snt] *adj*: **to be ~ with** essere al corrente di; essere pratico(a) di
conversation [kɔnvə'seɪʃən] *n* conversazione *f*; **~al** *adj* non formale
converse[1] [kən'və:s] *vi* conversare
converse[2] ['kɔnvə:s] *n* contrario, opposto; **~ly** [-'və:slɪ] *adv* al contrario, per contro
convert [*vb* kən'və:t, *n* 'kɔnvə:t] *vt* (*COMM*, *REL*) convertire; (*alter*) trasformare ♦ *n* convertito/a; **~ible** *n* macchina decappottabile
convex ['kɔnvɛks] *adj* convesso(a)
convey [kən'veɪ] *vt* trasportare; (*thanks*) comunicare; (*idea*) dare; **~or belt** *n* nastro trasportatore
convict [*vb* kən'vɪkt, *n* 'kɔnvɪkt] *vt* dichiarare colpevole ♦ *n* carcerato/a; **~ion** [-ʃən] *n* condanna; (*belief*) convinzione *f*
convince [kən'vɪns] *vt* convincere, persuadere; **convincing** *adj* convincente
convoluted [kɔnvə'lu:tɪd] *adj* (*argument etc*) involuto(a)
convoy ['kɔnvɔɪ] *n* convoglio
convulse [kən'vʌls] *vt*: **to be ~d with laughter** contorcersi dalle risa
coo [ku:] *vi* tubare
cook [kuk] *vt* cucinare, cuocere ♦ *vi* cuocere; (*person*) cucinare ♦ *n* cuoco/a; **~book** *n* libro di cucina; **~er** *n* fornello, cucina; **~ery** *n* cucina; **~ery book** (*BRIT*) *n* = **~book**; **~ie** (*US*) *n* biscotto; **~ing** *n* cucina
cool [ku:l] *adj* fresco(a); (*not afraid, calm*) calmo(a); (*unfriendly*) freddo(a) ♦ *vt* raffreddare; (*room*) rinfrescare ♦ *vi* (*water*) raffreddarsi; (*air*) rinfrescarsi
coop [ku:p] *n* stia ♦ *vt*: **to ~ up** (*fig*) rinchiudere
cooperate [kəu'ɔpəreɪt] *vi* cooperare, collaborare; **cooperation** [-'reɪʃən] *n* cooperazione *f*, collaborazione *f*
cooperative [kəu'ɔpərətɪv] *adj* cooperativo(a) ♦ *n* cooperativa
coordinate [*vb* kəu'ɔ:dɪneɪt, *n* kəu'ɔ:dɪnət] *vt* coordinare ♦ *n* (*MATH*) coordinata; **~s** *npl* (*clothes*) coordinati *mpl*
co-ownership [kəu'əunəʃɪp] *n* comproprietà
cop [kɔp] (*inf*) *n* sbirro
cope [kəup] *vi*: **to ~ with** (*problems*) far fronte a
copper ['kɔpə*] *n* rame *m*; (*inf*: *policeman*) sbirro; **~s** *npl* (*coins*) spiccioli *mpl*
coppice ['kɔpɪs] *n* bosco ceduo
copse [kɔps] *n* bosco ceduo
copulate ['kɔpjuleɪt] *vi* accoppiarsi
copy ['kɔpɪ] *n* copia ♦ *vt* copiare; **~right** *n* diritto d'autore
coral ['kɔrəl] *n* corallo; **~ reef** *n* barriera corallina
cord [kɔ:d] *n* corda; (*ELEC*) filo; (*fabric*) velluto a coste
cordial ['kɔ:dɪəl] *adj* cordiale ♦ *n* (*BRIT*) cordiale *m*
cordon ['kɔ:dn] *n* cordone *m*; **~ off** *vt* fare cordone a
corduroy ['kɔ:dərɔɪ] *n* fustagno
core [kɔ:*] *n* (*of fruit*) torsolo; (*of organization etc*) cuore *m* ♦ *vt* estrarre il torsolo da
cork [kɔ:k] *n* sughero; (*of bottle*) tappo; **~screw** *n* cavatappi *m inv*
corn [kɔ:n] *n* (*BRIT*: *wheat*) grano; (*US*: *maize*) granturco; (*on foot*) callo; **~ on the cob** (*CULIN*) pannocchia cotta
corned beef ['kɔ:nd-] *n* carne *f* di manzo in scatola
corner ['kɔ:nə*] *n* angolo; (*AUT*) curva ♦ *vt* intrappolare; mettere con le spalle al muro; (*COMM*: *market*) accaparrare ♦ *vi* prendere una curva; **~stone** *n* pietra angolare

cornet ['kɔːnɪt] *n* (*MUS*) cornetta; (*BRIT*: *of ice-cream*) cono
cornflakes ['kɔːnfleɪks] *npl* fiocchi *mpl* di granturco
cornflour ['kɔːnflauə*] (*BRIT*) *n* farina finissima di granturco
cornstarch ['kɔːnstɑːtʃ] (*US*) *n* = cornflour
Cornwall ['kɔːnwəl] *n* Cornovaglia
corny ['kɔːnɪ] (*inf*) *adj* trito(a)
coronary ['kɔrənərɪ] *n*: ~ (**thrombosis**) trombosi *f* coronaria
coronation [kɔrə'neɪʃən] *n* incoronazione *f*
coroner ['kɔrənə*] *n* *magistrato incaricato di indagare la causa di morte in circostanze sospette*
coronet ['kɔrənɪt] *n* diadema *m*
corporal ['kɔːpərl] *n* caporalmaggiore *m* ♦ *adj*: ~ **punishment** pena corporale
corporate ['kɔːpərɪt] *adj* costituito(a) (in corporazione); comune
corporation [kɔːpə'reɪʃən] *n* (*of town*) consiglio comunale; (*COMM*) ente *m*
corps [kɔː*, *pl* kɔːz] *n inv* corpo
corpse [kɔːps] *n* cadavere *m*
corral [kə'rɑːl] *n* recinto
correct [kə'rɛkt] *adj* (*accurate*) corretto(a), esatto(a); (*proper*) corretto(a) ♦ *vt* correggere; **~ion** [-ʃən] *n* correzione *f*
correspond [kɔrɪs'pɔnd] *vi* corrispondere; **~ence** *n* corrispondenza; **~ence course** *n* corso per corrispondenza; **~ent** *n* corrispondente *m/f*
corridor ['kɔrɪdɔː*] *n* corridoio
corrode [kə'rəud] *vt* corrodere ♦ *vi* corrodersi
corrugated ['kɔrəgeɪtɪd] *adj* increspato(a); ondulato(a); ~ **iron** *n* lamiera di ferro ondulata
corrupt [kə'rʌpt] *adj* corrotto(a); (*COMPUT*) alterato(a) ♦ *vt* corrompere; **~ion** [-ʃən] *n* corruzione *f*
corset ['kɔːsɪt] *n* busto
Corsica ['kɔːsɪkə] *n* Corsica
cosh [kɔʃ] (*BRIT*) *n* randello (corto)
cosmetic [kɔz'mɛtɪk] *n* cosmetico ♦ *adj* (*fig*: *measure etc*) superficiale
cosset ['kɔsɪt] *vt* vezzeggiare
cost [kɔst] (*pt*, *pp* **cost**) *n* costo ♦ *vt* costare; (*find out the* ~ *of*) stabilire il prezzo di; **~s** *npl* (*COMM*, *LAW*) spese *fpl*; **how much does it ~?** quanto costa?; **at all ~s** a ogni costo
co-star ['kəu-] *n* *attore/trice della stessa importanza del protagonista*
cost-effective *adj* conveniente
costly ['kɔstlɪ] *adj* costoso(a), caro(a)
cost-of-living *adj*: ~ **allowance** indennità *f inv* di contingenza
cost price (*BRIT*) *n* prezzo all'ingrosso
costume ['kɔstjuːm] *n* costume *m*; (*lady's suit*) tailleur *m inv*; (*BRIT*: *also*: *swimming* ~) costume da bagno; ~ **jewellery** *n* bigiotteria
cosy ['kəuzɪ] (*US* **cozy**) *adj* intimo(a); **I'm very ~ here** sto proprio bene qui
cot [kɔt] *n* (*BRIT*: *child's*) lettino; (*US*: *campbed*) brandina
cottage ['kɔtɪdʒ] *n* cottage *m inv*; ~ **cheese** *n* fiocchi *mpl* di latte magro
cotton ['kɔtn] *n* cotone *m*; ~ **on to** (*inf*) *vt fus* afferrare; ~ **candy** (*US*) *n* zucchero filato; ~ **wool** (*BRIT*) *n* cotone idrofilo
couch [kautʃ] *n* sofà *m inv*
couchette [kuː'ʃɛt] *n* (*on train*, *boat*) cuccetta
cough [kɔf] *vi* tossire ♦ *n* tosse *f*; ~ **drop** *n* pasticca per la tosse
could [kud] *pt of* **can**; **~n't** = **could not**
council ['kaunsl] *n* consiglio; **city** *or* **town** ~ consiglio comunale; ~ **estate** (*BRIT*) *n* quartiere *m* di case popolari; ~ **house** (*BRIT*) *n* casa popolare; **~lor** *n* consigliere/a
counsel ['kaunsl] *n* avvocato; consultazione *f* ♦ *vt* consigliare; **~lor** *n* consigliere/a; (*US*) avvocato
count [kaunt] *vt*, *vi* contare ♦ *n* (*of votes etc*) conteggio; (*of pollen etc*) livello; (*nobleman*) conte *m*; ~ **on**

vt fus contare su; ~**down** *n* conto alla rovescia
countenance ['kauntınəns] *n* volto, aspetto ♦ *vt* approvare
counter ['kauntə*] *n* banco ♦ *vt* opporsi a ♦ *adv*: ~ **to** contro; in opposizione a; ~**act** *vt* agire in opposizione a; (*poison etc*) annullare gli effetti di; ~**-espionage** *n* controspionaggio
counterfeit ['kauntəfıt] *n* contraffazione *f*, falso ♦ *vt* contraffare, falsificare ♦ *adj* falso(a)
counterfoil ['kauntəfɔıl] *n* matrice *f*
countermand [kauntə'mɑ:nd] *vt* annullare
counterpart ['kauntəpɑ:t] *n* (*of document etc*) copia; (*of person*) corrispondente *m/f*
counter-productive [-prə'dʌktıv] *adj* controproducente
countersign ['kauntəsaın] *vt* controfirmare
countess ['kauntıs] *n* contessa
countless ['kauntlıs] *adj* innumerevole
country ['kʌntrı] *n* paese *m*; (*native land*) patria; (*as opposed to town*) campagna; (*region*) regione *f*; ~ **dancing** (*BRIT*) *n* danza popolare; ~ **house** *n* villa in campagna; ~**man** *n* (*national*) compatriota *m*; (*rural*) contadino; ~**side** *n* campagna
county ['kauntı] *n* contea
coup [ku:] (*pl* **coups**) *n* colpo; (*also*: ~ *d'état*) colpo di Stato
couple ['kʌpl] *n* coppia; **a** ~ **of** un paio di
coupon ['ku:pɔn] *n* buono; (*detachable form*) coupon *m inv*
courage ['kʌrıdʒ] *n* coraggio
courgette [kuə'ʒɛt] (*BRIT*) *n* zucchina
courier ['kurıə*] *n* corriere *m*; (*for tourists*) guida
course [kɔ:s] *n* corso; (*of ship*) rotta; (*for golf*) campo; (*part of meal*) piatto; **of** ~ senz'altro, naturalmente; ~ **of action** modo d'agire; **a** ~ **of treatment** (*MED*) una cura
court [kɔ:t] *n* corte *f*; (*TENNIS*) campo ♦ *vt* (*woman*) fare la corte a; **to take to** ~ citare in tribunale
courteous ['kə:tıəs] *adj* cortese
courtesan [kɔ:tı'zæn] *n* cortigiana
courtesy ['kə:təsı] *n* cortesia; (**by**) ~ **of** per gentile concessione di
court-house (*US*) *n* palazzo di giustizia
courtier ['kɔ:tıə*] *n* cortigiano/a
court-martial [-'mɑ:ʃəl] (*pl* **courts-martial**) *n* corte *f* marziale
courtroom ['kɔ:trum] *n* tribunale *m*
courtyard ['kɔ:tjɑ:d] *n* cortile *m*
cousin ['kʌzn] *n* cugino/a; **first** ~ cugino di primo grado
cove [kəuv] *n* piccola baia
covenant ['kʌvənənt] *n* accordo
cover ['kʌvə*] *vt* coprire; (*book, table*) rivestire; (*include*) comprendere; (*PRESS*) fare un servizio su ♦ *n* (*of pan*) coperchio; (*over furniture*) fodera; (*of bed*) copriletto; (*of book*) copertina; (*shelter*) riparo; (*COMM, INSURANCE, of spy*) copertura; **to take** ~ (*shelter*) ripararsi; **under** ~ al riparo; **under** ~ **of darkness** protetto dall'oscurità; **under separate** ~ (*COMM*) a parte, in plico separato; ~ **up** *vi*: **to** ~ **up for sb** coprire qn; ~**age** *n* (*PRESS, RADIO, TV*): **to give full** ~**age to sth** fare un ampio servizio su qc; ~ **charge** *n* coperto; ~**ing** *n* copertura; ~**ing letter** (*US* ~ **letter**) *n* lettera d'accompagnamento; ~ **note** *n* (*INSURANCE*) polizza (di assicurazione) provvisoria
covert ['kʌvət] *adj* (*hidden*) nascosto(a); (*glance*) furtivo(a)
cover-up *n* occultamento (di informazioni)
covet ['kʌvıt] *vt* bramare
cow [kau] *n* vacca ♦ *vt* (*person*) intimidire
coward ['kauəd] *n* vigliacco/a; ~**ice** [-ıs] *n* vigliaccheria; ~**ly** *adj* vigliacco(a)
cowboy ['kaubɔı] *n* cow-boy *m inv*
cower ['kauə*] *vi* acquattarsi

coxswain ['kɔksn] (*abbr*: **cox**) *n* timoniere *m*
coy [kɔɪ] *adj* falsamente timido(a)
cozy ['kəuzɪ] (*US*) *adj* = **cosy**
CPA (*US*) *n abbr* = **certified public accountant**
crab [kræb] *n* granchio; ~ **apple** *n* mela selvatica
crack [kræk] *n* fessura, crepa; incrinatura; (*noise*) schiocco; (: *of gun*) scoppio; (*drug*) crack *m inv* ♦ *vt* spaccare; incrinare; (*whip*) schioccare; (*nut*) schiacciare; (*problem*) risolvere; (*code*) decifrare ♦ *adj* (*troops*) fuori classe; **to** ~ **a joke** fare una battuta; ~ **down on** *vt fus* porre freno a; ~ **up** *vi* crollare; ~**er** *n* cracker *m inv*; petardo
crackle ['krækl] *vi* crepitare
cradle ['kreɪdl] *n* culla
craft [krɑ:ft] *n* mestiere *m*; (*cunning*) astuzia; (*boat*) naviglio; ~**sman** *n* artigiano; ~**smanship** *n* abilità; ~**y** *adj* furbo(a), astuto(a)
crag [kræg] *n* roccia
cram [kræm] *vt* (*fill*): **to** ~ **sth with** riempire qc di; (*put*): **to** ~ **sth into** stipare qc in ♦ *vi* (*for exams*) prepararsi (in gran fretta)
cramp [kræmp] *n* crampo; ~**ed** *adj* ristretto(a)
crampon ['kræmpən] *n* (*CLIMBING*) rampone *m*
cranberry ['krænbərɪ] *n* mirtillo
crane [kreɪn] *n* gru *f inv*
crank [kræŋk] *n* manovella; (*person*) persona stramba; ~**shaft** *n* albero a gomiti
cranny ['krænɪ] *n see* **nook**
crash [kræʃ] *n* fragore *m*; (*of car*) incidente *m*; (*of plane*) caduta; (*of business etc*) crollo ♦ *vt* fracassare ♦ *vi* (*plane*) fracassarsi; (*car*) avere un incidente; (*two cars*) scontrarsi; (*business etc*) fallire, andare in rovina; ~ **course** *n* corso intensivo; ~ **helmet** *n* casco; ~ **landing** *n* atterraggio di fortuna
crate [kreɪt] *n* cassa
cravat(e) [krə'væt] *n* fazzoletto da collo
crave [kreɪv] *vt*, *vi*: **to** ~ **(for)** desiderare ardentemente
crawl [krɔ:l] *vi* strisciare carponi; (*vehicle*) avanzare lentamente ♦ *n* (*SWIMMING*) crawl *m*
crayfish ['kreɪfɪʃ] *n inv* (*freshwater*) gambero (d'acqua dolce); (*saltwater*) gambero
crayon ['kreɪən] *n* matita colorata
craze [kreɪz] *n* mania
crazy ['kreɪzɪ] *adj* matto(a); (*inf*: *keen*): ~ **about sb** pazzo(a) di qn; ~ **about sth** matto(a) per qc; ~ **paving** (*BRIT*) *n* lastricato a mosaico irregolare
creak [kri:k] *vi* cigolare, scricchiolare
cream [kri:m] *n* crema; (*fresh*) panna ♦ *adj* (*colour*) color crema *inv*; ~ **cake** *n* torta alla panna; ~ **cheese** *n* formaggio fresco; ~**y** *adj* cremoso(a)
crease [kri:s] *n* grinza; (*deliberate*) piega ♦ *vt* sgualcire ♦ *vi* sgualcirsi
create [kri:'eɪt] *vt* creare; **creation** [-ʃən] *n* creazione *f*; **creative** *adj* creativo(a)
creature ['kri:tʃə*] *n* creatura
crèche [krɛʃ] *n* asilo infantile
credence ['kri:dns] *n*: **to lend** *or* **give** ~ **to** prestar fede a
credentials [krɪ'dɛnʃlz] *npl* credenziali *fpl*
credit ['krɛdɪt] *n* credito; onore *m* ♦ *vt* (*COMM*) accreditare; (*believe*: *also*: *give* ~ *to*) credere, prestar fede a; ~**s** *npl* (*CINEMA*) titoli *mpl*; **to** ~ **sb with** (*fig*) attribuire a qn; **to be in** ~ (*person*) essere creditore (trice); (*bank account*) essere coperto(a); ~ **card** *n* carta di credito; ~**or** *n* creditore/trice
creed [kri:d] *n* credo; dottrina
creek [kri:k] *n* insenatura; (*US*) piccolo fiume *m*
creep [kri:p] (*pt*, *pp* **crept**) *vi* avanzare furtivamente (*or* pian piano); ~**er** *n* pianta rampicante; ~**y** *adj* (*frightening*) che fa accapponare la pelle

crematoria [krɛmə'tɔ:rɪə] *npl of* crematorium
crematorium [krɛmə'tɔ:rɪəm] (*pl* crematoria) *n* forno crematorio
crêpe [kreɪp] *n* crespo; ~ **bandage** (*BRIT*) *n* fascia elastica
crept [krɛpt] *pt, pp of* **creep**
crescent ['krɛsnt] *n* (*shape*) mezzaluna; (*street*) strada semicircolare
cress [krɛs] *n* crescione *m*
crest [krɛst] *n* cresta; (*of coat of arms*) cimiero; ~**fallen** *adj* mortificato(a)
Crete [kri:t] *n* Creta
crevasse [krɪ'væs] *n* crepaccio
crevice ['krɛvɪs] *n* fessura, crepa
crew [kru:] *n* equipaggio; **to have a ~-cut** avere i capelli a spazzola; ~-**neck** *n* girocollo
crib [krɪb] *n* culla ♦ *vt* (*inf*) copiare
crick [krɪk] *n* crampo
cricket ['krɪkɪt] *n* (*insect*) grillo; (*game*) cricket *m*
crime [kraɪm] *n* crimine *m*; **criminal** ['krɪmɪnl] *adj, n* criminale *m/f*
crimson ['krɪmzn] *adj* color cremisi *inv*
cringe [krɪndʒ] *vi* acquattarsi; (*in embarrassment*) sentirsi sprofondare
crinkle ['krɪŋkl] *vt* arricciare, increspare
cripple ['krɪpl] *n* zoppo/a ♦ *vt* azzoppare
crises ['kraɪsi:z] *npl of* **crisis**
crisis ['kraɪsɪs] (*pl* **crises**) *n* crisi *f inv*
crisp [krɪsp] *adj* croccante; (*fig*) frizzante; vivace; deciso(a); ~**s** (*BRIT*) *npl* patatine *fpl*
criss-cross ['krɪs-] *adj* incrociato(a)
criteria [kraɪ'tɪərɪə] *npl of* **criterion**
criterion [kraɪ'tɪərɪən] (*pl* **criteria**) *n* criterio
critic ['krɪtɪk] *n* critico; ~**al** *adj* critico(a); ~**ally** *adv* (*speak etc*) criticamente; ~**ally ill** gravemente malato; ~**ism** ['krɪtɪsɪzm] *n* critica; ~**ize** ['krɪtɪsaɪz] *vt* criticare
croak [krəuk] *vi* gracchiare; (*frog*) gracidare
Croatia [krəu'eɪʃə] *n* Croazia
crochet ['krəuʃeɪ] *n* lavoro all'uncinetto
crockery ['krɔkərɪ] *n* vasellame *m*
crocodile ['krɔkədaɪl] *n* coccodrillo
crocus ['krəukəs] *n* croco
croft [krɔft] (*BRIT*) *n* piccolo podere *m*
crony ['krəunɪ] (*inf*: *pej*) *n* compare *m*
crook [kruk] *n* truffatore *m*; (*of shepherd*) bastone *m*; ~**ed** ['krukɪd] *adj* curvo(a), storto(a); (*action*) disonesto(a)
crop [krɔp] *n* (*produce*) coltivazione *f*; (*amount produced*) raccolto; (*riding* ~) frustino ♦ *vt* (*hair*) rapare; ~ **up** *vi* presentarsi
croquette [krə'kɛt] *n* crocchetta
cross [krɔs] *n* croce *f*; (*BIOL*) incrocio ♦ *vt* (*street etc*) attraversare; (*arms, legs, BIOL*) incrociare; (*cheque*) sbarrare ♦ *adj* di cattivo umore; ~ **out** *vt* cancellare; ~ **over** *vi* attraversare; ~**bar** *n* traversa; ~**country (race)** *n* cross-country *m inv*; ~-**examine** *vt* (*LAW*) interrogare in contraddittorio; ~-**eyed** *adj* strabico(a); ~**fire** *n* fuoco incrociato; ~**ing** *n* incrocio; (*sea passage*) traversata; (*also*: *pedestrian ~ing*) passaggio pedonale; ~**ing guard** (*US*) *n dipendente comunale che aiuta i bambini ad attraversare la strada*; ~ **purposes** *npl*: **to be at ~ purposes** non parlare della stessa cosa; ~-**reference** *n* rinvio, rimando; ~**roads** *n* incrocio; ~-**section** *n* sezione *f* trasversale; (*in population*) settore *m* rappresentativo; ~**walk** (*US*) *n* strisce *fpl* pedonali, passaggio pedonale; ~**wind** *n* vento di traverso; ~**word** *n* cruciverba *m inv*
crotch [krɔtʃ] *n* (*ANAT*) inforcatura; (*of garment*) pattina
crotchet ['krɔtʃɪt] *n* (*MUS*) semiminima
crotchety ['krɔtʃɪtɪ] *adj* (*person*) burbero(a)

crouch [krautʃ] *vi* acquattarsi; rannicchiarsi

crow [krəu] *n* (*bird*) cornacchia; (*of cock*) canto del gallo ♦ *vi* (*cock*) cantare

crowbar ['krəubɑ:*] *n* piede *m* di porco

crowd [kraud] *n* folla ♦ *vt* affollare, stipare ♦ *vi*: **to ~ round/in** affollarsi intorno a/in; **~ed** *adj* affollato(a); **~ed with** stipato(a) di

crown [kraun] *n* corona; (*of head*) calotta cranica; (*of hat*) cocuzzolo; (*of hill*) cima ♦ *vt* incoronare; (*fig*: *career*) coronare; **~ jewels** *npl* gioielli *mpl* della Corona; **~ prince** *n* principe *m* ereditario

crow's feet *npl* zampe *fpl* di gallina

crucial ['kru:ʃl] *adj* cruciale, decisivo(a)

crucifix ['kru:sɪfɪks] *n* crocifisso; **~ion** [-'fɪkʃən] *n* crocifissione *f*

crude [kru:d] *adj* (*materials*) greggio(a); non raffinato(a); (*fig*: *basic*) crudo(a), primitivo(a); (: *vulgar*) rozzo(a), grossolano(a); **~ (oil)** *n* (petrolio) greggio

cruel ['kruəl] *adj* crudele; **~ty** *n* crudeltà *f inv*

cruise [kru:z] *n* crociera ♦ *vi* andare a velocità di crociera; (*taxi*) circolare; **~r** *n* incrociatore *m*

crumb [krʌm] *n* briciola

crumble ['krʌmbl] *vt* sbriciolare ♦ *vi* sbriciolarsi; (*plaster etc*) sgretolarsi; (*land, earth*) franare; (*building, fig*) crollare; **crumbly** *adj* friabile

crumpet ['krʌmpɪt] *n specie di frittella*

crumple ['krʌmpl] *vt* raggrinzare, spiegazzare

crunch [krʌntʃ] *vt* sgranocchiare; (*underfoot*) scricchiolare ♦ *n* (*fig*) punto *or* momento cruciale; **~y** *adj* croccante

crusade [kru:'seɪd] *n* crociata

crush [krʌʃ] *n* folla; (*love*): **to have a ~ on sb** avere una cotta per qn; (*drink*): **lemon ~** spremuta di limone ♦ *vt* schiacciare; (*crumple*) sgualcire

crust [krʌst] *n* crosta

crutch [krʌtʃ] *n* gruccia

crux [krʌks] *n* nodo

cry [kraɪ] *vi* piangere; (*shout*: *also*: *~ out*) urlare ♦ *n* urlo, grido; **~ off** *vi* ritirarsi

cryptic ['krɪptɪk] *adj* ermetico(a)

crystal ['krɪstl] *n* cristallo; **~-clear** *adj* cristallino(a)

cub [kʌb] *n* cucciolo; (*also*: *~ scout*) lupetto

Cuba ['kju:bə] *n* Cuba

cubbyhole ['kʌbɪhəul] *n* angolino

cube [kju:b] *n* cubo ♦ *vt* (*MATH*) elevare al cubo; **cubic** *adj* cubico(a); (*metre, foot*) cubo(a); **cubic capacity** *n* cilindrata

cubicle ['kju:bɪkl] *n* scompartimento separato; cabina

cuckoo ['kuku:] *n* cucù *m inv*; **~ clock** *n* orologio a cucù

cucumber ['kju:kʌmbə*] *n* cetriolo

cuddle ['kʌdl] *vt* abbracciare, coccolare ♦ *vi* abbracciarsi

cue [kju:] *n* (*snooker ~*) stecca; (*THEATRE etc*) segnale *m*

cuff [kʌf] *n* (*BRIT*: *of shirt, coat etc*) polsino; (*US*: *of trousers*) risvolto; **off the ~** improvvisando; **~link** *n* gemello

cuisine [kwɪ'zi:n] *n* cucina

cul-de-sac ['kʌldəsæk] *n* vicolo cieco

cull [kʌl] *vt* (*ideas etc*) scegliere ♦ *n* (*of animals*) abbattimento selettivo

culminate ['kʌlmɪneɪt] *vi*: **to ~ in** culminare con; **culmination** [-'neɪʃən] *n* culmine *m*

culottes [kju:'lɔts] *npl* gonna *f* pantalone *inv*

culpable ['kʌlpəbl] *adj* colpevole

culprit ['kʌlprɪt] *n* colpevole *m/f*

cult [kʌlt] *n* culto

cultivate ['kʌltɪveɪt] *vt* (*also fig*) coltivare; **cultivation** [-'veɪʃən] *n* coltivazione *f*

cultural ['kʌltʃərəl] *adj* culturale

culture ['kʌltʃə*] *n* (*also fig*) cultura; **~d** *adj* colto(a)

cumbersome ['kʌmbəsəm] *adj* in-

gombrante
cunning ['kʌnɪŋ] *n* astuzia, furberia ♦ *adj* astuto(a), furbo(a)
cup [kʌp] *n* tazza; (*prize, of bra*) coppa
cupboard ['kʌbəd] *n* armadio
cup-tie (*BRIT*) *n* partita di coppa
curate ['kjuərɪt] *n* cappellano
curator [kjuə'reɪtə*] *n* direttore *m* (*di museo etc*)
curb [kə:b] *vt* tenere a freno ♦ *n* freno; (*US*) bordo del marciapiede
curdle ['kə:dl] *vi* cagliare
cure [kjuə*] *vt* guarire; (*CULIN*) trattare; affumicare; essiccare ♦ *n* rimedio
curfew ['kə:fju:] *n* coprifuoco
curio ['kjuərɪəu] *n* curiosità *f inv*
curiosity [kjuərɪ'ɔsɪtɪ] *n* curiosità
curious ['kjuərɪəs] *adj* curioso(a)
curl [kə:l] *n* riccio ♦ *vt* ondulare; (*tightly*) arricciare ♦ *vi* arricciarsi; ~ **up** *vi* rannicchiarsi; ~**er** *n* bigodino
curly ['kə:lɪ] *adj* ricciuto(a)
currant ['kʌrnt] *n* (*dried*) sultanina; (*bush, fruit*) ribes *m inv*
currency ['kʌrnsɪ] *n* moneta; **to gain** ~ (*fig*) acquistare larga diffusione
current ['kʌrnt] *adj* corrente ♦ *n* corrente *f*; ~ **account** (*BRIT*) *n* conto corrente; ~ **affairs** *npl* attualità *fpl*; ~**ly** *adv* attualmente
curricula [kə'rɪkjulə] *npl of* **curriculum**
curriculum [kə'rɪkjuləm] (*pl* ~**s** *or* **curricula**) *n* curriculum *m inv*; ~ **vitae** *n* curriculum vitae *m inv*
curry ['kʌrɪ] *n* curry *m inv* ♦ *vt*: **to** ~ **favour with** cercare di attirarsi i favori di; ~ **powder** *n* curry *m*
curse [kə:s] *vt* maledire ♦ *vi* bestemmiare ♦ *n* maledizione *f*; bestemmia
cursor ['kə:sə*] *n* (*COMPUT*) cursore *m*
cursory ['kə:sərɪ] *adj* superficiale
curt [kə:t] *adj* secco(a)
curtail [kə:'teɪl] *vt* (*freedom etc*) limitare; (*visit etc*) accorciare; (*expenses etc*) ridurre, decurtare
curtain ['kə:tn] *n* tenda; (*THEATRE*) sipario
curts(e)y ['kə:tsɪ] *vi* fare un inchino *or* una riverenza
curve [kə:v] *n* curva ♦ *vi* curvarsi
cushion ['kuʃən] *n* cuscino ♦ *vt* (*shock*) fare da cuscinetto a
custard ['kʌstəd] *n* (*for pouring*) crema
custodian [kʌs'təudɪən] *n* custode *m/f*
custody ['kʌstədɪ] *n* (*of child*) tutela; **to take into** ~ (*suspect*) mettere in detenzione preventiva
custom ['kʌstəm] *n* costume *m*, consuetudine *f*; (*COMM*) clientela; ~**ary** *adj* consueto(a)
customer ['kʌstəmə*] *n* cliente *m/f*
customized ['kʌstəmaɪzd] *adj* (*car etc*) fuoriserie *inv*
custom-made *adj* (*clothes*) fatto(a) su misura; (*other goods*) fatto(a) su ordinazione
customs ['kʌstəmz] *npl* dogana; ~ **duty** *n* tassa doganale; ~ **officer** *n* doganiere *m*
cut [kʌt] (*pt, pp* **cut**) *vt* tagliare; (*shape, make*) intagliare; (*reduce*) ridurre ♦ *vi* tagliare ♦ *n* taglio; (*in salary etc*) riduzione *f*; **to** ~ **a tooth** mettere un dente; ~ **down** *vt* (*tree etc*) abbattere ♦ *vt fus* (*also*: ~ *down on*) ridurre; ~ **off** *vt* tagliare; (*fig*) isolare; ~ **out** *vt* tagliare fuori; eliminare; ritagliare; ~ **up** *vt* (*paper, meat*) tagliare a pezzi; ~**back** *n* riduzione *f*
cute [kju:t] *adj* (*sweet*) carino(a)
cuticle ['kju:tɪkl] *n* (*on nail*) pellicina, cuticola
cutlery ['kʌtlərɪ] *n* posate *fpl*
cutlet ['kʌtlɪt] *n* costoletta; (*nut etc* ~) cotoletta vegetariana
cut: ~**out** *n* interruttore *m*; (*cardboard* ~*out*) ritaglio; ~**-price** (*US* ~**-rate**) *adj* a prezzo ridotto; ~**throat** *n* assassino ♦ *adj* (*competition*) spietato(a)
cutting ['kʌtɪŋ] *adj* tagliente ♦ *n*

(*from newspaper*) ritaglio (di giornale); (*from plant*) talea
CV *n abbr* = **curriculum vitae**
cwt *abbr* = **hundredweight(s)**
cyanide ['saɪənaɪd] *n* cianuro
cycle ['saɪkl] *n* ciclo; (*bicycle*) bicicletta ♦ *vi* andare in bicicletta
cycling ['saɪklɪŋ] *n* ciclismo
cyclist ['saɪklɪst] *n* ciclista *m/f*
cygnet ['sɪgnɪt] *n* cigno giovane
cylinder ['sɪlɪndə*] *n* cilindro; **~-head gasket** *n* guarnizione *f* della testata del cilindro
cymbals ['sɪmblz] *npl* cembali *mpl*
cynic ['sɪnɪk] *n* cinico/a; **~al** *adj* cinico(a); **~ism** ['sɪnɪsɪzəm] *n* cinismo
Cyprus ['saɪprəs] *n* Cipro
cyst [sɪst] *n* cisti *f inv*
cystitis [sɪs'taɪtɪs] *n* cistite *f*
czar [zɑ:*] *n* zar *m inv*
Czech [tʃɛk] *adj* ceco(a) ♦ *n* ceco/a; (*LING*) ceco
Czechoslovakia [tʃɛkəslə'vækɪə] *n* Cecoslovacchia; **~n** *adj*, *n* cecoslovacco(a)

D

D [di:] *n* (*MUS*) re *m*
dab [dæb] *vt* (*eyes, wound*) tamponare; (*paint, cream*) applicare (con leggeri colpetti)
dabble ['dæbl] *vi*: **to ~ in** occuparsi (da dilettante) di
dad(dy) [dæd(ɪ)] (*inf*) *n* babbo, papà *m inv*
daffodil ['dæfədɪl] *n* trombone *m*, giunchiglia
daft [dɑ:ft] *adj* sciocco(a)
dagger ['dægə*] *n* pugnale *m*
daily ['deɪlɪ] *adj* quotidiano(a), giornaliero(a) ♦ *n* quotidiano ♦ *adv* tutti i giorni
dainty ['deɪntɪ] *adj* delicato(a), grazioso(a)
dairy ['dɛərɪ] *n* (*BRIT*: *shop*) latteria; (*on farm*) caseificio ♦ *adj* caseario(a); **~ farm** *n* caseificio; **~ products** *npl* latticini *mpl*; **~ store** (*US*) *n* latteria
dais ['deɪɪs] *n* pedana, palco
daisy ['deɪzɪ] *n* margherita; **~ wheel** *n* (*on printer*) margherita
dale [deɪl] (*BRIT*) *n* valle *f*
dam [dæm] *n* diga ♦ *vt* sbarrare; costruire dighe su
damage ['dæmɪdʒ] *n* danno, danni *mpl*; (*fig*) danno ♦ *vt* danneggiare; **~s** *npl* (*LAW*) danni
damn [dæm] *vt* condannare; (*curse*) maledire ♦ *n* (*inf*): **I don't give a ~** non me ne frega niente ♦ *adj* (*inf*: *also*: **~ed**): **this ~ ...** questo maledetto ...; **~ (it)!** accidenti!; **~ing** *adj* (*evidence*) schiacciante
damp [dæmp] *adj* umido(a) ♦ *n* umidità, umido ♦ *vt* (*also*: **~en**: *cloth, rag*) inumidire, bagnare; (: *enthusiasm etc*) spegnere
damson ['dæmzən] *n* susina damaschina
dance [dɑ:ns] *n* danza, ballo; (*ball*) ballo ♦ *vi* ballare; **~ hall** *n* dancing *m inv*, sala da ballo; **~r** *n* danzatore/trice; (*professional*) ballerino/a
dancing ['dɑ:nsɪŋ] *n* danza, ballo
dandelion ['dændɪlaɪən] *n* dente *m* di leone
dandruff ['dændrəf] *n* forfora
Dane [deɪn] *n* danese *m/f*
danger ['deɪndʒə*] *n* pericolo; **there is a ~ of fire** c'è pericolo di incendio; **in ~** in pericolo; **he was in ~ of falling** rischiava di cadere; **~ous** *adj* pericoloso(a)
dangle ['dæŋgl] *vt* dondolare; (*fig*) far balenare ♦ *vi* pendolare
Danish ['deɪnɪʃ] *adj* danese ♦ *n* (*LING*) danese *m*
dapper ['dæpə*] *adj* lindo(a)
dare [dɛə*] *vt*: **to ~ sb to do** sfidare qn a fare ♦ *vi*: **to ~ (to) do sth** osare fare qc; **I ~ say** (*I suppose*) immagino (che); **~devil** *n* scavezzacollo *m/f*; **daring** *adj* audace, ardito(a) ♦ *n* audacia
dark [dɑ:k] *adj* (*night, room*) buio(a), scuro(a); (*colour, complexion*) scu-

ro(a); (*fig*) cupo(a), tetro(a), nero(a) ♦ *n*: **in the ~** al buio; **in the ~ about** (*fig*) all'oscuro di; **after ~** a notte fatta; **~en** *vt* (*colour*) scurire ♦ *vi* (*sky, room*) oscurarsi; **~ glasses** *npl* occhiali *mpl* scuri; **~ness** *n* oscurità, buio; **~ room** *n* camera oscura

darling ['dɑ:lɪŋ] *adj* caro(a) ♦ *n* tesoro

darn [dɑ:n] *vt* rammendare

dart [dɑ:t] *n* freccetta; (*SEWING*) pince *f inv* ♦ *vi*: **to ~ towards** precipitarsi verso; **to ~ away/along** sfrecciare via/lungo; **~board** *n* bersaglio (per freccette); **~s** *n* tiro al bersaglio (con freccette)

dash [dæʃ] *n* (*sign*) lineetta; (*small quantity*) punta ♦ *vt* (*missile*) gettare; (*hopes*) infrangere ♦ *vi*: **to ~ towards** precipitarsi verso; **~ away** *or* **off** *vi* scappare via

dashboard ['dæʃbɔ:d] *n* (*AUT*) cruscotto

dashing ['dæʃɪŋ] *adj* ardito(a)

data ['deɪtə] *npl* dati *mpl*; **~base** *n* base *f* di dati, data base *m inv*; **~ processing** *n* elaborazione *f* (elettronica) dei dati

date [deɪt] *n* data; appuntamento; (*fruit*) dattero ♦ *vt* datare; (*person*) uscire con; **~ of birth** data di nascita; **to ~** (*until now*) fino a oggi; **~d** *adj* passato(a) di moda

daub [dɔ:b] *vt* imbrattare

daughter ['dɔ:tə*] *n* figlia; **~-in-law** *n* nuora

daunting ['dɔ:ntɪŋ] *adj* non invidiabile

dawdle ['dɔ:dl] *vi* bighellonare

dawn [dɔ:n] *n* alba ♦ *vi* (*day*) spuntare; (*fig*): **it ~ed on him that ...** gli è venuto in mente che ....

day [deɪ] *n* giorno; (*as duration*) giornata; (*period of time, age*) tempo, epoca; **the ~ before** il giorno avanti *or* prima; **the ~ after, the following ~** il giorno dopo *or* seguente; **the ~ after tomorrow** dopodomani; **the ~ before yesterday** l'altroieri; **by ~** di giorno; **~break** *n* spuntar *m* del giorno; **~dream** *vi* sognare a occhi aperti; **~light** *n* luce *f* del giorno; **~ return** (*BRIT*) *n* biglietto giornaliero di andata e ritorno; **~time** *n* giorno; **~-to-~** *adj* (*life, organization*) quotidiano(a)

daze [deɪz] *vt* (*subject: drug*) inebetire; (: *blow*) stordire ♦ *n*: **in a ~** inebetito(a); stordito(a)

dazzle ['dæzl] *vt* abbagliare

DC *abbr* (= *direct current*) c.c

D-day *n giorno dello sbarco alleato in Normandia*

dead [dɛd] *adj* morto(a); (*numb*) intirizzito(a); (*telephone*) muto(a); (*battery*) scarico(a) ♦ *adv* assolutamente, perfettamente ♦ *npl*: **the ~** i morti; **he was shot ~** fu colpito a morte; **~ tired** stanco(a) morto(a); **to stop ~** fermarsi di colpo; **~en** *vt* (*blow, sound*) ammortire; **~ end** *n* vicolo cieco; **~ heat** *n* (*SPORT*): **to finish in a ~ heat** finire alla pari; **~line** *n* scadenza; **~lock** *n* punto morto; **~ loss** *n*: **to be a ~ loss** (*inf*: *person, thing*) non valere niente; **~ly** *adj* mortale; (*weapon, poison*) micidiale; **~pan** *adj* a faccia impassibile

deaf [dɛf] *adj* sordo(a); **~en** *vt* assordare; **~ness** *n* sordità

deal [di:l] (*pt, pp* **dealt**) *n* accordo; (*business* ~) affare *m* ♦ *vt* (*blow, cards*) dare; **a great ~ (of)** molto(a); **~ in** *vt fus* occuparsi di; **~ with** *vt fus* (*COMM*) fare affari con, trattare con; (*handle*) occuparsi di; (*be about: book etc*) trattare di; **~er** *n* commerciante *m/f*; **~ings** *npl* (*COMM*) relazioni *fpl*; (*relations*) rapporti *mpl*; **dealt** [dɛlt] *pt, pp of* **deal**

dean [di:n] *n* (*REL*) decano; (*SCOL*) preside *m* di facoltà (*or* di collegio)

dear [dɪə*] *adj* caro(a) ♦ *n*: **my ~** caro mio/cara mia ♦ *excl*: **~ me!** Dio mio!; **D~ Sir/Madam** (*in letter*) Egregio Signore/Egregia Signora; **D~ Mr/Mrs X** Gentile Signor/

Signora X; **~ly** *adv* (*love*) moltissimo; (*pay*) a caro prezzo
death [dɛθ] *n* morte *f*; (*ADMIN*) decesso; ~ **certificate** *n* atto di decesso; **~ly** *adj* di morte; ~ **penalty** *n* pena di morte; ~ **rate** *n* indice *m* di mortalità; ~ **toll** *n* vittime *fpl*
debacle [dɪ'bækl] *n* fiasco
debar [dɪ'bɑː*] *vt*: **to ~ sb from doing** impedire a qn di fare
debase [dɪ'beɪs] *vt* (*currency*) adulterare; (*person*) degradare
debatable [dɪ'beɪtəbl] *adj* discutibile
debate [dɪ'beɪt] *n* dibattito ♦ *vt* dibattere; discutere
debauchery [dɪ'bɔːtʃərɪ] *n* dissolutezza
debit ['dɛbɪt] *n* debito ♦ *vt*: **to ~ a sum to sb** *or* **to sb's account** addebitare una somma a qn
debris ['dɛbriː] *n* detriti *mpl*
debt [dɛt] *n* debito; **to be in ~** essere indebitato(a); **~or** *n* debitore/trice
debunk [diː'bʌŋk] *vt* (*theory, claim*) smentire
début ['deɪbjuː] *n* debutto
decade ['dɛkeɪd] *n* decennio
decadence ['dɛkədəns] *n* decadenza
decaffeinated [dɪ'kæfɪneɪtɪd] *adj* decaffeinato(a)
decanter [dɪ'kæntə*] *n* caraffa
decay [dɪ'keɪ] *n* decadimento; (*also*: *tooth* ~) carie *f* ♦ *vi* (*rot*) imputridire
deceased [dɪ'siːst] *n* defunto/a
deceit [dɪ'siːt] *n* inganno; **~ful** *adj* ingannevole, perfido(a)
deceive [dɪ'siːv] *vt* ingannare
December [dɪ'sɛmbə*] *n* dicembre *m*
decent ['diːsənt] *adj* decente; (*respectable*) per bene; (*kind*) gentile
deception [dɪ'sɛpʃən] *n* inganno
deceptive [dɪ'sɛptɪv] *adj* ingannevole
decide [dɪ'saɪd] *vt* (*person*) far prendere una decisione a; (*question, argument*) risolvere, decidere ♦ *vi* decidere, decidersi; **to ~ to do/that** decidere di fare/che; **to ~ on** decidere per; **~d** *adj* (*resolute*) deciso(a); (*clear, definite*) netto(a), chiaro(a); **~dly** [-dɪdlɪ] *adv* indubbiamente; decisamente
decimal ['dɛsɪməl] *adj* decimale ♦ *n* decimale *m*; ~ **point** *n* ≈ virgola
decipher [dɪ'saɪfə*] *vt* decifrare
decision [dɪ'sɪʒən] *n* decisione *f*
decisive [dɪ'saɪsɪv] *adj* decisivo(a); (*person*) deciso(a)
deck [dɛk] *n* (*NAUT*) ponte *m*; (*of bus*): **top ~** imperiale *m*; (*record* ~) piatto; (*of cards*) mazzo; **~chair** *n* sedia a sdraio
declaration [dɛklə'reɪʃən] *n* dichiarazione *f*
declare [dɪ'klɛə*] *vt* dichiarare
decline [dɪ'klaɪn] *n* (*decay*) declino; (*lessening*) ribasso ♦ *vt* declinare; rifiutare ♦ *vi* declinare; diminuire
decode [diː'kəud] *vt* decifrare
decoder [diː'kəudə*] *n* (*TV*) decodificatore *m*
decompose [diːkəm'pəuz] *vi* decomporre
décor ['deɪkɔː*] *n* decorazione *f*
decorate ['dɛkəreɪt] *vt* (*adorn, give a medal to*) decorare; (*paint and paper*) tinteggiare e tappezzare; **decoration** [-'reɪʃən] *n* (*medal etc, adornment*) decorazione *f*; **decorator** *n* decoratore *m*
decorum [dɪ'kɔːrəm] *n* decoro
decoy ['diːkɔɪ] *n* zimbello
decrease [*n* 'diːkriːs, *vb* diː'kriːs] *n* diminuzione *f* ♦ *vt, vi* diminuire
decree [dɪ'kriː] *n* decreto; ~ **nisi** [-'naɪsaɪ] *n* sentenza provvisoria di divorzio
dedicate ['dɛdɪkeɪt] *vt* consacrare; (*book etc*) dedicare
dedication [dɛdɪ'keɪʃən] *n* (*devotion*) dedizione *f*; (*in book etc*) dedica
deduce [dɪ'djuːs] *vt* dedurre
deduct [dɪ'dʌkt] *vt*: **to ~ sth (from)** dedurre qc (da); **~ion** [dɪ'dʌkʃən] *n* deduzione *f*
deed [diːd] *n* azione *f*, atto; (*LAW*) atto
deem [diːm] *vt* giudicare, ritenere

deep [di:p] *adj* profondo(a); **4 metres ~** profondo(a) 4 metri ♦ *adv*: **spectators stood 20 ~** c'erano 20 file di spettatori; **~en** *vt* (*hole*) approfondire ♦ *vi* approfondirsi; (*darkness*) farsi più buio; **~-freeze** *n* congelatore *m*; **~-fry** *vt* friggere in olio abbondante; **~ly** *adv* profondamente; **~-sea diving** *n* immersione *f* in alto mare; **~-seated** *adj* radicato(a)

deer [dɪə*] *n inv*: **the ~** i cervidi; (**red**) **~** cervo; (**fallow**) **~** daino; (**roe**) **~** capriolo; **~skin** *n* pelle *f* di daino

deface [dɪ'feɪs] *vt* imbrattare

default [dɪ'fɔ:lt] *n* (*COMPUT*: *also*: **~** *value*) default *m inv*; **by ~** (*SPORT*) per abbandono

defeat [dɪ'fi:t] *n* sconfitta ♦ *vt* (*team, opponents*) sconfiggere; **~ist** *adj, n* disfattista *m/f*

defect [*n* 'di:fɛkt, *vb* dɪ'fɛkt] *n* difetto ♦ *vi*: **to ~ to the enemy** passare al nemico; **~ive** [dɪ'fɛktɪv] *adj* difettoso(a)

defence [dɪ'fɛns] (*US* **defense**) *n* difesa; **~less** *adj* senza difesa

defend [dɪ'fɛnd] *vt* difendere; **~ant** *n* imputato/a; **~er** *n* difensore/a

defense [dɪ'fɛns] (*US*) *n* = **defence**

defensive [dɪ'fɛnsɪv] *adj* difensivo(a) ♦ *n*: **on the ~** sulla difensiva

defer [dɪ'fə:*] *vt* (*postpone*) differire, rinviare

defiance [dɪ'faɪəns] *n* sfida; **in ~ of** a dispetto di

defiant [dɪ'faɪənt] *adj* (*attitude*) di sfida; (*person*) ribelle

deficiency [dɪ'fɪʃənsɪ] *n* deficienza; carenza

deficit ['dɛfɪsɪt] *n* deficit *m inv*

defile [dɪ'faɪl] *vt* deturpare

define [dɪ'faɪn] *vt* definire

definite ['dɛfɪnɪt] *adj* (*fixed*) definito(a), preciso(a); (*clear, obvious*) ben definito(a), esatto(a); (*LING*) determinativo(a); **he was ~ about it** ne era sicuro; **~ly** *adv* indubbiamente

definition [dɛfɪ'nɪʃən] *n* definizione *f*

deflate [di:'fleɪt] *vt* sgonfiare

deflect [dɪ'flɛkt] *vt* deflettere, deviare

deformed [dɪ'fɔ:md] *adj* deforme

defraud [dɪ'frɔ:d] *vt* defraudare

defrost [di:'frɔst] *vt* (*fridge*) disgelare; **~er** (*US*) *n* (*demister*) sbrinatore *m*

deft [dɛft] *adj* svelto(a), destro(a)

defunct [dɪ'fʌŋkt] *adj* che non esiste più

defuse [di:'fju:z] *vt* disinnescare; (*fig*) distendere

defy [dɪ'faɪ] *vt* sfidare; (*efforts etc*) resistere a; **it defies description** supera ogni descrizione

degenerate [*vb* dɪ'dʒɛnəreɪt, *adj* dɪ'dʒɛnərɪt] *vi* degenerare ♦ *adj* degenere

degree [dɪ'gri:] *n* grado; (*SCOL*) laurea (universitaria); **a** (**first**) **~ in maths** una laurea in matematica; **by ~s** (*gradually*) gradualmente, a poco a poco; **to some ~** fino a un certo punto, in certa misura

dehydrated [di:haɪ'dreɪtɪd] *adj* disidratato(a); (*milk, eggs*) in polvere

de-ice [di:'aɪs] *vt* (*windscreen*) disgelare

deign [deɪn] *vi*: **to ~ to do** degnarsi di fare

deity ['di:ɪtɪ] *n* divinità *f inv*

dejected [dɪ'dʒɛktɪd] *adj* abbattuto(a), avvilito(a)

delay [dɪ'leɪ] *vt* ritardare ♦ *vi*: **to ~** (**in doing sth**) ritardare (a fare qc) ♦ *n* ritardo; **to be ~ed** subire un ritardo; (*person*) essere trattenuto(a)

delectable [dɪ'lɛktəbl] *adj* (*person, food*) delizioso(a)

delegate [*n* 'dɛlɪgɪt, *vb* 'dɛlɪgeɪt] *n* delegato/a ♦ *vt* delegare; **delegation** [-'geɪʃən] *n* (*group*) delegazione *f*; (*by manager*) delega

delete [dɪ'li:t] *vt* cancellare

deliberate [*adj* dɪ'lɪbərɪt, *vb* dɪ'lɪbəreɪt] *adj* (*intentional*) intenzionale; (*slow*) misurato(a) ♦ *vi* deliberare, riflettere; **~ly** *adv* (*on purpose*) deliberatamente

delicacy ['dɛlɪkəsɪ] *n* delicatezza
delicate ['dɛlɪkɪt] *adj* delicato(a)
delicatessen [dɛlɪkə'tɛsn] *n* ≈ salumeria
delicious [dɪ'lɪʃəs] *adj* delizioso(a), squisito(a)
delight [dɪ'laɪt] *n* delizia, gran piacere *m* ♦ *vt* dilettare; **to take (a) ~ in** dilettarsi in; **~ed** *adj*: **~ed (at** *or* **with)** contentissimo(a) (di), felice (di); **~ed to do** felice di fare; **~ful** *adj* delizioso(a); incantevole
delinquent [dɪ'lɪŋkwənt] *adj, n* delinquente *m/f*
delirious [dɪ'lɪrɪəs] *adj*: **to be ~** delirare
deliver [dɪ'lɪvə*] *vt* (*mail*) distribuire; (*goods*) consegnare; (*speech*) pronunciare; (*MED*) far partorire; **~y** *n* distribuzione *f*; consegna; (*of speaker*) dizione *f*; (*MED*) parto
delude [dɪ'lu:d] *vt* illudere
deluge ['dɛlju:dʒ] *n* diluvio
delusion [dɪ'lu:ʒən] *n* illusione *f*
delve [dɛlv] *vi*: **to ~ into** frugare in; (*subject*) far ricerche in
demand [dɪ'mɑ:nd] *vt* richiedere; (*rights*) rivendicare ♦ *n* domanda; (*claim*) rivendicazione *f*; **in ~** ricercato(a), richiesto(a); **on ~** a richiesta; **~ing** *adj* (*boss*) esigente; (*work*) impegnativo(a)
demean [dɪ'mi:n] *vt*: **to ~ o.s.** umiliarsi
demeanour [dɪ'mi:nə*] (*US* **demeanor**) *n* comportamento; contegno
demented [dɪ'mɛntɪd] *adj* demente, impazzito(a)
demise [dɪ'maɪz] *n* decesso
demister [di:'mɪstə*] (*BRIT*) *n* (*AUT*) sbrinatore *m*
demo ['dɛməu] (*inf*) *n abbr* (= *demonstration*) manifestazione *f*
democracy [dɪ'mɔkrəsɪ] *n* democrazia
democrat ['dɛməkræt] *n* democratico/a; **~ic** [dɛmə'krætɪk] *adj* democratico(a)
demolish [dɪ'mɔlɪʃ] *vt* demolire
demonstrate ['dɛmənstreɪt] *vt* dimostrare, provare ♦ *vi* dimostrare, manifestare; **demonstration** [-'streɪʃən] *n* dimostrazione *f*; (*POL*) dimostrazione, manifestazione *f*; **demonstrator** *n* (*POL*) dimostrante *m/f*; (*COMM*) dimostratore/trice
demote [dɪ'məut] *vt* far retrocedere
demure [dɪ'mjuə*] *adj* contegnoso(a)
den [dɛn] *n* tana, covo; (*room*) buco
denatured alcohol [di:'neɪtʃəd-] (*US*) *n* alcool *m inv* denaturato
denial [dɪ'naɪəl] *n* diniego; rifiuto
denim ['dɛnɪm] *n* tessuto di cotone ritorto; **~s** *npl* (*jeans*) blue jeans *mpl*
Denmark ['dɛnmɑ:k] *n* Danimarca
denomination [dɪnɔmɪ'neɪʃən] *n* (*money*) valore *m*; (*REL*) confessione *f*
denounce [dɪ'nauns] *vt* denunciare
dense [dɛns] *adj* fitto(a); (*smoke*) denso(a); (*inf*: *person*) ottuso(a), duro(a)
density ['dɛnsɪtɪ] *n* densità *f inv*
dent [dɛnt] *n* ammaccatura ♦ *vt* (*also*: *make a ~ in*) ammaccare
dental ['dɛntl] *adj* dentale; **~ surgeon** *n* medico/a dentista
dentist ['dɛntɪst] *n* dentista *m/f*; **~ry** *n* odontoiatria
dentures ['dɛntʃəz] *npl* dentiera
deny [dɪ'naɪ] *vt* negare; (*refuse*) rifiutare
deodorant [di:'əudərənt] *n* deodorante *m*
depart [dɪ'pɑ:t] *vi* partire; **to ~ from** (*fig*) deviare da
department [dɪ'pɑ:tmənt] *n* (*COMM*) reparto; (*SCOL*) sezione *f*, dipartimento; (*POL*) ministero; **~ store** *n* grande magazzino
departure [dɪ'pɑ:tʃə*] *n* partenza; (*fig*): **~ from** deviazione *f* da; **a new ~** una svolta (decisiva); **~ lounge** *n* (*at airport*) sala d'attesa
depend [dɪ'pɛnd] *vi*: **to ~ on** dipendere da; (*rely on*) contare su; **it ~s** dipende; **~ing on the result ...** a seconda del risultato ...; **~able** *adj* fidato(a); (*car etc*) affidabile; **~ant** *n* persona a carico; **~ent** *adj*: **to be**

~ent on dipendere da; (*child, relative*) essere a carico di ♦ *n* = ~ant
depict [dɪ'pɪkt] *vt* (*in picture*) dipingere; (*in words*) descrivere
depleted [dɪ'pliːtɪd] *adj* diminuito(a)
deploy [dɪ'plɔɪ] *vt* dispiegare
depopulation ['diːpɔpju'leɪʃən] *n* spopolamento
deport [dɪ'pɔːt] *vt* deportare; espellere
deportment [dɪ'pɔːtmənt] *n* portamento
depose [dɪ'pəuz] *vt* deporre
deposit [dɪ'pɔzɪt] *n* (*COMM, GEO*) deposito; (*of ore, oil*) giacimento; (*CHEM*) sedimento; (*part payment*) acconto; (*for hired goods etc*) cauzione *f* ♦ *vt* depositare; dare in acconto; mettere *or* lasciare in deposito; ~ **account** *n* conto vincolato
depot ['dɛpəu] *n* deposito; (*US*) stazione *f* ferroviaria
depreciate [dɪ'priːʃɪeɪt] *vi* svalutarsi
depress [dɪ'prɛs] *vt* deprimere; (*price, wages*) abbassare; (*press down*) premere; ~**ed** *adj* (*person*) depresso(a), abbattuto(a); (*price*) in ribasso; (*industry*) in crisi; ~**ing** *adj* deprimente; ~**ion** [dɪ'prɛʃən] *n* depressione *f*
deprivation [dɛprɪ'veɪʃən] *n* privazione *f*
deprive [dɪ'praɪv] *vt*: **to ~ sb of** privare qn di; ~**d** *adj* disgraziato(a)
depth [dɛpθ] *n* profondità *f inv*; **in the ~s of** nel profondo di; nel cuore di; **out of one's ~** (*in water*) dove non si tocca; (*fig*) a disagio
deputize ['dɛpjutaɪz] *vi*: **to ~ for** svolgere le funzioni di
deputy ['dɛpjutɪ] *adj*: ~ **head** (*BRIT*: *SCOL*) vicepreside *m/f* ♦ *n* (*assistant*) vice *m/f inv*; (*US*: *also*: ~ *sheriff*) vice-sceriffo
derail [dɪ'reɪl] *vt*: **to be ~ed** deragliare
deranged [dɪ'reɪndʒd] *adj*: **to be (mentally) ~** essere pazzo(a)
derby ['dəːbɪ] (*US*) *n* (*bowler hat*) bombetta
derelict ['dɛrɪlɪkt] *adj* abbandonato(a)
derisory [dɪ'raɪsərɪ] *adj* (*sum*) irrisorio(a); (*laughter, person*) beffardo(a)
derive [dɪ'raɪv] *vt*: **to ~ sth from** derivare qc da; trarre qc da ♦ *vi*: **to ~ from** derivare da
derogatory [dɪ'rɔgətərɪ] *adj* denigratorio(a)
derv [dəːv] (*BRIT*) *n* gasolio
descend [dɪ'sɛnd] *vt, vi* discendere, scendere; **to ~ from** discendere da; **to ~ to** (*lying, begging*) abbassarsi a; ~**ant** *n* discendente *m/f*
descent [dɪ'sɛnt] *n* discesa; (*origin*) discendenza, famiglia
describe [dɪs'kraɪb] *vt* descrivere; **description** [-'krɪpʃən] *n* descrizione *f*; (*sort*) genere *m*, specie *f*
desecrate ['dɛsɪkreɪt] *vt* profanare
desert [*n* 'dɛzət, *vb* dɪ'zəːt] *n* deserto ♦ *vt* lasciare, abbandonare ♦ *vi* (*MIL*) disertare; ~**er** *n* disertore *m*; ~**ion** [dɪ'zəːʃən] *n* (*MIL*) diserzione *f*; (*LAW*) abbandono del tetto coniugale; ~ **island** *n* isola deserta; ~**s** [dɪ'zəːts] *npl*: **to get one's just ~s** avere ciò che si merita
deserve [dɪ'zəːv] *vt* meritare; **deserving** *adj* (*person*) meritevole, degno(a); (*cause*) meritorio(a)
design [dɪ'zaɪn] *n* (*art, sketch*) disegno; (*layout, shape*) linea; (*pattern*) fantasia; (*intention*) intenzione *f* ♦ *vt* disegnare; progettare
designer [dɪ'zaɪnə*] *n* (*ART, TECH*) disegnatore/trice; (*of fashion*) modellista *m/f*
desire [dɪ'zaɪə*] *n* desiderio, voglia ♦ *vt* desiderare, volere
desk [dɛsk] *n* (*in office*) scrivania; (*for pupil*) banco; (*BRIT*: *in shop, restaurant*) cassa; (*in hotel*) ricevimento; (*at airport*) accettazione *f*
desolate ['dɛsəlɪt] *adj* desolato(a)
despair [dɪs'pɛə*] *n* disperazione *f* ♦ *vi*: **to ~ of** disperare di
despatch [dɪs'pætʃ] *n, vt* = **dispatch**
desperate ['dɛspərɪt] *adj* dispera-

to(a); (*fugitive*) capace di tutto; **to be ~ for sth/to do** volere disperatamente qc/fare; **~ly** *adv* disperatamente; (*very*) terribilmente, estremamente

desperation [dɛspə'reɪʃən] *n* disperazione *f*

despicable [dɪs'pɪkəbl] *adj* disprezzabile

despise [dɪs'paɪz] *vt* disprezzare, sdegnare

despite [dɪs'paɪt] *prep* malgrado, a dispetto di, nonostante

despondent [dɪs'pɔndənt] *adj* abbattuto(a), scoraggiato(a)

dessert [dɪ'zə:t] *n* dolce *m*; frutta; **~spoon** *n* cucchiaio da dolci

destination [dɛstɪ'neɪʃən] *n* destinazione *f*

destined ['dɛstɪnd] *adj*: **to be ~ to do/for** essere destinato(a) a fare/per

destiny ['dɛstɪnɪ] *n* destino

destitute ['dɛstɪtju:t] *adj* indigente, bisognoso(a)

destroy [dɪs'trɔɪ] *vt* distruggere; **~er** *n* (*NAUT*) cacciatorpediniere *m*

destruction [dɪs'trʌkʃən] *n* distruzione *f*

detach [dɪ'tætʃ] *vt* staccare, distaccare; **~ed** *adj* (*attitude*) distante; **~ed house** *n* villa; **~ment** *n* (*MIL*) distaccamento; (*fig*) distacco

detail ['di:teɪl] *n* particolare *m*, dettaglio ♦ *vt* dettagliare, particolareggiare; **in ~** nei particolari; **~ed** *adj* particolareggiato(a)

detain [dɪ'teɪn] *vt* trattenere; (*in captivity*) detenere

detect [dɪ'tɛkt] *vt* scoprire, scorgere; (*MED, POLICE, RADAR etc*) individuare; **~ion** [dɪ'tɛkʃən] *n* scoperta; individuazione *f*; **~ive** *n* investigatore/trice; **~ive story** *n* giallo

détente [deɪ'tɑ:nt] *n* (*POL*) distensione *f*

detention [dɪ'tɛnʃən] *n* detenzione *f*; (*SCOL*) *permanenza forzata per punizione*

deter [dɪ'tə:*] *vt* dissuadere

detergent [dɪ'tə:dʒənt] *n* detersivo

deteriorate [dɪ'tɪərɪəreɪt] *vi* deteriorarsi

determine [dɪ'tə:mɪn] *vt* determinare; **~d** *adj* (*person*) risoluto(a), deciso(a); **~d to do** deciso(a) a fare

detour ['di:tuə*] *n* deviazione *f*

detract [dɪ'trækt] *vi*: **to ~ from** detrarre da

detriment ['dɛtrɪmənt] *n*: **to the ~ of** a detrimento di; **~al** [dɛtrɪ'mɛntl] *adj*: **~al to** dannoso(a) a, nocivo(a) a

devaluation [dɪvælju'eɪʃən] *n* svalutazione *f*

devastate ['dɛvəsteɪt] *vt* devastare; (*fig*): **~d by** sconvolto(a) da; **devastating** *adj* devastatore(trice); sconvolgente

develop [dɪ'vɛləp] *vt* sviluppare; (*habit*) prendere (gradualmente) ♦ *vi* svilupparsi; (*facts, symptoms: appear*) manifestarsi, rivelarsi; **~er** *n* (*also: property ~er*) costruttore *m* edile; **~ing country** *n* paese *m* in via di sviluppo; **~ment** *n* sviluppo

device [dɪ'vaɪs] *n* (*apparatus*) congegno

devil ['dɛvl] *n* diavolo; demonio

devious ['di:vɪəs] *adj* (*person*) subdolo(a)

devise [dɪ'vaɪz] *vt* escogitare, concepire

devoid [dɪ'vɔɪd] *adj*: **~ of** privo(a) di

devolution [di:və'lu:ʃən] *n* (*POL*) decentramento

devote [dɪ'vəut] *vt*: **to ~ sth to** dedicare qc a; **~d** *adj* devoto(a); **to be ~d to sb** essere molto affezionato(a) a qn; **~e** [dɛvəu'ti:] *n* (*MUS, SPORT*) appassionato/a

devotion [dɪ'vəuʃən] *n* devozione *f*, attaccamento; (*REL*) atto di devozione, preghiera

devour [dɪ'vauə*] *vt* divorare

devout [dɪ'vaut] *adj* pio(a), devoto(a)

dew [dju:] *n* rugiada

dexterity [dɛks'tɛrɪtɪ] *n* destrezza

diabetes [daɪə'bi:ti:z] *n* diabete *m*; **diabetic** [-'bɛtɪk] *adj*, *n* diabetico(a)
diabolical [daɪə'bɔlɪkl] (*inf*) *adj* (*weather*, *behaviour*) orribile
diagnoses [daɪəg'nəusi:z] *npl of* **diagnosis**
diagnosis [daɪəg'nəusɪs] (*pl* **diagnoses**) *n* diagnosi *f inv*
diagonal [daɪ'ægənl] *adj* diagonale ♦ *n* diagonale *f*
diagram ['daɪəgræm] *n* diagramma *m*
dial ['daɪəl] *n* quadrante *m*; (*on radio*) lancetta; (*on telephone*) disco combinatore ♦ *vt* (*number*) fare
dialect ['daɪəlɛkt] *n* dialetto
dialling code ['daɪəlɪŋ-] (*US* **dial code**) *n* prefisso
dialling tone ['daɪəlɪŋ-] (*US* **dial tone**) *n* segnale *m* di linea libera
dialogue ['daɪəlɔg] (*US* **dialog**) *n* dialogo
diameter [daɪ'æmɪtə*] *n* diametro
diamond ['daɪəmənd] *n* diamante *m*; (*shape*) rombo; **~s** *npl* (*CARDS*) quadri *mpl*
diaper ['daɪəpə*] (*US*) *n* pannolino
diaphragm ['daɪəfræm] *n* diaframma *m*
diarrhoea [daɪə'ri:ə] (*US* **diarrhea**) *n* diarrea
diary ['daɪərɪ] *n* (*daily account*) diario; (*book*) agenda
dice [daɪs] *n inv* dado ♦ *vt* (*CULIN*) tagliare a dadini
Dictaphone ['dɪktəfəun] ® *n* dittafono ®
dictate [dɪk'teɪt] *vt* dettare
dictation [dɪk'teɪʃən] *n* dettatura; (*SCOL*) dettato
dictator [dɪk'teɪtə*] *n* dittatore *m*; **~ship** *n* dittatura
dictionary ['dɪkʃənrɪ] *n* dizionario
did [dɪd] *pt of* **do**
didn't = **did not**
die [daɪ] *vi* morire; **to be dying for sth/to do sth** morire dalla voglia di qc/di fare qc; **~ away** *vi* spegnersi a poco a poco; **~ down** *vi* abbassarsi; **~ out** *vi* estinguersi
diehard ['daɪhɑ:d] *n* reazionario/a
diesel ['di:zəl] *n* (*vehicle*) diesel *m inv*; **~ engine** *n* motore *m* diesel *inv*; **~ (oil)** *n* gasolio (per motori diesel), diesel *m inv*
diet ['daɪət] *n* alimentazione *f*; (*restricted food*) dieta ♦ *vi* (*also*: *be on a* ~) stare a dieta
differ ['dɪfə*] *vi*: **to ~ from sth** differire da qc; essere diverso(a) da qc; **to ~ from sb over sth** essere in disaccordo con qn su qc; **~ence** *n* differenza; (*disagreement*) screzio; **~ent** *adj* diverso(a); **~entiate** [-'rɛnʃɪeɪt] *vi*: **to ~entiate between** discriminare *or* fare differenza fra
difficult ['dɪfɪkəlt] *adj* difficile; **~y** *n* difficoltà *f inv*
diffident ['dɪfɪdənt] *adj* sfiduciato(a)
diffuse [*adj* dɪ'fju:s, *vb* dɪ'fju:z] *adj* diffuso(a) ♦ *vt* diffondere
dig [dɪg] (*pt, pp* **dug**) *vt* (*hole*) scavare; (*garden*) vangare ♦ *n* (*prod*) gomitata; (*archaeological*) scavo; (*fig*) frecciata; **~ into** *vt fus* (*savings*) scavare in; **to ~ one's nails into** conficcare le unghie in; **~ up** *vt* (*tree etc*) sradicare; (*information*) scavare fuori
digest [*vb* daɪ'dʒɛst, *n* 'daɪdʒɛst] *vt* digerire ♦ *n* compendio; **~ion** [dɪ'dʒɛstʃən] *n* digestione *f*; **~ive** *adj* (*juices, system*) digerente
digit ['dɪdʒɪt] *n* cifra; (*finger*) dito; **~al** *adj* digitale
dignified ['dɪgnɪfaɪd] *adj* dignitoso(a)
dignity ['dɪgnɪtɪ] *n* dignità
digress [daɪ'grɛs] *vi*: **to ~ from** divagare da
digs [dɪgz] (*BRIT*: *inf*) *npl* camera ammobiliata
dike [daɪk] *n* = **dyke**
dilapidated [dɪ'læpɪdeɪtɪd] *adj* cadente
dilemma [daɪ'lɛmə] *n* dilemma *m*
diligent ['dɪlɪdʒənt] *adj* diligente
dilute [daɪ'lu:t] *vt* diluire; (*with water*) annacquare
dim [dɪm] *adj* (*light*) debole; (*outline*,

figure) vago(a); (*room*) in penombra; (*inf*: *person*) tonto(a) ♦ *vt* (*light*) abbassare
dime [daɪm] (*US*) *n* = *10 cents*
dimension [daɪ'mɛnʃən] *n* dimensione *f*
diminish [dɪ'mɪnɪʃ] *vt*, *vi* diminuire
diminutive [dɪ'mɪnjutɪv] *adj* minuscolo(a) ♦ *n* (*LING*) diminutivo
dimmers ['dɪməz] (*US*) *npl* (*AUT*) anabbaglianti *mpl*; luci *fpl* di posizione
dimple ['dɪmpl] *n* fossetta
din [dɪn] *n* chiasso, fracasso
dine [daɪn] *vi* pranzare; **~r** *n* (*person*) cliente *m/f*; (*US*: *place*) tavola calda
dinghy ['dɪŋgɪ] *n* battello pneumatico; (*also*: *rubber* ~) gommone *m*
dingy ['dɪndʒɪ] *adj* grigio(a)
dining car ['daɪnɪŋ-] (*BRIT*) *n* vagone *m* ristorante
dining room ['daɪnɪŋ-] *n* sala da pranzo
dinner ['dɪnə*] *n* (*lunch*) pranzo; (*evening meal*) cena; (*public*) banchetto; ~ **jacket** *n* smoking *m inv*; ~ **party** *n* cena; ~ **time** *n* ora di pranzo (*or* cena)
dint [dɪnt] *n*: **by** ~ **of** a forza di
dip [dɪp] *n* discesa; (*in sea*) bagno; (*CULIN*) salsetta ♦ *vt* immergere; bagnare; (*BRIT*: *AUT*: *lights*) abbassare ♦ *vi* abbassarsi
diphthong ['dɪfθɔŋ] *n* dittongo
diploma [dɪ'pləumə] *n* diploma *m*
diplomacy [dɪ'pləuməsɪ] *n* diplomazia
diplomat ['dɪpləmæt] *n* diplomatico; **~ic** [dɪplə'mætɪk] *adj* diplomatico(a)
diprod ['daɪprɔd] (*US*) *n* = **dipstick**
dipstick ['dɪpstɪk] *n* (*AUT*) indicatore *m* di livello dell'olio
dipswitch ['dɪpswɪtʃ] (*BRIT*) *n* (*AUT*) levetta dei fari
dire [daɪə*] *adj* terribile; estremo(a)
direct [daɪ'rɛkt] *adj* diretto(a) ♦ *vt* dirigere; (*order*): **to ~ sb to do sth** dare direttive a qn di fare qc ♦ *adv* direttamente; **can you ~ me to ...?** mi può indicare la strada per ...?
direction [dɪ'rɛkʃən] *n* direzione *f*; **~s** *npl* (*advice*) chiarimenti *mpl*; **sense of ~** senso dell'orientamento; **~s for use** istruzioni *fpl*
directly [dɪ'rɛktlɪ] *adv* (*in straight line*) direttamente; (*at once*) subito
director [dɪ'rɛktə*] *n* direttore/trice; amministratore/trice; (*THEATRE, CINEMA*) regista *m/f*
directory [dɪ'rɛktərɪ] *n* elenco
dirt [də:t] *n* sporcizia; immondizia; (*earth*) terra; **~-cheap** *adj* da due soldi; **~y** *adj* sporco(a) ♦ *vt* sporcare; **~y trick** *n* brutto scherzo
disability [dɪsə'bɪlɪtɪ] *n* invalidità *f inv*; (*LAW*) incapacità *f inv*
disabled [dɪs'eɪbld] *adj* invalido(a); (*mentally*) ritardato(a) ♦ *npl*: **the ~** gli invalidi
disadvantage [dɪsəd'vɑ:ntɪdʒ] *n* svantaggio
disaffection [dɪsə'fɛkʃən] *n*: ~ **(with)** allontanamento (da)
disagree [dɪsə'gri:] *vi* (*differ*) discordare; (*be against, think otherwise*): **to ~ (with)** essere in disaccordo (con), dissentire (da); **~able** *adj* sgradevole; (*person*) antipatico(a); **~ment** *n* disaccordo; (*argument*) dissapore *m*
disallow [dɪsə'lau] *vt* (*appeal*) respingere
disappear [dɪsə'pɪə*] *vi* scomparire; **~ance** *n* scomparsa
disappoint [dɪsə'pɔɪnt] *vt* deludere; **~ed** *adj* deluso(a); **~ing** *adj* deludente; **~ment** *n* delusione *f*
disapproval [dɪsə'pru:vəl] *n* disapprovazione *f*
disapprove [dɪsə'pru:v] *vi*: **to ~ of** disapprovare
disarm [dɪs'ɑ:m] *vt* disarmare; **~ament** *n* disarmo
disarray [dɪsə'reɪ] *n*: **in ~** (*army*) in rotta; (*organization*) in uno stato di confusione; (*clothes, hair*) in disordine
disaster [dɪ'zɑ:stə*] *n* disastro
disband [dɪs'bænd] *vt* sbandare;

(*MIL*) congedare ♦ *vi* sciogliersi
disbelief ['dɪsbə'liːf] *n* incredulità
disc [dɪsk] *n* disco; (*COMPUT*) = disk
discard [dɪs'kɑːd] *vt* (*old things*) scartare; (*fig*) abbandonare
discern [dɪ'səːn] *vt* discernere, distinguere; **~ing** *adj* perspicace
discharge [*vb* dɪs'tʃɑːdʒ, *n* 'dɪstʃɑːdʒ] *vt* (*duties*) compiere; (*ELEC, waste etc*) scaricare; (*MED*) emettere; (*patient*) dimettere; (*employee*) licenziare; (*soldier*) congedare; (*defendant*) liberare ♦ *n* (*ELEC*) scarica; (*MED*) emissione *f*; (*dismissal*) licenziamento; congedo; liberazione *f*
disciple [dɪ'saɪpl] *n* discepolo
discipline ['dɪsɪplɪn] *n* disciplina ♦ *vt* disciplinare; (*punish*) punire
disc jockey *n* disc jockey *m inv*
disclaim [dɪs'kleɪm] *vt* negare, smentire
disclose [dɪs'kləuz] *vt* rivelare, svelare; **disclosure** [-'kləuʒə*] *n* rivelazione *f*
disco ['dɪskəu] *n abbr* = **discothèque**
discoloured [dɪs'kʌləd] (*US* **discolored**) *adj* scolorito(a); ingiallito(a)
discomfort [dɪs'kʌmfət] *n* disagio; (*lack of comfort*) scomodità *f inv*
disconcert [dɪskən'səːt] *vt* sconcertare
disconnect [dɪskə'nɛkt] *vt* sconnettere, staccare; (*ELEC, RADIO*) staccare; (*gas, water*) chiudere
discontent [dɪskən'tɛnt] *n* scontentezza; **~ed** *adj* scontento(a)
discontinue [dɪskən'tɪnjuː] *vt* smettere, cessare; "**~d**" (*COMM*) "fuori produzione"
discord ['dɪskɔːd] *n* disaccordo; (*MUS*) dissonanza
discothèque ['dɪskəutɛk] *n* discoteca
discount [*n* 'dɪskaunt, *vb* dɪs'kaunt] *n* sconto ♦ *vt* scontare; (*idea*) non badare a
discourage [dɪs'kʌrɪdʒ] *vt* scoraggiare
discourteous [dɪs'kəːtɪəs] *adj* scortese
discover [dɪs'kʌvə*] *vt* scoprire; **~y** *n* scoperta
discredit [dɪs'krɛdɪt] *vt* screditare; mettere in dubbio
discreet [dɪ'skriːt] *adj* discreto(a)
discrepancy [dɪ'skrɛpənsɪ] *n* discrepanza
discriminate [dɪ'skrɪmɪneɪt] *vi*: **to ~ between** distinguere tra; **to ~ against** discriminare contro; **discriminating** *adj* fine, giudizioso(a); **discrimination** [-'neɪʃən] *n* discriminazione *f*; (*judgment*) discernimento
discuss [dɪ'skʌs] *vt* discutere; (*debate*) dibattere; **~ion** [dɪ'skʌʃən] *n* discussione *f*
disdain [dɪs'deɪn] *n* disdegno
disease [dɪ'ziːz] *n* malattia
disembark [dɪsɪm'bɑːk] *vt, vi* sbarcare
disengage [dɪsɪn'geɪdʒ] *vt* (*AUT*: *clutch*) disinnestare
disentangle [dɪsɪn'tæŋgl] *vt* liberare; (*wool etc*) sbrogliare
disfigure [dɪs'fɪgə*] *vt* sfigurare
disgrace [dɪs'greɪs] *n* vergogna; (*disfavour*) disgrazia ♦ *vt* disonorare, far cadere in disgrazia; **~ful** *adj* scandaloso(a), vergognoso(a)
disgruntled [dɪs'grʌntld] *adj* scontento(a), di cattivo umore
disguise [dɪs'gaɪz] *n* travestimento ♦ *vt*: **to ~ (as)** travestire (da); **in ~** travestito(a)
disgust [dɪs'gʌst] *n* disgusto, nausea ♦ *vt* disgustare, far schifo a; **~ing** *adj* disgustoso(a); ripugnante
dish [dɪʃ] *n* piatto; **to do** *or* **wash the ~es** fare i piatti; **~ out** *vt* distribuire; **~ up** *vt* servire; **~cloth** *n* strofinaccio
dishearten [dɪs'hɑːtn] *vt* scoraggiare
dishevelled [dɪ'ʃɛvəld] *adj* arruffato(a); scapigliato(a)
dishonest [dɪs'ɔnɪst] *adj* disonesto(a)
dishonour [dɪs'ɔnə*] (*US* **dishonor**)

n disonore *m*; **~able** *adj* disonorevole
dishtowel ['dɪʃtauəl] (*US*) *n* strofinaccio dei piatti
dishwasher ['dɪʃwɔʃə*] *n* lavastoviglie *f inv*
disillusion [dɪsɪ'lu:ʒən] *vt* disilludere, disingannare
disincentive [dɪsɪn'sɛntɪv] *n*: **to be a ~** non essere un incentivo
disinfect [dɪsɪn'fɛkt] *vt* disinfettare; **~ant** *n* disinfettante *m*
disintegrate [dɪs'ɪntɪgreɪt] *vi* disintegrarsi
disinterested [dɪs'ɪntrəstɪd] *adj* disinteressato(a)
disjointed [dɪs'dʒɔɪntɪd] *adj* sconnesso(a)
disk [dɪsk] *n* (*COMPUT*) disco; **single-/double-sided ~** disco a facciata singola/doppia; **~ drive** *n* lettore *m*; **~ette** (*US*) *n* = **disk**
dislike [dɪs'laɪk] *n* antipatia, avversione *f*; (*gen pl*) cosa che non piace ♦ *vt*: **he ~s it** non gli piace
dislocate ['dɪsləkeɪt] *vt* slogare
dislodge [dɪs'lɔdʒ] *vt* rimuovere
disloyal [dɪs'lɔɪəl] *adj* sleale
dismal ['dɪzml] *adj* triste, cupo(a)
dismantle [dɪs'mæntl] *vt* (*machine*) smontare
dismay [dɪs'meɪ] *n* costernazione *f* ♦ *vt* sgomentare
dismiss [dɪs'mɪs] *vt* congedare; (*employee*) licenziare; (*idea*) scacciare; (*LAW*) respingere; **~al** *n* congedo; licenziamento
dismount [dɪs'maunt] *vi* scendere
disobedience [dɪsə'bi:dɪəns] *n* disubbidienza
disobedient [dɪsə'bi:dɪənt] *adj* disubbidiente
disobey [dɪsə'beɪ] *vt* disubbidire a
disorder [dɪs'ɔ:də*] *n* disordine *m*; (*rioting*) tumulto; (*MED*) disturbo; **~ly** *adj* disordinato(a); tumultuoso(a)
disorientated [dɪs'ɔ:rɪɛnteɪtɪd] *adj* disorientato(a)
disown [dɪs'əun] *vt* rinnegare
disparaging [dɪs'pærɪdʒɪŋ] *adj* spregiativo(a), sprezzante
dispassionate [dɪs'pæʃənət] *adj* calmo(a), freddo(a); imparziale
dispatch [dɪs'pætʃ] *vt* spedire, inviare ♦ *n* spedizione *f*, invio; (*MIL, PRESS*) dispaccio
dispel [dɪs'pɛl] *vt* dissipare, scacciare
dispense [dɪs'pɛns] *vt* distribuire, amministrare; **~ with** *vt fus* fare a meno di; **~r** *n* (*container*) distributore *m*; **dispensing chemist** (*BRIT*) *n* farmacista *m/f*
disperse [dɪs'pə:s] *vt* disperdere; (*knowledge*) disseminare ♦ *vi* disperdersi
dispirited [dɪs'pɪrɪtɪd] *adj* scoraggiato(a), abbattuto(a)
displace [dɪs'pleɪs] *vt* spostare; **~d person** *n* (*POL*) profugo/a
display [dɪs'pleɪ] *n* esposizione *f*; (*of feeling etc*) manifestazione *f*; (*screen*) schermo ♦ *vt* mostrare; (*goods*) esporre; (*pej*) ostentare
displease [dɪs'pli:z] *vt* dispiacere a, scontentare; **~d with** scontento di; **displeasure** [-'plɛʒə*] *n* dispiacere *m*
disposable [dɪs'pəuzəbl] *adj* (*pack etc*) a perdere; (*income*) disponibile; **~ nappy** *n* pannolino di carta
disposal [dɪs'pəuzl] *n* eliminazione *f*; (*of property*) cessione *f*; **at one's ~** alla sua disposizione
dispose [dɪs'pəuz] *vi*: **~ of** sbarazzarsi di; **~d** *adj*: **~d to do** disposto(a) a fare; **disposition** [-'zɪʃən] *n* disposizione *f*; (*temperament*) carattere *m*
disproportionate [dɪsprə'pɔ:ʃənət] *adj* sproporzionato(a)
disprove [dɪs'pru:v] *vt* confutare
dispute [dɪs'pju:t] *n* disputa; (*also*: *industrial* ~) controversia (sindacale) ♦ *vt* contestare; (*matter*) discutere; (*victory*) disputare
disqualify [dɪs'kwɔlɪfaɪ] *vt* (*SPORT*) squalificare; **to ~ sb from sth/from doing** rendere qn incapace a qc/a

fare; squalificare qn da qc/da fare; **to ~ sb from driving** ritirare la patente a qn

disquiet [dɪs'kwaɪət] *n* inquietudine *f*

disregard [dɪsrɪ'gɑːd] *vt* non far caso a, non badare a

disrepair [dɪsrɪ'pɛə*] *n*: **to fall into ~** (*building*) andare in rovina; (*machine*) deteriorarsi

disreputable [dɪs'rɛpjutəbl] *adj* poco raccomandabile; indecente

disrupt [dɪs'rʌpt] *vt* disturbare; creare scompiglio in

dissatisfaction [dɪssætɪs'fækʃən] *n* scontentezza, insoddisfazione *f*

dissect [dɪ'sɛkt] *vt* sezionare

dissent [dɪ'sɛnt] *n* dissenso

dissertation [dɪsə'teɪʃən] *n* tesi *f inv*, dissertazione *f*

disservice [dɪs'səːvɪs] *n*: **to do sb a ~** fare un cattivo servizio a qn

dissimilar [dɪ'sɪmɪlə*] *adj*: **~ (to)** dissimile *or* diverso(a) (da)

dissipate ['dɪsɪpeɪt] *vt* dissipare

dissolute ['dɪsəluːt] *adj* dissoluto(a), licenzioso(a)

dissolution [dɪsə'luːʃən] *n* (*of organization, marriage, POL*) scioglimento

dissolve [dɪ'zɔlv] *vt* dissolvere, sciogliere; (*POL, marriage etc*) sciogliere ♦ *vi* dissolversi, sciogliersi

distance ['dɪstns] *n* distanza; **in the ~** in lontananza

distant ['dɪstnt] *adj* lontano(a), distante; (*manner*) riservato(a), freddo(a)

distaste [dɪs'teɪst] *n* ripugnanza; **~ful** *adj* ripugnante, sgradevole

distended [dɪs'tɛndɪd] *adj* (*stomach*) dilatato(a)

distil [dɪs'tɪl] (*US* **distill**) *vt* distillare; **~lery** *n* distilleria

distinct [dɪs'tɪŋkt] *adj* distinto(a); **as ~ from** a differenza di; **~ion** [dɪs'tɪŋkʃən] *n* distinzione *f*; (*in exam*) lode *f*; **~ive** *adj* distintivo(a)

distinguish [dɪs'tɪŋgwɪʃ] *vt* distinguere; discernere; **~ed** *adj* (*eminent*) eminente; **~ing** *adj* (*feature*) distinto(a), caratteristico(a)

distort [dɪs'tɔːt] *vt* distorcere; (*TECH*) deformare

distract [dɪs'trækt] *vt* distrarre; **~ed** *adj* distratto(a); **~ion** [dɪs'trækʃən] *n* distrazione *f*

distraught [dɪs'trɔːt] *adj* stravolto(a)

distress [dɪs'trɛs] *n* angoscia ♦ *vt* affliggere; **~ing** *adj* doloroso(a); **~ signal** *n* segnale *m* di soccorso

distribute [dɪs'trɪbjuːt] *vt* distribuire; **distribution** [-'bjuːʃən] *n* distribuzione *f*; **distributor** *n* distributore *m*

district ['dɪstrɪkt] *n* (*of country*) regione *f*; (*of town*) quartiere *m*; (*ADMIN*) distretto; **~ attorney** (*US*) *n* ≈ sostituto procuratore *m* della Repubblica; **~ nurse** (*BRIT*) *n* infermiera di quartiere

distrust [dɪs'trʌst] *n* diffidenza, sfiducia ♦ *vt* non aver fiducia in

disturb [dɪs'təːb] *vt* disturbare; **~ance** *n* disturbo; (*political etc*) disordini *mpl*; **~ed** *adj* (*worried, upset*) turbato(a); **emotionally ~ed** con turbe emotive; **~ing** *adj* sconvolgente

disuse [dɪs'juːs] *n*: **to fall into ~** cadere in disuso

disused [dɪs'juːzd] *adj* abbandonato(a)

ditch [dɪtʃ] *n* fossa ♦ *vt* (*inf*) piantare in asso

dither ['dɪðə*] (*pej*) *vi* vacillare

ditto ['dɪtəu] *adv* idem

dive [daɪv] *n* tuffo; (*of submarine*) immersione *f* ♦ *vi* tuffarsi; immergersi; **~r** *n* tuffatore/trice; palombaro

diverse [daɪ'vəːs] *adj* vario(a)

diversion [daɪ'vəːʃən] *n* (*BRIT: AUT*) deviazione *f*; (*distraction*) divertimento

divert [daɪ'vəːt] *vt* deviare

divide [dɪ'vaɪd] *vt* dividere; (*separate*) separare ♦ *vi* dividersi; **~d highway** (*US*) *n* strada a doppia carreggiata

dividend ['dɪvɪdɛnd] *n* dividendo; (*fig*): to pay ~s dare dei frutti
divine [dɪ'vaɪn] *adj* divino(a)
diving ['daɪvɪŋ] *n* tuffo; ~ **board** *n* trampolino
divinity [dɪ'vɪnɪtɪ] *n* divinità *f inv*; teologia
division [dɪ'vɪʒən] *n* divisione *f*; separazione *f*; (*esp FOOTBALL*) serie *f*
divorce [dɪ'vɔːs] *n* divorzio ♦ *vt* divorziare da; (*dissociate*) separare; ~**d** *adj* divorziato(a); ~**e** [-'siː] *n* divorziato/a
D.I.Y. (*BRIT*) *n abbr* = **do-it-yourself**
dizzy ['dɪzɪ] *adj*: **to feel** ~ avere il capogiro
DJ *n abbr* = **disc jockey**

KEYWORD

do [duː] (*pt* **did**, *pp* **done**) *n* (*inf*: *party etc*) festa; **it was rather a grand** ~ è stato un ricevimento piuttosto importante
♦ *vb* **1** (*in negative constructions*) *non tradotto*; **I don't understand** non capisco
2 (*to form questions*) *non tradotto*; **didn't you know?** non lo sapevi?; **why didn't you come?** perché non sei venuto?
3 (*for emphasis, in polite expressions*): **she does seem rather late** sembra essere piuttosto in ritardo; ~ **sit down** si accomodi la prego, prego si sieda; ~ **take care!** mi raccomando, sta attento!
4 (*used to avoid repeating vb*): **she swims better than I** ~ lei nuota meglio di me; ~ **you agree?** — **yes, I** ~/**no, I don't** sei d'accordo? — sì/no; **she lives in Glasgow** — **so** ~ **I** lei vive a Glasgow — anch'io; **he asked me to help him and I did** mi ha chiesto di aiutarlo ed io l'ho fatto
5 (*in question tags*): **you like him, don't you?** ti piace, vero?; **I don't know him,** ~ **I?** non lo conosco, vero?
♦ *vt* (*gen, carry out, perform etc*) fare; **what are you ~ing tonight?** che fa stasera?; **to ~ the cooking** cucinare; **to ~ the washing-up** fare i piatti; **to ~ one's teeth** lavarsi i denti; **to ~ one's hair/nails** farsi i capelli/le unghie; **the car was ~ing 100** la macchina faceva i 100 all'ora
♦ *vi* **1** (*act, behave*) fare; ~ **as I** ~ faccia come me, faccia come faccio io
2 (*get on, fare*) andare; **he's ~ing well/badly at school** va bene/male a scuola; **how** ~ **you** ~? piacere!
3 (*suit*) andare bene; **this room will** ~ questa stanza va bene
4 (*be sufficient*) bastare; **will £10** ~? basteranno 10 sterline?; **that'll** ~ basta così; **that'll** ~! (*in annoyance*) ora basta!; **to make** ~ **(with)** arrangiarsi (con)
do away with *vt fus* (*kill*) far fuori; (*abolish*) abolire
do up *vt* (*laces*) allacciare; (*dress, buttons*) abbottonare; (*renovate*: *room, house*) rimettere a nuovo, rifare
do with *vt fus* (*need*) aver bisogno di; (*be connected*): **what has it got to** ~ **with you?** e tu che c'entri?; **I won't have anything to** ~ **with it** non voglio avere niente a che farci; **it has to** ~ **with money** si tratta di soldi
do without *vi* fare senza ♦ *vt fus* fare a meno di

dock [dɔk] *n* (*NAUT*) bacino; (*LAW*) banco degli imputati ♦ *vi* entrare in bacino; (*SPACE*) agganciarsi; ~**s** *npl* (*NAUT*) dock *m inv*; ~**er** *n* scaricatore *m*; ~**yard** *n* cantiere *m* (navale)
doctor ['dɔktə*] *n* medico/a; (*Ph.D. etc*) dottore/essa ♦ *vt* (*drink etc*) adulterare; **D~ of Philosophy** *n* dottorato di ricerca; (*person*) titolare *m/f* di un dottorato di ricerca
doctrine ['dɔktrɪn] *n* dottrina
document ['dɔkjumənt] *n* documen-

to; ~**ary** [-'mɛntərɪ] *adj* (*evidence*) documentato(a) ♦ *n* documentario
dodge [dɔdʒ] *n* trucco; schivata ♦ *vt* schivare, eludere
dodgems ['dɔdʒəmz] (*BRIT*) *npl* autoscontri *mpl*
doe [dəu] *n* (*deer*) femmina di daino; (*rabbit*) coniglia
does [dʌz] *vb see* **do**; **doesn't** = **does not**
dog [dɔg] *n* cane *m* ♦ *vt* (*follow closely*) pedinare; (*fig*: *memory etc*) perseguitare; ~ **collar** *n* collare *m* di cane; (*fig*) collarino; ~**-eared** *adj* (*book*) con orecchie
dogged ['dɔgɪd] *adj* ostinato(a), tenace
dogsbody ['dɔgzbɔdɪ] (*BRIT*: *inf*) *n* factotum *m inv*
doings ['duɪŋz] *npl* attività *fpl*
do-it-yourself *n* il far da sé
doldrums ['dɔldrəmz] *npl* (*fig*): **to be in the** ~ avere un brutto periodo
dole [dəul] (*BRIT*) *n* sussidio di disoccupazione; **to be on the** ~ vivere del sussidio; ~ **out** *vt* distribuire
doleful ['dəulful] *adj* triste
doll [dɔl] *n* bambola; ~**ed up** (*inf*) *adj* in ghingheri
dollar ['dɔlə*] *n* dollaro
dolphin ['dɔlfɪn] *n* delfino
domain [də'meɪn] *n* dominio
dome [dəum] *n* cupola
domestic [də'mɛstɪk] *adj* (*duty, happiness, animal*) domestico(a); (*policy, affairs, flights*) nazionale; ~**ated** *adj* addomesticato(a)
dominate ['dɔmɪneɪt] *vt* dominare
domineering [dɔmɪ'nɪərɪŋ] *adj* dispotico(a), autoritario(a)
dominion [də'mɪnɪən] *n* dominio; sovranità; dominion *m inv*
domino ['dɔmɪnəu] (*pl* ~**es**) *n* domino; ~**es** *n* (*game*) gioco del domino
don [dɔn] (*BRIT*) *n* docente *m/f* universitario(a)
donate [də'neɪt] *vt* donare
done [dʌn] *pp of* **do**
donkey ['dɔŋkɪ] *n* asino
donor ['dəunə*] *n* donatore/trice
don't [dəunt] = **do not**
doodle ['du:dl] *vi* scarabocchiare
doom [du:m] *n* destino; rovina ♦ *vt*: **to be** ~**ed** (**to failure**) essere predestinato(a) (a fallire); ~**sday** *n* il giorno del Giudizio
door [dɔ:*] *n* porta; ~**bell** *n* campanello; ~ **handle** *n* maniglia; ~**man** *n* (*in hotel*) portiere *m* in livrea; ~**mat** *n* stuoia della porta; ~**step** *n* gradino della porta; ~**way** *n* porta
dope [dəup] *n* (*inf*: *drugs*) roba ♦ *vt* (*horse etc*) drogare
dopey ['dəupɪ] (*inf*) *adj* inebetito(a)
dormant ['dɔ:mənt] *adj* inattivo(a)
dormice ['dɔ:maɪs] *npl of* **dormouse**
dormitory ['dɔ:mɪtrɪ] *n* dormitorio; (*US*) casa dello studente
dormouse ['dɔ:maus] (*pl* **dormice**) *n* ghiro
dosage ['dəusɪdʒ] *n* posologia
dose [dəus] *n* dose *f*; (*bout*) attacco
doss house ['dɔs-] (*BRIT*) *n* asilo notturno
dot [dɔt] *n* punto; macchiolina ♦ *vt*: ~**ted with** punteggiato(a) di; **on the** ~ in punto
dote [dəut]: ~ **on** *vt fus* essere infatuato(a) di
dot-matrix printer [dɔt'meɪtrɪks-] *n* stampante *f* a matrice a punti
dotted line ['dɔtɪd-] *n* linea punteggiata
double ['dʌbl] *adj* doppio(a) ♦ *adv* (*twice*): **to cost** ~ (**sth**) costare il doppio (di qc) ♦ *n* sosia *m inv* ♦ *vt* raddoppiare; (*fold*) piegare doppio *or* in due ♦ *vi* raddoppiarsi; **at the** ~ (*BRIT*), **on the** ~ a passo di corsa; ~ **bass** *n* contrabbasso; ~ **bed** *n* letto matrimoniale; ~**-breasted** *adj* a doppio petto; ~**cross** *vt* fare il doppio gioco con; ~**decker** *n* autobus *m inv* a due piani; ~ **glazing** (*BRIT*) *n* doppi vetri *mpl*; ~ **room** *n* camera per due; ~**s** *n* (*TENNIS*) doppio; **doubly** *adv* doppiamente
doubt [daut] *n* dubbio ♦ *vt* dubitare di; **to** ~ **that** dubitare che + *sub*; ~**ful** *adj* dubbioso(a), incerto(a);

(*person*) equivoco(a); **~less** *adv* indubbiamente
dough [dəu] *n* pasta, impasto; **~nut** *n* bombolone *m*
douse [dauz] *vt* (*drench*) inzuppare; (*extinguish*) spegnere
dove [dʌv] *n* colombo/a
dovetail ['dʌvteɪl] *vi* (*fig*) combaciare
dowdy ['daudɪ] *adj* trasandato(a); malvestito(a)
down [daun] *n* piume *fpl* ♦ *adv* giù, di sotto ♦ *prep* giù per ♦ *vt* (*inf*: *drink*) scolarsi; ~ **with** X! abbasso X!; **~-and-out** *n* barbone *m*; **~-at-heel** *adj* scalcagnato(a); **~cast** *adj* abbattuto(a); **~fall** *n* caduta; rovina; **~hearted** *adj* scoraggiato(a); **~hill** *adv*: **to go ~hill** andare in discesa; (*fig*) lasciarsi andare; andare a rotoli; ~ **payment** *n* acconto; **~pour** *n* scroscio di pioggia; **~right** *adj* franco(a); (*refusal*) assoluto(a); **~stairs** *adv* di sotto; al piano inferiore; **~stream** *adv* a valle; **~-to-earth** *adj* pratico(a); **~town** *adv* in città; ~ **under** *adv* (*Australia etc*) agli antipodi; **~ward** ['daunwəd] *adj*, *adv* in giù, in discesa; **~wards** ['daunwədz] *adv* = **~ward**
dowry ['daurɪ] *n* dote *f*
doz. *abbr* = **dozen**
doze [dəuz] *vi* sonnecchiare; ~ **off** *vi* appisolarsi
dozen ['dʌzn] *n* dozzina; **a ~ books** una dozzina di libri; **~s of** decine *fpl* di
Dr. *abbr* (= *doctor*) dott.; (*in street names*) = **drive** *n*
drab [dræb] *adj* tetro(a), grigio(a)
draft [drɑ:ft] *n* abbozzo; (*POL*) bozza; (*COMM*) tratta; (*US*: *call-up*) leva ♦ *vt* abbozzare; *see also* **draught**
draftsman ['drɑ:ftsmən] (*US*) *n* = **draughtsman**
drag [dræg] *vt* trascinare; (*river*) dragare ♦ *vi* trascinarsi ♦ *n* (*inf*) noioso/a; noia, fatica; (*women's clothing*): **in** ~ travestito (da donna); ~ **on** *vi* tirar avanti lentamente
dragon ['drægən] *n* drago
dragonfly ['drægənflaɪ] *n* libellula
drain [dreɪn] *n* (*for sewage*) fogna; (*on resources*) salasso ♦ *vt* (*land, marshes*) prosciugare; (*vegetables*) scolare ♦ *vi* (*water*) defluire (via); **~age** *n* prosciugamento; fognatura; **~ing board** (*US* **~board**) *n* piano del lavello; **~pipe** *n* tubo di scarico
drama ['drɑ:mə] *n* (*art*) dramma *m*, teatro; (*play*) commedia; (*event*) dramma; **~tic** [drə'mætɪk] *adj* drammatico(a); **~tist** ['dræmətɪst] *n* drammaturgo/a; **~tize** *vt* (*events*) drammatizzare; (*adapt*: *for TV/cinema*) ridurre *or* adattare per la televisione/lo schermo
drank [dræŋk] *pt of* **drink**
drape [dreɪp] *vt* drappeggiare; **~r** (*BRIT*) *n* negoziante *m/f* di stoffe; **~s** (*US*) *npl* (*curtains*) tende *fpl*
drastic ['dræstɪk] *adj* drastico(a)
draught [drɑ:ft] (*US* **draft**) *n* corrente *f* d'aria; (*NAUT*) pescaggio; **on** ~ (*beer*) alla spina; **~board** (*BRIT*) *n* scacchiera; **~s** (*BRIT*) *n* (gioco della) dama
draughtsman ['drɑ:ftsmən] (*US* **draftsman**) *n* disegnatore *m*
draw [drɔ:] (*pt* **drew**, *pp* **drawn**) *vt* tirare; (*take out*) estrarre; (*attract*) attirare; (*picture*) disegnare; (*line, circle*) tracciare; (*money*) ritirare ♦ *vi* (*SPORT*) pareggiare ♦ *n* pareggio; (*in lottery*) estrazione *f*; **to ~ near** avvicinarsi; ~ **out** *vi* (*lengthen*) allungarsi ♦ *vt* (*money*) ritirare; ~ **up** *vi* (*stop*) arrestarsi, fermarsi ♦ *vt* (*chair*) avvicinare; (*document*) compilare; **~back** *n* svantaggio, inconveniente *m*; **~bridge** *n* ponte *m* levatoio
drawer [drɔ:*] *n* cassetto
drawing ['drɔ:ɪŋ] *n* disegno; ~ **board** *n* tavola da disegno; ~ **pin** (*BRIT*) *n* puntina da disegno; ~ **room** *n* salotto
drawl [drɔ:l] *n* pronuncia strascicata

drawn [drɔ:n] *pp of* **draw**
dread [drɛd] *n* terrore *m* ♦ *vt* tremare all'idea di; **~ful** *adj* terribile
dream [dri:m] (*pt, pp* **dreamed** *or* **dreamt**) *n* sogno ♦ *vt, vi* sognare; **dreamt** [drɛmt] *pt, pp of* **dream**; **~y** *adj* sognante
dreary ['drɪərɪ] *adj* tetro(a); monotono(a)
dredge [drɛdʒ] *vt* dragare
dregs [drɛgz] *npl* feccia
drench [drɛntʃ] *vt* inzuppare
dress [drɛs] *n* vestito; (*no pl: clothing*) abbigliamento ♦ *vt* vestire; (*wound*) fasciare ♦ *vi* vestirsi; **to get ~ed** vestirsi; **~ up** *vi* vestirsi a festa; (*in fancy dress*) vestirsi in costume; **~ circle** (*BRIT*) *n* prima galleria; **~er** *n* (*BRIT: cupboard*) credenza; (*US*) cassettone *m*; **~ing** *n* (*MED*) benda; (*CULIN*) condimento; **~ing gown** (*BRIT*) *n* vestaglia; **~ing room** *n* (*THEATRE*) camerino; (*SPORT*) spogliatoio; **~ing table** *n* toilette *f inv*; **~maker** *n* sarta; **~ rehearsal** *n* prova generale; **~y** (*inf*) *adj* elegante
drew [dru:] *pt of* **draw**
dribble ['drɪbl] *vi* (*baby*) sbavare ♦ *vt* (*ball*) dribblare
dried [draɪd] *adj* (*fruit, beans*) secco(a); (*eggs, milk*) in polvere
drier ['draɪə*] *n* = **dryer**
drift [drɪft] *n* (*of current etc*) direzione *f*; forza; (*of snow*) cumulo; turbine *m*; (*general meaning*) senso ♦ *vi* (*boat*) essere trasportato(a) dalla corrente; (*sand, snow*) ammucchiarsi; **~wood** *n* resti *mpl* della mareggiata
drill [drɪl] *n* trapano; (*MIL*) esercitazione *f* ♦ *vt* trapanare; (*troops*) addestrare ♦ *vi* (*for oil*) fare trivellazioni
drink [drɪŋk] (*pt* **drank**, *pp* **drunk**) *n* bevanda, bibita; (*alcoholic ~*) bicchierino; (*sip*) sorso ♦ *vt, vi* bere; **to have a ~** bere qualcosa; **a ~ of water** un po' d'acqua; **~er** *n* bevitore/trice; **~ing water** *n* acqua potabile
drip [drɪp] *n* goccia; gocciolamento; (*MED*) fleboclisi *f inv* ♦ *vi* gocciolare; (*tap*) sgocciolare; **~-dry** *adj* (*shirt*) che non si stira; **~ping** *n* grasso d'arrosto
drive [draɪv] (*pt* **drove**, *pp* **driven**) *n* passeggiata *or* giro in macchina; (*also: ~way*) viale *m* d'accesso; (*energy*) energia; (*campaign*) campagna; (*also: disk ~*) lettore *m* ♦ *vt* guidare; (*nail*) piantare; (*push*) cacciare, spingere; (*TECH: motor*) azionare; far funzionare ♦ *vi* (*AUT: at controls*) guidare; (*: travel*) andare in macchina; **left-/right-hand ~** guida a sinistra/destra; **to ~ sb mad** far impazzire qn
drivel ['drɪvl] (*inf*) *n* idiozie *fpl*
driven ['drɪvn] *pp of* **drive**
driver ['draɪvə*] *n* conducente *m/f*; (*of taxi*) tassista *m*; (*chauffeur, of bus*) autista *m/f*; **~'s license** (*US*) *n* patente *f* di guida
driveway ['draɪvweɪ] *n* viale *m* d'accesso
driving ['draɪvɪŋ] *n* guida; **~ instructor** *n* istruttore/trice di scuola guida; **~ lesson** *n* lezione *f* di guida; **~ licence** (*BRIT*) *n* patente *f* di guida; **~ mirror** *n* specchietto retrovisore; **~ school** *n* scuola *f* guida *inv*; **~ test** *n* esame *m* di guida
drizzle ['drɪzl] *n* pioggerella
drone [drəun] *n* ronzio; (*male bee*) fuco
drool [dru:l] *vi* sbavare
droop [dru:p] *vi* (*flower*) appassire; (*head, shoulders*) chinarsi
drop [drɔp] *n* (*of water*) goccia; (*lessening*) diminuzione *f*; (*fall*) caduta ♦ *vt* lasciare cadere; (*voice, eyes, price*) abbassare; (*set down from car*) far scendere; (*name from list*) lasciare fuori ♦ *vi* cascare; (*wind*) abbassarsi; **~s** *npl* (*MED*) gocce *fpl*; **~ off** *vi* (*sleep*) addormentarsi ♦ *vt* (*passenger*) far scendere; **~ out** *vi* (*withdraw*) ritirarsi; (*student etc*) smettere di studiare;

~-out *n* (*from society/from university*) chi ha abbandonato (la società/gli studi); **~per** *n* contagocce *m inv*; **~pings** *npl* sterco
drought [draut] *n* siccità *f inv*
drove [drəuv] *pt of* **drive**
drown [draun] *vt* affogare; (*fig*: *noise*) soffocare ♦ *vi* affogare
drowsy ['drauzı] *adj* sonnolento(a), assonnato(a)
drudgery ['drʌdʒərı] *n* lavoro faticoso
drug [drʌg] *n* farmaco; (*narcotic*) droga ♦ *vt* drogare; **to be on ~s** drogarsi; (*MED*) prendere medicinali; **hard/soft ~s** droghe pesanti/leggere; **~ addict** *n* tossicomane *m/f*; **~gist** (*US*) *n persona che gestisce un drugstore;* **~store** (*US*) *n* drugstore *m inv*
drum [drʌm] *n* tamburo; (*for oil, petrol*) fusto ♦ *vi* tamburellare; **~s** *npl* (*set of ~s*) batteria; **~mer** *n* batterista *m/f*
drunk [drʌŋk] *pp of* **drink** ♦ *adj* ubriaco(a); ebbro(a) ♦ *n* (*also*: *~ard*) ubriacone/a; **~en** *adj* ubriaco(a); da ubriaco
dry [draı] *adj* secco(a); (*day, clothes*) asciutto(a) ♦ *vt* seccare; (*clothes, hair, hands*) asciugare ♦ *vi* asciugarsi; **~ up** *vi* seccarsi; **~-cleaner's** *n* lavasecco *m inv*; **~-cleaning** *n* pulitura a secco; **~er** *n* (*for hair*) föhn *m inv*, asciugacapelli *m inv*; (*for clothes*) asciugabiancheria; (*US*: *spin-dryer*) centrifuga; **~ goods store** (*US*) *n* negozio di stoffe; **~ rot** *n* fungo del legno
DSS *n abbr* (= *Department of Social Security*) *ministero della Previdenza sociale*
dual ['djuəl] *adj* doppio(a); **~ carriageway** (*BRIT*) *n* strada a doppia carreggiata; **~-purpose** *adj* a doppio uso
dubbed [dʌbd] *adj* (*CINEMA*) doppiato(a)
dubious ['dju:bıəs] *adj* dubbio(a)
Dublin ['dʌblın] *n* Dublino *f*
duchess ['dʌtʃıs] *n* duchessa
duck [dʌk] *n* anatra ♦ *vi* abbassare la testa; **~ling** *n* anatroccolo
duct [dʌkt] *n* condotto; (*ANAT*) canale *m*
dud [dʌd] *n* (*object, tool*): **it's a ~** è inutile, non funziona ♦ *adj*: **~ cheque** (*BRIT*) assegno a vuoto
due [dju:] *adj* dovuto(a); (*expected*) atteso(a); (*fitting*) giusto(a) ♦ *n* dovuto ♦ *adv*: **~ north** diritto verso nord; **~s** *npl* (*for club, union*) quota; (*in harbour*) diritti *mpl* di porto; **in ~ course** a tempo debito; finalmente; **~ to** dovuto a; a causa di; **to be ~ to do** dover fare
duet [dju:'ɛt] *n* duetto
duffel bag ['dʌfl-] *n* sacca da viaggio di tela
duffel coat ['dʌfl-] *n* montgomery *m inv*
dug [dʌg] *pt, pp of* **dig**
duke [dju:k] *n* duca *m*
dull [dʌl] *adj* (*light*) debole; (*boring*) noioso(a); (*slow-witted*) ottuso(a); (*sound, pain*) sordo(a); (*weather, day*) fosco(a), scuro(a) ♦ *vt* (*pain, grief*) attutire; (*mind, senses*) intorpidire
duly ['dju:lı] *adv* (*on time*) a tempo debito; (*as expected*) debitamente
dumb [dʌm] *adj* muto(a); (*pej*) stupido(a); **~founded** [dʌm'faundıd] *adj* stupito(a), stordito(a)
dummy ['dʌmı] *n* (*tailor's model*) manichino; (*TECH, COMM*) riproduzione *f*; (*BRIT*: *for baby*) tettarella ♦ *adj* falso(a), finto(a)
dump [dʌmp] *n* (*also*: *rubbish ~*) discarica di rifiuti; (*inf*: *place*) buco ♦ *vt* (*put down*) scaricare; mettere giù; (*get rid of*) buttar via
dumpling ['dʌmplıŋ] *n specie di gnocco*
dumpy ['dʌmpı] *adj* tracagnotto(a)
dunce [dʌns] *n* (*SCOL*) somaro/a
dung [dʌŋ] *n* concime *m*
dungarees [dʌŋgə'ri:z] *npl* tuta
dungeon ['dʌndʒən] *n* prigione *f* sotterranea

dupe [dju:p] *n* zimbello ♦ *vt* gabbare, ingannare
duplex ['dju:plɛks] (*US*) *n* (*house*) *casa con muro divisorio in comune con un'altra*; (*apartment*) appartamento su due piani
duplicate [*n* 'dju:plɪkət, *vb* 'dju:plɪkeɪt] *n* doppio ♦ *vt* duplicare; **in ~** in doppia copia
durable ['djuərəbl] *adj* durevole; (*clothes, metal*) resistente
duration [djuə'reɪʃən] *n* durata
duress [djuə'rɛs] *n*: **under ~** sotto costrizione
during ['djuərɪŋ] *prep* durante, nel corso di
dusk [dʌsk] *n* crepuscolo
dust [dʌst] *n* polvere *f* ♦ *vt* (*furniture*) spolverare; (*cake etc*): **to ~ with** cospargere con; **~bin** (*BRIT*) *n* pattumiera; **~er** *n* straccio per la polvere; **~man** (*BRIT*) *n* netturbino; **~y** *adj* polveroso(a)
Dutch [dʌtʃ] *adj* olandese ♦ *n* (*LING*) olandese *m*; **the ~** *npl* gli Olandesi; **to go ~** (*inf*) fare alla romana; **~man/woman** *n* olandese *m/f*
dutiful ['dju:tɪful] *adj* (*child*) rispettoso(a)
duty ['dju:tɪ] *n* dovere *m*; (*tax*) dazio, tassa; **on ~** di servizio; **off ~** libero(a), fuori servizio; **~-free** *adj* esente da dazio
duvet ['du:veɪ] (*BRIT*) *n* piumino, piumone *m*
dwarf [dwɔ:f] *n* nano/a ♦ *vt* far apparire piccolo
dwell [dwɛl] (*pt, pp* **dwelt**) *vi* dimorare; **~ on** *vt fus* indugiare su; **~ing** *n* dimora; **dwelt** *pt, pp of* **dwell**
dwindle ['dwɪndl] *vi* diminuire, decrescere
dye [daɪ] *n* tinta ♦ *vt* tingere
dying ['daɪɪŋ] *adj* morente, moribondo(a)
dyke [daɪk] (*BRIT*) *n* diga
dynamic [daɪ'næmɪk] *adj* dinamico(a)
dynamite ['daɪnəmaɪt] *n* dinamite *f*
dynamo ['daɪnəməu] *n* dinamo *f inv*
dyslexia [dɪs'lɛksɪə] *n* dislessia

E

E [i:] *n* (*MUS*) mi *m*
each [i:tʃ] *adj* ogni, ciascuno(a) ♦ *pron* ciascuno(a), ognuno(a); **~ one** ognuno(a); **~ other** si (*or* ci *etc*); **they hate ~ other** si odiano (l'un l'altro); **you are jealous of ~ other** siete gelosi l'uno dell'altro; **they have 2 books ~** hanno 2 libri ciascuno
eager ['i:gə*] *adj* impaziente; desideroso(a); ardente; **to be ~ for** essere desideroso di, aver gran voglia di
eagle ['i:gl] *n* aquila
ear [ɪə*] *n* orecchio; (*of corn*) pannocchia; **~ache** *n* mal *m* d'orecchi; **~drum** *n* timpano
earl [ə:l] (*BRIT*) *n* conte *m*
earlier ['ə:lɪə*] *adj* precedente ♦ *adv* prima
early ['ə:lɪ] *adv* presto, di buon'ora; (*ahead of time*) in anticipo ♦ *adj* (*near the beginning*) primo(a); (*sooner than expected*) prematuro(a); (*quick*: *reply*) veloce; **at an ~ hour** di buon'ora; **to have an ~ night** andare a letto presto; **in the ~** *or* **~ in the spring/19th century** all'inizio della primavera/dell'Ottocento; **~ retirement** *n* ritiro anticipato
earmark ['ɪəmɑ:k] *vt*: **to ~ sth for** destinare qc a
earn [ə:n] *vt* guadagnare; (*rest, reward*) meritare
earnest ['ə:nɪst] *adj* serio(a); **in ~** sul serio
earnings ['ə:nɪŋz] *npl* guadagni *mpl*; (*salary*) stipendio
earphones ['ɪəfəunz] *npl* cuffia
earring ['ɪərɪŋ] *n* orecchino
earshot ['ɪəʃɔt] *n*: **within ~** a portata d'orecchio
earth [ə:θ] *n* terra ♦ *vt* (*BRIT*: *ELEC*) mettere a terra; **~enware** *n*

terracotta; stoviglie *fpl* di terracotta; **~quake** *n* terremoto; **~y** *adj* (*fig*) grossolano(a)
ease [i:z] *n* agio, comodo ♦ *vt* (*soothe*) calmare; (*loosen*) allentare; **to ~ sth out/in** tirare fuori/infilare qc con delicatezza; facilitare l'uscita/l'entrata di qc; **at ~** a proprio agio; (*MIL*) a riposo; **~ off** *or* **up** *vi* diminuire; (*slow down*) rallentare
easel ['i:zl] *n* cavalletto
easily ['i:zılı] *adv* facilmente
east [i:st] *n* est *m* ♦ *adj* dell'est ♦ *adv* a oriente; **the E~** l'Oriente *m*; (*POL*) l'Est
Easter ['i:stə*] *n* Pasqua; **~ egg** *n* uovo di Pasqua
easterly ['i:stəlı] *adj* dall'est, d'oriente
eastern ['i:stən] *adj* orientale, d'oriente; dell'est
East Germany *n* Germania dell'Est
eastward(s) ['i:stwəd(z)] *adv* verso est, verso levante
easy ['i:zı] *adj* facile; (*manner*) disinvolto(a) ♦ *adv*: **to take it** *or* **things ~** prendersela con calma; **~ chair** *n* poltrona; **~-going** *adj* accomodante
eat [i:t] (*pt* **ate**, *pp* **eaten**) *vt*, *vi* mangiare; **~ away at** *vt fus* rodere; **~ into** *vt fus* rodere; **~en** ['i:tn] *pp of* eat
eaves [i:vz] *npl* gronda
eavesdrop ['i:vzdrɔp] *vi*: **to ~ (on a conversation)** origliare (una conversazione)
ebb [ɛb] *n* riflusso ♦ *vi* rifluire; (*fig*: *also*: **~ away**) declinare
ebony ['ɛbənı] *n* ebano
EC *n abbr* (= *European Community*) CEE *f*
eccentric [ık'sɛntrık] *adj*, *n* eccentrico(a)
echo ['ɛkəu] (*pl* **~es**) *n* eco *m or f* ♦ *vt* ripetere; fare eco a ♦ *vi* echeggiare; dare un eco
éclair [eı'klɛə*] *n* ≈ bignè *m inv*
eclipse [ı'klıps] *n* eclissi *f inv*
ecology [ı'kɔlədʒı] *n* ecologia
economic [i:kə'nɔmık] *adj* economico(a); (*person*) economo(a); **~s** *n* economia ♦ *npl* lato finanziario
economize [ı'kɔnəmaız] *vi* risparmiare, fare economia
economy [ı'kɔnəmı] *n* economia; **~ class** *n* (*AVIAT*) classe *f* turistica; **~ size** *n* (*COMM*) confezione *f* economica
ecstasy ['ɛkstəsı] *n* estasi *f inv*
ECU ['eıkju:] *n abbr* (= *European Currency Unit*) ECU *m inv*
eczema ['ɛksımə] *n* eczema *m*
edge [ɛdʒ] *n* margine *m*; (*of table, plate, cup*) orlo; (*of knife etc*) taglio ♦ *vt* bordare; **on ~** (*fig*) = **edgy**; **to ~ away from** sgattaiolare da; **~ways** *adv*: **he couldn't get a word in ~ways** non riuscì a dire una parola; **edgy** *adj* nervoso(a)
edible ['ɛdıbl] *adj* commestibile; (*meal*) mangiabile
edict ['i:dıkt] *n* editto
Edinburgh ['ɛdınbərə] *n* Edimburgo *f*
edit ['ɛdıt] *vt* curare; **~ion** [ı'dıʃən] *n* edizione *f*; **~or** *n* (*in newspaper*) redattore/trice; redattore/trice capo; (*of sb's work*) curatore/trice; **~orial** [-'tɔ:rıəl] *adj* redazionale, editoriale ♦ *n* editoriale *m*
educate ['ɛdjukeıt] *vt* istruire; educare
education [ɛdju'keıʃən] *n* educazione *f*; (*schooling*) istruzione *f*; **~al** *adj* pedagogico(a); scolastico(a); istruttivo(a)
EEC *n abbr* = **EC**
eel [i:l] *n* anguilla
eerie ['ıərı] *adj* che fa accapponare la pelle
effect [ı'fɛkt] *n* effetto ♦ *vt* effettuare; **to take ~** (*law*) entrare in vigore; (*drug*) fare effetto; **in ~** effettivamente; **~ive** *adj* efficace; (*actual*) effettivo(a); **~ively** *adv* efficacemente; effettivamente; **~iveness** *n* efficacia
effeminate [ı'fɛmınıt] *adj* effeminato(a)

efficiency [ɪ'fɪʃənsɪ] *n* efficienza; rendimento effettivo
efficient [ɪ'fɪʃənt] *adj* efficiente
effort ['ɛfət] *n* sforzo
effrontery [ɪ'frʌntərɪ] *n* sfrontatezza
effusive [ɪ'fju:sɪv] *adj* (*handshake, welcome*) caloroso(a)
e.g. *adv abbr* (= *exempli gratia*) per esempio, p.es
egg [ɛg] *n* uovo; **hard-boiled/soft-boiled** ~ uovo sodo/alla coque; ~ **on** *vt* incitare; ~**cup** *n* portauovo *m inv*; ~**plant** *n* (*especially US*) melanzana; ~**shell** *n* guscio d'uovo
ego ['i:gəu] *n* ego *m inv*
egotism ['ɛgəutɪzəm] *n* egotismo
Egypt ['i:dʒɪpt] *n* Egitto; ~**ian** [ɪ'dʒɪpʃən] *adj, n* egiziano(a)
eiderdown ['aɪdədaun] *n* piumino
eight [eɪt] *num* otto; ~**een** *num* diciotto; **eighth** [eɪtθ] *num* ottavo(a); ~**y** *num* ottanta
Eire ['ɛərə] *n* Repubblica d'Irlanda
either ['aɪðə*] *adj* l'uno(a) o l'altro(a); (*both, each*) ciascuno(a) ♦ *pron*: ~ **(of them)** (o) l'uno(a) o l'altro(a) ♦ *adv* neanche ♦ *conj*: ~ **good or bad** o buono o cattivo; **on** ~ **side** su ciascun lato; **I don't like** ~ non mi piace né l'uno né l'altro; **no, I don't** ~ no, neanch'io
eject [ɪ'dʒɛkt] *vt* espellere; lanciare
eke [i:k]: **to** ~ **out** *vt* far durare; aumentare
elaborate [*adj* ɪ'læbərɪt, *vb* ɪ'læbəreɪt] *adj* elaborato(a), minuzioso(a) ♦ *vt* elaborare ♦ *vi* fornire i particolari
elapse [ɪ'læps] *vi* trascorrere, passare
elastic [ɪ'læstɪk] *adj* elastico(a) ♦ *n* elastico; ~ **band** (*BRIT*) *n* elastico
elated [ɪ'leɪtɪd] *adj* pieno(a) di gioia
elbow ['ɛlbəu] *n* gomito
elder ['ɛldə*] *adj* maggiore, più vecchio(a) ♦ *n* (*tree*) sambuco; **one's** ~**s** i più anziani; ~**ly** *adj* anziano(a) ♦ *npl*: **the** ~**ly** gli anziani
eldest ['ɛldɪst] *adj, n*: **the** ~ **(child)** il(la) maggiore (dei bambini)
elect [ɪ'lɛkt] *vt* eleggere ♦ *adj*: **the president** ~ il presidente designato; **to** ~ **to do** decidere di fare; ~**ion** [ɪ'lɛkʃən] *n* elezione *f*; ~**ioneering** [ɪlɛkʃə'nɪərɪŋ] *n* propaganda elettorale; ~**or** *n* elettore/trice; ~**orate** *n* elettorato
electric [ɪ'lɛktrɪk] *adj* elettrico(a); ~**al** *adj* elettrico(a); ~ **blanket** *n* coperta elettrica; ~ **fire** *n* stufa elettrica
electrician [ɪlɛk'trɪʃən] *n* elettricista *m*
electricity [ɪlɛk'trɪsɪtɪ] *n* elettricità
electrify [ɪ'lɛktrɪfaɪ] *vt* (*RAIL*) elettrificare; (*audience*) elettrizzare
electrocute [ɪ'lɛktrəukju:t] *vt* fulminare
electronic [ɪlɛk'trɔnɪk] *adj* elettronico(a); ~ **mail** *n* posta elettronica; ~**s** *n* elettronica
elegant ['ɛlɪgənt] *adj* elegante
element ['ɛlɪmənt] *n* elemento; (*of heater, kettle etc*) resistenza; ~**ary** [-'mɛntərɪ] *adj* elementare
elephant ['ɛlɪfənt] *n* elefante/essa
elevation [ɛlɪ'veɪʃən] *n* elevazione *f*
elevator ['ɛlɪveɪtə*] *n* elevatore *m*; (*US*: *lift*) ascensore *m*
eleven [ɪ'lɛvn] *num* undici; ~**ses** (*BRIT*) *n* caffè *m* a metà mattina; ~**th** *adj* undicesimo(a)
elicit [ɪ'lɪsɪt] *vt*: **to** ~ **(from)** trarre (da), cavare fuori (da)
eligible ['ɛlɪdʒəbl] *adj* eleggibile; (*for membership*) che ha i requisiti
elm [ɛlm] *n* olmo
elocution [ɛlə'kju:ʃən] *n* dizione *f*
elongated ['i:lɔŋgeɪtɪd] *adj* allungato(a)
elope [ɪ'ləup] *vi* (*lovers*) scappare; ~**ment** *n* fuga
eloquent ['ɛləkwənt] *adj* eloquente
else [ɛls] *adv* altro; **something** ~ qualcos'altro; **somewhere** ~ altrove; **everywhere** ~ in qualsiasi altro luogo; **nobody** ~ nessun altro; **where** ~? in quale altro luogo?; **little** ~ poco altro; ~**where** *adv* altrove

elucidate [ɪ'lu:sɪdeɪt] *vt* delucidare
elude [ɪ'lu:d] *vt* eludere
elusive [ɪ'lu:sɪv] *adj* elusivo(a)
emaciated [ɪ'meɪsɪeɪtɪd] *adj* emaciato(a)
emanate ['ɛməneɪt] *vi*: to ~ **from** provenire da
emancipate [ɪ'mænsɪpeɪt] *vt* emancipare
embankment [ɪm'bæŋkmənt] *n* (*of road, railway*) terrapieno
embark [ɪm'bɑ:k] *vi*: to ~ **(on)** imbarcarsi (su) ♦ *vt* imbarcare; to ~ **on** (*fig*) imbarcarsi in; **~ation** [ɛmbɑ:'keɪʃən] *n* imbarco
embarrass [ɪm'bærəs] *vt* imbarazzare; **~ed** *adj* imbarazzato(a); **~ing** *adj* imbarazzante; **~ment** *n* imbarazzo
embassy ['ɛmbəsɪ] *n* ambasciata
embedded [ɪm'bɛdɪd] *adj* incastrato(a)
embellish [ɪm'bɛlɪʃ] *vt* abbellire
embers ['ɛmbəz] *npl* braci *fpl*
embezzle [ɪm'bɛzl] *vt* appropriarsi indebitamente di
embitter [ɪm'bɪtə*] *vt* amareggiare; inasprire
embody [ɪm'bɔdɪ] *vt* (*features*) racchiudere, comprendere; (*ideas*) dar forma concreta a, esprimere
embossed [ɪm'bɔst] *adj* in rilievo; goffrato(a)
embrace [ɪm'breɪs] *vt* abbracciare ♦ *vi* abbracciarsi ♦ *n* abbraccio
embroider [ɪm'brɔɪdə*] *vt* ricamare; **~y** *n* ricamo
embryo ['ɛmbrɪəu] *n* embrione *m*
emerald ['ɛmərəld] *n* smeraldo
emerge [ɪ'mə:dʒ] *vi* emergere
emergency [ɪ'mə:dʒənsɪ] *n* emergenza; **in an ~** in caso di emergenza; **~ cord** (*US*) *n* segnale *m* d'allarme; **~ exit** *n* uscita di sicurezza; **~ landing** *n* atterraggio forzato; **~ services** *npl* (*fire, police, ambulance*) servizi *mpl* di pronto intervento
emery board ['ɛmərɪ-] *n* limetta di carta smerigliata
emigrate ['ɛmɪgreɪt] *vi* emigrare
eminent ['ɛmɪnənt] *adj* eminente
emissions [ɪ'mɪʃənz] *npl* emissioni *fpl*
emit [ɪ'mɪt] *vt* emettere
emotion [ɪ'məuʃən] *n* emozione *f*; **~al** *adj* (*person*) emotivo(a); (*scene*) commovente; (*tone, speech*) carico(a) d'emozione
emperor ['ɛmpərə*] *n* imperatore *m*
emphases ['ɛmfəsi:z] *npl of* **emphasis**
emphasis ['ɛmfəsɪs] (*pl* **-ases**) *n* enfasi *f inv*; importanza
emphasize ['ɛmfəsaɪz] *vt* (*word, point*) sottolineare; (*feature*) mettere in evidenza
emphatic [ɛm'fætɪk] *adj* (*strong*) vigoroso(a); (*unambiguous, clear*) netto(a); **~ally** *adv* vigorosamente; nettamente
empire ['ɛmpaɪə*] *n* impero
employ [ɪm'plɔɪ] *vt* impiegare; **~ee** [-'i:] *n* impiegato/a; **~er** *n* principale *m/f*, datore *m* di lavoro; **~ment** *n* impiego; **~ment agency** *n* agenzia di collocamento
empower [ɪm'pauə*] *vt*: **to ~ sb to do** concedere autorità a qn di fare
empress ['ɛmprɪs] *n* imperatrice *f*
emptiness ['ɛmptɪnɪs] *n* vuoto
empty ['ɛmptɪ] *adj* vuoto(a); (*threat, promise*) vano(a) ♦ *vt* vuotare ♦ *vi* vuotarsi; (*liquid*) scaricarsi; **~-handed** *adj* a mani vuote
emulate ['ɛmjuleɪt] *vt* emulare
emulsion [ɪ'mʌlʃən] *n* emulsione *f*; **~ (paint)** *n* colore *m* a tempera
enable [ɪ'neɪbl] *vt*: **to ~ sb to do** permettere a qn di fare
enact [ɪn'ækt] *vt* (*law*) emanare; (*play, scene*) rappresentare
enamel [ɪ'næməl] *n* smalto; (*also*: ~ *paint*) vernice *f* a smalto
encased [ɪn'keɪst] *adj*: ~ **in** racchiuso(a) in; rivestito(a) di
enchant [ɪn'tʃɑ:nt] *vt* incantare; (*subj*: *magic spell*) catturare; **~ing** *adj* incantevole, affascinante
encircle [ɪn'sə:kl] *vt* accerchiare
encl. *abbr* (= *enclosed*) all
enclave ['ɛnkleɪv] *n* enclave *f*

enclose [ɪn'kləuz] *vt* (*land*) circondare, recingere; (*letter etc*): **to ~ (with)** allegare (con); **please find ~d** trovi qui accluso
enclosure [ɪn'kləuʒə*] *n* recinto
encompass [ɪn'kʌmpəs] *vt* comprendere
encore [ɔŋ'kɔː*] *excl* bis ♦ *n* bis *m inv*
encounter [ɪn'kauntə*] *n* incontro ♦ *vt* incontrare
encourage [ɪn'kʌrɪdʒ] *vt* incoraggiare; **~ment** *n* incoraggiamento
encroach [ɪn'krəutʃ] *vi*: **to ~ (up)on** (*rights*) usurpare; (*time*) abusare di; (*land*) oltrepassare i limiti di
encumber [ɪn'kʌmbə*] *vt*: **to be ~ed with** essere carico(a) di
encyclop(a)edia [ɛnsaɪkləu'piːdɪə] *n* enciclopedia
end [ɛnd] *n* fine *f*; (*aim*) fine *m*; (*of table*) bordo estremo; (*of pointed object*) punta ♦ *vt* finire; (*also*: *bring to an ~, put an ~ to*) mettere fine a ♦ *vi* finire; **in the ~** alla fine; **on ~** (*object*) ritto(a); **to stand on ~** (*hair*) rizzarsi; **for hours on ~** per ore ed ore; **~ up** *vi*: **to ~ up in** finire in
endanger [ɪn'deɪndʒə*] *vt* mettere in pericolo
endearing [ɪn'dɪərɪŋ] *adj* accattivante
endeavour [ɪn'dɛvə*] (*US* **endeavor**) *n* sforzo, tentativo ♦ *vi*: **to ~ to do** cercare *or* sforzarsi di fare
ending ['ɛndɪŋ] *n* fine *f*, conclusione *f*; (*LING*) desinenza
endive ['ɛndaɪv] *n* (*curly*) indivia (riccia); (*smooth, flat*) indivia belga
endless ['ɛndlɪs] *adj* senza fine
endorse [ɪn'dɔːs] *vt* (*cheque*) girare; (*approve*) approvare, appoggiare; **~ment** *n* approvazione *f*; (*on driving licence*) *contravvenzione registrata sulla patente*
endow [ɪn'dau] *vt* (*provide with money*) devolvere denaro a; (*equip*): **to ~ with** fornire di, dotare di
endurance [ɪn'djuərəns] *n* resistenza; pazienza
endure [ɪn'djuə*] *vt* sopportare, resistere a ♦ *vi* durare
enemy ['ɛnəmɪ] *adj*, *n* nemico(a)
energetic [ɛnə'dʒɛtɪk] *adj* energico(a); attivo(a)
energy ['ɛnədʒɪ] *n* energia
enforce [ɪn'fɔːs] *vt* (*LAW*) applicare, far osservare
engage [ɪn'geɪdʒ] *vt* (*hire*) assumere; (*lawyer*) incaricare; (*attention, interest*) assorbire; (*TECH*): **to ~ gear/the clutch** innestare la marcia/la frizione ♦ *vi* (*TECH*) ingranare; **to ~ in** impegnarsi in; **~d** *adj* (*BRIT*: *busy, in use*) occupato(a); (*betrothed*) fidanzato(a); **to get ~d** fidanzarsi; **~d tone** (*BRIT*) *n* (*TEL*) segnale *m* di occupato; **~ment** *n* impegno, obbligo; appuntamento; (*to marry*) fidanzamento; **~ment ring** *n* anello di fidanzamento
engaging [ɪn'geɪdʒɪŋ] *adj* attraente
engender [ɪn'dʒɛndə*] *vt* produrre, causare
engine ['ɛndʒɪn] *n* (*AUT*) motore *m*; (*RAIL*) locomotiva; **~ driver** *n* (*of train*) macchinista *m*
engineer [ɛndʒɪ'nɪə*] *n* ingegnere *m*; (*BRIT*: *for repairs*) tecnico; (*on ship, US*: *RAIL*) macchinista *m*; **~ing** *n* ingegneria
England ['ɪŋglənd] *n* Inghilterra
English ['ɪŋglɪʃ] *adj* inglese ♦ *n* (*LING*) inglese *m*; **the ~** *npl* gli Inglesi; **the ~ Channel** *n* la Manica; **~man/woman** *n* inglese *m/f*
engraving [ɪn'greɪvɪŋ] *n* incisione *f*
engrossed [ɪn'grəust] *adj*: **~ in** assorbito(a) da, preso(a) da
engulf [ɪn'gʌlf] *vt* inghiottire
enhance [ɪn'hɑːns] *vt* accrescere
enjoy [ɪn'dʒɔɪ] *vt* godere; (*have*: *success, fortune*) avere; **to ~ o.s.** godersela, divertirsi; **~able** *adj* piacevole; **~ment** *n* piacere *m*, godimento
enlarge [ɪn'lɑːdʒ] *vt* ingrandire ♦ *vi*:

to ~ on (*subject*) dilungarsi su
enlighten [ɪn'laɪtn] *vt* illuminare; dare schiarimenti a; **~ed** *adj* illuminato(a); **~ment** *n*: **the E~ment** (*HISTORY*) l'Illuminismo
enlist [ɪn'lɪst] *vt* arruolare; (*support*) procurare ♦ *vi* arruolarsi
enmity ['ɛnmɪtɪ] *n* inimicizia
enormous [ɪ'nɔːməs] *adj* enorme
enough [ɪ'nʌf] *adj*, *n*: ~ **time/books** assai tempo/libri; **have you got ~?** ne ha abbastanza *or* a sufficienza? ♦ *adv*: **big** ~ abbastanza grande; **he has not worked** ~ non ha lavorato abbastanza; **~!** basta!; **that's ~, thanks** basta così, grazie; **I've had ~ of him** ne ho abbastanza di lui; **... which, funnily** *or* **oddly** ~ ... che, strano a dirsi
enquire [ɪn'kwaɪə*] *vt*, *vi* = **inquire**
enrage [ɪn'reɪdʒ] *vt* fare arrabbiare
enrich [ɪn'rɪtʃ] *vt* arricchire
enrol [ɪn'rəul] *vt* iscrivere ♦ *vi* iscriversi; **~ment** *n* iscrizione *f*
ensue [ɪn'sjuː] *vi* seguire, risultare
ensure [ɪn'ʃuə*] *vt* assicurare; garantire
entail [ɪn'teɪl] *vt* comportare
entangled [ɪn'tæŋgld] *adj*: **to become ~ (in)** impigliarsi (in)
enter ['ɛntə*] *vt* entrare in; (*army*) arruolarsi in; (*competition*) partecipare a; (*sb for a competition*) iscrivere; (*write down*) registrare; (*COMPUT*) inserire ♦ *vi* entrare; **~ for** *vt fus* iscriversi a; **~ into** *vt fus* (*explanation*) cominciare a dare; (*debate*) partecipare a; (*agreement*) concludere
enterprise ['ɛntəpraɪz] *n* (*undertaking, company*) impresa; (*spirit*) iniziativa; **free ~** liberalismo economico; **private ~** iniziativa privata
enterprising ['ɛntəpraɪzɪŋ] *adj* intraprendente
entertain [ɛntə'teɪn] *vt* divertire; (*invite*) ricevere; (*idea, plan*) nutrire; **~er** *n* comico/a; **~ing** *adj* divertente; **~ment** *n* (*amusement*) divertimento; (*show*) spettacolo
enthralled [ɪn'θrɔːld] *adj* affascinato(a)
enthusiasm [ɪn'θuːzɪæzəm] *n* entusiasmo
enthusiast [ɪn'θuːzɪæst] *n* entusiasta *m/f*; **~ic** [-'æstɪk] *adj* entusiasta, entusiastico(a); **to be ~ic about sth/sb** essere appassionato(a) di qc/entusiasta di qn
entice [ɪn'taɪs] *vt* allettare, sedurre
entire [ɪn'taɪə*] *adj* intero(a); **~ly** *adv* completamente, interamente; **~ty** [ɪn'taɪərətɪ] *n*: **in its ~ty** nel suo complesso
entitle [ɪn'taɪtl] *vt* (*give right*): **to ~ sb to sth/to do** dare diritto a qn a qc/a fare; **~d** *adj* (*book*) che si intitola; **to be ~d to do** avere il diritto di fare
entrails ['ɛntreɪlz] *npl* interiora *fpl*
entrance [*n* 'ɛntrns, *vb* ɪn'trɑːns] *n* entrata, ingresso; (*of person*) entrata ♦ *vt* incantare, rapire; **to gain ~ to** (*university etc*) essere ammesso a; **~ examination** *n* esame *m* di ammissione; **~ fee** *n* tassa d'iscrizione; (*to museum etc*) prezzo d'ingresso; **~ ramp** (*US*) *n* (*AUT*) rampa di accesso
entrant ['ɛntrnt] *n* partecipante *m/f*; concorrente *m/f*
entreat [ɛn'triːt] *vt* supplicare
entrenched [ɛn'trɛntʃt] *adj* radicato(a)
entrepreneur [ɔntrəprə'nəː*] *n* imprenditore *m*
entrust [ɪn'trʌst] *vt*: **to ~ sth to** affidare qc a
entry ['ɛntrɪ] *n* entrata; (*way in*) entrata, ingresso; (*item*: *on list*) iscrizione *f*; (*in dictionary*) voce *f*; **no ~** vietato l'ingresso; (*AUT*) divieto di accesso; **~ form** *n* modulo d'iscrizione; **~ phone** *n* citofono
envelop [ɪn'vɛləp] *vt* avvolgere, avviluppare
envelope ['ɛnvələup] *n* busta
envious ['ɛnvɪəs] *adj* invidioso(a)
environment [ɪn'vaɪərnmənt] *n* ambiente *m*; **~al** [-'mɛntl] *adj* ecologi-

co(a); ambientale; ~**-friendly** *adj* che rispetta l'ambiente
envisage [ɪn'vɪzɪdʒ] *vt* immaginare; prevedere
envoy ['ɛnvɔɪ] *n* inviato/a
envy ['ɛnvɪ] *n* invidia ♦ *vt* invidiare; **to ~ sb sth** invidiare qn per qc
epic ['ɛpɪk] *n* poema *m* epico ♦ *adj* epico(a)
epidemic [ɛpɪ'dɛmɪk] *n* epidemia
epilepsy ['ɛpɪlɛpsɪ] *n* epilessia
episode ['ɛpɪsəud] *n* episodio
epistle [ɪ'pɪsl] *n* epistola
epitome [ɪ'pɪtəmɪ] *n* epitome *f*; quintessenza; **epitomize** *vt* (*fig*) incarnare
equable ['ɛkwəbl] *adj* uniforme; equilibrato(a)
equal ['i:kwl] *adj* uguale ♦ *n* pari *m/f inv* ♦ *vt* uguagliare; **~ to** (*task*) all'altezza di; **~ity** [i:'kwɔlɪtɪ] *n* uguaglianza; **~ize** *vi* pareggiare; **~ly** *adv* ugualmente
equanimity [ɛkwə'nɪmɪtɪ] *n* serenità
equate [ɪ'kweɪt] *vt*: **to ~ sth with** considerare qc uguale a; (*compare*) paragonare qc con; **equation** [ɪ'kweɪʃən] *n* (*MATH*) equazione *f*
equator [ɪ'kweɪtə*] *n* equatore *m*
equilibrium [i:kwɪ'lɪbrɪəm] *n* equilibrio
equip [ɪ'kwɪp] *vt* equipaggiare, attrezzare; **to ~ sb/sth with** fornire qn/qc di; **to be well ~ped** (*office etc*) essere ben attrezzato(a); **he is well ~ped for the job** ha i requisiti necessari per quel lavoro; **~ment** *n* attrezzatura; (*electrical etc*) apparecchiatura
equitable ['ɛkwɪtəbl] *adj* equo(a), giusto(a)
equities ['ɛkwɪtɪz] (*BRIT*) *npl* (*COMM*) azioni *fpl* ordinarie
equivalent [ɪ'kwɪvəlnt] *adj* equivalente ♦ *n* equivalente *m*; **to be ~ to** equivalere a
equivocal [ɪ'kwɪvəkl] *adj* equivoco(a); (*open to suspicion*) dubbio(a)
era ['ɪərə] *n* era, età *f inv*
eradicate [ɪ'rædɪkeɪt] *vt* sradicare
erase [ɪ'reɪz] *vt* cancellare; **~r** *n* gomma
erect [ɪ'rɛkt] *adj* eretto(a) ♦ *vt* costruire; (*assemble*) montare; **~ion** [ɪ'rɛkʃən] *n* costruzione *f*; montaggio; (*PHYSIOL*) erezione *f*
ERM *n* (= *Exchange Rate Mechanism*) ERM *m*
ermine ['ə:mɪn] *n* ermellino
erode [ɪ'rəud] *vt* erodere; (*metal*) corrodere
erotic [ɪ'rɔtɪk] *adj* erotico(a)
err [ə:*] *vi* errare
errand ['ɛrnd] *n* commissione *f*
erratic [ɪ'rætɪk] *adj* imprevedibile; (*person, mood*) incostante
error ['ɛrə*] *n* errore *m*
erupt [ɪ'rʌpt] *vi* (*volcano*) mettersi (*or* essere) in eruzione; (*war, crisis*) scoppiare; **~ion** [ɪ'rʌpʃən] *n* eruzione *f*; scoppio
escalate ['ɛskəleɪt] *vi* intensificarsi
escalator ['ɛskəleɪtə*] *n* scala mobile
escapade [ɛskə'peɪd] *n* scappatella; avventura
escape [ɪ'skeɪp] *n* evasione *f*; fuga; (*of gas etc*) fuga, fuoriuscita ♦ *vi* fuggire; (*from jail*) evadere, scappare; (*leak*) uscire ♦ *vt* sfuggire a; **to ~ from** (*place*) fuggire da; (*person*) sfuggire a; **escapism** *n* evasione *f* (dalla realtà)
escort [*n* 'ɛskɔ:t, *vb* ɪ'skɔ:t] *n* scorta; (*male companion*) cavaliere *m* ♦ *vt* scortare; accompagnare
Eskimo ['ɛskɪməu] *n* eschimese *m/f*
especially [ɪ'spɛʃlɪ] *adv* specialmente; soprattutto; espressamente
espionage ['ɛspɪənɑ:ʒ] *n* spionaggio
esplanade [ɛsplə'neɪd] *n* lungomare *m inv*
Esq. *abbr* = **Esquire**
Esquire [ɪ'skwaɪə*] *n*: **J. Brown, ~** Signor J. Brown
essay ['ɛseɪ] *n* (*SCOL*) composizione *f*; (*LITERATURE*) saggio
essence ['ɛsns] *n* essenza
essential [ɪ'sɛnʃl] *adj* essenziale ♦ *n* elemento essenziale; **~ly** *adv* essenzialmente

establish [ɪ'stæblɪʃ] *vt* stabilire; (*business*) mettere su; (*one's power etc*) affermare; **~ed** *adj* (*business etc*) affermato(a); **~ment** *n* stabilimento; **the E~ment** la classe dirigente, l'establishment *m*
estate [ɪ'steɪt] *n* proprietà *f inv*; beni *mpl*, patrimonio; (*BRIT*: *also*: *housing* ~) complesso edilizio; ~ **agent** (*BRIT*) *n* agente *m* immobiliare; ~ **car** (*BRIT*) *n* giardiniera
esteem [ɪ'sti:m] *n* stima ♦ *vt* (*think highly of*) stimare; (*consider*) considerare
esthetic [ɪs'θɛtɪk] (*US*) *adj* = aesthetic
estimate [*n* 'ɛstɪmət, *vb* 'ɛstɪmeɪt] *n* stima; (*COMM*) preventivo ♦ *vt* stimare, valutare; **estimation** [-'meɪʃən] *n* stima; opinione *f*
estranged [ɪ'streɪndʒd] *adj* separato(a)
etc *abbr* (= *et cetera*) etc, ecc
etching ['ɛtʃɪŋ] *n* acquaforte *f*
eternal [ɪ'tə:nl] *adj* eterno(a)
eternity [ɪ'tə:nɪtɪ] *n* eternità
ether ['i:θə*] *n* etere *m*
ethical ['ɛθɪkl] *adj* etico(a), morale
ethics ['ɛθɪks] *n* etica ♦ *npl* morale *f*
Ethiopia [i:θɪ'əupɪə] *n* Etiopia
ethnic ['ɛθnɪk] *adj* etnico(a)
ethos ['i:θɔs] *n* norma di vita
etiquette ['ɛtɪkɛt] *n* etichetta
Eurocheque ['juərəutʃɛk] *n* eurochèque *m inv*
Europe ['juərəp] *n* Europa; **~an** [-'pi:ən] *adj*, *n* europeo(a)
evacuate [ɪ'vækjueɪt] *vt* evacuare
evade [ɪ'veɪd] *vt* (*tax*) evadere; (*duties etc*) sottrarsi a; (*person*) schivare
evaluate [ɪ'væljueɪt] *vt* valutare
evaporate [ɪ'væpəreɪt] *vi* evaporare; **~d milk** *n* latte *m* concentrato
evasion [ɪ'veɪʒən] *n* evasione *f*
evasive [ɪ'veɪsɪv] *adj* evasivo(a)
eve [i:v] *n*: **on the ~ of** alla vigilia di
even ['i:vn] *adj* regolare; (*number*) pari *inv* ♦ *adv* anche, perfino; ~ **if**, ~ **though** anche se; ~ **more** ancora di più; ~ **so** ciò nonostante; **not ~** nemmeno; **to get ~ with sb** dare la pari a qn; ~ **out** *vi* pareggiare
evening ['i:vnɪŋ] *n* sera; (*as duration, event*) serata; **in the ~** la sera; ~ **class** *n* corso serale; ~ **dress** *n* (*woman's*) abito da sera; **in ~ dress** (*man*) in abito scuro; (*woman*) in abito lungo
event [ɪ'vɛnt] *n* avvenimento; (*SPORT*) gara; **in the ~ of** in caso di; **~ful** *adj* denso(a) di eventi
eventual [ɪ'vɛntʃuəl] *adj* finale; **~ity** [-'ælɪtɪ] *n* possibilità *f inv*, eventualità *f inv*; **~ly** *adv* alla fine
ever ['ɛvə*] *adv* mai; (*at all times*) sempre; **the best ~** il migliore che ci sia mai stato; **have you ~ seen it?** l'ha mai visto?; ~ **since** *adv* da allora ♦ *conj* sin da quando; ~ **so pretty** così bello(a); **~green** *n* sempreverde *m*; **~lasting** *adj* eterno(a)
every ['ɛvrɪ] *adj* ogni; ~ **day** tutti i giorni, ogni giorno; ~ **other/third day** ogni due/tre giorni; ~ **other car** una macchina su due; ~ **now and then** ogni tanto, di quando in quando; **~body** *pron* = **~one**; **~day** *adj* quotidiano(a); di ogni giorno; **~one** *pron* ognuno, tutti *pl*; **~thing** *pron* tutto, ogni cosa; **~where** *adv* (*gen*) dappertutto; (*wherever*) ovunque
evict [ɪ'vɪkt] *vt* sfrattare
evidence ['ɛvɪdns] *n* (*proof*) prova; (*of witness*) testimonianza; (*sign*): **to show ~ of** dare segni di; **to give ~** deporre
evident ['ɛvɪdnt] *adj* evidente; **~ly** *adv* evidentemente
evil ['i:vl] *adj* cattivo(a), maligno(a) ♦ *n* male *m*
evoke [ɪ'vəuk] *vt* evocare
evolution [i:və'lu:ʃən] *n* evoluzione *f*
evolve [ɪ'vɔlv] *vt* elaborare ♦ *vi* svilupparsi, evolversi
ewe [ju:] *n* pecora
ex- [ɛks] *prefix* ex
exacerbate [ɛks'æsəbeɪt] *vt* aggravare

exact [ɪg'zækt] *adj* esatto(a) ♦ *vt*: **to ~ sth (from)** estorcere qc (da); esigere qc (da); **~ing** *adj* esigente; (*work*) faticoso(a); **~ly** *adv* esattamente

exaggerate [ɪg'zædʒəreɪt] *vt, vi* esagerare; **exaggeration** [-'reɪʃən] *n* esagerazione *f*

exalted [ɪg'zɔːltɪd] *adj* esaltato(a); elevato(a)

exam [ɪg'zæm] *n abbr* (*SCOL*) = **examination**

examination [ɪgzæmɪ'neɪʃən] *n* (*SCOL*) esame *m*; (*MED*) controllo

examine [ɪg'zæmɪn] *vt* esaminare; **~r** *n* esaminatore/trice

example [ɪg'zɑːmpl] *n* esempio; **for ~** ad *or* per esempio

exasperate [ɪg'zɑːspəreɪt] *vt* esasperare; **exasperating** *adj* esasperante; **exasperation** [-'reɪʃən] *n* esasperazione *f*

excavate ['ɛkskəveɪt] *vt* scavare

exceed [ɪk'siːd] *vt* superare; (*one's powers, time limit*) oltrepassare; **~ingly** *adv* eccessivamente

excellent ['ɛksələnt] *adj* eccellente

except [ɪk'sɛpt] *prep* (*also*: *~ for, ~ing*) salvo, all'infuori di, eccetto ♦ *vt* escludere; **~ if/when** salvo se/quando; **~ that** salvo che; **~ion** [ɪk'sɛpʃən] *n* eccezione *f*; **to take ~ion to** trovare a ridire su; **~ional** [ɪk'sɛpʃənl] *adj* eccezionale

excerpt ['ɛksəːpt] *n* estratto

excess [ɪk'sɛs] *n* eccesso; **~ baggage** *n* bagaglio in eccedenza; **~ fare** *n* supplemento; **~ive** *adj* eccessivo(a)

exchange [ɪks'tʃeɪndʒ] *n* scambio; (*also: telephone ~*) centralino ♦ *vt*: **to ~ (for)** scambiare (con); **~ rate** *n* tasso di cambio

Exchequer [ɪks'tʃɛkə*] *n*: **the ~** (*BRIT*) lo Scacchiere, ≈ il ministero delle Finanze

excise ['ɛksaɪz] *n* imposta, dazio

excite [ɪk'saɪt] *vt* eccitare; **to get ~d** eccitarsi; **~ment** *n* eccitazione *f*; agitazione *f*; **exciting** *adj* avventuroso(a); (*film, book*) appassionante

exclaim [ɪk'skleɪm] *vi* esclamare; **exclamation** [ɛksklə'meɪʃən] *n* esclamazione *f*; **exclamation mark** *n* punto esclamativo

exclude [ɪk'skluːd] *vt* escludere

exclusive [ɪk'skluːsɪv] *adj* esclusivo(a); **~ of VAT** I.V.A. esclusa

excommunicate [ɛkskə'mjuːnɪkeɪt] *vt* scomunicare

excruciating [ɪk'skruːʃɪeɪtɪŋ] *adj* straziante, atroce

excursion [ɪk'skəːʃən] *n* escursione *f*, gita

excuse [*n* ɪk'skjuːs, *vb* ɪk'skjuːz] *n* scusa ♦ *vt* scusare; **to ~ sb from** (*activity*) dispensare qn da; **~ me!** mi scusi!; **now, if you will ~ me ...** ora, mi scusi ma ....

ex-directory (*BRIT*) *adj* (*TEL*): **to be ~** non essere sull'elenco

execute ['ɛksɪkjuːt] *vt* (*prisoner*) giustiziare; (*plan etc*) eseguire

execution [ɛksɪ'kjuːʃən] *n* esecuzione *f*; **~er** *n* boia *m inv*

executive [ɪg'zɛkjutɪv] *n* (*COMM*) dirigente *m*; (*POL*) esecutivo ♦ *adj* esecutivo(a)

exemplify [ɪg'zɛmplɪfaɪ] *vt* esemplificare

exempt [ɪg'zɛmpt] *adj* esentato(a) ♦ *vt*: **to ~ sb from** esentare qn da; **~ion** [ɪg'zɛmpʃən] *n* esenzione *f*

exercise ['ɛksəsaɪz] *n* (*keep fit*) moto; (*SCOL, MIL etc*) esercizio ♦ *vt* esercitare; (*patience*) usare; (*dog*) portar fuori ♦ *vi* (*also*: *take ~*) fare del moto; **~ bike** *n* cyclette *f inv*; **~ book** *n* quaderno

exert [ɪg'zəːt] *vt* esercitare; **to ~ o.s.** sforzarsi; **~ion** [-ʃən] *n* sforzo

exhale [ɛks'heɪl] *vt, vi* espirare

exhaust [ɪg'zɔːst] *n* (*also*: *~ fumes*) scappamento; (*also*: *~ pipe*) tubo di scappamento ♦ *vt* esaurire; **~ed** *adj* esaurito(a); **~ion** [ɪg'zɔːstʃən] *n* esaurimento; **nervous ~ion** sovraffaticamento mentale; **~ive** *adj* esauriente

exhibit [ɪg'zɪbɪt] *n* (*ART*) oggetto

esposto; (*LAW*) documento *or* oggetto esibito ♦ *vt* esporre; (*courage, skill*) dimostrare; **~ion** [ɛksɪ'bɪʃən] *n* mostra, esposizione *f*
exhilarating [ɪg'zɪləreɪtɪŋ] *adj* esilarante; stimolante
exhort [ɪg'zɔ:t] *vt* esortare
exile ['ɛksaɪl] *n* esilio; (*person*) esiliato/a ♦ *vt* esiliare
exist [ɪg'zɪst] *vi* esistere; **~ence** *n* esistenza; **~ing** *adj* esistente
exit ['ɛksɪt] *n* uscita ♦ *vi* (*THEATRE, COMPUT*) uscire; **~ ramp** (*US*) *n* (*AUT*) rampa di uscita
exodus ['ɛksədəs] *n* esodo
exonerate [ɪg'zɔnəreɪt] *vt*: **to ~ from** discolpare da
exotic [ɪg'zɔtɪk] *adj* esotico(a)
expand [ɪk'spænd] *vt* espandere; estendere; allargare ♦ *vi* (*business, gas*) espandersi; (*metal*) dilatarsi
expanse [ɪk'spæns] *n* distesa, estensione *f*
expansion [ɪk'spænʃən] *n* (*gen*) espansione *f*; (*of town, economy*) sviluppo; (*of metal*) dilatazione *f*
expect [ɪk'spɛkt] *vt* (*anticipate*) prevedere, aspettarsi, prevedere *or* aspettarsi che *+sub*; (*require*) richiedere, esigere; (*suppose*) supporre; (*await, also baby*) aspettare ♦ *vi*: **to be ~ing** essere in stato interessante; **to ~ sb to do** aspettarsi che qn faccia; **~ancy** *n* (*anticipation*) attesa; **life ~ancy** probabilità *fpl* di vita; **~ant mother** *n* gestante *f*; **~ation** [ɛkspɛk'teɪʃən] *n* aspettativa; speranza
expedience [ɪk'spi:dɪəns] *n* convenienza
expediency [ɪk'spi:dɪənsɪ] *n* convenienza
expedient [ɪk'spi:dɪənt] *adj* conveniente; vantaggioso(a) ♦ *n* espediente *m*
expedition [ɛkspə'dɪʃən] *n* spedizione *f*
expel [ɪk'spɛl] *vt* espellere
expend [ɪk'spɛnd] *vt* spendere; (*use up*) consumare; **~able** *adj* sacrificabile; **~iture** [ɪk'spɛndɪtʃə*] *n* spesa
expense [ɪk'spɛns] *n* spesa; (*high cost*) costo; **~s** *npl* (*COMM*) spese *fpl*, indennità *fpl*; **at the ~ of** a spese di; **~ account** *n* conto *m* spese *inv*
expensive [ɪk'spɛnsɪv] *adj* caro(a), costoso(a)
experience [ɪk'spɪərɪəns] *n* esperienza ♦ *vt* (*pleasure*) provare; (*hardship*) soffrire; **~d** *adj* esperto(a)
experiment [*n* ɪk'spɛrɪmənt, *vb* ɪk'spɛrɪmɛnt] *n* esperimento, esperienza ♦ *vi*: **to ~ (with/on)** fare esperimenti (con/su)
expert ['ɛkspə:t] *adj, n* esperto(a); **~ise** [-'ti:z] *n* competenza
expire [ɪk'spaɪə*] *vi* (*period of time, licence*) scadere; **expiry** *n* scadenza
explain [ɪk'spleɪn] *vt* spiegare; **explanation** [ɛksplə'neɪʃən] *n* spiegazione *f*; **explanatory** [ɪk'splænətrɪ] *adj* esplicativo(a)
explicit [ɪk'splɪsɪt] *adj* esplicito(a)
explode [ɪk'spləud] *vi* esplodere
exploit [*n* 'ɛksplɔɪt, *vb* ɪk'splɔɪt] *n* impresa ♦ *vt* sfruttare; **~ation** [-'teɪʃən] *n* sfruttamento
exploratory [ɪk'splɔrətrɪ] *adj* esplorativo(a)
explore [ɪk'splɔ:*] *vt* esplorare; (*possibilities*) esaminare; **~r** *n* esploratore/trice
explosion [ɪk'spləuʒən] *n* esplosione *f*
explosive [ɪk'spləusɪv] *adj* esplosivo(a) ♦ *n* esplosivo
exponent [ɪk'spəunənt] *n* esponente *m/f*
export [*vb* ɛk'spɔ:t, *n* 'ɛkspɔ:t] *vt* esportare ♦ *n* esportazione *f*; articolo di esportazione ♦ *cpd* d'esportazione; **~er** *n* esportatore *m*
expose [ɪk'spəuz] *vt* esporre; (*unmask*) smascherare; **~d** *adj* (*position*) esposto(a)
exposure [ɪk'spəuʒə*] *n* esposizione *f*; (*PHOT*) posa; (*MED*) assideramento; **~ meter** *n* esposimetro
expound [ɪk'spaund] *vt* esporre

express [ɪk'sprɛs] *adj* (*definite*) chiaro(a), espresso(a); (*BRIT*: *letter etc*) espresso *inv* ♦ *n* (*train*) espresso ♦ *vt* esprimere; **~ion** [ɪk'sprɛʃən] *n* espressione *f*; **~ive** *adj* espressivo(a); **~ly** *adv* espressamente; **~way** (*US*) *n* (*urban motorway*) autostrada che attraversa la città
exquisite [ɛk'skwɪzɪt] *adj* squisito(a)
extend [ɪk'stɛnd] *vt* (*visit*) protrarre; (*road, deadline*) prolungare; (*building*) ampliare; (*offer*) offrire, porgere ♦ *vi* (*land, period*) estendersi
extension [ɪk'stɛnʃən] *n* (*of road, term*) prolungamento; (*of contract, deadline*) proroga; (*building*) annesso; (*to wire, table*) prolunga; (*telephone*) interno; (: *in private house*) apparecchio supplementare
extensive [ɪk'stɛnsɪv] *adj* esteso(a), ampio(a); (*damage*) su larga scala; (*coverage, discussion*) esauriente; (*use*) grande; **~ly** *adv*: **he's travelled ~ly** ha viaggiato molto
extent [ɪk'stɛnt] *n* estensione *f*; **to some ~** fino a un certo punto; **to such an ~ that ...** a un tal punto che ...; **to what ~?** fino a che punto?; **to the ~ of ...** fino al punto di ...
extenuating [ɪks'tɛnjueɪtɪŋ] *adj*: **~ circumstances** attenuanti *fpl*
exterior [ɛk'stɪərɪə*] *adj* esteriore, esterno(a) ♦ *n* esteriore *m*, esterno; aspetto (esteriore)
exterminate [ɪk'stə:mɪneɪt] *vt* sterminare
external [ɛk'stə:nl] *adj* esterno(a), esteriore
extinct [ɪk'stɪŋkt] *adj* estinto(a)
extinguish [ɪk'stɪŋgwɪʃ] *vt* estinguere; **~er** *n* estintore *m*
extort [ɪk'stɔ:t] *vt*: **to ~ sth (from)** estorcere qc (da); **~ionate** [ɪk'stɔ:ʃnət] *adj* esorbitante
extra ['ɛkstrə] *adj* extra *inv*, supplementare ♦ *adv* (*in addition*) di più ♦ *n* extra *m inv*; (*surcharge*) supplemento; (*CINEMA, THEATRE*) comparsa
extra... ['ɛkstrə] *prefix* extra...
extract [*vb* ɪk'strækt, *n* 'ɛkstrækt] *vt* estrarre; (*money, promise*) strappare ♦ *n* estratto; (*passage*) brano
extracurricular ['ɛkstrəkə'rɪkjulə*] *adj* extrascolastico(a)
extradite ['ɛkstrədaɪt] *vt* estradare
extramarital [ɛkstrə'mærɪtl] *adj* extraconiugale
extramural [ɛkstrə'mjuərl] *adj* fuori dell'università
extraordinary [ɪk'strɔ:dnrɪ] *adj* straordinario(a)
extravagance [ɪk'strævəgəns] *n* sperpero; stravaganza
extravagant [ɪk'strævəgənt] *adj* (*lavish*) prodigo(a); (*wasteful*) dispendioso(a)
extreme [ɪk'stri:m] *adj* estremo(a) ♦ *n* estremo; **~ly** *adv* estremamente
extricate ['ɛkstrɪkeɪt] *vt*: **to ~ sth (from)** districare qc (da)
extrovert ['ɛkstrəvə:t] *n* estroverso/a
exude [ɪg'zju:d] *vt* trasudare; (*fig*) emanare
eye [aɪ] *n* occhio; (*of needle*) cruna ♦ *vt* osservare; **to keep an ~ on** tenere d'occhio; **~ball** *n* globo dell'occhio; **~bath** *n* occhino; **~brow** *n* sopracciglio; **~brow pencil** *n* matita per le sopracciglia; **~drops** *npl* gocce *fpl* oculari, collirio; **~lash** *n* ciglio; **~lid** *n* palpebra; **~ liner** *n* eye-liner *m inv*; **~-opener** *n* rivelazione *f*; **~shadow** *n* ombretto; **~sight** *n* vista; **~sore** *n* pugno nell'occhio; **~ witness** *n* testimone *m/f* oculare

F

F [ɛf] *n* (*MUS*) fa *m*
fable ['feɪbl] *n* favola
fabric ['fæbrɪk] *n* stoffa, tessuto
fabrication [fæbrɪ'keɪʃən] *n* fabbricazione *f*; falsificazione *f*
fabulous ['fæbjuləs] *adj* favoloso(a); (*super*) favoloso(a), fantastico(a)

façade [fə'sɑ:d] *n* (*also fig*) facciata
face [feɪs] *n* faccia, viso, volto; (*expression*) faccia; (*of clock*) quadrante *m*; (*of building*) facciata ♦ *vt* essere di fronte a; (*facts, situation*) affrontare; ~ **down** a faccia in giù; **to make** *or* **pull a** ~ fare una smorfia; **in the** ~ **of** (*difficulties etc*) di fronte a; **on the** ~ **of it** a prima vista; ~ **to** ~ faccia a faccia; ~ **up to** *vt fus* affrontare, far fronte a; ~ **cloth** (*BRIT*) *n* guanto di spugna; ~ **cream** *n* crema per il viso; ~ **lift** *n* lifting *m inv*; (*of façade etc*) ripulita; ~ **powder** *n* cipria; ~**-saving** *adj* per salvare la faccia
facet ['fæsɪt] *n* sfaccettatura
facetious [fə'si:ʃəs] *adj* faceto(a)
face value *n* (*of coin*) valore *m* facciale *or* nominale; **to take sth at** ~ (*fig*) giudicare qc dalle apparenze
facial ['feɪʃəl] *adj* del viso
facile ['fæsaɪl] *adj* superficiale
facilities [fə'sɪlɪtɪz] *npl* attrezzature *fpl*; **credit** ~ facilitazioni *fpl* di credito
facing ['feɪsɪŋ] *prep* di fronte a
facsimile [fæk'sɪmɪlɪ] *n* facsimile *m inv*; ~ **machine** *n* telecopiatrice *f*
fact [fækt] *n* fatto; **in** ~ infatti
factor ['fæktə*] *n* fattore *m*
factory ['fæktərɪ] *n* fabbrica, stabilimento
factual ['fæktjuəl] *adj* che si attiene ai fatti
faculty ['fækəltɪ] *n* facoltà *f inv*; (*US*) corpo insegnante
fad [fæd] *n* mania; capriccio
fade [feɪd] *vi* sbiadire, sbiadirsi; (*light, sound, hope*) attenuarsi, affievolirsi; (*flower*) appassire
fag [fæg] (*BRIT*: *inf*) *n* (*cigarette*) cicca
fail [feɪl] *vt* (*exam*) non superare; (*candidate*) bocciare; (*subj*: *courage, memory*) mancare a ♦ *vi* fallire; (*student*) essere respinto(a); (*eyesight, health, light*) venire a mancare; **to** ~ **to do sth** (*neglect*) mancare di fare qc; (*be unable*) non riuscire a fare qc; **without** ~ senza fallo; certamente; ~**ing** *n* difetto ♦ *prep* in mancanza di; ~**ure** ['feɪljə*] *n* fallimento; (*person*) fallito/a; (*mechanical etc*) guasto
faint [feɪnt] *adj* debole; (*recollection*) vago(a); (*mark*) indistinto(a) ♦ *n* (*MED*) svenimento ♦ *vi* svenire; **to feel** ~ sentirsi svenire
fair [fɛə*] *adj* (*person, decision*) giusto(a), equo(a); (*quite large, quite good*) discreto(a); (*hair etc*) biondo(a); (*skin, complexion*) chiaro(a); (*weather*) bello(a), clemente ♦ *adv* (*play*) lealmente ♦ *n* fiera; (*BRIT*: *funfair*) luna park *m inv*; ~**ly** *adv* equamente; (*quite*) abbastanza; ~**ness** *n* equità, giustizia; ~ **play** *n* correttezza
fairy ['fɛərɪ] *n* fata; ~ **tale** *n* fiaba
faith [feɪθ] *n* fede *f*; (*trust*) fiducia; (*sect*) religione *f*, fede *f*; ~**ful** *adj* fedele; ~**fully** *adv* fedelmente; **yours** ~**fully** (*BRIT*: *in letters*) distinti saluti
fake [feɪk] *n* imitazione *f*; (*picture*) falso; (*person*) impostore/a ♦ *adj* falso(a) ♦ *vt* (*accounts*) falsificare; (*illness*) fingere; (*painting*) contraffare
falcon ['fɔ:lkən] *n* falco, falcone *m*
fall [fɔ:l] (*pt* **fell**, *pp* **fallen**) *n* caduta; (*in temperature*) abbassamento; (*in price*) ribasso; (*US*: *autumn*) autunno ♦ *vi* cadere; (*temperature, price, night*) scendere; ~**s** *npl* (*waterfall*) cascate *fpl*; **to** ~ **flat** (*on one's face*) cadere bocconi; (*joke*) fare cilecca; (*plan*) fallire; ~ **back** *vi* (*retreat*) indietreggiare; (*MIL*) ritirarsi; ~ **back on** *vt fus* (*remedy etc*) ripiegare su; ~ **behind** *vi* rimanere indietro; ~ **down** *vi* (*person*) cadere; (*building*) crollare; ~ **for** *vt fus* (*person*) prendere una cotta per; **to** ~ **for a trick** (*or* **a story** *etc*) cascarci; ~ **in** *vi* crollare; (*MIL*) mettersi in riga; ~ **off** *vi* cadere; (*diminish*) diminuire, abbassarsi; ~ **out** *vi* (*hair, teeth*) cadere; (*friends etc*) litigare; ~ **through** *vi* (*plan, pro-*

ject) fallire

fallacy ['fæləsɪ] *n* errore *m*

fallen ['fɔːlən] *pp of* **fall**

fallout ['fɔːlaut] *n* fall-out *m*; ~ **shelter** *n* rifugio antiatomico

fallow ['fæləu] *adj* incolto(a), a maggese

false [fɔːls] *adj* falso(a); **under ~ pretences** con l'inganno; ~ **teeth** (*BRIT*) *npl* denti *mpl* finti

falter ['fɔːltə*] *vi* esitare, vacillare

fame [feɪm] *n* fama, celebrità

familiar [fə'mɪlɪə*] *adj* familiare; (*close*) intimo(a); **to be ~ with** (*subject*) conoscere; **~ize** [fə'mɪlɪəraɪz] *vt*: **to ~ize o.s. with** familiarizzare con

family ['fæmɪlɪ] *n* famiglia; ~ **business** *n* ditta a conduzione familiare

famine ['fæmɪn] *n* carestia

famished ['fæmɪʃt] *adj* affamato(a)

famous ['feɪməs] *adj* famoso(a); **~ly** *adv* (*get on*) a meraviglia

fan [fæn] *n* (*folding*) ventaglio; (*ELEC*) ventilatore *m*; (*person*) ammiratore/trice; tifoso/a ♦ *vt* far vento a; (*fire, quarrel*) alimentare; ~ **out** *vi* spargersi (a ventaglio)

fanatic [fə'nætɪk] *n* fanatico/a

fan belt *n* cinghia del ventilatore

fanciful ['fænsɪful] *adj* fantasioso(a)

fancy ['fænsɪ] *n* immaginazione *f*, fantasia; (*whim*) capriccio ♦ *adj* (*hat*) stravagante; (*hotel, food*) speciale ♦ *vt* (*feel like, want*) aver voglia di; (*imagine, think*) immaginare; **to take a ~ to** incapricciarsi di; **he fancies her** (*inf*) gli piace; ~ **dress** *n* costume *m* (per maschera); **~-dress ball** *n* ballo in maschera

fang [fæŋ] *n* zanna; (*of snake*) dente *m*

fantastic [fæn'tæstɪk] *adj* fantastico(a)

fantasy ['fæntəsɪ] *n* fantasia, immaginazione *f*; fantasticheria; chimera

far [fɑː*] *adj* lontano(a) ♦ *adv* lontano; (*much, greatly*) molto; ~ **away**, ~ **off** lontano, distante; ~ **better** assai migliore; ~ **from** lontano da; **by ~** di gran lunga; **go as ~ as the farm** vada fino alla fattoria; **as ~ as I know** per quel che so; **how ~?** quanto lontano?; (*referring to activity etc*) fino a dove?; **~away** *adj* lontano(a)

farce [fɑːs] *n* farsa

farcical ['fɑːsɪkəl] *adj* farsesco(a)

fare [fɛə*] *n* (*on trains, buses*) tariffa; (*in taxi*) prezzo della corsa; (*food*) vitto, cibo; **half ~** metà tariffa; **full ~** tariffa intera

Far East *n*: **the ~** l'Estremo Oriente *m*

farewell [fɛə'wɛl] *excl, n* addio

farm [fɑːm] *n* fattoria, podere *m* ♦ *vt* coltivare; **~er** *n* coltivatore/trice; agricoltore/trice; **~hand** *n* bracciante *m* agricolo; **~house** *n* fattoria; **~ing** *n* (*gen*) agricoltura; (*of crops*) coltivazione *f*; (*of animals*) allevamento; **~land** *n* terreno coltivabile; ~ **worker** *n* = **~hand**; **~yard** *n* aia

far-reaching [-'riːtʃɪŋ] *adj* di vasta portata

fart [fɑːt] (*inf!*) *vi* scoreggiare *(!)*

farther ['fɑːðə*] *adv* più lontano ♦ *adj* più lontano(a)

farthest ['fɑːðɪst] *superl of* **far**

fascinate ['fæsɪneɪt] *vt* affascinare; **fascinating** *adj* affascinante; **fascination** [-'neɪʃən] *n* fascino

fascism ['fæʃɪzəm] *n* fascismo

fashion ['fæʃən] *n* moda; (*manner*) maniera, modo ♦ *vt* foggiare, formare; **in ~** alla moda; **out of ~** passato(a) di moda; **~able** *adj* alla moda, di moda; ~ **show** *n* sfilata di moda

fast [fɑːst] *adj* rapido(a), svelto(a), veloce; (*clock*): **to be ~** andare avanti; (*dye, colour*) solido(a) ♦ *adv* rapidamente; (*stuck, held*) saldamente ♦ *n* digiuno ♦ *vi* digiunare; ~ **asleep** profondamente addormentato

fasten ['fɑːsn] *vt* chiudere, fissare; (*coat*) abbottonare, allacciare ♦ *vi* chiudersi, fissarsi; abbottonarsi, allacciarsi; **~er** *n* fermaglio, chiusura; **~ing** *n* = **~er**

fast food *n* fast food *m*
fastidious [fæs'tɪdɪəs] *adj* esigente, difficile
fat [fæt] *adj* grasso(a); (*book, profit etc*) grosso(a) ♦ *n* grasso
fatal ['feɪtl] *adj* fatale; mortale; disastroso(a); **~ity** [fə'tælɪtɪ] *n* (*road death etc*) morto/a, vittima; **~ly** *adv* a morte
fate [feɪt] *n* destino; (*of person*) sorte *f*; **~ful** *adj* fatidico(a)
father ['fɑːðə*] *n* padre *m*; **~-in-law** *n* suocero; **~ly** *adj* paterno(a)
fathom ['fæðəm] *n* braccio (= *1828 mm*) ♦ *vt* (*mystery*) penetrare, sondare
fatigue [fə'tiːg] *n* stanchezza
fatten ['fætn] *vt, vi* ingrassare
fatty ['fætɪ] *adj* (*food*) grasso(a) ♦ *n* (*inf*) ciccione/a
fatuous ['fætjuəs] *adj* fatuo(a)
faucet ['fɔːsɪt] (*US*) *n* rubinetto
fault [fɔːlt] *n* colpa; (*TENNIS*) fallo; (*defect*) difetto; (*GEO*) faglia ♦ *vt* criticare; **it's my ~** è colpa mia; **to find ~ with** trovare da ridire su; **at ~** in fallo; **~y** *adj* difettoso(a)
fauna ['fɔːnə] *n* fauna
faux pas ['fəu'pɑː] *n* gaffe *f inv*
favour ['feɪvə*] (*US* **favor**) *n* favore *m* ♦ *vt* (*proposition*) favorire, essere favorevole a; (*pupil etc*) favorire; (*team, horse*) dare per vincente; **to do sb a ~** fare un favore *or* una cortesia a qn; **to find ~ with** (*subj: person*) entrare nelle buone grazie di; (: *suggestion*) avere l'approvazione di; **in ~ of** in favore di; **~able** *adj* favorevole; **~ite** [-rɪt] *adj, n* favorito(a)
fawn [fɔːn] *n* daino ♦ *adj* (*also*: **~-coloured**) marrone chiaro *inv* ♦ *vi*: **to ~ (up)on** adulare servilmente
fax [fæks] *n* (*document*) facsimile *m inv*, telecopia; (*machine*) telecopiatrice *f* ♦ *vt* telecopiare, trasmettere in facsimile
FBI (*US*) *n abbr* (= *Federal Bureau of Investigation*) F.B.I. *f*
fear [fɪə*] *n* paura, timore *m* ♦ *vt* aver paura di, temere; **for ~ of** per paura di; **~ful** *adj* pauroso(a); (*sight, noise*) terribile, spaventoso(a)
feasible ['fiːzəbl] *adj* possibile, realizzabile
feast [fiːst] *n* festa, banchetto; (*REL*: *also*: **~ day**) festa ♦ *vi* banchettare
feat [fiːt] *n* impresa, fatto insigne
feather ['fɛðə*] *n* penna
feature ['fiːtʃə*] *n* caratteristica; (*PRESS, TV*) articolo ♦ *vt* (*subj: film*) avere come protagonista ♦ *vi* figurare; **~s** *npl* (*of face*) fisionomia; **~ film** *n* film *m inv* principale
February ['fɛbruərɪ] *n* febbraio
fed [fɛd] *pt, pp of* **feed**
federal ['fɛdərəl] *adj* federale
fed-up *adj*: **to be ~** essere stufo(a)
fee [fiː] *n* pagamento; (*of doctor, lawyer*) onorario; (*for examination*) tassa d'esame; **school ~s** tasse *fpl* scolastiche
feeble ['fiːbl] *adj* debole
feed [fiːd] (*pt, pp* **fed**) *n* (*of baby*) pappa; (*of animal*) mangime *m*; (*on printer*) meccanismo di alimentazione ♦ *vt* nutrire; (*baby*) allattare; (*horse etc*) dare da mangiare a; (*fire, machine*) alimentare; (*data, information*): **to ~ into** inserire in; **~ on** *vt fus* nutrirsi di; **~back** *n* feedback *m*; **~ing bottle** (*BRIT*) *n* biberon *m inv*
feel [fiːl] (*pt, pp* **felt**) *n* consistenza; (*sense of touch*) tatto ♦ *vt* toccare; palpare; tastare; (*cold, pain, anger*) sentire; (*think, believe*): **to ~ (that)** pensare che; **to ~ hungry/cold** aver fame/freddo; **to ~ lonely/better** sentirsi solo/meglio; **I don't ~ well** non mi sento bene; **it ~s soft** è morbido al tatto; **to ~ like** (*want*) aver voglia di; **to ~ about** *or* **around for** cercare a tastoni; **~er** *n* (*of insect*) antenna; **to put out a ~er** *or* **~ers** (*fig*) fare un sondaggio; **~ing** *n* sensazione *f*; (*emotion*) sentimento
feet [fiːt] *npl of* **foot**
feign [feɪn] *vt* fingere, simulare
fell [fɛl] *pt of* **fall** ♦ *vt* (*tree*) abbatte-

re

fellow ['fɛləu] *n* individuo, tipo; compagno; (*of learned society*) membro ♦ *cpd*: ~ **citizen** *n* concittadino/a; ~ **countryman** *n* compatriota *m*; ~ **men** *npl* simili *mpl*; ~**ship** *n* associazione *f*; compagnia; *specie di borsa di studio universitaria*

felony ['fɛlənɪ] *n* reato, crimine *m*

felt [fɛlt] *pt, pp of* **feel** ♦ *n* feltro; ~**-tip pen** *n* pennarello

female ['fi:meɪl] *n* (*ZOOL*) femmina; (*pej*: *woman*) donna, femmina ♦ *adj* (*BIOL, ELEC*) femmina *inv*; (*sex, character*) femminile; (*vote etc*) di donne

feminine ['fɛmɪnɪn] *adj* femminile

feminist ['fɛmɪnɪst] *n* femminista *m/f*

fence [fɛns] *n* recinto ♦ *vt* (*also*: ~ *in*) recingere ♦ *vi* (*SPORT*) tirare di scherma; **fencing** *n* (*SPORT*) scherma

fend [fɛnd] *vi*: **to** ~ **for o.s.** arrangiarsi; ~ **off** *vt* (*attack, questions*) respingere, difendersi da

fender ['fɛndə*] *n* parafuoco; (*on boat*) parabordo; (*US*) parafango; paraurti *m inv*

ferment [*vb* fə'mɛnt, *n* 'fə:mɛnt] *vi* fermentare ♦ *n* (*fig*) agitazione *f*, eccitazione *f*

fern [fə:n] *n* felce *f*

ferocious [fə'rəuʃəs] *adj* feroce

ferret ['fɛrɪt] *n* furetto; ~ **out** *vt* (*information*) scovare

ferry ['fɛrɪ] *n* (*small*) traghetto; (*large*: *also*: ~*boat*) nave *f* traghetto *inv* ♦ *vt* traghettare

fertile ['fə:taɪl] *adj* fertile; (*BIOL*) fecondo(a); **fertilizer** ['fə:tɪlaɪzə*] *n* fertilizzante *m*

fester ['fɛstə*] *vi* suppurare

festival ['fɛstɪvəl] *n* (*REL*) festa; (*ART, MUS*) festival *m inv*

festive ['fɛstɪv] *adj* di festa; **the** ~ **season** (*BRIT*: *Christmas*) il periodo delle feste

festivities [fɛs'tɪvɪtɪz] *npl* festeggiamenti *mpl*

festoon [fɛs'tu:n] *vt*: **to** ~ **with** ornare di

fetch [fɛtʃ] *vt* andare a prendere; (*sell for*) essere venduto(a) per

fetching ['fɛtʃɪŋ] *adj* attraente

fête [feɪt] *n* festa

fetish ['fɛtɪʃ] *n* feticcio

fetus ['fi:təs] (*US*) *n* = **foetus**

feud [fju:d] *n* contesa, lotta

feudal ['fju:dl] *adj* feudale

fever ['fi:və*] *n* febbre *f*; ~**ish** *adj* febbrile

few [fju:] *adj* pochi(e); **a** ~ *adj* qualche *inv* ♦ *pron* alcuni(e); ~**er** *adj* meno *inv*; meno numerosi(e); ~**est** *adj* il minor numero di

fiancé [fɪ'ɑ̃:ŋseɪ] *n* fidanzato; ~**e** *n* fidanzata

fib [fɪb] *n* piccola bugia

fibre ['faɪbə*] (*US* **fiber**) *n* fibra; **F~-glass** ® *n* fibra di vetro

fickle ['fɪkl] *adj* incostante, capriccioso(a)

fiction ['fɪkʃən] *n* narrativa, romanzi *mpl*; (*sth made up*) finzione *f*; ~**al** *adj* immaginario(a)

fictitious [fɪk'tɪʃəs] *adj* fittizio(a)

fiddle ['fɪdl] *n* (*MUS*) violino; (*cheating*) imbroglio; truffa ♦ *vt* (*BRIT*: *accounts*) falsificare, falsare; ~ **with** *vt fus* gingillarsi con

fidelity [fɪ'dɛlɪtɪ] *n* fedeltà; (*accuracy*) esattezza

fidget ['fɪdʒɪt] *vi* agitarsi

field [fi:ld] *n* campo; ~ **marshal** *n* feldmaresciallo; ~**work** *n* ricerche *fpl* esterne

fiend [fi:nd] *n* demonio; ~**ish** ['fi:ndɪʃ] *adj* (*person, problem*) diabolico(a)

fierce [fɪəs] *adj* (*animal, person, fighting*) feroce; (*loyalty*) assoluto(a); (*wind*) furioso(a); (*heat*) intenso(a)

fiery ['faɪərɪ] *adj* ardente; infocato(a)

fifteen [fɪf'ti:n] *num* quindici

fifth [fɪfθ] *num* quinto(a)

fifty ['fɪftɪ] *num* cinquanta; ~**-**~ *adj*: **a** ~**-**~ **chance** una possibilità su due ♦ *adv* fifty-fifty, metà per ciascuno

fig [fɪg] *n* fico

fight [faɪt] (*pt, pp* **fought**) *n* zuffa, rissa; (*MIL*) battaglia, combattimento; (*against cancer etc*) lotta ♦ *vt* (*person*) azzuffarsi con; (*enemy*: *also*: *MIL*) combattere; (*cancer, alcoholism, emotion*) lottare contro, combattere; (*election*) partecipare a ♦ *vi* combattere; **~er** *n* combattente *m*; (*plane*) aeroplano da caccia; **~ing** *n* combattimento
figment ['fɪgmənt] *n*: **a ~ of the imagination** un parto della fantasia
figurative ['fɪgjurətɪv] *adj* figurato(a)
figure ['fɪgə*] *n* figura; (*number, cipher*) cifra ♦ *vt* (*think*: *esp US*) pensare ♦ *vi* (*appear*) figurare; **~ out** *vt* riuscire a capire; calcolare; **~head** *n* (*NAUT*) polena; (*pej*) prestanome *m/f inv*; **~ of speech** *n* figura retorica
filch [fɪltʃ] (*inf*) *vt* sgraffignare
file [faɪl] *n* (*tool*) lima; (*dossier*) incartamento; (*folder*) cartellina; (*COMPUT*) archivio; (*row*) fila ♦ *vt* (*nails, wood*) limare; (*papers*) archiviare; (*LAW*: *claim*) presentare; passare agli atti; **~ in/out** *vi* entrare/uscire in fila
filing cabinet ['faɪlɪŋ-] *n* casellario
fill [fɪl] *vt* riempire; (*job*) coprire ♦ *n*: **to eat one's ~** mangiare a sazietà; **~ in** *vt* (*hole*) riempire; (*form*) compilare; **~ up** *vt* riempire ♦ *vi* (*AUT*) fare il pieno
fillet ['fɪlɪt] *n* filetto; **~ steak** *n* bistecca di filetto
filling ['fɪlɪŋ] *n* (*CULIN*) impasto, ripieno; (*for tooth*) otturazione *f*; **~ station** *n* stazione *f* di rifornimento
film [fɪlm] *n* (*CINEMA*) film *m inv*; (*PHOT*) pellicola; (*of powder, liquid*) sottile strato ♦ *vt, vi* girare; **~ star** *n* divo/a dello schermo; **~ strip** *n* filmina
filter ['fɪltə*] *n* filtro ♦ *vt* filtrare; **~ lane** (*BRIT*) *n* (*AUT*) corsia di svincolo; **~-tipped** *adj* con filtro
filth [fɪlθ] *n* sporcizia; **~y** *adj* lordo(a), sozzo(a); (*language*) osceno(a)
fin [fɪn] *n* (*of fish*) pinna
final ['faɪnl] *adj* finale, ultimo(a); definitivo(a) ♦ *n* (*SPORT*) finale *f*; **~s** *npl* (*SCOL*) esami *mpl* finali
finale [fɪ'nɑːlɪ] *n* finale *m*
finalize ['faɪnəlaɪz] *vt* mettere a punto
finally ['faɪnəlɪ] *adv* (*lastly*) alla fine; (*eventually*) finalmente
finance [faɪ'næns] *n* finanza; (*capital*) capitale *m* ♦ *vt* finanziare; **~s** *npl* (*funds*) finanze *fpl*
financial [faɪ'nænʃəl] *adj* finanziario(a)
financier [faɪ'nænsɪə*] *n* finanziatore *m*
find [faɪnd] (*pt, pp* **found**) *vt* trovare; (*lost object*) ritrovare ♦ *n* trovata, scoperta; **to ~ sb guilty** (*LAW*) giudicare qn colpevole; **~ out** *vt* (*truth, secret*) scoprire; (*person*) cogliere in fallo; **to ~ out about** informarsi su; (*by chance*) scoprire; **~ings** *npl* (*LAW*) sentenza, conclusioni *fpl*; (*of report*) conclusioni
fine [faɪn] *adj* bello(a); ottimo(a); (*thin, subtle*) fine ♦ *adv* (*well*) molto bene ♦ *n* (*LAW*) multa ♦ *vt* (*LAW*) multare; **to be ~** (*person*) stare bene; (*weather*) far bello; **~ arts** *npl* belle arti *fpl*
finery ['faɪnərɪ] *n* abiti *mpl* eleganti
finger ['fɪŋgə*] *n* dito ♦ *vt* toccare, tastare; **little/index ~** mignolo/(dito) indice *m*; **~nail** *n* unghia; **~print** *n* impronta digitale; **~tip** *n* punta del dito
finicky ['fɪnɪkɪ] *adj* esigente, pignolo(a); minuzioso(a)
finish ['fɪnɪʃ] *n* fine *f*; (*polish etc*) finitura ♦ *vt, vi* finire; **to ~ doing sth** finire di fare qc; **to ~ third** arrivare terzo(a); **~ off** *vt* compiere; (*kill*) uccidere; **~ up** *vi, vt* finire; **~ing line** *n* linea d'arrivo; **~ing school** *n* scuola privata di perfezionamento (*per signorine*)
finite ['faɪnaɪt] *adj* limitato(a); (*verb*) finito(a)

Finland ['fınlənd] *n* Finlandia

Finn [fın] *n* finlandese *m/f*; **~ish** *adj* finlandese ♦ *n* (*LING*) finlandese *m*

fir [fə:*] *n* abete *m*

fire [faıə*] *n* fuoco; (*destructive*) incendio; (*gas ~, electric ~*) stufa ♦ *vt* (*gun*) far fuoco con; (*arrow*) sparare; (*fig*) infiammare; (*inf*: *dismiss*) licenziare ♦ *vi* sparare, far fuoco; **on ~** in fiamme; **~ alarm** *n* allarme *m* d'incendio; **~arm** *n* arma da fuoco; **~ brigade** (*US* **~ department**) *n* (corpo dei) pompieri *mpl*; **~ engine** *n* autopompa; **~ escape** *n* scala di sicurezza; **~ extinguisher** *n* estintore *m*; **~guard** *n* parafuoco; **~man** *n* pompiere *m*; **~place** *n* focolare *m*; **~side** *n* angolo del focolare; **~ station** *n* caserma dei pompieri; **~wood** *n* legna; **~works** *npl* fuochi *mpl* d'artificio

firing squad ['faıərıŋ-] *n* plotone *m* d'esecuzione

firm [fə:m] *adj* fermo(a) ♦ *n* ditta, azienda; **~ly** *adv* fermamente

first [fə:st] *adj* primo(a) ♦ *adv* (*before others*) il primo, la prima; (*before other things*) per primo; (*when listing reasons etc*) per prima cosa ♦ *n* (*person*: *in race*) primo/a; (*BRIT*: *SCOL*) laurea con lode; (*AUT*) prima; **at ~** dapprima, all'inizio; **~ of all** prima di tutto; **~ aid** *n* pronto soccorso; **~-aid kit** *n* cassetta pronto soccorso; **~-class** *adj* di prima classe; **~-hand** *adj* di prima mano; **~ lady** (*US*) *n* moglie *f* del presidente; **~ly** *adv* in primo luogo; **~ name** *n* prenome *m*; **~-rate** *adj* di prima qualità, ottimo(a)

fish [fıʃ] *n inv* pesce *m* ♦ *vt* (*river, area*) pescare in ♦ *vi* pescare; **to go ~ing** andare a pesca; **~erman** *n* pescatore *m*; **~ farm** *n* vivaio; **~ fingers** (*BRIT*) *npl* bastoncini *mpl* di pesce (surgelati); **~ing boat** *n* barca da pesca; **~ing line** *n* lenza; **~ing rod** *n* canna da pesca; **~monger** *n* pescivendolo; **~monger's (shop)** *n* pescheria; **~ sticks** (*US*) *npl* = **~ fingers**; **~y** (*inf*) *adj* (*tale, story*) sospetto(a)

fist [fıst] *n* pugno

fit [fıt] *adj* (*MED, SPORT*) in forma; (*proper*) adatto(a), appropriato(a); conveniente ♦ *vt* (*subj*: *clothes*) stare bene a; (*put in, attach*) mettere; installare; (*equip*) fornire, equipaggiare ♦ *vi* (*clothes*) stare bene; (*parts*) andare bene, adattarsi; (*in space, gap*) entrare ♦ *n* (*MED*) accesso, attacco; **~ to** in grado di; **~ for** adatto(a) a; degno(a) di; **a ~ of anger** un accesso d'ira; **this dress is a good ~** questo vestito sta bene; **by ~s and starts** a sbalzi; **~ in** *vi* accordarsi; adattarsi; **~ful** *adj* saltuario(a); **~ment** *n* componibile *m*; **~ness** *n* (*MED*) forma fisica; **~ted carpet** *n* moquette *f*; **~ted kitchen** *n* cucina componibile; **~ter** *n* aggiustatore *m or* montatore *m* meccanico; **~ting** *adj* appropriato(a) ♦ *n* (*of dress*) prova; (*of piece of equipment*) montaggio, aggiustaggio; **~tings** *npl* (*in building*) impianti *mpl*; **~ting room** *n* camerino

five [faıv] *num* cinque; **~r** (*inf*) *n* (*BRIT*) biglietto da cinque sterline; (*US*) biglietto da cinque dollari

fix [fıks] *vt* fissare; (*mend*) riparare; (*meal, drink*) preparare ♦ *n*: **to be in a ~** essere nei guai; **~ up** *vt* (*meeting*) fissare; **to ~ sb up with sth** procurare qc a qn; **~ation** *n* fissazione *f*; **~ed** [fıkst] *adj* (*prices etc*) fisso(a); **~ture** ['fıkstʃə*] *n* impianto (fisso); (*SPORT*) incontro (del calendario sportivo)

fizzle out ['fızl-] *vi* finire in nulla

fizzy ['fızı] *adj* frizzante; gassato(a)

flabbergasted ['flæbəgɑ:stıd] *adj* sbalordito(a)

flabby ['flæbı] *adj* flaccido(a)

flag [flæg] *n* bandiera; (*also*: *~stone*) pietra da lastricare ♦ *vi* stancarsi; affievolirsi; **~ down** *vt* fare segno (di fermarsi) a

flagpole ['flægpəul] *n* albero

flagship ['flægʃıp] *n* nave *f* ammiraglia

flair [flɛə*] *n* (*for business etc*) fiuto; (*for languages etc*) facilità; (*style*) stile *m*

flak [flæk] *n* (*MIL*) fuoco d'artiglieria; (*inf*: *criticism*) critiche *fpl*

flake [fleɪk] *n* (*of rust, paint*) scaglia; (*of snow, soap powder*) fiocco ♦ *vi* (*also*: ~ *off*) sfaldarsi

flamboyant [flæm'bɔɪənt] *adj* sgargiante

flame [fleɪm] *n* fiamma

flamingo [flə'mɪŋgəu] *n* fenicottero, fiammingo

flammable ['flæməbl] *adj* infiammabile

flan [flæn] (*BRIT*) *n* flan *m inv*

flank [flæŋk] *n* fianco ♦ *vt* fiancheggiare

flannel ['flænl] *n* (*BRIT*: *also*: *face* ~) guanto di spugna; (*fabric*) flanella; ~**s** *npl* (*trousers*) pantaloni *mpl* di flanella

flap [flæp] *n* (*of pocket*) patta; (*of envelope*) lembo ♦ *vt* (*wings*) battere ♦ *vi* (*sail, flag*) sbattere; (*inf*: *also*: *be in a* ~) essere in agitazione

flare [flɛə*] *n* razzo; (*in skirt etc*) svasatura; ~ **up** *vi* andare in fiamme; (*fig*: *person*) infiammarsi di rabbia; (: *revolt*) scoppiare

flash [flæʃ] *n* vampata; (*also*: *news* ~) notizia *f* lampo *inv*; (*PHOT*) flash *m inv* ♦ *vt* accendere e spegnere; (*send*: *message*) trasmettere; (: *look, smile*) lanciare ♦ *vi* brillare; (*light on ambulance, eyes etc*) lampeggiare; **in a** ~ in un lampo; **to** ~ **one's headlights** lampeggiare; **he** ~**ed by** *or* **past** ci passò davanti come un lampo; ~**bulb** *n* cubo *m* flash *inv*; ~**cube** *n* flash *m inv*; ~**light** *n* lampadina tascabile

flashy ['flæʃɪ] (*pej*) *adj* vistoso(a)

flask [flɑ:sk] *n* fiasco; (*also*: *vacuum* ~) thermos *m inv* ®

flat [flæt] *adj* piatto(a); (*tyre*) sgonfio(a), a terra; (*battery*) scarico(a); (*beer*) svampito(a); (*denial*) netto(a); (*MUS*) bemolle *inv*; (: *voice*) stonato(a); (*rate, fee*) unico(a) ♦ *n* (*BRIT*: *rooms*) appartamento; (*AUT*) pneumatico sgonfio; (*MUS*) bemolle *m*; **to work** ~ **out** lavorare a più non posso; ~**ly** *adv* categoricamente; ~**ten** *vt* (*also*: ~*ten out*) appiattire; (*building, city*) spianare

flatter ['flætə*] *vt* lusingare; ~**ing** *adj* lusinghiero(a); (*dress*) che dona; ~**y** *n* adulazione *f*

flaunt [flɔ:nt] *vt* fare mostra di

flavour ['fleɪvə*] (*US* **flavor**) *n* gusto ♦ *vt* insaporire, aggiungere sapore a; **strawberry-**~**ed** al gusto di fragola; ~**ing** *n* essenza (artificiale)

flaw [flɔ:] *n* difetto

flax [flæks] *n* lino; ~**en** *adj* biondo(a)

flea [fli:] *n* pulce *f*

fleck [flɛk] *n* (*mark*) macchiolina; (*pattern*) screziatura

fled [flɛd] *pt, pp of* **flee**

flee [fli:] (*pt, pp* **fled**) *vt* fuggire da ♦ *vi* fuggire, scappare

fleece [fli:s] *n* vello ♦ *vt* (*inf*) pelare

fleet [fli:t] *n* flotta; (*of lorries etc*) convoglio; parco

fleeting ['fli:tɪŋ] *adj* fugace, fuggitivo(a); (*visit*) volante

Flemish ['flɛmɪʃ] *adj* fiammingo(a)

flesh [flɛʃ] *n* carne *f*; (*of fruit*) polpa; ~ **wound** *n* ferita superficiale

flew [flu:] *pt of* **fly**

flex [flɛks] *n* filo (flessibile) ♦ *vt* flettere; (*muscles*) contrarre; ~**ible** *adj* flessibile

flick [flɪk] *n* colpetto; scarto ♦ *vt* dare un colpetto a; ~ **through** *vt fus* sfogliare

flicker ['flɪkə*] *vi* tremolare

flier ['flaɪə*] *n* aviatore *m*

flight [flaɪt] *n* volo; (*escape*) fuga; (*also*: ~ *of steps*) scalinata; ~ **attendant** (*US*) *n* steward *m inv*, hostess *f inv*; ~ **deck** *n* (*AVIAT*) cabina di controllo; (*NAUT*) ponte *m* di comando

flimsy ['flɪmzɪ] *adj* (*shoes, clothes*) leggero(a); (*building*) poco solido(a); (*excuse*) che non regge

flinch [flɪntʃ] *vi* ritirarsi; **to** ~ **from**

tirarsi indietro di fronte a
fling [flɪŋ] (*pt, pp* **flung**) *vt* lanciare, gettare
flint [flɪnt] *n* selce *f*; (*in lighter*) pietrina
flip [flɪp] *vt* (*switch*) far scattare; (*coin*) lanciare in aria
flippant ['flɪpənt] *adj* senza rispetto, irriverente
flipper ['flɪpə*] *n* pinna
flirt [flə:t] *vi* flirtare ♦ *n* civetta
flit [flɪt] *vi* svolazzare
float [fləut] *n* galleggiante *m*; (*in procession*) carro; (*money*) somma ♦ *vi* galleggiare
flock [flɔk] *n* (*of sheep, REL*) gregge *m*; (*of birds*) stormo ♦ *vi*: **to ~ to** accorrere in massa a
flog [flɔg] *vt* flagellare
flood [flʌd] *n* alluvione *m*; (*of letters etc*) marea ♦ *vt* allagare; (*subj*: *people*) invadere ♦ *vi* (*place*) allagarsi; (*people*): **to ~ into** riversarsi in; **~ing** *n* inondazione *f*; **~light** *n* riflettore *m* ♦ *vt* illuminare a giorno
floor [flɔ:*] *n* pavimento; (*storey*) piano; (*of sea, valley*) fondo ♦ *vt* (*subj*: *blow*) atterrare; (: *question*) ridurre al silenzio; **ground ~**, (*US*) **first ~** pianterreno; **first ~**, (*US*) **second ~** primo piano; **~board** *n* tavellone *m* di legno; **~ show** *n* spettacolo di varietà
flop [flɔp] *n* fiasco ♦ *vi* far fiasco; (*fall*) lasciarsi cadere
floppy ['flɔpɪ] *adj* floscio(a), molle; **~ (disk)** *n* (*COMPUT*) floppy disk *m inv*
flora ['flɔ:rə] *n* flora
Florence ['flɔrəns] *n* Firenze *f*; **Florentine** ['flɔrəntaɪn] *adj* fiorentino(a)
florid ['flɔrɪd] *adj* (*complexion*) florido(a); (*style*) fiorito(a)
florist ['flɔrɪst] *n* fioraio/a
flounce [flauns] *n* balzo; **~ out** *vi* uscire stizzito(a)
flounder ['flaundə*] *vi* annaspare ♦ *n* (*ZOOL*) passera di mare
flour ['flauə*] *n* farina
flourish ['flʌrɪʃ] *vi* fiorire ♦ *n* (*bold gesture*): **with a ~** con ostentazione; **~ing** *adj* florido(a)
flout [flaut] *vt* (*order*) contravvenire a
flow [fləu] *n* flusso; circolazione *f* ♦ *vi* fluire; (*traffic, blood in veins*) circolare; (*hair*) scendere; **~ chart** *n* schema *m* di flusso
flower ['flauə*] *n* fiore *m* ♦ *vi* fiorire; **~ bed** *n* aiuola; **~pot** *n* vaso da fiori; **~y** *adj* (*perfume*) di fiori; (*pattern*) a fiori; (*speech*) fiorito(a)
flown [fləun] *pp of* **fly**
flu [flu:] *n* influenza
fluctuate ['flʌktjueɪt] *vi* fluttuare, oscillare
fluent ['flu:ənt] *adj* (*speech*) facile, sciolto(a); corrente; **he speaks ~ Italian, he's ~ in Italian** parla l'italiano correntemente
fluff [flʌf] *n* lanugine *f*; **~y** *adj* lanuginoso(a); (*toy*) di peluche
fluid ['flu:ɪd] *adj* fluido(a) ♦ *n* fluido
fluke [flu:k] (*inf*) *n* colpo di fortuna
flung [flʌŋ] *pt, pp of* **fling**
fluoride ['fluəraɪd] *n* fluoruro; **~ toothpaste** dentifricio al fluoro
flurry ['flʌrɪ] *n* (*of snow*) tempesta; **a ~ of activity** uno scoppio di attività
flush [flʌʃ] *n* rossore *m*; (*fig*: *of youth, beauty etc*) rigoglio, pieno vigore ♦ *vt* ripulire con un getto d'acqua ♦ *vi* arrossire ♦ *adj*: **~ with** a livello di, pari a; **to ~ the toilet** tirare l'acqua; **~ out** *vt* (*birds*) far alzare in volo; (*animals, fig*) stanare; **~ed** *adj* tutto(a) rosso(a)
flustered ['flʌstəd] *adj* sconvolto(a)
flute [flu:t] *n* flauto
flutter ['flʌtə*] *n* agitazione *f*; (*of wings*) battito ♦ *vi* (*bird*) battere le ali
flux [flʌks] *n*: **in a state of ~** in continuo mutamento
fly [flaɪ] (*pt* **flew**, *pp* **flown**) *n* (*insect*) mosca; (*on trousers*: *also*: *flies*) chiusura ♦ *vt* pilotare; (*passengers, cargo*) trasportare (in aereo); (*distances*) percorrere ♦ *vi* volare;

(*passengers*) andare in aereo; (*escape*) fuggire; (*flag*) sventolare; ~ **away** *or* **off** *vi* volare via; ~**ing** *n* (*activity*) aviazione *f*; (*action*) volo ♦ *adj*: ~**ing visit** visita volante; **with ~ing colours** con risultati brillanti; ~**ing saucer** *n* disco volante; ~**ing start** *n*: **to get off to a ~ing start** partire come un razzo; ~**over** (*BRIT*) *n* (*bridge*) cavalcavia *m inv*; ~**sheet** *n* (*for tent*) sopratetto

foal [fəul] *n* puledro

foam [fəum] *n* schiuma; (*also*: ~ *rubber*) gommapiuma ® ♦ *vi* schiumare; (*soapy water*) fare la schiuma

fob [fɔb] *vt*: **to ~ sb off with** rifilare a qn

focus ['fəukəs] (*pl* ~es) *n* fuoco; (*of interest*) centro ♦ *vt* (*field glasses etc*) mettere a fuoco ♦ *vi*: **to ~ on** (*with camera*) mettere a fuoco; (*person*) fissare lo sguardo su; **in ~** a fuoco; **out of ~** sfocato(a)

fodder ['fɔdə*] *n* foraggio

foe [fəu] *n* nemico

foetus ['fi:təs] (*US* **fetus**) *n* feto

fog [fɔg] *n* nebbia; ~**gy** *adj*: **it's ~gy** c'è nebbia; ~ **lamp** (*US* ~ **light**) *n* (*AUT*) faro *m* antinebbia *inv*

foil [fɔɪl] *vt* confondere, frustrare ♦ *n* lamina di metallo; (*kitchen* ~) foglio di alluminio; (*FENCING*) fioretto; **to act as a ~ to** (*fig*) far risaltare

fold [fəuld] *n* (*bend, crease*) piega; (*AGR*) ovile *m*; (*fig*) gregge *m* ♦ *vt* piegare; (*arms*) incrociare; ~ **up** *vi* (*map, bed, table*) piegarsi; (*business*) crollare ♦ *vt* (*map etc*) piegare, ripiegare; ~**er** *n* (*for papers*) cartella; cartellina; ~**ing** *adj* (*chair, bed*) pieghevole

foliage ['fəulɪɪdʒ] *n* fogliame *m*

folk [fəuk] *npl* gente *f* ♦ *adj* popolare; ~**s** *npl* (*family*) famiglia; ~**lore** ['fəuklɔ:*] *n* folclore *m*; ~ **song** *n* canto popolare

follow ['fɔləu] *vt* seguire ♦ *vi* seguire; (*result*) conseguire, risultare; **to ~ suit** fare lo stesso; ~ **up** *vt* (*letter, offer*) fare seguito a; (*case*) seguire; ~**er** *n* seguace *m/f*, discepolo/a; ~**ing** *adj* seguente ♦ *n* seguito, discepoli *mpl*

folly ['fɔlɪ] *n* pazzia, follia

fond [fɔnd] *adj* (*memory, look*) tenero(a), affettuoso(a); **to be ~ of sb** volere bene a qn; **he's ~ of walking** gli piace fare camminate

fondle ['fɔndl] *vt* accarezzare

font [fɔnt] *n* (*in church*) fonte *m* battesimale; (*TYP*) caratteri *mpl*

food [fu:d] *n* cibo; ~ **mixer** *n* frullatore *m*; ~ **poisoning** *n* intossicazione *f*; ~ **processor** *n* tritatutto *m inv* elettrico; ~**stuffs** *npl* generi *fpl* alimentari

fool [fu:l] *n* sciocco/a; (*CULIN*) frullato ♦ *vt* ingannare ♦ *vi* (*gen*: ~ *around*) fare lo sciocco; ~**hardy** *adj* avventato(a); ~**ish** *adj* scemo(a), stupido(a); imprudente; ~**proof** *adj* (*plan etc*) sicurissimo(a)

foot [fut] (*pl* **feet**) *n* piede *m*; (*measure*) piede (= *304 mm*; *12 inches*); (*of animal*) zampa ♦ *vt* (*bill*) pagare; **on ~** a piedi; ~**age** *n* (*CINEMA*: *length*) ≈ metraggio; (: *material*) sequenza; ~**ball** *n* pallone *m*; (*sport*: *BRIT*) calcio; (: *US*) football *m* americano; ~**ball player** *n* (*BRIT*: *also*: ~*baller*) calciatore *m*; (*US*) giocatore *m* di football americano; ~**brake** *n* freno a pedale; ~**bridge** *n* passerella; ~**hills** *npl* contrafforti *fpl*; ~**hold** *n* punto d'appoggio; ~**ing** *n* (*fig*) posizione *f*; **to lose one's ~ing** mettere un piede in fallo; ~**lights** *npl* luci *fpl* della ribalta; ~**man** *n* lacchè *m inv*; ~**note** *n* nota (a piè di pagina); ~**path** *n* sentiero; (*in street*) marciapiede *m*; ~**print** *n* orma, impronta; ~**step** *n* passo; (~*print*) orma, impronta; ~**wear** *n* calzatura

KEYWORD

for [fɔ:*] *prep* **1** (*indicating destination, intention, purpose*) per; **the train ~ London** il treno per Londra; **he went ~ the paper** è andato a

prendere il giornale; **it's time ~ lunch** è ora di pranzo; **what's it ~?** a che serve?; **what ~?** (*why*) perché?
2 (*on behalf of*, *representing*) per; **to work ~ sb/sth** lavorare per qn/qc; **I'll ask him ~ you** glielo chiederò a nome tuo; **G ~ George** G come George
3 (*because of*) per, a causa di; **~ this reason** per questo motivo
4 (*with regard to*) per; **it's cold ~ July** è freddo per luglio; **~ everyone who voted yes, 50 voted no** per ogni voto a favore ce n'erano 50 contro
5 (*in exchange for*) per; **I sold it ~ £5** l'ho venduto per 5 sterline
6 (*in favour of*) per, a favore di; **are you ~ or against us?** è con noi o contro di noi?; **I'm all ~ it** sono completamente a favore
7 (*referring to distance, time*) per; **there are roadworks ~ 5 km** ci sono lavori in corso per 5 km; **he was away ~ 2 years** è stato via per 2 anni; **she will be away ~ a month** starà via un mese; **it hasn't rained ~ 3 weeks** non piove da 3 settimane; **can you do it ~ tomorrow?** può farlo per domani?
8 (*with infinitive clauses*): **it is not ~ me to decide** non sta a me decidere; **it would be best ~ you to leave** sarebbe meglio che lei se ne andasse; **there is still time ~ you to do it** ha ancora tempo per farlo; **~ this to be possible ...** perché ciò sia possibile ...
9 (*in spite of*) nonostante; **~ all his complaints, he's very fond of her** nonostante tutte le sue lamentele, le vuole molto bene
◆ *conj* (*since, as: rather formal*) dal momento che, poiché

forage ['fɔrɪdʒ] *vi*: **to ~ (for)** andare in cerca (di)
foray ['fɔreɪ] *n* incursione *f*
forbad(e) [fə'bæd] *pt of* **forbid**
forbid [fə'bɪd] (*pt* **forbad(e)**, *pp* **forbidden**) *vt* vietare, interdire; **to ~ sb to do sth** proibire a qn di fare qc; **~den** *pp of* **forbid**; **~ding** *adj* minaccioso(a)
force [fɔːs] *n* forza ◆ *vt* forzare; **the F~s** (*BRIT*) *npl* le forze armate; **to ~ o.s. to do** costringersi a fare; **in ~** (*in large numbers*) in gran numero; (*law*) in vigore; **~d** *adj* forzato(a); **~-feed** *vt* (*animal, prisoner*) sottoporre ad alimentazione forzata; **~ful** *adj* forte, vigoroso(a)
forceps ['fɔːsɛps] *npl* forcipe *m*
forcibly ['fɔːsəblɪ] *adv* con la forza; (*vigorously*) vigorosamente
ford [fɔːd] *n* guado
fore [fɔː*] *n*: **to come to the ~** mettersi in evidenza
forearm ['fɔːrɑːm] *n* avambraccio
foreboding [fɔː'bəudɪŋ] *n* cattivo presagio
forecast ['fɔːkɑːst] (*irreg*: *like* **cast**) *n* previsione *f* ◆ *vt* prevedere
forecourt ['fɔːkɔːt] *n* (*of garage*) corte *f* esterna
forefathers ['fɔːfɑːðəz] *npl* antenati *mpl*, avi *mpl*
forefinger ['fɔːfɪŋgə*] *n* (dito) indice *m*
forefront ['fɔːfrʌnt] *n*: **in the ~ of** all'avanguardia in
forego [fɔː'gəu] (*irreg*: *like* **go**) *vt* rinunciare a
foregone [fɔː'gɔn] *pp of* **forego** ◆ *adj*: **it's a ~ conclusion** è una conclusione scontata
foreground ['fɔːgraund] *n* primo piano
forehead ['fɔrɪd] *n* fronte *f*
foreign ['fɔrɪn] *adj* straniero(a); (*trade*) estero(a); (*object, matter*) estraneo(a); **~er** *n* straniero/a; **~ exchange** *n* cambio con l'estero; (*currency*) valuta estera; **F~ Office** (*BRIT*) *n* Ministero degli Esteri; **F~ Secretary** (*BRIT*) *n* ministro degli Affari esteri
foreleg ['fɔːlɛg] *n* zampa anteriore
foreman ['fɔːmən] *n* caposquadra *m*

foremost ['fɔ:məust] *adj* principale; più in vista ♦ *adv*: **first and** ~ innanzitutto
forensic [fə'rɛnsɪk] *adj*: ~ **medicine** medicina legale
forerunner ['fɔ:rʌnə*] *n* precursore *m*
foresaw [fɔ:'sɔ:] *pt of* **foresee**
foresee [fɔ:'si:] (*irreg*: *like* **see**) *vt* prevedere; ~**able** *adj* prevedibile: **foreseen** *pp of* **foresee**
foreshadow [fɔ:'ʃædəu] *vt* presagire, far prevedere
foresight ['fɔ:saɪt] *n* previdenza
forest ['fɔrɪst] *n* foresta
forestall [fɔ:'stɔ:l] *vt* prevenire
forestry ['fɔrɪstrɪ] *n* silvicoltura
foretaste ['fɔ:teɪst] *n* pregustazione *f*
foretell [fɔ:'tɛl] (*irreg*: *like* **tell**) *vt* predire; **foretold** [fɔ:'təuld] *pt*, *pp of* **foretell**
forever [fə'rɛvə*] *adv* per sempre; (*endlessly*) sempre, di continuo
forewent [fɔ:'wɛnt] *pt of* **forego**
foreword ['fɔ:wə:d] *n* prefazione *f*
forfeit ['fɔ:fɪt] *vt* perdere; (*one's happiness, health*) giocarsi
forgave [fə'geɪv] *pt of* **forgive**
forge [fɔ:dʒ] *n* fucina ♦ *vt* (*signature, money*) contraffare, falsificare; (*wrought iron*) fucinare, foggiare; ~ **ahead** *vi* tirare avanti; ~**r** *n* contraffattore *m*; ~**ry** *n* falso; (*activity*) contraffazione *f*
forget [fə'gɛt] (*pt* **forgot**, *pp* **forgotten**) *vt*, *vi* dimenticare; ~**ful** *adj* di corta memoria; ~**ful of** dimentico(a) di; ~**-me-not** *n* nontiscordardimé *m inv*
forgive [fə'gɪv] (*pt* **forgave**, *pp* **forgiven**) *vt* perdonare; **to** ~ **sb for sth** perdonare qc a qn; **forgiven** *pp of* **forgive**; ~**ness** *n* perdono
forgo [fɔ:'gəu] = **forego**
forgot [fə'gɔt] *pt of* **forget**
forgotten [fə'gɔtn] *pp of* **forget**
fork [fɔ:k] *n* (*for eating*) forchetta; (*for gardening*) forca; (*of roads, rivers, railways*) biforcazione *f* ♦ *vi* (*road etc*) biforcarsi; ~ **out** (*inf*) *vt* (*pay*) sborsare; ~**-lift truck** *n* carrello elevatore
forlorn [fə'lɔ:n] *adj* (*person*) sconsolato(a); (*place*) abbandonato(a); (*attempt*) disperato(a); (*hope*) vano(a)
form [fɔ:m] *n* forma; (*SCOL*) classe *f*; (*questionnaire*) scheda ♦ *vt* formare; **in top** ~ in gran forma
formal ['fɔ:məl] *adj* formale; (*gardens*) simmetrico(a), regolare; ~**ly** *adv* formalmente
format ['fɔ:mæt] *n* formato ♦ *vt* (*COMPUT*) formattare
formation [fɔ:'meɪʃən] *n* formazione *f*
formative ['fɔ:mətɪv] *adj*: ~ **years** anni *mpl* formativi
former ['fɔ:mə*] *adj* vecchio(a) (*before n*), ex *inv* (*before n*); **the** ~ ... **the latter** quello ... questo; ~**ly** *adv* in passato
formula ['fɔ:mjulə] *n* formula
forsake [fə'seɪk] (*pt* **forsook**, *pp* **forsaken**) *vt* abbandonare; **forsaken** *pp of* **forsake**; **forsook** [fə'suk] *pt of* **forsake**
fort [fɔ:t] *n* forte *m*
forth [fɔ:θ] *adv* in avanti; **back and** ~ avanti e indietro; **and so** ~ e così via; ~**coming** *adj* (*event*) prossimo(a); (*help*) disponibile; (*character*) aperto(a), comunicativo(a); ~**right** *adj* franco(a), schietto(a); ~**with** *adv* immediatamente, subito
fortify ['fɔ:tɪfaɪ] *vt* (*city*) fortificare; (*person*) armare
fortitude ['fɔ:tɪtju:d] *n* forza d'animo
fortnight ['fɔ:tnaɪt] (*BRIT*) *n* quindici giorni *mpl*, due settimane *fpl*; ~**ly** *adj* bimensile ♦ *adv* ogni quindici giorni
fortress ['fɔ:trɪs] *n* fortezza, rocca
fortunate ['fɔ:tʃənɪt] *adj* fortunato(a); **it is** ~ **that** è una fortuna che; ~**ly** *adv* fortunatamente
fortune ['fɔ:tʃən] *n* fortuna; ~**teller** *n* indovino/a
forty ['fɔ:tɪ] *num* quaranta
forum ['fɔ:rəm] *n* foro
forward ['fɔ:wəd] *adj* (*ahead of*

schedule) in anticipo; (*movement, position*) in avanti; (*not shy*) aperto(a); diretto(a) ♦ *n* (*SPORT*) avanti *m inv* ♦ *vt* (*letter*) inoltrare; (*parcel, goods*) spedire; (*career, plans*) promuovere, appoggiare; **to move** ~ avanzare; **~(s)** *adv* avanti

fossil ['fɔsl] *adj* fossile ♦ *n* fossile *m*

foster ['fɔstə*] *vt* incoraggiare, nutrire; (*child*) avere in affidamento; **~ child** *n* bambino(a) preso(a) in affidamento

fought [fɔ:t] *pt, pp of* **fight**

foul [faul] *adj* (*smell, food, temper etc*) cattivo(a); (*weather*) brutto(a); (*language*) osceno(a) ♦ *n* (*SPORT*) fallo ♦ *vt* sporcare; **~ play** *n* (*LAW*): **the police suspect ~ play** la polizia sospetta un atto criminale

found [faund] *pt, pp of* **find** ♦ *vt* (*establish*) fondare; **~ation** [-'deɪʃən] *n* (*act*) fondazione *f*; (*base*) base *f*; (*also*: *~ation cream*) fondo tinta; **~ations** *npl* (*of building*) fondamenta *fpl*

founder ['faundə*] *n* fondatore/trice ♦ *vi* affondare

foundry ['faundrɪ] *n* fonderia

fountain ['fauntɪn] *n* fontana; **~ pen** *n* penna stilografica

four [fɔ:*] *num* quattro; **on all ~s** a carponi; **~-poster** *n* (*also*: *~-poster bed*) letto a quattro colonne; **~some** ['fɔ:səm] *n* partita a quattro; uscita in quattro; **~teen** *num* quattordici; **~th** *num* quarto(a)

fowl [faul] *n* pollame *m*; volatile *m*

fox [fɔks] *n* volpe *f* ♦ *vt* confondere

foyer ['fɔɪeɪ] *n* atrio; (*THEATRE*) ridotto

fraction ['frækʃən] *n* frazione *f*

fracture ['fræktʃə*] *n* frattura

fragile ['frædʒaɪl] *adj* fragile

fragment ['frægmənt] *n* frammento

fragrant ['freɪgrənt] *adj* fragrante, profumato(a)

frail [freɪl] *adj* debole, delicato(a)

frame [freɪm] *n* (*of building*) armatura; (*of human, animal*) ossatura, corpo; (*of picture*) cornice *f*; (*of door, window*) telaio; (*of spectacles*: *also*: *~s*) montatura ♦ *vt* (*picture*) incorniciare; **~ of mind** *n* stato d'animo; **~work** *n* struttura

France [frɑ:ns] *n* Francia

franchise ['fræntʃaɪz] *n* (*POL*) diritto di voto; (*COMM*) concessione *f*

frank [fræŋk] *adj* franco(a), aperto(a) ♦ *vt* (*letter*) affrancare; **~ly** *adv* francamente, sinceramente

frantic ['fræntɪk] *adj* frenetico(a)

fraternity [frə'tə:nɪtɪ] *n* (*club*) associazione *f*; (*spirit*) fratellanza

fraud [frɔ:d] *n* truffa; (*LAW*) frode *f*; (*person*) impostore/a

fraught [frɔ:t] *adj*: **~ with** pieno(a) di, intriso(a) da

fray [freɪ] *n* baruffa ♦ *vt* logorare ♦ *vi* logorarsi; **her nerves were ~ed** aveva i nervi a pezzi

freak [fri:k] *n* fenomeno, mostro

freckle ['frɛkl] *n* lentiggine *f*

free [fri:] *adj* libero(a); (*gratis*) gratuito(a) ♦ *vt* (*prisoner, jammed person*) liberare; (*jammed object*) districare; **~ (of charge)**, **for ~** gratuitamente; **~dom** ['fri:dəm] *n* libertà; **~-for-all** *n* parapiglia *m* generale; **~ gift** *n* regalo, omaggio; **~hold** *n* proprietà assoluta; **~ kick** *n* calcio libero; **~lance** *adj* indipendente; **~ly** *adv* liberamente; (*liberally*) liberalmente; **F~mason** *n* massone *m*; **F~post** ® *n* affrancatura a carico del destinatario; **~-range** *adj* (*hen*) ruspante; (*eggs*) di gallina ruspante; **~ trade** *n* libero scambio; **~way** (*US*) *n* superstrada; **~ will** *n* libero arbitrio; **of one's own ~ will** di spontanea volontà

freeze [fri:z] (*pt* **froze**, *pp* **frozen**) *vi* gelare ♦ *vt* gelare; (*food*) congelare; (*prices, salaries*) bloccare ♦ *n* gelo; blocco; **~-dried** *adj* liofilizzato(a); **~r** *n* congelatore *m*

freezing ['fri:zɪŋ] *adj* (*wind, weather*) gelido(a); **~ point** *n* punto di congelamento; **3 degrees below ~ point** 3 gradi sotto zero

freight [freɪt] *n* (*goods*) merce *f*,

merci *fpl*; (*money charged*) spese *fpl* di trasporto; ~ **train** (*US*) *n* treno *m* merci *inv*

French [frɛntʃ] *adj* francese ♦ *n* (*LING*) francese *m*; **the** ~ *npl* i Francesi; ~ **bean** *n* fagiolino; ~ **fried potatoes** (*US* ~ **fries**) *npl* patate *fpl* fritte; ~**man** *n* francese *m*; ~ **window** *n* portafinestra; ~**woman** *n* francese *f*

frenzy ['frɛnzɪ] *n* frenesia

frequent [*adj* 'fri:kwənt, *vb* frɪ'kwɛnt] *adj* frequente ♦ *vt* frequentare; ~**ly** *adv* frequentemente, spesso

fresco ['frɛskəu] *n* affresco

fresh [frɛʃ] *adj* fresco(a); (*new*) nuovo(a); (*cheeky*) sfacciato(a); ~**en** *vi* (*wind, air*) rinfrescare; ~**en up** *vi* rinfrescarsi; ~**er** (*BRIT*: *inf*) *n* (*SCOL*) matricola; ~**ly** *adv* di recente, di fresco; ~**man** (*US*) *n* = ~**er**; ~**ness** *n* freschezza; ~**water** *adj* (*fish*) d'acqua dolce

fret [frɛt] *vi* agitarsi, affliggersi

friar ['fraɪə*] *n* frate *m*

friction ['frɪkʃən] *n* frizione *f*, attrito

Friday ['fraɪdɪ] *n* venerdì *m inv*

fridge [frɪdʒ] (*BRIT*) *n* frigo, frigorifero

fried [fraɪd] *pt, pp of* **fry** ♦ *adj* fritto(a)

friend [frɛnd] *n* amico/a; ~**ly** *adj* amichevole; ~**ship** *n* amicizia

frieze [fri:z] *n* fregio

fright [fraɪt] *n* paura, spavento; **to take** ~ spaventarsi; ~**en** *vt* spaventare, far paura a; ~**ened** *adj* spaventato(a); ~**ening** *adj* spaventoso(a), pauroso(a); ~**ful** *adj* orribile

frigid ['frɪdʒɪd] *adj* (*woman*) frigido(a)

frill [frɪl] *n* balza

fringe [frɪndʒ] *n* (*decoration, BRIT*: *of hair*) frangia; (*edge*: *of forest etc*) margine *m*; ~ **benefits** *npl* vantaggi *mpl*

frisk [frɪsk] *vt* perquisire

frisky ['frɪskɪ] *adj* vivace, vispo(a)

fritter ['frɪtə*] *n* frittella; ~ **away** *vt* sprecare

frivolous ['frɪvələs] *adj* frivolo(a)

frizzy ['frɪzɪ] *adj* crespo(a)

fro [frəu] *see* **to**

frock [frɔk] *n* vestito

frog [frɔg] *n* rana; ~**man** *n* uomo *m* rana *inv*

frolic ['frɔlɪk] *vi* sgambettare

KEYWORD

from [frɔm] *prep* **1** (*indicating starting place, origin etc*) da; **where do you come ~?, where are you ~?** da dove viene?, di dov'è?; ~ **London to Glasgow** da Londra a Glasgow; **a letter ~ my sister** una lettera da mia sorella; **tell him ~ me that ...** gli dica da parte mia che ...

2 (*indicating time*) da; ~ **one o'clock to** *or* **until** *or* **till two** dall'una alle due; ~ **January (on)** da gennaio, a partire da gennaio

3 (*indicating distance*) da; **the hotel is 1 km ~ the beach** l'albergo è a 1 km dalla spiaggia

4 (*indicating price, number etc*) da; **prices range ~ £10 to £50** i prezzi vanno dalle 10 alle 50 sterline

5 (*indicating difference*) da; **he can't tell red ~ green** non sa distinguere il rosso dal verde

6 (*because of, on the basis of*): ~ **what he says** da quanto dice lui; **weak ~ hunger** debole per la fame

front [frʌnt] *n* (*of house, dress*) davanti *m inv*; (*of train*) testa; (*of book*) copertina; (*promenade*: *also*: *sea* ~) lungomare *m*; (*MIL, POL, METEOR*) fronte *m*; (*fig*: *appearances*) fronte *f* ♦ *adj* primo(a); anteriore, davanti *inv*; **in ~ of** davanti a; ~**age** *n* facciata; ~ **door** *n* porta d'entrata; (*of car*) sportello anteriore; ~**ier** ['frʌntɪə*] *n* frontiera; ~ **page** *n* prima pagina; ~ **room** (*BRIT*) *n* salotto; ~**-wheel drive** *n* trasmissione *f* anteriore

frost [frɔst] *n* gelo; (*also*: *hoar*~) bri-

na; ~**bite** *n* congelamento; ~**ed** *adj* (*glass*) smerigliato(a); ~**y** *adj* (*weather, look*) gelido(a)
froth ['frɔθ] *n* spuma; schiuma
frown [fraun] *vi* accigliarsi
froze [frəuz] *pt of* **freeze**; **frozen** *pp of* **freeze**
fruit [fru:t] *n inv* (*also fig*) frutto; (*collectively*) frutta; ~**erer** *n* fruttivendolo; ~**erer's (shop)** *n*: **at the ~erer's (shop)** dal fruttivendolo; ~**ful** *adj* fruttuoso(a); ~**ion** [fru:'ɪʃən] *n*: **to come to ~ion** realizzarsi; ~ **juice** *n* succo di frutta; ~ **machine** (*BRIT*) *n* macchina *f* mangiasoldi *inv*; ~ **salad** *n* macedonia
frustrate [frʌs'treɪt] *vt* frustrare
fry [fraɪ] (*pt, pp* **fried**) *vt* friggere; *see also* **small**; ~**ing pan** *n* padella
ft. *abbr* = **foot**; **feet**
fuddy-duddy ['fʌdɪdʌdɪ] *n* matusa
fudge [fʌdʒ] *n* (*CULIN*) *specie di caramella a base di latte, burro e zucchero*
fuel [fjuəl] *n* (*for heating*) combustibile *m*; (*for propelling*) carburante *m*; ~ **tank** *n* deposito *m* nafta *inv*; (*on vehicle*) serbatoio (della benzina)
fugitive ['fju:dʒɪtɪv] *n* fuggitivo/a, profugo/a
fulfil [ful'fɪl] *vt* (*function*) compiere; (*order*) eseguire; (*wish, desire*) soddisfare, appagare; ~**ment** *n* (*of wishes*) soddisfazione *f*, appagamento; **sense of ~ment** soddisfazione
full [ful] *adj* pieno(a); (*details, skirt*) ampio(a) ♦ *adv*: **to know ~ well that** sapere benissimo che; **I'm ~ (up)** sono pieno; **a ~ two hours** due ore intere; **at ~ speed** a tutta velocità; **in ~** per intero; ~ **employment** *n* piena occupazione; ~**-length** *adj* (*film*) a lungometraggio; (*coat, novel*) lungo(a); (*portrait*) in piedi; ~ **moon** *n* luna piena; ~**-scale** *adj* (*attack, war*) su larga scala; (*model*) in grandezza naturale; ~ **stop** *n* punto; ~**-time** *adj, adv* (*work*) a tempo pieno; ~**y** *adv* interamente, pienamente, completamente; (*at least*) almeno; ~**y-fledged** *adj* (*teacher, member etc*) a tutti gli effetti
fulsome ['fulsəm] (*pej*) *adj* (*praise, compliments*) esagerato(a)
fumble ['fʌmbl] *vi*: **to ~ with sth** armeggiare con qc
fume [fju:m] *vi* essere furioso(a); ~**s** *npl* esalazioni *fpl*, vapori *mpl*
fun [fʌn] *n* divertimento, spasso; **to have ~** divertirsi; **for ~** per scherzo; **to make ~ of** prendersi gioco di
function ['fʌŋkʃən] *n* funzione *f*; cerimonia, ricevimento ♦ *vi* funzionare; ~**al** *adj* funzionale
fund [fʌnd] *n* fondo, cassa; (*source*) fondo; (*store*) riserva; ~**s** *npl* (*money*) fondi *mpl*
fundamental [fʌndə'mɛntl] *adj* fondamentale
funeral ['fju:nərəl] *n* funerale *m*; ~ **parlour** *n* impresa di pompe funebri; ~ **service** *n* ufficio funebre
fun fair (*BRIT*) *n* luna park *m inv*
fungi ['fʌŋgaɪ] *npl of* **fungus**
fungus ['fʌŋgəs] (*pl* **fungi**) *n* fungo; (*mould*) muffa
funnel ['fʌnl] *n* imbuto; (*of ship*) ciminiera
funny ['fʌnɪ] *adj* divertente, buffo(a); (*strange*) strano(a), bizzarro(a)
fur [fə:*] *n* pelo; pelliccia; (*BRIT*: *in kettle etc*) deposito calcare; ~ **coat** *n* pelliccia
furious ['fjuərɪəs] *adj* furioso(a); (*effort*) accanito(a)
furlong ['fə:lɔŋ] *n* = *201.17 m* (*termine ippico*)
furlough ['fə:ləu] *n* congedo, permesso
furnace ['fə:nɪs] *n* fornace *f*
furnish ['fə:nɪʃ] *vt* ammobiliare; (*supply*) fornire; ~**ings** *npl* mobili *mpl*, mobilia
furniture ['fə:nɪtʃə*] *n* mobili *mpl*; **piece of ~** mobile *m*
furrow ['fʌrəu] *n* solco
furry ['fə:rɪ] *adj* (*animal*) peloso(a)
further ['fə:ðə*] *adj* supplementare,

altro(a); nuovo(a); più lontano(a) ♦ *adv* più lontano; (*more*) di più; (*moreover*) inoltre ♦ *vt* favorire, promuovere; **college of ~ education** *n istituto statale con corsi specializzati* (*di formazione professionale, aggiornamento professionale etc*); **~more** [fəːðə'mɔː*] *adv* inoltre, per di più
furthest ['fəːðɪst] *superl of* **far**
fury ['fjuərɪ] *n* furore *m*
fuse [fjuːz] *n* fusibile *m*; (*for bomb etc*) miccia, spoletta ♦ *vt* fondere ♦ *vi* fondersi; **to ~ the lights** (*BRIT*: *ELEC*) far saltare i fusibili; **~ box** *n* cassetta dei fusibili
fuselage ['fjuːzəlɑːʒ] *n* fusoliera
fuss [fʌs] *n* agitazione *f*; (*complaining*) storie *fpl*; **to make a ~** fare delle storie; **~y** *adj* (*person*) puntiglioso(a), esigente; che fa le storie; (*dress*) carico(a) di fronzoli; (*style*) elaborato(a)
future ['fjuːtʃə*] *adj* futuro(a) ♦ *n* futuro, avvenire *m*; (*LING*) futuro; **in ~** in futuro
fuze [fjuːz] (*US*) = **fuse**
fuzzy ['fʌzɪ] *adj* (*PHOT*) indistinto(a), sfocato(a); (*hair*) crespo(a)

G

G [dʒiː] *n* (*MUS*) sol *m*
G7 *abbr* (= *Group of Seven*) G7
gabble ['gæbl] *vi* borbottare; farfugliare
gable ['geɪbl] *n* frontone *m*
gadget ['gædʒɪt] *n* aggeggio
Gaelic ['geɪlɪk] *adj* gaelico(a) ♦ *n* (*LING*) gaelico
gag [gæg] *n* bavaglio; (*joke*) facezia, scherzo ♦ *vt* imbavagliare
gaiety ['geɪɪtɪ] *n* gaiezza
gaily ['geɪlɪ] *adv* allegramente
gain [geɪn] *n* guadagno, profitto ♦ *vt* guadagnare ♦ *vi* (*clock, watch*) andare avanti; (*benefit*): **to ~ (from)** trarre beneficio (da); **to ~ 3lbs (in weight)** aumentare di 3 libbre; **to ~ on sb** (*in race etc*) guadagnare su qn
gait [geɪt] *n* andatura
gal. *abbr* = **gallon**
galaxy ['gæləksɪ] *n* galassia
gale [geɪl] *n* vento forte; burrasca
gallant ['gælənt] *adj* valoroso(a); (*towards ladies*) galante, cortese
gall bladder ['gɔːl-] *n* cistifellea
gallery ['gælərɪ] *n* galleria
galley ['gælɪ] *n* (*ship's kitchen*) cambusa
gallon ['gælən] *n* gallone *m* (= *8 pints*; *BRIT* = *4.543l*; *US* = *3.785l*)
gallop ['gæləp] *n* galoppo ♦ *vi* galoppare
gallows ['gæləuz] *n* forca
gallstone ['gɔːlstəun] *n* calcolo biliare
galore [gə'lɔː*] *adv* a iosa, a profusione
galvanize ['gælvənaɪz] *vt* galvanizzare
gambit ['gæmbɪt] *n* (*fig*): **(opening) ~** prima mossa
gamble ['gæmbl] *n* azzardo, rischio calcolato ♦ *vt, vi* giocare; **to ~ on** (*fig*) giocare su; **~r** *n* giocatore/trice d'azzardo; **gambling** *n* gioco d'azzardo
game [geɪm] *n* gioco; (*event*) partita; (*TENNIS*) game *m inv*; (*CULIN, HUNTING*) selvaggina ♦ *adj* (*ready*): **to be ~ (for sth/to do)** essere pronto(a) (a qc/a fare); **big ~** selvaggina grossa; **~keeper** *n* guardacaccia *m inv*
gammon ['gæmən] *n* (*bacon*) quarto di maiale; (*ham*) prosciutto affumicato
gamut ['gæmət] *n* gamma
gang [gæŋ] *n* banda, squadra ♦ *vi*: **to ~ up on sb** far combutta contro qn
gangrene ['gæŋgriːn] *n* cancrena
gangster ['gæŋstə*] *n* gangster *m inv*
gangway ['gæŋweɪ] *n* passerella; (*BRIT*: *of bus*) corridoio
gaol [dʒeɪl] (*BRIT*) *n, vt* = **jail**
gap [gæp] *n* (*space*) buco; (*in time*)

intervallo; (*difference*): ~ **(between)** divario (tra)
gape [geɪp] *vi* (*person*) restare a bocca aperta; (*shirt, hole*) essere spalancato(a); **gaping** *adj* spalancato(a)
garage ['gærɑ:ʒ] *n* garage *m inv*
garbage ['gɑ:bɪdʒ] *n* (*US*) immondizie *fpl*, rifiuti *mpl*; (*inf*) sciocchezze *fpl*; ~ **can** (*US*) *n* bidone *m* della spazzatura
garbled ['gɑ:bld] *adj* deformato(a); ingarbugliato(a)
garden ['gɑ:dn] *n* giardino; ~**s** *npl* (*public park*) giardini pubblici; ~**er** *n* giardiniere/a; ~**ing** *n* giardinaggio
gargle ['gɑ:gl] *vi* fare gargarismi
garish ['gɛərɪʃ] *adj* vistoso(a)
garland ['gɑ:lənd] *n* ghirlanda; corona
garlic ['gɑ:lɪk] *n* aglio
garment ['gɑ:mənt] *n* indumento
garnish ['gɑ:nɪʃ] *vt* (*food*) guarnire
garrison ['gærɪsn] *n* guarnigione *f*
garrulous ['gærjuləs] *adj* ciarliero(a), loquace
garter ['gɑ:tə*] *n* giarrettiera
gas [gæs] *n* gas *m inv*; (*US*: *gasoline*) benzina ♦ *vt* asfissiare con il gas; ~ **cooker** (*BRIT*) *n* cucina a gas; ~ **cylinder** *n* bombola del gas; ~ **fire** (*BRIT*) *n* radiatore *m* a gas
gash [gæʃ] *n* sfregio ♦ *vt* sfregiare
gasket ['gæskɪt] *n* (*AUT*) guarnizione *f*
gas mask *n* maschera *f* antigas *inv*
gas meter *n* contatore *m* del gas
gasoline ['gæsəli:n] (*US*) *n* benzina
gasp [gɑ:sp] *n* respiro affannoso, ansito ♦ *vi* ansare, ansimare; (*in surprise*) restare senza fiato; ~ **out** *vt* dire affannosamente
gas station (*US*) *n* distributore *m* di benzina
gassy ['gæsɪ] *adj* gassoso(a)
gate [geɪt] *n* cancello; (*at airport*) uscita; ~**crash** (*BRIT*) *vt* partecipare senza invito a; ~**way** *n* porta
gather ['gæðə*] *vt* (*flowers, fruit*) cogliere; (*pick up*) raccogliere; (*assemble*) radunare; raccogliere; (*understand*) capire; (*SEWING*) increspare ♦ *vi* (*assemble*) radunarsi; **to ~ speed** acquistare velocità; ~**ing** *n* adunanza
gauche [gəuʃ] *adj* goffo(a), maldestro(a)
gaudy ['gɔ:dɪ] *adj* vistoso(a)
gauge [geɪdʒ] *n* (*instrument*) indicatore *m* ♦ *vt* misurare; (*fig*) valutare
gaunt [gɔ:nt] *adj* scarno(a); (*grim, desolate*) desolato(a)
gauntlet ['gɔ:ntlɪt] *n* guanto; (*fig*): **to run the ~ through an angry crowd** passare sotto il fuoco di una folla ostile; **to throw down the ~** gettare il guanto
gauze [gɔ:z] *n* garza
gave [geɪv] *pt of* **give**
gay [geɪ] *adj* (*homosexual*) omosessuale; (*cheerful*) gaio(a), allegro(a); (*colour*) vivace, vivo(a)
gaze [geɪz] *n* sguardo fisso ♦ *vi*: **to ~ at** guardare fisso
gazetteer [gæzɪ'tɪə*] *n* indice *m* dei nomi geografici
GB *abbr* = **Great Britain**
GCE (*BRIT*) *n abbr* (= *General Certificate of Education*) ≈ maturità
GCSE (*BRIT*) *n abbr* = *General Certificate of Secondary Education*
gear [gɪə*] *n* attrezzi *mpl*, equipaggiamento; (*TECH*) ingranaggio; (*AUT*) marcia ♦ *vt* (*fig*: *adapt*): **to ~ sth to** adattare qc a; **in top** *or* (*US*) **high/low ~** in quarta (*or* quinta)/seconda; **in ~** in marcia; ~ **box** *n* scatola del cambio; ~ **lever** (*US* ~ **shift**) *n* leva del cambio
geese [gi:s] *npl of* **goose**
gel [dʒɛl] *n* gel *m inv*
gelignite ['dʒɛlɪgnaɪt] *n* nitroglicerina
gem [dʒɛm] *n* gemma
Gemini ['dʒɛmɪnaɪ] *n* Gemelli *mpl*
gender ['dʒɛndə*] *n* genere *m*
general ['dʒɛnərl] *n* generale *m* ♦ *adj* generale; **in ~** in genere; ~ **delivery** (*US*) *n* fermo posta *m*; ~ **election** *n* elezioni *fpl* generali; ~**ly**

adv generalmente; ~ **practitioner** *n* medico generico

generate ['dʒɛnəreɪt] *vt* generare

generation [dʒɛnə'reɪʃən] *n* generazione *f*

generator ['dʒɛnəreɪtə*] *n* generatore *m*

generosity [dʒɛnə'rɔsɪtɪ] *n* generosità

generous ['dʒɛnərəs] *adj* generoso(a); (*copious*) abbondante

genetic engineering [dʒɪ'nɛtɪk-ɛndʒɪ'nɪərɪŋ] *n* ingegneria genetica

Geneva [dʒɪ'ni:və] *n* Ginevra

genial ['dʒi:nɪəl] *adj* geniale, cordiale

genitals ['dʒɛnɪtlz] *npl* genitali *mpl*

genius ['dʒi:nɪəs] *n* genio

Genoa ['dʒɛnəuə] *n* Genova

gent [dʒɛnt] *n abbr* = **gentleman**

genteel [dʒɛn'ti:l] *adj* raffinato(a), distinto(a)

gentle ['dʒɛntl] *adj* delicato(a); (*person*) dolce

gentleman ['dʒɛntlmən] *n* signore *m*; (*well-bred man*) gentiluomo

gently ['dʒɛntlɪ] *adv* delicatamente

gentry ['dʒɛntrɪ] *n* nobiltà minore

gents [dʒɛnts] *n* W.C. *m* (per signori)

genuine ['dʒɛnjuɪn] *adj* autentico(a); sincero(a)

geography [dʒɪ'ɔgrəfɪ] *n* geografia

geology [dʒɪ'ɔlədʒɪ] *n* geologia

geometric(al) [dʒɪə'mɛtrɪk(l)] *adj* geometrico(a)

geometry [dʒɪ'ɔmətrɪ] *n* geometria

geranium [dʒɪ'reɪnjəm] *n* geranio

geriatric [dʒɛrɪ'ætrɪk] *adj* geriatrico(a)

germ [dʒə:m] *n* (*MED*) microbo; (*BIOL, fig*) germe *m*

German ['dʒə:mən] *adj* tedesco(a) ♦ *n* tedesco/a; (*LING*) tedesco; ~ **measles** (*BRIT*) *n* rosolia

Germany ['dʒə:mənɪ] *n* Germania

gesture ['dʒɛstjə*] *n* gesto

KEYWORD

get [gɛt] (*pt, pp* **got**, (*US*) *pp* **gotten**) *vi* **1** (*become, be*) diventare, farsi; **to ~ old** invecchiare; **to ~ tired** stancarsi; **to ~ drunk** ubriacarsi; **to ~ killed** venire *or* rimanere ucciso(a); **when do I ~ paid?** quando mi pagate?; **it's ~ting late** si sta facendo tardi

2 (*go*): **to ~ to/from** andare a/da; **to ~ home** arrivare *or* tornare a casa; **how did you ~ here?** come sei venuto?

3 (*begin*) mettersi a, cominciare a; **to ~ to know sb** incominciare a conoscere qn; **let's ~ going** *or* **started** muoviamoci

4 (*modal aux vb*): **you've got to do it** devi farlo

♦ *vt* **1**: **to ~ sth done** (*do*) fare qc; (*have done*) far fare qc; **to ~ one's hair cut** farsi tagliare i capelli; **to ~ sb to do sth** far fare qc a qn

2 (*obtain*: *money, permission, results*) ottenere; (*find*: *job, flat*) trovare; (*fetch*: *person, doctor*) chiamare; (: *object*) prendere; **to ~ sth for sb** prendere *or* procurare qc a qn; **~ me Mr Jones, please** (*TEL*) mi passi il signor Jones, per favore; **can I ~ you a drink?** le posso offrire da bere?

3 (*receive*: *present, letter, prize*) ricevere; (*acquire*: *reputation*) farsi; **how much did you ~ for the painting?** quanto le hanno dato per il quadro?

4 (*catch*) prendere; (*hit*: *target etc*) colpire; **to ~ sb by the arm/throat** afferrare qn per un braccio/alla gola; **~ him!** prendetelo!

5 (*take, move*) portare; **to ~ sth to sb** far avere qc a qn; **do you think we'll ~ it through the door?** pensi che riusciremo a farlo passare per la porta?

6 (*catch, take*: *plane, bus etc*) prendere

7 (*understand*) afferrare; (*hear*) sentire; **I've got it!** ci sono arrivato!, ci sono!; **I'm sorry, I didn't ~ your name** scusi, non ho capito (*or* senti-

to) il suo nome
8 (*have, possess*): **to have got** avere; **how many have you got?** quanti ne ha?
get about *vi* muoversi; (*news*) diffondersi
get along *vi* (*agree*) andare d'accordo; (*depart*) andarsene; (*manage*) = get by
get at *vt fus* (*attack*) prendersela con; (*reach*) raggiungere, arrivare a
get away *vi* partire, andarsene; (*escape*) scappare
get away with *vt fus* cavarsela; farla franca
get back *vi* (*return*) ritornare, tornare ♦ *vt* riottenere, riavere
get by *vi* (*pass*) passare; (*manage*) farcela
get down *vi*, *vt fus* scendere ♦ *vt* far scendere; (*depress*) buttare giù
get down to *vt fus* (*work*) mettersi a (fare)
get in *vi* entrare; (*train*) arrivare; (*arrive home*) ritornare, tornare
get into *vt fus* entrare in; **to ~ into a rage** incavolarsi
get off *vi* (*from train etc*) scendere; (*depart: person, car*) andare via; (*escape*) cavarsela ♦ *vt* (*remove: clothes, stain*) levare ♦ *vt fus* (*train, bus*) scendere da
get on *vi* (*at exam etc*) andare; (*agree*): **to ~ on (with)** andare d'accordo (con) ♦ *vt fus* montare in; (*horse*) montare su
get out *vi* uscire; (*of vehicle*) scendere ♦ *vt* tirar fuori, far uscire
get out of *vt fus* uscire da; (*duty etc*) evitare
get over *vt fus* (*illness*) riaversi da
get round *vt fus* aggirare; (*fig: person*) rigirare
get through *vi* (*TEL*) avere la linea
get through to *vt fus* (*TEL*) parlare a
get together *vi* riunirsi ♦ *vt* raccogliere; (*people*) adunare
get up *vi* (*rise*) alzarsi ♦ *vt fus* salire su per
get up to *vt fus* (*reach*) raggiungere; (*prank etc*) fare

getaway ['gɛtəweɪ] *n* fuga
geyser ['gi:zə*] *n* (*BRIT*) scaldabagno; (*GEO*) geyser *m inv*
Ghana ['gɑ:nə] *n* Ghana *m*
ghastly ['gɑ:stlɪ] *adj* orribile, orrendo(a); (*pale*) spettrale
gherkin ['gə:kɪn] *n* cetriolino
ghetto blaster ['gɛtəublɑ:stə*] *n* maxistereo *m inv* portatile
ghost [gəust] *n* fantasma *m*, spettro
giant ['dʒaɪənt] *n* gigante *m* ♦ *adj* gigantesco(a), enorme
gibberish ['dʒɪbərɪʃ] *n* parole *fpl* senza senso
gibe [dʒaɪb] *n* = **jibe**
giblets ['dʒɪblɪts] *npl* frattaglie *fpl*
Gibraltar [dʒɪ'brɔ:ltə*] *n* Gibilterra
giddy ['gɪdɪ] *adj* (*dizzy*): **to be ~** aver le vertigini
gift [gɪft] *n* regalo; (*donation, ability*) dono; **~ed** *adj* dotato(a); **~ token** *n* buono *m* omaggio *inv*; **~ voucher** *n* = **~ token**
gigantic [dʒaɪ'gæntɪk] *adj* gigantesco(a)
giggle ['gɪgl] *vi* ridere scioccamente
gill [dʒɪl] *n* (*measure*) = *0.25 pints* (*BRIT = 0.148l, US = 0.118l*)
gills [gɪlz] *npl* (*of fish*) branchie *fpl*
gilt [gɪlt] *n* doratura ♦ *adj* dorato(a); **~-edged** *adj* (*COMM*) della massima sicurezza
gimmick ['gɪmɪk] *n* trucco
gin [dʒɪn] *n* (*liquor*) gin *m inv*
ginger ['dʒɪndʒə*] *n* zenzero; **~ ale** *n* bibita gassosa allo zenzero; **~ beer** *n* = **~ ale**; **~bread** *n* pan *m* di zenzero
gingerly ['dʒɪndʒəlɪ] *adv* cautamente
gipsy ['dʒɪpsɪ] *n* zingaro/a
giraffe [dʒɪ'rɑ:f] *n* giraffa
girder ['gə:də*] *n* trave *f*
girdle ['gə:dl] *n* (*corset*) guaina
girl [gə:l] *n* ragazza; (*young unmarried woman*) signorina; (*daughter*) figlia, figliola; **~friend** *n* (*of girl*)

amica; (*of boy*) ragazza; **~ish** *adj* da ragazza
giro ['dʒaɪrəu] *n* (*bank* ~) versamento bancario; (*post office* ~) postagiro; (*BRIT*: *welfare cheque*) *assegno del sussidio di assistenza sociale*
girth [gɜːθ] *n* circonferenza; (*of horse*) cinghia
gist [dʒɪst] *n* succo
give [gɪv] (*pt* **gave**, *pp* **given**) *vt* dare ♦ *vi* cedere; **to ~ sb sth, ~ sth to sb** dare qc a qn; **I'll ~ you £5 for it** te lo pago 5 sterline; **to ~ a cry/sigh** emettere un grido/sospiro; **to ~ a speech** fare un discorso; **~ away** *vt* dare via; (*disclose*) rivelare; (*bride*) condurre all'altare; **~ back** *vt* rendere; **~ in** *vi* cedere ♦ *vt* consegnare; **~ off** *vt* emettere; **~ out** *vt* distribuire; annunciare; **~ up** *vi* rinunciare ♦ *vt* rinunciare a; **to ~ up smoking** smettere di fumare; **to ~ o.s. up** arrendersi; **~ way** *vi* cedere; (*BRIT*: *AUT*) dare la precedenza; **given** *pp of* **give**
glacier ['glæsɪə*] *n* ghiacciaio
glad [glæd] *adj* lieto(a), contento(a)
gladly ['glædlɪ] *adv* volentieri
glamorous ['glæmərəs] *adj* affascinante, seducente
glamour ['glæmə*] *n* fascino
glance [glɑːns] *n* occhiata, sguardo ♦ *vi*: **to ~ at** dare un'occhiata a; **to ~ off** (*bullet*) rimbalzare su; **glancing** *adj* (*blow*) che colpisce di striscio
gland [glænd] *n* ghiandola
glare [glɛə*] *n* (*of anger*) sguardo furioso; (*of light*) riverbero, luce *f* abbagliante; (*of publicity*) chiasso ♦ *vi* abbagliare; **to ~ at** guardare male; **glaring** *adj* (*mistake*) madornale
glass [glɑːs] *n* (*substance*) vetro; (*tumbler*) bicchiere *m*; **~es** *npl* (*spectacles*) occhiali *mpl*; **~house** *n* serra; **~ware** *n* vetrame *m*; **~y** *adj* (*eyes*) vitreo(a)
glaze [gleɪz] *vt* (*door*) fornire di vetri; (*pottery*) smaltare ♦ *n* smalto; **~d** *adj* (*eyes*) vitreo(a); (*pottery*) smaltato(a)
glazier ['gleɪzɪə*] *n* vetraio
gleam [gliːm] *vi* luccicare
glean [gliːn] *vt* (*information*) racimolare
glee [gliː] *n* allegrezza, gioia
glen [glɛn] *n* valletta
glib [glɪb] *adj* dalla parola facile; facile
glide [glaɪd] *vi* scivolare; (*AVIAT*, *birds*) planare; **~r** *n* (*AVIAT*) aliante *m*; **gliding** *n* (*AVIAT*) volo a vela
glimmer ['glɪmə*] *n* barlume *m*
glimpse [glɪmps] *n* impressione *f* fugace ♦ *vt* vedere al volo
glint [glɪnt] *vi* luccicare
glisten ['glɪsn] *vi* luccicare
glitter ['glɪtə*] *vi* scintillare
gloat [gləut] *vi*: **to ~ (over)** gongolare di piacere (per)
global ['gləubl] *adj* globale
globe [gləub] *n* globo, sfera
gloom [gluːm] *n* oscurità, buio; (*sadness*) tristezza, malinconia; **~y** *adj* scuro(a); fosco(a), triste
glorious ['glɔːrɪəs] *adj* glorioso(a); magnifico(a)
glory ['glɔːrɪ] *n* gloria; splendore *m*
gloss [glɔs] *n* (*shine*) lucentezza; (*also*: ~ *paint*) vernice *f* a olio; **~ over** *vt fus* scivolare su
glossary ['glɔsərɪ] *n* glossario
glossy ['glɔsɪ] *adj* lucente
glove [glʌv] *n* guanto; **~ compartment** *n* (*AUT*) vano portaoggetti
glow [gləu] *vi* ardere; (*face*) essere luminoso(a)
glower ['glauə*] *vi*: **to ~ (at sb)** guardare (qn) in cagnesco
glue [gluː] *n* colla ♦ *vt* incollare
glum [glʌm] *adj* abbattuto(a)
glut [glʌt] *n* eccesso
glutton ['glʌtn] *n* ghiottone/a; **a ~ for work** un(a) patito(a) del lavoro
gnarled [nɑːld] *adj* nodoso(a)
gnat [næt] *n* moscerino
gnaw [nɔː] *vt* rodere
go [gəu] (*pt* **went**, *pp* **gone**; *pl* **~es**) *vi* andare; (*depart*) partire, andarsene; (*work*) funzionare; (*time*) passare; (*break etc*) rompersi; (*be sold*):

to ~ **for £10** essere venduto per 10 sterline; (*fit, suit*): **to ~ with** andare bene con; (*become*): **to ~ pale** diventare pallido(a); **to ~ mouldy** ammuffire ♦ *n*: **to have a ~ (at)** provare; **to be on the ~** essere in moto; **whose ~ is it?** a chi tocca?; **he's going to do** sta per fare; **to ~ for a walk** andare a fare una passeggiata; **to ~ dancing/shopping** andare a ballare/fare la spesa; **just then the bell went** proprio allora suonò il campanello; **how did it ~?** com'è andato?; **to ~ round the back/by the shop** passare da dietro/davanti al negozio; ~ **about** *vi* (*also*: ~ *round*: *rumour*) correre, circolare ♦ *vt fus*: **how do I ~ about this?** qual'è la prassi per questo?; ~ **ahead** *vi* andare avanti; ~ **along** *vi* andare, avanzare ♦ *vt fus* percorrere; **to ~ along with** (*plan, idea*) appoggiare; ~ **away** *vi* partire, andarsene; ~ **back** *vi* tornare, ritornare; ~ **back on** *vt fus* (*promise*) non mantenere; ~ **by** *vi* (*years, time*) scorrere ♦ *vt fus* attenersi a, seguire (alla lettera); prestar fede a; ~ **down** *vi* scendere; (*ship*) affondare; (*sun*) tramontare ♦ *vt fus* scendere; ~ **for** *vt fus* (*fetch*) andare a prendere; (*like*) andar matto(a) per; (*attack*) attaccare; saltare addosso a; ~ **in** *vi* entrare; ~ **in for** *vt fus* (*competition*) iscriversi a; (*be interested in*) interessarsi di; ~ **into** *vt fus* entrare in; (*investigate*) indagare, esaminare; (*embark on*) lanciarsi in; ~ **off** *vi* partire, andar via; (*food*) guastarsi; (*explode*) esplodere, scoppiare; (*event*) passare ♦ *vt fus*: **I've gone off chocolate** la cioccolata non mi piace più; **the gun went off** il fucile si scaricò; ~ **on** *vi* continuare; (*happen*) succedere; **to ~ on doing** continuare a fare; ~ **out** *vi* uscire; (*couple*): **they went out for 3 years** sono stati insieme per 3 anni; (*fire, light*) spegnersi; ~ **over** *vi* (*ship*) ribaltarsi ♦ *vt fus* (*check*) esaminare; ~ **through** *vt fus* (*town etc*) attraversare; (*files, papers*) passare in rassegna; (*examine*: *list etc*) leggere da cima a fondo; ~ **up** *vi* salire; ~ **without** *vt fus* fare a meno di

goad [gəud] *vt* spronare

go-ahead *adj* intraprendente ♦ *n* via *m*

goal [gəul] *n* (*SPORT*) gol *m*, rete *f*; (: *place*) porta; (*fig*: *aim*) fine *m*, scopo; **~keeper** *n* portiere *m*; **~-post** *n* palo (della porta)

goat [gəut] *n* capra

gobble ['gɔbl] *vt* (*also*: ~ *down*, ~ *up*) ingoiare

go-between *n* intermediario/a

god [gɔd] *n* dio; **G~** *n* Dio; **~child** *n* figlioccio/a; **~daughter** *n* figlioccia; **~dess** *n* dea; **~father** *n* padrino; **~-forsaken** *adj* desolato(a), sperduto(a); **~mother** *n* madrina; **~send** *n* dono del cielo; **~son** *n* figlioccio

goggles ['gɔglz] *npl* occhiali *mpl* (di protezione)

going ['gəuɪŋ] *n* (*conditions*) andare *m*, stato del terreno ♦ *adj*: **the ~ rate** la tariffa in vigore

gold [gəuld] *n* oro ♦ *adj* d'oro; **~en** *adj* (*made of* ~) d'oro; (~ *in colour*) dorato(a); **~fish** *n* pesce *m* dorato *or* rosso; **~mine** *n* (*also fig*) miniera d'oro; **~-plated** *adj* placcato(a) oro *inv*; **~smith** *n* orefice *m*, orafo

golf [gɔlf] *n* golf *m*; ~ **ball** *n* (*for game*) pallina da golf; (*on typewriter*) pallina; ~ **club** *n* circolo di golf; (*stick*) bastone *m or* mazza da golf; ~ **course** *n* campo di golf; **~er** *n* giocatore/trice di golf

gondola ['gɔndələ] *n* gondola

gone [gɔn] *pp of* **go** ♦ *adj* partito(a)

gong [gɔŋ] *n* gong *m inv*

good [gud] *adj* buono(a); (*kind*) buono(a), gentile; (*child*) bravo(a) ♦ *n* bene *m*; **~s** *npl* (*COMM etc*) beni *mpl*; merci *fpl*; **~!** bene!, ottimo!; **to be ~ at** essere bravo(a) in; **to be ~ for** andare bene per; **it's ~ for**

you fa bene; **would you be ~ enough to ...?** avrebbe la gentilezza di ...?; **a ~ deal (of)** molto(a), una buona quantità (di); **a ~ many** molti(e); **to make ~** (*loss, damage*) compensare; **it's no ~ complaining** brontolare non serve a niente; **for ~** per sempre, definitivamente; **~ morning!** buon giorno!; **~ afternoon/evening!** buona sera!; **~ night!** buona notte!; **~bye** *excl* arrivederci!; **G~ Friday** *n* Venerdì Santo; **~-looking** *adj* bello(a); **~-natured** *adj* affabile; **~ness** *n* (*of person*) bontà; **for ~ness sake!** per amor di Dio!; **~ness gracious!** santo cielo!, mamma mia!; **~s train** (*BRIT*) *n* treno *m* merci *inv*; **~will** *n* amicizia, benevolenza

goose [gu:s] (*pl* **geese**) *n* oca

gooseberry ['guzbərı] *n* uva spina; **to play ~** (*BRIT*) tenere la candela

gooseflesh ['gu:sflɛʃ] *n* pelle *f* d'oca

goose pimples *npl* pelle *f* d'oca

gore [gɔ:*] *vt* incornare ♦ *n* sangue *m* (coagulato)

gorge [gɔ:dʒ] *n* gola ♦ *vt*: **to ~ o.s. (on)** ingozzarsi (di)

gorgeous ['gɔ:dʒəs] *adj* magnifico(a)

gorilla [gə'rılə] *n* gorilla *m inv*

gorse [gɔ:s] *n* ginestrone *m*

gory ['gɔ:rı] *adj* sanguinoso(a)

go-slow (*BRIT*) *n* rallentamento dei lavori (*per agitazione sindacale*)

gospel ['gɔspl] *n* vangelo

gossip ['gɔsıp] *n* chiacchiere *fpl*; pettegolezzi *mpl*; (*person*) pettegolo/a ♦ *vi* chiacchierare

got [gɔt] *pt, pp of* **get**; **~ten** (*US*) *pp of* **get**

gout [gaut] *n* gotta

govern ['gʌvən] *vt* governare

governess ['gʌvənıs] *n* governante *f*

government ['gʌvnmənt] *n* governo

governor ['gʌvənə*] *n* (*of state, bank*) governatore *m*; (*of school, hospital*) amministratore *m*; (*BRIT*: *of prison*) direttore/trice

gown [gaun] *n* vestito lungo; (*of teacher, BRIT*: *of judge*) toga

G.P. *n abbr* = **general practitioner**

grab [græb] *vt* afferrare, arraffare; (*property, power*) impadronirsi di ♦ *vi*: **to ~ at** cercare di afferrare

grace [greıs] *n* grazia ♦ *vt* onorare; **5 days' ~** dilazione *f* di 5 giorni; **~ful** *adj* elegante, aggraziato(a); **gracious** ['greıʃəs] *adj* grazioso(a); misericordioso(a)

grade [greıd] *n* (*COMM*) qualità *f inv*; classe *f*; categoria; (*in hierarchy*) grado; (*SCOL*: *mark*) voto; (*US*: *school class*) classe ♦ *vt* classificare; ordinare; graduare; **~ crossing** (*US*) *n* passaggio a livello; **~ school** (*US*) *n* scuola elementare

gradient ['greıdıənt] *n* pendenza, inclinazione *f*

gradual ['grædjuəl] *adj* graduale; **~ly** *adv* man mano, a poco a poco

graduate [*n* 'grædjuıt, *vb* 'grædjueıt] *n* (*of university*) laureato/a; (*US*: *of high school*) diplomato/a ♦ *vi* laurearsi; diplomarsi; **graduation** [-'eıʃən] *n* (*ceremony*) consegna delle lauree (*or* dei diplomi)

graffiti [grə'fi:tı] *npl* graffiti *mpl*

graft [grɑ:ft] *n* (*AGR, MED*) innesto; (*bribery*) corruzione *f*; (*BRIT*: *hard work*): **it's hard ~** è un lavoraccio ♦ *vt* innestare

grain [greın] *n* grano; (*of sand*) granello; (*of wood*) venatura

gram [græm] *n* grammo

grammar ['græmə*] *n* grammatica; **~ school** (*BRIT*) *n* ≈ liceo

grammatical [grə'mætıkl] *adj* grammaticale

gramme [græm] *n* = **gram**

grand [grænd] *adj* grande, magnifico(a); grandioso(a); **~children** *npl* nipoti *mpl*; **~dad** (*inf*) *n* nonno; **~daughter** *n* nipote *f*; **~eur** ['grændjə*] *n* grandiosità; **~father** *n* nonno; **~ma** (*inf*) *n* nonna; **~mother** *n* nonna; **~pa** (*inf*) *n* = **~dad**; **~parents** *npl* nonni *mpl*; **~ piano** *n* pianoforte *m* a coda; **~son** *n* nipote *m*; **~stand** *n* (*SPORT*) tribuna

granite ['grænɪt] *n* granito

granny ['grænɪ] (*inf*) *n* nonna

grant [grɑ:nt] *vt* accordare; (*a request*) accogliere; (*admit*) ammettere, concedere ♦ *n* (*SCOL*) borsa; (*ADMIN*) sussidio, sovvenzione *f*; **to take sth for ~ed** dare qc per scontato; **to take sb for ~ed** dare per scontata la presenza di qn

granulated ['grænjuleɪtɪd] *adj*: ~ sugar zucchero cristallizzato

granule ['grænju:l] *n* granello

grape [greɪp] *n* chicco d'uva, acino

grapefruit ['greɪpfru:t] *n* pompelmo

graph [grɑ:f] *n* grafico; **~ic** *adj* grafico(a); (*vivid*) vivido(a); **~ics** *n* grafica ♦ *npl* illustrazioni *fpl*

grapple ['græpl] *vi*: **to ~ with** essere alle prese con

grasp [grɑ:sp] *vt* afferrare ♦ *n* (*grip*) presa; (*fig*) potere *m*; comprensione *f*; **~ing** *adj* avido(a)

grass [grɑ:s] *n* erba; **~hopper** *n* cavalletta; **~-roots** *adj* di base

grate [greɪt] *n* graticola (del focolare) ♦ *vi* cigolare, stridere ♦ *vt* (*CULIN*) grattugiare

grateful ['greɪtful] *adj* grato(a), riconoscente

grater ['greɪtə*] *n* grattugia

grating ['greɪtɪŋ] *n* (*iron bars*) grata ♦ *adj* (*noise*) stridente, stridulo(a)

gratitude ['grætɪtju:d] *n* gratitudine *f*

gratuity [grə'tju:ɪtɪ] *n* mancia

grave [greɪv] *n* tomba ♦ *adj* grave, serio(a)

gravel ['grævl] *n* ghiaia

gravestone ['greɪvstəun] *n* pietra tombale

graveyard ['greɪvjɑ:d] *n* cimitero

gravity ['grævɪtɪ] *n* (*PHYSICS*) gravità; pesantezza; (*seriousness*) gravità, serietà

gravy ['greɪvɪ] *n* intingolo della carne; salsa

gray [greɪ] *adj* = **grey**

graze [greɪz] *vi* pascolare, pascere ♦ *vt* (*touch lightly*) sfiorare; (*scrape*) escoriare ♦ *n* (*MED*) escoriazione *f*

grease [gri:s] *n* (*fat*) grasso; (*lubricant*) lubrificante *m* ♦ *vt* ingrassare; lubrificare; **~proof paper** (*BRIT*) *n* carta oleata; **greasy** *adj* grasso(a), untuoso(a)

great [greɪt] *adj* grande; (*inf*) magnifico(a), meraviglioso(a); **G~ Britain** *n* Gran Bretagna; **~-grandfather** *n* bisnonno; **~-grandmother** *n* bisnonna; **~ly** *adv* molto; **~ness** *n* grandezza

Greece [gri:s] *n* Grecia

greed [gri:d] *n* (*also*: *~iness*) avarizia; (*for food*) golosità, ghiottoneria; **~y** *adj* avido(a); goloso(a), ghiotto(a)

Greek [gri:k] *adj* greco(a) ♦ *n* greco/a; (*LING*) greco

green [gri:n] *adj* verde; (*inexperienced*) inesperto(a), ingenuo(a) ♦ *n* verde *m*; (*stretch of grass*) prato; (*on golf course*) green *m inv*; **~s** *npl* (*vegetables*) verdura; **~ belt** *n* (*round town*) cintura di verde; **~ card** *n* (*BRIT*: *AUT*) carta verde; (*US*: *ADMIN*) *permesso di soggiorno e di lavoro*; **~ery** *n* verde *m*; **~grocer** (*BRIT*) *n* fruttivendolo/a, erbivendolo/a; **~house** *n* serra; **~house effect** *n* effetto serra; **~house gas** *n* gas responsabile dell'effetto serra; **~ish** *adj* verdastro(a)

Greenland ['gri:nlənd] *n* Groenlandia

greet [gri:t] *vt* salutare; **~ing** *n* saluto; **~ing(s) card** *n* cartolina d'auguri

gregarious [grə'gɛərɪəs] *adj* (*person*) socievole

grenade [grə'neɪd] *n* (*also*: *hand ~*) granata

grew [gru:] *pt of* **grow**

grey [greɪ] *adj* grigio(a); **~haired** *adj* dai capelli grigi; **~hound** *n* levriere *m*

grid [grɪd] *n* grata; (*ELEC*) rete *f*

grief [gri:f] *n* dolore *m*

grievance ['gri:vəns] *n* lagnanza

grieve [gri:v] *vi* addolorarsi; rattri-

starsi ♦ *vt* addolorare; **to ~ for sb** (*dead person*) piangere qn
grievous ['gri:vəs] *adj*: **~ bodily harm** (*LAW*) aggressione *f*
grill [grıl] *n* (*on cooker*) griglia; (*also*: *mixed ~*) grigliata mista ♦ *vt* (*BRIT*) cuocere ai ferri; (*inf*: *question*) interrogare senza sosta
grille [grıl] *n* grata; (*AUT*) griglia
grim [grım] *adj* sinistro(a), brutto(a)
grimace [grı'meıs] *n* smorfia ♦ *vi* fare smorfie; fare boccacce
grime [graım] *n* sudiciume *m*
grin [grın] *n* sorriso smagliante ♦ *vi* fare un gran sorriso
grind [graınd] (*pt*, *pp* **ground**) *vt* macinare; (*make sharp*) arrotare ♦ *n* (*work*) sgobbata
grip [grıp] *n* impugnatura; presa; (*holdall*) borsa da viaggio ♦ *vt* (*object*) afferrare; (*attention*) catturare; **to come to ~s with** affrontare; cercare di risolvere
gripping ['grıpıŋ] *adj* avvincente
grisly ['grızlı] *adj* macabro(a), orrido(a)
gristle ['grısl] *n* cartilagine *f*
grit [grıt] *n* ghiaia; (*courage*) fegato ♦ *vt* (*road*) coprire di sabbia; **to ~ one's teeth** stringere i denti
groan [grəun] *n* gemito ♦ *vi* gemere
grocer ['grəusə*] *n* negoziante *m* di generi alimentari; **~ies** *npl* provviste *fpl*; **~'s (shop)** *n* negozio di (generi) alimentari
groggy ['grɔgı] *adj* barcollante
groin [grɔın] *n* inguine *m*
groom [gru:m] *n* palafreniere *m*; (*also*: *bride~*) sposo ♦ *vt* (*horse*) strigliare; (*fig*): **to ~ sb for** avviare qn a; **well-~ed** (*person*) curato(a)
groove [gru:v] *n* scanalatura, solco
grope [grəup] *vi*: **to ~ for** cercare a tastoni
gross [grəus] *adj* grossolano(a); (*COMM*) lordo(a); **~ly** *adv* (*greatly*) molto
grotesque [grəu'tɛsk] *adj* grottesco(a)
grotto ['grɔtəu] *n* grotta
grotty ['grɔtı] (*inf*) *adj* terribile
ground [graund] *pt*, *pp of* **grind** ♦ *n* suolo, terra; (*land*) terreno; (*SPORT*) campo; (*reason*: *gen pl*) ragione *f*; (*US*: *also*: *~ wire*) terra ♦ *vt* (*plane*) tenere a terra; (*US*: *ELEC*) mettere la presa a terra a; **~s** *npl* (*of coffee etc*) fondi *mpl*; (*gardens etc*) terreno, giardini *mpl*; **on/to the ~** per/a terra; **to gain/lose ~** guadagnare/perdere terreno; **~ cloth** (*US*) *n* = **~sheet**; **~ing** *n* (*in education*) basi *fpl*; **~less** *adj* infondato(a); **~sheet** (*BRIT*) *n* telone *m* impermeabile; **~ staff** *n* personale *m* di terra; **~ swell** *n* (*fig*) movimento; **~work** *n* preparazione *f*
group [gru:p] *n* gruppo ♦ *vt* (*also*: *~ together*) raggruppare ♦ *vi* (*also*: *~ together*) raggrupparsi
grouse [graus] *n inv* (*bird*) tetraone *m* ♦ *vi* (*complain*) brontolare
grove [grəuv] *n* boschetto
grovel ['grɔvl] *vi* (*fig*): **to ~ (before)** strisciare (di fronte a)
grow [grəu] (*pt* **grew**, *pp* **grown**) *vi* crescere; (*increase*) aumentare; (*develop*) svilupparsi; (*become*): **to ~ rich/weak** arricchirsi/indebolirsi ♦ *vt* coltivare, far crescere; **~ up** *vi* farsi grande, crescere; **~er** *n* coltivatore/trice; **~ing** *adj* (*fear*, *amount*) crescente
growl [graul] *vi* ringhiare
grown [grəun] *pp of* **grow**; **~-up** *n* adulto/a, grande *m/f*
growth [grəuθ] *n* crescita, sviluppo; (*what has grown*) crescita; (*MED*) escrescenza, tumore *m*
grub [grʌb] *n* larva; (*inf*: *food*) roba (da mangiare)
grubby ['grʌbı] *adj* sporco(a)
grudge [grʌdʒ] *n* rancore *m* ♦ *vt*: **to ~ sb sth** dare qc a qn di malavoglia; invidiare qc a qn; **to bear sb a ~ (for)** serbar rancore a qn (per)
gruelling ['gruəlıŋ] *adj* estenuante
gruesome ['gru:səm] *adj* orribile
gruff [grʌf] *adj* rozzo(a)
grumble ['grʌmbl] *vi* brontolare, la-

gnarsi
grumpy ['grʌmpɪ] *adj* scorbutico(a)
grunt [grʌnt] *vi* grugnire
G-string *n* tanga *m inv*
guarantee [gærən'tiː] *n* garanzia ♦ *vt* garantire
guard [gɑːd] *n* guardia; (*one man*) guardia, sentinella; (*BRIT*: *RAIL*) capotreno; (*on machine*) schermo protettivo; (*also*: *fire*~) parafuoco ♦ *vt* fare la guardia a; (*protect*): **to** ~ **(against)** proteggere (da); **to be on one's** ~ stare in guardia; ~ **against** *vt fus* guardarsi da; ~**ed** *adj* (*fig*) cauto(a), guardingo(a); ~**ian** *n* custode *m*; (*of minor*) tutore/trice; ~**'s van** (*BRIT*) *n* (*RAIL*) vagone *m* di servizio
guerrilla [gə'rɪlə] *n* guerrigliero
guess [gɛs] *vi* indovinare ♦ *vt* indovinare; (*US*) credere, pensare ♦ *n*: **to take** *or* **have a** ~ provare a indovinare; ~**work** *n*: **I got the answer by ~work** ho azzeccato la risposta
guest [gɛst] *n* ospite *m/f*; (*in hotel*) cliente *m/f*; ~**-house** *n* pensione *f*; ~ **room** *n* camera degli ospiti
guffaw [gʌ'fɔː] *vi* scoppiare in una risata sonora
guidance ['gaɪdəns] *n* guida, direzione *f*
guide [gaɪd] *n* (*person, book etc*) guida; (*BRIT*: *also*: *girl* ~) giovane esploratrice *f* ♦ *vt* guidare; ~**book** *n* guida; ~ **dog** *n* cane *m* guida *inv*; ~**lines** *npl* (*fig*) indicazioni *fpl*, linee *fpl* direttive
guild [gɪld] *n* arte *f*, corporazione *f*; associazione *f*
guile [gaɪl] *n* astuzia
guillotine ['gɪlətiːn] *n* ghigliottina; (*for paper*) taglierina
guilt [gɪlt] *n* colpevolezza; ~**y** *adj* colpevole
guinea pig ['gɪnɪ-] *n* cavia
guise [gaɪz] *n* maschera
guitar [gɪ'tɑː*] *n* chitarra
gulf [gʌlf] *n* golfo; (*abyss*) abisso
gull [gʌl] *n* gabbiano
gullet ['gʌlɪt] *n* gola
gullible ['gʌlɪbl] *adj* credulo(a)
gully ['gʌlɪ] *n* burrone *m*; gola; canale *m*
gulp [gʌlp] *vi* deglutire; (*from emotion*) avere il nodo in gola ♦ *vt* (*also*: ~ *down*) tracannare, inghiottire
gum [gʌm] *n* (*ANAT*) gengiva; (*glue*) colla; (*also*: ~*drop*) caramella gommosa; (*also*: *chewing* ~) chewing-gum *m* ♦ *vt*: **to** ~ **(together)** incollare; ~**boots** (*BRIT*) *npl* stivali *mpl* di gomma
gumption ['gʌmpʃən] *n* spirito d'iniziativa, buonsenso
gun [gʌn] *n* fucile *m*; (*small*) pistola, rivoltella; (*rifle*) carabina; (*shotgun*) fucile da caccia; (*cannon*) cannone *m*; ~**boat** *n* cannoniera; ~**fire** *n* spari *mpl*; ~**man** *n* bandito armato; ~**point** *n*: **at ~point** sotto minaccia di fucile; ~**powder** *n* polvere *f* da sparo; ~**shot** *n* sparo
gurgle ['gəːgl] *vi* gorgogliare
guru ['guruː] *n* guru *m inv*
gush [gʌʃ] *vi* sgorgare; (*fig*) abbandonarsi ad effusioni
gusset ['gʌsɪt] *n* gherone *m*
gust [gʌst] *n* (*of wind*) raffica; (*of smoke*) buffata
gusto ['gʌstəu] *n* entusiasmo
gut [gʌt] *n* intestino, budello; ~**s** *npl* (*ANAT*) interiora *fpl*; (*courage*) fegato
gutter ['gʌtə*] *n* (*of roof*) grondaia; (*in street*) cunetta
guy [gaɪ] *n* (*inf*: *man*) tipo, elemento; (*also*: ~*rope*) cavo *or* corda di fissaggio; (*figure*) *effigie di Guy Fawkes*
guzzle ['gʌzl] *vt* trangugiare
gym [dʒɪm] *n* (*also*: *gymnasium*) palestra; (*also*: *gymnastics*) ginnastica
gymnast ['dʒɪmnæst] *n* ginnasta *m/f*; ~**ics** [-'næstɪks] *n, npl* ginnastica
gym shoes *npl* scarpe *fpl* da ginnastica
gym slip (*BRIT*) *n* grembiule *m* da scuola (*per ragazze*)
gynaecologist [gaɪnɪ'kɔlədʒɪst] (*US* **gynecologist**) *n* ginecologo/a
gypsy ['dʒɪpsɪ] *n* = **gipsy**

gyrate [dʒaɪ'reɪt] *vi* girare

H

haberdashery ['hæbə'dæʃərɪ] (*BRIT*) *n* merceria
habit ['hæbɪt] *n* abitudine *f*; (*costume*) abito; (*REL*) tonaca
habitual [hə'bɪtjuəl] *adj* abituale; (*drinker, liar*) inveterato(a)
hack [hæk] *vt* tagliare, fare a pezzi ♦ *n* (*pej*: *writer*) scribacchino/a
hacker ['hækə*] *n* (*COMPUT*) pirata *m* informatico
hackneyed ['hæknɪd] *adj* comune, trito(a)
had [hæd] *pt, pp of* **have**
haddock ['hædək] (*pl* ~ *or* ~**s**) *n* eglefino
hadn't ['hædnt] = **had not**
haemorrhage ['hɛmərɪdʒ] (*US* **hemorrhage**) *n* emorragia
haemorrhoids ['hɛmərɔɪdz] (*US* **hemorrhoids**) *npl* emorroidi *fpl*
haggard ['hægəd] *adj* smunto(a)
haggle ['hægl] *vi* mercanteggiare
Hague [heɪg] *n*: **The** ~ L'Aia
hail [heɪl] *n* grandine *f*; (*of criticism etc*) pioggia ♦ *vt* (*call*) chiamare; (*flag down*: *taxi*) fermare; (*greet*) salutare ♦ *vi* grandinare; ~**stone** *n* chicco di grandine
hair [hɛə*] *n* capelli *mpl*; (*single hair*: *on head*) capello; (: *on body*) pelo; **to do one's** ~ pettinarsi; ~**brush** *n* spazzola per capelli; ~**cut** *n* taglio di capelli; ~**do** ['hɛəduː] *n* acconciatura, pettinatura; ~**dresser** *n* parrucchiere/a; ~**-dryer** *n* asciugacapelli *m inv*; ~ **grip** *n* forcina; ~**net** *n* retina per capelli; ~**pin** *n* forcina; ~**pin bend** (*US* ~**pin curve**) *n* tornante *m*; ~**raising** *adj* orripilante; ~ **removing cream** *n* crema depilatoria; ~ **spray** *n* lacca per capelli; ~**style** *n* pettinatura, acconciatura; ~**y** *adj* irsuto(a); peloso(a); (*inf*: *frightening*) spaventoso(a)
hake [heɪk] (*pl* ~ *or* ~**s**) *n* nasello
half [hɑːf] (*pl* **halves**) *n* mezzo, metà *f inv* ♦ *adj* mezzo(a) ♦ *adv* a mezzo, a metà; ~ **an hour** mezz'ora; ~ **a dozen** mezza dozzina; ~ **a pound** mezza libbra; **two and a** ~ due e mezzo; **a week and a** ~ una settimana e mezza; ~ **(of it)** la metà; ~ **(of)** la metà di; **to cut sth in** ~ tagliare qc in due; ~ **asleep** mezzo(a) addormentato(a); ~**-baked** *adj* (*scheme*) che non sta in piedi; ~**-caste** *n* meticcio/a; ~**-hearted** *adj* tiepido(a); ~**-hour** *n* mezz'ora; ~**-mast**: **at** ~**-mast** *adv* (*flag*) a mezz'asta; ~**penny** ['heɪpnɪ] (*BRIT*) *n* mezzo penny *m inv*; ~**-price** *adj, adv* a metà prezzo; ~ **term** (*BRIT*) *n* (*SCOL*) vacanza a *or* di metà trimestre; ~**-time** *n* (*SPORT*) intervallo; ~**way** *adv* a metà strada
halibut ['hælɪbət] *n inv* ippoglosso
hall [hɔːl] *n* sala, salone *m*; (*entrance way*) entrata; ~ **of residence** (*BRIT*) *n* casa dello studente
hallmark ['hɔːlmɑːk] *n* marchio di garanzia; (*fig*) caratteristica
hallo [hə'ləu] *excl* = **hello**
Hallowe'en [hæləu'iːn] *n* vigilia d'Ognissanti
hallucination [həluːsɪ'neɪʃən] *n* allucinazione *f*
hallway ['hɔːlweɪ] *n* corridoio; (*entrance*) ingresso
halo ['heɪləu] *n* (*of saint etc*) aureola
halt [hɔːlt] *n* fermata ♦ *vt* fermare ♦ *vi* fermarsi
halve [hɑːv] *vt* (*apple etc*) dividere a metà; (*expense*) ridurre di metà
halves [hɑːvz] *npl of* **half**
ham [hæm] *n* prosciutto
hamburger ['hæmbəːgə*] *n* hamburger *m inv*
hamlet ['hæmlɪt] *n* paesetto
hammer ['hæmə*] *n* martello ♦ *vt* martellare ♦ *vi*: **to** ~ **on** *or* **at the door** picchiare alla porta
hammock ['hæmək] *n* amaca
hamper ['hæmpə*] *vt* impedire ♦ *n* cesta

hamster ['hæmstə*] *n* criceto

hand [hænd] *n* mano *f*; (*of clock*) lancetta; (*handwriting*) scrittura; (*at cards*) mano; (: *game*) partita; (*worker*) operaio/a ♦ *vt* dare, passare; **to give sb a ~** dare una mano a qn; **at ~** a portata di mano; **in ~** a disposizione; (*work*) in corso; **on ~** (*person*) disponibile; (*services*) pronto(a) a intervenire; **to ~** (*information etc*) a portata di mano; **on the one ~ ..., on the other ~** da un lato ..., dall'altro; **~ in** *vt* consegnare; **~ out** *vt* distribuire; **~ over** *vt* passare; cedere; **~bag** *n* borsetta; **~book** *n* manuale *m*; **~brake** *n* freno a mano; **~cuffs** *npl* manette *fpl*; **~ful** *n* manciata, pugno

handicap ['hændıkæp] *n* handicap *m inv* ♦ *vt* handicappare; **to be physically ~ped** essere handicappato(a); **to be mentally ~ped** essere un(a) handicappato(a) mentale

handicraft ['hændıkrɑ:ft] *n* lavoro d'artigiano

handiwork ['hændıwə:k] *n* opera

handkerchief ['hæŋkətʃıf] *n* fazzoletto

handle ['hændl] *n* (*of door etc*) maniglia; (*of cup etc*) ansa; (*of knife etc*) impugnatura; (*of saucepan*) manico; (*for winding*) manovella ♦ *vt* toccare, maneggiare; (*deal with*) occuparsi di; (*treat*: *people*) trattare; "**~ with care**" "fragile"; **to fly off the ~** (*fig*) perdere le staffe, uscire dai gangheri; **~bar(s)** *n*(*pl*) manubrio

hand: ~ luggage *n* bagagli *mpl* a mano; **~made** *adj* fatto(a) a mano; **~out** *n* (*money, food*) elemosina; (*leaflet*) volantino; (*at lecture*) prospetto; **~rail** *n* corrimano; **~shake** *n* stretta di mano

handsome ['hænsəm] *adj* bello(a); (*profit, fortune*) considerevole

handwriting ['hændraıtıŋ] *n* scrittura

handy ['hændı] *adj* (*person*) bravo(a); (*close at hand*) a portata di mano; (*convenient*) comodo(a); **~man** *n* tuttofare *m inv*

hang [hæŋ] (*pt, pp* **hung**) *vt* appendere; (*criminal*: *pt, pp hanged*) impiccare ♦ *vi* (*painting*) essere appeso(a); (*hair*) scendere; (*drapery*) cadere; **to get the ~ of sth** (*inf*) capire come qc funziona; **~ about** *or* **around** *vi* bighellonare, ciondolare; **~ on** *vi* (*wait*) aspettare; **~ up** *vi* (*TEL*) riattaccare ♦ *vt* appendere

hangar ['hæŋə*] *n* hangar *m inv*

hanger ['hæŋə*] *n* gruccia

hanger-on *n* parassita *m*

hang-gliding ['-glaıdıŋ] *n* volo col deltaplano

hangover ['hæŋəuvə*] *n* (*after drinking*) postumi *mpl* di sbornia

hang-up *n* complesso

hanker ['hæŋkə*] *vi*: **to ~ after** bramare

hankie ['hæŋkı] *n abbr* = **handkerchief**

hanky ['hæŋkı] *n abbr* = **handkerchief**

haphazard [hæp'hæzəd] *adj* a casaccio, alla carlona

happen ['hæpən] *vi* accadere, succedere; (*chance*): **to ~ to do sth** fare qc per caso; **as it ~s** guarda caso; **~ing** *n* avvenimento

happily ['hæpılı] *adv* felicemente; fortunatamente

happiness ['hæpınıs] *n* felicità, contentezza

happy ['hæpı] *adj* felice, contento(a); **~ with** (*arrangements etc*) soddisfatto(a) di; **to be ~ to do** (*willing*) fare volentieri; **~ birthday!** buon compleanno!; **~-go-lucky** *adj* spensierato(a)

harangue [hə'ræŋ] *vt* arringare

harass ['hærəs] *vt* molestare; **~ment** *n* molestia

harbour ['hɑ:bə*] (*US* **harbor**) *n* porto ♦ *vt* (*hope, fear*) nutrire; (*criminal*) dare rifugio a

hard [hɑ:d] *adj* duro(a) ♦ *adv* (*work*) sodo; (*think, try*) bene; **to look ~ at** guardare fissamente; esaminare attentamente; **no ~ feelings!** senza rancore!; **to be ~ of hearing** essere duro(a) d'orecchio; **to be ~ done by** essere trattato(a) ingiustamente; **~back** *n* libro rilegato; **~ cash** *n* denaro in contanti; **~ disk** *n* (*COMPUT*) disco rigido; **~en** *vt, vi* indurire; **~-headed** *adj* pratico(a); **~ labour** *n* lavori forzati *mpl*

hardly ['hɑːdlɪ] *adv* (*scarcely*) appena; **it's ~ the case** non è proprio il caso; **~ anyone/anywhere** quasi nessuno/da nessuna parte; **~ ever** quasi mai

hardship ['hɑːdʃɪp] *n* avversità *f inv*; privazioni *fpl*

hard-up (*inf*) *adj* al verde

hardware ['hɑːdwɛə*] *n* ferramenta *fpl*; (*COMPUT*) hardware *m*; (*MIL*) armamenti *mpl*; **~ shop** *n* (negozio di) ferramenta *fpl*

hard-wearing [-'wɛərɪŋ] *adj* resistente; (*shoes*) robusto(a)

hard-working [-'wəːkɪŋ] *adj* lavoratore(trice)

hardy ['hɑːdɪ] *adj* robusto(a); (*plant*) resistente al gelo

hare [hɛə*] *n* lepre *f*; **~-brained** *adj* folle; scervellato(a)

harm [hɑːm] *n* male *m*; (*wrong*) danno ♦ *vt* (*person*) fare male a; (*thing*) danneggiare; **out of ~'s way** al sicuro; **~ful** *adj* dannoso(a); **~less** *adj* innocuo(a); inoffensivo(a)

harmonica [hɑː'mɔnɪkə] *n* armonica

harmonious [hɑː'məunɪəs] *adj* armonioso(a)

harmony ['hɑːmənɪ] *n* armonia

harness ['hɑːnɪs] *n* (*for horse*) bardatura, finimenti *mpl*; (*for child*) briglie *fpl*; (*safety ~*) imbracatura ♦ *vt* (*horse*) bardare; (*resources*) sfruttare

harp [hɑːp] *n* arpa ♦ *vi*: **to ~ on about** insistere tediosamente su

harpoon [hɑː'puːn] *n* arpione *m*

harrowing ['hærəuɪŋ] *adj* straziante

harsh [hɑːʃ] *adj* (*life, winter*) duro(a); (*judge, criticism*) severo(a); (*sound*) rauco(a); (*light*) violento(a)

harvest ['hɑːvɪst] *n* raccolto; (*of grapes*) vendemmia ♦ *vt* fare il raccolto di, raccogliere; vendemmiare

has [hæz] *vb see* **have**

hash [hæʃ] *n* (*CULIN*) *specie di spezzatino fatto con carne già cotta*; (*fig*: *mess*) pasticcio

hashish ['hæʃɪʃ] *n* hascisc *m*

hasn't ['hæznt] = **has not**

hassle ['hæsl] (*inf*) *n* sacco di problemi

haste [heɪst] *n* fretta; precipitazione *f*; **~n** ['heɪsn] *vt* affrettare ♦ *vi*: **to ~n (to)** affrettarsi (a); **hastily** *adv* in fretta; precipitosamente; **hasty** *adj* affrettato(a); precipitoso(a)

hat [hæt] *n* cappello

hatch [hætʃ] *n* (*NAUT*: *also*: *~way*) boccaporto; (*also*: *service ~*) portello di servizio ♦ *vi* (*bird*) uscire dal guscio; (*egg*) schiudersi

hatchback ['hætʃbæk] *n* (*AUT*) tre (*or* cinque) porte *f inv*

hatchet ['hætʃɪt] *n* accetta

hate [heɪt] *vt* odiare, detestare ♦ *n* odio; **~ful** *adj* odioso(a), detestabile

hatred ['heɪtrɪd] *n* odio

haughty ['hɔːtɪ] *adj* altero(a), arrogante

haul [hɔːl] *vt* trascinare, tirare ♦ *n* (*of fish*) pescata; (*of stolen goods etc*) bottino; **~age** *n* trasporto; autotrasporto; **~ier** (*US* **~er**) *n* trasportatore *m*

haunch [hɔːntʃ] *n* anca; (*of meat*) coscia

haunt [hɔːnt] *vt* (*subj*: *fear*) pervadere; (: *person*) frequentare ♦ *n* rifugio; **this house is ~ed** questa casa è abitata da un fantasma

KEYWORD

have [hæv] (*pt, pp* **had**) *aux vb* **1** (*gen*) avere; essere; **to ~ arrived/gone** essere arrivato(a)/andato(a); **to ~ eaten/slept** avere mangiato/dormito; **he has been kind/promoted** è stato gentile/promosso; **having finished** *or* **when he had finished, he left** dopo aver finito, se

n'è andato
2 (*in tag questions*): **you've done it, ~n't you?** l'ha fatto, (non è) vero?; **he hasn't done it, has he?** non l'ha fatto, vero?
3 (*in short answers and questions*): **you've made a mistake — no I ~n't/so I ~** ha fatto un errore — ma no, niente affatto/sì, è vero; **we ~n't paid — yes we ~!** non abbiamo pagato — ma sì che abbiamo pagato!; **I've been there before, ~ you?** ci sono già stato, e lei?
◆ *modal aux vb* (*be obliged*): **to ~ (got) to do sth** dover fare qc; **I ~n't got** *or* **I don't ~ to wear glasses** non ho bisogno di portare gli occhiali
◆ *vt* **1** (*possess, obtain*) avere; **he has (got) blue eyes/dark hair** ha gli occhi azzurri/i capelli scuri; **do you ~** *or* **~ you got a car/phone?** ha la macchina/il telefono?; **may I ~ your address?** potrebbe darmi il suo indirizzo?; **you can ~ it for £5** te lo lascio per 5 sterline
2 (+*noun*: *take, hold etc*): **to ~ breakfast/a swim/a bath** fare colazione/una nuotata/un bagno; **to ~ lunch** pranzare; **to ~ dinner** cenare; **to ~ a drink** bere qualcosa; **to ~ a cigarette** fumare una sigaretta
3: **to ~ sth done** far fare qc; **to ~ one's hair cut** farsi tagliare i capelli; **to ~ sb do sth** far fare qc a qn
4 (*experience, suffer*) avere; **to ~ a cold/flu** avere il raffreddore/l'influenza; **she had her bag stolen** le hanno rubato la borsa
5 (*inf*: *dupe*): **you've been had!** ci sei cascato!
have out *vt*: **to ~ it out with sb** (*settle a problem etc*) mettere le cose in chiaro con qn

haven ['heɪvn] *n* porto; (*fig*) rifugio
haven't ['hævnt] = **have not**
haversack ['hævəsæk] *n* zaino
havoc ['hævək] *n* caos *m*
hawk [hɔːk] *n* falco
hay [heɪ] *n* fieno; **~ fever** *n* febbre *f* da fieno; **~stack** *n* pagliaio
haywire ['heɪwaɪə*] (*inf*) *adj*: **to go ~** impazzire
hazard ['hæzəd] *n* azzardo, ventura; pericolo, rischio ◆ *vt* (*guess etc*) azzardare; **~ous** *adj* pericoloso(a); **~ (warning) lights** *npl* (*AUT*) luci *fpl* di emergenza
haze [heɪz] *n* foschia
hazelnut ['heɪzlnʌt] *n* nocciola
hazy ['heɪzɪ] *adj* fosco(a); (*idea*) vago(a)
he [hiː] *pronoun* lui, egli; **it is ~ who ...** è lui che ....
head [hɛd] *n* testa; (*leader*) capo; (*of school*) preside *m/f* ◆ *vt* (*list*) essere in testa a; (*group*) essere a capo di; **~s (or tails)** testa (o croce), pari (o dispari); **~ first** a capofitto, di testa; **~ over heels in love** pazzamente innamorato(a); **to ~ the ball** colpire una palla di testa; **~ for** *vt fus* dirigersi verso; **~ache** *n* mal *m* di testa; **~dress** (*BRIT*) *n* (*of bride*) acconciatura; **~ing** *n* titolo; intestazione *f*; **~lamp** (*BRIT*) *n* = **~light**; **~land** *n* promontorio; **~light** *n* fanale *m*; **~line** *n* titolo; **~long** *adv* (*fall*) a capofitto; (*rush*) precipitosamente; **~master/mistress** *n* preside *m/f*; **~ office** *n* sede *f* (centrale); **~-on** *adj* (*collision*) frontale; **~phones** *npl* cuffia; **~quarters** *npl* ufficio centrale; (*MIL*) quartiere *m* generale; **~-rest** *n* poggiacapo; **~room** *n* (*in car*) altezza dell'abitacolo; (*under bridge*) altezza limite; **~scarf** *n* foulard *m inv*; **~strong** *adj* testardo(a); **~ waiter** *n* capocameriere *m*; **~way** *n*: **to make ~way** fare progressi; **~wind** *n* controvento; **~y** *adj* (*experience, period*) inebriante
heal [hiːl] *vt, vi* guarire
health [hɛlθ] *n* salute *f*; **~ food(s)** *n(pl)* alimenti *mpl* integrali; **the H~ Service** (*BRIT*) *n* ≈ il Servizio Sanitario Statale; **~y** *adj* (*person*) sano(a), in buona salute; (*climate*)

salubre; (*appetite, economy etc*) sano(a)

heap [hi:p] *n* mucchio ♦ *vt* (*stones, sand*): **to ~ (up)** ammucchiare; (*plate, sink*): **to ~ sth with** riempire qc di; **~s of** (*inf*) un mucchio di

hear [hɪə*] (*pt, pp* **heard**) *vt* sentire; (*news*) ascoltare ♦ *vi* sentire; **to ~ about** avere notizie di; sentire parlare di; **to ~ from sb** ricevere notizie da qn; **heard** [hə:d] *pt, pp of* **hear**; **~ing** *n* (*sense*) udito; (*of witnesses*) audizione *f*; (*of a case*) udienza; **~ing aid** *n* apparecchio acustico; **~say** *n* dicerie *fpl*, chiacchiere *fpl*

hearse [hə:s] *n* carro funebre

heart [hɑ:t] *n* cuore *m*; **~s** *npl* (*CARDS*) cuori *mpl*; **to lose ~** scoraggiarsi; **to take ~** farsi coraggio; **at ~** in fondo; **by ~** (*learn, know*) a memoria; **~ attack** *n* attacco di cuore; **~beat** *n* battito del cuore; **~breaking** *adj* straziante; **~broken** *adj*: **to be ~broken** avere il cuore spezzato; **~burn** *n* bruciore *m* di stomaco; **~ failure** *n* arresto cardiaco; **~felt** *adj* sincero(a)

hearth [hɑ:θ] *n* focolare *m*

heartland ['hɑ:tlænd] *n* regione *f* centrale

heartless ['hɑ:tlɪs] *adj* senza cuore

hearty ['hɑ:tɪ] *adj* caloroso(a); robusto(a), sano(a); vigoroso(a)

heat [hi:t] *n* calore *m*; (*fig*) ardore *m*; fuoco; (*SPORT*: *also*: *qualifying* ~) prova eliminatoria ♦ *vt* scaldare; **~ up** *vi* (*liquids*) scaldarsi; (*room*) riscaldarsi ♦ *vt* riscaldare; **~ed** *adj* riscaldato(a); (*argument*) acceso(a); **~er** *n* radiatore *m*; (*stove*) stufa

heath [hi:θ] (*BRIT*) *n* landa

heathen ['hi:ðn] *n* pagano/a

heather ['hɛðə*] *n* erica

heating ['hi:tɪŋ] *n* riscaldamento

heatstroke ['hi:tstrəuk] *n* colpo di sole

heatwave ['hi:tweɪv] *n* ondata di caldo

heave [hi:v] *vt* (*pull*) tirare (con forza); (*push*) spingere (con forza); (*lift*) sollevare (con forza) ♦ *vi* sollevarsi; (*retch*) aver conati di vomito ♦ *n* (*push*) grande spinta; **to ~ a sigh** emettere un sospiro

heaven ['hɛvn] *n* paradiso, cielo; **~ly** *adj* divino(a), celeste

heavily ['hɛvɪlɪ] *adv* pesantemente; (*drink, smoke*) molto

heavy ['hɛvɪ] *adj* pesante; (*sea*) grosso(a); (*rain, blow*) forte; (*weather*) afoso(a); (*drinker, smoker*) gran (*before noun*); **~ goods vehicle** *n* veicolo per trasporti pesanti; **~weight** *n* (*SPORT*) peso massimo

Hebrew ['hi:bru:] *adj* ebreo(a) ♦ *n* (*LING*) ebraico

Hebrides ['hɛbrɪdi:z] *npl*: **the ~** le Ebridi

heckle ['hɛkl] *vt* interpellare e dare noia a (*un oratore*)

hectic ['hɛktɪk] *adj* movimentato(a)

he'd [hi:d] = **he would**; **he had**

hedge [hɛdʒ] *n* siepe *f* ♦ *vi* essere elusivo(a); **to ~ one's bets** (*fig*) coprirsi dai rischi

hedgehog ['hɛdʒhɔg] *n* riccio

heed [hi:d] *vt* (*also*: *take ~ of*) badare a, far conto di; **~less** *adj*: **~ (of)** sordo(a) (a)

heel [hi:l] *n* (*ANAT*) calcagno; (*of shoe*) tacco ♦ *vt* (*shoe*) rifare i tacchi a

hefty ['hɛftɪ] *adj* (*person*) robusto(a); (*parcel*) pesante; (*profit*) grosso(a)

heifer ['hɛfə*] *n* giovenca

height [haɪt] *n* altezza; (*high ground*) altura; (*fig*: *of glory*) apice *m*; (: *of stupidity*) colmo; **~en** *vt* (*fig*) accrescere

heir [ɛə*] *n* erede *m*; **~ess** *n* erede *f*; **~loom** *n* mobile *m* (*or* gioiello *or* quadro) di famiglia

held [hɛld] *pt, pp of* **hold**

helicopter ['hɛlɪkɔptə*] *n* elicottero

heliport ['hɛlɪpɔ:t] *n* eliporto

helium ['hi:lɪəm] *n* elio

hell [hɛl] *n* inferno; **~!** (*inf*) porca miseria!, accidenti!

he'll [hi:l] = **he will**; **he shall**

hellish ['hɛlɪʃ] (*inf*) *adj* infernale
hello [hə'ləu] *excl* buon giorno!; ciao! (*to sb one addresses as "tu"*); (*surprise*) ma guarda!
helm [hɛlm] *n* (*NAUT*) timone *m*
helmet ['hɛlmɪt] *n* casco
help [hɛlp] *n* aiuto; (*charwoman*) donna di servizio ♦ *vt* aiutare; ~! aiuto!; ~ **yourself (to bread)** si serva (del pane); **he can't ~ it** non ci può far niente; ~**er** *n* aiutante *m/f*, assistente *m/f*; ~**ful** *adj* di grande aiuto; (*useful*) utile; ~**ing** *n* porzione *f*; ~**less** *adj* impotente; debole
hem [hɛm] *n* orlo ♦ *vt* fare l'orlo a; ~ **in** *vt* cingere
hemisphere ['hɛmɪsfɪə*] *n* emisfero
hemorrhage ['hɛmərɪdʒ] (*US*) *n* = **haemorrhage**
hemorrhoids ['hɛmərɔɪdz] (*US*) *npl* = **haemorroids**
hen [hɛn] *n* gallina; (*female bird*) femmina
hence [hɛns] *adv* (*therefore*) dunque; 2 **years ~** di qui a 2 anni; ~**forth** *adv* d'ora in poi
henchman ['hɛntʃmən] (*pej*) *n* caudatario
henpecked ['hɛnpɛkt] *adj* dominato dalla moglie
hepatitis [hɛpə'taɪtɪs] *n* epatite *f*
her [hə:*] *pron* (*direct*) la, l' + *vowel*; (*indirect*) le; (*stressed, after prep*) lei ♦ *adj* il(la) suo(a), i(le) suoi(sue); *see also* **me**; **my**
herald ['hɛrəld] *n* araldo ♦ *vt* annunciare
heraldry ['hɛrəldrɪ] *n* araldica
herb [hə:b] *n* erba
herd [hə:d] *n* mandria
here [hɪə*] *adv* qui, qua ♦ *excl* ehi!; ~! (*at roll call*) presente!; ~ **is/are** ecco; ~ **he/she is** eccolo/eccola; ~**after** *adv* in futuro; dopo questo; ~**by** *adv* (*in letter*) con la presente
hereditary [hɪ'rɛdɪtrɪ] *adj* ereditario(a)
heresy ['hɛrəsɪ] *n* eresia
heretic ['hɛrətɪk] *n* eretico/a
heritage ['hɛrɪtɪdʒ] *n* eredità; (*fig*) retaggio
hermetically [hə:'mɛtɪklɪ] *adv*: ~ **sealed** ermeticamente chiuso(a)
hermit ['hə:mɪt] *n* eremita *m*
hernia ['hə:nɪə] *n* ernia
hero ['hɪərəu] (*pl* ~**es**) *n* eroe *m*
heroin ['hɛrəuɪn] *n* eroina
heroine ['hɛrəuɪn] *n* eroina
heron ['hɛrən] *n* airone *m*
herring ['hɛrɪŋ] *n* aringa
hers [hə:z] *pron* il(la) suo(a), i(le) suoi(sue); *see also* **mine**
herself [hə:'sɛlf] *pron* (*reflexive*) si; (*emphatic*) lei stessa; (*after prep*) se stessa, sé; *see also* **oneself**
he's [hi:z] = **he is**; **he has**
hesitant ['hɛzɪtənt] *adj* esitante, indeciso(a)
hesitate ['hɛzɪteɪt] *vi*: **to ~ (about/to do)** esitare (su/a fare); **hesitation** [-'teɪʃən] *n* esitazione *f*
heterosexual ['hɛtərəu'sɛksjuəl] *adj*, *n* eterosessuale *m/f*
hew [hju:] *vt* (*stone*) scavare; (*wood*) tagliare
hexagonal [hɛk'sægənəl] *adj* esagonale
heyday ['heɪdeɪ] *n*: **the ~ of** i bei giorni di, l'età d'oro di
HGV *n abbr* = **heavy goods vehicle**
hi [haɪ] *excl* ciao!
hiatus [haɪ'eɪtəs] *n* vuoto; (*LING*) iato
hibernate ['haɪbəneɪt] *vi* ibernare
hiccough ['hɪkʌp] *vi* singhiozzare; ~**s** *npl*: **to have ~s** avere il singhiozzo
hiccup ['hɪkʌp] = **hiccough**
hid [hɪd] *pt of* **hide**; ~**den** ['hɪdn] *pp of* **hide**
hide [haɪd] (*pt* **hid**, *pp* **hidden**) *n* (*skin*) pelle *f* ♦ *vt*: **to ~ sth (from sb)** nascondere qc (a qn) ♦ *vi*: **to ~ (from sb)** nascondersi (da qn); ~**-and-seek** *n* rimpiattino; ~**away** *n* nascondiglio
hideous ['hɪdɪəs] *adj* laido(a); orribile
hiding ['haɪdɪŋ] *n* (*beating*) bastonata; **to be in ~** (*concealed*) tenersi

nascosto(a)
hierarchy ['haıərɑ:kı] *n* gerarchia
hi-fi ['haıfaı] *n* stereo ♦ *adj* ad alta fedeltà, hi-fi *inv*
high [haı] *adj* alto(a); (*speed, respect, number*) grande; (*wind*) forte; (*voice*) acuto(a) ♦ *adv* alto, in alto; **20m** ~ alto(a) 20m; **~brow** *adj, n* intellettuale *m/f*; **~chair** *n* seggiolone *m*; **~er education** *n* studi *mpl* superiori; **~-handed** *adj* prepotente; **~-heeled** *adj* con i tacchi alti; ~ **jump** *n* (*SPORT*) salto in alto; **the H~lands** *npl* le Highlands scozzesi; **~light** *n* (*fig*: *of event*) momento culminante; (*in hair*) colpo di sole ♦ *vt* mettere in evidenza; **~ly** *adv* molto; **to speak ~ly of** parlare molto bene di; **~ly strung** *adj* teso(a) di nervi, eccitabile; **~ness** *n*: **Her H~ness** Sua Altezza; **~-pitched** *adj* acuto(a); **~-rise block** *n* palazzone *m*; ~ **school** *n* scuola secondaria; (*US*) istituto superiore d'istruzione; ~ **season** (*BRIT*) *n* alta stagione; ~ **street** (*BRIT*) *n* strada principale
highway ['haıweı] *n* strada maestra; **H~ Code** (*BRIT*) *n* codice *m* della strada
hijack ['haıdʒæk] *vt* dirottare; **~er** *n* dirottatore/trice
hike [haık] *vi* fare un'escursione a piedi ♦ *n* escursione *f* a piedi; **~r** *n* escursionista *m/f*
hilarious [hı'lɛərıəs] *adj* (*behaviour, event*) spassosissimo(a)
hill [hıl] *n* collina, colle *m*; (*fairly high*) montagna; (*on road*) salita; **~side** *n* fianco della collina; **~y** *adj* collinoso(a); montagnoso(a)
hilt [hılt] *n* (*of sword*) elsa; **to the ~** (*fig*: *support*) fino in fondo
him [hım] *pron* (*direct*) lo, l' +*vowel*; (*indirect*) gli; (*stressed, after prep*) lui; *see also* **me**; **~self** *pron* (*reflexive*) si; (*emphatic*) lui stesso; (*after prep*) se stesso, sé; *see also* **oneself**
hind [haınd] *adj* posteriore
hinder ['hındə*] *vt* ostacolare; **hindrance** ['hındrəns] *n* ostacolo, impedimento
hindsight ['haındsaıt] *n*: **with ~** con il senno di poi
Hindu ['hındu:] *n* indù *m/f inv*
hinge [hındʒ] *n* cardine *m* ♦ *vi* (*fig*): **to ~ on** dipendere da
hint [hınt] *n* (*suggestion*) allusione *f*; (*advice*) consiglio; (*sign*) accenno ♦ *vt*: **to ~ that** lasciar capire che ♦ *vi*: **to ~ at** alludere a
hip [hıp] *n* anca, fianco
hippopotami [hıpə'pɔtəmaı] *npl of* **hippopotamus**
hippopotamus [hıpə'pɔtəməs] (*pl* ~es *or* **hippopotami**) *n* ippopotamo
hire ['haıə*] *vt* (*BRIT*: *car, equipment*) noleggiare; (*worker*) assumere, dare lavoro a ♦ *n* nolo, noleggio; **for ~** da nolo; (*taxi*) libero(a); ~ **purchase** (*BRIT*) *n* acquisto (*or* vendita) rateale
his [hız] *adj, pron* il(la) suo(sua), i(le) suoi(sue); *see also* **my**; **mine**
hiss [hıs] *vi* fischiare; (*cat, snake*) sibilare
historic(al) [hı'stɔrık(l)] *adj* storico(a)
history ['hıstərı] *n* storia
hit [hıt] (*pt, pp* **hit**) *vt* colpire, picchiare; (*knock against*) battere; (*reach*: *target*) raggiungere; (*collide with*: *car*) urtare contro; (*fig*: *affect*) colpire; (*find*: *problem etc*) incontrare ♦ *n* colpo; (*success, song*) successo; **to ~ it off with sb** andare molto d'accordo con qn; **~-and-run driver** *n* pirata *m* della strada
hitch [hıtʃ] *vt* (*fasten*) attaccare; (*also*: ~ *up*) tirare su ♦ *n* (*difficulty*) intoppo, difficoltà *f inv*; **to ~ a lift** fare l'autostop
hitch-hike *vi* fare l'autostop; **~r** *n* autostoppista *m/f*
hi-tech ['haı'tɛk] *adj* di alta tecnologia ♦ *n* alta tecnologia
hitherto [hıðə'tu:] *adv* in precedenza
HIV *abbr*: **HIV-negative/-positive** *adj* sieronegativo(a)/sieropositivo(a)

hive [haɪv] *n* alveare *m*; ~ **off** *vt* separare
H.M.S. *abbr* = His(Her) Majesty's Ship
hoard [hɔːd] *n* (*of food*) provviste *fpl*; (*of money*) gruzzolo ♦ *vt* ammassare
hoarding ['hɔːdɪŋ] (*BRIT*) *n* (*for posters*) tabellone *m* per affissioni
hoarse [hɔːs] *adj* rauco(a)
hoax [həuks] *n* scherzo; falso allarme
hob [hɔb] *n* piastra (con fornelli)
hobble ['hɔbl] *vi* zoppicare
hobby ['hɔbɪ] *n* hobby *m inv*, passatempo; ~**-horse** *n* (*fig*) chiodo fisso
hobo ['həubəu] (*US*) *n* vagabondo
hockey ['hɔkɪ] *n* hockey *m*
hoe [həu] *n* zappa
hog [hɔg] *n* maiale *m* ♦ *vt* (*fig*) arraffare; **to go the whole** ~ farlo fino in fondo
hoist [hɔɪst] *n* paranco ♦ *vt* issare
hold [həuld] (*pt, pp* **held**) *vt* tenere; (*contain*) contenere; (*keep back*) trattenere; (*believe*) mantenere; considerare; (*possess*) avere, possedere; detenere ♦ *vi* (*withstand pressure*) tenere; (*be valid*) essere valido(a) ♦ *n* presa; (*control*): **to have a** ~ **over** avere controllo su; (*NAUT*) stiva; ~ **the line!** (*TEL*) resti in linea!; **to** ~ **one's own** (*fig*) difendersi bene; **to catch** *or* **get (a)** ~ **of** afferrare; ~ **back** *vt* trattenere; (*secret*) tenere celato(a); ~ **down** *vt* (*person*) tenere a terra; (*job*) tenere; ~ **off** *vt* tener lontano; ~ **on** *vi* tener fermo; (*wait*) aspettare; ~ **on!** (*TEL*) resti in linea!; ~ **on to** *vt fus* tenersi stretto(a) a; (*keep*) conservare; ~ **out** *vt* offrire ♦ *vi* (*resist*) resistere; ~ **up** *vt* (*raise*) alzare; (*support*) sostenere; (*delay*) ritardare; (*rob*) assaltare; ~**all** (*BRIT*) *n* borsone *m*; ~**er** *n* (*container*) contenitore *m*; (*of ticket, title*) possessore/posseditrice; (*of office etc*) incaricato/a; (*of record*) detentore/trice; ~**ing** *n* (*share*) azioni *fpl*, titoli *mpl*; (*farm*) podere *m*, tenuta; ~**up** *n* (*robbery*) rapina a mano armata; (*delay*) ritardo; (*BRIT*: *in traffic*) blocco
hole [həul] *n* buco, buca ♦ *vt* bucare
holiday ['hɔlədɪ] *n* vacanza; (*day off*) giorno di vacanza; (*public*) giorno festivo; **on** ~ in vacanza; ~ **camp** (*BRIT*) *n* (*also*: ~ *centre*) ≈ villaggio (di vacanze); ~**-maker** (*BRIT*) *n* villeggiante *m/f*; ~ **resort** *n* luogo di villeggiatura
holiness ['həulɪnɪs] *n* santità
Holland ['hɔlənd] *n* Olanda
hollow ['hɔləu] *adj* cavo(a); (*container, claim*) vuoto(a); (*laugh, sound*) cupo(a) ♦ *n* cavità *f inv*; (*in land*) valletta, depressione *f* ♦ *vt*: **to** ~ **out** scavare
holly ['hɔlɪ] *n* agrifoglio
holocaust ['hɔləkɔːst] *n* olocausto
holster ['həulstə*] *n* fondina (di pistola)
holy ['həulɪ] *adj* santo(a); (*bread*) benedetto(a), consacrato(a); (*ground*) consacrato(a)
homage ['hɔmɪdʒ] *n* omaggio; **to pay** ~ **to** rendere omaggio a
home [həum] *n* casa; (*country*) patria; (*institution*) casa, ricovero ♦ *cpd* familiare; (*cooking etc*) casalingo(a); (*ECON, POL*) nazionale, interno(a); (*SPORT*) di casa ♦ *adv* a casa; in patria; (*right in*: *nail etc*) fino in fondo; **at** ~ a casa; (*in situation*) a proprio agio; **to go** (*or* **come**) ~ tornare a casa (*or* in patria); **make yourself at** ~ si metta a suo agio; ~ **address** *n* indirizzo di casa; ~**land** *n* patria; ~**less** *adj* senza tetto; spatriato(a); ~**ly** *adj* semplice, alla buona; accogliente; ~**-made** *adj* casalingo(a); **H**~ **Office** (*BRIT*) *n* ministero degli Interni; ~ **rule** *n* autogoverno; **H**~ **Secretary** (*BRIT*) *n* ministro degli Interni; ~**sick** *adj*: **to be** ~**sick** avere la nostalgia; ~ **town** *n* città *f inv* natale; ~**ward** ['həumwəd] *adj* (*journey*) di ritorno; ~**work** *n* compiti *mpl* (per casa)

homicide ['hɔmɪsaɪd] (*US*) *n* omicidio
homogeneous [hɔməu'dʒi:nɪəs] *adj* omogeneo(a)
homosexual [hɔməu'sɛksjuəl] *adj, n* omosessuale *m/f*
honest ['ɔnɪst] *adj* onesto(a); sincero(a); **~ly** *adv* onestamente; sinceramente; **~y** *n* onestà
honey ['hʌnɪ] *n* miele *m*; **~comb** *n* favo; **~moon** *n* luna di miele, viaggio di nozze; **~suckle** *n* (*BOT*) caprifoglio
honk [hɔŋk] *vi* suonare il clacson
honorary ['ɔnərərɪ] *adj* onorario(a); (*duty, title*) onorifico(a)
honour ['ɔnə*] (*US* **honor**) *vt* onorare ♦ *n* onore *m*; **~able** *adj* onorevole; **~s degree** *n* (*SCOL*) *laurea specializzata*
hood [hud] *n* cappuccio; (*on cooker*) cappa; (*BRIT: AUT*) capote *f*; (*US: AUT*) cofano
hoodlum ['hu:dləm] *n* teppista *m/f*
hoodwink ['hudwɪŋk] *vt* infinocchiare
hoof [hu:f] (*pl* **hooves**) *n* zoccolo
hook [huk] *n* gancio; (*for fishing*) amo ♦ *vt* uncinare; (*dress*) agganciare
hooligan ['hu:lɪgən] *n* giovinastro, teppista *m*
hoop [hu:p] *n* cerchio
hooray [hu:'reɪ] *excl* = **hurray**
hoot [hu:t] *vi* (*AUT*) suonare il clacson; (*siren*) ululare; (*owl*) gufare; **~er** *n* (*BRIT: AUT*) clacson *m inv*; (*NAUT*) sirena
hoover ['hu:və*] ® (*BRIT*) *n* aspirapolvere *m inv* ♦ *vt* pulire con l'aspirapolvere
hooves [hu:vz] *npl of* **hoof**
hop [hɔp] *vi* saltellare, saltare; (*on one foot*) saltare su una gamba
hope [həup] *vt*: **to ~ that/to do** sperare che/di fare ♦ *vi* sperare ♦ *n* speranza; **I ~ so/not** spero di sì/no; **~ful** *adj* (*person*) pieno(a) di speranza; (*situation*) promettente; **~fully** *adv* con speranza; **~fully he will recover** speriamo che si riprenda; **~less** *adj* senza speranza, disperato(a); (*useless*) inutile
hops [hɔps] *npl* luppoli *mpl*
horde [hɔ:d] *n* orda
horizon [hə'raɪzn] *n* orizzonte *m*; **~tal** [hɔrɪ'zɔntl] *adj* orizzontale
hormone ['hɔ:məun] *n* ormone *m*
horn [hɔ:n] *n* (*ZOOL, MUS*) corno; (*AUT*) clacson *m inv*
hornet ['hɔ:nɪt] *n* calabrone *m*
horny ['hɔ:nɪ] (*inf*) *adj* arrapato(a)
horoscope ['hɔrəskəup] *n* oroscopo
horrendous [hə'rɛndəs] *adj* orrendo(a)
horrible ['hɔrɪbl] *adj* orribile, tremendo(a)
horrid ['hɔrɪd] *adj* orrido(a); (*person*) odioso(a)
horrify ['hɔrɪfaɪ] *vt* scandalizzare
horror ['hɔrə*] *n* orrore *m*; **~ film** *n* film *m inv* dell'orrore
hors d'œuvre [ɔ:'də:vrə] *n* antipasto
horse [hɔ:s] *n* cavallo; **~back**: **on ~back** *adj, adv* a cavallo; **~ chestnut** *n* ippocastano; **~man** *n* cavaliere *m*; **~power** *n* cavallo (vapore); **~-racing** *n* ippica; **~radish** *n* rafano; **~shoe** *n* ferro di cavallo; **~woman** *n* amazzone *f*
horticulture ['hɔ:tɪkʌltʃə*] *n* orticoltura
hose [həuz] *n* (*also*: **~pipe**) tubo; (*also*: *garden* **~**) tubo per annaffiare
hosiery ['həuʒərɪ] *n* maglieria
hospice ['hɔspɪs] *n* ricovero, ospizio
hospitable [hɔs'pɪtəbl] *adj* ospitale
hospital ['hɔspɪtl] *n* ospedale *m*
hospitality [hɔspɪ'tælɪtɪ] *n* ospitalità
host [həust] *n* ospite *m*; (*REL*) ostia; (*large number*): **a ~ of** una schiera di
hostage ['hɔstɪdʒ] *n* ostaggio/a
hostel ['hɔstl] *n* ostello; (*also*: *youth* **~**) ostello della gioventù
hostess ['həustɪs] *n* ospite *f*; (*BRIT*: *air* **~**) hostess *f inv*
hostile ['hɔstaɪl] *adj* ostile
hostility [hɔ'stɪlɪtɪ] *n* ostilità *f inv*

hot [hɔt] *adj* caldo(a); (*as opposed to only warm*) molto caldo(a); (*spicy*) piccante; (*fig*) accanito(a); ardente; violento(a), focoso(a); **to be ~** (*person*) aver caldo; (*object*) essere caldo(a); (*weather*) far caldo; **~bed** *n* (*fig*) focolaio; **~ dog** *n* hot dog *m inv*

hotel [həu'tɛl] *n* albergo; **~ier** *n* albergatore/trice

hot: **~headed** *adj* focoso(a), eccitabile; **~house** *n* serra; **~ line** *n* (*POL*) telefono rosso; **~ly** *adv* violentemente; **~plate** *n* (*on cooker*) piastra riscaldante; **~-water bottle** *n* borsa dell'acqua calda

hound [haund] *vt* perseguitare ♦ *n* segugio

hour ['auə*] *n* ora; **~ly** *adj* all'ora

house [*n* haus, *pl* 'hauzɪz, *vb* hauz] *n* (*also*: *firm*) casa; (*POL*) camera; (*THEATRE*) sala; pubblico; spettacolo; (*dynasty*) casata ♦ *vt* (*person*) ospitare, alloggiare; **on the ~** (*fig*) offerto(a) dalla casa; **~ arrest** *n* arresti *mpl* domiciliari; **~boat** *n* house boat *f inv*; **~bound** *adj* confinato(a) in casa; **~breaking** *n* furto con scasso; **~coat** *n* vestaglia; **~hold** *n* famiglia; casa; **~keeper** *n* governante *f*; **~keeping** *n* (*work*) governo della casa; (*money*) soldi *mpl* per le spese di casa; **~-warming party** *n* festa per inaugurare la casa nuova; **~wife** *n* massaia, casalinga; **~work** *n* faccende *fpl* domestiche

housing ['hauzɪŋ] *n* alloggio; **~ development** (*BRIT* **~ estate**) *n zona residenziale con case popolari e/o private*

hovel ['hɔvl] *n* casupola

hover ['hɔvə*] *vi* (*bird*) librarsi; **~craft** *n* hovercraft *m inv*

how [hau] *adv* come; **~ are you?** come sta?; **~ do you do?** piacere!; **~ far is it to the river?** quanto è lontano il fiume?; **~ long have you been here?** da quando è qui?; **~ lovely!/awful!** che bello!/orrore!; **~ many?** quanti(e)?; **~ much?** quanto(a)?; **~ much milk?** quanto latte?; **~ many people?** quante persone?; **~ old are you?** quanti anni ha?; **~ever** *adv* in qualsiasi modo *or* maniera che; (+ *adjective*) per quanto + *sub*; (*in questions*) come ♦ *conj* comunque, però

howl [haul] *vi* ululare; (*baby, person*) urlare

H.P. *abbr* = **hire purchase**; **horsepower**

h.p. *n abbr* = H.P

HQ *n abbr* = **headquarters**

hub [hʌb] *n* (*of wheel*) mozzo; (*fig*) fulcro

hubbub ['hʌbʌb] *n* baccano

hubcap ['hʌbkæp] *n* coprimozzo

huddle ['hʌdl] *vi*: **to ~ together** rannicchiarsi l'uno contro l'altro

hue [hju:] *n* tinta; **~ and cry** *n* clamore *m*

huff [hʌf] *n*: **in a ~** stizzito(a)

hug [hʌg] *vt* abbracciare; (*shore, kerb*) stringere

huge [hju:dʒ] *adj* enorme, immenso(a)

hulk [hʌlk] *n* (*ship*) nave *f* in disarmo; (*building, car*) carcassa; (*person*) mastodonte *m*

hull [hʌl] *n* (*of ship*) scafo

hullo [hə'ləu] *excl* = **hello**

hum [hʌm] *vt* (*tune*) canticchiare ♦ *vi* canticchiare; (*insect, plane, tool*) ronzare

human ['hju:mən] *adj* umano(a) ♦ *n* essere *m* umano

humane [hju:'meɪn] *adj* umanitario(a)

humanitarian [hju:mænɪ'tɛərɪən] *adj* umanitario(a)

humanity [hju:'mænɪtɪ] *n* umanità

humble ['hʌmbl] *adj* umile, modesto(a) ♦ *vt* umiliare

humbug ['hʌmbʌg] *n* sciocchezze *fpl*; (*BRIT*: *sweet*) caramella alla menta

humdrum ['hʌmdrʌm] *adj* monotono(a), tedioso(a)

humid ['hju:mɪd] *adj* umido(a)

humiliate [hju:'mɪlɪeɪt] *vt* umiliare; **humiliation** [-'eɪʃən] *n* umiliazione *f*
humility [hju:'mɪlɪtɪ] *n* umiltà
humorous ['hju:mərəs] *adj* umoristico(a); (*person*) buffo(a)
humour ['hju:mə*] (*US* **humor**) *n* umore *m* ♦ *vt* accontentare
hump [hʌmp] *n* gobba; **~backed** *adj*: **~backed bridge** ponte *m* a schiena d'asino
hunch [hʌntʃ] *n* (*premonition*) intuizione *f*; **~back** *n* gobbo/a; **~ed** *adj* incurvato(a)
hundred ['hʌndrəd] *num* cento; **~s of** centinaia *fpl* di; **~weight** *n* (*BRIT*) = *50.8 kg*; *112 lb*; (*US*) = *45.3 kg*; *100 lb*
hung [hʌŋ] *pt*, *pp of* **hang**
Hungary ['hʌŋgərɪ] *n* Ungheria
hunger ['hʌŋgə*] *n* fame *f* ♦ *vi*: **to ~ for** desiderare ardentemente; **~ strike** *n* sciopero della fame
hungry ['hʌŋgrɪ] *adj* affamato(a); (*avid*): **~ for** avido(a) di; **to be ~** aver fame
hunk [hʌŋk] *n* (*of bread etc*) bel pezzo
hunt [hʌnt] *vt* (*seek*) cercare; (*SPORT*) cacciare ♦ *vi*: **to ~ (for)** andare a caccia (di) ♦ *n* caccia; **~er** *n* cacciatore *m*; **~ing** *n* caccia
hurdle ['hə:dl] *n* (*SPORT*, *fig*) ostacolo
hurl [hə:l] *vt* lanciare con violenza
hurrah [hu'rɑ:] *excl* = **hurray**
hurray [hu'reɪ] *excl* urra!, evviva!
hurricane ['hʌrɪkən] *n* uragano
hurried ['hʌrɪd] *adj* affrettato(a); (*work*) fatto(a) in fretta; **~ly** *adv* in fretta
hurry ['hʌrɪ] *n* fretta ♦ *vi* (*also*: **~** *up*) affrettarsi ♦ *vt* (*also*: **~** *up*: *person*) affrettare; (*: work*) far in fretta; **to be in a ~** aver fretta
hurt [hə:t] (*pt*, *pp* **hurt**) *vt* (*cause pain to*) far male a; (*injure*, *fig*) ferire ♦ *vi* far male; **~ful** *adj* (*remark*) che ferisce
hurtle ['hə:tl] *vi*: **to ~ past/down** passare/scendere a razzo
husband ['hʌzbənd] *n* marito
hush [hʌʃ] *n* silenzio, calma ♦ *vt* zittire; **~!** zitto(a)!; **~ up** *vt* (*scandal*) mettere a tacere
husk [hʌsk] *n* (*of wheat*) cartoccio; (*of rice*, *maize*) buccia
husky ['hʌskɪ] *adj* roco(a) ♦ *n* cane *m* eschimese
hustle ['hʌsl] *vt* spingere, incalzare ♦ *n*: **~ and bustle** trambusto
hut [hʌt] *n* rifugio; (*shed*) ripostiglio
hutch [hʌtʃ] *n* gabbia
hyacinth ['haɪəsɪnθ] *n* giacinto
hybrid ['haɪbrɪd] *n* ibrido
hydrant ['haɪdrənt] *n* (*also*: *fire* **~**) idrante *m*
hydraulic [haɪ'drɔ:lɪk] *adj* idraulico(a)
hydroelectric [haɪdrəuɪ'lɛktrɪk] *adj* idroelettrico(a)
hydrofoil ['haɪdrəufɔɪl] *n* aliscafo
hydrogen ['haɪdrədʒən] *n* idrogeno
hyena [haɪ'i:nə] *n* iena
hygiene ['haɪdʒi:n] *n* igiene *f*
hymn [hɪm] *n* inno; cantica
hype [haɪp] (*inf*) *n* campagna pubblicitaria
hypermarket ['haɪpəmɑ:kɪt] (*BRIT*) *n* ipermercato
hyphen ['haɪfn] *n* trattino
hypnotism ['hɪpnətɪzm] *n* ipnotismo
hypnotize ['hɪpnətaɪz] *vt* ipnotizzare
hypocrisy [hɪ'pɔkrɪsɪ] *n* ipocrisia
hypocrite ['hɪpəkrɪt] *n* ipocrita *m/f*; **hypocritical** [-'krɪtɪkl] *adj* ipocrita
hypothermia [haɪpəu'θə:mɪə] *n* ipotermia
hypotheses [haɪ'pɔθɪsi:z] *npl of* **hypothesis**
hypothesis [haɪ'pɔθɪsɪs] (*pl* **hypotheses**) *n* ipotesi *f inv*
hypothetical [haɪpəu'θɛtɪkl] *adj* ipotetico(a)
hysterical [hɪ'stɛrɪkl] *adj* isterico(a)
hysterics [hɪ'stɛrɪks] *npl* accesso di isteria; (*laughter*) attacco di riso

I

I [aɪ] *pron* io
ice [aɪs] *n* ghiaccio; (*on road*) gelo; (~ *cream*) gelato ♦ *vt* (*cake*) glassare ♦ *vi* (*also*: ~ *over*) ghiacciare; (*also*: ~ *up*) gelare; ~**berg** *n* iceberg *m inv*; ~**box** *n* (*US*) frigorifero; (*BRIT*) reparto ghiaccio; (*insulated box*) frigo portatile; ~ **cream** *n* gelato; ~ **hockey** *n* hockey *m* su ghiaccio
Iceland ['aɪslənd] *n* Islanda
ice: ~ **lolly** (*BRIT*) *n* ghiacciolo; ~ **rink** *n* pista di pattinaggio; ~ **skating** *n* pattinaggio sul ghiaccio
icicle ['aɪsɪkl] *n* ghiacciolo
icing ['aɪsɪŋ] *n* (*CULIN*) glassa; ~ **sugar** (*BRIT*) *n* zucchero a velo
icy ['aɪsɪ] *adj* ghiacciato(a); (*weather, temperature*) gelido(a)
I'd [aɪd] = **I would**; **I had**
idea [aɪ'dɪə] *n* idea
ideal [aɪ'dɪəl] *adj* ideale ♦ *n* ideale *m*
identical [aɪ'dɛntɪkl] *adj* identico(a)
identification [aɪdɛntɪfɪ'keɪʃən] *n* identificazione *f*; (**means of**) ~ carta d'identità
identify [aɪ'dɛntɪfaɪ] *vt* identificare
identikit picture [aɪ'dɛntɪkɪt-] *n* identikit *m inv*
identity [aɪ'dɛntɪtɪ] *n* identità *f inv*; ~ **card** *n* carta d'identità
idiom ['ɪdɪəm] *n* idioma *m*; (*phrase*) espressione *f* idiomatica
idiot ['ɪdɪət] *n* idiota *m/f*; ~**ic** [-'ɔtɪk] *adj* idiota
idle ['aɪdl] *adj* inattivo(a); (*lazy*) pigro(a), ozioso(a); (*unemployed*) disoccupato(a); (*question, pleasures*) ozioso(a) ♦ *vi* (*engine*) girare al minimo; ~ **away** *vt*: **to ~ away the time** buttar via il tempo
idol ['aɪdl] *n* idolo; ~**ize** *vt* idoleggiare
i.e. *adv abbr* (= *that is*) cioè
if [ɪf] *conj* se; ~ **I were you ...** se fossi in te ..., io al tuo posto ...; ~ **so** se è così; ~ **not** se no; ~ **only** se solo *or* soltanto
ignite [ɪg'naɪt] *vt* accendere ♦ *vi* accendersi
ignition [ɪg'nɪʃən] *n* (*AUT*) accensione *f*; **to switch on/off the** ~ accendere/spegnere il motore; ~ **key** *n* (*AUT*) chiave *f* dell'accensione
ignorant ['ɪgnərənt] *adj* ignorante; **to be ~ of** (*subject*) essere ignorante in; (*events*) essere ignaro(a) di
ignore [ɪg'nɔː*] *vt* non tener conto di; (*person, fact*) ignorare
I'll [aɪl] = **I will**; **I shall**
ill [ɪl] *adj* (*sick*) malato(a); (*bad*) cattivo(a) ♦ *n* male *m* ♦ *adv*: **to speak** *etc* ~ **of sb** parlare *etc* male di qn; **to take** *or* **be taken** ~ ammalarsi; ~-**advised** *adj* (*decision*) poco giudizioso(a); (*person*) mal consigliato(a); ~-**at-ease** *adj* a disagio
illegal [ɪ'liːgl] *adj* illegale
illegible [ɪ'lɛdʒɪbl] *adj* illeggibile
illegitimate [ɪlɪ'dʒɪtɪmət] *adj* illegittimo(a)
ill-fated [ɪl'feɪtɪd] *adj* nefasto(a)
ill feeling *n* rancore *m*
illiterate [ɪ'lɪtərət] *adj* analfabeta, illetterato(a); (*letter*) scorretto(a)
ill-mannered [ɪl'mænəd] *adj* maleducato(a)
illness ['ɪlnɪs] *n* malattia
ill-treat *vt* maltrattare
illuminate [ɪ'luːmɪneɪt] *vt* illuminare; **illumination** [-'neɪʃən] *n* illuminazione *f*; **illuminations** *npl* (*decorative*) luminarie *fpl*
illusion [ɪ'luːʒən] *n* illusione *f*
illustrate ['ɪləstreɪt] *vt* illustrare; **illustration** [-'streɪʃən] *n* illustrazione *f*
ill will *n* cattiva volontà
I'm [aɪm] = **I am**
image ['ɪmɪdʒ] *n* immagine *f*; (*public face*) immagine (pubblica); ~**ry** *n* immagini *fpl*
imaginary [ɪ'mædʒɪnərɪ] *adj* immaginario(a)
imagination [ɪmædʒɪ'neɪʃən] *n* immaginazione *f*, fantasia

imaginative [ɪ'mædʒɪnətɪv] *adj* immaginoso(a)
imagine [ɪ'mædʒɪn] *vt* immaginare
imbalance [ɪm'bæləns] *n* squilibrio
imbue [ɪm'bju:] *vt*: **to ~ sb/sth with** permeare qn/qc di
imitate ['ɪmɪteɪt] *vt* imitare; **imitation** [-'teɪʃən] *n* imitazione *f*
immaculate [ɪ'mækjulət] *adj* immacolato(a); (*dress, appearance*) impeccabile
immaterial [ɪmə'tɪərɪəl] *adj* immateriale, indifferente
immature [ɪmə'tjuə*] *adj* immaturo(a)
immediate [ɪ'mi:dɪət] *adj* immediato(a); **~ly** *adv* (*at once*) subito, immediatamente; **~ly next to** proprio accanto a
immense [ɪ'mɛns] *adj* immenso(a); enorme
immerse [ɪ'mə:s] *vt* immergere
immersion heater [ɪ'mə:ʃən-] (*BRIT*) *n* scaldaacqua *m inv* a immersione
immigrant ['ɪmɪgrənt] *n* immigrante *m/f*; immigrato/a
immigration [ɪmɪ'greɪʃən] *n* immigrazione *f*
imminent ['ɪmɪnənt] *adj* imminente
immoral [ɪ'mɔrl] *adj* immorale
immortal [ɪ'mɔ:tl] *adj, n* immortale *m/f*
immune [ɪ'mju:n] *adj*: **~ (to)** immune (da); **immunity** *n* immunità
imp [ɪmp] *n* folletto, diavoletto; (*child*) diavoletto
impact ['ɪmpækt] *n* impatto
impair [ɪm'pɛə*] *vt* danneggiare
impale [ɪm'peɪl] *vt* infilzare
impart [ɪm'pɑ:t] *vt* (*make known*) comunicare; (*bestow*) impartire
impartial [ɪm'pɑ:ʃl] *adj* imparziale
impassable [ɪm'pɑ:səbl] *adj* insuperabile; (*road*) impraticabile
impassive [ɪm'pæsɪv] *adj* impassibile
impatience [ɪm'peɪʃəns] *n* impazienza
impatient [ɪm'peɪʃənt] *adj* impaziente; **to get** *or* **grow ~** perdere la pazienza
impeccable [ɪm'pɛkəbl] *adj* impeccabile
impede [ɪm'pi:d] *vt* impedire
impediment [ɪm'pɛdɪmənt] *n* impedimento; (*also*: *speech* ~) difetto di pronuncia
impending [ɪm'pɛndɪŋ] *adj* imminente
imperative [ɪm'pɛrətɪv] *adj* imperativo(a); necessario(a), urgente; (*voice*) imperioso(a) ♦ *n* (*LING*) imperativo
imperfect [ɪm'pə:fɪkt] *adj* imperfetto(a); (*goods etc*) difettoso(a) ♦ *n* (*LING*: *also*: ~ *tense*) imperfetto
imperial [ɪm'pɪərɪəl] *adj* imperiale; (*measure*) legale
impersonal [ɪm'pə:sənl] *adj* impersonale
impersonate [ɪm'pə:səneɪt] *vt* impersonare; (*THEATRE*) fare la mimica di
impertinent [ɪm'pə:tɪnənt] *adj* insolente, impertinente
impervious [ɪm'pə:vɪəs] *adj* (*fig*): **~ to** insensibile a; impassibile di fronte a
impetuous [ɪm'pɛtjuəs] *adj* impetuoso(a), precipitoso(a)
impetus ['ɪmpətəs] *n* impeto
impinge on [ɪm'pɪndʒ-] *vt fus* (*person*) colpire; (*rights*) ledere
implement [*n* 'ɪmplɪmənt, *vb* 'ɪmplɪmɛnt] *n* attrezzo; (*for cooking*) utensile *m* ♦ *vt* effettuare
implicit [ɪm'plɪsɪt] *adj* implicito(a); (*complete*) completo(a)
imply [ɪm'plaɪ] *vt* insinuare; suggerire
impolite [ɪmpə'laɪt] *adj* scortese
import [*vb* ɪm'pɔ:t, *n* 'ɪmpɔ:t] *vt* importare ♦ *n* (*COMM*) importazione *f*
importance [ɪm'pɔ:tns] *n* importanza
important [ɪm'pɔ:tnt] *adj* importante; **it's not ~** non ha importanza
importer [ɪm'pɔ:tə*] *n* importatore/trice

impose [ɪm'pəuz] *vt* imporre ♦ *vi*: **to ~ on sb** sfruttare la bontà di qn
imposing [ɪm'pəuzɪŋ] *adj* imponente
imposition [ɪmpə'zɪʃən] *n* (*of tax etc*) imposizione *f*; **to be an ~ on** (*person*) abusare della gentilezza di
impossibility [ɪmpɔsə'bɪlɪtɪ] *n* impossibilità
impossible [ɪm'pɔsɪbl] *adj* impossibile
impotent ['ɪmpətnt] *adj* impotente
impound [ɪm'paund] *vt* confiscare
impoverished [ɪm'pɔvərɪʃt] *adj* impoverito(a)
impracticable [ɪm'præktɪkəbl] *adj* inattuabile
impractical [ɪm'præktɪkl] *adj* non pratico(a)
impregnable [ɪm'prɛgnəbl] *adj* (*fortress*) inespugnabile
impress [ɪm'prɛs] *vt* impressionare; (*mark*) imprimere, stampare; **to ~ sth on sb** far capire qc a qn
impression [ɪm'prɛʃən] *n* impressione *f*; **to be under the ~ that** avere l'impressione che
impressive [ɪm'prɛsɪv] *adj* notevole
imprint ['ɪmprɪnt] *n* (*of hand etc*) impronta; (*PUBLISHING*) sigla editoriale
imprison [ɪm'prɪzn] *vt* imprigionare; **~ment** *n* imprigionamento
improbable [ɪm'prɔbəbl] *adj* improbabile; (*excuse*) inverosimile
impromptu [ɪm'prɔmptju:] *adj* improvvisato(a)
improper [ɪm'prɔpə*] *adj* scorretto(a); (*unsuitable*) inadatto(a), improprio(a); sconveniente, indecente
improve [ɪm'pru:v] *vt* migliorare ♦ *vi* migliorare; (*pupil etc*) fare progressi; **~ment** *n* miglioramento; progresso
improvise ['ɪmprəvaɪz] *vt, vi* improvvisare
impudent ['ɪmpjudnt] *adj* impudente, sfacciato(a)
impulse ['ɪmpʌls] *n* impulso; **on ~** d'impulso, impulsivamente
impulsive [ɪm'pʌlsɪv] *adj* impulsivo(a)

KEYWORD

in [ɪn] *prep* **1** (*indicating place, position*) in; **~ the house/garden** in casa/giardino; **~ the box** nella scatola; **~ the fridge** nel frigorifero; **I have it ~ my hand** ce l'ho in mano; **~ town/the country** in città/campagna; **~ school** a scuola; **~ here/there** qui/lì dentro
2 (*with place names: of town, region, country*): **~ London** a Londra; **~ England** in Inghilterra; **~ the United States** negli Stati Uniti; **~ Yorkshire** nello Yorkshire
3 (*indicating time: during, in the space of*) in; **~ spring/summer** in primavera/estate; **~ 1988** nel 1988; **~ May** in *or* a maggio; **I'll see you ~ July** ci vediamo a luglio; **~ the afternoon** nel pomeriggio; **at 4 o'clock ~ the afternoon** alle 4 del pomeriggio; **I did it ~ 3 hours/days** l'ho fatto in 3 ore/giorni; **I'll see you ~ 2 weeks** *or* **~ 2 weeks' time** ci vediamo tra 2 settimane
4 (*indicating manner etc*) a; **~ a loud/soft voice** a voce alta/bassa; **~ pencil** a matita; **~ English/French** in inglese/francese; **the boy ~ the blue shirt** il ragazzo con la camicia blu
5 (*indicating circumstances*): **~ the sun** al sole; **~ the shade** all'ombra; **~ the rain** sotto la pioggia; **a rise ~ prices** un aumento dei prezzi
6 (*indicating mood, state*): **~ tears** in lacrime; **~ anger** per la rabbia; **~ despair** disperato(a); **~ good condition** in buono stato, in buone condizioni; **to live ~ luxury** vivere nel lusso
7 (*with ratios, numbers*): **1 ~ 10** 1 su 10; **20 pence ~ the pound** 20 pence per sterlina; **they lined up ~ twos** si misero in fila a due a due
8 (*referring to people, works*) in; **the disease is common ~ children** la malattia è comune nei bambini; **~**

(the works of) Dickens in Dickens
9 (*indicating profession etc*) in; **to be ~ teaching** fare l'insegnante, insegnare; **to be ~ publishing** essere nell'editoria
10 (*after superlative*) di; **the best ~ the class** il migliore della classe
11 (*with present participle*): **~ saying this** dicendo questo, nel dire questo
◆ *adv*: **to be ~** (*person*: *at home, work*) esserci; (*train, ship, plane*) essere arrivato(a); (*in fashion*) essere di moda; **to ask sb ~** invitare qn ad entrare; **to run/limp** *etc* **~** entrare di corsa/zoppicando *etc*
◆ *n*: **the ~s and outs of the problem** tutti i particolari del problema

in. *abbr* = **inch**
inability [ınə'bılıtı] *n*: **~ (to do)** incapacità (di fare)
inaccurate [ın'ækjurət] *adj* inesatto(a), impreciso(a)
inadequate [ın'ædıkwət] *adj* insufficiente
inadvertently [ınəd'və:tntlı] *adv* senza volerlo
inadvisable [ınəd'vaızəbl] *adj* consigliabile
inane [ı'neın] *adj* vacuo(a), stupido(a)
inanimate [ın'ænımət] *adj* inanimato(a)
inappropriate [ınə'prəuprıət] *adj* non adatto(a); (*word, expression*) improprio(a)
inarticulate [ınɑ:'tıkjulət] *adj* (*person*) che si esprime male; (*speech*) inarticolato(a)
inasmuch as [ınəz'mʌtʃæz] *adv* in quanto che; (*insofar as*) poiché
inaudible [ın'ɔ:dıbl] *adj* che non si riesce a sentire
inauguration [ınɔ:gju'reıʃən] *n* inaugurazione *f*; insediamento in carica
in-between *adj* fra i (*or* le) due
inborn [ın'bɔ:n] *adj* innato(a)
inbred [ın'brɛd] *adj* innato(a); (*family*) connaturato(a)
Inc. (*US*) *abbr* (= *incorporated*) S.A
incapable [ın'keıpəbl] *adj* incapace
incapacitate [ınkə'pæsıteıt] *vt*: **to ~ sb from doing** rendere qn incapace di fare
incense [*n* 'ınsɛns, *vb* ın'sɛns] *n* incenso ♦ *vt* (*anger*) infuriare
incentive [ın'sɛntıv] *n* incentivo
incessant [ın'sɛsnt] *adj* incessante; **~ly** *adv* di continuo, senza sosta
inch [ıntʃ] *n* pollice *m* (= *25 mm; 12 in a foot*); **within an ~ of** a un pelo da; **he didn't give an ~** non ha ceduto di un millimetro; **~ forward** *vi* avanzare pian piano
incidence ['ınsıdns] *n* (*of crime, disease*) incidenza
incident ['ınsıdnt] *n* incidente *m*; (*in book*) episodio
incidental [ınsı'dɛntl] *adj* accessorio(a), d'accompagnamento; (*unplanned*) incidentale; **~ to** marginale a; **~ly** [-'dɛntəlı] *adv* (*by the way*) a proposito
inclination [ınklı'neıʃən] *n* inclinazione *f*
incline [*n* 'ınklaın, *vb* ın'klaın] *n* pendenza, pendio ♦ *vt* inclinare ♦ *vi* (*surface*) essere inclinato(a); **to be ~d to do** tendere a fare; essere propenso(a) a fare
include [ın'klu:d] *vt* includere, comprendere; **including** *prep* compreso(a), incluso(a)
inclusive [ın'klu:sıv] *adj* incluso(a), compreso(a); **~ of tax** *etc* tasse *etc* comprese
incoherent [ınkəu'hıərənt] *adj* incoerente
income ['ınkʌm] *n* reddito; **~ tax** *n* imposta sul reddito
incoming ['ınkʌmıŋ] *adj* (*flight, mail*) in arrivo; (*government*) subentrante; (*tide*) montante
incompetent [ın'kɔmpıtnt] *adj* incompetente, incapace
incomplete [ınkəm'pli:t] *adj* incompleto(a)
incongruous [ın'kɔŋgruəs] *adj* poco appropriato(a); (*remark, act*) incon-

gruo(a)
inconsiderate [ɪnkən'sɪdərət] *adj* sconsiderato(a)
inconsistency [ɪnkən'sɪstənsɪ] *n* incoerenza
inconsistent [ɪnkən'sɪstənt] *adj* incoerente; ~ **with** non coerente con
inconspicuous [ɪnkən'spɪkjuəs] *adj* incospicuo(a); (*colour*) poco appariscente; (*dress*) dimesso(a)
inconvenience [ɪnkən'viːnjəns] *n* inconveniente *m*; (*trouble*) disturbo ♦ *vt* disturbare
inconvenient [ɪnkən'viːnjənt] *adj* scomodo(a)
incorporate [ɪn'kɔːpəreɪt] *vt* incorporare; (*contain*) contenere; **~d** *adj*: **~d company** (*US*) società *f inv* anonima
incorrect [ɪnkə'rɛkt] *adj* scorretto(a); (*statement*) inesatto(a)
increase [*n* 'ɪnkriːs, *vb* ɪn'kriːs] *n* aumento ♦ *vi, vt* aumentare
increasing [ɪn'kriːsɪŋ] *adj* (*number*) crescente; **~ly** *adv* sempre più
incredible [ɪn'krɛdɪbl] *adj* incredibile
incredulous [ɪn'krɛdjuləs] *adj* incredulo(a)
increment ['ɪnkrɪmənt] *n* aumento, incremento
incriminate [ɪn'krɪmɪneɪt] *vt* compromettere
incubator ['ɪnkjubeɪtə*] *n* incubatrice *f*
incumbent [ɪn'kʌmbənt] *n* titolare *m/f* ♦ *adj*: **to be ~ on sb** spettare a qn
incur [ɪn'kəː*] *vt* (*expenses*) incorrere; (*anger, risk*) esporsi a; (*debt*) contrarre; (*loss*) subire
indebted [ɪn'dɛtɪd] *adj*: **to be ~ to sb (for)** essere obbligato(a) verso qn (per)
indecent [ɪn'diːsnt] *adj* indecente; **~ assault** (*BRIT*) *n* aggressione *f* a scopo di violenza sessuale; **~ exposure** *n* atti *mpl* osceni in luogo pubblico
indecisive [ɪndɪ'saɪsɪv] *adj* indeciso(a)
indeed [ɪn'diːd] *adv* infatti; veramente; yes ~! certamente!
indefinite [ɪn'dɛfɪnɪt] *adj* indefinito(a); (*answer*) vago(a); (*period, number*) indeterminato(a); **~ly** *adv* (*wait*) indefinitamente
indemnity [ɪn'dɛmnɪtɪ] *n* (*insurance*) assicurazione *f*; (*compensation*) indennità, indennizzo
independence [ɪndɪ'pɛndns] *n* indipendenza
independent [ɪndɪ'pɛndnt] *adj* indipendente
index ['ɪndɛks] (*pl* **~es**) *n* (*in book*) indice *m*; (: *in library etc*) catalogo; (*pl indices*: *ratio, sign*) indice *m*; **~ card** *n* scheda; **~ finger** *n* (dito) indice *m*; **~-linked** (*US* **~ed**) *adj* legato(a) al costo della vita
India ['ɪndɪə] *n* India; **~n** *adj, n* indiano(a); **Red ~n** pellerossa *m/f*
indicate ['ɪndɪkeɪt] *vt* indicare; **indication** [-'keɪʃən] *n* indicazione *f*, segno
indicative [ɪn'dɪkətɪv] *adj*: **~ of** indicativo(a) di ♦ *n* (*LING*) indicativo
indicator ['ɪndɪkeɪtə*] *n* indicatore *m*; (*AUT*) freccia
indices ['ɪndɪsiːz] *npl of* **index**
indictment [ɪn'daɪtmənt] *n* accusa
indifference [ɪn'dɪfrəns] *n* indifferenza
indifferent [ɪn'dɪfrənt] *adj* indifferente; (*poor*) mediocre
indigenous [ɪn'dɪdʒɪnəs] *adj* indigeno(a)
indigestion [ɪndɪ'dʒɛstʃən] *n* indigestione *f*
indignant [ɪn'dɪgnənt] *adj*: **~ (at sth/with sb)** indignato(a) (per qc/contro qn)
indignity [ɪn'dɪgnɪtɪ] *n* umiliazione *f*
indigo ['ɪndɪgəu] *n* indaco
indirect [ɪndɪ'rɛkt] *adj* indiretto(a)
indiscreet [ɪndɪ'skriːt] *adj* indiscreto(a); (*rash*) imprudente
indiscriminate [ɪndɪ'skrɪmɪnət] *adj* indiscriminato(a)
indisputable [ɪndɪ'spjuːtəbl] *adj* incontestabile, indiscutibile

individual [ɪndɪ'vɪdjuəl] *n* individuo ♦ *adj* individuale; (*characteristic*) particolare, originale; **~ist** *n* individualista *m/f*
indoctrination [ɪndɔktrɪ'neɪʃən] *n* indottrinamento
Indonesia [ɪndə'ni:zɪə] *n* Indonesia
indoor ['ɪndɔ:*] *adj* da interno; (*plant*) d'appartamento; (*swimming pool*) coperto(a); (*sport, games*) fatto(a) al coperto; **~s** [ɪn'dɔ:z] *adv* all'interno
induce [ɪn'dju:s] *vt* persuadere; (*bring about, MED*) provocare; **~ment** *n* incentivo
indulge [ɪn'dʌldʒ] *vt* (*whim*) compiacere, soddisfare; (*child*) viziare ♦ *vi*: **to ~ in sth** concedersi qc; abbandonarsi a qc; **~nce** *n* lusso (che uno si permette); (*leniency*) indulgenza; **~nt** *adj* indulgente
industrial [ɪn'dʌstrɪəl] *adj* industriale; (*injury*) sul lavoro; **~ action** *n* azione *f* rivendicativa; **~ estate** (*BRIT*) *n* zona industriale; **~ park** (*US*) *n* = **~ estate**
industrious [ɪn'dʌstrɪəs] *adj* industrioso(a), assiduo(a)
industry ['ɪndəstrɪ] *n* industria; (*diligence*) operosità
inebriated [ɪ'ni:brɪeɪtɪd] *adj* ubriaco(a)
inedible [ɪn'ɛdɪbl] *adj* immangiabile; (*poisonous*) non commestibile
ineffective [ɪnɪ'fɛktɪv] *adj* inefficace; incompetente
ineffectual [ɪnɪ'fɛktʃuəl] *adj* inefficace; incompetente
inefficiency [ɪnɪ'fɪʃənsɪ] *n* inefficienza
inefficient [ɪnɪ'fɪʃənt] *adj* inefficiente
inept [ɪ'nɛpt] *adj* inetto(a)
inequality [ɪnɪ'kwɔlɪtɪ] *n* ineguaglianza
inescapable [ɪnɪ'skeɪpəbl] *adj* inevitabile
inevitable [ɪn'ɛvɪtəbl] *adj* inevitabile; **inevitably** *adv* inevitabilmente
inexact [ɪnɪg'zækt] *adj* inesatto(a)
inexcusable [ɪnɪks'kju:zəbl] *adj* ingiustificabile
inexpensive [ɪnɪk'spɛnsɪv] *adj* poco costoso(a)
inexperienced [ɪnɪks'pɪərɪənst] *adj* inesperto(a), senza esperienza
infallible [ɪn'fælɪbl] *adj* infallibile
infamous ['ɪnfəməs] *adj* infame
infancy ['ɪnfənsɪ] *n* infanzia
infant ['ɪnfənt] *n* bambino/a; **~ school** (*BRIT*) *n* scuola elementare (*per bambini dall'età di 5 a 7 anni*)
infantry ['ɪnfəntrɪ] *n* fanteria
infatuated [ɪn'fætjueɪtɪd] *adj*: **~ with** infatuato(a) di
infatuation [ɪnfætju'eɪʃən] *n* infatuazione *f*
infect [ɪn'fɛkt] *vt* infettare; **~ion** [ɪn'fɛkʃən] *n* infezione *f*; **~ious** [ɪn'fɛkʃəs] *adj* (*disease*) infettivo(a), contagioso(a); (*person, fig: enthusiasm*) contagioso(a)
infer [ɪn'fə:*] *vt* inferire, dedurre
inferior [ɪn'fɪərɪə*] *adj* inferiore; (*goods*) di qualità scadente ♦ *n* inferiore *m/f*; (*in rank*) subalterno/a; **~ity** [ɪnfɪərɪ'ɔrətɪ] *n* inferiorità; **~ity complex** *n* complesso di inferiorità
inferno [ɪn'fənəu] *n* rogo
infertile [ɪn'fə:taɪl] *adj* sterile
in-fighting ['ɪnfaɪtɪŋ] *n* lotte *fpl* intestine
infiltrate ['ɪnfɪltreɪt] *vt* infiltrarsi in
infinite ['ɪnfɪnɪt] *adj* infinito(a)
infinitive [ɪn'fɪnɪtɪv] *n* infinito
infinity [ɪn'fɪnɪtɪ] *n* infinità; (*also MATH*) infinito
infirmary [ɪn'fə:mərɪ] *n* ospedale *m*; (*in school, factory*) infermeria
infirmity [ɪn'fə:mɪtɪ] *n* infermità *f inv*
inflamed [ɪn'fleɪmd] *adj* infiammato(a)
inflammable [ɪn'flæməbl] *adj* infiammabile
inflammation [ɪnflə'meɪʃən] *n* infiammazione *f*
inflatable [ɪn'fleɪtəbl] *adj* gonfiabile
inflate [ɪn'fleɪt] *vt* (*tyre, balloon*) gonfiare; (*fig*) esagerare; gonfiare; **inflation** [ɪn'fleɪʃən] *n* (*ECON*) infla-

zione *f*; **inflationary** [ɪn'fleɪʃnərɪ] *adj* inflazionistico(a)
inflict [ɪn'flɪkt] *vt*: **to ~ on** infliggere a
influence ['ɪnfluəns] *n* influenza ♦ *vt* influenzare; **under the ~ of alcohol** sotto l'effetto dell'alcool
influential [ɪnflu'ɛnʃl] *adj* influente
influenza [ɪnflu'ɛnzə] *n* (*MED*) influenza
influx ['ɪnflʌks] *n* afflusso
inform [ɪn'fɔːm] *vt*: **to ~ sb (of)** informare qn (di) ♦ *vi*: **to ~ on sb** denunciare qn
informal [ɪn'fɔːml] *adj* informale; (*announcement, invitation*) non ufficiale; **~ity** [-'mælɪtɪ] *n* informalità; carattere *m* non ufficiale
informant [ɪn'fɔːmənt] *n* informatore/trice
information [ɪnfə'meɪʃən] *n* informazioni *fpl*; particolari *mpl*; **a piece of ~** un'informazione; **~ office** *n* ufficio *m* informazioni *inv*
informative [ɪn'fɔːmətɪv] *adj* istruttivo(a)
informer [ɪn'fɔːmə*] *n* (*also*: *police* ~) informatore/trice
infringe [ɪn'frɪndʒ] *vt* infrangere ♦ *vi*: **to ~ on** calpestare; **~ment** *n* infrazione *f*
infuriating [ɪn'fjuərɪeɪtɪŋ] *adj* molto irritante
ingenious [ɪn'dʒiːnjəs] *adj* ingegnoso(a)
ingenuity [ɪndʒɪ'njuːɪtɪ] *n* ingegnosità
ingenuous [ɪn'dʒɛnjuəs] *adj* ingenuo(a)
ingot ['ɪŋgət] *n* lingotto
ingrained [ɪn'greɪnd] *adj* radicato(a)
ingratiate [ɪn'greɪʃɪeɪt] *vt*: **to ~ o.s. with sb** ingraziarsi qn
ingredient [ɪn'griːdɪənt] *n* ingrediente *m*; elemento
inhabit [ɪn'hæbɪt] *vt* abitare
inhabitant [ɪn'hæbɪtnt] *n* abitante *m/f*
inhale [ɪn'heɪl] *vt* inalare ♦ *vi* (*in smoking*) aspirare
inherent [ɪn'hɪərənt] *adj*: **~ (in** *or* **to)** inerente (a)
inherit [ɪn'hɛrɪt] *vt* ereditare; **~ance** *n* eredità
inhibit [ɪn'hɪbɪt] *vt* (*PSYCH*) inibire; **~ion** [-'bɪʃən] *n* inibizione *f*
inhospitable [ɪnhɔs'pɪtəbl] *adj* inospitale
inhuman [ɪn'hjuːmən] *adj* inumano(a)
initial [ɪ'nɪʃl] *adj* iniziale ♦ *n* iniziale *f* ♦ *vt* siglare; **~s** *npl* (*of name*) iniziali *fpl*; (*as signature*) sigla; **~ly** *adv* inizialmente, all'inizio
initiate [ɪ'nɪʃɪeɪt] *vt* (*start*) avviare; intraprendere; iniziare; (*person*) iniziare; **to ~ sb into a secret** mettere qn a parte di un segreto; **to ~ proceedings against sb** (*LAW*) intentare causa contro qn
initiative [ɪ'nɪʃətɪv] *n* iniziativa
inject [ɪn'dʒɛkt] *vt* (*liquid*) iniettare; (*patient*): **to ~ sb with sth** fare a qn un'iniezione di qc; (*funds*) immettere; **~ion** [ɪn'dʒɛkʃən] *n* iniezione *f*, puntura
injure ['ɪndʒə*] *vt* ferire; (*damage*: *reputation etc*) nuocere a; **~d** *adj* ferito(a)
injury ['ɪndʒərɪ] *n* ferita; **~ time** *n* (*SPORT*) tempo di ricupero
injustice [ɪn'dʒʌstɪs] *n* ingiustizia
ink [ɪŋk] *n* inchiostro
inkling ['ɪŋklɪŋ] *n* sentore *m*, vaga idea
inlaid ['ɪnleɪd] *adj* incrostato(a); (*table etc*) intarsiato(a)
inland [*adj* 'ɪnlənd, *adv* ɪn'lænd] *adj* interno(a) ♦ *adv* all'interno; **I~ Revenue** (*BRIT*) *n* Fisco
in-laws ['ɪnlɔːz] *npl* suoceri *mpl*; famiglia del marito (*or* della moglie)
inlet ['ɪnlɛt] *n* (*GEO*) insenatura, baia
inmate ['ɪnmeɪt] *n* (*in prison*) carcerato/a; (*in asylum*) ricoverato/a
inn [ɪn] *n* locanda
innate [ɪ'neɪt] *adj* innato(a)
inner ['ɪnə*] *adj* interno(a), interiore; **~ city** *n* centro di una zona ur-

bana; ~ **tube** *n* camera d'aria
innings ['ɪnɪŋz] *n* (*CRICKET*) turno di battuta
innocence ['ɪnəsns] *n* innocenza
innocent ['ɪnəsnt] *adj* innocente
innocuous [ɪ'nɔkjuəs] *adj* innocuo(a)
innuendo [ɪnju'ɛndəu] (*pl* ~**es**) *n* insinuazione *f*
innumerable [ɪ'nju:mrəbl] *adj* innumerevole
inordinately [ɪ'nɔ:dɪnətlɪ] *adv* smoderatamente
in-patient *n* ricoverato/a
input ['ɪnput] *n* input *m*
inquest ['ɪnkwɛst] *n* inchiesta
inquire [ɪn'kwaɪə*] *vi* informarsi ♦ *vt* domandare, informarsi su; ~ **about** *vt fus* informarsi di *or* su; ~ **into** *vt fus* fare indagini su; **inquiry** *n* domanda; (*LAW*) indagine *f*, investigazione *f*; **inquiry office** (*BRIT*) *n* ufficio *m* informazioni *inv*
inquisitive [ɪn'kwɪzɪtɪv] *adj* curioso(a)
inroads ['ɪnrəudz] *npl*: **to make ~ into** (*savings etc*) intaccare (pesantemente)
ins. *abbr* = **inches**
insane [ɪn'seɪn] *adj* matto(a), pazzo(a); (*MED*) alienato(a)
insanity [ɪn'sænɪtɪ] *n* follia; (*MED*) alienazione *f* mentale
inscription [ɪn'skrɪpʃən] *n* iscrizione *f*; dedica
inscrutable [ɪn'skru:təbl] *adj* imperscrutabile
insect ['ɪnsɛkt] *n* insetto; ~**icide** [ɪn'sɛktɪsaɪd] *n* insetticida *m*
insecure [ɪnsɪ'kjuə*] *adj* malsicuro(a); (*person*) insicuro(a)
insemination [ɪnsɛmɪ'neɪʃən] *n*: **artificial** ~ fecondazione *f* artificiale
insensible [ɪn'sɛnsɪbl] *adj* (*unconscious*) privo(a) di sensi
insensitive [ɪn'sɛnsɪtɪv] *adj* insensibile
insert [ɪn'sə:t] *vt* inserire, introdurre; ~**ion** [ɪn'sə:ʃən] *n* inserzione *f*
in-service *adj* (*training, course*) durante l'orario di lavoro
inshore [ɪn'ʃɔ:*] *adj* costiero(a) ♦ *adv* presso la riva; verso la riva
inside ['ɪn'saɪd] *n* interno, parte *f* interiore ♦ *adj* interno(a), interiore ♦ *adv* dentro, all'interno ♦ *prep* dentro, all'interno di; (*of time*): ~ **10 minutes** entro 10 minuti; ~**s** *npl* (*inf: stomach*) ventre *m*; ~ **forward** *n* (*SPORT*) mezzala, interno; ~ **lane** *n* (*AUT*) corsia di marcia; ~ **out** *adv* (*turn*) a rovescio; (*know*) in fondo
insider dealing [ɪn'saɪdə'di:lɪŋ] *n* insider dealing *m inv*
insider trading [ɪn'saɪdə'treɪdɪŋ] *n* insider trading *m inv*
insight ['ɪnsaɪt] *n* acume *m*, perspicacia; (*glimpse, idea*) percezione *f*
insignia [ɪn'sɪgnɪə] *npl* insegne *fpl*
insignificant [ɪnsɪg'nɪfɪknt] *adj* insignificante
insincere [ɪnsɪn'sɪə*] *adj* insincero(a)
insinuate [ɪn'sɪnjueɪt] *vt* insinuare
insist [ɪn'sɪst] *vi* insistere; **to ~ on doing** insistere per fare; **to ~ that** insistere perché + *sub*; (*claim*) sostenere che; ~**ent** *adj* insistente
insole ['ɪnsəul] *n* soletta
insolent ['ɪnsələnt] *adj* insolente
insomnia [ɪn'sɔmnɪə] *n* insonnia
inspect [ɪn'spɛkt] *vt* ispezionare; (*BRIT: ticket*) controllare; ~**ion** [ɪn'spɛkʃən] *n* ispezione *f*; controllo; ~**or** *n* ispettore/trice; (*BRIT: on buses, trains*) controllore *m*
inspire [ɪn'spaɪə*] *vt* ispirare
install [ɪn'stɔ:l] *vt* installare; ~**ation** [ɪnstə'leɪʃən] *n* installazione *f*
instalment [ɪn'stɔ:lmənt] (*US* **installment**) *n* rata; (*of TV serial etc*) puntata; **in ~s** (*pay*) a rate; (*receive*) una parte per volta; (*: publication*) a fascicoli
instance ['ɪnstəns] *n* esempio, caso; **for ~** per *or* ad esempio; **in the first ~** in primo luogo
instant ['ɪnstənt] *n* istante *m*, attimo ♦ *adj* immediato(a); urgente; (*cof-*

fee, food) in polvere; ~**ly** *adv* immediatamente, subito
instead [ɪn'stɛd] *adv* invece; ~ **of** invece di
instep ['ɪnstɛp] *n* collo del piede; (*of shoe*) collo della scarpa
instil [ɪn'stɪl] *vt*: **to** ~ (**into**) inculcare (in)
instinct ['ɪnstɪŋkt] *n* istinto
institute ['ɪnstɪtju:t] *n* istituto ♦ *vt* istituire, stabilire; (*inquiry*) avviare; (*proceedings*) iniziare
institution [ɪnstɪ'tju:ʃən] *n* istituzione *f*; (*educational* ~, *mental* ~) istituto
instruct [ɪn'strʌkt] *vt*: **to** ~ **sb in sth** insegnare qc a qn; **to** ~ **sb to do** dare ordini a qn di fare; ~**ion** [ɪn'strʌkʃən] *n* istruzione *f*; ~**ions (for use)** istruzioni per l'uso; ~**or** *n* istruttore/trice; (*for skiing*) maestro/a
instrument ['ɪnstrəmənt] *n* strumento; ~**al** [-'mɛntl] *adj* (*MUS*) strumentale; **to be** ~**al in** essere d'aiuto in; ~ **panel** *n* quadro *m* portastrumenti *inv*
insufferable [ɪn'sʌfərəbl] *adj* insopportabile
insufficient [ɪnsə'fɪʃənt] *adj* insufficiente
insular ['ɪnsjulə*] *adj* insulare; (*person*) di mente ristretta
insulate ['ɪnsjuleɪt] *vt* isolare; **insulating tape** *n* nastro isolante; **insulation** [-'leɪʃən] *n* isolamento
insulin ['ɪnsjulɪn] *n* insulina
insult [*n* 'ɪnsʌlt, *vb* ɪn'sʌlt] *n* insulto, affronto ♦ *vt* insultare; ~**ing** *adj* offensivo(a), ingiurioso(a)
insuperable [ɪn'sju:prəbl] *adj* insormontabile, insuperabile
insurance [ɪn'ʃuərəns] *n* assicurazione *f*; **fire/life** ~ assicurazione contro gli incendi/sulla vita; ~ **policy** *n* polizza d'assicurazione
insure [ɪn'ʃuə*] *vt* assicurare
intact [ɪn'tækt] *adj* intatto(a)
intake ['ɪnteɪk] *n* (*TECH*) immissione *f*; (*of food*) consumo; (*BRIT*: *of pupils etc*) afflusso
integral ['ɪntɪgrəl] *adj* integrale; (*part*) integrante
integrate ['ɪntɪgreɪt] *vt* integrare ♦ *vi* integrarsi
integrity [ɪn'tɛgrɪtɪ] *n* integrità
intellect ['ɪntəlɛkt] *n* intelletto; ~**ual** [-'lɛktjuəl] *adj, n* intellettuale *m/f*
intelligence [ɪn'tɛlɪdʒəns] *n* intelligenza; (*MIL etc*) informazioni *fpl*; ~ **service** *n* servizio segreto
intelligent [ɪn'tɛlɪdʒənt] *adj* intelligente
intend [ɪn'tɛnd] *vt* (*gift etc*): **to** ~ **sth for** destinare qc a; **to** ~ **to do** aver l'intenzione di fare; ~**ed** *adj* (*effect*) voluto(a)
intense [ɪn'tɛns] *adj* intenso(a); (*person*) di forti sentimenti; ~**ly** *adv* intensamente; profondamente
intensive [ɪn'tɛnsɪv] *adj* intensivo(a); ~ **care unit** *n* reparto terapia intensiva
intent [ɪn'tɛnt] *n* intenzione *f* ♦ *adj*: ~ **(on)** intento(a) (a), immerso(a) (in); **to all** ~**s and purposes** a tutti gli effetti; **to be** ~ **on doing sth** essere deciso a fare qc
intention [ɪn'tɛnʃən] *n* intenzione *f*; ~**al** *adj* intenzionale, deliberato(a); ~**ally** *adv* apposta
intently [ɪn'tɛntlɪ] *adv* attentamente
interact [ɪntər'ækt] *vi* interagire
interactive *adj* (*COMPUT*) interattivo(a)
interchange ['ɪntətʃeɪndʒ] *n* (*exchange*) scambio; (*on motorway*) incrocio pluridirezionale; ~**able** [-'tʃeɪndʒəbl] *adj* intercambiabile
intercom ['ɪntəkɔm] *n* interfono
intercourse ['ɪntəkɔ:s] *n* rapporti *mpl*
interest ['ɪntrɪst] *n* interesse *m*; (*COMM*: *stake, share*) interessi *mpl* ♦ *vt* interessare; ~**ed** *adj* interessato(a); **to be** ~**ed in** interessarsi di; ~**ing** *adj* interessante; ~ **rate** *n* tasso di interesse
interface ['ɪntəfeɪs] *n* (*COMPUT*) interfaccia

interfere [ıntə'fıə*] *vi*: to ~ in (*quarrel, other people's business*) immischiarsi in; to ~ **with** (*object*) toccare; (*plans, duty*) interferire con
interference [ıntə'fıərəns] *n* interferenza
interim ['ıntərım] *adj* provvisorio(a) ♦ *n*: **in the** ~ nel frattempo
interior [ın'tıərıə*] *n* interno; (*of country*) entroterra ♦ *adj* interno(a); (*minister*) degli Interni; ~ **designer** *n* arredatore/trice
interlock [ıntə'lɔk] *vi* ingranarsi
interloper ['ıntələupə*] *n* intruso/a
interlude ['ıntəlu:d] *n* intervallo; (*THEATRE*) intermezzo
intermarry [ıntə'mærı] *vi* fare un matrimonio misto
intermediate [ıntə'mi:dıət] *adj* intermedio(a)
intermission [ıntə'mıʃən] *n* pausa; (*THEATRE, CINEMA*) intermissione *f*, intervallo
intern [*vb* ın'tə:n, *n* 'ıntə:n] *vt* internare ♦ *n* (*US*) medico interno
internal [ın'tə:nl] *adj* interno(a); ~**ly** *adv*: "not to be taken ~ly" "per uso esterno"; **I**~ **Revenue Service** (*US*) *n* Fisco
international [ıntə'næʃənl] *adj* internazionale ♦ *n* (*BRIT*: *SPORT*) incontro internazionale
interplay ['ıntəpleı] *n* azione e reazione *f*
interpret [ın'tə:prıt] *vt* interpretare ♦ *vi* fare da interprete; ~**er** *n* interprete *m/f*
interrelated [ıntərı'leıtıd] *adj* correlato(a)
interrogate [ın'tɛrəugeıt] *vt* interrogare; **interrogation** [-'geıʃən] *n* interrogazione *f*; (*of suspect etc*) interrogatorio; **interrogative** [ıntə'rɔgətıv] *adj* interrogativo(a)
interrupt [ıntə'rʌpt] *vt, vi* interrompere; ~**ion** [-'rʌpʃən] *n* interruzione *f*
intersect [ıntə'sɛkt] *vi* (*roads*) incrociarsi; ~**ion** [-'sɛkʃən] *n* intersezione *f*; (*of roads*) incrocio
intersperse [ıntə'spə:s] *vt*: to ~ **with** costellare di
intertwine [ıntə'twaın] *vi* intrecciarsi
interval ['ıntəvl] *n* intervallo; **at** ~**s** a intervalli
intervene [ıntə'vi:n] *vi* (*time*) intercorrere; (*event, person*) intervenire; **intervention** [-'vɛnʃən] *n* intervento
interview ['ıntəvju:] *n* (*RADIO, TV etc*) intervista; (*for job*) colloquio ♦ *vt* intervistare; avere un colloquio con; ~**er** *n* intervistatore/trice
intestine [ın'tɛstın] *n* intestino
intimacy ['ıntıməsı] *n* intimità
intimate [*adj* 'ıntımət, *vb* 'ıntımeıt] *adj* intimo(a); (*knowledge*) profondo(a) ♦ *vt* lasciar capire
into ['ıntu:] *prep* dentro, in; **come** ~ **the house** entra in casa; **he worked late** ~ **the night** lavorò fino a tarda notte; ~ **Italian** in italiano
intolerable [ın'tɔlərəbl] *adj* intollerabile
intolerance [ın'tɔlərns] *n* intolleranza
intolerant [ın'tɔlərnt] *adj*: ~ **of** intollerante di
intoxicated [ın'tɔksıkeıtıd] *adj* inebriato(a)
intoxication [ıntɔksı'keıʃən] *n* ebbrezza
intractable [ın'træktəbl] *adj* intrattabile
intransitive [ın'trænsıtıv] *adj* intransitivo(a)
intravenous [ıntrə'vi:nəs] *adj* endovenoso(a)
in-tray *n* contenitore *m* per la corrispondenza in arrivo
intricate ['ıntrıkət] *adj* intricato(a), complicato(a)
intrigue [ın'tri:g] *n* intrigo ♦ *vt* affascinare; **intriguing** *adj* affascinante
intrinsic [ın'trınsık] *adj* intrinseco(a)
introduce [ıntrə'dju:s] *vt* introdurre; to ~ **sb** (**to sb**) presentare qn (a qn); to ~ **sb to** (*pastime, technique*) iniziare qn a; **introduction** [-'dʌkʃən] *n* introduzione *f*; (*of person*)

presentazione *f*; (*to new experience*) iniziazione *f*; **introductory** *adj* introduttivo(a)
intrude [ın'tru:d] *vi* (*person*): **to ~ (on)** intromettersi (in); **~r** *n* intruso/a
intuition [ıntju:'ıʃən] *n* intuizione *f*
inundate ['ınʌndeıt] *vt*: **to ~ with** inondare di
invade [ın'veıd] *vt* invadere
invalid [*n* 'ınvəlıd, *adj* ın'vælıd] *n* malato/a; (*with disability*) invalido/a ♦ *adj* (*not valid*) invalido(a), non valido(a)
invaluable [ın'væljuəbl] *adj* prezioso(a); inestimabile
invariably [ın'vɛərıəblı] *adv* invariabilmente; sempre
invasion [ın'veıʒən] *n* invasione *f*
invent [ın'vɛnt] *vt* inventare; **~ion** [ın'vɛnʃən] *n* invenzione *f*; **~ive** *adj* inventivo(a); **~or** *n* inventore *m*
inventory ['ınvəntrı] *n* inventario
invert [ın'və:t] *vt* invertire; (*cup, object*) rovesciare; **~ed commas** (*BRIT*) *npl* virgolette *fpl*
invest [ın'vɛst] *vt* investire ♦ *vi*: **to ~ (in)** investire (in)
investigate [ın'vɛstıgeıt] *vt* investigare, indagare; (*crime*) fare indagini su; **investigation** [-'geıʃən] *n* investigazione *f*; (*of crime*) indagine *f*
investment [ın'vɛstmənt] *n* investimento
investor [ın'vɛstə*] *n* investitore/trice; azionista *m/f*
invidious [ın'vıdıəs] *adj* odioso(a); (*task*) spiacevole
invigilator [ın'vıdʒıleıtə*] *n* (*in exam*) sorvegliante *m/f*
invigorating [ın'vıgəreıtıŋ] *adj* stimolante; vivificante
invisible [ın'vızıbl] *adj* invisibile
invitation [ınvı'teıʃən] *n* invito
invite [ın'vaıt] *vt* invitare; (*opinions etc*) sollecitare; **inviting** *adj* invitante, attraente
invoice ['ınvɔıs] *n* fattura ♦ *vt* fatturare
involuntary [ın'vɔləntrı] *adj* involontario(a)
involve [ın'vɔlv] *vt* (*entail*) richiedere, comportare; (*associate*): **to ~ sb (in)** implicare qn (in); coinvolgere qn (in); **~d** *adj* involuto(a), complesso(a); **to be ~d in** essere coinvolto(a) in; **~ment** *n* implicazione *f*; coinvolgimento
inward ['ınwəd] *adj* (*movement*) verso l'interno; (*thought, feeling*) interiore, intimo(a); **~(s)** *adv* verso l'interno
I/O *abbr* (*COMPUT*: = *input/output*) I/O
iodine ['aıəudi:n] *n* iodio
iota [aı'əutə] *n* (*fig*) briciolo
IOU *n abbr* (= *I owe you*) pagherò *m inv*
IQ *n abbr* (= *intelligence quotient*) quoziente *m* d'intelligenza
IRA *n abbr* (= *Irish Republican Army*) IRA *f*
Iran [ı'rɑ:n] *n* Iran *m*; **~ian** *adj, n* iraniano(a)
Iraq [ı'rɑ:k] *n* Iraq *m*; **~i** *adj, n* iracheno(a)
irate [aı'reıt] *adj* adirato(a)
Ireland ['aıələnd] *n* Irlanda
iris ['aırıs] (*pl* ~es) *n* iride *f*; (*BOT*) giaggiolo, iride
Irish ['aırıʃ] *adj* irlandese ♦ *npl*: **the ~** gli Irlandesi; **~man** *n* irlandese *m*; **~ Sea** *n* Mar *m* d'Irlanda; **~woman** *n* irlandese *f*
irksome ['ə:ksəm] *adj* seccante
iron ['aıən] *n* ferro; (*for clothes*) ferro da stiro ♦ *adj* di *or* in ferro ♦ *vt* (*clothes*) stirare; **~ out** *vt* (*crease*) appianare; (*fig*) spianare; far sparire; **the I~ Curtain** *n* la cortina di ferro
ironic(al) [aı'rɔnık(l)] *adj* ironico(a)
ironing ['aıənıŋ] *n* (*act*) stirare *m*; (*clothes*) roba da stirare; **~ board** *n* asse *f* da stiro
ironmonger's (shop) ['aıənmʌŋgəz-] (*BRIT*) *n* negozio di ferramenta
irony ['aırənı] *n* ironia
irrational [ı'ræʃənl] *adj* irrazionale

irregular [ɪ'rɛgjulə*] *adj* irregolare
irrelevant [ɪ'rɛləvənt] *adj* non pertinente
irreplaceable [ɪrɪ'pleɪsəbl] *adj* insostituibile
irrepressible [ɪrɪ'prɛsəbl] *adj* irrefrenabile
irresistible [ɪrɪ'zɪstɪbl] *adj* irresistibile
irrespective [ɪrɪ'spɛktɪv]: ~ **of** *prep* senza riguardo a
irresponsible [ɪrɪ'spɔnsɪbl] *adj* irresponsabile
irrigate ['ɪrɪgeɪt] *vt* irrigare; **irrigation** [-'geɪʃən] *n* irrigazione *f*
irritable ['ɪrɪtəbl] *adj* irritabile
irritate ['ɪrɪteɪt] *vt* irritare; **irritating** *adj* (*person, sound etc*) irritante; **irritation** [-'teɪʃən] *n* irritazione *f*
IRS (*US*) *n abbr* = **Internal Revenue Service**
is [ɪz] *vb see* **be**
Islam ['ɪzlɑːm] *n* Islam *m*
island ['aɪlənd] *n* isola; **~er** *n* isolano/a
isle [aɪl] *n* isola
isn't ['ɪznt] = **is not**
isolate ['aɪsəleɪt] *vt* isolare; **~d** *adj* isolato(a); **isolation** [-'leɪʃən] *n* isolamento
Israel ['ɪzreɪl] *n* Israele *m*; **~i** [ɪz'reɪlɪ] *adj, n* israeliano(a)
issue ['ɪʃjuː] *n* questione *f*, problema *m*; (*of banknotes etc*) emissione *f*; (*of newspaper etc*) numero ♦ *vt* (*statement*) rilasciare; (*rations, equipment*) distribuire; (*book*) pubblicare; (*banknotes, cheques, stamps*) emettere; **at ~** in gioco, in discussione; **to take ~ with sb (over sth)** prendere posizione contro qn (riguardo a qc); **to make an ~ of sth** fare un problema di qc
isthmus ['ɪsməs] *n* istmo

KEYWORD

it [ɪt] *pron* **1** (*specific: subject*) esso(a); (*: direct object*) lo(la), l'; (*: indirect object*) gli(le); **where's my book? — ~'s on the table** dov'è il mio libro? — è sulla tavola; **I can't find ~** non lo (*or* la) trovo; **give ~ to me** dammelo (*or* dammela); **about/from/of ~** ne; **I spoke to him about ~** gliene ho parlato; **what did you learn from ~?** quale insegnamento ne hai tratto?; **I'm proud of ~** ne sono fiero; **did you go to ~?** ci sei andato?; **put the book in ~** mettici il libro
2 (*impers*): **~'s raining** piove; **~'s Friday tomorrow** domani è venerdì; **~'s 6 o'clock** sono le 6; **who is ~? — ~'s me** chi è? — sono io

Italian [ɪ'tæljən] *adj* italiano(a) ♦ *n* italiano/a; (*LING*) italiano; **the ~s** gli Italiani
italics [ɪ'tælɪks] *npl* corsivo
Italy ['ɪtəlɪ] *n* Italia
itch [ɪtʃ] *n* prurito ♦ *vi* (*person*) avere il prurito; (*part of body*) prudere; **to ~ to do sth** aver una gran voglia di fare qc; **~y** *adj* che prude; **to be ~y** = **to ~**
it'd ['ɪtd] = **it would; it had**
item ['aɪtəm] *n* articolo; (*on agenda*) punto; (*also*: *news* ~) notizia; **~ize** *vt* specificare, dettagliare
itinerant [ɪ'tɪnərənt] *adj* ambulante
itinerary [aɪ'tɪnərərɪ] *n* itinerario
it'll ['ɪtl] = **it will; it shall**
its [ɪts] *adj* il(la) suo(a), i(le) suoi(sue)
it's [ɪts] = **it is; it has**
itself [ɪt'sɛlf] *pron* (*emphatic*) esso(a) stesso(a); (*reflexive*) si
ITV (*BRIT*) *n abbr* (= *Independent Television*) *rete televisiva in concorrenza con la BBC*
I.U.D. *n abbr* (= *intra-uterine device*) spirale *f*
I've [aɪv] = **I have**
ivory ['aɪvərɪ] *n* avorio
ivy ['aɪvɪ] *n* edera

J

jab [dʒæb] *vt* dare colpetti a ♦ *n* (*MED*: *inf*) puntura; **to ~ sth into** affondare *or* piantare qc dentro
jack [dʒæk] *n* (*AUT*) cricco; (*CARDS*) fante *m*; **~ up** *vt* sollevare col cricco
jackal ['dʒækl] *n* sciacallo
jackdaw ['dʒækdɔ:] *n* taccola
jacket ['dʒækɪt] *n* giacca; (*of book*) copertura
jack-knife *vi*: **the lorry ~d** l'autotreno si è piegato su se stesso
jack plug *n* (*ELEC*) jack *m inv*
jackpot ['dʒækpɔt] *n* primo premio (in denaro)
jade [dʒeɪd] *n* (*stone*) giada
jaded ['dʒeɪdɪd] *adj* sfinito(a), spossato(a)
jagged ['dʒægɪd] *adj* seghettato(a); (*cliffs etc*) frastagliato(a)
jail [dʒeɪl] *n* prigione *f* ♦ *vt* mandare in prigione
jam [dʒæm] *n* marmellata; (*also*: *traffic* ~) ingorgo; (*inf*) pasticcio ♦ *vt* (*passage etc*) ingombrare, ostacolare; (*mechanism, drawer etc*) bloccare; (*RADIO*) disturbare con interferenze ♦ *vi* incepparsi; **to ~ sth into** forzare qc dentro; infilare qc a forza dentro
Jamaica [dʒə'meɪkə] *n* Giamaica
jangle ['dʒæŋgl] *vi* risuonare; (*bracelet*) tintinnare
janitor ['dʒænɪtə*] *n* (*caretaker*) portiere *m*; (: *SCOL*) bidello
January ['dʒænjuərɪ] *n* gennaio
Japan [dʒə'pæn] *n* Giappone *m*; **~ese** [dʒæpə'ni:z] *adj* giapponese ♦ *n inv* giapponese *m/f*; (*LING*) giapponese *m*
jar [dʒɑ:*] *n* (*glass*) barattolo, vasetto ♦ *vi* (*sound*) stridere; (*colours etc*) stonare
jargon ['dʒɑ:gən] *n* gergo
jasmin(e) ['dʒæzmɪn] *n* gelsomino
jaundice ['dʒɔ:ndɪs] *n* itterizia; **~d** *adj* (*fig*) cupo(a)
jaunt [dʒɔ:nt] *n* gita; **~y** *adj* vivace; disinvolto(a)
javelin ['dʒævlɪn] *n* giavellotto
jaw [dʒɔ:] *n* mascella
jay [dʒeɪ] *n* ghiandaia
jaywalker ['dʒeɪwɔ:kə*] *n* pedone(a) indisciplinato(a)
jazz [dʒæz] *n* jazz *m*; **~ up** *vt* rendere vivace
jealous ['dʒɛləs] *adj* geloso(a); **~y** *n* gelosia
jeans [dʒi:nz] *npl* (blue-)jeans *mpl*
jeer [dʒɪə*] *vi*: **to ~ (at)** fischiare; beffeggiare
jelly ['dʒɛlɪ] *n* gelatina; **~fish** *n* medusa
jeopardy ['dʒɛpədɪ] *n*: **in ~** in pericolo
jerk [dʒə:k] *n* sobbalzo, scossa; sussulto; (*inf*: *idiot*) tonto/a ♦ *vt* dare una scossa a ♦ *vi* (*vehicles*) sobbalzare
jerkin ['dʒə:kɪn] *n* giubbotto
jersey ['dʒə:zɪ] *n* maglia; (*fabric*) jersey *m*
jest [dʒɛst] *n* scherzo
Jesus ['dʒi:zəs] *n* Gesù *m*
jet [dʒɛt] *n* (*of gas, liquid*) getto; (*AVIAT*) aviogetto; **~-black** *adj* nero(a) come l'ebano, corvino(a); **~ engine** *n* motore *m* a reazione; **~ lag** *n* (problemi *mpl* dovuti allo) sbalzo dei fusi orari
jettison ['dʒɛtɪsn] *vt* gettare in mare
jetty ['dʒɛtɪ] *n* molo
Jew [dʒu:] *n* ebreo
jewel ['dʒu:əl] *n* gioiello; **~ler** (*US* **~er**) *n* orefice *m*, gioielliere/a; **~(l)er's (shop)** *n* oreficeria, gioielleria; **~lery** (*US* **~ery**) *n* gioielli *mpl*
Jewess ['dʒu:ɪs] *n* ebrea
Jewish ['dʒu:ɪʃ] *adj* ebreo(a), ebraico(a)
jibe [dʒaɪb] *n* beffa
jiffy ['dʒɪfɪ] (*inf*) *n*: **in a ~** in un batter d'occhio
jig [dʒɪg] *n* giga
jigsaw ['dʒɪgsɔ:] *n* (*also*: ~ *puzzle*) puzzle *m inv*

jilt [dʒɪlt] *vt* piantare in asso
jingle ['dʒɪŋgl] *n* (*for advert*) sigla pubblicitaria ♦ *vi* tintinnare, scampanellare
jinx [dʒɪŋks] *n* iettatura; (*person*) iettatore/trice
jitters ['dʒɪtəz] (*inf*) *npl*: **to get the** ~ aver fifa
job [dʒɔb] *n* lavoro; (*employment*) impiego, posto; **it's not my** ~ (*duty*) non è compito mio; **it's a good** ~ **that** ... meno male che ...; **just the** ~! proprio quello che ci vuole; ~ **centre** (*BRIT*) *n* ufficio di collocamento; ~**less** *adj* senza lavoro, disoccupato(a)
jockey ['dʒɔkɪ] *n* fantino, jockey *m inv* ♦ *vi*: **to** ~ **for position** manovrare per una posizione di vantaggio
jocular ['dʒɔkjulə*] *adj* gioviale; scherzoso(a)
jog [dʒɔg] *vt* urtare ♦ *vi* (*SPORT*) fare footing, fare jogging; **to** ~ **sb's memory** rinfrescare la memoria a qn; **to** ~ **along** trottare; (*fig*) andare avanti piano piano; ~**ging** *n* footing *m*, jogging *m*
join [dʒɔɪn] *vt* unire, congiungere; (*become member of*) iscriversi a; (*meet*) raggiungere; riunirsi a ♦ *vi* (*roads, rivers*) confluire ♦ *n* giuntura; ~ **in** *vi* partecipare ♦ *vt fus* unirsi a; ~ **up** *vi* incontrarsi; (*MIL*) arruolarsi
joiner ['dʒɔɪnə*] (*BRIT*) *n* falegname *m*
joint [dʒɔɪnt] *n* (*TECH*) giuntura; giunto; (*ANAT*) articolazione *f*, giuntura; (*BRIT*: *CULIN*) arrosto; (*inf*: *place*) locale *m*; (: *of cannabis*) spinello ♦ *adj* comune; ~ **account** *n* (*at bank etc*) conto in partecipazione, conto comune
joist [dʒɔɪst] *n* trave *f*
joke [dʒəuk] *n* scherzo; (*funny story*) barzelletta; (*also*: *practical* ~) beffa ♦ *vi* scherzare; **to play a** ~ **on sb** fare uno scherzo a qn; ~**r** *n* (*CARDS*) matta, jolly *m inv*
jolly ['dʒɔlɪ] *adj* allegro(a), gioioso(a) ♦ *adv* (*BRIT*: *inf*) veramente, proprio
jolt [dʒəult] *n* scossa, sobbalzo ♦ *vt* urtare
Jordan ['dʒɔ:dən] *n* (*country*) Giordania; (*river*) Giordano
jostle ['dʒɔsl] *vt* spingere coi gomiti
jot [dʒɔt] *n*: **not one** ~ nemmeno un po'; ~ **down** *vt* annotare in fretta, buttare giù; ~**ter** (*BRIT*) *n* blocco
journal ['dʒə:nl] *n* giornale *m*; rivista; diario; ~**ism** *n* giornalismo; ~**ist** *n* giornalista *m/f*
journey ['dʒə:nɪ] *n* viaggio; (*distance covered*) tragitto
joy [dʒɔɪ] *n* gioia; ~**ful** *adj* gioioso(a), allegro(a); ~**rider** *n chi ruba un'auto per farvi un giro*; ~**stick** *n* (*AVIAT*) barra di comando; (*COMPUT*) joystick *m inv*
JP *n abbr* = **Justice of the Peace**
Jr *abbr* = **junior**
jubilant ['dʒu:bɪlnt] *adj* giubilante; trionfante
jubilee ['dʒu:bɪli:] *n* giubileo; **silver** ~ venticinquesimo anniversario
judge [dʒʌdʒ] *n* giudice *m/f* ♦ *vt* giudicare; **judg(e)ment** *n* giudizio
judicial [dʒu:'dɪʃl] *adj* giudiziale, giudiziario(a)
judiciary [dʒu:'dɪʃɪərɪ] *n* magistratura
judo ['dʒu:dəu] *n* judo
jug [dʒʌg] *n* brocca, bricco
juggernaut ['dʒʌgənɔ:t] (*BRIT*) *n* (*huge truck*) bestione *m*
juggle ['dʒʌgl] *vi* fare giochi di destrezza; ~**r** *n* giocoliere/a
Jugoslav *etc* ['ju:gəuslɑ:v] = **Yugoslav** *etc*
juice [dʒu:s] *n* succo
juicy ['dʒu:sɪ] *adj* succoso(a)
jukebox ['dʒu:kbɔks] *n* juke-box *m inv*
July [dʒu:'laɪ] *n* luglio
jumble ['dʒʌmbl] *n* miscuglio ♦ *vt* (*also*: ~ *up*) mischiare; ~ **sale** (*BRIT*) *n* vendita di oggetti per beneficenza
jumbo (jet) ['dʒʌmbəu-] *n* jumbo-jet

m inv

jump [dʒʌmp] *vi* saltare, balzare; (*start*) sobbalzare; (*increase*) rincarare ♦ *vt* saltare ♦ *n* salto, balzo; sobbalzo

jumper ['dʒʌmpə*] *n* (*BRIT*: *pullover*) maglione *m*, pullover *m inv*; (*US*: *dress*) scamiciato; ~ **cables** (*US*) *npl* = **jump leads**

jump leads (*BRIT*) *npl* cavi *mpl* per batteria

jumpy ['dʒʌmpɪ] *adj* nervoso(a), agitato(a)

Jun. *abbr* = **junior**

junction ['dʒʌŋkʃən] *n* (*BRIT*: *of roads*) incrocio; (*of rails*) nodo ferroviario

juncture ['dʒʌŋktʃə*] *n*: **at this** ~ in questa congiuntura

June [dʒu:n] *n* giugno

jungle ['dʒʌŋgl] *n* giungla

junior ['dʒu:nɪə*] *adj*, *n*: **he's** ~ **to me** (**by 2 years**), **he's my** ~ (**by 2 years**) è più giovane di me (di 2 anni); **he's** ~ **to me** (*seniority*) è al di sotto di me, ho più anzianità di lui; ~ **school** (*BRIT*) *n* scuola elementare (*da 8 a 11 anni*)

junk [dʒʌŋk] *n* cianfrusaglie *fpl*; (*cheap goods*) robaccia; ~ **food** *n* porcherie *fpl*

junkie ['dʒʌŋkɪ] (*inf*) *n* drogato/a

junk mail *n* stampe *fpl* pubblicitarie

junk shop *n* chincaglieria

Junr *abbr* = **junior**

juror ['dʒuərə*] *n* giurato/a

jury ['dʒuərɪ] *n* giuria

just [dʒʌst] *adj* giusto(a) ♦ *adv*: **he's** ~ **done it/left** lo ha appena fatto/è appena partito; ~ **right** proprio giusto; ~ **2 o'clock** le 2 precise; **she's** ~ **as clever as you** è in gamba proprio quanto te; **it's** ~ **as well that** ... meno male che ...; ~ **as I arrived** proprio mentre arrivavo; **it was** ~ **before/enough/here** era poco prima/appena assai/proprio qui; **it's** ~ **me** sono solo io; ~ **missed/caught** appena perso/preso; ~ **listen to this!** senta un po' questo!

justice ['dʒʌstɪs] *n* giustizia; **J**~ **of the Peace** *n* giudice *m* conciliatore

justify ['dʒʌstɪfaɪ] *vt* giustificare

jut [dʒʌt] *vi* (*also*: ~ *out*) sporgersi

juvenile ['dʒu:vənaɪl] *adj* giovane, giovanile; (*court*) dei minorenni; (*books*) per ragazzi ♦ *n* giovane *m/f*, minorenne *m/f*

juxtapose ['dʒʌkstəpəuz] *vt* giustapporre

K

K *abbr* (= *one thousand*) mille; (= *kilobyte*) K

Kampuchea [kæmpu'tʃɪə] *n* Cambogia

kangaroo [kæŋgə'ru:] *n* canguro

karate [kə'rɑ:tɪ] *n* karatè *m*

kebab [kə'bæb] *n* spiedino

keel [ki:l] *n* chiglia; **on an even** ~ (*fig*) in uno stato normale

keen [ki:n] *adj* (*interest, desire*) vivo(a); (*eye, intelligence*) acuto(a); (*competition*) serrato(a); (*edge*) affilato(a); (*eager*) entusiasta; **to be** ~ **to do** *or* **on doing sth** avere una gran voglia di fare qc; **to be** ~ **on sth** essere appassionato(a) di qc; **to be** ~ **on sb** avere un debole per qn

keep [ki:p] (*pt, pp* **kept**) *vt* tenere; (*hold back*) trattenere; (*feed*: *one's family etc*) mantenere, sostentare; (*a promise*) mantenere; (*chickens, bees, pigs etc*) allevare ♦ *vi* (*food*) mantenersi; (*remain*: *in a certain state or place*) restare ♦ *n* (*of castle*) maschio; (*food etc*): **enough for his** ~ abbastanza per vitto e alloggio; (*inf*): **for** ~**s** per sempre; **to** ~ **doing sth** continuare a fare qc; fare qc di continuo; **to** ~ **sb from doing** impedire a qn di fare; **to** ~ **sb busy/a place tidy** tenere qn occupato(a)/un luogo in ordine; **to** ~ **sth to o.s.** tenere qc per sé; **to** ~ **sth (back) from sb** celare qc a qn; **to** ~ **time** (*clock*) andar bene; ~ **on** *vi*: **to** ~ **on doing** continuare a fare; **to ~ on (about sth)** continuare a insistere (su qc); **~ out** *vt* tener fuori; "**~ out**" "vietato l'accesso"; **~ up** *vt* continuare, mantenere ♦ *vi*: **to ~ up with** tener dietro a, andare di pari passo con; (*work etc*) farcela a seguire; **~er** *n* custode *m/f*, guardiano/a; **~-fit** *n* ginnastica; **~ing** *n* (*care*) custodia; **in ~ing with** in armonia con; in accordo con; **~sake** *n* ricordo

kennel ['kɛnl] *n* canile *m*; **to put a dog in ~s** mettere un cane al canile

kept [kɛpt] *pt, pp of* **keep**

kerb [kə:b] (*BRIT*) *n* orlo del marciapiede

kernel ['kə:nl] *n* nocciolo

kettle ['kɛtl] *n* bollitore *m*

kettle drum *n* timpano

key [ki:] *n* (*gen, MUS*) chiave *f*; (*of piano, typewriter*) tasto ♦ *adj* chiave *inv* ♦ *vt* (*also*: **~ in**) digitare; **~board** *n* tastiera; **~ed up** *adj* (*person*) agitato(a); **~hole** *n* buco della serratura; **~note** *n* (*MUS*) tonica; (*fig*) nota dominante; **~ ring** *n* portachiavi *m inv*

khaki ['kɑ:kɪ] *adj* cachi ♦ *n* cachi *m*

kick [kɪk] *vt* calciare, dare calci a; (*inf*: *habit etc*) liberarsi di ♦ *vi* (*horse*) tirar calci ♦ *n* calcio; (*thrill*): **he does it for ~s** lo fa giusto per il piacere di farlo; **~ off** *vi* (*SPORT*) dare il primo calcio

kid [kɪd] *n* (*inf*: *child*) ragazzino/a; (*animal, leather*) capretto ♦ *vi* (*inf*) scherzare

kidnap ['kɪdnæp] *vt* rapire, sequestrare; **~per** *n* rapitore/trice; **~ping** *n* sequestro (di persona)

kidney ['kɪdnɪ] *n* (*ANAT*) rene *m*; (*CULIN*) rognone *m*

kill [kɪl] *vt* uccidere, ammazzare ♦ *n* uccisione *f*; **~er** *n* uccisore *m*, killer *m inv*; assassino/a; **~ing** *n* assassinio; **to make a ~ing** (*inf*) fare un bel colpo; **~joy** *n* guastafeste *m/f inv*

kiln [kɪln] *n* forno

kilo ['ki:ləu] *n* chilo; **~byte** *n* (*COMPUT*) kilobyte *m inv*; **~gram(me)** ['kɪləugræm] *n* chilogrammo; **~metre** ['kɪləmi:tə*] (*US* **~meter**) *n* chilometro; **~watt** ['kɪləuwɔt] *n* chilowatt *m inv*

kilt [kɪlt] *n* gonnellino scozzese

kin [kɪn] *n see* **next**; **kith**

kind [kaɪnd] *adj* gentile, buono(a) ♦ *n* sorta, specie *f*; (*species*) genere *m*; **to be two of a ~** essere molto simili; **in ~** (*COMM*) in natura

kindergarten ['kɪndəgɑ:tn] *n* giardino d'infanzia

kind-hearted [-'hɑ:tɪd] *adj* di buon cuore

kindle ['kɪndl] *vt* accendere, infiammare

kindly ['kaɪndlɪ] *adj* pieno(a) di bontà, benevolo(a) ♦ *adv* con bontà, gentilmente; **will you ~** ... vuole ... per favore

kindness ['kaɪndnɪs] *n* bontà, gentilezza

kindred ['kɪndrɪd] *adj*: **~ spirit** spirito affine

king [kɪŋ] *n* re *m inv*; **~dom** *n* regno, reame *m*; **~fisher** *n* martin *m inv* pescatore; **~-size** *adj* super *inv*; gigante

kinky ['kɪŋkɪ] (*pej*) *adj* eccentrico(a); dai gusti particolari

kiosk ['ki:ɔsk] *n* edicola, chiosco; (*BRIT*: *TEL*) cabina (telefonica)

kipper ['kɪpə*] *n* aringa affumicata

kiss [kɪs] *n* bacio ♦ *vt* baciare; **to ~ (each other)** baciarsi; **~ of life** *n* respirazione *f* bocca a bocca

kit [kɪt] *n* equipaggiamento, corredo; (*set of tools etc*) attrezzi *mpl*; (*for assembly*) scatola di montaggio

kitchen ['kɪtʃɪn] *n* cucina; **~ sink** *n* acquaio

kite [kaɪt] *n* (*toy*) aquilone *m*

kith [kɪθ] *n*: **~ and kin** amici e parenti *mpl*

kitten ['kɪtn] *n* gattino/a, micino/a

kitty ['kɪtɪ] *n* (*money*) fondo comune

knack [næk] *n*: **to have the ~ of** avere l'abilità di

knapsack ['næpsæk] *n* zaino, sacco

da montagna
knead [niːd] *vt* impastare
knee [niː] *n* ginocchio; ~**cap** *n* rotula
kneel [niːl] (*pt, pp* **knelt**) *vi* (*also:* ~ *down*) inginocchiarsi; **knelt** [nɛlt] *pt, pp of* **kneel**
knew [njuː] *pt of* **know**
knickers ['nɪkəz] (*BRIT*) *npl* mutandine *fpl*
knife [naɪf] (*pl* **knives**) *n* coltello ♦ *vt* accoltellare, dare una coltellata a
knight [naɪt] *n* cavaliere *m;* (*CHESS*) cavallo; ~**hood** (*BRIT*) *n* (*title*): **to get a ~hood** essere fatto cavaliere
knit [nɪt] *vt* fare a maglia ♦ *vi* lavorare a maglia; (*broken bones*) saldarsi; **to ~ one's brows** aggrottare le sopracciglia; ~**ting** *n* lavoro a maglia; ~**ting machine** *n* macchina per maglieria; ~**ting needle** *n* ferro (da calza); ~**wear** *n* maglieria
knives [naɪvz] *npl of* **knife**
knob [nɔb] *n* bottone *m;* manopola
knock [nɔk] *vt* colpire; urtare; (*fig: inf*) criticare ♦ *vi* (*at door etc*): **to ~ at/on** bussare a ♦ *n* bussata; colpo, botta; ~ **down** *vt* abbattere; ~ **off** *vi* (*inf: finish*) smettere (di lavorare) ♦ *vt* (*from price*) far abbassare; (*inf: steal*) sgraffignare; ~ **out** *vt* stendere; (*BOXING*) mettere K.O.; (*defeat*) battere; ~ **over** *vt* (*person*) investire; (*object*) far cadere; ~**er** *n* (*on door*) battente *m;* ~**out** *n* (*BOXING*) knock out *m inv* ♦ *cpd* a eliminazione
knot [nɔt] *n* nodo ♦ *vt* annodare; ~**ty** *adj* (*fig*) spinoso(a)
know [nəu] (*pt* **knew**, *pp* **known**) *vt* sapere; (*person, author, place*) conoscere; **to ~ how to do** sapere fare; **to ~ about** *or* **of sth/sb** conoscere qc/qn; ~**-all** *n* sapientone/a; ~**-how** *n* tecnica; pratica; ~**ing** *adj* (*look etc*) d'intesa; ~**ingly** *adv* (*purposely*) consapevolmente; (*smile, look*) con aria d'intesa
knowledge ['nɔlɪdʒ] *n* consapevolezza; (*learning*) conoscenza, sapere *m;* ~**able** *adj* ben informato(a)
known [nəun] *pp of* **know**
knuckle ['nʌkl] *n* nocca
Koran [kɔ'rɑːn] *n* Corano
Korea [kə'rɪə] *n* Corea
kosher ['kəuʃə*] *adj* kasher *inv*

L

L (*BRIT*) *abbr* = **learner driver**
lab [læb] *n abbr* (= *laboratory*) laboratorio
label ['leɪbl] *n* etichetta, cartellino; (*brand: of record*) casa ♦ *vt* etichettare
labor *etc* ['leɪbə*] (*US*) = **labour** *etc*
laboratory [lə'bɔrətərɪ] *n* laboratorio
labour ['leɪbə*] (*US* **labor**) *n* (*task*) lavoro; (*workmen*) manodopera; (*MED*): **to be in ~** avere le doglie ♦ *vi*: **to ~ (at)** lavorare duro (a); **L~, the L~ party** (*BRIT*) il partito laburista, i laburisti; **hard ~** lavori *mpl* forzati; ~**ed** *adj* (*breathing*) affannoso(a); ~**er** *n* manovale *m;* **farm ~er** lavoratore *m* agricolo
lace [leɪs] *n* merletto, pizzo; (*of shoe etc*) laccio ♦ *vt* (*shoe: also:* ~ *up*) allacciare
lack [læk] *n* mancanza ♦ *vt* mancare di; **through** *or* **for ~ of** per mancanza di; **to be ~ing** mancare; **to be ~ing in** mancare di
lackadaisical [lækə'deɪzɪkl] *adj* disinteressato(a), noncurante
lacquer ['lækə*] *n* lacca
lad [læd] *n* ragazzo, giovanotto
ladder ['lædə*] *n* scala; (*BRIT: in tights*) smagliatura
laden ['leɪdn] *adj*:~ **(with)** carico(a) *or* caricato(a) (di)
ladle ['leɪdl] *n* mestolo
lady ['leɪdɪ] *n* signora; dama; **L~ Smith** lady Smith; **the ladies' (room)** i gabinetti per signore; ~**bird** (*US* ~**bug**) *n* coccinella; ~**like** *adj* da signora, distinto(a); ~**ship** *n*: **your ~ship** signora con-

tessa (*or* baronessa *etc*)

lag [læg] *n* (*of time*) lasso, intervallo ♦ *vi* (*also*: ~ *behind*) trascinarsi ♦ *vt* (*pipes*) rivestire di materiale isolante

lager ['lɑːgə*] *n* lager *m inv*

lagoon [lə'guːn] *n* laguna

laid [leɪd] *pt, pp of* **lay**; ~ **back** (*inf*) *adj* rilassato(a), tranquillo(a); ~ **up** *adj*: ~ **up (with)** costretto(a) a letto (da)

lain [leɪn] *pp of* **lie**

lair [lɛə*] *n* covo, tana

lake [leɪk] *n* lago

lamb [læm] *n* agnello

lame [leɪm] *adj* zoppo(a); (*excuse etc*) zoppicante

lament [lə'mɛnt] *n* lamento ♦ *vt* lamentare, piangere

laminated ['læmɪneɪtɪd] *adj* laminato(a)

lamp [læmp] *n* lampada

lamppost ['læmppəust] (*BRIT*) *n* lampione *m*

lampshade ['læmpʃeɪd] *n* paralume *m*

lance [lɑːns] *n* lancia ♦ *vt* (*MED*) incidere

land [lænd] *n* (*as opposed to sea*) terra (ferma); (*country*) paese *m*; (*soil*) terreno; suolo; (*estate*) terreni *mpl*, terre *fpl* ♦ *vi* (*from ship*) sbarcare; (*AVIAT*) atterrare; (*fig*: *fall*) cadere ♦ *vt* (*passengers*) sbarcare; (*goods*) scaricare; **to ~ sb with sth** affibbiare qc a qn; ~ **up** *vi* andare a finire; **~fill site** *n* discarica; **~ing** *n* atterraggio; (*of staircase*) pianerottolo; **~ing gear** *n* carrello di atterraggio; **~ing strip** *n* pista di atterraggio; **~lady** *n* padrona *or* proprietaria di casa; **~locked** *adj* senza sbocco sul mare; **~lord** *n* padrone *m or* proprietario di casa; (*of pub etc*) padrone *m*; **~mark** *n* punto di riferimento; (*fig*) pietra miliare; **~owner** *n* proprietario(a) terriero(a)

landscape ['lænskeɪp] *n* paesaggio

landslide ['lændslaɪd] *n* (*GEO*) frana; (*fig*: *POL*) valanga

lane [leɪn] *n* stradina; (*AUT*, *in race*) corsia

language ['læŋgwɪdʒ] *n* lingua; (*way one speaks*) linguaggio; **bad** ~ linguaggio volgare; ~ **laboratory** *n* laboratorio linguistico

languid ['læŋgwɪd] *adj* languido(a)

lank [læŋk] *adj* (*hair*) liscio(a) e opaco(a)

lanky ['læŋkɪ] *adj* allampanato(a)

lantern ['læntn] *n* lanterna

lap [læp] *n* (*of track*) giro; (*of body*): **in** *or* **on one's** ~ in grembo ♦ *vt* (*also*: ~ *up*) papparsi, leccare ♦ *vi* (*waves*) sciabordare; ~ **up** *vt* (*fig*) bearsi di

lapel [lə'pɛl] *n* risvolto

Lapland ['læplænd] *n* Lapponia

lapse [læps] *n* lapsus *m inv*; (*longer*) caduta ♦ *vi* (*law*) cadere; (*membership, contract*) scadere; **to ~ into bad habits** pigliare cattive abitudini; ~ **of time** spazio di tempo

laptop (computer) ['læp,tɔp-] *n* laptop *m inv*

larceny ['lɑːsənɪ] *n* furto

larch [lɑːtʃ] *n* larice *m*

lard [lɑːd] *n* lardo

larder ['lɑːdə*] *n* dispensa

large [lɑːdʒ] *adj* grande; (*person, animal*) grosso(a); **at** ~ (*free*) in libertà; (*generally*) in generale; nell'insieme; **~ly** *adv* in gran parte

largesse [lɑː'ʒɛs] *n* generosità

lark [lɑːk] *n* (*bird*) allodola; (*joke*) scherzo, gioco; ~ **about** *vi* fare lo stupido

laryngitis [lærɪn'dʒaɪtɪs] *n* laringite *f*

laser ['leɪzə*] *n* laser *m*; ~ **printer** *n* stampante *f* laser *inv*

lash [læʃ] *n* frustata; (*also*: *eye~*) ciglio ♦ *vt* frustare; (*tie*): **to ~ to/together** legare a insieme; ~ **out** *vi*: **to ~ out (at** *or* **against sb)** attaccare violentemente (qn)

lass [læs] *n* ragazza

lasso [læ'suː] *n* laccio

last [lɑːst] *adj* ultimo(a); (*week, month, year*) scorso(a), passato(a) ♦

adv per ultimo ♦ *vi* durare; ~ **week** la settimana scorsa; ~ **night** ieri sera, la notte scorsa; **at** ~ finalmente, alla fine; ~ **but one** penultimo(a); **~-ditch** *adj* (*attempt*) estremo(a); **~ing** *adj* durevole; **~ly** *adv* infine, per finire; **~-minute** *adj* fatto(a) (*or* preso(a) *etc*) all'ultimo momento

latch [lætʃ] *n* chiavistello

late [leɪt] *adj* (*not on time*) in ritardo; (*far on in day etc*) tardi *inv*; tardo(a); (*former*) ex; (*dead*) defunto(a) ♦ *adv* tardi; (*behind time, schedule*) in ritardo; **of** ~ di recente; **in the** ~ **afternoon** nel tardo pomeriggio; **in** ~ **May** verso la fine di maggio; **~comer** *n* ritardatario/a; **~ly** *adv* recentemente

later ['leɪtə*] *adj* (*date etc*) posteriore; (*version etc*) successivo(a) ♦ *adv* più tardi; ~ **on** più avanti

lateral ['lætərl] *adj* laterale

latest ['leɪtɪst] *adj* ultimo(a), più recente; **at the** ~ al più tardi

lathe [leɪð] *n* tornio

lather ['lɑːðə*] *n* schiuma di sapone ♦ *vt* insaponare

Latin ['lætɪn] *n* latino ♦ *adj* latino(a); ~ **America** *n* America Latina; **~-American** *adj*, *n* sudamericano(a)

latitude ['lætɪtjuːd] *n* latitudine *f*; (*fig*) libertà d'azione

latter ['lætə*] *adj* secondo(a); più recente ♦ *n*: **the** ~ quest'ultimo, il secondo; **~ly** *adv* recentemente, negli ultimi tempi

lattice ['lætɪs] *n* traliccio; graticolato

laudable ['lɔːdəbl] *adj* lodevole

laugh [lɑːf] *n* risata ♦ *vi* ridere; ~ **at** *vt fus* (*misfortune etc*) ridere di; ~ **off** *vt* prendere alla leggera; **~able** *adj* ridicolo(a); **~ing stock** *n*: **the ~ing stock of** lo zimbello di; **~ter** *n* riso; risate *fpl*

launch [lɔːntʃ] *n* (*of rocket, COMM*) lancio; (*of new ship*) varo; (*also: motor* ~) lancia ♦ *vt* (*rocket, COMM*) lanciare; (*ship, plan*) varare; ~ **into** *vt fus* lanciarsi in; **~(ing) pad** *n* rampa di lancio

launder ['lɔːndə*] *vt* lavare e stirare

launderette [lɔːn'drɛt] (*BRIT*) *n* lavanderia (automatica)

laundromat ['lɔːndrəmæt] (*US*: ®) *n* lavanderia automatica

laundry ['lɔːndrɪ] *n* lavanderia; (*clothes*) biancheria; (: *dirty*) panni *mpl* da lavare

laureate ['lɔːrɪət] *adj see* **poet**

laurel ['lɔrl] *n* lauro

lava ['lɑːvə] *n* lava

lavatory ['lævətərɪ] *n* gabinetto

lavender ['lævəndə*] *n* lavanda

lavish ['lævɪʃ] *adj* copioso(a); abbondante; (*giving freely*): ~ **with** prodigo(a) di, largo(a) in ♦ *vt*: **to** ~ **sth on sb** colmare qn di qc

law [lɔː] *n* legge *f*; **civil/criminal** ~ diritto civile/penale; **~-abiding** *adj* ubbidiente alla legge; ~ **and order** *n* l'ordine *m* pubblico; ~ **court** *n* tribunale *m*, corte *f* di giustizia; **~ful** *adj* legale; lecito(a); **~less** *adj* che non conosce nessuna legge

lawn [lɔːn] *n* tappeto erboso; ~ **mower** *n* tosaerba *m or f inv;* ~ **tennis** *n* tennis *m* su prato

law school *n* facoltà *f inv* di legge

lawsuit ['lɔːsuːt] *n* processo, causa

lawyer ['lɔːjə*] *n* (*for sales, wills etc*) ≈ notaio; (*partner, in court*) ≈ avvocato/essa

lax [læks] *adj* rilassato(a); negligente

laxative ['læksətɪv] *n* lassativo

lay [leɪ] (*pt, pp* **laid**) *pt of* **lie** ♦ *adj* laico(a); (*not expert*) profano(a) ♦ *vt* posare, mettere; (*eggs*) fare; (*trap*) tendere; (*plans*) fare, elaborare; **to** ~ **the table** apparecchiare la tavola; ~ **aside** *or* **by** *vt* mettere da parte; ~ **down** *vt* mettere giù; (*rules etc*) formulare, fissare; **to** ~ **down the law** dettar legge; **to** ~ **down one's life** dare la propria vita; ~ **off** *vt* (*workers*) licenziare; ~ **on** *vt* (*provide*) fornire; ~ **out** *vt* (*display*) presentare, disporre; **~about** *n* sfaccendato/a, fannullone/a; **~-by** (*BRIT*) *n* piazzola (di sosta)

layer ['leɪə*] *n* strato
layman ['leɪmən] *n* laico; profano
layout ['leɪaut] *n* lay-out *m inv*, disposizione *f*; (*PRESS*) impaginazione *f*
laze [leɪz] *vi* oziare
lazy ['leɪzɪ] *adj* pigro(a)
lb. *abbr* = **pound** (*weight*)
lead[1] [li:d] (*pt*, *pp* **led**) *n* (*front position*) posizione *f* di testa; (*distance, time ahead*) vantaggio; (*clue*) indizio; (*ELEC*) filo (elettrico); (*for dog*) guinzaglio; (*THEATRE*) parte *f* principale ♦ *vt* guidare, condurre; (*induce*) indurre; (*be leader of*) essere a capo di ♦ *vi* condurre; (*SPORT*) essere in testa; **in the** ~ in testa; **to** ~ **the way** fare strada; ~ **away** *vt* condurre via; ~ **back** *vt*: **to** ~ **back to** ricondurre a; ~ **on** *vt* (*tease*) tenere sulla corda; ~ **to** *vt fus* condurre a; portare a; ~ **up to** *vt fus* portare a
lead[2] [lɛd] *n* (*metal*) piombo; (*in pencil*) mina
leaden ['lɛdn] *adj* (*sky, sea*) plumbeo(a)
leader ['li:də*] *n* capo; leader *m inv*; (*in newspaper*) articolo di fondo; (*SPORT*) chi è in testa; ~**ship** *n* direzione *f*; capacità di comando
leading ['li:dɪŋ] *adj* primo(a); principale; ~ **man/lady** *n* (*THEATRE*) primo attore/prima attrice; ~ **light** *n* (*person*) personaggio di primo piano
lead singer *n cantante alla testa di un gruppo*
leaf [li:f] (*pl* **leaves**) *n* foglia ♦ *vi*: **to** ~ **through sth** sfogliare qc; **to turn over a new** ~ cambiar vita
leaflet ['li:flɪt] *n* dépliant *m inv*; (*POL, REL*) volantino
league [li:g] *n* lega; (*FOOTBALL*) campionato; **to be in** ~ **with** essere in lega con
leak [li:k] *n* (*out*) fuga; (*in*) infiltrazione *f*; (*security* ~) fuga d'informazioni ♦ *vi* (*roof, bucket*) perdere; (*liquid*) uscire; (*shoes*) lasciar passare l'acqua ♦ *vt* (*information*) divulgare; ~ **out** *vi* uscire; (*information*) trapelare
lean [li:n] (*pt*, *pp* **leaned** *or* **leant**) *adj* magro(a) ♦ *vt*: **to** ~ **sth on sth** appoggiare qc su qc ♦ *vi* (*slope*) pendere; (*rest*): **to** ~ **against** appoggiarsi contro; essere appoggiato(a) a; **to** ~ **on** appoggiarsi a; ~ **forward/back** *vi* sporgersi in avanti/indietro; ~ **out** *vi* sporgersi; ~ **over** *vi* inclinarsi; ~**ing** *n*: ~**ing (towards)** propensione *f* (per);
leant [lɛnt] *pt, pp of* **lean**
leap [li:p] (*pt*, *pp* **leaped** *or* **leapt**) *n* salto, balzo ♦ *vi* saltare, balzare; ~**frog** *n* gioco della cavallina; **leapt** [lɛpt] *pt, pp of* **leap**; ~ **year** *n* anno bisestile
learn [lə:n] (*pt*, *pp* **learned** *or* **learnt**) *vt, vi* imparare; **to** ~ **about sth** (*hear, read*) apprendere qc; **to** ~ **to do sth** imparare a fare qc; ~**ed** ['lə:nɪd] *adj* erudito(a), dotto(a); ~**er** *n* principiante *m/f*; apprendista *m/f*; (*BRIT*: *also*: ~*er driver*) guidatore/trice principiante; ~**ing** *n* erudizione *f*, sapienza;
learnt *pt, pp of* **learn**
lease [li:s] *n* contratto d'affitto ♦ *vt* affittare
leash [li:ʃ] *n* guinzaglio
least [li:st] *adj*: **the** ~ (+ *noun*) il(la) più piccolo(a), il(la) minimo(a); (*smallest amount of*) il(la) meno ♦ *adv* (+ *verb*) meno; **the** ~ (+ *adjective*): **the** ~ **beautiful girl** la ragazza meno bella; **the** ~ **possible effort** il minimo sforzo possibile; **I have the** ~ **money** ho meno denaro di tutti; **at** ~ almeno; **not in the** ~ affatto, per nulla
leather ['lɛðə*] *n* cuoio
leave [li:v] (*pt*, *pp* **left**) *vt* lasciare; (*go away from*) partire da ♦ *vi* partire, andarsene; (*bus, train*) partire ♦ *n* (*time off*) congedo; (*MIL, also*: *consent*) licenza; **to be left** rimanere; **there's some milk left over** c'è rimasto del latte; **on** ~ in congedo;

~ **behind** *vt* (*person, object*) lasciare; (: *forget*) dimenticare; ~ **out** *vt* omettere, tralasciare; ~ **of absence** *n* congedo

leaves [li:vz] *npl of* **leaf**

Lebanon ['lɛbənən] *n* Libano

lecherous ['lɛtʃərəs] *adj* lascivo(a), lubrico(a)

lecture ['lɛktʃə*] *n* conferenza; (*SCOL*) lezione *f* ♦ *vi* fare conferenze; fare lezioni ♦ *vt* (*scold*): **to ~ sb on** *or* **about sth** rimproverare qn *or* fare una ramanzina a qn per qc; **to give a ~ on** tenere una conferenza su

lecturer ['lɛktʃərə*] (*BRIT*) *n* (*at university*) professore/essa, docente *m/f*

led [lɛd] *pt, pp of* **lead**

ledge [lɛdʒ] *n* (*of window*) davanzale *m*; (*on wall etc*) sporgenza; (*of mountain*) cornice *f*, cengia

ledger ['lɛdʒə*] *n* libro maestro, registro

lee [li:] *n* lato sottovento

leech [li:tʃ] *n* sanguisuga

leek [li:k] *n* porro

leer [lɪə*] *vi*: **to ~ at sb** gettare uno sguardo voglioso (*or* maligno) su qn

leeway ['li:weɪ] *n* (*fig*): **to have some ~** avere una certa libertà di azione

left [lɛft] *pt, pp of* **leave** ♦ *adj* sinistro(a) ♦ *adv* a sinistra ♦ *n* sinistra; **on the ~, to the ~** a sinistra; **the L~** (*POL*) la sinistra; **~-handed** *adj* mancino(a); **~-hand side** *n* lato *or* fianco sinistro; **~ luggage (office)** (*BRIT*) *n* deposito *m* bagagli *inv*; **~overs** *npl* avanzi *mpl*, resti *mpl*; **~-wing** *adj* (*POL*) di sinistra

leg [lɛg] *n* gamba; (*of animal*) zampa; (*of furniture*) piede *m*; (*CULIN*: *of chicken*) coscia; (*of journey*) tappa; **1st/2nd ~** (*SPORT*) partita di andata/ritorno

legacy ['lɛgəsɪ] *n* eredità *f inv*

legal ['li:gl] *adj* legale; **~ holiday** (*US*) *n* giorno festivo, festa nazionale; **~ tender** *n* moneta legale

legend ['lɛdʒənd] *n* leggenda

legislation [lɛdʒɪs'leɪʃən] *n* legislazione *f*; **legislature** ['lɛdʒɪslətʃə*] *n* corpo legislativo

legitimate [lɪ'dʒɪtɪmət] *adj* legittimo(a)

leg-room *n* spazio per le gambe

leisure ['lɛʒə*] *n* agio, tempo libero; ricreazioni *fpl*; **at ~** con comodo; **~ centre** *n* centro di ricreazione; **~ly** *adj* tranquillo(a); fatto(a) con comodo *or* senza fretta

lemon ['lɛmən] *n* limone *m*; **~ade** [-'neɪd] *n* limonata; **~ tea** *n* tè *m inv* al limone

lend [lɛnd] (*pt, pp* **lent**) *vt*: **to ~ sth (to sb)** prestare qc (a qn); **~ing library** *n biblioteca che consente prestiti di libri*

length [lɛŋθ] *n* lunghezza; (*distance*) distanza; (*section*: *of road, pipe etc*) pezzo, tratto; (*of time*) periodo; **at ~** (*at last*) finalmente, alla fine; (*lengthily*) a lungo; **~en** *vt* allungare, prolungare ♦ *vi* allungarsi; **~ways** *adv* per il lungo; **~y** *adj* molto lungo(a)

lenient ['li:nɪənt] *adj* indulgente, clemente

lens [lɛnz] *n* lente *f*; (*of camera*) obiettivo

Lent [lɛnt] *n* Quaresima

lent [lɛnt] *pt, pp of* **lend**

lentil ['lɛntl] *n* lenticchia

Leo ['li:əu] *n* Leone *m*

leotard ['li:ətɑ:d] *n* calzamaglia

leprosy ['lɛprəsɪ] *n* lebbra

lesbian ['lɛzbɪən] *n* lesbica

less [lɛs] *adj, pron, adv* meno ♦ *prep*: **~ tax/10% discount** meno tasse/il 10% di sconto; **~ than ever** meno che mai; **~ than half** meno della metà; **~ and ~** sempre meno; **the ~ he works ...** meno lavora ....

lessen ['lɛsn] *vi* diminuire, attenuarsi ♦ *vt* diminuire, ridurre

lesser ['lɛsə*] *adj* minore, più piccolo(a); **to a ~ extent** in grado *or* misura minore

lesson ['lɛsn] *n* lezione *f*; **to teach sb a ~** dare una lezione a qn

lest [lɛst] *conj* per paura di + *infinitive*, per paura che + *sub*

let [lɛt] (*pt, pp* **let**) *vt* lasciare; (*BRIT*: *lease*) dare in affitto; **to ~ sb do sth** lasciar fare qc a qn, lasciare che qn faccia qc; **to ~ sb know sth** far sapere qc a qn; **~'s go** andiamo; **~ him come** lo lasci venire; **"to ~"** "affittasi"; **~ down** *vt* (*lower*) abbassare; (*dress*) allungare; (*hair*) sciogliere; (*tyre*) sgonfiare; (*disappoint*) deludere; **~ go** *vt, vi* mollare; **~ in** *vt* lasciare entrare; (*visitor etc*) far entrare; **~ off** *vt* (*allow to go*) lasciare andare; (*firework etc*) far partire; **~ on** (*inf*) *vi* dire; **~ out** *vt* lasciare uscire; (*scream*) emettere; **~ up** *vi* diminuire

lethal ['li:θl] *adj* letale, mortale

lethargic [lɛ'θɑ:dʒɪk] *adj* letargico(a)

letter ['lɛtə*] *n* lettera; **~ bomb** *n* lettera esplosiva; **~box** (*BRIT*) *n* buca delle lettere; **~ing** *n* iscrizione *f*; caratteri *mpl*

lettuce ['lɛtɪs] *n* lattuga, insalata

let-up *n* pausa

leukaemia [lu:'ki:mɪə] (*US* **leukemia**) *n* leucemia

level ['lɛvl] *adj* piatto(a), piano(a); orizzontale ♦ *adv*: **to draw ~ with** mettersi alla pari di ♦ *n* livello ♦ *vt* livellare, spianare; **to be ~ with** essere alla pari di; **A ~s** (*BRIT*) *npl* ≈ esami *mpl* di maturità; **O ~s** (*BRIT*) *npl esami fatti in Inghilterra all'età di 16 anni;* **on the ~** piatto(a); (*fig*) onesto(a); **~ off** *or* **out** *vi* (*prices etc*) stabilizzarsi; **~ crossing** (*BRIT*) *n* passaggio a livello; **~-headed** *adj* equilibrato(a)

lever ['li:və*] *n* leva; **~age** *n*: **~age (on** *or* **with)** forza (su); (*fig*) ascendente *m* (su)

levity ['lɛvɪtɪ] *n* leggerezza, frivolezza

levy ['lɛvɪ] *n* tassa, imposta ♦ *vt* imporre

lewd [lu:d] *adj* osceno(a), lascivo(a)

liability [laɪə'bɪlətɪ] *n* responsabilità *f inv*; (*handicap*) peso; **liabilities** *npl* debiti *mpl*; (*on balance sheet*) passivo

liable ['laɪəbl] *adj* (*subject*): **~ to** soggetto(a) a; passibile di; (*responsible*): **~ (for)** responsabile (di); (*likely*): **~ to do** propenso(a) a fare

liaise [li:'eɪz] *vi*: **to ~ (with)** mantenere i contatti (con)

liaison [li:'eɪzɔn] *n* relazione *f*; (*MIL*) collegamento

liar ['laɪə*] *n* bugiardo/a

libel ['laɪbl] *n* libello, diffamazione *f* ♦ *vt* diffamare

liberal ['lɪbərl] *adj* liberale; (*generous*): **to be ~ with** distribuire liberalmente

liberty ['lɪbətɪ] *n* libertà *f inv*; **at ~** (*criminal*) in libertà; **at ~ to do** libero(a) di fare

Libra ['li:brə] *n* Bilancia

librarian [laɪ'brɛərɪən] *n* bibliotecario/a

library ['laɪbrərɪ] *n* biblioteca

Libya ['lɪbɪə] *n* Libia; **~n** *adj, n* libico(a)

lice [laɪs] *npl of* **louse**

licence ['laɪsns] (*US* **license**) *n* autorizzazione *f*, permesso; (*COMM*) licenza; (*RADIO, TV*) canone *m*, abbonamento; (*also*: *driving ~*, (*US*) *driver's ~*) patente *f* di guida; (*excessive freedom*) licenza; **~ number** *n* numero di targa; **~ plate** *n* targa

license ['laɪsns] *n* (*US*) = **licence** ♦ *vt* dare una licenza a; **~d** *adj* (*for alcohol*) che ha la licenza di vendere bibite alcoliche

lick [lɪk] *vt* leccare; (*inf*: *defeat*) stracciare; **to ~ one's lips** (*fig*) leccarsi i baffi

licorice ['lɪkərɪs] (*US*) *n* = **liquorice**

lid [lɪd] *n* coperchio; (*eye~*) palpebra

lie [laɪ] (*pt* **lay**, *pp* **lain**) *vi* (*rest*) giacere; star disteso(a); (*of object*: *be situated*) trovarsi, essere; (*tell lies*: *pt, pp* **lied**) mentire, dire bugie ♦ *n* bugia, menzogna; **to ~ low** (*fig*) latitare; **~ about** *or* **around** *vi* (*things*) essere in giro; (*person*) bighellonare; **~-down** (*BRIT*) *n*: **to have a ~-down** sdraiarsi, riposarsi; **~-in** (*BRIT*) *n*: **to have a ~-in** rimanere a letto

lieu [lu:]: **in ~ of** *prep* invece di, al posto di

lieutenant [lɛf'tɛnənt, (*US*) lu:'tɛnənt] *n* tenente *m*

life [laɪf] (*pl* **lives**) *n* vita ♦ *cpd* di vita; della vita; a vita; **to come to ~** rianimarsi; **~ assurance** (*BRIT*) *n* = **~ insurance**; **~belt** (*BRIT*) *n* salvagente *m*; **~boat** *n* scialuppa di salvataggio; **~guard** *n* bagnino; **~ imprisonment** *n* carcere *m* a vita; **~ insurance** *n* assicurazione *f* sulla vita; **~ jacket** *n* giubbotto di salvataggio; **~less** *adj* senza vita; **~like** *adj* verosimile; rassomigliante; **~line** *n*: **it was his ~line** era vitale per lui; **~long** *adj* per tutta la vita; **~ preserver** (*US*) *n* salvagente *m*; giubbotto di salvataggio; **~ sentence** *n* ergastolo; **~-size(d)** *adj* a grandezza naturale; **~ span** *n* (durata della) vita; **~style** *n* stile *m* di vita; **~ support system** *n* respiratore *m* automatico; **~time** *n*: **in his ~time** durante la sua vita; **once in a ~time** una volta nella vita

lift [lɪft] *vt* sollevare; (*ban, rule*) levare ♦ *vi* (*fog*) alzarsi ♦ *n* (*BRIT*: *elevator*) ascensore *m*; **to give sb a ~** (*BRIT*) dare un passaggio a qn; **~-off** *n* decollo

light [laɪt] (*pt, pp* **lighted** *or* **lit**) *n* luce *f*, lume *m*; (*daylight*) luce *f*, giorno; (*lamp*) lampada; (*AUT: rear ~*) luce *f* di posizione; (: *headlamp*) fanale *m*; (*for cigarette etc*): **have you got a ~?** ha da accendere?; **~s** *npl* (*AUT*: *traffic ~s*) semaforo ♦ *vt* (*candle, cigarette, fire*) accendere; (*room*): **to be lit by** essere illuminato(a) da ♦ *adj* (*room, colour*) chiaro(a); (*not heavy, also fig*) leggero(a); **to come to ~** venire alla luce, emergere; **~ up** *vi* illuminarsi ♦ *vt* illuminare; **~ bulb** *n* lampadina; **~en** *vt* (*make less heavy*) alleggerire; **~er** *n* (*also*: *cigarette ~er*) accendino; **~-headed** *adj* stordito(a); **~-hearted** *adj* gioioso(a), gaio(a); **~house** *n* faro; **~ing** *n* illuminazione *f*; **~ly** *adv* leggermente; **to get off ~ly** cavarsela a buon mercato; **~ness** *n* chiarezza; (*in weight*) leggerezza

lightning ['laɪtnɪŋ] *n* lampo, fulmine *m*; **~ conductor** (*US* **~ rod**) *n* parafulmine *m*

light pen *n* penna ottica

lightweight ['laɪtweɪt] *adj* (*suit*) leggero(a) ♦ *n* (*BOXING*) peso leggero

light year *n* anno *m* luce *inv*

like [laɪk] *vt* (*person*) volere bene a; (*activity, object, food*): **I ~ swimming/that book/chocolate** mi piace nuotare/quel libro/il cioccolato ♦ *prep* come ♦ *adj* simile, uguale ♦ *n*: **the ~** uno(a) uguale; **his ~s and dislikes** i suoi gusti; **I would ~, I'd ~** mi piacerebbe, vorrei; **would you ~ a coffee?** gradirebbe un caffè?; **to be/look ~ sb/sth** somigliare a qn/qc; **what does it look/taste ~?** che aspetto/gusto ha?; **what does it sound ~?** come fa?; **that's just ~ him** è proprio da lui; **do it ~ this** fallo così; **it is nothing ~ ...** non è affatto come ...; **~able** *adj* simpatico(a)

likelihood ['laɪklɪhud] *n* probabilità

likely ['laɪklɪ] *adj* probabile; plausibile; **he's ~ to leave** probabilmente partirà, è probabile che parta; **not ~!** neanche per sogno!

likeness ['laɪknɪs] *n* somiglianza

likewise ['laɪkwaɪz] *adv* similmente, nello stesso modo

liking ['laɪkɪŋ] *n*: **~ (for)** debole *m* (per); **to be to sb's ~** piacere a qn

lilac ['laɪlək] *n* lilla *m inv*

lily ['lɪlɪ] *n* giglio; **~ of the valley** *n* mughetto

limb [lɪm] *n* arto

limber up ['lɪmbə*-] *vi* riscaldarsi i muscoli

limbo ['lɪmbəu] *n*: **to be in ~** (*fig*) essere lasciato(a) nel dimenticatoio

lime [laɪm] *n* (*tree*) tiglio; (*fruit*) limetta; (*GEO*) calce *f*
limelight ['laɪmlaɪt] *n*: **in the ~** (*fig*) alla ribalta, in vista
limerick ['lɪmərɪk] *n poesiola umoristica di 5 versi*
limestone ['laɪmstəun] *n* pietra calcarea; (*GEO*) calcare *m*
limit ['lɪmɪt] *n* limite *m* ♦ *vt* limitare; **~ed** *adj* limitato(a), ristretto(a); **to be ~ed to** limitarsi a; **~ed (liability) company** (*BRIT*) *n* ≈ società *f inv* a responsabilità limitata
limp [lɪmp] *n*: **to have a ~** zoppicare ♦ *vi* zoppicare ♦ *adj* floscio(a), flaccido(a)
limpet ['lɪmpɪt] *n* patella
line [laɪn] *n* linea; (*rope*) corda; (*for fishing*) lenza; (*wire*) filo; (*of poem*) verso; (*row, series*) fila, riga; coda; (*on face*) ruga ♦ *vt* (*clothes*): **to ~ (with)** foderare (di); (*box*): **to ~ (with)** rivestire *or* foderare (di); (*subj*: *trees, crowd*) fiancheggiare; **~ of business** settore *m or* ramo d'attività; **in ~ with** in linea con; **~ up** *vi* allinearsi, mettersi in fila ♦ *vt* mettere in fila; (*event, celebration*) preparare
lined [laɪnd] *adj* (*face*) rugoso(a); (*paper*) a righe, rigato(a)
linen ['lɪnɪn] *n* biancheria, panni *mpl*; (*cloth*) tela di lino
liner ['laɪnə*] *n* nave *f* di linea; (*for bin*) sacchetto
linesman ['laɪnzmən] *n* guardalinee *m inv*
line-up *n* allineamento, fila; (*SPORT*) formazione *f* di gioco
linger ['lɪŋgə*] *vi* attardarsi; indugiare; (*smell, tradition*) persistere
lingerie ['lænʒəri:] *n* biancheria intima femminile
lingo ['lɪŋgəu] (*pl* **~es**) (*pej*) *n* gergo
linguistics [lɪŋ'gwɪstɪks] *n* linguistica
lining ['laɪnɪŋ] *n* fodera
link [lɪŋk] *n* (*of a chain*) anello; (*relationship*) legame *m*; (*connection*) collegamento ♦ *vt* collegare, unire, congiungere; (*associate*): **to ~ with** *or* **to** collegare a; **~s** *npl* (*GOLF*) pista *or* terreno da golf; **~ up** *vt* collegare, unire ♦ *vi* riunirsi; associarsi
lino ['laɪnəu] *n* = **linoleum**
linoleum [lɪ'nəulɪəm] *n* linoleum *m inv*
lion ['laɪən] *n* leone *m*; **~ess** *n* leonessa
lip [lɪp] *n* labbro; (*of cup etc*) orlo; **~read** *vi* leggere sulle labbra; **~ salve** *n* burro di cacao; **~ service** *n*: **to pay ~ service to sth** essere favorevole a qc solo a parole; **~stick** *n* rossetto
liqueur [lɪ'kjuə*] *n* liquore *m*
liquid ['lɪkwɪd] *n* liquido ♦ *adj* liquido(a)
liquidize ['lɪkwɪdaɪz] *vt* (*CULIN*) passare al frullatore; **~r** *n* frullatore *m* (a brocca)
liquor ['lɪkə*] *n* alcool *m*
liquorice ['lɪkərɪs] (*BRIT*) *n* liquirizia
liquor store (*US*) *n* negozio di liquori
lisp [lɪsp] *n* pronuncia blesa della "s"
list [lɪst] *n* lista, elenco ♦ *vt* (*write down*) mettere in lista; fare una lista di; (*enumerate*) elencare; **~ed building** (*BRIT*) *n edificio sotto la protezione delle Belle Arti*
listen ['lɪsn] *vi* ascoltare; **to ~ to** ascoltare; **~er** *n* ascoltatore/trice
listless ['lɪstlɪs] *adj* apatico(a)
lit [lɪt] *pt, pp of* **light**
liter ['li:tə*] (*US*) *n* = **litre**
literacy ['lɪtərəsɪ] *n* il sapere leggere e scrivere
literal ['lɪtərl] *adj* letterale
literary ['lɪtərərɪ] *adj* letterario(a)
literate ['lɪtərət] *adj* che sa leggere e scrivere
literature ['lɪtərɪtʃə*] *n* letteratura; (*brochures etc*) materiale *m*
lithe [laɪð] *adj* agile, snello(a)
litigation [lɪtɪ'geɪʃən] *n* causa
litre ['li:tə*] (*US* **liter**) *n* litro
litter ['lɪtə*] *n* (*rubbish*) rifiuti *mpl*; (*young animals*) figliata; **~ bin**

(*BRIT*) *n* cestino per rifiuti; **~ed** *adj*: **~ed with** coperto(a) di

little ['lɪtl] *adj* (*small*) piccolo(a); (*not much*) poco(a) ♦ *adv* poco; **a ~** un po' (di); **a ~ bit** un pochino; **~ by ~** a poco a poco; **~ finger** *n* mignolo

live[1] [lɪv] *vi* vivere; (*reside*) vivere, abitare; **~ down** *vt* far dimenticare (alla gente); **~ on** *vt fus* (*food*) vivere di; **~ together** *vi* vivere insieme, convivere; **~ up to** *vt fus* tener fede a, non venir meno a

live[2] [laɪv] *adj* (*animal*) vivo(a); (*wire*) sotto tensione; (*bullet, missile*) inesploso(a); (*broadcast*) diretto(a); (*performance*) dal vivo

livelihood ['laɪvlɪhud] *n* mezzi *mpl* di sostentamento

lively ['laɪvlɪ] *adj* vivace, vivo(a)

liven up ['laɪvn'ʌp] *vt* (*discussion, evening*) animare ♦ *vi* ravvivarsi

liver ['lɪvə*] *n* fegato

lives [laɪvz] *npl of* **life**

livestock ['laɪvstɔk] *n* bestiame *m*

livid ['lɪvɪd] *adj* livido(a); (*furious*) livido(a) di rabbia, furibondo(a)

living ['lɪvɪŋ] *adj* vivo(a), vivente ♦ *n*: **to earn** *or* **make a ~** guadagnarsi la vita; **~ conditions** *npl* condizioni *fpl* di vita; **~ room** *n* soggiorno; **~ standards** *npl* tenore *m* di vita; **~ wage** *n* salario sufficiente per vivere

lizard ['lɪzəd] *n* lucertola

load [ləud] *n* (*weight*) peso; (*thing carried*) carico ♦ *vt* (*also*: **~ up**): **to ~ (with)** (*lorry, ship*) caricare (di); (*gun, camera, COMPUT*) caricare (con); **a ~ of, ~s of** (*fig*) un sacco di; **~ed** *adj* (*vehicle*): **~ed (with)** carico(a) (di); (*question*) capzioso(a); (*inf*: *rich*) carico(a) di soldi

loaf [ləuf] (*pl* **loaves**) *n* pane *m*, pagnotta

loan [ləun] *n* prestito ♦ *vt* dare in prestito; **on ~** in prestito

loath [ləuθ] *adj*: **to be ~ to do** essere restio(a) a fare

loathe [ləuð] *vt* detestare, aborrire

loaves [ləuvz] *npl of* **loaf**

lobby ['lɔbɪ] *n* atrio, vestibolo; (*POL*: *pressure group*) gruppo di pressione ♦ *vt* fare pressione su

lobster ['lɔbstə*] *n* aragosta

local ['ləukl] *adj* locale ♦ *n* (*BRIT*: *pub*) ≈ bar *m inv* all'angolo; **the ~s** *npl* (*local inhabitants*) la gente della zona; **~ authority** *n* ente *m* locale; **~ call** *n* (*TEL*) telefonata urbana; **~ government** *n* amministrazione *f* locale

locality [ləu'kælɪtɪ] *n* località *f inv*; (*position*) posto, luogo

locally ['ləukəlɪ] *adv* da queste parti; nel vicinato

locate [ləu'keɪt] *vt* (*find*) trovare; (*situate*) collocare; situare

location [ləu'keɪʃən] *n* posizione *f*; **on ~** (*CINEMA*) all'esterno

loch [lɔx] *n* lago

lock [lɔk] *n* (*of door, box*) serratura; (*of canal*) chiusa; (*of hair*) ciocca, riccio ♦ *vt* (*with key*) chiudere a chiave ♦ *vi* (*door etc*) chiudersi; (*wheels*) bloccarsi, incepparsi; **~ in** *vt* chiudere dentro (a chiave); **~ out** *vt* chiudere fuori; **~ up** *vt* (*criminal, mental patient*) rinchiudere; (*house*) chiudere (a chiave) ♦ *vi* chiudere tutto (a chiave)

locker ['lɔkə*] *n* armadietto

locket ['lɔkɪt] *n* medaglione *m*

locksmith ['lɔksmɪθ] *n* magnano

lock-up (*US*) *n* prigione *f*; guardina

locomotive [ləukə'məutɪv] *n* locomotiva

locum ['ləukəm] *n* (*MED*) medico sostituto

locust ['ləukəst] *n* locusta

lodge [lɔdʒ] *n* casetta, portineria; (*hunting ~*) casino di caccia ♦ *vi* (*person*): **to ~ (with)** essere a pensione (presso *or* da); (*bullet etc*) conficcarsi ♦ *vt* (*appeal etc*) presentare, fare; **to ~ a complaint** presentare un reclamo; **~r** *n* affittuario/a; (*with room and meals*) pensionante *m/f*

lodgings ['lɔdʒɪŋz] *npl* camera

d'affitto; camera ammobiliata

loft [lɔft] *n* solaio, soffitta

lofty ['lɔftı] *adj* alto(a); (*haughty*) altezzoso(a)

log [lɔg] *n* (*of wood*) ceppo; (*book*) = logbook ♦ *vt* registrare

logbook ['lɔgbuk] *n* (*NAUT, AVIAT*) diario di bordo; (*AUT*) libretto di circolazione

loggerheads ['lɔgəhɛdz] *npl*: **at ~ (with)** ai ferri corti (con)

logic ['lɔdʒık] *n* logica; **~al** *adj* logico(a)

loin [lɔın] *n* (*CULIN*) lombata

loiter ['lɔıtə*] *vi* attardarsi

loll [lɔl] *vi* (*also*: ~ *about*) essere stravaccato(a)

lollipop ['lɔlıpɔp] *n* lecca lecca *m inv*; **~ man/lady** (*BRIT*) *n impiegato/a che aiuta i bambini ad attraversare la strada in vicinanza di scuole*

London ['lʌndən] *n* Londra; **~er** *n* londinese *m/f*

lone [ləun] *adj* solitario(a)

loneliness ['ləunlınıs] *n* solitudine *f*, isolamento

lonely ['ləunlı] *adj* solo(a); solitario(a), isolato(a)

long [lɔŋ] *adj* lungo(a) ♦ *adv* a lungo, per molto tempo ♦ *vi*: **to ~ for sth/to do** desiderare qc/di fare; non veder l'ora di aver qc/di fare; **so** *or* **as ~ as** (*while*) finché; (*provided that*) sempre che +*sub*; **don't be ~!** fai presto!; **how ~ is this river/course?** quanto è lungo questo fiume/corso?; **6 metres ~** lungo 6 metri; **6 months ~** che dura 6 mesi, di 6 mesi; **all night ~** tutta la notte; **he no ~er comes** non viene più; **~ before** molto tempo prima; **before ~** (+*future*) presto, fra poco; (+*past*) poco tempo dopo; **at ~ last** finalmente; **~-distance** *adj* (*race*) di fondo; (*call*) interurbano(a); **~-haired** *adj* dai capelli lunghi; **~hand** *n* scrittura normale; **~ing** *n* desiderio, voglia, brama

longitude ['lɔŋgıtju:d] *n* longitudine *f*

long: ~ jump *n* salto in lungo; **~-life** *adj* (*milk*) a lunga conservazione; (*batteries*) di lunga durata; **~-lost** *adj* perduto(a) da tempo; **~-playing record** *n* (disco) 33 giri *m inv*; **~-range** *adj* a lunga portata; **~-sighted** *adj* presbite; **~-standing** *adj* di vecchia data; **~-suffering** *adj* estremamente paziente; infinitamente tollerante; **~-term** *adj* a lungo termine; **~ wave** *n* onde *fpl* lunghe; **~-winded** *adj* prolisso(a), interminabile

loo [lu:] (*BRIT*: *inf*) *n* W.C. *m inv*, cesso

look [luk] *vi* guardare; (*seem*) sembrare, parere; (*building etc*): **to ~ south/on to the sea** dare a sud/sul mare ♦ *n* sguardo; (*appearance*) aspetto, aria; **~s** *npl* (*good ~s*) bellezza; **~ after** *vt fus* occuparsi di, prendere cura di; (*keep an eye on*) guardare, badare a; **~ at** *vt fus* guardare; **~ back** *vi*: **to ~ back on** (*event etc*) ripensare a; **~ down on** *vt fus* (*fig*) guardare dall'alto, disprezzare; **~ for** *vt fus* cercare; **~ forward to** *vt fus* non veder l'ora di; (*in letters*): **we ~ forward to hearing from you** in attesa di una vostra gentile risposta; **~ into** *vt fus* esaminare; **~ on** *vi* fare da spettatore; **~ out** *vi* (*beware*): **to ~ out (for)** stare in guardia (per); **~ out for** *vt fus* cercare; **~ round** *vi* (*turn*) girarsi, voltarsi; (*in shop*) dare un'occhiata; **~ to** *vt fus* (*rely on*) contare su; **~ up** *vi* alzare gli occhi; (*improve*) migliorare ♦ *vt* (*word*) cercare; (*friend*) andare a trovare; **~ up to** *vt fus* avere rispetto per; **~-out** *n* posto d'osservazione; guardia; **to be on the ~-out (for)** stare in guardia (per)

loom [lu:m] *n* telaio ♦ *vi* (*also*: ~ *up*) apparire minaccioso(a); (*event*) essere imminente

loony ['lu:nı] (*inf*) *n* pazzo/a

loop [lu:p] *n* cappio ♦ *vt*: **to ~ sth**

round sth passare qc intorno a qc; **~hole** *n* via d'uscita; scappatoia

loose [lu:s] *adj* (*knot*) sciolto(a); (*screw*) allentato(a); (*stone*) cadente; (*clothes*) ampio(a), largo(a); (*animal*) in libertà, scappato(a); (*life, morals*) dissoluto(a) ♦ *n*: **to be on the ~** essere in libertà; **~ change** *n* spiccioli *mpl*, moneta; **~ chippings** *npl* (*on road*) ghiaino; **~ end** *n*: **to be at a ~ end** (*BRIT*) *or* **at ~ ends** (*US*) non saper che fare; **~ly** *adv* senza stringere; approssimativamente; **~n** *vt* sciogliere; (*belt etc*) allentare

loot [lu:t] *n* bottino ♦ *vt* saccheggiare

lop [lɔp] *vt* (*also*: ~ *off*) tagliare via, recidere

lop-sided ['lɔp'saɪdɪd] *adj* non equilibrato(a), asimmetrico(a)

lord [lɔ:d] *n* signore *m*; **L~ Smith** lord Smith; **the L~** il Signore; **good L~!** buon Dio!; **the (House of) L~s** (*BRIT*) la Camera dei Lord; **~ship** *n*: **your L~ship** Sua Eccellenza

lore [lɔ:*] *n* tradizioni *fpl*

lorry ['lɔrɪ] (*BRIT*) *n* camion *m inv*; **~ driver** (*BRIT*) *n* camionista *m*

lose [lu:z] (*pt, pp* **lost**) *vt* perdere ♦ *vi* perdere; **to ~ (time)** (*clock*) ritardare; **~r** *n* perdente *m/f*

loss [lɔs] *n* perdita; **to be at a ~** essere perplesso(a)

lost [lɔst] *pt, pp of* **lose** ♦ *adj* perduto(a); **~ property** (*US* **~ and found**) *n* oggetti *mpl* smarriti

lot [lɔt] *n* (*at auctions*) lotto; (*destiny*) destino, sorte *f*; **the ~** tutto(a) quanto(a); tutti(e) quanti(e); **a ~** molto; **a ~ of** una gran quantità di, un sacco di; **~s of** molto(a); **to draw ~s (for sth)** tirare a sorte (per qc)

lotion ['ləuʃən] *n* lozione *f*

lottery ['lɔtərɪ] *n* lotteria

loud [laud] *adj* forte, alto(a); (*gaudy*) vistoso(a), sgargiante ♦ *adv* (*speak etc*) forte; **out ~** (*read etc*) ad alta voce; **~hailer** (*BRIT*) *n* portavoce *m inv*; **~ly** *adv* fortemente, ad alta voce; **~speaker** *n* altoparlante *m*

lounge [laundʒ] *n* salotto, soggiorno; (*at airport, station*) sala d'attesa; (*BRIT*: *also*: ~ *bar*) bar *m inv* con servizio a tavolino ♦ *vi* oziare; **~ about** *or* **around** *vi* starsene colle mani in mano; **~ suit** (*BRIT*) *n* completo da uomo

louse [laus] (*pl* **lice**) *n* pidocchio

lousy ['lauzɪ] (*inf*) *adj* orrendo(a), schifoso(a); **to feel ~** stare da cani

lout [laut] *n* zoticone *m*

lovable ['lʌvəbl] *adj* simpatico(a), carino(a); amabile

love [lʌv] *n* amore *m* ♦ *vt* amare; voler bene a; **to ~ to do: I ~ to do** mi piace fare; **to be/fall in ~ with** essere innamorato(a)/innamorarsi di; **to make ~** fare l'amore; **"15 ~"** (*TENNIS*) "15 a zero"; **~ affair** *n* relazione *f*; **~ life** *n* vita sentimentale

lovely ['lʌvlɪ] *adj* bello(a); (*delicious*: *smell, meal*) buono(a)

lover ['lʌvə*] *n* amante *m/f*; (*person in love*) innamorato/a; (*amateur*): **a ~ of** un(un')amante di; un(un')appassionato(a) di

loving ['lʌvɪŋ] *adj* affettuoso(a)

low [ləu] *adj* basso(a) ♦ *adv* in basso ♦ *n* (*METEOR*) depressione *f*; **to be ~ on** (*supplies etc*) avere scarsità di; **to feel ~** sentirsi giù; **~-alcohol** *adj* a basso contenuto alcolico; **~-cut** *adj* (*dress*) scollato(a); **~er** *adj* (*bottom*: *of 2 things*) più basso; (*less important*) meno importante ♦ *vt* calare; (*prices, eyes, voice*) abbassare; **~-fat** *adj* magro(a); **~lands** *npl* (*GEO*) pianura; **~ly** *adj* umile, modesto(a)

loyal ['lɔɪəl] *adj* fedele, leale; **~ty** *n* fedeltà, lealtà

lozenge ['lɔzɪndʒ] *n* (*MED*) pastiglia

L.P. *n abbr* = **long-playing record**

L-plates (*BRIT*) *npl cartelli sui veicoli dei guidatori principianti*

Ltd *abbr* (= *limited*) ≈ S.r.l

lubricate [ˈluːbrɪkeɪt] *vt* lubrificare
luck [lʌk] *n* fortuna, sorte *f*; **bad ~** sfortuna, mala sorte; **good ~**! buona fortuna!; **~ily** *adv* fortunatamente, per fortuna; **~y** *adj* fortunato(a); (*number etc*) che porta fortuna
ludicrous [ˈluːdɪkrəs] *adj* ridicolo(a)
lug [lʌg] (*inf*) *vt* trascinare
luggage [ˈlʌgɪdʒ] *n* bagagli *mpl*; **~ rack** *n* portabagagli *m inv*
lukewarm [ˈluːkwɔːm] *adj* tiepido(a)
lull [lʌl] *n* intervallo di calma ♦ *vt*: **to ~ sb to sleep** cullare qn finché si addormenta; **to be ~ed into a false sense of security** illudersi che tutto vada bene
lullaby [ˈlʌləbaɪ] *n* ninnananna
lumbago [lʌmˈbeɪgəu] *n* lombaggine *f*
lumber [ˈlʌmbə*] *n* (*wood*) legname *m*; (*junk*) roba vecchia; **~ with** *vt*: **to be ~ed with sth** doversi sorbire qc; **~jack** *n* boscaiolo
luminous [ˈluːmɪnəs] *adj* luminoso(a)
lump [lʌmp] *n* pezzo; (*in sauce*) grumo; (*swelling*) gonfiore *m*; (*also*: *sugar ~*) zolletta ♦ *vt* (*also*: *~ together*) riunire, mettere insieme; **a ~ sum** una somma globale; **~y** *adj* (*sauce*) pieno(a) di grumi; (*bed*) bitorzoluto(a)
lunatic [ˈluːnətɪk] *adj* pazzo(a), matto(a)
lunch [lʌntʃ] *n* pranzo, colazione *f*
luncheon [ˈlʌntʃən] *n* pranzo; **~ meat** *n* ≈ mortadella; **~ voucher** (*BRIT*) *n* buono *m* pasto *inv*
lunch time *n* ora di pranzo
lung [lʌŋ] *n* polmone *m*
lunge [lʌndʒ] *vi* (*also*: *~ forward*) fare un balzo in avanti; **to ~ at** balzare su
lurch [ləːtʃ] *vi* vacillare, barcollare ♦ *n* scatto improvviso; **to leave sb in the ~** piantare in asso qn
lure [luə*] *n* richiamo; lusinga ♦ *vt* attirare (con l'inganno)
lurid [ˈluərɪd] *adj* sgargiante; (*details etc*) impressionante
lurk [ləːk] *vi* stare in agguato
luscious [ˈlʌʃəs] *adj* succulento(a); delizioso(a)
lush [lʌʃ] *adj* lussureggiante
lust [lʌst] *n* lussuria; cupidigia; desiderio; (*fig*): **~ for** sete *f* di; **~ after** *or* **for** *vt fus* bramare, desiderare
lusty [ˈlʌstɪ] *adj* vigoroso(a), robusto(a)
Luxembourg [ˈlʌksəmbəːg] *n* (*state*) Lussemburgo *m*; (*city*) Lussemburgo *f*
luxuriant [lʌgˈzjuərɪənt] *adj* lussureggiante; (*hair*) folto(a)
luxurious [lʌgˈzjuərɪəs] *adj* sontuoso(a), di lusso
luxury [ˈlʌkʃərɪ] *n* lusso ♦ *cpd* di lusso
lying [ˈlaɪɪŋ] *n* bugie *fpl*, menzogne *fpl* ♦ *adj* bugiardo(a)
lynch [lɪntʃ] *vt* linciare
lyrical [ˈlɪrɪkl] *adj* lirico(a); (*fig*) entusiasta
lyrics [ˈlɪrɪks] *npl* (*of song*) parole *fpl*

M

m. *abbr* = **metre; mile; million**
M.A. *abbr* = **Master of Arts**
mac [mæk] (*BRIT*) *n* impermeabile *m*
macaroni [mækəˈrəunɪ] *n* maccheroni *mpl*
machine [məˈʃiːn] *n* macchina ♦ *vt* (*TECH*) lavorare a macchina; (*dress etc*) cucire a macchina; **~ gun** *n* mitragliatrice *f*; **~ry** *n* macchinario, macchine *fpl*; (*fig*) macchina
mackerel [ˈmækrl] *n inv* sgombro
mackintosh [ˈmækɪntɔʃ] (*BRIT*) *n* impermeabile *m*
mad [mæd] *adj* matto(a), pazzo(a); (*foolish*) sciocco(a); (*angry*) furioso(a); **to be ~ about** (*keen*) andare pazzo(a) per
madam [ˈmædəm] *n* signora
madden [ˈmædn] *vt* fare infuriare
made [meɪd] *pt, pp of* **make**
Madeira [məˈdɪərə] *n* (*GEO*) Made-

ra; (*wine*) madera
made-to-measure (*BRIT*) *adj* fatto(a) su misura
madly ['mædlɪ] *adv* follemente
madman ['mædmən] *n* pazzo, alienato
madness ['mædnɪs] *n* pazzia
magazine [mægə'zi:n] *n* (*PRESS*) rivista; (*RADIO, TV*) rubrica
maggot ['mægət] *n* baco, verme *m*
magic ['mædʒɪk] *n* magia ♦ *adj* magico(a); **~al** *adj* magico(a); **~ian** [mə'dʒɪʃən] *n* mago/a
magistrate ['mædʒɪstreɪt] *n* magistrato; giudice *m/f*
magnet ['mægnɪt] *n* magnete *m*, calamita; **~ic** [-'nɛtɪk] *adj* magnetico(a)
magnificent [mæg'nɪfɪsnt] *adj* magnifico(a)
magnify ['mægnɪfaɪ] *vt* ingrandire; **~ing glass** *n* lente *f* d'ingrandimento
magnitude ['mægnɪtju:d] *n* grandezza; importanza
magpie ['mægpaɪ] *n* gazza
mahogany [mə'hɔgənɪ] *n* mogano
maid [meɪd] *n* domestica; (*in hotel*) cameriera; **old ~** (*pej*) vecchia zitella
maiden ['meɪdn] *n* fanciulla ♦ *adj* (*aunt etc*) nubile; (*speech, voyage*) inaugurale; **~ name** *n* nome *m* da nubile *or* da ragazza
mail [meɪl] *n* posta ♦ *vt* spedire (per posta); **~box** (*US*) *n* cassetta delle lettere; **~ing list** *n* elenco d'indirizzi; **~-order** *n* vendita (*or* acquisto) per corrispondenza
maim [meɪm] *vt* mutilare
main [meɪn] *adj* principale ♦ *n* (*pipe*) conduttura principale; **the ~s** *npl* (*ELEC*) la linea principale; **in the ~** nel complesso, nell'insieme; **~frame** *n* (*COMPUT*) mainframe *m inv*; **~land** *n* continente *m*; **~ly** *adv* principalmente, soprattutto; **~ road** *n* strada principale; **~stay** *n* (*fig*) sostegno principale; **~stream** *n* (*fig*) corrente *f* principale
maintain [meɪn'teɪn] *vt* mantenere; (*affirm*) sostenere; **maintenance** ['meɪntənəns] *n* manutenzione *f*; (*alimony*) alimenti *mpl*
maize [meɪz] *n* granturco, mais *m*
majestic [mə'dʒɛstɪk] *adj* maestoso(a)
majesty ['mædʒɪstɪ] *n* maestà *f inv*
major ['meɪdʒə*] *n* (*MIL*) maggiore *m* ♦ *adj* (*greater, MUS*) maggiore; (*in importance*) principale, importante
Majorca [mə'jɔ:kə] *n* Maiorca
majority [mə'dʒɔrɪtɪ] *n* maggioranza
make [meɪk] (*pt, pp* **made**) *vt* fare; (*manufacture*) fare, fabbricare; (*cause to be*): **to ~ sb sad** *etc* rendere qn triste *etc*; (*force*): **to ~ sb do sth** costringere qn a fare qc, far fare qc a qn; (*equal*): **2 and 2 ~ 4** 2 più 2 fa 4 ♦ *n* fabbricazione *f*; (*brand*) marca; **to ~ a fool of sb** far fare a qn la figura dello scemo; **to ~ a profit** realizzare un profitto; **to ~ a loss** subire una perdita; **to ~ it** (*arrive*) arrivare; (*achieve sth*) farcela; **what time do you ~ it?** che ora fai?; **to ~ do with** arrangiarsi con; **~ for** *vt fus* (*place*) avviarsi verso; **~ out** *vt* (*write out*) scrivere; (*: cheque*) emettere; (*understand*) capire; (*see*) distinguere; (*: numbers*) decifrare; **~ up** *vt* (*constitute*) formare; (*invent*) inventare; (*parcel*) fare ♦ *vi* conciliarsi; (*with cosmetics*) truccarsi; **~ up for** *vt fus* compensare; ricuperare; **~-believe** *n*: **a world of ~-believe** un mondo di favole; **it's just ~-believe** è tutta un'invenzione; **~r** *n* (*of programme etc*) creatore/trice; (*manufacturer*) fabbricante *m*; **~shift** *adj* improvvisato(a); **~-up** *n* trucco; **~-up remover** *n* struccatore *m*
making ['meɪkɪŋ] *n* (*fig*): **in the ~** in formazione; **to have the ~s of** (*actor, athlete etc*) avere la stoffa di
maladjusted [mælə'dʒʌstɪd] *adj* disadattato(a)

malaise [mæ'leɪz] *n* malessere *m*
malaria [mə'lɛərɪə] *n* malaria
Malaya [mə'leɪə] *n* Malesia
male [meɪl] *n* (*BIOL*) maschio ♦ *adj* maschile; maschio(a)
malfunction [mæl'fʌŋkʃən] *n* funzione *f* difettosa
malice ['mælɪs] *n* malevolenza; **malicious** [mə'lɪʃəs] *adj* malevolo(a); (*LAW*) doloso(a)
malign [mə'laɪn] *vt* malignare su; calunniare
malignant [mə'lɪgnənt] *adj* (*MED*) maligno(a)
mall [mɔ:l] *n* (*also*: *shopping* ~) centro commerciale
mallet ['mælɪt] *n* maglio
malnutrition [mælnju:'trɪʃən] *n* denutrizione *f*
malpractice [mæl'præktɪs] *n* prevaricazione *f*; negligenza
malt [mɔ:lt] *n* malto
Malta ['mɔ:ltə] *n* Malta
mammal ['mæml] *n* mammifero
mammoth ['mæməθ] *n* mammut *m inv* ♦ *adj* enorme, gigantesco(a)
man [mæn] (*pl* **men**) *n* uomo ♦ *vt* fornire d'uomini; stare a; **an old** ~ un vecchio; ~ **and wife** marito e moglie
manage ['mænɪdʒ] *vi* farcela ♦ *vt* (*be in charge of*) occuparsi di; gestire; to ~ **to do sth** riuscire a far qc; ~**able** *adj* maneggevole; fattibile; ~**ment** *n* amministrazione *f*, direzione *f*; ~**r** *n* direttore *m*; (*of shop, restaurant*) gerente *m*; (*of artist, SPORT*) manager *m inv*; ~**ress** [-ə'rɛs] *n* direttrice *f*; gerente *f*; ~**rial** [-ə'dʒɪərɪəl] *adj* dirigenziale; **managing director** *n* amministratore *m* delegato
mandarin ['mændərɪn] *n* (*person, fruit*) mandarino
mandatory ['mændətərɪ] *adj* obbligatorio(a); ingiuntivo(a)
mane [meɪn] *n* criniera
maneuver *etc* [mə'nu:və*] (*US*) = manoeuvre *etc*
manfully ['mænfəlɪ] *adv* valorosamente
mangle ['mæŋgl] *vt* straziare; mutilare
mango ['mæŋgəu] (*pl* ~**es**) *n* mango
mangy ['meɪndʒɪ] *adj* rognoso(a)
manhandle ['mænhændl] *vt* malmenare
manhole ['mænhəul] *n* botola stradale
manhood ['mænhud] *n* età virile; virilità
man-hour *n* ora di lavoro
manhunt ['mænhʌnt] *n* caccia all'uomo
mania ['meɪnɪə] *n* mania; ~**c** ['meɪnɪæk] *n* maniaco/a
manic ['mænɪk] *adj* (*behaviour, activity*) maniacale
manicure ['mænɪkjuə*] *n* manicure *f inv*; ~ **set** *n* trousse *f inv* della manicure
manifest ['mænɪfɛst] *vt* manifestare ♦ *adj* manifesto(a), palese
manifesto [mænɪ'fɛstəu] *n* manifesto
manipulate [mə'nɪpjuleɪt] *vt* manipolare
mankind [mæn'kaɪnd] *n* umanità, genere *m* umano
manly ['mænlɪ] *adj* virile; coraggioso(a)
man-made *adj* sintetico(a); artificiale
manner ['mænə*] *n* maniera, modo; (*behaviour*) modo di fare; (*type, sort*): **all** ~ **of things** ogni genere di cosa; ~s *npl* (*conduct*) maniere *fpl*; **bad** ~s maleducazione *f*; ~**ism** *n* vezzo, tic *m inv*
manoeuvre [mə'nu:və*] (*US* **maneuver**) *vt* manovrare ♦ *vi* far manovre ♦ *n* manovra
manor ['mænə*] *n* (*also*: ~ *house*) maniero
manpower ['mænpauə*] *n* manodopera
mansion ['mænʃən] *n* casa signorile
manslaughter ['mænslɔ:tə*] *n* omicidio preterintenzionale
mantelpiece ['mæntlpi:s] *n* mensola del caminetto

manual ['mænjuəl] *adj* manuale ♦ *n* manuale *m*
manufacture [mænju'fæktʃə*] *vt* fabbricare ♦ *n* fabbricazione *f*, manifattura; **~r** *n* fabbricante *m*
manure [mə'njuə*] *n* concime *m*
manuscript ['mænjuskrɪpt] *n* manoscritto
many ['mɛnɪ] *adj* molti(e) ♦ *pron* molti(e); **a great ~** moltissimi(e), un gran numero (di); **~ a time** molte volte
map [mæp] *n* carta (geografica); **~ out** *vt* tracciare un piano di
maple ['meɪpl] *n* acero
mar [mɑ:*] *vt* sciupare
marathon ['mærəθən] *n* maratona
marauder [mə'rɔ:də*] *n* saccheggiatore *m*
marble ['mɑ:bl] *n* marmo; (*toy*) pallina, bilia
March [mɑ:tʃ] *n* marzo
march [mɑ:tʃ] *vi* marciare; sfilare ♦ *n* marcia
mare [mɛə*] *n* giumenta
margarine [mɑ:dʒə'ri:n] *n* margarina
margin ['mɑ:dʒɪn] *n* margine *m*; **~al (seat)** *n* (*POL*) *seggio elettorale ottenuto con una stretta maggioranza*
marigold ['mærɪgəuld] *n* calendola
marijuana [mærɪ'wɑ:nə] *n* marijuana
marine [mə'ri:n] *adj* (*animal, plant*) marino(a); (*forces, engineering*) marittimo(a) ♦ *n* (*BRIT*) fante *m* di marina; (*US*) marine *m inv*
marital ['mærɪtl] *adj* maritale, coniugale; **~ status** stato coniugale
mark [mɑ:k] *n* segno; (*stain*) macchia; (*of skid etc*) traccia; (*BRIT: SCOL*) voto; (*SPORT*) bersaglio; (*currency*) marco ♦ *vt* segnare; (*stain*) macchiare; (*indicate*) indicare; (*BRIT: SCOL*) dare un voto a; correggere; **to ~ time** segnare il passo; **~ed** *adj* spiccato(a), chiaro(a); **~er** *n* (*sign*) segno; (*bookmark*) segnalibro
market ['mɑ:kɪt] *n* mercato ♦ *vt* (*COMM*) mettere in vendita; **~ garden** (*BRIT*) *n* orto industriale; **~ing** *n* marketing *m*; **~ place** *n* piazza del mercato; (*COMM*) piazza, mercato; **~ research** *n* indagine *f* or ricerca di mercato
marksman ['mɑ:ksmən] *n* tiratore *m* scelto
marmalade ['mɑ:məleɪd] *n* marmellata d'arance
maroon [mə'ru:n] *vt* (*also fig*): **to be ~ed (in** *or* **at)** essere abbandonato(a) (in) ♦ *adj* bordeaux *inv*
marquee [mɑ:'ki:] *n* padiglione *m*
marquess ['mɑ:kwɪs] *n* = **marquis**
marquis ['mɑ:kwɪs] *n* marchese *m*
marriage ['mærɪdʒ] *n* matrimonio; **~ bureau** *n* agenzia matrimoniale; **~ certificate** *n* certificato di matrimonio
married ['mærɪd] *adj* sposato(a); (*life, love*) coniugale, matrimoniale
marrow ['mærəu] *n* midollo; (*vegetable*) zucca
marry ['mærɪ] *vt* sposare, sposarsi con; (*subj: father, priest etc*) dare in matrimonio ♦ *vi* (*also: get married*) sposarsi
Mars [mɑ:z] *n* (*planet*) Marte *m*
marsh [mɑ:ʃ] *n* palude *f*
marshal ['mɑ:ʃl] *n* maresciallo; (*US: fire*) capo; (*: police*) capitano ♦ *vt* (*thoughts, support*) ordinare; (*soldiers*) adunare
martyr ['mɑ:tə*] *n* martire *m/f*; **~dom** *n* martirio
marvel ['mɑ:vl] *n* meraviglia ♦ *vi*: **to ~ (at)** meravigliarsi (di); **~lous** (*US* **~ous**) *adj* meraviglioso(a)
Marxist ['mɑ:ksɪst] *adj, n* marxista *m/f*
marzipan ['mɑ:zɪpæn] *n* marzapane *m*
mascara [mæs'kɑ:rə] *n* mascara *m*
masculine ['mæskjulɪn] *adj* maschile; (*woman*) mascolino(a)
mash [mæʃ] *vt* passare, schiacciare; **~ed potatoes** *npl* purè *m* di patate
mask [mɑ:sk] *n* maschera ♦ *vt* mascherare

mason ['meɪsn] *n* (*also*: *stone~*) scalpellino; (*also*: *free~*) massone *m*; **~ry** *n* muratura
masquerade [mæskə'reɪd] *vi*: **to ~ as** farsi passare per
mass [mæs] *n* moltitudine *f*, massa; (*PHYSICS*) massa; (*REL*) messa ♦ *cpd* di massa ♦ *vi* ammassarsi; **the ~es** *npl* (*ordinary people*) le masse; **~es of** (*inf*) una montagna di
massacre ['mæsəkə*] *n* massacro
massage ['mæsɑ:ʒ] *n* massaggio
masseur [mæ'sə:*] *n* massaggiatore *m*; **masseuse** [-'sə:z] *n* massaggiatrice *f*
massive ['mæsɪv] *adj* enorme, massiccio(a)
mass media *npl* mass media *mpl*
mass-production *n* produzione *f* in serie
mast [mɑ:st] *n* albero
master ['mɑ:stə*] *n* padrone *m*; (*ART etc, teacher*: *in primary school*) maestro; (: *in secondary school*) professore *m*; (*title for boys*): **M~ X** Signorino X ♦ *vt* domare; (*learn*) imparare a fondo; (*understand*) conoscere a fondo; **~ key** *n* chiave *f* maestra; **~ly** *adj* magistrale; **~mind** *n* mente *f* superiore ♦ *vt* essere il cervello di; **M~ of Arts/Science** *n* Master *m inv* in lettere/scienze; **~piece** *n* capolavoro; **~y** *n* dominio; padronanza
mat [mæt] *n* stuoia; (*also*: *door~*) stoino, zerbino; (*also*: *table ~*) sottopiatto ♦ *adj* = **matt**
match [mætʃ] *n* fiammifero; (*game*) partita, incontro; (*fig*) uguale *m/f*; matrimonio; partito ♦ *vt* intonare; (*go well with*) andare benissimo con; (*equal*) uguagliare; (*correspond to*) corrispondere a; (*pair*: *also*: *~ up*) accoppiare ♦ *vi* combaciare; **to be a good ~** andare bene; **~box** *n* scatola per fiammiferi; **~ing** *adj* ben assortito(a)
mate [meɪt] *n* compagno/a di lavoro; (*inf*: *friend*) amico/a; (*animal*) compagno/a; (*in merchant navy*) secondo ♦ *vi* accoppiarsi
material [mə'tɪərɪəl] *n* (*substance*) materiale *m*, materia; (*cloth*) stoffa ♦ *adj* materiale; **~s** *npl* (*equipment*) materiali *mpl*
maternal [mə'tə:nl] *adj* materno(a)
maternity [mə'tə:nɪtɪ] *n* maternità; **~ dress** *n* vestito *m* pre-maman *inv*; **~ hospital** *n* ≈ clinica ostetrica
math [mæθ] (*US*) *n* = **maths**
mathematical [mæθə'mætɪkl] *adj* matematico(a)
mathematics [mæθə'mætɪks] *n* matematica
maths [mæθs] (*US* **math**) *n* matematica
matinée ['mætɪneɪ] *n* matinée *f inv*
mating call ['meɪtɪŋ-] *n* richiamo sessuale
matriculation [mətrɪkju'leɪʃən] *n* immatricolazione *f*
matrimonial [mætrɪ'məunɪəl] *adj* matrimoniale, coniugale
matrimony ['mætrɪmənɪ] *n* matrimonio
matron ['meɪtrən] *n* (*in hospital*) capoinfermiera; (*in school*) infermiera
mat(t) [mæt] *adj* opaco(a)
matted ['mætɪd] *adj* ingarbugliato(a)
matter ['mætə*] *n* questione *f*; (*PHYSICS*) materia, sostanza; (*content*) contenuto; (*MED*: *pus*) pus *m* ♦ *vi* importare; **it doesn't ~** non importa; (*I don't mind*) non fa niente; **what's the ~?** che cosa c'è?; **no ~ what** qualsiasi cosa accada; **as a ~ of course** come cosa naturale; **as a ~ of fact** in verità; **~-of-fact** *adj* prosaico(a)
mattress ['mætrɪs] *n* materasso
mature [mə'tjuə*] *adj* maturo(a); (*cheese*) stagionato(a) ♦ *vi* maturare; stagionare
maul [mɔ:l] *vt* lacerare
mauve [məuv] *adj* malva *inv*
maverick ['mævərɪk] *n* chi sta fuori dal branco
maxim ['mæksɪm] *n* massima
maxima ['mæksɪmə] *npl of* **maxi-**

mum

maximum ['mæksɪməm] (*pl* **maxima**) *adj* massimo(a) ♦ *n* massimo

May [meɪ] *n* maggio

may [meɪ] (*conditional*: **might**) *vi* (*indicating possibility*): **he ~ come** può darsi che venga; (*be allowed to*): **~ I smoke?** posso fumare?; (*wishes*): **~ God bless you!** Dio la benedica!; **you ~ as well go** tanto vale che tu te ne vada

maybe ['meɪbi:] *adv* forse, può darsi; **~ he'll ...** può darsi che lui ... *+ sub*, forse lui ....

May Day *n* il primo maggio

mayhem ['meɪhɛm] *n* cagnara

mayonnaise [meɪə'neɪz] *n* maionese *f*

mayor [mɛə*] *n* sindaco; **~ess** *n* sindaco (*donna*); moglie *f* del sindaco

maze [meɪz] *n* labirinto, dedalo

M.D. *abbr* = **Doctor of Medicine**

me [mi:] *pron* mi, m' *+vowel or silent "h"*; (*stressed, after prep*) me; **he heard ~** mi ha *or* m'ha sentito; **give ~ a book** dammi (*or* mi dia) un libro; **it's ~** sono io; **with ~** con me; **without ~** senza di me

meadow ['mɛdəu] *n* prato

meagre ['mi:gə*] (*US* **meager**) *adj* magro(a)

meal [mi:l] *n* pasto; (*flour*) farina; **~time** *n* l'ora di mangiare

mean [mi:n] (*pt, pp* **meant**) *adj* (*with money*) avaro(a), gretto(a); (*unkind*) meschino(a), maligno(a); (*shabby*) misero(a); (*average*) medio(a) ♦ *vt* (*signify*) significare, voler dire; (*intend*): **to ~ to do** aver l'intenzione di fare ♦ *n* mezzo; (*MATH*) media; **~s** *npl* (*way, money*) mezzi *mpl*; **by ~s of** per mezzo di; **by all ~s** ma certo, prego; **to be meant for** essere destinato(a) a; **do you ~ it?** dice sul serio?; **what do you ~?** che cosa vuol dire?

meander [mɪ'ændə*] *vi* far meandri

meaning ['mi:nɪŋ] *n* significato, senso; **~ful** *adj* significativo(a); **~less** *adj* senza senso

meant [mɛnt] *pt, pp of* **mean**

meantime ['mi:ntaɪm] *adv* (*also*: *in the ~*) nel frattempo

meanwhile ['mi:nwaɪl] *adv* nel frattempo

measles ['mi:zlz] *n* morbillo

measly ['mi:zlɪ] (*inf*) *adj* miserabile

measure ['mɛʒə*] *vt, vi* misurare ♦ *n* misura; (*also*: *tape ~*) metro; **~ments** *npl* (*size*) misure *fpl*

meat [mi:t] *n* carne *f*; **cold ~** affettato; **~ball** *n* polpetta di carne; **~ pie** *n* pasticcio di carne in crosta

Mecca ['mɛkə] *n* (*also fig*) la Mecca

mechanic [mɪ'kænɪk] *n* meccanico; **~al** *adj* meccanico(a); **~s** *n* meccanica ♦ *npl* meccanismo

mechanism ['mɛkənɪzəm] *n* meccanismo

medal ['mɛdl] *n* medaglia; **~lion** [mɪ'dælɪən] *n* medaglione *m*; **~list** (*US* **~ist**) *n* (*SPORT*): **to be a gold ~list** essere medaglia d'oro

meddle ['mɛdl] *vi*: **to ~ in** immischiarsi in, mettere le mani in; **to ~ with** toccare

media ['mi:dɪə] *npl* media *mpl*

mediaeval [mɛdɪ'i:vl] *adj* = **medieval**

median ['mi:dɪən] (*US*) *n* (*also*: *~ strip*) banchina *f* spartitraffico

mediate ['mi:dɪeɪt] *vi* fare da mediatore/trice

Medicaid ['mɛdɪkeɪd] (*US*) *n assistenza medica ai poveri*

medical ['mɛdɪkl] *adj* medico(a) ♦ *n* visita medica

Medicare ['mɛdɪkɛə*] (*US*) *n assistenza medica agli anziani*

medication [mɛdɪ'keɪʃən] *n* medicinali *mpl*, farmaci *mpl*

medicine ['mɛdsɪn] *n* medicina

medieval [mɛdɪ'i:vl] *adj* medievale

mediocre [mi:dɪ'əukə*] *adj* mediocre

meditate ['mɛdɪteɪt] *vi*: **to ~ (on)** meditare (su)

Mediterranean [mɛdɪtə'reɪnɪən] *adj* mediterraneo(a); **the ~ (Sea)** il (mare) Mediterraneo

medium ['mi:dɪəm] (*pl* **media**) *adj* medio(a) ♦ *n* (*means*) mezzo; (*pl mediums*: *person*) medium *m inv*; ~ **wave** *n* onde *fpl* medie
medley ['mɛdlɪ] *n* selezione *f*; (*MUS*) pot-pourri *m inv*
meek [mi:k] *adj* dolce, umile
meet [mi:t], (*pt, pp* **met**) *vt* incontrare; (*for the first time*) fare la conoscenza di; (*go and fetch*) andare a prendere; (*fig*) affrontare; soddisfare; raggiungere ♦ *vi* incontrarsi; (*in session*) riunirsi; (*join*: *objects*) unirsi; ~ **with** *vt fus* incontrare; ~**ing** *n* incontro; (*session*: *of club etc*) riunione *f*; (*interview*) intervista; **she's at a ~ing** (*COMM*) è in riunione
megabyte ['mɛgəbaɪt] *n* (*COMPUT*) megabyte *m inv*
megaphone ['mɛgəfəun] *n* megafono
melancholy ['mɛlənkəlɪ] *n* malinconia ♦ *adj* malinconico(a)
mellow ['mɛləu] *adj* (*wine, sound*) ricco(a); (*light*) dolce; (*colour*) caldo(a) ♦ *vi* (*person*) addolcirsi
melody ['mɛlədɪ] *n* melodia
melon ['mɛlən] *n* melone *m*
melt [mɛlt] *vi* (*gen*) sciogliersi, struggersi; (*metals*) fondersi ♦ *vt* sciogliere, struggere; fondere; ~ **down** *vt* fondere; ~**down** *n* (*in nuclear reactor*) fusione *f* (dovuta a surriscaldamento); ~**ing pot** *n* (*fig*) crogiolo
member ['mɛmbə*] *n* membro; **M~ of the European Parliament** (*BRIT*) *n* eurodeputato; **M~ of Parliament** (*BRIT*) *n* deputato; ~**ship** *n* iscrizione *f*; (numero d')iscritti *mpl*, membri *mpl*; ~**ship card** *n* tessera (di iscrizione)
memento [mə'mɛntəu] *n* ricordo, souvenir *m inv*
memo ['mɛməu] *n* appunto; (*COMM etc*) comunicazione *f* di servizio
memoirs ['mɛmwɑ:z] *npl* memorie *fpl*, ricordi *mpl*
memoranda [mɛmə'rændə] *npl of* memorandum
memorandum [mɛmə'rændəm] (*pl* **memoranda**) *n* appunto; (*COMM etc*) comunicazione *f* di servizio
memorial [mɪ'mɔ:rɪəl] *n* monumento commemorativo ♦ *adj* commemorativo(a)
memorize ['mɛməraɪz] *vt* memorizzare
memory ['mɛmərɪ] *n* (*also COMPUT*) memoria; (*recollection*) ricordo
men [mɛn] *npl of* **man**
menace ['mɛnəs] *n* minaccia ♦ *vt* minacciare
mend [mɛnd] *vt* aggiustare, riparare; (*darn*) rammendare ♦ *n*: **on the ~** in via di guarigione; **to ~ one's ways** correggersi
menial ['mi:nɪəl] *adj* da servo, domestico(a); umile
meningitis [mɛnɪn'dʒaɪtɪs] *n* meningite *f*
menopause ['mɛnəupɔ:z] *n* menopausa
menstruation [mɛnstru'eɪʃən] *n* mestruazione *f*
mental ['mɛntl] *adj* mentale
mentality [mɛn'tælɪtɪ] *n* mentalità *f inv*
menthol ['mɛnθɔl] *n* mentolo
mention ['mɛnʃən] *n* menzione *f* ♦ *vt* menzionare, far menzione di; **don't ~ it!** non c'è di che!, prego!
menu ['mɛnju:] *n* (*set ~, COMPUT*) menù *m inv*; (*printed*) carta
MEP *n abbr* = **Member of the European Parliament**
mercenary ['mə:sɪnərɪ] *adj* venale ♦ *n* mercenario
merchandise ['mə:tʃəndaɪz] *n* merci *fpl*
merchant ['mə:tʃənt] *n* mercante *m*, commerciante *m*; ~ **bank** (*BRIT*) *n* banca d'affari; ~ **navy** (*US* ~ **marine**) *n* marina mercantile
merciful ['mə:sɪful] *adj* pietoso(a), clemente
merciless ['mə:sɪlɪs] *adj* spietato(a)
mercury ['mə:kjurɪ] *n* mercurio
mercy ['mə:sɪ] *n* pietà; (*REL*) misericordia; **at the ~ of** alla mercè di

mere [mɪə*] *adj* semplice; by a ~ chance per mero caso; **~ly** *adv* semplicemente, non ... che
merge [mə:dʒ] *vt* unire ♦ *vi* fondersi, unirsi; (*COMM*) fondersi; **~r** *n* (*COMM*) fusione *f*
meringue [mə'ræŋ] *n* meringa
merit ['mɛrɪt] *n* merito, valore *m* ♦ *vt* meritare
mermaid ['mə:meɪd] *n* sirena
merry ['mɛrɪ] *adj* gaio(a), allegro(a); **M~ Christmas!** Buon Natale!; **~-go-round** *n* carosello
mesh [mɛʃ] *n* maglia; rete *f*
mesmerize ['mɛzməraɪz] *vt* ipnotizzare; affascinare
mess [mɛs] *n* confusione *f*, disordine *m*; (*fig*) pasticcio; (*dirt*) sporcizia; (*MIL*) mensa; **~ about** (*inf*) *vi* (*also*: *~ around*) trastullarsi; **~ about with** (*inf*) *vt fus* (*also*: *~ around with*) gingillarsi con; (*plans*) fare un pasticcio di; **~ up** *vt* sporcare; fare un pasticcio di; rovinare
message ['mɛsɪdʒ] *n* messaggio
messenger ['mɛsɪndʒə*] *n* messaggero/a
Messrs ['mɛsəz] *abbr* (*on letters*) Spett
messy ['mɛsɪ] *adj* sporco(a); disordinato(a)
met [mɛt] *pt*, *pp of* **meet**
metal ['mɛtl] *n* metallo; **~lic** [-'tælɪk] *adj* metallico(a)
metaphor ['mɛtəfə*] *n* metafora
mete [mi:t]: to **~ out** *vt* infliggere
meteorology [mi:tɪə'rɔlədʒɪ] *n* meteorologia
meter ['mi:tə*] *n* (*instrument*) contatore *m*; (*parking ~*) parchimetro; (*US*: *unit*) = **metre**
method ['mɛθəd] *n* metodo; **~ical** [mɪ'θɔdɪkl] *adj* metodico(a)
Methodist ['mɛθədɪst] *n* metodista *m/f*
meths [mɛθs] (*BRIT*) *n* = **methylated spirit**
methylated spirit ['mɛθɪleɪtɪd-] (*BRIT*) *n* alcool *m* denaturato
metre ['mi:tə*] (*US* **meter**) *n* metro
metric ['mɛtrɪk] *adj* metrico(a)
metropolitan [mɛtrə'pɔlɪtən] *adj* metropolitano(a); **the M~ Police** (*BRIT*) *n* la polizia di Londra
mettle ['mɛtl] *n*: **to be on one's ~** essere pronto(a) a dare il meglio di se stesso(a)
mew [mju:] *vi* (*cat*) miagolare
mews [mju:z] (*BRIT*) *n*: **~ flat** *appartamento ricavato da un'antica scuderia*
Mexico ['mɛksɪkəu] *n* Messico
miaow [mi:'au] *vi* miagolare
mice [maɪs] *npl of* **mouse**
micro... ['maɪkrəu] *prefix* micro...; **~chip** *n* microcircuito integrato; **~(computer)** *n* microcomputer *m inv*; **~film** *n* microfilm *m inv*; **~phone** *n* microfono; **~scope** *n* microscopio; **~wave** *n* (*also*: *~wave oven*) forno a microonde
mid [mɪd] *adj*: **~ May** metà maggio; **~ afternoon** metà pomeriggio; **in ~ air** a mezz'aria; **~day** *n* mezzogiorno
middle ['mɪdl] *n* mezzo; centro; (*waist*) vita ♦ *adj* di mezzo; **in the ~ of the night** nel bel mezzo della notte; **~-aged** *adj* di mezza età; **the M~ Ages** *npl* il Medioevo; **~-class** *adj* ≈ borghese; **the ~ class(es)** *n(pl)* ≈ la borghesia; **M~ East** *n* Medio Oriente *m*; **~man** *n* intermediario; agente *m* rivenditore; **~ name** *n* secondo nome *m*; **~-of-the-road** *adj* moderato(a); **~weight** *n* (*BOXING*) peso medio
middling ['mɪdlɪŋ] *adj* medio(a)
midge [mɪdʒ] *n* moscerino
midget ['mɪdʒɪt] *n* nano/a
Midlands ['mɪdləndz] *npl contee del centro dell'Inghilterra*
midnight ['mɪdnaɪt] *n* mezzanotte *f*
midriff ['mɪdrɪf] *n* diaframma *m*
midst [mɪdst] *n*: **in the ~ of** in mezzo a
midsummer [mɪd'sʌmə*] *n* mezza *or* piena estate *f*
midway [mɪd'weɪ] *adj*, *adv*: **~ (between)** a mezza strada (fra); ~

(through) a metà (di)
midweek [mɪd'wi:k] *adv* a metà settimana
midwife ['mɪdwaɪf] (*pl* **midwives**) *n* levatrice *f*
midwinter [mɪd'wɪntə*] *n*: **in ~** in pieno inverno
midwives ['mɪdwaɪvz] *npl of* **midwife**
might [maɪt] *vb see* **may** ♦ *n* potere *m*, forza; **~y** *adj* forte, potente
migraine ['mi:greɪn] *n* emicrania
migrant ['maɪgrənt] *adj* (*bird*) migratore(trice); (*worker*) emigrato(a)
migrate [maɪ'greɪt] *vi* (*bird*) migrare; (*person*) emigrare
mike [maɪk] *n abbr* (= *microphone*) microfono
Milan [mɪ'læn] *n* Milano *f*
mild [maɪld] *adj* mite; (*person, voice*) dolce; (*flavour*) delicato(a); (*illness*) leggero(a); (*interest*) blando(a)
mildew ['mɪldju:] *n* muffa
mildly ['maɪldlɪ] *adv* mitemente; dolcemente; delicatamente; leggermente; blandamente; **to put it ~** a dire poco
mile [maɪl] *n* miglio; **~age** *n* distanza in miglia, ≈ chilometraggio
mileometer [maɪ'lɔmɪtə*] *n* ≈ contachilometri *m inv*
milestone ['maɪlstəun] *n* pietra miliare
milieu ['mi:ljə:] *n* ambiente *m*
militant ['mɪlɪtnt] *adj* militante
military ['mɪlɪtərɪ] *adj* militare
militate ['mɪlɪteɪt] *vi*: **to ~ against** essere d'ostacolo a
milk [mɪlk] *n* latte *m* ♦ *vt* (*cow*) mungere; (*fig*) sfruttare; **~ chocolate** *n* cioccolato al latte; **~man** *n* lattaio; **~ shake** *n* frappé *m inv*; **~y** *adj* lattiginoso(a); (*colour*) latteo(a); **M~y Way** *n* Via Lattea
mill [mɪl] *n* mulino; (*small: for coffee, pepper etc*) macinino; (*factory*) fabbrica; (*spinning ~*) filatura ♦ *vt* macinare ♦ *vi* (*also: ~ about*) brulicare
miller ['mɪlə*] *n* mugnaio
milli... ['mɪlɪ] *prefix*: **~gram(me)** *n* milligrammo; **~metre** (*US* **~meter**) *n* millimetro
millinery ['mɪlɪnərɪ] *n* modisteria
million ['mɪljən] *n* milione *m*; **~aire** *n* milionario, ≈ miliardario
milometer [maɪ'lɔmɪtə*] *n* = **mileometer**
mime [maɪm] *n* mimo ♦ *vt, vi* mimare
mimic ['mɪmɪk] *n* imitatore/trice ♦ *vt* fare la mimica di
min. *abbr* = **minute(s)**; **minimum**
mince [mɪns] *vt* tritare, macinare ♦ *vi* (*in walking*) camminare a passettini ♦ *n* (*BRIT: CULIN*) carne *f* tritata *or* macinata; **~meat** *n frutta secca tritata per uso in pasticceria*; (*US*) carne *f* tritata *or* macinata; **~ pie** *n specie di torta con frutta secca*; **~r** *n* tritacarne *m inv*
mind [maɪnd] *n* mente *f* ♦ *vt* (*attend to, look after*) badare a, occuparsi di; (*be careful*) fare attenzione a, stare attento(a) a; (*object to*): **I don't ~ the noise** il rumore non mi dà alcun fastidio; **I don't ~** non m'importa; **it is on my ~** mi preoccupa; **to my ~** secondo me, a mio parere; **to be out of one's ~** essere uscito(a) di mente; **to keep** *or* **bear sth in ~** non dimenticare qc; **to make up one's ~** decidersi; **~ you, ...** sì, però va detto che ...; **never ~** non importa, non fa niente; (*don't worry*) non preoccuparti; **"~ the step"** "attenzione allo scalino"; **~er** *n* (*child ~er*) bambinaia; (*bodyguard*) guardia del corpo; **~ful** *adj*: **~ful of** attento(a) a; memore di; **~less** *adj* idiota
mine[1] [maɪn] *pron* il(la) mio(a), *pl* i(le) miei(mie); **that book is ~** quel libro è mio; **yours is red, ~ is green** il tuo è rosso, il mio è verde; **a friend of ~** un mio amico
mine[2] [maɪn] *n* miniera; (*explosive*) mina ♦ *vt* (*coal*) estrarre; (*ship, beach*) minare; **~field** *n* (*also fig*) campo minato

miner ['maɪnə*] *n* minatore *m*
mineral ['mɪnərəl] *adj* minerale ♦ *n* minerale *m*; ~s *npl* (*BRIT*: *soft drinks*) bevande *fpl* gasate; ~ **water** *n* acqua minerale
mingle ['mɪŋgl] *vi*: **to ~ with** mescolarsi a, mischiarsi con
miniature ['mɪnətʃə*] *adj* in miniatura ♦ *n* miniatura
minibus ['mɪnɪbʌs] *n* minibus *m inv*
minim ['mɪnɪm] *n* (*MUS*) minima
minima ['mɪnɪmə] *npl of* **minimum**
minimum ['mɪnɪməm] (*pl* **minima**) *n* minimo ♦ *adj* minimo(a)
mining ['maɪnɪŋ] *n* industria mineraria
miniskirt ['mɪnɪskə:t] *n* minigonna
minister ['mɪnɪstə*] *n* (*BRIT*: *POL*) ministro; (*REL*) pastore *m* ♦ *vi*: **to ~ to sb** assistere qn; **to ~ to sb's needs** provvedere ai bisogni di qn; **~ial** [-'tɪərɪəl] (*BRIT*) *adj* (*POL*) ministeriale
ministry ['mɪnɪstrɪ] *n* (*BRIT*: *POL*) ministero; (*REL*): **to go into the ~** diventare pastore
mink [mɪŋk] *n* visone *m*
minnow ['mɪnəu] *n* pesciolino d'acqua dolce
minor ['maɪnə*] *adj* minore, di poca importanza; (*MUS*) minore ♦ *n* (*LAW*) minorenne *m/f*
minority [maɪ'nɔrɪtɪ] *n* minoranza
mint [mɪnt] *n* (*plant*) menta; (*sweet*) pasticca di menta ♦ *vt* (*coins*) battere; **the (Royal) M~** (*BRIT*), **the (US) M~** (*US*) la Zecca; **in ~ condition** come nuovo(a) di zecca
minus ['maɪnəs] *n* (*also*: ~ *sign*) segno meno ♦ *prep* meno
minute [*adj* maɪ'nju:t, *n* 'mɪnɪt] *adj* minuscolo(a); (*detail*) minuzioso(a) ♦ *n* minuto; ~s *npl* (*of meeting*) verbale *m*
miracle ['mɪrəkl] *n* miracolo
mirage ['mɪrɑ:ʒ] *n* miraggio
mirror ['mɪrə*] *n* specchio; (*in car*) specchietto
mirth [mə:θ] *n* ilarità
misadventure [mɪsəd'vɛntʃə*] *n* disavventura; **death by ~** morte *f* accidentale
misapprehension ['mɪsæprɪ'hɛnʃən] *n* malinteso
misappropriate [mɪsə'prəuprɪeɪt] *vt* appropriarsi indebitamente di
misbehave [mɪsbɪ'heɪv] *vi* comportarsi male
miscarriage ['mɪskærɪdʒ] *n* (*MED*) aborto spontaneo; ~ **of justice** errore *m* giudiziario
miscellaneous [mɪsɪ'leɪnɪəs] *adj* (*items*) vario(a); (*selection*) misto(a)
mischance [mɪs'tʃɑ:ns] *n* sfortuna
mischief ['mɪstʃɪf] *n* (*naughtiness*) birichineria; (*maliciousness*) malizia; **mischievous** *adj* birichino(a)
misconception ['mɪskən'sɛpʃən] *n* idea sbagliata
misconduct [mɪs'kɔndʌkt] *n* cattiva condotta; **professional ~** reato professionale
misdemeanour [mɪsdɪ'mi:nə*] (*US* **misdemeanor**) *n* misfatto; infrazione *f*
miser ['maɪzə*] *n* avaro
miserable ['mɪzərəbl] *adj* infelice; (*wretched*) miserabile; (*weather*) deprimente; (*offer*, *failure*) misero(a)
miserly ['maɪzəlɪ] *adj* avaro(a)
misery ['mɪzərɪ] *n* (*unhappiness*) tristezza; (*wretchedness*) miseria
misfire [mɪs'faɪə*] *vi* far cilecca; (*car engine*) perdere colpi
misfit ['mɪsfɪt] *n* (*person*) spostato/a
misfortune [mɪs'fɔ:tʃən] *n* sfortuna
misgiving [mɪs'gɪvɪŋ] *n* apprensione *f*; **to have ~s about** avere dei dubbi per quanto riguarda
misguided [mɪs'gaɪdɪd] *adj* sbagliato(a); poco giudizioso(a)
mishandle [mɪs'hændl] *vt* (*mismanage*) trattare male
mishap ['mɪshæp] *n* disgrazia
misinterpret [mɪsɪn'tə:prɪt] *vt* interpretare male
misjudge [mɪs'dʒʌdʒ] *vt* giudicare male
mislay [mɪs'leɪ] (*irreg*) *vt* smarrire

mislead [mɪs'li:d] (*irreg*) *vt* sviare; **~ing** *adj* ingannevole
mismanage [mɪs'mænɪdʒ] *vt* gestire male
misnomer [mɪs'nəumə*] *n* termine *m* sbagliato *or* improprio
misplace [mɪs'pleɪs] *vt* smarrire
misprint ['mɪsprɪnt] *n* errore *m* di stampa
Miss [mɪs] *n* Signorina
miss [mɪs] *vt* (*fail to get*) perdere; (*fail to hit*) mancare; (*fail to see*): **you can't ~ it** non puoi non vederlo; (*regret the absence of*): **I ~ him** sento la sua mancanza ♦ *vi* mancare ♦ *n* (*shot*) colpo mancato; **~ out** (*BRIT*) *vt* omettere
misshapen [mɪs'ʃeɪpən] *adj* deforme
missile ['mɪsaɪl] *n* (*MIL*) missile *m*; (*object thrown*) proiettile *m*
missing ['mɪsɪŋ] *adj* perso(a), smarrito(a); (*person*) scomparso(a); (: *after disaster, MIL*) disperso(a); (*removed*) mancante; **to be ~** mancare
mission ['mɪʃən] *n* missione *f*; **~ary** *n* missionario/a
misspent ['mɪs'spɛnt] *adj*: **his ~ youth** la sua gioventù sciupata
mist [mɪst] *n* nebbia, foschia ♦ *vi* (*also*: **~ over, ~ up**) annebbiarsi; (: *BRIT*: *windows*) appannarsi
mistake [mɪs'teɪk] (*irreg*: *like* **take**) *n* sbaglio, errore *m* ♦ *vt* sbagliarsi di; fraintendere; **to make a ~** fare uno sbaglio, sbagliare; **by ~** per sbaglio; **to ~ for** prendere per; **mistaken** *pp of* **mistake** ♦ *adj* (*idea etc*) sbagliato(a); **to be mistaken** sbagliarsi
mister ['mɪstə*] (*inf*) *n* signore *m*; *see* **Mr**
mistletoe ['mɪsltəu] *n* vischio
mistook [mɪs'tuk] *pt of* **mistake**
mistress ['mɪstrɪs] *n* padrona; (*lover*) amante *f*; (*BRIT*: *SCOL*) insegnante *f*
mistrust [mɪs'trʌst] *vt* diffidare di
misty ['mɪstɪ] *adj* nebbioso(a), brumoso(a)
misunderstand [mɪsʌndə'stænd] (*irreg*) *vt, vi* capire male, fraintendere; **~ing** *n* malinteso, equivoco
misuse [*n* mɪs'ju:s, *vb* mɪs'ju:z] *n* cattivo uso; (*of power*) abuso ♦ *vt* far cattivo uso di; abusare di
mitigate ['mɪtɪgeɪt] *vt* mitigare
mitt(en) ['mɪt(n)] *n* mezzo guanto; manopola
mix [mɪks] *vt* mescolare ♦ *vi* (*people*): **to ~ with** avere a che fare con ♦ *n* mescolanza; preparato; **~ up** *vt* mescolare; (*confuse*) confondere; **~ed** *adj* misto(a); **~ed-up** *adj* (*confused*) confuso(a); **~er** *n* (*for food*: *electric*) frullatore *m*; (: *hand*) frullino; (*person*): **he is a good ~er** è molto socievole; **~ture** *n* mescolanza; (*blend*: *of tobacco etc*) miscela; (*MED*) sciroppo; **~-up** *n* confusione *f*
moan [məun] *n* gemito ♦ *vi* (*inf*: *complain*): **to ~ (about)** lamentarsi (di)
moat [məut] *n* fossato
mob [mɔb] *n* calca ♦ *vt* accalcarsi intorno a
mobile ['məubaɪl] *adj* mobile ♦ *n* (*decoration*) mobile *m*; **~ home** *n* grande roulotte *f inv* (utilizzata come domicilio); **~ phone** telefono portatile, telefonino
mock [mɔk] *vt* deridere, burlarsi di ♦ *adj* falso(a); **~ery** *n* derisione *f*; **to make a ~ery of** burlarsi di; (*exam*) rendere una farsa; **~-up** *n* modello
mod [mɔd] *adj see* **convenience**
mode [məud] *n* modo
model ['mɔdl] *n* modello; (*person*: *for fashion*) indossatore/trice; (: *for artist*) modello/a ♦ *adj* (*small-scale*: *railway etc*) in miniatura; (*child, factory*) modello *inv* ♦ *vt* modellare ♦ *vi* fare l'indossatore (*or* l'indossatrice); **to ~ clothes** presentare degli abiti
modem ['məudɛm] *n* modem *m inv*
moderate [*adj* 'mɔdərət, *vb* 'mɔdəreɪt] *adj* moderato(a) ♦ *vi* moderarsi, placarsi ♦ *vt* moderare

modern ['mɔdən] *adj* moderno(a); **~ize** *vt* modernizzare
modest ['mɔdɪst] *adj* modesto(a); **~y** *n* modestia
modicum ['mɔdɪkəm] *n*: **a ~ of** un minimo di
modify ['mɔdɪfaɪ] *vt* modificare
mogul ['məugl] *n* (*fig*) magnate *m*, pezzo grosso
mohair ['məuhɛə*] *n* mohair *m*
moist [mɔɪst] *adj* umido(a); **~en** ['mɔɪsn] *vt* inumidire; **~ure** ['mɔɪstʃə*] *n* umidità; (*on glass*) goccioline *fpl* di vapore; **~urizer** ['mɔɪstʃəraɪzə*] *n* idratante *f*
molar ['məulə*] *n* molare *m*
mold [məuld] (*US*) *n*, *vt* = **mould**
mole [məul] *n* (*animal*, *fig*) talpa; (*spot*) neo
molest [məu'lɛst] *vt* molestare
mollycoddle ['mɔlɪkɔdl] *vt* coccolare, vezzeggiare
molt [məult] (*US*) *vi* = **moult**
molten ['məultən] *adj* fuso(a)
mom [mɔm] (*US*) *n* = **mum**
moment ['məumənt] *n* momento, istante *m*; **at that ~** in quel momento; **at the ~** al momento, in questo momento; **~ary** *adj* momentaneo(a), passeggero(a); **~ous** [-'mɛntəs] *adj* di grande importanza
momentum [məu'mɛntəm] *n* (*PHYSICS*) momento; (*fig*) impeto; **to gather ~** aumentare di velocità
mommy ['mɔmɪ] (*US*) *n* = **mummy**
Monaco ['mɔnəkəu] *n* Principato di Monaco
monarch ['mɔnək] *n* monarca *m*; **~y** *n* monarchia
monastery ['mɔnəstərɪ] *n* monastero
Monday ['mʌndɪ] *n* lunedì *m inv*
monetary ['mʌnɪtərɪ] *adj* monetario(a)
money ['mʌnɪ] *n* denaro, soldi *mpl*; **~ order** *n* vaglia *m inv*; **~-spinner** (*inf*) *n* miniera d'oro (*fig*)
mongol ['mɔŋgəl] *adj*, *n* (*MED*) mongoloide *m/f*
mongrel ['mʌŋgrəl] *n* (*dog*) cane *m* bastardo
monitor ['mɔnɪtə*] *n* (*TV*, *COMPUT*) monitor *m inv* ♦ *vt* controllare
monk [mʌŋk] *n* monaco
monkey ['mʌŋkɪ] *n* scimmia; **~ nut** (*BRIT*) *n* nocciolina americana; **~ wrench** *n* chiave *f* a rullino
mono ['mɔnəu] *adj* (*recording*) (in) mono *inv*
monopoly [mə'nɔpəlɪ] *n* monopolio
monotone ['mɔnətəun] *n* pronunzia (*or* voce *f*) monotona
monotonous [mə'nɔtənəs] *adj* monotono(a)
monsoon [mɔn'su:n] *n* monsone *m*
monster ['mɔnstə*] *n* mostro
monstrous ['mɔnstrəs] *adj* mostruoso(a); (*huge*) gigantesco(a)
montage [mɔn'tɑ:ʒ] *n* montaggio
month [mʌnθ] *n* mese *m*; **~ly** *adj* mensile ♦ *adv* al mese; ogni mese
monument ['mɔnjumənt] *n* monumento
moo [mu:] *vi* muggire, mugghiare
mood [mu:d] *n* umore *m*; **to be in a good/bad ~** essere di buon/cattivo umore; **~y** *adj* (*variable*) capriccioso(a), lunatico(a); (*sullen*) imbronciato(a)
moon [mu:n] *n* luna; **~light** *n* chiaro di luna; **~lighting** *n* lavoro nero; **~lit** *adj*: **a ~lit night** una notte rischiarata dalla luna
moor [muə*] *n* brughiera ♦ *vt* (*ship*) ormeggiare ♦ *vi* ormeggiarsi
moorland ['muələnd] *n* brughiera
moose [mu:s] *n inv* alce *m*
mop [mɔp] *n* lavapavimenti *m inv*; (*also*: **~ of hair**) zazzera ♦ *vt* lavare con lo straccio; (*face*) asciugare; **~ up** *vt* asciugare con uno straccio
mope [məup] *vi* fare il broncio
moped ['məupɛd] *n* ciclomotore *m*
moral ['mɔrl] *adj* morale ♦ *n* morale *f*; **~s** *npl* (*principles*) moralità
morale [mɔ'rɑ:l] *n* morale *m*
morality [mə'rælɪtɪ] *n* moralità
morass [mə'ræs] *n* palude *f*, pantano
morbid ['mɔ:bɪd] *adj* morboso(a)

KEYWORD

more [mɔː*] *adj* **1** (*greater in number etc*) più; ~ **people/letters than we expected** più persone/lettere di quante ne aspettavamo; **I have ~ wine/money than you** ho più vino/soldi di te; **I have ~ wine than beer** ho più vino che birra
2 (*additional*) altro(a), ancora; **do you want (some) ~ tea?** vuole dell'altro tè?, vuole ancora del tè?; **I have no** *or* **I don't have any ~ money** non ho più soldi
♦ *pron* **1** (*greater amount*) più; ~ **than 10** più di 10; **it cost ~ than we expected** ha costato più di quanto ci aspettavamo
2 (*further or additional amount*) ancora; **is there any ~?** ce n'è ancora?; **there's no ~** non ce n'è più; **a little ~** ancora un po'; **many/much ~** molti(e)/molto(a) di più
♦ *adv*: ~ **dangerous/easily (than)** più pericoloso/facilmente (di); ~ **and ~** sempre di più; ~ **and ~ difficult** sempre più difficile; ~ **or less** più o meno; ~ **than ever** più che mai

moreover [mɔː'rəuvə*] *adv* inoltre, di più
morgue [mɔːg] *n* obitorio
morning ['mɔːnɪŋ] *n* mattina, mattino; (*duration*) mattinata ♦ *cpd* del mattino; **in the ~** la mattina; **7 o'clock in the ~** le 7 di *or* della mattina; ~ **sickness** *n* nausee *fpl* mattutine
Morocco [mə'rɔkəu] *n* Marocco
moron ['mɔːrɔn] (*inf*) *n* deficiente *m/f*
morose [mə'rəus] *adj* cupo(a), tetro(a)
Morse [mɔːs] *n* (*also*: ~ *code*) alfabeto Morse
morsel ['mɔːsl] *n* boccone *m*
mortal ['mɔːtl] *adj* mortale ♦ *n* mortale *m*
mortar ['mɔːtə*] *n* mortaio; (*CONSTR*) malta
mortgage ['mɔːgɪdʒ] *n* ipoteca; (*loan*) prestito ipotecario ♦ *vt* ipotecare; ~ **company** (*US*) *n* società *f inv* di credito immobiliare
mortuary ['mɔːtjuərɪ] *n* camera mortuaria; obitorio
mosaic [məu'zeɪɪk] *n* mosaico
Moscow ['mɔskəu] *n* Mosca
Moslem ['mɔzləm] *adj*, *n* = **Muslim**
mosque [mɔsk] *n* moschea
mosquito [mɔs'kiːtəu] (*pl* ~**es**) *n* zanzara
moss [mɔs] *n* muschio
most [məust] *adj* (*almost all*) la maggior parte di; (*largest, greatest*): **who has (the) ~ money?** chi ha più soldi di tutti? ♦ *pron* la maggior parte ♦ *adv* più; (*work, sleep etc*) di più; (*very*) molto, estremamente; **the ~** (*also*: + *adjective*) il(la) più; ~ **of** la maggior parte di; ~ **of them** quasi tutti; **I saw (the) ~** ho visto più io; **at the (very) ~** al massimo; **to make the ~ of** trarre il massimo vantaggio da; **a ~ interesting book** un libro estremamente interessante; ~**ly** *adv* per lo più
MOT (*BRIT*) *n abbr* (= *Ministry of Transport*): **the ~ (test)** *revisione annuale obbligatoria degli autoveicoli*
motel [məu'tɛl] *n* motel *m inv*
moth [mɔθ] *n* farfalla notturna; tarma; ~**ball** *n* pallina di naftalina
mother ['mʌðə*] *n* madre *f* ♦ *vt* (*care for*) fare da madre a; ~**hood** *n* maternità; ~**-in-law** *n* suocera; ~**ly** *adj* materno(a); ~**-of-pearl** *n* madreperla; ~**-to-be** *n* futura mamma; ~ **tongue** *n* madrelingua
motion ['məuʃən] *n* movimento, moto; (*gesture*) gesto; (*at meeting*) mozione *f* ♦ *vt, vi*: **to ~ (to) sb to do** fare cenno a qn di fare; ~**less** *adj* immobile; ~ **picture** *n* film *m inv*
motivated ['məutɪveɪtɪd] *adj* motivato(a)
motive ['məutɪv] *n* motivo
motley ['mɔtlɪ] *adj* eterogeneo(a), molto vario(a)

motor ['məutə*] *n* motore *m*; (*BRIT*: *inf*: *vehicle*) macchina ♦ *cpd* automobilistico(a); **~bike** *n* moto *f inv*; **~boat** *n* motoscafo; **~car** (*BRIT*) *n* automobile *f*; **~cycle** *n* motocicletta; **~cyclist** *n* motociclista *m/f*; **~ing** (*BRIT*) *n* turismo automobilistico; **~ist** *n* automobilista *m/f*; **~ racing** (*BRIT*) *n* corse *fpl* automobilistiche; **~way** (*BRIT*) *n* autostrada

mottled ['mɔtld] *adj* chiazzato(a), marezzato(a)

motto ['mɔtəu] (*pl* **~es**) *n* motto

mould [məuld] (*US* **mold**) *n* forma, stampo; (*mildew*) muffa ♦ *vt* formare; (*fig*) foggiare; **~y** *adj* ammuffito(a); (*smell*) di muffa

moult [məult] (*US* **molt**) *vi* far la muta

mound [maund] *n* rialzo, collinetta; (*heap*) mucchio

mount [maunt] *n* (*GEO*) monte *m* ♦ *vt* montare; (*horse*) montare a ♦ *vi* (*increase*) aumentare; **~ up** *vi* (*build up*) accumularsi

mountain ['mauntın] *n* montagna ♦ *cpd* di montagna; **~ bike** *n* mountain bike *f inv*; **~eer** [-'nıə*] *n* alpinista *m/f*; **~eering** [-'nıərıŋ] *n* alpinismo; **~ous** *adj* montagnoso(a); **~ rescue team** *n* squadra di soccorso alpino; **~side** *n* fianco della montagna

mourn [mɔːn] *vt* piangere, lamentare ♦ *vi*: **to ~ (for sb)** piangere (la morte di qn); **~er** *n* parente *m/f or* amico/a del defunto; **~ful** *adj* triste, lugubre; **~ing** *n* lutto; **in ~ing** in lutto

mouse [maus] (*pl* **mice**) *n* topo; (*COMPUT*) mouse *m inv*; **~trap** *n* trappola per i topi

mousse [muːs] *n* mousse *f inv*

moustache [məs'tɑːʃ] (*US* **mustache**) *n* baffi *mpl*

mousy ['mausı] *adj* (*hair*) né chiaro(a) né scuro(a)

mouth [mauθ, *pl* mauðz] *n* bocca; (*of river*) bocca, foce *f*; (*opening*) orifizio; **~ful** *n* boccata; **~ organ** *n* armonica; **~piece** *n* (*of musical instrument*) imboccatura, bocchino; (*spokesman*) portavoce *m/f inv*; **~wash** *n* collutorio; **~-watering** *adj* che fa venire l'acquolina in bocca

movable ['muːvəbl] *adj* mobile

move [muːv] *n* (*movement*) movimento; (*in game*) mossa; (: *turn to play*) turno; (*change*: *of house*) trasloco; (: *of job*) cambiamento ♦ *vt* muovere, spostare; (*emotionally*) commuovere; (*POL*: *resolution etc*) proporre ♦ *vi* (*gen*) muoversi, spostarsi; (*also*: **~ house**) cambiar casa, traslocare; **to get a ~ on** affrettarsi, sbrigarsi; **to ~ sb to do sth** indurre *or* spingere qn a fare qc; **to ~ towards** andare verso; **~ about** *or* **around** *vi* spostarsi; **~ along** *vi* muoversi avanti; **~ away** *vi* allontanarsi, andarsene; **~ back** *vi* (*return*) ritornare; **~ forward** *vi* avanzare; **~ in** *vi* (*to a house*) entrare (in una nuova casa); (*police etc*) intervenire; **~ on** *vi* riprendere la strada; **~ out** *vi* (*of house*) sgombrare; **~ over** *vi* spostarsi; **~ up** *vi* avanzare

moveable ['muːvəbl] *adj* = **movable**

movement ['muːvmənt] *n* (*gen*) movimento; (*gesture*) gesto; (*of stars, water, physical*) moto

movie ['muːvı] *n* film *m inv*; **the ~s** il cinema; **~ camera** *n* cinepresa

moving ['muːvıŋ] *adj* mobile; (*causing emotion*) commovente

mow [məu] (*pt* **mowed**, *pp* **mowed** *or* **mown**) *vt* (*grass*) tagliare; (*corn*) mietere; **~ down** *vt* falciare; **~er** *n* (*also*: *lawnmower*) tagliaerba *m inv*; **mown** *pp of* mow

MP *n abbr* = **Member of Parliament**

m.p.h. *n abbr* = *miles per hour* (*60 m.p.h. = 96 km/h*)

Mr ['mıstə*] (*US* **Mr.**) *n*: **~ X** Signor X, Sig. X

Mrs ['mısız] (*US* **Mrs.**) *n*: **~ X** Si-

gnora X, Sig.ra X
Ms [mɪz] (*US* **Ms.**) *n* (= *Miss or Mrs*): ~ **X** ≈ Signora X, Sig.ra X
M.Sc. *abbr* = **Master of Science**

KEYWORD

much [mʌtʃ] *adj, pron* molto(a); **he's done so ~ work** ha lavorato così tanto; **I have as ~ money as you** ho tanti soldi quanti ne hai tu; **how ~ is it?** quant'è?; **it costs too ~** costa troppo; **as ~ as you want** quanto vuoi
◆ *adv* **1** (*greatly*) molto, tanto; **thank you very ~** molte grazie; **he's very ~ the gentleman** è il vero gentiluomo; **I read as ~ as I can** leggo quanto posso; **as ~ as you** tanto quanto te
2 (*by far*) molto; **it's ~ the biggest company in Europe** è di gran lunga la più grossa società in Europa
3 (*almost*) grossomodo, praticamente; **they're ~ the same** sono praticamente uguali

muck [mʌk] *n* (*dirt*) sporcizia; ~ **about** *or* **around** (*inf*) *vi* fare lo stupido; (*waste time*) gingillarsi; ~ **up** (*inf*) *vt* (*ruin*) rovinare
mud [mʌd] *n* fango
muddle ['mʌdl] *n* confusione *f*, disordine *m*; pasticcio ♦ *vt* (*also*: ~ *up*) confondere; ~ **through** *vi* cavarsela alla meno peggio
muddy ['mʌdɪ] *adj* fangoso(a)
mudguard ['mʌdgɑːd] *n* parafango
muesli ['mjuːzlɪ] *n* muesli *m*
muffin ['mʌfɪn] *n specie di pasticcino soffice da tè*
muffle ['mʌfl] *vt* (*sound*) smorzare, attutire; (*against cold*) imbacuccare
muffler ['mʌflə*] (*US*) *n* (*AUT*) marmitta; (: *on motorbike*) silenziatore *m*
mug [mʌg] *n* (*cup*) tazzone *m*; (*for beer*) boccale *m*; (*inf*: *face*) muso; (: *fool*) scemo/a ♦ *vt* (*assault*) assalire; **~ging** *n* assalto
muggy ['mʌgɪ] *adj* afoso(a)
mule [mjuːl] *n* mulo
mull over [mʌl-] *vt* rimuginare
multi-level ['mʌltɪ-] (*US*) *adj* = multistorey
multiple ['mʌltɪpl] *adj* multiplo(a); molteplice ♦ *n* multiplo; ~ **sclerosis** *n* sclerosi *f* a placche
multiplication [mʌltɪplɪ'keɪʃən] *n* moltiplicazione *f*
multiply ['mʌltɪplaɪ] *vt* moltiplicare ♦ *vi* moltiplicarsi
multistorey ['mʌltɪ'stɔːrɪ] (*BRIT*) *adj* (*building, car park*) a più piani
mum [mʌm] (*BRIT*: *inf*) *n* mamma ♦ *adj*: **to keep ~** non aprire bocca
mumble ['mʌmbl] *vt, vi* borbottare
mummy ['mʌmɪ] *n* (*BRIT*: *mother*) mamma; (*embalmed*) mummia
mumps [mʌmps] *n* orecchioni *mpl*
munch [mʌntʃ] *vt, vi* sgranocchiare
mundane [mʌn'deɪn] *adj* terra a terra *inv*
municipal [mjuː'nɪsɪpl] *adj* municipale
mural ['mjuərl] *n* dipinto murale
murder ['məːdə*] *n* assassinio, omicidio ♦ *vt* assassinare; **~er** *n* omicida *m*, assassino; **~ous** *adj* omicida
murky ['məːkɪ] *adj* tenebroso(a)
murmur ['məːmə*] *n* mormorio ♦ *vt, vi* mormorare
muscle ['mʌsl] *n* muscolo; (*fig*) forza; ~ **in** *vi* immischiarsi
muscular ['mʌskjulə*] *adj* muscolare; (*person, arm*) muscoloso(a)
muse [mjuːz] *vi* meditare, sognare ♦ *n* musa
museum [mjuː'zɪəm] *n* museo
mushroom ['mʌʃrum] *n* fungo ♦ *vi* crescere in fretta
music ['mjuːzɪk] *n* musica; **~al** *adj* musicale; (*person*) portato(a) per la musica ♦ *n* (*show*) commedia musicale; **~al instrument** *n* strumento musicale; ~ **hall** *n* teatro di varietà; **~ian** [-'zɪʃən] *n* musicista *m/f*
musk [mʌsk] *n* muschio
Muslim ['mʌzlɪm] *adj, n* musulmano(a)
muslin ['mʌzlɪn] *n* mussola

mussel ['mʌsl] *n* cozza
must [mʌst] *aux vb* (*obligation*): **I ~ do it** devo farlo; (*probability*): **he ~ be there by now** dovrebbe essere arrivato ormai; **I ~ have made a mistake** devo essermi sbagliato ♦ *n*: **it's a ~** è d'obbligo
mustache ['mʌstæʃ] (*US*) *n* = moustache
mustard ['mʌstəd] *n* senape *f*, mostarda
muster ['mʌstə*] *vt* radunare
mustn't ['mʌsnt] = **must not**
musty ['mʌstɪ] *adj* che sa di muffa *or* di rinchiuso
mute [mju:t] *adj*, *n* muto(a)
muted ['mju:tɪd] *adj* smorzato(a)
mutiny ['mju:tɪnɪ] *n* ammutinamento
mutter ['mʌtə*] *vt*, *vi* borbottare, brontolare
mutton ['mʌtn] *n* carne *f* di montone
mutual ['mju:tʃuəl] *adj* mutuo(a), reciproco(a); **~ly** *adv* reciprocamente
muzzle ['mʌzl] *n* muso; (*protective device*) museruola; (*of gun*) bocca ♦ *vt* mettere la museruola a
my [maɪ] *adj* il(la) mio(a), *pl* i(le) miei(mie); **~ house** la mia casa; **~ books** i miei libri; **~ brother** mio fratello; **I've washed ~ hair/cut ~ finger** mi sono lavato i capelli/tagliato il dito
myself [maɪ'sɛlf] *pron* (*reflexive*) mi; (*emphatic*) io stesso(a); (*after prep*) me; *see also* **oneself**
mysterious [mɪs'tɪərɪəs] *adj* misterioso(a)
mystery ['mɪstərɪ] *n* mistero
mystify ['mɪstɪfaɪ] *vt* mistificare; (*puzzle*) confondere
mystique [mɪs'ti:k] *n* fascino
myth [mɪθ] *n* mito; **~ology** [mɪ'θɔlədʒɪ] *n* mitologia

N

n/a *abbr* = **not applicable**
nag [næg] *vt* tormentare ♦ *vi* brontolare in continuazione; **~ging** *adj* (*doubt, pain*) persistente
nail [neɪl] *n* (*human*) unghia; (*metal*) chiodo ♦ *vt* inchiodare; **to ~ sb down to (doing) sth** costringere qn a (fare) qc; **~brush** *n* spazzolino da *or* per unghie; **~file** *n* lima da *or* per unghie; **~ polish** *n* smalto da *or* per unghie; **~ polish remover** *n* acetone *m*, solvente *m*; **~ scissors** *npl* forbici *fpl* da *or* per unghie; **~ varnish** (*BRIT*) *n* = **~ polish**
naïve [naɪ'i:v] *adj* ingenuo(a)
naked ['neɪkɪd] *adj* nudo(a)
name [neɪm] *n* nome *m*; (*reputation*) nome, reputazione *f* ♦ *vt* (*baby etc*) chiamare; (*plant, illness*) nominare; (*person, object*) identificare; (*price, date*) fissare; **what's your ~?** come si chiama?; **by ~** di nome; **she knows them all by ~** li conosce tutti per nome; **~less** *adj* senza nome; **~ly** *adv* cioè; **~sake** *n* omonimo
nanny ['nænɪ] *n* bambinaia
nap [næp] *n* (*sleep*) pisolino; (*of cloth*) peluria; **to be caught ~ping** essere preso alla sprovvista
nape [neɪp] *n*: **~ of the neck** nuca
napkin ['næpkɪn] *n* (*also*: *table ~*) tovagliolo
nappy ['næpɪ] (*BRIT*) *n* pannolino; **~ rash** *n* arrossamento (causato dal pannolino)
narcissi [nɑ:'sɪsaɪ] *npl of* **narcissus**
narcissus [nɑ:'sɪsəs] (*pl* **narcissi**) *n* narciso
narcotic [nɑ:'kɔtɪk] *n* narcotico ♦ *adj* narcotico(a)
narrative ['nærətɪv] *n* narrativa
narrow ['nærəu] *adj* stretto(a); (*fig*) limitato(a), ristretto(a) ♦ *vi* restringersi; **to have a ~ escape** farcela per un pelo; **to ~ sth down to** ridurre qc a; **~ly** *adv* per un pelo; (*time*)

per poco; **~-minded** *adj* meschino(a)

nasty ['nɑ:stɪ] *adj* (*person, remark: unpleasant*) cattivo(a); (: *rude*) villano(a); (*smell, wound, situation*) brutto(a)

nation ['neɪʃən] *n* nazione *f*

national ['næʃənl] *adj* nazionale ♦ *n* cittadino/a; ~ **dress** *n* costume *m* nazionale; **N~ Health Service** (*BRIT*) *n servizio nazionale di assistenza sanitaria*, ≈ S.A.U.B. *f*; **N~ Insurance** (*BRIT*) *n* ≈ Previdenza Sociale; **~ism** *n* nazionalismo; **~ity** [-'nælɪtɪ] *n* nazionalità *f inv*; **~ize** *vt* nazionalizzare; **~ly** *adv* a livello nazionale

nationwide ['neɪʃənwaɪd] *adj* diffuso(a) in tutto il paese ♦ *adv* in tutto il paese

native ['neɪtɪv] *n* abitante *m/f* del paese; (*of tribe etc*) indigeno/a ♦ *adj* indigeno(a); (*country*) natio(a); (*ability*) innato(a); **a ~ of Russia** un nativo della Russia; **a ~ speaker of French** una persona di madrelingua francese; **~ language** *n* madrelingua

Nativity [nə'tɪvɪtɪ] *n*: **the ~** la Natività

NATO ['neɪtəu] *n abbr* (= *North Atlantic Treaty Organization*) N.A.T.O. *f*

natural ['nætʃrəl] *adj* naturale; (*ability*) innato(a); (*manner*) semplice; **~ gas** *n* gas *m* metano; **~ize** *vt* naturalizzare; **to become ~ized** (*person*) naturalizzarsi; (*plant*) acclimatarsi; **~ly** *adv* naturalmente; (*by nature: gifted*) di natura

nature ['neɪtʃə*] *n* natura; (*character*) natura, indole *f*; **by ~** di natura

naught [nɔ:t] *n* = **nought**

naughty ['nɔ:tɪ] *adj* (*child*) birichino(a), cattivello(a); (*story, film*) spinto(a)

nausea ['nɔ:sɪə] *n* (*MED*) nausea; (*fig: disgust*) schifo; **~te** ['nɔ:sɪeɪt] *vt* nauseare; far schifo a

nautical ['nɔ:tɪkl] *adj* nautico(a)

naval ['neɪvl] *adj* navale; **~ officer** *n* ufficiale *m* di marina

nave [neɪv] *n* navata centrale

navel ['neɪvl] *n* ombelico

navigate ['nævɪgeɪt] *vt* percorrere navigando ♦ *vi* navigare; (*AUT*) fare da navigatore; **navigation** [-'geɪʃən] *n* navigazione *f*; **navigator** *n* (*NAUT, AVIAT*) ufficiale *m* di rotta; (*explorer*) navigatore *m*; (*AUT*) copilota *m/f*

navvy ['nævɪ] (*BRIT*) *n* manovale *m*

navy ['neɪvɪ] *n* marina; **~(-blue)** *adj* blu scuro *inv*

Nazi ['nɑ:tsɪ] *n* nazista *m/f*

NB *abbr* (= *nota bene*) N.B

near [nɪə*] *adj* vicino(a); (*relation*) prossimo(a) ♦ *adv* vicino ♦ *prep* (*also*: ~ *to*) vicino a, presso; (: *time*) verso ♦ *vt* avvicinarsi a; **~by** [nɪə'baɪ] *adj* vicino(a) ♦ *adv* vicino; **~ly** *adv* quasi; **I ~ly fell** per poco non sono caduto; **~ miss** *n*: **that was a ~ miss** c'è mancato poco; **~side** *n* (*AUT*: *in Britain*) lato sinistro; (: *in US, Europe etc*) lato destro; **~-sighted** *adj* miope

neat [ni:t] *adj* (*person, room*) ordinato(a); (*work*) pulito(a); (*solution, plan*) ben indovinato(a), azzeccato(a); (*spirits*) liscio(a); **~ly** *adv* con ordine; (*skilfully*) abilmente

necessarily ['nɛsɪsrɪlɪ] *adv* necessariamente

necessary ['nɛsɪsrɪ] *adj* necessario(a)

necessity [nɪ'sɛsɪtɪ] *n* necessità *f inv*

neck [nɛk] *n* collo; (*of garment*) colletto ♦ *vi* (*inf*) pomiciare, sbaciucchiarsi; **~ and ~** testa a testa

necklace ['nɛklɪs] *n* collana

neckline ['nɛklaɪn] *n* scollatura

necktie ['nɛktaɪ] *n* cravatta

née [neɪ] *adj*: **~ Scott** nata Scott

need [ni:d] *n* bisogno ♦ *vt* aver bisogno di; **to ~ to do** dover fare; aver bisogno di fare; **you don't ~ to go** non devi andare, non c'è bisogno che tu vada

needle ['ni:dl] *n* ago; (*on record*

player) puntina ♦ *vt* punzecchiare
needless ['ni:dlɪs] *adj* inutile
needlework ['ni:dlwə:k] *n* cucito
needn't ['ni:dnt] = **need not**
needy ['ni:dɪ] *adj* bisognoso(a)
negative ['nɛgətɪv] *n* (*LING*) negazione *f*; (*PHOT*) negativo ♦ *adj* negativo(a)
neglect [nɪ'glɛkt] *vt* trascurare ♦ *n* (*of person, duty*) negligenza; (*of child, house etc*) scarsa cura; **state of ~** stato di abbandono
negligee ['nɛglɪʒeɪ] *n* négligé *m inv*
negligence ['nɛglɪdʒəns] *n* negligenza
negligible ['nɛglɪdʒɪbl] *adj* insignificante, trascurabile
negotiable [nɪ'gəuʃɪəbl] *adj* (*cheque*) trasferibile
negotiate [nɪ'gəuʃɪeɪt] *vi*: **to ~ (with)** negoziare (con) ♦ *vt* (*COMM*) negoziare; (*obstacle*) superare; **negotiation** [-'eɪʃən] *n* negoziato, trattativa
Negress ['ni:grɪs] *n* negra
Negro ['ni:grəu] (*pl* **~es**) *adj, n* negro(a)
neigh [neɪ] *vi* nitrire
neighbour ['neɪbə*] (*US* **neighbor**) *n* vicino/a; **~hood** *n* vicinato; **~ing** *adj* vicino(a); **~ly** *adj*: **he is a ~ly person** è un buon vicino
neither ['naɪðə*] *adj, pron* né l'uno(a) né l'altro(a), nessuno(a) dei(delle) due ♦ *conj* neanche, nemmeno, neppure ♦ *adv*: **~ good nor bad** né buono né cattivo; **I didn't move and ~ did Claude** io non mi mossi e nemmeno Claude; **..., ~ did I refuse** ..., ma non ho nemmeno rifiutato
neon ['ni:ɔn] *n* neon *m*; **~ light** *n* luce *f* al neon
nephew ['nɛvju:] *n* nipote *m*
nerve [nə:v] *n* nervo; (*fig*) coraggio; (*impudence*) faccia tosta; **a fit of ~s** una crisi di nervi; **~-racking** *adj* che spezza i nervi
nervous ['nə:vəs] *adj* nervoso(a); (*anxious*) agitato(a), in apprensione; **~ breakdown** *n* esaurimento nervoso
nest [nɛst] *n* nido ♦ *vi* fare il nido, nidificare; **~ egg** *n* (*fig*) gruzzolo
nestle ['nɛsl] *vi* accoccolarsi
net [nɛt] *n* rete *f* ♦ *adj* netto(a) ♦ *vt* (*fish etc*) prendere con la rete; (*profit*) ricavare un utile netto di; **~ball** *n specie di pallacanestro*; **~ curtains** *npl* tende *fpl* di tulle
Netherlands ['nɛðələndz] *npl*: **the ~** i Paesi Bassi
nett [nɛt] *adj* = **net**
netting ['nɛtɪŋ] *n* (*for fence etc*) reticolato
nettle ['nɛtl] *n* ortica
network ['nɛtwə:k] *n* rete *f*
neurotic [njuə'rɔtɪk] *adj, n* nevrotico(a)
neuter ['nju:tə*] *adj* neutro(a) ♦ *vt* (*cat etc*) castrare
neutral ['nju:trəl] *adj* neutro(a); (*person, nation*) neutrale ♦ *n* (*AUT*): **in ~** in folle; **~ize** *vt* neutralizzare
never ['nɛvə*] *adv* (non...) mai; **~ again** mai più; **I'll ~ go there again** non ci vado più; **~ in my life** mai in vita mia; *see also* **mind**; **~-ending** *adj* interminabile; **~theless** [nɛvəðə'lɛs] *adv* tuttavia, ciò nonostante, ciò nondimeno
new [nju:] *adj* nuovo(a); (*brand new*) nuovo(a) di zecca; **~born** *adj* neonato(a); **~comer** ['nju:kʌmə*] *n* nuovo(a) venuto(a); **~-fangled** ['nju:fæŋgld] (*pej*) *adj* stramoderno(a); **~-found** *adj* nuovo(a); **~ly** *adv* di recente; **~ly-weds** *npl* sposini *mpl*, sposi *mpl* novelli
news [nju:z] *n* notizie *fpl*; (*RADIO*) giornale *m* radio; (*TV*) telegiornale *m*; **a piece of ~** una notizia; **~ agency** *n* agenzia di stampa; **~agent** (*BRIT*) *n* giornalaio; **~caster** *n* (*RADIO, TV*) annunciatore/trice; **~dealer** (*US*) *n* = **~agent**; **~ flash** *n* notizia *f* lampo *inv*; **~letter** *n* bollettino; **~paper** *n* giornale *m*; **~print** *n* carta da giornale; **~reader** *n* = **~caster**;

~**reel** *n* cinegiornale *m*; ~ **stand** *n* edicola
newt [nju:t] *n* tritone *m*
New Year *n* Anno Nuovo; ~**'s Day** *n* il Capodanno; ~**'s Eve** *n* la vigilia di Capodanno
New York [-'jɔ:k] *n* New York *f*
New Zealand [-'zi:lənd] *n* Nuova Zelanda; ~**er** *n* neozelandese *m/f*
next [nɛkst] *adj* prossimo(a) ♦ *adv* accanto; (*in time*) dopo; **the ~ day** il giorno dopo, l'indomani; ~ **time** la prossima volta; ~ **year** l'anno prossimo; **when do we meet ~?** quando ci rincontriamo?; ~ **to** accanto a; ~ **to nothing** quasi niente; ~ **please!** (avanti) il prossimo!; ~ **door** *adv, adj* accanto *inv*; ~**-of-kin** *n* parente *m/f* prossimo(a)
NHS *n abbr* = **National Health Service**
nib [nɪb] *n* (*of pen*) pennino
nibble ['nɪbl] *vt* mordicchiare
Nicaragua [nɪkə'rægjuə] *n* Nicaragua *m*
nice [naɪs] *adj* (*holiday, trip*) piacevole; (*flat, picture*) bello(a); (*person*) simpatico(a), gentile; ~**ly** *adv* bene
niceties ['naɪsɪtɪz] *npl* finezze *fpl*
nick [nɪk] *n* taglietto; tacca ♦ *vt* (*inf*) rubare; **in the ~ of time** appena in tempo
nickel ['nɪkl] *n* nichel *m*; (*US*) *moneta da cinque centesimi di dollaro*
nickname ['nɪkneɪm] *n* soprannome *m* ♦ *vt* soprannominare
niece [ni:s] *n* nipote *f*
Nigeria [naɪ'dʒɪərɪə] *n* Nigeria
niggling ['nɪglɪŋ] *adj* insignificante; (*annoying*) irritante
night [naɪt] *n* notte *f*; (*evening*) sera; **at ~** la sera; **by ~** di notte; **the ~ before last** l'altro ieri notte (*or* sera); ~**cap** *n bicchierino prima di andare a letto;* ~ **club** *n* locale *m* notturno; ~**dress** *n* camicia da notte; ~**fall** *n* crepuscolo; ~**gown** *n* = ~**dress**; ~**ie** ['naɪtɪ] *n* = ~**dress**
nightingale ['naɪtɪŋgeɪl] *n* usignolo
nightlife ['naɪtlaɪf] *n* vita notturna
nightly ['naɪtlɪ] *adj* di ogni notte *or* sera; (*by night*) notturno(a) ♦ *adv* ogni notte *or* sera
nightmare ['naɪtmɛə*] *n* incubo
night: ~ porter *n* portiere *m* di notte; ~ **school** *n* scuola serale; ~ **shift** *n* turno di notte; ~**-time** *n* notte *f*
nil [nɪl] *n* nulla *m*; (*BRIT: SPORT*) zero
Nile [naɪl] *n*: **the ~** il Nilo
nimble ['nɪmbl] *adj* agile
nine [naɪn] *num* nove; ~**teen** *num* diciannove; ~**ty** *num* novanta
ninth [naɪnθ] *adj* nono(a)
nip [nɪp] *vt* pizzicare; (*bite*) mordere
nipple ['nɪpl] *n* (*ANAT*) capezzolo
nitrogen ['naɪtrədʒən] *n* azoto

KEYWORD

no [nəu] (*pl* ~es) *adv* (*opposite of "yes"*) no; **are you coming? — ~ (I'm not)** viene? — no (non vengo); **would you like some more? — ~ thank you** ne vuole ancora un po'? — no, grazie
♦ *adj* (*not any*) nessuno(a); **I have ~ money/time/books** non ho soldi/tempo/libri; ~ **student would have done it** nessuno studente lo avrebbe fatto; **"~ parking"** "divieto di sosta"; **"~ smoking"** "vietato fumare"
♦ *n* no *m inv*

nobility [nəu'bɪlɪtɪ] *n* nobiltà
noble ['nəubl] *adj* nobile
nobody ['nəubədɪ] *pron* nessuno
nod [nɔd] *vi* accennare col capo, fare un cenno; (*in agreement*) annuire con un cenno del capo; (*sleep*) sonnecchiare ♦ *vt*: **to ~ one's head** fare di sì col capo ♦ *n* cenno; ~ **off** *vi* assopirsi
noise [nɔɪz] *n* rumore *m*; (*din, racket*) chiasso; **noisy** *adj* (*street, car*) rumoroso(a); (*person*) chiassoso(a)
nominal ['nɔmɪnl] *adj* nominale; (*rent*) simbolico(a)
nominate ['nɔmɪneɪt] *vt* (*propose*)

proporre come candidato; (*elect*) nominare
nominee [nɔmɪ'niː] *n* persona nominata; candidato/a
non... [nɔn] *prefix* non...; **~-alcoholic** *adj* analcolico(a); **~-aligned** *adj* non allineato(a)
nonchalant ['nɔnʃələnt] *adj* disinvolto(a), noncurante
non-committal ['nɔnkə'mɪtl] *adj* evasivo(a)
nondescript ['nɔndɪskrɪpt] *adj* qualunque *inv*
none [nʌn] *pron* (*not one thing*) niente; (*not one person*) nessuno(a); **~ of you** nessuno(a) di voi; **I've ~ left** non ne ho più; **he's ~ the worse for it** non ne ha risentito
nonentity [nɔ'nɛntɪtɪ] *n* persona insignificante
nonetheless [nʌnðə'lɛs] *adv* nondimeno
non-existent [-ɪg'zɪstənt] *adj* inesistente
non-fiction *n* saggistica
nonplussed [nɔn'plʌst] *adj* sconcertato(a)
nonsense ['nɔnsəns] *n* sciocchezze *fpl*
non: ~-smoker *n* non fumatore/trice; **~-stick** *adj* antiaderente, antiadesivo(a); **~-stop** *adj* continuo(a); (*train, bus*) direttissimo(a) ♦ *adv* senza sosta
noodles ['nuːdlz] *npl* taglierini *mpl*
nook [nuk] *n*: **~s and crannies** angoli *mpl*
noon [nuːn] *n* mezzogiorno
no one ['nəuwʌn] *pron* = **nobody**
noose [nuːs] *n* nodo scorsoio; (*hangman's*) cappio
nor [nɔː*] *conj* = **neither** ♦ *adv see* **neither**
norm [nɔːm] *n* norma
normal ['nɔːml] *adj* normale; **~ly** *adv* normalmente
north [nɔːθ] *n* nord *m*, settentrione *m* ♦ *adj* nord *inv*, del nord, settentrionale ♦ *adv* verso nord; **N~ America** *n* America del Nord; **~-east** *n* nord-est *m*; **~erly** ['nɔːðəlɪ] *adj* (*point, direction*) verso nord; **~ern** ['nɔːðən] *adj* del nord, settentrionale; **N~ern Ireland** *n* Irlanda del Nord; **N~ Pole** *n* Polo Nord; **N~ Sea** *n* Mare *m* del Nord; **~ward(s)** ['nɔːθwəd(z)] *adv* verso nord; **~-west** *n* nord-ovest *m*
Norway ['nɔːweɪ] *n* Norvegia
Norwegian [nɔː'wiːdʒən] *adj* norvegese ♦ *n* norvegese *m/f*; (*LING*) norvegese *m*
nose [nəuz] *n* naso; (*of animal*) muso ♦ *vi*: **to ~ about** aggirarsi; **~bleed** *n* emorragia nasale; **~-dive** *n* picchiata; **~y** (*inf*) *adj* = **nosy**
nostalgia [nɔs'tældʒɪə] *n* nostalgia
nostril ['nɔstrɪl] *n* narice *f*; (*of horse*) frogia
nosy ['nəuzɪ] (*inf*) *adj* curioso(a)
not [nɔt] *adv* non; **he is ~** *or* **isn't here** non è qui, non c'è; **you must ~** *or* **you mustn't do that** non devi fare quello; **it's too late, isn't it** *or* **is it ~?** è troppo tardi, vero?; **~ that I don't like him** non che (lui) non mi piaccia; **~ yet/now** non ancora/ora; *see also* **all**; **only**
notably ['nəutəblɪ] *adv* (*markedly*) notevolmente; (*particularly*) in particolare
notary ['nəutərɪ] *n* notaio
notch [nɔtʃ] *n* tacca; (*in saw*) dente *m*
note [nəut] *n* nota; (*letter, banknote*) biglietto ♦ *vt* (*also*: **~ down**) prendere nota di; **to take ~s** prendere appunti; **~book** *n* taccuino; **~d** ['nəutɪd] *adj* celebre; **~pad** *n* blocnotes *m inv*; **~paper** *n* carta da lettere
nothing ['nʌθɪŋ] *n* nulla *m*, niente *m*; (*zero*) zero; **he does ~** non fa niente; **~ new/much** *etc* niente di nuovo/speciale *etc*; **for ~** per niente
notice ['nəutɪs] *n* avviso; (*of leaving*) preavviso ♦ *vt* notare, accorgersi di; **to take ~ of** fare attenzione a; **to bring sth to sb's ~** far notare qc a qn; **at short ~** con un breve preav-

viso; **until further** ~ fino a nuovo avviso; **to hand in one's** ~ licenziarsi; **~able** *adj* evidente; ~ **board** (*BRIT*) *n* tabellone *m* per affissi

notify ['nəutıfaı] *vt*: **to** ~ **sth to sb** far sapere qc a qn; **to** ~ **sb of sth** avvisare qn di qc

notion ['nəuʃən] *n* idea; (*concept*) nozione *f*

notorious [nəu'tɔ:rıəs] *adj* famigerato(a)

notwithstanding [nɔtwıθ'stændıŋ] *adv* nondimeno ♦ *prep* nonostante, malgrado

nougat ['nu:gɑ:] *n* torrone *m*

nought [nɔ:t] *n* zero

noun [naun] *n* nome *m*, sostantivo

nourish ['nʌrıʃ] *vt* nutrire

novel ['nɔvl] *n* romanzo ♦ *adj* nuovo(a); **~ist** *n* romanziere/a; **~ty** *n* novità *f inv*

November [nəu'vɛmbə*] *n* novembre *m*

novice ['nɔvıs] *n* principiante *m/f*; (*REL*) novizio/a

now [nau] *adv* ora, adesso ♦ *conj*: ~ **(that)** adesso che, ora che; **by** ~ ormai; **just** ~ proprio ora; **right** ~ subito, immediatamente; ~ **and then,** ~ **and again** ogni tanto; **from** ~ **on** da ora in poi; **~adays** ['nauədeız] *adv* oggidì

nowhere ['nəuwɛə*] *adv* in nessun luogo, da nessuna parte

nozzle ['nɔzl] *n* (*of hose etc*) boccaglio; (*of fire extinguisher*) lancia

nuance ['nju:ɑ̃:ns] *n* sfumatura

nuclear ['nju:klıə*] *adj* nucleare

nuclei ['nju:klıaı] *npl of* **nucleus**

nucleus ['nju:klıəs] (*pl* **nuclei**) *n* nucleo

nude [nju:d] *adj* nudo(a) ♦ *n* (*ART*) nudo; **in the** ~ tutto(a) nudo(a)

nudge [nʌdʒ] *vt* dare una gomitata a

nudist ['nju:dıst] *n* nudista *m/f*

nuisance ['nju:sns] *n*: **it's a** ~ è una seccatura; **he's a** ~ è uno scocciatore

null [nʌl] *adj*: ~ **and void** nullo(a)

numb [nʌm] *adj*: ~ **(with)** intorpidito(a) (da); (*with fear*) impietrito(a) (da); ~ **with cold** intirizzito(a) (dal freddo)

number ['nʌmbə*] *n* numero ♦ *vt* numerare; (*include*) contare; **a** ~ **of** un certo numero di; **to be** **~ed among** venire annoverato(a) tra; **they were 10 in** ~ erano in tutto 10; ~ **plate** (*BRIT*) *n* (*AUT*) targa

numeral ['nju:mərəl] *n* numero, cifra

numerate ['nju:mərıt] *adj*: **to be** ~ avere nozioni di aritmetica

numerical [nju:'mɛrıkl] *adj* numerico(a)

numerous ['nju:mərəs] *adj* numeroso(a)

nun [nʌn] *n* suora, monaca

nurse [nə:s] *n* infermiere/a; (*also*: *~maid*) bambinaia ♦ *vt* (*patient, cold*) curare; (*baby*: *BRIT*) cullare; (: *US*) allattare, dare il latte a

nursery ['nə:sərı] *n* (*room*) camera dei bambini; (*institution*) asilo; (*for plants*) vivaio; ~ **rhyme** *n* filastrocca; ~ **school** *n* scuola materna; ~ **slope** (*BRIT*) *n* (*SKI*) pista per principianti

nursing ['nə:sıŋ] *n* (*profession*) professione *f* di infermiere (*or* di infermiera); (*care*) cura; ~ **home** *n* casa di cura

nurture ['nə:tʃə*] *vt* allevare; nutrire

nut [nʌt] *n* (*of metal*) dado; (*fruit*) noce *f*; **~crackers** *npl* schiaccianoci *m inv*

nutmeg ['nʌtmɛg] *n* noce *f* moscata

nutritious [nju:'trıʃəs] *adj* nutriente

nuts [nʌts] (*inf*) *adj* matto(a)

nutshell ['nʌtʃɛl] *n*: **in a** ~ in poche parole

nylon ['naılɔn] *n* nailon *m* ♦ *adj* di nailon

O

oak [əuk] *n* quercia ♦ *adj* di quercia
O.A.P. (*BRIT*) *n abbr* = **old age pensioner**
oar [ɔ:*] *n* remo
oasis [əu'eɪsɪs] (*pl* **oases**) *n* oasi *f inv*
oath [əuθ] *n* giuramento; (*swear word*) bestemmia
oatmeal ['əutmi:l] *n* farina d'avena
oats [əuts] *npl* avena
obedience [ə'bi:dɪəns] *n* ubbidienza
obedient [ə'bi:dɪənt] *adj* ubbidiente
obey [ə'beɪ] *vt* ubbidire a; (*instructions, regulations*) osservare
obituary [ə'bɪtjuərɪ] *n* necrologia
object [*n* 'ɔbdʒɪkt, *vb* əb'dʒɛkt] *n* oggetto; (*purpose*) scopo, intento; (*LING*) complemento oggetto ♦ *vi*: **to ~ to** (*attitude*) disapprovare; (*proposal*) protestare contro, sollevare delle obiezioni contro; **expense is no ~** non si bada a spese; **to ~ that** obiettare che; **I ~!** mi oppongo!; **~ion** [əb'dʒɛkʃən] *n* obiezione *f*; **~ionable** [əb'dʒɛkʃənəbl] *adj* antipatico(a); (*language*) scostumato(a); **~ive** *n* obiettivo
obligation [ɔblɪ'geɪʃən] *n* obbligo, dovere *m*; **without ~** senza impegno
oblige [ə'blaɪdʒ] *vt* (*force*): **to ~ sb to do** costringere qn a fare; (*do a favour*) fare una cortesia a; **to be ~d to sb for sth** essere grato a qn per qc; **obliging** *adj* servizievole, compiacente
oblique [ə'bli:k] *adj* obliquo(a); (*allusion*) indiretto(a)
obliterate [ə'blɪtəreɪt] *vt* cancellare
oblivion [ə'blɪvɪən] *n* oblio
oblivious [ə'blɪvɪəs] *adj*: **~ of** incurante di; inconscio(a) di
oblong ['ɔblɔŋ] *adj* oblungo(a) ♦ *n* rettangolo
obnoxious [əb'nɔkʃəs] *adj* odioso(a); (*smell*) disgustoso(a), ripugnante
oboe ['əubəu] *n* oboe *m*
obscene [əb'si:n] *adj* osceno(a)
obscure [əb'skjuə*] *adj* oscuro(a) ♦ *vt* oscurare; (*hide*: *sun*) nascondere
observant [əb'zə:vnt] *adj* attento(a)
observation [ɔbzə'veɪʃən] *n* osservazione *f*; (*by police etc*) sorveglianza
observatory [əb'zə:vətrɪ] *n* osservatorio
observe [əb'zə:v] *vt* osservare; (*remark*) fare osservare; **~r** *n* osservatore/trice
obsess [əb'sɛs] *vt* ossessionare; **~ive** *adj* ossessivo(a)
obsolescence [ɔbsə'lɛsns] *n* obsolescenza
obsolete ['ɔbsəli:t] *adj* obsoleto(a)
obstacle ['ɔbstəkl] *n* ostacolo
obstinate ['ɔbstɪnɪt] *adj* ostinato(a)
obstruct [əb'strʌkt] *vt* (*block*) ostruire, ostacolare; (*halt*) fermare; (*hinder*) impedire
obtain [əb'teɪn] *vt* ottenere; **~able** *adj* ottenibile
obvious ['ɔbvɪəs] *adj* ovvio(a), evidente; **~ly** *adv* ovviamente; certo
occasion [ə'keɪʒən] *n* occasione *f*; (*event*) avvenimento; **~al** *adj* occasionale; **~ally** *adv* ogni tanto
occupation [ɔkju'peɪʃən] *n* occupazione *f*; (*job*) mestiere *m*, professione *f*; **~al hazard** *n* rischio del mestiere
occupier ['ɔkjupaɪə*] *n* occupante *m/f*
occupy ['ɔkjupaɪ] *vt* occupare; **to ~ o.s. in doing** occuparsi a fare
occur [ə'kə:*] *vi* accadere, capitare; **to ~ to sb** venire in mente a qn; **~rence** *n* caso, fatto; presenza
ocean ['əuʃən] *n* oceano; **~-going** *adj* d'alto mare
o'clock [ə'klɔk] *adv*: **it is 5 ~** sono le 5
OCR *n abbr* (= *optical character recognition*) lettura ottica; (= *optical character reader*) lettore *m* ottico
octave ['ɔktɪv] *n* ottavo
October [ɔk'təubə*] *n* ottobre *m*
octopus ['ɔktəpəs] *n* polpo, piovra
odd [ɔd] *adj* (*strange*) strano(a), bizzarro(a); (*number*) dispari *inv*; (*not*

of a set) spaiato(a); **60-~** 60 e oltre; **at ~ times** di tanto in tanto; **the ~ one out** l'eccezione *f*; **~ity** *n* bizzarria; (*person*) originale *m*; **~-job man** *n* tuttofare *m inv*; **~ jobs** *npl* lavori *mpl* occasionali; **~ly** *adv* stranamente; **~ments** *npl* (*COMM*) rimanenze *fpl*; **~s** *npl* (*in betting*) quota; **~s and ends** *npl* avanzi *mpl*; **it makes no ~s** non importa; **at ~s** in contesa

odometer [ɔ'dɔmɪtə*] *n* odometro

odour ['əudə*] (*US* **odor**) *n* odore *m*; (*unpleasant*) cattivo odore

KEYWORD

of [ɔv, əv] *prep* **1** (*gen*) di; **a boy ~ 10** un ragazzo di 10 anni; **a friend ~ ours** un nostro amico; **that was kind ~ you** è stato molto gentile da parte sua

2 (*expressing quantity, amount, dates etc*) di; **a kilo ~ flour** un chilo di farina; **how much ~ this do you need?** quanto gliene serve?; **there were 3 ~ them** (*people*) erano in 3; (*objects*) ce n'erano 3; **3 ~ us went** 3 di noi sono andati; **the 5th ~ July** il 5 luglio

3 (*from, out of*) di, in; **made ~ wood** (fatto) di *or* in legno

KEYWORD

off [ɔf] *adv* **1** (*distance, time*): **it's a long way ~** è lontano; **the game is 3 days ~** la partita è tra 3 giorni

2 (*departure, removal*) via; **to go ~ to Paris** andarsene a Parigi; **I must be ~** devo andare via; **to take ~ one's coat** togliersi il cappotto; **the button came ~** il bottone è venuto via *or* si è staccato; **10% ~** con lo sconto del 10%

3 (*not at work*): **to have a day ~** avere un giorno libero; **to be ~ sick** essere assente per malattia

◆ *adj* (*engine*) spento(a); (*tap*) chiuso(a); (*cancelled*) sospeso(a); (*BRIT*: *food*) andato(a) a male; **on the ~ chance** nel caso; **to have an ~ day** non essere in forma

◆ *prep* **1** (*motion, removal etc*) da; (*distant from*) a poca distanza da; **a street ~ the square** una strada che parte dalla piazza

2: **to be ~ meat** non mangiare più la carne

offal ['ɔfl] *n* (*CULIN*) frattaglie *fpl*

off-colour (*BRIT*) *adj* (*ill*) malato(a), indisposto(a)

offence [ə'fɛns] (*US* **offense**) *n* (*LAW*) contravvenzione *f*; (: *more serious*) reato; **to take ~ at** offendersi per

offend [ə'fɛnd] *vt* (*person*) offendere; **~er** *n* delinquente *m/f*; (*against regulations*) contravventore/trice

offense [ə'fɛns] (*US*) *n* = **offence**

offensive [ə'fɛnsɪv] *adj* offensivo(a); (*smell etc*) sgradevole, ripugnante ◆ *n* (*MIL*) offensiva

offer ['ɔfə*] *n* offerta, proposta ◆ *vt* offrire; **"on ~"** (*COMM*) "in offerta speciale"; **~ing** *n* offerta

offhand [ɔf'hænd] *adj* disinvolto(a), noncurante ◆ *adv* su due piedi

office ['ɔfɪs] *n* (*place*) ufficio; (*position*) carica; **doctor's ~** (*US*) studio; **to take ~** entrare in carica; **~ automation** *n* automazione *f* d'ufficio; burotica; **~ block** (*US* **~ building**) *n* complesso di uffici; **~ hours** *npl* orario d'ufficio; (*US*: *MED*) orario di visite

officer ['ɔfɪsə*] *n* (*MIL etc*) ufficiale *m*; (*also*: *police ~*) agente *m* di polizia; (*of organization*) funzionario

office worker *n* impiegato/a d'ufficio

official [ə'fɪʃl] *adj* (*authorized*) ufficiale ◆ *n* ufficiale *m*; (*civil servant*) impiegato/a statale; funzionario; **~dom** (*pej*) *n* burocrazia

officiate [ə'fɪʃɪeɪt] *vi* presenziare

officious [ə'fɪʃəs] *adj* invadente

offing ['ɔfɪŋ] *n*: **in the ~** (*fig*) in vista

off: **~-licence** (*BRIT*) *n* (*shop*)

spaccio di bevande alcoliche; **~-line** *adj, adv* (*COMPUT*) off-line *inv*, fuori linea; (: *switched off*) spento(a); **~-peak** *adj* (*ticket, heating etc*) a tariffa ridotta; (*time*) non di punta; **~-putting** (*BRIT*) *adj* sgradevole, antipatico(a); **~-season** *adj, adv* fuori stagione

offset ['ɔfsɛt] (*irreg*) *vt* (*counteract*) controbilanciare, compensare

offshoot ['ɔfʃu:t] *n* (*fig*) diramazione *f*

offshore [ɔf'ʃɔ:*] *adj* (*breeze*) di terra; (*island*) vicino alla costa; (*fishing*) costiero(a)

offside ['ɔf'saɪd] *adj* (*SPORT*) fuori gioco; (*AUT*: *in Britain*) destro(a); (: *in Italy etc*) sinistro(a)

offspring ['ɔfsprɪŋ] *n inv* prole *f*, discendenza

off: **~stage** *adv* dietro le quinte; **~-the-peg** (*US* **~-the-rack**) *adv* prêt-à-porter; **~-white** *adj* bianco sporco *inv*

often ['ɔfn] *adv* spesso; **how ~ do you go?** quanto spesso ci vai?

ogle ['əugl] *vt* occhieggiare

oh [əu] *excl* oh!

oil [ɔɪl] *n* olio; (*petroleum*) petrolio; (*for central heating*) nafta ♦ *vt* (*machine*) lubrificare; **~can** *n* oliatore *m* a mano; (*for storing*) latta da olio; **~field** *n* giacimento petrolifero; **~ filter** *n* (*AUT*) filtro dell'olio; **~ painting** *n* quadro a olio; **~ refinery** *n* raffineria di petrolio; **~ rig** *n* derrick *m inv*; (*at sea*) piattaforma per trivellazioni subacquee; **~skins** *npl* indumenti *mpl* di tela cerata; **~ tanker** *n* (*ship*) petroliera; (*truck*) autocisterna per petrolio; **~ well** *n* pozzo petrolifero; **~y** *adj* unto(a), oleoso(a); (*food*) grasso(a)

ointment ['ɔɪntmənt] *n* unguento

O.K. ['əu'keɪ] *excl* d'accordo! ♦ *adj* non male *inv* ♦ *vt* approvare; **is it ~?, are you ~?** tutto bene?

okay ['əu'keɪ] *excl, adj, vt* = **O.K**

old [əuld] *adj* vecchio(a); (*ancient*) antico(a), vecchio(a); (*person*) vecchio(a), anziano(a); **how ~ are you?** quanti anni ha?; **he's 10 years ~** ha 10 anni; **~er brother** fratello maggiore; **~ age** *n* vecchiaia; **~ age pensioner** (*BRIT*) *n* pensionato/a; **~-fashioned** *adj* antiquato(a), fuori moda; (*person*) all'antica

olive ['ɔlɪv] *n* (*fruit*) oliva; (*tree*) olivo ♦ *adj* (*also*: **~-green**) verde oliva *inv*; **~ oil** *n* olio d'oliva

Olympic [əu'lɪmpɪk] *adj* olimpico(a); **the ~ Games, the ~s** i giochi olimpici, le Olimpiadi

omelet(te) ['ɔmlɪt] *n* omelette *f inv*

omen ['əumən] *n* presagio, augurio

ominous ['ɔmɪnəs] *adj* minaccioso(a); (*event*) di malaugurio

omit [əu'mɪt] *vt* omettere

KEYWORD

on [ɔn] *prep* **1** (*indicating position*) su; **~ the wall** sulla parete; **~ the left** a *or* sulla sinistra

2 (*indicating means, method, condition etc*): **~ foot** a piedi; **~ the train/plane** in treno/aereo; **~ the telephone** al telefono; **~ the radio/television** alla radio/televisione; **to be ~ drugs** drogarsi; **~ holiday** in vacanza

3 (*referring to time*): **~ Friday** venerdì; **~ Fridays** il *or* di venerdì; **~ June 20th** il 20 giugno; **~ Friday, June 20th** venerdì, 20 giugno; **a week ~ Friday** venerdì a otto; **~ his arrival** al suo arrivo; **~ seeing this** vedendo ciò

4 (*about, concerning*) su, di; **information ~ train services** informazioni sui collegamenti ferroviari; **a book ~ Goldoni/physics** un libro su Goldoni/di *or* sulla fisica

◆ *adv* **1** (*referring to dress, covering*): **to have one's coat ~** avere indosso il cappotto; **to put one's coat ~** mettersi il cappotto; **what's she got ~?** cosa indossa?; **she put her boots/gloves/hat ~** si mise gli stivali/i guanti/il cappello; **screw the**

lid ~ **tightly** avvita bene il coperchio
2 (*further, continuously*): **to walk ~, go ~** *etc* continuare, proseguire *etc*; **to read ~** continuare a leggere; **~ and off** ogni tanto
◆ *adj* **1** (*in operation*: *machine, TV, light*) acceso(a); (: *tap*) aperto(a); (: *brake*) inserito(a); **is the meeting still ~?** (*in progress*) la riunione è ancora in corso?; (*not cancelled*) è confermato l'incontro?; **there's a good film ~ at the cinema** danno un buon film al cinema
2 (*inf*): **that's not ~!** (*not acceptable*) non si fa così!; (*not possible*) non se ne parla neanche!

once [wʌns] *adv* una volta ♦ *conj* non appena, quando; **~ he had left/it was done** dopo che se n'era andato/fu fatto; **at ~** subito; (*simultaneously*) a un tempo; **~ a week** una volta per settimana; **~ more** ancora una volta; **~ and for all** una volta per sempre; **~ upon a time** c'era una volta
oncoming ['ɔnkʌmɪŋ] *adj* (*traffic*) che viene in senso opposto

KEYWORD

one [wʌn] *num* uno(a); **~ hundred and fifty** centocinquanta; **~ day** un giorno
◆ *adj* **1** (*sole*) unico(a); **the ~ book which** l'unico libro che; **the ~ man who** l'unico che
2 (*same*) stesso(a); **they came in the ~ car** sono venuti nella stessa macchina
◆ *pron* **1**: **this ~** questo/a; **that ~** quello/a; **I've already got ~/a red ~** ne ho già uno/uno rosso; **~ by ~** uno per uno
2: **~ another** l'un l'altro; **to look at ~ another** guardarsi; **to help ~ another** auitarsi l'un l'altro *or* a vicenda
3 (*impersonal*) si; **~ never knows** non si sa mai; **to cut ~'s finger** tagliarsi un dito; **~ needs to eat** bisogna mangiare

one: ~-day excursion (*US*) *n* biglietto giornaliero di andata e ritorno; **~-man** *adj* (*business*) diretto(a) *etc* da un solo uomo; **~-man band** *n suonatore ambulante con vari strumenti*; **~-off** (*BRIT*: *inf*) *n* fatto eccezionale
oneself [wʌn'sɛlf] *pron* (*reflexive*) si; (*after prep*) se stesso(a), sé; **to do sth (by) ~** fare qc da sé; **to hurt ~** farsi male; **to keep sth for ~** tenere qc per sé; **to talk to ~** parlare da solo
one: ~-sided *adj* (*argument*) unilaterale; **~-to-~** *adj* (*relationship*) univoco(a); **~-upmanship** [-'ʌpmənʃɪp] *n l'arte di fare sempre meglio degli altri*; **~-way** *adj* (*street, traffic*) a senso unico
ongoing ['ɔngəuɪŋ] *adj* in corso; in attuazione
onion ['ʌnjən] *n* cipolla
on-line *adj, adv* (*COMPUT*) on-line *inv*
onlooker ['ɔnlukə*] *n* spettatore/trice
only ['əunlɪ] *adv* solo, soltanto ♦ *adj* solo(a), unico(a) ♦ *conj* solo che, ma; **an ~ child** un figlio unico; **not ~ ... but also** non solo ... ma anche
onset ['ɔnsɛt] *n* inizio
onshore ['ɔnʃɔ:*] *adj* (*wind*) di mare
onslaught ['ɔnslɔ:t] *n* attacco, assalto
onto ['ɔntu] *prep* = **on to**
onus ['əunəs] *n* onere *m*, peso
onward(s) ['ɔnwəd(z)] *adv* (*move*) in avanti; **from that time ~** da quella volta in poi
onyx ['ɔnɪks] *n* onice *f*
ooze [u:z] *vi* stillare
OPEC ['əupɛk] *n abbr* (= *Organization of Petroleum-Exporting Countries*) O.P.E.C. *f*
open ['əupn] *adj* aperto(a); (*road*) libero(a); (*meeting*) pubblico(a) ♦ *vt* aprire ♦ *vi* (*eyes, door, debate*)

aprirsi; (*flower*) sbocciare; (*shop, bank, museum*) aprire; (*book etc: commence*) cominciare; **in the ~ (air)** all'aperto; **~ on to** *vt fus* (*subj: room, door*) dare su; **~ up** *vt* aprire; (*blocked road*) sgombrare ♦ *vi* (*shop, business*) aprire; **~ing** *adj* (*speech*) di apertura ♦ *n* apertura; (*opportunity*) occasione *f*, opportunità *f inv*; sbocco; **~ly** *adv* apertamente; **~-minded** *adj* che ha la mente aperta; **~-necked** *adj* col collo slacciato; **~-plan** *adj* senza pareti divisorie

opera ['ɔpərə] *n* opera

operate ['ɔpəreɪt] *vt* (*machine*) azionare, far funzionare; (*system*) usare ♦ *vi* funzionare; (*drug*) essere efficace; **to ~ on sb (for)** (*MED*) operare qn (di)

operatic [ɔpə'rætɪk] *adj* dell'opera, lirico(a)

operating ['ɔpəreɪtɪŋ] *adj*: **~ table** tavolo operatorio; **~ theatre** sala operatoria

operation [ɔpə'reɪʃən] *n* operazione *f*; **to be in ~** (*machine*) essere in azione *or* funzionamento; (*system*) essere in vigore; **to have an ~** (*MED*) subire un'operazione; **~al** *adj* in funzione; d'esercizio

operative ['ɔpərətɪv] *adj* (*measure*) operativo(a)

operator ['ɔpəreɪtə*] *n* (*of machine*) operatore/trice; (*TEL*) centralinista *m/f*

opinion [ə'pɪnɪən] *n* opinione *f*, parere *m*; **in my ~** secondo me, a mio avviso; **~ated** *adj* dogmatico(a); **~ poll** *n* sondaggio di opinioni

opium ['əupɪəm] *n* oppio

opponent [ə'pəunənt] *n* avversario/a

opportunist [ɔpə'tju:nɪst] *n* opportunista *m/f*

opportunity [ɔpə'tju:nɪtɪ] *n* opportunità *f inv*, occasione *f*; **to take the ~ of doing** cogliere l'occasione per fare

oppose [ə'pəuz] *vt* opporsi a; **~d to** contrario(a) a; **as ~d to** in contrasto con; **opposing** *adj* opposto(a); (*team*) avversario(a)

opposite ['ɔpəzɪt] *adj* opposto(a); (*house etc*) di fronte ♦ *adv* di fronte, dirimpetto ♦ *prep* di fronte a ♦ *n*: **the ~** il contrario, l'opposto; **the ~ sex** l'altro sesso

opposition [ɔpə'zɪʃən] *n* opposizione *f*

oppress [ə'prɛs] *vt* opprimere

opt [ɔpt] *vi*: **to ~ for** optare per; **to ~ to do** scegliere di fare; **~ out** *vi*: **to ~ out of** ritirarsi da

optical ['ɔptɪkl] *adj* ottico(a)

optician [ɔp'tɪʃən] *n* ottico

optimist ['ɔptɪmɪst] *n* ottimista *m/f*; **~ic** [-'mɪstɪk] *adj* ottimistico(a)

optimum ['ɔptɪməm] *adj* ottimale

option ['ɔpʃən] *n* scelta; (*SCOL*) materia facoltativa; (*COMM*) opzione *f*; **~al** *adj* facoltativo(a); (*COMM*) a scelta

or [ɔ:*] *conj* o, oppure; (*with negative*): **he hasn't seen ~ heard anything** non ha visto né sentito niente; **~ else** se no, altrimenti; oppure

oral ['ɔ:rəl] *adj* orale ♦ *n* esame *m* orale

orange ['ɔrɪndʒ] *n* (*fruit*) arancia ♦ *adj* arancione

orator ['ɔrətə*] *n* oratore/trice

orbit ['ɔ:bɪt] *n* orbita ♦ *vt* orbitare intorno a

orchard ['ɔ:tʃəd] *n* frutteto

orchestra ['ɔ:kɪstrə] *n* orchestra; (*US: seating*) platea

orchid ['ɔ:kɪd] *n* orchidea

ordain [ɔ:'deɪn] *vt* (*REL*) ordinare; (*decide*) decretare

ordeal [ɔ:'di:l] *n* prova, travaglio

order ['ɔ:də*] *n* ordine *m*; (*COMM*) ordinazione *f* ♦ *vt* ordinare; **in ~** in ordine; (*of document*) in regola; **in (working) ~** funzionante; **in ~ to do** per fare; **in ~ that** affinché + *sub*; **on ~** (*COMM*) in ordinazione; **out of ~** non in ordine; (*not working*) guasto; **to ~ sb to do** ordinare a qn di fare; **~ form** *n* modulo d'ordinazione; **~ly** *n* (*MIL*) attendente *m*; (*MED*) inserviente *m* ♦ *adj* (*room*) in ordine; (*mind*) metodico(a); (*person*) ordinato(a), metodico(a)

ordinary ['ɔ:dnrɪ] *adj* normale, comune; (*pej*) mediocre; **out of the ~** diverso dal solito, fuori dell'ordinario

Ordnance Survey ['ɔ:dnəns-] (*BRIT*) *n istituto cartografico britannico*

ore [ɔ:*] *n* minerale *m* grezzo

organ ['ɔ:gən] *n* organo; **~ic** [ɔ:'gænɪk] *adj* organico(a)

organization [ɔ:gənaɪ'zeɪʃən] *n* organizzazione *f*

organize ['ɔ:gənaɪz] *vt* organizzare; **~r** *n* organizzatore/trice

orgasm ['ɔ:gæzəm] *n* orgasmo

orgy ['ɔ:dʒɪ] *n* orgia

Orient ['ɔ:rɪənt] *n*: **the ~** l'Oriente *m*; **oriental** [-'ɛntl] *adj, n* orientale *m/f*

origin ['ɔrɪdʒɪn] *n* origine *f*

original [ə'rɪdʒɪnl] *adj* originale; (*earliest*) originario(a) ♦ *n* originale *m*; **~ly** *adv* (*at first*) all'inizio

originate [ə'rɪdʒɪneɪt] *vi*: **to ~ from** essere originario(a) di; (*suggestion*) provenire da; **to ~ in** avere origine in

Orkneys ['ɔ:knɪz] *npl*: **the ~** (*also*: *the Orkney Islands*) le Orcadi

ornament ['ɔ:nəmənt] *n* ornamento; (*trinket*) ninnolo; **~al** [-'mɛntl] *adj* ornamentale

ornate [ɔ:'neɪt] *adj* molto ornato(a)

orphan ['ɔ:fn] *n* orfano/a; **~age** *n* orfanotrofio

orthodox ['ɔ:θədɔks] *adj* ortodosso(a)

orthopaedic [ɔ:θə'pi:dɪk] (*US* **orthopedic**) *adj* ortopedico(a)

ostensibly [ɔs'tɛnsɪblɪ] *adv* all'apparenza

ostentatious [ɔstɛn'teɪʃəs] *adj* pretenzioso(a); ostentato(a)

ostrich ['ɔstrɪtʃ] *n* struzzo

other ['ʌðə*] *adj* altro(a) ♦ *pron*: **the ~ (one)** l'altro(a); **~s** (**~** *people*) altri *mpl*; **~ than** altro che; a parte; **~wise** *adv, conj* altrimenti

otter ['ɔtə*] *n* lontra

ouch [autʃ] *excl* ohi!, ahi!

ought [ɔ:t] (*pt* **ought**) *aux vb*: **I ~ to do it** dovrei farlo; **this ~ to have been corrected** questo avrebbe dovuto essere corretto; **he ~ to win** dovrebbe vincere

ounce [auns] *n* oncia (= *28.35 g; 16 in a pound*)

our ['auə*] *adj* il(la) nostro(a), *pl* i(le) nostri(e); *see also* **my**; **~s** *pron* il(la) nostro(a), *pl* i(le) nostri(e); *see also* **mine**; **~selves** *pron pl* (*reflexive*) ci; (*after preposition*) noi; (*emphatic*) noi stessi(e); *see also* **oneself**

oust [aust] *vt* cacciare, espellere

KEYWORD

out [aut] *adv* (*gen*) fuori; **~ here/there** qui/là fuori; **to speak ~ loud** parlare forte; **to have a night ~** uscire una sera; **the boat was 10 km ~** la barca era a 10 km dalla costa; **3 days ~ from Plymouth** a 3 giorni da Plymouth

♦ *adj*: **to be ~** (*gen*) essere fuori; (*unconscious*) aver perso i sensi; (*style, singer*) essere fuori moda; **before the week was ~** prima che la settimana fosse finita; **to be ~ to do sth** avere intenzione di fare qc; **to be ~ in one's calculations** aver sbagliato i calcoli

♦ **out of** *prep* **1** (*outside, beyond*) fuori di; **to go ~ of the house** uscire di casa; **to look ~ of the window** guardare fuori dalla finestra

2 (*because of*) per

3 (*origin*) da; **to drink ~ of a cup** bere da una tazza

4 (*from among*): **~ of 10** su 10

5 (*without*) senza; **~ of petrol** senza benzina

out-and-out *adj* (*liar, thief etc*) vero(a) e proprio(a)

outback ['autbæk] *n* (*in Australia*) interno, entroterra

outboard ['autbɔ:d] *n*: ~ **(motor)** (motore *m*) fuoribordo
outbreak ['autbreɪk] *n* scoppio; epidemia
outburst ['autbə:st] *n* scoppio
outcast ['autkɑ:st] *n* esule *m/f*; (*socially*) paria *m inv*
outcome ['autkʌm] *n* esito, risultato
outcrop ['autkrɔp] *n* (*of rock*) affioramento
outcry ['autkraɪ] *n* protesta, clamore *m*
outdated [aut'deɪtɪd] *adj* (*custom, clothes*) fuori moda; (*idea*) sorpassato(a)
outdo [aut'du:] (*irreg*) *vt* sorpassare
outdoor [aut'dɔ:*] *adj* all'aperto; **~s** *adv* fuori; all'aria aperta
outer ['autə*] *adj* esteriore; **~ space** *n* spazio cosmico
outfit ['autfɪt] *n* (*clothes*) completo; (: *for sport*) tenuta
outgoing ['autgəuɪŋ] *adj* (*character*) socievole; **~s** (*BRIT*) *npl* (*expenses*) spese *fpl*, uscite *fpl*
outgrow [aut'grəu] (*irreg*) *vt*: **he has ~n his clothes** tutti i vestiti gli sono diventati piccoli
outhouse ['authaus] *n* costruzione *f* annessa
outing ['autɪŋ] *n* gita; escursione *f*
outlandish [aut'lændɪʃ] *adj* strano(a)
outlaw ['autlɔ:] *n* fuorilegge *m/f* ♦ *vt* bandire
outlay ['autleɪ] *n* spese *fpl*; (*investment*) sborsa, spesa
outlet ['autlɛt] *n* (*for liquid etc*) sbocco, scarico; (*US*: *ELEC*) presa di corrente; (*also*: *retail* ~) punto di vendita
outline ['autlaɪn] *n* contorno, profilo; (*summary*) abbozzo, grandi linee *fpl* ♦ *vt* (*fig*) descrivere a grandi linee
outlive [aut'lɪv] *vt* sopravvivere a
outiook ['autluk] *n* prospettiva, vista
outlying ['autlaɪɪŋ] *adj* periferico(a)
outmoded [aut'məudɪd] *adj* passato(a) di moda; antiquato(a)
outnumber [aut'nʌmbə*] *vt* superare in numero
out-of-date *adj* (*passport*) scaduto(a); (*clothes*) fuori moda *inv*
out-of-the-way *adj* (*place*) fuori mano *inv*
outpatient ['autpeɪʃənt] *n* paziente *m/f* esterno(a)
outpost ['autpəust] *n* avamposto
output ['autput] *n* produzione *f*; (*COMPUT*) output *m inv*
outrage ['autreɪdʒ] *n* oltraggio; scandalo ♦ *vt* oltraggiare; **~ous** [-'reɪdʒəs] *adj* oltraggioso(a); scandaloso(a)
outright [*adv* aut'raɪt, *adj* 'autraɪt] *adv* completamente; schiettamente; apertamente; sul colpo ♦ *adj* completo(a); schietto(a) e netto(a)
outset ['autsɛt] *n* inizio
outside [aut'saɪd] *n* esterno, esteriore *m* ♦ *adj* esterno(a), esteriore ♦ *adv* fuori, all'esterno ♦ *prep* fuori di, all'esterno di; **at the** ~ (*fig*) al massimo; ~ **lane** *n* (*AUT*) corsia di sorpasso; ~ **line** *n* (*TEL*) linea esterna; **~r** *n* (*in race etc*) outsider *m inv*; (*stranger*) estraneo/a
outsize ['autsaɪz] *adj* (*clothes*) per taglie forti
outskirts ['autskə:ts] *npl* sobborghi *mpl*
outspoken [aut'spəukən] *adj* molto franco(a)
outstanding [aut'stændɪŋ] *adj* eccezionale, di rilievo; (*unfinished*) non completo(a); non evaso(a); non regolato(a)
outstay [aut'steɪ] *vt*: **to ~ one's welcome** diventare un ospite sgradito
outstretched [aut'strɛtʃt] *adj* (*hand*) teso(a); (*body*) disteso(a)
outstrip [aut'strɪp] *vt* (*competitors, demand*) superare
out-tray *n* contenitore *m* per la corrispondenza in partenza
outward ['autwəd] *adj* (*sign, appearances*) esteriore; (*journey*) d'andata; **~ly** *adv* esteriormente; in apparenza

outweigh [aut'weɪ] *vt* avere maggior peso di
outwit [aut'wɪt] *vt* superare in astuzia
oval ['əuvl] *adj* ovale ♦ *n* ovale *m*
ovary ['əuvərɪ] *n* ovaia
oven ['ʌvn] *n* forno; **~proof** *adj* da forno
over ['əuvə*] *adv* al di sopra ♦ *adj* (*or adv*) (*finished*) finito(a), terminato(a); (*too*) troppo; (*remaining*) che avanza ♦ *prep* su; sopra; (*above*) al di sopra di; (*on the other side of*) di là di; (*more than*) più di; (*during*) durante; ~ **here** qui; ~ **there** là; **all** ~ (*everywhere*) dappertutto; (*finished*) tutto(a) finito(a); ~ **and** ~ (**again**) più e più volte; ~ **and above** oltre (a); **to ask sb** ~ invitare qn (a passare)
overall [*adj, n* 'əuvərɔːl, *adv* əuvər'ɔːl] *adj* totale ♦ *n* (*BRIT*) grembiule *m* ♦ *adv* nell'insieme, complessivamente; **~s** *npl* (*worker's ~s*) tuta (da lavoro)
overawe [əuvər'ɔː] *vt* intimidire
overbalance [əuvə'bæləns] *vi* perdere l'equilibrio
overbearing [əuvə'bεərɪŋ] *adj* imperioso(a), prepotente
overboard ['əuvəbɔːd] *adv* (*NAUT*) fuori bordo, in mare
overbook [əuvə'buk] *vt*: **the hotel was ~ed** le prenotazioni all'albergo superavano i posti disponibili
overcast ['əuvəkɑːst] *adj* coperto(a)
overcharge [əuvə'tʃɑːdʒ] *vt*: **to ~ sb for sth** far pagare troppo caro a qn per qc
overcoat ['əuvəkəut] *n* soprabito, cappotto
overcome [əuvə'kʌm] (*irreg*) *vt* superare; sopraffare
overcrowded [əuvə'kraudɪd] *adj* sovraffollato(a)
overdo [əuvə'duː] (*irreg*) *vt* esagerare; (*overcook*) cuocere troppo
overdose ['əuvədəus] *n* dose *f* eccessiva
overdraft ['əuvədrɑːft] *n* scoperto (di conto)
overdrawn [əuvə'drɔːn] *adj* (*account*) scoperto(a)
overdue [əuvə'djuː] *adj* in ritardo
overestimate [əuvər'εstɪmeɪt] *vt* sopravvalutare
overflow [*vb* əuvə'fləu, *n* 'əuvəfləu] *vi* traboccare ♦ *n* (*also*: ~ *pipe*) troppopieno
overgrown [əuvə'grəun] *adj* (*garden*) ricoperto(a) di vegetazione
overhaul [*vb* əuvə'hɔːl, *n* 'əuvəhɔːl] *vt* revisionare ♦ *n* revisione *f*
overhead [*adv* əuvə'hεd, *adj, n* 'əuvəhεd] *adv* di sopra ♦ *adj* aereo(a); (*lighting*) verticale ♦ *n* (*US*) = **~s**; **~s** *npl* spese *fpl* generali
overhear [əuvə'hɪə*] (*irreg*) *vt* sentire (per caso)
overheat [əuvə'hiːt] *vi* (*engine*) surriscaldare
overjoyed [əuvə'dʒɔɪd] *adj* pazzo(a) di gioia
overkill ['əuvəkɪl] *n* (*fig*) eccessi *mpl*
overlap [əuvə'læp] *vi* sovrapporsi
overleaf [əuvə'liːf] *adv* a tergo
overload [əuvə'ləud] *vt* sovraccaricare
overlook [əuvə'luk] *vt* (*have view of*) dare su; (*miss*) trascurare; (*forgive*) passare sopra a
overnight [əuvə'naɪt] *adv* (*happen*) durante la notte; (*fig*) tutto ad un tratto ♦ *adj* di notte; **he stayed there** ~ ci ha passato la notte
overpass ['əuvəpɑːs] *n* cavalcavia *m inv*
overpower [əuvə'pauə*] *vt* sopraffare; **~ing** *adj* irresistibile; (*heat, stench*) soffocante
overrate [əuvə'reɪt] *vt* sopravvalutare
override [əuvə'raɪd] (*irreg*: *like* **ride**) *vt* (*order, objection*) passar sopra a; (*decision*) annullare; **overriding** *adj* preponderante
overrule [əuvə'ruːl] *vt* (*decision*) annullare; (*claim*) respingere
overrun [əuvə'rʌn] (*irreg*: *like* **run**) *vt* (*country*) invadere; (*time limit*)

superare
overseas [əuvə'si:z] *adv* oltremare; (*abroad*) all'estero ♦ *adj* (*trade*) estero(a); (*visitor*) straniero(a)
overshadow [əuvə'ʃædəu] *vt* far ombra su; (*fig*) eclissare
overshoot [əuvə'ʃu:t] (*irreg*) *vt* superare
oversight ['əuvəsaɪt] *n* omissione *f*, svista
oversleep [əuvə'sli:p] (*irreg*) *vt* dormire troppo a lungo
overstate [əuvə'steɪt] *vt* esagerare
overstep [əuvə'stεp] *vt*: **to ~ the mark** superare ogni limite
overt [əu'və:t] *adj* palese
overtake [əuvə'teɪk] (*irreg*) *vt* sorpassare
overthrow [əuvə'θrəu] (*irreg*) *vt* (*government*) rovesciare
overtime ['əuvətaɪm] *n* (lavoro) straordinario
overtone ['əuvətəun] *n* sfumatura
overture ['əuvətʃuə*] *n* (*MUS*) ouverture *f inv*; (*fig*) approccio
overturn [əuvə'tə:n] *vt* rovesciare ♦ *vi* rovesciarsi
overweight [əuvə'weɪt] *adj* (*person*) troppo grasso(a)
overwhelm [əuvə'wεlm] *vt* sopraffare; sommergere; schiacciare; **~ing** *adj* (*victory, defeat*) schiacciante; (*heat, desire*) intenso(a)
overwork [əuvə'wə:k] *n* eccessivo lavoro
overwrought [əuvə'rɔ:t] *adj* molto agitato(a)
owe [əu] *vt*: **to ~ sb sth, to ~ sth to sb** dovere qc a qn; **owing to** *prep* a causa di
owl [aul] *n* gufo
own [əun] *vt* possedere ♦ *adj* proprio(a); **a room of my ~** la mia propria camera; **to get one's ~ back** vendicarsi; **on one's ~** tutto(a) solo(a); **~ up** *vi* confessare; **~er** *n* proprietario/a; **~ership** *n* possesso
ox [ɔks] *pl* **oxen** *n* bue *m*
oxen ['ɔksn] *npl of* **ox**
oxtail ['ɔksteɪl] *n*: **~ soup** minestra di coda di bue
oxygen ['ɔksɪdʒən] *n* ossigeno; **~ mask/tent** *n* maschera/tenda ad ossigeno
oyster ['ɔɪstə*] *n* ostrica
oz. *abbr* = **ounce(s)**
ozone ['əuzəun] *n* ozono; **~-friendly** *adj* che non danneggia l'ozono; **~ hole** *n* buco nell'ozono; **~ layer** *n* strato di ozono

P

p [pi:] *abbr* = **penny; pence**
P.A. *n abbr* = **personal assistant; public address system**
p.a. *abbr* = **per annum**
pa [pɑ:] (*inf*) *n* papà *m inv*, babbo
pace [peɪs] *n* passo; (*speed*) passo; velocità ♦ *vi*: **to ~ up and down** camminare su e giù; **to keep ~ with** camminare di pari passo a; (*events*) tenersi al corrente di; **~maker** *n* (*MED*) segnapasso; (*SPORT*: *also*: ~ *setter*) battistrada *m inv*
pacific [pə'sɪfɪk] *n*: **the P~ (Ocean)** il Pacifico, l'Oceano Pacifico
pacify ['pæsɪfaɪ] *vt* calmare, placare
pack [pæk] *n* pacco; (*US*: *of cigarettes*) pacchetto; (*back~*) zaino; (*of hounds*) muta; (*of thieves etc*) banda; (*of cards*) mazzo ♦ *vt* (*in suitcase etc*) mettere; (*box*) riempire; (*cram*) stipare, pigiare; **to ~ (one's bags)** fare la valigia; **to ~ sb off** spedire via qn; **~ it in!** (*inf*) dacci un taglio!
package ['pækɪdʒ] *n* pacco; balla; (*also*: ~ *deal*) pacchetto; forfait *m inv*; **~ holiday** *n* vacanza organizzata; **~ tour** *n* viaggio organizzato
packed lunch *n* pranzo al sacco
packet ['pækɪt] *n* pacchetto
packing ['pækɪŋ] *n* imballaggio; **~ case** *n* cassa da imballaggio
pact [pækt] *n* patto, accordo; trattato
pad [pæd] *n* blocco; (*to prevent fric-*

tion) cuscinetto; (*inf*: *flat*) appartamentino ♦ *vt* imbottire; **~ding** *n* imbottitura

paddle ['pædl] *n* (*oar*) pagaia; (*US*: *for table tennis*) racchetta da ping-pong ♦ *vi* sguazzare ♦ *vt*: **to ~ a canoe** *etc* vogare con la pagaia; **~ steamer** *n* battello a ruote; **paddling pool** (*BRIT*) *n* piscina per bambini

paddock ['pædək] *n* prato recintato; (*at racecourse*) paddock *m inv*

paddy field ['pædɪ-] *n* risaia

padlock ['pædlɔk] *n* lucchetto

paediatrics [pi:dɪ'ætrɪks] (*US* **pediatrics**) *n* pediatria

pagan ['peɪgən] *adj*, *n* pagano(a)

page [peɪdʒ] *n* pagina; (*also*: *~ boy*) paggio ♦ *vt* (*in hotel etc*) (far) chiamare

pageant ['pædʒənt] *n* spettacolo storico; grande cerimonia; **~ry** *n* pompa

pager ['peɪdʒə*] *n* (*TEL*) cercapersone *m inv*

paging device ['peɪdʒɪŋ-] *n* (*TEL*) cercapersone *m inv*

paid [peɪd] *pt*, *pp of* **pay** ♦ *adj* (*work*, *official*) rimunerato(a); **to put ~ to** (*BRIT*) mettere fine a

pail [peɪl] *n* secchio

pain [peɪn] *n* dolore *m*; **to be in ~** soffrire, aver male; **to take ~s to do** mettercela tutta per fare; **~ed** *adj* addolorato(a), afflitto(a); **~ful** *adj* doloroso(a), che fa male; difficile, penoso(a); **~fully** *adv* (*fig*: *very*) fin troppo; **~killer** *n* antalgico, antidolorifico; **~less** *adj* indolore

painstaking ['peɪnzteɪkɪŋ] *adj* (*person*) sollecito(a); (*work*) accurato(a)

paint [peɪnt] *n* vernice *f*, colore *m* ♦ *vt* dipingere; (*walls*, *door etc*) verniciare; **to ~ the door blue** verniciare la porta di azzurro; **~brush** *n* pennello; **~er** *n* (*artist*) pittore *m*; (*decorator*) imbianchino; **~ing** *n* pittura; verniciatura; (*picture*) dipinto, quadro; **~work** *n* tinta; (*of car*) vernice *f*

pair [pɛə*] *n* (*of shoes*, *gloves etc*) paio; (*of people*) coppia; duo *m inv*; **a ~ of scissors/trousers** un paio di forbici/pantaloni

pajamas [pɪ'dʒɑ:məz] (*US*) *npl* pigiama *m*

Pakistan [pɑ:kɪ'stɑ:n] *n* Pakistan *m*; **~i** *adj*, *n* pakistano(a)

pal [pæl] (*inf*) *n* amico/a, compagno/a

palace ['pæləs] *n* palazzo

palatable ['pælɪtəbl] *adj* gustoso(a)

palate ['pælɪt] *n* palato

palatial [pə'leɪʃəl] *adj* sontuoso(a), sfarzoso(a)

pale [peɪl] *adj* pallido(a) ♦ *n*: **to be beyond the ~** aver oltrepassato ogni limite

Palestine ['pælɪstaɪn] *n* Palestina; **Palestinian** [-'tɪnɪən] *adj*, *n* palestinese *m/f*

palette ['pælɪt] *n* tavolozza

palings ['peɪlɪŋz] *npl* (*fence*) palizzata

pall [pɔ:l] *n* (*of smoke*) cappa ♦ *vi*: **to ~ (on)** diventare noioso(a) (a)

pallet ['pælɪt] *n* (*for goods*) paletta

pallid ['pælɪd] *adj* pallido(a), smorto(a)

pallor ['pælə*] *n* pallore *m*

palm [pɑ:m] *n* (*ANAT*) palma, palmo; (*also*: *~ tree*) palma ♦ *vt*: **to ~ sth off on sb** (*inf*) rifilare qc a qn; **P~ Sunday** *n* Domenica delle Palme

palpable ['pælpəbl] *adj* palpabile

paltry ['pɔ:ltrɪ] *adj* irrisorio(a); insignificante

pamper ['pæmpə*] *vt* viziare, coccolare

pamphlet ['pæmflət] *n* dépliant *m inv*

pan [pæn] *n* (*also*: *sauce~*) casseruola; (*also*: *frying ~*) padella

panache [pə'næʃ] *n* stile *m*

pancake ['pænkeɪk] *n* frittella

pancreas ['pæŋkrɪəs] *n* pancreas *m inv*

panda ['pændə] *n* panda *m inv*; **~ car** (*BRIT*) *n* auto *f* della polizia

pandemonium [pændɪ'məunɪəm] *n*

pandemonio
pander ['pændə*] *vi*: **to ~ to** lusingare; concedere tutto a
pane [peɪn] *n* vetro
panel ['pænl] *n* (*of wood, cloth etc*) pannello; (*RADIO, TV*) giuria; **~ling** (*US* **~ing**) *n* rivestimento a pannelli
pang [pæŋ] *n*: **a ~ of regret** un senso di rammarico; **hunger ~s** morsi *mpl* della fame
panic ['pænɪk] *n* panico ♦ *vi* perdere il sangue freddo; **~ky** *adj* (*person*) pauroso(a); **~-stricken** *adj* (*person*) preso(a) dal panico, in preda al panico; (*look*) terrorizzato(a)
pansy ['pænzɪ] *n* (*BOT*) viola del pensiero, pensée *f inv*; (*inf*: *pej*) femminuccia
pant [pænt] *vi* ansare
panther ['pænθə*] *n* pantera
panties ['pæntɪz] *npl* slip *m*, mutandine *fpl*
pantihose ['pæntɪhəuz] (*US*) *n* collant *m inv*
pantomime ['pæntəmaɪm] (*BRIT*) *n* pantomima
pantry ['pæntrɪ] *n* dispensa
pants [pænts] *npl* mutande *fpl*, slip *m*; (*US*: *trousers*) pantaloni *mpl*
papal ['peɪpəl] *adj* papale, pontificio(a)
paper ['peɪpə*] *n* carta; (*also*: *wall~*) carta da parati, tappezzeria; (*also*: *news~*) giornale *m*; (*study, article*) saggio; (*exam*) prova scritta ♦ *adj* di carta ♦ *vt* tappezzare; **~s** *npl* (*also*: *identity* **~s**) carte *fpl*, documenti *mpl*; **~back** *n* tascabile *m*; edizione *f* economica; **~ bag** *n* sacchetto di carta; **~ clip** *n* graffetta, clip *f inv*; **~ hankie** *n* fazzolettino di carta; **~weight** *n* fermacarte *m inv*; **~work** *n* lavoro amministrativo
papier-mâché ['pæpɪeɪ'mæʃeɪ] *n* cartapesta
par [pɑ:*] *n* parità, pari *f*; (*GOLF*) norma; **on a ~ with** alla pari con
parable ['pærəbl] *n* parabola
parachute ['pærəʃu:t] *n* paracadute *m inv*
parade [pə'reɪd] *n* parata ♦ *vt* (*fig*) fare sfoggio di ♦ *vi* sfilare in parata
paradise ['pærədaɪs] *n* paradiso
paradox ['pærədɔks] *n* paradosso; **~ically** [-'dɔksɪklɪ] *adv* paradossalmente
paraffin ['pærəfɪn] (*BRIT*) *n*: **~ (oil)** paraffina
paragon ['pærəgən] *n* modello di perfezione *or* di virtù
paragraph ['pærəgrɑ:f] *n* paragrafo
parallel ['pærəlɛl] *adj* parallelo(a); (*fig*) analogo(a) ♦ *n* (*line*) parallela; (*fig, GEO*) parallelo
paralyse ['pærəlaɪz] (*US* **paralyze**) *vt* paralizzare
paralysis [pə'rælɪsɪs] *n* paralisi *f inv*
paralyze ['pærəlaɪz] (*US*) *vt* = **paralyse**
paramount ['pærəmaunt] *adj*: **of ~ importance** di capitale importanza
paranoid ['pærənɔɪd] *adj* paranoico(a)
paraphernalia [pærəfə'neɪlɪə] *n* attrezzi *mpl*, roba
parasol ['pærəsɔl] *n* parasole *m*
paratrooper ['pærətru:pə*] *n* paracadutista *m* (*soldato*)
parcel ['pɑ:sl] *n* pacco, pacchetto ♦ *vt* (*also*: **~ *up***) impaccare
parch [pɑ:tʃ] *vt* riardere; **~ed** *adj* (*person*) assetato(a)
parchment ['pɑ:tʃmənt] *n* pergamena
pardon ['pɑ:dn] *n* perdono; grazia ♦ *vt* perdonare; (*LAW*) graziare; **~ me!** mi scusi!; **I beg your ~!** scusi!; **I beg your ~?** (*BRIT*), **~ me?** (*US*) prego?
parent ['pɛərənt] *n* genitore *m*; **~s** *npl* (*mother and father*) genitori *mpl*; **~al** [pə'rɛntl] *adj* dei genitori
parentheses [pə'rɛnθɪsi:z] *npl of* **parenthesis**
parenthesis [pə'rɛnθɪsɪs] (*pl* **parentheses**) *n* parentesi *f inv*
Paris ['pærɪs] *n* Parigi *f*
parish ['pærɪʃ] *n* parrocchia; (*BRIT*: *civil*) ≈ municipio

park [pɑ:k] *n* parco ♦ *vt, vi* parcheggiare
parka ['pɑ:kə] *n* eskimo
parking ['pɑ:kɪŋ] *n* parcheggio; **"no ~"** "sosta vietata"; **~ lot** (*US*) *n* posteggio, parcheggio; **~ meter** *n* parchimetro; **~ ticket** *n* multa per sosta vietata
parlance ['pɑ:ləns] *n* gergo
parliament ['pɑ:ləmənt] *n* parlamento; **~ary** [-'mɛntərɪ] *adj* parlamentare
parlour ['pɑ:lə*] (*US* **parlor**) *n* salotto
parochial [pə'rəukɪəl] (*pej*) *adj* provinciale
parody ['pærədɪ] *n* parodia
parole [pə'rəul] *n*: **on ~** in libertà per buona condotta
parrot ['pærət] *n* pappagallo
parry ['pærɪ] *vt* parare
parsley ['pɑ:slɪ] *n* prezzemolo
parsnip ['pɑ:snɪp] *n* pastinaca
parson ['pɑ:sn] *n* prete *m*; (*Church of England*) parroco
part [pɑ:t] *n* parte *f*; (*of machine*) pezzo; (*US*: *in hair*) scriminatura ♦ *adj* in parte ♦ *adv* = **partly** ♦ *vt* separare ♦ *vi* (*people*) separarsi; **to take ~ in** prendere parte a; **for my ~** per parte mia; **to take sth in good ~** prendere bene qc; **to take sb's ~** parteggiare per *or* prendere le parti di qn; **for the most ~** in generale; nella maggior parte dei casi; **~ with** *vt fus* separarsi da; rinunciare a; **~ exchange** (*BRIT*) *n*: **in ~ exchange** in pagamento parziale
partial ['pɑ:ʃl] *adj* parziale; **to be ~ to** avere un debole per
participate [pɑ:'tɪsɪpeɪt] *vi*: **to ~ (in)** prendere parte (a), partecipare (a); **participation** [-'peɪʃən] *n* partecipazione *f*
participle ['pɑ:tɪsɪpl] *n* participio
particle ['pɑ:tɪkl] *n* particella
particular [pə'tɪkjulə*] *adj* particolare; speciale; (*fussy*) difficile; meticoloso(a); **in ~** in particolare, particolarmente; **~ly** *adv* particolarmente; in particolare; **~s** *npl* particolari *mpl*, dettagli *mpl*; (*information*) informazioni *fpl*
parting ['pɑ:tɪŋ] *n* separazione *f*; (*BRIT*: *in hair*) scriminatura ♦ *adj* d'addio
partisan [pɑ:tɪ'zæn] *n* partigiano/a ♦ *adj* partigiano(a); di parte
partition [pɑ:'tɪʃən] *n* (*POL*) partizione *f*; (*wall*) tramezzo
partly ['pɑ:tlɪ] *adv* parzialmente; in parte
partner ['pɑ:tnə*] *n* (*COMM*) socio/a; (*wife, husband etc, SPORT*) compagno/a; (*at dance*) cavaliere/dama; **~ship** *n* associazione *f*; (*COMM*) società *f inv*
partridge ['pɑ:trɪdʒ] *n* pernice *f*
part-time *adj, adv* a orario ridotto
party ['pɑ:tɪ] *n* (*POL*) partito; (*group*) gruppo; (*LAW*) parte *f*; (*celebration*) ricevimento; serata; festa ♦ *cpd* (*POL*) del partito, di partito; **~ dress** *n* vestito della festa; **~ line** *n* (*TEL*) duplex *m inv*
pass [pɑ:s] *vt* (*gen*) passare; (*place*) passare davanti a; (*exam*) passare, superare; (*candidate*) promuovere; (*overtake, surpass*) sorpassare, superare; (*approve*) approvare ♦ *vi* passare ♦ *n* (*permit*) lasciapassare *m inv*; permesso; (*in mountains*) passo, gola; (*SPORT*) passaggio; (*SCOL*): **to get a ~** prendere la sufficienza; **to ~ sth through a hole** *etc* far passare qc attraverso un buco *etc*; **to make a ~ at sb** (*inf*) fare delle proposte *or* delle avances a qn; **~ away** *vi* morire; **~ by** *vi* passare ♦ *vt* trascurare; **~ on** *vt* passare; **~ out** *vi* svenire; **~ up** *vt* (*opportunity*) lasciarsi sfuggire, perdere; **~able** *adj* (*road*) praticabile; (*work*) accettabile
passage ['pæsɪdʒ] *n* (*gen*) passaggio; (*also*: **~way**) corridoio; (*in book*) brano, passo; (*by boat*) traversata
passbook ['pɑ:sbuk] *n* libretto di risparmio

passenger ['pæsɪndʒə*] *n* passeggero/a
passer-by [pɑːsə'baɪ] *n* passante *m/f*
passing ['pɑːsɪŋ] *adj* (*fig*) fuggevole; **to mention sth in** ~ accennare a qc di sfuggita; ~ **place** *n* (*AUT*) piazzola di sosta
passion ['pæʃən] *n* passione *f*; amore *m*; ~**ate** *adj* appassionato(a)
passive ['pæsɪv] *adj* (*also LING*) passivo(a); ~ **smoking** *n* fumo passivo
Passover ['pɑːsəuvə*] *n* Pasqua ebraica
passport ['pɑːspɔːt] *n* passaporto; ~ **control** *n* controllo *m* passaporti *inv*
password ['pɑːswəːd] *n* parola d'ordine
past [pɑːst] *prep* (*further than*) oltre, di là di; dopo; (*later than*) dopo ♦ *adj* passato(a); (*president etc*) ex *inv* ♦ *n* passato; **he's ~ forty** ha più di quarant'anni; **ten ~ eight** le otto e dieci; **for the ~ few days** da qualche giorno; in questi ultimi giorni; **to run** ~ passare di corsa
pasta ['pæstə] *n* pasta
paste [peɪst] *n* (*glue*) colla; (*CULIN*) pâté *m inv*; pasta ♦ *vt* collare
pastel ['pæstl] *adj* pastello *inv*
pasteurized ['pæstəraɪzd] *adj* pastorizzato(a)
pastille ['pæstl] *n* pastiglia
pastime ['pɑːstaɪm] *n* passatempo
pastry ['peɪstrɪ] *n* pasta
pasture ['pɑːstʃə*] *n* pascolo
pasty[1] ['pæstɪ] *n* pasticcio di carne
pasty[2] ['peɪstɪ] *adj* (*face etc*) smorto(a)
pat [pæt] *vt* accarezzare, dare un colpetto (affettuoso) a
patch [pætʃ] *n* (*of material, on tyre*) toppa; (*eye* ~) benda; (*spot*) macchia ♦ *vt* (*clothes*) rattoppare; (**to go through**) **a bad** ~ (attraversare) un brutto periodo; ~ **up** *vt* rappezzare; (*quarrel*) appianare; ~**y** *adj* irregolare
pâté ['pæteɪ] *n* pâté *m inv*
patent ['peɪtnt] *n* brevetto ♦ *vt* brevettare ♦ *adj* patente, manifesto(a); ~ **leather** *n* cuoio verniciato
paternal [pə'təːnl] *adj* paterno(a)
path [pɑːθ] *n* sentiero, viottolo; viale *m*; (*fig*) via, strada; (*of planet, missile*) traiettoria
pathetic [pə'θetɪk] *adj* (*pitiful*) patetico(a); (*very bad*) penoso(a)
pathological [pæθə'lɔdʒɪkl] *adj* patologico(a)
pathway ['pɑːθweɪ] *n* sentiero
patience ['peɪʃns] *n* pazienza; (*BRIT: CARDS*) solitario
patient ['peɪʃnt] *n* paziente *m/f*; malato/a ♦ *adj* paziente
patio ['pætɪəu] *n* terrazza
patriot ['peɪtrɪət] *n* patriota *m/f*; ~**ic** [pætrɪ'ɔtɪk] *adj* patriottico(a); ~**ism** *n* patriottismo
patrol [pə'trəul] *n* pattuglia ♦ *vt* pattugliare; ~ **car** *n* autoradio *f inv* (della polizia); ~**man** (*US*) *n* poliziotto
patron ['peɪtrən] *n* (*in shop*) cliente *m/f*; (*of charity*) benefattore/trice; ~ **of the arts** mecenate *m/f*; ~**ize** ['pætrənaɪz] *vt* essere cliente abituale di; (*fig*) trattare dall'alto in basso
patter ['pætə*] *n* picchiettio; (*sales talk*) propaganda di vendita ♦ *vi* picchiettare; **a ~ of footsteps** un rumore di passi
pattern ['pætən] *n* modello; (*design*) disegno, motivo
paunch [pɔːntʃ] *n* pancione *m*
pauper ['pɔːpə*] *n* indigente *m/f*
pause [pɔːz] *n* pausa ♦ *vi* fare una pausa, arrestarsi
pave [peɪv] *vt* pavimentare; **to ~ the way for** aprire la via a
pavement ['peɪvmənt] (*BRIT*) *n* marciapiede *m*
pavilion [pə'vɪlɪən] *n* (*SPORT*) *edificio annesso a campo sportivo*
paving ['peɪvɪŋ] *n* pavimentazione *f*; ~ **stone** *n* lastra di pietra
paw [pɔː] *n* zampa
pawn [pɔːn] *n* (*CHESS*) pedone *m*; (*fig*) pedina ♦ *vt* dare in pegno; ~**broker** *n* prestatore *m* su pegno;

~**shop** *n* monte *m* di pietà

pay [peɪ] (*pt, pp* **paid**) *n* stipendio; paga ♦ *vt* pagare ♦ *vi* (*be profitable*) rendere; **to ~ attention (to)** fare attenzione (a); **to ~ sb a visit** far visita a qn; **to ~ one's respects to sb** porgere i propri rispetti a qn; **~ back** *vt* rimborsare; **~ for** *vt fus* pagare; **~ in** *vt* versare; **~ off** *vt* (*debt*) saldare; (*person*) pagare; (*employee*) pagare e licenziare ♦ *vi* (*scheme, decision*) dare dei frutti; **~ up** *vt* saldare; **~able** *adj* pagabile; **~ee** *n* beneficiario/a; **~ envelope** (*US*) *n* = **~ packet**; **~ment** *n* pagamento; versamento; saldo; **~ packet** (*BRIT*) *n* busta *f* paga *inv*; **~ phone** *n* cabina telefonica; **~roll** *n* ruolo (organico); **~ slip** *n* foglio *m* paga *inv*; **~ television** *n* televisione *f* a pagamento, pay-tv *f inv*

PC *n abbr* = **personal computer**

p.c. *abbr* = **per cent**

pea [pi:] *n* pisello

peace [pi:s] *n* pace *f*; **~ful** *adj* pacifico(a), calmo(a)

peach [pi:tʃ] *n* pesca

peacock ['pi:kɔk] *n* pavone *m*

peak [pi:k] *n* (*of mountain*) cima, vetta; (*mountain itself*) picco; (*of cap*) visiera; (*fig*) apice *m*, culmine *m*; **~ hours** *npl* ore *fpl* di punta; **~ period** *n* = **~ hours**

peal [pi:l] *n* (*of bells*) scampanio, carillon *m inv*; **~s of laughter** scoppi *mpl* di risa

peanut ['pi:nʌt] *n* arachide *f*, nocciolina americana; **~ butter** *n* burro di arachidi

pear [pɛə*] *n* pera

pearl [pə:l] *n* perla

peasant ['pɛznt] *n* contadino/a

peat [pi:t] *n* torba

pebble ['pɛbl] *n* ciottolo

peck [pɛk] *vt* (*also*: **~ at**) beccare ♦ *n* colpo di becco; (*kiss*) bacetto; **~ing order** *n* ordine *m* gerarchico; **~ish** (*BRIT*: *inf*) *adj*: **I feel ~ish** ho un languorino

peculiar [pɪ'kju:lɪə*] *adj* strano(a), bizzarro(a); peculiare; **~ to** peculiare di

pedal ['pɛdl] *n* pedale *m* ♦ *vi* pedalare

pedantic [pɪ'dæntɪk] *adj* pedantesco(a)

peddler ['pɛdlə*] *n* (*also*: *drugs* ~) spacciatore/trice

pedestal ['pɛdəstl] *n* piedestallo

pedestrian [pɪ'dɛstrɪən] *n* pedone/a ♦ *adj* pedonale; (*fig*) prosaico(a), pedestre; **~ crossing** (*BRIT*) *n* passaggio pedonale

pediatrics [pi:dɪ'ætrɪks] (*US*) *n* = **paediatrics**

pedigree ['pɛdɪgri:] *n* (*of animal*) pedigree *m inv*; (*fig*) background *m inv* ♦ *cpd* (*animal*) di razza

pee [pi:] (*inf*) *vi* pisciare

peek [pi:k] *vi* guardare furtivamente

peel [pi:l] *n* buccia; (*of orange, lemon*) scorza ♦ *vt* sbucciare ♦ *vi* (*paint etc*) staccarsi

peep [pi:p] *n* (*BRIT*: *look*) sguardo furtivo, sbirciata; (*sound*) pigolio ♦ *vi* (*BRIT*) guardare furtivamente; **~ out** *vi* mostrarsi furtivamente; **~hole** *n* spioncino

peer [pɪə*] *vi*: **to ~ at** scrutare ♦ *n* (*noble*) pari *m inv*; (*equal*) pari *m/f inv*, uguale *m/f*; (*contemporary*) contemporaneo/a; **~age** *n* dignità di pari; pari *mpl*

peeved [pi:vd] *adj* stizzito(a)

peevish ['pi:vɪʃ] *adj* stizzoso(a)

peg [pɛg] *n* caviglia; (*for coat etc*) attaccapanni *m inv*; (*BRIT*: *also*: *clothes* ~) molletta

Peking [pi:'kɪŋ] *n* Pechino *f*

pelican ['pɛlɪkən] *n* pellicano; **~ crossing** (*BRIT*) *n* (*AUT*) *attraversamento pedonale con semaforo a controllo manuale*

pellet ['pɛlɪt] *n* pallottola, pallina

pelt [pɛlt] *vt*: **to ~ sb (with)** bombardare qn (con) ♦ *vi* (*rain*) piovere a dirotto; (*inf*: *run*) filare ♦ *n* pelle *f*

pelvis ['pɛlvɪs] *n* pelvi *f inv*, bacino

pen [pɛn] *n* penna; (*for sheep*) recinto

penal ['pi:nl] *adj* penale; **~ize** *vt* punire; (*SPORT*, *fig*) penalizzare
penalty ['pɛnltı] *n* penalità *f inv*; sanzione *f* penale; (*fine*) ammenda; (*SPORT*) penalizzazione *f*; **~ (kick)** *n* (*SPORT*) calcio di rigore
penance ['pɛnəns] *n* penitenza
pence [pɛns] (*BRIT*) *npl of* **penny**
pencil ['pɛnsl] *n* matita; **~ case** *n* astuccio per matite; **~ sharpener** *n* temperamatite *m inv*
pendant ['pɛndnt] *n* pendaglio
pending ['pɛndıŋ] *prep* in attesa di ♦ *adj* in sospeso
pendulum ['pɛndjuləm] *n* pendolo
penetrate ['pɛnıtreıt] *vt* penetrare
penfriend ['pɛnfrɛnd] (*BRIT*) *n* corrispondente *m/f*
penguin ['pɛŋgwın] *n* pinguino
penicillin [pɛnı'sılın] *n* penicillina
peninsula [pə'nınsjulə] *n* penisola
penis ['pi:nıs] *n* pene *m*
penitent ['pɛnıtnt] *adj* penitente
penitentiary [pɛnı'tɛnʃərı] (*US*) *n* carcere *m*
penknife ['pɛnnaıf] *n* temperino
pen name *n* pseudonimo
penniless ['pɛnılıs] *adj* senza un soldo
penny ['pɛnı] (*pl* **pennies** *or* **pence** (*BRIT*)) *n* penny *m*; (*US*) centesimo
penpal ['pɛnpæl] *n* corrispondente *m/f*
pension ['pɛnʃən] *n* pensione *f*; **~er** (*BRIT*) *n* pensionato/a
pensive ['pɛnsıv] *adj* pensoso(a)
penthouse ['pɛnthaus] *n* appartamento (di lusso) nell'attico
pent-up ['pɛntʌp] *adj* (*feelings*) represso(a)
people ['pi:pl] *npl* gente *f*; persone *fpl*; (*citizens*) popolo ♦ *n* (*nation, race*) popolo; 4/**several ~ came** 4/ parecchie persone sono venute; **~ say that ...** si dice che ....
pep [pɛp] (*inf*) *n* dinamismo; **~ up** *vt* vivacizzare; (*food*) rendere più gustoso(a)
pepper ['pɛpə*] *n* pepe *m*; (*vegetable*) peperone *m* ♦ *vt* (*fig*): **to ~ with** spruzzare di; **~mint** *n* (*sweet*) pasticca di menta
peptalk ['pɛptɔ:k] (*inf*) *n* discorso di incoraggiamento
per [pə:*] *prep* per; a; **~ hour** all'ora; **~ kilo** *etc* il chilo *etc*; **~ day** al giorno; **~ annum** *adv* all'anno; **~ capita** *adj*, *adv* pro capite *inv*
perceive [pə'si:v] *vt* percepire; (*notice*) accorgersi di
per cent [pə:'sɛnt] *adv* per cento
percentage [pə'sɛntıdʒ] *n* percentuale *f*
perception [pə'sɛpʃən] *n* percezione *f*; sensibilità; perspicacia
perceptive [pə'sɛptıv] *adj* percettivo(a); perspicace
perch [pə:tʃ] *n* (*fish*) pesce *m* persico; (*for bird*) sostegno, ramo ♦ *vi* appollaiarsi
percolator ['pə:kəleıtə*] *n* (*also*: *coffee ~*) caffettiera a pressione; caffettiera elettrica
percussion [pə'kʌʃən] *n* percussione *f*; (*MUS*) strumenti *mpl* a percussione
peremptory [pə'rɛmptərı] *adj* perentorio(a)
perennial [pə'rɛnıəl] *adj* perenne
perfect [*adj*, *n* 'pə:fıkt, *vb* pə'fɛkt] *adj* perfetto(a) ♦ *n* (*also*: *~ tense*) perfetto, passato prossimo ♦ *vt* perfezionare; mettere a punto; **~ly** *adv* perfettamente, alla perfezione
perforate ['pə:fəreıt] *vt* perforare; **perforation** [-'reıʃən] *n* perforazione *f*
perform [pə'fɔ:m] *vt* (*carry out*) eseguire, fare; (*symphony etc*) suonare; (*play, ballet*) dare; (*opera*) fare ♦ *vi* suonare; recitare; **~ance** *n* esecuzione *f*; (*at theatre etc*) rappresentazione *f*, spettacolo; (*of an artist*) interpretazione *f*; (*of player etc*) performance *f*; (*of car, engine*) prestazione *f*; **~er** *n* artista *m/f*
perfume ['pə:fju:m] *n* profumo
perfunctory [pə'fʌŋktərı] *adj* superficiale, per la forma
perhaps [pə'hæps] *adv* forse

peril ['pɛrɪl] *n* pericolo
perimeter [pə'rɪmɪtə*] *n* perimetro
period ['pɪərɪəd] *n* periodo; (*HISTORY*) epoca; (*SCOL*) lezione *f*; (*full stop*) punto; (*MED*) mestruazioni *fpl* ♦ *adj* (*costume, furniture*) d'epoca; **~ic(al)** [-'ɔdɪk(l)] *adj* periodico(a); **~ical** [-'ɔdɪkl] *n* periodico
peripheral [pə'rɪfərəl] *adj* periferico(a) ♦ *n* (*COMPUT*) unità *f inv* periferica
perish ['pɛrɪʃ] *vi* perire, morire; (*decay*) deteriorarsi; **~able** *adj* deperibile
perjury ['pəːdʒərɪ] *n* spergiuro
perk [pəːk] (*inf*) *n* vantaggio; **~ up** *vi* (*cheer up*) rianimarsi; **~y** *adj* (*cheerful*) vivace, allegro(a)
perm [pəːm] *n* (*for hair*) permanente *f*
permanent ['pəːmənənt] *adj* permanente
permeate ['pəːmɪeɪt] *vi* penetrare ♦ *vt* permeare
permissible [pə'mɪsɪbl] *adj* permissibile, ammissibile
permission [pə'mɪʃən] *n* permesso
permissive [pə'mɪsɪv] *adj* permissivo(a)
permit [*n* 'pəːmɪt, *vb* pə'mɪt] *n* permesso ♦ *vt* permettere; **to ~ sb to do** permettere a qn di fare
perpendicular [pəːpən'dɪkjulə*] *adj* perpendicolare ♦ *n* perpendicolare *f*
perplex [pə'plɛks] *vt* lasciare perplesso(a)
persecute ['pəːsɪkjuːt] *vt* perseguitare
persevere [pəːsɪ'vɪə*] *vi* perseverare
Persian ['pəːʃən] *adj* persiano(a) ♦ *n* (*LING*) persiano; **the (~) Gulf** *n* il Golfo Persico
persist [pə'sɪst] *vi*: **to ~ (in doing)** persistere (nel fare); ostinarsi (a fare); **~ent** *adj* persistente; ostinato(a)
person ['pəːsn] *n* persona; **in ~** di *or* in persona, personalmente; **~al** *adj* personale; individuale; **~al assistant** *n* segretaria personale; **~al column** *n* ≈ messaggi *mpl* personali; **~al computer** *n* personal computer *m inv*; **~ality** [-'nælɪtɪ] *n* personalità *f inv*; **~ally** *adv* personalmente; **to take sth ~ally** prendere qc come una critica personale; **~al organizer** *n* (*Filofax* ®) Fulltime ®; (*electronic*) agenda elettronica; **~ stereo** *n* riproduttore *m* stereo portatile
personnel [pəːsə'nɛl] *n* personale *m*
perspective [pə'spɛktɪv] *n* prospettiva
Perspex ['pəːspɛks] ® (*BRIT*) *n tipo di resina termoplastica*
perspiration [pəːspɪ'reɪʃən] *n* traspirazione *f*, sudore *m*
persuade [pə'sweɪd] *vt*: **to ~ sb to do sth** persuadere qn a fare qc
pertaining [pəː'teɪnɪŋ]: **~ to** *prep* che riguarda
perturb [pə'təːb] *vt* turbare
peruse [pə'ruːz] *vt* leggere
pervade [pə'veɪd] *vt* pervadere
pervert [*n* 'pəːvəːt, *vb* pə'vəːt] *n* pervertito/a ♦ *vt* pervertire
pessimism ['pɛsɪmɪzəm] *n* pessimismo
pessimist ['pɛsɪmɪst] *n* pessimista *m/f*; **~ic** [-'mɪstɪk] *adj* pessimistico(a)
pest [pɛst] *n* animale *m* (*or* insetto) pestifero; (*fig*) peste *f*
pester ['pɛstə*] *vt* tormentare, molestare
pet [pɛt] *n* animale *m* domestico ♦ *cpd* favorito(a) ♦ *vt* accarezzare ♦ *vi* (*inf*) fare il petting; **teacher's ~** favorito/a del maestro
petal ['pɛtl] *n* petalo
peter ['piːtə*]: **to ~ out** *vi* esaurirsi; estinguersi
petite [pə'tiːt] *adj* piccolo(a) e aggraziato(a)
petition [pə'tɪʃən] *n* petizione *f*
petrified ['pɛtrɪfaɪd] *adj* (*fig*) morto(a) di paura
petrol ['pɛtrəl] (*BRIT*) *n* benzina; **two/four-star ~** ≈ benzina normale/super; **~ can** *n* tanica per benzina

petroleum [pə'trəulıəm] *n* petrolio
petrol: ~ **pump** (*BRIT*) *n* (*in car, at garage*) pompa di benzina; ~ **station** (*BRIT*) *n* stazione *f* di rifornimento; ~ **tank** (*BRIT*) *n* serbatoio della benzina
petticoat ['pɛtıkəut] *n* sottana
petty ['pɛtı] *adj* (*mean*) meschino(a); (*unimportant*) insignificante; ~ **cash** *n* piccola cassa; ~ **officer** *n* sottufficiale *m* di marina
petulant ['pɛtjulənt] *adj* irritabile
pew [pju:] *n* panca (di chiesa)
pewter ['pju:tə*] *n* peltro
phallic ['fælık] *adj* fallico(a)
phantom ['fæntəm] *n* fantasma *m*
pharmaceutical [fɑ:mə'sju:tıkl] *adj* farmaceutico(a)
pharmacy ['fɑ:məsı] *n* farmacia
phase [feız] *n* fase *f*, periodo ♦ *vt*: **to ~ sth in/out** introdurre/eliminare qc progressivamente
Ph.D. *n abbr* = **Doctor of Philosophy**
pheasant ['fɛznt] *n* fagiano
phenomena [fə'nɔmınə] *npl of* **phenomenon**
phenomenon [fə'nɔmınən] (*pl* **phenomena**) *n* fenomeno
Philippines ['fılıpi:nz] *npl*: **the ~** le Filippine
philosophical [fılə'sɔfıkl] *adj* filosofico(a)
philosophy [fı'lɔsəfı] *n* filosofia
phlegmatic [flɛg'mætık] *adj* flemmatico(a)
phobia ['fəubjə] *n* fobia
phone [fəun] *n* telefono ♦ *vt* telefonare; **to be on the ~** avere il telefono; (*be calling*) essere al telefono; ~ **back** *vt, vi* richiamare; ~ **up** *vt* telefonare a ♦ *vi* telefonare; ~ **book** *n* guida del telefono, elenco telefonico; ~ **booth** *n* = ~ **box**; ~ **box** *n* cabina telefonica; ~ **call** *n* telefonata; ~**card** *n* scheda telefonica; ~**-in** *n* (*BRIT*: *RADIO, TV*) trasmissione *f* a filo diretto con gli ascoltatori
phonetics [fə'nɛtıks] *n* fonetica
phoney ['fəunı] *adj* falso(a), fasullo(a)
phosphorus ['fɔsfərəs] *n* fosforo
photo ['fəutəu] *n* foto *f inv*
photo... ['fəutəu] *prefix*: ~**copier** *n* fotocopiatrice *f*; ~**copy** *n* fotocopia ♦ *vt* fotocopiare; ~**graph** *n* fotografia ♦ *vt* fotografare; ~**grapher** [fə'tɔgrəfə*] *n* fotografo; ~**graphy** [fə'tɔgrəfı] *n* fotografia
phrase [freız] *n* espressione *f*; (*LING*) locuzione *f*; (*MUS*) frase *f* ♦ *vt* esprimere; ~ **book** *n* vocabolarietto
physical ['fızıkl] *adj* fisico(a); ~ **education** *n* educazione *f* fisica; ~**ly** *adv* fisicamente
physician [fı'zıʃən] *n* medico
physicist ['fızısıst] *n* fisico
physics ['fızıks] *n* fisica
physiology [fızı'ɔlədʒı] *n* fisiologia
physique [fı'zi:k] *n* fisico; costituzione *f*
pianist ['pi:ənıst] *n* pianista *m/f*
piano [pı'ænəu] *n* pianoforte *m*
piccolo ['pıkələu] *n* ottavino
pick [pık] *n* (*tool*: *also*: ~*-axe*) piccone *m* ♦ *vt* scegliere; (*gather*) cogliere; (*remove*) togliere; (*lock*) far scattare; **take your ~** scelga; **the ~ of** il fior fiore di; **to ~ one's nose** mettersi le dita nel naso; **to ~ one's teeth** pulirsi i denti con lo stuzzicadenti; **to ~ a quarrel** attaccar briga; ~ **at** *vt fus*: **to ~ at one's food** piluccare; ~ **on** *vt fus* (*person*) avercela con; ~ **out** *vt* scegliere; (*distinguish*) distinguere; ~ **up** *vi* (*improve*) migliorarsi ♦ *vt* raccogliere; (*POLICE, RADIO*) prendere; (*collect*) passare a prendere; (*AUT*: *give lift to*) far salire; (*person*: *for sexual encounter*) rimorchiare; (*learn*) imparare; **to ~ up speed** acquistare velocità; **to ~ o.s. up** rialzarsi
picket ['pıkıt] *n* (*in strike*) scioperante *m/f* che fa parte di un picchetto; picchetto ♦ *vt* picchettare
pickle ['pıkl] *n* (*also*: ~*s*: *as condiment*) sottaceti *mpl*; (*fig*: *mess*) pa-

sticcio ♦ *vt* mettere sottaceto; mettere in salamoia
pickpocket ['pɪkpɔkɪt] *n* borsaiolo
pickup ['pɪkʌp] *n* (*small truck*) camioncino
picnic ['pɪknɪk] *n* picnic *m inv*
picture ['pɪktʃə*] *n* quadro; (*painting*) pittura; (*photograph*) foto(grafia); (*drawing*) disegno; (*film*) film *m inv* ♦ *vt* raffigurarsi; **~s** (*BRIT*) *npl* (*cinema*): **the ~s** il cinema; **~ book** *n* libro illustrato
picturesque [pɪktʃə'rɛsk] *adj* pittoresco(a)
pie [paɪ] *n* torta; (*of meat*) pasticcio
piece [pi:s] *n* pezzo; (*of land*) appezzamento; (*item*): **a ~ of furniture/advice** un mobile/consiglio ♦ *vt*: **to ~ together** mettere insieme; **to take to ~s** smontare; **~meal** *adv* pezzo a pezzo, a spizzico; **~work** *n* (lavoro a) cottimo
pie chart *n* grafico a torta
pier [pɪə*] *n* molo; (*of bridge etc*) pila
pierce [pɪəs] *vt* forare; (*with arrow etc*) trafiggere
piercing ['pɪəsɪŋ] *adj* (*cry*) acuto(a); (*eyes*) penetrante; (*wind*) pungente
pig [pɪg] *n* maiale *m*, porco
pigeon ['pɪdʒən] *n* piccione *m*; **~hole** *n* casella
piggy bank ['pɪgɪ-] *n* salvadanaro
pigheaded ['pɪg'hɛdɪd] *adj* caparbio(a), cocciuto(a)
piglet ['pɪglɪt] *n* porcellino
pigskin ['pɪgskɪn] *n* cinghiale *m*
pigsty ['pɪgstaɪ] *n* porcile *m*
pigtail ['pɪgteɪl] *n* treccina
pike [paɪk] *n* (*fish*) luccio
pilchard ['pɪltʃəd] *n specie di sardina*
pile [paɪl] *n* (*pillar, of books*) pila; (*heap*) mucchio; (*of carpet*) pelo ♦ *vt* (*also*: *~ up*) ammucchiare ♦ *vi* (*also*: *~ up*) ammucchiarsi; **to ~ into** (*car*) stiparsi *or* ammucchiarsi in
piles [paɪlz] *npl* emorroidi *fpl*
pileup ['paɪlʌp] *n* (*AUT*) tamponamento a catena
pilfering ['pɪlfərɪŋ] *n* rubacchiare *m*
pilgrim ['pɪlgrɪm] *n* pellegrino/a; **~age** *n* pellegrinaggio
pill [pɪl] *n* pillola; **the ~** la pillola
pillage ['pɪlɪdʒ] *vt* saccheggiare
pillar ['pɪlə*] *n* colonna; **~ box** (*BRIT*) *n* cassetta postale
pillion ['pɪljən] *n*: **to ride ~** (*on motor cycle*) viaggiare dietro
pillory ['pɪlərɪ] *vt* mettere alla berlina
pillow ['pɪləu] *n* guanciale *m*; **~case** *n* federa
pilot ['paɪlət] *n* pilota *m/f* ♦ *cpd* (*scheme etc*) pilota *inv* ♦ *vt* pilotare; **~ light** *n* fiamma pilota
pimp [pɪmp] *n* mezzano
pimple ['pɪmpl] *n* foruncolo
pin [pɪn] *n* spillo; (*TECH*) perno ♦ *vt* attaccare con uno spillo; **~s and needles** formicolio; **to ~ sb down** (*fig*) obbligare qn a pronunziarsi; **to ~ sth on sb** (*fig*) addossare la colpa di qc a qn
pinafore ['pɪnəfɔ:*] *n* (*also*: *~ dress*) grembiule *m* (senza maniche)
pinball ['pɪnbɔ:l] *n* flipper *m inv*
pincers ['pɪnsəz] *npl* pinzette *fpl*
pinch [pɪntʃ] *n* pizzicotto, pizzico ♦ *vt* pizzicare; (*inf*: *steal*) grattare; **at a ~** in caso di bisogno
pincushion ['pɪnkuʃən] *n* puntaspilli *m inv*
pine [paɪn] *n* (*also*: *~ tree*) pino ♦ *vi*: **to ~ for** struggersi dal desiderio di; **~ away** *vi* languire
pineapple ['paɪnæpl] *n* ananas *m inv*
ping [pɪŋ] *n* (*noise*) tintinnio; **~-pong** ® *n* ping-pong *m* ®
pink [pɪŋk] *adj* rosa *inv* ♦ *n* (*colour*) rosa *m inv*; (*BOT*) garofano
PIN (number) [pɪn-] *n abbr* codice *m* segreto
pinpoint ['pɪnpɔɪnt] *vt* indicare con precisione
pint [paɪnt] *n* pinta (*BRIT* = *0.57l*; *US* = *0.47l*); (*BRIT*: *inf*) ≈ birra da mezzo
pioneer [paɪə'nɪə*] *n* pioniere/a
pious ['paɪəs] *adj* pio(a)

pip [pɪp] *n* (*seed*) seme *m*; (*BRIT*: *time signal on radio*) segnale *m* orario

pipe [paɪp] *n* tubo; (*for smoking*) pipa ♦ *vt* portare per mezzo di tubazione; ~s *npl* (*also*: *bag~s*) cornamusa (scozzese); ~ **down** (*inf*) *vi* calmarsi; ~ **cleaner** *n* scovolino; ~ **dream** *n* vana speranza; ~**line** *n* conduttura; (*for oil*) oleodotto; ~**r** *n* piffero; suonatore/trice di cornamusa

piping ['paɪpɪŋ] *adv*: ~ **hot** caldo bollente

pique [pi:k] *n* picca

pirate ['paɪərət] *n* pirata *m* ♦ *vt* riprodurre abusivamente

Pisces ['paɪsi:z] *n* Pesci *mpl*

piss [pɪs] (*inf*) *vi* pisciare; ~**ed** (*inf*) *adj* (*drunk*) ubriaco(a) fradicio(a)

pistol ['pɪstl] *n* pistola

piston ['pɪstən] *n* pistone *m*

pit [pɪt] *n* buca, fossa; (*also*: *coal* ~) miniera; (*quarry*) cava ♦ *vt*: **to** ~ **sb against sb** opporre qn a qn; ~s *npl* (*AUT*) box *m*

pitch [pɪtʃ] *n* (*BRIT*: *SPORT*) campo; (*MUS*) tono; (*tar*) pece *f*; (*fig*) grado, punto ♦ *vt* (*throw*) lanciare ♦ *vi* (*fall*) cascare; **to** ~ **a tent** piantare una tenda; ~**ed battle** *n* battaglia campale

piteous ['pɪtɪəs] *adj* pietoso(a)

pitfall ['pɪtfɔ:l] *n* trappola

pith [pɪθ] *n* (*of plant*) midollo; (*of orange*) parte *f* interna della scorza; (*fig*) essenza, succo; vigore *m*

pithy ['pɪθɪ] *adj* conciso(a); vigoroso(a)

pitiful ['pɪtɪful] *adj* (*touching*) pietoso(a)

pitiless ['pɪtɪlɪs] *adj* spietato(a)

pittance ['pɪtns] *n* miseria, magro salario

pity ['pɪtɪ] *n* pietà ♦ *vt* aver pietà di; what a ~! che peccato!

pivot ['pɪvət] *n* perno

pizza ['pi:tsə] *n* pizza

placard ['plækɑ:d] *n* affisso

placate [plə'keɪt] *vt* placare, calmare

place [pleɪs] *n* posto, luogo; (*proper position, rank, seat*) posto; (*house*) casa, alloggio; (*home*): **at/to his** ~ a casa sua ♦ *vt* (*object*) posare, mettere; (*identify*) riconoscere; individuare; **to take** ~ aver luogo; succedere; **to change** ~**s with sb** scambiare il posto con qn; **out of** ~ (*not suitable*) inopportuno(a); **in the first** ~ in primo luogo; **to** ~ **an order** dare un'ordinazione; **to be** ~**d** (*in race, exam*) classificarsi

placid ['plæsɪd] *adj* placido(a), calmo(a)

plagiarism ['pleɪdʒjərɪzəm] *n* plagio

plague [pleɪg] *n* peste *f* ♦ *vt* tormentare

plaice [pleɪs] *n inv* pianuzza

plaid [plæd] *n* plaid *m inv*

plain [pleɪn] *adj* (*clear*) chiaro(a), palese; (*simple*) semplice; (*frank*) franco(a), aperto(a); (*not handsome*) bruttino(a); (*without seasoning etc*) scondito(a); naturale; (*in one colour*) tinta unita *inv* ♦ *adv* francamente, chiaramente ♦ *n* pianura; ~ **chocolate** *n* cioccolato fondente; ~ **clothes** *npl*: **in** ~ **clothes** (*police*) in borghese; ~**ly** *adv* chiaramente; (*frankly*) francamente

plaintiff ['pleɪntɪf] *n* attore/trice

plaintive ['pleɪntɪv] *adj* (*cry, voice*) dolente, lamentoso(a)

plait [plæt] *n* treccia

plan [plæn] *n* pianta; (*scheme*) progetto, piano ♦ *vt* (*think in advance*) progettare; (*prepare*) organizzare ♦ *vi* far piani *or* progetti; **to** ~ **to do** progettare di fare

plane [pleɪn] *n* (*AVIAT*) aereo; (*tree*) platano; (*tool*) pialla; (*ART, MATH etc*) piano ♦ *adj* piano(a), piatto(a) ♦ *vt* (*with tool*) piallare

planet ['plænɪt] *n* pianeta *m*

plank [plæŋk] *n* tavola, asse *f*

planner ['plænə*] *n* pianificatore/trice

planning ['plænɪŋ] *n* progettazione *f*; **family** ~ pianificazione *f* delle nascite; ~ **permission** *n* permesso di costruzione

plant [plɑ:nt] *n* pianta; (*machinery*) impianto; (*factory*) fabbrica ♦ *vt* piantare; (*bomb*) mettere
plantation [plæn'teɪʃən] *n* piantagione *f*
plaque [plæk] *n* placca
plaster ['plɑ:stə*] *n* intonaco; (*also*: ~ *of Paris*) gesso; (*BRIT*: *also*: *sticking* ~) cerotto ♦ *vt* intonacare; ingessare; (*cover*): **to** ~ **with** coprire di; ~**ed** (*inf*) *adj* ubriaco(a) fradicio(a)
plastic ['plæstɪk] *n* plastica ♦ *adj* (*made of* ~) di *or* in plastica; ~ **bag** *n* sacchetto di plastica
Plasticine ['plæstɪsi:n] ® *n* plastilina ®
plastic surgery *n* chirurgia plastica
plate [pleɪt] *n* (*dish*) piatto; (*in book*) tavola; (*dental* ~) dentiera; **gold/ silver** ~ vasellame *m* d'oro/ d'argento
plateau ['plætəu] (*pl* ~s *or* ~x) *n* altipiano
plateaux ['plætəuz] *npl of* **plateau**
plate glass *n* vetro piano
platform ['plætfɔ:m] *n* (*stage, at meeting*) palco; (*RAIL*) marciapiede *m*; (*BRIT*: *of bus*) piattaforma
platinum ['plætɪnəm] *n* platino
platitude ['plætɪtju:d] *n* luogo comune
platoon [plə'tu:n] *n* plotone *m*
platter ['plætə*] *n* piatto
plausible ['plɔ:zɪbl] *adj* plausibile, credibile; (*person*) convincente
play [pleɪ] *n* gioco; (*THEATRE*) commedia ♦ *vt* (*game*) giocare a; (*team, opponent*) giocare contro; (*instrument, piece of music*) suonare; (*record, tape*) ascoltare; (*role, part*) interpretare ♦ *vi* giocare; suonare; recitare; **to** ~ **safe** giocare sul sicuro; ~ **down** *vt* minimizzare; ~ **up** *vi* (*cause trouble*) fare i capricci; ~**boy** *n* playboy *m inv*; ~**er** *n* giocatore/trice; (*THEATRE*) attore/ trice; (*MUS*) musicista *m/f*; ~**ful** *adj* giocoso(a); ~**ground** *n* (*in school*) cortile *m* per la ricreazione; (*in park*) parco *m* giochi *inv*; ~**group** *n* giardino d'infanzia; ~**ing card** *n* carta da gioco; ~**ing field** *n* campo sportivo; ~**mate** *n* compagno/a di gioco; ~**-off** *n* (*SPORT*) bella; ~**pen** *n* box *m inv*; ~**thing** *n* giocattolo; ~**time** *n* (*SCOL*) ricreazione *f*; ~**wright** *n* drammaturgo/a
plc *abbr* (= *public limited company*) *società per azioni a responsabilità limitata quotata in borsa*
plea [pli:] *n* (*request*) preghiera, domanda; (*LAW*) (argomento di) difesa
plead [pli:d] *vt* patrocinare; (*give as excuse*) addurre a pretesto ♦ *vi* (*LAW*) perorare la causa; (*beg*): **to** ~ **with sb** implorare qn
pleasant ['plɛznt] *adj* piacevole, gradevole; ~**ries** *npl* (*polite remarks*): **to exchange** ~**ries** scambiarsi i convenevoli
please [pli:z] *excl* per piacere!, per favore!; (*acceptance*): **yes,** ~ sì, grazie ♦ *vt* piacere a ♦ *vi* piacere; (*think fit*): **do as you** ~ faccia come le pare; ~ **yourself!** come ti (*or* le) pare!; ~**d** *adj*: ~**d** (**with**) contento(a) (di); ~**d to meet you!** piacere!; **pleasing** *adj* piacevole, che fa piacere
pleasure ['plɛʒə*] *n* piacere *m*; **"it's a ~"** "prego"; ~ **boat** *n* imbarcazione *f* da diporto
pleat [pli:t] *n* piega
pledge [plɛdʒ] *n* pegno; (*promise*) promessa ♦ *vt* impegnare; promettere
plentiful ['plɛntɪful] *adj* abbondante, copioso(a)
plenty ['plɛntɪ] *n*: ~ **of** tanto(a), molto(a); un'abbondanza di
pleurisy ['pluərɪsɪ] *n* pleurite *f*
pliable ['plaɪəbl] *adj* flessibile; (*fig*: *person*) malleabile
pliant [plaɪənt] *adj* = **pliable**
pliers ['plaɪəz] *npl* pinza
plight [plaɪt] *n* situazione *f* critica
plimsolls ['plɪmsəlz] (*BRIT*) *npl* scarpe *fpl* da tennis

plinth [plɪnθ] *n* plinto; piedistallo
plod [plɔd] *vi* camminare a stento; (*fig*) sgobbare
plonk [plɔŋk] (*inf*) *n* (*BRIT*: *wine*) vino da poco ♦ *vt*: **to ~ sth down** buttare giù qc bruscamente
plot [plɔt] *n* congiura, cospirazione *f*; (*of story, play*) trama; (*of land*) lotto ♦ *vt* (*mark out*) fare la pianta di; rilevare; (: *diagram etc*) tracciare; (*conspire*) congiurare, cospirare ♦ *vi* congiurare; **~ter** *n* (*instrument*) plotter *m inv*
plough [plau] (*US* **plow**) *n* aratro ♦ *vt* (*earth*) arare; **to ~ money into** (*company etc*) investire danaro in; **~ through** *vt fus* (*snow etc*) procedere a fatica in; **~man's lunch** (*BRIT*) *n pasto a base di pane, formaggio e birra*
ploy [plɔɪ] *n* stratagemma *m*
pluck [plʌk] *vt* (*fruit*) cogliere; (*musical instrument*) pizzicare; (*bird*) spennare; (*hairs*) togliere ♦ *n* coraggio, fegato; **to ~ up courage** farsi coraggio
plug [plʌg] *n* tappo; (*ELEC*) spina; (*AUT*: *also*: *spark(ing) ~*) candela ♦ *vt* (*hole*) tappare; (*inf*: *advertise*) spingere; **~ in** *vt* (*ELEC*) attaccare a una presa
plum [plʌm] *n* (*fruit*) susina ♦ *cpd*: **~ job** (*inf*) impiego ottimo *or* favoloso
plumb [plʌm] *vt*: **to ~ the depths** (*fig*) toccare il fondo
plumber ['plʌmə*] *n* idraulico
plumbing ['plʌmɪŋ] *n* (*trade*) lavoro di idraulico; (*piping*) tubature *fpl*
plume [plu:m] *n* piuma, penna; (*decorative*) pennacchio
plummet ['plʌmɪt] *vi*: **to ~ (down)** cadere a piombo
plump [plʌmp] *adj* grassoccio(a) ♦ *vi*: **to ~ for** (*inf*: *choose*) decidersi per; **~ up** *vt* (*cushion etc*) sprimacciare
plunder ['plʌndə*] *n* saccheggio ♦ *vt* saccheggiare
plunge [plʌndʒ] *n* tuffo; (*fig*) caduta ♦ *vt* immergere ♦ *vi* (*fall*) cadere, precipitare; (*dive*) tuffarsi; **to take the ~** saltare il fosso; **~r** *n* sturalavandini *m inv*; **plunging** *adj* (*neckline*) profondo(a)
pluperfect [plu:'pə:fɪkt] *n* piuccheperfetto
plural ['pluərl] *adj* plurale ♦ *n* plurale *m*
plus [plʌs] *n* (*also*: *~ sign*) segno più ♦ *prep* più; **ten/twenty ~** più di dieci/venti
plush [plʌʃ] *adj* lussuoso(a)
ply [plaɪ] *vt* (*a trade*) esercitare ♦ *vi* (*ship*) fare il servizio ♦ *n* (*of wool, rope*) capo; **to ~ sb with drink** dare di bere continuamente a qn; **~wood** *n* legno compensato
P.M. *n abbr* = **prime minister**
p.m. *adv abbr* (= *post meridiem*) del pomeriggio
pneumatic drill [nju:'mætɪk-] *n* martello pneumatico
pneumonia [nju:'məunɪə] *n* polmonite *f*
poach [pəutʃ] *vt* (*cook*: *egg*) affogare; (: *fish*) cuocere in bianco; (*steal*) cacciare (*or* pescare) di frodo ♦ *vi* fare il bracconiere; **~er** *n* bracconiere *m*
P.O. Box *n abbr* = **Post Office Box**
pocket ['pɔkɪt] *n* tasca ♦ *vt* intascare; **to be out of ~** (*BRIT*) rimetterci; **~book** (*US*) *n* (*wallet*) portafoglio; **~ knife** *n* temperino; **~ money** *n* paghetta, settimana
pod [pɔd] *n* guscio
podgy ['pɔdʒɪ] *adj* grassoccio(a)
podiatrist [pɔ'di:ətrɪst] (*US*) *n* callista *m/f*, pedicure *m/f*
poem ['pəuɪm] *n* poesia
poet ['pəuɪt] *n* poeta/essa; **~ic** [-'ɛtɪk] *adj* poetico(a); **~ laureate** *n* poeta *m* laureato (*nominato dalla Corte Reale*); **~ry** *n* poesia
poignant ['pɔɪnjənt] *adj* struggente
point [pɔɪnt] *n* (*gen*) punto; (*tip*: *of needle etc*) punta; (*in time*) punto, momento; (*SCOL*) voto; (*main idea, important part*) nocciolo; (*ELEC*)

presa (di corrente); (*also*: *decimal* ~): 2 ~ 3 (2.3) 2 virgola 3 (2,3) ♦ *vt* (*show*) indicare; (*gun etc*): **to ~ sth at** puntare qc contro ♦ *vi*: **to ~ at** mostrare a dito; **~s** *npl* (*AUT*) puntine *fpl*; (*RAIL*) scambio; **to be on the ~ of doing sth** essere sul punto di *or* stare per fare qc; **to make a ~** fare un'osservazione; **to get/miss the ~** capire/non capire; **to come to the ~** venire al fatto; **there's no ~ (in doing)** è inutile (fare); **~ out** *vt* far notare; **~ to** *vt fus* indicare; (*fig*) dimostrare; **~-blank** *adv* (*also*: *at ~-blank range*) a bruciapelo; (*fig*) categoricamente; **~ed** *adj* (*shape*) aguzzo(a), appuntito(a); (*remark*) specifico(a); **~edly** *adv* in maniera inequivocabile; **~er** *n* (*needle*) lancetta; (*fig*) indicazione *f*, consiglio; **~less** *adj* inutile, vano(a); **~ of view** *n* punto di vista

poise [pɔɪz] *n* (*composure*) portamento; **~d** *adj*: **to be ~d to do** tenersi pronto(a) a fare

poison ['pɔɪzn] *n* veleno ♦ *vt* avvelenare; **~ous** *adj* velenoso(a)

poke [pəuk] *vt* (*fire*) attizzare; (*jab with finger, stick etc*) punzecchiare; (*put*): **to ~ sth in(to)** spingere qc dentro; **~ about** *vi* frugare

poker ['pəukə*] *n* attizzatoio; (*CARDS*) poker *m*

poky ['pəukɪ] *adj* piccolo(a) e stretto(a)

Poland ['pəulənd] *n* Polonia

polar ['pəulə*] *adj* polare; **~ bear** *n* orso bianco

Pole [pəul] *n* polacco/a

pole [pəul] *n* (*of wood*) palo; (*ELEC, GEO*) polo; **~ bean** (*US*) *n* (*runner bean*) fagiolino; **~ vault** *n* salto con l'asta

police [pə'li:s] *n* polizia ♦ *vt* mantenere l'ordine in; **~ car** *n* macchina della polizia; **~man** *n* poliziotto, agente *m* di polizia; **~ station** *n* posto di polizia; **~woman** *n* donna *f* poliziotto *inv*

policy ['pɔlɪsɪ] *n* politica; (*also*: *insurance ~*) polizza (d'assicurazione)

polio ['pəulɪəu] *n* polio *f*

Polish ['pəulɪʃ] *adj* polacco(a) ♦ *n* (*LING*) polacco

polish ['pɔlɪʃ] *n* (*for shoes*) lucido; (*for floor*) cera; (*for nails*) smalto; (*shine*) lucentezza, lustro; (*fig*: *refinement*) raffinatezza ♦ *vt* lucidare; (*fig*: *improve*) raffinare; **~ off** *vt* (*work*) sbrigare; (*food*) mangiarsi; **~ed** *adj* (*fig*) raffinato(a)

polite [pə'laɪt] *adj* cortese; **~ness** *n* cortesia

political [pə'lɪtɪkl] *adj* politico(a); **~ly** *adv* politicamente

politician [pɔlɪ'tɪʃən] *n* politico

politics ['pɔlɪtɪks] *n* politica ♦ *npl* (*views, policies*) idee *fpl* politiche

poll [pəul] *n* scrutinio; (*votes cast*) voti *mpl*; (*also*: *opinion ~*) sondaggio (d'opinioni) ♦ *vt* ottenere

pollen ['pɔlən] *n* polline *m*

polling day ['pəulɪŋ-] (*BRIT*) *n* giorno delle elezioni

polling station ['pəulɪŋ-] (*BRIT*) *n* sezione *f* elettorale

pollute [pə'lu:t] *vt* inquinare

pollution [pə'lu:ʃən] *n* inquinamento

polo ['pəuləu] *n* polo; **~-necked** *adj* a collo alto risvoltato; **~ shirt** *n* polo *f inv*

polyester [pɔlɪ'ɛstə*] *n* poliestere *m*

polystyrene [pɔlɪ'staɪri:n] *n* polistirolo

polytechnic [pɔlɪ'tɛknɪk] *n* (*college*) *istituto superiore ad indirizzo tecnologico*

polythene ['pɔlɪθi:n] *n* politene *m*; **~ bag** *n* sacco di plastica

pomegranate ['pɔmɪgrænɪt] *n* melagrana

pomp [pɔmp] *n* pompa, fasto

pompom ['pɔmpɔm] *n* pompon *m inv*

pompon ['pɔmpɔn] *n* = **pompom**

pompous ['pɔmpəs] *adj* pomposo(a)

pond [pɔnd] *n* pozza; stagno

ponder ['pɔndə*] *vt* ponderare, riflettere su; **~ous** *adj* ponderoso(a), pesante

pong [pɔŋ] (*BRIT*: *inf*) *n* puzzo
pony ['pəunɪ] *n* pony *m inv*; **~tail** *n* coda di cavallo; **~ trekking** (*BRIT*) *n* escursione *f* a cavallo
poodle ['pu:dl] *n* barboncino, barbone *m*
pool [pu:l] *n* (*puddle*) pozza; (*pond*) stagno; (*also*: *swimming ~*) piscina; (*fig*: *of light*) cerchio; (*billiards*) *specie di biliardo a buca* ♦ *vt* mettere in comune; **~s** *npl* (*football ~s*) ≈ totocalcio; **typing ~** servizio comune di dattilografia
poor [puə*] *adj* povero(a); (*mediocre*) mediocre, cattivo(a) ♦ *npl*: **the ~** i poveri; **~ in** povero(a) di; **~ly** *adv* poveramente; male ♦ *adj* indisposto(a), malato(a)
pop [pɔp] *n* (*noise*) schiocco; (*MUS*) musica pop; (*drink*) bibita gasata; (*US*: *inf*: *father*) babbo ♦ *vt* (*put*) mettere (in fretta) ♦ *vi* scoppiare; (*cork*) schioccare; **~ in** *vi* passare; **~ out** *vi* fare un salto fuori; **~ up** *vi* apparire, sorgere; **~corn** *n* popcorn *m*
pope [pəup] *n* papa *m*
poplar ['pɔplə*] *n* pioppo
popper ['pɔpə*] *n* bottone *m* a pressione
poppy ['pɔpɪ] *n* papavero
popsicle ['pɔpsɪkl] (*US*: ®) *n* (*ice lolly*) ghiacciolo
populace ['pɔpjulɪs] *n* popolino
popular ['pɔpjulə*] *adj* popolare; (*fashionable*) in voga; **~ity** [-'lærɪtɪ] *n* popolarità; **~ize** *vt* divulgare; (*science*) volgarizzare
population [pɔpju'leɪʃən] *n* popolazione *f*
porcelain ['pɔ:slɪn] *n* porcellana
porch [pɔ:tʃ] *n* veranda
porcupine ['pɔ:kjupaɪn] *n* porcospino
pore [pɔ:*] *n* poro ♦ *vi*: **to ~ over** essere immerso(a) in
pork [pɔ:k] *n* carne *f* di maiale
pornographic [pɔ:nə'græfɪk] *adj* pornografico(a)
pornography [pɔ:'nɔgrəfɪ] *n* pornografia
porpoise ['pɔ:pəs] *n* focena
porridge ['pɔrɪdʒ] *n* porridge *m*
port [pɔ:t] *n* (*gen*, *wine*) porto; (*NAUT*: *left side*) babordo; **~ of call** (porto di) scalo
portable ['pɔ:təbl] *adj* portatile
porter ['pɔ:tə*] *n* (*for luggage*) facchino, portabagagli *m inv*; (*doorkeeper*) portiere *m*, portinaio
portfolio [pɔ:t'fəulɪəu] *n* (*case*) cartella; (*POL*, *FINANCE*) portafoglio; (*of artist*) raccolta dei propri lavori
porthole ['pɔ:thəul] *n* oblò *m inv*
portion ['pɔ:ʃən] *n* porzione *f*
portly ['pɔ:tlɪ] *adj* corpulento(a)
portrait ['pɔ:treɪt] *n* ritratto
portray [pɔ:'treɪ] *vt* fare il ritratto di; (*character on stage*) rappresentare; (*in writing*) ritrarre
Portugal ['pɔ:tjugl] *n* Portogallo
Portuguese [pɔ:tju'gi:z] *adj* portoghese ♦ *n inv* portoghese *m/f*; (*LING*) portoghese *m*
pose [pəuz] *n* posa ♦ *vi* posare; (*pretend*): **to ~ as** atteggiarsi a, posare a ♦ *vt* porre
posh [pɔʃ] (*inf*) *adj* elegante; (*family*) per bene
position [pə'zɪʃən] *n* posizione *f*; (*job*) posto ♦ *vt* sistemare
positive ['pɔzɪtɪv] *adj* positivo(a); (*certain*) sicuro(a), certo(a); (*definite*) preciso(a); definitivo(a)
posse ['pɔsɪ] (*US*) *n* drappello
possess [pə'zɛs] *vt* possedere; **~ion** [pə'zɛʃən] *n* possesso; **~ions** *npl* (*belongings*) beni *mpl*; **~ive** *adj* possessivo(a)
possibility [pɔsɪ'bɪlɪtɪ] *n* possibilità *f inv*
possible ['pɔsɪbl] *adj* possibile; **as big as ~** il più grande possibile
possibly ['pɔsɪblɪ] *adv* (*perhaps*) forse; **if you ~ can** se le è possibile; **I cannot ~ come** proprio non posso venire
post [pəust] *n* (*BRIT*) posta; (: *collection*) levata; (*job*, *situation*) posto; (*MIL*) postazione *f*; (*pole*) palo ♦ *vt* (*BRIT*: *send by post*) impostare; (:

appoint): **to ~ to** assegnare a; **~age** *n* affrancatura; **~age stamp** *n* francobollo; **~al order** *n* vaglia *m inv* postale; **~box** (*BRIT*) *n* cassetta postale; **~card** *n* cartolina; **~ code** (*BRIT*) *n* codice *m* (di avviamento) postale

poster ['pəustə*] *n* manifesto, affisso

poste restante [pəust'rɛstɑ̃:nt] (*BRIT*) *n* fermo posta *m*

postgraduate ['pəust'grædjuət] *n* *laureato/a che continua gli studi*

posthumous ['pɔstjuməs] *adj* postumo(a)

postman ['pəustmən] *n* postino

postmark ['pəustmɑ:k] *n* bollo *or* timbro postale

post-mortem [-'mɔ:təm] *n* autopsia

post office *n* (*building*) ufficio postale; (*organization*): **the Post Office** ≈ le Poste e Telecomunicazioni; **Post Office Box** *n* casella postale

postpone [pəs'pəun] *vt* rinviare

postscript ['pəustskrɪpt] *n* poscritto

posture ['pɔstʃə*] *n* portamento; (*pose*) posa, atteggiamento

postwar ['pəust'wɔ:*] *adj* del dopoguerra

posy ['pəuzɪ] *n* mazzetto di fiori

pot [pɔt] *n* (*for cooking*) pentola; casseruola; (*tea~*) teiera; (*coffee~*) caffettiera; (*for plants, jam*) vaso; (*inf*: *marijuana*) erba ♦ *vt* (*plant*) piantare in vaso; **a ~ of tea for two** tè per due; **to go to ~** (*inf*: *work, performance*) andare in malora

potato [pə'teɪtəu] (*pl* ~es) *n* patata; **~ peeler** *n* sbucciapatate *m inv*

potent ['pəutnt] *adj* potente, forte

potential [pə'tɛnʃl] *adj* potenziale ♦ *n* possibilità *fpl*

pothole ['pɔthəul] *n* (*in road*) buca; (*BRIT*: *underground*) caverna; **potholing** (*BRIT*) *n*: **to go potholing** fare speleologia

potluck [pɔt'lʌk] *n*: **to take ~** tentare la sorte

potted ['pɔtɪd] *adj* (*food*) in conserva; (*plant*) in vaso; (*account etc*) condensato(a)

potter ['pɔtə*] *n* vasaio ♦ *vi*: **to ~ around, ~ about** (*BRIT*) lavoracchiare; **~y** *n* ceramiche *fpl*; (*factory*) fabbrica di ceramiche

potty ['pɔtɪ] *adj* (*inf*: *mad*) tocco(a) ♦ *n* (*child's*) vasino

pouch [pautʃ] *n* borsa; (*ZOOL*) marsupio

poultry ['pəultrɪ] *n* pollame *m*

pounce [pauns] *vi*: **to ~ (on)** piombare (su)

pound [paund] *n* (*weight*) libbra; (*money*) (lira) sterlina ♦ *vt* (*beat*) battere; (*crush*) pestare, polverizzare ♦ *vi* (*beat*) battere, martellare; **~ sterling** *n* sterlina (inglese)

pour [pɔ:*] *vt* versare ♦ *vi* riversarsi; (*rain*) piovere a dirotto; **~ away** *vt* vuotare; **~ in** *vi* affluire in gran quantità; **~ off** *vt* vuotare; **~ out** *vi* (*people*) uscire a fiumi ♦ *vt* vuotare; versare; (*fig*) sfogare; **~ing** *adj*: **~ing rain** pioggia torrenziale

pout [paut] *vi* sporgere le labbra; fare il broncio

poverty ['pɔvətɪ] *n* povertà, miseria; **~-stricken** *adj* molto povero(a), misero(a)

powder ['paudə*] *n* polvere *f* ♦ *vt*: **to ~ one's face** incipriarsi il viso; **~ compact** *n* portacipria *m inv*; **~ed milk** *n* latte *m* in polvere; **~ puff** *n* piumino della cipria; **~ room** *n* toilette *f inv* (per signore)

power ['pauə*] *n* (*strength*) potenza, forza; (*ability, POL*: *of party, leader*) potere *m*; (*ELEC*) corrente *f*; **to be in ~** (*POL etc*) essere al potere; **~ cut** (*BRIT*) *n* interruzione *f or* mancanza di corrente; **~ed** *adj*: **~ed by** azionato(a) da; **~ failure** *n* interruzione *f* della corrente elettrica; **~ful** *adj* potente, forte; **~less** *adj* impotente; **~less to do** impossibilitato(a) a fare; **~ point** (*BRIT*) *n* presa di corrente; **~ station** *n* centrale *f* elettrica

p.p. *abbr* (= *per procurationem*): **~ J. Smith** per J. Smith; (= *pages*)

p.p
PR *abbr* = **public relations**
practicable ['præktɪkəbl] *adj* (*scheme*) praticabile
practical ['præktɪkl] *adj* pratico(a); **~ity** [-'kælɪtɪ] (*no pl*) *n* (*of situation etc*) lato pratico; **~ joke** *n* beffa; **~ly** *adv* praticamente
practice ['præktɪs] *n* pratica; (*of profession*) esercizio; (*at football etc*) allenamento; (*business*) gabinetto; clientela ♦ *vt, vi* (*US*) = **practise**; **in ~** (*in reality*) in pratica; **out of ~** fuori esercizio
practise ['præktɪs] (*US* **practice**) *vt* (*work at*: *piano, one's backhand etc*) esercitarsi a; (*train for*: *skiing, running etc*) allenarsi a; (*a sport, religion*) praticare; (*method*) usare; (*profession*) esercitare ♦ *vi* esercitarsi; (*train*) allenarsi; (*lawyer, doctor*) esercitare; **practising** *adj* (*Christian etc*) praticante; (*lawyer*) che esercita la professione
practitioner [præk'tɪʃənə*] *n* professionista *m/f*
pragmatic [præg'mætɪk] *adj* pragmatico(a)
prairie ['prɛərɪ] *n* prateria
praise [preɪz] *n* elogio, lode *f* ♦ *vt* elogiare, lodare; **~worthy** *adj* lodevole
pram [præm] (*BRIT*) *n* carrozzina
prance [prɑːns] *vi* (*person*) camminare pavoneggiandosi; (*horse*) caracollare
prank [præŋk] *n* burla
prawn [prɔːn] *n* gamberetto
pray [preɪ] *vi* pregare
prayer [prɛə*] *n* preghiera
preach [priːtʃ] *vt, vi* predicare
precarious [prɪ'kɛərɪəs] *adj* precario(a)
precaution [prɪ'kɔːʃən] *n* precauzione *f*
precede [prɪ'siːd] *vt* precedere
precedent ['prɛsɪdənt] *n* precedente *m*
precept ['priːsɛpt] *n* precetto
precinct ['priːsɪŋkt] *n* (*US*) circoscrizione *f*; **~s** *npl* (*of building*) zona recintata; **pedestrian ~** (*BRIT*) zona pedonale; **shopping ~** (*BRIT*) centro commerciale (chiuso al traffico)
precious ['prɛʃəs] *adj* prezioso(a)
precipitate [prɪ'sɪpɪteɪt] *vt* precipitare
precise [prɪ'saɪs] *adj* preciso(a); **~ly** *adv* precisamente
preclude [prɪ'kluːd] *vt* precludere, impedire
precocious [prɪ'kəuʃəs] *adj* precoce
precondition [priːkən'dɪʃən] *n* condizione *f* necessaria
predecessor ['priːdɪsɛsə*] *n* predecessore/a
predicament [prɪ'dɪkəmənt] *n* situazione *f* difficile
predict [prɪ'dɪkt] *vt* predire; **~able** *adj* prevedibile
predominantly [prɪ'dɔmɪnəntlɪ] *adv* in maggior parte; soprattutto
predominate [prɪ'dɔmɪneɪt] *vi* predominare
pre-empt [priː'ɛmpt] *vt* pregiudicare
preen [priːn] *vt*: **to ~ itself** (*bird*) lisciarsi le penne; **to ~ o.s.** agghindarsi
prefab ['priːfæb] *n* casa prefabbricata
preface ['prɛfəs] *n* prefazione *f*
prefect ['priːfɛkt] *n* (*BRIT*: *in school*) studente/essa con funzioni disciplinari; (*in Italy*) prefetto
prefer [prɪ'fəː*] *vt* preferire; **to ~ doing** *or* **to do** preferire fare; **~ably** ['prɛfrəblɪ] *adv* preferibilmente; **~ence** ['prɛfrəns] *n* preferenza; **~ential** [prɛfə'rɛnʃəl] *adj* preferenziale
prefix ['priːfɪks] *n* prefisso
pregnancy ['prɛgnənsɪ] *n* gravidanza
pregnant ['prɛgnənt] *adj* incinta *af*
prehistoric ['priːhɪs'tɔrɪk] *adj* preistorico(a)
prejudice ['prɛdʒudɪs] *n* pregiudizio; (*harm*) torto, danno; **~d** *adj*: **~d (against)** prevenuto(a) (contro); **~d (in favour of)** ben disposto(a) (verso)

preliminary [prɪ'lɪmɪnərɪ] *adj* preliminare
premarital ['priː'mærɪtl] *adj* prematrimoniale
premature ['prɛmətʃuə*] *adj* prematuro(a)
premier ['prɛmɪə*] *adj* primo(a) ♦ *n* (*POL*) primo ministro
première ['prɛmɪɛə*] *n* prima
premise ['prɛmɪs] *n* premessa; **~s** *npl* (*of business, institution*) locale *m*; **on the ~s** sul posto
premium ['priːmɪəm] *n* premio; **to be at a ~** essere ricercatissimo; **~ bond** (*BRIT*) *n* obbligazione *f* a premio
premonition [prɛmə'nɪʃən] *n* premonizione *f*
preoccupied [priː'ɔkjupaɪd] *adj* preoccupato(a)
prep [prɛp] *n* (*SCOL*: *study*) studio
prepaid [priː'peɪd] *adj* pagato(a) in anticipo
preparation [prɛpə'reɪʃən] *n* preparazione *f*; **~s** *npl* (*for trip, war*) preparativi *mpl*
preparatory [prɪ'pærətərɪ] *adj* preparatorio(a); **~ school** *n* scuola elementare privata
prepare [prɪ'pɛə*] *vt* preparare ♦ *vi*: **to ~ for** prepararsi a; **~d to** pronto(a) a
preposition [prɛpə'zɪʃən] *n* preposizione *f*
preposterous [prɪ'pɔstərəs] *adj* assurdo(a)
prep school *n* = **preparatory school**
prerequisite [priː'rɛkwɪzɪt] *n* requisito indispensabile
prescribe [prɪ'skraɪb] *vt* (*MED*) prescrivere
prescription [prɪ'skrɪpʃən] *n* prescrizione *f*; (*MED*) ricetta
presence ['prɛzns] *n* presenza; **~ of mind** presenza di spirito
present [*adj*, *n* 'prɛznt, *vb* prɪ'zɛnt] *adj* presente; (*wife, residence, job*) attuale ♦ *n* (*actuality*): **the ~** il presente; (*gift*) regalo ♦ *vt* presentare; (*give*): **to ~ sb with sth** offrire qc a qn; **to give sb a ~** fare un regalo a qn; **at ~** al momento; **~ation** [-'teɪʃən] *n* presentazione *f*; (*ceremony*) consegna ufficiale; **~-day** *adj* attuale, d'oggigiorno; **~er** *n* (*RADIO, TV*) presentatore/trice; **~ly** *adv* (*soon*) fra poco, presto; (*at present*) al momento
preservative [prɪ'zəːvətɪv] *n* conservante *m*
preserve [prɪ'zəːv] *vt* (*keep safe*) preservare, proteggere; (*maintain*) conservare; (*food*) mettere in conserva ♦ *n* (*often pl*: *jam*) marmellata; (: *fruit*) frutta sciroppata
preside [prɪ'zaɪd] *vi*: **to ~ (over)** presiedere (a)
president ['prɛzɪdənt] *n* presidente *m*; **~ial** [-'dɛnʃl] *adj* presidenziale
press [prɛs] *n* (*newspapers etc*): **the P~** la stampa; (*tool, machine*) pressa; (*for wine*) torchio ♦ *vt* (*push*) premere, pigiare; (*squeeze*) spremere; (: *hand*) stringere; (*clothes*: *iron*) stirare; (*pursue*) incalzare; (*insist*): **to ~ sth on sb** far accettare qc da qn ♦ *vi* premere; accalcare; **we are ~ed for time** ci manca il tempo; **to ~ for sth** insistere per avere qc; **~ on** *vi* continuare; **~ conference** *n* conferenza *f* stampa *inv*; **~ing** *adj* urgente; **~ stud** (*BRIT*) *n* bottone *m* a pressione; **~-up** (*BRIT*) *n* flessione *f* sulle braccia
pressure ['prɛʃə*] *n* pressione *f*; **to put ~ on sb (to do)** mettere qn sotto pressione (affinché faccia); **~ cooker** *n* pentola a pressione; **~ gauge** *n* manometro; **~ group** *n* gruppo di pressione
prestige [prɛs'tiːʒ] *n* prestigio
presumably [prɪ'zjuːməblɪ] *adv* presumibilmente
presume [prɪ'zjuːm] *vt* supporre
presumption [prɪ'zʌmpʃən] *n* presunzione *f*
presumptuous [prɪ'zʌmpʃəs] *adj* presuntuoso(a)
pretence [prɪ'tɛns] (*US* **pretense**) *n*

(*claim*) pretesa; **to make a ~ of doing** far finta di fare; **under false ~s** con l'inganno

pretend [prɪ'tɛnd] *vt* (*feign*) fingere ♦ *vi* far finta; **to ~ to do** far finta di fare

pretense [prɪ'tɛns] (*US*) *n* = **pretence**

pretentious [prɪ'tɛnʃəs] *adj* pretenzioso(a)

pretext ['pri:tɛkst] *n* pretesto

pretty ['prɪtɪ] *adj* grazioso(a), carino(a) ♦ *adv* abbastanza, assai

prevail [prɪ'veɪl] *vi* (*win, be usual*) prevalere; (*persuade*): **to ~ (up)on sb to do** persuadere qn a fare; **~ing** *adj* dominante

prevalent ['prɛvələnt] *adj* (*belief*) predominante; (*customs*) diffuso(a); (*fashion*) corrente; (*disease*) comune

prevent [prɪ'vɛnt] *vt*: **to ~ sb from doing** impedire a qn di fare; **to ~ sth from happening** impedire che qc succeda; **~ative** *adj* = **~ive**; **~ion** [-'vɛnʃən] *n* prevenzione *f*; **~ive** *adj* preventivo(a)

preview ['pri:vju:] *n* (*of film*) anteprima

previous ['pri:vɪəs] *adj* precedente; anteriore; **~ly** *adv* prima

prewar ['pri:'wɔ:*] *adj* anteguerra *inv*

prey [preɪ] *n* preda ♦ *vi*: **to ~ on** far preda di; **it was ~ing on his mind** lo stava ossessionando

price [praɪs] *n* prezzo ♦ *vt* (*goods*) fissare il prezzo di; valutare; **~less** *adj* inapprezzabile; **~ list** *n* listino (dei) prezzi

prick [prɪk] *n* puntura ♦ *vt* pungere; **to ~ up one's ears** drizzare gli orecchi

prickle ['prɪkl] *n* (*of plant*) spina; (*sensation*) pizzicore *m*

prickly ['prɪklɪ] *adj* spinoso(a); **~ heat** *n* sudamina

pride [praɪd] *n* orgoglio; superbia ♦ *vt*: **to ~ o.s. on** essere orgoglioso(a) di; vantarsi di

priest [pri:st] *n* prete *m*, sacerdote *m*; **~hood** *n* sacerdozio

prig [prɪg] *n*: **he's a ~** è compiaciuto di se stesso

prim [prɪm] *adj* pudico(a); contegnoso(a)

primarily ['praɪmərɪlɪ] *adv* principalmente, essenzialmente

primary ['praɪmərɪ] *adj* primario(a); (*first in importance*) primo(a) ♦ *n* (*US*: *election*) primarie *fpl*; **~ school** (*BRIT*) *n* scuola elementare

prime [praɪm] *adj* primario(a), fondamentale; (*excellent*) di prima qualità ♦ *vt* (*wood*) preparare; (*fig*) mettere al corrente ♦ *n*: **in the ~ of life** nel fiore della vita; **P~ Minister** *n* primo ministro

primeval [praɪ'mi:vl] *adj* primitivo(a)

primitive ['prɪmɪtɪv] *adj* primitivo(a)

primrose ['prɪmrəuz] *n* primavera

primus (stove) ['praɪməs(-)] ® (*BRIT*) *n* fornello a petrolio

prince [prɪns] *n* principe *m*

princess [prɪn'sɛs] *n* principessa

principal ['prɪnsɪpl] *adj* principale ♦ *n* (*headmaster*) preside *m*

principle ['prɪnsɪpl] *n* principio; **in ~** in linea di principio; **on ~** per principio

print [prɪnt] *n* (*mark*) impronta; (*letters*) caratteri *mpl*; (*fabric*) tessuto stampato; (*ART, PHOT*) stampa ♦ *vt* imprimere; (*publish*) stampare, pubblicare; (*write in capitals*) scrivere in stampatello; **out of ~** esaurito(a); **~ed matter** *n* stampe *fpl*; **~er** *n* tipografo; (*machine*) stampante *f*; **~ing** *n* stampa; **~-out** *n* (*COMPUT*) tabulato

prior ['praɪə*] *adj* precedente; (*claim etc*) più importante; **~ to doing** prima di fare

priority [praɪ'ɔrɪtɪ] *n* priorità *f inv*; precedenza

prise [praɪz] *vt*: **to ~ open** forzare

prison ['prɪzn] *n* prigione *f* ♦ *cpd* (*system*) carcerario(a); (*conditions, food*) nelle *or* delle prigioni; **~er** *n* prigioniero/a

pristine ['prɪsti:n] *adj* immacolato(a)
privacy ['prɪvəsɪ] *n* solitudine *f*, intimità
private ['praɪvɪt] *adj* privato(a); personale ♦ *n* soldato semplice; "~" (*on envelope*) "riservata"; (*on door*) "privato"; **in ~** in privato; **~ enterprise** *n* iniziativa privata; **~ eye** *n* investigatore *m* privato; **~ly** *adv* in privato; (*within oneself*) dentro di sé; **~ property** *n* proprietà privata; **privatize** *vt* privatizzare
privet ['prɪvɪt] *n* ligustro
privilege ['prɪvɪlɪdʒ] *n* privilegio
privy ['prɪvɪ] *adj*: **to be ~ to** essere al corrente di
prize [praɪz] *n* premio ♦ *adj* (*example, idiot*) perfetto(a); (*bull, novel*) premiato(a) ♦ *vt* apprezzare, pregiare; **~ giving** *n* premiazione *f*; **~winner** *n* premiato/a
pro [prəu] *n* (*SPORT*) professionista *m/f* ♦ *prep* pro; **the ~s and cons** il pro e il contro
probability [prɔbə'bɪlɪtɪ] *n* probabilità *f inv*; **in all ~** con tutta probabilità
probable ['prɔbəbl] *adj* probabile; **probably** *adv* probabilmente
probation [prə'beɪʃən] *n*: **on ~** (*employee*) in prova; (*LAW*) in libertà vigilata
probe [prəub] *n* (*MED, SPACE*) sonda; (*enquiry*) indagine *f*, investigazione *f* ♦ *vt* sondare, esplorare; indagare
problem ['prɔbləm] *n* problema *m*
procedure [prə'si:dʒə*] *n* (*ADMIN, LAW*) procedura; (*method*) metodo, procedimento
proceed [prə'si:d] *vi* (*go forward*) avanzare, andare avanti; (*go about it*) procedere; (*continue*): **to ~ (with)** continuare; **to ~ to** andare a; passare a; **to ~ to do** mettersi a fare; **~ings** *npl* misure *fpl*; (*LAW*) procedimento; (*meeting*) riunione *f*; (*records*) rendiconti *mpl*; atti *mpl*; **~s** ['prəusi:dz] *npl* profitto, incasso
process ['prəusɛs] *n* processo; (*method*) metodo, sistema *m* ♦ *vt* trattare; (*information*) elaborare; **~ing** *n* trattamento; elaborazione *f*
procession [prə'sɛʃən] *n* processione *f*, corteo; **funeral ~** corteo funebre
proclaim [prə'kleɪm] *vt* proclamare, dichiarare
procrastinate [prəu'kræstɪneɪt] *vi* procrastinare
prod [prɔd] *vt* dare un colpetto a; pungolare ♦ *n* colpetto
prodigal ['prɔdɪgl] *adj* prodigo(a)
prodigy ['prɔdɪdʒɪ] *n* prodigio
produce [*n* 'prɔdju:s, *vb* prə'dju:s] *n* (*AGR*) prodotto, prodotti *mpl* ♦ *vt* produrre; (*to show*) esibire, mostrare; (*cause*) cagionare, causare; **~r** *n* (*THEATRE*) regista *m/f*; (*AGR, CINEMA*) produttore *m*
product ['prɔdʌkt] *n* prodotto
production [prə'dʌkʃən] *n* produzione *f*; **~ line** *n* catena di lavorazione
productivity [prɔdʌk'tɪvɪtɪ] *n* produttività
profane [prə'feɪn] *adj* profano(a); (*language*) empio(a)
profess [prə'fɛs] *vt* (*claim*) dichiarare; (*opinion etc*) professare
profession [prə'fɛʃən] *n* professione *f*; **~al** *n* professionista *m/f* ♦ *adj* professionale; (*work*) da professionista
professor [prə'fɛsə*] *n* professore *m* (*titolare di una cattedra*); (*US*) professore/essa
proficiency [prə'fɪʃənsɪ] *n* competenza, abilità
profile ['prəufaɪl] *n* profilo
profit ['prɔfɪt] *n* profitto; beneficio ♦ *vi*: **to ~ (by** *or* **from)** approfittare (di); **~ability** [-'bɪlɪtɪ] *n* redditività; **~able** *adj* redditizio(a)
profound [prə'faund] *adj* profondo(a)
profusely [prə'fju:slɪ] *adv* con grande effusione
programme ['prəugræm] (*US* **program**) *n* programma *m* ♦ *vt* programmare; **~r** (*US* **programer**) *n* programmatore/trice

progress [*n* 'prəugrɛs, *vb* prə'grɛs] *n* progresso ♦ *vi* avanzare, procedere; **in ~** in corso; **to make ~** far progressi; **~ive** [-'grɛsɪv] *adj* progressivo(a); (*person*) progressista

prohibit [prə'hɪbɪt] *vt* proibire, vietare; **~ion** [prəuɪ'bɪʃən] *n* proibizione *f*, divieto; (*US*): **P~** proibizionismo; **~ive** *adj* (*price etc*) proibitivo(a)

project [*n* 'prɔdʒɛkt, *vb* prə'dʒɛkt] *n* (*plan*) piano; (*venture*) progetto; (*SCOL*) studio ♦ *vt* proiettare ♦ *vi* (*stick out*) sporgere

projectile [prə'dʒɛktaɪl] *n* proiettile *m*

projector [prə'dʒɛktə*] *n* proiettore *m*

prolific [prə'lɪfɪk] *adj* (*artist etc*) fecondo(a)

prolong [prə'lɔŋ] *vt* prolungare

prom [prɔm] *n abbr* = **promenade**; (*US*: *ball*) ballo studentesco

promenade [prɔmə'nɑːd] *n* (*by sea*) lungomare *m*; **~ concert** *n* concerto (*con posti in piedi*)

prominent ['prɔmɪnənt] *adj* (*standing out*) prominente; (*important*) importante

promiscuous [prə'mɪskjuəs] *adj* (*sexually*) di facili costumi

promise ['prɔmɪs] *n* promessa ♦ *vt, vi* promettere; **to ~ sb sth, ~ sth to sb** promettere qc a qn; **to ~ (sb) that/to do sth** promettere (a qn) che/di fare qc; **promising** *adj* promettente

promote [prə'məut] *vt* promuovere; (*venture, event*) organizzare; **~r** *n* promotore/trice; (*of sporting event*) organizzatore/trice; **promotion** [-'məuʃən] *n* promozione *f*

prompt [prɔmpt] *adj* rapido(a), svelto(a); puntuale; (*reply*) sollecito(a) ♦ *adv* (*punctually*) in punto ♦ *n* (*COMPUT*) prompt *m* ♦ *vt* incitare; provocare; (*THEATRE*) suggerire a; **to ~ sb to do** incitare qn a fare; **~ly** *adv* prontamente; puntualmente

prone [prəun] *adj* (*lying*) prono(a); **~ to** propenso(a) a, incline a

prong [prɔŋ] *n* rebbio, punta

pronoun ['prəunaun] *n* pronome *m*

pronounce [prə'nauns] *vt* pronunciare

pronunciation [prənʌnsɪ'eɪʃən] *n* pronuncia

proof [pruːf] *n* prova; (*of book*) bozza; (*PHOT*) provino ♦ *adj*: **~ against** a prova di

prop [prɔp] *n* sostegno, appoggio ♦ *vt* (*also*: **~ up**) sostenere, appoggiare; (*lean*): **to ~ sth against** appoggiare qc contro *or* a

propaganda [prɔpə'gændə] *n* propaganda

propel [prə'pɛl] *vt* spingere (in avanti), muovere; **~ler** *n* elica

propensity [prə'pɛnsɪtɪ] *n* tendenza

proper ['prɔpə*] *adj* (*suited, right*) adatto(a), appropriato(a); (*seemly*) decente; (*authentic*) vero(a); (*inf*: *real*) *noun* + vero(a) e proprio(a); **~ly** *adv* (*eat, study*) bene; (*behave*) come si deve; **~ noun** *n* nome *m* proprio

property ['prɔpətɪ] *n* (*things owned*) beni *mpl*; (*land, building*) proprietà *f inv*; (*CHEM etc*: *quality*) proprietà; **~ owner** *n* proprietario/a

prophecy ['prɔfɪsɪ] *n* profezia

prophesy ['prɔfɪsaɪ] *vt* predire

prophet ['prɔfɪt] *n* profeta *m*

proportion [prə'pɔːʃən] *n* proporzione *f*; (*share*) parte *f*; **~al** *adj* proporzionale; **~ate** *adj* proporzionato(a)

proposal [prə'pəuzl] *n* proposta; (*plan*) progetto; (*of marriage*) proposta di matrimonio

propose [prə'pəuz] *vt* proporre, suggerire ♦ *vi* fare una proposta di matrimonio; **to ~ to do** proporsi di fare, aver l'intenzione di fare

proposition [prɔpə'zɪʃən] *n* proposizione *f*; (*offer*) proposta

proprietor [prə'praɪətə*] *n* proprietario/a

propriety [prə'praɪətɪ] *n* (*seemliness*) decoro, rispetto delle convenienze sociali

pro rata ['prəu'rɑːtə] *adv* in proporzione
prose [prəuz] *n* prosa
prosecute ['prɔsɪkjuːt] *vt* processare; **prosecution** [-'kjuːʃən] *n* processo; (*accusing side*) accusa; **prosecutor** *n* (*also*: *public prosecutor*) ≈ procuratore *m* della Repubblica
prospect [*n* 'prɔspɛkt, *vb* prə'spɛkt] *n* prospettiva; (*hope*) speranza ♦ *vi*: **to ~ for** cercare; **~s** *npl* (*for work etc*) prospettive *fpl*; **~ive** [-'spɛktɪv] *adj* possibile; futuro(a)
prospectus [prə'spɛktəs] *n* prospetto, programma *m*
prosperity [prɔ'spɛrɪtɪ] *n* prosperità
prostitute ['prɔstɪtjuːt] *n* prostituta; **male ~** uomo che si prostituisce
prostrate ['prɔstreɪt] *adj* bocconi *inv*
protect [prə'tɛkt] *vt* proteggere, salvaguardare; **~ion** *n* protezione *f*; **~ive** *adj* protettivo(a)
protégé ['prəutəʒeɪ] *n* protetto
protein ['prəutiːn] *n* proteina
protest [*n* 'prəutɛst, *vb* prə'tɛst] *n* protesta ♦ *vt, vi* protestare
Protestant ['prɔtɪstənt] *adj, n* protestante *m/f*
protester [prə'tɛstə*] *n* dimostrante *m/f*
prototype ['prəutətaɪp] *n* prototipo
protracted [prə'træktɪd] *adj* tirato(a) per le lunghe
protrude [prə'truːd] *vi* sporgere
proud [praud] *adj* fiero(a), orgoglioso(a); (*pej*) superbo(a)
prove [pruːv] *vt* provare, dimostrare ♦ *vi*: **to ~ (to be) correct** *etc* risultare vero(a) *etc*; **to ~ o.s.** mostrare le proprie capacità
proverb ['prɔvəːb] *n* proverbio
provide [prə'vaɪd] *vt* fornire, provvedere; **to ~ sb with sth** fornire *or* provvedere qn di qc; **~ for** *vt fus* provvedere a; (*future event*) prevedere; **~d (that)** *conj* purché *+sub*, a condizione che *+sub*
providing [prə'vaɪdɪŋ] *conj* purché *+sub*, a condizione che *+sub*
province ['prɔvɪns] *n* provincia; **provincial** [prə'vɪnʃəl] *adj* provinciale
provision [prə'vɪʒən] *n* (*supply*) riserva; (*supplying*) provvista; rifornimento; (*stipulation*) condizione *f*; **~s** *npl* (*food*) provviste *fpl*; **~al** *adj* provvisorio(a)
proviso [prə'vaɪzəu] *n* condizione *f*
provocative [prə'vɔkətɪv] *adj* (*aggressive*) provocatorio(a); (*thought-provoking*) stimolante; (*seductive*) provocante
provoke [prə'vəuk] *vt* provocare; incitare
prow [prau] *n* prua
prowess ['prauɪs] *n* prodezza
prowl [praul] *vi* (*also*: *~ about, ~ around*) aggirarsi ♦ *n*: **to be on the ~** aggirarsi; **~er** *n* tipo sospetto (*che s'aggira con l'intenzione di rubare, aggredire etc*)
proximity [prɔk'sɪmɪtɪ] *n* prossimità
proxy ['prɔksɪ] *n*: **by ~** per procura
prude [pruːd] *n* puritano/a
prudent ['pruːdnt] *adj* prudente
prudish ['pruːdɪʃ] *adj* puritano(a)
prune [pruːn] *n* prugna secca ♦ *vt* potare
pry [praɪ] *vi*: **to ~ into** ficcare il naso in
PS *abbr* (= *postscript*) P.S
psalm [sɑːm] *n* salmo
pseudo- ['sjuːdəu] *prefix* pseudo...
pseudonym ['sjuːdənɪm] *n* pseudonimo
psyche ['saɪkɪ] *n* psiche *f*
psychiatric [saɪkɪ'ætrɪk] *adj* psichiatrico(a)
psychiatrist [saɪ'kaɪətrɪst] *n* psichiatra *m/f*
psychic ['saɪkɪk] *adj* (*also*: *~al*) psichico(a); (*person*) dotato(a) di qualità telepatiche
psychoanalyst [saɪkəu'ænəlɪst] *n* psicanalista *m/f*
psychological [saɪkə'lɔdʒɪkl] *adj* psicologico(a)
psychologist [saɪ'kɔlədʒɪst] *n* psicologo/a
psychology [saɪ'kɔlədʒɪ] *n* psicologia

psychopath ['saɪkəupæθ] *n* psicopatico/a
P.T.O. *abbr* (= *please turn over*) v.r
pub [pʌb] *n abbr* (= *public house*) pub *m inv*
pubic ['pju:bɪk] *adj* pubico(a), del pube
public ['pʌblɪk] *adj* pubblico(a) ♦ *n* pubblico; **in ~** in pubblico; **~ address system** *n* impianto di amplificazione
publican ['pʌblɪkən] *n* proprietario di un pub
publication [pʌblɪ'keɪʃən] *n* pubblicazione *f*
public: ~ company *n* società *f inv* per azioni (*costituita tramite pubblica sottoscrizione*); **~ convenience** (*BRIT*) *n* gabinetti *mpl*; **~ holiday** *n* giorno festivo, festa nazionale; **~ house** (*BRIT*) *n* pub *m inv*
publicity [pʌb'lɪsɪtɪ] *n* pubblicità
publicize ['pʌblisaɪz] *vt* rendere pubblico(a)
publicly ['pʌblɪklɪ] *adv* pubblicamente
public: ~ opinion *n* opinione *f* pubblica; **~ relations** *n* pubbliche relazioni *fpl*; **~ school** *n* (*BRIT*) scuola privata; (*US*) scuola statale; **~-spirited** *adj* che ha senso civico; **~ transport** *n* mezzi *mpl* pubblici
publish ['pʌblɪʃ] *vt* pubblicare; **~er** *n* editore *m*; **~ing** *n* (*industry*) editoria; (*of a book*) pubblicazione *f*
puce [pju:s] *adj* marroncino rosato *inv*
pucker ['pʌkə*] *vt* corrugare
pudding ['pudɪŋ] *n* budino; (*BRIT*: *dessert*) dolce *m*; **black ~** sanguinaccio
puddle ['pʌdl] *n* pozza, pozzanghera
puff [pʌf] *n* sbuffo ♦ *vt*: **to ~ one's pipe** tirare sboccate di fumo ♦ *vi* (*pant*) ansare; **~ out** *vt* (*cheeks etc*) gonfiare; **~ed** (*inf*) *adj* (*out of breath*) senza fiato; **~ pastry** *n* pasta sfoglia; **~y** *adj* gonfio(a)
pull [pul] *n* (*tug*): **to give sth a ~** tirare su qc ♦ *vt* tirare; (*muscle*) strappare; (*trigger*) premere ♦ *vi* tirare; **to ~ to pieces** fare a pezzi; **to ~ one's punches** (*BOXING*) risparmiare l'avversario; **to ~ one's weight** dare il proprio contributo; **to ~ o.s. together** ricomporsi, riprendersi; **to ~ sb's leg** prendere in giro qn; **~ apart** *vt* (*break*) fare a pezzi; **~ down** *vt* (*house*) demolire; (*tree*) abbattere; **~ in** *vi* (*AUT*: *at the kerb*) accostarsi; (*RAIL*) entrare in stazione; **~ off** *vt* (*clothes*) togliere; (*deal etc*) portare a compimento; **~ out** *vi* partire; (*AUT*: *come out of line*) spostarsi sulla mezzeria ♦ *vt* staccare; far uscire; (*withdraw*) ritirare; **~ over** *vi* (*AUT*) accostare; **~ through** *vi* farcela; **~ up** *vi* (*stop*) fermarsi ♦ *vt* (*raise*) sollevare; (*uproot*) sradicare
pulley ['pulɪ] *n* puleggia, carrucola
pullover ['puləuvə*] *n* pullover *m inv*
pulp [pʌlp] *n* (*of fruit*) polpa
pulpit ['pulpɪt] *n* pulpito
pulsate [pʌl'seɪt] *vi* battere, palpitare
pulse [pʌls] *n* polso; (*BOT*) legume *m*
pummel ['pʌml] *vt* dare pugni a
pump [pʌmp] *n* pompa; (*shoe*) scarpetta ♦ *vt* pompare; **~ up** *vt* gonfiare
pumpkin ['pʌmpkɪn] *n* zucca
pun [pʌn] *n* gioco di parole
punch [pʌntʃ] *n* (*blow*) pugno; (*tool*) punzone *m*; (*drink*) ponce *m* ♦ *vt* (*hit*): **to ~ sb/sth** dare un pugno a qn/qc; **~ line** *n* (*of joke*) battuta finale; **~-up** (*BRIT*: *inf*) *n* rissa
punctual ['pʌŋktjuəl] *adj* puntuale
punctuation [pʌŋktju'eɪʃən] *n* interpunzione *f*, punteggiatura
puncture ['pʌŋktʃə*] *n* foratura ♦ *vt* forare
pundit ['pʌndɪt] *n* sapientone/a
pungent ['pʌndʒənt] *adj* pungente
punish ['pʌnɪʃ] *vt* punire; **~ment** *n* punizione *f*
punk [pʌŋk] *n* (*also*: **~ rocker**) punk *m/f inv*; (*also*: **~ rock**) musica punk,

punk rock *m*; (*US*: *inf*: *hoodlum*) teppista *m*
punt [pʌnt] *n* (*boat*) barchino
punter ['pʌntə*] (*BRIT*) *n* (*gambler*) scommettitore/trice; (: *inf*) cliente *m/f*
puny ['pju:nɪ] *adj* gracile
pup [pʌp] *n* cucciolo/a
pupil ['pju:pl] *n* allievo/a; (*ANAT*) pupilla
puppet ['pʌpɪt] *n* burattino
puppy ['pʌpɪ] *n* cucciolo/a, cagnolino/a
purchase ['pə:tʃɪs] *n* acquisto, compera ♦ *vt* comprare; **~r** *n* compratore/trice
pure [pjuə*] *adj* puro(a)
purée ['pjuəreɪ] *n* (*of potatoes*) purè *m*; (*of tomatoes*) passato; (*of apples*) crema
purely ['pjuəlɪ] *adv* puramente
purge [pə:dʒ] *n* (*MED*) purga; (*POL*) epurazione *f* ♦ *vt* purgare
puritan ['pjuərɪtən] *adj*, *n* puritano(a)
purity ['pjuərɪtɪ] *n* purezza
purple ['pə:pl] *adj* di porpora; viola *inv*
purport [pə:'pɔ:t] *vi*: **to ~ to be/do** pretendere di essere/fare
purpose ['pə:pəs] *n* intenzione *f*, scopo; **on ~** apposta; **~ful** *adj* deciso(a), risoluto(a)
purr [pə:*] *vi* fare le fusa
purse [pə:s] *n* (*BRIT*) borsellino; (*US*) borsetta ♦ *vt* contrarre
purser ['pə:sə*] *n* (*NAUT*) commissario di bordo
pursue [pə'sju:] *vt* inseguire; (*fig*: *activity etc*) continuare con; (: *aim etc*) perseguire
pursuit [pə'sju:t] *n* inseguimento; (*fig*) ricerca; (*pastime*) passatempo
push [puʃ] *n* spinta; (*effort*) grande sforzo; (*drive*) energia ♦ *vt* spingere; (*button*) premere; (*thrust*): **to ~ sth (into)** ficcare qc (in); (*fig*) fare pubblicità a ♦ *vi* spingere; premere; **to ~ for** (*fig*) insistere per; **~ aside** *vt* scostare; **~ off** (*inf*) *vi* filare; **~ on** *vi* (*continue*) continuare; **~ through** *vi* farsi largo spingendo ♦ *vt* (*measure*) far approvare; **~ up** *vt* (*total, prices*) far salire; **~chair** (*BRIT*) *n* passeggino; **~er** *n* (*drug ~er*) spacciatore/trice; **~over** (*inf*) *n*: **it's a ~over** è un lavoro da bambini; **~-up** (*US*) *n* (*press-up*) flessione *f* sulle braccia; **~y** (*pej*) *adj* opportunista
puss [pus] (*inf*) *n* = **pussy(-cat)**
pussy(-cat) ['pusɪ(-)] (*inf*) *n* micio
put [put] (*pt, pp* **put**) *vt* mettere, porre; (*say*) dire, esprimere; (*a question*) fare; (*estimate*) stimare; **~ about** *or* **around** *vt* (*rumour*) diffondere; **~ across** *vt* (*ideas etc*) comunicare; far capire; **~ away** *vt* (*return*) mettere a posto; **~ back** *vt* (*replace*) rimettere (a posto); (*postpone*) rinviare; (*delay*) ritardare; **~ by** *vt* (*money*) mettere da parte; **~ down** *vt* (*parcel etc*) posare, mettere giù; (*pay*) versare; (*in writing*) mettere per iscritto; (*revolt, animal*) sopprimere; (*attribute*) attribuire; **~ forward** *vt* (*ideas*) avanzare, proporre; **~ in** *vt* (*application, complaint*) presentare; (*time, effort*) mettere; **~ off** *vt* (*postpone*) rimandare, rinviare; (*discourage*) dissuadere; **~ on** *vt* (*clothes, lipstick etc*) mettere; (*light etc*) accendere; (*play etc*) mettere in scena; (*food, meal*) mettere su; (*brake*) mettere; **to ~ on weight** ingrassare; **to ~ on airs** darsi delle arie; **~ out** *vt* mettere fuori; (*one's hand*) porgere; (*light etc*) spegnere; (*person*: *inconvenience*) scomodare; **~ through** *vt* (*TEL*: *call*) passare; (: *person*) mettere in comunicazione; (*plan*) far approvare; **~ up** *vt* (*raise*) sollevare, alzare; (: *umbrella*) aprire; (: *tent*) montare; (*pin up*) affiggere; (*hang*) appendere; (*build*) costruire, erigere; (*increase*) aumentare; (*accommodate*) alloggiare; **~ up with** *vt fus* sopportare
putt [pʌt] *n* colpo leggero; **~ing**

green *n* green *m inv*; campo da putting
putty ['pʌtɪ] *n* stucco
puzzle ['pʌzl] *n* enigma *m*, mistero; (*jigsaw*) puzzle *m*; (*also*: *crossword* ~) parole *fpl* incrociate, cruciverba *m inv* ♦ *vt* confondere, rendere perplesso(a) ♦ *vi* scervellarsi
pyjamas [pɪ'dʒɑːməz] (*BRIT*) *npl* pigiama *m*
pylon ['paɪlən] *n* pilone *m*
pyramid ['pɪrəmɪd] *n* piramide *f*
Pyrenees [pɪrɪ'niːz] *npl*: **the** ~ i Pirenei

Q

quack [kwæk] *n* (*of duck*) qua qua *m inv*; (*pej*: *doctor*) dottoruccio/a
quad [kwɔd] *n abbr* = **quadrangle**; **quadruplet**
quadrangle ['kwɔdræŋgl] *n* (*courtyard*) cortile *m*
quadruple [kwɔ'drupl] *vt* quadruplicare ♦ *vi* quadruplicarsi
quadruplets [kwɔ'druːplɪts] *npl* quattro gemelli *mpl*
quagmire ['kwægmaɪə*] *n* pantano
quail [kweɪl] *n* (*ZOOL*) quaglia ♦ *vi* (*person*): **to** ~ **at** *or* **before** perdersi d'animo davanti a
quaint [kweɪnt] *adj* bizzarro(a); (*old-fashioned*) antiquato(a); grazioso(a), pittoresco(a)
quake [kweɪk] *vi* tremare ♦ *n abbr* = **earthquake**
Quaker ['kweɪkə*] *n* quacchero/a
qualification [kwɔlɪfɪ'keɪʃən] *n* (*degree etc*) qualifica, titolo; (*ability*) competenza, qualificazione *f*; (*limitation*) riserva, restrizione *f*
qualified ['kwɔlɪfaɪd] *adj* qualificato(a); (*able*): ~ **to** competente in, qualificato(a) a; (*limited*) condizionato(a)
qualify ['kwɔlɪfaɪ] *vt* abilitare; (*limit*: *statement*) modificare, precisare ♦ *vi*: **to** ~ **(as)** qualificarsi (come); **to** ~ **(for)** acquistare i requisiti necessari (per); (*SPORT*) qualificarsi (per *or* a)
quality ['kwɔlɪtɪ] *n* qualità *f inv*
qualm [kwɑːm] *n* dubbio; scrupolo
quandary ['kwɔndrɪ] *n*: **in a** ~ in un dilemma
quantity ['kwɔntɪtɪ] *n* quantità *f inv*; ~ **surveyor** *n* geometra *m* (*specializzato nel calcolare la quantità e il costo del materiale da costruzione*)
quarantine ['kwɔrntiːn] *n* quarantena
quarrel ['kwɔrl] *n* lite *f*, disputa ♦ *vi* litigare; ~**some** *adj* litigioso(a)
quarry ['kwɔrɪ] *n* (*for stone*) cava; (*animal*) preda
quart [kwɔːt] *n* ≈ litro
quarter ['kwɔːtə*] *n* quarto; (*US*: *coin*) quarto di dollaro; (*of year*) trimestre *m*; (*district*) quartiere *m* ♦ *vt* dividere in quattro; (*MIL*) alloggiare; ~**s** *npl* (*living* ~*s*) alloggio; (*MIL*) alloggi *mpl*, quadrato; **a** ~ **of an hour** un quarto d'ora; ~ **final** *n* quarto di finale; ~**ly** *adj* trimestrale ♦ *adv* trimestralmente
quartet(te) [kwɔː'tɛt] *n* quartetto
quartz [kwɔːts] *n* quarzo
quash [kwɔʃ] *vt* (*verdict*) annullare
quaver ['kweɪvə*] *n* (*BRIT*: *MUS*) croma ♦ *vi* tremolare
quay [kiː] *n* (*also*: ~*side*) banchina
queasy ['kwiːzɪ] *adj* (*stomach*) delicato(a); **to feel** ~ aver la nausea
queen [kwiːn] *n* (*gen*) regina; (*CARDS etc*) regina, donna; ~ **mother** *n* regina madre
queer [kwɪə*] *adj* strano(a), curioso(a) ♦ *n* (*inf*) finocchio
quell [kwɛl] *vt* domare
quench [kwɛntʃ] *vt*: **to** ~ **one's thirst** dissetarsi
querulous ['kwɛruləs] *adj* querulo(a)
query ['kwɪərɪ] *n* domanda, questione *f* ♦ *vt* mettere in questione
quest [kwɛst] *n* cerca, ricerca
question ['kwɛstʃən] *n* domanda, questione *f* ♦ *vt* (*person*) interrogare; (*plan*, *idea*) mettere in questione

or in dubbio; **it's a ~ of doing** si tratta di fare; **beyond ~** fuori di dubbio; **out of the ~** fuori discussione, impossibile; **~able** *adj* discutibile; **~ mark** *n* punto interrogativo

questionnaire [kwɛstʃə'nɛə*] *n* questionario

queue [kju:] (*BRIT*) *n* coda, fila ♦ *vi* fare la coda

quibble ['kwɪbl] *vi* cavillare

quiche [ki:ʃ] *n torta salata a base di uova, formaggio, prosciutto o altro*

quick [kwɪk] *adj* rapido(a), veloce; (*reply*) pronto(a); (*mind*) pronto(a), acuto(a) ♦ *n*: **cut to the ~** (*fig*) toccato(a) sul vivo; **be ~!** fa presto!; **~en** *vt* accelerare, affrettare ♦ *vi* accelerare, affrettarsi; **~ly** *adv* rapidamente, velocemente; **~sand** *n* sabbie *fpl* mobili; **~-witted** *adj* pronto(a) d'ingegno

quid [kwɪd] (*BRIT*: *inf*) *n inv* sterlina

quiet ['kwaɪət] *adj* tranquillo(a), quieto(a); (*ceremony*) semplice ♦ *n* tranquillità, calma ♦ *vt, vi* (*US*) = **~en**; **keep ~!** sta zitto!; **~en** (*also*: *~en down*) *vi* calmarsi, chetarsi ♦ *vt* calmare, chetare; **~ly** *adv* tranquillamente, calmamente; sommessamente

quilt [kwɪlt] *n* trapunta; (*continental ~*) piumino

quin [kwɪn] *n abbr* = **quintuplet**

quinine [kwɪ'ni:n] *n* chinino

quintuplets [kwɪn'tju:plɪts] *npl* cinque gemelli *mpl*

quip [kwɪp] *n* frizzo

quirk [kwə:k] *n* ghiribizzo

quit [kwɪt] (*pt, pp* **quit** *or* **quitted**) *vt* mollare; (*premises*) lasciare, partire da ♦ *vi* (*give up*) mollare; (*resign*) dimettersi

quite [kwaɪt] *adv* (*rather*) assai; (*entirely*) completamente, del tutto; **I ~ understand** capisco perfettamente; **that's not ~ big enough** non è proprio sufficiente; **~ a few of them** non pochi di loro; **~ (so)!** esatto!

quits [kwɪts] *adj*: **~ (with)** pari (con); **let's call it ~** adesso siamo pari

quiver ['kwɪvə*] *vi* tremare, fremere

quiz [kwɪz] *n* (*game*) quiz *m inv*; indovinello ♦ *vt* interrogare; **~zical** *adj* enigmatico(a)

quota ['kwəutə] *n* quota

quotation [kwəu'teɪʃən] *n* citazione *f*; (*of shares etc*) quotazione *f*; (*estimate*) preventivo; **~ marks** *npl* virgolette *fpl*

quote [kwəut] *n* citazione *f* ♦ *vt* (*sentence*) citare; (*price*) dare, fissare; (*shares*) quotare ♦ *vi*: **to ~ from** citare; **~s** *npl* = **quotation marks**

R

rabbi ['ræbaɪ] *n* rabbino

rabbit ['ræbɪt] *n* coniglio; **~ hutch** *n* conigliera

rabble ['ræbl] (*pej*) *n* canaglia, plebaglia

rabies ['reɪbi:z] *n* rabbia

RAC (*BRIT*) *n abbr* = **Royal Automobile Club**

raccoon [rə'ku:n] *n* procione *m*

race [reɪs] *n* razza; (*competition, rush*) corsa ♦ *vt* (*horse*) far correre ♦ *vi* correre; (*engine*) imballarsi; **~ car** (*US*) *n* = **racing car**; **~ car driver** (*US*) *n* = **racing driver**; **~course** *n* campo di corse, ippodromo; **~horse** *n* cavallo da corsa; **~track** *n* pista

racial ['reɪʃl] *adj* razziale

racing ['reɪsɪŋ] *n* corsa; **~ car** (*BRIT*) *n* macchina da corsa; **~ driver** (*BRIT*) *n* corridore *m* automobilista

racism ['reɪsɪzəm] *n* razzismo; **racist** *adj, n* razzista *m/f*

rack [ræk] *n* rastrelliera; (*also*: *luggage ~*) rete *f*, portabagagli *m inv*; (*also*: *roof ~*) portabagagli; (*dish ~*) scolapiatti *m inv* ♦ *vt*: **~ed by** torturato(a) da; **to ~ one's brains** scervellarsi

racket ['rækɪt] *n* (*for tennis*) racchetta; (*noise*) fracasso; baccano; (*swindle*) imbroglio, truffa; (*organized crime*) racket *m inv*
racoon [rə'ku:n] *n* = **raccoon**
racquet ['rækɪt] *n* racchetta
racy ['reɪsɪ] *adj* brioso(a); piccante
radar ['reɪdɑ:*] *n* radar *m*
radial ['reɪdɪəl] *adj* (*also*: *~-ply*) radiale
radiant ['reɪdɪənt] *adj* raggiante; (*PHYSICS*) radiante
radiate ['reɪdɪeɪt] *vt* (*heat*) irraggiare, irradiare ♦ *vi* (*lines*) irradiarsi
radiation [reɪdɪ'eɪʃən] *n* irradiamento; (*radioactive*) radiazione *f*
radiator ['reɪdɪeɪtə*] *n* radiatore *m*
radical ['rædɪkl] *adj* radicale
radii ['reɪdɪaɪ] *npl of* **radius**
radio ['reɪdɪəu] *n* radio *f inv*; **on the ~** alla radio
radioactive [reɪdɪəu'æktɪv] *adj* radioattivo(a)
radio station *n* stazione *f* radio *inv*
radish ['rædɪʃ] *n* ravanello
radius ['reɪdɪəs] (*pl* **radii**) *n* raggio
RAF *n abbr* = **Royal Air Force**
raffle ['ræfl] *n* lotteria
raft [rɑ:ft] *n* zattera; (*also*: *life ~*) zattera di salvataggio
rafter ['rɑ:ftə*] *n* trave *f*
rag [ræg] *n* straccio, cencio; (*pej*: *newspaper*) giornalaccio, bandiera; (*for charity*) *iniziativa studentesca a scopo benefico*; **~s** *npl* (*torn clothes*) stracci *mpl*, brandelli *mpl*; **~-and-bone man** (*BRIT*) *n* = **ragman**; **~ doll** *n* bambola di pezza
rage [reɪdʒ] *n* (*fury*) collera, furia ♦ *vi* (*person*) andare su tutte le furie; (*storm*) infuriare; **it's all the ~** fa furore
ragged ['rægɪd] *adj* (*edge*) irregolare; (*clothes*) logoro(a); (*appearance*) pezzente
ragman ['rægmæn] *n* straccivendolo
raid [reɪd] *n* (*MIL*) incursione *f*; (*criminal*) rapina; (*by police*) irruzione *f* ♦ *vt* fare un'incursione in; rapinare; fare irruzione in
rail [reɪl] *n* (*on stair*) ringhiera; (*on bridge, balcony*) parapetto; (*of ship*) battagliola; **~s** *npl* (*for train*) binario, rotaie *fpl*; **by ~** per ferrovia; **~ing(s)** *n*(*pl*) ringhiere *fpl*; **~road** (*US*) *n* = **~way**; **~way** (*BRIT*) *n* ferrovia; **~way line** (*BRIT*) *n* linea ferroviaria; **~wayman** (*BRIT*) *n* ferroviere *m*; **~way station** (*BRIT*) *n* stazione *f* ferroviaria
rain [reɪn] *n* pioggia ♦ *vi* piovere; **in the ~** sotto la pioggia; **it's ~ing** piove; **~bow** *n* arcobaleno; **~coat** *n* impermeabile *m*; **~drop** *n* goccia di pioggia; **~fall** *n* pioggia; (*measurement*) piovosità; **~forest** *n* foresta pluviale; **~y** *adj* piovoso(a)
raise [reɪz] *n* aumento ♦ *vt* (*lift*) alzare; sollevare; (*increase*) aumentare; (*a protest, doubt, question*) sollevare; (*cattle, family*) allevare; (*crop*) coltivare; (*army, funds*) raccogliere; (*loan*) ottenere; **to ~ one's voice** alzare la voce
raisin ['reɪzn] *n* uva secca
rake [reɪk] *n* (*tool*) rastrello ♦ *vt* (*garden*) rastrellare; (*with machine gun*) spazzare
rally ['rælɪ] *n* (*POL etc*) riunione *f*; (*AUT*) rally *m inv*; (*TENNIS*) scambio ♦ *vt* riunire, radunare ♦ *vi* (*sick person, Stock Exchange*) riprendersi; **~ round** *vt fus* raggrupparsi intorno a; venire in aiuto di
RAM [ræm] *n abbr* (= *random access memory*) memoria ad accesso casuale
ram [ræm] *n* montone *m*, ariete *m* ♦ *vt* conficcare; (*crash into*) cozzare, sbattere contro; percuotere; speronare
ramble ['ræmbl] *n* escursione *f* ♦ *vi* (*pej*: *also*: *~ on*) divagare; **~r** *n* escursionista *m/f*; (*BOT*) rosa rampicante; **rambling** *adj* (*speech*) sconnesso(a); (*house*) tutto(a) a nicchie e corridoi; (*BOT*) rampicante
ramp [ræmp] *n* rampa; **on/off ~** (*US*: *AUT*) raccordo di entrata/uscita
rampage [ræm'peɪdʒ] *n*: **to go on**

the ~ scatenarsi in modo violento
rampant ['ræmpənt] *adj* (*disease etc*) che infierisce
rampart ['ræmpɑ:t] *n* bastione *m*
ramshackle ['ræmʃækl] *adj* (*house*) cadente; (*car etc*) sgangherato(a)
ran [ræn] *pt of* **run**
ranch [rɑ:ntʃ] *n* ranch *m inv*; **~er** *n* proprietario di un ranch; cowboy *m inv*
rancid ['rænsɪd] *adj* rancido(a)
rancour ['ræŋkə*] (*US* **rancor**) *n* rancore *m*
random ['rændəm] *adj* fatto(a) *or* detto(a) per caso; (*COMPUT*, *MATH*) casuale ♦ *n*: **at ~** a casaccio; **~ access** *n* (*COMPUT*) accesso casuale
randy ['rændɪ] (*BRIT*: *inf*) *adj* arrapato(a); lascivo(a)
rang [ræŋ] *pt of* **ring**
range [reɪndʒ] *n* (*of mountains*) catena; (*of missile, voice*) portata; (*of proposals, products*) gamma; (*MIL*: *also*: *shooting ~*) campo di tiro; (*also*: *kitchen ~*) fornello, cucina economica ♦ *vt* disporre ♦ *vi*: **to ~ over** coprire; **to ~ from ... to** andare da ... a
ranger ['reɪndʒə*] *n* guardia forestale
rank [ræŋk] *n* fila; (*status, MIL*) grado; (*BRIT*: *also*: *taxi ~*) posteggio di taxi ♦ *vi*: **to ~ among** essere tra ♦ *adj* puzzolente; vero(a) e proprio(a); **the ~ and file** (*fig*) la gran massa
rankle ['ræŋkl] *vi* bruciare
ransack ['rænsæk] *vt* rovistare; (*plunder*) saccheggiare
ransom ['rænsəm] *n* riscatto; **to hold sb to ~** (*fig*) esercitare pressione su qn
rant [rænt] *vi* vociare
rap [ræp] *vt* bussare a; picchiare su ♦ *n* (*music*) rap *m inv*
rape [reɪp] *n* violenza carnale, stupro; (*BOT*) ravizzone *m* ♦ *vt* violentare; **~(seed) oil** *n* olio di ravizzone
rapid ['ræpɪd] *adj* rapido(a); **~s** *npl* (*GEO*) rapida; **~ly** *adv* rapidamente
rapist ['reɪpɪst] *n* violentatore *m*
rapport [ræ'pɔ:*] *n* rapporto
rapture ['ræptʃə*] *n* estasi *f inv*
rare [rɛə*] *adj* raro(a); (*CULIN*: *steak*) al sangue
rarely ['rɛəlɪ] *adv* raramente
raring ['rɛərɪŋ] *adj*: **to be ~ to go** (*inf*) non veder l'ora di cominciare
rascal ['rɑ:skl] *n* mascalzone *m*
rash [ræʃ] *adj* imprudente, sconsiderato(a) ♦ *n* (*MED*) eruzione *f*; (*of events etc*) scoppio
rasher ['ræʃə*] *n* fetta sottile (di lardo *or* prosciutto)
raspberry ['rɑ:zbərɪ] *n* lampone *m*
rasping ['rɑ:spɪŋ] *adj* stridulo(a)
rat [ræt] *n* ratto
rate [reɪt] *n* (*proportion*) tasso, percentuale *f*; (*speed*) velocità *f inv*; (*price*) tariffa ♦ *vt* giudicare; stimare; **~s** *npl* (*BRIT*: *property tax*) imposte *fpl* comunali; (*fees*) tariffe *fpl*; **to ~ sb/sth as** valutare qn/qc come; **~able value** (*BRIT*) *n* valore *m* imponibile *or* locativo (di una proprietà); **~payer** (*BRIT*) *n* contribuente *m/f* (che paga le imposte comunali)
rather ['rɑ:ðə*] *adv* piuttosto; **it's ~ expensive** è piuttosto caro; (*too*) è un po' caro; **there's ~ a lot** ce n'è parecchio; **I would** *or* **I'd ~ go** preferirei andare
ratify ['rætɪfaɪ] *vt* ratificare
rating ['reɪtɪŋ] *n* (*assessment*) valutazione *f*; (*score*) punteggio di merito; (*BRIT*: *NAUT*: *sailor*) marinaio semplice
ratio ['reɪʃɪəu] *n* proporzione *f*, rapporto
ration ['ræʃən] *n* (*gen pl*) razioni *fpl* ♦ *vt* razionare
rational ['ræʃənl] *adj* razionale, ragionevole; (*solution, reasoning*) logico(a); **~e** [-'nɑ:l] *n* fondamento logico; giustificazione *f*; **~ize** *vt* razionalizzare
rat race *n* carrierismo, corsa al successo
rattle ['rætl] *n* tintinnio; (*louder*) strepito; (*for baby*) sonaglino ♦ *vi* ri-

suonare, tintinnare; fare un rumore di ferraglia ♦ *vt* scuotere (con strepito); ~**snake** *n* serpente *m* a sonagli
raucous ['rɔːkəs] *adj* rumoroso(a), fragoroso(a)
ravage ['rævɪdʒ] *vt* devastare; ~**s** *npl* danni *mpl*
rave [reɪv] *vi* (*in anger*) infuriarsi; (*with enthusiasm*) andare in estasi; (*MED*) delirare
raven ['reɪvən] *n* corvo
ravenous ['rævənəs] *adj* affamato(a)
ravine [rə'viːn] *n* burrone *m*
raving ['reɪvɪŋ] *adj*: ~ **lunatic** pazzo(a) furioso(a)
ravishing ['rævɪʃɪŋ] *adj* incantevole
raw [rɔː] *adj* (*uncooked*) crudo(a); (*not processed*) greggio(a); (*sore*) vivo(a); (*inexperienced*) inesperto(a); (*weather, day*) gelido(a); ~ **deal** (*inf*) *n* bidonata; ~ **material** *n* materia prima
ray [reɪ] *n* raggio; **a ~ of hope** un barlume di speranza
rayon ['reɪɔn] *n* raion *m*
raze [reɪz] *vt* radere, distruggere
razor ['reɪzə*] *n* rasoio; ~ **blade** *n* lama di rasoio
Rd *abbr* = **road**
re [riː] *prep* con riferimento a
reach [riːtʃ] *n* portata; (*of river etc*) tratto ♦ *vt* raggiungere; arrivare a ♦ *vi* stendersi; **out of/within** ~ fuori/a portata di mano; **within ~ of the shops/station** vicino ai negozi/alla stazione; ~ **out** *vt* (*hand*) allungare ♦ *vi*: **to ~ out for** stendere la mano per prendere
react [riː'ækt] *vi* reagire; ~**ion** [-'ækʃən] *n* reazione *f*
reactor [riː'æktə*] *n* reattore *m*
read [riːd, *pt, pp* rɛd] (*pt, pp* **read**) *vi* leggere ♦ *vt* leggere; (*understand*) intendere, interpretare; (*study*) studiare; ~ **out** *vt* leggere ad alta voce; ~**able** *adj* (*writing*) leggibile; (*book etc*) che si legge volentieri; ~**er** *n* lettore/trice; (*book*) libro di lettura; (*BRIT: at university*) *professore con funzioni preminenti di ricerca*; ~**ership** *n* (*of paper etc*) numero di lettori
readily ['rɛdɪlɪ] *adv* volentieri; (*easily*) facilmente; (*quickly*) prontamente
readiness ['rɛdɪnɪs] *n* prontezza; **in** ~ (*prepared*) pronto(a)
reading ['riːdɪŋ] *n* lettura; (*understanding*) interpretazione *f*; (*on instrument*) indicazione *f*
readjust [riːə'dʒʌst] *vt* riaggiustare ♦ *vi* (*person*): **to ~ (to)** riadattarsi (a)
ready ['rɛdɪ] *adj* pronto(a); (*willing*) pronto(a), disposto(a); (*available*) disponibile ♦ *n*: **at the** ~ (*MIL*) pronto a sparare; **to get** ~ *vi* prepararsi ♦ *vt* preparare; ~**-made** *adj* prefabbricato(a); (*clothes*) confezionato(a); ~ **money** *n* denaro contante, contanti *mpl*; ~ **reckoner** *n* prontuario di calcolo; ~**-to-wear** *adj* prêt-à-porter *inv*
reaffirm [riːə'fəːm] *vt* riaffermare
real [rɪəl] *adj* reale; vero(a); **in ~ terms** in realtà; ~ **estate** *n* beni *mpl* immobili; ~**ism** *n* (*also ART*) realismo; ~**ist** *n* realista *m/f*; ~**istic** [-'lɪstɪk] *adj* realistico(a)
reality [riː'ælɪtɪ] *n* realtà *f inv*
realization [rɪəlaɪ'zeɪʃən] *n* presa di coscienza; realizzazione *f*
realize ['rɪəlaɪz] *vt* (*understand*) rendersi conto di; (*a project, COMM: asset*) realizzare
really ['rɪəlɪ] *adv* veramente, davvero; ~! (*indicating annoyance*) oh, insomma!
realm [rɛlm] *n* reame *m*, regno
realtor ['rɪəltɔː*] (*US*: ®) *n* agente *m* immobiliare
reap [riːp] *vt* mietere; (*fig*) raccogliere
reappear [riːə'pɪə*] *vi* ricomparire, riapparire
rear [rɪə*] *adj* di dietro; (*AUT: wheel etc*) posteriore ♦ *n* didietro, parte *f* posteriore ♦ *vt* (*cattle, family*) allevare ♦ *vi* (*also*: ~ *up*: *animal*) impennarsi

rearmament [ri:'ɑ:məmənt] *n* riarmo
rearrange [ri:ə'reɪndʒ] *vt* riordinare
rear-view: ~ **mirror** *n* (*AUT*) specchio retrovisore
reason ['ri:zn] *n* ragione *f*; (*cause, motive*) ragione, motivo ♦ *vi*: **to ~ with sb** far ragionare qn; **it stands to ~ that** è ovvio che; **~able** *adj* ragionevole; (*not bad*) accettabile; **~ably** *adv* ragionevolmente; **~ed** *adj*: **a well-~ed argument** una forte argomentazione; **~ing** *n* ragionamento
reassurance [ri:ə'ʃuərəns] *n* rassicurazione *f*
reassure [ri:ə'ʃuə*] *vt* rassicurare; **to ~ sb of** rassicurare qn di *or* su
rebate ['ri:beɪt] *n* (*on tax etc*) sgravio
rebel [*n* 'rɛbl, *vb* rɪ'bɛl] *n* ribelle *m/f* ♦ *vi* ribellarsi; **~lion** *n* ribellione *f*; **~lious** *adj* ribelle
rebound [*vb* rɪ'baund, *n* 'ri:baund] *vi* (*ball*) rimbalzare ♦ *n*: **on the ~** di rimbalzo
rebuff [rɪ'bʌf] *n* secco rifiuto
rebuke [rɪ'bju:k] *vt* rimproverare
rebut [rɪ'bʌt] *vt* rifiutare
recall [rɪ'kɔ:l] *vt* richiamare; (*remember*) ricordare, richiamare alla mente ♦ *n* richiamo
recant [rɪ'kænt] *vi* ritrattarsi; (*REL*) fare abiura
recap ['ri:kæp] *vt* ricapitolare ♦ *vi* riassumere
recapitulate [ri:kə'pɪtjuleɪt] *vt, vi* = **recap**
rec'd *abbr* = **received**
recede [rɪ'si:d] *vi* allontanarsi; ritirarsi; calare; **receding** *adj* (*forehead, chin*) sfuggente; **he's got a receding hairline** sta stempiando
receipt [rɪ'si:t] *n* (*document*) ricevuta; (*act of receiving*) ricevimento; **~s** *npl* (*COMM*) introiti *mpl*
receive [rɪ'si:v] *vt* ricevere; (*guest*) ricevere, accogliere
receiver [rɪ'si:və*] *n* (*TEL*) ricevitore *m*; (*RADIO, TV*) apparecchio ricevente; (*of stolen goods*) ricettatore/trice; (*COMM*) curatore *m* fallimentare
recent ['ri:snt] *adj* recente; **~ly** *adv* recentemente
receptacle [rɪ'sɛptɪkl] *n* recipiente *m*
reception [rɪ'sɛpʃən] *n* ricevimento; (*welcome*) accoglienza; (*TV etc*) ricezione *f*; **~ desk** *n* (*in hotel*) reception *f inv*; (*in hospital, at doctor's*) accettazione *f*; (*in offices etc*) portineria; **~ist** *n* receptionist *m/f inv*
receptive [rɪ'sɛptɪv] *adj* ricettivo(a)
recess [rɪ'sɛs] *n* (*in room, secret place*) alcova; (*POL etc: holiday*) vacanze *fpl*; **~ion** [-'sɛʃən] *n* recessione *f*
recharge [ri:'tʃɑ:dʒ] *vt* (*battery*) ricaricare
recipe ['rɛsɪpɪ] *n* ricetta
recipient [rɪ'sɪpɪənt] *n* beneficiario/a; (*of letter*) destinatario/a
recital [rɪ'saɪtl] *n* recital *m inv*
recite [rɪ'saɪt] *vt* (*poem*) recitare
reckless ['rɛkləs] *adj* (*driver etc*) spericolato(a); (*spending*) folle
reckon ['rɛkən] *vt* (*count*) calcolare; (*think*): **I ~ that ...** penso che ...; **~ on** *vt fus* contare su; **~ing** *n* conto; stima
reclaim [rɪ'kleɪm] *vt* (*demand back*) richiedere, reclamare; (*land*) bonificare; (*materials*) recuperare; **reclamation** [rɛklə'meɪʃən] *n* bonifica
recline [rɪ'klaɪn] *vi* stare sdraiato(a); **reclining** *adj* (*seat*) ribaltabile
recognition [rɛkəg'nɪʃən] *n* riconoscimento; **transformed beyond ~** irriconoscibile
recognize ['rɛkəgnaɪz] *vt*: **to ~ (by/as)** riconoscere (a *or* da/come)
recoil [rɪ'kɔɪl] *vi* (*person*): **to ~ from doing sth** rifuggire dal fare qc ♦ *n* (*of gun*) rinculo
recollect [rɛkə'lɛkt] *vt* ricordare; **~ion** [-'lɛkʃən] *n* ricordo
recommend [rɛkə'mɛnd] *vt* raccomandare; (*advise*) consigliare
reconcile ['rɛkənsaɪl] *vt* (*two people*) riconciliare; (*two facts*) conciliare,

quadrare; to ~ **o.s.** to rassegnarsi a
recondition [ri:kən'dɪʃən] *vt* rimettere a nuovo
reconnaissance [rɪ'kɔnɪsns] *n* (*MIL*) ricognizione *f*
reconnoitre [rɛkə'nɔɪtə*] (*US* **reconnoiter**) *vt* (*MIL*) fare una ricognizione di
reconstruct [ri:kən'strʌkt] *vt* ricostruire
record [*n* 'rɛkɔ:d, *vb* rɪ'kɔ:d] *n* ricordo, documento; (*of meeting etc*) nota, verbale *m*; (*register*) registro; (*file*) pratica, dossier *m inv*; (*COMPUT*) record *m inv*; (*also*: *criminal* ~) fedina penale sporca; (*MUS*: *disc*) disco; (*SPORT*) record *m inv*, primato ♦ *vt* (*set down*) prendere nota di, registrare; (*MUS: song etc*) registrare; **in ~ time** a tempo di record; **off the ~** *adj* ufficioso(a) ♦ *adv* ufficiosamente; **~ card** *n* (*in file*) scheda; **~ed delivery** (*BRIT*) *n* (*POST*): **~ed delivery letter** *etc* lettera *etc* raccomandata; **~er** *n* (*MUS*) flauto diritto; **~ holder** *n* (*SPORT*) primatista *m/f*; **~ing** *n* (*MUS*) registrazione *f*; **~ player** *n* giradischi *m inv*
recount [rɪ'kaunt] *vt* raccontare, narrare
re-count [*n* 'ri:kaunt, *vb* ri:'kaunt] *n* (*POL*: *of votes*) nuovo computo ♦ *vt* ricontare
recoup [rɪ'ku:p] *vt* ricuperare
recourse [rɪ'kɔ:s] *n*: **to have ~ to** ricorrere a, far ricorso a
recover [rɪ'kʌvə*] *vt* ricuperare ♦ *vi*: **to ~ (from)** riprendersi (da)
recovery [rɪ'kʌvərɪ] *n* ricupero; ristabilimento; ripresa
recreation [rɛkrɪ'eɪʃən] *n* ricreazione *f*; svago; **~al** *adj* ricreativo(a)
recrimination [rɪkrɪmɪ'neɪʃən] *n* recriminazione *f*
recruit [rɪ'kru:t] *n* recluta; (*in company*) nuovo(a) assunto(a) ♦ *vt* reclutare
rectangle ['rɛktæŋgl] *n* rettangolo; **rectangular** [-'tæŋgjulə*] *adj* rettangolare
rectify ['rɛktɪfaɪ] *vt* (*error*) rettificare; (*omission*) riparare
rector ['rɛktə*] *n* (*REL*) parroco (*anglicano*); **~y** *n* presbiterio
recuperate [rɪ'kju:pəreɪt] *vi* ristabilirsi
recur [rɪ'kə:*] *vi* riaccadere; (*symptoms*) ripresentarsi; **~rent** *adj* ricorrente, periodico(a)
recycle [ri:'saɪkl] *vt* riciclare
red [rɛd] *n* rosso; (*POL*: *pej*) rosso/a ♦ *adj* rosso(a); **in the ~** (*account*) scoperto; (*business*) in deficit; **~ carpet treatment** *n* cerimonia col gran pavese; **R~ Cross** *n* Croce *f* Rossa; **~currant** *n* ribes *m inv*; **~den** *vt* arrossare ♦ *vi* arrossire; **~dish** *adj* rossiccio(a)
redeem [rɪ'di:m] *vt* (*debt*) riscattare; (*sth in pawn*) ritirare; (*fig, also REL*) redimere; **~ing** *adj*: **~ing feature** unico aspetto positivo
redeploy [ri:dɪ'plɔɪ] *vt* (*resources*) riorganizzare
red-haired [-'hɛəd] *adj* dai capelli rossi
red-handed [-'hændɪd] *adj*: **to be caught ~** essere preso(a) in flagrante *or* con le mani nel sacco
redhead ['rɛdhɛd] *n* rosso/a
red herring *n* (*fig*) falsa pista
red-hot *adj* arroventato(a)
redirect [ri:daɪ'rɛkt] *vt* (*mail*) far seguire
red light *n*: **to go through a ~** (*AUT*) passare col rosso; **red-light district** *n* quartiere *m* a luci rosse
redo [ri:'du:] (*irreg*) *vt* rifare
redolent ['rɛdələnt] *adj*: **~ of** che sa di; (*fig*) che ricorda
redouble [ri:'dʌbl] *vt*: **to ~ one's efforts** raddoppiare gli sforzi
redress [rɪ'drɛs] *n* riparazione *f* ♦ *vt* riparare
Red Sea *n*: **the ~** il Mar Rosso
redskin ['rɛdskɪn] *n* pellerossa *m/f*
red tape *n* (*fig*) burocrazia
reduce [rɪ'dju:s] *vt* ridurre; (*lower*) ridurre, abbassare; **"~ speed now"**

(*AUT*) "rallentare"; **at a ~d price** scontato(a); **reduction** [rɪ'dʌkʃən] *n* riduzione *f*; (*of price*) ribasso; (*discount*) sconto
redundancy [rɪ'dʌndənsɪ] *n* licenziamento
redundant [rɪ'dʌndnt] *adj* (*worker*) licenziato(a); (*detail, object*) superfluo(a); **to be made ~** essere licenziato (per eccesso di personale)
reed [ri:d] *n* (*BOT*) canna; (*MUS: of clarinet etc*) ancia
reef [ri:f] *n* (*at sea*) scogliera
reek [ri:k] *vi*: **to ~ (of)** puzzare (di)
reel [ri:l] *n* bobina, rocchetto; (*FISHING*) mulinello; (*CINEMA*) rotolo; (*dance*) *danza veloce scozzese* ♦ *vi* (*sway*) barcollare; **~ in** *vt* tirare su
ref [rɛf] (*inf*) *n abbr* (= *referee*) arbitro
refectory [rɪ'fɛktərɪ] *n* refettorio
refer [rɪ'fə:*] *vt*: **to ~ sth to** (*dispute, decision*) deferire qc a; **to ~ sb to** (*inquirer, MED: patient*) indirizzare qn a; (*reader: to text*) rimandare qn a ♦ *vi*: **~ to** (*allude to*) accennare a; (*consult*) rivolgersi a
referee [rɛfə'ri:] *n* arbitro; (*BRIT: for job application*) referenza ♦ *vt* arbitrare
reference ['rɛfrəns] *n* riferimento; (*mention*) menzione *f*, allusione *f*; (*for job application*) referenza; **with ~ to** (*COMM: in letter*) in *or* con riferimento a; **~ book** *n* libro di consultazione; **~ number** *n* numero di riferimento
referenda [rɛfə'rɛndə] *npl of* **referendum**
referendum [rɛfə'rɛndəm] (*pl* **referenda**) *n* referendum *m inv*
refill [*vb* ri:'fɪl, *n* 'ri:fɪl] *vt* riempire di nuovo; (*pen, lighter etc*) ricaricare ♦ *n* (*for pen etc*) ricambio
refine [rɪ'faɪn] *vt* raffinare; **~d** *adj* (*person, taste*) raffinato(a)
reflect [rɪ'flɛkt] *vt* (*light, image*) riflettere; (*fig*) rispecchiare ♦ *vi* (*think*) riflettere, considerare; **it ~s badly/well on him** si ripercuote su di lui in senso negativo/positivo; **~ion** [-'flɛkʃən] *n* riflessione *f*; (*image*) riflesso; (*criticism*): **~ion on** giudizio su; attacco a; **on ~ion** pensandoci sopra
reflex ['ri:flɛks] *adj* riflesso(a) ♦ *n* riflesso; **~ive** [rɪ'flɛksɪv] *adj* (*LING*) riflessivo(a)
reform [rɪ'fɔ:m] *n* (*of sinner etc*) correzione *f*; (*of law etc*) riforma ♦ *vt* correggere; riformare; **the R~ation** [rɛfə'meɪʃən] *n* la Riforma; **~atory** (*US*) *n* riformatorio
refrain [rɪ'freɪn] *vi*: **to ~ from doing** trattenersi dal fare ♦ *n* ritornello
refresh [rɪ'frɛʃ] *vt* rinfrescare; (*subj: food, sleep*) ristorare; **~er course** (*BRIT*) *n* corso di aggiornamento; **~ing** *adj* (*drink*) rinfrescante; (*sleep*) riposante, ristoratore(trice); **~ments** *npl* rinfreschi *mpl*
refrigerator [rɪ'frɪdʒəreɪtə*] *n* frigorifero
refuel [ri:'fjuəl] *vi* far rifornimento (di carburante)
refuge ['rɛfju:dʒ] *n* rifugio; **to take ~ in** rifugiarsi in
refugee [rɛfju'dʒi:] *n* rifugiato/a, profugo/a
refund [*n* 'ri:fʌnd, *vb* rɪ'fʌnd] *n* rimborso ♦ *vt* rimborsare
refurbish [ri:'fə:bɪʃ] *vt* rimettere a nuovo
refusal [rɪ'fju:zəl] *n* rifiuto; **to have first ~ on** avere il diritto d'opzione su
refuse [*n* 'rɛfju:s, *vb* rɪ'fju:z] *n* rifiuti *mpl* ♦ *vt, vi* rifiutare; **to ~ to do** rifiutare di fare; **~ collection** *n* raccolta di rifiuti
refute [rɪ'fju:t] *vt* confutare
regain [rɪ'geɪn] *vt* riguadagnare; riacquistare, ricuperare
regal ['ri:gl] *adj* regale; **~ia** [rɪ'geɪlɪə] *n* insegne *fpl* regie
regard [rɪ'gɑ:d] *n* riguardo, stima ♦ *vt* considerare, stimare; **to give one's ~s to** porgere i suoi saluti a;

"with kindest ~s" "cordiali saluti"; ~ing, as ~s, with ~ to riguardo a; **~less** *adv* lo stesso; ~less of a dispetto di, nonostante
regenerate [rɪ'dʒɛnəreɪt] *vt* rigenerare
régime [reɪ'ʒi:m] *n* regime *m*
regiment ['rɛdʒɪmənt] *n* reggimento; **~al** [-'mɛntl] *adj* reggimentale
region ['ri:dʒən] *n* regione *f*; in the ~ of (*fig*) all'incirca di; **~al** *adj* regionale
register ['rɛdʒɪstə*] *n* registro; (*also: electoral* ~) lista elettorale ♦ *vt* registrare; (*vehicle*) immatricolare; (*letter*) assicurare; (*subj: instrument*) segnare ♦ *vi* iscriversi; (*at hotel*) firmare il registro; (*make impression*) entrare in testa; **~ed** (*BRIT*) *adj* (*letter*) assicurato(a); **~ed trademark** *n* marchio depositato
registrar ['rɛdʒɪstrɑ:*] *n* ufficiale *m* di stato civile; segretario
registration [rɛdʒɪs'treɪʃən] *n* (*act*) registrazione *f*; iscrizione *f*; (*AUT: also:* ~ *number*) numero di targa
registry ['rɛdʒɪstrɪ] *n* ufficio del registro; ~ **office** (*BRIT*) *n* anagrafe *f*; to get married in a ~ office ≈ sposarsi in municipio
regret [rɪ'grɛt] *n* rimpianto, rincrescimento ♦ *vt* rimpiangere; **~fully** *adv* con rincrescimento; **~table** *adj* deplorevole
regular ['rɛgjulə*] *adj* regolare; (*usual*) abituale, normale; (*soldier*) dell'esercito regolare ♦ *n* (*client etc*) cliente *m/f* abituale; **~ly** *adv* regolarmente
regulate ['rɛgjuleɪt] *vt* regolare; **regulation** [-'leɪʃən] *n* regolazione *f*; (*rule*) regola, regolamento
rehabilitation ['ri:həbɪlɪ'teɪʃən] *n* (*of offender*) riabilitazione *f*; (*of disabled*) riadattamento
rehearsal [rɪ'hə:səl] *n* prova
rehearse [rɪ'hə:s] *vt* provare
reign [reɪn] *n* regno ♦ *vi* regnare
reimburse [ri:ɪm'bə:s] *vt* rimborsare
rein [reɪn] *n* (*for horse*) briglia
reindeer ['reɪndɪə*] *n inv* renna
reinforce [ri:ɪn'fɔ:s] *vt* rinforzare; **~d concrete** *n* cemento armato; **~ment** *n* rinforzo; **~ments** *npl* (*MIL*) rinforzi *mpl*
reinstate [ri:ɪn'steɪt] *vt* reintegrare
reiterate [ri:'ɪtəreɪt] *vt* reiterare, ripetere
reject [*n* 'ri:dʒɛkt, *vb* rɪ'dʒɛkt] *n* (*COMM*) scarto ♦ *vt* rifiutare, respingere; (*COMM: goods*) scartare; **~ion** [rɪ'dʒɛkʃən] *n* rifiuto
rejoice [rɪ'dʒɔɪs] *vi*: to ~ (at *or* over) provare diletto in
rejuvenate [rɪ'dʒu:vəneɪt] *vt* ringiovanire
relapse [rɪ'læps] *n* (*MED*) ricaduta
relate [rɪ'leɪt] *vt* (*tell*) raccontare; (*connect*) collegare ♦ *vi*: to ~ to (*connect*) riferirsi a; (*get on with*) stabilire un rapporto con; **~d** *adj*: ~ (to) imparentato(a) (con); collegato(a) *or* connesso(a) (a); **relating to** che riguarda, rispetto a
relation [rɪ'leɪʃən] *n* (*person*) parente *m/f*; (*link*) rapporto, relazione *f*; **~ship** *n* rapporto; (*personal ties*) rapporti *mpl*, relazioni *fpl*; (*also: family ~ship*) legami *mpl* di parentela
relative ['rɛlətɪv] *n* parente *m/f* ♦ *adj* relativo(a); (*respective*) rispettivo(a)
relax [rɪ'læks] *vi* rilasciarsi; (*person: unwind*) rilassarsi ♦ *vt* rilasciare; (*mind, person*) rilassare; **~ation** [ri:læk'seɪʃən] *n* rilasciamento; rilassamento; (*entertainment*) ricreazione *f*, svago; **~ed** *adj* rilassato(a); **~ing** *adj* rilassante
relay ['ri:leɪ] *n* (*SPORT*) corsa a staffetta ♦ *vt* (*message*) trasmettere
release [rɪ'li:s] *n* (*from prison*) rilascio; (*from obligation*) liberazione *f*; (*of gas etc*) emissione *f*; (*of film etc*) distribuzione *f*; (*record*) disco; (*device*) disinnesto ♦ *vt* (*prisoner*) rilasciare; (*from obligation, wreckage etc*) liberare; (*book, film*) fare uscire; (*news*) rendere pubblico(a); (*gas etc*) emettere; (*TECH: catch, spring*

etc) disinnestare
relegate ['rɛləgeɪt] *vt* relegare; (*BRIT*: *SPORT*): **to be ~d** essere retrocesso(a)
relent [rɪ'lɛnt] *vi* cedere; **~less** *adj* implacabile
relevant ['rɛləvənt] *adj* pertinente; (*chapter*) in questione; **~ to** pertinente a
reliability [rɪlaɪə'bɪlɪtɪ] *n* (*of person*) serietà; (*of machine*) affidabilità
reliable [rɪ'laɪəbl] *adj* (*person, firm*) fidato(a), che dà affidamento; (*method*) sicuro(a); (*machine*) affidabile; **reliably** *adv*: **to be reliably informed** sapere da fonti sicure
reliance [rɪ'laɪəns] *n*: **~ (on)** fiducia (in); bisogno (di)
relic ['rɛlɪk] *n* (*REL*) reliquia; (*of the past*) resto
relief [rɪ'li:f] *n* (*from pain, anxiety*) sollievo; (*help, supplies*) soccorsi *mpl*; (*ART, GEO*) rilievo
relieve [rɪ'li:v] *vt* (*pain, patient*) sollevare; (*bring help*) soccorrere; (*take over from*: *gen*) sostituire; (: *guard*) rilevare; **to ~ sb of sth** (*load*) alleggerire qn di qc; **to ~ o.s.** fare i propri bisogni
religion [rɪ'lɪdʒən] *n* religione *f*; **religious** *adj* religioso(a)
relinquish [rɪ'lɪŋkwɪʃ] *vt* abbandonare; (*plan, habit*) rinunziare a
relish ['rɛlɪʃ] *n* (*CULIN*) condimento; (*enjoyment*) gran piacere *m* ♦ *vt* (*food etc*) godere; **to ~ doing** adorare fare
relocate ['ri:ləu'keɪt] *vt* trasferire ♦ *vi* trasferirsi
reluctance [rɪ'lʌktəns] *n* riluttanza
reluctant [rɪ'lʌktənt] *adj* riluttante, mal disposto(a); **~ly** *adv* di mala voglia, a malincuore
rely [rɪ'laɪ]: **to ~ on** *vt fus* contare su; (*be dependent*) dipendere da
remain [rɪ'meɪn] *vi* restare, rimanere; **~der** *n* resto; (*COMM*) rimanenza; **~ing** *adj* che rimane; **~s** *npl* resti *mpl*
remand [rɪ'mɑ:nd] *n*: **on ~** in detenzione preventiva ♦ *vt*: **to ~ in custody** rinviare in carcere; trattenere a disposizione della legge; **~ home** (*BRIT*) *n* riformatorio, casa di correzione
remark [rɪ'mɑ:k] *n* osservazione *f* ♦ *vt* osservare, dire; **~able** *adj* notevole; eccezionale
remedial [rɪ'mi:dɪəl] *adj* (*tuition, classes*) di riparazione; (*exercise*) correttivo(a)
remedy ['rɛmədɪ] *n*: **~ (for)** rimedio (per) ♦ *vt* rimediare a
remember [rɪ'mɛmbə*] *vt* ricordare, ricordarsi di; **~ me to him** salutalo da parte mia; **remembrance** *n* memoria; ricordo
remind [rɪ'maɪnd] *vt*: **to ~ sb of sth** ricordare qc a qn; **to ~ sb to do** ricordare a qn di fare; **~er** *n* richiamo; (*note etc*) promemoria *m inv*
reminisce [rɛmɪ'nɪs] *vi*: **to ~ (about)** abbandonarsi ai ricordi (di)
reminiscent [rɛmɪ'nɪsnt] *adj*: **~ of** che fa pensare a, che richiama
remiss [rɪ'mɪs] *adj* negligente
remission [rɪ'mɪʃən] *n* remissione *f*
remit [rɪ'mɪt] *vt* (*send: money*) rimettere; **~tance** *n* rimessa
remnant ['rɛmnənt] *n* resto, avanzo; **~s** *npl* (*COMM*) scampoli *mpl*; fine *f* serie
remorse [rɪ'mɔ:s] *n* rimorso; **~ful** *adj* pieno(a) di rimorsi; **~less** *adj* (*fig*) spietato(a)
remote [rɪ'məut] *adj* remoto(a), lontano(a); (*person*) distaccato(a); **~ control** *n* telecomando; **~ly** *adv* remotamente; (*slightly*) vagamente
remould ['ri:məuld] (*BRIT*) *n* (*tyre*) gomma rivestita
removable [rɪ'mu:vəbl] *adj* (*detachable*) staccabile
removal [rɪ'mu:vəl] *n* (*taking away*) rimozione *f*; soppressione *f*; (*BRIT*: *from house*) trasloco; (*from office: dismissal*) destituzione *f*; (*MED*) ablazione *f*; **~ van** (*BRIT*) *n* furgone *m* per traslochi
remove [rɪ'mu:v] *vt* togliere, rimuo-

vere; (*employee*) destituire; (*stain*) far sparire; (*doubt, abuse*) sopprimere, eliminare; **~rs** (*BRIT*) *npl* (*company*) ditta *or* impresa di traslochi

Renaissance [rɪ'neɪsɑ̃ːns] *n*: **the ~** il Rinascimento

render ['rɛndə*] *vt* rendere; **~ing** *n* (*MUS etc*) interpretazione *f*

rendez-vous ['rɔndɪvuː] *n* appuntamento; (*place*) luogo d'incontro; (*meeting*) incontro

renegade ['rɛnɪgeɪd] *n* rinnegato/a

renew [rɪ'njuː] *vt* rinnovare; (*negotiations*) riprendere; **~able** *adj* rinnovabile; **~al** *n* rinnovo; ripresa

renounce [rɪ'nauns] *vt* rinunziare a

renovate ['rɛnəveɪt] *vt* rinnovare; (*art work*) restaurare; **renovation** [-'veɪʃən] *n* rinnovamento; restauro

renown [rɪ'naun] *n* rinomanza; **~ed** *adj* rinomato(a)

rent [rɛnt] *n* affitto ♦ *vt* (*take for ~*) prendere in affitto; (*also*: *~ out*) dare in affitto; **~al** *n* (*for television, car*) fitto

renunciation [rɪnʌnsɪ'eɪʃən] *n* rinunzia

rep [rɛp] *n abbr* (*COMM*: = *representative*) rappresentante *m/f*; (*THEATRE*: = *repertory*) teatro di repertorio

repair [rɪ'pɛə*] *n* riparazione *f* ♦ *vt* riparare; **in good/bad ~** in buone/cattive condizioni; **~ kit** *n* corredo per riparazioni

repatriate [riː'pætrɪeɪt] *vt* rimpatriare

repay [riː'peɪ] (*irreg*) *vt* (*money, creditor*) rimborsare, ripagare; (*sb's efforts*) ricompensare; (*favour*) ricambiare; **~ment** *n* pagamento; rimborso

repeal [rɪ'piːl] *n* (*of law*) abrogazione *f* ♦ *vt* abrogare

repeat [rɪ'piːt] *n* (*RADIO, TV*) replica ♦ *vt* ripetere; (*pattern*) riprodurre; (*promise, attack, also COMM*: *order*) rinnovare ♦ *vi* ripetere; **~edly** *adv* ripetutamente, spesso

repel [rɪ'pɛl] *vt* respingere; (*disgust*) ripugnare a; **~lent** *adj* repellente ♦ *n*: **insect ~lent** prodotto *m* anti-insetti *inv*

repent [rɪ'pɛnt] *vi*: **to ~ (of)** pentirsi (di); **~ance** *n* pentimento

repertoire ['rɛpətwɑː*] *n* repertorio

repertory ['rɛpətərɪ] *n* (*also*: *~ theatre*) teatro di repertorio

repetition [rɛpɪ'tɪʃən] *n* ripetizione *f*

repetitive [rɪ'pɛtɪtɪv] *adj* (*movement*) che si ripete; (*work*) monotono(a); (*speech*) pieno(a) di ripetizioni

replace [rɪ'pleɪs] *vt* (*put back*) rimettere a posto; (*take the place of*) sostituire; **~ment** *n* rimessa; sostituzione *f*; (*person*) sostituto/a

replay ['riːpleɪ] *n* (*of match*) partita ripetuta; (*of tape, film*) replay *m inv*

replenish [rɪ'plɛnɪʃ] *vt* (*glass*) riempire; (*stock etc*) rifornire

replete [rɪ'pliːt] *adj* (*well-fed*) sazio(a)

replica ['rɛplɪkə] *n* replica, copia

reply [rɪ'plaɪ] *n* risposta ♦ *vi* rispondere; **~ coupon** *n* buono di risposta

report [rɪ'pɔːt] *n* rapporto; (*PRESS etc*) cronaca; (*BRIT*: *also*: *school ~*) pagella; (*of gun*) sparo ♦ *vt* riportare; (*PRESS etc*) fare una cronaca su; (*bring to notice: occurrence*) segnalare; (: *person*) denunciare ♦ *vi* (*make a report*) fare un rapporto (*or* una cronaca); (*present o.s.*): **to ~ (to sb)** presentarsi (a qn); **~ card** (*US, SCOTTISH*) *n* pagella; **~edly** *adv* stando a quanto si dice; **he ~edly told them to ...** avrebbe detto loro di ...; **~er** *n* reporter *m inv*

repose [rɪ'pəuz] *n*: **in ~** (*face, mouth*) in riposo

reprehensible [rɛprɪ'hɛnsɪbl] *adj* riprovevole

represent [rɛprɪ'zɛnt] *vt* rappresentare; **~ation** [-'teɪʃən] *n* rappresentazione *f*; (*petition*) rappresentanza; **~ations** *npl* (*protest*) protesta; **~ative** *n* rappresentante *m/f*; (*US*: *POL*) deputato/a ♦ *adj* rappresentativo(a)

repress [rɪ'prɛs] *vt* reprimere; **~ion** [-'prɛʃən] *n* repressione *f*
reprieve [rɪ'pri:v] *n* (*LAW*) sospensione *f* dell'esecuzione della condanna; (*fig*) dilazione *f*
reprimand ['rɛprɪmɑ:nd] *n* rimprovero ♦ *vt* rimproverare
reprint ['ri:prɪnt] *n* ristampa
reprisal [rɪ'praɪzl] *n* rappresaglia
reproach [rɪ'prəutʃ] *n* rimprovero ♦ *vt*: **to ~ sb for sth** rimproverare qn di qc; **~ful** *adj* di rimprovero
reproduce [ri:prə'dju:s] *vt* riprodurre ♦ *vi* riprodursi; **reproduction** [-'dʌkʃən] *n* riproduzione *f*
reproof [rɪ'pru:f] *n* riprovazione *f*
reprove [rɪ'pru:v] *vt*: **to ~ (for)** biasimare (per)
reptile ['rɛptaɪl] *n* rettile *m*
republic [rɪ'pʌblɪk] *n* repubblica; **~an** *adj*, *n* repubblicano(a)
repudiate [rɪ'pju:dɪeɪt] *vt* (*accusation*) respingere
repulse [rɪ'pʌls] *vt* respingere
repulsive [rɪ'pʌlsɪv] *adj* ripugnante, ripulsivo(a)
reputable ['rɛpjutəbl] *adj* di buona reputazione; (*occupation*) rispettabile
reputation [rɛpju'teɪʃən] *n* reputazione *f*
reputed [rɪ'pju:tɪd] *adj* reputato(a); **~ly** *adv* secondo quanto si dice
request [rɪ'kwɛst] *n* domanda; (*formal*) richiesta ♦ *vt*: **to ~ (of** *or* **from sb)** chiedere (a qn); **~ stop** (*BRIT*) *n* (*for bus*) fermata facoltativa *or* a richiesta
require [rɪ'kwaɪə*] *vt* (*need*: *subj*: *person*) aver bisogno di; (*: thing, situation*) richiedere; (*want*) volere; esigere; (*order*): **to ~ sb to do sth** ordinare a qn di fare qc; **~ment** *n* esigenza; bisogno; requisito
requisite ['rɛkwɪzɪt] *n* cosa necessaria ♦ *adj* necessario(a)
requisition [rɛkwɪ'zɪʃən] *n*: **~ (for)** richiesta (di) ♦ *vt* (*MIL*) requisire
rescue ['rɛskju:] *n* salvataggio; (*help*) soccorso ♦ *vt* salvare; **~ party** *n* squadra di salvataggio; **~r** *n* salvatore/trice
research [rɪ'sə:tʃ] *n* ricerca, ricerche *fpl* ♦ *vt* fare ricerche su; **~er** *n* ricercatore/trice
resemblance [rɪ'zɛmbləns] *n* somiglianza
resemble [rɪ'zɛmbl] *vt* assomigliare a
resent [rɪ'zɛnt] *vt* risentirsi di; **~ful** *adj* pieno(a) di risentimento; **~ment** *n* risentimento
reservation [rɛzə'veɪʃən] *n* (*booking*) prenotazione *f*; (*doubt*) dubbio; (*protected area*) riserva; (*BRIT*: *on road: also: central* ~) spartitraffico *m inv*
reserve [rɪ'zə:v] *n* riserva ♦ *vt* (*seats etc*) prenotare; **~s** *npl* (*MIL*) riserve *fpl*; **in ~** in serbo; **~d** *adj* (*shy*) riservato(a)
reservoir ['rɛzəvwɑ:*] *n* serbatoio
reshuffle [ri:'ʃʌfl] *n*: **Cabinet ~** (*POL*) rimpasto governativo
reside [rɪ'zaɪd] *vi* risiedere
residence ['rɛzɪdəns] *n* residenza; **~ permit** (*BRIT*) *n* permesso di soggiorno
resident ['rɛzɪdənt] *n* residente *m/f*; (*in hotel*) cliente *m/f* fisso(a) ♦ *adj* residente; (*doctor*) fisso(a); (*course, college*) a tempo pieno con pernottamento; **~ial** [-'dɛnʃəl] *adj* di residenza; (*area*) residenziale
residue ['rɛzɪdju:] *n* resto; (*CHEM, PHYSICS*) residuo
resign [rɪ'zaɪn] *vt* (*one's post*) dimettersi da ♦ *vi* dimettersi; **to ~ o.s. to** rassegnarsi a; **~ation** [rɛzɪg'neɪʃən] *n* dimissioni *fpl*; rassegnazione *f*; **~ed** *adj* rassegnato(a)
resilience [rɪ'zɪlɪəns] *n* (*of material*) elasticità, resilienza; (*of person*) capacità di recupero
resilient [rɪ'zɪlɪənt] *adj* elastico(a); (*person*) che si riprende facilmente
resin ['rɛzɪn] *n* resina
resist [rɪ'zɪst] *vt* resistere a; **~ance** *n* resistenza
resolution [rɛzə'lu:ʃən] *n* risoluzione *f*

resolve [rɪ'zɔlv] *n* risoluzione *f* ♦ *vi* (*decide*): **to ~ to do** decidere di fare ♦ *vt* (*problem*) risolvere
resort [rɪ'zɔ:t] *n* (*town*) stazione *f*; (*recourse*) ricorso ♦ *vi*: **to ~ to** aver ricorso a; **in the last ~** come ultima risorsa
resound [rɪ'zaund] *vi*: **to ~ (with)** risonare (di); **~ing** *adj* risonante; (*fig*) clamoroso(a)
resource [rɪ'sɔ:s] *n* risorsa; **~s** *npl* (*coal, iron etc*) risorse *fpl*; **~ful** *adj* pieno(a) di risorse, intraprendente
respect [rɪs'pɛkt] *n* rispetto ♦ *vt* rispettare; **~s** *npl* (*greetings*) ossequi *mpl*; **with ~ to** rispetto a, riguardo a; **in this ~** per questo riguardo; **~able** *adj* rispettabile; **~ful** *adj* rispettoso(a)
respective [rɪs'pɛktɪv] *adj* rispettivo(a)
respite ['rɛspaɪt] *n* respiro, tregua
resplendent [rɪs'plɛndənt] *adj* risplendente
respond [rɪs'pɔnd] *vi* rispondere
response [rɪs'pɔns] *n* risposta
responsibility [rɪspɔnsɪ'bɪlɪtɪ] *n* responsabilità *f inv*
responsible [rɪs'pɔnsɪbl] *adj* (*trustworthy*) fidato(a); (*job*) di (grande) responsabilità; **~ (for)** responsabile (di)
responsive [rɪs'pɔnsɪv] *adj* che reagisce
rest [rɛst] *n* riposo; (*stop*) sosta, pausa; (*MUS*) pausa; (*object: to support sth*) appoggio, sostegno; (*remainder*) resto, avanzi *mpl* ♦ *vi* riposarsi; (*remain*) rimanere, restare; (*be supported*): **to ~ on** appoggiarsi su ♦ *vt* (far) riposare; (*lean*): **to ~ sth on/against** appoggiare qc su/contro; **the ~ of them** gli altri; **it ~s with him to decide** sta a lui decidere
restaurant ['rɛstərɔŋ] *n* ristorante *m*; **~ car** (*BRIT*) *n* vagone *m* ristorante
restful ['rɛstful] *adj* riposante
rest home *n* casa di riposo
restitution [rɛstɪ'tju:ʃən] *n*: **to make ~ to sb for sth** compensare qn di qc
restive ['rɛstɪv] *adj* agitato(a), impaziente
restless ['rɛstlɪs] *adj* agitato(a), irrequieto(a)
restoration [rɛstə'reɪʃən] *n* restauro; restituzione *f*
restore [rɪ'stɔ:*] *vt* (*building, to power*) restaurare; (*sth stolen*) restituire; (*peace, health*) ristorare
restrain [rɪs'treɪn] *vt* (*feeling, growth*) contenere, frenare; (*person*): **to ~ (from doing)** trattenere (dal fare); **~ed** *adj* (*style*) contenuto(a), sobrio(a); (*person*) riservato(a); **~t** *n* (*restriction*) limitazione *f*; (*moderation*) ritegno; (*of style*) contenutezza
restrict [rɪs'trɪkt] *vt* restringere, limitare; **~ion** [-kʃən] *n*: **~ (on)** restrizione *f* (di), limitazione *f*
rest room (*US*) *n* toletta
restructure [ri:'strʌktʃə*] *vt* ristrutturare
result [rɪ'zʌlt] *n* risultato ♦ *vi*: **to ~ in** avere per risultato; **as a ~ of** in *or* di conseguenza a, in seguito a
resume [rɪ'zju:m] *vt, vi* (*work, journey*) riprendere
résumé ['reɪzjumeɪ] *n* riassunto; (*US*) curriculum *m inv* vitae
resumption [rɪ'zʌmpʃən] *n* ripresa
resurgence [rɪ'sə:dʒəns] *n* rinascita
resurrection [rɛzə'rɛkʃən] *n* risurrezione *f*
resuscitate [rɪ'sʌsɪteɪt] *vt* (*MED*) risuscitare; **resuscitation** [-'teɪʃən] *n* rianimazione *f*
retail ['ri:teɪl] *adj, adv* al minuto ♦ *vt* vendere al minuto; **~er** *n* commerciante *m/f* al minuto, dettagliante *m/f*; **~ price** *n* prezzo al minuto
retain [rɪ'teɪn] *vt* (*keep*) tenere, serbare; **~er** *n* (*fee*) onorario
retaliate [rɪ'tælɪeɪt] *vi*: **to ~ (against)** vendicarsi (di); **retaliation** [-'eɪʃən] *n* rappresaglie *fpl*
retarded [rɪ'tɑ:dɪd] *adj* ritardato(a)
retch [rɛtʃ] *vi* aver conati di vomito

retire [rɪ'taɪə*] *vi* (*give up work*) andare in pensione; (*withdraw*) ritirarsi, andarsene; (*go to bed*) andare a letto, ritirarsi; **~d** *adj* (*person*) pensionato(a); **~ment** *n* pensione *f*; (*act*) pensionamento; **retiring** *adj* (*leaving*) uscente; (*shy*) riservato(a)
retort [rɪ'tɔːt] *vi* rimbeccare
retrace [riː'treɪs] *vt*: **to ~ one's steps** tornare sui passi
retract [rɪ'trækt] *vt* (*statement*) ritrattare; (*claws, undercarriage, aerial*) ritrarre, ritirare
retrain [riː'treɪn] *vt* (*worker*) riaddestrare
retread ['riːtrɛd] *n* (*tyre*) gomma rigenerata
retreat [rɪ'triːt] *n* ritirata; (*place*) rifugio ♦ *vi* battere in ritirata
retribution [rɛtrɪ'bjuːʃən] *n* castigo
retrieval [rɪ'triːvəl] *n* (*see vb*) ricupero; riparazione *f*
retrieve [rɪ'triːv] *vt* (*sth lost*) ricuperare, ritrovare; (*situation, honour*) salvare; (*error, loss*) rimediare a; **~r** *n* cane *m* da riporto
retrospect ['rɛtrəspɛkt] *n*: **in ~** guardando indietro; **~ive** [-'spɛktɪv] *adj* retrospettivo(a); (*law*) retroattivo(a)
return [rɪ'təːn] *n* (*going or coming back*) ritorno; (*of sth stolen etc*) restituzione *f*; (*FINANCE*: *from land, shares*) profitto, reddito ♦ *cpd* (*journey, match*) di ritorno; (*BRIT*: *ticket*) di andata e ritorno ♦ *vi* tornare, ritornare ♦ *vt* rendere, restituire; (*bring back*) riportare; (*send back*) mandare indietro; (*put back*) rimettere; (*POL: candidate*) eleggere; **~s** *npl* (*COMM*) incassi *mpl*; profitti *mpl*; **in ~ (for)** in cambio (di); **by ~ of post** a stretto giro di posta; **many happy ~s (of the day)!** cento di questi giorni!
reunion [riː'juːnɪən] *n* riunione *f*
reunite [riːjuː'naɪt] *vt* riunire
rev [rɛv] *n abbr* (*AUT*: = *revolution*) giro ♦ *vt* (*also*: **~ up**) imballare
revamp ['riː'væmp] *vt* (*firm*) riorganizzare
reveal [rɪ'viːl] *vt* (*make known*) rivelare, svelare; (*display*) rivelare, mostrare; **~ing** *adj* rivelatore(trice); (*dress*) scollato(a)
reveille [rɪ'vælɪ] *n* (*MIL*) sveglia
revel ['rɛvl] *vi*: **to ~ in sth/in doing** dilettarsi di qc/a fare
revelation [rɛvə'leɪʃən] *n* rivelazione *f*
revelry ['rɛvlrɪ] *n* baldoria
revenge [rɪ'vɛndʒ] *n* vendetta ♦ *vt* vendicare; **to take ~ on** vendicarsi di
revenue ['rɛvənjuː] *n* reddito
reverberate [rɪ'vəːbəreɪt] *vi* (*sound*) rimbombare; (*light*) riverberarsi; (*fig*) ripercuotersi
revere [rɪ'vɪə*] *vt* venerare
reverence ['rɛvərəns] *n* venerazione *f*, riverenza
Reverend ['rɛvərənd] *adj* (*in titles*) reverendo(a)
reverie ['rɛvərɪ] *n* fantasticheria
reversal [rɪ'vəːsl] *n* capovolgimento
reverse [rɪ'vəːs] *n* contrario, opposto; (*back, defeat*) rovescio; (*AUT: also*: **~ gear**) marcia indietro ♦ *adj* (*order, direction*) contrario(a), opposto(a) ♦ *vt* (*turn*) invertire, rivoltare; (*change*) capovolgere, rovesciare; (*LAW*: *judgment*) cassare; (*car*) fare marcia indietro con ♦ *vi* (*BRIT*: *AUT, person etc*) fare marcia indietro; **~d charge call** (*BRIT*) *n* (*TEL*) telefonata con addebito al ricevente; **reversing lights** (*BRIT*) *npl* (*AUT*) luci *fpl* per la retromarcia
revert [rɪ'vəːt] *vi*: **to ~ to** tornare a
review [rɪ'vjuː] *n* rivista; (*of book, film*) recensione *f*; (*of situation*) esame *m* ♦ *vt* passare in rivista; fare la recensione di; fare il punto di; **~er** *n* recensore/a
revile [rɪ'vaɪl] *vt* insultare
revise [rɪ'vaɪz] *vt* (*manuscript*) rivedere, correggere; (*opinion*) emendare, modificare; (*study*: *subject, notes*) ripassare; **revision** [rɪ'vɪʒən] *n* revisione *f*; ripasso

revitalize [riː'vaɪtəlaɪz] *vt* ravvivare
revival [rɪ'vaɪvəl] *n* ripresa; ristabilimento; (*of faith*) risveglio
revive [rɪ'vaɪv] *vt* (*person*) rianimare; (*custom*) far rivivere; (*hope, courage, economy*) ravvivare; (*play, fashion*) riesumare ♦ *vi* (*person*) rianimarsi; (*hope*) ravvivarsi; (*activity*) riprendersi
revolt [rɪ'vəult] *n* rivolta, ribellione *f* ♦ *vi* rivoltarsi, ribellarsi ♦ *vt* (far) rivoltare; **~ing** *adj* ripugnante
revolution [rɛvə'luːʃən] *n* rivoluzione *f*; (*of wheel etc*) rivoluzione, giro; **~ary** *adj, n* rivoluzionario(a)
revolve [rɪ'vɔlv] *vi* girare
revolver [rɪ'vɔlvə*] *n* rivoltella
revolving [rɪ'vɔlvɪŋ] *adj* girevole
revue [rɪ'vjuː] *n* (*THEATRE*) rivista
revulsion [rɪ'vʌlʃən] *n* ripugnanza
reward [rɪ'wɔːd] *n* ricompensa, premio ♦ *vt*: **to ~ (for)** ricompensare (per); **~ing** *adj* (*fig*) gratificante
rewind [riː'waɪnd] (*irreg*) *vt* (*watch*) ricaricare; (*ribbon etc*) riavvolgere
rewire [riː'waɪə*] *vt* (*house*) rifare l'impianto elettrico di
reword [riː'wəːd] *vt* formulare *or* esprimere con altre parole
rheumatism ['ruːmətɪzəm] *n* reumatismo
Rhine [raɪn] *n*: **the ~** il Reno
rhinoceros [raɪ'nɔsərəs] *n* rinoceronte *m*
rhododendron [rəudə'dɛndrən] *n* rododendro
Rhone [rəun] *n*: **the ~** il Rodano
rhubarb ['ruːbɑːb] *n* rabarbaro
rhyme [raɪm] *n* rima; (*verse*) poesia
rhythm ['rɪðm] *n* ritmo
rib [rɪb] *n* (*ANAT*) costola ♦ *vt* (*tease*) punzecchiare
ribbon ['rɪbən] *n* nastro; **in ~s** (*torn*) a brandelli
rice [raɪs] *n* riso; **~ pudding** *n* budino di riso
rich [rɪtʃ] *adj* ricco(a); (*clothes*) sontuoso(a); (*abundant*): **~ in** ricco(a) di; **the ~** *npl* (*wealthy people*) i ricchi; **~es** *npl* ricchezze *fpl*; **~ly** *adv* riccamente; (*dressed*) sontuosamente; (*deserved*) pienamente
rickets ['rɪkɪts] *n* rachitismo
rickety ['rɪkɪtɪ] *adj* traballante
rickshaw ['rɪkʃɔː] *n* risciò *m inv*
ricochet ['rɪkəʃeɪ] *vi* rimbalzare
rid [rɪd] (*pt, pp* **rid**) *vt*: **to ~ sb of** sbarazzare *or* liberare qn di; **to get ~ of** sbarazzarsi di
ridden ['rɪdn] *pp of* **ride**
riddle ['rɪdl] *n* (*puzzle*) indovinello ♦ *vt*: **to be ~d with** (*holes*) essere crivellato(a) di; (*doubts*) essere pieno(a) di
ride [raɪd] (*pt* **rode**, *pp* **ridden**) *n* (*on horse*) cavalcata; (*outing*) passeggiata; (*distance covered*) cavalcata; corsa ♦ *vi* (*as sport*) cavalcare; (*go somewhere: on horse, bicycle*) andare (a cavallo *or* in bicicletta *etc*); (*journey: on bicycle, motorcycle, bus*) andare, viaggiare ♦ *vt* (*a horse*) montare, cavalcare; **to take sb for a ~** (*fig*) prendere in giro qn; fregare qn; **to ~ a horse/bicycle/camel** montare a cavallo/in bicicletta/in groppa a un cammello; **~r** *n* cavalcatore/trice; (*in race*) fantino; (*on bicycle*) ciclista *m/f*; (*on motorcycle*) motociclista *m/f*
ridge [rɪdʒ] *n* (*of hill*) cresta; (*of roof*) colmo; (*on object*) riga (in rilievo)
ridicule ['rɪdɪkjuːl] *n* ridicolo; scherno ♦ *vt* mettere in ridicolo
ridiculous [rɪ'dɪkjuləs] *adj* ridicolo(a)
riding ['raɪdɪŋ] *n* equitazione *f*; **~ school** *n* scuola d'equitazione
rife [raɪf] *adj* diffuso(a); **to be ~ with** abbondare di
riffraff ['rɪfræf] *n* canaglia
rifle ['raɪfl] *n* carabina ♦ *vt* vuotare; **~ through** *vt fus* frugare tra; **~ range** *n* campo di tiro; (*at fair*) tiro a segno
rift [rɪft] *n* fessura, crepatura; (*fig: disagreement*) incrinatura, disaccordo
rig [rɪg] *n* (*also: oil ~: on land*) der-

rick *m inv*; (: *at sea*) piattaforma di trivellazione ♦ *vt* (*election etc*) truccare; ~ **out** (*BRIT*) *vt*: **to** ~ **out as/in** vestire da/in; ~ **up** *vt* allestire; ~**ging** *n* (*NAUT*) attrezzatura

right [raɪt] *adj* giusto(a); (*suitable*) appropriato(a); (*not left*) destro(a) ♦ *n* giusto; (*title, claim*) diritto; (*not left*) destra ♦ *adv* (*answer*) correttamente; (*not on the left*) a destra ♦ *vt* raddrizzare; (*fig*) riparare ♦ *excl* bene!; **to be** ~ (*person*) aver ragione; (*answer*) essere giusto(a) *or* corretto(a); **by** ~**s** di diritto; **on the** ~ a destra; **to be in the** ~ aver ragione, essere nel giusto; ~ **now** proprio adesso; subito; ~ **away** subito; ~ **angle** *n* angolo retto; ~**eous** ['raɪtʃəs] *adj* retto(a), virtuoso(a); (*anger*) giusto(a), giustificato(a); ~**ful** *adj* (*heir*) legittimo(a); ~**-handed** *adj* (*person*) che adopera la mano destra; ~**-hand man** *n* braccio destro; ~**-hand side** *n* il lato destro; ~**ly** *adv* bene, correttamente; (*with reason*) a ragione; ~ **of way** *n* diritto di passaggio; (*AUT*) precedenza; ~**-wing** *adj* (*POL*) di destra

rigid ['rɪdʒɪd] *adj* rigido(a); (*principle*) rigoroso(a)

rigmarole ['rɪgmərəul] *n* tiritera; commedia

rile [raɪl] *vt* irritare, seccare

rim [rɪm] *n* orlo; (*of spectacles*) montatura; (*of wheel*) cerchione *m*

rind [raɪnd] *n* (*of bacon*) cotenna; (*of lemon etc*) scorza

ring [rɪŋ] (*pt* **rang**, *pp* **rung**) *n* anello; (*of people, objects*) cerchio; (*of spies*) giro; (*of smoke etc*) spirale *m*; (*arena*) pista, arena; (*for boxing*) ring *m inv*; (*sound of bell*) scampanio ♦ *vi* (*person, bell, telephone*) suonare; (*also*: ~ *out*: *voice, words*) risuonare; (*TEL*) telefonare; (*ears*) fischiare ♦ *vt* (*BRIT*: *TEL*) telefonare a; (*bell, doorbell*) suonare; **to give sb a** ~ (*BRIT*: *TEL*) dare un colpo di telefono a qn; ~ **back** *vt, vi* (*TEL*) richiamare; ~ **off** (*BRIT*) *vi* (*TEL*) mettere giù, riattaccare; ~ **up** (*BRIT*) *vt* (*TEL*) telefonare a; ~**ing** *n* (*of bell*) scampanio; (*of telephone*) squillo; (*in ears*) ronzio; ~**ing tone** (*BRIT*) *n* (*TEL*) segnale *m* di libero; ~**leader** *n* (*of gang*) capobanda *m*

ringlets ['rɪŋlɪts] *npl* boccoli *mpl*

ring road (*BRIT*) *n* raccordo anulare

rink [rɪŋk] *n* (*also*: *ice* ~) pista di pattinaggio

rinse [rɪns] *n* risciacquatura; (*hair tint*) cachet *m inv* ♦ *vt* sciacquare

riot ['raɪət] *n* sommossa, tumulto; (*of colours*) orgia ♦ *vi* tumultuare; **to run** ~ creare disordine; ~**ous** *adj* tumultuoso(a); (*living*) sfrenato(a); (*party*) scatenato(a)

rip [rɪp] *n* strappo ♦ *vt* strappare ♦ *vi* strapparsi; ~**cord** *n* cavo di sfilamento

ripe [raɪp] *adj* (*fruit, grain*) maturo(a); (*cheese*) stagionato(a); ~**n** *vt* maturare ♦ *vi* maturarsi

ripple ['rɪpl] *n* increspamento, ondulazione *f*; mormorio ♦ *vi* incresparsi

rise [raɪz] (*pt* **rose**, *pp* **risen**) *n* (*slope*) salita, pendio; (*hill*) altura; (*increase: in wages*: *BRIT*) aumento; (: *in prices, temperature*) rialzo, aumento; (*fig*: *to power etc*) ascesa ♦ *vi* alzarsi, levarsi; (*prices*) aumentare; (*waters, river*) crescere; (*sun, wind, person: from chair, bed*) levarsi; (*also*: ~ *up*: *building*) ergersi; (: *rebel*) insorgere; ribellarsi; (*in rank*) salire; **to give** ~ **to** provocare, dare origine a; **to** ~ **to the occasion** essere all'altezza; **risen** ['rɪzn] *pp of* **rise**; **rising** *adj* (*increasing*: *number*) sempre crescente; (: *prices*) in aumento; (*tide*) montante; (*sun, moon*) nascente, che sorge

risk [rɪsk] *n* rischio; pericolo ♦ *vt* rischiare; **to take** *or* **run the** ~ **of doing** correre il rischio di fare; **at** ~ in pericolo; **at one's own** ~ a proprio rischio e pericolo; ~**y** *adj* rischioso(a)

risqué ['ri:skeɪ] *adj* (*joke*) spinto(a)
rissole ['rɪsəul] *n* crocchetta
rite [raɪt] *n* rito; **last ~s** l'estrema unzione
ritual ['rɪtjuəl] *adj* rituale ♦ *n* rituale *m*
rival ['raɪvl] *n* rivale *m/f*; (*in business*) concorrente *m/f* ♦ *adj* rivale; che fa concorrenza ♦ *vt* essere in concorrenza con; **to ~ sb/sth in** competere con qn/qc in; **~ry** *n* rivalità; concorrenza
river ['rɪvə*] *n* fiume *m* ♦ *cpd* (*port, traffic*) fluviale; **up/down ~** a monte/valle; **~bank** *n* argine *m*; **~bed** *n* letto di fiume
rivet ['rɪvɪt] *n* ribattino, rivetto ♦ *vt* (*fig*) concentrare, fissare
Riviera [rɪvɪ'ɛərə] *n*: **the (French) ~** la Costa Azzurra; **the Italian ~** la Riviera
road [rəud] *n* strada; (*small*) cammino; (*in town*) via ♦ *cpd* stradale; **major/minor ~** strada con/senza diritto di precedenza; **~block** *n* blocco stradale; **~hog** *n* guidatore *m* egoista e spericolato; **~ map** *n* carta stradale; **~ safety** *n* sicurezza sulle strade; **~side** *n* margine *m* della strada; **~sign** *n* cartello stradale; **~ user** *n* chi usa la strada; **~way** *n* carreggiata; **~works** *npl* lavori *mpl* stradali; **~worthy** *adj* in buono stato di marcia
roam [rəum] *vi* errare, vagabondare
roar [rɔ:*] *n* ruggito; (*of crowd*) tumulto; (*of thunder, storm*) muggito; (*of laughter*) scoppio ♦ *vi* ruggire; tumultuare; muggire; **to ~ with laughter** scoppiare dalle risa; **to do a ~ing trade** fare affari d'oro
roast [rəust] *n* arrosto ♦ *vt* arrostire; (*coffee*) tostare, torrefare; **~ beef** *n* arrosto di manzo
rob [rɔb] *vt* (*person*) rubare; (*bank*) svaligiare; **to ~ sb of sth** derubare qn di qc; (*fig: deprive*) privare qn di qc; **~ber** *n* ladro; (*armed*) rapinatore *m*; **~bery** *n* furto; rapina
robe [rəub] *n* (*for ceremony etc*) abito; (*also*: *bath ~*) accappatoio; (*US*: *also*: *lap ~*) coperta
robin ['rɔbɪn] *n* pettirosso
robot ['rəubɔt] *n* robot *m inv*
robust [rəu'bʌst] *adj* robusto(a); (*economy*) solido(a)
rock [rɔk] *n* (*substance*) roccia; (*boulder*) masso; roccia; (*in sea*) scoglio; (*US*: *pebble*) ciottolo; (*BRIT*: *sweet*) zucchero candito ♦ *vt* (*swing gently: cradle*) dondolare; (: *child*) cullare; (*shake*) scrollare, far tremare ♦ *vi* dondolarsi; scrollarsi, tremare; **on the ~s** (*drink*) col ghiaccio; (*marriage etc*) in crisi; **~ and roll** *n* rock and roll *m*; **~-bottom** *adj* bassissimo(a); **~ery** *n* giardino roccioso
rocket ['rɔkɪt] *n* razzo
rock fall *n* parete *f* della roccia
rocking ['rɔkɪŋ]: **~ chair** *n* sedia a dondolo; **~ horse** *n* cavallo a dondolo
rocky ['rɔkɪ] *adj* (*hill*) roccioso(a); (*path*) sassoso(a); (*marriage etc*) instabile
rod [rɔd] *n* (*metallic, TECH*) asta; (*wooden*) bacchetta; (*also*: *fishing ~*) canna da pesca
rode [rəud] *pt of* **ride**
rodent ['rəudnt] *n* roditore *m*
rodeo ['rəudɪəu] *n* rodeo
roe [rəu] *n* (*species: also: ~ deer*) capriolo; (*of fish, also*: *hard ~*) uova *fpl* di pesce; **soft ~** latte *m* di pesce
rogue [rəug] *n* mascalzone *m*
role [rəul] *n* ruolo
roll [rəul] *n* rotolo; (*of banknotes*) mazzo; (*also*: *bread ~*) panino; (*register*) lista; (*sound: of drums etc*) rullo ♦ *vt* rotolare; (*also*: *~ up*: *string*) aggomitolare; (*also*: *~ up*: *sleeves*) rimboccare; (*cigarettes*) arrotolare; (*eyes*) roteare; (*also*: *~ out*: *pastry*) stendere; (*lawn, road etc*) spianare ♦ *vi* rotolare; (*wheel*) girare; (*drum*) rullare; (*vehicle*: *also*: *~ along*) avanzare; (*ship*) rollare; **~ about** *or* **around** *vi* rotolare qua e là; (*person*) rotolarsi; **~ by** *vi*

(*time*) passare; ~ **in** *vi* (*mail, cash*) arrivare a fiumi; ~ **over** *vi* rivoltarsi; ~ **up** (*inf*) *vi* (*arrive*) arrivare ♦ *vt* (*carpet*) arrotolare; ~ **call** *n* appello; ~**er** *n* rullo; (*wheel*) rotella; (*for hair*) bigodino; ~**er coaster** *n* montagne *fpl* russe; ~**er skates** *npl* pattini *mpl* a rotelle

rolling ['rəulɪŋ] *adj* (*landscape*) ondulato(a); ~ **pin** *n* matterello; ~ **stock** *n* (*RAIL*) materiale *m* rotabile

ROM [rɔm] *n abbr* (= *read only memory*) memoria di sola lettura

Roman ['rəumən] *adj, n* romano(a); ~ **Catholic** *adj, n* cattolico(a)

romance [rə'mæns] *n* storia (*or* avventura *or* film *m inv*) romantico(a); (*charm*) poesia; (*love affair*) idillio

Romania [rəu'meɪnɪə] *n* = **Rumania**

Roman numeral *n* numero romano

romantic [rə'mæntɪk] *adj* romantico(a); sentimentale

Rome [rəum] *n* Roma

romp [rɔmp] *n* gioco rumoroso ♦ *vi* (*also*: ~ *about*) far chiasso, giocare in un modo rumoroso

rompers ['rɔmpəz] *npl* pagliaccetto

roof [ru:f] *n* tetto; (*of tunnel, cave*) volta ♦ *vt* coprire (con un tetto); ~ **of the mouth** palato; ~**ing** *n* materiale *m* per copertura; ~ **rack** *n* (*AUT*) portabagagli *m inv*

rook [ruk] *n* (*bird*) corvo nero; (*CHESS*) torre *f*

room [ru:m] *n* (*in house*) stanza; (*bed~, in hotel*) camera; (*in school etc*) sala; (*space*) posto, spazio; ~**s** *npl* (*lodging*) alloggio; "~**s to let**" (*BRIT*), "~**s for rent**" (*US*) "si affittano camere"; **there is ~ for improvement** si potrebbe migliorare; ~**ing house** (*US*) *n casa in cui si affittano camere o appartamentini ammobiliati*; ~**mate** *n* compagno/a di stanza; ~ **service** *n* servizio da camera; ~**y** *adj* spazioso(a); (*garment*) ampio(a)

roost [ru:st] *vi* appollaiarsi

rooster ['ru:stə*] *n* gallo

root [ru:t] *n* radice *f* ♦ *vi* (*plant, belief*) attecchire; ~ **about** *vi* (*fig*) frugare; ~ **for** *vt fus* fare il tifo per; ~ **out** *vt* estirpare

rope [rəup] *n* corda, fune *f*; (*NAUT*) cavo ♦ *vt* (*box*) legare; (*climbers*) legare in cordata; (*area*: *also*: ~ *off*) isolare cingendo con cordoni; **to know the ~s** (*fig*) conoscere i trucchi del mestiere; ~ **in** *vt* (*fig*) coinvolgere; ~ **ladder** *n* scala a corda

rosary ['rəuzərɪ] *n* rosario; roseto

rose [rəuz] *pt of* **rise** ♦ *n* rosa; (*also*: ~ *bush*) rosaio; (*on watering can*) rosetta

rosé ['rəuzeɪ] *n* vino rosato

rosebud ['rəuzbʌd] *n* bocciolo di rosa

rosebush ['rəuzbuʃ] *n* rosaio

rosemary ['rəuzmərɪ] *n* rosmarino

rosette [rəu'zɛt] *n* coccarda

roster ['rɔstə*] *n*: **duty** ~ ruolino di servizio

rostrum ['rɔstrəm] *n* tribuna

rosy ['rəuzɪ] *adj* roseo(a)

rot [rɔt] *n* (*decay*) putrefazione *f*; (*inf*: *nonsense*) stupidaggini *fpl* ♦ *vt, vi* imputridire, marcire

rota ['rəutə] *n* tabella dei turni

rotary ['rəutərɪ] *adj* rotante

rotate [rəu'teɪt] *vt* (*revolve*) far girare; (*change round*: *jobs*) fare a turno ♦ *vi* (*revolve*) girare; **rotating** *adj* (*movement*) rotante

rote [rəut] *n*: **by** ~ (*by heart*) a memoria; (*mechanically*) meccanicamente

rotten ['rɔtn] *adj* (*decayed*) putrido(a), marcio(a); (*dishonest*) corrotto(a); (*inf*: *bad*) brutto(a); (: *action*) vigliacco(a); **to feel** ~ (*ill*) sentirsi da cani

rouble ['ru:bl] (*US* **ruble**) *n* rublo

rouge [ru:ʒ] *n* belletto

rough [rʌf] *adj* (*skin, surface*) ruvido(a); (*terrain, road*) accidentato(a); (*voice*) rauco(a); (*person, manner*: *coarse*) rozzo(a), aspro(a); (: *violent*) brutale; (*district*) malfamato(a); (*weather*) cattivo(a); (*sea*) mosso(a); (*plan*) abbozzato(a);

(*guess*) approssimativo(a) ♦ *n* (*GOLF*) macchia; **to ~ it** far vita dura; **to sleep ~** (*BRIT*) dormire all'addiaccio; **~age** *n* alimenti *mpl* ricchi in cellulosa; **~-and-ready** *adj* rudimentale; **~cast** *n* intonaco grezzo; **~ copy** *n* brutta copia; **~ly** *adv* (*handle*) rudemente, brutalmente; (*make*) grossolanamente; (*speak*) bruscamente; (*approximately*) approssimativamente; **~ness** *n* ruvidità; (*of manner*) rozzezza

roulette [ru:'lɛt] *n* roulette *f*

Roumania [ru:'meɪnɪə] *n* = **Rumania**

round [raund] *adj* rotondo(a); (*figures*) tondo(a) ♦ *n* (*BRIT*: *of toast*) fetta; (*duty: of policeman, milkman etc*) giro; (: *of doctor*) visite *fpl*; (*game: of cards, golf, in competition*) partita; (*of ammunition*) cartuccia; (*BOXING*) round *m inv*; (*of talks*) serie *f inv* ♦ *vt* (*corner*) girare; (*bend*) prendere ♦ *prep* intorno a ♦ *adv*: **all ~** tutt'attorno; **to go the long way ~** fare il giro più lungo; **all the year ~** tutto l'anno; **it's just ~ the corner** (*also fig*) è dietro l'angolo; **~ the clock** ininterrottamente; **to go ~ to sb's house** andare da qn; **go ~ the back** passi dietro; **to go ~ a house** visitare una casa; **enough to go ~** abbastanza per tutti; **~ of applause** applausi *mpl*; **~ of drinks** giro di bibite; **~ of sandwiches** sandwich *m inv*; **~ off** *vt* (*speech etc*) finire; **~ up** *vt* radunare; (*criminals*) fare una retata di; (*prices*) arrotondare; **~about** *n* (*BRIT*: *AUT*) rotatoria; (: *at fair*) giostra ♦ *adj* (*route, means*) indiretto(a); **~ers** *npl* (*game*) *gioco simile al baseball*; **~ly** *adv* (*fig*) chiaro e tondo; **~-shouldered** *adj* dalle spalle tonde; **~ trip** *n* (viaggio di) andata e ritorno; **~up** *n* raduno; (*of criminals*) retata

rouse [rauz] *vt* (*wake up*) svegliare; (*stir up*) destare; provocare; risvegliare; **rousing** *adj* (*speech, applause*) entusiastico(a)

rout [raut] *n* (*MIL*) rotta ♦ *vt* (*defeat*) mettere in rotta

route [ru:t] *n* itinerario; (*of bus*) percorso; **~ map** (*BRIT*) *n* (*for journey*) cartina di itinerario

routine [ru:'ti:n] *adj* (*work*) corrente, abituale; (*procedure*) solito(a) ♦ *n* (*pej*) routine *f*, tran tran *m*; (*THEATRE*) numero

rove [rəuv] *vt* vagabondare per

row[1] [rəu] *n* (*line*) riga, fila; (*KNITTING*) ferro; (*behind one another: of cars, people*) fila; (*in boat*) remata ♦ *vi* (*in boat*) remare; (*as sport*) vogare ♦ *vt* (*boat*) manovrare a remi; **in a ~** (*fig*) di fila

row[2] [rau] *n* (*racket*) baccano, chiasso; (*dispute*) lite *f*; (*scolding*) sgridata ♦ *vi* (*argue*) litigare

rowboat ['rəubəut] (*US*) *n* barca a remi

rowdy ['raudɪ] *adj* chiassoso(a); turbolento(a) ♦ *n* teppista *m/f*

rowing ['rəuɪŋ] *n* canottaggio; **~ boat** (*BRIT*) *n* barca a remi

royal ['rɔɪəl] *adj* reale; **R~ Air Force** *n aeronautica militare britannica*

royalty ['rɔɪəltɪ] *n* (*royal persons*) (membri *mpl* della) famiglia reale; (*payment*: *to author*) diritti *mpl* d'autore

r.p.m. *abbr* (= *revolutions per minute*) giri/min

R.S.V.P. *abbr* (= *répondez s'il vous plaît*) R.S.V.P

Rt Hon. (*BRIT*) *abbr* (= *Right Honourable*) ≈ Onorevole

rub [rʌb] *n*: **to give sth a ~** strofinare qc; (*sore place*) massaggiare qc ♦ *vt* strofinare; massaggiare; (*hands*: *also*: **~ together**) sfregarsi; **to ~ sb up** (*BRIT*) *or* **~ sb the wrong way** (*US*) lisciare qn contro pelo; **~ off** *vi* andare via; **~ off on** *vt fus* lasciare una traccia su; **~ out** *vt* cancellare

rubber ['rʌbə*] *n* gomma; **~ band** *n* elastico; **~ plant** *n* ficus *m inv*;

~y *adj* gommoso(a)
rubbish ['rʌbɪʃ] *n* (*from household*) immondizie *fpl*, rifiuti *mpl*; (*fig*: *pej*) cose *fpl* senza valore; robaccia; sciocchezze *fpl*; ~ **bin** (*BRIT*) *n* pattumiera; ~ **dump** *n* (*in town*) immondezzaio
rubble ['rʌbl] *n* macerie *fpl*; (*smaller*) pietrisco
ruble ['ru:bl] (*US*) *n* = **rouble**
ruby ['ru:bɪ] *n* rubino
rucksack ['rʌksæk] *n* zaino
rudder ['rʌdə*] *n* timone *m*
ruddy ['rʌdɪ] *adj* (*face*) rubicondo(a); (*inf*: *damned*) maledetto(a)
rude [ru:d] *adj* (*impolite: person*) scortese, rozzo(a); (: *word, manners*) grossolano(a), rozzo(a); (*shocking*) indecente; **~ness** *n* scortesia; grossolanità
rueful ['ru:ful] *adj* mesto(a), triste
ruffian ['rʌfɪən] *n* briccone *m*, furfante *m*
ruffle ['rʌfl] *vt* (*hair*) scompigliare; (*clothes, water*) increspare; (*fig*: *person*) turbare
rug [rʌg] *n* tappeto; (*BRIT*: *for knees*) coperta
rugby ['rʌgbɪ] *n* (*also*: ~ *football*) rugby *m*
rugged ['rʌgɪd] *adj* (*landscape*) aspro(a); (*features, determination*) duro(a); (*character*) brusco(a)
rugger ['rʌgə*] (*BRIT*: *inf*) *n* rugby *m*
ruin ['ru:ɪn] *n* rovina ♦ *vt* rovinare; ~s *npl* (*of building, castle etc*) rovine *fpl*, ruderi *mpl*; **~ous** *adj* rovinoso(a); (*expenditure*) inverosimile
rule [ru:l] *n* regola; (*regulation*) regolamento, regola; (*government*) governo; (~*r*) riga ♦ *vt* (*country*) governare; (*person*) dominare ♦ *vi* regnare; decidere; (*LAW*) dichiarare; **as a** ~ normalmente; ~ **out** *vt* escludere; **~d** *adj* (*paper*) vergato(a); **~r** *n* (*sovereign*) sovrano/a; (*for measuring*) regolo, riga; **ruling** *adj* (*party*) al potere; (*class*) dirigente ♦ *n* (*LAW*) decisione *f*
rum [rʌm] *n* rum *m*
Rumania [ru:'meɪnɪə] *n* Romania
rumble ['rʌmbl] *n* rimbombo; brontolio ♦ *vi* rimbombare; (*stomach, pipe*) brontolare
rummage ['rʌmɪdʒ] *vi* frugare
rumour ['ru:mə*] (*US* **rumor**) *n* voce *f* ♦ *vt*: **it is ~ed that** corre voce che
rump [rʌmp] *n* groppa; ~ **steak** *n* bistecca di girello
rumpus ['rʌmpəs] (*inf*) *n* baccano; (*quarrel*) rissa
run [rʌn] (*pt* **ran**, *pp* **run**) *n* corsa; (*outing*) gita (in macchina); (*distance travelled*) percorso, tragitto; (*SKI*) pista; (*CRICKET*, *BASEBALL*) meta; (*series*) serie *f*; (*THEATRE*) periodo di rappresentazione; (*in tights, stockings*) smagliatura ♦ *vt* (*distance*) correre; (*operate: business*) gestire, dirigere; (: *competition, course*) organizzare; (: *hotel*) gestire; (: *house*) governare; (*COMPUT*) eseguire; (*water, bath*) far scorrere; (*force through: rope, pipe*): **to ~ sth through** far passare qc attraverso; (*pass: hand, finger*): **to ~ sth over** passare qc su; (*PRESS*: *feature*) presentare ♦ *vi* correre; (*flee*) scappare; (*pass*: *road etc*) passare; (*work*: *machine, factory*) funzionare, andare; (*bus, train*: *operate*) far servizio; (: *travel*) circolare; (*continue: play, contract*) durare; (*slide*: *drawer*; *flow*: *river, bath*) scorrere; (*colours, washing*) stemperarsi; (*in election*) presentarsi candidato; (*nose*) colare; **there was a ~ on ...** c'era una corsa a ...; **in the long ~** a lungo andare; **on the ~** in fuga; **to ~ a race** partecipare ad una gara; **I'll ~ you to the station** la porto alla stazione; **to ~ a risk** correre un rischio; ~ **about** *or* **around** *vi* (*children*) correre qua e là; ~ **across** *vt fus* (*find*) trovare per caso; ~ **away** *vi* fuggire; ~ **down** *vt* (*production*) ridurre gradualmente; (*factory*) rallentare l'atti-

vità di; (*AUT*) investire; (*criticize*) criticare; **to be ~ down** (*person: tired*) essere esausto(a); **~ in** (*BRIT*) *vt* (*car*) rodare, fare il rodaggio di; **~ into** *vt fus* (*meet: person*) incontrare per caso; (*: trouble*) incontrare, trovare; (*collide with*) andare a sbattere contro; **~ off** *vi* fuggire ♦ *vt* (*water*) far scolare; (*copies*) fare; **~ out** *vi* (*person*) uscire di corsa; (*liquid*) colare; (*lease*) scadere; (*money*) esaurirsi; **~ out of** *vt fus* rimanere a corto di; **~ over** *vt* (*AUT*) investire, mettere sotto ♦ *vt fus* (*revise*) rivedere; **~ through** *vt fus* (*instructions*) dare una scorsa a; (*rehearse: play*) riprovare, ripetere; **~ up** *vt* (*debt*) lasciar accumulare; **to ~ up against** (*difficulties*) incontrare; **~away** *adj* (*person*) fuggiasco(a); (*horse*) in libertà; (*truck*) fuori controllo

rung [rʌŋ] *pp of* **ring** ♦ *n* (*of ladder*) piolo

runner ['rʌnə*] *n* (*in race*) corridore *m*; (*: horse*) partente *m/f*; (*on sledge*) pattino; (*for drawer etc*) guida; **~ bean** (*BRIT*) *n* fagiolo rampicante; **~-up** *n* secondo(a) arrivato(a)

running ['rʌnɪŋ] *n* corsa; direzione *f*; organizzazione *f*; funzionamento ♦ *adj* (*water*) corrente; (*commentary*) simultaneo(a); **to be in/out of the ~ for sth** essere/non essere più in lizza per qc; **6 days ~** 6 giorni di seguito; **~ costs** *npl* costi *mpl* d'esercizio; (*of car*) spese *fpl* di mantenimento

runny ['rʌnɪ] *adj* che cola

run-of-the-mill *adj* solito(a), banale

runt [rʌnt] *n* (*also pej*) omuncolo; (*ZOOL*) animale *m* più piccolo del normale

run-through *n* prova

run-up *n*: **~ to** (*election etc*) periodo che precede

runway ['rʌnweɪ] *n* (*AVIAT*) pista (di decollo)

rupee [ru:'pi:] *n* rupia

rupture ['rʌptʃə*] *n* (*MED*) ernia

rural ['ruərl] *adj* rurale

ruse [ru:z] *n* trucco

rush [rʌʃ] *n* corsa precipitosa; (*hurry*) furia, fretta; (*sudden demand*): **~ for** corsa a; (*current*) flusso; (*of emotion*) impeto; (*BOT*) giunco ♦ *vt* mandare *or* spedire velocemente; (*attack: town etc*) prendere d'assalto ♦ *vi* precipitarsi; **~ hour** *n* ora di punta

rusk [rʌsk] *n* biscotto

Russia ['rʌʃə] *n* Russia; **~n** *adj* russo(a) ♦ *n* russo/a; (*LING*) russo

rust [rʌst] *n* ruggine *f* ♦ *vi* arrugginirsi

rustic ['rʌstɪk] *adj* rustico(a)

rustle ['rʌsl] *vi* frusciare ♦ *vt* (*paper*) far frusciare; (*US: cattle*) rubare

rustproof ['rʌstpru:f] *adj* inossidabile

rusty ['rʌstɪ] *adj* arrugginito(a)

rut [rʌt] *n* solco; (*ZOOL*) fregola; **to get into a ~** (*fig*) adagiarsi troppo

ruthless ['ru:θlɪs] *adj* spietato(a)

rye [raɪ] *n* segale *f*; **~ bread** *n* pane *m* di segale

S

Sabbath ['sæbəθ] *n* (*Jewish*) sabato; (*Christian*) domenica

sabotage ['sæbətɑ:ʒ] *n* sabotaggio ♦ *vt* sabotare

saccharin(e) ['sækərɪn] *n* saccarina

sachet ['sæʃeɪ] *n* bustina

sack [sæk] *n* (*bag*) sacco ♦ *vt* (*dismiss*) licenziare, mandare a spasso; (*plunder*) saccheggiare; **to get the ~** essere mandato a spasso; **~ing** *n* tela di sacco; (*dismissal*) licenziamento

sacrament ['sækrəmənt] *n* sacramento

sacred ['seɪkrɪd] *adj* sacro(a)

sacrifice ['sækrɪfaɪs] *n* sacrificio ♦ *vt* sacrificare

sad [sæd] *adj* triste

saddle ['sædl] *n* sella ♦ *vt* (*horse*)

sellare; **to be ~d with sth** (*inf*) avere qc sulle spalle; **~bag** *n* (*on bicycle*) borsa
sadistic [sə'dɪstɪk] *adj* sadico(a)
sadness ['sædnɪs] *n* tristezza
s.a.e. *n abbr* = **stamped addressed envelope**
safe [seɪf] *adj* sicuro(a); (*out of danger*) salvo(a), al sicuro; (*cautious*) prudente ♦ *n* cassaforte *f*; **~ from** al sicuro da; **~ and sound** sano(a) e salvo(a); **(just) to be on the ~ side** per non correre rischi; **~-conduct** *n* salvacondotto; **~-deposit** *n* (*vault*) caveau *m inv*; (*box*) cassetta di sicurezza; **~guard** *n* salvaguardia ♦ *vt* salvaguardare; **~keeping** *n* custodia; **~ly** *adv* sicuramente; sano(a) e salvo(a); prudentemente; **~ sex** *n* sesso sicuro
safety ['seɪftɪ] *n* sicurezza; **~ belt** *n* cintura di sicurezza; **~ pin** *n* spilla di sicurezza; **~ valve** *n* valvola di sicurezza
saffron ['sæfrən] *n* zafferano
sag [sæg] *vi* incurvarsi; afflosciarsi
sage [seɪdʒ] *n* (*herb*) salvia; (*man*) saggio
Sagittarius [sædʒɪ'tɛərɪəs] *n* Sagittario
Sahara [sə'hɑːrə] *n*: **the ~ (Desert)** il (deserto del) Sahara
said [sɛd] *pt, pp of* **say**
sail [seɪl] *n* (*on boat*) vela; (*trip*): **to go for a ~** fare un giro in barca a vela ♦ *vt* (*boat*) condurre, governare ♦ *vi* (*travel: ship*) navigare; (: *passenger*) viaggiare per mare; (*set off*) salpare; (*sport*) fare della vela; **they ~ed into Genoa** entrarono nel porto di Genova; **~ through** *vt fus* (*fig*) superare senza difficoltà; **~boat** (*US*) *n* barca a vela; **~ing** *n* (*sport*) vela; **to go ~ing** fare della vela; **~ing boat** *n* barca a vela; **~ing ship** *n* veliero; **~or** *n* marinaio
saint [seɪnt] *n* santo/a; **~ly** *adj* santo(a)
sake [seɪk] *n*: **for the ~ of** per, per amore di

salad ['sæləd] *n* insalata; **~ bowl** *n* insalatiera; **~ cream** (*BRIT*) *n* (tipo di) maionese *f*; **~ dressing** *n* condimento per insalata
salami [sə'lɑːmɪ] *n* salame *m*
salary ['sælərɪ] *n* stipendio
sale [seɪl] *n* vendita; (*at reduced prices*) svendita, liquidazione *f*; (*auction*) vendita all'asta; **"for ~"** "in vendita"; **on ~** in vendita; **on ~ or return** da vendere o rimandare; **~room** *n* sala delle aste; **~s assistant** (*US* **~s clerk**) *n* commesso/a; **~sman/swoman** *n* commesso/a; (*representative*) rappresentante *m/f*
sallow ['sæləu] *adj* giallastro(a)
salmon ['sæmən] *n inv* salmone *m*
saloon [sə'luːn] *n* (*US*) saloon *m inv*, bar *m inv*; (*BRIT: AUT*) berlina; (*ship's lounge*) salone *m*
salt [sɔlt] *n* sale *m* ♦ *vt* salare; **~ cellar** *n* saliera; **~water** *adj* di mare; **~y** *adj* salato(a)
salute [sə'luːt] *n* saluto ♦ *vt* salutare
salvage ['sælvɪdʒ] *n* (*saving*) salvataggio; (*things saved*) beni *mpl* salvati *or* recuperati ♦ *vt* salvare, mettere in salvo
salvation [sæl'veɪʃən] *n* salvezza; **S~ Army** *n* Esercito della Salvezza
same [seɪm] *adj* stesso(a), medesimo(a) ♦ *pron*: **the ~** lo(la) stesso(a), gli(le) stessi(e); **the ~ book as** lo stesso libro di (*o* che); **at the ~ time** allo stesso tempo; **all** *or* **just the ~** tuttavia; **to do the ~ as sb** fare come qn; **the ~ to you!** altrettanto a te!
sample ['sɑːmpl] *n* campione *m* ♦ *vt* (*food*) assaggiare; (*wine*) degustare
sanctimonious [sæŋktɪ'məunɪəs] *adj* bigotto(a), bacchettone(a)
sanction ['sæŋkʃən] *n* sanzione *f* ♦ *vt* sancire, sanzionare
sanctity ['sæŋktɪtɪ] *n* santità
sanctuary ['sæŋktjuərɪ] *n* (*holy place*) santuario; (*refuge*) rifugio; (*for wildlife*) riserva
sand [sænd] *n* sabbia ♦ *vt* (*also*: **~ down**) cartavetrare

sandal ['sændl] *n* sandalo
sandbox ['sændbɔks] (*US*) *n* = **sandpit**
sandcastle ['sændkɑːsl] *n* castello di sabbia
sandpaper ['sændpeɪpə*] *n* carta vetrata
sandpit ['sændpɪt] *n* (*for children*) buca di sabbia
sandstone ['sændstəun] *n* arenaria
sandwich ['sændwɪtʃ] *n* tramezzino, panino, sandwich *m inv* ♦ *vt*: **~ed between** incastrato(a) fra; **cheese/ham ~** sandwich al formaggio/prosciutto; **~ course** (*BRIT*) *n* corso di formazione professionale
sandy ['sændɪ] *adj* sabbioso(a); (*colour*) color sabbia *inv*, biondo(a) rossiccio(a)
sane [seɪn] *adj* (*person*) sano(a) di mente; (*outlook*) sensato(a)
sang [sæŋ] *pt of* **sing**
sanitary ['sænɪtərɪ] *adj* (*system, arrangements*) sanitario(a); (*clean*) igienico(a); **~ towel** (*US* **~ napkin**) *n* assorbente *m* (igienico)
sanitation [sænɪ'teɪʃən] *n* (*in house*) impianti *mpl* sanitari; (*in town*) fognature *fpl*; **~ department** (*US*) *n* nettezza urbana
sanity ['sænɪtɪ] *n* sanità mentale; (*common sense*) buon senso
sank [sæŋk] *pt of* **sink**
Santa Claus [sæntə'klɔːz] *n* Babbo Natale
sap [sæp] *n* (*of plants*) linfa ♦ *vt* (*strength*) fiaccare
sapling ['sæplɪŋ] *n* alberello
sapphire ['sæfaɪə*] *n* zaffiro
sarcasm ['sɑːkæzm] *n* sarcasmo
sardine [sɑː'diːn] *n* sardina
Sardinia [sɑː'dɪnɪə] *n* Sardegna
sash [sæʃ] *n* fascia
sat [sæt] *pt, pp of* **sit**
Satan ['seɪtən] *n* Satana *m*
satchel ['sætʃl] *n* cartella
satellite ['sætəlaɪt] *adj* satellite ♦ *n* satellite *m*; **~ dish** *n* antenna parabolica; **~ television** *n* televisione *f* via satellite
satin ['sætɪn] *n* raso ♦ *adj* di raso
satire ['sætaɪə*] *n* satira
satisfaction [sætɪs'fækʃən] *n* soddisfazione *f*
satisfactory [sætɪs'fæktərɪ] *adj* soddisfacente
satisfy ['sætɪsfaɪ] *vt* soddisfare; (*convince*) convincere; **~ing** *adj* soddisfacente
Saturday ['sætədɪ] *n* sabato
sauce [sɔːs] *n* salsa; (*containing meat, fish*) sugo; **~pan** *n* casseruola
saucer ['sɔːsə*] *n* sottocoppa *m*, piattino
saucy ['sɔːsɪ] *adj* impertinente
Saudi ['saudɪ]: **~ Arabia** *n* Arabia Saudita; **~ (Arabian)** *adj, n* arabo(a) saudita
sauna ['sɔːnə] *n* sauna
saunter ['sɔːntə*] *vi* andare a zonzo, bighellonare
sausage ['sɔsɪdʒ] *n* salsiccia; **~ roll** *n rotolo di pasta sfoglia ripieno di salsiccia*
sauté ['səuteɪ] *adj*: **~ potatoes** patate *fpl* saltate in padella
savage ['sævɪdʒ] *adj* (*cruel, fierce*) selvaggio(a), feroce; (*primitive*) primitivo(a) ♦ *n* selvaggio/a ♦ *vt* attaccare selvaggiamente
save [seɪv] *vt* (*person, belongings, COMPUT*) salvare; (*money*) risparmiare, mettere da parte; (*time*) risparmiare; (*food*) conservare; (*avoid: trouble*) evitare; (*SPORT*) parare ♦ *vi* (*also*: *~ up*) economizzare ♦ *n* (*SPORT*) parata ♦ *prep* salvo, a eccezione di
saving ['seɪvɪŋ] *n* risparmio ♦ *adj*: **the ~ grace of** l'unica cosa buona di; **~s** *npl* (*money*) risparmi *mpl*; **~s account** *n* libretto di risparmio; **~s bank** *n* cassa di risparmio
saviour ['seɪvjə*] (*US* **savior**) *n* salvatore *m*
savour ['seɪvə*] (*US* **savor**) *vt* gustare; **~y** *adj* (*dish: not sweet*) salato(a)
saw [sɔː] (*pt* **sawed**, *pp* **sawed** *or* **sawn**) *pt of* **see** ♦ *n* (*tool*) sega ♦ *vt*

segare; **~dust** *n* segatura; **~mill** *n* segheria; **sawn** *pp of* saw; **~n-off shotgun** *n* fucile *m* a canne mozze

saxophone ['sæksəfəun] *n* sassofono

say [seɪ] (*pt, pp* **said**) *n*: **to have one's ~** fare sentire il proprio parere; **to have a** *or* **some ~** avere voce in capitolo ♦ *vt* dire; **could you ~ that again?** potrebbe ripeterlo?; **that goes without ~ing** va da sé; **~ing** *n* proverbio, detto

scab [skæb] *n* crosta; (*pej*) crumiro/a

scaffold ['skæfəuld] *n* (*gallows*) patibolo; **~ing** *n* impalcatura

scald [skɔːld] *n* scottatura ♦ *vt* scottare

scale [skeɪl] *n* scala; (*of fish*) squama ♦ *vt* (*mountain*) scalare; **~s** *npl* (*for weighing*) bilancia; **on a large ~** su vasta scala; **~ of charges** tariffa; **~ down** *vt* ridurre (proporzionalmente)

scallop ['skɔləp] *n* (*ZOOL*) pettine *m*; (*SEWING*) smerlo

scalp [skælp] *n* cuoio capelluto ♦ *vt* scotennare

scalpel ['skælpl] *n* bisturi *m inv*

scamper ['skæmpə*] *vi*: **to ~ away, ~ off** darsela a gambe

scampi ['skæmpɪ] *npl* scampi *mpl*

scan [skæn] *vt* scrutare; (*glance at quickly*) scorrere, dare un'occhiata a; (*TV*) analizzare; (*RADAR*) esplorare ♦ *n* (*MED*) ecografia

scandal ['skændl] *n* scandalo; (*gossip*) pettegolezzi *mpl*

Scandinavia [skændɪ'neɪvɪə] *n* Scandinavia; **~n** *adj, n* scandinavo(a)

scant [skænt] *adj* scarso(a); **~y** *adj* insufficiente; (*swimsuit*) ridotto(a)

scapegoat ['skeɪpgəut] *n* capro espiatorio

scar [skɑː] *n* cicatrice *f* ♦ *vt* sfregiare

scarce [skɛəs] *adj* scarso(a); (*copy, edition*) raro(a); **to make o.s. ~** (*inf*) squagliarsela; **~ly** *adv* appena; **scarcity** *n* scarsità, mancanza

scare [skɛə*] *n* spavento; panico ♦ *vt* spaventare, atterrire; **there was a bomb ~ at the bank** hanno evacuato la banca per paura di un attentato dinamitardo; **to ~ sb stiff** spaventare a morte qn; **~ off** *or* **away** *vt* mettere in fuga; **~crow** *n* spaventapasseri *m inv*; **~d** *adj*: **to be ~d** aver paura

scarf [skɑːf] (*pl* **scarves** *or* **~s**) *n* (*long*) sciarpa; (*square*) fazzoletto da testa, foulard *m inv*

scarlet ['skɑːlɪt] *adj* scarlatto(a); **~ fever** *n* scarlattina

scarves [skɑːvz] *npl of* **scarf**

scary ['skɛərɪ] *adj* che spaventa

scathing ['skeɪðɪŋ] *adj* aspro(a)

scatter ['skætə*] *vt* spargere; (*crowd*) disperdere ♦ *vi* disperdersi; **~brained** *adj* sbadato(a)

scavenger ['skævəndʒə*] *n* (*person*) accattone/a

scenario [sɪ'nɑːrɪəu] *n* (*THEATRE, CINEMA*) copione *m*; (*fig*) situazione *f*

scene [siːn] *n* (*THEATRE, fig etc*) scena; (*of crime, accident*) scena, luogo; (*sight, view*) vista, veduta; **~ry** *n* (*THEATRE*) scenario; (*landscape*) panorama *m*; **scenic** *adj* scenico(a); panoramico(a)

scent [sɛnt] *n* profumo; (*sense of smell*) olfatto, odorato; (*fig*: *track*) pista

sceptical ['skɛptɪkəl] (*US* **skeptical**) *adj* scettico(a)

sceptre ['sɛptə*] (*US* **scepter**) *n* scettro

schedule ['ʃɛdjuːl, (*US*) 'skɛdjuːl] *n* programma *m*, piano; (*of trains*) orario; (*of prices etc*) lista, tabella ♦ *vt* fissare; **on ~** in orario; **to be ahead of/behind ~** essere in anticipo/ritardo sul previsto; **~d flight** *n* volo di linea

scheme [skiːm] *n* piano, progetto; (*method*) sistema *m*; (*dishonest plan, plot*) intrigo, trama; (*arrangement*) disposizione *f*, sistemazione *f*; (*pension ~ etc*) programma *m* ♦ *vi* fare progetti; (*intrigue*) complottare; **scheming** *adj* intrigante ♦ *n* intrighi *mpl*, macchinazioni *fpl*

schism ['skɪzəm] *n* scisma *m*
scholar ['skɔlə*] *n* erudito/a; (*pupil*) scolaro/a; **~ly** *adj* dotto(a), erudito(a); **~ship** *n* erudizione *f*; (*grant*) borsa di studio
school [sku:l] *n* (*primary, secondary*) scuola; (*university: US*) università *f inv* ♦ *cpd* scolare, scolastico(a) ♦ *vt* (*animal*) addestrare; **~ age** *n* età scolare; **~book** *n* libro scolastico; **~boy** *n* scolaro; **~children** *npl* scolari *mpl*; **~days** *npl* giorni *mpl* di scuola; **~girl** *n* scolara; **~ing** *n* istruzione *f*; **~master** *n* (*primary*) maestro; (*secondary*) insegnante *m*; **~mistress** *n* maestra; insegnante *f*; **~teacher** *n* insegnante *m/f*, docente *m/f*; (*primary*) maestro/a
sciatica [saɪ'ætɪkə] *n* sciatica
science ['saɪəns] *n* scienza; **~ fiction** *n* fantascienza; **scientific** [-'tɪfɪk] *adj* scientifico(a); **scientist** *n* scienziato/a
scissors ['sɪzəz] *npl* forbici *fpl*
scoff [skɔf] *vt* (*BRIT: inf: eat*) trangugiare, ingozzare ♦ *vi*: **to ~ (at)** (*mock*) farsi beffe (di)
scold [skəuld] *vt* rimproverare
scone [skɔn] *n* focaccina da tè
scoop [sku:p] *n* mestolo; (*for ice cream*) cucchiaio dosatore; (*PRESS*) colpo giornalistico, notizia (in) esclusiva; **~ out** *vt* scavare; **~ up** *vt* tirare su, sollevare
scooter ['sku:tə*] *n* (*motor cycle*) motoretta, scooter *m inv*; (*toy*) monopattino
scope [skəup] *n* (*capacity: of plan, undertaking*) portata; (: *of person*) capacità *fpl*; (*opportunity*) possibilità *fpl*
scorch [skɔ:tʃ] *vt* (*clothes*) strinare, bruciacchiare; (*earth, grass*) seccare, bruciare
score [skɔ:*] *n* punti *mpl*, punteggio; (*MUS*) partitura, spartito; (*twenty*) venti ♦ *vt* (*goal, point*) segnare, fare; (*success*) ottenere ♦ *vi* segnare; (*FOOTBALL*) fare un goal; (*keep score*) segnare i punti; **~s of** (*very many*) un sacco di; **on that ~** a questo riguardo; **to ~ 6 out of 10** prendere 6 su 10; **~ out** *vt* cancellare con un segno; **~board** *n* tabellone *m* segnapunti
scorn [skɔ:n] *n* disprezzo ♦ *vt* disprezzare
scornful ['skɔ:nful] *adj* sprezzante
Scorpio ['skɔ:pɪəu] *n* Scorpione *m*
scorpion ['skɔ:pɪən] *n* scorpione *m*
Scot [skɔt] *n* scozzese *m/f*
scotch [skɔtʃ] *vt* (*rumour etc*) soffocare; **S~** *n* whisky *m* scozzese, scotch *m*
scot-free *adv*: **to get off ~** farla franca
Scotland ['skɔtlənd] *n* Scozia
Scots [skɔts] *adj* scozzese; **~man/woman** *n* scozzese *m/f*
Scottish ['skɔtɪʃ] *adj* scozzese
scoundrel ['skaundrl] *n* farabutto/a; (*child*) furfantello/a
scour ['skauə*] *vt* (*search*) battere, perlustrare
scourge [skə:dʒ] *n* flagello
scout [skaut] *n* (*MIL*) esploratore *m*; (*also: boy ~*) giovane esploratore, scout *m inv*; **~ around** *vi* cercare in giro; **girl ~** (*US*) *n* giovane esploratrice *f*
scowl [skaul] *vi* accigliarsi, aggrottare le sopracciglia; **to ~ at** guardare torvo
scrabble ['skræbl] *vi* (*claw*): **to ~ (at)** graffiare, grattare; (*also: ~ around: search*) cercare a tentoni ♦ *n*: S~ ® Scarabeo ®
scraggy ['skrægɪ] *adj* scarno(a), molto magro(a)
scram [skræm] (*inf*) *vi* filare via
scramble ['skræmbl] *n* arrampicata ♦ *vi* inerpicarsi; **to ~ out** *etc* uscire *etc* in fretta; **to ~ for** azzuffarsi per; **~d eggs** *npl* uova *fpl* strapazzate
scrap [skræp] *n* pezzo, pezzetto; (*fight*) zuffa; (*also: ~ iron*) rottami *mpl* di ferro, ferraglia ♦ *vt* demolire; (*fig*) scartare ♦ *vi*: **to ~ (with sb)** fare a botte (con qn); **~s** *npl* (*waste*)

scarti *mpl*; ~**book** *n* album *m inv* di ritagli; ~ **dealer** *n* commerciante *m* di ferraglia

scrape [skreɪp] *vt, vi* raschiare, grattare ♦ *n*: **to get into a** ~ cacciarsi in un guaio; ~ **through** *vi* farcela per un pelo; ~ **together** *vt* (*money*) raggranellare; ~**r** *n* raschietto

scrap: ~ **heap** *n*: **on the** ~ **heap** (*fig*) nel dimenticatoio; ~ **merchant** (*BRIT*) *n* commerciante *m* di ferraglia; ~ **paper** *n* cartaccia

scrappy ['skræpɪ] *adj* frammentario(a), sconnesso(a)

scratch [skrætʃ] *n* graffio ♦ *cpd*: ~ **team** squadra raccogliticcia ♦ *vt* graffiare, rigare ♦ *vi* grattare; (*paint, car*) graffiare; **to start from** ~ cominciare *or* partire da zero; **to be up to** ~ essere all'altezza

scrawl [skrɔːl] *n* scarabocchio ♦ *vi* scarabocchiare

scrawny ['skrɔːnɪ] *adj* scarno(a), pelle e ossa *inv*

scream [skriːm] *n* grido, urlo ♦ *vi* urlare, gridare

scree [skriː] *n* ghiaione *m*

screech [skriːtʃ] *vi* stridere

screen [skriːn] *n* schermo; (*fig*) muro, cortina, velo ♦ *vt* schermare, fare schermo a; (*from the wind etc*) riparare; (*film*) proiettare; (*book*) adattare per lo schermo; (*candidates etc*) selezionare; ~**ing** *n* (*MED*) dépistage *m inv*; ~**play** *n* sceneggiatura

screw [skruː] *n* vite *f* ♦ *vt* avvitare; ~ **up** *vt* (*paper etc*) spiegazzare; (*inf*: *ruin*) rovinare; **to** ~ **up one's** eyes strizzare gli occhi; ~**driver** *n* cacciavite *m*

scribble ['skrɪbl] *n* scarabocchio ♦ *vt* scribacchiare in fretta ♦ *vi* scarabocchiare

script [skrɪpt] *n* (*CINEMA etc*) copione *m*; (*in exam*) elaborato *or* compito d'esame

scripture(s) ['skrɪptʃə(z)] *n(pl)* sacre Scritture *fpl*

scroll [skrəul] *n* rotolo di carta

scrounge [skraundʒ] (*inf*) *vt*: **to** ~ **sth (off** *or* **from sb)** scroccare qc (a qn) ♦ *n*: **on the** ~ a sbafo

scrub [skrʌb] *n* (*land*) boscaglia ♦ *vt* pulire strofinando; (*reject*) annullare

scruff [skrʌf] *n*: **by the** ~ **of the neck** per la collottola

scruffy ['skrʌfɪ] *adj* sciatto(a)

scrum(mage) ['skrʌm(ɪdʒ)] *n* mischia

scruple ['skruːpl] *n* scrupolo

scrutiny ['skruːtɪnɪ] *n* esame *m* accurato

scuff [skʌf] *vt* (*shoes*) consumare strascicando

scuffle ['skʌfl] *n* baruffa, tafferuglio

sculptor ['skʌlptə*] *n* scultore *m*

sculpture ['skʌlptʃə*] *n* scultura

scum [skʌm] *n* schiuma; (*pej*: *people*) feccia

scupper ['skʌpə*] (*BRIT*: *inf*) *vt* far naufragare

scurrilous ['skʌrɪləs] *adj* scurrile, volgare

scurry ['skʌrɪ] *vi* sgambare, affrettarsi; ~ **off** *vi* andarsene a tutta velocità

scuttle ['skʌtl] *n* (*also*: *coal* ~) secchio del carbone ♦ *vt* (*ship*) autoaffondare ♦ *vi* (*scamper*): **to** ~ **away**, ~ **off** darsela a gambe, scappare

scythe [saɪð] *n* falce *f*

SDP (*BRIT*) *n abbr* = **Social Democratic Party**

sea [siː] *n* mare *m* ♦ *cpd* marino(a), del mare; (*bird, fish*) di mare; (*route, transport*) marittimo(a); **by** ~ (*travel*) per mare; **on the** ~ (*boat*) in mare; (*town*) di mare; **to be all at** ~ (*fig*) non sapere che pesci pigliare; **out to** ~ al largo; **(out) at** ~ in mare; ~**board** *n* costa; ~**food** *n* frutti *mpl* di mare; ~ **front** *n* lungomare *m*; ~**gull** *n* gabbiano

seal [siːl] *n* (*animal*) foca; (*stamp*) sigillo; (*impression*) impronta del sigillo ♦ *vt* sigillare; ~ **off** *vt* (*close*) sigillare; (*forbid entry to*) bloccare l'accesso a

sea level *n* livello del mare

seam [si:m] *n* cucitura; (*of coal*) filone *m*
seaman ['si:mən] *n* marinaio
seamy ['si:mɪ] *adj* orribile
seance ['seɪɔns] *n* seduta spiritica
seaplane ['si:pleɪn] *n* idrovolante *m*
seaport ['si:pɔ:t] *n* porto di mare
search [sə:tʃ] *n* ricerca; (*LAW*: *at sb's home*) perquisizione *f* ♦ *vt* frugare ♦ *vi*: **to ~ for** ricercare; **in ~ of** alla ricerca di; **~ through** *vt fus* frugare; **~ing** *adj* minuzioso(a); penetrante; **~light** *n* proiettore *m*; **~ party** *n* squadra di soccorso; **~ warrant** *n* mandato di perquisizione
seashore ['si:ʃɔ:*] *n* spiaggia
seasick ['si:sɪk] *adj* che soffre il mal di mare
seaside ['si:saɪd] *n* spiaggia; **~ resort** *n* stazione *f* balneare
season ['si:zn] *n* stagione *f* ♦ *vt* condire, insaporire; **~al** *adj* stagionale; **~ed** *adj* (*fig*) con esperienza; **~ing** *n* condimento; **~ ticket** *n* abbonamento
seat [si:t] *n* sedile *m*; (*in bus, train*: *place*) posto; (*PARLIAMENT*) seggio; (*buttocks*) didietro; (*of trousers*) fondo ♦ *vt* far sedere; (*have room for*) avere *or* essere fornito(a) di posti a sedere per; **to be ~ed** essere seduto(a); **~ belt** *n* cintura di sicurezza
sea water *n* acqua di mare
seaweed ['si:wi:d] *n* alghe *fpl*
seaworthy ['si:wə:ðɪ] *adj* atto(a) alla navigazione
sec. *abbr* = **second(s)**
secluded [sɪ'klu:dɪd] *adj* isolato(a), appartato(a)
seclusion [sɪ'klu:ʒən] *n* isolamento
second[1] [sɪ'kɔnd] (*BRIT*) *vt* (*worker*) distaccare
second[2] ['sɛkənd] *num* secondo(a) ♦ *adv* (*in race etc*) al secondo posto ♦ *n* (*unit of time*) secondo; (*AUT*: *also*: **~ gear**) seconda; (*COMM*: *imperfect*) scarto; (*BRIT*: *SCOL*: *degree*) *laurea con punteggio discreto* ♦ *vt* (*motion*) appoggiare; **~ary** *adj* secondario(a); **~ary school** *n* scuola secondaria; **~-class** *adj* di seconda classe ♦ *adv* in seconda classe; **~er** *n* sostenitore/trice; **~hand** *adj* di seconda mano, usato(a); **~ hand** *n* (*on clock*) lancetta dei secondi; **~ly** *adv* in secondo luogo; **~-rate** *adj* scadente; **~ thoughts** *npl* ripensamenti *mpl*; **on ~ thoughts** (*BRIT*) *or* **thought** (*US*) ripensandoci bene
secrecy ['si:krəsɪ] *n* segretezza
secret ['si:krɪt] *adj* segreto(a) ♦ *n* segreto; **in ~** in segreto
secretarial [sɛkrɪ'tɛərɪəl] *adj* di segretario(a)
secretariat [sɛkrɪ'tɛərɪət] *n* segretariato
secretary ['sɛkrətərɪ] *n* segretario/a; **S~ of State (for)** (*BRIT*: *POL*) ministro (di)
secretive ['si:krətɪv] *adj* riservato(a)
sect [sɛkt] *n* setta; **~arian** [-'tɛərɪən] *adj* settario(a)
section ['sɛkʃən] *n* sezione *f*
sector ['sɛktə*] *n* settore *m*
secure [sɪ'kjuə*] *adj* sicuro(a); (*firmly fixed*) assicurato(a), ben fermato(a); (*in safe place*) al sicuro ♦ *vt* (*fix*) fissare, assicurare; (*get*) ottenere, assicurarsi
security [sɪ'kjuərɪtɪ] *n* sicurezza; (*for loan*) garanzia
sedan [sɪ'dæn] (*US*) *n* (*AUT*) berlina
sedate [sɪ'deɪt] *adj* posato(a); calmo(a) ♦ *vt* calmare
sedation [sɪ'deɪʃən] *n* (*MED*) effetto dei sedativi
sedative ['sɛdɪtɪv] *n* sedativo, calmante *m*
seduce [sɪ'dju:s] *vt* sedurre; **seduction** [-'dʌkʃən] *n* seduzione *f*; **seductive** [-'dʌktɪv] *adj* seducente
see [si:] (*pt* **saw**, *pp* **seen**) *vt* vedere; (*accompany*): **to ~ sb to the door** accompagnare qn alla porta ♦ *vi* vedere; (*understand*) capire ♦ *n* sede *f* vescovile; **to ~ that** (*ensure*) badare che + *sub*, fare in modo che + *sub*; **~ you soon!** a presto!; **~ about** *vt*

fus occuparsi di; ~ **off** *vt* salutare alla partenza; ~ **through** *vt* portare a termine ♦ *vt fus* non lasciarsi ingannare da; ~ **to** *vt fus* occuparsi di
seed [si:d] *n* seme *m*; (*fig*) germe *m*; (*TENNIS*) testa di serie; **to go to** ~ fare seme; (*fig*) scadere; ~**ling** *n* piantina di semenzaio; ~**y** *adj* (*shabby*: *person*) sciatto(a); (: *place*) cadente
seeing ['si:ɪŋ] *conj*: ~ **(that)** visto che
seek [si:k], (*pt*, *pp* **sought**) *vt* cercare
seem [si:m] *vi* sembrare, parere; **there** ~**s to be ...** sembra che ci sia ...; ~**ingly** *adv* apparentemente
seen [si:n] *pp of* see
seep [si:p] *vi* filtrare, trapelare
seesaw ['si:sɔ:] *n* altalena a bilico
seethe [si:ð] *vi* ribollire; **to** ~ **with anger** fremere di rabbia
see-through *adj* trasparente
segregate ['sɛgrɪgeɪt] *vt* segregare, isolare
seize [si:z] *vt* (*grasp*) afferrare; (*take possession of*) impadronirsi di; (*LAW*) sequestrare; ~ **(up)on** *vt fus* ricorrere a; ~ **up** *vi* (*TECH*) grippare
seizure ['si:ʒə*] *n* (*MED*) attacco; (*LAW*) confisca, sequestro
seldom ['sɛldəm] *adv* raramente
select [sɪ'lɛkt] *adj* scelto(a) ♦ *vt* scegliere, selezionare; ~**ion** [-'lɛkʃən] *n* selezione *f*, scelta
self [sɛlf] *n*: **the** ~ l'io *m* ♦ *prefix* auto...; ~**-assured** *adj* sicuro(a) di sé; ~**-catering** (*BRIT*) *adj* in cui ci si cucina da sé; ~**-centred** (*US* ~**-centered**) *adj* egocentrico(a); ~**-confidence** *n* sicurezza di sé; ~**-conscious** *adj* timido(a); ~**-contained** (*BRIT*) *adj* (*flat*) indipendente; ~**-control** *n* autocontrollo; ~**-defence** (*US* ~**-defense**) *n* autodifesa; (*LAW*) legittima difesa; ~**-discipline** *n* autodisciplina; ~**-employed** *adj* che lavora in proprio; ~**-evident** *adj* evidente; ~**-governing** *adj* autonomo(a); ~**-indulgent** *adj* indulgente verso se stesso(a); ~**-interest** *n* interesse *m* personale; ~**ish** *adj* egoista; ~**ishness** *n* egoismo; ~**less** *adj* dimentico(a) di sé, altruista; ~**-pity** *n* autocommiserazione *f*; ~**-portrait** *n* autoritratto; ~**-possessed** *adj* controllato(a); ~**-preservation** *n* istinto di conservazione; ~**-respect** *n* rispetto di sé, amor proprio; ~**-righteous** *adj* soddisfatto(a) di sé; ~**-sacrifice** *n* abnegazione *f*; ~**-satisfied** *adj* compiaciuto(a) di sé; ~**-service** *n* autoservizio, self-service *m*; ~**-sufficient** *adj* autosufficiente; ~**-taught** *adj* autodidatta
sell [sɛl] (*pt*, *pp* **sold**) *vt* vendere ♦ *vi* vendersi; **to** ~ **at** *or* **for 1000 lire** essere in vendita a 1000 lire; ~ **off** *vt* svendere, liquidare; ~ **out** *vi*: **to** ~ **out (of sth)** esaurire (qc); **the tickets are all sold out** i biglietti sono esauriti; ~**-by date** *n* data di scadenza; ~**er** *n* venditore/trice; ~**ing price** *n* prezzo di vendita
sellotape ['sɛləuteɪp] ® (*BRIT*) *n* nastro adesivo, scotch *m* ®
selves [sɛlvz] *npl of* self
semaphore ['sɛməfɔ:*] *n* segnalazioni *fpl* con bandierine; (*RAIL*) semaforo (ferroviario)
semblance ['sɛmbləns] *n* parvenza, apparenza
semen ['si:mən] *n* sperma *m*
semester [sɪ'mɛstə*] (*US*) *n* semestre *m*
semi... ['sɛmɪ] *prefix* semi...; ~**circle** *n* semicerchio; ~**colon** *n* punto e virgola; ~**detached (house)** (*BRIT*) *n* casa gemella; ~**final** *n* semifinale *f*
seminar ['sɛmɪnɑ:*] *n* seminario
seminary ['sɛmɪnərɪ] *n* (*REL*) seminario
semiskilled ['sɛmɪ'skɪld] *adj* (*worker*) parzialmente qualificato(a); (*work*) che richiede una qualificazione parziale
senate ['sɛnɪt] *n* senato; **senator** *n*

senatore/trice

send [sɛnd] (*pt, pp* **sent**) *vt* mandare; ~ **away** *vt* (*letter, goods*) spedire; (*person*) mandare via; ~ **away for** *vt fus* richiedere per posta, farsi spedire; ~ **back** *vt* rimandare; ~ **for** *vt fus* mandare a chiamare, far venire; ~ **off** *vt* (*goods*) spedire; (*BRIT*: *SPORT*: *player*) espellere; ~ **out** *vt* (*invitation*) diramare; ~ **up** *vt* (*person, price*) far salire; (*BRIT*: *parody*) mettere in ridicolo; ~**er** *n* mittente *m/f*; ~**-off** *n*: **to give sb a good ~-off** festeggiare la partenza di qn

senior ['si:nɪə*] *adj* (*older*) più vecchio(a); (*of higher rank*) di grado più elevato; ~ **citizen** *n* persona anziana; ~**ity** [-'ɔrɪtɪ] *n* anzianità

sensation [sɛn'seɪʃən] *n* sensazione *f*; ~**al** *adj* sensazionale; (*marvellous*) eccezionale

sense [sɛns] *n* senso; (*feeling*) sensazione *f*, senso; (*meaning*) senso, significato; (*wisdom*) buonsenso ♦ *vt* sentire, percepire; **it makes ~** ha senso; ~**less** *adj* sciocco(a); (*unconscious*) privo(a) di sensi

sensible ['sɛnsɪbl] *adj* sensato(a), ragionevole

sensitive ['sɛnsɪtɪv] *adj* sensibile; (*skin, question*) delicato(a)

sensual ['sɛnsjuəl] *adj* sensuale

sensuous ['sɛnsjuəs] *adj* sensuale

sent [sɛnt] *pt, pp of* **send**

sentence ['sɛntns] *n* (*LING*) frase *f*; (*LAW*: *judgment*) sentenza; (: *punishment*) condanna ♦ *vt*: **to ~ sb to death/to 5 years** condannare qn a morte/a 5 anni

sentiment ['sɛntɪmənt] *n* sentimento; (*opinion*) opinione *f*; ~**al** [-'mɛntl] *adj* sentimentale

sentry ['sɛntrɪ] *n* sentinella

separate [*adj* 'sɛprɪt, *vb* 'sɛpəreɪt] *adj* separato(a) ♦ *vt* separare ♦ *vi* separarsi; ~**ly** *adv* separatamente; ~**s** *npl* (*clothes*) coordinati *mpl*; **separation** [-'reɪʃən] *n* separazione *f*

September [sɛp'tɛmbə*] *n* settembre *m*

septic ['sɛptɪk] *adj* settico(a); (*wound*) infettato(a); ~ **tank** *n* fossa settica

sequel ['si:kwl] *n* conseguenza; (*of story*) seguito; (*of film*) sequenza

sequence ['si:kwəns] *n* (*series*) serie *f*; (*order*) ordine *m*

sequin ['si:kwɪn] *n* lustrino, paillette *f inv*

serene [sə'ri:n] *adj* sereno(a), calmo(a)

sergeant ['sɑ:dʒənt] *n* sergente *m*; (*POLICE*) brigadiere *m*

serial ['sɪərɪəl] *n* (*PRESS*) romanzo a puntate; (*RADIO, TV*) trasmissione *f* a puntate, serial *m inv*; ~**ize** *vt* pubblicare (*or* trasmettere) a puntate; ~ **number** *n* numero di serie

series ['sɪəri:z] *n inv* serie *f inv*; (*PUBLISHING*) collana

serious ['sɪərɪəs] *adj* serio(a), grave; ~**ly** *adv* seriamente

sermon ['sə:mən] *n* sermone *m*

serrated [sɪ'reɪtɪd] *adj* seghettato(a)

serum ['sɪərəm] *n* siero

servant ['sə:vənt] *n* domestico/a

serve [sə:v] *vt* (*employer etc*) servire, essere a servizio di; (*purpose*) servire a; (*customer, food, meal*) servire; (*apprenticeship*) fare; (*prison term*) scontare ♦ *vi* (*also TENNIS*) servire; (*be useful*): **to ~ as/for/to do** servire da/per/per fare ♦ *n* (*TENNIS*) servizio; **it ~s him right** ben gli sta, se l'è meritata; ~ **out** *vt* (*food*) servire; ~ **up** *vt* = ~ **out**

service ['sə:vɪs] *n* servizio; (*AUT*: *maintenance*) assistenza, revisione *f* ♦ *vt* (*car, washing machine*) revisionare; **the S~s** le forze armate; **to be of ~ to sb** essere d'aiuto a qn; ~**able** *adj* pratico(a), utile; ~ **charge** (*BRIT*) *n* servizio; ~**man** *n* militare *m*; ~ **station** *n* stazione *f* di servizio

serviette [sə:vɪ'ɛt] (*BRIT*) *n* tovagliolo

session ['sɛʃən] *n* (*sitting*) seduta, sessione *f*; (*SCOL*) anno scolastico

(*or* accademico)

set [sɛt] (*pt, pp* **set**) *n* serie *f inv*; (*of cutlery etc*) servizio; (*RADIO, TV*) apparecchio; (*TENNIS*) set *m inv*; (*group of people*) mondo, ambiente *m*; (*CINEMA*) scenario; (*THEATRE*: *stage*) scene *fpl*; (: *scenery*) scenario; (*MATH*) insieme *m*; (*HAIRDRESSING*) messa in piega ♦ *adj* (*fixed*) stabilito(a), determinato(a); (*ready*) pronto(a) ♦ *vt* (*place*) posare, mettere; (*arrange*) sistemare; (*fix*) fissare; (*adjust*) regolare; (*decide*: *rules etc*) stabilire, fissare ♦ *vi* (*sun*) tramontare; (*jam, jelly*) rapprendersi; (*concrete*) fare presa; **to be ~ on doing** essere deciso a fare; **to ~ to music** mettere in musica; **to ~ on fire** dare fuoco a; **to ~ free** liberare; **to ~ sth going** mettere in moto qc; **to ~ sail** prendere il mare; **~ about** *vt fus* (*task*) intraprendere, mettersi a; **~ aside** *vt* mettere da parte; **~ back** *vt* (*in time*): **to ~ back (by)** mettere indietro (di); (*inf*: *cost*): **it ~ me back £5** mi è costato la bellezza di 5 sterline; **~ off** *vi* partire ♦ *vt* (*bomb*) far scoppiare; (*cause to start*) mettere in moto; (*show up well*) dare risalto a; **~ out** *vi* partire ♦ *vt* (*arrange*) disporre; (*state*) esporre, presentare; **to ~ out to do** proporsi di fare; **~ up** *vt* (*organization*) fondare, costituire; **~back** *n* (*hitch*) contrattempo, inconveniente *m*; **~ menu** *n* menù *m inv* fisso

settee [sɛ'ti:] *n* divano, sofà *m inv*

setting ['sɛtɪŋ] *n* (*background*) ambiente *m*; (*of controls*) posizione *f*; (*of sun*) tramonto; (*of jewel*) montatura

settle ['sɛtl] *vt* (*argument, matter*) appianare; (*accounts*) regolare; (*MED*: *calm*) calmare ♦ *vi* (*bird, dust etc*) posarsi; (*sediment*) depositarsi; (*also*: **~ down**) sistemarsi, stabilirsi; calmarsi; **to ~ for sth** accontentarsi di qc; **to ~ on sth** decidersi per qc; **~ in** *vi* sistemarsi; **~ up** *vi*: **to ~ up with sb** regolare i conti con qn; **~ment** *n* (*payment*) pagamento, saldo; (*agreement*) accordo; (*colony*) colonia; (*village etc*) villaggio, comunità *f inv*; **~r** *n* colonizzatore/trice

setup ['sɛtʌp] *n* (*arrangement*) sistemazione *f*; (*situation*) situazione *f*

seven ['sɛvn] *num* sette; **~teen** *num* diciassette; **~th** *num* settimo(a); **~ty** *num* settanta

sever ['sɛvə*] *vt* recidere, tagliare; (*relations*) troncare

several ['sɛvərl] *adj, pron* alcuni(e), diversi(e); **~ of us** alcuni di noi

severance ['sɛvərəns] *n* (*of relations*) rottura; **~ pay** *n* indennità di licenziamento

severe [sɪ'vɪə*] *adj* severo(a); (*serious*) serio(a), grave; (*hard*) duro(a); (*plain*) semplice, sobrio(a); **severity** [sɪ'vɛrɪtɪ] *n* severità; gravità; (*of weather*) rigore *m*

sew [səu] (*pt* **sewed**, *pp* **sewn**) *vt, vi* cucire; **~ up** *vt* ricucire

sewage ['su:ɪdʒ] *n* acque *fpl* di scolo

sewer ['su:ə*] *n* fogna

sewing ['səuɪŋ] *n* cucitura; cucito; **~ machine** *n* macchina da cucire

sewn [səun] *pp of* **sew**

sex [sɛks] *n* sesso; **to have ~ with** avere rapporti sessuali con; **~ist** *adj, n* sessista *m/f*

sexual ['sɛksjuəl] *adj* sessuale

sexy ['sɛksɪ] *adj* provocante, sexy *inv*

shabby ['ʃæbɪ] *adj* malandato(a); (*behaviour*) vergognoso(a)

shack [ʃæk] *n* baracca, capanna

shackles ['ʃæklz] *npl* ferri *mpl*, catene *fpl*

shade [ʃeɪd] *n* ombra; (*for lamp*) paralume *m*; (*of colour*) tonalità *f inv*; (*small quantity*): **a ~ (more/too large)** un po' (di più/troppo grande) ♦ *vt* ombreggiare, fare ombra a; **in the ~** all'ombra

shadow ['ʃædəu] *n* ombra ♦ *vt* (*follow*) pedinare; **~ cabinet** (*BRIT*) *n* (*POL*) governo *m* ombra *inv*; **~y** *adj* ombreggiato(a), ombroso(a); (*dim*)

vago(a), indistinto(a)
shady ['ʃeɪdɪ] *adj* ombroso(a); (*fig*: *dishonest*) losco(a), equivoco(a)
shaft [ʃɑːft] *n* (*of arrow, spear*) asta; (*AUT, TECH*) albero; (*of mine*) pozzo; (*of lift*) tromba; (*of light*) raggio
shaggy ['ʃægɪ] *adj* ispido(a)
shake [ʃeɪk] (*pt* **shook**, *pp* **shaken**) *vt* scuotere; (*bottle, cocktail*) agitare ♦ *vi* tremare; **to ~ one's head** (*in refusal, dismay*) scuotere la testa; **to ~ hands with sb** stringere *or* dare la mano a qn; **~ off** *vt* scrollare (via); (*fig*) sbarazzarsi di; **~ up** *vt* scuotere; **shaken** *pp of* **shake**; **shaky** *adj* (*hand, voice*) tremante; (*building*) traballante
shall [ʃæl] *aux vb*: **I ~ go** andrò; **~ I open the door?** apro io la porta?; **I'll get some, ~ I?** ne prendo un po', va bene?
shallow ['ʃæləu] *adj* poco profondo(a); (*fig*) superficiale
sham [ʃæm] *n* finzione *f*, messinscena; (*jewellery, furniture*) imitazione *f*
shambles ['ʃæmblz] *n* confusione *f*, baraonda, scompiglio
shame [ʃeɪm] *n* vergogna ♦ *vt* far vergognare; **it is a ~ (that/to do)** è un peccato (che +*sub*/fare); **what a ~!** che peccato!; **~faced** *adj* vergognoso(a); **~ful** *adj* vergognoso(a); **~less** *adj* sfrontato(a); (*immodest*) spudorato(a)
shampoo [ʃæm'puː] *n* shampoo *m inv* ♦ *vt* fare lo shampoo a; **~ and set** *n* shampoo e messa in piega
shamrock ['ʃæmrɔk] *n* trifoglio (*simbolo nazionale dell'Irlanda*)
shandy ['ʃændɪ] *n* birra con gassosa
shan't [ʃɑːnt] = **shall not**
shanty town ['ʃæntɪ-] *n* bidonville *f inv*
shape [ʃeɪp] *n* forma ♦ *vt* formare; (*statement*) formulare; (*sb's ideas*) condizionare; **to take ~** prendere forma; **~ up** *vi* (*events*) andare, mettersi; (*person*) cavarsela; **-shaped** *suffix*: **heart-shaped** a forma di cuore; **~less** *adj* senza forma, informe; **~ly** *adj* ben proporzionato(a)
share [ʃɛə*] *n* (*thing received, contribution*) parte *f*; (*COMM*) azione *f* ♦ *vt* dividere; (*have in common*) condividere, avere in comune; **~ out** *vi* dividere; **~holder** *n* azionista *m/f*
shark [ʃɑːk] *n* squalo, pescecane *m*
sharp [ʃɑːp] *adj* (*razor, knife*) affilato(a); (*point*) acuto(a), acuminato(a); (*nose, chin*) aguzzo(a); (*outline, contrast*) netto(a); (*cold, pain*) pungente; (*voice*) stridulo(a); (*person*: *quick-witted*) sveglio(a); (: *unscrupulous*) disonesto(a); (*MUS*): **C ~** do diesis ♦ *n* (*MUS*) diesis *m inv* ♦ *adv*: **at 2 o'clock ~** alle due in punto; **~en** *vt* affilare; (*pencil*) fare la punta a; (*fig*) acuire; **~ener** *n* (*also*: *pencil ~ener*) temperamatite *m inv*; **~-eyed** *adj* dalla vista acuta; **~ly** *adv* (*turn, stop*) bruscamente; (*stand out, contrast*) nettamente; (*criticize, retort*) duramente, aspramente
shatter ['ʃætə*] *vt* mandare in frantumi, frantumare; (*fig*: *upset*) distruggere; (: *ruin*) rovinare ♦ *vi* frantumarsi, andare in pezzi
shave [ʃeɪv] *vt* radere, rasare ♦ *vi* radersi, farsi la barba ♦ *n*: **to have a ~** farsi la barba; **~r** *n* (*also*: *electric ~r*) rasoio elettrico
shaving ['ʃeɪvɪŋ] *n* (*action*) rasatura; **~s** *npl* (*of wood etc*) trucioli *mpl*; **~ brush** *n* pennello da barba; **~ cream** *n* crema da barba; **~ foam** *n* = **~ cream**
shawl [ʃɔːl] *n* scialle *m*
she [ʃiː] *pron* ella, lei; **~-cat** *n* gatta; **~-elephant** *n* elefantessa
sheaf [ʃiːf] (*pl* **sheaves**) *n* covone *m*; (*of papers*) fascio
shear [ʃɪə*] (*pt* **~ed**, *pp* **~ed** *or* **shorn**) *vt* (*sheep*) tosare; **~ off** *vi* spezzarsi; **~s** *npl* (*for hedge*) cesoie *fpl*
sheath [ʃiːθ] *n* fodero, guaina; (*contraceptive*) preservativo

sheaves [ʃi:vz] *npl of* **sheaf**
shed [ʃɛd] (*pt, pp* **shed**) *n* capannone *m* ♦ *vt* (*leaves, fur etc*) perdere; (*tears, blood*) versare; (*workers*) liberarsi di
she'd [ʃi:d] = **she had; she would**
sheen [ʃi:n] *n* lucentezza
sheep [ʃi:p] *n inv* pecora; **~dog** *n* cane *m* da pastore; **~ish** *adj* vergognoso(a), timido(a); **~skin** *n* pelle *f* di pecora
sheer [ʃɪə*] *adj* (*utter*) vero(a) (e proprio(a)); (*steep*) a picco, perpendicolare; (*almost transparent*) sottile ♦ *adv* a picco
sheet [ʃi:t] *n* (*on bed*) lenzuolo; (*of paper*) foglio; (*of glass, ice*) lastra; (*of metal*) foglio, lamina; ~ **lightning** *n* lampo diffuso
sheik(h) [ʃeɪk] *n* sceicco
shelf [ʃɛlf] (*pl* **shelves**) *n* scaffale *m*, mensola
shell [ʃɛl] *n* (*on beach*) conchiglia; (*of egg, nut etc*) guscio; (*explosive*) granata; (*of building*) scheletro ♦ *vt* (*peas*) sgranare; (*MIL*) bombardare; ~ **suit** *n* (*lightweight*) tuta di acetato; (*heavier*) tuta di trilobato
she'll [ʃi:l] = **she will; she shall**
shellfish ['ʃɛlfɪʃ] *n inv* (*crab etc*) crostaceo; (*scallop etc*) mollusco; (*pl: as food*) crostacei; molluschi
shelter ['ʃɛltə*] *n* riparo, rifugio ♦ *vt* riparare, proteggere; (*give lodging to*) dare rifugio *or* asilo a ♦ *vi* ripararsi, mettersi al riparo; **~ed** *adj* riparato(a); **~ed housing** (*BRIT*) *n alloggi dotati di strutture per anziani o handicappati*
shelve [ʃɛlv] *vt* (*fig*) accantonare, rimandare; **~s** *npl of* **shelf**
shepherd ['ʃɛpəd] *n* pastore *m* ♦ *vt* (*guide*) guidare; **~'s pie** (*BRIT*) *n timballo di carne macinata e purè di patate*
sheriff ['ʃɛrɪf] (*US*) *n* sceriffo
sherry ['ʃɛrɪ] *n* sherry *m inv*
she's [ʃi:z] = **she is; she has**
Shetland ['ʃɛtlənd] *n* (*also: the ~s, the ~ Isles*) le isole Shetland, le Shetland
shield [ʃi:ld] *n* scudo; (*trophy*) scudetto; (*protection*) schermo ♦ *vt*: **to ~ (from)** riparare (da), proteggere (da *or* contro)
shift [ʃɪft] *n* (*change*) cambiamento; (*of workers*) turno ♦ *vt* spostare, muovere; (*remove*) rimuovere ♦ *vi* spostarsi, muoversi; **~less** *adj*: **a ~less person** un(a) fannullone(a); ~ **work** *n* lavoro a squadre; **~y** *adj* ambiguo(a); (*eyes*) sfuggente
shilling ['ʃɪlɪŋ] (*BRIT*) *n* scellino (= *12 old pence; 20 in a pound*)
shilly-shally ['ʃɪlɪʃælɪ] *vi* tentennare, esitare
shimmer ['ʃɪmə*] *vi* brillare, luccicare
shin [ʃɪn] *n* tibia
shine [ʃaɪn] (*pt, pp* **shone**) *n* splendore *m*, lucentezza ♦ *vi* (ri)splendere, brillare ♦ *vt* far brillare, far risplendere; (*torch*): **to ~ sth on** puntare qc verso
shingle ['ʃɪŋgl] *n* (*on beach*) ciottoli *mpl*; **~s** *n* (*MED*) herpes zoster *m*
shiny ['ʃaɪnɪ] *adj* lucente, lucido(a)
ship [ʃɪp] *n* nave *f* ♦ *vt* trasportare (via mare); (*send*) spedire (via mare); **~building** *n* costruzione *f* navale; **~ment** *n* carico; **~ping** *n* (*ships*) naviglio; (*traffic*) navigazione *f*; **~shape** *adj* in perfetto ordine; **~wreck** *n* relitto; (*event*) naufragio ♦ *vt*: **to be ~wrecked** naufragare, fare naufragio; **~yard** *n* cantiere *m* navale
shire ['ʃaɪə*] (*BRIT*) *n* contea
shirk [ʃə:k] *vt* sottrarsi a, evitare
shirt [ʃə:t] *n* camicia; **in ~ sleeves** in maniche di camicia
shit [ʃɪt] (*inf!*) *excl* merda (*!*)
shiver ['ʃɪvə*] *n* brivido ♦ *vi* rabbrividire, tremare
shoal [ʃəul] *n* (*of fish*) banco; (*fig*) massa
shock [ʃɔk] *n* (*impact*) urto, colpo; (*ELEC*) scossa; (*emotional*) colpo, shock *m inv*; (*MED*) shock ♦ *vt* colpire, scioccare; scandalizzare; ~

absorber *n* ammortizzatore *m*; **~ing** *adj* scioccante, traumatizzante; scandaloso(a)

shod [ʃɔd] *pt, pp of* **shoe**

shoddy ['ʃɔdɪ] *adj* scadente

shoe [ʃuː] (*pt, pp* **shod**) *n* scarpa; (*also*: *horse~*) ferro di cavallo ♦ *vt* (*horse*) ferrare; **~brush** *n* spazzola per scarpe; **~lace** *n* stringa; **~ polish** *n* lucido per scarpe; **~shop** *n* calzoleria; **~string** *n* (*fig*): **on a ~string** con quattro soldi

shone [ʃɔn] *pt, pp of* **shine**

shoo [ʃuː] *excl* sciò!, via!

shook [ʃuk] *pt of* **shake**

shoot [ʃuːt] (*pt, pp* **shot**) *n* (*on branch, seedling*) germoglio ♦ *vt* (*game*) cacciare, andare a caccia di; (*person*) sparare a; (*execute*) fucilare; (*film*) girare ♦ *vi* (*with gun*): **to ~ (at)** sparare (a), fare fuoco (su); (*with bow*): **to ~ (at)** tirare (su); (*FOOTBALL*) sparare, tirare (forte); **~ down** *vt* (*plane*) abbattere; **~ in/out** *vi* entrare/uscire come una freccia; **~ up** *vi* (*fig*) salire alle stelle; **~ing** *n* (*shots*) sparatoria; (*HUNTING*) caccia; **~ing star** *n* stella cadente

shop [ʃɔp] *n* negozio; (*workshop*) officina ♦ *vi* (*also*: *go ~ping*) fare spese; **~ assistant** (*BRIT*) *n* commesso/a; **~ floor** *n* officina; (*BRIT*: *fig*) operai *mpl*, maestranze *fpl*; **~keeper** *n* negoziante *m/f*, bottegaio/a; **~lifting** *n* taccheggio; **~per** *n* compratore/trice; **~ping** *n* (*goods*) spesa, acquisti *mpl*; **~ping bag** *n* borsa per la spesa; **~ping centre** (*US* **~ping center**) *n* centro commerciale; **~-soiled** *adj* sciupato(a) a forza di stare in vetrina; **~ steward** (*BRIT*) *n* (*INDUSTRY*) rappresentante *m* sindacale; **~ window** *n* vetrina

shore [ʃɔː*] *n* (*of sea*) riva, spiaggia; (*of lake*) riva ♦ *vt*: **to ~ (up)** puntellare; **on ~** a riva

shorn [ʃɔːn] *pp of* **shear**

short [ʃɔːt] *adj* (*not long*) corto(a); (*soon finished*) breve; (*person*) basso(a); (*curt*) brusco(a), secco(a); (*insufficient*) insufficiente ♦ *n* (*also*: *~ film*) cortometraggio; **(a pair of) ~s** (i) calzoncini; **to be ~ of sth** essere a corto di *or* mancare di qc; **in ~** in breve; **~ of doing** a meno che non si faccia; **everything ~ of** tutto fuorché; **it is ~ for** è l'abbreviazione *or* il diminutivo di; **to cut ~** (*speech, visit*) accorciare, abbreviare; **to fall ~ of** venir meno a; non soddisfare; **to run ~ of** rimanere senza; **to stop ~** fermarsi di colpo; **to stop ~ of** non arrivare fino a; **~age** *n* scarsezza, carenza; **~bread** *n* biscotto di pasta frolla; **~-change** *vt*: **to ~-change sb** imbrogliare qn sul resto; **~-circuit** *n* cortocircuito; **~coming** *n* difetto; **~(crust) pastry** (*BRIT*) *n* pasta frolla; **~cut** *n* scorciatoia; **~en** *vt* accorciare, ridurre; **~fall** *n* deficit *m*; **~hand** (*BRIT*) *n* stenografia; **~hand typist** (*BRIT*) *n* stenodattilografo/a; **~ list** (*BRIT*) *n* (*for job*) rosa dei candidati; **~-lived** *adj* di breve durata; **~ly** *adv* fra poco; **~-sighted** (*BRIT*) *adj* miope; **~-staffed** *adj* a corto di personale; **~ story** *n* racconto, novella; **~-tempered** *adj* irascibile; **~-term** *adj* (*effect*) di *or* a breve durata; (*borrowing*) a breve scadenza; **~wave** *n* (*RADIO*) onde *fpl* corte

shot [ʃɔt] *pt, pp of* **shoot** ♦ *n* sparo, colpo; (*try*) prova; (*FOOTBALL*) tiro; (*injection*) iniezione *f*; (*PHOT*) foto *f inv*; **like a ~** come un razzo; (*very readily*) immediatamente; **~gun** *n* fucile *m* da caccia

should [ʃud] *aux vb*: **I ~ go now** dovrei andare ora; **he ~ be there now** dovrebbe essere arrivato ora; **I ~ go if I were you** se fossi in te andrei; **I ~ like to** mi piacerebbe

shoulder ['ʃəuldə*] *n* spalla; (*BRIT*: *of road*): **hard ~** banchina ♦ *vt* (*fig*) addossarsi, prendere sulle proprie spalle; **~ bag** *n* borsa a tracolla; **~**

blade *n* scapola; ~ **strap** *n* bretella, spallina
shouldn't ['ʃudnt] = **should not**
shout [ʃaut] *n* urlo, grido ♦ *vt* gridare ♦ *vi* (*also*: ~ *out*) urlare, gridare; ~ **down** *vt* zittire gridando; ~**ing** *n* urli *mpl*
shove [ʃʌv] *vt* spingere; (*inf*: *put*): **to** ~ **sth in** ficcare qc in; ~ **off** (*inf*) *vi* sloggiare, smammare
shovel ['ʃʌvl] *n* pala ♦ *vt* spalare
show [ʃəu] (*pt* ~**ed**, *pp* **shown**) *n* (*of emotion*) dimostrazione *f*, manifestazione *f*; (*semblance*) apparenza; (*exhibition*) mostra, esposizione *f*; (*THEATRE*, *CINEMA*) spettacolo ♦ *vt* far vedere, mostrare; (*courage etc*) dimostrare, dar prova di; (*exhibit*) esporre ♦ *vi* vedersi, essere visibile; **for** ~ per fare scena; **on** ~ (*exhibits etc*) esposto(a); ~ **in** *vt* (*person*) far entrare; ~ **off** *vi* (*pej*) esibirsi, mettersi in mostra ♦ *vt* (*display*) mettere in risalto; (*pej*) mettere in mostra; ~ **out** *vt* (*person*) accompagnare alla porta; ~ **up** *vi* (*stand out*) essere ben visibile; (*inf*: *turn up*) farsi vedere ♦ *vt* mettere in risalto; ~ **business** *n* industria dello spettacolo; ~**down** *n* prova di forza
shower ['ʃauə*] *n* (*rain*) acquazzone *m*; (*of stones etc*) pioggia; (*also*: ~*bath*) doccia ♦ *vi* fare la doccia ♦ *vt*: **to** ~ **sb with** (*gifts*, *abuse etc*) coprire qn di; (*missiles*) lanciare contro qn una pioggia di; **to have a** ~ fare la doccia; ~**proof** *adj* impermeabile
showing ['ʃəuɪŋ] *n* (*of film*) proiezione *f*
show jumping *n* concorso ippico (di salto ad ostacoli)
shown [ʃəun] *pp of* show
show-off (*inf*) *n* (*person*) esibizionista *m/f*
showpiece ['ʃəupi:s] *n* pezzo forte
showroom ['ʃəurum] *n* sala d'esposizione
shrank [ʃræŋk] *pt of* **shrink**
shrapnel ['ʃræpnl] *n* shrapnel *m*
shred [ʃrɛd] *n* (*gen pl*) brandello ♦ *vt* fare a brandelli; (*CULIN*) sminuzzare, tagliuzzare; ~**der** *n* (*vegetable* ~*der*) grattugia; (*document* ~*der*) distruttore *m* di documenti
shrewd [ʃru:d] *adj* astuto(a), scaltro(a)
shriek [ʃri:k] *n* strillo ♦ *vi* strillare
shrill [ʃrɪl] *adj* acuto(a), stridulo(a), stridente
shrimp [ʃrɪmp] *n* gamberetto
shrine [ʃraɪn] *n* reliquario; (*place*) santuario
shrink [ʃrɪŋk] (*pt* **shrank**, *pp* **shrunk**) *vi* restringersi; (*fig*) ridursi; (*also*: ~ *away*) ritrarsi ♦ *vt* (*wool*) far restringere ♦ *n* (*inf*: *pej*) psicanalista *m/f*; **to** ~ **from doing sth** rifuggire dal fare qc; ~**age** *n* restringimento; ~**wrap** *vt* confezionare con pellicola di plastica
shrivel ['ʃrɪvl] (*also*: ~ *up*) *vt* raggrinzare, avvizzire ♦ *vi* raggrinzirsi, avvizzire
shroud [ʃraud] *n* sudario ♦ *vt*: ~**ed in mystery** avvolto(a) nel mistero
Shrove Tuesday ['ʃrəuv-] *n* martedì *m* grasso
shrub [ʃrʌb] *n* arbusto; ~**bery** *n* arbusti *mpl*
shrug [ʃrʌg] *n* scrollata di spalle ♦ *vt*, *vi*: **to** ~ **(one's shoulders)** alzare le spalle, fare spallucce; ~ **off** *vt* passare sopra a
shrunk [ʃrʌŋk] *pp of* **shrink**
shudder ['ʃʌdə*] *n* brivido ♦ *vi* rabbrividire
shuffle ['ʃʌfl] *vt* (*cards*) mescolare; **to** ~ **(one's feet)** strascicare i piedi
shun [ʃʌn] *vt* sfuggire, evitare
shunt [ʃʌnt] *vt* (*RAIL*: *direct*) smistare; (: *divert*) deviare; (*object*) spostare
shut [ʃʌt] (*pt*, *pp* **shut**) *vt* chiudere ♦ *vi* chiudersi, chiudere; ~ **down** *vt*, *vi* chiudere definitivamente; ~ **off** *vt* fermare, bloccare; ~ **up** *vi* (*inf*: *keep quiet*) stare zitto(a), fare silenzio ♦ *vt* (*close*) chiudere; (*silence*)

far tacere; **~ter** *n* imposta; (*PHOT*) otturatore *m*

shuttle ['ʃʌtl] *n* spola, navetta; (*space* ~) navetta (spaziale); (*also*: ~ *service*) servizio *m* navetta *inv*

shuttlecock ['ʃʌtlkɔk] *n* volano

shy [ʃaɪ] *adj* timido(a)

sibling ['sɪblɪŋ] *n* fratello/sorella

Sicily ['sɪsɪlɪ] *n* Sicilia

sick [sɪk] *adj* (*ill*) malato(a); (*vomiting*): **to be** ~ vomitare; (*humour*) macabro(a); **to feel** ~ avere la nausea; **to be** ~ **of** (*fig*) averne abbastanza di; ~ **bay** *n* infermeria; **~en** *vt* nauseare ♦ *vi*: **to be ~ening for sth** (*cold etc*) covare qc

sickle ['sɪkl] *n* falcetto

sick: ~ **leave** *n* congedo per malattia; **~ly** *adj* malaticcio(a); (*causing nausea*) nauseante; **~ness** *n* malattia; (*vomiting*) vomito; ~ **pay** *n* sussidio per malattia

side [saɪd] *n* lato; (*of lake*) riva; (*team*) squadra ♦ *cpd* (*door, entrance*) laterale ♦ *vi*: **to** ~ **with sb** parteggiare per qn, prendere le parti di qn; **by the** ~ **of** a fianco di; (*road*) sul ciglio di; ~ **by** ~ fianco a fianco; **from** ~ **to** ~ da una parte all'altra; **to take ~s (with)** schierarsi (con); **~board** *n* credenza; **~burns** (*BRIT* **~boards**) *npl* (*whiskers*) basette *fpl*; ~ **effect** *n* (*MED*) effetto collaterale; **~light** *n* (*AUT*) luce *f* di posizione; **~line** *n* (*SPORT*) linea laterale; (*fig*) attività secondaria; **~long** *adj* obliquo(a); **~saddle** *adv* all'amazzone; ~ **show** *n* attrazione *f*; **~step** *vt* (*question*) eludere; (*problem*) scavalcare; ~ **street** *n* traversa; **~track** *vt* (*fig*) distrarre; **~walk** (*US*) *n* marciapiede *m*; **~ways** *adv* (*move*) di lato, di fianco

siding ['saɪdɪŋ] *n* (*RAIL*) binario di raccordo

sidle ['saɪdl] *vi*: **to** ~ **up (to)** avvicinarsi furtivamente (a)

siege [si:dʒ] *n* assedio

sieve [sɪv] *n* setaccio ♦ *vt* setacciare

sift [sɪft] *vt* passare al crivello; (*fig*) vagliare

sigh [saɪ] *n* sospiro ♦ *vi* sospirare

sight [saɪt] *n* (*faculty*) vista; (*spectacle*) spettacolo; (*on gun*) mira ♦ *vt* avvistare; **in** ~ in vista; **on** ~ a vista; **out of** ~ non visibile; **~seeing** *n* giro turistico; **to go ~seeing** visitare una località

sign [saɪn] *n* segno; (*with hand etc*) segno, gesto; (*notice*) insegna, cartello ♦ *vt* firmare; (*player*) ingaggiare; ~ **on** *vi* (*MIL*) arruolarsi; (*as unemployed*) iscriversi sulla lista (dell'ufficio di collocamento) ♦ *vt* (*MIL*) arruolare; (*employee*) assumere; ~ **over** *vt*: **to** ~ **sth over to sb** cedere qc con scrittura legale a qn; ~ **up** *vi* (*MIL*) arruolarsi; (*for course*) iscriversi ♦ *vt* (*player*) ingaggiare; (*recruits*) reclutare

signal ['sɪgnl] *n* segnale *m* ♦ *vi* (*AUT*) segnalare, mettere la freccia ♦ *vt* (*person*) fare segno a; (*message*) comunicare per mezzo di segnali; **~man** *n* (*RAIL*) deviatore *m*

signature ['sɪgnətʃə*] *n* firma; ~ **tune** *n* sigla musicale

signet ring ['sɪgnət-] *n* anello con sigillo

significance [sɪg'nɪfɪkəns] *n* significato; importanza

significant [sɪg'nɪfɪkənt] *adj* significativo(a)

sign language *n* linguaggio dei muti

signpost ['saɪnpəust] *n* cartello indicatore

silence ['saɪlns] *n* silenzio ♦ *vt* far tacere, ridurre al silenzio; **~r** *n* (*on gun, BRIT*: *AUT*) silenziatore *m*

silent ['saɪlnt] *adj* silenzioso(a); (*film*) muto(a); **to remain** ~ tacere, stare zitto; ~ **partner** *n* (*COMM*) socio inattivo

silhouette [sɪlu:'ɛt] *n* silhouette *f inv*

silicon chip ['sɪlɪkən-] *n* piastrina di silicio

silk [sɪlk] *n* seta ♦ *adj* di seta; **~y** *adj* di seta

silly ['sɪlɪ] *adj* stupido(a), sciocco(a)

silt [sılt] *n* limo
silver ['sılvə*] *n* argento; (*money*) *monete da 5, 10 or 50 pence*; (*also*: *~ware*) argenteria ♦ *adj* d'argento; ~ **paper** (*BRIT*) *n* carta argentata, (carta) stagnola; ~**-plated** *adj* argentato(a); ~**smith** *n* argentiere *m*; ~**y** *adj* (*colour*) argenteo(a); (*sound*) argentino(a)
similar ['sımılə*] *adj*: ~ **(to)** simile (a); ~**ly** *adv* allo stesso modo; così pure
simile ['sımılı] *n* similitudine *f*
simmer ['sımə*] *vi* cuocere a fuoco lento
simpering ['sımpərıŋ] *adj* lezioso(a), smorfioso(a)
simple ['sımpl] *adj* semplice; **simplicity** [-'plısıtı] *n* semplicità; **simply** *adv* semplicemente
simultaneous [sıməl'teınıəs] *adj* simultaneo(a)
sin [sın] *n* peccato ♦ *vi* peccare
since [sıns] *adv* da allora ♦ *prep* da ♦ *conj* (*time*) da quando; (*because*) poiché, dato che; ~ **then, ever ~** da allora
sincere [sın'sıə*] *adj* sincero(a); ~**ly** *adv*: **yours** ~**ly** (*in letters*) distinti saluti; **sincerity** [-'serıtı] *n* sincerità
sinew ['sınju:] *n* tendine *m*
sinful ['sınful] *adj* peccaminoso(a)
sing [sıŋ] (*pt* **sang**, *pp* **sung**) *vt, vi* cantare
singe [sındʒ] *vt* bruciacchiare
singer ['sıŋə*] *n* cantante *m/f*
singing ['sıŋıŋ] *n* canto
single ['sıŋgl] *adj* solo(a), unico(a); (*unmarried*: *man*) celibe; (: *woman*) nubile; (*not double*) semplice ♦ *n* (*BRIT*: *also*: ~ *ticket*) biglietto di (sola) andata; (*record*) 45 giri *m*; ~s *n* (*TENNIS*) singolo; ~ **out** *vt* scegliere; (*distinguish*) distinguere; ~**-breasted** *adj* a un petto; ~ **file** *n*: **in ~ file** in fila indiana; ~**-handed** *adv* senza aiuto, da solo(a); ~**-minded** *adj* tenace, risoluto(a); ~ **room** *n* camera singola
singly ['sıŋglı] *adv* separatamente
singular ['sıŋgjulə*] *adj* (*exceptional, LING*) singolare ♦ *n* (*LING*) singolare *m*
sinister ['sınıstə*] *adj* sinistro(a)
sink [sıŋk] (*pt* **sank**, *pp* **sunk**) *n* lavandino, acquaio ♦ *vt* (*ship*) (fare) affondare, colare a picco; (*foundations*) scavare; (*piles etc*): **to ~ sth into** conficcare qc in ♦ *vi* affondare, andare a fondo; (*ground etc*) cedere, avvallarsi; **my heart sank** mi sentii venir meno; ~ **in** *vi* penetrare
sinner ['sınə*] *n* peccatore/trice
sinus ['saınəs] *n* (*ANAT*) seno
sip [sıp] *n* sorso ♦ *vt* sorseggiare
siphon ['saıfən] *n* sifone *m*; ~ **off** *vt* travasare (con un sifone)
sir [sə*] *n* signore *m*; **S~ John Smith** Sir John Smith; **yes ~** sì, signore
siren ['saıərn] *n* sirena
sirloin ['sə:lɔın] *n* controfiletto
sissy ['sısı] (*inf*) *n* femminuccia
sister ['sıstə*] *n* sorella; (*nun*) suora; (*BRIT*: *nurse*) infermiera *f* caposala *inv*; ~**-in-law** *n* cognata
sit [sıt] (*pt, pp* **sat**) *vi* sedere, sedersi; (*assembly*) essere in seduta; (*for painter*) posare ♦ *vt* (*exam*) sostenere, dare; ~ **down** *vi* sedersi; ~ **in on** *vt fus* assistere a; ~ **up** *vi* tirarsi su a sedere; (*not go to bed*) stare alzato(a) fino a tardi
sitcom ['sıtkɔm] *n abbr* (= *situation comedy*) commedia di situazione; (*TV*) telefilm *m inv* comico d'interni
site [saıt] *n* posto; (*also*: *building* ~) cantiere *m* ♦ *vt* situare
sit-in *n* (*demonstration*) sit-in *m inv*
sitting ['sıtıŋ] *n* (*of assembly etc*) seduta; (*in canteen*) turno; ~ **room** *n* soggiorno
situated ['sıtjueıtıd] *adj* situato(a)
situation [sıtju'eıʃən] *n* situazione *f*; (*job*) lavoro; (*location*) posizione *f*; "**~s vacant**" (*BRIT*) "offerte *fpl* di impiego"
six [sıks] *num* sei; ~**teen** *num* sedici; ~**th** *num* sesto(a); ~**ty** *num* sessanta

size [saɪz] *n* dimensioni *fpl*; (*of clothing*) taglia, misura; (*of shoes*) numero; (*glue*) colla; ~ **up** *vt* giudicare, farsi un'idea di; ~**able** *adj* considerevole
sizzle ['sɪzl] *vi* sfrigolare
skate [skeɪt] *n* pattino; (*fish*: *pl inv*) razza ♦ *vi* pattinare; ~**board** *n* skateboard *m inv*; ~**r** *n* pattinatore/trice; **skating** *n* pattinaggio; **skating rink** *n* pista di pattinaggio
skeleton ['skɛlɪtn] *n* scheletro; ~ **staff** *n* personale *m* ridotto
skeptical ['skɛptɪkl] (*US*) *adj* = sceptical
sketch [skɛtʃ] *n* (*drawing*) schizzo, abbozzo; (*THEATRE*) scenetta comica, sketch *m inv* ♦ *vt* abbozzare, schizzare; ~ **book** *n* album *m inv* per schizzi; ~**y** *adj* incompleto(a), lacunoso(a)
skewer ['skju:ə*] *n* spiedo
ski [ski:] *n* sci *m inv* ♦ *vi* sciare; ~ **boot** *n* scarpone *m* da sci
skid [skɪd] *n* slittamento ♦ *vi* slittare
skier ['ski:ə*] *n* sciatore/trice
skiing ['ski:ɪŋ] *n* sci *m*
ski jump *n* (*ramp*) trampolino; (*event*) salto con gli sci
skilful ['skɪlful] (*US* **skillful**) *adj* abile
ski lift ['ski:lɪft] *n* sciovia
skill [skɪl] *n* abilità *f inv*, capacità *f inv*; ~**ed** *adj* esperto(a); (*worker*) qualificato(a), specializzato(a); ~**ful** (*US*) *adj* = **skilful**
skim [skɪm] *vt* (*milk*) scremare; (*glide over*) sfiorare ♦ *vi*: **to** ~ **through** (*fig*) scorrere, dare una scorsa a; ~**med milk** *n* latte *m* scremato
skimp [skɪmp] *vt* (*work*: *also*: ~ *on*) fare alla carlona; (*cloth etc*) lesinare; ~**y** *adj* misero(a); striminzito(a); frugale
skin [skɪn] *n* pelle *f* ♦ *vt* (*fruit etc*) sbucciare; (*animal*) scuoiare, spellare; ~ **cancer** *n* cancro alla pelle; ~**-deep** *adj* superficiale; ~ **diving** *n* nuoto subacqueo; ~**ny** *adj* molto magro(a), pelle e ossa *inv*; ~**tight** *adj* (*dress etc*) aderente
skip [skɪp] *n* saltello, balzo; (*BRIT*: *container*) benna ♦ *vi* saltare; (*with rope*) saltare la corda ♦ *vt* saltare
ski pants *npl* pantaloni *mpl* da sci
ski pole *n* racchetta (da sci)
skipper ['skɪpə*] *n* (*NAUT*, *SPORT*) capitano
skipping rope ['skɪpɪŋ-] (*BRIT*) *n* corda per saltare
skirmish ['skə:mɪʃ] *n* scaramuccia
skirt [skə:t] *n* gonna, sottana ♦ *vt* fiancheggiare, costeggiare; ~**ing board** (*BRIT*) *n* zoccolo
ski slope *n* pista da sci
ski suit *n* tuta da sci
skit [skɪt] *n* parodia; scenetta satirica
skittle ['skɪtl] *n* birillo; ~**s** *n* (*game*) (gioco dei) birilli *mpl*
skive [skaɪv] (*BRIT*: *inf*) *vi* fare il lavativo
skulk [skʌlk] *vi* muoversi furtivamente
skull [skʌl] *n* cranio, teschio
skunk [skʌŋk] *n* moffetta
sky [skaɪ] *n* cielo; ~**light** *n* lucernario; ~**scraper** *n* grattacielo
slab [slæb] *n* lastra; (*of cake*, *cheese*) fetta
slack [slæk] *adj* (*loose*) allentato(a); (*slow*) lento(a); (*careless*) negligente; ~**en** (*also*: *~en off*) *vi* rallentare, diminuire ♦ *vt* allentare; (*speed*) diminuire; ~**s** *npl* (*trousers*) pantaloni *mpl*
slag heap [slæg-] *n* ammasso di scorie
slag off [slæg-] (*BRIT*: *inf*) *vt* sparlare di
slain [sleɪn] *pp of* **slay**
slam [slæm] *vt* (*door*) sbattere; (*throw*) scaraventare; (*criticize*) stroncare ♦ *vi* sbattere
slander ['slɑ:ndə*] *n* calunnia; diffamazione *f*
slang [slæŋ] *n* gergo, slang *m*
slant [slɑ:nt] *n* pendenza, inclinazione *f*; (*fig*) angolazione *f*, punto di vista; ~**ed** *adj* in pendenza, inclinato(a); (*eyes*) obliquo(a); ~**ing** *adj* = ~**ed**

slap [slæp] *n* manata, pacca; (*on face*) schiaffo ♦ *vt* dare una manata a; schiaffeggiare ♦ *adv* (*directly*) in pieno; ~ **a coat of paint on it** dagli una mano di vernice; ~**dash** *adj* negligente; (*work*) raffazzonato(a); ~**stick** *n* (*comedy*) farsa grossolana; ~**-up** (*BRIT*) *adj*: **a ~-up meal** un pranzo (*or* una cena) coi fiocchi
slash [slæʃ] *vt* tagliare; (*face*) sfregiare; (*fig*: *prices*) ridurre drasticamente, tagliare
slat [slæt] *n* (*of wood*) stecca; (*of plastic*) lamina
slate [sleɪt] *n* ardesia; (*piece*) lastra di ardesia ♦ *vt* (*fig*: *criticize*) stroncare, distruggere
slaughter ['slɔːtə*] *n* strage *f*, massacro ♦ *vt* (*animal*) macellare; (*people*) trucidare, massacrare
slave [sleɪv] *n* schiavo/a ♦ *vi* (*also*: ~ *away*) lavorare come uno schiavo; ~**ry** *n* schiavitù *f*; **slavish** *adj* servile; (*copy*) pedissequo(a)
slay [sleɪ] (*pt* **slew**, *pp* **slain**) *vt* (*formal*) uccidere
sleazy ['sliːzɪ] *adj* trasandato(a)
sledge [slɛdʒ] *n* slitta; ~**hammer** *n* mazza, martello da fabbro
sleek [sliːk] *adj* (*hair*, *fur*) lucido(a), lucente; (*car*, *boat*) slanciato(a), affusolato(a)
sleep [sliːp] (*pt*, *pp* **slept**) *n* sonno ♦ *vi* dormire; **to go to** ~ addormentarsi; ~ **around** *vi* andare a letto con tutti; ~ **in** *vi* (*oversleep*) dormire fino a tardi; ~**er** (*BRIT*) *n* (*RAIL*: *on track*) traversina; (: *train*) treno di vagoni letto; ~**ing bag** *n* sacco a pelo; ~**ing car** *n* vagone *m* letto *inv*, carrozza *f* letto *inv*; ~**ing partner** (*BRIT*) *n* (*COMM*) socio inattivo; ~**ing pill** *n* sonnifero; ~**less** *adj*: **a ~less night** una notte in bianco; ~**walker** *n* sonnambulo/a; ~**y** *adj* assonnato(a), sonnolento(a); (*fig*) addormentato(a)
sleet [sliːt] *n* nevischio
sleeve [sliːv] *n* manica; (*of record*) copertina
sleigh [sleɪ] *n* slitta
sleight [slaɪt] *n*: ~ **of hand** gioco di destrezza
slender ['slɛndə*] *adj* snello(a), sottile; (*not enough*) scarso(a), esiguo(a)
slept [slɛpt] *pt*, *pp of* **sleep**
slew [sluː] *pt of* **slay** ♦ *vi* (*BRIT*) girare
slice [slaɪs] *n* fetta ♦ *vt* affettare, tagliare a fette
slick [slɪk] *adj* (*skilful*) brillante; (*clever*) furbo(a) ♦ *n* (*also*: *oil* ~) chiazza di petrolio
slide [slaɪd] (*pt*, *pp* **slid**) *n* scivolone *m*; (*in playground*) scivolo; (*PHOT*) diapositiva; (*BRIT*: *also*: *hair* ~) fermaglio (per capelli) ♦ *vt* far scivolare ♦ *vi* scivolare; ~ **rule** *n* regolo calcolatore; **sliding** *adj* (*door*) scorrevole; **sliding scale** *n* scala mobile
slight [slaɪt] *adj* (*slim*) snello(a), sottile; (*frail*) delicato(a), fragile; (*trivial*) insignificante; (*small*) piccolo(a) ♦ *n* offesa, affronto; **not in the ~est** affatto, neppure per sogno; ~**ly** *adv* lievemente, un po'
slim [slɪm] *adj* magro(a), snello(a) ♦ *vi* dimagrire; fare (*or* seguire) una dieta dimagrante
slime [slaɪm] *n* limo, melma; viscidume *m*
slimming ['slɪmɪŋ] *adj* (*diet*) dimagrante; (*food*) ipocalorico(a)
sling [slɪŋ] (*pt*, *pp* **slung**) *n* (*MED*) fascia al collo; (*for baby*) marsupio ♦ *vt* lanciare, tirare
slip [slɪp] *n* scivolata, scivolone *m*; (*mistake*) errore *m*, sbaglio; (*underskirt*) sottoveste *f*; (*of paper*) striscia di carta; tagliando, scontrino ♦ *vt* (*slide*) far scivolare ♦ *vi* (*slide*) scivolare; (*move smoothly*): **to ~ into/out of** scivolare in/fuori da; (*decline*) declinare; **to ~ sth on/off** infilarsi/togliersi qc; **to give sb the ~** sfuggire qn; **a ~ of the tongue** un lapsus linguae; ~ **away** *vi* svignarsela; ~ **in** *vt* infilare ♦ *vi* (*error*) scivolare; ~ **out** *vi* scivolare fuori; ~ **up**

vi sbagliarsi; **~ped disc** *n* spostamento delle vertebre
slipper ['slɪpə*] *n* pantofola
slippery ['slɪpərɪ] *adj* scivoloso(a)
slip road (*BRIT*) *n* (*to motorway*) rampa di accesso
slipshod ['slɪpʃɔd] *adj* sciatto(a), trasandato(a)
slip-up *n* granchio (*fig*)
slipway ['slɪpweɪ] *n* scalo di costruzione
slit [slɪt] (*pt, pp* **slit**) *n* fessura, fenditura; (*cut*) taglio ♦ *vt* fendere; tagliare
slither ['slɪðə*] *vi* scivolare, sdrucciolare
sliver ['slɪvə*] *n* (*of glass, wood*) scheggia; (*of cheese etc*) fettina
slob [slɔb] (*inf*) *n* sciattone/a
slog [slɔg] (*BRIT*) *n* faticata ♦ *vi* lavorare con accanimento, sgobbare
slogan ['sləugən] *n* motto, slogan *m inv*
slop [slɔp] *vi* (*also*: ~ *over*) traboccare; versarsi ♦ *vt* versare
slope [sləup] *n* pendio; (*side of mountain*) versante *m*; (*ski* ~) pista; (*of roof*) pendenza; (*of floor*) inclinazione *f* ♦ *vi*: **to ~ down** declinare; **to ~ up** essere in salita; **sloping** *adj* inclinato(a)
sloppy ['slɔpɪ] *adj* (*work*) tirato(a) via; (*appearance*) sciatto(a)
slot [slɔt] *n* fessura ♦ *vt*: **to ~ sth into** infilare qc in
sloth [sləuθ] *n* (*laziness*) pigrizia, accidia
slot machine *n* (*BRIT*: *vending machine*) distributore *m* automatico; (*for gambling*) slot-machine *f inv*
slouch [slautʃ] *vi* (*when walking*) camminare dinoccolato(a); **she was ~ing in a chair** era sprofondata in una poltrona
Slovenia [sləu'vi:niə] *n* Slovenia
slovenly ['slʌvənlɪ] *adj* sciatto(a), trasandato(a)
slow [sləu] *adj* lento(a); (*watch*): **to be ~** essere indietro ♦ *adv* lentamente ♦ *vt, vi* (*also*: ~ *down*, ~ *up*) rallentare; "~" (*road sign*) "rallentare"; **~ly** *adv* lentamente; **~ motion** *n*: **in ~ motion** al rallentatore
sludge [slʌdʒ] *n* fanghiglia
slue [slu:] (*US*) *vi* = **slew**
slug [slʌg] *n* lumaca; (*bullet*) pallottola; **~gish** *adj* lento(a); (*trading*) stagnante
sluice [slu:s] *n* chiusa
slum [slʌm] *n* catapecchia
slumber ['slʌmbə*] *n* sonno
slump [slʌmp] *n* crollo, caduta; (*economic*) depressione *f*, crisi *f inv* ♦ *vi* crollare
slung [slʌŋ] *pt, pp of* **sling**
slur [slə:*] *n* (*fig*): ~ **(on)** calunnia (su) ♦ *vt* pronunciare in modo indistinto
slush [slʌʃ] *n* neve *f* mista a fango; **~ fund** *n* fondi *mpl* neri
slut [slʌt] *n* donna trasandata, sciattona
sly [slaɪ] *adj* (*smile, remark*) sornione(a); (*person*) furbo(a)
smack [smæk] *n* (*slap*) pacca; (*on face*) schiaffo ♦ *vt* schiaffeggiare; (*child*) picchiare ♦ *vi*: **to ~ of** puzzare di
small [smɔ:l] *adj* piccolo(a); **~ ads** (*BRIT*) *npl* piccola pubblicità; **~ change** *n* moneta, spiccioli *mpl*; **~ fry** *npl* pesci *mpl* piccoli; **~-holder** *n* piccolo proprietario; **~ hours** *npl*: **in the ~ hours** alle ore piccole; **~pox** *n* vaiolo; **~ talk** *n* chiacchiere *fpl*
smart [smɑ:t] *adj* elegante; (*fashionable*) alla moda; (*clever*) intelligente; (*quick*) sveglio(a) ♦ *vi* bruciare; **~en up** *vi* farsi bello(a) ♦ *vt* (*people*) fare bello(a); (*things*) abbellire
smash [smæʃ] *n* (*also*: ~-*up*) scontro, collisione *f*; (~ *hit*) successone *m* ♦ *vt* frantumare, fracassare; (*SPORT*: *record*) battere ♦ *vi* frantumarsi, andare in pezzi; **~ing** (*inf*) *adj* favoloso(a), formidabile
smattering ['smætərɪŋ] *n*: **a ~ of** un'infarinatura di
smear [smɪə*] *n* macchia; (*MED*)

striscio ♦ *vt* spalmare; (*make dirty*) sporcare; ~ **campaign** *n* campagna diffamatoria
smell [smɛl] (*pt, pp* **smelt** *or* **smelled**) *n* odore *m*; (*sense*) olfatto, odorato ♦ *vt* sentire (l')odore di ♦ *vi* (*food etc*): **to** ~ **(of)** avere odore (di); (*pej*) puzzare, avere un cattivo odore; **~y** *adj* puzzolente
smile [smaɪl] *n* sorriso ♦ *vi* sorridere
smirk [smə:k] *n* sorriso furbo; sorriso compiaciuto
smithy ['smɪðɪ] *n* fucina
smock [smɔk] *n* grembiule *m*, camice *m*; (*US*) tuta
smog [smɔg] *n* smog *m*
smoke [sməuk] *n* fumo ♦ *vt*, *vi* fumare; **~d** *adj* (*bacon, glass*) affumicato(a); **~r** *n* (*person*) fumatore/trice; (*RAIL*) carrozza per fumatori; ~ **screen** *n* (*MIL*) cortina fumogena *or* di fumo; (*fig*) copertura; **smoking** *n* fumo; **"no smoking"** (*sign*) "vietato fumare"; **smoky** *adj* fumoso(a); (*taste*) affumicato(a)
smolder ['sməuldə*] (*US*) *vi* = smoulder
smooth [smu:ð] *adj* liscio(a); (*sauce*) omogeneo(a); (*flavour, whisky*) amabile; (*movement*) regolare; (*person*) mellifluo(a) ♦ *vt* (*also*: ~ *out*) lisciare, spianare; (: *difficulties*) appianare
smother ['smʌðə*] *vt* soffocare
smoulder ['sməuldə*] (*US* **smolder**) *vi* covare sotto la cenere
smudge [smʌdʒ] *n* macchia; sbavatura ♦ *vt* imbrattare, sporcare
smug [smʌg] *adj* soddisfatto(a), compiaciuto(a)
smuggle ['smʌgl] *vt* contrabbandare; **~r** *n* contrabbandiere/a; **smuggling** *n* contrabbando
smutty ['smʌtɪ] *adj* (*fig*) osceno(a), indecente
snack [snæk] *n* spuntino; ~ **bar** *n* tavola calda, snack bar *m inv*
snag [snæg] *n* intoppo, ostacolo imprevisto
snail [sneɪl] *n* chiocciola
snake [sneɪk] *n* serpente *m*
snap [snæp] *n* (*sound*) schianto, colpo secco; (*photograph*) istantanea ♦ *adj* improvviso(a) ♦ *vt* (far) schioccare; (*break*) spezzare di netto ♦ *vi* spezzarsi con un rumore secco; (*fig*: *person*) parlare con tono secco; **to** ~ **shut** chiudersi di scatto; ~ **at** *vt fus* (*subj*: *dog*) cercare di mordere; ~ **off** *vt* (*break*) schiantare; ~ **up** *vt* afferrare; **~py** (*inf*) *adj* (*answer, slogan*) d'effetto; **make it ~py!** (*hurry up*) sbrigati!, svelto!; **~shot** *n* istantanea
snare [snɛə*] *n* trappola
snarl [snɑ:l] *vi* ringhiare
snatch [snætʃ] *n* (*small amount*) frammento ♦ *vt* strappare (con violenza); (*fig*) rubare
sneak [sni:k] (*pt* (*US*) **snuck**) *vi*: **to** ~ **in/out** entrare/uscire di nascosto ♦ *n* spione/a; **to** ~ **up on sb** avvicinarsi quatto quatto a qn; **~ers** *npl* scarpe *fpl* da ginnastica
sneer [snɪə*] *vi* sogghignare; **to** ~ **at** farsi beffe di
sneeze [sni:z] *n* starnuto ♦ *vi* starnutire
sniff [snɪf] *n* fiutata, annusata ♦ *vi* tirare su col naso ♦ *vt* fiutare, annusare
snigger ['snɪgə*] *vi* ridacchiare, ridere sotto i baffi
snip [snɪp] *n* pezzetto; (*bargain*) (buon) affare *m*, occasione *f* ♦ *vt* tagliare
sniper ['snaɪpə*] *n* (*marksman*) franco tiratore *m*, cecchino
snippet ['snɪpɪt] *n* frammento
snivelling ['snɪvlɪŋ] *adj* (*whimpering*) piagnucoloso(a)
snob [snɔb] *n* snob *m/f inv*; **~bery** *n* snobismo; **~bish** *adj* snob *inv*
snooker ['snu:kə*] *n tipo di gioco del biliardo*
snoop ['snu:p] *vi*: **to** ~ **about** curiosare
snooty ['snu:tɪ] *adj* borioso(a), snob *inv*
snooze [snu:z] *n* sonnellino, pisolino

♦ *vi* fare un sonnellino
snore [snɔ:*] *vi* russare
snorkel ['snɔ:kl] *n* (*of swimmer*) respiratore *m* a tubo
snort [snɔ:t] *n* sbuffo ♦ *vi* sbuffare
snout [snaut] *n* muso
snow [snəu] *n* neve *f* ♦ *vi* nevicare; **~ball** *n* palla di neve ♦ *vi* (*fig*) crescere a vista d'occhio; **~bound** *adj* bloccato(a) dalla neve; **~drift** *n* cumulo di neve (ammucchiato dal vento); **~drop** *n* bucaneve *m inv*; **~fall** *n* nevicata; **~flake** *n* fiocco di neve; **~man** *n* pupazzo di neve; **~plough** (*US* **~plow**) *n* spazzaneve *m inv*; **~shoe** *n* racchetta da neve; **~storm** *n* tormenta
snub [snʌb] *vt* snobbare ♦ *n* offesa, affronto; **~-nosed** *adj* dal naso camuso
snuff [snʌf] *n* tabacco da fiuto
snug [snʌg] *adj* comodo(a); (*room, house*) accogliente, comodo(a)
snuggle ['snʌgl] *vi*: **to ~ up to sb** stringersi a qn

KEYWORD

so [səu] *adv* **1** (*thus, likewise*) così; **if ~** se è così, quand'è così; **I didn't do it — you did ~!** non l'ho fatto io — sì che l'hai fatto!; **~ do I, ~ am I** *etc* anch'io; **it's 5 o'clock — ~ it is!** sono le 5 — davvero!; **I hope ~** lo spero; **I think ~** penso di sì; **~ far** finora, fin qui; (*in past*) fino ad allora
2 (*in comparisons etc: to such a degree*) così; **~ big (that)** così grande (che); **she's not ~ clever as her brother** lei non è (così) intelligente come suo fratello
3: **~ much** *adj* tanto(a) ♦ *adv* tanto; **I've got ~ much work/money** ho tanto lavoro/tanti soldi; **I love you ~ much** ti amo tanto; **~ many** tanti(e)
4 (*phrases*): **10 or ~** circa 10; **~ long!** (*inf: goodbye*) ciao!, ci vediamo!
♦ *conj* **1** (*expressing purpose*): **~ as to do** in modo *or* così da fare; **we hurried ~ as not to be late** ci affrettammo per non fare tardi; **~ (that)** affinché + *sub*, perché + *sub*
2 (*expressing result*): **he didn't arrive ~ I left** non è venuto così me ne sono andata; **~ you see, I could have gone** vedi, sarei potuto andare

soak [səuk] *vt* inzuppare; (*clothes*) mettere a mollo ♦ *vi* (*clothes etc*) essere a mollo; **~ in** *vi* penetrare; **~ up** *vt* assorbire
soap [səup] *n* sapone *m*; **~flakes** *npl* sapone *m* in scaglie; **~ opera** *n* soap opera *f inv*; **~ powder** *n* detersivo; **~y** *adj* insaponato(a)
soar [sɔ:*] *vi* volare in alto; (*price etc*) salire alle stelle; (*building*) ergersi
sob [sɔb] *n* singhiozzo ♦ *vi* singhiozzare
sober ['səubə*] *adj* sobrio(a); (*not drunk*) non ubriaco(a); (*moderate*) moderato(a); **~ up** *vt* far passare la sbornia a ♦ *vi* farsi passare la sbornia
so-called ['səu'kɔ:ld] *adj* cosiddetto(a)
soccer ['sɔkə*] *n* calcio
sociable ['səuʃəbl] *adj* socievole
social ['səuʃl] *adj* sociale ♦ *n* festa, serata; **~ club** *n* club *m inv* sociale; **~ism** *n* socialismo; **~ist** *adj, n* socialista *m/f*; **~ize** *vi*: **to ~ize (with)** socializzare (con); **~ security** (*BRIT*) *n* previdenza sociale; **~ work** *n* servizio sociale; **~ worker** *n* assistente *m/f* sociale
society [sə'saɪətɪ] *n* società *f inv*; (*club*) società, associazione *f*; (*also*: *high* ~) alta società
sociology [səusɪ'ɔlədʒɪ] *n* sociologia
sock [sɔk] *n* calzino
socket ['sɔkɪt] *n* cavità *f inv*; (*of eye*) orbita; (*BRIT*: *ELEC*: *also*: *wall* ~) presa di corrente
sod [sɔd] *n* (*of earth*) zolla erbosa; (*BRIT*: *inf!*) bastardo/a (*!*)
soda ['səudə] *n* (*CHEM*) soda; (*also*:

~ *water*) acqua di seltz; (*US*: *also*: ~ *pop*) gassosa
sodden ['sɔdn] *adj* fradicio(a)
sodium ['səudɪəm] *n* sodio
sofa ['səufə] *n* sofà *m inv*
soft [sɔft] *adj* (*not rough*) morbido(a); (*not hard*) soffice; (*not loud*) sommesso(a); (*not bright*) tenue; (*kind*) gentile; ~ **drink** *n* analcolico; ~**en** ['sɔfn] *vt* ammorbidire; addolcire; attenuare ♦ *vi* ammorbidirsi; addolcirsi; attenuarsi; ~**ly** *adv* dolcemente; morbidamente; ~**ness** *n* dolcezza; morbidezza; ~ **spot** *n*: **to have a** ~ **spot for sb** avere un debole per qn
software ['sɔftwεə*] *n* (*COMPUT*) software *m*
soggy ['sɔgɪ] *adj* inzuppato(a)
soil [sɔɪl] *n* terreno ♦ *vt* sporcare
solace ['sɔlɪs] *n* consolazione *f*
solar ['səulə*] *adj* solare; ~ **panel** *n* pannello solare; ~ **power** *n* energie solare
sold [səuld] *pt, pp of* **sell**; ~ **out** *adj* (*COMM*) esaurito(a)
solder ['səuldə*] *vt* saldare ♦ *n* saldatura
soldier ['səuldʒə*] *n* soldato, militare *m*
sole [səul] *n* (*of foot*) pianta (del piede); (*of shoe*) suola; (*fish*: *pl inv*) sogliola ♦ *adj* solo(a), unico(a)
solemn ['sɔləm] *adj* solenne
sole trader *n* (*COMM*) commerciante *m* in proprio
solicit [sə'lɪsɪt] *vt* (*request*) richiedere, sollecitare ♦ *vi* (*prostitute*) adescare i passanti
solicitor [sə'lɪsɪtə*] (*BRIT*) *n* (*for wills etc*) ≈ notaio; (*in court*) ≈ avvocato
solid ['sɔlɪd] *adj* solido(a); (*not hollow*) pieno(a); (*meal*) sostanzioso(a) ♦ *n* solido
solidarity [sɔlɪ'dærɪtɪ] *n* solidarietà
solitaire [sɔlɪ'tεə*] *n* (*games, gem*) solitario
solitary ['sɔlɪtərɪ] *adj* solitario(a); ~ **confinement** *n* (*LAW*) isolamento
solo ['səuləu] *n* assolo; ~**ist** *n* solista *m/f*
soluble ['sɔljubl] *adj* solubile
solution [sə'lu:ʃən] *n* soluzione *f*
solve [sɔlv] *vt* risolvere
solvent ['sɔlvənt] *adj* (*COMM*) solvibile ♦ *n* (*CHEM*) solvente *m*
sombre ['sɔmbə*] (*US* **somber**) *adj* scuro(a); (*mood, person*) triste

KEYWORD

some [sʌm] *adj* **1** (*a certain amount or number of*): ~ **tea/water/cream** del tè/dell'acqua/della panna; ~ **children/apples** dei bambini/delle mele
2 (*certain*: *in contrasts*) certo(a); ~ **people say that ...** alcuni dicono che ..., certa gente dice che ...
3 (*unspecified*) un(a) certo(a), qualche; ~ **woman was asking for you** una tale chiedeva di lei; ~ **day** un giorno; ~ **day next week** un giorno della prossima settimana
♦ *pron* **1** (*a certain number*) alcuni(e), certi(e); **I've got** ~ (*books etc*) ne ho alcuni; ~ **(of them) have been sold** alcuni sono stati venduti
2 (*a certain amount*) un po'; **I've got** ~ (*money, milk*) ne ho un po'; **I've read** ~ **of the book** ho letto parte del libro
♦ *adv*: ~ **10 people** circa 10 persone

somebody ['sʌmbədɪ] *pron* = **someone**
somehow ['sʌmhau] *adv* in un modo o nell'altro, in qualche modo; (*for some reason*) per qualche ragione
someone ['sʌmwʌn] *pron* qualcuno
someplace ['sʌmpleɪs] (*US*) *adv* = somewhere
somersault ['sʌməsɔ:lt] *n* capriola; salto mortale ♦ *vi* fare una capriola (*or* un salto mortale); (*car*) cappottare
something ['sʌmθɪŋ] *pron* qualcosa, qualche cosa; ~ **nice** qualcosa di bello; ~ **to do** qualcosa da fare

sometime ['sʌmtaɪm] *adv* (*in future*) una volta o l'altra; (*in past*): ~ **last month** durante il mese scorso
sometimes ['sʌmtaɪmz] *adv* qualche volta
somewhat ['sʌmwɔt] *adv* piuttosto
somewhere ['sʌmwɛə*] *adv* in *or* da qualche parte
son [sʌn] *n* figlio
song [sɔŋ] *n* canzone *f*
sonic ['sɔnɪk] *adj* (*boom*) sonico(a)
son-in-law *n* genero
sonnet ['sɔnɪt] *n* sonetto
sonny ['sʌnɪ] (*inf*) *n* ragazzo mio
soon [su:n] *adv* presto, fra poco; (*early, a short time after*) presto; ~ **afterwards** poco dopo; *see also* **as**; **~er** *adv* (*time*) prima; (*preference*): **I would ~er do** preferirei fare; **~er or later** prima o poi
soot [sut] *n* fuliggine *f*
soothe [su:ð] *vt* calmare
sophisticated [sə'fɪstɪkeɪtɪd] *adj* sofisticato(a); raffinato(a); complesso(a)
sophomore ['sɔfəmɔ:*] (*US*) *n* studente/essa del secondo anno
sopping ['sɔpɪŋ] *adj* (*also*: ~ *wet*) bagnato(a) fradicio(a)
soppy ['sɔpɪ] (*pej*) *adj* sentimentale
soprano [sə'prɑ:nəu] *n* (*voice*) soprano *m*; (*singer*) soprano *m/f*
sorcerer ['sɔ:sərə*] *n* stregone *m*, mago
sore [sɔ:*] *adj* (*painful*) dolorante ♦ *n* piaga; **~ly** *adv* (*tempted*) fortemente
sorrow ['sɔrəu] *n* dolore *m*; **~ful** *adj* doloroso(a)
sorry ['sɔrɪ] *adj* spiacente; (*condition, excuse*) misero(a); **~!** scusa! (*or* scusi! *or* scusate!); **to feel ~ for sb** rincrescersi per qn
sort [sɔ:t] *n* specie *f*, genere *m* ♦ *vt* (*also*: ~ *out*: *papers*) classificare; ordinare; (: *letters etc*) smistare; (: *problems*) risolvere; **~ing office** *n* ufficio *m* smistamento *inv*
SOS *n abbr* (= *save our souls*) S.O.S. *m inv*
so-so *adv* così così
sought [sɔ:t] *pt, pp of* **seek**
soul [səul] *n* anima; **~-destroying** *adj* demoralizzante; **~ful** *adj* pieno(a) di sentimento
sound [saund] *adj* (*healthy*) sano(a); (*safe, not damaged*) solido(a), in buono stato; (*reliable, not superficial*) solido(a); (*sensible*) giudizioso(a), di buon senso ♦ *adv*: ~ **asleep** profondamente addormentato ♦ *n* suono; (*noise*) rumore *m*; (*GEO*) stretto ♦ *vt* (*alarm*) suonare ♦ *vi* suonare; (*fig*: *seem*) sembrare; **to ~ like** rassomigliare a; **~ out** *vt* sondare; **~ barrier** *n* muro del suono; **~ effects** *npl* effetti sonori; **~ly** *adv* (*sleep*) profondamente; (*beat*) duramente; **~proof** *adj* insonorizzato(a), isolato(a) acusticamente; **~track** *n* (*of film*) colonna sonora
soup [su:p] *n* minestra; brodo; zuppa; **in the ~** (*fig*) nei guai; **~ plate** *n* piatto fondo; **~spoon** *n* cucchiaio da minestra
sour ['sauə*] *adj* aspro(a); (*fruit*) acerbo(a); (*milk*) acido(a); (*fig*) arcigno(a); acido(a); **it's ~ grapes** è soltanto invidia
source [sɔ:s] *n* fonte *f*, sorgente *f*; (*fig*) fonte
south [sauθ] *n* sud *m*, meridione *m*, mezzogiorno ♦ *adj* del sud, sud *inv*, meridionale ♦ *adv* verso sud; **S~ Africa** *n* Sudafrica *m*; **S~ African** *adj, n* sudafricano(a); **S~ America** *n* Sudamerica *m*, America del sud; **S~ American** *adj, n* sudamericano(a); **~-east** *n* sud-est *m*; **~erly** ['sʌðəlɪ] *adj* del sud; **~ern** ['sʌðən] *adj* del sud, meridionale; esposto(a) a sud; **S~ Pole** *n* Polo Sud; **~ward(s)** *adv* verso sud; **~-west** *n* sud-ovest *m*
souvenir [su:və'nɪə*] *n* ricordo, souvenir *m inv*
sovereign ['sɔvrɪn] *adj, n* sovrano(a)
soviet ['səuvɪət] *adj* sovietico(a); **the S~ Union** l'Unione *f* Sovietica

sow[1] [səu] (*pt* ~**ed**, *pp* **sown**) *vt* seminare
sow[2] [sau] *n* scrofa
sown [səun] *pp of* sow
soy [sɔɪ] (*US*) *n* = soya
soya ['sɔɪə] (*US* **soy**) *n*: ~ **bean** *n* seme *m* di soia; ~ **sauce** *n* salsa di soia
spa [spɑ:] *n* (*resort*) stazione *f* termale; (*US*: *also*: *health* ~) centro di cure estetiche
space [speɪs] *n* spazio; (*room*) posto; spazio; (*length of time*) intervallo ♦ *cpd* spaziale ♦ *vt* (*also*: ~ *out*) distanziare; ~**craft** *n inv* veicolo spaziale; ~**man/woman** *n* astronauta *m/f*, cosmonauta *m/f*; ~**ship** *n* = ~**craft**; **spacing** *n* spaziatura
spacious ['speɪʃəs] *adj* spazioso(a), ampio(a)
spade [speɪd] *n* (*tool*) vanga; pala; (*child's*) paletta; ~**s** *npl* (*CARDS*) picche *fpl*
Spain [speɪn] *n* Spagna
span [spæn] *n* (*of bird, plane*) apertura alare; (*of arch*) campata; (*in time*) periodo; durata ♦ *vt* attraversare; (*fig*) abbracciare
Spaniard ['spænjəd] *n* spagnolo/a
spaniel ['spænjəl] *n* spaniel *m inv*
Spanish ['spænɪʃ] *adj* spagnolo(a) ♦ *n* (*LING*) spagnolo; **the** ~ *npl* gli Spagnoli
spank [spæŋk] *vt* sculacciare
spanner ['spænə*] (*BRIT*) *n* chiave *f* inglese
spar [spɑ:*] *n* asta, palo ♦ *vi* (*BOXING*) allenarsi
spare [spɛə*] *adj* di riserva, di scorta; (*surplus*) in più, d'avanzo ♦ *n* (*part*) pezzo di ricambio ♦ *vt* (*do without*) fare a meno di; (*afford to give*) concedere; (*refrain from hurting, using*) risparmiare; **to** ~ (*surplus*) d'avanzo; ~ **part** *n* pezzo di ricambio; ~ **time** *n* tempo libero; ~ **wheel** *n* (*AUT*) ruota di scorta
sparing ['spɛərɪŋ] *adj*: **to be** ~ **with** **sth** risparmiare qc; ~**ly** *adv* moderatamente
spark [spɑ:k] *n* scintilla; ~**(ing) plug** *n* candela
sparkle ['spɑ:kl] *n* scintillio, sfavillio ♦ *vi* scintillare, sfavillare; **sparkling** *adj* scintillante, sfavillante; (*conversation, wine, water*) frizzante
sparrow ['spærəu] *n* passero
sparse [spɑ:s] *adj* sparso(a), rado(a)
spartan ['spɑ:tən] *adj* (*fig*) spartano(a)
spasm ['spæzəm] *n* (*MED*) spasmo; (*fig*) accesso, attacco; ~**odic** [spæz'mɔdɪk] *adj* spasmodico(a); (*fig*) intermittente
spastic ['spæstɪk] *n* spastico/a
spat [spæt] *pt, pp of* **spit**
spate [speɪt] *n* (*fig*): ~ **of** diluvio *or* fiume *m* di
spatter ['spætə*] *vt, vi* schizzare
spawn [spɔ:n] *vi* deporre le uova ♦ *n* uova *fpl*
speak [spi:k] (*pt* **spoke**, *pp* **spoken**) *vt* (*language*) parlare; (*truth*) dire ♦ *vi* parlare; **to** ~ **to sb/of** *or* **about sth** parlare a qn/di qc; ~ **up!** parla più forte!; ~**er** *n* (*in public*) oratore/trice; (*also*: *loud~er*) altoparlante *m*; (*POL*): **the S~er** *il presidente della Camera dei Comuni* (*BRIT*) *or dei Rappresentanti* (*US*)
spear [spɪə*] *n* lancia ♦ *vt* infilzare; ~**head** *vt* (*attack etc*) condurre
spec [spɛk] (*inf*) *n*: **on** ~ sperando bene
special ['spɛʃl] *adj* speciale; ~**ist** *n* specialista *m/f*; ~**ity** [spɛʃɪ'ælɪtɪ] *n* specialità *f inv*; ~**ize** *vi*: **to** ~**ize (in)** specializzarsi (in); ~**ly** *adv* specialmente, particolarmente; ~**ty** *n* = **speciality**
species ['spi:ʃi:z] *n inv* specie *f inv*
specific [spə'sɪfɪk] *adj* specifico(a); preciso(a); ~**ally** *adv* esplicitamente; (*especially*) appositamente
specimen ['spɛsɪmən] *n* esemplare *m*, modello; (*MED*) campione *m*
speck [spɛk] *n* puntino, macchiolina; (*particle*) granello
speckled ['spɛkld] *adj* macchiettato(a)

specs [spɛks] (*inf*) *npl* occhiali *mpl*
spectacle ['spɛktəkl] *n* spettacolo; ~s *npl* (*glasses*) occhiali *mpl*; **spectacular** [-'tækjulə*] *adj* spettacolare
spectator [spɛk'teɪtə*] *n* spettatore *m*
spectra ['spɛktrə] *npl of* **spectrum**
spectre ['spɛktə*] (*US* **specter**) *n* spettro
spectrum ['spɛktrəm] (*pl* **spectra**) *n* spettro
speculation [spɛkju'leɪʃən] *n* speculazione *f*; congetture *fpl*
speech [spi:tʃ] *n* (*faculty*) parola; (*talk, THEATRE*) discorso; (*manner of speaking*) parlata; **~less** *adj* ammutolito(a), muto(a)
speed [spi:d] *n* velocità *f inv*; (*promptness*) prontezza; **at full** *or* **top** ~ a tutta velocità; ~ **up** *vi, vt* accelerare; **~boat** *n* motoscafo; **~ily** *adv* velocemente; prontamente; **~ing** *n* (*AUT*) eccesso di velocità; ~ **limit** *n* limite *m* di velocità; **~ometer** [spɪ'dɔmɪtə*] *n* tachimetro; **~way** *n* (*sport*) corsa motociclistica (su pista); **~y** *adj* veloce, rapido(a); pronto(a)
spell [spɛl] (*pt, pp* **spelt** (*BRIT*) *or* **~ed**) *n* (*also*: *magic* ~) incantesimo; (*period of time*) (breve) periodo ♦ *vt* (*in writing*) scrivere (lettera per lettera); (*aloud*) dire lettera per lettera; (*fig*) significare; **to cast a ~ on sb** fare un incantesimo a qn; **he can't ~** fa errori di ortografia; **~bound** *adj* incantato(a); affascinato(a); **~ing** *n* ortografia; **spelt** (*BRIT*) *pt, pp of* **spell**
spend [spɛnd] (*pt, pp* **spent**) *vt* (*money*) spendere; (*time, life*) passare; **~thrift** *n* spendaccione/a; **spent** *pt, pp of* **spend**
sperm [spə:m] *n* sperma *m*
spew [spju:] *vt* vomitare
sphere [sfɪə*] *n* sfera
spice [spaɪs] *n* spezia ♦ *vt* aromatizzare
spick-and-span ['spɪkən'spæn] *adj* impeccabile
spicy ['spaɪsɪ] *adj* piccante
spider ['spaɪdə*] *n* ragno
spike [spaɪk] *n* punta
spill [spɪl] (*pt, pp* **spilt** *or* **~ed**) *vt* versare, rovesciare ♦ *vi* versarsi, rovesciarsi; ~ **over** *vi* (*liquid*) versarsi; (*crowd*) riversarsi; **spilt** *pt, pp of* **spill**
spin [spɪn] (*pt, pp* **spun**) *n* (*revolution of wheel*) rotazione *f*; (*AVIAT*) avvitamento; (*trip in car*) giretto ♦ *vt* (*wool etc*) filare; (*wheel*) far girare ♦ *vi* girare; ~ **out** *vt* far durare
spinach ['spɪnɪtʃ] *n* spinacio; (*as food*) spinaci *mpl*
spinal ['spaɪnl] *adj* spinale; ~ **cord** *n* midollo spinale
spindly ['spɪndlɪ] *adj* lungo(a) e sottile, filiforme
spin-dryer (*BRIT*) *n* centrifuga
spine [spaɪn] *n* spina dorsale; (*thorn*) spina
spinning ['spɪnɪŋ] *n* filatura; ~ **top** *n* trottola; ~ **wheel** *n* filatoio
spin-off *n* (*product*) prodotto secondario
spinster ['spɪnstə*] *n* nubile *f*; zitella
spiral ['spaɪərl] *n* spirale *f* ♦ *vi* (*fig*) salire a spirale; ~ **staircase** *n* scala a chiocciola
spire ['spaɪə*] *n* guglia
spirit ['spɪrɪt] *n* spirito; (*ghost*) spirito, fantasma *m*; (*mood*) stato d'animo, umore *m*; (*courage*) coraggio; ~s *npl* (*drink*) alcolici *mpl*; **in good** ~s di buon umore; **~ed** *adj* vivace, vigoroso(a); (*horse*) focoso(a); ~ **level** *n* livella a bolla (d'aria)
spiritual ['spɪrɪtjuəl] *adj* spirituale
spit [spɪt] (*pt, pp* **spat**) *n* (*for roasting*) spiedo; (*saliva*) sputo; saliva ♦ *vi* sputare; (*fire, fat*) scoppiettare
spite [spaɪt] *n* dispetto ♦ *vt* contrariare, far dispetto a; **in ~ of** nonostante, malgrado; **~ful** *adj* dispettoso(a)
spittle ['spɪtl] *n* saliva; sputo
splash [splæʃ] *n* spruzzo; (*sound*) splash *m inv*; (*of colour*) schizzo ♦ *vt* spruzzare ♦ *vi* (*also*: ~ *about*)

sguazzare
spleen [spli:n] *n* (*ANAT*) milza
splendid ['splɛndɪd] *adj* splendido(a), magnifico(a)
splint [splɪnt] *n* (*MED*) stecca
splinter ['splɪntə*] *n* scheggia ♦ *vi* scheggiarsi
split [splɪt] (*pt*, *pp* **split**) *n* spaccatura; (*fig*: *division*, *quarrel*) scissione *f* ♦ *vt* spaccare; (*party*) dividere; (*work*, *profits*) spartire, ripartire ♦ *vi* (*divide*) dividersi; ~ **up** *vi* (*couple*) separarsi, rompere; (*meeting*) sciogliersi
splutter ['splʌtə*] *vi* farfugliare; sputacchiare
spoil [spɔɪl] (*pt*, *pp* **spoilt** *or* ~**ed**) *vt* (*damage*) rovinare, guastare; (*mar*) sciupare; (*child*) viziare; ~**s** *npl* bottino; ~**sport** *n* guastafeste *m/f inv*;
spoilt *pt*, *pp of* **spoil**
spoke [spəuk] *pt of* **speak** ♦ *n* raggio
spoken ['spəukn] *pp of* **speak**
spokesman ['spəuksmən] *n* portavoce *m inv*
spokeswoman ['spəukswumən] *n* portavoce *f inv*
sponge [spʌndʒ] *n* spugna; (*also*: ~ *cake*) pan *m* di spagna ♦ *vt* spugnare, pulire con una spugna ♦ *vi*: **to** ~ **off** *or* **on** scroccare a; ~ **bag** (*BRIT*) *n* nécessaire *m inv*
sponsor ['spɔnsə*] *n* (*RADIO*, *TV*, *SPORT etc*) sponsor *m inv*; (*POL*: *of bill*) promotore/trice ♦ *vt* sponsorizzare; (*bill*) presentare; ~**ship** *n* sponsorizzazione *f*
spontaneous [spɔn'teɪnɪəs] *adj* spontaneo(a)
spooky ['spu:kɪ] (*inf*) *adj* che fa accapponare la pelle
spool [spu:l] *n* bobina
spoon [spu:n] *n* cucchiaio; ~**-feed** *vt* nutrire con il cucchiaio; (*fig*) imboccare; ~**ful** *n* cucchiaiata
sport [spɔ:t] *n* sport *m inv*; (*person*) persona di spirito ♦ *vt* sfoggiare; ~**ing** *adj* sportivo(a); **to give sb a** ~**ing chance** dare a qn una possibilità (di vincere); ~ **jacket** (*US*) *n* = ~**s jacket**; ~**s car** *n* automobile *f* sportiva; ~**s jacket** (*BRIT*) *n* giacca sportiva; ~**sman** *n* sportivo; ~**smanship** *n* spirito sportivo; ~**swear** *n* abiti *mpl* sportivi; ~**swoman** *n* sportiva; ~**y** *adj* sportivo(a)
spot [spɔt] *n* punto; (*mark*) macchia; (*dot*: *on pattern*) pallino; (*pimple*) foruncolo; (*place*) posto; (*RADIO*, *TV*) spot *m inv*; (*small amount*): **a** ~ **of** un po' di ♦ *vt* (*notice*) individuare, distinguere; **on the** ~ sul posto; (*immediately*) su due piedi; (*in difficulty*) nei guai; ~ **check** *n* controllo senza preavviso; ~**less** *adj* immacolato(a); ~**light** *n* proiettore *m*; (*AUT*) faro ausiliario; ~**ted** *adj* macchiato(a); a puntini, a pallini; ~**ty** *adj* (*face*) foruncoloso(a)
spouse [spauz] *n* sposo/a
spout [spaut] *n* (*of jug*) beccuccio; (*of pipe*) scarico ♦ *vi* zampillare
sprain [spreɪn] *n* storta, distorsione *f* ♦ *vt*: **to** ~ **one's ankle** storcersi una caviglia
sprang [spræŋ] *pt of* **spring**
sprawl [sprɔ:l] *vi* sdraiarsi (in modo scomposto); (*place*) estendersi (disordinatamente)
spray [spreɪ] *n* spruzzo; (*container*) nebulizzatore *m*, spray *m inv*; (*of flowers*) mazzetto ♦ *vt* spruzzare; (*crops*) irrorare
spread [sprɛd] (*pt*, *pp* **spread**) *n* diffusione *f*; (*distribution*) distribuzione *f*; (*CULIN*) pasta (da spalmare); (*inf*: *food*) banchetto ♦ *vt* (*cloth*) stendere, distendere; (*butter etc*) spalmare; (*disease*, *knowledge*) propagare, diffondere ♦ *vi* stendersi, distendersi; spalmarsi; propagarsi, diffondersi; ~ **out** *vi* (*move apart*) separarsi; ~**-eagled** ['sprɛdi:gld] *adj* a gambe e braccia aperte; ~**sheet** *n* (*COMPUT*) foglio elettronico ad espansione
spree [spri:] *n*: **to go on a** ~ fare baldoria

sprightly ['spraɪtlɪ] *adj* vivace
spring [sprɪŋ] (*pt* **sprang**, *pp* **sprung**) *n* (*leap*) salto, balzo; (*coiled metal*) molla; (*season*) primavera; (*of water*) sorgente *f* ♦ *vi* saltare, balzare; ~ **up** *vi* (*problem*) presentarsi; ~**board** *n* trampolino; ~-**clean(ing)** *n* grandi pulizie *fpl* di primavera; ~**time** *n* primavera
sprinkle ['sprɪŋkl] *vt* spruzzare; spargere; **to ~ water** *etc* **on, ~ with water** *etc* spruzzare dell'acqua *etc* su; ~**r** *n* (*for lawn*) irrigatore *m*; (*to put out fire*) sprinkler *m inv*
sprint [sprɪnt] *n* scatto ♦ *vi* scattare; ~**er** *n* (*SPORT*) velocista *m/f*
sprout [spraut] *vi* germogliare; ~**s** *npl* (*also*: *Brussels ~s*) cavolini *mpl* di Bruxelles
spruce [spru:s] *n inv* abete *m* rosso ♦ *adj* lindo(a); azzimato(a)
sprung [sprʌŋ] *pp of* **spring**
spry [spraɪ] *adj* arzillo(a), sveglio(a)
spun [spʌn] *pt, pp of* **spin**
spur [spə:*] *n* sperone *m*; (*fig*) sprone *m*, incentivo ♦ *vt* (*also*: *~ on*) spronare; **on the ~ of the moment** lì per lì
spurious ['spjuərɪəs] *adj* falso(a)
spurn [spə:n] *vt* rifiutare con disprezzo, sdegnare
spurt [spə:t] *n* (*of water*) getto; (*of energy*) scatto ♦ *vi* sgorgare
spy [spaɪ] *n* spia ♦ *vi*: **to ~ on** spiare ♦ *vt* (*see*) scorgere; ~**ing** *n* spionaggio
sq. *abbr* = **square**
squabble ['skwɔbl] *vi* bisticciarsi
squad [skwɔd] *n* (*MIL*) plotone *m*; (*POLICE*) squadra
squadron ['skwɔdrn] *n* (*MIL*) squadrone *m*; (*AVIAT, NAUT*) squadriglia
squalid ['skwɔlɪd] *adj* squallido(a)
squall [skwɔ:l] *n* raffica; burrasca
squalor ['skwɔlə*] *n* squallore *m*
squander ['skwɔndə*] *vt* dissipare
square [skwɛə*] *n* quadrato; (*in town*) piazza ♦ *adj* quadrato(a); (*inf*: *ideas, person*) di vecchio stampo ♦ *vt* (*arrange*) regolare; (*MATH*) elevare al quadrato; (*reconcile*) conciliare; **all ~** pari; **a ~ meal** un pasto abbondante; **2 metres ~** di 2 metri per 2; **1 ~ metre** 1 metro quadrato; ~**ly** *adv* diritto; fermamente
squash [skwɔʃ] *n* (*SPORT*) squash *m*; (*BRIT*: *drink*): **lemon/orange ~** sciroppo di limone/arancia; (*US*) zucca; (*SPORT*) squash *m* ♦ *vt* schiacciare
squat [skwɔt] *adj* tarchiato(a), tozzo(a) ♦ *vi* (*also*: *~ down*) accovacciarsi; ~**ter** *n* occupante *m/f* abusivo(a)
squawk [skwɔ:k] *vi* emettere strida rauche
squeak [skwi:k] *vi* squittire
squeal [skwi:l] *vi* strillare
squeamish ['skwi:mɪʃ] *adj* schizzinoso(a); disgustato(a)
squeeze [skwi:z] *n* pressione *f*; (*also ECON*) stretta ♦ *vt* premere; (*hand, arm*) stringere; ~ **out** *vt* spremere
squelch [skwɛltʃ] *vi* fare ciac; sguazzare
squid [skwɪd] *n* calamaro
squiggle ['skwɪgl] *n* ghirigoro
squint [skwɪnt] *vi* essere strabico(a) ♦ *n*: **he has a ~** è strabico
squire ['skwaɪə*] (*BRIT*) *n* proprietario terriero
squirm [skwə:m] *vi* contorcersi
squirrel ['skwɪrəl] *n* scoiattolo
squirt [skwə:t] *vi* schizzare; zampillare ♦ *vt* spruzzare
Sr *abbr* = **senior**
St *abbr* = **saint**; **street**
stab [stæb] *n* (*with knife etc*) pugnalata; (*of pain*) fitta; (*inf*: *try*): **to have a ~ at (doing) sth** provare (a fare) qc ♦ *vt* pugnalare
stable ['steɪbl] *n* (*for horses*) scuderia; (*for cattle*) stalla ♦ *adj* stabile
stack [stæk] *n* catasta, pila ♦ *vt* accatastare, ammucchiare
stadium ['steɪdɪəm] *n* stadio
staff [stɑ:f] *n* (*work force*: *gen*) personale *m*; (: *BRIT*: *SCOL*) personale insegnante ♦ *vt* fornire di personale

stag [stæg] *n* cervo
stage [steɪdʒ] *n* palcoscenico; (*profession*): **the ~** il teatro, la scena; (*point*) punto; (*platform*) palco ♦ *vt* (*play*) allestire, mettere in scena; (*demonstration*) organizzare; **in ~s** per gradi; a tappe; **~coach** *n* diligenza; **~ manager** *n* direttore *m* di scena
stagger ['stægə*] *vi* barcollare ♦ *vt* (*person*) sbalordire; (*hours, holidays*) scaglionare; **~ing** *adj* (*amazing*) sbalorditivo(a)
stagnate [stæg'neɪt] *vi* stagnare
stag party *n* festa di addio al celibato
staid [steɪd] *adj* posato(a), serio(a)
stain [steɪn] *n* macchia; (*colouring*) colorante *m* ♦ *vt* macchiare; (*wood*) tingere; **~ed glass window** *n* vetrata; **~less** *adj* (*steel*) inossidabile; **~ remover** *n* smacchiatore *m*
stair [stɛə*] *n* (*step*) gradino; **~s** *npl* (*flight of ~s*) scale *fpl*, scala; **~case** *n* scale *fpl*, scala; **~way** *n* = **~case**
stake [steɪk] *n* palo, piolo; (*COMM*) interesse *m*; (*BETTING*) puntata, scommessa ♦ *vt* (*bet*) scommettere; (*risk*) rischiare; **to be at ~** essere in gioco
stale [steɪl] *adj* (*bread*) raffermo(a); (*food*) stantio(a); (*air*) viziato(a); (*beer*) svaporato(a); (*smell*) di chiuso
stalemate ['steɪlmeɪt] *n* stallo; (*fig*) punto morto
stalk [stɔːk] *n* gambo, stelo ♦ *vt* inseguire; **~ off** *vi* andarsene impettito(a)
stall [stɔːl] *n* bancarella; (*in stable*) box *m inv* di stalla ♦ *vt* (*AUT*) far spegnere; (*fig*) bloccare ♦ *vi* (*AUT*) spegnersi, fermarsi; (*fig*) temporeggiare; **~s** *npl* (*BRIT*: *in cinema, theatre*) platea
stallion ['stæljən] *n* stallone *m*
stalwart ['stɔːlwət] *adj* fidato(a); risoluto(a)
stamina ['stæmɪnə] *n* vigore *m*, resistenza
stammer ['stæmə*] *n* balbuzie *f* ♦ *vi* balbettare
stamp [stæmp] *n* (*postage ~*) francobollo; (*implement*) timbro; (*mark, also fig*) marchio, impronta; (*on document*) bollo; timbro ♦ *vi* (*also*: *~ one's foot*) battere il piede ♦ *vt* battere; (*letter*) affrancare; (*mark with a ~*) timbrare; **~ album** *n* album *m inv* per francobolli; **~ collecting** *n* filatelia
stampede [stæm'piːd] *n* fuggi fuggi *m inv*
stance [stæns] *n* posizione *f*
stand [stænd] (*pt, pp* **stood**) *n* (*position*) posizione *f*; (*for taxis*) posteggio; (*structure*) supporto, sostegno; (*at exhibition*) stand *m inv*; (*in shop*) banco; (*at market*) bancarella; (*booth*) chiosco; (*SPORT*) tribuna ♦ *vi* stare in piedi; (*rise*) alzarsi in piedi; (*be placed*) trovarsi ♦ *vt* (*place*) mettere, porre; (*tolerate, withstand*) resistere, sopportare; (*treat*) offrire; **to make a ~** prendere posizione; **to ~ for parliament** (*BRIT*) presentarsi come candidato (per il parlamento); **~ by** *vi* (*be ready*) tenersi pronto(a) ♦ *vt fus* (*opinion*) sostenere; **~ down** *vi* (*withdraw*) ritirarsi; **~ for** *vt fus* (*signify*) rappresentare, significare; (*tolerate*) sopportare, tollerare; **~ in for** *vt fus* sostituire; **~ out** *vi* (*be prominent*) spiccare; **~ up** *vi* (*rise*) alzarsi in piedi; **~ up for** *vt fus* difendere; **~ up to** *vt fus* tener testa a, resistere a
standard ['stændəd] *n* modello, standard *m inv*; (*level*) livello; (*flag*) stendardo ♦ *adj* (*size etc*) normale, standard *inv*; **~s** *npl* (*morals*) principi *mpl*, valori *mpl*; **~ lamp** (*BRIT*) *n* lampada a stelo; **~ of living** *n* livello di vita
stand-by *n* riserva, sostituto; **to be on ~** (*gen*) tenersi pronto(a); (*doctor*) essere di guardia; **~ ticket** *n* (*AVIAT*) biglietto senza garanzia
stand-in *n* sostituto/a
standing ['stændɪŋ] *adj* diritto(a), in

piedi; (*permanent*) permanente ♦ *n* rango, condizione *f*, posizione *f*; **of many years'** ~ che esiste da molti anni; ~ **joke** *n* barzelletta; ~ **order** (*BRIT*) *n* (*at bank*) ordine *m* di pagamento (permanente); ~ **room** *n* posto all'impiedi

standoffish [stænd'ɔfɪʃ] *adj* scostante, freddo(a)

standpoint ['stændpɔɪnt] *n* punto di vista

standstill ['stændstɪl] *n*: **at a** ~ fermo(a); (*fig*) a un punto morto; **to come to a** ~ fermarsi; giungere a un punto morto

stank [stæŋk] *pt of* **stink**

staple ['steɪpl] *n* (*for papers*) graffetta ♦ *adj* (*food etc*) di base ♦ *vt* cucire; ~**r** *n* cucitrice *f*

star [stɑ:*] *n* stella; (*celebrity*) divo/a ♦ *vi*: **to** ~ **(in)** essere il (*or* la) protagonista (di) ♦ *vt* (*CINEMA*) essere interpretato(a) da

starboard ['stɑ:bəd] *n* dritta

starch [stɑ:tʃ] *n* amido

stardom ['stɑ:dəm] *n* celebrità

stare [stɛə*] *n* sguardo fisso ♦ *vi*: **to** ~ **at** fissare

starfish ['stɑ:fɪʃ] *n* stella di mare

stark [stɑ:k] *adj* (*bleak*) desolato(a) ♦ *adv*: ~ **naked** completamente nudo(a)

starling ['stɑ:lɪŋ] *n* storno

starry ['stɑ:rɪ] *adj* stellato(a); ~-**eyed** *adj* (*innocent*) ingenuo(a)

start [stɑ:t] *n* inizio; (*of race*) partenza; (*sudden movement*) sobbalzo; (*advantage*) vantaggio ♦ *vt* cominciare, iniziare; (*car*) mettere in moto ♦ *vi* cominciare; (*on journey*) partire, mettersi in viaggio; (*jump*) sobbalzare; **to** ~ **doing** *or* **to do sth** (in)cominciare a fare qc; ~ **off** *vi* cominciare; (*leave*) partire; ~ **up** *vi* cominciare; (*car*) avviarsi ♦ *vt* iniziare; (*car*) avviare; ~**er** *n* (*AUT*) motorino d'avviamento; (*SPORT*: *official*) starter *m inv*; (*BRIT*: *CULIN*) primo piatto; ~**ing point** *n* punto di partenza

startle ['stɑ:tl] *vt* far trasalire; **startling** *adj* sorprendente

starvation [stɑ:'veɪʃən] *n* fame *f*, inedia

starve [stɑ:v] *vi* morire di fame; soffrire la fame ♦ *vt* far morire di fame, affamare

state [steɪt] *n* stato ♦ *vt* dichiarare, affermare; annunciare; **the S~s** (*USA*) gli Stati Uniti; **to be in a** ~ essere agitato(a); ~**ly** *adj* maestoso(a), imponente; ~**ment** *n* dichiarazione *f*; ~**sman** *n* statista *m*

static ['stætɪk] *n* (*RADIO*) scariche *fpl* ♦ *adj* statico(a)

station ['steɪʃən] *n* stazione *f* ♦ *vt* collocare, disporre

stationary ['steɪʃənərɪ] *adj* fermo(a), immobile

stationer ['steɪʃənə*] *n* cartolaio/a; ~**'s (shop)** *n* cartoleria; ~**y** *n* articoli *mpl* di cancelleria

station master *n* (*RAIL*) capostazione *m*

station wagon (*US*) *n* giardinetta

statistic [stə'tɪstɪk] *n* statistica; ~**s** *n* (*science*) statistica

statue ['stætju:] *n* statua

status ['steɪtəs] *n* posizione *f*, condizione *f* sociale; prestigio; stato; ~ **symbol** *n* simbolo di prestigio

statute ['stætju:t] *n* legge *f*; **statutory** *adj* stabilito(a) dalla legge, statutario(a)

staunch [stɔ:ntʃ] *adj* fidato(a), leale

stave [steɪv] *vt*: **to** ~ **off** (*attack*) respingere; (*threat*) evitare

stay [steɪ] *n* (*period of time*) soggiorno, permanenza ♦ *vi* rimanere; (*reside*) alloggiare, stare; (*spend some time*) trattenersi, soggiornare; **to** ~ **put** non muoversi; **to** ~ **the night** fermarsi per la notte; ~ **behind** *vi* restare indietro; ~ **in** *vi* (*at home*) stare in casa; ~ **on** *vi* restare, rimanere; ~ **out** *vi* (*of house*) rimanere fuori (di casa); ~ **up** *vi* (*at night*) rimanere alzato(a); ~**ing power** *n* capacità di resistenza

stead [stɛd] *n*: **in sb's** ~ al posto di

qn; **to stand sb in good ~** essere utile a qn
steadfast ['stɛdfɑ:st] *adj* fermo(a), risoluto(a)
steadily ['stɛdɪlɪ] *adv* (*firmly*) saldamente; (*constantly*) continuamente; (*fixedly*) fisso; (*walk*) con passo sicuro
steady ['stɛdɪ] *adj* (*not wobbling*) fermo(a); (*regular*) costante; (*person, character*) serio(a); (: *calm*) calmo(a), tranquillo(a) ♦ *vt* stabilizzare; calmare
steak [steɪk] *n* (*meat*) bistecca; (*fish*) trancia
steal [sti:l] (*pt* **stole**, *pp* **stolen**) *vt* rubare ♦ *vi* rubare; (*move*) muoversi furtivamente
stealth [stɛlθ] *n*: **by ~** furtivamente; **~y** *adj* furtivo(a)
steam [sti:m] *n* vapore *m* ♦ *vt* (*CULIN*) cuocere a vapore ♦ *vi* fumare; **~ engine** *n* macchina a vapore; (*RAIL*) locomotiva a vapore; **~er** *n* piroscafo, vapore *m*; **~roller** *n* rullo compressore; **~ship** *n* = **~er**; **~y** *adj* (*room*) pieno(a) di vapore; (*window*) appannato(a)
steel [sti:l] *n* acciaio ♦ *adj* di acciaio; **~works** *n* acciaieria
steep [sti:p] *adj* ripido(a), scosceso(a); (*price*) eccessivo(a) ♦ *vt* inzuppare; (*washing*) mettere a mollo
steeple ['sti:pl] *n* campanile *m*
steer [stɪə*] *vt* guidare ♦ *vi* (*NAUT*: *person*) governare; (*car*) guidarsi; **~ing** *n* (*AUT*) sterzo; **~ing wheel** *n* volante *m*
stem [stɛm] *n* (*of flower, plant*) stelo; (*of tree*) fusto; (*of glass*) gambo; (*of fruit, leaf*) picciolo ♦ *vt* contenere, arginare; **~ from** *vt fus* provenire da, derivare da
stench [stɛntʃ] *n* puzzo, fetore *m*
stencil ['stɛnsl] *n* (*of metal, cardboard*) stampino, mascherina; (*in typing*) matrice *f* ♦ *vt* disegnare con stampino
stenographer [stɛ'nɔgrəfə*] (*US*) *n* stenografo/a
step [stɛp] *n* passo; (*stair*) gradino, scalino; (*action*) mossa, azione *f* ♦ *vi*: **to ~ forward/back** fare un passo avanti/indietro; **~s** *npl* (*BRIT*) = **stepladder**; **to be in/out of ~ (with)** stare/non stare al passo (con); **~ down** *vi* (*fig*) ritirarsi; **~ on** *vt fus* calpestare; **~ up** *vt* aumentare; intensificare; **~brother** *n* fratellastro; **~daughter** *n* figliastra; **~father** *n* patrigno; **~ladder** *n* scala a libretto; **~mother** *n* matrigna; **~ping stone** *n* pietra di un guado; **~sister** *n* sorellastra; **~son** *n* figliastro
stereo ['stɛrɪəu] *n* (*system*) sistema *m* stereofonico; (*record player*) stereo *m inv* ♦ *adj* (*also*: *~phonic*) stereofonico(a)
sterile ['stɛraɪl] *adj* sterile; **sterilize** ['stɛrɪlaɪz] *vt* sterilizzare
sterling ['stə:lɪŋ] *adj* (*gold, silver*) di buona lega ♦ *n* (*ECON*) (lira) sterlina; **a pound ~** una lira sterlina
stern [stə:n] *adj* severo(a) ♦ *n* (*NAUT*) poppa
stew [stju:] *n* stufato ♦ *vt* cuocere in umido
steward ['stju:əd] *n* (*AVIAT, NAUT, RAIL*) steward *m inv*; (*in club etc*) dispensiere *m*; **~ess** *n* assistente *f* di volo, hostess *f inv*
stick [stɪk] (*pt, pp* **stuck**) *n* bastone *m*; (*of rhubarb, celery*) gambo; (*of dynamite*) candelotto ♦ *vt* (*glue*) attaccare; (*thrust*): **to ~ sth into** conficcare *or* piantare *or* infiggere qc in; (*inf*: *put*) ficcare; (*inf*: *tolerate*) sopportare ♦ *vi* attaccarsi; (*remain*) restare, rimanere; **~ out** *vi* sporgere, spuntare; **~ up** *vi* sporgere, spuntare; **~ up for** *vt fus* difendere; **~er** *n* cartellino adesivo; **~ing plaster** *n* cerotto adesivo
stickler ['stɪklə*] *n*: **to be a ~ for** essere pignolo(a) su, tenere molto a
stick-up (*inf*) *n* rapina a mano armata
sticky ['stɪkɪ] *adj* attaccaticcio(a), vischioso(a); (*label*) adesivo(a); (*fig*:

situation) difficile

stiff [stɪf] *adj* rigido(a), duro(a); (*muscle*) legato(a), indolenzito(a); (*difficult*) difficile, arduo(a); (*cold*) freddo(a), formale; (*strong*) forte; (*high*: *price*) molto alto(a) ♦ *adv*: **bored** ~ annoiato(a) a morte; **~en** *vt* irrigidire; rinforzare ♦ *vi* irrigidirsi; indurirsi; ~ **neck** *n* torcicollo

stifle ['staɪfl] *vt* soffocare

stigma ['stɪgmə] *n* (*fig*) stigma *m*

stile [staɪl] *n* cavalcasiepe *m*; cavalcasteccato

stiletto [stɪ'lɛtəu] (*BRIT*) *n* (*also*: ~ *heel*) tacco a spillo

still [stɪl] *adj* fermo(a); silenzioso(a) ♦ *adv* (*up to this time, even*) ancora; (*nonetheless*) tuttavia, ciò nonostante; **~born** *adj* nato(a) morto(a); ~ **life** *n* natura morta

stilt [stɪlt] *n* trampolo; (*pile*) palo

stilted ['stɪltɪd] *adj* freddo(a), formale; artificiale

stimulate ['stɪmjuleɪt] *vt* stimolare

stimuli ['stɪmjulaɪ] *npl of* **stimulus**

stimulus ['stɪmjuləs] (*pl* **stimuli**) *n* stimolo

sting [stɪŋ] (*pt, pp* **stung**) *n* puntura; (*organ*) pungiglione *m* ♦ *vt* pungere

stingy ['stɪndʒɪ] *adj* spilorcio(a), tirchio(a)

stink [stɪŋk] (*pt* **stank**, *pp* **stunk**) *n* fetore *m*, puzzo ♦ *vi* puzzare; **~ing** (*inf*) *adj* (*fig*): **a ~ing** ... uno schifo di ..., un(a) maledetto(a) ....

stint [stɪnt] *n* lavoro, compito ♦ *vi*: **to ~ on** lesinare su

stir [stə:*] *n* agitazione *f*, clamore *m* ♦ *vt* mescolare; (*fig*) risvegliare ♦ *vi* muoversi; ~ **up** *vt* provocare, suscitare

stirrup ['stɪrəp] *n* staffa

stitch [stɪtʃ] *n* (*SEWING*) punto; (*KNITTING*) maglia; (*MED*) punto (di sutura); (*pain*) fitta ♦ *vt* cucire, attaccare; suturare

stoat [stəut] *n* ermellino

stock [stɔk] *n* riserva, provvista; (*COMM*) giacenza, stock *m inv*; (*AGR*) bestiame *m*; (*CULIN*) brodo; (*descent*) stirpe *f*; (*FINANCE*) titoli *mpl*, azioni *fpl* ♦ *adj* (*fig*: *reply etc*) consueto(a); classico(a) ♦ *vt* (*have in stock*) avere, vendere; **~s and shares** valori *mpl* di borsa; **in ~** in magazzino; **out of ~** esaurito(a); **~ up** *vi*: **to ~ up (with)** fare provvista (di)

stockbroker ['stɔkbrəukə*] *n* agente *m* di cambio

stock cube (*BRIT*) *n* dado

stock exchange *n* Borsa (valori)

stocking ['stɔkɪŋ] *n* calza

stockist ['stɔkɪst] (*BRIT*) *n* fornitore *m*

stock: ~ **market** *n* Borsa, mercato finanziario; ~ **phrase** *n* cliché *m inv*; **~pile** *n* riserva ♦ *vt* accumulare riserve di; **~taking** (*BRIT*) *n* (*COMM*) inventario

stocky ['stɔkɪ] *adj* tarchiato(a), tozzo(a)

stodgy ['stɔdʒɪ] *adj* pesante, indigesto(a)

stoke [stəuk] *vt* alimentare

stole [stəul] *pt of* **steal** ♦ *n* stola

stolen ['stəuln] *pp of* **steal**

stolid ['stɔlɪd] *adj* impassibile

stomach ['stʌmək] *n* stomaco; (*belly*) pancia ♦ *vt* sopportare, digerire; ~ **ache** *n* mal *m* di stomaco

stone [stəun] *n* pietra; (*pebble*) sasso, ciottolo; (*in fruit*) nocciolo; (*MED*) calcolo; (*BRIT*: *weight*) = *6.348 kg.*; *14 libbre* ♦ *adj* di pietra ♦ *vt* lapidare; (*fruit*) togliere il nocciolo a; **~-cold** *adj* gelido(a); **~-deaf** *adj* sordo(a) come una campana; **~work** *n* muratura; **stony** *adj* sassoso(a); (*fig*) di pietra

stood [stud] *pt, pp of* **stand**

stool [stu:l] *n* sgabello

stoop [stu:p] *vi* (*also*: *have a* ~) avere una curvatura; (*also*: ~ *down*) chinarsi, curvarsi

stop [stɔp] *n* arresto; (*stopping place*) fermata; (*in punctuation*) punto ♦ *vt* arrestare, fermare; (*break off*) interrompere; (*also*: *put a ~ to*) porre fine a ♦ *vi* fermarsi; (*rain*, *noise etc*) cessare, finire; **to ~ doing sth** cessare *or* finire di fare qc; **to ~ dead** fermarsi di colpo; **~ off** *vi* sostare brevemente; **~ up** *vt* (*hole*) chiudere, turare; **~gap** *n* tappabuchi *m inv*; **~over** *n* breve sosta; (*AVIAT*) scalo

stoppage ['stɔpɪdʒ] *n* arresto, fermata; (*of pay*) trattenuta; (*strike*) interruzione *f* del lavoro

stopper ['stɔpə*] *n* tappo

stop press *n* ultimissime *fpl*

stopwatch ['stɔpwɔtʃ] *n* cronometro

storage ['stɔːrɪdʒ] *n* immagazzinamento; **~ heater** *n* radiatore *m* elettrico che accumula calore

store [stɔː*] *n* provvista, riserva; (*depot*) deposito; (*BRIT*: *department ~*) grande magazzino; (*US*: *shop*) negozio ♦ *vt* immagazzinare; **~s** *npl* (*provisions*) rifornimenti *mpl*, scorte *fpl*; **in ~** di riserva; in serbo; **~ up** *vt* conservare; mettere in serbo; **~room** *n* dispensa

storey ['stɔːrɪ] (*US* **story**) *n* piano

stork [stɔːk] *n* cicogna

storm [stɔːm] *n* tempesta, temporale *m*, burrasca; uragano ♦ *vi* (*fig*) infuriarsi ♦ *vt* prendere d'assalto; **~y** *adj* tempestoso(a), burrascoso(a)

story ['stɔːrɪ] *n* storia; favola; racconto; (*US*) = **storey**; **~book** *n* libro di racconti

stout [staut] *adj* solido(a), robusto(a); (*friend, supporter*) tenace; (*fat*) corpulento(a), grasso(a) ♦ *n* birra scura

stove [stəuv] *n* (*for cooking*) fornello; (*: small*) fornelletto; (*for heating*) stufa

stow [stəu] *vt* (*also*: *~ away*) mettere via; **~away** *n* passeggero(a) clandestino(a)

straddle ['strædl] *vt* stare a cavalcioni di; (*fig*) essere a cavallo di

straggle ['strægl] *vi* crescere (*or* estendersi) disordinatamente; trascinarsi; rimanere indietro; **straggly** *adj* (*hair*) in disordine

straight [streɪt] *adj* dritto(a); (*frank*) onesto(a), franco(a); (*simple*) semplice ♦ *adv* diritto; (*drink*) liscio; **to put** *or* **get ~** mettere in ordine, mettere ordine in; **~ away, ~ off** (*at once*) immediatamente; **~en** *vt* (*also*: *~en out*) raddrizzare; **~-faced** *adj* impassibile, imperturbabile; **~forward** *adj* semplice; onesto(a), franco(a)

strain [streɪn] *n* (*TECH*) sollecitazione *f*; (*physical*) sforzo; (*mental*) tensione *f*; (*MED*) strappo; distorsione *f*; (*streak, trace*) tendenza; elemento ♦ *vt* tendere; (*muscle*) sforzare; (*ankle*) storcere; (*resources*) pesare su; (*food*) colare; passare; **~s** *npl* (*MUS*) note *fpl*; **~ed** *adj* (*muscle*) stirato(a); (*laugh etc*) forzato(a); (*relations*) teso(a); **~er** *n* passino, colino

strait [streɪt] *n* (*GEO*) stretto; **~s** *npl*: **to be in dire ~s** (*fig*) essere nei guai; **~jacket** *n* camicia di forza; **~-laced** *adj* bacchettone(a)

strand [strænd] *n* (*of thread*) filo; **~ed** *adj* nei guai; senza mezzi di trasporto

strange [streɪndʒ] *adj* (*not known*) sconosciuto(a); (*odd*) strano(a), bizzarro(a); **~ly** *adv* stranamente; **~r** *n* sconosciuto/a; estraneo/a

strangle ['strængl] *vt* strangolare; **~hold** *n* (*fig*) stretta (mortale)

strap [stræp] *n* cinghia; (*of slip, dress*) spallina, bretella

strapping ['stræpɪŋ] *adj* ben piantato(a)

strategic [strə'tiːdʒɪk] *adj* strategico(a)

strategy ['strætɪdʒɪ] *n* strategia

straw [strɔː] *n* paglia; (*drinking ~*) cannuccia; **that's the last ~!** è la goccia che fa traboccare il vaso!

strawberry ['strɔːbərɪ] *n* fragola

stray [streɪ] *adj* (*animal*) randagio(a); (*bullet*) vagante; (*scattered*) sparso(a) ♦ *vi* perdersi

streak [striːk] *n* striscia; (*of hair*) mèche *f inv* ♦ *vt* striare, screziare ♦ *vi*: **to ~ past** passare come un fulmine

stream [stri:m] *n* ruscello; corrente *f*; (*of people, smoke etc*) fiume *m* ♦ *vt* (*SCOL*) dividere in livelli di rendimento ♦ *vi* scorrere; **to ~ in/out** entrare/uscire a fiotti

streamer ['stri:mə*] *n* (*of paper*) stella filante

streamlined ['stri:mlaɪnd] *adj* aerodinamico(a), affusolato(a)

street [stri:t] *n* strada, via; **~car** (*US*) *n* tram *m inv*; **~ lamp** *n* lampione *m*; **~ plan** *n* pianta (di una città); **~wise** (*inf*) *adj* esperto(a) dei bassifondi

strength [streŋθ] *n* forza; **~en** *vt* rinforzare; fortificare; consolidare

strenuous ['strɛnjuəs] *adj* vigoroso(a), energico(a); (*tiring*) duro(a), pesante

stress [strɛs] *n* (*force, pressure*) pressione *f*; (*mental strain*) tensione *f*; (*accent*) accento ♦ *vt* insistere su, sottolineare; accentare

stretch [strɛtʃ] *n* (*of sand etc*) distesa ♦ *vi* stirarsi; (*extend*): **to ~ to** *or* **as far as** estendersi fino a ♦ *vt* tendere, allungare; (*spread*) distendere; (*fig*) spingere (al massimo); **~ out** *vi* allungarsi, estendersi ♦ *vt* (*arm etc*) allungare, tendere; (*to spread*) distendere

stretcher ['strɛtʃə*] *n* barella, lettiga

strewn [stru:n] *adj*: **~ with** cosparso(a) di

stricken ['strɪkən] *adj* (*person*) provato(a); (*city, industry etc*) colpito(a); **~ with** (*disease etc*) colpito(a) da

strict [strɪkt] *adj* (*severe*) rigido(a), severo(a); (*precise*) preciso(a), stretto(a)

stridden ['strɪdn] *pp of* **stride**

stride [straɪd] (*pt* **strode**, *pp* **stridden**) *n* passo lungo ♦ *vi* camminare a grandi passi

strife [straɪf] *n* conflitto; litigi *mpl*

strike [straɪk] (*pt, pp* **struck**) *n* sciopero; (*of oil etc*) scoperta; (*attack*) attacco ♦ *vt* colpire; (*oil etc*) scoprire, trovare (*bargain*) fare; (*fig*): **the thought** *or* **it ~s me that ...** mi viene in mente che ... ♦ *vi* scioperare; (*attack*) attaccare; (*clock*) suonare; **on ~** (*workers*) in sciopero; **to ~ a match** accendere un fiammifero; **~ down** *vt* (*fig*) atterrare; **~ up** *vt* (*MUS, conversation*) attaccare; **to ~ up a friendship with** fare amicizia con; **~r** *n* scioperante *m/f*; (*SPORT*) attaccante *m*; **striking** *adj* che colpisce

string [strɪŋ] (*pt, pp* **strung**) *n* spago; (*row*) fila; sequenza; catena; (*MUS*) corda ♦ *vt*: **to ~ out** disporre di fianco; **to ~ together** (*words, ideas*) mettere insieme; **the ~s** *npl* (*MUS*) gli archi; **to pull ~s for sb** (*fig*) raccomandare qn; **~ bean** *n* fagiolino; **~(ed) instrument** *n* (*MUS*) strumento a corda

stringent ['strɪndʒənt] *adj* rigoroso(a)

strip [strɪp] *n* striscia ♦ *vt* spogliare; (*paint*) togliere; (*also*: **~ down**: *machine*) smontare ♦ *vi* spogliarsi; **~ cartoon** *n* fumetto

stripe [straɪp] *n* striscia, riga; (*MIL, POLICE*) gallone *m*; **~d** *adj* a strisce *or* righe

strip lighting *n* illuminazione *f* al neon

stripper ['strɪpə*] *n* spogliarellista *m/f*

striptease ['strɪpti:z] *n* spogliarello

strive [straɪv] (*pt* **strove**, *pp* **striven**) *vi*: **to ~ to do** sforzarsi di fare;

striven ['strɪvn] *pp of* **strive**

strode [strəud] *pt of* **stride**

stroke [strəuk] *n* colpo; (*SWIMMING*) bracciata; (: *style*) stile *m*; (*MED*) colpo apoplettico ♦ *vt* accarezzare; **at a ~** in un attimo

stroll [strəul] *n* giretto, passeggiatina ♦ *vi* andare a spasso; **~er** (*US*) *n* passeggino

strong [strɔŋ] *adj* (*gen*) forte; (*sturdy*: *table, fabric etc*) robusto(a); **they are 50 ~** sono in 50; **~box** *n* cassaforte *f*; **~hold** *n* (*also fig*) roc-

caforte *f*; **~ly** *adv* fortemente, con forza; energicamente; vivamente; **~room** *n* camera di sicurezza
strove [strəuv] *pt of* **strive**
struck [strʌk] *pt, pp of* **strike**
structural ['strʌktʃərəl] *adj* strutturale
structure ['strʌktʃə*] *n* struttura; (*building*) costruzione *f*, fabbricato
struggle ['strʌgl] *n* lotta ♦ *vi* lottare
strum [strʌm] *vt* (*guitar*) strimpellare
strung [strʌŋ] *pt, pp of* **string**
strut [strʌt] *n* sostegno, supporto ♦ *vi* pavoneggiarsi
stub [stʌb] *n* mozzicone *m*; (*of ticket etc*) matrice *f*, talloncino ♦ *vt*: **to ~ one's toe** urtare *or* sbattere il dito del piede; **~ out** *vt* schiacciare
stubble ['stʌbl] *n* stoppia; (*on chin*) barba ispida
stubborn ['stʌbən] *adj* testardo(a), ostinato(a)
stuck [stʌk] *pt, pp of* **stick** ♦ *adj* (*jammed*) bloccato(a); **~-up** *adj* presuntuoso(a)
stud [stʌd] *n* bottoncino; borchia; (*also*: ~ *earring*) orecchino a pressione; (*also*: ~ *farm*) scuderia, allevamento di cavalli; (*also*: ~ *horse*) stallone *m* ♦ *vt* (*fig*): **~ded with** tempestato(a) di
student ['stju:dənt] *n* studente/essa ♦ *cpd* studentesco(a); universitario(a); degli studenti; ~ **driver** (*US*) *n* conducente *m/f* principiante
studio ['stju:diəu] *n* studio; ~ **flat** (*US* ~ **apartment**) *n* monolocale *m*
studious ['stju:diəs] *adj* studioso(a); (*studied*) studiato(a), voluto(a); **~ly** *adv* (*carefully*) deliberatamente, di proposito
study ['stʌdɪ] *n* studio ♦ *vt* studiare; esaminare ♦ *vi* studiare
stuff [stʌf] *n* roba; (*substance*) sostanza, materiale *m* ♦ *vt* imbottire; (*CULIN*) farcire; (*dead animal*) impagliare; (*inf*: *push*) ficcare; **~ing** *n* imbottitura; (*CULIN*) ripieno; **~y** *adj* (*room*) mal ventilato(a), senz'aria; (*ideas*) antiquato(a)
stumble ['stʌmbl] *vi* inciampare; **to ~ across** (*fig*) imbattersi in; **stumbling block** *n* ostacolo, scoglio
stump [stʌmp] *n* ceppo; (*of limb*) moncone *m* ♦ *vt*: **to be ~ed** essere sconcertato(a)
stun [stʌn] *vt* stordire; (*amaze*) sbalordire
stung [stʌŋ] *pt, pp of* **sting**
stunk [stʌŋk] *pp of* **stink**
stunning ['stʌnɪŋ] *adj* sbalorditivo(a); (*girl etc*) fantastico(a)
stunt [stʌnt] *n* bravata; trucco pubblicitario; **~ed** *adj* stentato(a), rachitico(a); **~man** *n* cascatore *m*
stupefy ['stju:pɪfaɪ] *vt* stordire; intontire; (*fig*) stupire
stupendous [stju:'pɛndəs] *adj* stupendo(a), meraviglioso(a)
stupid ['stju:pɪd] *adj* stupido(a); **~ity** [-'pɪdɪtɪ] *n* stupidità *f inv*, stupidaggine *f*
stupor ['stju:pə*] *n* torpore *m*
sturdy ['stə:dɪ] *adj* robusto(a), vigoroso(a); solido(a)
stutter ['stʌtə*] *n* balbuzie *f* ♦ *vi* balbettare
sty [staɪ] *n* (*of pigs*) porcile *m*
stye [staɪ] *n* (*MED*) orzaiolo
style [staɪl] *n* stile *m*; (*distinction*) eleganza, classe *f*; **stylish** *adj* elegante
stylus ['staɪləs] *n* (*of record player*) puntina
suave [swɑ:v] *adj* untuoso(a)
sub... [sʌb] *prefix* sub..., sotto...; **~conscious** *adj* subcosciente ♦ *n* subcosciente *m*; **~contract** *vt* subappaltare
subdue [səb'dju:] *vt* sottomettere, soggiogare; **~d** *adj* pacato(a); (*light*) attenuato(a)
subject [*n* 'sʌbdʒɪkt, *vb* səb'dʒɛkt] *n* soggetto; (*citizen etc*) cittadino/a; (*SCOL*) materia ♦ *vt*: **to ~ to** sottomettere a; esporre a; **to be ~ to** (*law*) essere sottomesso(a) a; (*disease*) essere soggetto(a) a; **~ive** [-'dʒɛktɪv] *adj* soggettivo(a); ~ **mat-**

ter *n* argomento; contenuto
subjunctive [səb'dʒʌŋktɪv] *n* congiuntivo
sublet [sʌb'lɛt] *vt* subaffittare
submachine gun ['sʌbmə'ʃi:n-] *n* mitra *m inv*
submarine [sʌbmə'ri:n] *n* sommergibile *m*
submerge [səb'mə:dʒ] *vt* sommergere; immergere ♦ *vi* immergersi
submission [səb'mɪʃən] *n* sottomissione *f*; (*claim*) richiesta
submissive [səb'mɪsɪv] *adj* remissivo(a)
submit [səb'mɪt] *vt* sottomettere ♦ *vi* sottomettersi
subnormal [sʌb'nɔ:məl] *adj* subnormale
subordinate [sə'bɔ:dɪnət] *adj, n* subordinato(a)
subpoena [səb'pi:nə] *n* (*LAW*) citazione *f*, mandato di comparizione
subscribe [səb'skraɪb] *vi* contribuire; **to ~ to** (*opinion*) approvare, condividere; (*fund*) sottoscrivere a; (*newspaper*) abbonarsi a; essere abbonato(a) a; **~r** *n* (*to periodical, telephone*) abbonato/a
subscription [səb'skrɪpʃən] *n* sottoscrizione *f*; abbonamento
subsequent ['sʌbsɪkwənt] *adj* successivo(a), seguente; conseguente; **~ly** *adv* in seguito, successivamente
subside [səb'saɪd] *vi* cedere, abbassarsi; (*flood*) decrescere; (*wind*) calmarsi; **~nce** [-'saɪdns] *n* cedimento, abbassamento
subsidiary [səb'sɪdɪərɪ] *adj* sussidiario(a); accessorio(a) ♦ *n* (*also*: **~** *company*) filiale *f*
subsidize ['sʌbsɪdaɪz] *vt* sovvenzionare
subsidy ['sʌbsɪdɪ] *n* sovvenzione *f*
subsistence [səb'sɪstəns] *n* esistenza; mezzi *mpl* di sostentamento; **~ allowance** *n* indennità *f inv* di trasferta
substance ['sʌbstəns] *n* sostanza
substantial [səb'stænʃl] *adj* solido(a); (*amount, progress etc*) notevole; (*meal*) sostanzioso(a)
substantiate [səb'stænʃɪeɪt] *vt* comprovare
substitute ['sʌbstɪtju:t] *n* (*person*) sostituto/a; (*thing*) succedaneo, surrogato ♦ *vt*: **to ~ sth/sb for** sostituire qc/qn a
subterfuge ['sʌbtəfju:dʒ] *n* sotterfugio
subterranean [sʌbtə'reɪnɪən] *adj* sotterraneo(a)
subtitle ['sʌbtaɪtl] *n* (*CINEMA*) sottotitolo
subtle ['sʌtl] *adj* sottile; **~ty** *n* sottigliezza
subtotal [sʌb'təutl] *n* somma parziale
subtract [səb'trækt] *vt* sottrarre; **~ion** [-'trækʃən] *n* sottrazione *f*
suburb ['sʌbə:b] *n* sobborgo; **the ~s** la periferia; **~an** [sə'bə:bən] *adj* suburbano(a); **~ia** *n* periferia, sobborghi *mpl*
subversive [səb'və:sɪv] *adj* sovversivo(a)
subway ['sʌbweɪ] *n* (*US*: *underground*) metropolitana; (*BRIT*: *underpass*) sottopassaggio
succeed [sək'si:d] *vi* riuscire; avere successo ♦ *vt* succedere a; **to ~ in doing** riuscire a fare; **~ing** *adj* (*following*) successivo(a)
success [sək'sɛs] *n* successo; **~ful** *adj* (*venture*) coronato(a) da successo, riuscito(a); **to be ~ful (in doing)** riuscire (a fare); **~fully** *adv* con successo
succession [sək'sɛʃən] *n* successione *f*
successive [sək'sɛsɪv] *adj* successivo(a); consecutivo(a)
succumb [sə'kʌm] *vi* soccombere
such [sʌtʃ] *adj* tale; (*of that kind*): **~ a book** un tale libro, un libro del genere; **~ books** tali libri, libri del genere; (*so much*): **~ courage** tanto coraggio ♦ *adv* talmente, così; **~ a long trip** un viaggio così lungo; **~ a lot of** talmente *or* così tanto(a); **~**

as (*like*) come; as ~ come *or* in quanto tale; **~-and-~** *adj* tale (*after noun*)

suck [sʌk] *vt* succhiare; (*breast, bottle*) poppare; **~er** *n* (*ZOOL, TECH*) ventosa; (*inf*) gonzo/a, babbeo/a

suction ['sʌkʃən] *n* succhiamento; (*TECH*) aspirazione *f*

sudden ['sʌdn] *adj* improvviso(a); **all of a ~** improvvisamente, all'improvviso; **~ly** *adv* bruscamente, improvvisamente, di colpo

suds [sʌdz] *npl* schiuma (di sapone)

sue [su:] *vt* citare in giudizio

suede [sweɪd] *n* pelle *f* scamosciata

suet ['suɪt] *n* grasso di rognone

suffer ['sʌfə*] *vt* soffrire, patire; (*bear*) sopportare, tollerare ♦ *vi* soffrire; **to ~ from** soffrire di; **~er** *n* malato/a; **~ing** *n* sofferenza

suffice [sə'faɪs] *vi* essere sufficiente, bastare

sufficient [sə'fɪʃənt] *adj* sufficiente; **~ money** abbastanza soldi; **~ly** *adv* sufficientemente, abbastanza

suffocate ['sʌfəkeɪt] *vi* (*have difficulty breathing*) soffocare; (*die through lack of air*) asfissiare

suffused [sə'fju:zd] *adj*: **~ with** (*colour*) tinto(a) di; **the room was ~ with light** nella stanza c'era una luce soffusa

sugar ['ʃugə*] *n* zucchero ♦ *vt* zuccherare; **~ beet** *n* barbabietola da zucchero; **~ cane** *n* canna da zucchero

suggest [sə'dʒɛst] *vt* proporre, suggerire; indicare; **~ion** [-'dʒɛstʃən] *n* suggerimento, proposta; indicazione *f*; **~ive** (*pej*) *adj* indecente

suicide ['suɪsaɪd] *n* (*person*) suicida *m/f*; (*act*) suicidio; *see also* **commit**

suit [su:t] *n* (*man's*) vestito; (*woman's*) completo, tailleur *m inv*; (*LAW*) causa; (*CARDS*) seme *m*, colore *m* ♦ *vt* andar bene a *or* per; essere adatto(a) a *or* per; (*adapt*): **to ~ sth to** adattare qc a; **well ~ed** ben assortito(a); **~able** *adj* adatto(a); appropriato(a); **~ably** *adv* (*dress*) in modo adatto; (*impressed*) favorevolmente

suitcase ['su:tkeɪs] *n* valigia

suite [swi:t] *n* (*of rooms*) appartamento; (*MUS*) suite *f inv*; (*furniture*): **bedroom/dining room ~** arredo *or* mobilia per la camera da letto/sala da pranzo

suitor ['su:tə*] *n* corteggiatore *m*, spasimante *m*

sulfur ['sʌlfə*] (*US*) *n* = **sulphur**

sulk [sʌlk] *vi* fare il broncio; **~y** *adj* imbronciato(a)

sullen ['sʌlən] *adj* scontroso(a); cupo(a)

sulphur ['sʌlfə*] (*US* **sulfur**) *n* zolfo

sultana [sʌl'tɑ:nə] *n* (*fruit*) uva (secca) sultanina

sultry ['sʌltrɪ] *adj* afoso(a)

sum [sʌm] *n* somma; (*SCOL etc*) addizione *f*; **~ up** *vt, vi* riassumere

summarize ['sʌməraɪz] *vt* riassumere, riepilogare

summary ['sʌmərɪ] *n* riassunto

summer ['sʌmə*] *n* estate *f* ♦ *cpd* d'estate, estivo(a); **~ holidays** *npl* vacanze *fpl* estive; **~house** *n* (*in garden*) padiglione *m*; **~time** *n* (*season*) estate *f*; **~ time** *n* (*by clock*) ora legale (estiva)

summit ['sʌmɪt] *n* cima, sommità; (*POL*) vertice *m*

summon ['sʌmən] *vt* chiamare, convocare; **~ up** *vt* raccogliere, fare appello a; **~s** *n* ordine *m* di comparizione ♦ *vt* citare

sump [sʌmp] (*BRIT*) *n* (*AUT*) coppa dell'olio

sumptuous ['sʌmptjuəs] *adj* sontuoso(a)

sun [sʌn] *n* sole *m*; **~bathe** *vi* prendere un bagno di sole; **~burn** *n* (*painful*) scottatura; **~burnt** *adj* abbronzato(a); (*painfully*) scottato(a)

Sunday ['sʌndɪ] *n* domenica; **~ school** *n* ≈ scuola di catechismo

sundial ['sʌndaɪəl] *n* meridiana

sundown ['sʌndaun] *n* tramonto

sundry ['sʌndrɪ] *adj* vari(e), diversi(e); **all and ~** tutti quanti; **sun-**

dries *npl* articoli diversi, cose diverse
sunflower ['sʌnflauə*] *n* girasole *m*
sung [sʌŋ] *pp of* **sing**
sunglasses ['sʌnglɑːsɪz] *npl* occhiali *mpl* da sole
sunk [sʌŋk] *pp of* **sink**
sun: ~**light** *n* (luce *f* del) sole *m*; ~**lit** *adj* soleggiato(a); ~**ny** *adj* assolato(a), soleggiato(a); (*fig*) allegro(a), felice; ~**rise** *n* levata del sole, alba; ~ **roof** *n* (*AUT*) tetto apribile; ~**set** *n* tramonto; ~**shade** *n* parasole *m*; ~**shine** *n* (luce *f* del) sole *m*; ~**stroke** *n* insolazione *f*, colpo di sole; ~**tan** *n* abbronzatura; ~**tan lotion** *n* lozione *f* solare; ~**tan oil** *n* olio solare
super ['suːpə*] (*inf*) *adj* fantastico(a)
superannuation [suːpərænju'eɪʃən] *n* contributi *mpl* pensionistici; pensione *f*
superb [suː'pəːb] *adj* magnifico(a)
supercilious [suːpə'sɪlɪəs] *adj* sprezzante, sdegnoso(a)
superficial [suːpə'fɪʃəl] *adj* superficiale
superhuman [suːpə'hjuːmən] *adj* sovrumano(a)
superimpose ['suːpərɪm'pəuz] *vt* sovrapporre
superintendent [suːpərɪn'tɛndənt] *n* direttore/trice; (*POLICE*) ≈ commissario (capo)
superior [su'pɪərɪə*] *adj*, *n* superiore *m/f*; ~**ity** [-'ɔrɪtɪ] *n* superiorità
superlative [su'pəːlətɪv] *adj* superlativo(a), supremo(a) ♦ *n* (*LING*) superlativo
superman ['suːpəmæn] *n* superuomo
supermarket ['suːpəmɑːkɪt] *n* supermercato
supernatural [suːpə'nætʃərəl] *adj* soprannaturale ♦ *n* soprannaturale *m*
superpower ['suːpəpauə*] *n* (*POL*) superpotenza
supersede [suːpə'siːd] *vt* sostituire, soppiantare
superstitious [suːpə'stɪʃəs] *adj* superstizioso(a)
supertanker ['suːpətæŋkə*] *n* superpetroliera
supervise ['suːpəvaɪz] *vt* (*person etc*) sorvegliare; (*organization*) soprintendere a; **supervision** [-'vɪʒən] *n* sorveglianza; supervisione *f*; **supervisor** *n* sorvegliante *m/f*; soprintendente *m/f*; (*in shop*) capocommesso/a
supine ['suːpaɪn] *adj* supino(a)
supper ['sʌpə*] *n* cena
supplant [sə'plɑːnt] *vt* (*person, thing*) soppiantare
supple ['sʌpl] *adj* flessibile; agile
supplement [*n* 'sʌplɪmənt, *vb* sʌplɪ'mɛnt] *n* supplemento ♦ *vt* completare, integrare; ~**ary** [-'mɛntərɪ] *adj* supplementare
supplier [sə'plaɪə*] *n* fornitore *m*
supply [sə'plaɪ] *vt* (*provide*) fornire; (*equip*): **to** ~ (**with**) approvvigionare (di); attrezzare (con) ♦ *n* riserva, provvista; (*supplying*) approvvigionamento; (*TECH*) alimentazione *f*; **supplies** *npl* (*food*) viveri *mpl*; (*MIL*) sussistenza; ~ **teacher** (*BRIT*) *n* supplente *m/f*
support [sə'pɔːt] *n* (*moral, financial etc*) sostegno, appoggio; (*TECH*) supporto ♦ *vt* sostenere; (*financially*) mantenere; (*uphold*) sostenere, difendere; ~**er** *n* (*POL etc*) sostenitore/trice, fautore/trice; (*SPORT*) tifoso/a
suppose [sə'pəuz] *vt* supporre; immaginare; **to be** ~**d to do** essere tenuto(a) a fare; ~**dly** [sə'pəuzɪdlɪ] *adv* presumibilmente; **supposing** *conj* se, ammesso che + *sub*
suppress [sə'prɛs] *vt* reprimere; sopprimere; occultare
supreme [su'priːm] *adj* supremo(a)
surcharge ['səːtʃɑːdʒ] *n* supplemento
sure [ʃuə*] *adj* sicuro(a); (*definite, convinced*) sicuro(a), certo(a); ~! (*of course*) senz'altro!, certo!; ~ **enough** infatti; **to make** ~ **of sth/that** assicurarsi di qc/che; ~**-footed** *adj* dal passo sicuro; ~**ly** *adv* sicuramente; certamente
surety ['ʃuərətɪ] *n* garanzia

surf [sə:f] *n* (*waves*) cavalloni *mpl*; (*foam*) spuma
surface ['sə:fɪs] *n* superficie *f* ♦ *vt* (*road*) asfaltare ♦ *vi* risalire alla superficie; (*fig*: *news*, *feeling*) venire a galla; ~ **mail** *n* posta ordinaria
surfboard ['sə:fbɔ:d] *n* tavola per surfing
surfeit ['sə:fɪt] *n*: **a** ~ **of** un eccesso di; un'indigestione di
surfing ['sə:fɪŋ] *n* surfing *m*
surge [sə:dʒ] *n* (*strong movement*) ondata; (*of feeling*) impeto ♦ *vi* gonfiarsi; (*people*) riversarsi
surgeon ['sə:dʒən] *n* chirurgo
surgery ['sə:dʒərɪ] *n* chirurgia; (*BRIT*: *room*) studio *or* gabinetto medico, ambulatorio; (: *also*: ~ *hours*) orario delle visite *or* di consultazione; **to undergo** ~ subire un intervento chirurgico
surgical ['sə:dʒɪkl] *adj* chirurgico(a); ~ **spirit** (*BRIT*) *n* alcool *m* denaturato
surly ['sə:lɪ] *adj* scontroso(a), burbero(a)
surname ['sə:neɪm] *n* cognome *m*
surpass [sə:'pɑ:s] *vt* superare
surplus ['sə:pləs] *n* eccedenza; (*ECON*) surplus *m inv* ♦ *adj* eccedente, d'avanzo
surprise [sə'praɪz] *n* sorpresa; (*astonishment*) stupore *m* ♦ *vt* sorprendere; stupire; **surprising** *adj* sorprendente, stupefacente; **surprisingly** *adv* (*easy*, *helpful*) sorprendentemente
surrender [sə'rɛndə*] *n* resa, capitolazione *f* ♦ *vi* arrendersi
surreptitious [sʌrəp'tɪʃəs] *adj* furtivo(a)
surrogate ['sʌrəgɪt] *n* surrogato; ~ **mother** *n* madre *f* provetta
surround [sə'raund] *vt* circondare; (*MIL etc*) accerchiare; ~**ing** *adj* circostante; ~**ings** *npl* dintorni *mpl*; (*fig*) ambiente *m*
surveillance [sə:'veɪləns] *n* sorveglianza, controllo
survey [*n* 'sə:veɪ, *vb* sə:'veɪ] *n* quadro generale; (*study*) esame *m*; (*in housebuying etc*) perizia; (*of land*) rilevamento, rilievo topografico ♦ *vt* osservare; esaminare; valutare; rilevare; ~**or** *n* perito; geometra *m*; (*of land*) agrimensore *m*
survival [sə'vaɪvl] *n* sopravvivenza; (*relic*) reliquia, vestigio
survive [sə'vaɪv] *vi* sopravvivere ♦ *vt* sopravvivere a; **survivor** *n* superstite *m/f*, sopravvissuto/a
susceptible [sə'sɛptəbl] *adj*: ~ **(to)** sensibile (a); (*disease*) predisposto(a) (a)
suspect [*adj*, *n* 'sʌspɛkt, *vb* səs'pɛkt] *adj* sospetto(a) ♦ *n* persona sospetta ♦ *vt* sospettare; (*think likely*) supporre; (*doubt*) dubitare
suspend [səs'pɛnd] *vt* sospendere; ~**ed sentence** *n* condanna con la condizionale; ~**er belt** *n* reggicalze *m inv*; ~**ers** *npl* (*BRIT*) giarrettiere *fpl*; (*US*) bretelle *fpl*
suspense [səs'pɛns] *n* apprensione *f*; (*in film etc*) suspense *m*; **to keep sb in** ~ tenere qn in sospeso
suspension [səs'pɛnʃən] *n* (*gen AUT*) sospensione *f*; (*of driving licence*) ritiro temporaneo; ~ **bridge** *n* ponte *m* sospeso
suspicion [səs'pɪʃən] *n* sospetto
suspicious [səs'pɪʃəs] *adj* (*suspecting*) sospettoso(a); (*causing suspicion*) sospetto(a)
sustain [səs'teɪn] *vt* sostenere; sopportare; (*LAW*: *charge*) confermare; (*suffer*) subire; ~**able** *adj* sostenibile; ~**ed** *adj* (*effort*) prolungato(a)
sustenance ['sʌstɪnəns] *n* nutrimento; mezzi *mpl* di sostentamento
swab [swɔb] *n* (*MED*) tampone *m*
swagger ['swægə*] *vi* pavoneggiarsi
swallow ['swɔləu] *n* (*bird*) rondine *f* ♦ *vt* inghiottire; (*fig*: *story*) bere; ~ **up** *vt* inghiottire
swam [swæm] *pt of* **swim**
swamp [swɔmp] *n* palude *f* ♦ *vt* sommergere
swan [swɔn] *n* cigno
swap [swɔp] *vt*: **to** ~ **(for)** scambia-

re (con)

swarm [swɔːm] *n* sciame *m* ♦ *vi* (*bees*) sciamare; (*people*) brulicare; (*place*): **to be ~ing with** brulicare di

swarthy ['swɔːðɪ] *adj* di carnagione scura

swastika ['swɔstɪkə] *n* croce *f* uncinata, svastica

swat [swɔt] *vt* schiacciare

sway [sweɪ] *vi* (*tree*) ondeggiare; (*person*) barcollare ♦ *vt* (*influence*) influenzare, dominare

swear [swɛə*] (*pt* **swore**, *pp* **sworn**) *vi* (*curse*) bestemmiare, imprecare ♦ *vt* (*promise*) giurare; **~word** *n* parolaccia

sweat [swɛt] *n* sudore *m*, traspirazione *f* ♦ *vi* sudare

sweater ['swɛtə*] *n* maglione *m*

sweatshirt ['swɛtʃəːt] *n* felpa

sweaty ['swɛtɪ] *adj* sudato(a); bagnato(a) di sudore

Swede [swiːd] *n* svedese *m/f*

swede [swiːd] (*BRIT*) *n* rapa svedese

Sweden ['swiːdn] *n* Svezia

Swedish ['swiːdɪʃ] *adj* svedese ♦ *n* (*LING*) svedese *m*

sweep [swiːp] (*pt, pp* **swept**) *n* spazzata; (*also*: *chimney* ~) spazzacamino ♦ *vt* spazzare, scopare; (*current*) spazzare ♦ *vi* (*hand*) muoversi con gesto ampio; (*wind*) infuriare; ~ **away** *vt* spazzare via; trascinare via; ~ **past** *vi* sfrecciare accanto; passare accanto maestosamente; ~ **up** *vt, vi* spazzare; **~ing** *adj* (*gesture*) ampio(a); circolare; **a ~ing statement** un'affermazione generica

sweet [swiːt] *n* (*BRIT*: *pudding*) dolce *m*; (*candy*) caramella ♦ *adj* dolce; (*fresh*) fresco(a); (*fig*) piacevole; delicato(a), grazioso(a); gentile; **~corn** *n* granturco dolce; **~en** *vt* addolcire; zuccherare; **~heart** *n* innamorato/a; **~ness** *n* sapore *m* dolce; dolcezza; ~ **pea** *n* pisello odoroso

swell [swɛl] (*pt* **~ed**, *pp* **swollen**, **~ed**) *n* (*of sea*) mare *m* lungo ♦ *adj* (*US*: *inf*: *excellent*) favoloso(a) ♦ *vt* gonfiare, ingrossare; aumentare ♦ *vi* gonfiarsi, ingrossarsi; (*sound*) crescere; (*also*: ~ *up*) gonfiarsi; **~ing** *n* (*MED*) tumefazione *f*, gonfiore *m*

sweltering ['swɛltərɪŋ] *adj* soffocante

swept [swɛpt] *pt, pp of* **sweep**

swerve [swəːv] *vi* deviare; (*driver*) sterzare; (*boxer*) scartare

swift [swɪft] *n* (*bird*) rondone *m* ♦ *adj* rapido(a), veloce

swig [swɪg] (*inf*) *n* (*drink*) sorsata

swill [swɪl] *vt* (*also*: ~ *out*, ~ *down*) risciacquare

swim [swɪm] (*pt* **swam**, *pp* **swum**) *n*: **to go for a** ~ andare a fare una nuotata ♦ *vi* nuotare; (*SPORT*) fare del nuoto; (*head, room*) girare ♦ *vt* (*river, channel*) attraversare *or* percorrere a nuoto; (*length*) nuotare; **~mer** *n* nuotatore/trice; **~ming** *n* nuoto; **~ming cap** *n* cuffia; **~ming costume** (*BRIT*) *n* costume *m* da bagno; **~ming pool** *n* piscina; **~ming trunks** *npl* costume *m* da bagno (da uomo); **~suit** *n* costume *m* da bagno

swindle ['swɪndl] *n* truffa ♦ *vt* truffare

swine [swaɪn] (*inf!*) *n inv* porco (*!*)

swing [swɪŋ] (*pt, pp* **swung**) *n* altalena; (*movement*) oscillazione *f*; (*MUS*) ritmo; swing *m* ♦ *vt* dondolare, far oscillare; (*also*: ~ *round*) far girare ♦ *vi* oscillare, dondolare; (*also*: ~ *round*: *object*) roteare; (: *person*) girarsi, voltarsi; **to be in full** ~ (*activity*) essere in piena attività; (*party etc*) essere nel pieno; ~ **door** (*US* **~ing door**) *n* porta battente

swingeing ['swɪndʒɪŋ] *adj* (*BRIT*: *defeat*) violento(a); (: *cuts*) enorme

swipe [swaɪp] *vt* (*hit*) colpire con forza; dare uno schiaffo a; (*inf*: *steal*) sgraffignare

swirl [swəːl] *vi* turbinare, far mulinello

swish [swɪʃ] *vi* sibilare
Swiss [swɪs] *adj, n inv* svizzero(a)
switch [swɪtʃ] *n* (*for light, radio etc*) interruttore *m*; (*change*) cambiamento ♦ *vt* (*change*) cambiare; scambiare; ~ **off** *vt* spegnere; ~ **on** *vt* accendere; (*engine, machine*) mettere in moto, avviare; ~**board** *n* (*TEL*) centralino
Switzerland ['swɪtsələnd] *n* Svizzera
swivel ['swɪvl] *vi* (*also*: ~ *round*) girare
swollen ['swəulən] *pp of* **swell**
swoon [swu:n] *vi* svenire
swoop [swu:p] *n* incursione *f* ♦ *vi* (*also*: ~ *down*) scendere in picchiata, piombare
swop [swɔp] *n, vt* = **swap**
sword [sɔ:d] *n* spada; ~**fish** *n* pesce *m* spada *inv*
swore [swɔ:*] *pt of* **swear**
sworn [swɔ:n] *pp of* **swear** ♦ *adj* giurato(a)
swot [swɔt] *vi* sgobbare
swum [swʌm] *pp of* **swim**
swung [swʌŋ] *pt, pp of* **swing**
syllable ['sɪləbl] *n* sillaba
syllabus ['sɪləbəs] *n* programma *m*
symbol ['sɪmbl] *n* simbolo
symmetry ['sɪmɪtrɪ] *n* simmetria
sympathetic [sɪmpə'θɛtɪk] *adj* (*showing pity*) compassionevole; (*kind*) comprensivo(a); ~ **towards** ben disposto(a) verso
sympathize ['sɪmpəθaɪz] *vi*: **to** ~ **with** (*person*) compatire; partecipare al dolore di; (*cause*) simpatizzare per; ~**r** *n* (*POL*) simpatizzante *m/f*
sympathy ['sɪmpəθɪ] *n* compassione *f*; **sympathies** *npl* (*support, tendencies*) simpatie *fpl*; **in** ~ **with** (*strike*) per solidarietà con; **with our deepest** ~ con le nostre più sincere condoglianze
symphony ['sɪmfənɪ] *n* sinfonia
symptom ['sɪmptəm] *n* sintomo; indizio
synagogue ['sɪnəgɔg] *n* sinagoga
syndicate ['sɪndɪkɪt] *n* sindacato
synonym ['sɪnənɪm] *n* sinonimo
synopses [sɪ'nɔpsi:z] *npl of* **synopsis**
synopsis [sɪ'nɔpsɪs] (*pl* **synopses**) *n* sommario, sinossi *f inv*
syntax ['sɪntæks] *n* sintassi *f inv*
syntheses ['sɪnθəsi:z] *npl of* **synthesis**
synthesis ['sɪnθəsɪs] (*pl* **syntheses**) *n* sintesi *f inv*
synthetic [sɪn'θɛtɪk] *adj* sintetico(a)
syphilis ['sɪfɪlɪs] *n* sifilide *f*
syphon ['saɪfən] *n, vb* = **siphon**
Syria ['sɪrɪə] *n* Siria
syringe [sɪ'rɪndʒ] *n* siringa
syrup ['sɪrəp] *n* sciroppo; (*also*: *golden* ~) melassa raffinata
system ['sɪstəm] *n* sistema *m*; (*order*) metodo; (*ANAT*) organismo; ~**atic** [-'mætɪk] *adj* sistematico(a); metodico(a); ~ **disk** *n* (*COMPUT*) disco del sistema; ~**s analyst** *n* analista *m* di sistemi

T

ta [tɑ:] (*BRIT*: *inf*) *excl* grazie!
tab [tæb] *n* (*loop on coat etc*) laccetto; (*label*) etichetta; **to keep** ~**s on** (*fig*) tenere d'occhio
tabby ['tæbɪ] *n* (*also*: ~ *cat*) (gatto) soriano, gatto tigrato
table ['teɪbl] *n* tavolo, tavola; (*MATH, CHEM etc*) tavola ♦ *vt* (*BRIT*: *motion etc*) presentare; **to lay** *or* **set the** ~ apparecchiare *or* preparare la tavola; ~**cloth** *n* tovaglia; ~ **of contents** *n* indice *m*; ~ **d'hôte** [tɑ:bl'dəut] *adj* (*meal*) a prezzo fisso; ~ **lamp** *n* lampada da tavolo; ~**mat** *n* sottopiatto; ~**spoon** *n* cucchiaio da tavola; (*also*: ~*spoonful*: *as measurement*) cucchiaiata
tablet ['tæblɪt] *n* (*MED*) compressa; (*of stone*) targa
table: ~ **tennis** *n* tennis *m* da tavolo, ping-pong *m* ®; ~ **wine** *n* vino da tavola
tabulate ['tæbjuleɪt] *vt* (*data, fig-*

ures) tabulare, disporre in tabelle

tacit ['tæsɪt] *adj* tacito(a)

tack [tæk] *n* (*nail*) bulletta; (*fig*) approccio ♦ *vt* imbullettare; imbastire ♦ *vi* bordeggiare

tackle ['tækl] *n* attrezzatura, equipaggiamento; (*for lifting*) paranco; (*FOOTBALL*) contrasto; (*RUGBY*) placcaggio ♦ *vt* (*difficulty*) affrontare; (*FOOTBALL*) contrastare; (*RUGBY*) placcare

tacky ['tækɪ] *adj* appiccicaticcio(a); (*pej*) scadente

tact [tækt] *n* tatto; **~ful** *adj* delicato(a), discreto(a)

tactical ['tæktɪkl] *adj* tattico(a)

tactics ['tæktɪks] *n, npl* tattica

tactless ['tæktlɪs] *adj* che manca di tatto

tadpole ['tædpəul] *n* girino

taffy ['tæfɪ] (*US*) *n* caramella *f* mou *inv*

tag [tæg] *n* etichetta; ~ **along** *vi* seguire

tail [teɪl] *n* coda; (*of shirt*) falda ♦ *vt* (*follow*) seguire, pedinare; ~ **away** *vi* = ~ **off**; ~ **off** *vi* (*in size, quality etc*) diminuire gradatamente; **~back** (*BRIT*) *n* (*AUT*) ingorgo; ~ **end** *n* (*of train, procession etc*) coda; (*of meeting etc*) fine *f*; **~gate** *n* (*AUT*) portellone *m* posteriore

tailor ['teɪlə*] *n* sarto; **~ing** *n* (*cut*) stile *m*; (*craft*) sartoria; **~-made** *adj* (*also fig*) fatto(a) su misura

tailwind ['teɪlwɪnd] *n* vento di coda

tainted ['teɪntɪd] *adj* (*food*) guasto(a); (*water, air*) infetto(a); (*fig*) corrotto(a)

take [teɪk] (*pt* **took**, *pp* **taken**) *vt* prendere; (*gain*: *prize*) ottenere, vincere; (*require*: *effort, courage*) occorrere, volerci; (*tolerate*) accettare, sopportare; (*hold*: *passengers etc*) contenere; (*accompany*) accompagnare; (*bring, carry*) portare; (*exam*) sostenere, presentarsi a; **to ~ a photo/a shower** fare una fotografia/una doccia; **I ~ it that** suppongo che; ~ **after** *vt fus* assomigliare a; ~ **apart** *vt* smontare; ~ **away** *vt* portare via; togliere; ~ **back** *vt* (*return*) restituire; riportare; (*one's words*) ritirare; ~ **down** *vt* (*building*) demolire; (*letter etc*) scrivere; ~ **in** *vt* (*deceive*) imbrogliare, abbindolare; (*understand*) capire; (*include*) comprendere, includere; (*lodger*) prendere, ospitare; ~ **off** *vi* (*AVIAT*) decollare; (*go away*) andarsene ♦ *vt* (*remove*) togliere; ~ **on** *vt* (*work*) accettare, intraprendere; (*employee*) assumere; (*opponent*) sfidare, affrontare; ~ **out** *vt* portare fuori; (*remove*) togliere; (*licence*) prendere, ottenere; **to ~ sth out of sth** (*drawer, pocket etc*) tirare qc fuori da qc; estrarre qc da qc; ~ **over** *vt* (*business*) rilevare ♦ *vi*: **to ~ over from sb** prendere le consegne *or* il controllo da qn; ~ **to** *vt fus* (*person*) prendere in simpatia; (*activity*) prendere gusto a; ~ **up** *vt* (*dress*) accorciare; (*occupy*: *time, space*) occupare; (*engage in*: *hobby etc*) mettersi a; **to ~ sb up on sth** accettare qc da qn; **~away** (*BRIT*) *n* (*shop etc*) ≈ rosticceria; (*food*) pasto per asporto; **~off** *n* (*AVIAT*) decollo; **~out** (*US*) *n* = **~away**; **~over** *n* (*COMM*) assorbimento

takings ['teɪkɪŋz] *npl* (*COMM*) incasso

talc [tælk] *n* (*also*: *~um powder*) talco

tale [teɪl] *n* racconto, storia; **to tell ~s** (*fig*: *to teacher, parent etc*) fare la spia

talent ['tælnt] *n* talento; **~ed** *adj* di talento

talk [tɔːk] *n* discorso; (*gossip*) chiacchiere *fpl*; (*conversation*) conversazione *f*; (*interview*) discussione *f* ♦ *vi* parlare; ~s *npl* (*POL etc*) colloqui *mpl*; **to ~ about** parlare di; **to ~ sb out of/into doing** dissuadere qn da/convincere qn a fare; **to ~ shop** parlare di lavoro *or* di affari; ~ **over** *vt* discutere; **~ative** *adj* loquace, ciarliero(a); ~ **show** *n* con-

versazione *f* televisiva, talk show *m inv*
tall [tɔːl] *adj* alto(a); **to be 6 feet ~** ≈ essere alto 1 metro e 80; **~ story** *n* panzana, frottola
tally ['tælɪ] *n* conto, conteggio ♦ *vi*: **to ~ (with)** corrispondere (a)
talon ['tælən] *n* artiglio
tambourine [tæmbə'riːn] *n* tamburello
tame [teɪm] *adj* addomesticato(a); (*fig*: *story, style*) insipido(a), scialbo(a)
tamper ['tæmpə*] *vi*: **to ~ with** manomettere
tampon ['tæmpɔn] *n* tampone *m*
tan [tæn] *n* (*also*: *sun~*) abbronzatura ♦ *vi* abbronzarsi ♦ *adj* (*colour*) marrone rossiccio *inv*
tang [tæŋ] *n* odore *m* penetrante; sapore *m* piccante
tangent ['tændʒənt] *n* (*MATH*) tangente *f*; **to go off at a ~** (*fig*) partire per la tangente
tangerine [tændʒə'riːn] *n* mandarino
tangle ['tæŋgl] *n* groviglio; **to get into a ~** aggrovigliarsi; (*fig*) combinare un pasticcio
tank [tæŋk] *n* serbatoio; (*for fish*) acquario; (*MIL*) carro armato
tanker ['tæŋkə*] *n* (*ship*) nave *f* cisterna *inv*; (*truck*) autobotte *f*, autocisterna
tanned [tænd] *adj* abbronzato(a)
tantalizing ['tæntəlaɪzɪŋ] *adj* allettante
tantamount ['tæntəmaunt] *adj*: **~ to** equivalente a
tantrum ['tæntrəm] *n* accesso di collera
tap [tæp] *n* (*on sink etc*) rubinetto; (*gentle blow*) colpetto ♦ *vt* dare un colpetto a; (*resources*) sfruttare, utilizzare; (*telephone*) mettere sotto controllo; **on ~** (*fig*: *resources*) a disposizione; **~ dancing** *n* tip tap *m*
tape [teɪp] *n* nastro; (*also*: *magnetic ~*) nastro (magnetico); (*sticky ~*) nastro adesivo ♦ *vt* (*record*) registrare (su nastro); (*stick*) attaccare con nastro adesivo; **~ deck** *n* piastra; **~ measure** *n* metro a nastro
taper ['teɪpə*] *n* candelina ♦ *vi* assottigliarsi
tape recorder *n* registratore *m* (a nastro)
tapestry ['tæpɪstrɪ] *n* arazzo; tappezzeria
tar [tɑː*] *n* catrame *m*
target ['tɑːgɪt] *n* bersaglio; (*fig*: *objective*) obiettivo
tariff ['tærɪf] *n* tariffa
tarmac ['tɑːmæk] *n* (*BRIT*: *on road*) macadam *m* al catrame; (*AVIAT*) pista di decollo
tarnish ['tɑːnɪʃ] *vt* offuscare, annerire; (*fig*) macchiare
tarpaulin [tɑː'pɔːlɪn] *n* tela incatramata
tarragon ['tærəgən] *n* dragoncello
tart [tɑːt] *n* (*CULIN*) crostata; (*BRIT*: *inf*: *pej*: *woman*) sgualdrina ♦ *adj* (*flavour*) aspro(a), agro(a); **~ up** (*inf*) *vt* agghindare
tartan ['tɑːtn] *n* tartan *m inv*
tartar ['tɑːtə*] *n* (*on teeth*) tartaro; **~(e) sauce** *n* salsa tartara
task [tɑːsk] *n* compito; **to take to ~** rimproverare; **~ force** *n* (*MIL, POLICE*) unità operativa
tassel ['tæsl] *n* fiocco
taste [teɪst] *n* gusto; (*flavour*) sapore *m*, gusto; (*sample*) assaggio; (*fig*: *glimpse, idea*) idea ♦ *vt* gustare; (*sample*) assaggiare ♦ *vi*: **to ~ of** *or* **like** (*fish etc*) sapere *or* avere sapore di; **you can ~ the garlic (in it)** (ci) si sente il sapore dell'aglio; **in good/bad ~** di buon/cattivo gusto; **~ful** *adj* di buon gusto; **~less** *adj* (*food*) insipido(a); (*remark*) di cattivo gusto; **tasty** *adj* saporito(a), gustoso(a)
tatters ['tætəz] *npl*: **in ~** a brandelli
tattoo [tə'tuː] *n* tatuaggio; (*spectacle*) parata militare ♦ *vt* tatuare
tatty ['tætɪ] *adj* malridotto(a)
taught [tɔːt] *pt, pp of* **teach**
taunt [tɔːnt] *n* scherno ♦ *vt* schernire
Taurus ['tɔːrəs] *n* Toro

taut [tɔ:t] *adj* teso(a)
tax [tæks] *n* (*on goods*) imposta; (*on services*) tassa; (*on income*) imposte *fpl*, tasse *fpl* ♦ *vt* tassare; (*fig*: *strain*: *patience etc*) mettere alla prova; **~able** *adj* (*income*) imponibile; **~ation** [-'seɪʃən] *n* tassazione *f*; tasse *fpl*, imposte *fpl*; **~ avoidance** *n* elusione *f* fiscale; **~ disc** (*BRIT*) *n* (*AUT*) ≈ bollo; **~ evasion** *n* evasione *f* fiscale; **~-free** *adj* esente da imposte
taxi ['tæksɪ] *n* taxi *m inv* ♦ *vi* (*AVIAT*) rullare; **~ driver** *n* tassista *m/f*; **~ rank** (*BRIT*) *n* = **~ stand**; **~ stand** *n* posteggio dei taxi
tax: **~ payer** *n* contribuente *m/f*; **~ relief** *n* agevolazioni *fpl* fiscali; **~ return** *n* dichiarazione *f* dei redditi
TB *n abbr* = **tuberculosis**
tea [ti:] *n* tè *m inv*; (*BRIT*: *snack*: *for children*) merenda; **high ~** (*BRIT*) cena leggera (*presa nel tardo pomeriggio*); **~ bag** *n* bustina di tè; **~ break** (*BRIT*) *n* intervallo per il tè
teach [ti:tʃ] (*pt*, *pp* **taught**) *vt*: **to ~ sb sth, ~ sth to sb** insegnare qc a qn ♦ *vi* insegnare; **~er** *n* insegnante *m/f*; (*in secondary school*) professore/essa; (*in primary school*) maestro/a; **~ing** *n* insegnamento
tea cosy *n* copriteiera *m inv*
teacup ['ti:kʌp] *n* tazza da tè
teak [ti:k] *n* teak *m*
tea leaves *npl* foglie *fpl* di tè
team [ti:m] *n* squadra; (*of animals*) tiro; **~work** *n* lavoro di squadra
teapot ['ti:pɔt] *n* teiera
tear[1] [tɛə*] (*pt* **tore**, *pp* **torn**) *n* strappo ♦ *vt* strappare ♦ *vi* strapparsi; **~ along** *vi* (*rush*) correre all'impazzata; **~ up** *vt* (*sheet of paper etc*) strappare
tear[2] [tɪə*] *n* lacrima; **in ~s** in lacrime; **~ful** *adj* piangente, lacrimoso(a); **~ gas** *n* gas *m* lacrimogeno
tearoom ['ti:ru:m] *n* sala da tè
tease [ti:z] *vt* canzonare; (*unkindly*) tormentare
tea set *n* servizio da tè
teaspoon ['ti:spu:n] *n* cucchiaino da tè; (*also*: **~ful**: *as measurement*) cucchiaino
teat [ti:t] *n* capezzolo
teatime ['ti:taɪm] *n* ora del tè
tea towel (*BRIT*) *n* strofinaccio (per i piatti)
technical ['tɛknɪkl] *adj* tecnico(a); **~ college** (*BRIT*) *n* ≈ istituto tecnico; **~ity** [-'kælɪtɪ] *n* tecnicità; (*detail*) dettaglio tecnico; (*legal*) cavillo
technician [tɛk'nɪʃən] *n* tecnico/a
technique [tɛk'ni:k] *n* tecnica
technological [tɛknə'lɔdʒɪkl] *adj* tecnologico(a)
technology [tɛk'nɔlədʒɪ] *n* tecnologia
teddy (bear) ['tɛdɪ-] *n* orsacchiotto
tedious ['ti:dɪəs] *adj* noioso(a), tedioso(a)
tee [ti:] *n* (*GOLF*) tee *m inv*
teem [ti:m] *vi*: **to ~ with** brulicare di; **it is ~ing (with rain)** piove a dirotto
teenage ['ti:neɪdʒ] *adj* (*fashions etc*) per giovani, per adolescenti; **~r** *n* adolescente *m/f*
teens [ti:nz] *npl*: **to be in one's ~** essere adolescente
tee-shirt ['ti:ʃə:t] *n* = **T-shirt**
teeter ['ti:tə*] *vi* barcollare, vacillare
teeth [ti:θ] *npl of* **tooth**
teethe [ti:ð] *vi* mettere i denti
teething ring ['ti:ðɪŋ-] *n* dentaruolo
teething troubles ['ti:ðɪŋ-] *npl* (*fig*) difficoltà *fpl* iniziali
teetotal ['ti:'təutl] *adj* astemio(a)
telegram ['tɛlɪgræm] *n* telegramma *m*
telegraph ['tɛlɪgrɑ:f] *n* telegrafo
telepathy [tə'lɛpəθɪ] *n* telepatia
telephone ['tɛlɪfəun] *n* telefono ♦ *vt* (*person*) telefonare a; (*message*) comunicare per telefono; **~ booth** (*BRIT* **~ box**) *n* cabina telefonica; **~ call** *n* telefonata; **~ directory** *n* elenco telefonico; **~ number** *n* numero di telefono; **telephonist** [tə'lɛfənɪst] (*BRIT*) *n* telefonista *m/f*

telescope ['tɛlɪskəup] *n* telescopio
television ['tɛlɪvɪʒən] *n* televisione *f*; on ~ alla televisione; ~ **set** *n* televisore *m*
telex ['tɛlɛks] *n* telex *m inv* ♦ *vt* trasmettere per telex; **to** ~ **sb** contattare qn via telex
tell [tɛl] (*pt, pp* **told**) *vt* dire; (*relate: story*) raccontare; (*distinguish*): **to** ~ **sth from** distinguere qc da ♦ *vi* (*talk*): **to** ~ **(of)** parlare (di); (*have effect*) farsi sentire, avere effetto; **to** ~ **sb to do** dire a qn di fare; ~ **off** *vt* rimproverare, sgridare; ~**er** *n* (*in bank*) cassiere/a; ~**ing** *adj* (*remark, detail*) rivelatore(trice); ~**tale** *adj* (*sign*) rivelatore(trice)
telly ['tɛlɪ] (*BRIT*: *inf*) *n abbr* (= *television*) tivù *f inv*
temerity [tə'mɛrɪtɪ] *n* temerarietà
temp [tɛmp] *n abbr* (= *temporary*) segretaria temporanea
temper ['tɛmpə*] *n* (*nature*) carattere *m*; (*mood*) umore *m*; (*fit of anger*) collera ♦ *vt* (*moderate*) temperare, moderare; **to be in a** ~ essere in collera; **to lose one's** ~ andare in collera
temperament ['tɛmprəmənt] *n* (*nature*) temperamento; ~**al** [-'mɛntl] *adj* capriccioso(a)
temperate ['tɛmprət] *adj* moderato(a); (*climate*) temperato(a)
temperature ['tɛmprətʃə*] *n* temperatura; **to have** *or* **run a** ~ avere la febbre
tempest ['tɛmpɪst] *n* tempesta
template ['tɛmplɪt] *n* sagoma
temple ['tɛmpl] *n* (*building*) tempio; (*ANAT*) tempia
temporary ['tɛmpərərɪ] *adj* temporaneo(a); (*job, worker*) avventizio(a), temporaneo(a)
tempt [tɛmpt] *vt* tentare; **to** ~ **sb into doing** indurre qn a fare; ~**ation** [-'teɪʃən] *n* tentazione *f*; ~**ing** *adj* allettante
ten [tɛn] *num* dieci
tenacity [tə'næsɪtɪ] *n* tenacia
tenancy ['tɛnənsɪ] *n* affitto; condizione *f* di inquilino
tenant ['tɛnənt] *n* inquilino/a
tend [tɛnd] *vt* badare a, occuparsi di ♦ *vi*: **to** ~ **to do** tendere a fare
tendency ['tɛndənsɪ] *n* tendenza
tender ['tɛndə*] *adj* tenero(a); (*sore*) dolorante ♦ *n* (*COMM*: *offer*) offerta; (*money*): **legal** ~ moneta in corso legale ♦ *vt* offrire
tendon ['tɛndən] *n* tendine *m*
tenement ['tɛnəmənt] *n* casamento
tenet ['tɛnət] *n* principio
tennis ['tɛnɪs] *n* tennis *m*; ~ **ball** *n* palla da tennis; ~ **court** *n* campo da tennis; ~ **player** *n* tennista *m/f*; ~ **racket** *n* racchetta da tennis; ~ **shoes** *npl* scarpe *fpl* da tennis
tenor ['tɛnə*] *n* (*MUS*) tenore *m*
tenpin bowling ['tɛnpɪn-] *n* bowling *m*
tense [tɛns] *adj* teso(a) ♦ *n* (*LING*) tempo
tension ['tɛnʃən] *n* tensione *f*
tent [tɛnt] *n* tenda
tentative ['tɛntətɪv] *adj* esitante, incerto(a); (*conclusion*) provvisorio(a)
tenterhooks ['tɛntəhuks] *npl*: **on** ~ sulle spine
tenth [tɛnθ] *num* decimo(a)
tent: ~ **peg** *n* picchetto da tenda; ~ **pole** *n* palo da tenda, montante *m*
tenuous ['tɛnjuəs] *adj* tenue
tenure ['tɛnjuə*] *n* (*of property*) possesso; (*of job*) permanenza; titolarità
tepid ['tɛpɪd] *adj* tiepido(a)
term [tə:m] *n* termine *m*; (*SCOL*) trimestre *m*; (*LAW*) sessione *f* ♦ *vt* chiamare, definire; ~**s** *npl* (*conditions*) condizioni *fpl*; (*COMM*) prezzi *mpl*, tariffe *fpl*; **in the short/long** ~ a breve/lunga scadenza; **to be on good** ~**s with sb** essere in buoni rapporti con qn; **to come to** ~**s with** (*problem*) affrontare
terminal ['tə:mɪnl] *adj* finale, terminale; (*disease*) terminale ♦ *n* (*ELEC*) morsetto; (*COMPUT*) terminale *m*; (*AVIAT, for oil, ore etc*) terminal *m inv*; (*BRIT*: *also*: *coach* ~) capolinea *m*

terminate ['tə:mɪneɪt] *vt* mettere fine a
termini ['tə:mɪnaɪ] *npl of* **terminus**
terminus ['tə:mɪnəs] (*pl* **termini**) *n* (*for buses*) capolinea *m*; (*for trains*) stazione *f* terminale
terrace ['tɛrəs] *n* terrazza; (*BRIT*: *row of houses*) fila di case a schiera; **the ~s** *npl* (*BRIT*: *SPORT*) le gradinate; **~d** *adj* (*garden*) a terrazze
terracotta ['tɛrə'kɔtə] *n* terracotta
terrain [tɛ'reɪn] *n* terreno
terrible ['tɛrɪbl] *adj* terribile; **terribly** *adv* terribilmente; (*very badly*) malissimo
terrier ['tɛrɪə*] *n* terrier *m inv*
terrific [tə'rɪfɪk] *adj* incredibile, fantastico(a); (*wonderful*) formidabile, eccezionale
terrify ['tɛrɪfaɪ] *vt* terrorizzare
territory ['tɛrɪtərɪ] *n* territorio
terror ['tɛrə*] *n* terrore *m*; **~ism** *n* terrorismo; **~ist** *n* terrorista *m/f*
terse [tə:s] *adj* (*style*) conciso(a); (*reply*) laconico(a)
Terylene ['tɛrəli:n] ® *n* terital *m* ®, terilene *m* ®
test [tɛst] *n* (*trial, check, of courage etc*) prova; (*MED*) esame *m*; (*CHEM*) analisi *f inv*; (*exam*: *of intelligence etc*) test *m inv*; (: *in school*) compito in classe; (*also*: *driving* ~) esame *m* di guida ♦ *vt* provare; esaminare; analizzare; sottoporre ad esame; **to ~ sb in history** esaminare qn in storia
testament ['tɛstəmənt] *n* testamento; **the Old/New T~** il Vecchio/Nuovo testamento
testicle ['tɛstɪkl] *n* testicolo
testify ['tɛstɪfaɪ] *vi* (*LAW*) testimoniare, deporre; **to ~ to sth** (*LAW*) testimoniare qc; (*gen*) comprovare *or* dimostrare qc
testimony ['tɛstɪmənɪ] *n* (*LAW*) testimonianza, deposizione *f*
test: ~ match *n* (*CRICKET, RUGBY*) partita internazionale; **~ pilot** *n* pilota *m* collaudatore; **~ tube** *n* provetta
tetanus ['tɛtənəs] *n* tetano
tether ['tɛðə*] *vt* legare ♦ *n*: **at the end of one's ~** al limite (della pazienza)
text [tɛkst] *n* testo; **~book** *n* libro di testo
textiles ['tɛkstaɪlz] *npl* tessuti *mpl*; (*industry*) industria tessile
texture ['tɛkstʃə*] *n* tessitura; (*of skin, paper etc*) struttura
Thames [tɛmz] *n*: **the ~** il Tamigi
than [ðæn, ðən] *conj* (*in comparisons*) che; (*with numerals, pronouns, proper names*) di; **more ~ 10/once** più di 10/una volta; **I have more/less ~ you** ne ho più/meno di te; **I have more pens ~ pencils** ho più penne che matite; **she is older ~ you think** è più vecchia di quanto tu (non) pensi
thank [θæŋk] *vt* ringraziare; **~ you (very much)** grazie (tante); **~s** *npl* ringraziamenti *mpl*, grazie *fpl* ♦ *excl* grazie!; **~s to** grazie a; **~ful** *adj*: **~ful (for)** riconoscente (per); **~less** *adj* ingrato(a); **T~sgiving (Day)** *n* giorno del ringraziamento

KEYWORD

that [ðæt] (*pl* **those**) *adj* (*demonstrative*) quel(quell', quello) *m*; quella(quell') *f*; **~ man/woman/book** quell'uomo/quella donna/quel libro; (*not "this"*) quell'uomo/quella donna/quel libro là; **~ one** quello(a) là
♦ *pron* **1** (*demonstrative*) ciò; (*not "this one"*) quello(a); **who's ~?** chi è?; **what's ~?** cos'è quello?; **is ~ you?** sei tu?; **I prefer this to ~** preferisco questo a quello; **~'s what he said** questo è ciò che ha detto; **what happened after ~?** che è successo dopo?; **~ is (to say)** cioè
2 (*relative*: *direct*) che; (: *indirect*) cui; **the book (~) I read** il libro che ho letto; **the box (~) I put it in** la scatola in cui l'ho messo; **the people (~) I spoke to** le persone con cui *or* con le quali ho parlato
3 (*relative*: *of time*) in cui; **the day**

(~) **he came** il giorno in cui è venuto
◆ *conj* che; **he thought ~ I was ill** pensava che io fossi malato
◆ *adv* (*demonstrative*) così; **I can't work ~ much** non posso lavorare (così) tanto; **~ high** così alto; **the wall's about ~ high and ~ thick** il muro è alto circa così e spesso circa così

thatched [θætʃt] *adj* (*roof*) di paglia; **~ cottage** *n* cottage *m inv* col tetto di paglia
thaw [θɔ:] *n* disgelo ♦ *vi* (*ice*) sciogliersi; (*food*) scongelarsi ♦ *vt* (*food*: *also*: **~ out**) (fare) scongelare

KEYWORD

the [ði:, ðə] *def art* **1** (*gen*) il(lo, l') *m*; la(l') *f*; i(gli) *mpl*; le *fpl*; **~ boy/girl/ink** il ragazzo/la ragazza/ l'inchiostro; **~ books/pencils** i libri/ le matite; **~ history of ~ world** la storia del mondo; **give it to ~ postman** dallo al postino; **I haven't ~ time/money** non ho tempo/soldi; **~ rich and ~ poor** i ricchi e i poveri
2 (*in titles*): **Elizabeth ~ First** Elisabetta prima; **Peter ~ Great** Pietro il grande
3 (*in comparisons*): **~ more he works, ~ more he earns** più lavora più guadagna

theatre ['θɪətə*] (*US* **theater**) *n* teatro; (*also*: *lecture* **~**) aula magna; (*also*: *operating* **~**) sala operatoria; **~-goer** *n* frequentatore/trice di teatri
theatrical [θɪ'ætrɪkl] *adj* teatrale
theft [θɛft] *n* furto
their [ðɛə*] *adj* il(la) loro, *pl* i(le) loro; **~s** *pron* il(la) loro, *pl* i(le) loro; *see also* **my**; **mine**
them [ðɛm, ðəm] *pron* (*direct*) li(le); (*indirect*) gli, loro (*after vb*); (*stressed, after prep*: *people*) loro; (: *people, things*) essi(e); *see also* **me**
theme [θi:m] *n* tema *m*; **~ park** *n* parco di divertimenti (*intorno a un tema centrale*); **~ song** *n* tema musicale
themselves [ðəm'sɛlvz] *pl pron* (*reflexive*) si; (*emphatic*) loro stessi(e); (*after prep*) se stessi(e)
then [ðɛn] *adv* (*at that time*) allora; (*next*) poi, dopo; (*and also*) e poi ♦ *conj* (*therefore*) perciò, dunque, quindi ♦ *adj*: **the ~ president** il presidente di allora; **by ~** allora; **from ~ on** da allora in poi
theology [θɪ'ɔlədʒɪ] *n* teologia
theorem ['θɪərəm] *n* teorema *m*
theoretical [θɪə'rɛtɪkl] *adj* teorico(a)
theory ['θɪərɪ] *n* teoria
therapy ['θɛrəpɪ] *n* terapia

KEYWORD

there [ðɛə*] *adv* **1**: **~ is, ~ are** c'è, ci sono; **~ are 3 of them** (*people*) sono in 3; (*things*) ce ne sono 3; **~ is no-one here** non c'è nessuno qui; **~ has been an accident** c'è stato un incidente
2 (*referring to place*) là, lì; **up/in/ down ~** lassù/là dentro/laggiù; **he went ~ on Friday** ci è andato venerdì; **I want that book ~** voglio quel libro là *or* lì; **~ he is!** eccolo!
3: **~, ~** (*esp to child*) su, su

thereabouts [ðɛərə'bauts] *adv* (*place*) nei pressi, da quelle parti; (*amount*) giù di lì, all'incirca
thereafter [ðɛər'ɑ:ftə*] *adv* da allora in poi
thereby [ðɛə'baɪ] *adv* con ciò
therefore ['ðɛəfɔ:*] *adv* perciò, quindi
there's [ðɛəz] = **there is**; **there has**
thermal ['θə:ml] *adj* termico(a)
thermometer [θə'mɔmɪtə*] *n* termometro
Thermos ['θə:məs] ® *n* (*also*: **~ flask**) thermos *m inv* ®
thesaurus [θɪ'sɔ:rəs] *n* dizionario dei sinonimi
these [ði:z] *pl pron, adj* questi(e)
theses ['θi:si:z] *npl of* **thesis**

thesis ['θi:sɪs] (*pl* **theses**) *n* tesi *f inv*
they [ðeɪ] *pl pron* essi(esse); (*people only*) loro; ~ **say that ...** (*it is said that*) si dice che ...; **~'d** = **they had**; **they would**; **~'ll** = **they shall**; **they will**; **~'re** = **they are**; **~'ve** = **they have**
thick [θɪk] *adj* spesso(a); (*crowd*) compatto(a); (*stupid*) ottuso(a), lento(a) ♦ *n*: **in the ~ of** nel folto di; **it's 20 cm ~** ha uno spessore di 20 cm; **~en** *vi* ispessire ♦ *vt* (*sauce etc*) ispessire, rendere più denso(a); **~ly** *adv* (*spread*) a strati spessi; (*cut*) a fette grosse; (*populated*) densamente; **~ness** *n* spessore *m*; **~set** *adj* tarchiato(a), tozzo(a); **~skinned** *adj* (*fig*) insensibile
thief [θi:f] (*pl* **thieves**) *n* ladro/a
thieves [θi:vz] *npl of* **thief**
thigh [θaɪ] *n* coscia
thimble ['θɪmbl] *n* ditale *m*
thin [θɪn] *adj* sottile; (*person*) magro(a); (*soup*) poco denso(a) ♦ *vt*: **to ~ (down)** (*sauce, paint*) diluire
thing [θɪŋ] *n* cosa; (*object*) oggetto; (*mania*): **to have a ~ about** essere fissato(a) con; **~s** *npl* (*belongings*) cose *fpl*; **poor ~** poverino(a); **the best ~ would be to** la cosa migliore sarebbe di; **how are ~s?** come va?
think [θɪŋk] (*pt, pp* **thought**) *vi* pensare, riflettere ♦ *vt* pensare, credere; (*imagine*) immaginare; **to ~ of** pensare a; **what did you ~ of them?** cosa ne ha pensato?; **to ~ about sth/sb** pensare a qc/qn; **I'll ~ about it** ci penserò; **to ~ of doing** pensare di fare; **I ~ so/not** penso di sì/no; **to ~ well of** avere una buona opinione di; **~ out** *vt* (*plan*) elaborare; (*solution*) trovare; **~ over** *vt* riflettere su; **~ through** *vt* riflettere a fondo su; **~ up** *vt* ideare; **~ tank** *n* commissione *f* di esperti
third [θə:d] *num* terzo(a) ♦ *n* terzo/a; (*fraction*) terzo, terza parte *f*; (*AUT*) terza; (*BRIT*: *SCOL*: *degree*) *laurea col minimo dei voti*; **~ly** *adv* in terzo luogo; **~ party insurance** (*BRIT*) *n* assicurazione *f* contro terzi; **~-rate** *adj* di qualità scadente; **the T~ World** *n* il Terzo Mondo
thirst [θə:st] *n* sete *f*; **~y** *adj* (*person*) assetato(a), che ha sete
thirteen [θə:'ti:n] *num* tredici
thirty ['θə:tɪ] *num* trenta

KEYWORD

this [ðɪs] (*pl* **these**) *adj* (*demonstrative*) questo(a); **~ man/woman/book** quest'uomo/questa donna/questo libro; (*not "that"*) quest'uomo/questa donna/questo libro qui; **~ one** questo(a) qui
♦ *pron* (*demonstrative*) questo(a); (*not "that one"*) questo(a) qui; **who/what is ~?** chi è/che cos'è questo?; **I prefer ~ to that** preferisco questo a quello; **~ is where I live** io abito qui; **~ is what he said** questo è ciò che ha detto; **~ is Mr Brown** (*in introductions, photo*) questo è il signor Brown; (*on telephone*) sono il signor Brown
♦ *adv* (*demonstrative*): **~ high/long** *etc* alto/lungo *etc* così; **I didn't know things were ~ bad** non sapevo andasse così male

thistle ['θɪsl] *n* cardo
thong [θɔŋ] *n* cinghia
thorn [θɔ:n] *n* spina; **~y** *adj* spinoso(a)
thorough ['θʌrə] *adj* (*search*) minuzioso(a); (*knowledge, research*) approfondito(a), profondo(a); (*person*) coscienzioso(a); (*cleaning*) a fondo; **~bred** *n* (*horse*) purosangue *m/f inv*; **~fare** *n* strada transitabile; **"no ~fare"** "divieto di transito"; **~ly** *adv* (*search*) minuziosamente; (*wash, study*) a fondo; (*very*) assolutamente
those [ðəuz] *pl pron* quelli(e) ♦ *pl a* quei(quegli) *mpl*; quelle *fpl*
though [ðəu] *conj* benché, sebbene ♦ *adv* comunque
thought [θɔ:t] *pt, pp of* **think** ♦ *n* pensiero; (*opinion*) opinione *f*; **~ful**

adj pensieroso(a), pensoso(a); (*considerate*) premuroso(a); **~less** *adj* sconsiderato(a); (*behaviour*) scortese

thousand ['θauzənd] *num* mille; **one ~** mille; **~s of** migliaia di; **~th** *num* millesimo(a)

thrash [θræʃ] *vt* picchiare; bastonare; (*defeat*) battere; **~ about** *vi* dibattersi; **~ out** *vt* dibattere

thread [θrɛd] *n* filo; (*of screw*) filetto ♦ *vt* (*needle*) infilare; **~bare** *adj* consumato(a), logoro(a)

threat [θrɛt] *n* minaccia; **~en** *vi* (*storm*) minacciare ♦ *vt*: **to ~en sb with/to do** minacciare qn con/di fare

three [θri:] *num* tre; **~-dimensional** *adj* tridimensionale; (*film*) stereoscopico(a); **~-piece suit** *n* completo (con gilè); **~-piece suite** *n* salotto comprendente un divano e due poltrone; **~-ply** *adj* (*wool*) a tre fili

thresh [θrɛʃ] *vt* (*AGR*) trebbiare

threshold ['θrɛʃhəuld] *n* soglia

threw [θru:] *pt of* **throw**

thrifty ['θrɪftɪ] *adj* economico(a)

thrill [θrɪl] *n* brivido ♦ *vt* (*audience*) elettrizzare; **to be ~ed** (*with gift etc*) essere elettrizzato(a); **~er** *n* thriller *m inv*; **~ing** *adj* (*book*) pieno(a) di suspense; (*news, discovery*) elettrizzante

thrive [θraɪv] (*pt* **thrived** *or* **throve**, *pp* **thrived** *or* **thriven**) *vi* crescere *or* svilupparsi bene; (*business*) prosperare; **he ~s on it** gli fa bene, ne gode; **thriven** ['θrɪvn] *pp of* **thrive**; **thriving** *adj* fiorente

throat [θrəut] *n* gola; **to have a sore ~** avere (un *or* il) mal di gola

throb [θrɔb] *n* (*of heart*) palpito; (*of wound*) pulsazione *f*; (*of engine*) vibrazione *f* ♦ *vi* palpitare; pulsare; vibrare

throes [θrəuz] *npl*: **in the ~ of** alle prese con; in preda a

thrombosis [θrɔm'bəusɪs] *n* trombosi *f*

throne [θrəun] *n* trono

throng [θrɔŋ] *n* moltitudine *f* ♦ *vt* affollare

throttle ['θrɔtl] *n* (*AUT*) valvola a farfalla ♦ *vt* strangolare

through [θru:] *prep* attraverso; (*time*) per, durante; (*by means of*) per mezzo di; (*owing to*) a causa di ♦ *adj* (*ticket, train, passage*) diretto(a) ♦ *adv* attraverso; **to put sb ~ to sb** (*TEL*) passare qn a qn; **to be ~** (*TEL*) ottenere la comunicazione; (*have finished*) essere finito(a); **"no ~ road"** (*BRIT*) "strada senza sbocco"; **~out** *prep* (*place*) dappertutto in; (*time*) per *or* durante tutto(a) ♦ *adv* dappertutto; sempre

throve [θrəuv] *pt of* **thrive**

throw [θrəu] (*pt* **threw**, *pp* **thrown**) *n* (*SPORT*) lancio, tiro ♦ *vt* tirare, gettare; (*SPORT*) lanciare, tirare; (*rider*) disarcionare; (*fig*) confondere; **to ~ a party** dare una festa; **~ away** *vt* gettare *or* buttare via; **~ off** *vt* sbarazzarsi di; **~ out** *vt* buttare fuori; (*reject*) respingere; **~ up** *vi* vomitare; **~away** *adj* da buttare; **~-in** *n* (*SPORT*) rimessa in gioco; **thrown** *pp of* **throw**

thru [θru:] (*US*) *prep, adj, adv* = **through**

thrush [θrʌʃ] *n* tordo

thrust [θrʌst] (*pt, pp* **thrust**) *n* (*TECH*) spinta ♦ *vt* spingere con forza; (*push in*) conficcare

thud [θʌd] *n* tonfo

thug [θʌg] *n* delinquente *m*

thumb [θʌm] *n* (*ANAT*) pollice *m*; **to ~ a lift** fare l'autostop; **~ through** *vt fus* (*book*) sfogliare; **~tack** (*US*) *n* puntina da disegno

thump [θʌmp] *n* colpo forte; (*sound*) tonfo ♦ *vt* (*person*) picchiare; (*object*) battere su ♦ *vi* picchiare; battere

thunder ['θʌndə*] *n* tuono ♦ *vi* tuonare; (*train etc*): **to ~ past** passare con un rombo; **~bolt** *n* fulmine *m*; **~clap** *n* rombo di tuono; **~storm** *n* temporale *m*; **~y** *adj* temporalesco(a)

Thursday ['θə:zdı] *n* giovedì *m inv*
thus [ðʌs] *adv* così
thwart [θwɔ:t] *vt* contrastare
thyme [taım] *n* timo
thyroid ['θaırɔıd] *n* (*also*: ~ *gland*) tiroide *f*
tiara [tı'ɑ:rə] *n* (*woman's*) diadema *m*
Tiber ['taıbə*] *n*: **the** ~ il Tevere
tick [tık] *n* (*sound*: *of clock*) tic tac *m inv*; (*mark*) segno; spunta; (*ZOOL*) zecca; (*BRIT*: *inf*): **in a** ~ in un attimo ♦ *vi* fare tic tac ♦ *vt* spuntare; ~ **off** *vt* spuntare; (*person*) sgridare; ~ **over** *vi* (*engine*) andare al minimo; (*fig*) andare avanti come al solito
ticket ['tıkıt] *n* biglietto; (*in shop*: *on goods*) etichetta; (*parking* ~) multa; (*for library*) scheda; ~ **collector** *n* bigliettaio; ~ **office** *n* biglietteria
tickle ['tıkl] *vt* fare il solletico a; (*fig*) solleticare ♦ *vi*: **it** ~s mi (*or* gli *etc*) fa il solletico; **ticklish** [-lıʃ] *adj* che soffre il solletico; (*problem*) delicato(a)
tidal ['taıdl] *adj* di marea; (*estuary*) soggetto(a) alla marea; ~ **wave** *n* onda anomala
tidbit ['tıdbıt] (*US*) *n* (*food*) leccornia; (*news*) notizia ghiotta
tiddlywinks ['tıdlıwıŋks] *n* gioco della pulce
tide [taıd] *n* marea; (*fig*: *of events*) corso; **high/low** ~ alta/bassa marea; ~ **over** *vt* dare una mano a
tidy ['taıdı] *adj* (*room*) ordinato(a), lindo(a); (*dress, work*) curato(a), in ordine; (*person*) ordinato(a) ♦ *vt* (*also*: ~ *up*) riordinare, mettere in ordine
tie [taı] *n* (*string etc*) legaccio; (*BRIT*: *also*: *neck*~) cravatta; (*fig*: *link*) legame *m*; (*SPORT*: *draw*) pareggio ♦ *vt* (*parcel*) legare; (*ribbon*) annodare ♦ *vi* (*SPORT*) pareggiare; **to** ~ **sth in a bow** annodare qc; **to** ~ **a knot in sth** fare un nodo a qc; ~ **down** *vt* legare; (*to price etc*) costringere ad accettare; ~ **up** *vt* (*parcel, dog*) legare; (*boat*) ormeggiare; (*arrangements*) concludere; **to be** ~**d up** (*busy*) essere occupato(a) *or* preso(a)
tier [tıə*] *n* fila; (*of cake*) piano, strato
tiger ['taıgə*] *n* tigre *f*
tight [taıt] *adj* (*rope*) teso(a), tirato(a); (*money*) poco(a); (*clothes, budget, bend etc*) stretto(a); (*control*) severo(a), fermo(a); (*inf*: *drunk*) sbronzo(a) ♦ *adv* (*squeeze*) fortemente; (*shut*) ermeticamente; ~**s** (*BRIT*) *npl* collant *m inv*; ~**en** *vt* (*rope*) tendere; (*screw*) stringere; (*control*) rinforzare ♦ *vi* tendersi; stringersi; ~**-fisted** *adj* avaro(a); ~**ly** *adv* (*grasp*) bene, saldamente; ~**rope** *n* corda (da acrobata)
tile [taıl] *n* (*on roof*) tegola; (*on wall or floor*) piastrella, mattonella; ~**d** *adj* di tegole; a piastrelle, a mattonelle
till [tıl] *n* registratore *m* di cassa ♦ *vt* (*land*) coltivare ♦ *prep, conj* = **until**
tiller ['tılə*] *n* (*NAUT*) barra del timone
tilt [tılt] *vt* inclinare, far pendere ♦ *vi* inclinarsi, pendere
timber [tımbə*] *n* (*material*) legname *m*; (*trees*) alberi *mpl* da legname
time [taım] *n* tempo; (*epoch*: *often pl*) epoca, tempo; (*by clock*) ora; (*moment*) momento; (*occasion*) volta; (*MUS*) tempo ♦ *vt* (*race*) cronometrare; (*programme*) calcolare la durata di; (*fix moment for*) programmare; (*remark etc*) dire (*or* fare) al momento giusto; **a long** ~ molto tempo; **for the** ~ **being** per il momento; **4 at a** ~ 4 per *or* alla volta; **from** ~ **to** ~ ogni tanto; **at** ~**s** a volte; **in** ~ (*soon enough*) in tempo; (*after some* ~) col tempo; (*MUS*) a tempo; **in a week's** ~ fra una settimana; **in no** ~ in un attimo; **any** ~ in qualsiasi momento; **on** ~ puntualmente; **5** ~**s 5** 5 volte 5, 5 per 5; **what** ~ **is it?** che ora è?, che ore sono?; **to have a good** ~ divertirsi;

~ **bomb** *n* bomba a orologeria; ~**less** *adj* eterno(a); ~**ly** *adj* opportuno(a); ~ **off** *n* tempo libero; ~**r** *n* (~ *switch*) temporizzatore *m*; (*in kitchen*) contaminuti *m inv*; ~ **scale** *n* periodo; ~**-share** *adj*: ~**-share apartment/villa** appartamento/villa in multiproprietà; ~ **switch** (*BRIT*) *n* temporizzatore *m*; ~**table** *n* orario; ~ **zone** *n* fuso orario

timid ['tɪmɪd] *adj* timido(a); (*easily scared*) pauroso(a)

timing ['taɪmɪŋ] *n* (*SPORT*) cronometraggio; (*fig*) scelta del momento opportuno

timpani ['tɪmpənɪ] *npl* timpani *mpl*

tin [tɪn] *n* stagno; (*also*: ~ *plate*) latta; (*container*) scatola; (*BRIT*: *can*) barattolo (di latta), lattina; ~**foil** *n* stagnola

tinge [tɪndʒ] *n* sfumatura ♦ *vt*: ~**d with** tinto(a) di

tingle ['tɪŋgl] *vi* pizzicare

tinker ['tɪŋkə*]: ~ **with** *vt fus* armeggiare intorno a; cercare di riparare

tinned [tɪnd] (*BRIT*) *adj* (*food*) in scatola

tin opener ['-əupnə*] (*BRIT*) *n* apriscatole *m inv*

tinsel ['tɪnsl] *n* decorazioni *fpl* natalizie (*argentate*)

tint [tɪnt] *n* tinta; ~**ed** *adj* (*hair*) tinto(a); (*spectacles, glass*) colorato(a)

tiny ['taɪnɪ] *adj* minuscolo(a)

tip [tɪp] *n* (*end*) punta; (*gratuity*) mancia; (*BRIT*: *for rubbish*) immondezzaio; (*advice*) suggerimento ♦ *vt* (*waiter*) dare la mancia a; (*tilt*) inclinare; (*overturn*: *also*: ~ *over*) capovolgere; (*empty*: *also*: ~ *out*) scaricare; ~**-off** *n* (*hint*) soffiata; ~**ped** (*BRIT*) *adj* (*cigarette*) col filtro

Tipp-Ex ['tɪpɛks] ® *n* correttore *m*

tipsy ['tɪpsɪ] *adj* brillo(a)

tiptoe ['tɪptəu] *n*: **on** ~ in punta di piedi

tiptop ['tɪp'tɔp] *adj*: **in ~ condition** in ottime condizioni

tire ['taɪə*] *n* (*US*) = **tyre** ♦ *vt* stancare ♦ *vi* stancarsi; ~**d** *adj* stanco(a); **to be ~d of** essere stanco *or* stufo di; ~**less** *adj* instancabile; ~**some** *adj* noioso(a); **tiring** *adj* faticoso(a)

tissue ['tɪʃu:] *n* tessuto; (*paper handkerchief*) fazzoletto di carta; ~ **paper** *n* carta velina

tit [tɪt] *n* (*bird*) cinciallegra; **to give ~ for tat** rendere pan per focaccia

titbit ['tɪtbɪt] (*BRIT*) *n* (*food*) leccornia; (*news*) notizia ghiotta

title ['taɪtl] *n* titolo; ~ **deed** *n* (*LAW*) titolo di proprietà; ~ **role** *n* ruolo *or* parte *f* principale

titter ['tɪtə*] *vi* ridere scioccamente

TM *abbr* = **trademark**

KEYWORD

to [tu:, tə] *prep* **1** (*direction*) a; **to go ~ France/London/school** andare in Francia/a Londra/a scuola; **to go ~ Paul's/the doctor's** andare da Paul/dal dottore; **the road ~ Edinburgh** la strada per Edimburgo; ~ **the left/right** a sinistra/destra

2 (*as far as*) (fino) a; **from here ~ London** da qui a Londra; **to count ~ 10** contare fino a 10; **from 40 ~ 50 people** da 40 a 50 persone

3 (*with expressions of time*): **a quarter ~ 5** le 5 meno un quarto; **it's twenty ~ 3** sono le 3 meno venti

4 (*for, of*): **the key ~ the front door** la chiave della porta d'ingresso; **a letter ~ his wife** una lettera per la moglie

5 (*expressing indirect object*) a; **to give sth ~ sb** dare qc a qn; **to talk ~ sb** parlare a qn; **to be a danger ~ sb/sth** rappresentare un pericolo per qn/qc

6 (*in relation to*) a; **3 goals ~ 2** 3 goal a 2; **30 miles ~ the gallon** ≈ 11 chilometri con un litro

7 (*purpose, result*): **to come ~ sb's aid** venire in aiuto a qn; **to sentence sb ~ death** condannare a

morte qn; ~ **my surprise** con mia sorpresa
♦ *with vb* **1** (*simple infinitive*): ~ **go/eat** *etc* andare/mangiare *etc*
2 (*following another vb*): **to want/ try/start ~ do** volere/cercare di/ cominciare a fare
3 (*with vb omitted*): **I don't want ~** non voglio (farlo); **you ought ~** devi (farlo)
4 (*purpose, result*) per; **I did it ~ help you** l'ho fatto per aiutarti
5 (*equivalent to relative clause*): **I have things ~ do** ho da fare; **the main thing is ~ try** la cosa più importante è provare
6 (*after adjective etc*): **ready ~ go** pronto a partire; **too old/young ~ ...** troppo vecchio/giovane per ...
♦ *adv*: **to push the door ~** accostare la porta

toad [təud] *n* rospo; **~stool** *n* fungo (velenoso)
toast [təust] *n* (*CULIN*) pane *m* tostato; (*drink, speech*) brindisi *m inv* ♦ *vt* (*CULIN*) tostare; (*drink to*) brindare a; **a piece** *or* **slice of ~** una fetta di pane tostato; **~er** *n* tostapane *m inv*
tobacco [tə'bækəu] *n* tabacco; **~nist** *n* tabaccaio/a; **~nist's (shop)** *n* tabaccheria
toboggan [tə'bɔgən] *n* toboga *m inv*
today [tə'deɪ] *adv* oggi ♦ *n* (*also fig*) oggi *m*
toddler ['tɔdlə*] *n* bambino/a che impara a camminare
to-do *n* (*fuss*) storie *fpl*
toe [təu] *n* dito del piede; (*of shoe*) punta; **to ~ the line** (*fig*) stare in riga, conformarsi; **~nail** *n* unghia del piede
toffee ['tɔfɪ] *n* caramella; **~ apple** *n* mela caramellata
toga ['təugə] *n* toga
together [tə'gɛðə*] *adv* insieme; (*at same time*) allo stesso tempo; **~ with** insieme a
toil [tɔɪl] *n* travaglio, fatica ♦ *vi* affannarsi; sgobbare
toilet ['tɔɪlət] *n* (*BRIT: lavatory*) gabinetto ♦ *cpd* (*bag, soap etc*) da toletta; **~ paper** *n* carta igienica; **~ries** *npl* articoli *mpl* da toletta; **~ roll** *n* rotolo di carta igienica; **~ water** *n* acqua di colonia
token ['təukən] *n* (*sign*) segno; (*substitute coin*) gettone *m*; **book/ record/gift ~** (*BRIT*) buono-libro/ disco/regalo
told [təuld] *pt, pp of* **tell**
tolerable ['tɔlərəbl] *adj* (*bearable*) tollerabile; (*fairly good*) passabile
tolerant ['tɔlərnt] *adj*: **~ (of)** tollerante (nei confronti di)
tolerate ['tɔləreɪt] *vt* sopportare; (*MED, TECH*) tollerare
toll [təul] *n* (*tax, charge*) pedaggio ♦ *vi* (*bell*) suonare; **the accident ~ on the roads** il numero delle vittime della strada
tomato [tə'mɑːtəu] (*pl* **~es**) *n* pomodoro
tomb [tuːm] *n* tomba
tomboy ['tɔmbɔɪ] *n* maschiaccio
tombstone ['tuːmstəun] *n* pietra tombale
tomcat ['tɔmkæt] *n* gatto
tomorrow [tə'mɔrəu] *adv* domani ♦ *n* (*also fig*) domani *m inv*; **the day after ~** dopodomani; **~ morning** domani mattina
ton [tʌn] *n* tonnellata (*BRIT = 1016 kg; US = 907 kg; metric = 1000 kg*); **~s of** (*inf*) un mucchio *or* sacco di
tone [təun] *n* tono ♦ *vi* (*also*: **~ in**) intonarsi; **~ down** *vt* (*colour, criticism, sound*) attenuare; **~ up** *vt* (*muscles*) tonificare; **~-deaf** *adj* che non ha orecchio (musicale)
tongs [tɔŋz] *npl* tenaglie *fpl*; (*for coal*) molle *fpl*; (*for hair*) arricciacapelli *m inv*
tongue [tʌŋ] *n* lingua; **~ in cheek** (*say, speak*) ironicamente; **~-tied** *adj* (*fig*) muto(a); **~-twister** *n* scioglilingua *m inv*
tonic ['tɔnɪk] *n* (*MED*) tonico; (*also*: **~ water**) acqua tonica

tonight [tə'naɪt] *adv* stanotte; (*this evening*) stasera ♦ *n* questa notte; questa sera

tonnage ['tʌnɪdʒ] *n* (*NAUT*) tonnellaggio, stazza

tonsil ['tɔnsl] *n* tonsilla; **~litis** [-'laɪtɪs] *n* tonsillite *f*

too [tu:] *adv* (*excessively*) troppo; (*also*) anche; ~ **much** *adv* troppo ♦ *adj* troppo(a); ~ **many** troppi(e)

took [tuk] *pt of* **take**

tool [tu:l] *n* utensile *m*, attrezzo; ~ **box** *n* cassetta *f* portautensili

toot [tu:t] *n* (*of horn*) colpo di clacson; (*of whistle*) fischio ♦ *vi* suonare; (*with car horn*) suonare il clacson

tooth [tu:θ] (*pl* **teeth**) *n* (*ANAT, TECH*) dente *m*; **~ache** *n* mal *m* di denti; **~brush** *n* spazzolino da denti; **~paste** *n* dentifricio; **~pick** *n* stuzzicadenti *m inv*

top [tɔp] *n* (*of mountain, page, ladder*) cima; (*of box, cupboard, table*) sopra *m inv*, parte *f* superiore; (*lid: of box, jar*) coperchio; (: *of bottle*) tappo; (*blouse etc*) sopra *m inv*; (*toy*) trottola ♦ *adj* più alto(a); (*in rank*) primo(a); (*best*) migliore ♦ *vt* (*exceed*) superare; (*be first in*) essere in testa a; **on** ~ **of** sopra, in cima a; (*in addition to*) oltre a; **from** ~ **to bottom** da cima a fondo; ~ **up** (*US* ~ **off**) *vt* riempire; (*salary*) integrare; ~ **floor** *n* ultimo piano; ~ **hat** *n* cilindro; **~-heavy** *adj* (*object*) con la parte superiore troppo pesante

topic ['tɔpɪk] *n* argomento; **~al** *adj* d'attualità

top: **~less** *adj* (*bather etc*) col seno scoperto; **~-level** *adj* (*talks*) ad alto livello; **~most** *adj* il(la) più alto(a)

topple ['tɔpl] *vt* rovesciare, far cadere ♦ *vi* cadere; traballare

top-secret *adj* segretissimo(a)

topsy-turvy ['tɔpsɪ'tə:vɪ] *adj, adv* sottosopra *inv*

torch [tɔ:tʃ] *n* torcia; (*BRIT: electric*) lampadina tascabile

tore [tɔ:*] *pt of* **tear**

torment [*n* 'tɔ:mɛnt, *vb* tɔ:'mɛnt] *n* tormento ♦ *vt* tormentare

torn [tɔ:n] *pp of* **tear**

torpedo [tɔ:'pi:dəu] (*pl* ~es) *n* siluro

torrent ['tɔrnt] *n* torrente *m*

torrid ['tɔrɪd] *adj* torrido(a); (*love affair*) infuocato(a)

tortoise ['tɔ:təs] *n* tartaruga; **~-shell** ['tɔ:təʃɛl] *adj* di tartaruga

torture ['tɔ:tʃə*] *n* tortura ♦ *vt* torturare

Tory ['tɔ:rɪ] (*BRIT: POL*) *adj* dei tories, conservatore(trice) ♦ *n* tory *m/f inv*, conservatore/trice

toss [tɔs] *vt* gettare, lanciare; (*one's head*) scuotere; **to** ~ **a coin** fare a testa o croce; **to** ~ **up for sth** fare a testa o croce per qc; **to** ~ **and turn** (*in bed*) girarsi e rigirarsi

tot [tɔt] *n* (*BRIT: drink*) bicchierino; (*child*) bimbo/a

total ['təutl] *adj* totale ♦ *n* totale *m* ♦ *vt* (*add up*) sommare; (*amount to*) ammontare a

totally ['təutəlɪ] *adv* completamente

totter ['tɔtə*] *vi* barcollare

touch [tʌtʃ] *n* tocco; (*sense*) tatto; (*contact*) contatto ♦ *vt* toccare; **a** ~ **of** (*fig*) un tocco di; un pizzico di; **to get in** ~ **with** mettersi in contatto con; **to lose** ~ (*friends*) perdersi di vista; ~ **on** *vt fus* (*topic*) sfiorare, accennare a; ~ **up** *vt* (*paint*) ritoccare; **~-and-go** *adj* incerto(a); **~down** *n* atterraggio; (*on sea*) ammaraggio; (*US: FOOTBALL*) meta; **~ed** *adj* commosso(a); **~ing** *adj* commovente; **~line** *n* (*SPORT*) linea laterale; **~y** *adj* (*person*) suscettibile

tough [tʌf] *adj* duro(a); (*resistant*) resistente; **~en** *vt* rinforzare

toupee ['tu:peɪ] *n* parrucchino

tour ['tuə*] *n* viaggio; (*also: package* ~) viaggio organizzato *or* tutto compreso; (*of town, museum*) visita; (*by artist*) tournée *f inv* ♦ *vt* visitare; **~ing** *n* turismo

tourism ['tuərɪzəm] *n* turismo

tourist ['tuərɪst] *n* turista *m/f* ♦ *adv* (*travel*) in classe turistica ♦ *cpd* turistico(a); ~ **office** *n* pro loco *f inv*
tournament ['tuənəmənt] *n* torneo
tousled ['tauzld] *adj* (*hair*) arruffato(a)
tout [taut] *vi*: **to ~ for** procacciare, raccogliere; cercare clienti per ♦ *n* (*also*: *ticket* ~) bagarino
tow [təu] *vt* rimorchiare; "**on** ~" (*BRIT*), "**in** ~" (*US*) "veicolo rimorchiato"
toward(s) [tə'wɔ:d(z)] *prep* verso; (*of attitude*) nei confronti di; (*of purpose*) per
towel ['tauəl] *n* asciugamano; (*also*: *tea* ~) strofinaccio; ~**ling** *n* (*fabric*) spugna; ~ **rail** (*US* ~ **rack**) *n* portasciugamano
tower ['tauə*] *n* torre *f*; ~ **block** (*BRIT*) *n* palazzone *m*; ~**ing** *adj* altissimo(a), imponente
town [taun] *n* città *f inv*; **to go to** ~ andare in città; (*fig*) mettercela tutta; ~ **centre** *n* centro (città); ~ **council** *n* consiglio comunale; ~ **hall** *n* ≈ municipio; ~ **plan** *n* pianta della città; ~ **planning** *n* urbanistica
towrope ['təurəup] *n* (cavo da) rimorchio
tow truck (*US*) *n* carro *m* attrezzi *inv*
toxic ['tɔksɪk] *adj* tossico(a)
toy [tɔɪ] *n* giocattolo; ~ **with** *vt fus* giocare con; (*idea*) accarezzare, trastullarsi con; ~ **shop** *n* negozio di giocattoli
trace [treɪs] *n* traccia ♦ *vt* (*draw*) tracciare; (*follow*) seguire; (*locate*) rintracciare; **tracing paper** *n* carta da ricalco
track [træk] *n* (*of person, animal*) traccia; (*on tape, SPORT, path*: *gen*) pista; (: *of bullet etc*) traiettoria; (: *of suspect, animal*) pista, tracce *fpl*; (*RAIL*) binario, rotaie *fpl* ♦ *vt* seguire le tracce di; **to keep ~ of** seguire; ~ **down** *vt* (*prey*) scovare; snidare; (*sth lost*) rintracciare; ~**suit** *n* tuta sportiva
tract [trækt] *n* (*GEO*) tratto, estensione *f*; (*pamphlet*) opuscolo, libretto
tractor ['træktə*] *n* trattore *m*
trade [treɪd] *n* commercio; (*skill, job*) mestiere *m* ♦ *vi* commerciare ♦ *vt*: **to ~ sth (for sth)** barattare qc (con qc); **to ~ with/in** commerciare con/in; ~ **in** *vt* (*old car etc*) dare come pagamento parziale; ~ **fair** *n* fiera commerciale; ~**mark** *n* marchio di fabbrica; ~ **name** *n* marca, nome *m* depositato; ~**r** *n* commerciante *m/f*; ~**sman** *n* fornitore *m*; (*shopkeeper*) negoziante *m*; ~ **union** *n* sindacato; ~ **unionist** sindacalista *m/f*
tradition [trə'dɪʃən] *n* tradizione *f*; ~**al** *adj* tradizionale
traffic ['træfɪk] *n* traffico ♦ *vi*: **to ~ in** (*pej*: *liquor, drugs*) trafficare in; ~ **circle** (*US*) *n* isola rotatoria; ~ **jam** *n* ingorgo (del traffico); ~ **lights** *npl* semaforo; ~ **warden** *n* addetto/a al controllo del traffico e del parcheggio
tragedy ['trædʒədɪ] *n* tragedia
tragic ['trædʒɪk] *adj* tragico(a)
trail [treɪl] *n* (*tracks*) tracce *fpl*, pista; (*path*) sentiero; (*of smoke etc*) scia ♦ *vt* trascinare, strascicare; (*follow*) seguire ♦ *vi* essere al traino; (*dress etc*) strusciare; (*plant*) arrampicarsi; strisciare; (*in game*) essere in svantaggio; ~ **behind** *vi* essere al traino; ~**er** *n* (*AUT*) rimorchio; (*US*) roulotte *f inv*; (*CINEMA*) prossimamente *m inv*; ~**er truck** (*US*) *n* (*articulated lorry*) autoarticolato
train [treɪn] *n* treno; (*of dress*) coda, strascico ♦ *vt* (*apprentice, doctor etc*) formare; (*sportsman*) allenare; (*dog*) addestrare; (*memory*) esercitare; (*point*: *gun etc*): **to ~ sth on** puntare qc contro ♦ *vi* formarsi; allenarsi; **one's ~ of thought** il filo dei propri pensieri; ~**ed** *adj* qualificato(a); allenato(a); addestrato(a); ~**ee** [treɪ'ni:] *n* (*in trade*) apprendi-

sta *m/f*; **~er** *n* (*SPORT*) allenatore/trice; (: *shoe*) scarpa da ginnastica; (*of dogs etc*) addestratore/trice; **~ing** *n* formazione *f*; allenamento; addestramento; **in ~ing** (*SPORT*) in allenamento; **~ing college** *n* istituto professionale; (*for teachers*) ≈ istituto magistrale; **~ing shoes** *npl* scarpe *fpl* da ginnastica

traipse [treɪps] *vi* girovagare, andare a zonzo

trait [treɪt] *n* tratto

traitor ['treɪtə*] *n* traditore *m*

tram [træm] (*BRIT*) *n* (*also*: *~car*) tram *m inv*

tramp [træmp] *n* (*person*) vagabondo/a; (*inf*: *pej*: *woman*) sgualdrina ♦ *vi* camminare con passo pesante

trample ['træmpl] *vt*: **to ~ (underfoot)** calpestare

trampoline ['træmpəli:n] *n* trampolino

tranquil ['træŋkwɪl] *adj* tranquillo(a); **~lizer** *n* (*MED*) tranquillante *m*

transact [træn'zækt] *vt* (*business*) trattare; **~ion** [-'zækʃən] *n* transazione *f*

transatlantic ['trænzət'læntɪk] *adj* transatlantico(a)

transcript ['trænskrɪpt] *n* trascrizione *f*

transfer [*n* 'trænsfə*, *vb* træns'fə*] *n* (*gen, also SPORT*) trasferimento; (*POL*: *of power*) passaggio; (*picture, design*) decalcomania; (: *stick-on*) autoadesivo ♦ *vt* trasferire; passare; **to ~ the charges** (*BRIT*: *TEL*) fare una chiamata a carico del destinatario

transform [træns'fɔ:m] *vt* trasformare

transfusion [træns'fju:ʒən] *n* trasfusione *f*

transient ['trænzɪənt] *adj* transitorio(a), fugace

transistor [træn'zɪstə*] *n* (*ELEC*) transistor *m inv*; (*also*: *~ radio*) radio *f inv* a transistor

transit ['trænzɪt] *n*: **in ~** in transito

transitive ['trænzɪtɪv] *adj* (*LING*) transitivo(a)

translate [trænz'leɪt] *vt* tradurre; **translation** [-'leɪʃən] *n* traduzione *f*; **translator** *n* traduttore/trice

transmission [trænz'mɪʃən] *n* trasmissione *f*

transmit [trænz'mɪt] *vt* trasmettere; **~ter** *n* trasmettitore *m*

transparency [træns'pɛərnsɪ] *n* trasparenza; (*BRIT*: *PHOT*) diapositiva

transparent [træns'pærnt] *adj* trasparente

transpire [træn'spaɪə*] *vi* (*happen*) succedere; (*turn out*): **it ~d that** si venne a sapere che

transplant [*vb* træns'plɑ:nt, *n* 'trænsplɑ:nt] *vt* trapiantare ♦ *n* (*MED*) trapianto

transport [*n* 'trænspɔ:t, *vb* træns'pɔ:t] *n* trasporto ♦ *vt* trasportare; **~ation** [-'teɪʃən] *n* (mezzo di) trasporto; **~ café** (*BRIT*) *n* trattoria per camionisti

trap [træp] *n* (*snare, trick*) trappola; (*carriage*) calesse *m* ♦ *vt* prendere in trappola, intrappolare; **~ door** *n* botola

trapeze [trə'pi:z] *n* trapezio

trappings ['træpɪŋz] *npl* ornamenti *mpl*; indoratura, sfarzo

trash [træʃ] (*pej*) *n* (*goods*) ciarpame *m*; (*nonsense*) sciocchezze *fpl*; **~ can** (*US*) *n* secchio della spazzatura

trauma ['trɔ:mə] *n* trauma *m*; **~tic** [-'mætɪk] *adj* traumatico(a)

travel ['trævl] *n* viaggio; viaggi *mpl* ♦ *vi* viaggiare ♦ *vt* (*distance*) percorrere; **~ agency** *n* agenzia (di) viaggi; **~ agent** *n* agente *m* di viaggio; **~ler** (*US* **~er**) *n* viaggiatore/trice; **~ler's cheque** (*US* **~er's check**) *n* assegno turistico; **~ling** (*US* **~ing**) *n* viaggi *mpl*; **~ sickness** *n* mal *m* d'auto (*or* di mare *or* d'aria)

travesty ['trævəstɪ] *n* parodia

trawler ['trɔ:lə*] *n* peschereccio (a strascico)

tray [treɪ] *n* (*for carrying*) vassoio; (*on desk*) vaschetta
treacherous ['trɛtʃərəs] *adj* infido(a)
treachery ['trɛtʃərɪ] *n* tradimento
treacle ['tri:kl] *n* melassa
tread [trɛd] (*pt* **trod**, *pp* **trodden**) *n* passo; (*sound*) rumore *m* di passi; (*of stairs*) pedata; (*of tyre*) battistrada *m inv* ♦ *vi* camminare; ~ **on** *vt fus* calpestare
treason ['tri:zn] *n* tradimento
treasure ['trɛʒə*] *n* tesoro ♦ *vt* (*value*) tenere in gran conto, apprezzare molto; (*store*) custodire gelosamente
treasurer ['trɛʒərə*] *n* tesoriere/a
treasury ['trɛʒərɪ] *n*: **the T~** (*BRIT*), **the T~ Department** (*US*) il ministero del Tesoro
treat [tri:t] *n* regalo ♦ *vt* trattare; (*MED*) curare; **to ~ sb to sth** offrire qc a qn
treatment ['tri:tmənt] *n* trattamento
treaty ['tri:tɪ] *n* patto, trattato
treble ['trɛbl] *adj* triplo(a), triplice ♦ *vt* triplicare ♦ *vi* triplicarsi; ~ **clef** *n* chiave *f* di violino
tree [tri:] *n* albero; ~ **trunk** *n* tronco d'albero
trek [trɛk] *n* escursione *f* a piedi; escursione *f* in macchina; (*tiring walk*) camminata sfiancante ♦ *vi* (*as holiday*) fare dell'escursionismo
trellis ['trɛlɪs] *n* graticcio
tremble ['trɛmbl] *vi* tremare
tremendous [trɪ'mɛndəs] *adj* (*enormous*) enorme; (*excellent*) meraviglioso(a), formidabile
tremor ['trɛmə*] *n* tremore *m*, tremito; (*also*: *earth ~*) scossa sismica
trench [trɛntʃ] *n* trincea
trend [trɛnd] *n* (*tendency*) tendenza; (*of events*) corso; (*fashion*) moda; **~y** *adj* (*idea*) di moda; (*clothes*) all'ultima moda
trepidation [trɛpɪ'deɪʃən] *n* trepidazione *f*, agitazione *f*
trespass ['trɛspəs] *vi*: **to ~ on** entrare abusivamente in; **"no ~ing"** "proprietà privata", "vietato l'accesso"
trestle ['trɛsl] *n* cavalletto
trial ['traɪəl] *n* (*LAW*) processo; (*test*: *of machine etc*) collaudo; **~s** *npl* (*unpleasant experiences*) dure prove *fpl*; **on ~** (*LAW*) sotto processo; **by ~ and error** a tentoni; **~ period** periodo di prova
triangle ['traɪæŋgl] *n* (*MATH*, *MUS*) triangolo
tribe [traɪb] *n* tribù *f inv*; **~sman** *n* membro di tribù
tribunal [traɪ'bju:nl] *n* tribunale *m*
tributary ['trɪbju:tərɪ] *n* (*river*) tributario, affluente *m*
tribute ['trɪbju:t] *n* tributo, omaggio; **to pay ~ to** rendere omaggio a
trick [trɪk] *n* trucco; (*joke*) tiro; (*CARDS*) presa ♦ *vt* imbrogliare, ingannare; **to play a ~ on sb** giocare un tiro a qn; **that should do the ~** vedrai che funziona; **~ery** *n* inganno
trickle ['trɪkl] *n* (*of water etc*) rivolo; gocciolio ♦ *vi* gocciolare
tricky ['trɪkɪ] *adj* difficile, delicato(a)
tricycle ['traɪsɪkl] *n* triciclo
trifle ['traɪfl] *n* sciocchezza; (*BRIT*: *CULIN*) ≈ zuppa inglese ♦ *adv*: **a ~ long** un po' lungo; **trifling** *adj* insignificante
trigger ['trɪgə*] *n* (*of gun*) grilletto; **~ off** *vt* dare l'avvio a
trim [trɪm] *adj* (*house*, *garden*) ben tenuto(a); (*figure*) snello(a) ♦ *n* (*haircut etc*) spuntata, regolata; (*embellishment*) finiture *fpl*; (*on car*) guarnizioni *fpl* ♦ *vt* spuntare; (*decorate*): **to ~ (with)** decorare (con); (*NAUT*: *a sail*) orientare; **~mings** *npl* decorazioni *fpl*; (*extras*: *gen CULIN*) guarnizione *f*
trinket ['trɪŋkɪt] *n* gingillo; (*piece of jewellery*) ciondolo
trip [trɪp] *n* viaggio; (*excursion*) gita, escursione *f*; (*stumble*) passo falso ♦ *vi* inciampare; (*go lightly*) camminare con passo leggero; **on a ~** in viaggio; **~ up** *vi* inciampare ♦ *vt* fare lo sgambetto a
tripe [traɪp] *n* (*CULIN*) trippa; (*pej*:

rubbish) sciocchezze *fpl*, fesserie *fpl*
triple ['trɪpl] *adj* triplo(a)
triplets ['trɪplɪts] *npl* bambini(e) trigemini(e)
triplicate ['trɪplɪkət] *n*: **in** ~ in triplice copia
tripod ['traɪpɔd] *n* treppiede *m*
trite [traɪt] *adj* banale, trito(a)
triumph ['traɪʌmf] *n* trionfo ♦ *vi*: to ~ (over) trionfare (su)
trivia ['trɪvɪə] *npl* banalità *fpl*
trivial ['trɪvɪəl] *adj* insignificante; (*commonplace*) banale
trod [trɔd] *pt of* **tread**; **~den** *pp of* **tread**
trolley ['trɔlɪ] *n* carrello; ~ **bus** *n* filobus *m inv*
trombone [trɔm'bəun] *n* trombone *m*
troop [tru:p] *n* gruppo; (*MIL*) squadrone *m*; **~s** *npl* (*MIL*) truppe *fpl*; ~ **in/out** *vi* entrare/uscire a frotte; **~ing the colour** *n* (*ceremony*) sfilata della bandiera
trophy ['trəufɪ] *n* trofeo
tropic ['trɔpɪk] *n* tropico; **~al** *adj* tropicale
trot [trɔt] *n* trotto ♦ *vi* trottare; **on the** ~ (*BRIT*: *fig*) di fila, uno(a) dopo l'altro(a)
trouble ['trʌbl] *n* difficoltà *f inv*, problema *m*; difficoltà *fpl*, problemi; (*worry*) preoccupazione *f*; (*bother, effort*) sforzo; (*POL*) conflitti *mpl*, disordine *m*; (*MED*): **stomach** *etc* ~ disturbi *mpl* gastrici *etc* ♦ *vt* disturbare; (*worry*) preoccupare ♦ *vi*: **to ~ to do** disturbarsi a fare; **~s** *npl* (*POL etc*) disordini *mpl*; **to be in** ~ avere dei problemi; **it's no** ~! di niente!; **what's the** ~? cosa c'è che non va?; **~d** *adj* (*person*) preoccupato(a), inquieto(a); (*epoch, life*) agitato(a), difficile; **~maker** *n* elemento disturbatore, agitatore/trice; (*child*) disloco/a; **~shooter** *n* (*in conflict*) conciliatore *m*; **~some** *adj* fastidioso(a), seccante
trough [trɔf] *n* (*also: drinking* ~) abbeveratoio; (*also*: *feeding* ~) trogolo, mangiatoia; (*channel*) canale *m*
trousers ['trauzəz] *npl* pantaloni *mpl*, calzoni *mpl*; **short** ~ calzoncini *mpl*
trousseau ['tru:səu] (*pl* **~x** *or* **~s**) *n* corredo da sposa
trousseaux ['tru:səuz] *npl of* **trousseau**
trout [traut] *n inv* trota
trowel ['trauəl] *n* cazzuola
truant ['truənt] (*BRIT*) *n*: **to play** ~ marinare la scuola
truce [tru:s] *n* tregua
truck [trʌk] *n* autocarro, camion *m inv*; (*RAIL*) carro merci aperto; (*for luggage*) carrello *m* portabagagli *inv*; ~ **driver** *n* camionista *m/f*; ~ **farm** (*US*) *n* orto industriale
trudge [trʌdʒ] *vi* (*also*: ~ *along*) trascinarsi pesantemente
true [tru:] *adj* vero(a); (*accurate*) accurato(a), esatto(a); (*genuine*) reale; (*faithful*) fedele; **to come** ~ avverarsi
truffle ['trʌfl] *n* tartufo
truly ['tru:lɪ] *adv* veramente; (*truthfully*) sinceramente; (*faithfully*): **yours** ~ (*in letter*) distinti saluti
trump [trʌmp] *n* (*also*: ~ *card*) atout *m inv*; **~ed-up** *adj* inventato(a)
trumpet ['trʌmpɪt] *n* tromba
truncheon ['trʌntʃən] *n* sfollagente *m inv*
trundle ['trʌndl] *vt* far rotolare rumorosamente ♦ *vi*: **to ~ along** rotolare rumorosamente
trunk [trʌŋk] *n* (*of tree, person*) tronco; (*of elephant*) proboscide *f*; (*case*) baule *m*; (*US*: *AUT*) bagagliaio; **~s** *npl* (*also*: *swimming* ~*s*) calzoncini *mpl* da bagno
truss [trʌs] *n* (*MED*) cinto erniario; ~ **(up)** *vt* (*CULIN*) legare
trust [trʌst] *n* fiducia; (*LAW*) amministrazione *f* fiduciaria; (*COMM*) trust *m inv* ♦ *vt* (*rely on*) contare su; (*hope*) sperare; (*entrust*): **to ~ sth to sb** affidare qc a qn; **~ed** *adj* fidato(a); **~ee** [trʌs'ti:] *n* (*LAW*) amministratore(trice) fiduciario(a); (*of school etc*) amministratore/trice;

~**ful** *adj* fiducioso(a); ~**ing** *adj* = ~**ful**; ~**worthy** *adj* fidato(a), degno(a) di fiducia

truth [tru:θ, *pl* tru:ðz] *n* verità *f inv*; ~**ful** *adj* (*person*) sincero(a); (*description*) veritiero(a), esatto(a)

try [traɪ] *n* prova, tentativo; (*RUGBY*) meta ♦ *vt* (*LAW*) giudicare; (*test*: *also*: ~ *out*) provare; (*strain*) mettere alla prova ♦ *vi* provare; **to have a** ~ fare un tentativo; **to** ~ **to do** (*seek*) cercare di fare; ~ **on** *vt* (*clothes*) provare; ~**ing** *adj* (*day, experience*) logorante, pesante; (*child*) difficile, insopportabile

tsar [zɑ:*] *n* zar *m inv*

T-shirt ['ti:-] *n* maglietta

T-square ['ti:-] *n* riga a T

tub [tʌb] *n* tinozza; mastello; (*bath*) bagno

tuba ['tju:bə] *n* tuba

tubby ['tʌbɪ] *adj* grassoccio(a)

tube [tju:b] *n* tubo; (*BRIT*: *underground*) metropolitana, metrò *m inv*; (*for tyre*) camera d'aria; ~ **station** (*BRIT*) *n* stazione *f* della metropolitana

tubular ['tju:bjulə*] *adj* tubolare

TUC (*BRIT*) *n abbr* (= *Trades Union Congress*) confederazione *f* dei sindacati britannici

tuck [tʌk] *vt* (*put*) mettere; ~ **away** *vt* riporre; (*building*): **to be** ~**ed away** essere in un luogo isolato; ~ **in** *vt* mettere dentro; (*child*) rimboccare ♦ *vi* (*eat*) mangiare di buon appetito; abbuffarsi; ~ **up** *vt* (*child*) rimboccare le coperte a; ~ **shop** *n* negozio di pasticceria (*in una scuola*)

Tuesday ['tju:zdɪ] *n* martedì *m inv*

tuft [tʌft] *n* ciuffo

tug [tʌg] *n* (*ship*) rimorchiatore *m* ♦ *vt* tirare con forza; ~**-of-war** *n* tiro alla fune

tuition [tju:'ɪʃən] *n* (*BRIT*) lezioni *fpl*; (: *private* ~) lezioni *fpl* private; (*US*: *school fees*) tasse *fpl* scolastiche

tulip ['tju:lɪp] *n* tulipano

tumble ['tʌmbl] *n* (*fall*) capitombolo ♦ *vi* capitombolare, ruzzolare; **to** ~ **to sth** (*inf*) realizzare qc; ~**down** *adj* cadente, diroccato(a); ~ **dryer** (*BRIT*) *n* asciugatrice *f*

tumbler ['tʌmblə*] *n* bicchiere *m* (senza stelo)

tummy ['tʌmɪ] (*inf*) *n* pancia

tumour ['tju:mə*] (*US* **tumor**) *n* tumore *m*

tuna ['tju:nə] *n inv* (*also*: ~ *fish*) tonno

tune [tju:n] *n* (*melody*) melodia, aria ♦ *vt* (*MUS*) accordare; (*RADIO, TV, AUT*) regolare, mettere a punto; **to be in/out of** ~ (*instrument*) essere accordato(a)/scordato(a); (*singer*) essere intonato(a)/ stonato(a); ~ **in** *vi*: **to** ~ **in (to)** (*RADIO, TV*) sintonizzarsi (su); ~ **up** *vi* (*musician*) accordare lo strumento; ~**ful** *adj* melodioso(a); ~**r** *n*: **piano** ~**r** accordatore *m*

tunic ['tju:nɪk] *n* tunica

Tunisia [tju:'nɪzɪə] *n* Tunisia

tunnel ['tʌnl] *n* galleria ♦ *vi* scavare una galleria

turban ['tə:bən] *n* turbante *m*

turbulence ['tə:bjuləns] *n* (*AVIAT*) turbolenza

tureen [tə'ri:n] *n* zuppiera

turf [tə:f] *n* terreno erboso; (*clod*) zolla ♦ *vt* coprire di zolle erbose; ~ **out** (*inf*) *vt* buttar fuori

turgid ['tə:dʒɪd] *adj* (*speech*) ampolloso(a), pomposo(a)

Turin [tjuə'rɪn] *n* Torino *f*

Turk [tə:k] *n* turco/a

Turkey ['tə:kɪ] *n* Turchia

turkey ['tə:kɪ] *n* tacchino

Turkish ['tə:kɪʃ] *adj* turco(a) ♦ *n* (*LING*) turco

turmoil ['tə:mɔɪl] *n* confusione *f*, tumulto

turn [tə:n] *n* giro; (*change*) cambiamento; (*in road*) curva; (*tendency*: *of mind, events*) tendenza; (*performance*) numero; (*chance*) turno; (*MED*) crisi *f inv*, attacco ♦ *vt* girare, voltare; (*change*): **to** ~ **sth into** trasformare qc in ♦ *vi* girare; (*per-*

son: *look back*) girarsi, voltarsi; (*reverse direction*) girare; (*change*) cambiare; (*milk*) andare a male; (*become*) diventare; **a good** ~ un buon servizio; **it gave me quite a** ~ mi ha fatto prendere un bello spavento; **"no left** ~" (*AUT*) "divieto di svolta a sinistra"; **it's your** ~ tocca a lei; **in** ~ a sua volta; a turno; **to take** ~**s (at sth)** fare (qc) a turno; ~ **away** *vi* girarsi (dall'altra parte) ♦ *vt* mandare via; ~ **back** *vi* ritornare, tornare indietro ♦ *vt* far tornare indietro; (*clock*) spostare indietro; ~ **down** *vt* (*refuse*) rifiutare; (*reduce*) abbassare; (*fold*) ripiegare; ~ **in** *vi* (*inf*: *go to bed*) andare a letto ♦ *vt* (*fold*) voltare in dentro; ~ **off** *vi* (*from road*) girare, voltare ♦ *vt* (*light, radio, engine etc*) spegnere; ~ **on** *vt* (*light, radio etc*) accendere; ~ **out** *vt* (*light, gas*) chiudere; spegnere ♦ *vi* (*voters*) presentarsi; **to** ~ **out to be ...** rivelarsi ..., risultare ...; ~ **over** *vi* (*person*) girarsi ♦ *vt* girare; ~ **round** *vi* girare; (*person*) girarsi; ~ **up** *vi* (*person*) arrivare, presentarsi; (*lost object*) saltar fuori ♦ *vt* (*collar, sound*) alzare; ~**ing** *n* (*in road*) curva; ~**ing point** *n* (*fig*) svolta decisiva

turnip ['tə:nɪp] *n* rapa

turnout ['tə:naut] *n* presenza, affluenza

turnover ['tə:nəuvə*] *n* (*COMM*) turnover *m inv*

turnpike ['tə:npaɪk] (*US*) *n* autostrada a pedaggio

turnstile ['tə:nstaɪl] *n* tornella

turntable ['tə:nteɪbl] *n* (*on record player*) piatto

turn-up (*BRIT*) *n* (*on trousers*) risvolto

turpentine ['tə:pəntaɪn] *n* (*also: turps*) acqua ragia

turquoise ['tə:kwɔɪz] *n* turchese *m* ♦ *adj* turchese

turret ['tʌrɪt] *n* torretta

turtle ['tə:tl] *n* testuggine *f*; ~**neck (sweater)** *n* maglione *m* con il collo alto

Tuscany ['tʌskənɪ] *n* Toscana

tusk [tʌsk] *n* zanna

tussle ['tʌsl] *n* baruffa, mischia

tutor ['tju:tə*] *n* (*in college*) docente *m/f* (*responsabile di un gruppo di studenti*); (*private teacher*) precettore *m*; ~**ial** [-'tɔ:rɪəl] *n* (*SCOL*) lezione *f* con discussione (*a un gruppo limitato*)

tuxedo [tʌk'si:dəu] (*US*) *n* smoking *m inv*

TV [ti:'vi:] *n abbr* (= *television*) tivù *f inv*

twang [twæŋ] *n* (*of instrument*) suono vibrante; (*of voice*) accento nasale

tweed [twi:d] *n* tweed *m inv*

tweezers ['twi:zəz] *npl* pinzette *fpl*

twelfth [twɛlfθ] *num* dodicesimo(a)

twelve [twɛlv] *num* dodici; **at** ~ **(o'clock)** alle dodici, a mezzogiorno; (*midnight*) a mezzanotte

twentieth ['twɛntɪɪθ] *num* ventesimo(a)

twenty ['twɛntɪ] *num* venti

twice [twaɪs] *adv* due volte; ~ **as much** due volte tanto

twiddle ['twɪdl] *vt, vi*: **to** ~ **(with) sth** giocherellare con qc; **to** ~ **one's thumbs** (*fig*) girarsi i pollici

twig [twɪg] *n* ramoscello ♦ *vt, vi* (*inf*) capire

twilight ['twaɪlaɪt] *n* crepuscolo

twin [twɪn] *adj, n* gemello(a) ♦ *vt*: **to** ~ **one town with another** fare il gemellaggio di una città con un'altra; ~**-bedded room** *n* stanza con letti gemelli

twine [twaɪn] *n* spago, cordicella ♦ *vi* attorcigliarsi

twinge [twɪndʒ] *n* (*of pain*) fitta; **a** ~ **of conscience/regret** un rimorso/rimpianto

twinkle ['twɪŋkl] *vi* scintillare; (*eyes*) brillare

twirl [twə:l] *vt* far roteare ♦ *vi* roteare

twist [twɪst] *n* torsione *f*; (*in wire, flex*) piega; (*in road*) curva; (*in sto-

ry) colpo di scena ♦ *vt* attorcigliare; (*ankle*) slogare; (*weave*) intrecciare; (*roll around*) arrotolare; (*fig*) distorcere ♦ *vi* (*road*) serpeggiare

twit [twɪt] (*inf*) *n* cretino(a)

twitch [twɪtʃ] *n* tiratina; (*nervous*) tic *m inv* ♦ *vi* contrarsi

two [tu:] *num* due; **to put ~ and ~ together** (*fig*) fare uno più uno; **~-door** *adj* (*AUT*) a due porte; **~-faced** (*pej*) *adj* (*person*) falso(a); **~fold** *adv*: **to increase ~fold** aumentare del doppio; **~-piece (suit)** *n* due pezzi *m inv*; **~-piece (swimsuit)** *n* (costume *m* da bagno a) due pezzi *m inv*; **~some** *n* (*people*) coppia; **~-way** *adj* (*traffic*) a due sensi

tycoon [taɪ'ku:n] *n*: **(business) ~** magnate *m*

type [taɪp] *n* (*category*) genere *m*; (*model*) modello; (*example*) tipo; (*TYP*) tipo, carattere *m* ♦ *vt* (*letter etc*) battere (a macchina), dattilografare; **~-cast** *adj* (*actor*) a ruolo fisso; **~face** *n* carattere *m* tipografico; **~script** *n* dattiloscritto; **~writer** *n* macchina da scrivere; **~written** *adj* dattiloscritto(a), battuto(a) a macchina

typhoid ['taɪfɔɪd] *n* tifoidea

typhoon [taɪ'fu:n] *n* tifone *m*

typical ['tɪpɪkl] *adj* tipico(a)

typify ['tɪpɪfaɪ] *vt* caratterizzare; (*person*) impersonare

typing ['taɪpɪŋ] *n* dattilografia

typist ['taɪpɪst] *n* dattilografo/a

tyrant ['taɪərnt] *n* tiranno

tyre ['taɪə*] (*US* **tire**) *n* pneumatico, gomma; **~ pressure** *n* pressione *f* (delle gomme)

tzar [zɑ:*] *n* = **tsar**

U

U-bend ['ju:'-] *n* (*in pipe*) sifone *m*

ubiquitous [ju:'bɪkwɪtəs] *adj* onnipresente

udder ['ʌdə*] *n* mammella

UFO ['ju:fəu] *n abbr* (= *unidentified flying object*) UFO *m inv*

ugh [ə:h] *excl* puah!

ugly ['ʌglɪ] *adj* brutto(a)

UK *n abbr* = **United Kingdom**

ulcer ['ʌlsə*] *n* ulcera; (*also*: *mouth ~*) afta

Ulster ['ʌlstə*] *n* Ulster *m*

ulterior [ʌl'tɪərɪə*] *adj* ulteriore; **~ motive** *n* secondo fine *m*

ultimate ['ʌltɪmət] *adj* ultimo(a), finale; (*authority*) massimo(a), supremo(a); **~ly** *adv* alla fine; in definitiva, in fin dei conti

ultrasound [ʌltrə'saund] *n* (*MED*) ultrasuono

umbilical cord [ʌmbɪ'laɪkl-] *n* cordone *m* ombelicale

umbrella [ʌm'brɛlə] *n* ombrello

umpire ['ʌmpaɪə*] *n* arbitro

umpteen [ʌmp'ti:n] *adj* non so quanti(e); **for the ~th time** per l'ennesima volta

UN *n abbr* (= *United Nations*) ONU *f*

unable [ʌn'eɪbl] *adj*: **to be ~ to** non potere, essere nell'impossibilità di; essere incapace di

unaccompanied [ʌnə'kʌmpənɪd] *adj* (*child, lady*) non accompagnato(a)

unaccountably [ʌnə'kauntəblɪ] *adv* inesplicabilmente

unaccustomed [ʌnə'kʌstəmd] *adj*: **to be ~ to sth** non essere abituato a qc

unanimous [ju:'nænɪməs] *adj* unanime; **~ly** *adv* all'unanimità

unarmed [ʌn'ɑ:md] *adj* (*without a weapon*) disarmato(a); (*combat*) senz'armi

unashamed [ʌnə'ʃeɪmd] *adj* sfacciato(a)

unassuming [ʌnə'sju:mɪŋ] *adj* modesto(a), senza pretese

unattached [ʌnə'tætʃt] *adj* senza legami, libero(a)

unattended [ʌnə'tɛndɪd] *adj* (*car, child, luggage*) incustodito(a)

unattractive [ʌnə'træktɪv] *adj* poco attraente

unauthorized [ʌn'ɔ:θəraɪzd] *adj* non

autorizzato(a)
unavoidable [ʌnə'vɔɪdəbl] *adj* inevitabile
unaware [ʌnə'wɛə*] *adj*: **to be ~ of** non sapere, ignorare; **~s** *adv* di sorpresa, alla sprovvista
unbalanced [ʌn'bælənst] *adj* squilibrato(a)
unbearable [ʌn'bɛərəbl] *adj* insopportabile
unbeknown(st) [ʌnbɪ'nəun(st)] *adv*: **~ to** all'insaputa di
unbelievable [ʌnbɪ'li:vəbl] *adj* incredibile
unbend [ʌn'bɛnd] (*irreg*: *like* **bend**) *vi* distendersi ♦ *vt* (*wire*) raddrizzare
unbias(s)ed [ʌn'baɪəst] *adj (person, report)* obiettivo(a), imparziale
unborn [ʌn'bɔ:n] *adj* non ancora nato(a)
unbreakable [ʌn'breɪkəbl] *adj* infrangibile
unbroken [ʌn'brəukən] *adj* intero(a); (*series*) continuo(a); (*record*) imbattuto(a)
unbutton [ʌn'bʌtn] *vt* sbottonare
uncalled-for [ʌn'kɔ:ld-] *adj* (*remark*) fuori luogo *inv*; (*action*) ingiustificato(a)
uncanny [ʌn'kænɪ] *adj* misterioso(a), strano(a)
unceasing [ʌn'si:sɪŋ] *adj* incessante
unceremonious ['ʌnsɛrɪ'məunɪəs] *adj* (*abrupt, rude*) senza tante cerimonie
uncertain [ʌn'sə:tn] *adj* incerto(a); dubbio(a); **~ty** *n* incertezza
unchanged [ʌn'tʃeɪndʒd] *adj* invariato(a)
unchecked [ʌn'tʃɛkt] *adj* incontrollato(a)
uncivilized [ʌn'sɪvɪlaɪzd] *adj* (*gen*) selvaggio(a); (*fig*) incivile, barbaro(a)
uncle ['ʌŋkl] *n* zio
uncomfortable [ʌn'kʌmfətəbl] *adj* scomodo(a); (*uneasy*) a disagio, agitato(a); (*unpleasant*) fastidioso(a)
uncommon [ʌn'kɔmən] *adj* raro(a), insolito(a), non comune
uncompromising [ʌn'kɔmprəmaɪzɪŋ] *adj* intransigente, inflessibile
unconcerned [ʌnkən'sə:nd] *adj*: **to be ~ (about)** non preoccuparsi (di *or* per)
unconditional [ʌnkən'dɪʃənl] *adj* incondizionato(a), senza condizioni
unconscious [ʌn'kɔnʃəs] *adj* privo(a) di sensi, svenuto(a); (*unaware*) inconsapevole, inconscio(a) ♦ *n*: **the ~** l'inconscio; **~ly** *adv* inconsciamente
uncontrollable [ʌnkən'trəuləbl] *adj* incontrollabile; indisciplinato(a)
unconventional [ʌnkən'vɛnʃənl] *adj* poco convenzionale
uncouth [ʌn'ku:θ] *adj* maleducato(a), grossolano(a)
uncover [ʌn'kʌvə*] *vt* scoprire
undecided [ʌndɪ'saɪdɪd] *adj* indeciso(a)
under ['ʌndə*] *prep* sotto; (*less than*) meno di; al disotto di; (*according to*) secondo, in conformità a ♦ *adv* (al) disotto; **~ there** là sotto; **~ repair** in riparazione
under... ['ʌndə*] *prefix* sotto..., sub...; **~age** *adj* minorenne; **~carriage** (*BRIT*) *n* carrello (d'atterraggio); **~charge** *vt* far pagare di meno a; **~clothes** *npl* biancheria (intima); **~coat** *n* (*paint*) mano *f* di fondo; **~cover** *adj* segreto(a), clandestino(a); **~current** *n* corrente *f* sottomarina; **~cut** *vt irreg* vendere a prezzo minore di; **~developed** *adj* sottosviluppato(a); **~dog** *n* oppresso/a; **~done** *adj* (*CULIN*) al sangue; (*pej*) poco cotto(a); **~estimate** *vt* sottovalutare; **~fed** *adj* denutrito(a); **~foot** *adv* sotto i piedi; **~go** *vt irreg* subire; (*treatment*) sottoporsi a; **~graduate** *n* studente(essa) universitario(a); **~ground** *n* (*BRIT*: *railway*) metropolitana; (*POL*) movimento clandestino ♦ *adj* sotterraneo(a); (*fig*) clandestino(a) ♦ *adv* sottoterra; **to go ~ground** (*fig*) darsi alla macchia; **~growth** *n* sottobosco; **~hand(ed)** *adj* (*fig*)

furtivo(a), subdolo(a); **~lie** *vt irreg* essere alla base di; **~line** *vt* sottolineare; **~ling** ['ʌndəlɪŋ] *(pej) n* subalterno/a, tirapiedi *m/f inv*; **~mine** *vt* minare; **~neath** [ʌndə'ni:θ] *adv* sotto, disotto ♦ *prep* sotto, al di sotto di; **~paid** *adj* sottopagato(a); **~pants** *npl* mutande *fpl*, slip *m inv*; **~pass** *(BRIT) n* sottopassaggio; **~privileged** *adj* non abbiente; meno favorito(a); **~rate** *vt* sottovalutare; **~shirt** *(US) n* maglietta; **~shorts** *(US) npl* mutande *fpl*, slip *m inv*; **~side** *n* disotto; **~skirt** *(BRIT) n* sottoveste *f*

understand [ʌndə'stænd] *(irreg: like* **stand**) *vt, vi* capire, comprendere; **I ~ that ...** sento che ...; credo di capire che ...; **~able** *adj* comprensibile; **~ing** *adj* comprensivo(a) ♦ *n* comprensione *f*; *(agreement)* accordo

understatement [ʌndə'steɪtmənt] *n*: **that's an ~!** a dire poco!

understood [ʌndə'stud] *pt, pp of* **understand** ♦ *adj* inteso(a); *(implied)* sottinteso(a)

understudy ['ʌndəstʌdɪ] *n* sostituto/a, attore/trice supplente

undertake [ʌndə'teɪk] *(irreg: like* **take**) *vt* intraprendere; **to ~ to do sth** impegnarsi a fare qc

undertaker ['ʌndəteɪkə*] *n* impresario di pompe funebri

undertaking [ʌndə'teɪkɪŋ] *n* impresa; *(promise)* promessa

undertone ['ʌndətəun] *n*: **in an ~** a mezza voce, a voce bassa

underwater [ʌndə'wɔ:tə*] *adv* sott'acqua ♦ *adj* subacqueo(a)

underwear ['ʌndəwɛə*] *n* biancheria (intima)

underworld ['ʌndəwə:ld] *n* *(of crime)* malavita

underwriter ['ʌndəraɪtə*] *n* *(INSURANCE)* sottoscrittore/trice

undesirable [ʌndɪ'zaɪərəbl] *adj* sgradevole

undies ['ʌndɪz] *(inf) npl* biancheria intima da donna

undo [ʌn'du:] *vt irreg* disfare; **~ing** *n* rovina, perdita

undoubted [ʌn'dautɪd] *adj* sicuro(a), certo(a); **~ly** *adv* senza alcun dubbio

undress [ʌn'drɛs] *vi* spogliarsi

undue [ʌn'dju:] *adj* eccessivo(a)

undulating ['ʌndjuleɪtɪŋ] *adj* ondeggiante; ondulato(a)

unduly [ʌn'dju:lɪ] *adv* eccessivamente

unearth [ʌn'ə:θ] *vt* dissotterrare; *(fig)* scoprire

unearthly [ʌn'ə:θlɪ] *adj* *(hour)* impossibile

uneasy [ʌn'i:zɪ] *adj* a disagio; *(worried)* preoccupato(a); *(peace)* precario(a)

uneconomic(al) ['ʌni:kə'nɔmɪk(l)] *adj* antieconomico(a)

unemployed [ʌnɪm'plɔɪd] *adj* disoccupato(a) ♦ *npl*: **the ~** i disoccupati

unemployment [ʌnɪm'plɔɪmənt] *n* disoccupazione *f*

unending [ʌn'ɛndɪŋ] *adj* senza fine

unerring [ʌn'ə:rɪŋ] *adj* infallibile

uneven [ʌn'i:vn] *adj* ineguale; irregolare

unexpected [ʌnɪk'spɛktɪd] *adj* inatteso(a), imprevisto(a); **~ly** *adv* inaspettatamente

unfailing [ʌn'feɪlɪŋ] *adj* *(supply, energy)* inesauribile; *(remedy)* infallibile

unfair [ʌn'fɛə*] *adj*: **~ (to)** ingiusto(a) (nei confronti di)

unfaithful [ʌn'feɪθful] *adj* infedele

unfamiliar [ʌnfə'mɪlɪə*] *adj* sconosciuto(a), strano(a); **to be ~ with** non avere familiarità con

unfashionable [ʌn'fæʃnəbl] *adj* *(clothes)* fuori moda; *(district)* non alla moda

unfasten [ʌn'fɑ:sn] *vt* slacciare; sciogliere

unfavourable [ʌn'feɪvərəbl] *(US* **unfavorable**) *adj* sfavorevole

unfeeling [ʌn'fi:lɪŋ] *adj* insensibile, duro(a)

unfinished [ʌn'fɪnɪʃt] *adj* incomple-

to(a)
unfit [ʌn'fɪt] *adj* (*ill*) malato(a), in cattiva salute; (*incompetent*): ~ **(for)** incompetente (in); (: *work, MIL*) inabile (a)
unfold [ʌn'fəuld] *vt* spiegare ♦ *vi* (*story, plot*) svelarsi
unforeseen ['ʌnfɔː'siːn] *adj* imprevisto(a)
unforgettable [ʌnfə'gɛtəbl] *adj* indimenticabile
unfortunate [ʌn'fɔːtʃnət] *adj* sfortunato(a); (*event, remark*) infelice; **~ly** *adv* sfortunatamente, purtroppo
unfounded [ʌn'faundɪd] *adj* infondato(a)
unfriendly [ʌn'frɛndlɪ] *adj* poco amichevole, freddo(a)
ungainly [ʌn'geɪnlɪ] *adj* goffo(a), impacciato(a)
ungodly [ʌn'gɔdlɪ] *adj*: **at an ~ hour** a un'ora impossibile
ungrateful [ʌn'greɪtful] *adj* ingrato(a)
unhappiness [ʌn'hæpɪnɪs] *n* infelicità
unhappy [ʌn'hæpɪ] *adj* infelice; **~ about/with** (*arrangements etc*) insoddisfatto(a) di
unharmed [ʌn'hɑːmd] *adj* incolume, sano(a) e salvo(a)
unhealthy [ʌn'hɛlθɪ] *adj* (*gen*) malsano(a); (*person*) malaticcio(a)
unheard-of [ʌn'həːdɔv] *adj* inaudito(a), senza precedenti
unhurt [ʌn'həːt] *adj* illeso(a)
uniform ['juːnɪfɔːm] *n* uniforme *f*, divisa ♦ *adj* uniforme
uninhabited [ʌnɪn'hæbɪtɪd] *adj* disabitato(a)
unintentional [ʌnɪn'tɛnʃənəl] *adj* involontario(a)
union ['juːnjən] *n* unione *f*; (*also*: *trade* ~) sindacato ♦ *cpd* sindacale, dei sindacati; **U~ Jack** *n bandiera nazionale britannica*
unique [juː'niːk] *adj* unico(a)
unit ['juːnɪt] *n* unità *f inv*; (*section*: *of furniture etc*) elemento; (*team, squad*) reparto, squadra
unite [juː'naɪt] *vt* unire ♦ *vi* unirsi; **~d** *adj* unito(a); unificato(a); (*efforts*) congiunto(a); **U~d Kingdom** *n* Regno Unito; **U~d Nations (Organization)** *n* (Organizzazione *f* delle) Nazioni Unite; **U~d States (of America)** *n* Stati *mpl* Uniti (d'America)
unit trust (*BRIT*) *n* fondo d'investimento
unity ['juːnɪtɪ] *n* unità
universal [juːnɪ'vəːsl] *adj* universale
universe ['juːnɪvəːs] *n* universo
university [juːnɪ'vəːsɪtɪ] *n* università *f inv*
unjust [ʌn'dʒʌst] *adj* ingiusto(a)
unkempt [ʌn'kɛmpt] *adj* trasandato(a); spettinato(a)
unkind [ʌn'kaɪnd] *adj* scortese; crudele
unknown [ʌn'nəun] *adj* sconosciuto(a)
unlawful [ʌn'lɔːful] *adj* illecito(a), illegale
unleaded [ʌn'lɛdɪd] *adj* (*petrol, fuel*) senza piombo
unleash [ʌn'liːʃ] *vt* (*fig*) scatenare
unless [ʌn'lɛs] *conj* a meno che (non) + *sub*
unlike [ʌn'laɪk] *adj* diverso(a) ♦ *prep* a differenza di, contrariamente a
unlikely [ʌn'laɪklɪ] *adj* improbabile
unlisted [ʌn'lɪstɪd] (*US*) *adj* (*TEL*): **to be ~** non essere sull'elenco
unload [ʌn'ləud] *vt* scaricare
unlock [ʌn'lɔk] *vt* aprire
unlucky [ʌn'lʌkɪ] *adj* sfortunato(a); (*object, number*) che porta sfortuna
unmarried [ʌn'mærɪd] *adj* non sposato(a); (*man only*) scapolo, celibe; (*woman only*) nubile
unmistakable [ʌnmɪs'teɪkəbl] *adj* inconfondibile
unmitigated [ʌn'mɪtɪgeɪtɪd] *adj* non mitigato(a), assoluto(a), vero(a) e proprio(a)
unnatural [ʌn'nætʃrəl] *adj* innaturale; contro natura
unnecessary [ʌn'nɛsəsərɪ] *adj* inuti-

le, superfluo(a)
unnoticed [ʌn'nəutɪst] *adj*: **(to go)** ~ (passare) inosservato(a)
UNO ['juːnəu] *n abbr* (= *United Nations Organization*) ONU *f*
unobtainable [ʌnəb'teɪnəbl] *adj* (*TEL*) non ottenibile
unobtrusive [ʌnəb'truːsɪv] *adj* discreto(a)
unofficial [ʌnə'fɪʃl] *adj* non ufficiale; (*strike*) non dichiarato(a) dal sindacato
unpack [ʌn'pæk] *vi* disfare la valigia (*or* le valigie) ♦ *vt* disfare
unpalatable [ʌn'pælətəbl] *adj* sgradevole
unparalleled [ʌn'pærəlɛld] *adj* incomparabile, impareggiabile
unpleasant [ʌn'plɛznt] *adj* spiacevole
unplug [ʌn'plʌg] *vt* staccare
unpopular [ʌn'pɔpjulə*] *adj* impopolare
unprecedented [ʌn'prɛsɪdəntɪd] *adj* senza precedenti
unpredictable [ʌnprɪ'dɪktəbl] *adj* imprevedibile
unprofessional [ʌnprə'fɛʃənl] *adj* poco professionale
unqualified [ʌn'kwɔlɪfaɪd] *adj* (*teacher*) non abilitato(a); (*success*) assoluto(a), senza riserve
unquestionably [ʌn'kwɛstʃənəblɪ] *adv* indiscutibilmente
unravel [ʌn'rævl] *vt* dipanare, districare
unreal [ʌn'rɪəl] *adj* irreale
unrealistic [ʌnrɪə'lɪstɪk] *adj* non realistico(a)
unreasonable [ʌn'riːznəbl] *adj* irragionevole
unrelated [ʌnrɪ'leɪtɪd] *adj*: ~ **(to)** senza rapporto (con); non imparentato(a) (con)
unrelenting [ʌnrɪ'lɛntɪŋ] *adj* senza tregua
unreliable [ʌnrɪ'laɪəbl] *adj* (*person, machine*) che non dà affidamento; (*news, source of information*) inattendibile
unremitting [ʌnrɪ'mɪtɪŋ] *adj* incessante
unreservedly [ʌnrɪ'zəːvɪdlɪ] *adv* senza riserve
unrest [ʌn'rɛst] *n* agitazione *f*
unroll [ʌn'rəul] *vt* srotolare
unruly [ʌn'ruːlɪ] *adj* indisciplinato(a)
unsafe [ʌn'seɪf] *adj* pericoloso(a), rischioso(a)
unsaid [ʌn'sɛd] *adj*: **to leave sth** ~ passare qc sotto silenzio
unsatisfactory ['ʌnsætɪs'fæktərɪ] *adj* che lascia a desiderare, insufficiente
unsavoury [ʌn'seɪvərɪ] (*US* **unsavory**) *adj* (*fig*: *person, place*) losco(a)
unscathed [ʌn'skeɪðd] *adj* incolume
unscrew [ʌn'skruː] *vt* svitare
unscrupulous [ʌn'skruːpjuləs] *adj* senza scrupoli
unsettled [ʌn'sɛtld] *adj* (*person*) turbato(a); indeciso(a); (*weather*) instabile
unshaven [ʌn'ʃeɪvn] *adj* non rasato(a)
unsightly [ʌn'saɪtlɪ] *adj* brutto(a), sgradevole a vedersi
unskilled [ʌn'skɪld] *adj* non specializzato(a)
unspeakable [ʌn'spiːkəbl] *adj* (*indescribable*) indicibile; (*awful*) abominevole
unstable [ʌn'steɪbl] *adj* (*gen*) instabile; (*mentally*) squilibrato(a)
unsteady [ʌn'stɛdɪ] *adj* instabile, malsicuro(a)
unstuck [ʌn'stʌk] *adj*: **to come** ~ scollarsi; (*fig*) fare fiasco
unsuccessful [ʌnsək'sɛsful] *adj* (*writer, proposal*) che non ha successo; (*marriage, attempt*) mal riuscito(a), fallito(a); **to be** ~ (*in attempting sth*) non avere successo
unsuitable [ʌn'suːtəbl] *adj* inadatto(a); inopportuno(a); sconveniente
unsure [ʌn'ʃuə*] *adj* incerto(a); **to be** ~ **of o.s.** essere insicuro(a)
unsuspecting [ʌnsə'spɛktɪŋ] *adj* che non sospetta nulla
unsympathetic [ʌnsɪmpə'θɛtɪk] *adj* (*person*) antipatico(a); (*attitude*)

poco incoraggiante
untapped [ʌn'tæpt] *adj* (*resources*) non sfruttato(a)
unthinkable [ʌn'θɪŋkəbl] *adj* impensabile, inconcepibile
untidy [ʌn'taɪdɪ] *adj* (*room*) in disordine; (*appearance*) trascurato(a); (*person*) disordinato(a)
untie [ʌn'taɪ] *vt* (*knot, parcel*) disfare; (*prisoner, dog*) slegare
until [ʌn'tɪl] *prep* fino a; (*after negative*) prima di ♦ *conj* finché, fino a quando; (*in past, after negative*) prima che +*sub*, prima di +*infinitive*; ~ **he comes** finché *or* fino a quando non arriva; ~ **now** finora; ~ **then** fino ad allora
untimely [ʌn'taɪmlɪ] *adj* intempestivo(a), inopportuno(a); (*death*) prematuro(a)
untold [ʌn'təuld] *adj* (*story*) mai rivelato(a); (*wealth*) incalcolabile; (*joy, suffering*) indescrivibile
untoward [ʌntə'wɔːd] *adj* sfortunato(a), sconveniente
unused [ʌn'juːzd] *adj* nuovo(a)
unusual [ʌn'juːʒuəl] *adj* insolito(a), eccezionale, raro(a)
unveil [ʌn'veɪl] *vt* scoprire; svelare
unwanted [ʌn'wɔntɪd] *adj* (*clothing*) smesso(a); (*child*) non desiderato(a)
unwavering [ʌn'weɪvərɪŋ] *adj* fermo(a), incrollabile
unwelcome [ʌn'welkəm] *adj* non gradito(a)
unwell [ʌn'wel] *adj* indisposto(a); **to feel** ~ non sentirsi bene
unwieldy [ʌn'wiːldɪ] *adj* poco maneggevole
unwilling [ʌn'wɪlɪŋ] *adj*: **to be ~ to do** non voler fare; **~ly** *adv* malvolentieri
unwind [ʌn'waɪnd] (*irreg*: *like* **wind**) *vt* svolgere, srotolare ♦ *vi* (*relax*) rilassarsi
unwise [ʌn'waɪz] *adj* poco saggio(a)
unwitting [ʌn'wɪtɪŋ] *adj* involontario(a)
unworkable [ʌn'wəːkəbl] *adj* (*plan*) inattuabile
unworthy [ʌn'wəːðɪ] *adj* indegno(a)
unwrap [ʌn'ræp] *vt* disfare; aprire
unwritten [ʌn'rɪtn] *adj* (*agreement*) tacito(a); (*law*) non scritto(a)

KEYWORD

up [ʌp] *prep*: **he went ~ the stairs/the hill** è salito su per le scale/sulla collina; **the cat was ~ a tree** il gatto era su un albero; **they live further ~ the street** vivono un po' più su nella stessa strada
♦ *adv* **1** (*upwards, higher*) su, in alto; ~ **in the sky/the mountains** su nel cielo/in montagna; ~ **there** lassù; ~ **above** su in alto
2: **to be ~** (*out of bed*) essere alzato(a); (*prices, level*) essere salito(a)
3: ~ **to** (*as far as*) fino a; ~ **to now** finora
4: **to be ~ to** (*depending on*): **it's ~ to you** sta a lei, dipende da lei; (*equal to*): **he's not ~ to it** (*job, task etc*) non ne è all'altezza; (*inf*: *be doing*): **what is he ~ to?** cosa sta combinando?
♦ *n*: **~s and downs** alti e bassi *mpl*

upbringing ['ʌpbrɪŋɪŋ] *n* educazione *f*
update [ʌp'deɪt] *vt* aggiornare
upgrade [ʌp'greɪd] *vt* (*house, job*) migliorare; (*employee*) avanzare di grado
upheaval [ʌp'hiːvl] *n* sconvolgimento; tumulto
uphill [ʌp'hɪl] *adj* in salita; (*fig*: *task*) difficile ♦ *adv*: **to go ~** andare in salita, salire
uphold [ʌp'həuld] (*irreg*: *like* **hold**) *vt* approvare; sostenere
upholstery [ʌp'həulstərɪ] *n* tappezzeria
upkeep ['ʌpkiːp] *n* manutenzione *f*
upon [ə'pɔn] *prep* su
upper ['ʌpə*] *adj* superiore ♦ *n* (*of shoe*) tomaia; **~-class** *adj* dell'alta borghesia; ~ **hand** *n*: **to have the ~ hand** avere il coltello dalla parte del manico; **~most** *adj* il(la) più

alto(a); predominante
upright ['ʌpraɪt] *adj* diritto(a); verticale; (*fig*) diritto(a), onesto(a)
uprising ['ʌpraɪzɪŋ] *n* insurrezione *f*, rivolta
uproar ['ʌprɔ:*] *n* tumulto, clamore *m*
uproot [ʌp'ru:t] *vt* sradicare
upset [*n* 'ʌpsɛt, *vb, adj* ʌp'sɛt] (*irreg: like* **set**) *n* (*to plan etc*) contrattempo; (*stomach* ~) disturbo ♦ *vt* (*glass etc*) rovesciare; (*plan, stomach*) scombussolare; (*person: offend*) contrariare; (*: grieve*) addolorare; sconvolgere ♦ *adj* contrariato(a); addolorato(a); (*stomach*) scombussolato(a)
upshot ['ʌpʃɔt] *n* risultato
upside down ['ʌpsaɪd-] *adv* sottosopra
upstairs [ʌp'stɛəz] *adv, adj* di sopra, al piano superiore ♦ *n* piano di sopra
upstart ['ʌpstɑ:t] *n* parvenu *m inv*
upstream [ʌp'stri:m] *adv* a monte
uptake ['ʌpteɪk] *n*: **he is quick/slow on the ~** è pronto/lento di comprendonio
uptight [ʌp'taɪt] (*inf*) *adj* teso(a)
up-to-date *adj* moderno(a); aggiornato(a)
upturn ['ʌptə:n] *n* (*in luck*) svolta favorevole; (*COMM: in market*) rialzo
upward ['ʌpwəd] *adj* ascendente; verso l'alto; **~(s)** *adv* in su, verso l'alto
urban ['ə:bən] *adj* urbano(a)
urbane [ə:'beɪn] *adj* civile, urbano(a), educato(a)
urchin ['ə:tʃɪn] *n* monello
urge [ə:dʒ] *n* impulso; stimolo; forte desiderio ♦ *vt*: **to ~ sb to do** esortare qn a fare, spingere qn a fare; raccomandare a qn di fare
urgency ['ə:dʒənsɪ] *n* urgenza; (*of tone*) insistenza
urgent ['ə:dʒənt] *adj* urgente; (*voice*) insistente
urinate ['juərɪneɪt] *vi* orinare
urine ['juərɪn] *n* orina
urn [ə:n] *n* urna; (*also: tea ~*) bollitore *m* per il tè
us [ʌs] *pron* ci; (*stressed, after prep*) noi; *see also* **me**
US(A) *n abbr* (= *United States (of America)*) USA *mpl*
usage ['ju:zɪdʒ] *n* uso
use [*n* ju:s, *vb* ju:z] *n* uso; impiego, utilizzazione *f* ♦ *vt* usare, utilizzare, servirsi di; **in ~** in uso; **out of ~** fuori uso; **to be of ~** essere utile, servire; **it's no ~** non serve, è inutile; **she ~d to do it** lo faceva (una volta), era solita farlo; **to be ~d to** avere l'abitudine di; **~ up** *vt* consumare; esaurire; **~d** *adj* (*object, car*) usato(a); **~ful** *adj* utile; **~fulness** *n* utilità; **~less** *adj* inutile; (*person*) inetto(a); **~r** *n* utente *m/f*; **~r-friendly** *adj* (*computer*) di facile uso
usher ['ʌʃə*] *n* usciere *m*; **~ette** [-'rɛt] *n* (*in cinema*) maschera
USSR *n*: **the ~** l'URSS *f*
usual ['ju:ʒuəl] *adj* solito(a); **as ~** come al solito, come d'abitudine; **~ly** *adv* di solito
utensil [ju:'tɛnsl] *n* utensile *m*; **kitchen ~s** utensili da cucina
uterus ['ju:tərəs] *n* utero
utility [ju:'tɪlɪtɪ] *n* utilità; (*also: public ~*) servizio pubblico; **~ room** *n locale adibito alla stiratura dei panni etc*
utmost ['ʌtməust] *adj* estremo(a) ♦ *n*: **to do one's ~** fare il possibile *or* di tutto
utter ['ʌtə*] *adj* assoluto(a), totale ♦ *vt* pronunciare, proferire; emettere; **~ance** *n* espressione *f*; parole *fpl*; **~ly** *adv* completamente, del tutto
U-turn ['ju:'tə:n] *n* inversione *f* a U

V

v. *abbr* = **verse**; **versus**; **volt**; (= *vide*) vedi, vedere
vacancy ['veɪkənsɪ] *n* (*BRIT: job*) posto libero; (*room*) stanza libera
vacant ['veɪkənt] *adj* (*job, seat etc*) libero(a); (*expression*) assente; ~

lot (*US*) *n* terreno non occupato; (*for sale*) terreno in vendita
vacate [və'keɪt] *vt* lasciare libero(a)
vacation [və'keɪʃən] (*esp US*) *n* vacanze *fpl*
vaccinate ['væksɪneɪt] *vt* vaccinare
vacuum ['vækjum] *n* vuoto; ~ **cleaner** *n* aspirapolvere *m inv*; ~-**packed** *adj* confezionato(a) sottovuoto
vagina [və'dʒaɪnə] *n* vagina
vagrant ['veɪgrnt] *n* vagabondo/a
vague [veɪg] *adj* vago(a); (*blurred*: *photo, memory*) sfocato(a); ~**ly** *adv* vagamente
vain [veɪn] *adj* (*useless*) inutile, vano(a); (*conceited*) vanitoso(a); **in** ~ inutilmente, invano
valentine ['væləntaɪn] *n* (*also*: ~ *card*) cartolina *or* biglietto di San Valentino; (*person*) innamorato/a
valet ['væleɪ] *n* cameriere *m* personale
valiant ['vælɪənt] *adj* valoroso(a), coraggioso(a)
valid ['vælɪd] *adj* valido(a), valevole; (*excuse*) valido(a)
valley ['vælɪ] *n* valle *f*
valour ['vælə*] (*US* **valor**) *n* valore *m*
valuable ['væljuəbl] *adj* (*jewel*) di (grande) valore; (*time, help*) prezioso(a); ~**s** *npl* oggetti *mpl* di valore
valuation [vælju'eɪʃən] *n* valutazione *f*, stima
value ['vælju:] *n* valore *m* ♦ *vt* (*fix price*) valutare, dare un prezzo a; (*cherish*) apprezzare, tenere a; ~ **added tax** (*BRIT*) *n* imposta sul valore aggiunto; ~**d** *adj* (*appreciated*) stimato(a), apprezzato(a)
valve [vælv] *n* valvola
van [væn] *n* (*AUT*) furgone *m*; (*BRIT*: *RAIL*) vagone *m*
vandal ['vændl] *n* vandalo/a; ~**ism** *n* vandalismo
vanilla [və'nɪlə] *n* vaniglia ♦ *cpd* (*ice cream*) alla vaniglia
vanish ['vænɪʃ] *vi* svanire, scomparire
vanity ['vænɪtɪ] *n* vanità
vantage ['vɑ:ntɪdʒ] *n*: ~ **point** posizione *f or* punto di osservazione; (*fig*) posizione vantaggiosa
vapour ['veɪpə*] (*US* **vapor**) *n* vapore *m*
variable ['vɛərɪəbl] *adj* variabile; (*mood*) mutevole
variance ['vɛərɪəns] *n*: **to be at** ~ (**with**) essere in disaccordo (con); (*facts*) essere in contraddizione (con)
varicose ['værɪkəus] *adj*: ~ **veins** vene *fpl* varicose
varied ['vɛərɪd] *adj* vario(a), diverso(a)
variety [və'raɪətɪ] *n* varietà *f inv*; (*quantity*) quantità, numero; ~ **show** *n* varietà *m inv*
various ['vɛərɪəs] *adj* vario(a), diverso(a); (*several*) parecchi(e), molti(e)
varnish ['vɑ:nɪʃ] *n* vernice *f*; (*nail* ~) smalto ♦ *vt* verniciare; mettere lo smalto su
vary ['vɛərɪ] *vt, vi* variare, mutare
vase [vɑ:z] *n* vaso
Vaseline ['væsɪli:n] ® *n* vaselina
vast [vɑ:st] *adj* vasto(a); (*amount, success*) enorme
VAT [væt] *n abbr* (= *value added tax*) I.V.A. *f*
vat [væt] *n* tino
Vatican ['vætɪkən] *n*: **the** ~ il Vaticano
vault [vɔ:lt] *n* (*of roof*) volta; (*tomb*) tomba; (*in bank*) camera blindata ♦ *vt* (*also*: ~ *over*) saltare (d'un balzo)
vaunted ['vɔ:ntɪd] *adj*: **much-**~ tanto celebrato(a)
VCR *n abbr* = **video cassette recorder**
VD *n abbr* = **venereal disease**
VDU *n abbr* = **visual display unit**
veal [vi:l] *n* vitello
veer [vɪə*] *vi* girare; virare
vegetable ['vɛdʒtəbl] *n* verdura, ortaggio ♦ *adj* vegetale
vegetarian [vɛdʒɪ'tɛərɪən] *adj, n* vegetariano(a)
vehement ['vi:ɪmənt] *adj* veemente,

violento(a)
vehicle ['viːɪkl] *n* veicolo
veil [veɪl] *n* velo; **~ed** *adj* (*fig*: *threat*) velato(a)
vein [veɪn] *n* vena; (*on leaf*) nervatura
velvet ['vɛlvɪt] *n* velluto ♦ *adj* di velluto
vending machine ['vɛndɪŋ-] *n* distributore *m* automatico
vendor ['vɛndə*] *n* venditore/trice
veneer [və'nɪə*] *n* impiallacciatura; (*fig*) vernice *f*
venereal [vɪ'nɪərɪəl] *adj*: **~ disease** malattia venerea
Venetian [vɪ'niːʃən] *adj* veneziano(a); **~ blind** *n* (tenda alla) veneziana
vengeance ['vɛndʒəns] *n* vendetta; **with a ~** (*fig*) davvero; furiosamente
Venice ['vɛnɪs] *n* Venezia
venison ['vɛnɪsn] *n* carne *f* di cervo
venom ['vɛnəm] *n* veleno
vent [vɛnt] *n* foro, apertura; (*in dress*, *jacket*) spacco ♦ *vt* (*fig*: *one's feelings*) sfogare, dare sfogo a
ventilate ['vɛntɪleɪt] *vt* (*room*) dare aria a, arieggiare; **ventilator** *n* ventilatore *m*
ventriloquist [vɛn'trɪləkwɪst] *n* ventriloquo/a
venture ['vɛntʃə*] *n* impresa (rischiosa) ♦ *vt* rischiare, azzardare ♦ *vi* avventurarsi; **business ~** iniziativa commerciale
venue ['vɛnjuː] *n* luogo (designato) per l'incontro
verb [vəːb] *n* verbo; **~al** *adj* verbale; (*translation*) orale
verbatim [vəː'beɪtɪm] *adj*, *adv* parola per parola
verdict ['vəːdɪkt] *n* verdetto
verge [vəːdʒ] (*BRIT*) *n* bordo, orlo; **"soft ~s"** (*BRIT*: *AUT*) banchine *fpl* cedevoli; **on the ~ of doing** sul punto di fare; **~ on** *vt fus* rasentare
veritable ['vɛrɪtəbl] *adj* vero(a)
vermin ['vəːmɪn] *npl* animali *mpl* nocivi; (*insects*) insetti *mpl* parassiti
vermouth ['vəːməθ] *n* vermut *m inv*
versatile ['vəːsətaɪl] *adj* (*person*) versatile; (*machine*, *tool etc*) (che si presta) a molti usi
verse [vəːs] *n* versi *mpl*; (*stanza*) stanza, strofa; (*in bible*) versetto
versed [vəːst] *adj*: **(well-)~ in** pratico(a) di
version ['vəːʃən] *n* versione *f*
versus ['vəːsəs] *prep* contro
vertical ['vəːtɪkl] *adj* verticale ♦ *n* verticale *m*; **~ly** *adv* verticalmente
vertigo ['vəːtɪgəu] *n* vertigine *f*
verve [vəːv] *n* brio; entusiasmo
very ['vɛrɪ] *adv* molto ♦ *adj*: **the ~ book which** proprio il libro che; **the ~ last** proprio l'ultimo; **at the ~ least** almeno; **~ much** moltissimo
vessel ['vɛsl] *n* (*ANAT*) vaso; (*NAUT*) nave *f*; (*container*) recipiente *m*
vest [vɛst] *n* (*BRIT*) maglia; (: *sleeveless*) canottiera; (*US*: *waistcoat*) gilè *m inv*
vested interests ['vɛstɪd-] *npl* (*COMM*) diritti *mpl* acquisiti
vet [vɛt] *n abbr* (*BRIT*: = *veterinary surgeon*) veterinario ♦ *vt* esaminare minuziosamente
veteran ['vɛtərn] *n* (*also*: *war ~*) veterano
veterinary ['vɛtrɪnərɪ] *adj* veterinario(a); **~ surgeon** (*US* **veterinarian**) *n* veterinario
veto ['viːtəu] (*pl* **~es**) *n* veto ♦ *vt* opporre il veto a
vex [vɛks] *vt* irritare, contrariare; **~ed** *adj* (*question*) controverso(a), dibattuto(a)
via ['vaɪə] *prep* (*by way of*) via; (*by means of*) tramite
viable ['vaɪəbl] *adj* attuabile; vitale
viaduct ['vaɪədʌkt] *n* viadotto
vibrant ['vaɪbrənt] *adj* (*lively*, *bright*) vivace; (*voice*) vibrante
vibrate [vaɪ'breɪt] *vi*: **to ~ (with)** vibrare (di); (*resound*) risonare (di)
vicar ['vɪkə*] *n* pastore *m*; **~age** *n* presbiterio
vicarious [vɪ'kɛərɪəs] *adj* indiretto(a)

vice [vaɪs] *n* (*evil*) vizio; (*TECH*) morsa
vice- [vaɪs] *prefix* vice...
vice squad *n* (squadra del) buon costume *f*
vice versa ['vaɪsɪ'vəːsə] *adv* viceversa
vicinity [vɪ'sɪnɪtɪ] *n* vicinanze *fpl*
vicious ['vɪʃəs] *adj* (*remark, dog*) cattivo(a); (*blow*) violento(a); ~ **circle** *n* circolo vizioso
victim ['vɪktɪm] *n* vittima
victor ['vɪktə*] *n* vincitore *m*
Victorian [vɪk'tɔːrɪən] *adj* vittoriano(a)
victory ['vɪktərɪ] *n* vittoria
video ['vɪdɪəu] *cpd* video... ♦ *n* (~ *film*) video *m inv*; (*also*: ~ *cassette*) videocassetta; (*also*: ~ *cassette recorder*) videoregistratore *m*; ~ **tape** *n* videotape *m inv*
vie [vaɪ] *vi*: **to** ~ **with** competere con, rivaleggiare con
Vienna [vɪ'ɛnə] *n* Vienna
Vietnam [vjɛt'næm] *n* Vietnam *m*; ~**ese** *adj*, *n inv* vietnamita *m/f*
view [vjuː] *n* vista, veduta; (*opinion*) opinione *f* ♦ *vt* (*look at*: *also fig*) considerare; (*house*) visitare; **on** ~ (*in museum etc*) esposto(a); **in full** ~ **of** sotto gli occhi di; **in** ~ **of the weather/the fact that** considerato il tempo/che; **in my** ~ a mio parere; ~**er** *n* spettatore/trice; ~**finder** *n* mirino; ~**point** *n* punto di vista; (*place*) posizione *f*
vigil ['vɪdʒɪl] *n* veglia
vigorous ['vɪgərəs] *adj* vigoroso(a)
vile [vaɪl] *adj* (*action*) vile; (*smell*) disgustoso(a), nauseante; (*temper*) pessimo(a)
villa ['vɪlə] *n* villa
village ['vɪlɪdʒ] *n* villaggio; ~**r** *n* abitante *m/f* di villaggio
villain ['vɪlən] *n* (*scoundrel*) canaglia; (*BRIT*: *criminal*) criminale *m*; (*in novel etc*) cattivo
vindicate ['vɪndɪkeɪt] *vt* comprovare; giustificare
vindictive [vɪn'dɪktɪv] *adj* vendicativo(a)
vine [vaɪn] *n* vite *f*; (*climbing plant*) rampicante *m*
vinegar ['vɪnɪgə*] *n* aceto
vineyard ['vɪnjɑːd] *n* vigna, vigneto
vintage ['vɪntɪdʒ] *n* (*year*) annata, produzione *f* ♦ *cpd* d'annata; ~ **car** *n* auto *f inv* d'epoca; ~ **wine** *n* vino d'annata
vinyl ['vaɪnl] *n* vinile *m*
violate ['vaɪəleɪt] *vt* violare
violence ['vaɪələns] *n* violenza
violent ['vaɪələnt] *adj* violento(a)
violet ['vaɪələt] *adj* (*colour*) viola *inv*, violetto(a) ♦ *n* (*plant*) violetta; (*colour*) violetto
violin [vaɪə'lɪn] *n* violino; ~**ist** *n* violinista *m/f*
VIP *n abbr* (= *very important person*) V.I.P. *m/f inv*
virgin ['vəːdʒɪn] *n* vergine *f* ♦ *adj* vergine *inv*
Virgo ['vəːgəu] *n* (*sign*) Vergine *f*
virile ['vɪraɪl] *adj* virile
virtual reality ['vəːtʃuəl -] *n* (*COMPUT*) realtà virtuale
virtually ['vəːtjuəlɪ] *adv* (*almost*) praticamente
virtue ['vəːtjuː] *n* virtù *f inv*; (*advantage*) pregio, vantaggio; **by** ~ **of** grazie a
virtuous ['vəːtjuəs] *adj* virtuoso(a)
virus ['vaɪərəs] *n* (*also COMPUT*) virus *m inv*
visa ['viːzə] *n* visto
vis-à-vis [viːzə'viː] *prep* rispetto a, nei riguardi di
visibility [vɪzɪ'bɪlɪtɪ] *n* visibilità
visible ['vɪzəbl] *adj* visibile
vision ['vɪʒən] *n* (*sight*) vista; (*foresight, in dream*) visione *f*
visit ['vɪzɪt] *n* visita; (*stay*) soggiorno ♦ *vt* (*person*: *US also*: ~ *with*) andare a trovare; (*place*) visitare; ~**ing hours** *npl* (*in hospital etc*) orario delle visite; ~**or** *n* visitatore/trice; (*guest*) ospite *m/f*
visor ['vaɪzə*] *n* visiera
vista ['vɪstə] *n* vista, prospettiva
visual ['vɪzjuəl] *adj* visivo(a); visua-

le; ottico(a); ~ **aid** *n* sussidio visivo; ~ **display unit** *n* visualizzatore *m*
visualize ['vɪzjuəlaɪz] *vt* immaginare, figurarsi; (*foresee*) prevedere
vital ['vaɪtl] *adj* vitale; **~ly** *adv* estremamente; ~ **statistics** *npl* (*fig*) misure *fpl*
vitamin ['vɪtəmɪn] *n* vitamina
vivacious [vɪ'veɪʃəs] *adj* vivace
vivid ['vɪvɪd] *adj* vivido(a); **~ly** *adv* (*describe*) vividamente; (*remember*) con precisione
V-neck ['vi:nɛk] *n* maglione *m* con lo scollo a V
vocabulary [vəu'kæbjulərɪ] *n* vocabolario
vocal ['vəukl] *adj* (*MUS*) vocale; (*communication*) verbale; ~ **cords** *npl* corde *fpl* vocali
vocation [vəu'keɪʃən] *n* vocazione *f*; **~al** *adj* professionale
vociferous [və'sɪfərəs] *adj* rumoroso(a)
vodka ['vɔdkə] *n* vodka *f inv*
vogue [vəug] *n* moda; (*popularity*) popolarità, voga
voice [vɔɪs] *n* voce *f* ♦ *vt* (*opinion*) esprimere
void [vɔɪd] *n* vuoto ♦ *adj* (*invalid*) nullo(a); (*empty*): ~ **of** privo(a) di
volatile ['vɔlətaɪl] *adj* volatile; (*fig*) volubile
volcano [vɔl'keɪnəu] (*pl* **~es**) *n* vulcano
volition [və'lɪʃən] *n*: **of one's own** ~ di sua volontà
volley ['vɔlɪ] *n* (*of gunfire*) salva; (*of stones, questions etc*) raffica; (*TENNIS etc*) volata; **~ball** *n* pallavolo *f*
volt [vəult] *n* volt *m inv*; **~age** *n* tensione *f*, voltaggio
voluble ['vɔljubl] *adj* loquace, ciarliero(a)
volume ['vɔlju:m] *n* volume *m*
voluntarily ['vɔləntrɪlɪ] *adv* volontariamente; gratuitamente
voluntary ['vɔləntərɪ] *adj* volontario(a); (*unpaid*) gratuito(a), non retribuito(a)
volunteer [vɔlən'tɪə*] *n* volontario/a ♦ *vt* offrire volontariamente ♦ *vi* (*MIL*) arruolarsi volontario; **to** ~ **to do** offrire (volontariamente) di fare
voluptuous [və'lʌptjuəs] *adj* voluttuoso(a)
vomit ['vɔmɪt] *n* vomito ♦ *vt, vi* vomitare
vote [vəut] *n* voto, suffragio; (*cast*) voto; (*franchise*) diritto di voto ♦ *vt*: **to be ~d chairman** *etc* venir eletto presidente *etc*; (*propose*): **to** ~ **that** approvare la proposta che ♦ *vi* votare; ~ **of thanks** discorso di ringraziamento; **~r** *n* elettore/trice; **voting** *n* scrutinio
vouch [vautʃ]: **to** ~ **for** *vt fus* farsi garante di
voucher ['vautʃə*] *n* (*for meal, petrol etc*) buono
vow [vau] *n* voto, promessa solenne ♦ *vt*: **to** ~ **to do/that** giurare di fare/che
vowel ['vauəl] *n* vocale *f*
voyage ['vɔɪɪdʒ] *n* viaggio per mare, traversata
V-sign ['vi:-] (*BRIT*) *n gesto volgare con le dita*
vulgar ['vʌlgə*] *adj* volgare
vulnerable ['vʌlnərəbl] *adj* vulnerabile
vulture ['vʌltʃə*] *n* avvoltoio

W

wad [wɔd] *n* (*of cotton wool, paper*) tampone *m*; (*of banknotes etc*) fascio
waddle ['wɔdl] *vi* camminare come una papera
wade [weɪd] *vi*: **to** ~ **through** camminare a stento in; (*fig*: *book*) leggere con fatica
wafer ['weɪfə*] *n* (*CULIN*) cialda
waffle ['wɔfl] *n* (*CULIN*) cialda; (*inf*) ciance *fpl* ♦ *vi* cianciare
waft [wɔft] *vt* portare ♦ *vi* diffondersi
wag [wæg] *vt* agitare, muovere ♦ *vi* agitarsi

wage [weɪdʒ] *n* (*also*: ~s) salario, paga ♦ *vt*: **to ~ war** fare la guerra; **~ earner** *n* salariato/a; **~ packet** *n* busta *f* paga *inv*

wager ['weɪdʒə*] *n* scommessa

waggle ['wægl] *vt* dimenare, agitare

wag(g)on ['wægən] *n* (*horse-drawn*) carro; (*BRIT*: *RAIL*) vagone *m* (merci)

wail [weɪl] *n* gemito; (*of siren*) urlo ♦ *vi* gemere; urlare

waist [weɪst] *n* vita, cintola; **~coat** (*BRIT*) *n* panciotto, gilè *m inv*; **~line** *n* (giro di) vita

wait [weɪt] *n* attesa ♦ *vi* aspettare, attendere; **to lie in ~ for** stare in agguato a; **to ~ for** aspettare; **I can't ~ to** (*fig*) non vedo l'ora di; **~ behind** *vi* rimanere (ad aspettare); **~ on** *vt fus* servire; **~er** *n* cameriere *m*; **~ing** *n*: **"no ~ing"** (*BRIT*: *AUT*) "divieto di sosta"; **~ing list** *n* lista di attesa; **~ing room** *n* sala d'aspetto *or* d'attesa; **~ress** *n* cameriera

waive [weɪv] *vt* rinunciare a, abbandonare

wake [weɪk] (*pt* **woke, ~d**, *pp* **woken, ~d**) *vt* (*also*: ~ *up*) svegliare ♦ *vi* (*also*: ~ *up*) svegliarsi ♦ *n* (*for dead person*) veglia funebre; (*NAUT*) scia; **waken** *vt*, *vi* = wake

Wales [weɪlz] *n* Galles *m*

walk [wɔ:k] *n* passeggiata; (*short*) giretto; (*gait*) passo, andatura; (*path*) sentiero; (*in park etc*) sentiero, vialetto ♦ *vi* camminare; (*for pleasure, exercise*) passeggiare ♦ *vt* (*distance*) fare *or* percorrere a piedi; (*dog*) accompagnare, portare a passeggiare; **10 minutes' ~ from** 10 minuti di cammino *or* a piedi da; **from all ~s of life** di tutte le condizioni sociali; **~ out** *vi* (*audience*) andarsene; (*workers*) scendere in sciopero; **~ out on** (*inf*) *vt fus* piantare in asso; **~er** *n* (*person*) camminatore/trice; **~ie-talkie** ['wɔ:kɪ'tɔ:kɪ] *n* walkie-talkie *m inv*; **~ing** *n* camminare *m*; **~ing shoes** *npl* pedule *fpl*; **~ing stick** *n* bastone *m* da passeggio; **~out** *n* (*of workers*) sciopero senza preavviso *or* a sorpresa; **~over** (*inf*) *n* vittoria facile, gioco da ragazzi; **~way** *n* passaggio pedonale

wall [wɔ:l] *n* muro; (*internal, of tunnel, cave*) parete *f*; **~ed** *adj* (*city*) fortificato(a); (*garden*) cintato(a)

wallet ['wɔlɪt] *n* portafoglio

wallflower ['wɔ:lflauə*] *n* violacciocca; **to be a ~** (*fig*) fare da tappezzeria

wallop ['wɔləp] (*inf*) *vt* pestare

wallow ['wɔləu] *vi* sguazzare

wallpaper ['wɔ:lpeɪpə*] *n* carta da parati ♦ *vt* (*room*) mettere la carta da parati in

wally ['wɔlɪ] (*inf*) *n* imbecille *m/f*

walnut ['wɔ:lnʌt] *n* noce *f*;; (*tree, wood*) noce *m*

walrus ['wɔ:lrəs] (*pl* ~ *or* **~es**) *n* tricheco

waltz [wɔ:lts] *n* valzer *m inv* ♦ *vi* ballare il valzer

wan [wɔn] *adj* pallido(a), smorto(a); triste

wand [wɔnd] *n* (*also*: *magic* ~) bacchetta (magica)

wander ['wɔndə*] *vi* (*person*) girare senza meta, girovagare; (*thoughts*) vagare ♦ *vt* girovagare per

wane [weɪn] *vi* calare

wangle [wæŋgl] (*BRIT*: *inf*) *vt* procurare con l'astuzia

want [wɔnt] *vt* volere; (*need*) aver bisogno di ♦ *n*: **for ~ of** per mancanza di; **~s** *npl* (*needs*) bisogni *mpl*; **to ~ to do** volere fare; **to ~ sb to do** volere che qn faccia; **~ed** *adj* (*criminal*) ricercato(a); **"~ed"** (*in adverts*) "cercasi"; **~ing** *adj*: **to be found ~ing** non risultare all'altezza

wanton ['wɔntn] *adj* sfrenato(a); senza motivo

war [wɔ:*] *n* guerra; **to make ~ (on)** far guerra (a)

ward [wɔ:d] *n* (*in hospital*: *room*) corsia; (: *section*) reparto; (*POL*)

circoscrizione *f*; (*LAW*: *child*: *also*: ~ *of court*) pupillo/a; ~ **off** *vt* parare, schivare
warden ['wɔːdn] *n* (*of park, game reserve, youth hostel*) guardiano/a; (*BRIT*: *of institution*) direttore/trice; (*BRIT*: *also*: *traffic* ~) addetto/a al controllo del traffico e del parcheggio
warder ['wɔːdə*] (*BRIT*) *n* guardia carceraria
wardrobe ['wɔːdrəub] *n* (*cupboard*) guardaroba *m inv*, armadio; (*clothes*) guardaroba; (*CINEMA, THEATRE*) costumi *mpl*
warehouse ['wɛəhaus] *n* magazzino
wares [wɛəz] *npl* merci *fpl*
warfare ['wɔːfɛə*] *n* guerra
warhead ['wɔːhɛd] *n* (*MIL*) testata
warily ['wɛərɪlɪ] *adv* cautamente, con prudenza
warlike ['wɔːlaɪk] *adj* bellicoso(a)
warm [wɔːm] *adj* caldo(a); (*thanks, welcome, applause*) caloroso(a); (*person*) cordiale; **it's** ~ fa caldo; I'm ~ ho caldo; ~ **up** *vi* scaldarsi, riscaldarsi ♦ *vt* scaldare, riscaldare; (*engine*) far scaldare; ~**-hearted** *adj* affettuoso(a); ~**ly** *adv* (*applaud, welcome*) calorosamente; (*dress*) con abiti pesanti; ~**th** *n* calore *m*
warn [wɔːn] *vt*: **to** ~ **sb that/(not) to do/of** avvertire *or* avvisare qn che/di (non) fare/di; ~**ing** *n* avvertimento; (*notice*) avviso; (*signal*) segnalazione *f*; ~**ing light** *n* spia luminosa; ~**ing triangle** *n* (*AUT*) triangolo
warp [wɔːp] *vi* deformarsi ♦ *vt* (*fig*) corrompere
warrant ['wɔrnt] *n* (*voucher*) buono; (*LAW*: *to arrest*) mandato di cattura; (: *to search*) mandato di perquisizione
warranty ['wɔrəntɪ] *n* garanzia
warren ['wɔrən] *n* (*of rabbits*) tana; (*fig*: *of streets etc*) dedalo
warrior ['wɔrɪə*] *n* guerriero/a
Warsaw ['wɔːsɔː] *n* Varsavia
warship ['wɔːʃɪp] *n* nave *f* da guerra
wart [wɔːt] *n* verruca
wartime ['wɔːtaɪm] *n*: **in** ~ in tempo di guerra
wary ['wɛərɪ] *adj* prudente
was [wɔz] *pt of* **be**
wash [wɔʃ] *vt* lavare ♦ *vi* lavarsi; (*sea*): **to** ~ **over/against sth** infrangersi su/contro qc ♦ *n* lavaggio; (*of ship*) scia; **to give sth a** ~ lavare qc, dare una lavata a qc; **to have a** ~ lavarsi; ~ **away** *vt* (*stain*) togliere lavando; (*subj*: *river*) trascinare via; ~ **off** *vi* andare via con il lavaggio; ~ **up** *vi* (*BRIT*) lavare i piatti; (*US*) darsi una lavata; ~**able** *adj* lavabile; ~**basin** (*US* ~**bowl**) *n* lavabo; ~**cloth** (*US*) *n* pezzuola (per lavarsi); ~**er** *n* (*TECH*) rondella; ~**ing** *n* (*linen etc*) bucato; ~**ing machine** *n* lavatrice *f*; ~**ing powder** (*BRIT*) *n* detersivo (in polvere)
Washington ['wɔʃɪŋtən] *n* Washington *f*
wash: ~**ing up** *n* rigovernatura, lavatura dei piatti; ~**ing-up liquid** *n* detersivo liquido (per stoviglie); ~**-out** (*inf*) *n* disastro; ~**room** *n* gabinetto
wasn't ['wɔznt] = **was not**
wasp [wɔsp] *n* vespa
wastage ['weɪstɪdʒ] *n* spreco; (*in manufacturing*) scarti *mpl*; **natural** ~ diminuzione *f* di manodopera (*per pensionamento, decesso etc*)
waste [weɪst] *n* spreco; (*of time*) perdita; (*rubbish*) rifiuti *mpl*; (*also*: *household* ~) immondizie *fpl* ♦ *adj* (*material*) di scarto; (*food*) avanzato(a); (*land*) incolto(a) ♦ *vt* sprecare; ~**s** *npl* (*area of land*) distesa desolata; ~ **away** *vi* deperire; ~ **disposal unit** (*BRIT*) *n* eliminatore *m* di rifiuti; ~**ful** *adj* sprecone(a); (*process*) dispendioso(a); ~ **ground** (*BRIT*) *n* terreno incolto *or* abbandonato; ~**paper basket** *n* cestino per la carta straccia; ~**pipe** *n* tubo di scarico
watch [wɔtʃ] *n* (*also*: *wrist* ~) orologio (da polso); (*act of watching, vigilance*) sorveglianza; (*guard*: *MIL,*

NAUT) guardia; (*NAUT*: *spell of duty*) quarto ♦ *vt* (*look at*) osservare; (: *match, programme*) guardare; (*spy on, guard*) sorvegliare, tenere d'occhio; (*be careful of*) fare attenzione a ♦ *vi* osservare, guardare; (*keep guard*) fare *or* montare la guardia; ~ **out** *vi* fare attenzione; **~dog** *n* (*also fig*) cane *m* da guardia; **~ful** *adj* attento(a), vigile; **~maker** *n* orologiaio/a; **~man** *n see* **night**; ~ **strap** *n* cinturino da orologio

water ['wɔ:tə*] *n* acqua ♦ *vt* (*plant*) annaffiare ♦ *vi* (*eyes*) lacrimare; (*mouth*): **to make sb's mouth** ~ far venire l'acquolina in bocca a qn; **in British ~s** nelle acque territoriali britanniche; ~ **down** *vt* (*milk*) diluire; (*fig*: *story*) edulcorare; ~ **cannon** *n* idrante *m*; ~ **closet** (*BRIT*) *n* water *m inv*; **~colour** *n* acquerello; **~cress** *n* crescione *m*; **~fall** *n* cascata; ~ **heater** *n* scaldabagno; **~ing can** *n* annaffiatoio; ~ **lily** *n* ninfea; **~line** *n* (*NAUT*) linea di galleggiamento; **~logged** *adj* saturo(a) d'acqua; imbevuto(a) d'acqua; (*football pitch etc*) allagato(a); ~ **main** *n* conduttura dell'acqua; **~melon** *n* anguria, cocomero; **~proof** *adj* impermeabile; **~shed** *n* (*GEO, fig*) spartiacque *m*; **~-skiing** *n* sci *m* acquatico; **~tight** *adj* stagno(a); **~way** *n* corso d'acqua navigabile; **~works** *npl* impianto idrico; **~y** *adj* (*colour*) slavato(a); (*coffee*) acquoso(a); (*eyes*) umido(a)

watt [wɔt] *n* watt *m inv*

wave [weɪv] *n* onda; (*of hand*) gesto, segno; (*in hair*) ondulazione *f*; (*fig*: *surge*) ondata ♦ *vi* fare un cenno con la mano; (*branches, grass*) ondeggiare; (*flag*) sventolare ♦ *vt* (*hand*) fare un gesto con; (*handkerchief*) sventolare; (*stick*) brandire; **~length** *n* lunghezza d'onda

waver ['weɪvə*] *vi* esitare; (*voice*) tremolare

wavy ['weɪvɪ] *adj* ondulato(a); ondeggiante

wax [wæks] *n* cera ♦ *vt* dare la cera a; (*car*) lucidare ♦ *vi* (*moon*) crescere; **~works** *npl* cere *fpl* ♦ *n* museo delle cere

way [weɪ] *n* via, strada; (*path, access*) passaggio; (*distance*) distanza; (*direction*) parte *f*, direzione *f*; (*manner*) modo, stile *m*; (*habit*) abitudine *f*; **which ~? – this ~** da che parte *or* in quale direzione? – da questa parte *or* per di qua; **on the ~** (*en route*) per strada; **to be on one's ~** essere in cammino *or* sulla strada; **to be in the ~** bloccare il passaggio; (*fig*) essere tra i piedi *or* d'impiccio; **to go out of one's ~ to do** (*fig*) mettercela tutta *or* fare di tutto per fare; **under ~** (*project*) in corso; **to lose one's ~** perdere la strada; **in a ~** in un certo senso; **in some ~s** sotto certi aspetti; **no ~!** (*inf*) neanche per idea!; **by the ~ ...** a proposito ...; **"~ in"** (*BRIT*) "entrata", "ingresso"; **"~ out"** (*BRIT*) "uscita"; **the ~ back** la strada del ritorno; **"give ~"** (*BRIT*: *AUT*) "dare la precedenza"

waylay [weɪ'leɪ] (*irreg*: *like* **lay**) *vt* tendere un agguato a; attendere al passaggio

wayward ['weɪwəd] *adj* capriccioso(a); testardo(a)

W.C. ['dʌblju'si:] (*BRIT*) *n* W.C. *m inv*, gabinetto

we [wi:] *pl pron* noi

weak [wi:k] *adj* debole; (*health*) precario(a); (*beam etc*) fragile; (*tea*) leggero(a); **~en** *vi* indebolirsi ♦ *vt* indebolire; **~ling** ['wi:klɪŋ] *n* smidollato/a; debole *m/f*; **~ness** *n* debolezza; (*fault*) punto debole, difetto; **to have a ~ness for** avere un debole per

wealth [wɛlθ] *n* (*money, resources*) ricchezza, ricchezze *fpl*; (*of details*) abbondanza, profusione *f*; **~y** *adj* ricco(a)

wean [wi:n] *vt* svezzare

weapon ['wɛpən] *n* arma

wear [wɛə*] (*pt* **wore**, *pp* **worn**) *n* (*use*) uso; (*damage through use*) logorio, usura; (*clothing*): **sports/baby ~** abbigliamento sportivo/per neonati ♦ *vt* (*clothes*) portare; (*put on*) mettersi; (*damage*: *through use*) consumare ♦ *vi* (*last*) durare; (*rub etc through*) consumarsi; **evening ~** abiti *mpl or* tenuta da sera; **~ away** *vt* consumare; erodere ♦ *vi* consumarsi; essere eroso(a); **~ down** *vt* consumare; (*strength*) esaurire; **~ off** *vi* sparire lentamente; **~ out** *vt* consumare; (*person, strength*) esaurire; **~ and tear** *n* usura, consumo

weary ['wɪərɪ] *adj* stanco(a) ♦ *vi*: **to ~ of** stancarsi di

weasel ['wi:zl] *n* (*ZOOL*) donnola

weather ['wɛðə*] *n* tempo ♦ *vt* (*storm, crisis*) superare; **under the ~** (*fig*: *ill*) poco bene; **~-beaten** *adj* (*face, skin*) segnato(a) dalle intemperie; (*building*) logorato(a) dalle intemperie; **~cock** *n* banderuola; **~ forecast** *n* previsioni *fpl* del tempo, bollettino meteorologico; **~man** (*inf*) *n* meteorologo; **~ vane** *n* = **~cock**

weave [wi:v] (*pt* **wove**, *pp* **woven**) *vt* (*cloth*) tessere; (*basket*) intrecciare; **~r** *n* tessitore/trice; **weaving** *n* tessitura

web [wɛb] *n* (*of spider*) ragnatela; (*on foot*) palma; (*fabric, also fig*) tessuto

wed [wɛd] (*pt, pp* **wedded**) *vt* sposare ♦ *vi* sposarsi

we'd [wi:d] = **we had**; **we would**

wedding ['wɛdɪŋ] *n* matrimonio; **silver/golden ~ (anniversary)** *n* nozze *fpl* d'argento/d'oro; **~ day** *n* giorno delle nozze *or* del matrimonio; **~ dress** *n* abito nuziale; **~ ring** *n* fede *f*

wedge [wɛdʒ] *n* (*of wood etc*) zeppa; (*of cake*) fetta ♦ *vt* (*fix*) fissare con zeppe; (*pack tightly*) incastrare

Wednesday ['wɛdnzdɪ] *n* mercoledì *m inv*

wee [wi:] (*SCOTTISH*) *adj* piccolo(a)

weed [wi:d] *n* erbaccia ♦ *vt* diserbare; **~killer** *n* diserbante *m*; **~y** *adj* (*person*) allampanato(a)

week [wi:k] *n* settimana; **a ~ today/on Friday** oggi/venerdì a otto; **~day** *n* giorno feriale; (*COMM*) giornata lavorativa; **~end** *n* fine settimana *m or f inv*, weekend *m inv*; **~ly** *adv* ogni settimana, settimanalmente ♦ *adj* settimanale ♦ *n* settimanale *m*

weep [wi:p] (*pt, pp* **wept**) *vi* (*person*) piangere; **~ing willow** *n* salice *m* piangente

weigh [weɪ] *vt, vi* pesare; **to ~ anchor** salpare l'ancora; **~ down** *vt* (*branch*) piegare; (*fig*: *with worry*) opprimere, caricare; **~ up** *vt* valutare

weight [weɪt] *n* peso; **to lose/put on ~** dimagrire/ingrassare; **~ing** *n* (*allowance*) indennità; **~ lifter** *n* pesista *m*; **~y** *adj* pesante; (*fig*) importante, grave

weir [wɪə*] *n* diga

weird [wɪəd] *adj* strano(a), bizzarro(a); (*eerie*) soprannaturale

welcome ['wɛlkəm] *adj* benvenuto(a) ♦ *n* accoglienza, benvenuto ♦ *vt* dare il benvenuto a; (*be glad of*) rallegrarsi di; **thank you – you're ~!** grazie – prego!

weld [wɛld] *n* saldatura ♦ *vt* saldare

welfare ['wɛlfɛə*] *n* benessere *m*; **~ state** *n* stato assistenziale; **~ work** *n* assistenza sociale

well [wɛl] *n* pozzo ♦ *adv* bene ♦ *adj*: **to be ~** (*person*) stare bene ♦ *excl* allora!; ma!; ebbene!; **as ~** anche; **as ~ as** così come; oltre a; **~ done!** bravo(a)!; **get ~ soon!** guarisci presto!; **to do ~** andare bene; **~ up** *vi* sgorgare

we'll [wi:l] = **we will**; **we shall**

well: **~-behaved** *adj* ubbidiente; **~-being** *n* benessere *m*; **~-built** *adj* (*person*) ben fatto(a); **~-deserved** *adj* meritato(a); **~-dressed** *adj* ben vestito(a), vestito(a) bene; ~**-heeled** (*inf*) *adj* (*wealthy*) agiato(a), facoltoso(a)

wellingtons ['wɛlɪŋtənz] *npl* (*also*: *wellington boots*) stivali *mpl* di gomma

well: ~**-known** *adj* noto(a), famoso(a); ~**-mannered** *adj* ben educato(a); ~**-meaning** *adj* ben intenzionato(a); ~**-off** *adj* benestante, danaroso(a); ~**-read** *adj* colto(a); ~**-to-do** *adj* abbiente, benestante; ~**-wisher** *n* ammiratore/trice

Welsh [wɛlʃ] *adj* gallese ♦ *n* (*LING*) gallese *m*; **the** ~ *npl* i Gallesi; ~**man/woman** *n* gallese *m/f*; ~ **rarebit** *n* crostino al formaggio

went [wɛnt] *pt of* **go**

wept [wɛpt] *pt, pp of* **weep**

were [wə:*] *pt of* **be**

we're [wɪə*] = **we are**

weren't [wə:nt] = **were not**

west [wɛst] *n* ovest *m*, occidente *m*, ponente *m* ♦ *adj* (a) ovest *inv*, occidentale ♦ *adv* verso ovest; **the W~** l'Occidente *m*; **the W~ Country** (*BRIT*) *n* il sud-ovest dell'Inghilterra; ~**erly** *adj* (*point*) a ovest; (*wind*) occidentale, da ovest; ~**ern** *adj* occidentale, dell'ovest ♦ *n* (*CINEMA*) western *m inv*; **W~ Germany** *n* Germania Occidentale; **W~ Indian** *adj* delle Indie Occidentali ♦ *n* abitante *m/f* delle Indie Occidentali; **W~ Indies** *npl* Indie *fpl* Occidentali; ~**ward(s)** *adv* verso ovest

wet [wɛt] *adj* umido(a), bagnato(a); (*soaked*) fradicio(a); (*rainy*) piovoso(a) ♦ *n* (*BRIT*: *POL*) politico moderato; **to get** ~ bagnarsi; "~ **paint**" "vernice fresca"; ~ **blanket** *n* (*fig*) guastafeste *m/f*; ~ **suit** *n* tuta da sub

we've [wi:v] = **we have**

whack [wæk] *vt* picchiare, battere

whale [weɪl] *n* (*ZOOL*) balena

wharf [wɔ:f] (*pl* **wharves**) *n* banchina

wharves [wɔ:vz] *npl of* **wharf**

KEYWORD

what [wɔt] *adv* **1** (*in direct/indirect questions*) che; quale; ~ **size is it?** che taglia è?; ~ **colour is it?** di che colore è?; ~ **books do you want?** quali *or* che libri vuole?

2 (*in exclamations*) che; ~ **a mess!** che disordine!

♦ *pron* **1** (*interrogative*) che cosa, cosa, che; ~ **are you doing?** che *or* (che) cosa fai?; ~ **are you talking about?** di che cosa parli?; ~ **is it called?** come si chiama?; ~ **about me?** e io?; ~ **about doing ...?** e se facessimo ...?

2 (*relative*) ciò che, quello che; **I saw ~ you did/was on the table** ho visto quello che hai fatto/quello che era sul tavolo

3 (*indirect use*) (che) cosa; **he asked me ~ she had said** mi ha chiesto che cosa avesse detto; **tell me ~ you're thinking about** dimmi a cosa stai pensando

♦ *excl* (*disbelieving*) cosa!, come!

whatever [wɔt'ɛvə*] *adj*: ~ **book** qualunque *or* qualsiasi libro + *sub* ♦ *pron*: **do ~ is necessary/you want** faccia qualunque *or* qualsiasi cosa sia necessaria/lei voglia; ~ **happens** qualunque cosa accada; **no reason ~** *or* **whatsoever** nessuna ragione affatto *or* al mondo; **nothing** ~ proprio niente

whatsoever [wɔtsəu'ɛvə*] *adj* = **whatever**

wheat [wi:t] *n* grano, frumento

wheedle ['wi:dl] *vt*: **to ~ sb into doing sth** convincere qn a fare qc (con lusinghe); **to ~ sth out of sb** ottenere qc da qn (con lusinghe)

wheel [wi:l] *n* ruota; (*AUT*: *also*: *steering* ~) volante *m*; (*NAUT*) (ruota del) timone *m* ♦ *vt* spingere ♦ *vi* (*birds*) roteare; (*also*: ~ *round*) girare; ~**barrow** *n* carriola; ~**chair** *n* sedia a rotelle; ~ **clamp** *n* (*AUT*) *morsa che blocca la ruota di una vet-*

tura in sosta vietata
wheeze [wi:z] *vi* ansimare

KEYWORD

when [wɛn] *adv* quando; ~ **did it happen?** quando è successo?
♦ *conj* **1** (*at, during, after the time that*) quando; **she was reading** ~ **I came in** quando sono entrato lei leggeva; **that was** ~ **I needed you** era allora che avevo bisogno di te
2 (*on, at which*): **on the day** ~ **I met him** il giorno in cui l'ho incontrato; **one day** ~ **it was raining** un giorno che pioveva
3 (*whereas*) quando, mentre; **you said I was wrong** ~ **in fact I was right** mi hai detto che avevo torto, quando in realtà avevo ragione

whenever [wɛn'ɛvə*] *adv* quando mai ♦ *conj* quando; (*every time that*) ogni volta che
where [wɛə*] *adv, conj* dove; **this is** ~ è qui che; ~**abouts** *adv* dove ♦ *n*: **sb's** ~**abouts** luogo dove qn si trova; ~**as** *conj* mentre; ~**by** *pron* per cui; ~**upon** *conj* al che; **wherever** [-'ɛvə*] *conj* dovunque + *sub*; (*interrogative*) dove mai; ~**withal** *n* mezzi *mpl*
whet [wɛt] *vt* (*appetite etc*) stimolare
whether ['wɛðə*] *conj* se; **I don't know** ~ **to accept or not** non so se accettare o no; **it's doubtful** ~ è poco probabile che; ~ **you go or not** che lei vada o no

KEYWORD

which [wɪtʃ] *adj* **1** (*interrogative: direct, indirect*) quale; ~ **picture do you want?** quale quadro vuole?; ~ **one?** quale?; ~ **one of you did it?** chi di voi lo ha fatto?
2: **in** ~ **case** nel qual caso
♦ *pron* **1** (*interrogative*) quale; ~ **(of these) are yours?** quali di questi sono suoi?; ~ **of you are coming?** chi di voi viene?
2 (*relative*) che; (*: indirect*) cui, il (la) quale; **the apple** ~ **you ate**/~ **is on the table** la mela che hai mangiato/che è sul tavolo; **the chair on** ~ **you are sitting** la sedia sulla quale *or* su cui sei seduto; **he said he knew,** ~ **is true** ha detto che lo sapeva, il che è vero; **after** ~ dopo di che

whichever [wɪtʃ'ɛvə*] *adj*: **take** ~ **book you prefer** prenda qualsiasi libro che preferisce; ~ **book you take** qualsiasi libro prenda
whiff [wɪf] *n* soffio; sbuffo; odore *m*
while [waɪl] *n* momento ♦ *conj* mentre; (*as long as*) finché; (*although*) sebbene + *sub*; per quanto + *sub*; **for a** ~ per un po'; ~ **away** *vt* (*time*) far passare
whim [wɪm] *n* capriccio
whimper ['wɪmpə*] *n* piagnucolio ♦ *vi* piagnucolare
whimsical ['wɪmzɪkl] *adj* (*person*) capriccioso(a); (*look*) strano(a)
whine [waɪn] *n* gemito ♦ *vi* gemere; uggiolare; piagnucolare
whip [wɪp] *n* frusta; (*for riding*) frustino; (*POL: person*) capogruppo (*che sovrintende alla disciplina dei colleghi di partito*) ♦ *vt* frustare; (*cream, eggs*) sbattere; ~**ped cream** *n* panna montata; ~**-round** (*BRIT*) *n* colletta
whirl [wə:l] *vt* (far) girare rapidamente; (far) turbinare ♦ *vi* (*dancers*) volteggiare; (*leaves, water*) sollevarsi in vortice; ~**pool** *n* mulinello; ~**wind** *n* turbine *m*
whirr [wə:*] *vi* ronzare; rombare; frullare
whisk [wɪsk] *n* (*CULIN*) frusta; frullino ♦ *vt* sbattere, frullare; **to** ~ **sb away** *or* **off** portar via qn a tutta velocità
whiskers ['wɪskəz] *npl* (*of animal*) baffi *mpl*; (*of man*) favoriti *mpl*
whisky ['wɪskɪ] (*US, IRELAND* **whiskey**) *n* whisky *m inv*
whisper ['wɪspə*] *n* sussurro ♦ *vt, vi*

sussurrare

whist [wist] *n* whist *m*

whistle ['wisl] *n* (*sound*) fischio; (*object*) fischietto ♦ *vi* fischiare

white [wait] *adj* bianco(a); (*with fear*) pallido(a) ♦ *n* bianco; (*person*) bianco/a; ~ **coffee** (*BRIT*) *n* caffellatte *m inv*; ~**-collar worker** *n* impiegato; ~ **elephant** *n* (*fig*) oggetto (*or* progetto) costoso ma inutile; ~ **lie** *n* bugia pietosa; ~**ness** *n* bianchezza; ~ **paper** *n* (*POL*) libro bianco; ~**wash** *n* (*paint*) bianco di calce ♦ *vt* imbiancare; (*fig*) coprire

whiting ['waitiŋ] *n inv* (*fish*) merlango

Whitsun ['witsn] *n* Pentecoste *f*

whittle ['witl] *vt*: **to ~ away, ~ down** ridurre, tagliare

whizz [wiz] *vi*: **to ~ past** *or* **by** passare sfrecciando; ~ **kid** (*inf*) *n* prodigio

KEYWORD

who [hu:] *pron* **1** (*interrogative*) chi; **~ is it?, ~'s there?** chi è?

2 (*relative*) che; **the man ~ spoke to me** l'uomo che ha parlato con me; **those ~ can swim** quelli che sanno nuotare

whodunit [hu:'dʌnit] (*inf*) *n* giallo

whoever [hu:'ɛvə*] *pron*: **~ finds it** chiunque lo trovi; **ask ~ you like** lo chieda a chiunque vuole; **~ she marries** chiunque sposerà, non importa chi sposerà; **~ told you that?** chi mai gliel'ha detto?

whole [həul] *adj* (*complete*) tutto(a), completo(a); (*not broken*) intero(a), intatto(a) ♦ *n* (*all*): **the ~ of** tutto(a) il(la); (*entire unit*) tutto; (*not broken*) tutto; **the ~ of the town** tutta la città, la città intera; **on the ~, as a ~** nel complesso, nell'insieme; ~ **food(s)** *n(pl)* cibo integrale; ~**hearted** *adj* sincero(a); ~**meal** *adj* (*bread, flour*) integrale; ~**sale** *n* commercio *or* vendita all'ingrosso ♦ *adj* all'ingrosso; (*destruction*) totale; ~**saler** *n* grossista *m/f*; ~**some** *adj* sano(a); salutare; ~**wheat** *adj* = ~**meal**; **wholly** *adv* completamente, del tutto

KEYWORD

whom [hu:m] *pron* **1** (*interrogative*) chi; **~ did you see?** chi hai visto?; **to ~ did you give it?** a chi lo hai dato?

2 (*relative*) che, *prep* +il (la) quale (*check syntax of Italian verb used*); **the man ~ I saw/to ~ I spoke** l'uomo che ho visto/al quale ho parlato

whooping cough ['hu:piŋ-] *n* pertosse *f*

whore [hɔ:*] (*inf*: *pej*) *n* puttana

KEYWORD

whose [hu:z] *adj* **1** (*possessive: interrogative*) di chi; **~ book is this?, ~ is this book?** di chi è questo libro?; **~ daughter are you?** di chi sei figlia?

2 (*possessive: relative*): **the man ~ son you rescued** l'uomo il cui figlio hai salvato; **the girl ~ sister you were speaking to** la ragazza alla cui sorella stavi parlando

♦ *pron* di chi; **~ is this?** di chi è questo?; **I know ~ it is** so di chi è

why [wai] *adv, conj* perché ♦ *excl* (*surprise*) ma guarda un po'!; (*remonstrating*) ma (via)!; (*explaining*) ebbene!; **~ not?** perché no?; **~ not do it now?** perché non farlo adesso?; **that's not ~ I'm here** non è questo il motivo per cui sono qui; **the reason ~** il motivo per cui; ~**ever** *adv* perché mai

wicked ['wikid] *adj* cattivo(a), malvagio(a); maligno(a); perfido(a)

wickerwork ['wikəwə:k] *adj* di vimini ♦ *n* articoli *mpl* di vimini

wicket ['wikit] *n* (*CRICKET*) porta; area tra le due porte

wide [waid] *adj* largo(a); (*area, knowledge*) vasto(a); (*choice*) ampio(a) ♦ *adv:* **to open** ~ spalancare; **to shoot** ~ tirare a vuoto *or* fuori bersaglio; **~-angle lens** *n* grandangolare *m*; **~-awake** *adj* completamente sveglio(a); **~ly** *adv* (*differing*) molto, completamente; (*travelled, spaced*) molto; (*believed*) generalmente; **~n** *vt* allargare, ampliare; **~ open** *adj* spalancato(a); **~spread** *adj* (*belief etc*) molto *or* assai diffuso(a)

widow ['wɪdəu] *n* vedova; **~ed** *adj*: **to be ~ed** restare vedovo(a); **~er** *n* vedovo

width [wɪdθ] *n* larghezza

wield [wi:ld] *vt* (*sword*) maneggiare; (*power*) esercitare

wife [waɪf] (*pl* **wives**) *n* moglie *f*

wig [wɪg] *n* parrucca

wiggle ['wɪgl] *vt* dimenare, agitare

wild [waɪld] *adj* selvatico(a); selvaggio(a); (*sea, weather*) tempestoso(a); (*idea, life*) folle; stravagante; (*applause*) frenetico(a); **~s** *npl* regione *f* selvaggia; **~erness** ['wɪldənɪs] *n* deserto; **~ goose chase** *n* (*fig*) pista falsa; **~life** *n* natura; **~ly** *adv* selvaggiamente; (*applaud*) freneticamente; (*hit, guess*) a casaccio; (*happy*) follemente

wilful ['wɪlful] (*US* **willful**) *adj* (*person*) testardo(a), ostinato(a); (*action*) intenzionale; (*crime*) premeditato(a)

KEYWORD

will [wɪl] (*pt, pp* **~ed**) *aux vb* **1** (*forming future tense*): **I ~ finish it tomorrow** lo finirò domani; **I ~ have finished it by tomorrow** lo finirò entro domani; **~ you do it? - yes I ~/no I won't** lo farai? - sì (lo farò)/no (non lo farò)

2 (*in conjectures, predictions*): **he ~ or he'll be there by now** dovrebbe essere arrivato ora; **that ~ be the postman** sarà il postino

3 (*in commands, requests, offers*): **~ you be quiet!** vuoi stare zitto?; **~ you come?** vieni anche tu?; **~ you help me?** mi aiuti?, mi puoi aiutare?; **~ you have a cup of tea?** vorrebbe una tazza di tè?; **I won't put up with it!** non lo accetterò!

♦ *vt*: **to ~ sb to do** volere che qn faccia; **he ~ed himself to go on** continuò grazie a un grande sforzo di volontà

♦ *n* volontà; testamento

willful ['wɪlful] (*US*) *adj* = **wilful**

willing ['wɪlɪŋ] *adj* volonteroso(a); **~ to do** disposto(a) a fare; **~ly** *adv* volentieri; **~ness** *n* buona volontà

willow ['wɪləu] *n* salice *m*

will power *n* forza di volontà

willy-nilly [wɪlɪ'nɪlɪ] *adv* volente o nolente

wilt [wɪlt] *vi* appassire

wily ['waɪlɪ] *adj* furbo(a)

win [wɪn] (*pt, pp* **won**) *n* (*in sports etc*) vittoria ♦ *vt* (*battle, prize, money*) vincere; (*popularity*) conquistare ♦ *vi* vincere; **~ over** *vt* convincere; **~ round** (*BRIT*) *vt* convincere

wince [wɪns] *vi* trasalire

winch [wɪntʃ] *n* verricello, argano

wind¹ [waɪnd] (*pt, pp* **wound**) *vt* attorcigliare; (*wrap*) avvolgere; (*clock, toy*) caricare ♦ *vi* (*road, river*) serpeggiare; **~ up** *vt* (*clock*) caricare; (*debate*) concludere

wind² [wɪnd] *n* vento; (*MED*) flatulenza; (*breath*) respiro, fiato ♦ *vt* (*take breath away*) far restare senza fiato; **~fall** *n* (*money*) guadagno insperato; **~ power** energia eolica

winding ['waɪndɪŋ] *adj* (*road*) serpeggiante; (*staircase*) a chiocciola

wind instrument *n* (*MUS*) strumento a fiato

windmill ['wɪndmɪl] *n* mulino a vento

window ['wɪndəu] *n* finestra; (*in car, train*) finestrino; (*in shop etc*) vetrina; (*also*: **~ pane**) vetro; **~ box** *n* cassetta da fiori; **~ cleaner** *n* (*person*) pulitore *m* di finestre; **~ envelope** *n* busta a finestra; ~

ledge *n* davanzale *m*; ~ **pane** *n* vetro; ~**-shopping** *n*: to go ~-shopping andare a vedere le vetrine; ~**sill** *n* davanzale *m*
windpipe ['wɪndpaɪp] *n* trachea
windscreen ['wɪndskri:n] *n* parabrezza *m inv*; ~ **washer** *n* lavacristallo; ~ **wiper** *n* tergicristallo
windshield ['wɪndʃi:ld] (*US*) *n* = windscreen
windswept ['wɪndswept] *adj* spazzato(a) dal vento
windy ['wɪndɪ] *adj* ventoso(a); **it's** ~ c'è vento
wine [waɪn] *n* vino; ~ **bar** *n* bar *m inv* (*con licenza per alcolici*); ~ **cellar** *n* cantina; ~ **glass** *n* bicchiere *m* da vino; ~ **list** *n* lista dei vini; ~ **merchant** *n* commerciante *m* di vini; ~ **tasting** *n* degustazione *f* dei vini; ~ **waiter** *n* sommelier *m inv*
wing [wɪŋ] *n* ala; (*AUT*) fiancata; ~s *npl* (*THEATRE*) quinte *fpl*; ~**er** *n* (*SPORT*) ala
wink [wɪŋk] *n* ammiccamento ♦ *vi* ammiccare, fare l'occhiolino; (*light*) baluginare
winner ['wɪnə*] *n* vincitore/trice
winning ['wɪnɪŋ] *adj* (*team, goal*) vincente; (*smile*) affascinante; ~**s** *npl* vincite *fpl*
winter ['wɪntə*] *n* inverno; ~ **sports** *npl* sport *mpl* invernali
wintry ['wɪntrɪ] *adj* invernale
wipe [waɪp] *n* pulita, passata ♦ *vt* pulire (strofinando); (*erase: tape*) cancellare; ~ **off** *vt* cancellare; (*stains*) togliere strofinando; ~ **out** *vt* (*debt*) pagare, liquidare; (*memory*) cancellare; (*destroy*) annientare; ~ **up** *vt* asciugare
wire ['waɪə*] *n* filo; (*ELEC*) filo elettrico; (*TEL*) telegramma *m* ♦ *vt* (*house*) fare l'impianto elettrico di; (*also*: ~ *up*) collegare, allacciare; (*person*) telegrafare a
wireless ['waɪəlɪs] (*BRIT*) *n* (*set*) (apparecchio *m*) radio *f inv*
wiring ['waɪərɪŋ] *n* impianto elettrico
wiry ['waɪərɪ] *adj* magro(a) e nerboruto(a); (*hair*) ispido(a)
wisdom ['wɪzdəm] *n* saggezza; (*of action*) prudenza; ~ **tooth** *n* dente *m* del giudizio
wise [waɪz] *adj* saggio(a); prudente; giudizioso(a)
...wise [waɪz] *suffix*: **time**~ per quanto riguarda il tempo, in termini di tempo
wisecrack ['waɪzkræk] *n* battuta di spirito
wish [wɪʃ] *n* (*desire*) desiderio; (*specific desire*) richiesta ♦ *vt* desiderare, volere; **best** ~**es** (*on birthday etc*) i migliori auguri; **with best** ~**es** (*in letter*) cordiali saluti, con i migliori saluti; **to** ~ **sb goodbye** dire arrivederci a qn; **he** ~**ed me well** mi augurò di riuscire; **to** ~ **to do/sb to do** desiderare *or* volere fare/che qn faccia; **to** ~ **for** desiderare; ~**ful** *adj*: **it's** ~**ful thinking** è prendere i desideri per realtà
wishy-washy [wɪʃɪ'wɔʃɪ] (*inf*) *adj* (*colour*) slavato(a); (*ideas, argument*) insulso(a)
wisp [wɪsp] *n* ciuffo, ciocca; (*of smoke*) filo
wistful ['wɪstful] *adj* malinconico(a)
wit [wɪt] *n* (*also*: ~*s*) intelligenza; presenza di spirito; (*wittiness*) spirito, arguzia; (*person*) bello spirito
witch [wɪtʃ] *n* strega

KEYWORD

with [wɪð, wɪθ] *prep* **1** (*in the company of*) con; **I was** ~ **him** ero con lui; **we stayed** ~ **friends** siamo stati da amici; **I'll be** ~ **you in a minute** vengo subito
2 (*descriptive*) con; **a room** ~ **a view** una stanza con vista sul mare (*or* sulle montagne *etc*); **the man** ~ **the grey hat/blue eyes** l'uomo con il cappello grigio/gli occhi blu
3 (*indicating manner, means, cause*): ~ **tears in her eyes** con le lacrime agli occhi; **red** ~ **anger** rosso dalla rabbia; **to shake** ~ **fear** tremare di paura

4: I'm ~ you (*I understand*) la seguo; to be ~ it (*inf: up-to-date*) essere alla moda; (*: alert*) essere sveglio(a)

withdraw [wɪθ'drɔː] (*irreg: like* draw) *vt* ritirare; (*money from bank*) ritirare; prelevare ♦ *vi* ritirarsi; **~al** *n* ritiro; prelievo; (*of army*) ritirata; **~al symptoms** (*MED*) crisi *f* di astinenza; **~n** *adj* (*person*) distaccato(a)

wither ['wɪðə*] *vi* appassire

withhold [wɪθ'həuld] (*irreg: like* hold) *vt* (*money*) trattenere; (*permission*): to ~ (from) rifiutare (a); (*information*): to ~ (from) nascondere (a)

within [wɪð'ɪn] *prep* all'interno; (*in time, distances*) entro ♦ *adv* all'interno, dentro; **~ reach (of)** alla portata (di); **~ sight (of)** in vista (di); **~ a mile of** entro un miglio da; **~ the week** prima della fine della settimana

without [wɪð'aut] *prep* senza; **to go ~ sth** fare a meno di qc

withstand [wɪθ'stænd] (*irreg: like* stand) *vt* resistere a

witness ['wɪtnɪs] *n* (*person, also LAW*) testimone *m/f* ♦ *vt* (*event*) essere testimone di; (*document*) attestare l'autenticità di; **~ box** (*US* **~ stand**) *n* banco dei testimoni

witticism ['wɪtɪsɪzm] *n* spiritosaggine *f*

witty ['wɪtɪ] *adj* spiritoso(a)

wives [waɪvz] *npl of* wife

wizard ['wɪzəd] *n* mago

wk *abbr* = week

wobble ['wɔbl] *vi* tremare; (*chair*) traballare

woe [wəu] *n* dolore *m*; disgrazia

woke [wəuk] *pt of* wake; **woken** *pp of* wake

wolf [wulf] (*pl* wolves) *n* lupo

wolves [wulvz] *npl of* wolf

woman ['wumən] (*pl* women) *n* donna; **~ doctor** *n* dottoressa; **women's lib** (*inf*) *n* movimento femminista

womb [wuːm] *n* (*ANAT*) utero

women ['wɪmɪn] *npl of* woman

won [wʌn] *pt, pp of* win

wonder ['wʌndə*] *n* meraviglia ♦ *vi*: **to ~ whether/why** domandarsi se/perché; **to ~ at** essere sorpreso(a) di; meravigliarsi di; **to ~ about** domandarsi di; pensare a; **it's no ~ that** c'è poco *or* non c'è da meravigliarsi che +*sub*; **~ful** *adj* meraviglioso(a)

won't [wəunt] = will not

woo [wuː] *vt* (*woman, audience*) cercare di conquistare

wood [wud] *n* legno; (*timber*) legname *m*; (*forest*) bosco; **~ carving** *n* scultura in legno, intaglio; **~ed** *adj* boschivo(a); boscoso(a); **~en** *adj* di legno; (*fig*) rigido(a); inespressivo(a); **~pecker** *n* picchio; **~wind** *npl* (*MUS*): **the ~wind** i legni; **~work** *n* (*craft, subject*) falegnameria; **~worm** *n* tarlo del legno

wool [wul] *n* lana; **to pull the ~ over sb's eyes** (*fig*) imbrogliare qn; **~len** (*US* **~en**) *adj* di lana; (*industry*) laniero(a); **~lens** *npl* indumenti *mpl* di lana; **~ly** (*US* **~y**) *adj* di lana; (*fig: ideas*) confuso(a)

word [wəːd] *n* parola; (*news*) notizie *fpl* ♦ *vt* esprimere, formulare; **in other ~s** in altre parole; **to break/keep one's ~** non mantenere/mantenere la propria parola; **to have ~s with sb** avere un diverbio con qn; **~ing** *n* formulazione *f*; **~ processing** *n* elaborazione *f* di testi, word processing *m*; **~ processor** *n* word processor *m inv*

wore [wɔː*] *pt of* wear

work [wəːk] *n* lavoro; (*ART, LITERATURE*) opera ♦ *vi* lavorare; (*mechanism, plan etc*) funzionare; (*medicine*) essere efficace ♦ *vt* (*clay, wood etc*) lavorare; (*mine etc*) sfruttare; (*machine*) far funzionare; (*cause: effect, miracle*) fare; **to be out of ~** essere disoccupato(a); **~s** *n* (*BRIT: factory*) fabbrica ♦ *npl* (*of* *clock, machine*) meccanismo; **to ~ loose** allentarsi; **~ on** *vt fus* lavorare a; (*person*) lavorarsi; (*principle*) basarsi su; **~ out** *vi* (*plans etc*) riuscire, andare bene ♦ *vt* (*problem*) risolvere; (*plan*) elaborare; **it ~s out at £100** fa 100 sterline; **~ up** *vt*: **to get ~ed up** andare su tutte le furie; eccitarsi; **~able** *adj* (*solution*) realizzabile; **~aholic** *n* maniaco/a del lavoro; **~er** *n* lavoratore/trice, operaio/a; **~force** *n* forza lavoro; **~ing class** *n* classe *f* operaia; **~ing-class** *adj* operaio(a); **~ing order** *n*: **in ~ing order** funzionante; **~man** *n* operaio; **~manship** *n* abilità; **~sheet** *n* foglio col programma di lavoro; **~shop** *n* officina; (*practical session*) gruppo di lavoro; **~ station** *n* stazione *f* di lavoro; **~-to-rule** (*BRIT*) *n* sciopero bianco

world [wə:ld] *n* mondo ♦ *cpd* (*champion*) del mondo; (*power, war*) mondiale; **to think the ~ of sb** (*fig*) pensare un gran bene di qn; **~ly** *adj* di questo mondo; (*knowledgeable*) di mondo; **~-wide** *adj* universale

worm [wə:m] *n* (*also*: *earth~*) verme *m*

worn [wɔ:n] *pp of* **wear** ♦ *adj* usato(a); **~-out** *adj* (*object*) consumato(a), logoro(a); (*person*) sfinito(a)

worried ['wʌrɪd] *adj* preoccupato(a)

worry ['wʌrɪ] *n* preoccupazione *f* ♦ *vt* preoccupare ♦ *vi* preoccuparsi

worse [wə:s] *adj* peggiore ♦ *adv, n* peggio; **a change for the ~** un peggioramento; **~n** *vt, vi* peggiorare; **~ off** *adj* in condizioni (economiche) peggiori

worship ['wə:ʃɪp] *n* culto ♦ *vt* (*God*) adorare, venerare; (*person*) adorare; **Your W~** (*BRIT*: *to mayor*) signor sindaco; (: *to judge*) signor giudice

worst [wə:st] *adj* il(la) peggiore ♦ *adv, n* peggio; **at ~** al peggio, per male che vada

worth [wə:θ] *n* valore *m* ♦ *adj*: **to be ~** valere; **it's ~ it** ne vale la pena; **it is ~ one's while (to do)** vale la pena (fare); **~less** *adj* di nessun valore; **~while** *adj* (*activity*) utile; (*cause*) lodevole

worthy ['wə:ðɪ] *adj* (*person*) degno(a); (*motive*) lodevole; **~ of** degno di

KEYWORD

would [wud] *aux vb* **1** (*conditional tense*): **if you asked him he ~ do it** se glielo chiedesse lo farebbe; **if you had asked him he ~ have done it** se glielo avesse chiesto lo avrebbe fatto

2 (*in offers, invitations, requests*): **~ you like a biscuit?** vorrebbe *or* vuole un biscotto?; **~ you ask him to come in?** lo faccia entrare, per cortesia; **~ you open the window please?** apra la finestra, per favore

3 (*in indirect speech*): **I said I ~ do it** ho detto che l'avrei fatto

4 (*emphatic*): **it WOULD have to snow today!** doveva proprio nevicare oggi!

5 (*insistence*): **she ~n't do it** non ha voluto farlo

6 (*conjecture*): **it ~ have been midnight** sarà stato mezzanotte; **it ~ seem so** sembrerebbe proprio di sì

7 (*indicating habit*): **he ~ go there on Mondays** andava lì ogni lunedì

would-be (*pej*) *adj* sedicente

wouldn't ['wudnt] = **would not**

wound[1] [waund] *pt, pp of* **wind**

wound[2] [wu:nd] *n* ferita ♦ *vt* ferire

wove [wəuv] *pt of* **weave**; **woven** *pp of* **weave**

wrangle ['ræŋgl] *n* litigio

wrap [ræp] *n* (*stole*) scialle *m*; (*cape*) mantellina ♦ *vt* avvolgere; (*pack*: *also*: **~ up**) incartare; **~per** *n* (*on chocolate*) carta; (*BRIT*: *of book*) copertina; **~ping paper** *n* carta da pacchi; (*for gift*) carta da regali

wrath [rɔθ] *n* collera, ira

wreak [ri:k] *vt* (*havoc*) portare, causare; **to ~ vengeance on** vendicarsi su
wreath [ri:θ, *pl* ri:ðz] *n* corona
wreck [rɛk] *n* (*sea disaster*) naufragio; (*ship*) relitto; (*pej*: *person*) rottame *m* ♦ *vt* demolire; (*ship*) far naufragare; (*fig*) rovinare; **~age** *n* rottami *mpl*; (*of building*) macerie *fpl*; (*of ship*) relitti *mpl*
wren [rɛn] *n* (*ZOOL*) scricciolo
wrench [rɛntʃ] *n* (*TECH*) chiave *f*; (*tug*) torsione *f* brusca; (*fig*) strazio ♦ *vt* strappare; storcere; **to ~ sth from** strappare qc a *or* da
wrestle ['rɛsl] *vi*: **to ~ (with sb)** lottare (con qn); **~r** *n* lottatore/trice; **wrestling** *n* lotta
wretched ['rɛtʃɪd] *adj* disgraziato(a); (*inf*: *weather, holiday*) orrendo(a), orribile; (: *child, dog*) pestifero(a)
wriggle ['rɪgl] *vi* (*also*: **~ *about***) dimenarsi; (: *snake, worm*) serpeggiare, muoversi serpeggiando
wring [rɪŋ] (*pt, pp* **wrung**) *vt* torcere; (*wet clothes*) strizzare; (*fig*): **to ~ sth out of** strappare qc a
wrinkle ['rɪŋkl] *n* (*on skin*) ruga; (*on paper etc*) grinza ♦ *vt* (*nose*) torcere; (*forehead*) corrugare ♦ *vi* (*skin, paint*) raggrinzirsi
wrist [rɪst] *n* polso; **~watch** *n* orologio da polso
writ [rɪt] *n* ordine *m*; mandato
write [raɪt] (*pt* **wrote**, *pp* **written**) *vt, vi* scrivere; **~ down** *vt* annotare; (*put in writing*) mettere per iscritto; **~ off** *vt* (*debt, plan*) cancellare; **~ out** *vt* mettere per iscritto; (*cheque, receipt*) scrivere; **~ up** *vt* redigere; **~-off** *n* perdita completa; **~r** *n* autore/trice, scrittore/trice
writhe [raɪð] *vi* contorcersi
writing ['raɪtɪŋ] *n* scrittura; (*of author*) scritto, opera; **in ~** per iscritto; **~ paper** *n* carta da lettere
written ['rɪtn] *pp of* **write**
wrong [rɔŋ] *adj* sbagliato(a); (*not suitable*) inadatto(a); (*wicked*) cattivo(a); (*unfair*) ingiusto(a) ♦ *adv* in modo sbagliato, erroneamente ♦ *n* (*injustice*) torto ♦ *vt* fare torto a; **you are ~ to do it** ha torto a farlo; **you are ~ about that, you've got it ~** si sbaglia; **to be in the ~** avere torto; **what's ~?** cosa c'è che non va?; **to go ~** (*person*) sbagliarsi; (*plan*) fallire, non riuscire; (*machine*) guastarsi; **~ful** *adj* illegittimo(a); ingiusto(a); **~ly** *adv* (*incorrectly, by mistake*) in modo sbagliato
wrote [rəut] *pt of* **write**
wrought [rɔ:t] *adj*: **~ iron** ferro battuto
wrung [rʌŋ] *pt, pp of* **wring**
wry [raɪ] *adj* storto(a)

Xmas ['ɛksməs] *n abbr* = **Christmas**
X-ray ['ɛks'reɪ] *n* raggio X; (*photograph*) radiografia ♦ *vt* radiografare
xylophone ['zaɪləfəun] *n* xilofono

Y

yacht [jɔt] *n* panfilo, yacht *m inv*; **~ing** *n* yachting *m*, sport *m* della vela
Yank [jæŋk] (*pej*) *n* yankee *m/f inv*
Yankee ['jæŋkɪ] (*pej*) *n* = **Yank**
yap [jæp] *vi* (*dog*) guaire
yard [jɑ:d] *n* (*of house etc*) cortile *m*; (*measure*) iarda (= *914 mm*; *3 feet*); **~stick** *n* (*fig*) misura, criterio
yarn [jɑ:n] *n* filato; (*tale*) lunga storia
yawn [jɔ:n] *n* sbadiglio ♦ *vi* sbadigliare; **~ing** *adj* (*gap*) spalancato(a)
yd. *abbr* = **yard**(s)
yeah [jɛə] (*inf*) *adv* sì
year [jɪə*] *n* anno; (*referring to harvest, wine etc*) annata; **he is 8 ~s old** ha 8 anni; **an eight-~-old child** un(a) bambino(a) di otto anni; **~ly** *adj* annuale ♦ *adv* annualmente

yearn [jəːn] *vi*: **to ~ for sth/to do** desiderare ardentemente qc/di fare
yeast [jiːst] *n* lievito
yell [jɛl] *n* urlo ♦ *vi* urlare
yellow ['jɛləu] *adj* giallo(a)
yelp [jɛlp] *vi* guaire, uggiolare
yeoman ['jəumən] *n*: **~ of the guard** guardiano della Torre di Londra
yes [jɛs] *adv* sì ♦ *n* sì *m inv*; **to say/answer ~** dire/rispondere di sì
yesterday ['jɛstədɪ] *adv* ieri ♦ *n* ieri *m inv*; **~ morning/evening** ieri mattina/sera; **all day ~** ieri per tutta la giornata
yet [jɛt] *adv* ancora; già ♦ *conj* ma, tuttavia; **it is not finished ~** non è ancora finito; **the best ~** finora il migliore; **as ~** finora
yew [juː] *n* tasso (*albero*)
yield [jiːld] *n* produzione *f*, resa; reddito ♦ *vt* produrre, rendere; (*surrender*) cedere ♦ *vi* cedere; (*US*: *AUT*) dare la precedenza
YMCA *n abbr* (= *Young Men's Christian Association*) Y.M.C.A. *m*
yog(h)ourt ['jəugət] *n* = **yog(h)urt**
yog(h)urt ['jəugət] *n* iogurt *m inv*
yoke [jəuk] *n* (*also fig*) giogo
yolk [jəuk] *n* tuorlo, rosso d'uovo

KEYWORD

you [juː] *pron* **1** (*subject*) tu; (*: polite form*) lei; (*: pl*) voi; (*: very formal*) loro; **~ Italians enjoy your food** a voi Italiani piace mangiare bene; **~ and I will go** tu ed io *or* lei ed io andiamo

2 (*object: direct*) ti; la; vi; loro (*after vb*); (*: indirect*) ti; le; vi; loro (*after vb*); **I know ~** ti *or* la *or* vi conosco; **I gave it to ~** te l'ho dato; gliel'ho dato; ve l'ho dato; l'ho dato loro

3 (*stressed, after prep, in comparisons*) te; lei; voi; loro; **I told YOU to do it** ho detto a TE (*or* a LEI *etc*) di farlo; **she's younger than ~** è più giovane di te (*or* lei *etc*)

4 (*impers: one*) si; **fresh air does ~ good** l'aria fresca fa bene; **~ never know** non si sa mai

you'd [juːd] = **you had; you would**
you'll [juːl] = **you will; you shall**
young [jʌŋ] *adj* giovane ♦ *npl* (*of animal*) piccoli *mpl*; (*people*): **the ~** i giovani, la gioventù; **~er** *adj* più giovane; (*brother*) minore, più giovane; **~ster** *n* giovanotto, ragazzo; (*child*) bambino/a
your [jɔː*] *adj* il(la) tuo(a), *pl* i(le) tuoi(tue); il(la) suo(a), *pl* i(le) suoi(sue); il(la) vostro(a), *pl* i(le) vostri(e); il(la) loro, *pl* i(le) loro; *see also* **my**
you're [juə*] = **you are**
yours [jɔːz] *pron* il(la) tuo(a), *pl* i(le) tuoi(tue); (*polite form*) il(la) suo(a), *pl* i(le) suoi(sue); (*pl*) il(la) vostro(a), *pl* i(le) vostri(e); (*: very formal*) il(la) loro, *pl* i(le) loro; *see also* **mine**; **faithfully**; **sincerely**
yourself [jɔː'sɛlf] *pron* (*reflexive*) ti; si; (*after prep*) te; sé; (*emphatic*) tu stesso(a); lei stesso(a); **yourselves** *pl pron* (*reflexive*) vi; si; (*after prep*) voi; loro; (*emphatic*) voi stessi(e); loro stessi(e); *see also* **oneself**
youth [juːθ, *pl* juːðz] *n* gioventù *f*; (*young man*) giovane *m*, ragazzo; **~ club** *n* centro giovanile; **~ful** *adj* giovane; da giovane; giovanile; **~ hostel** *n* ostello della gioventù
you've [juːv] = **you have**
Yugoslav ['juːgəu'slɑːv] *adj, n* jugoslavo(a)
Yugoslavia ['juːgəu'slaːvɪə] *n* Jugoslavia
yuppie ['jʌpɪ] (*inf*) *n, adj* yuppie *m/f inv*
YWCA *n abbr* (= *Young Women's Christian Association*) Y.W.C.A. *m*

Z

zany ['zeɪnɪ] *adj* un po' pazzo(a)
zap [zæp] *vt* (*COMPUT*) cancellare
zeal [zi:l] *n* zelo; entusiasmo
zebra ['zi:brə] *n* zebra; ~ **crossing** (*BRIT*) *n* (passaggio pedonale a) strisce *fpl*, zebre *fpl*
zero ['zɪərəu] *n* zero
zest [zɛst] *n* gusto; (*CULIN*) buccia
zigzag ['zɪgzæg] *n* zigzag *m inv* ♦ *vi* zigzagare
Zimbabwe [zɪm'bɑ:bwɪ] *n* Zimbabwe *m*
zinc [zɪŋk] *n* zinco
zip [zɪp] *n* (*also*: ~ *fastener*, (*US*) ~*per*) chiusura *f or* cerniera *f* lampo *inv* ♦ *vt* (*also*: ~ *up*) chiudere con una cerniera lampo; ~ **code** (*US*) *n* codice *m* di avviamento postale
zodiac ['zəudɪæk] *n* zodiaco
zombie ['zɔmbɪ] *n* (*fig*): **like a** ~ come un morto che cammina
zone [zəun] *n* (*also MIL*) zona
zoo [zu:] *n* zoo *m inv*
zoology [zu:'ɔlədʒɪ] *n* zoologia
zoom [zu:m] *vi*: **to** ~ **past** sfrecciare; ~ **lens** *n* zoom *m inv*, obiettivo a focale variabile
zucchini [zu:'ki:nɪ] (*US*) *npl* (*courgettes*) zucchine *fpl*

ITALIAN VERBS

1 Gerundio *2* Participio passato *3* Presente *4* Imperfetto *5* Passato remoto *6* Futuro *7* Condizionale *8* Congiuntivo presente *9* Congiuntivo passato *10* Imperativo

andare *3* vado, vai, va, andiamo, andate, vanno *6* andrò *etc* *8* vada *10* va'!, vada!, andate!, vadano!

apparire *2* apparso *3* appaio, appari *o* apparisci, appare *o* apparisce, appaiono *o* appariscono *5* apparvi *o* apparsi, apparisti, apparve *o* apparì *o* apparse, apparvero *o* apparirono *o* apparsero *8* appaia *o* apparisca

aprire *2* aperto *3* apro *5* aprii *o* apersi, apristi *8* apra

AVERE *3* ho, hai, ha, abbiamo, avete, hanno *5* ebbi, avesti, ebbe, avemmo, aveste, ebbero *6* avrò *etc* *8* abbia *etc* *10* abbi!, abbia!, abbiate!, abbiano!

bere *1* bevendo *2* bevuto *3* bevo *etc* *4* bevevo *etc* *8* beva *etc* *9* bevessi *etc*

cadere *5* caddi, cadesti *6* cadrò *etc*

cogliere *2* colto *3* colgo, colgono *5* colsi, cogliesti *8* colga

correre *2* corso *5* corsi, corresti

cuocere *2* cotto *3* cuocio, cociamo, cuociono *5* cossi, cocesti

dare *3* do, dai, dà, diamo, date, danno *5* diedi *o* detti, desti *6* darò *etc* *8* dia *etc* *9* dessi *etc* *10* da'!, dia!, date!, diano!

dire *1* dicendo *2* detto *3* dico, dici, dice, diciamo, dite, dicono *4* dicevo *etc* *5* dissi, dicesti *6* dirò *etc* *8* dica, diciamo, diciate, dicano *9* dicessi *etc* *10* di'!, dica!, dite!, dicano!

dolere *3* dolgo, duoli, duole, dolgono *5* dolsi, dolesti *6* dorrò *etc* *8* dolga

dovere *3* devo *o* debbo, devi, deve, dobbiamo, dovete, devono *o* debbono *6* dovrò *etc* *8* debba, dobbiamo, dobbiate, devano *o* debbano

ESSERE *2* stato *3* sono, sei, è, siamo, siete, sono *4* ero, eri, era, eravamo, eravate, erano *5* fui, fosti, fu, fummo, foste, furono *6* sarò *etc* *8* sia *etc* *9* fossi, fossi, fosse, fossimo, foste, fossero *10* sii!, sia!, siate!, siano!

fare *1* facendo *2* fatto *3* faccio, fai, fa, facciamo, fate, fanno *4* facevo *etc* *5* feci, facesti *6* farò *etc* *8* faccia *etc* *9* facessi *etc* *10* fa'!, faccia!, fate!, facciano!

FINIRE *1* finendo *2* finito *3* finisco, finisci, finisce, finiamo, finite, finiscono *4* finivo, finivi, finiva, finivamo, finivate, finivano *5* finii, finisti, finì, finimmo, finiste, finirono *6* finirò, finirai, finirà, finiremo, finirete, finiranno 7 finirei, finiresti, finirebbe, finiremmo, finireste, finirebbero *8* finisca, finisca, finisca, finiamo, finiate, finiscano *9* finissi, finissi, finisse, finissimo, finiste, finissero *10*

finisci!, finisca!, finite!, finiscano!
giungere *2* giunto *5* giunsi, giungesti
leggere *2* letto *5* lessi, leggesti
mettere *2* messo *5* misi, mettesti
morire *2* morto *3* muoio, muori, muore, moriamo, morite, muoiono *6* morirò *o* morrò *etc* *8* muoia
muovere *2* mosso *5* mossi, movesti
nascere *2* nato *5* nacqui, nascesti
nuocere *2* nuociuto *3* nuoccio, nuoci, nuoce, nociamo *o* nuociamo, nuocete, nuocciono *4* nuocevo *etc* *5* nocqui, nuocesti *6* nuocerò *etc* *7* nuoccia
offrire *2* offerto *3* offro *5* offersi *o* offrii, offristi *8* offra
parere *2* parso *3* paio, paiamo, paiono *5* parvi *o* parsi, paresti *6* parrò *etc* *8* paia, paiamo, paiate, paiano
PARLARE *1* parlando *2* parlato *3* parlo, parli, parla, parliamo, parlate, parlano *4* parlavo, parlavi, parlava, parlavamo, parlavate, parlavano *5* parlai, parlasti, parlò, parlammo, parlaste, parlarono *6* parlerò, parlerai, parlerà, parleremo, parlerete, parleranno *7* parlerei, parleresti, parlerebbe, parleremmo, parlereste, parlerebbero *8* parli, parli, parli, parliamo, parliate, parlino *9* parlassi, parlassi, parlasse, parlassimo, parlaste, parlassero *10* parla!, parli!, parlate!, parlino!
piacere *2* piaciuto *3* piaccio, piacciamo, piacciono *5* piacqui, piacesti *8* piaccia *etc*
porre *1* ponendo *2* posto *3* pongo, poni, pone, poniamo, ponete, pongono *4* ponevo *etc* *5* posi, ponesti *6* porrò *etc* *8* ponga, poniamo, poniate, pongano *9* ponessi *etc*
potere *3* posso, puoi, può, possiamo, potete, possono *6* potrò *etc* *8* possa, possiamo, possiate, possano
prendere *2* preso *5* presi, prendesti
ridurre *1* riducendo *2* ridotto *3* riduco *etc* *4* riducevo *etc* *5* ridussi, riducesti *6* ridurrò *etc* *8* riduca *etc* *9* riducessi *etc*
riempire *1* riempiendo *3* riempio, riempi, riempie, riempiono
rimanere *2* rimasto *3* rimango, rimangono *5* rimasi, rimanesti *6* rimarrò *etc* *8* rimanga
rispondere *2* risposto *5* risposi, rispondesti
salire *3* salgo, sali, salgono *8* salga
sapere *3* so, sai, sa, sappiamo, sapete, sanno *5* seppi, sapesti *6* saprò *etc* *8* sappia *etc* *10* sappi!, sappia!, sappiate!, sappiano!
scrivere *2* scritto *5* scrissi, scrivesti
sedere *3* siedo, siedi, siede, siedono *8* sieda
spegnere *2* spento *3* spengo, spengono *5* spensi, spegnesti *8* spenga
stare *2* stato *3* sto, stai, sta, stiamo, state, stanno *5* stetti, stesti *6* starò *etc* *8* stia *etc* *9* stessi *etc* *10* sta'!, stia!, state!, stiano!

VERBI INGLESI

present	pt	pp
arise	arose	arisen
awake	awoke	awaked
be (am, is, are; being)	was, were	been
bear	bore	born (e)
beat	beat	beaten
become	became	become
begin	began	begun
behold	beheld	beheld
bend	bent	bent
beset	beset	beset
bet	bet, betted	bet, betted
bid	bid, bade	bid, bidden
bind	bound	bound
bite	bit	bitten
bleed	bled	bled
blow	blew	blown
break	broke	broken
breed	bred	bred
bring	brought	brought
build	built	built
burn	burnt, burned	burnt, burned
burst	burst	burst
buy	bought	bought
can	could	(been able)
cast	cast	cast
catch	caught	caught
choose	chose	chosen
cling	clung	clung
come	came	come
cost	cost	cost
creep	crept	crept
cut	cut	cut
deal	dealt	dealt
dig	dug	dug
do (3rd person; he/she/it/ does)	did	done
draw	drew	drawn
dream	dreamed, dreamt	dreamed, dreamt
drink	drank	drunk
drive	drove	driven
dwell	dwelt	dwelt
eat	ate	eaten
fall	fell	fallen
feed	fed	fed
feel	felt	felt
fight	fought	fought
find	found	found
flee	fled	fled
fling	flung	flung
fly (flies)	flew	flown
forbid	forbade	forbidden
forecast	forecast	forecast
forget	forgot	forgotten
forgive	forgave	forgiven
forsake	forsook	forsaken
freeze	froze	frozen
get	got	got, (*US*) gotten
give	gave	given
go (goes)	went	gone
grind	ground	ground
grow	grew	grown
hang	hung, hanged	hung, hanged
have (has; having)	had	had
hear	heard	heard
hide	hid	hidden
hit	hit	hit

tacere *2* taciuto *3* taccio, tacciono *5* tacqui, tacesti *8* taccia
tenere *3* tengo, tieni, tiene, tengono *5* tenni, tenesti *6* terrò *etc* *8* tenga
trarre *1* traendo *2* tratto *3* traggo, trai, trae, traiamo, traete, traggono *4* traevo *etc* *5* trassi, traesti *6* trarrò *etc* *8* tragga *9* traessi *etc*
udire *3* odo, odi, ode, odono *8* oda
uscire *3* esco, esci, esce, escono *8* esca
valere *2* valso *3* valgo, valgono *5* valsi, valesti *6* varrò *etc* *8* valga
vedere *2* visto *o* veduto *5* vidi, vedesti *6* vedrò *etc*
VENDERE *1* vendendo *2* venduto *3* vendo, vendi, vende, vendiamo, vendete, vendono *4* vendevo, vendevi, vendeva, vendevamo, vendevate, vendevano *5* vendei *o* vendetti, vendesti, vendé *o* vendette, vendemmo, vendeste, venderono *o* vendettero *6* venderò, venderai, venderà, venderemo, venderete, venderanno *7* venderei, venderesti, venderebbe, venderemmo, vendereste, venderebbero *8* venda, venda, venda, vendiamo, vendiate, vendano *9* vendessi, vendessi, vendesse, vendessimo, vendeste, vendessero *10* vendi!, venda!, vendete!, vendano!
venire *2* venuto *3* vengo, vieni, viene, vengono *5* venni, venisti *6* verrò *etc* *8* venga
vivere *2* vissuto *5* vissi, vivesti
volere *3* voglio, vuoi, vuole, vogliamo, volete, vogliono *5* volli, volesti *6* vorrò *etc* *8* voglia *etc* *10* vogli!, voglia!, vogliate!, vogliano!

L'ORA — THE TIME

che ora è?, che ore sono?	*what time is it?*
è …, sono …	*it is …*
mezzanotte	midnight, twelve p.m.
l'una (della mattina)	one o'clock (in the morning), one (a.m.)
l'una e cinque	five past one
l'una e dieci	ten past one
l'una e un quarto, l'una e quindici	a quarter past one, one fifteen
l'una e venticinque	twenty-five past one, one twenty-five
l'una e mezzo *or* mezza, l'una e trenta	half-past one, one thirty
le due meno venticinque, l'una e trentacinque	twenty-five to two, one thirty-five
le due meno venti, l'una e quaranta	twenty to two, one forty
le due meno un quarto, l'una e quarantacinque	a quarter to two, one forty-five
le due meno dieci, l'una e cinquanta	ten to two, one fifty
mezzogiorno	twelve o'clock, midday, noon
l'una, le tredici	one o'clock (in the afternoon), one (pm)
le sette (di sera), le diciannove	seven o'clock (in the evening), seven (pm)
a che ora?	*at what time?*
a mezzanotte	at midnight
all'una, alle tredici	at one o'clock
fra venti minuti	in twenty minutes
venti minuti fa	twenty minutes ago

present	pt	pp
hold	held	held
hurt	hurt	hurt
keep	kept	kept
kneel	knelt, kneeled	knelt, kneeled
know	knew	known
lay	laid	laid
lead	led	led
lean	leant, leaned	leant, leaned
leap	leapt, leaped	leapt, leaped
learn	learnt, learned	learnt, learned
leave	left	left
lend	lent	lent
let	let	let
lie (lying)	lay	lain
light	lit, lighted	lit, lighted
lose	lost	lost
make	made	made
may	might	—
mean	meant	meant
meet	met	met
mistake	mistook	mistaken
mow	mowed	mown, mowed
must	(had to)	(had to)
pay	paid	paid
put	put	put
quit	quit, quitted	quit, quitted
read	read	read
rid	rid	rid
ride	rode	ridden
ring	rang	rung
rise	rose	risen
run	ran	run
saw	sawed	sawn
say	said	said
see	saw	seen
seek	sought	sought

present	pt	pp
sell	sold	sold
send	sent	sent
set	set	set
shake	shook	shaken
shall	should	—
shear	sheared	shorn, sheared
shed	shed	shed
shine	shone	shone
shoot	shot	shot
show	showed	shown
shrink	shrank	shrunk
shut	shut	shut
sing	sang	sung
sink	sank	sunk
sit	sat	sat
slay	slew	slain
sleep	slept	slept
slide	slid	slid
sling	slung	slung
slit	slit	slit
smell	smelt, smelled	smelt, smelled
sow	sowed	sown, sowed
speak	spoke	spoken
speed	sped, speeded	sped, speeded
spell	spelt, spelled	spelt, spelled
spend	spent	spent
spill	spilt, spilled	spilt, spilled
spin	spun	spun
spit	spat	spat
split	split	split
spoil	spoiled, spoilt	spoiled, spoilt
spread	spread	spread
spring	sprang	sprung
stand	stood	stood
steal	stole	stolen
stick	stuck	stuck

present	pt	pp
sting	stung	stung
stink	stank	stunk
stride	strode	stridden
strike	struck	struck, stricken
strive	strove	striven
swear	swore	sworn
sweep	swept	swept
swell	swelled	swollen, swelled
swim	swam	swum
swing	swung	swung
take	took	taken
teach	taught	taught
tear	tore	torn
tell	told	told

present	pt	pp
think	thought	thought
throw	threw	thrown
thrust	thrust	thrust
tread	trod	trodden
wake	woke, waked	woken, waked
wear	wore	worn
weave	wove, weaved	woven, weaved
wed	wedded, wed	wedded, wed
weep	wept	wept
win	won	won
wind	wound	wound
wring	wrung	wrung
write	wrote	written

I NUMERI | NUMBERS

I NUMERI		NUMBERS
uno(a)	1	one
due	2	two
tre	3	three
quattro	4	four
cinque	5	five
sei	6	six
sette	7	seven
otto	8	eight
nove	9	nine
dieci	10	ten
undici	11	eleven
dodici	12	twelve
tredici	13	thirteen
quattordici	14	fourteen
quindici	15	fifteen
sedici	16	sixteen
diciassette	17	seventeen
diciotto	18	eighteen
diciannove	19	nineteen
venti	20	twenty
ventuno	21	twenty-one
ventidue	22	twenty-two
ventitré	23	twenty-three
ventotto	28	twenty-eight
trenta	30	thirty
quaranta	40	forty
cinquanta	50	fifty
sessanta	60	sixty
settanta	70	seventy
ottanta	80	eighty
novanta	90	ninety
cento	100	a hundred, one hundred
cento uno	101	a hundred and one
duecento	200	two hundred
mille	1 000	a thousand, one thousand
milleduecentodue	1 202	one thousand two hundred and two
cinquemila	5 000	five thousand
un milione	1 000 000	a million, one million
primo(a), 1º		first, 1st
secondo(a), 2º		second, 2nd
terzo(a), 3º		third, 3rd
quarto(a)		fourth, 4th
quinto(a)		fifth, 5th
sesto(a)		sixth, 6th

I NUMERI — NUMBERS

settimo(a)	seventh
ottavo(a)	eighth
nono(a)	ninth
decimo(a)	tenth
undicesimo(a)	eleventh
dodicesimo(a)	twelfth
tredicesimo(a)	thirteenth
quattordicesimo(a)	fourteenth
quindicesimo(a)	fifteenth
sedicesimo(a)	sixteenth
diciassettesimo(a)	seventeenth
diciottesimo(a)	eighteenth
diciannovesimo(a)	nineteenth
ventesimo(a)	twentieth
ventunesimo(a)	twenty-first
ventiduesimo(a)	twenty-second
ventitreesimo(a)	twenty-third
ventottesimo(a)	twenty-eighth
trentesimo(a)	thirtieth
centesimo(a)	hundredth
centunesimo(a)	hundred-and-first
millesimo(a)	thousandth
milionesimo(a)	millionth

Frazioni etc — Fractions etc

mezzo	half
terzo	third
due terzi	two thirds
quarto	quarter
quinto	fifth
zero virgola cinque, 0,5	(nought) point five, 0.5
tre virgola quattro, 3,4	three point four, 3.4
dieci per cento	ten per cent
cento per cento	a hundred per cent

Esempi — Examples

abita al numero dieci	he lives at number 10
si trova nel capitolo sette, a pagina sette	it's in chapter 7, on page 7
abita al terzo piano	he lives on the 3rd floor
arrivò quarto	he came in 4th
scala uno a venticinquemila	scale 1:25,000